WISSEN FÜR DIE PRAXIS

Weiterführend empfehlen wir:

Rechte und soziale Absicherung pflegender Angehöriger
ISBN 978-3-8029-4172-6

Finanzielle Hilfen für Menschen mit Behinderung
ISBN 978-3-8029-4168-9

Die Neue Vorsorge-Mappe mit CD-ROM
ISBN 978-3-8029-1326-6

Das aktuelle Handbuch der Pflegegrade
ISBN 978-3-8029-7347-5

WALHALLA

Gottfried Nitze · Thomas Mischlewitz

Taschenlexikon Beihilferecht Ausgabe 2025

Für Beamte, Richter, Soldaten, Pensionäre und andere Beihilfeberechtigte

36. Auflage

Bibliografische Information der Deutschen Nationalbibliothek
Die Deutsche Nationalbibliothek verzeichnet diese Publikation in der Deutschen Nationalbibliografie; detaillierte bibliografische Daten sind im Internet über www.dnb.de abrufbar.

Zitiervorschlag:
Gottfried Nitze, Taschenlexikon Beihilferecht Ausgabe 2025
Walhalla Fachverlag, Regensburg 2024

Aus Gründen der besseren Lesbarkeit und aus Platzgründen wird darauf verzichtet, personenbezogene Substantive außer in der männlichen auch in der weiblichen Form zu verwenden. Mit der männlichen Wortform sind stets beide Geschlechter gemeint.

Hinweis: Unsere Werke sind stets bemüht, Sie nach bestem Wissen zu informieren. Alle Angaben in diesem Buch sind sorgfältig zusammengetragen und geprüft. Durch Neuerungen in der Gesetzgebung, Rechtsprechung sowie durch den Zeitablauf ergeben sich zwangsläufig Änderungen. Bitte haben Sie deshalb Verständnis dafür, dass wir für die Vollständigkeit und Richtigkeit des Inhalts keine Haftung übernehmen.
Bearbeitungsstand: Oktober 2024

36., aktualisierte Auflage

Produktion Walhalla Fachverlag, 93042 Regensburg
Printed in Germany
ISBN 978-3-8029-1468-3

3WP-CPI-1124-26102-0

Schnellübersicht

Abkürzungen

a. A.	andere Ansicht
a. a. O.	am angegebenen Ort
a. F.	alte Fassung
Abs.	Absatz
Anl.	Anlage
Art.	Artikel
Az.	Aktenzeichen
BaFin	Bundesanstalt für Finanzdienstleistungsaufsicht
BAföG	Bundesausbildungsförderungsgesetz
BAG	Bundesarbeitsgericht
BAT	Bundes-Angestelltentarif
BayBeamtVG	Bayerisches Beamtenversorgungsgesetz
BayBG	Bayerisches Beamtengesetz
BayBhV	Bayerische Beihilfeverordnung
BayBhVBek	Bayerische Beihilfevollzugsbekanntmachung
BayVGH	Bayerischer Verwaltungsgerichtshof
BBesG	Bundesbesoldungsgesetz
BBG	Bundesbeamtengesetz
BBhV	Bundesbeihilfeverordnung
BeamtVG	Beamtenversorgungsgesetz
BEEG	Bundeselterngeld- und Elternzeitgesetz
Bek.	Bekanntmachung
BEMA	Bewertungsmaßstab zahnärztlicher Leistungen
BesGr.	Besoldungsgruppe
betr.	betreffend(en)
BFDG	Bundesfreiwilligendienstgesetz
BFH	Bundesfinanzhof
BGB	Bürgerliches Gesetzbuch
BGBl.	Bundesgesetzblatt
BGH	Bundesgerichtshof
BhVO Saar	Beihilfeverordnung Saarland
BKGG	Bundeskindergeldgesetz
BMF	Bundesministerium der Finanzen
BMI	Bundesministerium des Innern und für Heimat

BPflV	Bundespflegesatzverordnung
BremBG	Bremisches Beamtengesetz
BremBVO	Bremische Beihilfeverordnung
BRKG	Bundesreisekostengesetz
BSG	Bundessozialgericht
Buchst.	Buchstabe
BVerfG	Bundesverfassungsgericht
BVerwG	Bundesverwaltungsgericht
BVG	Bundesversorgungsgesetz
BVO BW	Beihilfenverordnung Baden-Württemberg
BVO NRW	Beihilfenverordnung Nordrhein-Westfalen
BVO RP	Beihilfenverordnung Rheinland-Pfalz
BVO Tb	Beihilfenverordnung Tarifbeschäftigte Nordrhein-Westfalen
d. h.	das heißt
dgl.	dergleichen
DiGA	Digitale Gesundheitsanwendungen
DiPA	Digitale Pflegeanwendungen
DÖD	Der öffentliche Dienst (Zeitschrift)
DRG	Diagnosis Related-Groups (Fallpauschalen)
EAP	Erweiterte ambulante Physiotherapie
EHIC	Europäische Krankenversicherungskarte
einschl.	einschließlich
EPA	Elektronische Patientenakte
EStG	Einkommensteuergesetz
EU	Europäische Union
EWST	Extrakorporale Stoßwellentherapie
ff.	folgende Seite(n)
FG	Finanzgericht
G 131	Gesetz zur Regelung der Rechtsverhältnisse der unter Artikel 131 des Grundgesetzes fallenden Personen
G-BA	Gemeinsamer Bundesausschuss
GdB	Grad der Behinderung
GebüH	Gebührenverzeichnis für Heilpraktiker
gem.	gemäß

GG	Grundgesetz
ggf.	gegebenenfalls
GKV	Gesetzliche Krankenversicherung
GMBl.	Gemeinsames Ministerialblatt
GOÄ	Gebührenordnung für Ärzte
GOP	Gebührenordnung für Psychologische Psychotherapeuten und Kinder- und Jugendlichenpsychotherapeuten
GOZ	Gebührenordnung für Zahnärzte
GRG	Gesundheits-Reformgesetz
GVBl.	Gesetz- und Verordnungsblatt
HBeihVO	Hessische Beihilfenverordnung
HmbBeihVO	Hamburgische Beihilfeverordnung
HmbBG	Hamburgisches Beamtengesetz
i. d. F.	in der Fassung
i. d. R.	in der Regel
i. S.	im Sinne
i. V. m.	in Verbindung mit
IÖD	Informationsdienst Öffentliches Dienstrecht (Zeitschrift)
IVF	In-vitro-Fertilisation
KHEntgG	Krankenhausentgeltgesetz
KVB	Krankenversicherung der Bundesbahnbeamten
KVdR	Krankenversicherung der Rentner
LAG	Landesarbeitsgericht
LBeamtVG Bln	Landesbeamtenversorgungsgesetz Berlin
LBG Bbg	Landesbeamtengesetz Brandenburg
LBG BW	Landesbeamtengesetz Baden-Württemberg
LBG Bln	Landesbeamtengesetz Berlin
LBG M-V	Landesbeamtengesetz Mecklenburg-Vorpommern
LBG RP	Landesbeamtengesetz Rheinland-Pfalz
LBG SH	Landesbeamtengesetz Schleswig-Holstein
LBhVO	Landesbeihilfeverordnung Berlin
LG	Landgericht
LSG	Landessozialgericht

MAT	Medizinisches Aufbautraining
MBl.	Ministerialblatt
MTT	Medizinische Trainingstherapie
MuSchEltZV	Mutterschutz- und Elternzeitverordnung
MVZ	Medizinische Versorgungszentren
NBeamtVG	Niedersächsisches Beamtengesetz
NBhVO	Niedersächsische Beihilfeverordnung
NJW	Neue Juristische Wochenschrift
NRW	Nordrhein-Westfalen
NVwZ	Neue Zeitschrift für Verwaltungsrecht
NVwZ-RR	Neue Zeitschrift für Verwaltungsrecht, Rechtsprechungs-Report
OLG	Oberlandesgericht
OVG	Oberverwaltungsgericht
PflegeVG	Pflege-Versicherungsgesetz
PflegeZG	Pflegezeitgesetz
PKV	Private Krankenversicherung
Rd. Erl.	Runderlass
RdSchr.	Rundschreiben
RiA	Recht im Amt (Zeitschrift)
RVO	Reichsversicherungsordnung
S.	Seite
s.	siehe
SBG	Saarländisches Beamtengesetz
SächsBhVO	Sächsische Beihilfeverordnung
SG	Soldatengesetz
SGB I	Sozialgesetzbuch I – Erstes Buch – Allgemeiner Teil
SGB III	Sozialgesetzbuch III – Drittes Buch – Arbeitsförderung
SGB IV	Sozialgesetzbuch IV – Viertes Buch – Gemeinsame Vorschriften für die Sozialversicherung
SGB V	Sozialgesetzbuch V – Fünftes Buch – Gesetzliche Krankenversicherung
SGB VI	Sozialgesetzbuch VI – Sechstes Buch – Gesetzliche Rentenversicherung

SGB VII	Sozialgesetzbuch VII – Siebtes Buch – Gesetzliche Unfallversicherung
SGB IX	Sozialgesetzbuch IX – Neuntes Buch – Rehabilitation und Teilhabe von Menschen mit Behinderungen
SGB XI	Sozialgesetzbuch XI – Elftes Buch – Soziale Pflegeversicherung
SGB XII	Sozialgesetzbuch XII – Zwölftes Buch – Sozialhilfe
sog.	sogenannte(r)
StGB	Strafgesetzbuch
STIKO	Ständige Impfkommission
SVG	Soldatenversorgungsgesetz
ThürBhV	Thüringer Beihilfeverordnung
TVöD	Tarifvertrag öffentlicher Dienst
u. a.	unter anderem
v. H.	vom Hundert
VergGr.	Vergütungsgruppe
VG	Verwaltungsgericht
VGH	Verwaltungsgerichtshof
vgl.	vergleiche
VMBl.	Ministerialblatt des Bundesministeriums der Verteidigung
VO	Verordnung
VV	Verwaltungsvorschriften
VVG	Versicherungsvertragsgesetz
VwGO	Verwaltungsgerichtsordnung
VwVfG	Verwaltungsverfahrensgesetz
z. B.	zum Beispiel
z. T.	zum Teil
ZBR	Zeitschrift für Beamtenrecht
Ziff.	Ziffer

Einführung zum Lexikon Beihilferecht

Das „Taschenlexikon Beihilferecht Ausgabe 2025" informiert Beamte, Richter, Soldaten sowie Versorgungsempfänger leicht verständlich und umfassend über die Kranken- und Pflegefürsorge. Auch Arbeitnehmer (Beschäftigte) des öffentlichen Dienstes erfahren, welche Ansprüche ihnen nach dem Beihilferecht zustehen.

Über 800 beihilferechtlich relevante Begriffe weisen den Weg von der Antragstellung über die Inanspruchnahme von Vergünstigungen und Nachteilsausgleichen.

Ausführlich befasst sich das Taschenlexikon mit den beihilferechtlichen Folgerungen aus den beiden Pflegestärkungsgesetzen. Weitere Ausführungen betreffen z. B. die Aufwendungen für psychotherapeutische Akutbehandlungen, Suchtbehandlungen, rezeptfreie Arzneimittel, die Feststellung eines erhöhten familiären Darmkrebsrisikos, die Beihilfe bei einer abgebrochenen kieferorthopädischen Behandlung, die spezielle Computerausstattung bei behinderten Menschen, implantierte Hörgeräte und die Beihilfe zu Dolmetscherkosten. Außerdem enthält es ergänzende und klarstellende Hinweise zur Beihilfefähigkeit von Aufwendungen für Arzneimittel, zu Heilkuren im In- und Ausland, Mutter-/Vater-Kind-Rehabilitationsmaßnahmen, Fahrtkosten und zur sog. Telemedizin.

Ferner werden zahlreiche Fragen allgemeiner Art angesprochen oder in Fortführung bestehender Erläuterungen aufgegriffen, auch solche mit medizinischem Inhalt oder zur medizinischen Notwendigkeit von Behandlungsmethoden und deren angemessene Vergütung und damit deren Beihilfefähigkeit. Dies gilt gleichermaßen hinsichtlich Aufwendungen für Arznei- und Hilfsmittel, ärztliche Verrichtungen und Krankenhausbehandlungen. Aus dem Pflegebereich trifft es die Beihilfefähigkeit von Kosten bei dauernder Pflegebedürftigkeit, die Krankenhausbehandlung in Privatkliniken und die Beihilfefähigkeit von Wahlleistungen eines Krankenhauses (einschl. der Begründungspflicht zu erhöhten Arztkosten). Schließlich wird das von verschiedenen Ländern den Beamten eingeräumte Wahlrecht zwischen Beihilfe und der Gewährung eines Zuschusses zum Beitrag einer gesetzlichen Krankenversicherung aufgeführt. Auch die Vorsorge gegen Erkrankungen sowie die Beihilfe zu umstrittenen Behandlungsmethoden und Präparaten kommen zur Sprache. Berechnungs- und andere Beispiele verhelfen zu einer zutreffenden Auslegung und Rechtsanwendung und erleichtern den Vollzug des Beihilferechts.

Hinsichtlich ärztlicher Gebühren werden offene Fragen zur Abdingung, aber auch solche bei Absage eines Arzttermins oder bei der Mitwirkung bei der Abfassung von Patientenverfügungen aufgegriffen. Ferner kommen z. B. Probleme hinsichtlich der Beihilfe bei vorübergehender Pflegebedürftigkeit, kieferorthopädischen Behandlungen, Organspenden und zu den unterschiedlichen Eigenanteilen an Krankheitskosten zur Sprache.

Die Beihilfe korrespondiert vielfältig mit dem Krankenversicherungsrecht. So stand mit der Zehnten Verordnung zur Änderung der BBhV insbesondere eine wirkungsgleiche Übertragung der durch das Gesundheitsversorgungs- und Pflegeverbesserungsgesetz vom 22.12.2020, dem Gesundheitsversorgungsweiterentwicklungsgesetz vom 11.7.2021 und dem Pflegeunterstützungs- und -entlastungsgesetz vom 19.6.2023 erfolgten Änderungen im Vordergrund.

Die Korrespondenz gilt besonders für die Veranlassung und Notwendigkeit von Kosten sowie die Art der Ersatzleistungen. Es lag deshalb nahe, das Zusammentreffen von Leistungen der Kranken- und Pflegeversicherung vertiefend darzustellen. Dazu gehört auch, den Wechsel von der gesetzlichen zur privaten Krankenversicherung anzusprechen und auf die sich daraus ergebenden beihilferechtlichen Folgerungen einzugehen. Aus dem Bereich der privaten Krankenversicherung werden auch der Versicherungsschutz bei einem Auslandsaufenthalt sowie die für Beitragserhöhungen geltenden Regelungen dargelegt. Ebenfalls wird auf das Recht gesetzlich Versicherter auf einen zeitgerechten Facharzttermin und das Einholen einer Zweitmeinung eingegangen.

Die Bundesbeihilfeverordnung vom 13.2.2009 (BGBl. I S. 326) hatte das Beihilferecht inhaltlich und systematisch völlig neu geordnet, teilweise mit dem Ziel der Vereinfachung. Sie wurde seither mehrfach geändert, zuletzt durch die Zehnte Verordnung zur Änderung der Bundesbeihilfeverordnung vom 6.3.2024 (BGBl. I Nr. 92). Neben der wirkungsgleichen Übertragung von Leistungsveränderungen im Recht der gesetzlichen Krankenversicherung und der sozialen Pflegeversicherung enthält die aktuelle Verordnung auch einige Änderungen, die sich aus der praktischen Anwendung und Rechtsprechung ergeben haben. Die ab 1.4.2024 geltenden Neuregelungen und Änderungen erforderten daher teilweise eine grundlegende Überarbeitung der entsprechenden Hinweise, insbesondere zu folgenden Themen:

- Erhöhung der Antragsfrist auf 3 Jahre, möglicher Verzicht auf die Antragsgrenze, Wegfall des Gutachterverfahrens im Bereich der Rehabilitationsmaßnahmen
- Aufnahme digitaler Gesundheitsanwendungen und digitaler Pflegeanwendungen
- Wegfall der Anlagen 4 bis 6 und Verweis auf die Arzneimittel-Richtlinie
- Neugestaltung der Kostenerstattung für die Wahlleistung „Unterkunft“ in zugelassenen und nicht zugelassenen Krankenhäusern
- umfangreiche Anpassungen im Bereich der Hilfsmittel (Anlagen 11 und 12 zur BBhV)
- Neuregelung der außerklinische Intensivpflege in § 27a BBhV

- Neuregelung der Vorsorge- und Früherkennungsuntersuchungen in § 41 BBhV und den Anlagen 14 und 15 zur BBhV
- Anspruch auf Versorgung einer pflegebedürftigen Person bei Inanspruchnahme von Vorsorge- oder Rehabilitationsleistungen durch die Pflegeperson ab 1.7.2024

Die Bundesbeihilfeverordnung hat nunmehr insgesamt noch 12 Anlagen (1–3, 8 bis 16). Mit der Einführung von direkten Verweisen auf die jeweiligen Anlagen der Arzneimittel-Richtlinie des Gemeinsamen Bundesausschusses wurden die Anlagen 4 bis 6 aufgehoben. Die bisherige Anlage 14a wurde mit vielfältigen Änderungen als Anlage 15 neu gefasst. Der zuvor durch die Ausgliederung des Heilbäder- und Kurorteverzeichnis geschaffene „Platzhalter" wurde somit aufgelöst.

Die Bundesbeihilfeverordnung auf dem aktuellen Stand ist im Anschluss an den Lexikonteil zusammen mit dem Heilbäder und Kurorteverzeichnis abgedruckt.

Im Vorgriff auf eine beabsichtigte Änderung der BBhV hat das BMI die ab dem 1.8.2024 geltenden Höchstbeträge für ärztlich verordnete Heilmittel im Bereich der Ergotherapie (Anlage 9 zur BBhV) bekannt gegeben. Näheres siehe unter dem Begriff Heilmittel (Ziffer 6).

Dem besseren Verständnis und auch der Erleichterung des Vollzugs dient die – insbesondere für die Höhe der Beihilfe bedeutsame – Allgemeine Verwaltungsvorschrift vom 26.6.2017 (GMBl. S. 530), zuletzt geändert durch Verwaltungsvorschrift vom 28.2.2022 (GMBl. S. 286). Sie ist im Anschluss an den Lexikonteil abgedruckt.

Wie in den Vorgängerauflagen werden jüngere Änderungen des Beihilferechts der Länder, das in seinen Abweichungen vom Bundesrecht im Lexikon aufgeführt ist, dargestellt. Betroffen sind die Länder Baden-Württemberg, Bayern, Brandenburg, Bremen, Nordrhein-Westfalen, Saarland, Sachsen und Schleswig-Holstein.

Verweisungen auf andere Stichwörter werden grundsätzlich mit einem → angegeben. „→ Beihilfebemessungssätze" heißt somit, dass Ausführungen zum Begriff „Beihilfebemessungssätze" unter diesem Stichwort zu finden sind. Innerhalb der einzelnen Abschnitte und Absätze wird das Auffinden der gesuchten Erläuterungen dadurch erleichtert, dass die den Inhalt wiedergebenden Begriffe usw. durch Fettdruck hervorgehoben sind.

Mit der vorliegenden Jahresausgabe 2025 habe ich die Bearbeitung des von Herrn Gottfried Nitze als Taschenlexikon konzipierten Wegweisers zum Beihilferecht fortgesetzt. Die vom Bundesrecht abweichenden Länderregelungen wurden auf den neuesten Stand gebracht und teilweise neu gefasst. Die vielfältigen Änderungen der Zehnten Änderungsverordnung zur BBhV machten eine sowohl inhaltliche als auch strukturelle Bearbeitung einiger Themen und darüber hinaus die Anpassung der damit verknüpften Begriffe und Stichworte des Beihilfelexikons erforderlich. So wurden u. a. die Ausführungen zur Neuregelung der Kostenerstattung für die Wahlleistung „Unterkunft", die erforderlichen Anpassungen im Bereich der Arznei- und Hilfsmittel sowie die Dynamisierung der Einkommensgrenze für berücksichtigungsfähige Personen für 2025 berücksichtigt.

Aufgrund der unverändert hohen Zahl von Änderungen im Beihilferecht des Bundes und der Länder ist eine Aktualisierung der übergreifenden Kapitel weiterhin nur schrittweise möglich. Struktur und Gliederung des seit vielen Jahren in dieser Form erscheinenden Werkes bleiben dabei selbstverständlich erhalten.

Eschweiler, im August 2024

Thomas Mischlewitz

Wir wollen unseren Leserinnen und Lesern eine schnelle und zuverlässige Hilfe an die Hand geben und verwenden daher – ausschließlich im Interesse der Lesefreundlichkeit – die männliche Sprachform.

Grundsätzliches zur Beihilfe

In den Beihilfevorschriften wird die Kranken- und Pflegefürsorge für Beamte, Richter, Berufssoldaten, Soldaten auf Zeit sowie Empfänger beamtenrechtlicher, soldatenrechtlicher und entsprechender Versorgungsbezüge geregelt. Sie enthalten auch Bestimmungen zur Fürsorgepflicht des Dienstherrn in Geburtsfällen, bei Maßnahmen zur Früherkennung von Krankheiten und Vorsorge gegen Krankheiten (einschl. Schutzimpfungen). Ferner ist ein Beihilfeanspruch zu Aufwendungen bei Empfängnisregelung sowie nicht rechtswidrigen und krankheitshalber erfolgten Sterilisationen eingeräumt.

Leistungen nach den Beihilfevorschriften werden nur auf fristgerechten Antrag gewährt und sind an die Erfüllung bestimmter Voraussetzungen gebunden. Um die Leistungen voll in Anspruch nehmen zu können, empfiehlt es sich, die Beihilfevorschriften zu kennen.

1. Wer ist beihilfeberechtigt? Für welche Personen kann eine Beihilfe beantragt werden?

Die Beihilfevorschriften verwenden den Begriff „beihilfeberechtigte Personen". Auf diese Weise wird der Personenkreis eingegrenzt, der für sich und seine „berücksichtigungsfähigen" Familienangehörigen Beihilfe beanspruchen kann. Der Grundsatz ist einfach: Wer laufend Dienst-, Anwärter- oder Versorgungsbezüge erhält oder aus besonderem Anlass ohne diese beurlaubt ist, ist beihilfe- und zugleich antragsberechtigt. Und wer zu dem Personenkreis zählt, dem der Beihilfeberechtigte laufend Unterhalt gewährt, für den können i. d. R. auch Beihilfen beantragt werden. Aber es gibt zahlreiche Ausnahmen von dieser Regel, so wenn der Ehegatte des Beihilfeberechtigten selbst (z. B. aufgrund eigener Berufstätigkeit) beihilfeberechtigt ist, höhere Einkünfte oder einen vorrangigen Anspruch auf Krankenversorgung nach anderen Vorschriften hat (z. B. als Pflichtmitglied der GKV oder aus einem Krankenversicherungswerk von Bahn oder Post). Aber auch der Beihilfeberechtigte selbst kann andere – vorrangige – Ansprüche haben, so z. B. nach dem Bundesversorgungsgesetz, als Berufssoldat oder Polizeibeamter auf freie Heilfürsorge nach den einschlägigen gesetzlichen Bestimmungen. Diese Vielfalt von Ausnahme- und Einzelregelungen zeigen die beiden Stichwörter „beihilfeberechtigte Personen" und „berücksichtigungsfähige Angehörige" auf.

Über tarifvertragliche Regelungen sind auch Arbeitnehmer und Auszubildende beihilfeberechtigt, nicht aber nach 1998 eingestellte Tarifvertragskräfte. Da diese i. d. R. in der GKV versichert sind, haben sie nur einen eingeschränkten Beihilfeanspruch (z. B. zu Zahnersatzkosten).

2. Welche Aufwendungen sind beihilfefähig? Welche Auslagen werden teilweise erstattet?

Eine Beihilfe gibt es nicht ohne Weiteres zu allen Aufwendungen, die im Zusammenhang mit einer Erkrankung, einem Geburtsfall usw. entstanden sind, sondern nur zu den „beihilfefähigen Aufwendungen", die in vielerlei Hinsicht gegenüber den tatsächlichen Ausgaben abgegrenzt sind. Die Fragen „Was ist beihilfefähig?" und „Ist die Beihilfefähigkeit bestimmter Aufwendungen eingegrenzt oder von der Erfüllung zusätzlicher Voraussetzungen abhängig?" stellen sich deshalb dem Beihilfeberechtigten immer wieder. Dazu sollte man Folgendes wissen:

- Die Generalregel lautet: „Beihilfefähig sind nur die notwendigen Aufwendungen in wirtschaftlich angemessenem Umfange." Das bedeutet, dass vom Beihilfeberechtigten und seinen berücksichtigungsfähigen Familienangehörigen eine vernünftige Sparsamkeit erwartet wird, ohne dass damit notwendige Maßnahmen eingeschränkt und eine angemessene Krankenfürsorge usw. infrage gestellt sein sollen.

- Als wirtschaftlich „angemessen" gelten Arzt- und Zahnarzthonorare i. d. R. nur bis zu einem mittleren Gebührensatz der (ausführlich dargestellten) Gebührenordnungen für Ärzte und Zahnärzte.
- In vielen Fällen sehen die Beihilfevorschriften für bestimmte Aufwendungen Höchstbeträge und andere Begrenzungen vor. Das Stichwort „Höchstgrenzen" zählt die infrage kommenden Behandlungsarten, Arznei- und Hilfsmittel usw. auf.
- In einer Reihe anderer Fälle (z. B. bei Sanatoriumsbehandlung und Heilkuren) schreiben die Beihilfevorschriften die vorherige Anerkennung der Beihilfefähigkeit vor. In Grenzfällen empfiehlt es sich, auch ohne eine solche Vorschrift die Beihilfestelle vorweg um Auskunft und Anerkennung der Beihilfefähigkeit bestimmter Aufwendungen zu bitten. Einzelheiten finden Sie u. a. unter dem Stichwort „Vorherige Anerkennung der Beihilfefähigkeit".
- Recht unübersichtlich ist die Situation hinsichtlich der Beihilfefähigkeit der Aufwendungen für Hilfsmittel. Hierzu gibt es einen Katalog von über 160 beihilfefähigen und eine Negativliste von über 100 nicht beihilfefähigen Hilfsmitteln, Anl. 11 und 12 zur BBhV (→ Hilfsmittel).
- Erstattungsprobleme kann es bei Aufwendungen für Untersuchungen und Behandlungen nach einer wissenschaftlich nicht allgemein anerkannten Methode geben. Beachten Sie deshalb den Katalog von Maßnahmen, die nicht als beihilfefähig anerkannt werden dürfen. Näheres finden Sie unter dem Stichwort „Wissenschaftlich nicht anerkannte Methoden", der Anl. 1 zur BBhV sowie unter einer größeren Anzahl einzelner Stichwörter. Schlagen Sie im Zweifel unter dem entsprechenden Stichwort nach.
- Eine Beihilfe wird im Übrigen nur gewährt, wenn dem Antragsteller oder dessen berücksichtigungsfähigen Angehörigen keine anderen vorrangigen Ansprüche auf Krankenversorgung usw. aufgrund von gesetzlichen oder anderen

Rechtsvorschriften oder arbeitsvertraglichen Vereinbarungen zustehen. Die Fachleute sagen, das Beihilferecht wird vom „Subsidiaritätsprinzip" beherrscht, womit zugleich das Stichwort genannt ist, unter dem Sie zu dieser wichtigen Frage weitere Aufschlüsse finden. Klären Sie deshalb vorweg ab – nicht erst dann, wenn ein Beihilfeantrag gestellt wird –, welche vorrangigen Ansprüche Ihnen und Ihren berücksichtigungsfähigen Angehörigen zustehen. Achten Sie darauf, dass eine Beihilfe i. d. R. nur in Betracht kommt, wenn und soweit jene vorrangigen Ansprüche ausgeschöpft worden sind und dennoch beihilfefähige Aufwendungen übrig bleiben.

- Da der Anspruch auf Beihilfe somit nachrangig, d. h. ergänzender Natur ist, ist für die Gewährung von Beihilfen kein Raum in den Fällen, in denen Mitglieder gesetzlicher Kranken- und Pflegeversicherung sog. Sach- und Dienstleistungen erhalten und deshalb i. d. R. keine beihilfefähige Belastung des Beihilfeberechtigten verbleibt. Weitere Informationen finden Sie als Mitglied einer gesetzlichen Krankenkasse (z. B. einer Allgemeinen Ortskrankenkasse oder Ersatzkasse) unter den Stichwörtern „Gesetzliche Krankenversicherung" sowie „Sach- und Dienstleistungen".

3. Wie hoch ist die Beihilfe?

Kernstück des Beihilferechts ist das Bemessungssystem, das für jede Person (den Beihilfeberechtigten selbst, seinen Ehegatten oder Lebenspartner und die berücksichtigungsfähigen Kinder) einen festen Bemessungssatz vorsieht, der auch bei Änderung des Familienstandes oder der Kinderzahl (ausgenommen bei mindestens zwei Kindern) gleich bleibt und gleichermaßen für ambulante und stationäre Behandlung gilt. Allerdings gibt es von den starren Beihilfebemessungssätzen einige Ausnahmen, die sowohl eine Verminderung als auch eine Erhöhung des Bemessungssatzes zulassen. Diese Ausnahmen sollte man kennen, weshalb sich das Studium des Stichworts „Beihilfebemessungssätze" lohnt.

In den Beihilfevorschriften gibt es eine Hundert-Prozent-Grenze. Das bedeutet, dass die nach den Beihilfevorschriften festgesetzte Beihilfe ggf. um den Betrag gekürzt wird, um den der Gesamtbetrag aus Beihilfe und Erstattung der Kranken-/Pflegeversicherung die tatsächlichen Aufwendungen, soweit diese „dem Grunde nach" beihilfefähig sind, übersteigt. Näheres finden Sie unter den Stichwörtern „Hundert-Prozent-Grenze" und „Private Krankenversicherung".

Auch bei Ausschöpfung aller durch das Beihilferecht gegebenen Möglichkeiten verbleibt i. d. R. dem Beihilfeberechtigten eine Belastung, der durch den Abschluss einer privaten Kranken- und Pflegeversicherung begegnet werden muss. Unter den Stichwörtern „Krankenversicherung" und „Private Krankenversicherung" sowie „Private Pflege-Pflichtversicherung" gibt das Taschenlexikon Entscheidungshilfen für eine ungefähr beihilfenkonforme (restkostendeckende) Kranken- und Pflegeversicherung. Eine solche Eigenvorsorge gegen die Wechselfälle des Lebens kann dem Beihilfeberechtigten nach der höchstrichterlichen Rechtsprechung zugemutet werden, weil in den Dienst- und Versorgungsbezügen die Mittel für eine angemessene Krankenversicherung enthalten sind.

4. Beihilfen gibt es nur auf Antrag

Die Beihilfe muss auf einem vorgeschriebenen Formblatt, das bei der Beihilfe- oder Beschäftigungsbehörde angefordert bzw. auf deren Internetseite heruntergeladen werden kann, beantragt werden; beachten Sie dazu das Stichwort „Antragstellung". Muss der Beihilfeberechtigte mit größeren Beträgen in Vorleistung gehen, was oft bei stationärer Behandlung in einem Krankenhaus der Fall ist, kann er auf die spätere Beihilfe eine „Abschlagzahlung" beantragen. Wenn Sie von allen Belegen Duplikate aufbewahren, können diese Unterlagen später einmal nützlich sein, z. B. bei einem Antrag nach dem Schwerbehindertenrecht oder bei der Steuererklärung.

Sammeln Sie alle Belege, die Sie später im Rahmen eines Beihilfeantrags verwenden wollen. Außen auf den Umschlag schreiben Sie deutlich das Datum, bis zu dem spätestens eine Beihilfe beantragt werden muss, wenn Ihr Beihilfeanspruch nicht verfallen soll. Eine Beihilfe wird nämlich nur dann gewährt, wenn der Beihilfeberechtigte sie innerhalb eines Jahres nach Datum der Rechnung beantragt hat. Andererseits gibt es eine sog. Bagatellgrenze, die überschritten sein muss, wenn eine Beihilfe gewährt werden soll. Näheres finden Sie unter „Antragstellung“ und „Bagatellgrenze“.

Sollten Sie einmal zu viel Beihilfe erhalten haben, werden Ihnen die Ausführungen unter dem Stichwort „Rückforderung zu viel gezahlter Beihilfen“ weiterhelfen. Wenn sich eine gerichtliche Auseinandersetzung nicht vermeiden lässt, wird Ihnen sicherlich Ihre Gewerkschaft bzw. Ihr Berufsverband mit Rat und Tat zur Seite stehen. Aber auch sonst wird Ihre Gewerkschaft (Ihr Verband) sicherlich bereit sein, Sie zu beraten.

Zusätzlich haben Sie natürlich immer die Möglichkeit, einen sogenannten Beihilfeberater einzuschalten, der für Beihilfeberechtigte sämtliche Vorgänge im Bereich der Krankenkostenabrechnungen übernimmt. Näheres finden Sie unter dem Stichwort „Beihilfeberater“.

5. Was kann man sonst tun?

Im Zusammenhang mit der Krankenfürsorge ist insbesondere an die Möglichkeiten zu denken, die das Einkommensteuer- und das Behindertenrecht bieten. Das Taschenlexikon behandelt deshalb auch diese Fragen, und zwar unter den Stichwörtern „Behindertenrecht“ und „Steuerermäßigungen“. Es kann für die Beihilfeberechtigten lohnend sein, sich auch mit diesen Fragen einmal näher zu befassen. Bescheid wissen kann hier – wie im Beihilferecht – bares Geld bedeuten.

Alle Begriffe von A–Z

E

Q

R

U

V

Z

Abgeordnete

Nach § 2 Abs. 3 Nr. 3 BBhV sind solche Beamte und Versorgungsempfänger nicht beihilfeberechtigt, denen Leistungen nach § 11 des Europaabgeordnetengesetzes, § 27 des Abgeordnetengesetzes (Bund) oder entsprechenden vorrangigen landesrechtlichen Vorschriften zustehen. Diese Abgeordneten erhalten für die Zeit der Mitgliedschaft in den Parlamenten und danach Beihilfe nach den Abgeordnetengesetzen entsprechend den für Beamte geltenden Vorschriften oder einen Zuschuss zu ihrem Krankenversicherungsbeitrag; dies gilt auch für Hinterbliebene eines früheren Abgeordneten und ebenso, wenn sie vor Annahme des Mandates z. B. als Beamter beihilfeberechtigt waren. Eine Wahlmöglichkeit zwischen Beihilfe und Zuschuss zum Krankenversicherungsbeitrag besteht auch nach dem Abgeordnetenrecht der Länder.

Abmagerungsmittel

Abmagerungsmittel dienen vordergründig der Erhöhung der Lebensqualität und sind deshalb nach § 34 Abs. 1 Satz 7 SGB V ergangenen Arzneimittel-Richtlinien von der Versorgung zulasten der GKV ausgenommen. Dieser Ausschluss gilt auch für die Beihilfe. Die in Betracht kommenden – ausgeschlossenen – Arzneimittel ergeben sich aus Anlage II der Arzneimittel-Richtline des G-BA (§ 22 Abs. 2 Nr. 1 BBhV).

Absauggeräte

Aufwendungen sind beihilfefähig (Nr. 1.2 der Anl. 11 zur BBhV).

Abschläge bei Kostenerstattung

Die GKV kann anstelle von Sach- und Dienstleistungen Kostenerstattung gewähren in den im SGB V festgelegten Fällen (z. B.

bei einer selbst beschafften Kraft zur häuslichen Krankenpflege) sowie allen Versicherten (auch Pflichtversicherten) nach § 13 Abs. 2 SGB V (→ Kostenerstattung). Die Kostenerstattung beschränkt sich auf die tatsächlich entstandenen Kosten bis zur Höhe des Wertes der sonst von der Krankenkasse zu tragenden Vergütung für die Sach- oder Dienstleistung. Diese Erstattung kürzt die Krankenkasse um **Abschläge für Verwaltungskosten**. Damit erkennbar ist, welche Leistungen die Krankenkasse im Rahmen der Kostenerstattung erbracht hat, muss der Beihilfestelle eine Abrechnung der Kasse über deren Leistungen vorgelegt werden, aus der sich auch die von der Kasse vorgenommenen Abzüge für Verwaltungskosten ergeben. Diese Abzüge sind – wie die Kassenleistungen – von den beihilfefähigen Aufwendungen abzuziehen.

Beispiel:

beihilfefähiges Arzthonorar		1200 Euro
./. Kassenleistung	800 Euro	
./. vermerkter Abschlag	120 Euro	920 Euro
beihilfefähig		280 Euro

Abschlagzahlungen

Das Wichtigste in Kürze

- Bei kostenaufwendigen Maßnahmen können im Bedarfsfall bei der Beihilfestelle Abschlagzahlungen beantragt werden, die später mit der endgültigen Beihilfe verrechnet werden.
- Bei Krankenhausbehandlung sollte geprüft werden, ob die Abschlagzahlung von der Beihilfestelle direkt an das Krankenhaus überwiesen werden kann; dem Krankenhaus sollte außerdem eine Kostenübernahmeerklärung der Krankenversicherung vorgelegt werden. Wenn alles

klappt, können die hohen Vorauszahlungen an das Krankenhaus vermieden oder stark reduziert werden.

Abweichungen in Bundesländern:
→ Schleswig-Holstein (Ziff. 3)
→ Bayern (Ziff. 23)

1. Zu erwartende Zahlungen

Auf eine zu erwartende Beihilfe können Abschlagzahlungen geleistet werden (§ 51 Abs. 9 BBhV), auch zu noch nicht bezahlten Rechnungen. Auf diese Weise wird es dem Beihilfeberechtigten ermöglicht, Rechnungen noch vor Gewährung der Beihilfe zu begleichen oder seinerseits Vorauszahlungen zu leisten, insbesondere bei → Krankenhausbehandlungen, → Sanatoriumsbehandlungen (Stationäre Rehabilitation), → Heilkuren, → dauernder Pflegebedürftigkeit (Ziff. 7), Zahnersatz und anderen kostenaufwendigen Maßnahmen. Anlass für Abschläge kann auch vorliegen, wenn z. B. höhere Krankheits- und Pflegekosten mit anderen außergewöhnlichen Belastungen (z. B. durch Hauskauf) zusammentreffen. Da die Abschlagzahlungen die später festzusetzende Beihilfe nicht übersteigen dürfen, ist es erforderlich, dass der Antragsteller die Beihilfestelle über alle bisherigen und – soweit möglich – auch über die noch zu erwartenden Aufwendungen unterrichtet. Es liegt in seinem Interesse, wenn dem formlosen Antrag auf Gewährung einer Abschlagzahlung ein vollständig ausgefülltes Formular „Antrag auf Beihilfe" (→ Antragstellung, → Antragsformular) beigefügt wird, weil die Beantwortung der in dem Formblatt gestellten Fragen in vielen Fällen Voraussetzung für die richtige Festsetzung der Beihilfe und damit auch für die Bemessung der Abschlagzahlung ist. Abschlaganträge erübrigen sich, wenn die Beihilfestelle erfahrungsgemäß Beihilfeanträge binnen kurzer Frist bearbeitet.

Abschlagzahlungen sind nicht zulässig, wenn für Aufwendungen von einem Dritten Schadensersatz erlangt werden kann oder hätte erlangt werden können oder die Ansprüche auf einen anderen übergegangen oder übertragen worden sind. Bei Vorliegen besonderer Umstände können in Schadensersatzfällen jedoch vorläufige Zahlungen unter Vorbehalt geleistet werden.

Mit Zustimmung der beihilfeberechtigten Person können Abschläge in Ausnahmefällen auch an Dritte gezahlt werden (§ 51a Abs. 1 BBhV)

2. Längere Krankenhausaufenthalte/Pflegekosten

Besonders häufig sind Abschlagzahlungen bei längeren Krankenhausaufenthalten, da Krankenhäuser, von Ausnahmen abgesehen, von Selbstzahlern bei der Aufnahme und anschließend in regelmäßigen zeitlichen Abständen (z. B. alle zehn Tage) hohe Vorauszahlungen fordern. Ohne Deckungszusage des privaten Krankenversicherers wird bei Selbstzahlern die Krankenhausaufnahme verweigert; die Deckungszusage muss besonders in dringenden Fällen binnen kurzer Zeit erfolgen. Vorauszahlungen können vornehmlich bei Versorgungsempfängern zu erheblichen Schwierigkeiten führen, weil ihnen entweder die Möglichkeit einer Abschlaggewährung nicht bekannt ist oder sie nicht in der Lage sind, von dieser Möglichkeit Gebrauch zu machen. Zwischen dem BMI und der Deutschen Krankenhausgesellschaft ist deshalb ein Verfahren vereinbart worden, das Vorauszahlungen durch den Beihilfeberechtigten vermeiden hilft. Die Deutsche Krankenhausgesellschaft hat die Krankenhäuser über dieses Verfahren unterrichtet. Den Krankenhäusern ist es allerdings freigestellt, ob sie sich an dem Verfahren beteiligen.

Das Verfahren sieht vor, dass der Beihilfeberechtigte die Beihilfestelle bittet, die ihm zustehende Abschlagzahlung auf die zu erwartende Beihilfe unmittelbar an das Krankenhaus zu überweisen. Der Beihilfeberechtigte kann den ausgefüllten Vordruck bei der Einlieferung dem Krankenhaus zur Weiterleitung an die Beihilfestelle aushändigen. Dadurch ist gewährleistet, dass das Krankenhaus die Abschlagzahlung unmittelbar von der Beihilfestelle erhält.

Für den durch die Beihilfe nicht gedeckten Teil der Krankheitskosten hat der Beihilfeberechtigte i. d. R. durch Abschluss einer Krankenversicherung vorgesorgt. Die Krankenversicherungen erteilen gegenüber den Krankenhäusern auf Antrag des Versicherten in Höhe der zu erwartenden Versicherungsleistungen Kostenübernahmeerklärungen. Hierfür gibt es ein Formular „Antrag auf Erstattungszusage", das in den Krankenhäusern bereitgehalten wird, welches aber auch beim Verband der privaten Krankenversicherung (Postfach 51 10 40, 50946 Köln) kostenlos bezogen werden kann. Mit Beihilfe-Abschlagzahlung und Erstattungszusage der Krankenversicherung ist bei ausreichendem Versicherungsschutz i. d. R. die vom Krankenhaus geforderte Vorauszahlung gedeckt.

Die Beihilfestellen sind angewiesen, die Vordrucke für Beihilfe-Abschlagzahlungen dem Beihilfeberechtigten, auf Anforderung auch den Krankenhäusern zur Verfügung zu stellen, damit diese die krankenhausspezifischen Daten bereits vorweg einsetzen können. Das BMI hat die Beihilfestellen gebeten, Anträge auf Abschlagzahlungen innerhalb von drei Tagen zu bearbeiten. Falls keine Beihilfeberechtigung besteht, soll das betroffene Krankenhaus darüber unverzüglich unterrichtet werden.

Den Beihilfeberechtigten ist anzuraten, sich vorsorglich bei den für sie in Betracht kommenden Krankenhäusern zu erkundigen, ob sie sich dem erwähnten Verfahren angeschlossen haben, und im Zweifelsfall bevorzugt solche Krankenanstalten aufzusuchen, die an dem genannten Erstattungsverfahren teilnehmen.

Auf die Pauschalbeihilfe nach § 38a Abs. 3 BBhV (häusliche Pflege) sowie auf die sich nach § 39 BBhV bei vollstationärer Pflege ergebende Beihilfe kann auf Antrag jeweils für bis zu sechs Monate ein monatlicher Abschlag auf die Beihilfe gewährt werden. Nach Ablauf dieses Zeitraums ist die Beihilfe unter Berücksichtigung möglicher Unterbrechungszeiten endgültig festzusetzen. Diese Abschläge vermeiden eine allmonatliche Beantragung von gleich bleibender Beihilfe, wie das besonders bei der Pauschalbeihilfe der Fall ist. Bei vollstationärer Pflege steht bei sich nicht verändernden Pflegekosten eine gleich bleibende Beihilfe zu, wenn zu den Kosten der Unterkunft und Verpflegung nach Abzug des Eigenanteils keine Beihilfe zu gewähren ist. Ebenso können sich die Beihilfen zu den Kosten der vollstationären Pflege insgesamt über einen mehrmonatigen Zeitraum entsprechen, so dass ein monatlicher Abschlag in Betracht kommt.

Abschlagzahlungen bei → Dialysebehandlung, bei → Kieferorthopädischer Behandlung, in Pflegefällen → Dauernde Pflegebedürftigkeit (Ziff. 15).

3. Schadensersatzanspruch

Für die Fälle, in denen der Beihilfeberechtigte oder berücksichtigungsfähige Angehörige einen Schadensersatzanspruch gegen einen Dritten hat bzw. haben und deshalb ein Anspruch auf Beihilfe und folglich auch ein Anspruch auf Abschlagzahlung nicht oder nur in beschränktem Umfang besteht, erhält der Beihilfeberechtigte auf Antrag eine vorläufige Zahlung (→ Schadensersatzansprüche).

Acarex-Test, Acarosan und andere Mittel gegen Hausstaubmilben

Bei Acarosan handelt es sich um ein Mittel zur Reinigung von Möbeln, Teppichen usw. sowie zur Beseitigung von Hausstaubmilben, deren Exkremente die Hausstaubmilbenallergie oder Asthma auslösen. Der Milbenbefall wird zuvor mit dem Acarex-Test festgestellt.

Beihilfefähigkeit der Aufwendungen für dieses Präparat ist schon deshalb nicht gegeben, weil es nicht zu den verschreibungspflichtigen Arzneimitteln bzw. nicht zu den nicht verschreibungspflichtigen Arzneimitteln gehört, die ausnahmsweise verordnet werden dürfen, weil sie bei der Behandlung schwerwiegender Erkrankungen als Therapiestandard gelten. Nur diese (Arznei-)Mittel sind nach § 22 Abs. 2 Nr. 3 Buchst. c BBhV beihilfefähig (siehe auch die in Bezug genommene Anlage I der Arzneimittel-Richtlinie des G-BA). Es muss deshalb nicht geprüft werden, ob Acarosan objektiv geeignet ist, übliche desinfizierende Reinigungsmittel zu ersetzen. Ferner erfolgt mit Präparaten zur Bekämpfung von Hausstaubmilben keine Heilbehandlung, sondern nur eine Gesundheitsvorsorge, die aber nicht von den begünstigten Vorsorgemaßnahmen nach § 41 BBhV erfasst wird. Keine Beihilfe steht im Übrigen auch für andere Aufwendungen für Gegenstände zu, mit denen gegen den Milbenbefall angegangen wird (z. B. besondere Matratzen, Tapeten und Textilien, Austausch von Teppichböden gegen Holzfußböden).

Hinsichtlich von Matratzenüberzügen ist der therapeutische Wert und der weit über einem Bettlaken liegende Preis des Überzugs nicht zu verkennen. Dass der Überzug ein Bettlaken ersetzt, sollte jedenfalls nicht dazu führen, die unmittelbare Heilwirkung (Verhinderungswirkung) zu ignorieren. Gerade bei Allergie gegen Hausstaubmilben oder Asthma bronchiale ist dies der Fall. Unter Zurückstellung von Bedenken sollten deshalb bei diesen Krankheitsformen die Mehrkosten der Matratzenüberzüge gegenüber Bettlaken als beihilfefähig angesehen werden (vgl. auch BSG vom 18.1.1996 – 1 RK 8/95).

AIDS-Test

Aufwendungen für AIDS-Tests sind besonders beihilfefähig, wenn ein konkreter Ansteckungsverdacht vorliegt und sofern sie nicht Teil der allgemeinen Krankenhausleistungen sind. AIDS-Tests durch die Gesundheitsämter sind gebührenpflichtig.

Die **Deutsche Aidshilfe** bietet im Übrigen Onlineberatung per E-Mail oder Chat an, auch über Safer-Sex oder zum Leben mit HIV.

Akupunkturbehandlung/Akupressur

Aufwendungen für Akupunkturbehandlung sind beihilfefähig, soweit es sich um Leistungen eines Arztes, Zahnarztes oder Heilpraktikers handelt und die für solche Leistungen vorgesehenen Gebühren (z. B. die auf die Nr. 269 und 269a GOÄ bezogene Regelspanne bei → ärztlichen Leistungen und der Mindestsatz des Gebührenverzeichnisses für → Heilpraktiker) nicht überschritten werden.

Auch Aufwendungen für vom Arzt schriftlich verordnete Akupunkturmassagen sind im Rahmen der für → Massagen geltenden Höchstbeträge beihilfefähig.

Akupunktur (auch als Elektro-, Laser- oder Ohrpunktur) ist nicht nur bei Behandlung von Schmerzzuständen beihilfefähig. Sie ist vielmehr auch bei Erkrankungen der Atemwege und der Mundhöhle sowie bei Magen- und Darmkrankheiten anerkannt. Hauptanwendungsbereich dürften jedoch neurologische Krankheiten (z. B. chronische Kopfschmerzen, Migräne, Trigeminusneuralgie) und orthopädische Krankheiten (z. B. Ischialgie, Hexenschuss, rheumatische Arthritis, chronische LWS-Beschwerden, osteoarthritische Schmerzen) sein. Die GKV leistet bei Schmerzen im Lendenwirbelbereich sowie chronischen Schmerzen im Kniegelenk durch Genarthrose bei Behandlung durch Vertragsärzte, die PKV sogar bei Akupunktur durch Heilpraktiker.

Nicht beihilfefähig sind Aufwendungen für Elektroakupunktur nach Voll (Nr. 7.1 der Anl. 1 zur BBhV), auch nicht im Rahmen der Elektro-Neural-Diagnostik.

Im Gegensatz zur Akupunktur werden bei der aus der Traditionellen Chinesischen Medizin stammenden Akupressur verschiedene Punkte des Körpers gedrückt bzw. massiert, um Schmerzen zu lindern. Das Verfahren kann auch mit Erfolg gegen Regelschmerzen von Frauen eingesetzt werden. Die Aufwendungen sind grundsätzlich beihilfefähig.

Alarmgeräte für Epileptiker

Aufwendungen sind beihilfefähig (Abschnitt 1 Nr. 1.5 der Anl. 11 zur BBhV).

Altenheime

Die Aufwendungen für Unterbringung und Verpflegung in einem Altenheim sind nicht beihilfefähig. Beihilfefähig sind hingegen:

- bei vorübergehender Erkrankung: die gleichen Aufwendungen wie bei beihilfeberechtigten und berücksichtigungsfähigen Personen, die nicht in einem Altenheim wohnen
- bei → vorübergehender Pflegebedürftigkeit: die Krankheitskosten sowie die Kosten für die Pflege in Höhe des Pflegekostenzuschlags zu den allgemeinen Unterbringungskosten
- bei → dauernder Pflegebedürftigkeit: die Krankheitskosten, die Pflegekosten (soweit nicht in den Unterbringungskosten enthalten) sowie die Aufwendungen für Unterbringung und Verpflegung (abzüglich der vorgeschriebenen Eigenbeteiligung)

Alternative Medizin

Die Beihilfefähigkeit von Aufwendungen zu Behandlungsmethoden der Alternativen Medizin sind beihilfefähig, wenn sich diese Behandlungsform in der Praxis als Erfolg versprechend bewährt hat bzw. ebenso wirksam wie von der Schulmedizin eingesetzte Methoden (und Mittel) ist und keine höheren Kosten als die Behandlung nach herkömmlicher Art verursacht werden (vgl. BGH vom 23.6.1993 – IV ZR 135/92); auch bei der Alternativen Medizin wird deshalb ein Nachweis der Wirksamkeit und damit der Wissenschaftlichkeit zu fordern sein. So sind bei unheilbaren oder unerforschten Krankheiten nur die Methoden und Arzneimittel beihilfefähig, die sich als Erfolg versprechend bewährt haben oder angewandt werden, weil keine schulmedizinischen Methoden oder Arzneimittel zur Verfügung stehen (vgl. BGH vom 30.10.2002 – IV ZR 60/01 und IV ZR 119/01). Alternative Behandlungsmethoden (Mittel) sind folglich anzuerkennen, wenn sie mit nicht nur geringer Erfolgsaussicht das Erreichen des Behandlungszieles als möglich erscheinen lassen. Der Arzt muss den Patienten darauf hinweisen, dass bei Zweifeln an der medizinischen Notwendigkeit die Beihilfe (und die Krankenversicherung) nicht für die Kosten eintritt.

Außenseitermethoden können unter ernster kritischer ärztlicher Risikoabwägung in Betracht kommen, wenn anerkannte Methoden nicht zur Verfügung stehen oder im Einzelfall (z. B. wegen Gegenindikationen, Unverträglichkeit oder Wirkungslosigkeit) ungeeignet sind oder erfolglos eingesetzt werden, und nach dem Stand der medizinischen Wissenschaft eine Wirksamkeit nicht ausgeschlossen werden kann (BVerwG vom 29.6.1995, ZBR 1996 S. 48). In diesen Fällen sei ein zeitlich begrenzter Therapieversuch, über den der Patient umfassend aufzuklären sei, anzuerkennen. Das Gericht hat dabei auch klargestellt, dass ein Behandlungserfolg im konkreten Einzelfall kein geeigneter Maßstab für die Anerkennung der Behandlungsmethode ist.

In Fällen der vorstehenden Art empfiehlt sich für den Beihilfeberechtigten, sich vor Behandlungsbeginn von der Beihilfestelle die Beihilfefähigkeit der Aufwendungen bestätigen zu lassen. Auskünfte zur wissenschaftlichen Bewertung von beispielsweise Therapien, Arzneimitteln, aber auch von bestimmten Operationsmethoden und Diagnoseverfahren gibt das Institut für Qualität und Wirtschaftlichkeit im Gesundheitswesen.

→ Naturheilverfahren

→ Wissenschaftlich nicht anerkannte Methoden

Altersflecken

Deren Beseitigung ist als kosmetische Maßnahme nicht beihilfefähig (einschl. der Aufwendungen für besondere Cremes und Laserbehandlung). Da sie auch Vorstufe von Hautkrebs sein können, sind die Aufwendungen für eine hautärztliche Untersuchung beihilfefähig.

Altersgeld

Das an freiwillig vorzeitig aus dem Bundesdienst ausscheidende Beamte nach dem Altersentgeltgesetz anstelle der Nachversicherung in der gesetzlichen Rentenversicherung gezahlte Altersgeld ist kein Versorgungsbezug und begründet folglich keine Beihilfeberechtigung.

Ambulante Krankenbehandlung

Abweichungen in Bundesländern:
→ Baden-Württemberg (Ziff. 12)

Die bei ambulanten Krankenbehandlungen entstehenden Aufwendungen sind unter → Ärztliche Leistungen, → Heilmittel, → Hilfsmittel, → Fahrtkosten, → Erste Hilfe sowie den einzelnen Heilmaßnahmen behandelt.

Die Aufwendungen für Unterkunft bei notwendigen **auswärtigen ambulanten ärztlichen, zahnärztlichen und psychotherapeutischen Leistungen** sind für den Kranken und für eine notwendige Begleitperson bis zum Höchstbetrag von je 30 Euro täglich (150 v. H. des Übernachtungsgeldes nach § 7 Abs. 1 BRKG) beihilfefähig. Entstehen Unterkunftskosten in einer der Betreuung und Behandlung von Kranken oder behinderten

Menschen dienenden auswärtigen Einrichtung, sind auch Heilmittel abgeltende Pauschalen (die ggf. Verpflegungskosten einschließen) beihilfefähig (§ 32 Abs. 1 und 2 BBhV). Für das Ausland gilt § 32 Abs. 3 BBhV.

Für **ambulant durchgeführte Operations- und Anästhesieleistungen** sieht Abschnitt C VIII der GOÄ Zuschläge vor. Ein Überschreiten der Schwellenwerte (2,3facher, 1,8facher bzw. 1,3facher Einfachsatz) zuzüglich der Zuschläge (nur berechenbar mit dem Einfachsatz) ist nur zulässig, wenn Besonderheiten der ärztlichen Behandlung dies rechtfertigen und in der Rechnung eine entsprechende Begründung gegeben wird.

Als ambulante Krankenbehandlungen gelten auch diejenigen in **medizinischen Versorgungszentren** (sie werden i. d. R. auf GOÄ-Basis abgerechnet) sowie ambulante ärztliche Leistungen im Rahmen von **Disease-Management-Programmen** (die Vergütung dieser Leistungen ist bis zu den von der GKV getragenen Sätzen beihilfefähig).

Amtliche Sachbezugswerte

Sachbezugswerte sind Einkünfte, die nicht als Geldleistung gewährt werden und zum beitragspflichtigen Arbeitsentgelt gehören.

Für die Sozialversicherung wird der Wert bestimmter Sachbezüge jährlich durch die Sozialversicherungsentgeltverordnung (SvEV) festgelegt. Der geldwerte Vorteil ist dabei nicht auf den einzelnen Abgabeort bezogen festzustellen. Die in der SvEV festgelegten Werte sind auch für den Lohnsteuerabzug anzuwenden. Auch Arbeitnehmer, die nicht der Sozialversicherung unterliegen, werden besteuert.

Mahlzeiten, die arbeitstäglich unentgeltlich oder verbilligt an die Arbeitnehmer abgegeben werden, sind mit dem anteiligen amtlichen Sachbezugswert nach der Verordnung über die sozialversicherungsrechtliche Beurteilung von Zuwendungen des Arbeitgebers als Arbeitsentgelt (Sozialversicherungsentgeltverordnung – SvEV) zu bewerten.

Die amtlichen Sachbezugswerte werden jährlich an die Entwicklung der Verbraucherpreise angepasst.

Die amtlichen Sachbezugswerte für 2024 sind:

- Frühstück: 2,17 Euro
- Mittagessen: 4,13 Euro
- Abendessen: 4,13 Euro

Der Sachbezugswert für freie Unterkunft beträgt bundeseinheitlich 278 Euro monatlich.

Amtsträger

Amtsträger (z. B. Bundesminister) sowie die Hinterbliebenen der Amtsträger erhalten Beihilfen nach Maßgabe der Beihilfevorschriften oder einen Zuschuss zu ihrem Krankenversicherungsbeitrag. Ansprüche nach dem Abgeordnetengesetz gehen vor (→ Abgeordnete).

Angeborene Leiden

Krankheit i. S. der Beihilfevorschriften (vgl. § 47 Abs. 4 BBhV) ist jede Störung der körperlichen und geistigen Gesundheit, gleichgültig, ob die Störung angeboren oder erworben ist. Die Aufwendungen für die Behandlung angeborener Leiden sind deshalb genauso beihilfefähig wie die Kosten für die Behandlung akuter und chronischer Krankheiten. Das gilt auch, wenn es sich um unheilbare Leiden oder Körperschäden handelt.

Angorawäsche

Aufwendungen sind nicht beihilfefähig (Nr. 1.2 der Anl. 12 zur BBhV).

Anschlussheilbehandlungen

Eine als medizinische Rehabilitationsmaßnahme durchgeführte Anschlussheilbehandlung liegt nach § 34 Abs. 1 und 3 BBhV vor, wenn

- sie sich einem Krankenhausaufenthalt zur Behandlung einer schwerwiegenden Erkrankung anschließt,
- sie im Zusammenhang mit einer Krankenhausbehandlung steht,
- sie nach einer ambulanten Operation, Strahlen- oder Chemotherapie notwendig ist,
- die Einrichtung für die Behandlung geeignet ist.

Die Rehabilitationsmaßnahmen müssen in Rehabilitationseinrichtungen erfolgen, mit denen ein Versorgungsvertrag nach § 111 Abs. 2 Satz 1 SGB V besteht. Dies gilt auch für Entwöhnungen bei Suchtbehandlungen. Besteht mit der Rehabilitationseinrichtung kein Versorgungsvertrag, sind nur die in § 34 Abs. 5 BBhV bezeichneten Aufwendungen beihilfefähig.

Die Rehabilitationsmaßnahme muss ärztlich begründet werden.

Die Anschlussheilbehandlung soll sich möglichst binnen 14 Tagen an die stationäre Krankenhaus- oder ambulante ärztliche Behandlung anschließen, sofern nicht medizinische Gründe oder z. B. ein fehlender Behandlungsplatz dagegenstehen.

Beihilfefähig sind die Fahrtkosten für die An- und Abreise einschließlich der Gepäckbeförderung (§ 34 Abs. 5 BBhV) und nach § 34 Abs. 4 BBhV:

- Behandlungskosten für Leistungen von Ärzten, Heilpraktikern und Psychotherapeuten
- Aufwendungen für Wahlleistungen eines Krankenhauses
- Aufwendungen für Arznei-, Hilfs- und Heilmittel
- Aufwendungen für Komplextherapien und integrierte Versorgung

- Aufwendungen für eine medizinisch notwendige Begleitperson
- Kurtaxe und Kosten des ärztlichen Schlussberichts
- Aufwendungen für Unterkunft und Verpflegung einschließlich der pflegerischen Leistungen bis zur Höhe des niedrigsten Satzes der Einrichtung (§ 35 Abs. 2 Satz 2 Nr. 5 Buchst. a und b BBhV, allerdings ohne Begrenzung auf 21 Tage)

→ Suchtbehandlungen

→ Drogenabhängigkeit

Anti-Baby-Pille

Aufwendungen für ärztliche verordnete hormonelle Mittel (Anti-Baby-Pille) und Intrauterinpessare (Spirale) zur Empfängnisverhütung sind nur bei Frauen bis zur Vollendung des 22. Lebensjahres beihilfefähig, es sei denn, sie werden zur Behandlung einer Krankheit ärztlich verordnet (§ 43a Abs. 2 BBhV).

Antragstellung

Das Wichtigste in Kürze

- Antragsberechtigt sind nur die Beihilfeberechtigten, nicht (von Ausnahmen abgesehen) die berücksichtigungsfähigen Angehörigen. Für den Fall der Verhinderung können die Beihilfeberechtigten bei der Beihilfestelle eine (Vorsorge-)Vollmacht für die Antragstellung durch Dritte hinterlegen. Desgleichen kann aus einer gerichtlich angeordneten gesetzlichen Betreuung Beihilfe beantragt werden.
  Dem Beihilfeantrag sind die Belege über die geltend gemachten Aufwendungen beizufügen; Abschriften oder Fotokopien aller Belege sollten vom Beihilfeberechtigten aufgehoben werden.

- Beihilfeanträge sind zu stellen
  - innerhalb von drei Jahren nach Ausstellung der Rechnung,
  - nur auf vorgeschriebenem Formblatt (schriftlich oder elektronisch) und
  - erst dann, wenn die sog. Bagatellgrenze (200 Euro) überschritten ist.
- Gegenüber der Beihilfestelle ist für die Prüfung, ob die → Hundert-Prozent-Grenze eingehalten ist, die Erstattung der privaten Kranken-(Pflege-)versicherung durch Vorlage des Versicherungsscheins oder einer generellen Bescheinigung der Kranken-(Pflege-)versicherung oder von Fall zu Fall durch Vorlage der Erstattungsbescheinigung nachzuweisen. Soweit Leistungen aus einer privaten Kranken- oder Pflegeversicherung nach einem bestimmten Vomhundertsatz zustehen, müssen sie nicht nachgewiesen werden. Hier genügt eine einmalige Vorlage der Versicherungsunterlagen, aus denen sich der prozentuale Versicherungsschutz ergibt. Ändert sich der Letztere, ist dies der Beihilfestelle anzuzeigen. Leistungen der GKV sind stets nachzuweisen.

Abweichungen in Bundesländern:

→ Baden-Württemberg (Ziff. 29 bis 32)
→ Bayern (Ziff. 21 bis 24)
→ Bremen (Ziff. 13)
→ Hamburg (Ziff. 16, 17)
→ Hessen (Ziff. 16)
→ Niedersachsen (Ziff. 26)
→ Nordrhein-Westfalen (Ziff. 18)
→ Rheinland-Pfalz (Ziff. 23)
→ Saarland (Ziff. 16)
→ Sachsen (Ziff. 20, 21)

→ Schleswig-Holstein (Ziff. 2, 3)
→ Thüringen (Ziff. 18)

1. Antragsberechtigung und Antragstellung durch Dritte

Beihilfen werden nur auf schriftlichen oder elektronischen Antrag gewährt (§ 51 Abs. 3 BBhV). **Antragsberechtigt** sind nur die → beihilfeberechtigten Personen sowie Sozialhilfeträger, sofern der Beihilfeanspruch nach § 93 SGB XII auf sie übergegangen ist, nicht auch die → berücksichtigungsfähigen Familienangehörigen. Die Eigenschaft als Erbe berechtigt allein nicht zur Antragstellung und zum Erhalt der Beihilfe.

Aufwendungen für Halbwaisen können zusammen mit den Aufwendungen des Elternteils in einem Antrag geltend gemacht werden, ohne dass damit der eigenständige Beihilfeanspruch der Halbwaisen verloren geht (VV 51.3.5). Innerhalb der Antragsfrist (→ nachstehende Ziff. 6) kann ein Beihilfeantrag auch noch nach dem Ausscheiden aus dem Kreis der beihilfeberechtigten Personen gestellt werden, soweit die beihilfefähigen Aufwendungen noch während der Zugehörigkeit zu diesem Personenkreis entstanden sind.

Nach § 51 Abs. 7 BBhV und VV 51.7 können zur Vermeidung unbilliger Härten berücksichtigungsfähige Angehörige oder deren gesetzliche Vertreter ausnahmsweise Beihilfe beantragen. Dies kann ohne Zustimmung des Beihilfeberechtigten geschehen. Die Beihilfestelle hat über dieses gesonderte Antragsrecht nach Anhörung des Beihilfeberechtigten zu entscheiden. Die Belege kann der berücksichtigungsfähige Angehörige unmittelbar der Beihilfestelle zuleiten und die Beihilfestelle auch an diesen zurückschicken. Die Beihilfe kann absprachegemäß auch dem berücksichtigungsfähigen Angehörigen überwiesen werden.

Mit dem gesonderten Antragsrecht lässt sich besonders den bei zerrütteten Ehe- und Familienverhältnissen sowie nach Scheidungen auftretenden Problemen bei der Antragstellung z. T.

abhelfen sowie dem Schutz vor der Preisgabe persönlicher Daten usw. Rechnung tragen. Ein Anwendungsfall liegt auch vor, wenn befürchtet werden muss, dass der Beihilfeberechtigte die Aufwendungen für seine berücksichtigungsfähigen Angehörigen nicht oder nicht rechtzeitig beantragt oder die für Aufwendungen der berücksichtigungsfähigen Angehörigen gewährten Beihilfen nicht zweckentsprechend einsetzt. Verfahrensmäßige Probleme sind dabei nicht ausgeschlossen, da es Schwierigkeiten bereiten kann, die Angaben der Angehörigen im Antragsverfahren auf ihre Richtigkeit hin zu überprüfen, besonders wenn der Beihilfeberechtigte unter Hinweis auf das Recht der informationellen Selbstbestimmung Angaben oder seine Mitwirkung verweigert.

Um eine rechtmäßige Festsetzung der Beihilfe zu ermöglichen, treffen den Beihilfeberechtigten nach § 51 Abs. 1 Satz 2 BBhV die in der VV 51.1.4 genannten **Mitwirkungspflichten**, die in den Fällen der VV 51.1.5 allerdings nicht bestehen. Die VV 51.1.7 und 8 sehen Sanktionen vor, wenn der Mitwirkungspflicht nicht genügt wird.

2. Vollmacht

Da nur die selbst beihilfeberechtigten, nicht aber die berücksichtigungsfähigen Personen berechtigt sind, einen Antrag auf Gewährung einer Beihilfe zu stellen, halten sich viele Beihilfestellen für nicht befugt, Beihilfen festzusetzen und auszuzahlen oder Abschlagzahlungen anzuweisen, wenn der Beihilfeberechtigte ausnahmsweise nicht in der Lage ist, selbst tätig zu werden und eine Unterschrift zu leisten. Erfahrungsgemäß fallen aber gerade in solchen Situationen (so bei schweren Unfällen und lebensgefährlicher Erkrankung des Beihilfeberechtigten) hohe Aufwendungen an.

Kann der Beihilfeberechtigte z. B. wegen lebensbedrohender Erkrankung oder eines schweren Unfalls sein Antragsrecht nicht ausüben, sollte auf eine Bevollmächtigung Dritter zur Antragstellung zurückgegriffen werden können. Dazu sollte bei der Festsetzungsstelle eine **Vollmacht** hinterlegt werden, aufgrund derer insbesondere Familienangehörige zur Antragstellung und zum Empfang von Beihilfe und Abschlägen bevollmächtigt werden. Als Anhalt für die Vollmacht kann das folgende Muster dienen:

Vollmacht

Hiermit bevollmächtige ich meine / meinen Ehefrau / Ehemann / Lebenspartnerin / Lebenspartner / Sohn / Tochter / Schwiegersohn / Schwiegertochter / Schwager / Schwägerin

Herrn/Frau . . . .

Herrn/Frau . . . .

in meinem Namen Beihilfen und Abschlagzahlungen zu beantragen, alle anderen erforderlichen Erklärungen abzugeben und die in Beihilfeangelegenheiten anfallenden Schreiben und Unterlagen entgegenzunehmen. Die Vollmacht schließt die Befugnis zur Entgegennahme der Beihilfen und Abschlagzahlungen ein. Im Zweifel sind Zahlungen auf das folgende Konto zu leisten:

....

(Name des Kontoinhabers, Bank, Konto-Nr., Bankleitzahl).

Jede(r) der Bevollmächtigten ist berechtigt, ohne Mitwirkung des/der anderen Bevollmächtigten zu handeln. Bei einander widersprechenden Anträgen mehrerer Bevollmächtigter soll der Antrag desjenigen gelten, der unter den genannten Bevollmächtigten vor dem anderen genannt ist.

....

(Unterschrift des Vollmachtgebers)

....

(Unterschrift des/der Bevollmächtigten)

Eine zweite Ausfertigung der Vollmacht sollte für den Notfall in eine Vorsorge-Mappe geheftet werden. Damit wird sichergestellt, dass eine Vollmacht auch dann zur Verfügung steht, wenn die bei der Beihilfestelle befindlichen Unterlagen nach Ablauf bestimmter Fristen vernichtet worden sind. Wird von der Vollmacht Gebrauch gemacht, empfiehlt es sich, mit dem Beihilfeantrag eine ärztliche Bescheinigung vorzulegen, aus der hervorgeht, dass der Beihilfeberechtigte zur Antragstellung nicht in der Lage ist. Die Beihilfestellen gehen i. d. R. nämlich davon aus, dass der Beihilfeanspruch als höchstpersönlicher Anspruch des Beihilfeberechtigten nur dann eine Vertretung durch einen Bevollmächtigten bei der Antragstellung zulässt, wenn dem Beihilfeberechtigten die persönliche Antragstellung aus einem konkreten wichtigen Grund (z. B. schwerer Unfall, Operation, Heimpflege) nicht möglich ist. Die Vollmacht kann jederzeit schriftlich widerrufen werden.

Im Fall eines krankheitsbedingten Unvermögens des Beihilfeberechtigten, einen Beihilfeantrag selbst zu stellen und zu unterschreiben, erkennen immer mehr Beihilfestellen auch die Antragstellung und Unterschrift des Ehegatten und eines Kindes an, wenn die Hinderungsgründe dargelegt und mit ärztlichem Attest belegt werden. In den Fällen, in denen ein Außenstehender den Antrag stellen muss, wird allerdings i. d. R. eine Vollmacht verlangt.

Ist eine rechtliche Betreuung erforderlich, können Erwachsene beim Amtsgericht Betreuung als gesetzliche Vertretung beantragen. Voraussetzung ist, dass der Betroffene aus Krankheits- und Altersgründen seine Angelegenheiten nicht mehr erledigen kann. Bei einer privatrechtlichen Vollmacht (möglichst schriftlich) ist eine Betreuung als gesetzliche Vertretung entbehrlich. Diese (Vorsorge-)Vollmacht umfasst die Vertretung in allen persönlichen und vermögensrechtlichen Angelegenheiten.

Durch Bevollmächtigung oder Erbfolge werden Angehörige nicht beihilfeberechtigt. Sie können aber Beihilfeansprüche geltend machen und die Beihilfe in Empfang nehmen. Bei nach § 93 SGB XII auf den Träger der Sozialhilfe übergegangenen Beihilfeansprüchen kann – ohne dass eine Beihilfeberechtigung begründet würde – der Sozialhilfeträger Beihilfe beantragen und über sie verfügen.

3. Form/Antragsvordruck

Für den Beihilfeantrag ist nicht mehr die Verwendung eines bestimmten von der Verwaltung herausgegebenen Vordrucks vorgeschrieben. Gleichwohl empfiehlt es sich zur Vermeidung fehlerhafter und unvollständiger Angaben und letztlich auch aus Gründen der Rechtssicherheit, etwaige amtlich aufgelegte Vordrucke zu verwenden. Die Antragsvordrucke können nach den jeweiligen Anforderungen eines Verwaltungszweigs, Personengruppen, dem Bewilligungs- und Bearbeitungsverfahren usw. abgefasst sein (vgl. VV 51.3.1). Auch ein unvollständiger und deshalb eine zutreffende Festsetzung der Beihilfe ausschließender Antrag wahrt die dreijährige Antragsfrist. Bei der allgemein zulässigen elektronischen Übermittlung darf die Festsetzungsstelle einen unterschriebenen Antrag in Papierform verlangen (§ 51 Abs. 3 BBhV). Belege können zusammen mit dem Antrag, aber auch gesondert vorgelegt werden, elektronisch (gescannt) jedoch nur, wenn die Festsetzungsstelle dies zugelassen hat. Antragsformulare versenden die Beihilfestellen und oftmals auch die Beschäftigungsbehörden auf Anforderung unentgeltlich. Üblicherweise wird dem Bescheid über die Festsetzung einer Beihilfe unaufgefordert ein Vordruck zur Beantragung der nächsten Beihilfe beigefügt.

4. Belege

Dem Beihilfeantrag sind die einschlägigen Belege (z. B. Arztrechnungen, Rezepte, Krankenhausrechnungen und vorgeschriebene ärztliche Bescheinigungen) beizufügen.

Hat ein Träger der Sozialhilfe oder Kriegsopferfürsorge Aufwendungen vorgeleistet, so liegt ein gültiger Beleg vor, wenn die Rechnung

- den Erbringer der Leistungen (z. B. Heim, Anstalt),
- den Leistungsempfänger (untergebrachte oder behandelte Person),

- die Art (z. B. Pflege, Heilmittel) und den Zeitraum der erbrachten Leistungen und
- die Leistungshöhe

enthält. Die Rechnung muss vom Erbringer der Leistung erstellt werden. Ausnahmsweise kann auch ein Beleg des Sozialhilfeträgers anerkannt werden, der die entsprechenden Angaben enthält. In diesem Fall ist zusätzlich die Angabe des Datums der Vorleistung und ggf. der schriftlichen Überleitungsanzeige erforderlich (VV 54.1.4). Hat der Sozialhilfeträger den Beihilfeanspruch auf sich übergeleitet, stellt er aufgrund eigenen Rechts den Beihilfeantrag.

Bei Krankenhausbehandlungen müssen zur Beihilfegewährung die **Entlassungsanzeige** und auf Verlangen der Festsetzungsstelle die **Wahlleistungsvereinbarung** vorgelegt werden (§ 51 Abs. 3 Satz 3 BBhV).

Belege sind als Zweitschrift (z. B. einer Arztrechnung) oder in Kopie der Festsetzungsstelle vorzulegen. Bei konkretem Verdacht auf Fälschung oder Verfälschung von Belegen kann die Festsetzungsstelle mit Einwilligung des Beihilfeberechtigten den Urheber des Belegs nach dessen Echtheit befragen. Wird die Einwilligung verweigert, entfällt die Beihilfe (§ 51 Abs. 3 Satz 5 und 6). Auf die Vorlage der Originalbelege kann nicht verzichtet werden, wenn mehrere Personen antragsberechtigt sind.

Von den Apotheken fotokopierte ärztliche Rezepte sind für die Beihilfestellen vollwertige Belege, wenn erkennbar ist, dass ärztliche Verordnung und Rechnungsstellung durch die Apotheke in unmittelbarem Zusammenhang stehen. Rezepte müssen die Pharmazentralnummer des verordneten Arzneimittels enthalten.

Im Ausland entstandene Belege müssen inländischen Ansprüchen entsprechen. Werden die für den Vergleich mit den Inlandskosten erforderlichen Angaben nicht beigebracht, entscheidet die Festsetzungsstelle über die Angemessenheit. Übersetzungen der Belege müssen mindestens für eine Beschreibung des Krankheitsbildes und der erbrachten Leistungen beigebracht werden, sofern dies die Festsetzungsstelle verlangt.

Die eingereichten Belege werden grundsätzlich von der Festsetzungsstelle vernichtet. Die Vernichtung der Belege umfasst nicht nur die der Festsetzungsstelle in Papierform vorliegenden Belege, sondern auch die Löschung der ggf. elektronisch übersandten Belegdateien (vgl. VV 51.5.1).

Zur Vermeidung von Nachteilen sollten die Beihilfeberechtigten die ihnen zugehenden Rechnungen rechnerisch und – soweit möglich – auch sachlich überprüfen. Bei Arzt- und Zahnarztrechnungen sollte insbesondere darauf geachtet werden, dass der mittlere Gebührensatz, der Schwellenwert, nicht ohne ausreichende Begründung überschritten wird, deshalb nicht voll beihilfefähig und bei der privaten Krankenversicherung nicht voll erstattungsfähig ist (Näheres → Ärztliche Leistungen, → Zahnärztliche Leistungen, → Gebührenordnungen für Ärzte und → Zahnärzte). Bestehen Zweifel, ob die Rechnung ordnungsgemäß erstellt worden ist, empfiehlt es sich, die Rechnung vor der Bezahlung der Beihilfestelle zur beihilfemäßigen Berechnung vorzulegen. In schwierigen Fällen besteht die Möglichkeit, die Beihilfestelle zu ermächtigen, strittige Fragen unmittelbar mit dem Arzt, Zahnarzt usw. zu klären.

Es empfiehlt sich, die Belege zu nummerieren, und zwar in der Reihenfolge, wie sie von der **Kranken-(Pflege-)versicherung** gefordert oder gewünscht wird. Soweit die Anträge von aktiven Bediensteten auf dem Dienstweg eingereicht werden, ist der Antragsteller berechtigt, zur Wahrung der **Vertraulichkeit** die Belege und Gutachten dem Antragsformular in einem verschlossenen Umschlag beizufügen. In der Reihenfolge der Nummerierung sind die Belege in die dem Antragsformular beigegebene „Zusammenstellung der Aufwendungen" einzutragen.

Die in einem verschlossenen Umschlag bei der Beschäftigungsstelle eingereichten und als solche kenntlich gemachten Beihilfeanträge sind ungeöffnet an die Beihilfestelle weiterzuleiten.

Die Angaben im Beihilfeantrag müssen zutreffend sein. Ein Beihilfeberechtigter, der im Beihilfeverfahren Belege einreicht, für die er bereits eine Beihilfe erhalten hat, oder leichtfertig unrichtige Angaben macht und so die Verwaltung finanziell schädigt, verletzt seine Pflicht zu achtungswürdigem Verhalten und muss mit disziplinarischen und strafrechtlichen Maßnahmen rechnen (BVerwG vom 6.5.1985, ZBR S. 254). Bei leichter Fahrlässigkeit, wie sie auch bei Beihilfeanträgen bisweilen zu beobachten ist, werden i. d. R. eine Rückfrage der Beihilfestelle beim Beihilfeberechtigten und dessen Richtigstellung genügen.

Beihilfeberechtigte sollten von allen Belegen für den eigenen Gebrauch Fotokopien anfertigen, die später (z. B. bei der Rekonstruierung von Krankheitsgeschichten oder bei einem Antrag auf Anerkennung als schwerbehinderter Mensch nach dem SGB IX zwecks Erlangung bestimmter Steuerfreibeträge und anderer Vergünstigungen) von Wert sein können.

Bei Zweifeln an Notwendigkeit und Angemessenheit kann die Festsetzungsstelle ein Sachverständigengutachten einholen, dessen Kosten sie trägt.

5. Nachweis der Erstattungen der Kranken- und ggf. der Pflegeversicherung

Da die Beihilfestellen die Beihilfen unter Berücksichtigung der → Hundert-Prozent-Grenze berechnen, müssen bei der Antragstellung auch die Erstattungen der Kranken- und ggf. der Pflegeversicherung nachgewiesen werden (§ 48 Abs. 2 Satz 1 BBhV). Dies kann durch Vorlage der Erstattungsbescheinigungen der Kranken-/Pflegeversicherung geschehen.

Wurde der Beihilfestelle eine Bescheinigung der privaten Kranken-/Pflegeversicherung über einen prozentualen Kranken-

(Pflege-)versicherungsschutz vorgelegt, erübrigt sich die Vorlage von Erstattungsbescheinigungen von Fall zu Fall (§ 48 Abs. 2 Satz 2 BBhV). Der Beihilfeberechtigte hat es dann in der Hand, Beihilfe und Erstattung der Kranken-/Pflegeversicherung gleichzeitig zu beantragen.

6. Antragsfrist

Eine Beihilfe wird nur gewährt, wenn der Beihilfeberechtigte sie **innerhalb von drei Jahren** nach Rechnungsdatum beantragt hat (§ 54 Abs. 1 Satz 1 BBhV). Ansprüche, die nach Ablauf dieser Frist geltend gemacht werden, sind i. d. R. erloschen. Innerhalb dieser Dreijahresfrist können Beihilfeanträge auch beantragt werden, sobald (z. B. bei → Krankenhausbehandlung) Zwischenrechnungen vorliegen. Es ist nicht erforderlich, dass bei der Antragstellung die Behandlung abgeschlossen ist.

In **Pflegefällen** wird Beihilfe gewährt, sobald die Voraussetzungen für die Zuordnung zu einer Pflegestufe erfüllt sind (§ 37 Abs. 2 BBhV).

Für den **Beginn** der Frist ist maßgebend nach § 54 Abs. 1 Satz 2 BBhV der letzte Tag des Monats, in dem die Pflege erbracht wurde. Bei einer Transplantation von Organen ist Fristbeginn der Ablauf des Jahres, in dem die Transplantation oder deren Versuch erfolgte.

Die Antragsfrist zum Ausgleich von Arbeitseinkünften und fortgezahltem Entgelt anlässlich einer Organspende (§ 45a Abs. 2 Sätze 2 und 3 BBhV) beginnt mit Ablauf des Jahres, in dem die Transplantation oder deren Versuch erfolgte (§ 54 Abs. 1 Satz 4 BBhV).

Hat ein Sozialhilfeträger oder im Bereich der Pflege der Träger der Kriegsopferfürsorge vorgeleistet, beginnt die Frist mit dem Ersten des Monats, der auf den Monat folgt, in dem die genannten Leistungsträger die Aufwendungen bezahlt haben.

Bei Beamten mit dienstlichem Wohnsitz im Ausland oder die dorthin abgeordnet sind, gilt die Einreichung des Beihilfeantrags bei der zuständigen ausländischen Beschäftigungsstelle als fristwahrend.

Bei der **Ermittlung der Dreijahresfrist** wird der Tag des Rechnungsdatums nicht mitgerechnet. Aufwendungen, für die z. B. am 16.11.2024 eine Rechnung ausgestellt worden ist, können berücksichtigt werden, wenn der Antrag am 16.11.2027 bei der Beihilfestelle gestellt wird. Für den **Fristablauf** ist nicht das Datum des Beihilfeantrags maßgeblich, sondern der Tag des Eingangs des Antrags bei der Beihilfestelle.

Eine **Verlängerung der Antragsfrist** kann weder vor noch nach deren Ablauf eingeräumt werden. Bei **Versäumnis der Antragsfrist** ist eine **Wiedereinsetzung in den vorigen Stand** zu gewähren, sofern die Voraussetzungen des § 32 VwVfG vorliegen. Das ist der Fall, wenn jemand ohne Verschulden verhindert war, eine vorgeschriebene Frist einzuhalten, wobei das Verschulden eines Vertreters dem Vertretenen zuzurechnen ist. Die Anwendung dieser Vorschrift setzt voraus, dass die oder der Beihilfeberechtigte zu keinem Zeitpunkt innerhalb der Antragsfrist in der Lage war, den Antrag rechtzeitig zu stellen. Der Antrag auf Wiedereinsetzung in den vorigen Stand ist innerhalb von zwei Wochen nach Wegfall des Hindernisses zu stellen. Die Tatsachen zur Begründung des Antrages sind bei der Antragstellung oder im Verfahren über den Antrag „glaubhaft zu machen" (nicht unbedingt „nachzuweisen"). Ein Jahr nach dem Ende der versäumten Frist kann die Wiedereinsetzung nicht mehr beantragt oder die versäumte Handlung nicht mehr nachgeholt werden, außer wenn dies vor Fristablauf infolge höherer Gewalt unmöglich war.

Hat ein **Sozialhilfeträger** Ansprüche des Beihilfeberechtigten nach § 93 SGB XII (→ Sozialhilfe nach dem SGB XII) auf sich übergeleitet (vgl. hierzu folgende Ziff. 10), tritt er als Beihilfeberechtigter auf. Die Frist beginnt in diesem Fall mit dem Ersten des Monats, der dem Monat folgt, in dem der Sozialhilfeträger die Aufwendungen bezahlt hat; Entsprechendes gilt nach § 27g BVG für Träger der Kriegsopferfürsorge (§ 54 Abs. 1 Satz 3 BBhV). Dasselbe gilt bei Aufwendungen berücksichtigungsfähiger Angehöriger, deren Ansprüche der Träger der Sozialhilfe nicht auf sich überleiten kann (z. B. Aufwendungen für Hilfeleistungen außerhalb der Hilfe in sonstigen Lebenslagen nach § 73 SGB XII, auch sofern dem Ehegatten, Lebenspartner und minderjährigen Kindern gewährt), sowie in den Fällen, in denen der Sozialhilfeträger nach § 19 Abs. 5 SGB XII Ersatz seiner Aufwendungen verlangt.

Ansprüche auf Beihilfe unterliegen der dreijährigen Verjährungsfrist nach § 195 BGB. Die Verjährungsfrist beginnt mit Schluss des Jahres, in dem der Beihilfeanspruch entstanden ist oder der Beihilfeberechtigte davon Kenntnis erlangt hat oder erlangen müsste (§ 199 Abs. 1 BGB). Auch ohne diese Kenntnis oder das Kennenmüssen verjährt der Beihilfeanspruch zehn Jahre nach Entstehen (§ 199 Abs. 4 BGB). Ein rechtskräftig festgestellter Beihilfeanspruch verjährt nach 30 Jahren (§ 197 BGB).

7. Überschreiten der Bagatellgrenze (Antragsgrenze)

Eine Beihilfe wird nur gewährt, wenn die mit dem Antrag geltend gemachten tatsächlichen Aufwendungen insgesamt mehr als 200 Euro betragen (§ 51 Abs. 8 Satz 1 BBhV). Wird diese Bagatellgrenze überschritten, wird die Beihilfe von dem Gesamtbetrag (d. h. nicht nur von dem 200 Euro übersteigenden Betrag) berechnet, soweit die Aufwendungen beihilfefähig sind. Maßgeblich sind die effektiven, d. h. nicht nur die beihilfefähigen Aufwendungen. Die Antragsgrenze von 200 Euro gilt auch, wenn in vorausgegangenen Anträgen desselben Jahres die geltend gemachten Aufwendungen diese Grenze überschritten haben.

Daneben haben die Festsetzungsstellen auch die Möglichkeit, im Einvernehmen mit der jeweiligen fachaufsichtführenden Behörde auf diese Mindestbetragsregelung zu verzichten (§ 51 Abs. 8 Satz 2 BBhV).

In der **privaten Krankenversicherung** gibt es zwar keine Bagatellgrenze, gleichwohl kann hier Zurückhaltung bei der Antragstellung auf Erstattung von Krankheitskosten im Hinblick auf die Möglichkeit einer → Beitragsrückerstattung angebracht sein. Vor der Beantragung von Versicherungsleistungen sollte deshalb immer geprüft werden, ob die Inanspruchnahme der Versicherungsleistung oder die (oft recht ansehnliche) Beitragsrückerstattung günstiger ist.

Die Bagatellgrenze von 200 Euro gilt nicht, wenn der Beihilfeberechtigte aus dem beihilfeberechtigten Personenkreis ausgeschieden ist oder den Dienstherrn gewechselt hat.

8. Zuständige Stelle

Die Beihilfeanträge können von aktiven Bediensteten auf dem Dienstweg (Berufssoldaten und Soldaten auf Zeit über ihren Wirtschaftstruppenteil) an die zuständige Beihilfestelle gerichtet werden. Versorgungsempfänger stellen ihre Anträge bei der für sie zuständigen Pensionsregelungsbehörde. Dem Antragsteller steht es nach eigenem Ermessen frei, die seinen Antrag begründenden Belege (Arztrechnungen, Rezepte, ärztliche Gutachten usw.) in einem verschlossenen Umschlag beizufügen.

9. Geheimhaltungspflicht

Die bei der Bearbeitung der Beihilfen bekannt gewordenen Angelegenheiten sind **geheim zu halten** (§ 55 BBhV). Sie dürfen also nur für den Zweck verwandt werden, für den sie bekannt gegeben sind, es sei denn, es besteht eine gesetzliche Befugnis oder der Betroffene hat schriftlich in die Zweckänderung eingewilligt.

Der **Persönlichkeitsschutz** verbietet es, dass Beihilfedaten

- anderen, nicht mit der Beihilfesachbearbeitung befassten Stellen oder Personen zugänglich gemacht werden oder
- zu anderen als Beihilfezwecken (z. B. für andere dienstrechtliche Entscheidungen; vorzeitige Pensionierung) verwertet werden oder diese beeinflussen.

Eine gesetzliche Befugnis zur Weitergabe von personenbezogenen Daten ohne Einwilligung dürfte vorliegen, wenn die Einleitung oder Durchführung eines im Zusammenhang mit einem Beihilfeantrag stehenden behördlichen oder gerichtlichen Verfahrens dies erfordert oder soweit es zur Abwehr erheblicher Nachteile für das Gemeinwohl, einer sonst unmittelbar drohenden Gefahr für die öffentliche Sicherheit oder einer schwer wiegenden Beeinträchtigung der Rechte anderer Personen erforderlich ist.

Eine gesetzliche Bestimmung zur Weitergabe personenbezogener Daten liefern z. B. §§ 106, 108 und 111 BBG. Aus diesen Vorschriften ergibt sich jedoch grundsätzlich keine Berechtigung oder Verpflichtung zur Weitergabe von Gesundheitsdaten.

Rein fiskalische Gründe (z. B. bei der Ernennung zum Beamten auf Lebenszeit) berechtigen dagegen nicht zu entsprechenden Mitteilungen an den Dienstvorgesetzten.

Nach § 108 BBG und den entsprechenden landesrechtlichen Regelungen sind Unterlagen über Beihilfen stets als Teilakte zu führen. Diese ist von der übrigen Personalakte getrennt aufzubewahren. Sie soll in einer von der übrigen Personalverwaltung getrennten Organisationseinheit bearbeitet werden; Zugang sollen nur Beschäftigte dieser Organisationseinheit haben.

10. Härtefälle

Beihilfeberechtigte und berücksichtigungsfähige Angehörige können in Härtefällen auf Antrag Ersatz ihres notwendigen

Aufwandes einschl. des Verdienstausfalls in angemessenem Umfang erhalten. Notwendig ist der geltend gemachte Aufwand nur, wenn der Betroffene alle Möglichkeiten zur Minimierung des Aufwandes nutzt. Dazu gehört im Fall des Verdienstausfalls auch eine Verlegung der Arbeitszeit oder des Termins einer ggf. erforderlichen Untersuchung oder Begutachtung. Ein Härtefall liegt nur dann vor, wenn der Verzicht auf die Erstattung des notwendigen Aufwandes in angemessener Höhe dem Beihilfeberechtigten aus Fürsorgegründen nicht zugemutet werden kann (VV 51.1.6).

11. Vorleistungen von Trägern der Sozialhilfe oder Kriegsopferfürsorge

Es gilt Folgendes (VV 54.1.4):

- Hat ein Träger der Sozialhilfe oder Kriegsopferfürsorge vorgeleistet, kann er aufgrund einer schriftlichen Überleitungsanzeige nach § 93 SGB XII oder § 27g BVG einen Beihilfeanspruch geltend machen. Der Beihilfeanspruch geht damit in der Höhe und in dem Umfang, wie er dem Beihilfeberechtigten zusteht, auf den Sozialhilfeträger über. Eine Überleitung ist nur zulässig, wenn Aufwendungen für den Beihilfeberechtigten selbst oder Hilfe in besonderen Lebenslagen (z. B. Pflege in Heimen und Behinderteneinrichtungen) seinem nicht getrennt lebenden Ehegatten, Lebenspartner oder seinen berücksichtigungsfähigen Kindern (auch volljährigen und verheirateten) gewährt wurde. In allen übrigen Fällen ist eine Überleitung nicht zulässig. Er kann aber aus dem auf ihn nach § 94 SGB XII oder § 27g BVG übergegangenen Unterhaltsanspruch eines berücksichtigungsfähigen Hilfeempfängers von dem Beihilfeberechtigten Ersatz seiner vorgeleisteten Aufwendungen verlangen.
- Leitet der Träger der Sozialhilfe oder Kriegsopferfürsorge – obwohl möglich – **nicht** über, sondern nimmt den Beihilfeberechtigten nach § 19 Abs. 5 SGB XII im Wege des Aufwen-

dungsersatzes in Anspruch, kann nur der Beihilfeberechtigte den Beihilfeanspruch geltend machen; die Zahlung an den Sozialhilfeträger ist zulässig. Die Abtretung des Beihilfeanspruchs an den Sozialhilfeträger ist ausgeschlossen (vgl. § 10 Abs. 1 Satz 2 BBhV).

Ist der Beihilfeanspruch nicht überleitungsfähig, kann er nur vom Beihilfeberechtigten geltend gemacht werden. Beihilfe darf nur gewährt werden, wenn der Beihilfeberechtigte dem berücksichtigungsfähigen Angehörigen nach Maßgabe des § 94 SGB XII aufgrund einer Unterhaltspflicht zur Zahlung verpflichtet ist; dies ist nachzuweisen. Beihilfefähig ist nur der Betrag, in dessen Höhe der unterhaltspflichtige Beihilfeberechtigte tatsächlich in Anspruch genommen wird. Hat der vorleistende Sozialhilfeträger in diesen Fällen nach § 94 Abs. 2 und 3 SGB XII von einer Inanspruchnahme des Unterhaltspflichtigen abgesehen, wird keine Beihilfe gewährt.

12. Zahlung der Beihilfe

Die Zahlung der Beihilfe erfolgt an die zur Stellung des Beihilfeantrags berechtigte Person; vgl. hierzu Ausführungen unter Nr. 1. Auf Antrag der beihilfeberechtigten Person darf die Beihilfe an Dritte gezahlt werden (§ 51a Abs. 1 BBhV). Im Krankenhausfall können nach Maßgabe des § 51 Abs. 2 BBhV Leistungen direkt mit dem Krankenhaus oder der vom Krankenhaus beauftragten Rechnungsstelle abgerechnet werden. Dabei ist der Beihilfebescheid der beihilfeberechtigten Person bekannt zu geben.

Nach § 51 Abs. 2 Satz 4 BBhV ist eine dauerhafte Bewilligung regelmäßig wiederkehrender und in der Höhe gleichbleibender Beihilfebeträge in Pflegefällen (§§ 37 bis 39 und 39b BBhV) möglich. Die Anspruchsvoraussetzungen sind spätestens nach zwölfmonatiger Beihilfegewährung von der Festsetzungsstelle zu überprüfen.

Anus-praeter-Versorgungsartikel

Aufwendungen sind beihilfefähig (Nr. 1.7 der Anl. 11 zur BBhV).

Anzieh-/Ausziehhilfen

Aufwendungen sind beihilfefähig (Nr. 1.8 der Anl. 11 zur BBhV).

Apotheken- und Herstellerrabatte

Diese Rabatte mindern nach § 8 Abs. 3 BBhV die beihilfefähigen Aufwendungen, auch wenn sie angesichts des Verhaltens des Beihilfeberechtigten nicht gewährt wurden oder anstelle Geld ein Nachlass in anderer Weise gewährt wurde (z. B. als Naturalien oder Gebrauchsgegenstände), auch nach der Beschaffung des Arznei- oder auch des Hilfsmittels.

Apps

Seit 1.1.2020 können Ärzte digitale Anwendungen wie z. B. → Tagebücher für Diabetiker und → Apps für Menschen mit Bluthochdruck, zur Unterstützung der Physiotherapie oder bei anderen Erkrankungen (z. B. Tinitus) verschreiben. Die dadurch entstehenden Aufwendungen sind beihilfefähig. Apps sind seit August 2020 Teil der gesetzlich zugesicherten Versorgung mit sogenannten digitalen Gesundheitsanwendungen. Sie werden von Ärzten und Psychotherapeuten mittels Rezept verordnet.

Arbeitsunfähigkeitsbescheinigung

Aufwendungen für die dem Dienstherrn vorzulegenden ärztlichen oder zahnärztlichen Bescheinigungen über Arbeitsunfähigkeit werden voll von der Festsetzungsstelle erstattet (§ 12 Satz 2, § 14 Satz 4 BBhV), d. h. sie sind nicht nur beihilfefähig. Dasselbe gilt übrigens auch hinsichtlich der Gebühren für Gutachten zur Anerkennung einer Rehabilitationsmaßnahme. Dagegen werden Aufwendungen für Arbeitsunfähigkeitsbescheinigungen für berücksichtigungsfähige Angehörige sowie von Heilpraktikern nicht ersetzt und sind auch nicht beihilfefähig. Rückwirkende Arbeitsunfähigkeitsbescheinigungen können nur über einen Zeitraum von zwei Tagen erfolgen, es sei denn, es liegt eine akute Notfallsituation vor. In anderen Fällen verstößt eine rückwirkende Bescheinigung gegen die ärztliche Berufsordnung. Die Gebühren sind in diesem Fall nicht beihilfefähig.

Die Bescheinigung ist grundsätzlich am ersten Arbeitstag nach dem Tag der Erkrankung vorzulegen, sofern der Arbeitgeber dies verlangt (vgl. BAG vom 14.11.2012 – 5 AZR 886/11), und muss sich zur voraussichtlichen Dauer der Erkrankung äußern. Auch bei Erkrankungen im Urlaub ist nach den genannten Maßstäben eine Dienst- bzw. Arbeitsunfähigkeitsbescheinigung vorzulegen.

Da nur (zahn-)ärztliche Bescheinigungen über Dienst- und Arbeitsunfähigkeit hingenommen werden, sind Aufwendungen für solche Bescheinigungen durch Heilpraktiker nicht beihilfefähig (vgl. VV Nr. 13.1).

Arthrodesensitzkissen/-koffer usw.

Aufwendungen sind beihilfefähig (Abschnitt 1 Nr. 1.12 der Anl. 11 zur BBhV).

Arzneimittel

Das Wichtigste in Kürze

- Beihilfefähig sind die vom Arzt, Zahnarzt oder ärztlichen Psychotherapeuten, nicht aber von einem Heilpraktiker schriftlich verordneten Arznei- und Verbandmittel, abzüglich eines Eigenbehalts von 10 v. H. der Kosten, mindestens 5 Euro und höchstens 10 Euro je Arznei- und

Verbandmittel, jedoch jeweils nicht mehr als die tatsächlichen Kosten (§ 49 Abs. 1 BBhV).
Bei bestimmten Personen (insbesondere Kinder vor Vollendung des 18. Lebensjahres) und besonderen Anlässen (z. B. Schwangerschaftsbeschwerden, Vorsorgeleistungen) entfällt der Abzug. Nach Überschreiten bestimmter Belastungsgrenzen innerhalb eines Kalenderjahres erfolgt keine Kürzung mehr.

- Nicht beihilfefähig sind Aufwendungen für:
  - verschreibungspflichtige Arzneimittel, die nach den Arzneimittelrichtlinien von der Kassenversorgung ausgenommen sind
  - nicht verschreibungspflichtige Arzneimittel (mit Ausnahmen)
    Dies gilt insbesondere nicht für Kinder bis zum vollendeten 12. Lebensjahr (bei Entwicklungsstörungen bis zum 18. Lebensjahr) sowie für Arzneimittel, die bei der Behandlung schwerwiegender Erkrankungen als Therapiestandard gelten.
- Ferner sind nicht beihilfefähig u. a. Aufwendungen für:
  - Mittel, die geeignet sind, Güter des täglichen Bedarfs zu ersetzen
  - sog. Bagatellarzneimittel (z. B. Grippe-, Schnupfen-, Schmerz- und Abführmittel)
  - unwirtschaftliche Arzneimittel
  - Stärkungsmittel und Geriatrika
  - empfängnisregelnde Mittel

Abweichungen in Bundesländern:

→ Baden-Württemberg (Ziff. 7)
→ Bayern (Ziff. 5)
→ Berlin (Ziff. 4, 16)

→ Hamburg (Ziff. 4)
→ Hessen (Ziff. 2)
→ Nordrhein-Westfalen (Ziff. 5)
→ Saarland (Ziff. 13)

1. Beihilfefähige Arzneimittel

Nach § 22 Abs. 1 BBhV umfassen die **beihilfefähigen Aufwendungen** in Krankheitsfällen auch die Kosten der vom Arzt, ärztlichen Psychotherapeuten oder Zahnarzt nach Art und Umfang schriftlich verordneten Arzneimittel und Verbandmittel. Aufwendungen für Arznei- und Verbandmittel sowie Medizinprodukte sind auch beihilfefähig, wenn sie anlässlich der Behandlung durch einen Heilpraktiker eingesetzt wurden (vgl. § 22 Abs. 6 BBhV). Ohne ärztliche Verordnung beschaffte Arzneimittel sind deshalb von vornherein nicht beihilfefähig, auch wenn sie apothekenpflichtig sind oder ersatzweise im Versandhandel oder über Internet beschafft wurden. Es sind nur Aufwendungen für **verschreibungspflichtige Arzneimittel** beihilfefähig (vgl. BVerwG, Az. 5 C 6/16), wobei die ärztliche Verordnung nur nach unmittelbarem Kontakt zwischen Arzt und Patient ausgestellt werden darf. Die Letzteren dürfen ohne Vorlage eines (zahn-)ärztlichen Rezepts nicht abgegeben werden, also nicht aufgrund einer Verordnung eines nichtärztlichen Psychotherapeuten. Dies gilt auch für Medizinprodukte i. S. des § 22 Abs. 1 Nr. 4 BBhV. Es reicht nicht, dass ein Arzneimittel ärztlich oder vom Heilpraktiker (schriftlich) verordnet ist, oder ob Arzneimittel usw. (nur) in Apotheken abgegeben werden. Die Verordnung muss vor der Beschaffung des Arznei- oder Verbandmittels erfolgt sein, es sei denn, wegen der Art der Erkrankung war aus medizinischen Gründen eine sofortige Beschaffung notwendig. Medizinprodukte müssen ärztlich verordnet sein.

Durch das 2. Digitalisierungsgesetz für das Gesundheitswesen (Gesetz zur digitalen Modernisierung von Versorgung und Pflege – Digitale-Versorgung-und-Pflege-Modernisierungs-Gesetz – DVPMG vom 3.6.2021, BGBl. I S. 1309) wurde u. a. das E-Rezept eingeführt (neben u. a. der elektronischen Arbeitsunfähigkeitsbescheinigung sowie dem elektronischen Impfausweis).

Trägt das Rezept keinen ärztlichen Wiederholungsvermerk, sind die Kosten für erneut beschaffte Arzneimittel nicht beihilfefähig. Ist die Anzahl der Wiederholungen nicht angegeben, sind nur die Aufwendungen für eine Wiederholung beihilfefähig (vgl. VV 22.1.2).

Anders als bei rezeptpflichtigen Arzneimitteln besteht bei rezeptfreien keine Preisbindung. Die gilt nicht für aus dem Ausland bezogene Arzneimittel. Allerdings werden im letzteren Fall Versandkosten berechnet. Privat Krankenversicherte können – als Selbstzahler – Arzneimittel mit Rabatt aus dem Ausland beziehen (z. B. über Versandapotheken).

Nach dem Urteil des OVG Nordrhein-Westfalen vom 20.7.2013 (Az. 1 A 334/1113) können Bundesbeamte zu Aufwendungen für nicht verschreibungspflichtige Arzneimittel Beihilfe erhalten, wenn sonst im Einzelfall die finanzielle Fürsorgepflicht des Dienstherrn beeinträchtigt wäre.

Ferner sind nach § 22 Abs. 2 Nr. 1 BBhV Aufwendungen für verschreibungspflichtige Arzneimittel von der Beihilfefähigkeit ausgeschlossen, bei deren Anwendung eine Erhöhung der Lebensqualität im Vordergrund steht. Sie sind in der Anlage II der Arzneimittel-Richtlinie des G-BA aufgeführt. Es handelt sich dabei um Arzneimittel, deren Einsatz im Wesentlichen durch die private Lebensführung veranlasst ist oder die aufgrund ihrer Zweckbestimmung insbesondere:

- nicht oder nicht ausschließlich der Krankenbehandlung dienen
- der individuellen Bedürfnisbefriedigung oder der Aufwertung des Selbstwertgefühls dienen

- der Behandlung von Folgen des natürlichen Alterungsprozesses dienen
- aus kosmetischen, d. h. nicht zuerst medizinischen Gründen eingenommen werden

Dienen die genannten Mittel im Einzelfall zur Behandlung einer anderen Körperfunktionsstörung mit Krankheitswert, sind die Aufwendungen beihilfefähig, wenn keine zur Behandlung dieser Krankheit zugelassenen Arzneimittel zur Verfügung stehen oder andere zugelassene Arzneimittel im Einzelfall unverträglich oder wirksam sind. Sofern Patienten anders nicht geholfen werden kann, dürfen Ärzte Schwerkranken zu Lasten der GKV getrocknete Cannabisblüten sowie -extrakte in Tabletten- oder Tropfenform verordnen. Diese Voraussetzung ist gegeben, wenn im Einzelfall eine allgemein anerkannte, dem medizinischen Standard entsprechende Leistung nicht zur Verfügung steht oder nach Einschätzung des behandelnden Arztes unter Abwägung der zu erwartenden Nebenwirkungen oder nach dem Krankheitszustand nicht angewandt werden kann. In diesem Fall ist auch von der Beihilfefähigkeit der Präparate auszugehen.

Patienten, die regelmäßig über zwei Arzneimittel einnehmen müssen, haben Anspruch gegenüber dem verordnenden Arzt auf Erstellung eines → Medikationsplans.

Nicht verschreibungspflichtige Arzneimittel sind nur in den in § 22 Abs. 2 Nr. 3 BBhV genannten Fällen beihilfefähig. Bei den in Anlage I der Arzneimittel-Richtlinie des G-BA i. V. m. § 22 Abs. 2 Nummer 3 Buchstabe c BBhV genannten **nicht verschreibungspflichtigen Arzneimitteln** ist Beihilfefähigkeit gegeben, wenn die Anwendung bei den dort genannten schwerwiegenden Erkrankungen als Therapiestandard in der jeweiligen Therapierichtung angezeigt ist. Dies können auch anthroposophische und homöopathische Arzneimittel sein, wenn die Anwendung des jeweiligen Arzneimittels in der jeweiligen Therapierichtung angezeigt ist.

Voraussetzung für die Beihilfefähigkeit ist die Angabe der Diagnose. Falls diese aus vorliegenden Unterlagen nicht zu erkennen ist, ist vom Beihilfeberechtigten eine Bestätigung des behandelnden Arztes beizubringen.

Nach der Anl. 8 zur BBhV sind Arzneimittel mit bestimmten Wirkstoffen oder Wirkstoffgruppen nur beim Vorliegen besonderer Voraussetzungen beihilfefähig.

Hinsichtlich der Aufwendungen für nicht verschreibungspflichtige Präparate für Notfallkontrazeptiva vgl. VV 22.2.

In Teilmengen bezogene Arzneimittel dürfen die verordnete Gesamtmenge nicht überschreiten (vgl. VV 22.1.3).

Ob Aufwendungen für Arzneimittel letztlich beihilfefähig sind, entscheidet die Beihilfestelle; der Beihilfeberechtigte ist dazu i. d. R. nicht in der Lage. Die von der Kassenversorgung ausgenommenen (und deshalb nicht beihilfefähigen) Arzneimittel und die Ausnahmen hiervon können aus den vom Gemeinsamen Bundesausschuss veröffentlichten Arzneimittelrichtlinien (Abschnitt F) entnommen werden (www.g-ba.de). Aufschlüsse dürften sich auch aus der **Pharmazentralnummer** ergeben, die die Apotheken auf der ärztlichen Verordnung zu vermerken haben. Bei gesetzlich Versicherten darf der Vertragsarzt nur Arzneimittel verordnen, die auch zulasten der Krankenkasse verordnet werden dürfen. Da sich Beihilfefähigkeit und Kassenversorgung nach denselben Grundsätzen bestimmen, lassen sich auch hieraus Aufschlüsse gewinnen.

Zuschläge zu dem sonst maßgebenden Apothekenabgabepreis sind nur beihilfefähig, wenn der Bezug des Arzneimittels während der normalen Öffnungszeit der Apotheke nicht möglich war (z. B. bei bestätigten Notfällen anlässlich der Behandlung).

Von jedem Arznei- und Verbandmittel wird ein → Eigenbehalt von 10 v. H. der Aufwendungen, mindestens 5 Euro, höchstens 10 Euro, jeweils aber nicht mehr als der Apothekenabgabepreis abgezogen (§ 49 Abs. 1 Satz 1 BBhV). Zur Befreiung von Eigenanteilen bei Arzneimitteln mit einem Abgabepreis von mindestens 30 v. H. unter dem Festpreis → Eigenbehalte (Ziff. 2).

Maßgebend für den Eigenbehalt ist der Apothekenabgabepreis bzw. der Festbetrag der jeweiligen Packung (Einheit) des verordneten Arznei- und Verbandmittels. Dies gilt auch bei Mehrfachverordnungen bzw. bei der Abgabe der verordneten Menge in mehreren Packungen.

Sind für Arznei- und Verbandmittel → Festbeträge festgesetzt, sind darüber hinausgehende Aufwendungen nicht beihilfefähig (§ 22 Abs. 3 Satz 1 BBhV). Dies gilt auch für Personen mit zum Kassenbeitrag gewährtem Zuschuss oder Arbeitgeberanteil (§ 8 Abs. 4 Satz 3 BBhV). Der genannte Eigenbehalt ist vom Festbetrag abzuziehen.

Zur Befreiung von Eigenbehalten an Arznei- und Verbandmittel allgemein oder wegen Überschreitens der Belastungsgrenze → Eigenbehalte (Ziff. 5, 6).

Für **wirkstoffgleiche oder -ähnliche** Arzneimittel, die von verschiedenen Herstellern zu unterschiedlichen Preisen angeboten werden (Nachahmerarzneimittel, → Generika), gibt es Festbeträge, die sich an den preisgünstigen vergleichbaren Produkten orientieren. Festbeträge dürfen neuerdings auch für patentgeschützte Arzneimittel festgesetzt werden. Soweit für Arznei- und Verbandmittel Festbeträge festgesetzt sind, werden Aufwendungen nur bis zur Höhe des jeweiligen Festbetrags als beihilfefähig anerkannt. Zum Bezug von Original-Arzneimitteln anstelle Generika durch gesetzlich Versicherte → Kostenerstattung (Ziff. 1).

Arzneimittel dienen der Wiederherstellung der Gesundheit sowie der Heilung und (oder) Linderung von Krankheiten. Sie werden durch Einnehmen, Einspritzen, Einreibungen, Einatmen oder Einläufe dem Organismus zugeführt.

Der **Begriff „Arzneimittel"** umfasst nur die unmittelbar der Wiederherstellung der Gesundheit oder der Besserung und Linderung einer Krankheit dienenden Mittel. Dementsprechend sind Arzneimittel in erster Linie pharmazeutische Präparate, die dem Körper zu dem Zweck zugeführt würden, auf akute Krankheitserscheinungen heilend einzuwirken. Dagegen sind Mittel, die im Allgemeinen nur vorbeugend, unterstützend oder wegen ihrer allgemein gesundheitsfördernden Wirkung verabreicht würden, grundsätzlich nicht als Arzneimittel i. S. des Beihilferechts anzusehen. Hierzu gehören auch Stärkungsmittel, die der Vorbeugung gegen die Folgen biologischen Alterns und der Behandlung allgemeiner Abnutzungserscheinungen dienen. Dies gilt auch für sog. → Geriatrika, mit denen der Alterungsprozess, nicht aber eine Krankheit positiv beeinflusst wird.

Die vorstehende Eingrenzung des beihilferechtlichen Begriffs „Arzneimittel" gilt allerdings nicht unbedingt für solche Mittel, die der Bekämpfung von Krankheiten dienen, deren Ursache noch weitgehend unerforscht und ungeklärt ist, so dass zu ihrer Heilung eingesetzte Mittel unter Umständen noch wissenschaftliche Anerkennung erfahren werden. Das ergibt sich aus dem Beschluss des BVerwG vom 15.3.1984 (Az.: 2 C 2.83, ZBR S. 306), das die Beihilfefähigkeit des in der Schulmedizin umstrittenen Krebsheilmittels → Iscadortherapie bejaht hat. Bei der beihilferechtlichen Beurteilung solcher Mittel müsse maßgebend sein, ob nach dem gegenwärtigen Stand der Wissenschaft noch Aussicht auf wissenschaftliche Anerkennung eines bestimmten Mittels bestehe. Die Beihilfefähigkeit sei nicht nur gegeben, wenn im konkreten Fall zuvor die wissenschaftlich anerkannten Behandlungsmethoden durchgeführt worden seien, sondern auch dann, wenn diesen Methoden angesichts der Art der Erkrankung und ihres Stadiums keine Erfolgschancen eingeräumt werden könnten oder die Behandlung mit den wissenschaftlich anerkannten Methoden und Mitteln unzumutbar und mit der Fürsorgepflicht des Dienstherrn unvereinbar erscheine. Bei in der Alternativen Medizin eingesetzten Arzneimitteln ist von der Beihilfefähigkeit auszugehen, wenn sich das Mittel als Erfolg versprechend bewährt hat bzw. ebenso wirksam wie von der Schulmedizin eingesetzt sein kann und keine höheren Kosten als die letzteren Arzneimittel entstehen.

In Ausnahmefällen sind die Aufwendungen für → Enterale Ernährung beihilfefähig (vgl. VV 22.5).

Die Wirksamkeit von **Cannabispräparaten** wird bei chronischen Schmerzen, Spasmen bei MS, Epilepsien, zur Appetitsteigerung bei HIV/Aids, bei chemotherapieindizierter Übelkeit, Angst- und Schlafstörungen, ADHS und beim Tourette-Syndrom bejaht, auch als individueller Therapieversuch bei Therapieversagen nach medizinischem Standard (vgl. Deutsches Ärzteblatt 2018, 115 (22), B-879). In diesen Fällen dürften die Präparate auch in der GKV verordnet werden können. Nebenwirkungen von Cannabispräparaten können Denkstörungen, Schwindel und erhöhter Blutdruck sein. Die Aufwendungen für die aus Medizinalhanfblüten (wie Cannabis) gewonnenen **pflanzlichen Arzneimittel** (Phytopharmaka, Bionorica) dürften als beihilfefähig anzuerkennen sein, insbesondere bei der Behandlung Schwerstkranker.

Bei neu entwickelten Arzneimitteln darf der Hersteller den Verkaufspreis im ersten Jahr nach Einführung bestimmen. Danach ist – auch für die Beihilfe – der Abgabepreis maßgebend, den die GKV mit dem Hersteller vereinbart hat.

Von der Beihilfefähigkeit sind ungeachtet einer etwaigen Verschreibungspflicht auch Arzneimittel ausgenommen, die bereits nach § 34 Abs. 1 Satz 7 SGB V nicht von den Kassen übernommen werden. Dies sind Arzneimittel, die vordergründig der Erhöhung der Lebensqualität dienen. Dies gilt für Arzneimittel zur Behandlung der erektilen Dysfunktion, der Anreizung sowie Steigerung der sexuellen Potenz, zur Raucherentwöhnung, Abmagerung oder zur Zügelung des Appetits, zur Regulierung des Körpergewichts oder zur Verbesserung des Haarwuchses (Anl. 5 zur BBhV). Damit sind Aufwendungen für „Viagra“, „Cialis“ und vergleichbare Mittel (auch als Generika) auch dann von der Beihilfefähigkeit ausgenommen, wenn die Impotenz auf Grunderkrankungen, d. h. Vorerkrankungen beruht (z. B. Diabetes mellitus, Prostatakarzinom, MS, Durchblutungsstörungen, Querschnittlähmung, endogene Psychose). Näheres hierzu (auch zu den Indikationen und der Bezeichnung der Fertigarzneimittel) ergibt sich aus Anl. 5 zur BBhV. → Potenzsteigernde Mittel

Die nur unter bestimmten Voraussetzungen beihilfefähigen **Medizinprodukte** sind in Anl. 4 zur BBhV aufgeführt. Sie benötigen keine behördliche Zulassung und sind nicht verschreibungspflichtig. Nicht apothekenpflichtige **Medizinprodukte** sind grundsätzlich nicht beihilfefähig. Dies gilt auch für Hyaluronsäure-Präparate.

Sofern damit die medizinische Versorgung verbessert wird, können Ärzte Apps verschreiben, etwa Tagebücher für Diabetiker, zum regelmäßigen Einnehmen von Arzneimitteln, bei Migräne und Schwangerschaften oder für Menschen mit Bluthochdruck. Ihr medizinischer Effekt kann in der Verbesserung des Gesundheitszustands, der Verkürzung der Krankheitsdauer, der Verlängerung des Überlebens oder der Verbesserung der Lebensqualität liegen. Außerdem lassen sich mit Apps verbessernde Effekte wie Koordination der Behandlungsabläufe, Erleichterung des Zugangs zur Versorgung, Bewältigung krankheitsbedingter Schwierigkeiten im Alltag und in der Verringerung therapiebedingter Aufwände und Belastungen erreichen. So werden z. B. Patienten an die regelmäßige Einnahme von Arzneimitteln erinnert oder bei Diabetes der Blutzuckerspiegel aufgezeichnet. Die dadurch ausgelösten Aufwendungen sind beihilfefähig. Apps der vorstehenden Art gehören zum Leistungskatalog der GKV.

Arzneimittel (einschl. Blutzuckerteststreifen) können zulässigerweise auch über in- und ausländische **Versandapotheken** sowie Internetapotheken bezogen werden. Davon sind in Deutschland nicht zugelassene Arzneimittel grundsätzlich ausgenommen. Da die Abgabepreise im Versandhandel durchweg niedriger sind als beim Arzneimittelkauf in der Apotheke am Ort, empfiehlt sich die Beschaffung über eine Versandapotheke. Beim Bezug aus dem EU-Ausland unterfallen diese Arzneimittel jedoch der inländischen Preisbindung, dürfen also nicht billiger als im Inland verkauft werden. Dabei sind auch die inländischen Festbeträge für Arzneimittel verbindlich. Da Verbraucherschutz und Arzneimittelsicherheit grundsätzlich gleichermaßen gewährleistet sind, bestehen keine Bedenken gegen den Versandhandel. Bei nicht verschreibungspflichtigen Arzneimitteln genügt die Bestellung per Telefonanruf oder über Internet. Deutsche Versandapotheken müssen bei gesetzlich Versicherten die Zuzahlung von 5 bis 10 Euro (jedoch nicht mehr als der Abgabepreis) erheben, ausländische dagegen nicht oder nur die Hälfte. Sie dürfen im Gegensatz zu ausländischen Versandapotheken auch keine Rabatte an Kunden weitergeben. Einzelne gesetzliche Krankenkassen rechnen einen Teil des ihnen zugestandenen Nachlasses auf die Zuzahlungen an. Es werden Versandgebühren erhoben, sofern ein bestimmter Bestellwert nicht erreicht wird. Keine Versandgebühren werden bei rezeptpflichtigen Arzneimitteln berechnet, sofern mindestens zwei Arzneimittel bestellt werden. Auch die über den Versandhandel bezogenen Arznei- und Verbandmittel unterliegen dem Eigenbehalt nach § 49 Abs. 1 BBhV.

Die Auslieferung von Arzneimitteln in die Wohnung wird durchweg nicht von den Apotheken berechnet, auch nicht gegenüber privat Krankenversicherten. Ausnahmen gelten auch für Auslieferungen während Katastrophenfällen, wie zuletzt der Corona-Krise. Die dabei berechneten Gebühren sind in diesem Fall beihilfefähig.

Ärzte dürfen ihre Patienten nicht zum Bezug von Arzneimitteln in von ihnen bestimmte Apotheken schicken. Dagegen darf die PKV veranlassen, dass Arzneimittel in Apotheken gekauft werden, mit denen sie kooperieren.

Arzneimittel zur unmittelbaren Verwendung bei Patienten dürfen übrigens auch Ärzte von – ausländischen – Versandapotheken beziehen.

Von (Versand-)Apotheken gewährte Boni mindern die Abgabepreise von Arzneimitteln. Es besteht die Verpflichtung, dass diese Boni von der Apotheke auf der Arzneimittelrechnung vermerkt werden.

Gesondert ausgewiesene **Versandkosten** sind nicht beihilfefähig (§ 22 Abs. 2 Nr. 7 BBhV).

Privat Krankenversicherte nehmen seit 1.1.2011 an den von Arzneimittelherstellern und -händlern einzuräumenden **Rabatten** für verschreibungspflichtige Arzneimittel teil. Zur Rabattgewährung sind die privaten Krankenversicherer verpflichtet (BGH vom 30.4.2015, Az. I ZR 127/14). Abgewickelt werden diese Preisnachlässe über die von privaten Krankenversicherungen und Beihilfestellen bundesweit agierende Zentrale Stelle zur Abrechnung von Arzneimittelrabatten (ZESAR).

Ungeachtet der Preisbindung dürfen Apotheken bei rezeptpflichtigen Arzneimitteln geringfügige Rabatte geben, ohne gegen das Gesetz gegen den unlauteren Wettbewerb zu verstoßen. Geringfügig dürfte ein Rabatt bis zu zwei Euro sein. Der Rabatt mindert die beihilfefähigen Arzneimittelkosten.

Bei schwerkranken privatversicherten Patienten mit Arzneimittelkosten über 1000 Euro je Rezept kann nach einer Vereinbarung des Deutschen Apothekenverbandes mit verschiedenen Krankenversicherern eine Direktabrechnung mit der Krankenversicherung erfolgen.

2. Nicht beihilfefähige Arzneimittel

Nicht beihilfefähig sind Aufwendungen für Mittel, die geeignet sind, Güter des täglichen Bedarfs zu ersetzen, z. B. **Diätkost, ballaststoffreiche Kost, glutenfreie Nahrung, Mineral- und Heilwässer, Säuglingsfrühnahrung, medizinische Körperpflegemittel** und dergleichen. Nach VV 22.5 sind in den dort bezeichneten Krankheitsfällen Aufwendungen für Aminosäuremischungen, Eiweißhydrolysate, Elementardiäten und Sondennahrung beihilfefähig, wenn ein entsprechendes ärztliches Attest vorgelegt wird. Diese der enteralen Ernährung dienenden Mittel sind bei fehlender oder eingeschränkter Fähigkeit der Nahrungsaufnahme beihilfefähig, wenn anders die Ernährungssituation nicht ausreichend verbessert werden kann (§ 22 Abs. 5 Satz 1 BBhV). Dabei sind Aufwendungen für Elementardiäten bei Säuglingen und Kleinkindern (bis zum dritten Lebensjahr) beim Vorliegen einer Kuhmilcheiweißallergie beihilfefähig (§ 22 Abs. 5 Satz 2 BBhV). Entsprechendes gilt bei Säuglingen und Kleinkindern mit Neurodermitis, sofern Elementardiäten für diagnostische Zwecke eingesetzt werden. Elementardiäten können für diagnostische Zwecke bis zu einem halben Jahr eingesetzt werden. Ein Abzug für ersparte Verpflegungskosten erfolgt nicht, ein Eigenbehalt kann nicht abgezogen werden.

Arzneimittel, bei denen diagnostischer oder therapeutischer Nutzen, die medizinische Notwendigkeit oder Wirtschaftlichkeit nicht nachgewiesen sind, können nach Maßgabe der Anl. 8 zur BBhV beihilfefähig sein. Sie können ferner im Einzelfall beihilfefähig sein, wenn nach medizinischer Stellungnahme das Arzneimittel zur Behandlung notwendig ist (§ 22 Abs. 4 BBhV).

Nicht beihilfefähig sind Aufwendungen für:

- Arznei- und Verbandmittel, soweit die Aufwendungen über die jeweiligen → Festbeträge hinausgehen (vgl. § 22 Abs. 3 BBhV)

- Arzneimittel i. S. von Abschnitt F § 13 der Arzneimittelrichtlinien; das sind:
  a) Arzneimittel gegen Erkältungskrankheiten und grippale Infekte einschl. der bei diesen Krankheiten anzuwendenden Schnupfenmittel, Schmerzmittel, hustendämpfenden und hustenlösenden Mittel, sofern es sich um geringfügige Gesundheitsstörungen handelt
  b) Mund- und Rachentherapeutika, ausgenommen bei Pilzinfektionen, Geschwüren in der Mundhöhle oder nach chirurgischen Eingriffen im Hals-, Nasen- oder Ohrenbereich
  c) Abführmittel, außer zur Behandlung von Erkrankungen, z. B. im Zusammenhang mit Tumorleiden, Megakolon, Divertikulose, neurogenen Darmlähmungen, vor diagnostischen Eingriffen und bei phosphatbindender Medikation bei chronischer Niereninsuffizienz, bei der Opiat- sowie Opioidtherapie in der Terminalphase
  d) Arzneimittel gegen Reisekrankheit, ausgenommen gegen Erbrechen bei Tumortherapie und bei anderen Erkrankungen (z. B. Menièrescher Symptomkomplex)

  soweit die Arzneimittel nicht für Minderjährige bestimmt sind (§ 22 Abs. 2 Nr. 2 BBhV)

- unwirtschaftliche Arzneimittel i. S. des § 34 Abs. 3 SGB V

- → Geriatrika und Stärkungsmittel

- empfängnisregelnde Mittel (→ Anti-Baby-Pillen) bei Personen **nach** Vollendung des 22. Lebensjahres, es sei denn, sie werden als Arzneimittel zur Behandlung einer Krankheit ärztlich verordnet (§ 22 Abs. 2 Nr. 6 BBhV)

- Arzneimittel mit Festpreisen, soweit der Abgabepreis über diese hinausgeht

- nicht verschreibungspflichtige Arzneimittel (Behandlungsfälle in § 22 Abs. 2 Nr. 3 Buchstaben a bis e BBhV), es sei denn, sie

a) sind für Minderjährige mit Entwicklungsstörungen und für Kinder unter zwölf Jahren bestimmt,
b) wurden für diagnostische Zwecke, Untersuchungen und ambulante Behandlungen benötigt (auch wenn das verordnete Arzneimittel zuvor von der beihilfeberechtigten oder berücksichtigungsfähigen Person beschafft werden musste) und in der Rechnung als Auslagen abgerechnet oder
c) gelten bei der Behandlung einer schwerwiegenden Erkrankung als Therapiestandard und werden mit dieser Begründung ausnahmsweise verordnet; dies können auch Arzneimittel aus dem Bereich der Homöopathie und Anthroposophie nach einer Diagnose der Ausnahmeliste gemäß Buchst. F der Arzneimittel-Richtlinien sein. Die beihilfefähigen Ausnahmen ergeben sich aus der Anlage I der Arzneimittel-Richtlinie des G-BA (§ 22 Abs. 2 Nr. 3 Buchstabe c BBhV).

Schwerwiegend in diesem Sinne ist nach den Arzneimittel-Richtlinien eine Krankheit, wenn sie lebensbedrohlich ist oder aufgrund der Schwere der durch sie verursachten Gesundheitsstörung die Lebensqualität auf Dauer nachhaltig beeinträchtigt. Als Therapiestandard gilt nach diesen Richtlinien ein Arzneimittel, wenn der therapeutische Nutzen zur Behandlung der schwerwiegenden Erkrankung dem allgemeinen Stand der medizinischen Erkenntnisse entspricht.

Der Beihilfeausschluss für rezeptfreie Arzneimittel verstößt nicht gegen die Fürsorgepflicht (BVerwG vom 23.11.2017, Az. 5 C 6.16).

Cannabis-Präparate sind verschreibungspflichtig, dürfen aber nur Schwerstkranken verordnet werden (auch zu Lasten der GKV) und sind auch nur dann beihilfefähig. Hierzu liegen bejahende Äußerungen hinsichtlich schwerer chronischer Schmerzen, Epilepsien und Spasmen bei Multipler Sklerose vor. Ferner werden die Steigerung des Appetits bei Aids-Kranken und Übelkeit bei Chemotherapie genannt, ferner ADHS und das Tourette-Syndrom. Ein Therapieversuch mit Cannabispräparaten wird allgemein als Therapieversuch bei Therapieversagen nach medizinischem Standard in Betracht kommen. Arzneimittel aus getrockneten Cannabisblüten oder -extrakten sind – ohne Voranerkennung – entsprechend § 31 Abs. 6 SGB V beihilfefähig.

d) sind in der Fachinformation zum Hauptarzneimittel eines beihilfefähigen Arzneimittels als Begleitmedikation zwingend vorgeschrieben.

e) werden zur Behandlung unerwünschter Arzneimittelwirkungen, die beim bestimmungsmäßigen Gebrauch eines beihilfefähigen Arzneimittels auftreten können, eingesetzt; dabei muss die unerwünschte Arzneimittelwirkung lebensbedrohlich sein oder die Lebensqualität auf Dauer nachhaltig beeinträchtigen.

- Arzneimittel i. S. von §§ 109 Abs. 3 und 109a des Arzneimittelgesetzes, die nach der Verpackung oder Packungsbeilage auf die in § 22 Abs. 2 Nr. 4 BBhV genannten Indikationen verweisen
- traditionelle pflanzliche Arzneimittel nach § 39a des Arzneimittelgesetzes (§ 22 Abs. 2 Nr. 5 BBhV)
- von freiwillig GKV-Versicherten mit Beitragsentlastung oder Anspruch auf beitragsfreie Krankenfürsorge beanspruchte, von Kassenärzten privatärztlich verschriebene Arzneimittel (§ 8 Abs. 4 Satz 3 BBhV); → Gesetzliche Krankenversicherung (Ziff. 8), → Sach- und Dienstleistungen (Ziff. 1), → Subsidiaritätsprinzip (Ziff. 5)

Nicht beihilfefähig sind Mittel, die im Allgemeinen nur vorübergehend unterstützend oder wegen ihrer allgemein gesundheitsfördernden Wirkung verabreicht werden. Hierzu zählen:

- Genussmittel, Würz- und Süßstoffe, Obstsäfte
- Badezusätze ohne nachgewiesene therapeutische Wirksamkeit

- Mittel zur Veränderung der Körperform (z. B. Entfettungscreme)
- Kosmetika (auch soweit zur Hautpflege eingesetzt), medizinische Seifen (Ausnahme: Behandlung von Hautkrankheiten), Haarshampoos, Puder, Deos, Zahncreme
- Mittel zur Raucherentwöhnung
- Bachblüten
- Licht- und Insektenschutzmittel
- Mittel gegen Haarausfall
- Mineral-, Heil- und andere Wässer
- Reinigungs- und Pflegemittel
- Zellulartherapeutika (Frischzellen, Trockenzellen); Revitorgan-Präparate sind als homöopathische Arzneimittel nicht als Trockenzellenerzeugnisse anzusehen
- Vitaminpräparate (z. B. Cebion, Multibionta, Mulgatol, Enova); ausgenommen bei Vitaminmangelerkrankungen einschl. Vitaminmangelzuständen, wenn das Präparat (auch als Multivitaminpräparat) zur Heilung oder Verhütung eingesetzt wird, z. B. bei Stoffwechselerkrankungen, bei Strahlenbehandlungen, bei antibiotischer Therapie, Neuropathie und als Gegenmittel, besonders gegen Gifte; zweckmäßigerweise sollte die Notwendigkeit vom Arzt auf dem Rezept bescheinigt werden
- Blütenpollen- oder (Kräuter-)Tees, chinesische Teemischungen
- chinesische Heilkräuter und abgekochte chinesische Heilkräutermischungen (Dekokten) – auch als chinesische Heilkräutertherapie bezeichnet –
  Beihilfefähigkeit kann ausnahmsweise vorliegen, wenn die Heilkräuterzubereitungen pharmakologisch hoch aktive Bestandteile enthalten, die Wirksamkeit im konkreten Fall nach medizinischen Gutachten feststeht und zuvor angewandte schulmedizinische Methoden erfolglos waren.
- Gingko-Präparate (z. B. „Tebonin")

- Haarwaschmittel (ausgenommen zur Behandlung mit den Präparaten „Politar" und „Terzolin-Lösung")
- Elmex-Gelees
- Japanisches Heilpflanzenöl
- Knoblauch- und andere Laienpräparate
- Stärkungsmittel, Tonika und appetitanregende Mittel
- Anabolika
- Mittel gegen Reisekrankheit
- Heilerde
- Einreibemittel (z. B. Melissengeist, Sportgel)
- Stimulantien (z. B. Psychoanaleptika, Psychoenergetika und Leistungsstimulantien), ausgenommen bei Narkolepsie, schwerer Cerebralsklerose sowie bei hyperkinetischem Syndrom und bei der sog. minimalen cerebralen Dysfunktion vorpubertärer Schulkinder
- Anabolika, ausgenommen bei neplastischen Erkrankungen
- Balneotherapeutika (z. B. Badesalz, Schaumbad, Fichtennadelbad), ausgenommen als Arzneimittel zugelassene Balneotherapeutika bei Neurodermitis/endogenem Ekzem, Psoriasis und Erkrankungen des rheumatischen Formenkreises
- Schutzmittel (z. B. Sonnen- oder Insektenschutzmittel, einschl. Repellentien und Mückennetz), Desinfektionsmittel (z. B. Sagrotan), Mittel gegen Reisekrankheit (da nur Gesundheitsvorsorge) und Einreibemittel (z. B. Einreibeöle, Sportgel, Melissengeist)
- Goldnerz-Cosmetic-Produkte (Aufbaucreme, Seife, Reinigungsmilch)

In Zweifelsfällen kann die Beihilfestelle das Gutachten eines Amts- oder Vertrauensarztes einholen.

Die Beihilfefähigkeit von Aufwendungen für Arzneimittel (einschl. der aufgrund Privatrezepts oder von Privatversicherten gekauften) ist davon abhängig, dass auf der ärztlichen Verordnung die Apotheke die **Pharmazentralnummer** vermerkt hat, nicht aber bei Kauf im Ausland (§ 51 Abs. 3 Satz 7 BBhV). Dies gilt auch für über Versandapotheken bezogene Arzneimittel, nicht jedoch für im Ausland gekaufte (z. B. anlässlich Urlaubsreisen). Die Apotheken sind gesetzlich verpflichtet, die Pharmazentralnummer auf dem Rezept oder einem Beiblatt anzugeben, ggf. auch nachträglich.

3. Begrenzungen für Arzneimittel

- Die VV des BMI setzen als Obergrenzen für die Beihilfefähigkeit von Aufwendungen für Arzneimittel Festbeträge i. S. des § 35 SGB V nach Maßgabe des § 22 Abs. 3 BBhV fest. Über diese Obergrenzen hinausgehende Arzneimittelkosten sind allgemein nicht beihilfefähig. Im Vollzug der letzteren Ermächtigungsvorschrift kann auch bestimmt werden, für welche Arzneimittel der Eigenbehalt nach § 49 Abs. 1 Nr. 1 BBhV entfällt. Dies sind die nach § 31 Abs. 3 Satz 4 SGB V zuzahlungsbefreiten Arzneimittel. Es handelt sich um Arzneimittel, bei denen wegen Rabatten der Apothekeneinkaufspreis mindestens um 30 v. H. niedriger als der Festbetrag ist.
  Ausnahmen von der Verweisung auf die Festbeträge gelten, wenn das Arzneimittel in medizinisch begründeten Einzelfällen verordnet wurde oder dies in den Richtlinien nach § 129 Abs. 1a Satz 2 SGB V bestimmt ist (§ 22 Abs. 3 Satz 2 BBhV). Grundlage für die Festbeträge ist die nach § 35a Abs. 5 SGB V für Kassenzwecke zu erstellende Übersicht über Festbeträge, die im Internet veröffentlicht wird unter: www.dimdi.de
- Sofern Krankenkassen mit Pharmaunternehmen Rabatte auf Arzneimittelpreise vereinbart haben, darf die Apotheke nur das vom Rabattvertrag erfasste Arzneimittel abgeben, das den Wirkstoffen des verordneten Arzneimittels entspricht. Der Arzt kann dies mit dem Ankreuzen des Kästchens „aud idem“ (= oder ein gleiches) ausschließen. In diesem Fall ist der höhere Preis des verordneten Arzneimittels beihilfefähig.

- Arzneimittel, bei denen der diagnostische oder therapeutische Nutzen, die medizinische Notwendigkeit oder die Wirtschaftlichkeit nicht nachgewiesen sind, sind nach Maßgabe der Anl. 8 zur BBhV beihilfefähig. Sie sind ferner beihilfefähig, wenn eine medizinische Stellungnahme darüber vorliegt, dass das Arzneimittel zur Behandlung notwendig ist (§ 22 Abs. 4 BBhV).

4. Verbandmittel

Verbandmittel sind entsprechend § 31 Abs. 1a SGB V Gegenstände (einschl. Fixiermaterial), deren Hauptwirkung darin besteht, oberflächengeschädigte Körperteile zu bedecken oder Körperflüssigkeiten von oberflächengeschädigten Körperteilen aufzusaugen. Dazu gehören u. a. Pflaster, Mullbinden usw. zur Versorgung von Wunden und Verletzungen, aber auch **Colestemiebeutel**, die dem Verschluss eines künstlichen Darmausgangs dienen. Das Gleiche gilt für **Einmalhandschuhe**, die der sterilen Versorgung offener Wunden dienen.

5. Wiederholungsvermerk

Wiederholungsvermerke auf Rezepturen sind grundsätzlich unzulässig; folglich sind die Aufwendungen für aufgrund rechtswidriger Wiederholungsvermerke beschaffte Arznei- und Verbandmittel nicht beihilfefähig.

Falls der Arzt (Zahnarzt, Heilpraktiker) die längerfristige Anwendung eines rezeptpflichtigen Arzneimittels ohne zwischenzeitliche erneute Untersuchung für nötig hält, ist ihm die Möglichkeit gegeben, auf dem Rezept eine größere Arzneimittelmenge (z. B. eine größere Packung oder mehrere kleinere Packungen) zu verordnen. Es kann sich für Privatpatienten empfehlen, von sich aus den Arzt zu bitten, von dieser Möglichkeit Gebrauch zu machen. Andererseits liegt es im Interesse aller Beteiligten, dass Arzneimittel nur in der unbedingt notwendigen Menge verordnet werden.

Von dem Wiederholungsvermerk zu unterscheiden ist die **Ausstellung einer Wiederholungsverordnung** als einzige (neue) Leistung eines Arztes, die nicht als Beratung (Nr. 1 GOÄ), sondern nur mit der ermäßigten Gebühr (Nr. 2 GOÄ) in Rechnung gestellt werden darf.

6. Abgrenzung Arznei- und Hilfsmittel

In manchen Fällen kann zweifelhaft sein, ob es sich um ein Arzneimittel oder ein Hilfsmittel handelt, wie z. B. bei Geräten zur Selbstbehandlung (z. B. Massage-, Elektrisier- und Lichtbehandlungsgeräte). Arzneimittel unterscheiden sich von Hilfsmitteln vor allem dadurch, dass die Arzneimittel dem menschlichen Körper zugeführt und dabei verbraucht werden, während Hilfsmittel in der Regel auch bei wiederholtem Gebrauch nicht verbraucht werden. Im Zweifelsfall sollte auch unter → Hilfsmittel nachgelesen werden.

Ärztliche Aufklärungspflicht (§ 630e BGB)

Ärzte haben ihre Patienten über die Diagnose, den Ablauf der vorgesehenen Behandlung (einschl. ambulanter) und die damit verbundenen Risiken (z. B. vorübergehende oder dauerhafte Nebenfolgen eines Eingriffs) aufzuklären. Dies gilt auch für analog der GOÄ berechnete Leistungen. Bei einer nicht eindeutigen Diagnose muss der Arzt auch darauf eingehen, ob z. B. ein Tumor gut- oder bösartig ist. Bei der Aufklärung über die Behandlung, die übrigens nicht ins Einzelne gehen muss, sind auch alternative bzw. neue Behandlungsmethoden aufzuzeigen. Desgleichen ist darzulegen, welche Chancen und Risiken bei einer Nichtbehandlung bestehen.

Desgleichen ist der Arzt zur Aufklärung des Patienten verpflichtet, wenn er die Medikation ändert, er z. B. jetzt ein homöopatisches Arzneimittel verabreicht (BGH vom 13.2.2008 – BG-Ä 6/07).

Der Arzt muss auch über die finanziellen Risiken hinsichtlich der Kostenübernahme durch die Krankenversicherung (und ggf. auch die Beihilfestelle) „wirtschaftlich" aufklären. Dies gilt auch, wenn eine Behandlungsalternative mit höherer Erfolgsaussicht zu Mehrkosten führt. Aufklärungspflicht besteht zudem hinsichtlich der Kostenfolgen einer Wahlleistungsvereinbarung.

Die Aufklärung muss durch den behandelnden Arzt, bei Befassung mehrerer Ärzte mit dem Krankheitsfall durch den jeweiligen behandelnden (Fach-)Arzt in einem Arzt-Patienten-Gespräch erfolgen – vor Behandlungsbeginn! Nur bei aufschlussreicher Aufklärung ist der Patient in der Lage, einem Eingriff zuzustimmen, sonst wäre er rechtswidrig. Dem Patienten muss ausreichend Zeit bleiben, in den Eingriff einzuwilligen. Das Aufklärungsgespräch ist zu dokumentieren; der Arzt trägt die Beweislast (einschl. der Einwilligung des Patienten). Unterbliebene oder nicht ausreichende Aufklärung verbunden mit Gesundheitsschäden kann zu Schadensersatzansprüchen gegen den Arzt führen.

Die nur gegenüber Privatversicherten geltende Aufklärungspflicht über die voraussichtlichen Behandlungskosten entfällt nur bei einem ausdrücklichen Verzicht des Patienten. Der Arzt hat nicht zu beweisen, dass die unterbliebene Aufklärung zur Inanspruchnahme seiner Leistung für die Entscheidung des Patienten maßgeblich war (BGH v. 28.1.2020, Az. VI ZR 92/19).

→ Patientenrechte

Ärztliche Leistungen

Das Wichtigste in Kürze

- Ärztliche Gebühren sind beihilfefähig, wenn sie dem Grunde nach notwendig und soweit sie der Höhe nach angemessen sind.

- Bei ärztlichen Leistungen mit durchschnittlicher Schwierigkeit sind die Gebühren beihilfefähig, soweit sie den Schwellenwert (die Regelspanne) des Gebührenrahmens der → Gebührenordnung für Ärzte (Ziff. 4) nicht überschreiten – bei voll- und teilstationären sowie vor- und nachstationären privatärztlichen Leistungen abzüglich 25 v. H. (bei Behandlung durch Belegärzte und andere niedergelassene Ärzte 15 v. H.) der berechneten Gebühr.
- Wird der genannte Schwellenwert überschritten, ist das Arzthonorar beihilfefähig, soweit nicht der Höchstsatz des Gebührenverzeichnisses (→ Gebührenordnung für Ärzte, Ziff. 3) überschritten wird, es sich außerdem um einen Fall mit besonderen Schwierigkeiten und (oder) mit einem besonders hohen Zeitaufwand handelt und die Überschreitung des Schwellenwertes vom Arzt in der Rechnung überzeugend begründet wird. Die über den GOÄ-Höchstsätzen (Gebührenrahmen) liegenden Gebühren (z. B. aufgrund einer Abdingung) sind nur in außergewöhnlichen, medizinisch besonders gelagerten Einzelfällen beihilfefähig.
- Art und Umfang der ärztlichen Leistungen ergeben sich u. a. aus der medizinischen Indikation, beruhend auf der Diagnose. Dabei steht dem Arzt Therapiefreiheit, also auch ein gewisses Ermessen zu. Die beabsichtigten ärztlichen Maßnahmen sollten nach Möglichkeit mit Einwilligung des Patienten erfolgen.
- Ärzte haben die Pflicht, ihre Patienten vor Beginn der Behandlung über die voraussichtlichen Kosten zu informieren, besonders wenn eine Kostenübernahme durch die Krankenversicherung fraglich ist. Aufklärungspflicht des Arztes besteht auch bei nicht allgemein anerkannten Behandlungsmethoden, deren Kosten die private Krankenversicherung möglicherweise nicht oder nicht voll

übernimmt. Die Information muss in Textform geschehen und vor Behandlungsbeginn erfolgen (BGH, Az.: VI ZR 92/19).

- Um die Übertragungsgefahr durch das Coronavirus zu verringern, kann allgemein auf eine Pflegebegutachtung im Wohnbereich des Erkrankten verzichtet werden. Eine telefonische Krankschreibung ist für 14 Tage möglich. Die Krankmeldung kann durch eine digitale Arbeitsunfähigkeits-Bescheinigung für den Arbeitgeber ersetzt werden. Dies ist der Fall, wenn ein Mensch die Symptome einer Corona-Erkrankung aufweist, sich in einem Risikogebiet aufhielt oder mit einem Corona-Infizierten Kontakt hatte.
  Den Antragstellern hat die Beihilfestelle Gelegenheit zu geben, die fehlende Diagnose nachzuliefern (VV 12).

1. Beihilfefähige Kosten

Zu den beihilfefähigen Kosten zählen nach § 12 BBhV die Aufwendungen für ärztliche Leistungen sowie die nach § 26 Abs. 1 Nr. 5 Buchst. a BBhV gesondert berechenbaren wahlärztlichen Leistungen. Hinzu zu rechnen sind Aufwendungen für:

- Untersuchung
- Beratung
- Verrichtung
- Behandlung
- Begutachtung bei Durchführung der BBhV
- ärztliche Bescheinigungen zum Nachweis der Dienstunfähigkeit und Dienstfähigkeit des Beihilfeberechtigten

Dabei spielt es beihilferechtlich keine Rolle, ob der Arzt in seiner Praxis, in der Wohnung des Patienten, anlässlich einer Krankenhausbehandlung oder an einem anderen Ort (z. B. am Urlaubsort) tätig gewesen ist.

Nach § 630c Abs. 3 Satz 1 BGB muss der Arzt vor Behandlungsbeginn den Zahlungspflichtigen ausreichend über die voraussichtlichen Behandlungskosten unterrichten. Dazu gehört auch der Hinweis, dass die Kosten der von ihm angewandten Behandlungsmethoden von den privaten oder gesetzlichen Krankenversicherern nicht übernommen werden, sofern er dies weiß oder wissen müsste.

Zu den ärztlichen Leistungen zählen die allgemeinen Praxiskosten sowie in Rechnung gestellte Wegegelder und Entschädigungen für Zeitversäumnis. Hinsichtlich der Aufwendungen für die Begutachtung → Gutachten. Die ärztlichen Vergütungen (Honorare) richten sich bei Privatpatienten nach der → Gebührenordnung für Ärzte, für Kassenpatienten nach den mit den Trägern der GKV getroffenen Vereinbarungen (EBM).

Ärztliche Leistungen sind nur solche Leistungen, die der Arzt selbst erbringt oder die unter seiner Aufsicht nach fachlicher Weisung erbracht werden. Als eigene Leistungen gelten auch von ihm berechnete **Laborleistungen** des Abschnitts M II des Gebührenverzeichnisses der GOÄ (Basislabor), die nach fachlicher Weisung unter der Aufsicht eines anderen Arztes in Laborgemeinschaften oder in von Ärzten ohne eigene Liquidationsberechtigung geleiteten Krankenhauslabors erbracht werden. Für eine Leistung, die Bestandteil oder eine besondere Ausführung einer anderen Leistung nach dem Gebührenverzeichnis ist, kann der Arzt keine Gebühr berechnen, wenn er für die andere Leistung eine Gebühr berechnet.

Nicht zu den ärztlichen Leistungen gehören die Leistungen, die durch selbstständige Angehörige anderer Berufsgruppen (z. B. Masseure und Krankengymnasten) oder durch Einrichtungen (z. B. Krankenhäuser und Sanatorien) abgerechnet werden. Für die Feststellung der Angemessenheit der von selbstständigen Angehörigen von Gesundheits- und Medizinalfachberufen (vgl. Anl. 10 zur BBhV) erbrachten und in Rechnung gestellten Aufwendungen gilt deshalb nicht die Gebührenordnung für Ärzte, sondern das in Anl. 9 zur BBhV wiedergegebene Leistungsverzeichnis.

Die Kosten der ärztlichen oder sonstigen Beratung anlässlich des Erstellens einer **Patientenvollmacht** sowie der dabei eingeholten – schriftlichen – Informationen und Vorlagen sind nicht beihilfefähig. Sie werden auch von der Krankenversicherung nicht getragen.

Kommt ein vereinbarter Arzttermin ohne Absage des Patienten nicht zustande, hat der Arzt einen Anspruch auf Verdienstausfall nur, wenn eine Honorarausfallklausel schriftlich vereinbart war. Aber auch bei einer solchen Klausel besteht ein Ersatzanspruch des Arztes nur, wenn er bei rechtzeitiger Absage des Termins einen Ersatzpatienten gehabt hätte. Dies gilt auch für nach der GOÄ analog berechnete Leistungen.

Digitale Gesundheitsanwendungen nach dem Digitalen Versorgungsgesetz verbessern die Patientenversorgung z. B. anlässlich der Teleradiologie. Sie werden schrittweise in ein besonderes Verzeichnis aufgenommen und können zu Lasten der GKV verordnet werden. Deshalb sind sie auch bei der Beihilfe zu berücksichtigen, sofern privat liquidierende Ärzte die Leistung erbracht haben.

2. Begrenzte Beihilfefähigkeit ärztlicher Gebühren

Aufwendungen für ärztliche Leistungen werden bei der Festsetzung der Beihilfen nur im Rahmen der nach der GOÄ zulässigen Gebühren berücksichtigt. Das Gleiche gilt für die Erstattung der Aufwendungen durch die privaten Krankenversicherer. Beihilfeberechtigte (Privatversicherte), die Kostenlücken vermeiden möchten, sind deshalb gut beraten, Arztrechnungen dahin gehend zu überprüfen, ob sie im Rahmen der GOÄ bleiben. Das wiederum setzt die Kenntnis der wichtigsten GOÄ-Regelungen voraus.

Das erforderliche Wissen vermitteln die folgenden Ausführungen sowie die Erläuterungen unter dem Stichwort → Gebührenordnung für Ärzte. Sehr nützlich ist das ebenfalls im Walhalla Fachverlag erschienene Loseblattwerk „Gebührenordnungen für Ärzte“ (Grundwerk in 3 Bänden inkl. Online-Dienst, ISBN 978-3-8029-2019-6).

3. Beihilfefähige ärztliche Leistungen

Auch für ärztliche Leistungen gilt der Grundsatz, dass die Beihilfefähigkeit nur für solche Aufwendungen zu bejahen ist, die

- dem Grunde nach notwendig und
- der Höhe nach angemessen sind.

Die **Notwendigkeit** einer ärztlichen Leistung kann von der Beihilfestelle nur festgestellt werden, wenn auf der Arztrechnung die Diagnose angegeben wird (VV 12). Allein aus der Angabe der Gebührenziffern der GOÄ kann nicht ohne Weiteres in allen Fällen das Vorliegen eines Krankheitsfalles festgestellt werden. Denkbar sind z. B. auch – nicht beihilfefähige – Aufwendungen für Schönheitsoperationen. Auch nach den Versicherungsbedingungen der privaten Krankenversicherer müssen die Arztrechnungen die Diagnose erkennen lassen. Darüber hinaus haben die Versicherten dem Versicherer jede Auskunft zu erteilen, die zur Feststellung des Versicherungsfalles oder des Umfanges der Leistungspflicht erforderlich ist; dies schließt nach der einschlägigen Rechtsprechung die Einholung von Auskünften bei den Ärzten ein. Auch in Würdigung der gebotenen Wahrung der Privatsphäre des Beihilfeberechtigten und seiner berücksichtigungsfähigen Angehörigen kann die Beihilfestelle bei der Prüfung der Notwendigkeit der Aufwendungen keine geringeren Anforderungen stellen als die privaten Krankenversicherer. Wegen der gleichzeitigen Inanspruchnahme mehrerer Ärzte → Beihilfefähige Aufwendungen (Ziff. 5), zur Notwendigkeit allgemein → Beihilfefähige Aufwendungen (Ziff. 4).

Um die Übertragungsgefahr durch das Corona-Virus zu verringern, kann allgemein auf eine Pflegebegutachtung im Wohnbereich des Erkrankten verzichtet werden. Eine telefonische Krankschreibung ist für 14 Tage möglich. Die Krankmeldung kann durch eine digitale Arbeitsunfähigkeits-Bescheinigung für den Arbeitgeber ersetzt werden. Dies ist der Fall, wenn ein Mensch die Symptome einer Corona-Erkrankung aufweist, sich in einem Risikogebiet aufhielt oder mit einem Corona-Infizierten Kontakt hatte.

Die wirtschaftliche **Angemessenheit** der Aufwendungen für ärztliche Leistungen reicht nach § 6 Abs. 5 BBhV bis zum Gebührenrahmen der → Gebührenordnung für Ärzte. Soweit keine in der Arztrechnung ausdrücklich begründete besonders schwierige Leistung vorliegt, kann als beihilfefähig nur eine Gebühr anerkannt werden, die den **Schwellenwert** (die Regelspanne) des Gebührenrahmens, d. h.

- bei persönlichen ärztlichen Leistungen das 2,3-fache,
- bei überwiegend medizinisch-technischen ärztlichen Leistungen das 1,8-fache,
- bei Laboruntersuchungen das 1,15-fache

des einfachen Gebührensatzes nicht überschreitet.

Zu den entsprechenden Vervielfältigern bei Standardtarifen (ausgehend von dem 1,7-fachen als Höchstsatz) → Gebührenordnung für Ärzte (Ziff. 3).

Für ins Ausland abgeordnete Beihilfeberechtigte und Beihilfeberechtigte mit dienstlichem Wohnsitz im Ausland (§ 3 BBhV gelten die ortsüblichen Gebühren als wirtschaftlich angemessen (§ 6 Abs. 6 BBhV). Gelten Höchstbeträge nach Anlage 11 zur BBhV, kann in entsprechender Anwendung des § 55 BBesG der für den Dienstort jeweils geltende Kaufkraftausgleich hinzutreten.

Bei **stationärer und teilstationärer privatärztlicher Behandlung** sind die ärztlichen Gebühren um 25 bzw. 15 v. H. zu mindern (→ Gebührenordnung für Ärzte, Ziff. 5) und nur insoweit beihilfefähig.

Bei **Überschreitung des Schwellenwertes** bis zum **Gebührenrahmen** wird nach VV 6.5.4 die Gebühr nur dann als angemessen (und beihilfefähig) angesehen, wenn in der schriftlichen Begründung der Rechnung dargelegt wird, dass erheblich über das gewöhnliche Maß hinausgehende Umstände dies rechtfertigen. Derartige Umstände können i. d. R. nur gegeben sein, wenn die einzelne Leistung aus bestimmten Gründen

- besonders schwierig war,
- einen außergewöhnlichen Zeitaufwand beansprucht hat oder
- wegen anderer besonderer Umstände bei der Ausführung erheblich über das gewöhnliche Maß hinausgegangen ist

und diese Umstände nicht bereits in der Leistungsbeschreibung des GOÄ-Gebührenverzeichnisses berücksichtigt sind. Die Begründung für die Schwellenwertüberschreitung kann der Arzt ergänzen, korrigieren oder nachholen, auch noch in einem Streitverfahren.

Das nach Maßgabe der genannten Kriterien berechnete, zu Recht beanspruchte und vorschriftsmäßig begründete Arzthonorar ist bis zu den GOÄ-Höchstsätzen (Gebührenrahmen) beihilfefähig. Der Beihilfeberechtigte kann sich einer solchen über dem Schwellenwert liegenden Vergütung nicht entziehen.

Nach § 12 Abs. 3 Satz 2 GOÄ ist die **Begründung** auf Verlangen näher zu erläutern. Bestehen bei der Beihilfestelle erhebliche Zweifel darüber, ob die in der Begründung dargelegten Umstände den Umfang der Überschreitung des Schwellenwertes rechtfertigen, soll sie nach VV 6.5.5 Satz 1 den Beihilfeberechtigten bitten, die Begründung durch den Arzt erläutern zu lassen, soweit dies nicht bereits von der Krankenversicherung des Beihilfeberechtigten veranlasst worden ist. Werden die Zweifel nicht ausgeräumt, ist von der Beihilfestelle mit Einverständniserklärung des Beihilfeberechtigten eine Stellungnahme der zuständigen Ärztekammer einzuholen (VV 6.5.5 Satz 3).

Der Arzt muss den Patienten vor Behandlungsbeginn über die voraussichtlichen Kosten in Textform informieren (§ 630c Abs. 3 BGB). Dies gilt besonders, wenn er weiß, dass eine vollständige Kostenübernahme durch die Krankenversicherung nicht gesichert ist. Davon ist auszugehen, wenn eine Behandlungsmethode von der Schulmedizin nicht überwiegend anerkannt wird bzw. sich in der Praxis noch nicht allgemein als erfolgversprechend bewährt hat.

Gebühren, die auf einer besonderen **Gebührenvereinbarung** (Abdingung gem. § 2 GOÄ) beruhen, werden grundsätzlich nur bis zum **Schwellenwert** als angemessen angesehen, beim Vorliegen der Voraussetzungen der VV 6.3.4 auch bis zum Gebührenrahmen (3,5-, 2,5-, 1,3-facher Satz) anerkannt werden. Eine Überschreitung des Gebührenrahmens kann nur in außergewöhnlichen, medizinisch besonders gelagerten Einzelfällen von der obersten Dienstbehörde im Einvernehmen mit dem BMI zugelassen werden (VV 6.5.6 Satz 4).

In aller Regel kann der Beihilfeberechtigte mit der Zulassung einer solchen Ausnahme nicht rechnen. Mehraufwendungen, die auf einer Gebührenvereinbarung beruhen, gehen deshalb i. d. R. voll zulasten des Beihilfeberechtigten. Besonders bei stationärer Krankenhausbehandlung sollte deshalb darauf geachtet werden, dass Gebührenvereinbarungen nur dann und nur in dem Umfang abgeschlossen werden, wie es dem Wunsch sowie der Zahlungsfähigkeit und -bereitschaft des Privatpatienten entspricht.

Erscheint eine Arztrechnung überhöht und hat der Beihilfeberechtigte deshalb Zweifel, ob die Beihilfestelle und (oder) die private Krankenversicherung die berechneten Gebühren in voller Höhe als beihilfefähig bzw. erstattungsfähig anerkennen werden, sollte er vor Zahlung des vollen Rechnungsbetrages die Stellungnahme der Beihilfestelle bzw. der Krankenversicherung einholen. In der Zwischenzeit kann an den Arzt eine Abschlagzahlung in Höhe der mittleren Gebührenwerte geleistet werden. Der Beihilfeberechtigte kann sich auch zuvor an den Arzt wenden. Kommt keine Einigung mit ihm zustande, können die Patienten ihre Rechte auch an ihre Krankenversicherung abtreten, die dann die volle Versicherungsleistung gewährt und sich zu viel Verlangtes vom Arzt zurückholt. Notfalls müsste die Streitfrage gerichtlich geklärt werden, nach Möglichkeit mit Rechtsschutz des Interessenverbandes bzw. der Gewerkschaft, bei der der Beihilfeberechtigte Mitglied ist.

Im Rahmen der vorstehenden Ausführungen sind auch die Aufwendungen für ärztliche Leistungen von Personen beihilfefähig, die in einem Basis- oder Standardtarif versichert sind. Die bisherige Begrenzung auf die nach § 75 Abs. 3a Satz 2 und 3 SGB V geltenden Höchstsätze (1,16-, 1,38- und 1,8-facher GOÄ-Satz bzw. 2-facher GOZ-Satz) ist nach Inkrafttreten der 6. ÄndVO entfallen.

Zur Beihilfefähigkeit der Aufwendungen anlässlich von Untersuchungen und Behandlungen in → **Diagnosekliniken**.

4. Abreden über das Arzthonorar

Wird das im Beihilfeantrag geltend gemachte Arzthonorar nachträglich ermäßigt oder erlassen, ist der Beihilfeberechtigte verpflichtet, dies der Beihilfestelle mitzuteilen. Dazu verpflichtet er sich auch mit der Unterschrift auf dem Beihilfeantrag. War die Beihilfe bereits festgesetzt, ist die Beihilfestelle zur Neufestsetzung unter Berücksichtigung der ermäßigten (tatsächlich entstandenen) Aufwendungen verpflichtet.

Der Beihilfeberechtigte darf das ihm in Rechnung gestellte Arzthonorar nicht in voller Höhe in den Beihilfeantrag aufnehmen, wenn er mit dem Arzt vereinbart hat, nur den Betrag zu zahlen, der ihm als Beihilfe gewährt wird. **Verabredungen** zwischen Arzt und Patient dahin gehend, dass der Beihilfeberechtigte von dem in Rechnung gestellten Honorar nur den Betrag zu zahlen hat, der ihm aus der Beihilfe zufließt, sind nach Urteil des BVerwG vom 3.6.1965 (RiA 1966 S. 134) mit der Treuepflicht nicht vereinbar und als Betrug zu werten. Gleiches auch für die Abrede zwischen zwei Ärzten.

5. Keine Beihilfefähigkeit

Nicht beihilfefähig sind u. a.:

- Aufwendungen für Behandlungen, die über das Maß einer medizinisch notwendigen Versorgung hinausgehen und auf Verlangen des Patienten erbracht worden sind
- Aufwendungen für Heil- und Kostenpläne, ausgenommen bei zahnprothetischer und kieferorthopädischer Behandlung (auch von gesetzlich Versicherten), ausgenommen die nach § 2 Abs. 3 GOZ erstellten Heil- und Kostenpläne
- Aufwendungen für die Anwendung → wissenschaftlich nicht anerkannter Methoden (§ 6 Abs. 4 BBhV)
- Kosten ärztlicher Untersuchungen, die nicht im Zusammenhang mit einer Erkrankung, einem Geburtsfall oder einer anderen beihilfefähigen Verrichtung stehen (z. B. die Aufwendungen für Atteste bei Aufnahme in eine Kranken- oder Lebensversicherung und zur Feststellung der Führerscheintauglichkeit)
- Mehraufwendungen für die Inanspruchnahme einer ersten ärztlichen Fachkraft ohne zwingenden Anlass
- von freiwillig GKV-Versicherten mit Zuschuss oder Arbeitgeberanteil zum Beitrag oder beitragsfreier Krankenfürsorge in Anspruch genommene privatärztliche Leistungen (ausge-

nommen wahlärztliche Leistungen) der Vertragsärzte (§ 8 Abs. 4 Satz 3 BBhV)
- verjährte Rechnungen von Ärzten usw.

6. Arzneimittel, Verbandmittel, Heilmittel

Die bei ärztlichen Maßnahmen verbrauchten und berechneten Arzneimittel, Verbandmittel und anderen Stoffe, die der Patient behält, sind beihilfefähig (§ 22 Abs. 1 Satz 1 BBhV). Soweit ein Arzt oder ein Leistungserbringer nach Anlage 10 zur BBhV (z. B. Masseur, Krankengymnastin, medizinischer Bademeister) eine Heilbehandlung durchführt, sind die dafür erforderlichen Aufwendungen beihilfefähig nach § 23 Abs. 1 Satz 1 BBhV.

7. Auslagenersatz, Praxiskosten

Ersatz von Auslagen und Praxiskosten → Gebührenordnung für Ärzte (Ziff. 7)

8. Ansprüche gegen Ärzte bei Behandlungs- und Aufklärungsfehlern

→ Ärztliche Aufklärungspflicht

→ Patientenrechte

Ansprüche der vorstehenden Art mindern die beihilfefähigen Aufwendungen.

Atemtherapiegeräte

Aufwendungen sind beihilfefähig (Abschnitt 1 Nr. 1.13 der Anl. 11 zur BBhV).

Aufklärungspflicht des Dienstherrn

Eine allgemeine Pflicht des Dienstherrn zur Belehrung der Bediensteten über beihilfe- und krankenversicherungsrechtliche Gegebenheiten (Ansprüche) besteht nicht, auch nicht über Neuregelungen im Beihilferecht, die ggf. eine Anpassung des

Versicherungsschutzes erforderlich machen. Dies gilt vor allem nicht für rechtliche Kenntnisse, die sich der Bedienstete unschwer selbst verschaffen kann (BVerwG vom 30.1.1997 – 2 C 10.96). Eine Informationspflicht besteht jedoch, wenn der Bedienstete ausdrücklich um Auskunft bittet oder sich für den Dienstherrn erkennbar in einem gewichtigen Punkt in einem Irrtum befindet (BVerwG vom 7.4.2005 – 2 C 5.04).

Augenoperationen durch Laser (z. B. LASIK)

Bei der LASIK-Operation wird die Hornhaut so verändert, dass ihre Krümmung wieder für ein fokussiertes Bild auf der Netzhaut sorgt. Die bis zu 3000 Euro je Auge reichenden Kosten werden von einigen Privatversicherungen, nicht aber von der GKV getragen.

Aufwendungen für diese Operationen sind nur bei rezidivierenden Hornhauterosionen, einer phototherapeutischen Keratektomie und in den seltenen Fällen der medizinisch begründeten Kontaktlinsenunverträglichkeit (z. B. wegen Hornhautentzündungen, Einwachsen von Blutgefäßen in die Hornhaut) beihilfefähig. Dagegen mangelt es an der allgemeinen wissenschaftlichen Anerkennung bei der Behandlung von Stabsichtigkeit (Astigmatismus) und Kurzsichtigkeit (Myopie). Im Übrigen sind die Aufwendungen für eine chirurgische Hornhautkorrektur nur beihilfefähig, wenn eine Korrektur durch eine Brille oder Kontaktlinsen nach augenärztlicher Feststellung nicht möglich ist (Abschnitt 2 Nr. 13 Buchstabe b der Anl. 1 zur BBhV).

Nach dem BGH-Urteil vom 29.3.2017 (Az. IV ZR 533/15) liegen bei einer Fehlsichtigkeit auf beiden Augen ab 3 bzw. 2,75 Dioptrien und weiteren Voraussetzungen eine Krankheit und damit die Notwendigkeit einer Laser-Behandlung vor. In diesen Fällen ist Beihilfefähigkeit der Laser-Behandlung gegeben.

Den sogenannten **Roten Augen** liegt durchweg das Platzen eines Blutgefäßes in der Bindehaut zugrunde, es kann aber auch

Begleiterscheinung einer Allergie, einer Infektion mit Viren oder Bakterien sowie Folge einer Verletzung oder Entzündung der Augenoberfläche sein. Die Kosten der augenärztlichen Behandlung sind beihilfefähig.

Auslandsbehandlung

Das Wichtigste in Kürze

- Aufwendungen für Leistungen im EU-Ausland sind wie inländische Aufwendungen beihilfefähig, wobei die sonst geltenden Begrenzungen für Gebühren von Ärzten, Zahnärzten, Psychotherapeuten und Heilpraktiker nicht gelten.
- Aufwendungen für Leistungen außerhalb des EU-Auslands sind nur in Höhe der Inlandsaufwendungen beihilfefähig. Davon sind insbesondere ausgenommen:
  - ärztliche und zahnärztliche Leistungen bis 1000 Euro je Krankheitsfall
  - vor Reisebeginn aus besonderen medizinischen Gründen anerkannte Auslandsbehandlungen
  - Behandlungen während einer Auslandsdienstreise, die nicht bis zur Rückkehr ins Inland aufgeschoben werden konnten
- Zweifelsfragen sollten – besonders von den im Ausland wohnenden Versorgungsempfängern und hinsichtlich der im Ausland wohnenden berücksichtigungsfähigen Familienangehörigen – möglichst vor Beginn der Behandlung durch Rückfrage bei der Beihilfestelle geklärt werden.

Abweichungen in Bundesländern:

→ Baden-Württemberg (Ziff. 24)
→ Bayern (Ziff. 14)

→ Bremen (Ziff. 10)
→ Hamburg (Ziff. 16)
→ Hessen (Ziff. 12)
→ Nordrhein-Westfalen (Ziff. 12)
→ Sachsen (Ziff. 9, 12)
→ Rheinland-Pfalz (Ziff. 19)
→ Schleswig-Holstein (Ziff. 5)
→ Thüringen (Ziff. 15)

1. Anwendung der Beihilfevorschriften

Hinsichtlich der Anwendung der Beihilfevorschriften auf außerhalb der Bundesrepublik Deutschland entstandene Aufwendungen ist nach § 11 BBhV zu unterscheiden zwischen:

- Aufwendungen für Leistungen im **EU-Ausland**
  Diese Aufwendungen sind wie Inlandskosten zu behandeln.
- Aufwendungen für Leistungen **außerhalb der EU**
  Diese Aufwendungen sind bis zur Höhe beihilfefähig, in der sie im Inland entstanden und beihilfefähig wären. Von dieser Begrenzung sind ausgenommen:
  - ärztliche und zahnärztliche Leistungen bis 1000 Euro je Krankheitsfall
  - in der Nähe der deutschen Grenze Wohnende, die wegen akutem Behandlungsbedarf das nächstgelegene Krankenhaus aufsuchen müssen
  - bei Notfallversorgung im nächstgelegenen Krankenhaus
  - vor Reisebeginn aus besonderen medizinischen Gründen anerkannte Auslandsbehandlungen
  - Behandlungen während einer Auslandsdienstreise, die nicht bis zur Rückkehr ins Inland aufgeschoben werden konnten
  - Behandlungen in der Hochgebirgsklinik Davos-Wolfgang (Schweiz)

Die Belege über ausländische Aufwendungen müssen grundsätzlich den für inländische Belege geltenden Anforderungen entsprechen (vgl. aber § 51 Abs. 4 Satz 2 und 3 BBhV). Soweit der Beihilfestelle die Prüfung ohne Mitwirkung des Beihilfeberechtigten möglich ist, bedarf es keiner weiteren Unterlagen.

Rechnungsbeträge in ausländischer Währung werden nach dem am Tag der Beihilfefestsetzung geltenden amtlichen Devisen-Wechselkurs in Euro umgerechnet, sofern nicht der bei Bezahlung der Rechnung zugrunde gelegte Umrechnungskurs nachgewiesen wird (VV 11.1.2).

Fremdsprachlichen Rechnungen über Aufwendungen von mehr als 1000 Euro ist eine Übersetzung beizufügen, deren Kosten nicht beihilfefähig sind, auch wenn ein Arzt einen vereidigten Dolmetscher zur Aufklärung des Patienten beigezogen hat und ungeachtet der Verpflichtung des Arztes, ggf. einen solchen Dolmetscher einzuschalten. Bei geringeren Aufwendungen genügt eine kurze Angabe über Art und Umfang der Behandlung (VV 11.1.3). Auf Anforderung muss mindestens für eine Bescheinigung des Krankheitsbildes und der erbrachten Leistung eine Übersetzung vorgelegt werden (§ 51 Abs. 4 Satz 3 BBhV). Die Übersetzung unterliegt keinen besonderen Formvorschriften; sie muss nicht amtlich beglaubigt sein (VV 51.4)

Zur Vorlage der Entlassungsanzeige sowie der Vereinbarung über Wahlleistungen eines ausländischen Krankenhauses → Krankenhausbehandlung, Ziff. 1.

Abweichungen von den Beihilfevorschriften gibt es für die ins Ausland abgeordneten Beihilfeberechtigten und die Beihilfeberechtigten mit dienstlichem Wohnsitz im Ausland (vgl. § 11 Abs. 3 BBhV).

2. Innerhalb der EU entstandene Aufwendungen

Nach § 11 Abs. 1 Satz 1 BBhV sind Aufwendungen für Leistungen in einem anderen Mitgliedstaat der EU wie im Inland entstandene Aufwendungen zu behandeln. Diese Regelung erfasst alle Behandlungsformen und die jeweils in den ausländischen

EU-Staaten nach dortigem Berufsrecht tätigen Heilbehandler. Sie schließt mithin auch Sanatoriumsbehandlungen, Heilkuren, Krankenhausbehandlungen, Pflege-, Geburts- und Todesfälle, Vorsorge- und Früherkennungsmaßnahmen ein. Entsprechendes gilt für zahntechnische und kieferorthopädische wie auch für psychotherapeutische Leistungen, aber auch für die Versorgung mit Arznei- und Hilfsmitteln.

Ein Kostenvergleich erfolgt nicht; dies gilt auch für stationäre Leistungen in öffentlichen Krankenhäusern. Bei Behandlung in privaten Krankenhäusern wird eine Vergleichsberechnung entsprechend § 26 Abs. 2 BBhV durchgeführt, sofern es sich nicht um eine Notfallversorgung handelte (VV 11.1.1).

Angesichts der Verweisung in Abs. 1 auf § 6 Abs. 3 BBhV gelten nicht die gebühren- und berufsrechtlichen Höchstgrenzen für Honorare von Ärzten, Zahnärzten und Psychotherapeuten (GOÄ, GOZ, GOP), auch soweit ärztliche und zahnärztliche Leistungen auf Abdingungen beruhen. Die Höchstbeträge für Heilpraktikergebühren sowie für Heilmittel wie Krankengymnastik usw. nach Anl. 2 und 9 zur BBhV gelten dagegen auch für Behandlungen im EU-Ausland, da Abs. 1 Satz 2 sich nicht auf diese Gebührenwerke bezieht. Die Gleichstellung mit inländischen Einkünften (d. h. unter Verzicht auf einen Kostenvergleich) bedeutet aber, dass die Eigenbehalte nach § 49 BBhV, die Kürzung der Material- und Laborkosten bei Zahnersatz um 40 v. H. (§ 16 Abs. 1 BBhV) und der beihilfefähige Höchstbetrag für die Wahlleistung Unterkunft im Krankenhaus von täglich 51,79 Euro (ab 1.4.2024; → Krankenhausbehandlung) zu beachten sind. Ebenso ist bei einer Krankenhausbehandlung der Wahlarztabschlag nach § 6a GOÄ vorzunehmen. Bei stationärer Behandlung in Privatkliniken sind höchstens die vergleichbaren Kosten einer Inlandsklinik mit Maximalversorgung (z. B. Universitätsklinik) beihilfefähig. Ebenso gelten bei Rehabilitationsmaßnahmen (Sanatoriumsbehandlungen, Kuren usw. im EU-Ausland) die für das Inland geltenden Einschränkungen (einschl. Beschränkung der Fahrtkosten für die

An- und Abreise auf insgesamt 200 km). Dasselbe gilt für die Höchststunden bei Psychotherapie, die Begrenzungen bei dauernder Pflegebedürftigkeit und die Einschränkungen bei Schwangerschaftsabbrüchen und bei künstlicher Befruchtung. Ferner dürfen die Beihilfeausschlüsse nach § 8 BBhV sowie für wissenschaftlich nicht anerkannte Behandlungsmethoden (Anl. 1 zur BBhV) nicht übersehen werden. Desgleichen gilt die Nichtberücksichtigungsfähigkeit von Ehegatten mit Einkünften über 20 000 Euro (ab 2025: 21 832 Euro) nach § 6 Abs. 2 BBhV.

Entsprechend EU-Recht können sich Patienten im EU-Ausland gegen Kostenerstattung zu den im Herkunftsland geltenden Erstattungsbeträgen behandeln lassen. Allerdings sind längere Krankenhausaufenthalte und teure Spezialbehandlungen zuvor von der Kasse zu genehmigen. Die Kassen dürfen diese Behandlungen aber nur im Ausnahmefall verweigern, müssen aber auch nur die Erstattungssätze des Inlands gewähren. Im Inland geltende ethische Grundsätze (z. B. hinsichtlich künstlicher Befruchtung) sind auch im EU-Ausland zu beachten. Das neue EU-Recht musste spätestens bis 31.12.2013 in Deutschland umgesetzt werden. Ein privater Krankenversicherungsschutz gilt für die ersten zwölf Monate eines Auslandsaufenthalts. Über den 13. Monat hinaus gilt der Versicherungsschutz im EU-Ausland und der Schweiz.

3. Länder außerhalb der EU

In Ländern außerhalb der EU ist die Beihilfefähigkeit grundsätzlich auf die Kosten beschränkt, wie sie in der Bundesrepublik Deutschland entstanden und beihilfefähig gewesen wären (§ 11 Abs. 1 und 2 BBhV).

Bei Wohnsitz außerhalb der EU gilt als Wohnort bei

- Versorgungsempfängern der Sitz der Beihilfestelle,
- den übrigen Beihilfeberechtigten der Dienstort.

Dabei sind Aufwendungen von Beihilfeberechtigten mit dienstlichem Wohnsitz oder bei Abordnung ins Ausland und deren berücksichtigungsfähigen Angehörigen, die während eines nicht dienstlich bedingten Aufenthalts außerhalb des Gastlandes und der EU im Ausland entstehen, nur insoweit und bis zur Höhe beihilfefähig, wie sie im Gastland oder Inland entstanden und beihilfefähig wären (§ 11 Abs. 3 BBhV).

Zu den Ausnahmen von der Maßgeblichkeit der Inlandskosten siehe die nachstehenden Ziffern.

Stehen im Einzelfall **vorrangige Ansprüche** (z. B. aus der GKV) zu, ist bei der Beihilfeberechnung der Betrag von den beihilfefähigen Aufwendungen in Abzug zu bringen, den die Krankenkasse bei einer Inlandsbehandlung geleistet hätte. Sind zustehende vorrangige Ansprüche nicht in Anspruch genommen worden, obwohl dies möglich gewesen wäre, sind solche Ansprüche (ausgenommen diejenigen aus einer freiwilligen Versicherung in der GKV) gleichwohl bei der Beihilfefestsetzung zu berücksichtigen (§ 9 Abs. 3 BBhV).

Die **Beschränkung der Beihilfefähigkeit** auf die Kosten, wie sie im Inland entstanden und beihilfefähig gewesen wären, gilt insbesondere für:

a) → Beihilfeberechtigte und → berücksichtigungsfähige Personen, die sich auf einer Urlaubsreise im Ausland befinden
b) Versorgungsempfänger mit Wohnsitz im Ausland
c) im Ausland wohnende berücksichtigungsfähige Familienangehörige von Beihilfeberechtigten, die ihren Wohnsitz im Inland haben

Für die Beihilfefähigkeit müssen die in der BBhV vorgeschriebenen allgemeinen sachlichen Voraussetzungen erfüllt sein. Das bedeutet z. B., dass

- Aufwendungen für → **Ärztliche Leistungen** nur dann beihilfefähig sind, wenn die Leistungen von einer Person erbracht worden sind, die nach inländischen Maßstäben einem deutschen Arzt entspricht,

- bei → **Krankenhausbehandlung** eine Einrichtung aufgesucht worden ist, die einem deutschen Krankenhaus entspricht (so dass z. B. die Kosten für die Unterbringung des Erkrankten in einem Hotel oder in einer Kuranstalt nicht beihilfefähig sind),
- Kosten für die **Beförderung** des Kranken nur in dem Rahmen als beihilfefähig anerkannt werden können, wie das bei einer Erkrankung außerhalb des Wohnortes im Inland der Fall wäre,
- **vorrangige Ansprüche** gegen andere Leistungsträger auszuschöpfen sind, so dass eine Beihilfe nur insoweit gewährt wird, als die vorrangig zuständige Stelle keinen Ersatz leistet.

Übernimmt die Krankenkasse z. B. bei einem freiwillig Versicherten die gesamten Kosten einer Auslandsbehandlung, steht keine Beihilfe zu. Gewährt die Krankenkasse dagegen keine Leistungen, sind die Aufwendungen nach § 9 Abs. 1 Satz 2 BBhV beihilfefähig. Aufgrund fehlender Kassenleistung ist der Bemessungssatz nicht nach § 47 Abs. 6 BBhV auf 100 v. H. zu erhöhen, sondern nach § 46 BBhV festzulegen.

Befindet sich ein **Heimdialysepatient** vorübergehend aus privaten Gründen im Ausland, sind die Aufwendungen beihilfefähig, die im gleichen Zeitraum bei Durchführung einer ambulanten Dialyse in der der Wohnung am nächsten gelegenen inländischen Dialyseeinrichtung entstanden wären (VV 11.1.4).

4. Beschränkung auf die Inlandskosten

Außerhalb der EU entstandene Aufwendungen sind nur beihilfefähig, soweit sie bei Behandlung derselben Krankheit im Inland entstanden und beihilfefähig wären. Mitentscheidend ist, wie und unter welchen Umständen die Inlandsbehandlung erfolgt wäre. Erfolgte eine Operation im Ausland ambulant, müsste sie aber im Inland aus medizinischen (ärztlichen) Gründen stationär durchgeführt werden, sind die Kosten der stationären Inlandsbehandlung Bezugsgröße i. S. einer Höchstgrenze. Umgekehrt kann ein in einem ausländischen Krankenhaus operierter Beihilfeberechtigter nur den dort berechneten allgemeinen Pflegesatz bei der Beihilfe geltend machen, selbst wenn bei der Behandlung im Inland Chefarztbehandlung möglich gewesen wäre.

Um die Umrechnung auf die Inlandskosten zu ermöglichen, hat der Beihilfeberechtigte die erforderlichen Nachweise und ggf. deren Übersetzung beizubringen. Dies gilt nicht, wenn aus den ausländischen Unterlagen ohne Weiteres hervorgeht, welche Art von Aufwendungen entstanden und nur die fiktiven Inlandskosten zu ermitteln sind.

Sofern der Umrechnungskurs nicht nachgewiesen wird, sind die Rechnungsbeträge mit dem am Tag der Festsetzung der Beihilfe geltenden amtlichen Devisen-Wechselkurs in Euro umzurechnen.

Bei der Ermittlung der Aufwendungen, die beim Verbleiben im Inland entstanden und beihilfefähig gewesen wären, werden die auf Euro umgerechneten Aufwendungen am Maßstab der einschlägigen beihilferechtlichen Regelungen und der deutschen Gebührenordnungen auf ihre Angemessenheit und Beihilfefähigkeit geprüft. Dies gilt z. B. auch für die Schwellenwerte nach den Gebührenordnungen für Ärzte und Zahnärzte. Die danach beihilfefähigen Aufwendungen bilden die Grundlage für die Berechnung der Beihilfe, die nach den üblichen Bemessungssätzen festgesetzt und ohne den sog. Kaufkraftausgleich (§ 55 BBesG) gewährt wird.

Die Beihilfeberechtigten sollten im eigenen Interesse darauf achten, dass die ausländischen Rechnungen eindeutige Leistungsbezeichnungen enthalten, damit der Kostenvergleich möglich ist. Die Festsetzung der Beihilfe wird wesentlich erleichtert, wenn der Beihilfeberechtigte dem Beihilfeantrag Notizen über die Erkrankung (Art, Beginn, Verlauf und Ende), Anzahl und Art der Behandlungen des ausländischen Arztes (vgl.

VV 11.1.3) und die verordneten Arzneimittel (Art und Wirkungsweise) sowie eine „Vergleichsliquidation" des Hausarztes beifügt, aus der sich ergibt, welche Kosten (für den Arzt und Arzneimittel) bei Behandlung im Inland entstanden wären.

Keine Begrenzung auf die Inlandskosten besteht bei den in § 11 Abs. 2 enumerativ aufgezählten Sachverhalten. In diesen Fällen ist auch keine Vergleichsberechnung mit den Inlandskosten durchzuführen. Eine Begrenzung auf den beihilfefähigen Höchstbetrag nach § 26a Abs. 1 Satz 1 Nr. 1 und 2 BBhV erfolgt nicht, sofern es sich um eine Notfallbehandlung handelt, die Kosten vor Reisebeginn als beihilfefähig anerkannt wurden oder Personen in Akutfällen ein Krankenhaus in Grenznähe aufsuchen mussten (VV 11.2).

5. Auslandsdienstreise

Erkrankt ein im Inland wohnender Beihilfeberechtigter auf einer Auslandsdienstreise, sind die notwendigen Aufwendungen, wenn die Krankenbehandlung nicht bis zur Rückkehr in das Inland hätte aufgeschoben werden können, ohne eine Beschränkung auf die Inlandskosten beihilfefähig. Der Beihilfeberechtigte ist – wie bei jeder Behandlung – verpflichtet, sich darum zu bemühen, dass die Behandlungskosten angemessen, d. h. in einem vernünftigen, vertretbaren Rahmen bleiben. Die Rückreise in die Bundesrepublik Deutschland ist anzutreten, sobald der gesundheitliche Zustand das erlaubt. Die Beförderungskosten dürften i. d. R. durch die Reisekostenvergütung anlässlich der Dienstreise abgegolten sein.

Der Auslandsdienstreise dürfte eine Abordnung oder Zuweisung (§ 20 BeamtStG) sowie eine Fortbildungsreise aus dienstlichen Gründen ins Ausland gleichstehen.

6. 1000-Euro-Grenze

Nach § 11 Abs. 2 Nr. 2 BBhV gilt die Beschränkung der Beihilfefähigkeit der außerhalb der EU-Staaten entstandenen Aufwendungen auf die Inlandskosten nicht, wenn **ärztliche oder zahnärztliche Leistungen** 1000 Euro je Krankheitsfall nicht übersteigen.

Andere Aufwendungen des jeweiligen Krankheitsfalles (z. B. für Psychotherapeuten, Heilpraktiker, Heilbehandlungen, Arzneimittel und Fahrtkosten) sind dagegen gesondert zu betrachten, d. h. auf die Inlandskosten zu begrenzen. Bei Arztkosten bis 1000 Euro ist eine kurze Angabe über Art und Umfang der Behandlung ausreichend (VV 11.1.3).

Ärztliche Leistungen schließen auch diejenigen in Krankenhäusern und anderen stationären Einrichtungen, zahnärztliche auch die zahntechnischen Leistungen (einschl. Material- und Laborleistungen) ein. Aus welchem Anlass (z. B. krankheitshalber erbrachte Leistungen, Geburts- und Pflegefälle) diese Leistungen erbracht werden, ist unerheblich.

Es wird hingenommen, dass ggf. Aufwendungen über dem Inlandsniveau berücksichtigt werden. Der Verzicht auf die Übertragung auf Inlandskosten bedeutet auch, dass für Inlandsbehandlungen geltende Beschränkungen, wie z. B. die Begrenzung ärztlicher Honorare auf Schwellenwerte, nicht zu beachten sind. Allerdings sind allgemeine Beihilfeausschlüsse (wie für wissenschaftlich nicht anerkannte Behandlungsmethoden) zu beachten.

Desgleichen sind z. B. Eigenbehalte bei Arznei-, Verbands- und Hilfsmitteln sowie Beförderungskosten, die Gebührenminderung nach § 6a GOÄ, die Kürzung beim Zweibettzimmerzuschlag, die Kürzungen von M+L-Kosten beim Zahnersatz um 60 v. H., aber auch die Einschränkungen bei künstlichen Befruchtungen und die für Ehegatten nach § 6 Abs. 2 BBhV geltende Einkunftsgrenze zu berücksichtigen.

Die 1000-Euro-Grenze bezieht sich auf **einen** Krankheitsfall einer Person. Wurden anlässlich

- desselben Auslandsaufenthalts mehrere andersartige Krankheitsfälle bei einer oder mehreren Personen behandelt oder
- verschiedener Auslandsaufenthalte ein oder mehrere Krankheitsfälle gleicher oder unterschiedlicher Art bei einer oder mehreren Personen behandelt,

bezieht sich die Grenze auf die Krankheitskosten des jeweiligen Krankheitsfalles, sie kann somit mehrfach in Betracht kommen.

Die 1000-Euro-Grenze bezieht sich ausschließlich auf die außerhalb der EU entstandenen Aufwendungen und lässt die Beihilfefähigkeit der Anschlussbehandlungen im Inland unberührt.

Bei Aufwendungen über 1000 Euro ist dem Beihilfeantrag eine Übersetzung fremdsprachlicher Belege beizufügen.

7. Auslandsbehandlung wegen wesentlich größerer Erfolgsaussicht

Ohne Beschränkung auf die Kosten im Inland sind die vor der Auslandsreise ausnahmsweise als beihilfefähig anerkannten Kosten berücksichtigungsfähig. Eine solche **ausnahmsweise vorherige Anerkennung der erweiterten Beihilfefähigkeit** kommt nach § 11 Abs. 2 Satz 2 BBhV in Betracht, wenn durch ein von der Beihilfestelle eingeholtes Gutachten nachgewiesen wird, dass die Behandlung außerhalb der EU zwingend notwendig ist, weil hierdurch eine **wesentlich größere Erfolgsaussicht** zu erwarten oder eine Behandlung innerhalb der EU nicht möglich ist. Das genannte Gutachten wird i. d. R. von der Beihilfestelle eingeholt, nachdem der Beihilfeberechtigte unter Vorlage eines Gutachtens seines behandelnden Arztes und Beifügung aller in seinen Händen befindlichen einschlägigen Unterlagen die vorherige Anerkennung beantragt hat.

Aufwendungen für eine Behandlung von Neurodermitis und Psoriasis in den Kurorten Ein Boqeq, Sweimeh und Sdom sind bei allen Beihilfeberechtigten (einschl. Versorgungsempfängern) und berücksichtigungsfähigen Personen wie Aufwendungen für Heilkuren beihilfefähig. Voraussetzung ist, dass die inländischen Behandlungsmöglichkeiten ohne hinreichenden Heilerfolg ausgeschöpft sind, durch eine ärztliche Bescheinigung nachgewiesen wird, dass die Behandlung wegen der wesentlich größeren Erfolgsaussicht notwendig ist und die Festsetzungsstelle die Beihilfefähigkeit vorher (in begründeten Ausnahmefällen auch nachträglich) anerkannt hat (VV 11.1.6).

Aufwendungen für Behandlungen in der **Hochgebirgsklinik Davos-Wolfgang (Schweiz)** gelten als in der Bundesrepublik Deutschland entstanden. Dies gilt jedoch nur, wenn nach der Bescheinigung eines Facharztes eine Behandlung unter Einfluss des Hochgebirgsklimas medizinisch indiziert ist. Der Umfang der Beihilfefähigkeit bestimmt sich nach § 35 Abs. 1 Nr. 1 BBhV, sofern nicht im Einzelfall eine Krankenhausbehandlung medizinisch notwendig ist. Im letzteren Fall sind die Aufwendungen ohne Begrenzung des § 26a Abs. 1 BBhV beihilfefähig (VV 11.1.5).

8. Stationäre Rehabilitationsmaßnahme

Aufwendungen für eine stationäre Rehabilitationsmaßnahme im Ausland sind nur beihilfefähig, wenn nach amts- oder vertrauensärztlichem Gutachten eine wesentlich höhere Erfolgsaussicht gegenüber einer Inlandsbehandlung besteht; dies gilt nicht für Behandlungen in einem EU-Staat. Angesichts des medizinischen Standards in der Bundesrepublik dürfte dies sehr selten der Fall sein. Auch für stationäre Rehabilitationsmaßnahmen innerhalb der EU gelten die Zugangsvoraussetzungen und Begrenzungen der §§ 35, 36 BBhV, z. B. vorherige Anerkennung aufgrund eines amts- oder vertrauensärztlichen Gutachtens, Vierjahresfrist, niedrigster Satz des Sanatoriums für Kosten der Unterkunft und Verpflegung, Begrenzung der Fahrtkosten auf insgesamt 200 Euro.

Bei **nicht anerkannten Reha-Behandlungen** im Ausland sind gleichwohl die in § 12 ff. BBhV genannten Aufwendungen für ärztliche Behandlungen, Arznei- und Verbandmittel sowie

Heilbehandlungen im Rahmen dieser Vorschrift beihilfefähig. Für Unterkunft, Verpflegung und Pflege wird somit keine Beihilfe geleistet.

9. Heilkuren

Aufwendungen für Heilkuren im EU-Ausland sind unter den gleichen Voraussetzungen und im gleichen Umfang wie bei Inlandskuren beihilfefähig. Die Kur muss in einem im Kurorteverzeichnis EU-Ausland (wird durch Rundschreiben des Bundesministerium des Innern und für Heimat bekannt gegeben) enthaltenen Kurort durchgeführt werden.

Die Beihilfefähigkeit der Kosten setzt die vorherige Anerkennung durch die Festsetzungsstelle voraus.

Aufwendungen für Heilkuren **außerhalb** der EU sind ausnahmsweise beihilfefähig, wenn

- durch ein ärztliches Gutachten bestätigt wird, dass die Heilkur wegen der wesentlich größeren Erfolgsaussicht außerhalb der EU zwingend notwendig oder eine Behandlung innerhalb der EU nicht möglich ist,
- der Kurort im „Kurorteverzeichnis Nicht-EU-Ausland“ (wird durch Rundschreiben des Bundesministerium des Innern und für Heimat bekannt gegeben) aufgeführt ist und
- die sonstigen für eine Heilkur vorgeschriebenen Voraussetzungen des § 36 BBhV vorliegen (z. B. Wiederherstellung oder Erhaltung der Dienstfähigkeit).

Bei einer ambulanten Rehabilitationsmaßnahme in einem nicht-deutschen Kurort innerhalb der EU, der nicht im Verzeichnis der anerkannten Kurorte enthalten ist, trifft die oberste Dienstbehörde die Entscheidung über die Anerkennung des Ortes als Kurort. Die oder der Beihilfeberechtigte hat Unterlagen, die zur Entscheidung erheblich sind, vorzulegen.

Die Aufwendungen für Unterkunft und Verpflegung sind, sofern sie nicht Teil eines Pauschalpreises sind, bis 16 Euro je Tag (für insgesamt drei Wochen) beihilfefähig. Fahrtkosten sind bis zur Höhe von 200 Euro insgesamt (Hin- und Rückreise) beihilfefähig. Keine Beihilfe steht bei Überführungskosten eines anlässlich der Heilkur Verstorbenen zu (Ausnahmen sind Dienstreisen und Abordnungen, vgl. § 44 BBhV).

Zu den sonstigen für eine Heilkur vorgeschriebenen Voraussetzungen gehören insbesondere bestimmte Dienstzeiten sowie die **vorherige Anerkennung der Beihilfefähigkeit** (Näheres → Heilkuren).

10. Heimdialyse

Befindet sich ein **Heimdialysepatient** vorübergehend aus privaten Gründen im Ausland, sind die Aufwendungen beihilfefähig, die im gleichen Zeitraum bei Durchführung einer ambulanten Dialyse in der der Wohnung am nächsten gelegenen inländischen Dialyseeinrichtung entstanden wären (VV 11.1.4).

11. Fahrtkosten

Fahrtkosten im Ausland sind nach Maßgabe des § 31 BBhV, also nur bei Behandlungsfahrten beihilfefähig. Da die Kosten eines Rücktransports des im Ausland Erkrankten zum inländischen Wohnort usw. nicht beihilfefähig sind (auch nicht beim Vorliegen medizinischer Gründe), empfiehlt sich zwingend der Abschluss einer Auslandsreisekrankenversicherung, die allgemein diesen Rücktransport einschließt. Diese sollte aus Kostengründen bei häufigeren Auslandsreisen möglichst als Jahresvertrag abgeschlossen werden.

12. Ins Ausland entsandte Beschäftigte

Für die in das Ausland entsandten Beschäftigten finden die Regelungen für Beamte mit der Maßgabe entsprechende Anwendung, dass für die nach deutschem Recht in der GKV pflichtversicherten sowie für die in der GKV freiwillig versicherten Beschäftigten mit Beitragszuschuss nach § 257 SGB V die im Ausland entstehenden Kosten nach Anrechnung der Kassenleistung vollständig übernommen werden.

13. Europäische Krankenversicherungskarte (EHIC)

Bei dauerhafter Verlegung des Wohnsitzes innerhalb des Europäischen Wirtschaftsraumes besteht die Mitgliedschaft in der GKV fort. Voraussetzung ist allerdings der Bezug oder die Beantragung einer Rente der Deutschen Rentenversicherung. Ferner darf im Wohnstaat kein eigener Versicherungsschutz aufgrund einer Beschäftigung bestehen.

Mit der EHIC können sich gesetzlich Versicherte mindestens einen Basisschutz sichern, allerdings nur innerhalb der EU und in Ländern, mit denen ein Sozialversicherungsabkommen besteht. Das Letztere gilt für die meisten übrigen europäischen Länder sowie z. B. für Israel, die Türkei oder Tunesien. Die Leistungen der ausländischen Kassen richten sich nach deren, nicht nach deutschem Recht. Dies kann zu höheren ungedeckten Kosten führen. Es empfiehlt sich deshalb der Abschluss einer privaten Auslandskrankenversicherung, die i. d. R. auch den Krankenrücktransport in die Heimat einschließt und die zu geringen Beiträgen abgeschlossen werden kann.

14. Privater Krankenversicherungsschutz im Ausland

Der Versicherungsschutz über eine private Krankenversicherung entspricht bei Reisen im EU-Ausland inländischen Maßstäben. In Nicht-EU-Ländern ist er meist auf einige Monate beschränkt, kann aber gegen einen Prämienaufschlag verlängert werden. → Private Krankenversicherung, Ziff. 3 (Buchst. d)

Die gesetzliche Krankenversicherung darf keine Zusatzversicherungen für im Ausland entstandene Krankheitskosten anbieten (BSG, Az.: B 1 KR 34/18 R).

Autohomologe Immuntherapien (z. B. ACTI-Cell-Therapie)

Aufwendungen sind nicht beihilfefähig (Abschnitt 1 Nr. 1.3 der Anl. 1 zur BBhV). Dies gilt auch für die Behandlung von Neurodermitis, vgl. BVerwG vom 29.6.1995 (DÖD 1996 S. 90) und 18.6.1998 (ZBR 1999 S. 25).

Autologe-Target-Cytokine-Therapie (ATC) nach Dr. Klehr

Aufwendungen sind nicht beihilfefähig (Abschnitt 1 Nr. 1.4 der Anl. 1 zur BBhV).

Autotraktionsbehandlung

Bei der Autotraktionsbehandlung (Therapie bei bandscheibenbedingten Rückenerkrankungen) handelt es sich um eine wissenschaftlich anerkannte (wenn auch nicht allgemein angewandte) Methode, die grundsätzlich durch einen Arzt vorgenommen werden sollte. Gegen die Beihilfefähigkeit entsprechender Aufwendungen bestehen keine Bedenken.

Ayurvedische Behandlungen (z. B. nach Maharishi)

Aufwendungen sind nicht beihilfefähig (Abschnitt 1 Nr. 1.5 der Anl. 1 zur BBhV sowie OLG Frankfurt/M. vom 22.9.1994, Az. 16 U 139/93).

Baden-Württemberg

Der Beihilfeanspruch bestimmt sich nach der Beihilfeverordnung (BVO BW vom 28.7.1995 (GBl. S. 561), zuletzt geändert durch Artikel 6 des Gesetzes zur Änderung des Landesbeamtenversorgungsgesetzes Baden-Württemberg und weiterer dienstrechtlicher Vorschriften vom 5.12.2023 (GBl. S. 429). Als Alternative zur „individuellen" Beihilfe kann in Baden-Württemberg ab 1. Januar 2023 die pauschale Beihilfe beantragt werden (siehe Ziffer 32).

Gegenüber dem Bundesbeihilferecht bestehen folgende grundlegende Abweichungen:

1. In **besonderen Härtefällen** kann abweichend von der BVO BW Beihilfe gewährt werden (§ 5 Abs. 6 BVO BW).
   Bei schwerwiegenden **lebensbedrohlichen Erkrankungen** stehen Beihilfen nach Maßgabe der Nr. 1.5.1 der Anl. zur BVO BW zu.
2. Der für die Beihilfegewährung an berücksichtigungsfähige **Ehegatten** und eingetragene **Lebenspartner** maßgebliche Gesamtbetrag der Einkünfte darf in den beiden Kalenderjahren vor der Stellung des Beihilfeantrags jeweils 20 000 Euro nicht überschreiten (§ 78 Abs. 1a LBG BW). Davon kann bei Anlegung eines strengen Maßstabs in besonderen Härtefällen abgewichen werden.
3. Der Beihilfeausschuss, der für Behandlungskosten durch nahe Angehörige gilt umfasst auch Großeltern und Enkelkinder des Beihilfeberechtigten und der berücksichtigungsfähigen Angehörigen. Aufwendungen für die Behandlung durch Schwiegersöhne und -töchter sowie Geschwister sind bis zu zwei Dritteln beihilfefähig. Bei der Behandlung entstandene Sachkosten sind wie üblich beihilfefähig (§ 5 Abs. 4 Nr. 6 BVO).
4. Bei einer häuslichen Krankenpflege ist eine an nahe Angehörige gewährte Vergütung bis zu 1300 Euro monatlich

beihilfefähig, sofern diese Angehörigen eine mindestens halbtägige Erwerbstätigkeit aufgeben oder im Umfang einer solchen einschränken (§ 6 Abs. 1 Nr. 7 BVO BW).

5. **Auslagen, Material- und Laborkosten**, die bei zahnärztlichen Behandlungen nach den Abschnitten C, F und H des Gebührenverzeichnisses der GOZ berechnet werden, sind nicht beihilfefähig, soweit sie 70 v. H. der ansonsten beihilfefähigen Auslagen, Material- und Laborkosten übersteigen. Die eigentlichen zahnärztlichen Leistungen sind von dieser Begrenzung nicht betroffen (Nr. 1.2.1 Buchst. b der Anl. zur BVO BW).
6. **Implantologische Leistungen** sind nur beim Vorliegen eingegrenzter Indikationen beihilfefähig. Liegt keine dieser Indikationen vor, sind die Aufwendungen für zwei Implantate je Kieferhälfte (unter Berücksichtigung vorhandener Implantate) beihilfefähig (Nr. 1.2.4 der Anl. zur BVO BW).
7. Aufwendungen für **Elementardiäten** sind bei Kindern unter drei Jahren mit Kuhmilcheiweiß-Allergie und bei Neurodermitis ohne Altersbegrenzung für einen Zeitraum von einem halben Jahr beihilfefähig, wenn sie für diagnostische Zwecke eingesetzt werden (§ 6 Abs. 1 Nr. 2 Satz 3 Buchst. c BVO BW).
8. Für bestimmte **Hilfsmittel** (z. B. Behindertenfahrzeuge) bestehen Höchstbeträge oder diese weichen von denjenigen des Bundes ab (z. B. bei Perücken). Unterschiede bestehen auch bei Eigenbehalten (z. B. bei Maßschuhen) → Nr. 2 der Anl. zur BVO BW.

   Für **Hörgeräte** bestehen keine Höchstbeträge.

   Aufwendungen für Betrieb und Unterhaltung von Hilfsmitteln sind für berücksichtigungsfähige Kinder unter 18 Jahren ohne Eigenbehalt beihilfefähig (Nr. 2.2.3 der Anl. zur BVO BW).
9. Aufwendungen für **Brillengestelle** sind alle drei Jahre jeweils bis zu 20,50 Euro beihilfefähig. Zusätzlich sind alle drei Jahre bei Fehlsichtigkeit sowohl im Nah- als auch im Fernbereich Aufwendungen für Brillengestelle bis zu 20,50 Euro

beihilfefähig. Dasselbe gilt für Gestelle von Lichtschutz- und Schulsportbrillen. Bei Sehschärfenänderungen oder Unbrauchbarkeit des Gestells ist eine Neubeschaffung vor Ablauf des Dreijahreszeitraums beihilfefähig (Nr. 2.2.1 der Anl. zur BVO BW).

Für vom Optiker angepasste Brillengläser und Kontaktlinsen gelten die in Nr. 2.2.2 der Anl. zur BVO BW genannten Höchstbeträge. Sie setzen voraus, dass die Anschaffung der letzten Gläser mindestens drei Jahre zurückliegt und eine Sehschärfenänderung oder Unbrauchbarkeit der Gläser vorliegt.

10. Zu Aufwendungen für **Wahlleistungen** eines Krankenhauses besteht nur dann ein Beihilfeanspruch, wenn der Beihilfeberechtigte (auch als Teilzeitbeschäftigter) hierfür monatlich 22 Euro aufbringt. Während der Elternzeit besteht Beitragsfreiheit. Weitere Voraussetzung ist, dass der Beihilfeberechtigte der Bezüge- und Beihilfestelle innerhalb einer Ausschlussfrist von fünf Monaten schriftlich erklärt, Wahlleistungen für sich und seine berücksichtigungsfähigen Angehörigen ab Beginn der Frist in Anspruch nehmen zu wollen (§ 6a Abs. 2 BVO BW).

    Bei nicht nach der BPflV oder dem Krankenhausentgeltgesetz abrechnenden Krankenhäusern sind Aufwendungen nur insoweit beihilfefähig, als sie für ein vergleichbares Krankenhaus beihilfefähig wären (§ 6a Abs. 3 BVO BW).
11. Aufwendungen für eine **Familien- und Haushaltshilfe** sind ab Beginn der 4. Woche einer langfristigen häuslichen Bettlägerigkeit, insbesondere bei Problemschwangerschaft oder langfristigen krankheitsbedingten Unfähigkeit zur Verrichtung der häuslichen Tätigkeit beihilfefähig, wenn eine entsprechende ärztliche Begründung zum Krankheitsbild oder den besonderen Umständen vorliegt und mindestens ein Kind unter 12 Jahren im Haushalt vorhanden ist (§ 10a Nr. 3 BVO BW). Die Aufwendungen sind für hauptberufliche Pflegekräfte in Höhe von 0,8 Prozent, für nebenbe-

rufliche Pflegekräfte in Höhe von 0,4 Prozent der sich aus § 18 des Vierten Buches Sozialgesetzbuch ergebenden Bezugsgröße, anteilig je Kalendermonat aufgerundet auf volle Euro beihilfefähig.

12. Unterkunftskosten bei auswärtiger **ambulanter** ärztlicher und psychotherapeutischer Behandlung sind bis zu 30 Euro täglich beihilfefähig (§ 10a Nr. 5 BVO BW).
13. Aufwendungen für **Heilpraktikerleistungen** sind bis zu den Beträgen beihilfefähig, die für vergleichbare ärztliche Leistungen nach der GOÄ maßgebend sind (Nr. 1.4.3 der Anl. zur BVO BW).
14. Die Fahrtkosten sind allgemein auch bei ambulanten Fahrten zum Arzt usw. beihilfefähig. Nicht beihilfefähig sind Fahrtkosten mit öffentlichen Verkehrsmitteln, privatem PKW oder Taxen am Wohn-, Behandlungs- oder Aufenthaltsort und in deren **Nahbereich** bei einfachen Entfernungen bis zu 30 km. Dies gilt nicht für schwerbehinderte Menschen mit den Merkzeichen „aG", „Bl" und „H", pflegebedürftige Menschen mit Pflegegrad 3, 4 oder 5 und bei Fahrten zur Dialyse-, onkologischen Strahlen- und Chemobehandlung, ambulanten Rehabilitations- oder Anschlussheilbehandlung sowie bei Behandlungen, bei denen eine Grunderkrankung nach einem vorgegebenen Therapieschema behandelt wird, das eine vergleichbar hohe Behandlungsfrequenz über einen längeren Zeitraum aufweist (§ 10a Nr. 4 BVO BW).
    Bei stationären Rehabilitationsmaßnahmen (§ 7 BVO BW), Kuren und Auslandskuren sind Fahrtkosten begrenzt auf 120 Euro je einfache Fahrt beihilfefähig. Höhere Fahrtkosten sind nur beihilfefähig, wenn nach ärztlicher Bestätigung keine nähere Behandlungsstätte bzw. kein näher gelegener Kurort aufgesucht werden konnte.
15. Für die **Behandlung und Rehabilitation** in nicht als Krankenhaus zugelassenen Einrichtungen besteht eine differenzierte Regelung, welche die nach Bundesrecht hinsichtlich der Abgrenzung von Sanatoriums- und Krankenhausbe-

handlung sich stellenden Probleme vermeidet (§ 7 BVO BW). Bei stationärer Rehabilitation stehen 22 Euro pro Tag des Aufenthalts zu, wenn keine Beihilfe zu ärztlichen Leistungen geltend gemacht wird (§ 15 Abs. 4 Satz 2 BVO).
Einzelentgelte, Pauschalpreise und Tagessätze von Einrichtungen für Suchtbehandlungen sowie sonstige Einrichtungen der medizinischen Rehabilitation sind nur bis zum niedrigsten Satz der Einrichtungen beihilfefähig (§ 7 Abs. 7 Satz 6 BVO BW).

16. Zugangsvoraussetzungen für **Kuren** (§ 8 Abs. 5 BVO BW) sind:
    a) Eine fünfjährige Wartezeit mit Beihilfeberechtigung.
    b) Im laufenden und in den beiden vorausgegangenen Kalenderjahren darf keine Kur durchgeführt und beendet worden sein.
    c) Ambulante ärztliche Behandlungen und Heilbehandlungen außerhalb von Kurmaßnahmen sind wegen erheblich beeinträchtigter Gesundheit nicht ausreichend.
    d) Die medizinische Notwendigkeit wurde vor Beginn der Kur durch begründete ärztliche Bescheinigung nachgewiesen.

    Kosten der Unterkunft und Verpflegung sind bis zu 26 Euro je Tag und Person und für eine Gesamtdauer von höchstens 30 Tagen beihilfefähig (§ 8 Abs. 6 Nr. 6 BVO BW).
    Beihilfen stehen auch zu **Vätergenesungskuren** zu (§ 8 Abs. 1 Satz 1 Nr. 2 BVO BW).
17. Bei pflegebedürftigen Personen der Pflegegrade 2 bis 5 sind die Kosten für häusliche Pflege durch berufsmäßig tätige Pflegekräfte in Höhe der Sätze nach § 36 Abs. 3 SGB XI beihilfefähig (§ 9b Abs. 1 BVO BW. Bei Pflegegrad 5 beträgt der Höchstbetrag für Pflegesachleistungen 2200 Euro pro Monat. Die Kosten der Pflegeberatung trägt die Beihilfestelle nach Maßgabe des § 9a BVO BW.
    Bei häuslicher Pflege durch sog. geeignete Personen nach § 19 SGB XI (z. B. Ehegatten, eingetragene Lebenspartner,

Kinder, Nachbarn oder Freunde) wird ein Pflegegeld in Höhe der Sätze nach § 37 Abs. 1 SGB XI gewährt (§ 9b Abs. 2 BVO BW). Das Pflegegeld richtet sich ebenfalls nach dem Pflegegrad und beträgt bei Pflegegrad 5 monatlich 947 Euro. Bei Kombinationspflege (zwischen Berufskräften und geeigneten Pflegepersonen) darf die Summe der beihilfefähigen Beträge den nach dem jeweiligen Pflegegrad geltenden Höchstbetrag nach § 36 Abs. 3 SGB XI nicht überschreiten. Für die Pflege in Behinderteneinrichtungen gelten besondere Vorschriften (§ 9e BVO BW).

Das **Pflegegeld** nach § 9b Abs. 2 BVO BW (beim Bund: Pflegepauschale) verringert sich anteilig nur für Tage einer voll- oder teilstationären Unterbringung im Krankenhaus oder anlässlich einer Reha, soweit diese über vier Wochen hinausgehen. Es vermindert sich ebenso um Tage, an denen Beihilfe für eine vollstationären Pflege in Einrichtungen der Behindertenhilfe nach § 9e BVO BW oder in vollstationären Pflegeeinrichtungen nach § 9f BVO BW zusteht. Für Tage einer Kurzzeitpflege nach § 9d Abs. 2 BVO BW erfolgt die Minderung nur für bis zu acht Wochen im Kalenderjahr und dabei nur zur Hälfte.

Mit Neufassung des § 9d BVO wurde ab 1.1.2024 ein gemeinsamer Jahresbetrag für die Aufwendungen der Verhinderungs- und Kurzzeitpflege in Höhe von 3539 Euro eingeführt. Bei Kurzzeitpflege ist der Selbstbehalt nach § 9f Abs. 3 BVO in entsprechender Anwendung zu beachten.

Pflegebedürftige Personen haben ab dem 1.7.2024 unter bestimmten Voraussetzungen Anspruch auf Versorgung in zugelassenen Vorsorge- oder Rehabilitationseinrichtungen (§ 42a Abs. 1 SGB XI). In diesen Fällen können die in § 42a Abs. 3 SGB XI aufgeführten Aufwendungen als beihilfefähig anerkannt werden (§ 9d Abs. 4 BVO).

Bei **vollstationärer Pflege** außerhalb einer Kurzzeitpflege oder Pflege in Behinderteneinrichtungen sind Pflegekosten bis zur Höhe der Pflegesachleitungen zuzüglich etwaiger

Vergütungszuschläge beihilfefähig (§ 9f Abs. 1 BVO BW). Der bei Durchführung aktivierender oder rehabilitativer Maßnahmen erfolgter Rückstufung in einen niedrigeren Pflegegrad oder beim Wegfall der Pflegebedürftigkeit nach § 87a Abs. 4 SGB XI berechenbare Betrag ist nach Maßgabe des § 9f Abs. 2 BVO BW beihilfefähig. Aufwendungen für Unterkunft und Verpflegung sind nach Abzug der in § 9f Abs. 3 Satz 2 Nr. 1 BVO BW genannten Selbstbehalte beihilfefähig. Bei Beihilfeberechtigten ohne Angehörige oder gleichzeitiger Unterbringung des Beihilfeberechtigten und aller Angehörigen beträgt der Selbstbehalt 70 v. H. der Bruttobezüge (§ 9f Abs. 3 Satz 2 Nr. 2 BVO BW).

Bei vollstationärer Pflege in Einrichtungen der Behindertenhilfe sind die Aufwendungen ab Pflegegrad 2 von 266 Euro bis 908 Euro (Pflegegrad 5) je Kalendermonat beihilfefähig. Bei teilstationärer Pflege in diesen Einrichtungen halbieren sich diese Beträge (§ 9e BVO BW).

Zu einem nach § 45b SGB XI berechneten **Entlastungsbetrag** sowie bei Inanspruchnahme eines nach Landesrecht anerkannten Angebots zur Unterstützung im Alltag nach § 45a SGB XI steht Beihilfe nach Maßgabe des § 9g BVO BW zu.

Aufwendungen für **Pflegehilfsmittel** sind bei stationärer Pflege nur beihilfefähig, wenn sie zum Verbrauch bestimmt sind, individuell angepasst sind oder sie überwiegend nur dem Pflegebedürftigen überlassen werden und nicht üblicherweise von der Pflegeeinrichtung vorzuhalten sind (§ 9i BVO BW).

Aufwendungen für **digitale Pflegeanwendungen** i. S. des § 40a SGB XI und ergänzende Unterstützungsleistungen i. S. des § 39a SGB XI sind bis zu 50 Euro im Monat beihilfefähig, wenn die digitale Pflegeanwendung in das DiPA-Verzeichnis nach § 78a Absatz 3 SGB XI aufgenommen wurde (§ 9k BVO).

18. Bei **teilstationärer Palliativversorgung** in Hospizen sind die Aufwendungen insoweit beihilfefähig, als sie der Preisvereinbarung mit einem Sozialhilfeträger entsprechen (§ 6 Abs. 1 Nr. 8 Satz 2 BVO BW).

19. Aufwendungen für die Risikofeststellung und interdisziplinäre Beratung, Gendiagnostik und Früherkennung im Rahmen des Früherkennungsprogramms sind beihilfefähig bei Frauen mit einem erhöhten familiären Brust- und Eierstockkrebsrisiko (§ 10 Abs. 1 Nr. 5 BVO BW).
20. Für Leistungen der ambulanten neuropsychologischen Therapie gilt § 30a BBhV (Nr. 1.44 der Anl. zur BVO BW).
21. Dem Arbeitgeber eines **Organspenders** wird auf Antrag das fortgezahlte Entgelt zum Bemessungssatz des Organempfängers erstattet (§ 10a Nr. 7 Satz 2 BVO BW).
22. Die Pauschale für **Säuglings- und Kleinkinderausstattung** beträgt 250 Euro je Kind (§ 11 Abs. 2 BVO BW).
23. Für **Bestattungskosten** einschl. Überführungskosten wird eine Pauschalbeihilfe von 1900 Euro gewährt, die sich bei Ansprüchen auf Sterbegeld entweder verringert oder ganz entfällt. Aufwendungen für Sarg oder Urne und das Nutzungsrecht für einen Beisetzungsplatz sind daneben mit den jeweiligen Bemessungssätzen beihilfefähig (§ 12 Abs. 1 und 2 BVO BW).
24. Bei im **EU-Ausland** entstandenen Aufwendungen für ambulante Behandlungen und stationäre Leistungen in öffentlichen Krankenhäusern ist kein Vergleich mit den Inlandskosten erforderlich, sofern nicht für gebietsfremde Personen regelmäßig höhere Preise als für Ortsansässige berechnet werden (§ 13 Abs. 1 BVO BW). Dasselbe gilt, wenn die Aufwendungen 1000 Euro nicht übersteigen (§ 13 Abs. 2 Nr. 3 BVO BW). Muss wegen eines Notfalles die nächstgelegene Behandlungsstätte im Ausland aufgesucht werden, sind die Aufwendungen für die Notfallbehandlung ohne Begrenzung auf die Inlandskosten und ohne Kostenvergleich beihilfefähig (§ 13 Abs. 2 Nr. 5 BVO BW).

    Außerhalb der EU, den Vertragsstaaten des Europäischen Wirtschaftsraums, des Vereinigten Königreichs Großbritannien und Nordirland oder der Schweiz entstandene Aufwendungen für Unterkunft und Verpflegung bei Anschlussrehabilitation sind nur bis 26 Euro je Tag und begrenzt auf 30 Tage beihilfefähig (§ 13 Abs. 1 Satz 2 BVO BW i. V. m. § 8 Abs. 6 Satz 1 Nr. 6 BVO BW).

25. Ab dem 1. Januar 2023 gelten einheitlich folgende Beihilfebemessungssätze:

■	Beamte ohne oder mit einem berücksichtigungsfähigen Kind, entpflichtete Hochschullehrer	50 %
■	Beamte mit mindestens zwei berücksichtigungsfähigen Kindern	70 %
■	Ehegatten bzw. berücksichtigungsfähige Lebenspartner	70 %
■	Versorgungsempfänger	70 %
■	Kinder und Waisen	80 %

Durch die Änderungen im BVAnp-ÄG 2022 (s. o.) wurde die Unterscheidung zwischen Beamten (Richtern), die bereits am 31.12.2012 beihilfeberechtigt waren oder erst ab 2013 neu eingestellt wurden, aufgehoben. Aufwendungen, die vor dem 1. Januar 2023 entstanden sind, bleiben zum bisherigen reduzierten Bemessungssatz beihilfefähig.

Eine Erhöhung des Bemessungssatzes um 20 v. H. auf bis zu 90 v. H bei Aussteuerung von Versicherungsleistungen setzt voraus, dass keine Aufnahme in den Standardtarif oder Streichung des Risikoausschlusses gegen Risikozuschlag zu zumutbaren Bedingungen möglich ist (§ 14 Abs. 3 BVO BW).

Die Erhöhung des Bemessungssatzes bei freiwillig gesetzlich Versicherten auf 100 v. H. erfolgt nur, wenn die Kassenleistung das in der Pflichtversicherung übliche Maß nicht unterschreitet (§ 14 Abs. 4 Satz 1 BVO BW). Eine Aufstockung des Bemessungssatzes bei in der GKV freiwillig Versicherten auf 100 v. H. erfolgt nicht, wenn aus einem Wahltarif mit Selbstbehalt der GKV keine oder geringere als die üblichen Kassenleistungen gewährt werden (§ 14 Abs. 4 Satz 2 BVO BW).

Für Personen mit Anspruch auf die Hälfte der Leistungen der sozialen Pflegeversicherung (§ 28 Abs. 2 SGB XI) beträgt der Bemessungssatz bezüglich der von der Pflegekasse teilweise übernommenen Pflegekosten 50. v. H. (§ 14 Abs. 5 BVO BW). Dies gilt auch für beihilfeberechtigte hinterbliebene Ehegatten und eingetragene Lebenspartner.

26. Wird auf die Wahlleistung „Unterkunft" verzichtet, steht Beihilfe (Krankenhaustagegeld) von 11 Euro je Tag, bei Verzicht auf die Wahlleistung „Arzt" 22 Euro je Tag zu (§ 15 Abs. 4 BVO BW).

27. Anstelle eines Selbstbehalts wird nach § 15 Abs. 1 BVO BW für jedes Kalenderjahr, in dem beihilfefähige Aufwendungen in Rechnung gestellt werden, eine nach Besoldungsgruppen gestaffelte **Kostendämpfungspauschale** erhoben. Die Höhe der Kostendämpfungspauschale beträgt derzeit:

BesGr.	Aktive – EUR –	Versorgungsempfängerinnen und Versorgungsempfänger – EUR –
A 8 – A 9	100	85
A 10 – A 11	115	105
A 12, C 1, C 2, C 3	150	125
A 13 – A 14, R 1, W 1, H 1 – H 2	180	140
A 15 – A 16, R 2, C 4, W 2, H 3	225	175
B 1 – B 2, W 3, H 4	275	210
B 3 – B 5, R 3 – R 5, H 5	340	240
B 6 – B 8, R 6 – R 8	400	300
höhere Besoldungsgruppen	480	330

Ausgenommen sind beihilfeberechtigte Waisen und bestimmte Pflegegeleistungen nach § 9a bis 9f Absatz 1 und 2, §§ 9g bis 9j (ambulante und stationäre Pflege, Leistungen bei Organspenden nach § 10a Nr. 7 BVO BW), die pauschale Beihilfe von 250 Euro für die Säuglings- und Kleinkinderausstattung (§ 11 Abs. 2 BVO BW) und die Pauschalbeihilfe von 11 bzw. 22 Euro je Pflegesatztag bei nicht beanspruchten Wahlleistungen (§ 15 Abs. 4 BVO BW).
Bei Beamten auf Widerruf im Vorbereitungsdienst ist die Eingangsbesoldungsgruppe maßgebend. Änderungen der Besoldungsgruppe während des Jahres bleiben im laufen-

den Jahr unberücksichtigt. Maßgebend für die Kostendämpfungspauschale ist das Rechnungsdatum. Die Kostenpauschale gilt auch für Arbeitnehmer.

Die Kostendämpfungspauschale erfasst auch die nach § 14 Abs. 4 BVO BW auf 100 v. H. aufgestockte Beihilfe, nicht aber die anstelle nicht beanspruchter beihilfefähiger Wahlleistungen eines Krankenhauses gewährte Beihilfe nach § 15 Abs. 4 BVO BW (sog. Krankenhaustagegeld).

28. Es besteht keine **Mindestantragssumme**. Eine Beihilfe wird nur gewährt, wenn die beihilfeberechtigten Personen sie vor Ablauf der beiden Kalenderjahre beantragt haben, die auf das Jahr der ersten Ausstellung der Rechnung bzw. in Pflegefällen auf das Jahr des Entstehens der Aufwendungen folgen (§ 17 Abs. 10 BVO BW).
29. Abgesehen von **Belegen**, deren Vorlage als Original vorgeschrieben ist (wie z. B. in Todesfällen) oder ausdrücklich verlangt wird, werden Belege nicht zurückgegeben (§ 17 Abs. 8 BVO BW). Insofern empfiehlt sich die Vorlage von Duplikaten, Kopien oder Abschriften.
30. Im **automatisierten Zahlungsverfahren** soll die Beihilfe grundsätzlich auf das Bezügekonto überwiesen werden. Barauszahlungen und Überweisungen auf Zweitkonten sind unzulässig (§ 17 Abs. 6 BVO BW).
31. Beihilfe kann beim Landesamt für Besoldung und Versorgung auch online beantragt werden; dann müssen allerdings die Belege (Rechnungen usw.) elektronisch eingereicht werden.
32. Anstelle einer aufwendungsbezogenen und ergänzenden Beihilfe (§ 78 LBG BW) besteht ab dem 1. Januar 2023 grundsätzlich auch die Möglichkeit, eine pauschale Beihilfe nach § 78a LBG BW zu beantragen. Vom Dienstherrn wird dann ein monatlicher Zuschuss zum Krankenversicherungsbeitrag einer freiwillig gesetzlichen oder privaten Krankheitskostenvollversicherung, nicht jedoch zum Pflegeversicherungsbeitrag, gezahlt. Mit Inanspruchnahme der pau-

schalen Beihilfe können keine Rechnungen und Rezepte mehr zur Erstattung bei der Beihilfestelle eingereicht werden, ausgenommen ist lediglich die Beihilfe zu Aufwendungen für die Pflege und im Todesfall (§ 78a Abs. 1 Satz 2 und 3 LBG BW). Bei einer Beantragung ist die Ausschlussfrist von fünf Monaten nach § 78a Abs. 4 LBG BW zu beachten.

Badewannengleitschutz/-kopfstütze/-matte

Aufwendungen sind nicht beihilfefähig (Nr. 2.1 der Anl. 12 zur BBhV).

Badewannensitz

Aufwendungen sind nur beihilfefähig bei Schwerstbehinderung, Totalendoprothesen, Hüftgelenk-Luxations-Gefahr und Polyarthritis (Nr. 2.2 der Anl. 11 zur BBhV).

Bandagen

Aufwendungen sind nach Nr. 2.2 der Anl. 12 zur BBhV nicht beihilfefähig, sofern nicht Anl. 11 zur BBhV etwas anderes bestimmt (z. B. Lumbalbandage).

Bayern

Seit 1.1.2007 gilt für die bayerischen Beamten und Versorgungsempfänger ein eigenständiges Beihilferecht. Die gesetzliche Grundlage findet sich in Art. 96 des Bayerischen Beamtengesetzes (BayBG) und in der darauf beruhenden Bayerischen Beihilfeverordnung (BayBhV) vom 2.1.2007 (GVBl. S. 15), zuletzt geändert durch Verordnung vom 27.8.2024 (GVBl. S. 425).

Gegenüber dem Beihilferecht des Bundes bestehen folgende grundsätzliche Abweichungen:

1. Empfängnisregelung, Schwangerschaftsabbruch, Sterilisation, Eigenbehalte, Rechtsnatur der Beihilfe

Nach § 43 Abs. 6 BayBhV sind die Aufwendungen beihilfefähig

- für die ärztliche Beratung über Fragen der **Empfängnisregelung**,
- aus Anlass eines beabsichtigten **Schwangerschaftsabbruchs** für die ärztliche Beratung über die Erhaltung oder den nicht rechtswidrigen Schwangerschaftsabbruch,
- für die ärztliche Untersuchung und Begutachtung zur Feststellung der Voraussetzungen für einen nicht rechtswidrigen Schwangerschaftsabbruch oder eine nicht rechtswidrige Sterilisation.
- Bei einer künstlichen Befruchtung werden die Aufwendungen anlässlich der Beratung und Behandlung jeweils den in § 43 Abs. 2 Satz 2 BayBhV genannten Ehegatten (Ehemann, Ehefrau) zugeordnet.

Art. 96 Abs. 2 Satz 6 BayBG eröffnet daneben die Beihilfefähigkeit von Schwangerschaftsabbrüchen, sofern die Voraussetzungen des § 218a Abs. 2 und 3 Strafgesetzbuch vorliegen.

Von der Beihilfe werden nach Art. 96 Abs. 3 BayBG 3 Euro für jedes verordnete Arzneimittel, Verbandmittel und Medizinprodukt, jedoch nicht mehr als die tatsächlich gewährte Beihilfe, abgezogen.

Der Abzug unterbleibt

- bei Aufwendungen für Waisen, Beamte auf Widerruf im Vorbereitungsdienst und berücksichtigungsfähige Kinder
- für Beihilfeberechtigte und berücksichtigungsfähige Angehörige, die Mitglied einer gesetzlichen Krankenversicherung sind, soweit er für die Beihilfeberechtigten und ihre berücksichtigungsfähigen Ehegatten oder Lebenspartner zusammen die Belastungsgrenze überschreitet,

- bei Aufwendungen für Schwangere im Zusammenhang mit Schwangerschaftsbeschwerden oder der Entbindung,
- bei Aufwendungen für eine Spenderin oder einen Spender von Organen, Geweben, Blutstammzellen oder anderen Blutbestandteilen, wenn die Empfängerin oder der Empfänger der Spende selbst beihilfeberechtigt ist oder zum Kreis der berücksichtigungsfähigen Angehörigen zählt.

Die Belastungsgrenze beträgt 2 v. H. der Jahresdienst- bzw. Jahresversorgungsbezüge nach beamtenrechtlichen Vorschriften oder Grundsätzen ohne die kinderbezogenen Anteile im Orts- und Familienzuschlag sowie der Jahresrenten aus der gesetzlichen Rentenversicherung und einer zusätzlichen Alters- und Hinterbliebenenversorgung. Für chronisch Kranke im Sinn des Fünften Buches Sozialgesetzbuch beträgt die Belastungsgrenze 1 v. H., es sei denn, sie haben die wichtigsten evidenzbasierten Untersuchungen nicht regelmäßig in Anspruch genommen oder beteiligen sich nicht hinreichend an einer adäquaten Therapie.

Die Beihilfe ist vererblich (VV-Nr. 1 zu § 1 Abs. 2 BayBhV).

2. Beihilfeberechtigung/Berücksichtigungsfähigkeit

Der Lebenspartner des Beihilfeberechtigten ist im Fall dessen Todes Witwen und Witwern gleichgestellt (§ 2 Abs. 1 Nr. 3 BayBhV); dasselbe gilt für in Art. 39 BayBeamtVG genannte Kinder. Voraussetzung ist, dass diesen Personen Ansprüche i. S. des § 2 Abs. 2 BayBhV zustehen.

Eine eigenständige Beihilfeberechtigung ist neben den Personen nach § 2 Abs. 1 BayBhV anderen natürlichen sowie juristischen Personen nicht (mehr) eingeräumt.

Aufwendungen für den Ehegatten bzw. Lebenspartner sind nur beihilfefähig, wenn dessen Gesamtbetrag der steuerlichen Einkünfte im zweiten Kalenderjahr vor Stellung des Beihilfeantrags 20 878 Euro (Art. 96 Abs. 1 Satz 1 BayBG) nicht überstieg.

Dies gilt nicht, wenn trotz ausreichender und rechtzeitiger Krankenversicherung wegen angeborener Leiden oder bei bestimmten Krankheiten aufgrund eines individuellen Ausschlusses keine Versicherungsleistungen gewährt werden oder Leistungen hierfür auf Dauer eingestellt worden sind. Die Höhe der Einkünfte ist auf Verlangen der Festsetzungsstelle in regelmäßigen Abständen durch die Vorlage eines Auszugs des Einkommensteuerbescheides des Bezugsjahres zu belegen (§ 7 Abs. 4 Nr. 1 BayBhV).

Die Berücksichtigungsfähigkeit von Kindern bleibt auch erhalten, wenn der kinderbezogene Anteil im Orts- und Familienzuschlag oder der Kinderfreibetrag nach Abschluss einer erstmaligen Berufsausbildung oder eines Erststudiums wegen des Umfangs der Erwerbstätigkeit in der weiteren Ausbildung (§ 32 Abs. 4 Satz 2 und 3 EStG) nicht gewährt wird. Dies gilt bis zum Ablauf des maßgebenden Umfangs der Erwerbstätigkeit (§ 3 Abs. 2 BayBhV).

Beim Zusammentreffen des Beihilfeanspruchs mit vorrangigen zweckentsprechenden anderen Ansprüchen gilt der Vorrang (auch) nicht für berücksichtigungsfähige Kinder des Beihilfeberechtigten, die von der Versicherung in der gesetzlichen Kranken- oder Rentenversicherung der Witwe, des Witwers bzw. des hinterbliebenen Lebenspartners erfasst werden (§ 6 Abs. 1 Satz 5 Nr. 2 BayBhV).

3. Notwendige Leistungen

Bei medizinisch **nicht** notwendigen Maßnahmen (insbesondere ästhetische Operationen) sind nachfolgende Aufwendungen für medizinisch notwendige Leistungen im selben Behandlungsfall nicht beihilfefähig (§ 7 Abs. 4 Nr. 4 BayBhV).

Aufwendungen können ggf. auch dann beihilfefähig sein, wenn Beihilfeträger außerhalb Bayerns die Kosten ersetzen (§ 7 Abs. 3 Satz 4 BayBhV).

Aufwendungen für **Geriatrika und Roborantia** (Kräftigungs- und Stärkungsmittel) sind – auch bei ärztlicher Verordnung – nicht beihilfefähig (§ 18 Satz 2 Nr. 4 BayBhV).

4. Zahnärztliche Leistungen

Aufwendungen für **kieferorthopädische Leistungen** sind nur beihilfefähig, wenn vor Behandlungsbeginn ein Heil- und Kostenplan vorgelegt wird und die behandelte Person das 18. Lebensjahr noch nicht vollendet hat (§ 15 BayBhV).

Die Begrenzung auf 18 Jahre bei Kieferorthopädie gilt nicht, wenn in besonderen Ausnahmefällen bei schweren Kieferanomalien nach zahnärztlichem Gutachten eine alleinige kieferorthopädische Behandlung medizinisch ausreichend ist (§ 15 Satz 2 Nr. 2 BayBhV).

Abgesehen von der unbegrenzten Anzahl von **Implantaten** bei nicht angelegten Zähnen im jugendlichen Erwachsenengebiss und großen Kieferdefekten (jeweils nach Maßgabe des § 17 Abs. 1 BayBhV) sind die Aufwendungen für höchstens zwei Implantate je Kieferhälfte beihilfefähig.

5. Arznei- und Hilfsmittel

Die Aufwendungen für schriftlich verordnete apothekenpflichtige Arzneimittel sind beihilfefähig (§ 18 Satz 1 Nr. 1 BayBhV).

Verhütungsmittel (insbesondere hormonelle Kontrazeptiva) sind bei Frauen bis zur Vollendung des 22. Lebensjahres beihilfefähig. Danach sind Aufwendungen für Kontrazeptionsmittel nur zur Krankenbehandlung beihilfefähig (§ 18 Satz 2 und 3 BayBhV).

Aufwendungen für **Betrieb** und **Unterhalt von Hilfsmitteln** usw. sind bei über 18-jährigen Personen auch über 100 Euro hinaus beihilfefähig (§ 21 Abs. 4 BayBhV).

Aufwendungen für **Hörgeräte** sind ab vollendetem 10. Lebensjahr grundsätzlich bis 1500 Euro je Ohr beihilfefähig (Anl. 4 Buchst. H zur BayBhV).

Für **orthopädische Maßschuhe** bestehen Mindesttragezeiten (Anl. 4 Buchst. M zur BayBhV).

6. Krankenhausbehandlung

(vgl. Art. 96 Abs. 2 Satz 7 BayBG)

Bei **wahlärztlichen Leistungen** wird nach Anwendung der persönlichen Bemessungssätze (d. h. von der Beihilfe) eine Eigenbeteiligung von 25 Euro je Aufenthaltstag im Krankenhaus abgezogen; vor-, nach- und teilstationär erbrachte wahlärztliche Leistungen unterliegen nicht dem Abzug. Aufnahme- und Entlassungstag zählen als ein Tag.

Der Abzug erfolgt nur für Tage, für die dem Grunde nach wahlärztliche Leistungen vereinbart wurden. Um dies festzustellen, ist die – schriftliche – Wahlleistungsvereinbarung vorzulegen. Werden wahlärztliche Leistungen von externen Dritten erbracht und vor Ende des Krankenhausaufenthalts berechnet, kann die Beihilfe ohne Abzug berechnet werden. Der Abzug vermindert die bei Anwendung der Hundert-Prozent-Grenze ausfallende Beihilfe.

Bei **gesondert berechneter Unterkunft** (als Wahlleistung) werden die Aufwendungen bis zu den Kosten eines Zweibettzimmers abzüglich einer Eigenbeteiligung von 7,50 Euro täglich, beschränkt auf 30 Tage im Kalenderjahr, als beihilfefähig anerkannt.

Die Abzüge gelten für alle Beihilfeberechtigten (einschl. Versorgungsempfänger) und berücksichtigungsfähige Angehörige. Gegen die Selbstbehalte kann man sich leicht mit einer Krankenhaustageversicherung versichern, die üblicherweise in Schritten von 5 Euro je Tag gestaffelt ist.

Bei Krankenhausbehandlung in nach § 108 SGB V zugelassenen Krankenhäusern (§ 28 Abs. 1 BayBhV) kann direkt zwischen Beihilfestelle und Krankenhaus abgerechnet werden, wenn der

Beihilfeberechtigte dies beantragt und die Beihilfestelle zustimmt (§ 48 Abs. 4 Satz 2 BayBhV).

In **nicht** nach § 108 SGB V **zugelassenen Krankenhäusern** (i. d. R. Privatkliniken) sind die Kosten nur begrenzt nach Maßgabe von § 28 Abs. 2 Satz 1 und 2 BayBhV beihilfefähig.

Dies gilt nicht bei Notfallbehandlungen, wenn das nicht nach § 108 SGB V zugelassene behandelnde Krankenhaus das nächstgelegene geeignete Krankenhaus ist.

7. Häusliche Krankenpflege

Bei einer nach ärztl. Verordnung notwendigen vorübergehenden häuslichen Krankenpflege sind die Aufwendungen einer Krankenpflegekraft bis zur Höhe der Kosten von Leistungen, die von den Krankenkassen in vergleichbaren Fällen auf der Grundlage des § 37 SGB V gewährt werden, beihilfefähig (§ 24 Abs. 1 BayBhV). Darüber hinaus können auch die Aufwendungen für die Kurzzeitpflege bei fehlender Pflegebedürftigkeit beihilfefähig sein (§ 24 Abs. 2 BayBhV).

8. Familien- und Haushaltshilfe/Soziotherapie/ Psychotherapeutische Akutbehandlung

Die Aufwendungen für eine **Familien- und Haushaltshilfe** sind im Umfang der Kassenleistungen (§ 38 SGB V) beihilfefähig (§ 25 Abs. 5 BayBhV). Werden Kinder unter 12 Jahren oder pflegebedürftige Angehörige im Haushalt eines nahen Angehörigen untergebracht, sind allein die notwendigen Fahrtkosten und diese wiederum nur bis zu dem eingangs genannten Höchstbetrag beihilfefähig (§ 25 Abs. 4 Satz 2 BayBhV).

Bei **Soziotherapie** sind die Aufwendungen für eine Krankenpflegekraft bis zur Höhe der von Krankenkassen in vergleichbaren Fällen nach § 37a SGB V übernommenen Beträge beihilfefähig (§ 24a Abs. 3 BayBhV).

Aufwendungen für eine **psychotherapeutische Akutbehandlung** sind bis zur Entscheidung über eine Langzeittherapie nach Maßgabe des § 9 Abs. 6 BayBhV beihilfefähig.

9. Unterkunftskosten bei auswärtigen ambulanten Leistungen

Der Höchstbetrag beträgt für den Behandelten und die Begleitperson jeweils 26 Euro täglich (§ 27 BayBhV).

10. Fahrtkosten

Es sind grundsätzlich nur die Fahrtkosten der niedrigsten Klasse regelmäßig verkehrender Beförderungsmittel beihilfefähig (§ 26 BayBhV).

11. Rehabilitationsmaßnahmen

Stationäre Behandlungen in Einrichtungen der med. Rehabilitation sind nach § 29 Abs. 1 Nr. 3 und Abs. 4, 6 BayBhV nur beihilfefähig, wenn nach einer diagnosespezifischen fachärztlichen Bescheinigung die erforderliche Rehabilitation nicht durch andere Maßnahmen (Kur oder ambulante Rehabilitation) möglich ist. Bei der Abrechnung ist die Bescheinigung vorzulegen. Ein Voranerkennungsverfahren besteht nicht, jedoch bei Maßnahmen ab einer Dauer von 30 Tagen.

Die Beihilfefähigkeit der Aufwendungen für stationäre Anschlussheilbehandlungen (§ 29 Abs. 1 Nr. 1 und Abs. 2 BayBhV) und stationäre Suchtbehandlungen (§ 29 Abs. 1 Nr. 2 und Abs. 3 BayBhV) bleibt in bisherigem Umfang bestehen.

Im Rahmen einer **familienorientierten Rehabilitation** bei Krebs- oder Herzerkrankung eines Kindes oder bei einem an Mukoviszidose erkranktem Kind sind die Aufwendungen für Pflege, Unterbringung und Fahrtkosten auch von mehreren Begleitpersonen aus dem Familienkreis beihilfefähig (§ 29 Abs. 7 BayBhV).

12. Heilkuren

Die Aufwendungen für Unterkunft und Verpflegung anlässlich einer Heilkur (einschl. Müttergenesungskuren und Mutter- bzw. Vater-Kind-Kuren) sind bis zu 26 Euro je Tag und Person und begrenzt auf 21 Tage beihilfefähig (§ 30 BayBhV). Heilkuren sind auch für Versorgungsempfänger und berücksichtigungsfähige Angehörige beihilfefähig.

Es besteht eine erstmalige Wartezeit von insgesamt fünf Jahren Beihilfeberechtigung oder Berücksichtigungsfähigkeit. Diese Voraussetzung wie der Dreijahresrhythmus müssen erfüllt sein. Für die Beihilfefähigkeit der Aufwendungen ist weiter erforderlich, dass eine ambulante ärztliche Behandlung nicht ausreichend ist, die medizinische Notwendigkeit vor Beginn der Kur durch ärztliche Bescheinigung nachgewiesen ist und die Kur nicht überwiegend der Vorsorge dient (§ 30 Abs. 6 BayBhV). Die Kuren müssen mit Heilbehandlungen nach § 19 BayBhV nach einem ärztlich erstellten Kurplan in einem im Heilkurorteverzeichnis aufgeführten Heilkurort durchgeführt werden. Die Unterkunft muss sich im Heilkurgebiet befinden. Von der fünfjährigen Wartezeit und dem Dreijahresrhythmus kann allgemein bei schweren chronischen Leiden nach einer diagnosespezifischen fachärztlichen Bescheinigung abgesehen werden.

13. Häusliche und stationäre Pflege

Bei einer häuslichen Pflege durch geeignete Pflegekräfte oder einer teilstationären Pflege in einer Tages- oder Nachtpflegeeinrichtung sind die Aufwendungen bis zu den in § 32 Abs. 1 BayBhV genannten Höchstbeträgen beihilfefähig. Geeignete Pflegekräfte sind nach § 32 Abs. 1 Satz 3 BayBhV Personen, die bei ambulanten Pflegediensten oder bei der Pflegekasse angestellt sind, von der privaten Pflegeversicherung zur Pflege und hauswirtschaftlichen Versorgung zugelassen sind oder einen Einzelvertrag mit der Pflegekasse abgeschlossen haben.

Die teilstationäre Pflege umfasst auch die notwendige Beförderung der pflegebedürftigen Person von der Wohnung zur Einrichtung der Tages- oder Nachtpflege und zurück (§ 32 Abs. 5 Satz 1 BayBhV).

Bei der Ermittlung des Eigenanteils an Aufwendungen für Pflegeleistungen sowie Unterkunft und Verpflegung anlässlich vollstationärer Pflege wird der Gesamtbetrag der Einkünfte (§ 2 Abs. 3 EStG) des Ehegatten bzw. Lebenspartners im 2. Kalenderjahr vor Stellung des Beihilfeantrags berücksichtigt (§ 36 Abs. 3 Satz 2 BayBhV).

Im Monat des Beginns und der Beendigung einer stationären Pflege ist der einkommensabhängige Eigenanteil nach § 36 Abs. 3 Satz 3 BayBhV nur entsprechend der tatsächlichen Dauer der stationären Pflege zu berücksichtigen; § 191 BGB gilt entsprechend (§ 36 Abs. 3 Satz 4 BayBhV).

14. Auslandsbehandlungen

Aufwendungen, die in einem Mitgliedstaat der Europäischen Union (EU) entstanden sind, sind beihilfefähig (§ 45 Abs. 1 Satz 3 BayBhV). In europäischen Ländern, die nicht der EU angehören, entstandene Aufwendungen für Arzneimittel, in Pflegefällen sowie in sonstigen Fällen nach den §§ 41 bis 44 BayBhV (u. a. Vorsorge, Geburten, künstliche Befruchtung) sind nach § 45 Abs. 1 Satz 1 BayBhV nur bis zur Höhe der Kosten bei einem Verbleiben im Inland beihilfefähig (Kostenvergleich).

Krankheitsaufwendungen anlässlich vorübergehender privater Aufenthalte (z. B. Urlaub) in Ländern außerhalb Europas sind von der Beihilfefähigkeit ausgenommen (§ 45 Abs. 1 Satz 4 BayBhV).

15. Früherkennung von Krankheiten

Aufwendungen für Leistungen zur Früherkennung von Krankheiten sind bei Frauen und Männern von Beginn des 18. Lebensjahres an beihilfefähig (§ 41 Abs. 1 Nr. 3 BayBhV). Die Aufwendungen für ein Mammographie-Screening zwischen dem vollendeten 50. und 75. Lebensjahr sind jedes zweite Jahr beihilfefähig.

Bei Männern sind vom vollendeten 65. Lebensjahr an die Kosten eines Screenings zur Früherkennung von Bauchaortenaneurysmen beihilfefähig (§ 41 Abs. 1 Nr. 6 BayBhV).

Für Aufwendungen, die für die Feststellung eines erblich bedingten erhöhten familiären Darmkrebsrisikos entstehen, bestimmt sich die Beihilfefähigkeit nach § 41 Abs. 3 BayBhV.

In § 41 Abs. 2 Sätze 3 bis 7 BayBhV wird bestimmt, wem die Kosten einer Risikofeststellung eines erblich bedingten erhöhten familiären Brust- und Eierstockkrebsrisikos zuzuordnen sind.

Bei Krebserkrankungen beteiligt sich die Festsetzungsstelle an den angemessenen personenbezogenne Kosten unmittelbar gegenüber dem jeweiligen klinischen Krebsregister (§ 44 Abs. 5 BayBhV).

16. Aufstockung/Bemessungssatz bei Elternzeit

Bei freiwillig gesetzlich Versicherten (mit oder ohne Beitragszuschuss) erhöht sich der Bemessungssatz auf 100 v. H. der nach Abzug der Kassenleistungen verbleibenden beihilfefähigen Aufwendungen. Gewährt die Krankenkasse zu bestimmten beihilfefähigen Aufwendungen keine Zuschüsse, gelten die allgemeinen Bemessungssätze (§ 46 Abs. 3 BayBhV).

Während der Inanspruchnahme von Elternzeit beträgt der Bemessungssatz für alle Beamtinnen und Beamte 70 v. H. – unabhängig von der Zahl der betreuten Kinder und unabhängig davon, ob eine Elternzeit ohne Bezüge vorliegt oder während der Elternzeit eine Teilzeitbeschäftigung bis höchstens 32 Wochenstunden (§ 23 Abs. 2 UrlMV) ausgeübt wird (Art. 96 Abs. 1 und 3 BayBG).

17. Versicherte der gesetzlichen Krankenversicherung

Gesetzlich Versicherte, gleich, ob pflicht- oder freiwillig versichert, und unabhängig davon, ob Mitglied oder familienversichert, erhalten nur noch Beihilfe zu Aufwendungen für Heilpraktiker, Zahnersatz und Wahlleistungen eines Krankenhauses (Art. 96 Abs. 2 Satz 5 BayBG). Im Übrigen wird auf die Inanspruchnahme von Sachleistungen der Krankenkasse verwiesen.

18. Familienversicherung

Beamtinnen und Beamte, die vor dem Eintritt in den öffentlichen Dienst Mitglieder der GKV waren, können auch im Beamtenverhältnis freiwillige Mitglieder der GKV bleiben. Kinder, Ehegattinnen und Ehegatten sowie Lebenspartnerinnen und Lebenspartner sind unter bestimmten Voraussetzungen in der Familienversicherung (§ 10 SGB V) beitragsfrei mitversichert.

19. Anwendung auf Arbeitnehmer

Arbeitnehmer, deren Arbeitsverhältnis vor dem 1.1.2001 begründet wurde, bleiben nach der Übergangsregelung in Art. 144 Abs. 1 Satz 1 BayBG beihilfeberechtigt. Nach dem 31.12.2000 neu eingestellte Arbeitnehmer sind weiterhin nicht beihilfeberechtigt.

20. Zuordnung der Aufwendungen für berücksichtigungsfähige Kinder

Die Aufwendungen für Kinder werden seit 1.1.2007 dem Elternteil zugeordnet, der den entsprechenden kinderbezogenen Anteil im Orts- und Familienzuschlag erhält. Aus diesem Grund müssen für Kinder keine Originalbelege mehr vorgelegt werden. In Ausnahmefällen können die Eltern eine hiervon abweichende Zuordnung treffen.

21. Beihilfeanträge

Neben der schriftlichen Beantragung besteht auch die Möglichkeit den Beihilfeantrag über die Webanwendung Beihilfe-

Online elektronisch zu versenden. Alternativ kann die Antragstellung gemäß § 48 Abs. 1 Satz 3 BayBhV auch mittels einer vom Dienstherrn bereitgestellten Anwendungssoftware (Beihilfe-App) erfolgen. Abweichend hiervon gilt nach § 48 Abs. 1 Satz 5 BayBhV auch die Übermittlung der für die Beihilfefestsetzung bedeutsamen Daten zur Pflegeberatung, zum jeweiligen Krebsregister oder zur Entgeltfortzahlung bei Organspenden durch den Arbeitgeber als Beihilfeantrag.

Seit dem 1. Januar 2020 wird eine Beihilfe nur gewährt, wenn sie innerhalb von drei Jahren nach Entstehen der Aufwendungen oder der Ausstellung der Rechnung beantragt wird (Art. 96 Abs. 3a BayBG i. V. m. Art. 144 Abs. 2 BayBG). Maßgebend zur Fristwahrung ist das Eingangsdatum beim Landesamt für Finanzen. Nach Ablauf der Antragsfrist erlischt der Beihilfeanspruch.

22. Belege

Zur Geltendmachung der Beihilfe ist nach § 48 Abs. 3 Satz 1 BayBhV die Vorlage von Duplikaten ausreichend. Die bei der Beihilfestelle eingereichten Belege werden daher nach Ablauf der Rechtsbehelfsfristen vernichtet. Nur auf ausdrücklichen Wunsch werden sie gegen Berechnung des Portomehrbetrags zurückgegeben.

23. Abschläge

Nach § 48 Abs. 4 Satz 1 BayBhV können grundsätzlich Abschlagszahlungen geleistet werden. Die Verwaltungsvorschriften präzisieren hierzu weiter, dass Abschlagszahlungen geleistet werden können, soweit ein Krankenhaus, eine stationäre Rehaeinrichtung oder eine Dialyseinstitution nicht auf Vorauszahlungen verzichtet (Ziff. 48.4.1**BayBhVBek**). Auch bei häuslicher Pflege durch nicht erwerbsmäßig tätige Pflegekräfte und bei stationärer Pflege kann für jeweils bis zu zwölf Monate ein monatlicher Abschlag gezahlt werden (Ziff. 48.4.3 BayBhVBek).

24. Überweisung der Beihilfe

Bei kostenintensiven Aufwendungsarten (z. B. stationäre Krankenhausbehandlung) kann die Beihilfe auf Antrag des Beihilfeberechtigten an den Leistungserbringer gezahlt werden, wenn die Festsetzungsstelle dem zustimmt (§ 48 Abs. 4 Satz 2 BayBhV).

25. Zuständigkeit

Die obersten Dienstbehörden setzen die Beihilfen fest und ordnen die Zahlung an. Die Befugnisse können auf andere Dienststellen übertragen werden. Die Festsetzung und Anordnung im staatlichen Bereich erfolgt durch das Landesamt für Finanzen. Sonstige Befugnisse der obersten Dienstbehörden können auf das Staatsministerium der Finanzen übertragen werden.

Beamtenanwärter

Beamtenanwärter (Beamte auf Widerruf) erhalten während der Zeit, in der sie ihren Vorbereitungsdienst ableisten, Anwärterbezüge nach §§ 59 bis 66 BBesG und zählen zu den Beamten und damit auch zu den → Beihilfeberechtigten Personen.

Zur Beihilfefähigkeit der Aufwendungen für zahnärztliche Leistungen → Zahnärztliche Leistungen (Ziff. 11).

Beamtenversorgungsgesetz

Wird ein **Beamter** durch einen **Dienstunfall** verletzt, wird ihm und seinen Hinterbliebenen nach § 30 BeamtVG **Unfallfürsorge** gewährt. Zur Unfallfürsorge zählt ein Heilverfahren, das nach § 33 Abs. 1 BeamtVG umfasst:

- Die notwendigen ärztlichen, zahnärztlichen und psychotherapeutischen Maßnahmen,
- die notwendige Versorgung mit Arznei-, Verband-, Heil- und Hilfsmitteln, mit Geräten zur Selbstbehandlung und zur Selbstkontrolle sowie mit Körperersatzstücken, die den Erfolg

der Heilbehandlung sichern oder die Unfallfolgen erleichtern sollen,

- die notwendigen Krankenhausleistungen,
- die notwendigen Rehabilitationsmaßnahmen
- die notwendige Pflege (§ 34 BeamtVG),
- die notwendige Haushaltshilfe und
- die notwendigen Fahrten.

Der Anspruch auf Gewährung der Unfallfürsorge hat Vorrang vor dem Anspruch auf Gewährung von Beihilfen (→ Subsidiaritätsprinzip). Entstehen einem dienstunfallverletzten Beamten über die ihm zustehende Unfallfürsorge hinaus weitere Aufwendungen, sind diese im Rahmen der Beihilfevorschriften beihilfefähig.

Bearbeitungszeit von Beihilfeanträgen

Beihilfen sind in der Fürsorgepflicht begründete Leistungen für den Fall der Belastung mit Krankheitskosten usw. Sie ergänzen die mit der regelmäßigen Alimentation nicht ausgeglichenen und i. d. R. einen nicht nach Anlass und Höhe voraussehbaren Sonderbedarf, der nicht bei den Bezügen berücksichtigt ist (→ Rechtsnatur der Beihilfe, Ziff. 2). Krankheitskosten usw. in nicht unwesentlicher Höhe können die Lebensführung beeinträchtigen. Deshalb obliegt es dem Dienstherrn, ungedeckte Kosten in angemessener Zeit durch Beihilfen auszugleichen. Dies gilt besonders, wenn nach Abzug der Krankenversicherungsleistungen höhere ungedeckte Kosten verbleiben, gleich ob es sich um einmalige oder aufgelaufene Kosten handelt. Der Dienstherr handelt folglich fürsorgewidrig, wenn er Beihilfeberechtigte über Gebühr auf die Beihilfe warten lässt. Hierbei ist an einen Zeitraum von über vier Wochen nach Antragstellung zu denken.

Begleitpersonen

Aufwendungen für eine Begleitperson gelten als Aufwendungen des Begleiteten (§ 52 Nr. 2 BBhV). Hinsichtlich der Beihilfefähigkeit solcher Aufwendungen → Fahrtkosten, Ziff. 10 → Heilkuren, Ziff. 2 → Sanatoriumsbehandlung, Ziff. 3 → Krankenhausbehandlung, Ziff. 12.

Behandlungsfehler

Ärzte haben den Patienten über mögliche Behandlungsfehler zu unterrichten, wenn der Patient gezielt danach fragt oder wenn diesem Gesundheitsgefahren drohen.

Behindertenrecht

Das Wichtigste in Kürze

- Viele Krankheiten hinterlassen – oft zunächst unbemerkt – Schäden, die zu einer dauernden Regelwidrigkeit gegenüber dem für das Lebensalter typischen Zustand und anhaltenden Gesundheitsstörungen führen.
- Auf Antrag stellen die Versorgungsämter der Länder das Vorliegen und den Grad der Behinderung (GdB) bzw. Grad der Schädigungsfolgen (GdS) fest.
- Die eingehende Beschäftigung mit dem Behindertenrecht kann sich in vielen Fällen auszahlen. Es sollten deshalb alle ärztlichen Befunde, Rezepte usw. aufgehoben werden, damit später ein Antrag auf Anerkennung als behinderter Mensch mit Aussicht auf Erfolg gestellt werden kann.

Für behinderte, vorwiegend für schwerbehinderte Menschen, gibt es eine Reihe von Leistungen, die einige der Nachteile im privaten und beruflichen Bereich und Mehraufwendungen ausgleichen sollen (Nachteilsausgleich).

1. Vorbemerkung

Krankheiten bleiben, so sagt der Volksmund, nicht in den Kleidern stecken. Insbesondere schwere Erkrankungen und Operationen zwingen in vielen Fällen auch nach der Genesung ebenso wie chronische Leiden zu einer Umstellung der Lebensweise und führen zu einer Verteuerung der Lebenshaltung.

Den damit verbundenen zusätzlichen Belastungen und Nachteilen trägt der Gesetzgeber mit einer Reihe von **Erleichterungen steuerlicher und anderer Art** (Nachteilsausgleichen) Rechnung. Personen, die schwere Erkrankungen durchgemacht haben oder aus anderen Gründen behindert sind, sollten sich mit den vielfältigen, in zahlreichen Einzelvorschriften verstreuten Vergünstigungen vertraut zu machen, die das Behindertenrecht vorsieht. Diesem Zweck dient die folgende zusammenfassende Darstellung.

2. Anerkennung der Behinderteneigenschaft

Menschen mit Behinderungen sind laut § 2 Abs. 1 SGB IX Menschen, die körperliche, seelische, geistige oder Sinnesbeeinträchtigungen haben, die sie in Wechselwirkung mit einstellungs- und umweltbedingten Barrieren an der gleichberechtigten Teilhabe an der Gesellschaft mit hoher Wahrscheinlichkeit länger als sechs Monate hindern können. Eine solche Beeinträchtigung liegt vor, wenn der Körper- und Gesundheitszustand von dem für das Lebensalter typischen Zustand abweicht. Menschen sind von Behinderung bedroht, wenn eine Beeinträchtigung im vorstehenden Sinn zu erwarten ist (§ 2 Abs. 1 SGB IX).

Schwerbehindert sind gemäß § 2 Abs. 2 SGB IX Menschen, wenn bei ihnen ein Grad der Behinderung von wenigstens 50 vorliegt und sie ihren Wohnsitz, ihren gewöhnlichen Aufenthalt oder ihre Beschäftigung auf einem Arbeitsplatz im Sinne des § 156 SGB IX rechtmäßig im Geltungsbereich dieses Gesetzbuches haben.

Schwerbehinderten Menschen gleichgestellt werden sollen gemäß § 2 Abs. 3 SGB IX Menschen mit Behinderungen mit einem Grad der Behinderung von weniger als 50, aber wenigstens 30, bei denen die übrigen Voraussetzungen des Abs. 2 vorliegen, wenn sie infolge ihrer Behinderung ohne die Gleichstellung einen geeigneten Arbeitsplatz im Sinne des § 156 SGB IX nicht erlangen oder nicht behalten können (gleichgestellte behinderte Menschen).

Der Begriff „Grad der Behinderung" bezieht sich nicht nur auf die Auswirkungen einer Behinderung im allgemeinen Erwerbsleben, sondern ist ein Maß für die Auswirkungen eines Mangels an funktioneller Intaktheit, d. h. für einen Mangel an körperlichem, geistigem oder seelischem Vermögen. Der GdB gilt nicht nur für Erwerbstätige, sondern auch für Kinder und Personen, die bereits aus dem Erwerbsleben ausgeschieden sind. Der GdB ist unabhängig vom ausgeübten oder angestrebten Beruf; er setzt vielmehr eine Regelwidrigkeit gegenüber dem für das Lebensalter typischen Zustand und eine nicht nur vorübergehende und damit eine über einen Zeitraum von mehr als sechs Monaten sich erstreckende Gesundheitsstörung voraus. Schwankungen im Gesundheitszustand bei längerem Leidensverlauf wird mit einem Durchschnitts-GdB Rechnung getragen.

Das Vorliegen und der GdB werden von der zuständigen Kommunalverwaltung oder vom zuständigen **Versorgungsamt mit Bescheid** festgestellt. Hierzu ist ein Antrag erforderlich. Der Antrag ist auf einem beim Versorgungsamt erhältlichen **Formblatt** zu stellen. Der Antragsteller kann das Verfahren beschleunigen, indem er dem Antrag alle einschlägigen **Unterlagen** beifügt (z. B. ärztliche Gutachten, das zusammenfassende Urteil nach einer Heilkur oder Rehabehandlung, Untersuchungsergebnisse des Gesundheitsamtes). Die im Formblatt gestellten Fragen sind verhältnismäßig leicht zu beantworten, wenn noch alle Arztrechnungen, Rezepte usw. der letzten Jahre greifbar sind. In vielen Fällen reichen die dem Versorgungsamt vorgelegten Unterlagen zur amtsärztlichen Beurteilung aus, so dass auf eine besondere Untersuchung des Antragstellers verzichtet werden kann.

Das Verfahren zur Durchführung des SGB IX ist **kostenfrei**. Dies gilt auch, wenn ein abgelehnter Antrag wegen einer behaupteten Verschlimmerung des Leidens einige Zeit später erneut gestellt und wiederum abschlägig beschieden wird.

Die Feststellung des GdB ist entbehrlich, wenn eine Entscheidung über das Vorliegen einer Behinderung und den Grad einer auf ihr beruhenden Minderung der Erwerbsfähigkeit schon in einem Rentenbescheid, einer entsprechenden Verwaltungs- oder Gerichtsentscheidung getroffen worden ist. Allerdings genügen die Rentenbescheide der Rentenversicherungsträger – im Gegensatz zu den Bescheiden der Berufsgenossenschaften – nicht den Anforderungen des SGB IX, weil in ihnen nicht der GdB angegeben wird.

Verneint das Versorgungsamt das Vorliegen einer Behinderung oder hält der Antragsteller den zugestandenen GdB für zu gering, kann er die Entscheidung innerhalb eines Monats nach Bekanntgabe mit **Widerspruch** beim Versorgungsamt anfechten. Wird dem Widerspruch nicht abgeholfen, kann Klage vor dem Sozialgericht erhoben werden.

3. GdB-Tabelle

Welche Gesundheitsstörungen mit welchem Vomhundertsatz berücksichtigt werden, ergibt sich aus der Anlage zu § 2 der Versorgungsmedizin-Verordnung („Versorgungsmedizinische Grundsätze"), die zum Bundesversorgungsgesetz ergangen ist. Danach bemisst sich der Grad der Behinderung (GdB) und der Grad der Schädigungsfolgen (GdS) nach den gleichen Grundsätzen. Ein Unterschied besteht nur darin, dass der GdB sich auf alle Gesundheitsstörungen unabhängig von ihrer Ursache bezieht, während der GdS nur die Schädigungsfolgen berücksichtigt. Es werden die Funktionsbeeinträchtigungen in allen Lebensbereichen, nicht nur diejenigen im allgemeinen Erwerbsleben berücksichtigt. Die Bezeichnung GdB wird im Schwerbehinderten- und Steuerrecht (vgl. § 2 Abs. 2 SGB IX, § 33b EStG), die Bezeichnung GdS im sozialen Entschädigungsrecht verwendet.

4. Nachteilsausgleiche

Behinderten Menschen stehen insbesondere folgende Erleichterungen zu:

Steuererleichterungen

a) Lohn- und Einkommensteuer
   I. Pauschbeträge (s. nachstehend Ziff. 5)
   II. Pflege-Pauschbetrag (s. nachstehend Ziff. 6)
   III. Berücksichtigung von Aufwendungen als außergewöhnliche Belastung (s. nachstehend Ziff. 7)
   IV. Berücksichtigung von Fahrtkosten (s. nachstehend Ziff. 8)
   V. Berücksichtigung von Aufwendungen für die Beschäftigung einer Haushaltshilfe (s. nachstehend Ziff. 9)
   VI. Kindbedingte Steuervergünstigungen (s. nachstehend Ziff. 10)
b) Kraftfahrzeugsteuer (s. nachstehend Ziff. 11)
c) Erbschaftsteuer (s. nachstehend Ziff. 12)

Sonstige Erleichterungen

a) Freifahrtberechtigung im öffentlichen Nahverkehr (s. nachstehend Ziff. 13)
b) Prämienermäßigung bei der Kraftfahrzeugversicherung
c) Befreiung von Rundfunkgebühren, Ermäßigung bei Telefongebühren (s. nachstehend Ziff. 14)

5. Pauschbeträge

Wegen der **außergewöhnlichen Belastungen**, die behinderten Menschen durch die Behinderung erwachsen, wird diesen Personen anstelle einer Steuerermäßigung nach § 33 EStG (s. nachfolgende Ziff. 7) nach § 33b Abs. 1 bis 3 EStG auf Antrag ein steuerfreier Pauschbetrag ohne Kürzung um die zumutbare Belastung in folgender Höhe gewährt:

bei einem Grad der Behinderung von	Jahresbetrag in EUR
20	384
30	620
40	860
50	1140
60	1440
70	1780
80	2120
90	2460
100	2840

Für blinde und behinderte Menschen, die infolge der Körperbehinderung ständig so hilflos sind, dass sie nicht ohne fremde Hilfe und Pflege auskommen können (Merkzeichen „Bl" oder „H"), erhöht sich der Pauschbetrag auf 7400 Euro; dabei ist es unerheblich, ob in diesen Fällen eine Pflegeperson tatsächlich beschäftigt wird.

Die Pauschbeträge erhalten

- körperbehinderte Menschen, deren GdB auf weniger als 50, aber mindestens 25 festgestellt ist, wenn
  - a) dem körperbehinderten Menschen wegen seiner Behinderung nach gesetzlichen Vorschriften Renten oder andere laufende Bezüge zustehen, und zwar auch dann, wenn das Recht auf die Bezüge ruht oder der Anspruch auf die Bezüge durch Zahlung eines Kapitals abgefunden worden ist, oder
  - b) die Behinderung zu einer äußerlich erkennbaren dauernden Einbuße der körperlichen Beweglichkeit geführt hat oder auf einer typischen Berufskrankheit beruht,
- körperbehinderte Menschen, deren GdB auf mindestens 50 festgestellt ist.

Die Behinderung muss durch den Schwerbehindertenausweis oder besondere Bescheinigung des zuständigen Versorgungsamtes, einen Feststellungsbescheid oder den Rentenbescheid nachgewiesen werden. Steht der Pauschbetrag einem unbeschränkt steuerpflichtigen Kind zu, wird dieser auf Antrag auf die Eltern übertragen, wenn das Kind ihn nicht in Anspruch nimmt (weil es z. B. keine eigenen Einkünfte hat). Wird der GdB im Laufe des Kalenderjahres herauf- oder herabgesetzt, ist stets der Pauschbetrag nach dem höchsten Grad zu gewähren, der im Kalenderjahr festgestellt war. Bei rückwirkender Feststellung der Behinderung steht der Pauschbetrag auch für die vorhergehenden Jahre zu.

Die Pauschbeträge sind Jahresbeträge. Sie werden auf Antrag vom Finanzamt bei den Elektronischen Lohnsteuerabzugsmerkmalen (ELStAM) auf Dauer berücksichtigt; die betroffene Person erhält davon einen Ausdruck. Die Pauschbeträge werden auch dann in voller Höhe gewährt, wenn die Voraussetzungen für die Gewährung nicht während des vollen Kalenderjahres vorgelegen haben.

Der Behinderten-Pauschbetrag steht nicht zu, wenn Heimkosten als außergewöhnliche Belastung geltend gemacht werden.

6. Pflege-Pauschbetrag

Nach § 33b Abs. 6 EStG kann ein Steuerpflichtiger wegen der außergewöhnlichen Belastungen, die ihm durch die Pflege einer Person erwachsen, anstelle einer Steuerermäßigung nach § 33 EStG (s. nachstehend Ziff. 7) einen Pflege-Pauschbetrag von bis zu 1800 Euro (Pflegegrad 4 oder 5) im Kalenderjahr geltend machen. Beim Vorliegen des Pflegegrades 2 beträgt der Pflegepauschbetrag 600 Euro, bei Pflegegrad 3 beträgt der Pflegepauschbetrag 1110 Euro. Voraussetzung ist, dass der Pflegebedürftige nicht nur vorübergehend so hilflos ist, dass er für eine Reihe von häufig und regelmäßig wiederkehrenden Verrichtungen zur Sicherung seiner persönlichen Existenz im Ablauf eines jeden Tages fremder Hilfe dauernd bedarf. Der Pauschbetrag wird nur gewährt, wenn der Steuerpflichtige die Pflege im Inland entweder in seiner Wohnung oder in der

Wohnung des Pflegebedürftigen persönlich durchführt; dabei kann er sich zur Unterstützung zeitweise einer ambulanten Pflegekraft bedienen. Wird ein Pflegebedürftiger von mehreren Steuerpflichtigen gepflegt, wird der Pauschbetrag nach der Zahl der Pflegepersonen aufgeteilt.

Der Pflege-Pauschbetrag ist ein Jahresbetrag. Er wird auch dann in voller Höhe gewährt, wenn die Voraussetzungen für die Gewährung nicht während des vollen Kalenderjahres vorgelegen haben.

7. Berücksichtigung von Aufwendungen als außergewöhnliche Belastung

Behinderte Menschen können statt der Pauschbeträge die Aufwendungen, die ihnen unmittelbar infolge der Behinderung nachweislich erwachsen, im Rahmen des § 33 EStG als außergewöhnliche Belastung geltend machen. Eine außergewöhnliche Belastung kann auch bei nicht durch Dritte (Krankenversicherung, Beihilfe) ersetzten Krankheitskosten (einschl. Krankenhauskosten) sowie Kosten von Reha-Maßnahmen wie Sanatoriumsbehandlungen und Heilkuren vorliegen. Die Aufwendungen verringern sich um die nach Einkünften und Familiengröße gestaffelte zumutbare (Eigen-)Belastung.

Bei behinderten Menschen, deren GdB mindestens 80 beträgt, können **Kraftfahrzeugkosten**, soweit sie nicht Betriebsausgaben oder Werbungskosten sind, nach Kürzung um die zumutbare Belastung in einem angemessenen Rahmen als außergewöhnliche Belastung nach § 33 EStG neben den Pauschbeträgen nach § 33b Abs. 3 EStG berücksichtigt werden. Das Gleiche gilt für behinderte Menschen, deren GdB mindestens 70, aber weniger als 80 beträgt, und bei denen darüber hinaus eine erhebliche **Geh- und Stehbehinderung** vorliegt. Als angemessen gilt i. d. R. eine Fahrleistung von 3000 km bei 0,30 Euro/km, d. h. ein Aufwand von 900 Euro jährlich, ein höherer Aufwand nur dann, wenn die höhere Fahrleistung durch die Behinderung verursacht ist und durch ein Fahrtenbuch oder auf andere Weise nachgewiesen wird. Bei Personen, die so gehbehindert sind, dass sie sich außerhalb des Hauses nur mit Hilfe eines Kraftfahrzeugs fortbewegen können, sind nach der Rechtsprechung des Bundesfinanzhofs grundsätzlich die gesamten Kosten anzuerkennen. Besitzt der behinderte Mensch keinen eigenen Pkw, gelten die gleichen Bestimmungen, wenn ein Taxi benutzt wird.

Wird anstelle der Pauschbeträge oder neben den Pauschbeträgen eine außergewöhnliche Belastung nach den §§ 33 und 33b EStG geltend gemacht, sind die Aufwendungen zunächst um die **zumutbare Belastung** zu kürzen, so dass in vielen Fällen eine Steuerermäßigung nicht oder nur in geringerem Umfang gewährt werden kann. → Steuerermäßigungen, Ziff. 1

8. Berücksichtigung von Fahrtkosten

Abweichend von der allgemeinen Regelung für alle Arbeitnehmer (Gewährung einer Entfernungspauschale) ist die steuerliche Berücksichtigung der Kosten für Fahrten zwischen Wohnung und Arbeitsstätte sowie für Familienheimfahrten im Fall einer doppelten Haushaltsführung zulässig für Arbeitnehmer mit Behinderung:

- deren GdB mindestens 70 beträgt
- deren GdB weniger als 70, aber mindestens 50 beträgt, und die in ihrer Bewegungsfähigkeit im Straßenverkehr erheblich beeinträchtigt sind

Menschen mit Behinderung können anstelle der Entfernungspauschalen (0,30 Euro/km für jeden Arbeitstag) die tatsächlichen Aufwendungen für die Wege zwischen Wohnung und Arbeitsstätte und für die Familienheimfahrten ansetzen (§ 9 Abs. 2 EStG). Die Aufwendungen müssen durch Belege nachgewiesen werden.

Ein Arbeitnehmer mit Behinderung, der im eigenen Pkw arbeitstäglich einmal von einem Dritten (z. B. dem Ehegatten) zur

Arbeitsstätte gefahren und nach Beendigung der Arbeitszeit von dort abgeholt wird, kann die Aufwendungen als Werbungskosten geltend machen, die ihm durch die An- und Abfahrten des Fahrers (die sog. Leerfahrten) entstehen, und zwar in der nachgewiesenen Höhe oder mit 0,30 Euro/km. Voraussetzung ist, dass der körperbehinderte Mensch keine gültige Fahrerlaubnis besitzt oder von einer Fahrerlaubnis aus Gründen, die mit der Behinderung im Zusammenhang stehen, keinen Gebrauch macht. In diesen Fällen werden für jeden Entfernungskilometer 0,30 Euro × 4 = 1,20 Euro anerkannt. Aber auch bei diesen Personen dürfen grundsätzlich pro Arbeitstag nur eine Hin- und Rückfahrt, ggf. zusätzlich eine Rück- und Hinfahrt als Leerfahrten, berücksichtigt werden.

9. Hilfe im Haushalt/Kinderbetreuungskosten

Menschen mit einem Grad der Behinderung von mindestens 70 oder 50 (Letztere bei erheblicher Beeinträchtigung der Bewegungsfreiheit im Straßenverkehr) kann nach Maßgabe des § 74 Abs. 1 SGB IX Haushaltshilfe in sinngemäßer Anwendung des § 38 Abs. 4 SGB V gewährt werden. Eine der Voraussetzungen ist, dass im Haushalt des behinderten Menschen ein Kind unter zwölf Jahren oder ein Kind mit Behinderung lebt. Es muss ferner ausgeschlossen sein, dass eine im Haushalt lebende Person den Haushalt weiterführen kann.

Kosten der Betreuung von Kindern können nach § 74 Abs. 3 SGB IX bis zu 160 Euro je Kind und Monat ersetzt werden, wenn sie durch die Ausführung einer Leistung zur medizinischen Rehabilitation oder zur Teilhabe des behinderten Menschen am Arbeitsleben unvermeidbar sind.

10. Kindbedingte Steuerbegünstigungen

Behinderte Kinder, die zum Kreis der → berücksichtigungsfähigen Angehörigen gehören und dem Beihilfeberechtigten steuerlich zuzuordnen sind, können zu weiteren Steuererleichterungen führen. Kinder, die i. d. R. nur bis zum Alter von 18 bzw. (insbesondere bei Schul- und Berufsausbildung) 25 Jahren steuerlich berücksichtigt werden, wirken sich auch bei höherem Alter steuerlich aus, wenn sie wegen körperlicher, geistiger oder seelischer Behinderung außer Stande sind, sich selbst zu unterhalten und deshalb Anspruch auf Kindergeld besteht. Die steuerliche Berücksichtigung solcher Kinder wirkt sich insbesondere aus bei:

- Gewährung des Kinderfreibetrags und des Freibetrags von 1464 Euro für den Betreuungs- und Erziehungs- oder Ausbildungsbedarf nach § 32 Abs. 6 EStG
- kindbedingter Minderung der zumutbaren Belastung bei außergewöhnlichen Belastungen allgemeiner Art nach § 33 Abs. 3 EStG
- Gewährung eines Ausbildungsfreibetrags von 924 Euro bei auswärtiger Unterbringung eines über 18 Jahre alten Kindes (§ 33a Abs. 2 EStG)
- Gewährung einer Kinderzulage als Teil der Eigenheimzulage nach dem Eigenheimzulagengesetz beim Kauf oder Bau eines Eigenheims oder einer Eigentumswohnung
- kindbedingter Minderung der Kirchensteuer
- Bemessung des Solidaritätszuschlags

11. Befreiung von der Kraftfahrzeugsteuer

Nach dem Kraftfahrzeugsteuergesetz steht Befreiung von der Kfz-Steuer zu

- blinden, hilflosen und außergewöhnlich gehbehinderten Menschen (Merkzeichen „Bl", „H" bzw. „aG" im Ausweis),
- Kriegsbeschädigten und NS-Verfolgten mit einem GdB von mindestens 50, soweit die Kfz-Steuer bereits ab 1.6.1979 erlassen war.

Sonstige schwerbehinderte Menschen, die in ihrer Bewegungsfähigkeit im Straßenverkehr erheblich beeinträchtigt sind (ohne Merkzeichen bzw. mit dem Merkzeichen „G" und „Gl"), erhalten nach § 3a Abs. 2 des Kraftfahrzeugsteuergesetzes eine **50-prozentige Kfz-Steuerermäßigung**; dies gilt aber nur, wenn die Freifahrtberechtigung im öffentlichen Nahverkehr (gegen eine Gebühr) nicht in Anspruch genommen wird (s. nachfolgend Ziff. 13).

12. Erbschaftsteuer

Von der Erbschaftsteuer befreit ist u. a. ein Erwerb, wenn der Erwerber infolge körperlicher oder geistiger Gebrechen und unter Berücksichtigung seiner bisherigen Lebensstellung als erwerbsunfähig anzusehen ist oder durch die Führung eines gemeinsamen Hausstandes mit erwerbsunfähigen oder in Ausbildung befindlichen Abkömmlingen an der Ausübung einer Erwerbstätigkeit gehindert ist. Dies gilt nur, wenn der Nachlass zusammen mit dem übrigen Vermögen des Erwerbers den Betrag von 41 000 Euro nicht übersteigt; wird diese Wertgrenze überschritten, wird die Steuer nur insoweit erhoben, als sie aus der Hälfte des die Wertgrenze übersteigenden Betrags gedeckt werden kann (§ 13 Abs. 1 Nr. 6 ErbStG).

13. Freifahrtberechtigung

Eine sog. „Freifahrtberechtigung" (in der 2. Klasse) im öffentlichen Nahverkehr (mit Bussen und Straßenbahnen, der Deutschen Bahn und den Nahverkehrsverbünden) und in bestimmten Zügen im Fernverkehr (z. B. IR-, nicht aber ICE- und IC-Zügen) können durch den Kauf einer Wertmarke 91 Euro pro Jahr oder 46 Euro pro Halbjahr erwerben

- schwerbehinderte Menschen (d. h. beim Vorliegen eines GdB von mindestens 50),
  - die wegen ihrer Behinderung in ihrer Bewegungsfähigkeit im Straßenverkehr außergewöhnlich beeinträchtigt sind (Merkzeichen „G" oder „aG") oder

- die dauernd und in erheblichem Umfang fremder Hilfe zum Leben bedürfen, auch wenn sie nicht gehbehindert sind,

- Hilflose (Merkzeichen „H“) und gehörlose Menschen (Merkzeichen „Gl“), unabhängig davon, ob sie in ihrer Bewegungsfähigkeit beeinträchtigt sind oder nicht.

Die Wertmarke erhalten nach § 228 SGB IX kostenlos:

- Blinde und hilflose Menschen (Merkzeichen „Bl“ oder „H“)
- Empfänger von Leistungen zur Sicherung des Lebensunterhalts oder Leistungen nach dem 3. und 4. Kapitel des SGB XII (Sozialhilfe), dem SGB VIII oder den §§ 27a und 27d BVG
- Kriegs- und Wehrdienstbeschädigte und andere Versorgungsberechtigte nach dem sozialen Entschädigungsrecht mit einem GdB von mindestens 70 oder mindestens 50 mit Geh- und Stehbehinderung, sofern Freifahrtberechtigung bereits vor dem 1.10.1979 bestand
- schwerbehinderte Menschen, welche die Voraussetzungen am 1.10.1979 deshalb nicht erfüllten, weil sie in den neuen Bundesländern wohnten

Schwerbehinderte mit dem Merkzeichen „B“ und dem Zusatz „Die Berechtigung zur Mitnahme einer Begleitperson ist nachgewiesen.“ können kostenlos in allen öffentlichen Verkehrsmitteln eine **Begleitperson** mitnehmen.

Die benutzten (Bahn-)Strecken sind in der Anlage zur Veröffentlichung der Bahn „Mobil mit Handicap“ aufgeführt.

Die Wertmarke (und damit die sog. Freifahrtberechtigung) erhalten schwerbehinderte Menschen, die sich für die Inanspruchnahme der (vorstehend unter Ziff. 11 erläuterten) 50-prozentigen Kfz-Steuerermäßigung entschieden haben, nicht. Zusätzlich zur Kfz-Steuerermäßigung oder -befreiung erhalten die Wertmarke jedoch schwerbehinderte Menschen mit dem Merkzeichen „Bl“ oder „H“ sowie die genannten Schwerkriegsbeschädigten kostenlos auf Antrag.

14. Befreiung vom Rundfunkbeitrag, Ermäßigung bei Telefongebühren

Bei Personen mit Merkzeichen „RF" im Schwerbehindertenausweis ermäßigt sich auf Antrag der monatliche Beitrag. Auf die Ermäßigungen haben Anspruch

- Blinde oder wesentlich sehbehinderte Menschen mit einem GdB von wenigstens 60 allein wegen der Sehbehinderung, die nicht vorübergehend ist,
- hörgeschädigte Menschen, die gehörlos sind oder denen eine ausreichende Verständigung über das Gehör auch mit Hörhilfen nicht möglich ist,
- behinderte Menschen, deren GdB nicht nur vorübergehend mindestens 80 beträgt und die wegen ihres Leidens nicht an öffentlichen Veranstaltungen teilnehmen können.

Von der Rundfunkbeitragspflicht befreien lassen können sich u. a. Taubblinde und Empfänger von Blindenhilfe nach § 72 SGB XII bzw. § 27d BVG, von Hilfe zur Pflege nach dem SGB XII (7. Kapitel) oder Hilfe zur Pflege als Leistung der Kriegsopferfürsorge nach dem BVG.

Informationen über Befreiungs- und Ermäßigungsvoraussetzungen finden sich unter: https://www.rundfunkbeitrag.de

Die Anträge auf Befreiung vom Rundfunkbeitrag oder Ermäßigung sind beim Beitragsservice von ARD, ZDF und Deutschlandradio (früher GEZ) zu stellen.

Behinderte Menschen, die eine Befreiung von der Rundfunkgebührenpflicht oder einen Schwerbehindertenausweis mit dem Merkzeichen „RF" vorweisen können, erhalten eine Ermäßigung bei den Gesprächsgebühren im T-Net der Deutschen Telekom. Einige Mobilfunkbetreiber gewähren Vergünstigungen bei Schwerbehinderung.

15. Kindergeld

Erwachsene Kinder haben Anspruch auf Kindergeld ohne altersmäßige Begrenzung, wenn sie aufgrund einer Behinderung außerstande sind, sich selbst zu unterhalten. Die Behinderung muss vor Vollendung des 25. Lebensjahres eingetreten sein.

16. Altersrente

Schwerbehinderte Menschen können unter bestimmten Voraussetzungen nach Vollendung des 65. Lebensjahres vorzeitig in Rente gehen (ggf. mit Abschlägen von der Rente). Es müssen mindestens 35 anrechnungsfähige Versicherungsjahre vorliegen.

17. Sozialhilfe

Nach § 30 Abs. 1 bis 5 SGB XII werden u. a. erwerbsunfähigen Menschen mit dem Merkzeichen „G" im Schwerbehindertenausweis im Rahmen der Sozialhilfe zusätzliche Leistungen in Höhe von 17 v. H. des maßgebenden Regelsatzes gewährt. Ferner steht behinderten Menschen über 15 Jahren, die Anspruch auf Eingliederungshilfe erhalten, ein Mehrbedarf von 35 v. H. des maßgeblichen Regelsatzes zu.

18. BAföG

Studierende mit Behinderung können Leistungen nach dem BAföG auch über die für das jeweilige Studienfach festgelegte Förderungshöchstdauer hinaus erhalten.

19. Persönliches Budget

Seit 1.1.2008 besteht ein Rechtsanspruch gegenüber den Rehabilitationsträgern auf ein Persönliches Budget in Form von Geldleistung oder Gutschein, welche die bisherigen Sachleistungen ersetzen (§ 29 SGB IX). Das Budget steht z. B. für Arznei-, Verband-, Heil- und Hilfsmittel, Arbeitsassistenz oder Kfz-Hilfe zur Verfügung, soll aber auch der Hilfe zur Teilhabe am gemeinschaftlichen und kulturellen Leben, der Frühförderung bei behinderten Kindern und der Hilfe beim betreuten Wohnen dienen. Ferner können mit ihm Pflegeleistungen bestritten werden.

20. Kündigungsschutz/Zusatzurlaub

Ein länger als sechs Monate währendes Arbeitsverhältnis eines schwerbehinderten Menschen (vgl. Nr. 2) darf der Arbeitgeber nur nach vorheriger Zustimmung des Integrationsamtes kündigen (§ 168 SGB IX). Dazu ist es notwendig, dass der Arbeitnehmer den Arbeitgeber innerhalb von drei Monaten nach Zugang der Kündigung über seine Anerkennung als schwerbehinderter Mensch oder einen entsprechenden Antrag auf Anerkennung unterrichtet; der letztere Antrag muss spätestens drei Wochen vor der Kündigung gestellt werden.

Sollte das Integrationsamt zu dem Schluss kommen, dass mit Unterstützungsmöglichkeiten wie die Ausstattung des Arbeitsplatzes mit Hilfsmitteln, die Umsetzung auf einen anderen Arbeitsplatz, die Gestellung einer Assistenzkraft oder finanziellen Leistungen den behinderungsbedingten Einschränkungen begegnet werden kann, ist die Kündigung unwirksam.

Arbeitnehmer mit Schwerbehinderung (GdB mindestens 50) haben Anspruch auf fünf Tage bezahlten Zusatzurlaub im Jahr.

Behindertensport (Rehabilitationssport)

Aufwendungen für Behindertensport in Gruppen sind unter folgenden Voraussetzungen beihilfefähig:

- Es muss ein objektives Rehabilitationsziel angestrebt werden, d. h. Teil einer rehabilitativen medizinischen Nachsorge sein.
- Es darf sich nicht um eine allgemein übliche sportliche Betätigung oder körperliche Ertüchtigung (auch i. S. von Breiten- und Leistungssport) in Vereinen handeln.
- Der Sport muss in den dafür besonders eingerichteten Behindertensportgemeinschaften (z. B. Coronarsportgruppe nach

Herzinfarkt) unter Anleitung eines Angehörigen der Gesundheits- und Medizinfachberufe (z. B. Krankengymnast oder Krankenschwester/-pfleger, nicht aber z. B. Diplomsportlehrer) durchgeführt, ärztlich betreut und überwacht (i. S. eines Bereitstehens für den Fall von Komplikationen) werden.

- es muss eine ärztliche Verordnung nach Anzahl der Übungseinheiten und Zeitraum vorliegen.

Ärztlich verordneter Rehabilitationssport (und Funktionstraining) muss den Vorgaben der Rahmenvereinbarung über den Rehabilitationssport und das Funktionstraining i. d. F. vom 1.1.2011 entsprechen (VV 35.1.6.1). Er kommt besonders bei Erkrankungen und Funktionseinschränkungen der Stütz- und Bewegungsorgane und bei Herzerkrankungen in Betracht. Beihilfefähig sind 7,40 Euro je Übungseinheit (§ 35 Abs. 2 Satz 6 BBhV).

Unter den vorstehenden Voraussetzungen sind auch Aufwendungen für ein Funktionstraining für Rheumakranke in Form von Trocken- und Wassergymnastik (in eine besondere Sportgruppe eingebunden), ärztlich verordnete Wirbelsäulen- und Ausgleichsgymnastik durch Volkshochschulen und Schulungen für asthmakranke Kinder beihilfefähig.

Beihilfe zu den Vereins-, Verbands- und Versicherungsbeiträgen, den Aufnahmegebühren usw. kann nicht gewährt werden, da diese Kosten der allgemeinen Lebensführung zuzurechnen sind.

Nicht beihilfefähig sind Aufwendungen für den Besuch eines Fitness-Studios oder allgemeine Fitness-Übungen (VV 35.1.6.2).

Beihilfebemessungssätze

Das Wichtigste in Kürze

- Die Beihilfe errechnet sich nicht aus den tatsächlichen, sondern aus den (oft niedrigeren) „beihilfefähigen" Aufwendungen, von Pauschalen in Pflegefällen abgesehen. Vor jeder Beihilfeberechnung steht deshalb die Frage, in welcher Höhe die einzelnen Aufwendungen beihilfefähig sind.

- Von den beihilfefähigen Aufwendungen erhalten die Beihilfeberechtigten folgende Bemessungssätze als Beihilfe:

a)	aktive Beamte, Richter und Soldaten sowie entpflichtete Hochschullehrer	
	– mit weniger als 2 Kindern	50 v. H.
	– mit mindestens 2 Kindern	70 v. H.
b)	Versorgungsempfänger	70 v. H.
c)	beihilfeberechtigte Personen in Elternzeit	70 v. H.
d)	für den Ehegatten oder Lebenspartner	70 v. H.
e)	für die Kinder	80 v. H.
f)	Waisen	80 v. H.
g)	für Personen, denen nach § 28 Abs. 2 SGB XI Leistungen der Pflegeversicherung zur Hälfte zustehen	50 v. H.

- Diese Bemessungssätze erhöhen sich
  - um 20 Prozentpunkte (bis höchstens 90 v. H.) bei Versagen eines an sich ausreichenden Versicherungsschutzes,
  - nach Maßgabe des § 58 Abs. 2 BBhV auf 100 Prozentpunkte der nach Abzug der Kassenleistungen verbleibenden beihilfefähigen Aufwendungen für freiwillige Mitglieder der gesetzlichen Krankenversicherung; dies gilt nicht bei halbem Beitragssatz oder einem Beitragszuschuss von mindestens 21 Euro monatlich,
  - auf 100 Prozentpunkte der Überführungskosten für Personen, bei denen der Tod während einer Dienstreise oder dergleichen eingetreten ist.

- Eine generelle Erhöhung des Beihilfebemessungssatzes auf Dauer um 10 Prozentpunkte ist höchstens für drei Jahre zulässig für Versorgungsempfänger und deren berücksichtigungsfähigen Ehegatten, wenn der Beitragsaufwand für eine beihilfekonforme private Krankenversicherung 15 v. H. der geringen Gesamteinkünfte der Ehegatten übersteigt. Weitere Abweichungen von den Regel-Bemessungssätzen sind in bestimmten Ausnahmefällen zulässig.
- Übersteigt der Gesamtbetrag aus Beihilfe plus Erstattung der Krankenversicherung die dem Grunde nach beihilfefähigen, tatsächlichen Aufwendungen, wird die Beihilfe so weit gekürzt, dass der Gesamtbetrag der Höhe der Aufwendungen entspricht.

Abweichungen in Bundesländern:
→ Baden-Württemberg (Ziff. 25)
→ Bayern (Ziff. 16, 18)
→ Bremen (Ziff. 11)
→ Hessen (Ziff. 13)
→ Niedersachsen (Ziff. 24)
→ Nordrhein-Westfalen (Ziff. 15)
→ Sachsen (Ziff. 16)
→ Rheinland-Pfalz (Ziff. 20)
→ Schleswig-Holstein (Ziff. 22, 23)
→ Thüringen (Ziff. 15)

1. Rechtsnatur der Beihilfe

Die → Beihilfeberechtigten erhalten von den → beihilfefähigen Aufwendungen (nicht unbedingt von den tatsächlichen Kosten) einen bestimmten Prozentsatz („Bemessungssatz") als Beihilfe.

Die Bemessungssätze sind darauf abgestellt, dass der Beihilfeberechtigte sich und seine Familie mit einem angemessenen Beitrag versichert, damit er – unter Berücksichtigung der ihm von seinem Dienstherrn gewährten Beihilfe – in Krankheits-, Pflege- und Geburtsfällen nicht in eine wirtschaftliche Notlage oder in finanzielle Bedrängnis gerät. Diese Selbstvorsorge kann den Beamten, Richtern, Berufssoldaten, Soldaten auf Zeit und Versorgungsempfängern als eigene Leistung zugemutet werden, da mit den Bezügen ein mittlerer Betrag zur Absicherung gegen Krankheitskosten usw. zur Verfügung gestellt wird. Dieser dem Bemessungssystem zugrunde liegende Grundsatz ist von der höchstrichterlichen Rechtsprechung wiederholt als rechtmäßig bestätigt worden (→ Rechtsnatur der Beihilfe, Ziff. 2).

2. Privat Krankenversicherte

Beihilfen werden ohne Rücksicht darauf gewährt, ob der → Beihilfeberechtigte oder die → berücksichtigungsfähigen Angehörigen einer → privaten Krankenversicherung angehören. Von diesem Grundsatz gibt es die wichtige Ausnahme der → Hundert-Prozent-Grenze.

3. Beihilfe als Ergänzung

Das Beihilferecht geht davon aus, dass die Fürsorge des Dienstherrn nur ergänzend eingreift, wenn und soweit einer Person nicht aufgrund von Rechtsvorschriften oder arbeitsvertraglichen Regelungen Heilfürsorge, Krankenhilfe oder Kostenerstattung zusteht (§ 1 Abs. 1 BBhV). Nur die Aufwendungen, die auf diese Weise nicht gedeckt werden, sind beihilfefähig. Beihilfe wird i. d. R. nicht gewährt, wenn und soweit → Sach- und Dienstleistungen zustehen bzw. in Anspruch genommen werden oder berücksichtigungsfähige Angehörige (z. B. aufgrund einer Berufstätigkeit oder Mitgliedschaft in der KVdR) eine volle Krankenversorgung von dritter Seite erhalten. Diese Regelungen führen im Ergebnis dazu, dass Mitglieder der → gesetzlichen Krankenversicherung Beihilfen i. d. R. nur in beschränktem Umfang erhalten.

4. Beihilfe-Bemessungssystem

Das Beihilfe-Bemessungssystem ist personenbezogen, d. h. für jeden Beihilfeberechtigten und berücksichtigungsfähigen Angehörigen und deren Aufwendungen gelten – allerdings mit einigen Ausnahmen – feste, von den Änderungen des Familienstandes und der Kinderzahl unabhängige – Bemessungssätze.

5. Bemessungssatz

Der Bemessungssatz beträgt nach § 46 Abs. 2 und 3 BBhV für Aufwendungen, die entstanden sind für:

▪ aktive Beamte, Richter, Berufssoldaten und Soldaten auf Zeit sowie entpflichtete Hochschullehrer – mit mindestens zwei berücksichtigungsfähigen Kindern	70 v. H.
▪ Versorgungsempfänger, die als solche beihilfeberechtigt sind	70 v. H.
▪ beihilfeberechtigte Personen in Elternzeit	70 v. H.
▪ den berücksichtigungsfähigen Ehegatten oder Lebenspartner	70 v. H.
▪ die berücksichtigungsfähigen Kinder	80 v. H.
▪ Waisen, die als solche beihilfeberechtigt sind	80 v. H.

Zu den Waisen zählen auch Halbwaisen, die Halbwaisengeld beziehen.

Der Bemessungssatz für beihilfeberechtigte Personen, die Elternzeit in Anspruch nehmen, wurde mit der neunten Änderungsverordnung zur BBhV auf 70 v. H. angehoben (§ 46 Abs. 3 Satz 5 BBhV).

Für aktive Bedienstete gibt es demnach – abweichend vom Prinzip der personenbezogenen, festen Bemessungssätze – einen nach der Kinderzahl gestaffelten, variablen Bemessungssatz: Wird z. B. das zweite Kind geboren, erhöht sich beim aktiven Bediensteten der Bemessungssatz von 50 auf 70 v. H.; scheidet eines der beiden Kinder aus dem Kreis der berücksichtigungsfähigen Familienmitglieder aus, verringert sich der Bemessungssatz wieder auf 50 v. H. Bei mehreren Beihilfeberechtigten mit Beihilfeanspruch für dieselben Aufwendungen erhöht sich der Bemessungssatz nur bei demjenigen auf 70 v. H., der den Familienzuschlag nach den §§ 39 und 40 BBesG oder den Auslandszuschlag nach § 53 Abs. 4 Nr. 2 und 2a BBesG erhält. Mit dem Bezug des Familien- oder Auslandskinderzuschlags gilt diese Entscheidung als beihilfewirksam getroffen.

Die Zuordnung von zwei und mehr Kindern zu dem Bezieher des Familienzuschlags usw. (§ 46 Abs. 3 Satz 2 BBhV) gilt nur, wenn dem Beihilfeberechtigten nicht bereits aus anderen Gründen ein Bemessungssatz von 70 v. H. zusteht.

Den erhöhten Bemessungssatz nach § 46 Abs. 3 BBhV erhält die beihilfeberechtigte Person, welche die familienbezogenen Besoldungsbestandteile für mindestens zwei Kinder bezieht. Einer gesonderten Erklärung der beihilfeberechtigten Person bedarf es nicht (vgl. VV 46.3.2).

Die genannte Konkurrenzregelung, wonach nur eine Person den auf 70 v. H. erhöhten Bemessungssatz erhält, gilt nur für den Fall, dass für beide Beihilfeberechtigten das personenbezogene Bemessungssystem gilt.

Da in Bremen und übergangsweise in Hessen ein familienbezogenes Bemessungssystem noch gilt, fehlt es an einer für die Anwendung der Konkurrenzregelung entsprechenden Grundlage. In diesem Fall beträgt der Bemessungssatz 70 v. H., wenn mindestens zwei Kinder berücksichtigungsfähig sind. Das Gleiche gilt, wenn ein Beihilfeberechtigter als Versorgungsempfänger den 70-prozentigen Bemessungssatz erhält. Auch in solchen Fällen geht die Konkurrenzregelung ins Leere, so dass der andere Beihilfeberechtigte, falls er zwei oder mehr berücksichtigungsfähige Kinder hat, von vornherein den 70-prozentigen Bemessungssatz erhält.

Maßgebend für die Höhe des Bemessungssatzes ist der **Zeitpunkt** des Entstehens der Aufwendungen (Erbringung der Leistung). Soweit sich bei aktiven Beamten, Richtern und Soldaten die Höhe des Bemessungssatzes für den Beihilfeberechtigten nach der Zahl der berücksichtigungsfähigen Kinder richtet, ist der erhöhte Bemessungssatz für alle Aufwendungen zugrunde zu legen, die während des Zeitraums der Zahlung des erhöhten Familienzuschlags entstanden sind bzw. entstanden wären, wenn ein Familienzuschlag zustünde.

Hiernach ergibt sich das folgende **Bemessungsschema** (vgl. Beispiele 1 und 2 unter nachfolgender Ziff. 14):

Beihilfeberechtigte Personen	erhalten Beihilfen für		
	sich selbst	den Ehegatten	die Kinder
	in Höhe von . . . v. H. der beihilfefähigen Aufwendungen		
Aktive Beamte usw. mit weniger als zwei berücksichtigungsfähigen Kindern	50	70	80
Aktive Beamte usw. mit mindestens zwei berücksichtigungsfähigen Kindern	70	70	80
Ruhestandsbeamte und Beamtenwitwen	70	70	80
Waisen, die als solche beihilfeberechtigt sind	80	–	–

Ändern sich die für den Bemessungssatz maßgeblichen Verhältnisse während einer laufenden Behandlung, sind die Aufwendungen aufzuteilen.

Von diesem Schema gibt es folgende **Abweichungen**:

- Für beihilfefähige Aufwendungen, für die trotz ausreichender und rechtzeitiger Versicherung wegen angeborener Leiden oder bestimmter Krankheiten aufgrund eines individuellen Ausschlusses keine Versicherungsleistungen gewährt werden oder für die die Leistungen auf Dauer eingestellt worden sind (sog. **Aussteuerung**), erhöht sich der Bemessungssatz nach § 47 Abs. 4 BBhV um 20 v. H., höchstens jedoch auf 90 v. H. (s. nachfolgende Ziff. 7).

- Bei Beihilfeberechtigten, die freiwillig in der GKV versichert sind und bei berücksichtigungsfähigen Personen, die der Familienversicherung nach § 10 SGB V unterliegen, erhöht sich der Bemessungssatz auf 100 v. H. der beihilfefähigen Aufwendungen unter Anrechnung der Leistungen und Erstattungen der Krankenkasse. Allerdings wird eine Aufstockung dann nicht gewährt, wenn keine Leistungen der gesetzlichen Krankenkassen wie bei sog. IGeL-Leistungen erfolgen (§ 47 Abs. 5 BBhV). In diesen Fällen gilt der normale Bemessungssatz nach § 46 BBhV.
- Für Beamte mit dienstlichem Wohnsitz im Ausland oder dorthin abgeordneten Beamten sind die Kosten der Überführung bis zum inländischen Beisetzungsort beihilfefähig (§ 44 BBhV).
- Für Beamte mit dienstlichem Wohnsitz im Ausland oder dorthin abgeordneten Beamte erhöht sich in den Fällen des § 31 Abs. 5 und § 41 Abs. 5 BBhV der Bemessungssatz auf 100 v. H., sofern die Aufwendungen 153 Euro (bei Anwendung des § 36 Abs. 3 BBhV 200 Euro) übersteigen. Es handelt sich dabei um Fahrtkosten zum nächstgelegenen geeigneten Behandlungsort im Ausland und bei Früherkennungs- und Vorsorgemaßnahmen.
- Die oberste Dienstbehörde oder die von ihr bestimmte Behörde kann den Bemessungssatz für Aufwendungen anlässlich einer Dienstbeschädigung angemessen erhöhen, soweit nicht bereits Ansprüche nach dem BeamtVG bestehen (§ 47 Abs. 1 BBhV).

Die Auswirkungen des Beihilfebemessungs-Systems werden an den praktischen Beispielen unter nachstehender Ziff. 14 deutlich.

6. Zuordnung

In § 52 BBhV wird die für die Bemessung der Beihilfe wichtige Zuordnung deshalb wie folgt geregelt:

- Aufwendungen für eine → Familien- und Haushaltshilfe werden der außerhäuslich untergebrachten Person zugeordnet (§ 52 Nr. 1 BBhV).
- Aufwendungen für eine → Begleitperson (z. B. bei → Krankenhausbehandlung, → Heilkuren und → Rehabilitationsmaßnahmen) werden den Begleiteten zugeordnet (§ 52 Nr. 2 BBhV).
- Aufwendungen für eine familienorientierte Rehabilitation werden dem erkrankten Kind zugeordnet (§ 52 Nr. 3 BBhV).
- Aufwendungen anlässlich der → Geburt eines gesunden Kindes (Schwangerschaftsüberwachung, Arznei- und Verbandmittel, Heilbehandlung, Erste Hilfe, stationäre Behandlung und Entbindung in einer Kranken- oder Entbindungsanstalt, Familien- und Haushaltshilfe, Beförderungskosten, Hebamme, Haus- und Wochenpflegekraft bei Hausentbindung) werden der Mutter zugeordnet (§ 52 Nr. 4 BBhV). Aufwendungen, die durch die Erkrankung des neugeborenen Kindes entstehen, sind dem Kind zuzurechnen.

7. Aussteuerung

Für beihilfefähige Aufwendungen, für die trotz ausreichender und rechtzeitiger Versicherung bei einem Versicherungsunternehmen, das die Bedingungen nach § 257 Abs. 2a Satz 1 Nr. 1 bis 4 SGB V erfüllt, wegen angeborener Leiden oder bestimmter Krankheiten aufgrund eines individuellen Ausschlusses **keine Versicherungsleistungen** gewährt werden oder für die die Leistungen auf Dauer eingestellt worden sind (**Aussteuerung**), erhöht sich der Bemessungssatz um 20 v. H., höchstens jedoch auf 90 v. H. (§ 47 Abs. 4 BBhV). Diese Regelung gilt nicht für Aufwendungen in Fällen dauernder Pflegebedürftigkeit i. S. der §§ 37 bis 39b BBhV (§ 47 Abs. 4 Satz 3 BBhV). Liegen die genannten Voraussetzungen vor, hat der Beihilfeberechtigte einen Rechtsanspruch auf die Erhöhung des Bemessungssatzes. Die Erhöhung erfasst aber nur die Aufwendungen, zu denen die Krankenversicherung keine Erstattung geleistet hat; hinsichtlich der übrigen beihilfefähigen Aufwendungen verbleibt es beim nicht erhöhten Bemessungssatz (vgl. Beispiel 2 unter Ziff. 14).

Die Bedingungen des § 257 Abs. 2a Satz 1 Nr. 1 bis 4 SGB V erfüllen diejenigen privaten Krankenversicherungsunternehmen, die seit 1.1.2009 für Privatversicherte einen Basistarif oder einen Standardtarif mit dem gleichen Leistungsniveau wie die GKV und einem Beitragssatz anbieten, der den durchschnittlichen Höchstbeitrag der GKV nicht übersteigt (→ Private Krankenversicherung, Ziff. 3 Buchst. g und h). Es kann davon ausgegangen werden, dass alle privaten Krankenversicherer diese Voraussetzungen erfüllen.

Eine **ausreichende Versicherung** liegt vor, wenn sich aus den Versicherungsbedingungen ergibt, dass die Versicherung in den üblichen Fällen ambulanter und stationärer Krankenhausbehandlung wesentlich zur Entlastung des Versicherten beiträgt, d. h. zusammen mit der Beihilfe das Kostenrisiko in Krankheitsfällen weitgehend deckt. Dabei ist es unerheblich, wenn für einzelne Aufwendungen die Versicherungsleistung verhältnismäßig gering ist. Eine **rechtzeitige Versicherung** liegt vor, wenn sie im Zusammenhang mit dem Eintritt in das Beamtenverhältnis abgeschlossen worden ist. Das Erfordernis der rechtzeitigen Versicherung soll deshalb sicherstellen, dass das Risiko eines verspäteten ausreichenden Versicherungsabschlusses nicht zu einer erhöhten Belastung des Dienstherrn führt (VV 47.4.1).

Für Beamte und Soldaten, die Beihilfen für ihre Person i. d. R. erst mit Beginn des Ruhestandes erhalten (z. B. Polizeibeamte mit → freier Heilfürsorge und Soldaten mit → truppenärztlicher Versorgung), liegt eine rechtzeitige Versicherung vor, wenn sie in Zusammenhang mit dem Eintritt in das Beamten-

(Soldaten-)Verhältnis eine Anwartschaftsversicherung (→ Private Krankenversicherung, Ziff. 3 Buchst. e) für eine mit Beginn des Ruhestandes beginnende beihilfenkonforme Krankenversicherung abgeschlossen haben.

Der **Leistungsausschluss** führt zur Erhöhung des Bemessungssatzes, wenn die Versagung einer Leistung im Versicherungsschein als **persönliche Sonderbedingung** ausgewiesen ist; ein Leistungsausschluss ist jedoch nur dann zu berücksichtigen, wenn dieser nachweislich nicht durch Zahlung eines Risikozuschlages hätte abgewendet werden können. Ein Leistungsausschluss liegt u. a. nicht vor, wenn Krankenversicherungen in ihren Tarifen für einzelne Behandlungen generell keine Leistungen vorsehen oder in ihren Versicherungsbedingungen einzelne Tatbestände (z. B. Suchtkrankheiten, Krankheiten, für die anderweitige Ansprüche bestehen) vom Versicherungsschutz ausnehmen oder der Leistungsausschluss nur für Leistungen aus einer Höher- oder Zusatzversicherung gilt. Das Gleiche gilt für Aufwendungen, die während einer in den Versicherungsbedingungen vorgesehenen Wartezeit anfallen (VV 47.4.2).

Beruht ein Leistungsausschluss auf falschen Angaben beim Abschluss des Versicherungsvertrags, wird der Bemessungssatz nicht erhöht, es sei denn, die Versicherung hätte auch bei fehlerfreien Angaben mit Sicherheit – auch gegen Entrichtung eines zumutbaren Risikozuschlages – die Übernahme des betreffenden Risikos abgelehnt. Ebenfalls kein Leistungsausschluss liegt vor, wenn bei einem Wechsel zu einem Tarif mit besserer Erstattung für bestimmte Krankheiten nach wie vor nur nach dem bisherigen Tarif geleistet wird.

Eine **Einstellung von Versicherungsleistungen** besteht nur, wenn nach einer bestimmten Dauer einer Krankheit die Leistungen für diese Krankheit nach den Versicherungsbedingungen ganz eingestellt werden, sich im Ergebnis also ein nachträglicher Versicherungsausschluss ergibt. Diese Voraussetzung ist nicht gegeben, wenn Versicherungsleistungen nur zeitweilig entfallen, weil z. B. ein tariflich festgelegter Jahreshöchstbetrag oder eine gewisse Zahl von (z. B. psychotherapeutischen) Behandlungen in einem kalendermäßig begrenzten Zeitraum überschritten ist (VV 47.4.3).

Die Regelung in § 47 Abs. 4 BBhV ist nicht auf bestimmte Arten von Beihilfefällen beschränkt und umfasst damit alle **nicht versicherbaren Risiken**.

Nicht zulässig ist die Erhöhung des Bemessungssatzes, wenn im Hinblick auf zu erwartende Leistungsausschlüsse wegen einzelner Krankheiten oder Leiden keine generell mögliche (ausreichende) private Krankenversicherung abgeschlossen worden ist (BVerwG vom 17.12.1981, RiA 1982 S. 94).

Dem Dienstherrn ist es dagegen verwehrt, einen mit seinem Ehegatten und seinen Kindern systemgerecht privat versicherten Beamten bei Leistungsausschlüssen der privaten Krankenversicherung darauf zu verweisen, er hätte als freiwilliges Mitglied in der GKV bleiben können (BVerwG vom 28.6.1990, Az. 2 C 35.87).

8. Freiwillige Mitglieder der GKV

Bei Beihilfeberechtigten, die freiwillig in der GKV versichert sind und bei berücksichtigungsfähigen Personen, die der Familienversicherung nach § 10 SGB V unterliegen, erhöht sich der Bemessungssatz auf 100 v. H. der beihilfefähigen Aufwendungen unter Anrechnung der Leistungen und Erstattungen der Krankenkasse. Allerdings wird eine Aufstockung dann nicht gewährt, wenn keine Leistungen der gesetzlichen Krankenkassen wie bei sog. IGeL-Leistungen erfolgen (§ 47 Abs. 5 BBhV). Hier gilt der normale Bemessungssatz. !!!

Danach sind die von dritter Seite aufgrund von Rechtsvorschriften oder arbeitsvertraglichen Vereinbarungen getragenen oder erstatteten Leistungen vor der Berechnung der Beihilfe von den beihilfefähigen Aufwendungen abzuziehen (Ausnahme: Sachleistungen an beihilfeberechtigte Personen, die dem Krankenfürsorgesystem der Europäischen Gemeinschaft angehören).

Grundlage für die Beihilfeberechnung sind die an sich beihilfefähigen Aufwendungen (d. h. die Kosten, soweit diese nach den allgemeinen Bestimmungen beihilfefähig sind), vermindert um

a) die Geldleistungen der Krankenkasse und
b) die anstelle einer zustehenden Sach- oder Dienstleistung von der Krankenkasse gezahlten Beträge.

Hat der freiwillig Versicherte anstelle der Sach- und Dienstleistungen Kostenerstattung nach § 13 Abs. 2 SGB V gewählt, sind die dabei dem Versicherten entstehenden Selbstbehalte durch Abschläge bei den Kassenleistungen nicht beihilfefähig.

Die Berücksichtigung von Leistungen aus einer freiwilligen Versicherung in der GKV bei der Beihilfefestsetzung ist vom BVerwG in drei Entscheidungen vom 24.11.1988 (2 C 18.88; 2 C 19.88; 2 C 44.88) grundsätzlich als rechtlich zulässig erkannt worden.

Keine Erhöhung des Bemessungssatzes auf 100 v. H. erfolgt für die Aufwendungen, zu denen die GKV (wie das i. d. R. bei der Behandlung durch einen Heilpraktiker der Fall ist) keine Leistungen erbracht hat (ausgenommen Krankenhaus- und Rehabehandlungen, wenn die Krankenkasse hierzu nur zu einzelnen Aufwendungen leistet). Bei der Prüfung, ob die GKV geleistet hat, werden die einzelnen Aufwendungen gesondert miteinander verglichen.

Hat die GKV zu Aufwendungen keine oder nicht die gleichen Leistungen wie an Pflichtversicherte erbracht, wird die Beihilfe nach den allgemeinen Prozentsätzen bemessen. Der auf 100 v. H. erhöhte Bemessungssatz kommt jedoch zum Zuge für Krankenhaus- und Rehabehandlungen, wenn die GKV hierzu nur für einzelne Aufwendungen Kostenanteile leistet.

Soweit Mitglieder der GKV → Sach- und Dienstleistungen erhalten, kommt die Gewährung einer Beihilfe für diesen Personenkreis vornehmlich nur in Frage, wenn

- bei bestimmten Aufwendungen (z. B. bei Zahnersatz) die Kosten nur teilweise übernommen werden, auch wenn sie als Sachleistungen bezeichnet sind (ausgenommen die als Sachleistung gewährte kieferorthopädische Behandlung, ggf. mit Eigenbeteiligung) oder
- anstelle der Sach- oder Dienstleistung eine Geldleistung gewährt wird oder
- eine über die Sach- und Dienstleistung hinausgehende, aber beihilfefähige Leistung (z. B. Zweibettzimmer als Wahlleistung bei stationärer Krankenhausbehandlung) vorliegt.

Der erwähnten Nichterhöhung des Bemessungssatzes für Empfänger eines Beitragszuschusses von mindestens 21 Euro monatlich kann durch teilweisen Verzicht auf den Zuschuss der GKV ausgewichen werden (→ Ziff. 11). Dies gilt nicht für nach dem 20.9.2012 freiwilliges Mitglied der GKV gewordene Beihilfeberechtigte.

9. Beitragszuschuss bei privater Krankenversicherung

Die Ermäßigung des Bemessungssatzes um 20 Prozentpunkte bei Versorgungsempfängern mit Beitragszuschüssen von mindestens 41 Euro (§ 47 Abs. 7 BBhV a. F.) ist ersatzlos aufgehoben worden (Art. 1 Nr. 40 Buchst. c der 5. Änderungsverordnung vom 18.7.2014, BGBl. I S. 1154).

10. Tod während einer Dienstreise oder Abordnung

Ist der Tod eines Beihilfeberechtigten während einer **Dienstreise**, einer **Abordnung** oder vor der Ausführung eines dienstlich bedingten Umzugs außerhalb der Hauptwohnung des Verstorbenen eingetreten, sind die Kosten der **Überführung** der Leiche oder Urne nach § 44 Abs. 1 BBhV beihilfefähig. Für Beihilfeberechtigte mit dienstlichem Wohnsitz im Ausland oder bei Abordnung ins

Ausland sind die Kosten für die Überführung zum inländischen Beisetzungsort ebenfalls beihilfefähig (§ 44 Abs. 2 BBhV).

Einer Dienstreise bzw. einer Abordnung wird eine Fortbildungsreise aus dienstlichen Gründen sowie eine Zuweisung (§ 20 BeamtStG) gleichzuachten sein.

Der Hundert-Prozent-Bemessungssatz gilt nicht für die übrigen Aufwendungen bei Todesfällen (Arzt- und Krankenhauskosten, Familien- und Haushaltshilfe).

Für die Begriffe „Dienstreise" und „dienstlich bedingter Umzug" gelten die einschlägigen reise- bzw. umzugskostenrechtlichen Bestimmungen:

- Der Begriff **Dienstreise** umfasst sowohl Inlands- als auch Auslandsdienstreisen. Eine Dienstreise liegt vor, wenn sich ein Bediensteter zur Ausführung bestimmter Dienstgeschäfte auf (ggf. allgemeine) Anordnung oder mit Genehmigung der zuständigen Behörde an einen außerhalb seiner Dienststätte gelegenen Ort begibt, der auch am Dienst- oder Wohnort liegen kann.
- Unter einer **Abordnung** versteht man die vorübergehende Beschäftigung eines Bediensteten bei einer außerhalb seines dienstlichen Wohnsitzes gelegenen Dienststelle. Eine auswärtige Beschäftigung liegt nicht vor, wenn der auswärtige Beschäftigungsort zugleich tatsächlicher Wohnort des Bediensteten ist.

11. Erhöhung des Bemessungssatzes in Sonderfällen

Eine Erhöhung des Bemessungssatzes ist nach § 47 Abs. 1 und 3 BBhV in den folgenden **Sonderfällen** zulässig:

- für Aufwendungen infolge einer Dienstbeschädigung (sofern keine Ansprüche nach dem BeamtVG bestehen; es entscheidet die oberste Dienstbehörde oder eine von ihr bestimmte Behörde)

- in anderen besonderen Ausnahmefällen (ausgenommen bei dauernder Pflegebedürftigkeit) unter Anlegung eines sehr strengen Maßstabes, wenn dies im Hinblick auf die Fürsorgepflicht zwingend geboten ist. Die Entscheidung trifft die oberste Dienstbehörde im Einvernehmen mit dem BMI.

In beiden Fällen handelt es sich um sog. **„Kann-Leistungen"**, auf deren Gewährung kein Rechtsanspruch besteht. Allerdings kann auch aus einer Kann-Vorschrift ein „Quasi-Anspruch" unter dem Gesichtspunkt der gebotenen Gleichbehandlung vergleichbarer Fälle erwachsen.

Die Möglichkeit der Erhöhung des Bemessungssatzes bei **Dienstbeschädigung** ist ein Ausgleich dafür, dass bei Dienstbeschädigungen nicht die Unfallfürsorge nach den Beamtengesetzen und dem Beamtenversorgungsgesetz in Betracht kommt. Der Begriff „Dienstbeschädigung" reicht nämlich weiter als der in § 31 BeamtVG umschriebene Begriff „Dienstunfall". Eine Dienstbeschädigung muss z. B. nicht auf einem Unfall beruhen, es genügt ein loser, lediglich mittelbarer Zusammenhang mit dem Dienst. Wird der Bemessungssatz bei einer Dienstbeschädigung über die Regelbeihilfe hinaus erhöht, werden Leistungen von dritter Seite (z. B. von einer Kranken- oder Unfallversicherung) zu berücksichtigen sein.

Die Regelung in § 47 Abs. 3 BBhV, nach der die Bemessungssätze in **besonderen Ausnahmefällen**, die nur bei Anlegung eines strengen Maßstabes anzunehmen sind, erhöht werden können, stellt eine Ergänzung zu den einzelnen pauschalierenden und typisierenden Beihilferegelungen dar. Diese Ergänzung schafft die Möglichkeit, dass der Dienstherr in Erfüllung seiner Fürsorgepflicht in Einzelfällen dann noch eine zusätzliche Beihilfe gewähren kann, wenn trotz Regelbeihilfe und einer ausreichenden, zumutbaren Eigenvorsorge infolge notwendiger und angemessener Krankheitsaufwendungen eine außergewöhnliche, unzumutbare wirtschaftliche Belastung für den Beihilfeberechtigten eintritt. Unter einem „besonderen Ausnahmefall“ ist deshalb eine Situation zu verstehen, in der die „normale“ Beihilfe als unzureichende Erfüllung der Fürsorgepflicht anzusehen wäre, d. h. nicht schlechthin eine gewisse Notlage. Die Beihilfestelle wird zudem zu prüfen haben, ob die Aufwendungen unter Berücksichtigung der Einkommensverhältnisse des Beihilfeberechtigten sowie der Erstattung der Krankenversicherung und der Regelbeihilfe von dem Beihilfeberechtigten selbst bestritten werden können.

In welchen Fällen ein solcher Ausnahmefall vorliegt, der eine zusätzliche Hilfe erfordert, lässt sich nur nach den Gesamtumständen des einzelnen Falles beurteilen. Der Familienstand und die Höhe der verbleibenden Eigenbelastung im Verhältnis zum Gesamteinkommen sind zwar wichtige, aber für sich allein nicht maßgebliche Kriterien. Daneben sind weitere Merkmale des einzelnen Falles entscheidungserheblich, wie u. a. der Umfang der Eigenvorsorge, eine krankheitsbedingte Dauerbelastung sowie sonstige Umstände, in denen von den Durchschnittsverhältnissen erheblich abweichende besondere Umstände begründet sein können.

Dennoch kann die Regelung in § 33 EStG als Anhalt dienen, nach der den durch außergewöhnliche Belastungen in eine Zwangslage geratenen Steuerpflichtigen eine steuerliche Erleichterung gewährt werden kann, wenn die verbleibenden Belastungen die „zumutbare Belastung“ übersteigen (Zumutbare Belastung → Steuerermäßigungen, Ziff. 1).

Ein Ausnahmefall i. S. des § 47 Abs. 3 BBhV liegt auch vor, wenn sich bei der Anwendung des § 6 Abs. 2 BBhV Härten ergeben.

Für von § 3 BBhV erfasste Personen erhöht sich nach Maßgabe des § 47 Abs. 8 BBhV bei Pflegekosten nach den §§ 38 und 39b BBhV der Bemessungssatz auf 100 v. H.

12. Erhöhung des Bemessungssatzes von Versorgungsempfängern

Die oberste Dienstbehörde kann im Einvernehmen mit dem BMI den Bemessungssatz für Versorgungsempfänger (nicht für Beamte) und ihre berücksichtigungsfähigen Angehörigen **mit geringen** Gesamteinkünften für höchstens drei Jahre um höchstens zehn Prozentpunkte erhöhen. Voraussetzung ist, dass die Beiträge für eine beihilfekonforme (restkostendeckende) private **Kranken**versicherung (nicht auch für die private Pflegeversicherung) 15 v. H. der geringen Gesamteinkünfte der Ehegatten übersteigen (§ 47 Abs. 2 BBhV). Bei einer Wiederholung des Erhöhungsantrags ist von den fiktiven Krankenversicherungsbeiträgen auszugehen, die sich bei Zugrundelegung eines Bemessungssatzes nach § 46 BBhV ergeben würden (§ 47 Abs. 2 Satz 6 BBhV).

Als geringe Gesamteinkünfte gelten 150 v. H. des Ruhegehalts nach § 14 Abs. 4 Satz 2 und 3 BeamtVG. Dieser Betrag erhöht sich um 255,65 Euro, wenn für Personen nach § 4 Abs. 1 BBhV ebenfalls Beiträge zur privaten Krankenversicherung zu zahlen sind. Ein zu zahlender Versorgungsausgleich des Versorgungsempfängers mindert nicht die anzurechnenden Gesamteinkünfte.

Zu den maßgebenden Gesamteinkünften zählt das durchschnittliche Monatseinkommen der zurückliegenden zwölf Monate aus Bruttoversorgungsbezügen, Sonderzahlungen, Renten, Kapitalerträgen und aus sonstigen laufenden Einnahmen der beihilfeberechtigten Person und ihrer berücksichtigungsfähigen Personen nach § 4 Absatz 1; unberücksichtigt bleiben Grundrenten nach dem Bundesversorgungsgesetz, Blindengeld, Wohngeld und Leistungen für Kindererziehung nach § 294 SGB VI. Der Krankenversicherungsbeitrag und das Gesamteinkommen sind zu belegen. Als beihilfekonform ist eine private Krankenversicherung anzusehen, wenn sie zusammen mit den jeweiligen Beihilfeleistungen i. d. R. eine Erstattung von 100 v. H. der Aufwendungen ermöglicht. Wegen des beihilfefähigen Höchstbetrages für die Wahlleistung Unterkunft (ab 1.4.2024: 51,79 Euro täglich) sind in den Vergleich ggf. auch die Kosten einer Krankenhaustagegeldversicherung einzubeziehen.

Im Regelfall erhöht sich der Bemessungssatz um 10 v. H. Die Erhöhung gilt für den Versorgungsempfänger und den berücksichtigungsfähigen Ehegatten oder Lebenspartner.

Die generelle Erhöhung des Bemessungssatzes auf Dauer um 10 Prozentpunkte gilt nur für künftige Aufwendungen, im Hinblick auf die Regelung über die → Hundert-Prozent-Grenze, jedoch frühestens im Zeitpunkt des Wirksamwerdens der Anpassung des Versicherungsschutzes. Der Zeitpunkt der Anpassung des Versicherungsschutzes ist der Beihilfestelle nachzuweisen.

Nach spätestens drei Jahren ist das Vorliegen der Voraussetzungen für die Erhöhung des Bemessungssatzes aufgrund eines erneuten Antrags zu prüfen (VV 47.2.3).

Bei der Erhöhung des Beihilfebemessungssatzes nach § 47 Abs. 2 Satz 1 BBhV gibt es eine **obere Grenze**: Sie liegt knapp unter der Höhe der Dienst-(Versorgungs-)Bezüge, die durch die Beihilfengewährung ihren Charakter als Hauptalimentierung nicht verlieren dürfen (BVerwG vom 16.12.1976, DÖD 1977 S. 55, sowie BayVGH vom 15.7.1980, ZBR 1981 S. 261). Reichen Einkommen und Beihilfe nicht aus, um einen amtsangemessenen Lebensunterhalt zu sichern, kann nach einem Urteil des Bundesverwaltungsgerichts vom 24.1.2012 (Az. 2 C 24/10) eine weitere Erhöhung des Bemessungssatzes erfolgen.

13. Abweichende Bemessungssätze

Nach Maßgabe des § 47 Abs. 9 BBhV kann das BMI von den §§ 46 und 47 BBhV abweichende Bemessungssätze zu Aufwendungen festlegen, für die seither Anspruch auf Beihilfe nach Landesbeihilferecht zustand und die Anwendung von Bundesrecht wirtschaftliche Nachteile hätte.

14. Praktische Beispiele

Die Anwendung des Beihilfe-Bemessungssystems wird an den folgenden praktischen Beispielen deutlich (weiteres Beispiel → Hundert-Prozent-Grenze, Ziff. 3):

Beispiel 1:

Aktiver Beamter, verheiratet, 1 Kind, privat krankenversichert. Es werden beihilfefähige Aufwendungen geltend gemacht für

a)	den Beamten mit	400 Euro
b)	dessen (nicht selbst beihilfeberechtigten) Ehegatten mit	600 Euro
c)	das (nicht selbst beihilfeberechtigte) Kind mit	300 Euro
		1300 Euro

Als Beihilfe werden festgesetzt

zu a) 50 v. H. von 400 Euro	200 Euro
zu b) 70 v. H. von 600 Euro	420 Euro
zu c) 80 v. H. von 300 Euro	240 Euro
	860 Euro

Beispiel 2:

Ruhestandsbeamter, verheiratet, 1 Kind, privat krankenversichert. Es werden beihilfefähige Aufwendungen geltend gemacht für

a) den Ruhestandsbeamten mit (davon 400 Euro, zu denen die private Krankenversicherung die Leistungen aufgrund eines individuellen Ausschlusses eingestellt hat)	1000 Euro

b) die (nicht selbst beihilfeberechtigte) Ehefrau, die von der Krankenversicherung einen Beitragszuschuss von 45 Euro monatlich erhält, mit		1500 Euro
c) das (nicht selbst beihilfeberechtigte) Kind mit		250 Euro
		2750 Euro
Als Beihilfe werden festgesetzt		
zu a) 70 v. H. von (1000 ./. 400 Euro =)	600 Euro	420 Euro
(70 + 20 =) 90 v. H. von	400 Euro	360 Euro
zu b) 70 v. H. von	1500 Euro	1050 Euro
zu c) 80 v. H. von	250 Euro	200 Euro
		2030 Euro

Beihilfeberater

Der Beihilfeberater vertritt die Interessen seiner Mandanten – Privatversicherte, Beamte und deren Angehörige sowie andere Beihilfeberechtigte – gegenüber den Kostenträgern und Leistungserbringern im Gesundheitswesen, z. B. den Beihilfestellen, den Krankenversicherungen, der Pflegeversicherung, den Ärzten, Apotheken usw. Dabei berät er nicht nur, sondern übernimmt für seine Mandanten sämtliche Vorgänge, die zur Erledigung der Krankenkostenabrechnungen nötig sind.

Die Mandanten schicken dazu in der Regel sämtliche Unterlagen, Belege, Rechnungen usw. an den Beihilfeberater – alles Weitere wird dann von ihm erledigt. Auch die gesamte Korrespondenz bis hin zu außergerichtlichen Widersprüchen gehört zum Spektrum dieser Rechtsdienstleistung. Dieser Komplett-Service ist insbesondere entlastend für Patienten, die mit der schwierigen Materie nicht oder nicht mehr zurechtkommen. Zu diesem Personenkreis gehören in erster Linie Hilfe- und Pflegebedürftige, aber natürlich auch die Angehörigen. Bei der Beauftragung eines Beihilfeberaters stehen folglich die Rechtssicherheit und der Vorsorgeaspekt im Vordergrund.

Beihilfeberechtigte mit dienstlichem Wohnsitz im Ausland

Beihilfeberechtigt sind auch Beamte mit dienstlichem Wohnsitz im Ausland und ins Ausland abgeordnete Beamte (§ 3 BBhV). Wegen der vom Inland abweichenden Gegebenheiten bei einer Verwendung im Ausland (einschl. EU-Ausland) gelten für sie wie auch für die bei ihnen berücksichtigungsfähigen Angehörigen nach der BBhV einige Besonderheiten.

So ist für in Auslandsdienststellen des Bundes Beschäftigte (Arbeitnehmer, Ortskräfte) das BMI-RdSchr. vom 26.6.2009 (GMBl. S. 762) zu beachten, das für zwischen 1.8.1998 und 1.3.1999 bzw. vor 1.3.1999 Eingestellte eine übertarifliche Beihilfegewährung vorsieht. Dort sind auch Sonderregelungen der für die Ehegattenhilfe maßgeblichen Einkunftsgrenze (§ 6 Abs. 2 BBhV) und zur Beihilfefähigkeit von Fahrtkosten bei Behandlung außerhalb des Beschäftigungslandes enthalten.

1. § 4 BBhV (Berücksichtigungsfähige Angehörige)

Bei der Ermittlung der maßgeblichen Einkunftsgrenze für die Berücksichtigungsfähigkeit des Ehegatten (20 000 Euro, ab 2025: 21 832 Euro) bleiben nach § 6 Abs. 2 BBhV beim mitausreisenden Partner unberücksichtigt

- die im Rahmen einer im Ausland aufgenommenen oder fortgeführten Erwerbstätigkeit erzielten ausländischen Einkünfte (Abs. 2 Nr. 1)
- die im Kalenderjahr der Aus- und Rückreise erzielten inländischen Einkünfte (Abs. 2 Nr. 2)
- Versorgungsbezüge und Renteneinkünfte (Abs. 2 Nr. 3).

Kinder sind nur dann berücksichtigungsfähig, wenn für sie Anspruch auf Auslandskinderzuschlag (§ 53 Abs. 4 Nr. 2 BBesG) besteht oder dieser Zuschlag nur deshalb nicht gezahlt wird, weil im Inland ein Haushalt eines Elternteils besteht, der für das Kind sorgeberechtigt ist und war.

2. § 6 Abs. 6 BBhV (Angemessene Aufwendungen im Ausland)

Es gelten die im Ausland ortsüblichen Gebühren als wirtschaftlich angemessen. Zu Höchstbeträgen für Hilfsmittel usw. (Anl. 11 zur BBhV) tritt der jeweils geltende Kaufkraftausgleich hinzu.

3. § 9 Abs. 4 BBhV (Fiktive Anrechnung von Leistungen)

Von einer fiktiven Anrechnung fiktiver Leistungen nach § 9 Abs. 3 Satz 1 bis 3 BBhV kann abgesehen werden, wenn zustehende Leistungen wegen Gefahr für Leib und Leben nicht beansprucht werden konnten oder wegen der besonderen Verhältnisse im Ausland tatsächlich nicht zu erlangen waren.

4. § 11 Abs. 3 BBhV (Ausländische Aufwendungen)

Die bei dienstlichem Aufenthalt außerhalb des Gastlandes und außerhalb der EU entstehenden Aufwendungen sind – von Fahrtkosten i. S. des § 31 Abs. 5 BBhV abgesehen – nur insoweit und bis zur Höhe beihilfefähig, wie sie im Gastland oder im Inland entstanden und beihilfefähig wären.

5. (nicht besetzt)

6. § 23 Abs. 3 BBhV (Gebühren von im Ausland beanspruchten Heilmitteln)

Anstelle der Höchstbeträge für Heilmittel (Anl. 9 zur BBhV) sind die ortsüblichen Gebühren beihilfefähig. Die übersteigenden Kosten sind jedoch – abgesehen bei Kindern unter 18 Jahren – um 10 v. H. (höchstens jedoch um 10 Euro zzgl. 10 Euro für jede Verordnung) zu kürzen.

7. § 26 Abs. 1 Ziff. 5b BBhV (Krankenhausleistungen)

Es sind die Unterkunftskosten bis zur Höhe von 1,2 Prozent der Obergrenze des einheitlichen Basisfallwertkorridors beihilfefähig. Der beihilfefähige Höchstbetrag beträgt ab 1. April 2024 täglich 51,79 Euro.

8. § 29 BBhV (Familien- und Haushaltshilfe im Ausland)

Die Aufwendungen sind abweichend von § 28 Abs. 1 BBhV auch beihilfefähig, wenn der den Haushalt allein führende Elternteil **ambulant** mit mindestens zwei Übernachtungen ärztlich behandelt wird und mindestens ein Kind unter **vier** Jahren im Haushalt lebt. In Geburtsfällen wird eine Familien- und Haushaltshilfe anerkannt, wenn keine sachgemäße ärztliche Versorgung am Dienstort gewährleistet ist und dieser wegen späterer Fluguntauglichkeit vorzeitig verlassen werden muss. Werden dabei Kinder unter vier Jahren mitgenommen, sind die hierfür notwendigen Fahrtkosten beihilfefähig. Übernehmen der Ehegatte, die Eltern oder die Kinder die Haushaltsführung, sind die damit verbundenen Fahrtkosten bis zu den bei Beschäftigung einer → Familien- und Haushaltshilfe entstehenden Aufwendungen beihilfefähig.

9. § 31 Abs. 6 BBhV (Fahrtkosten)

In Krankheits- oder Geburtsfällen sind, wenn die notwendige medizinische Versorgung im Gastland nicht gewährleistet ist, die Fahrtkosten zum nächstgelegenen geeigneten Behandlungsort beihilfefähig. Voraussetzung ist, dass eine sofortige Behandlung geboten und die Beihilfestelle die Beihilfefähigkeit vorher (in begründeten Ausnahmefällen auch nachträglich) anerkannt hat.

10. § 32 Abs. 3 BBhV (Unterkunftskosten)

Unterkunftskosten anlässlich einer ambulanten ärztlichen, zahnärztlichen oder psychotherapeutischen Behandlung außerhalb des Gastlandes sind bis zu 150 v. H. des Auslandsübernachtungsgeldes beihilfefähig.

11. § 36 Abs. 3 BBhV (Rehabilitationsmaßnahmen)

Es gelten Sondervorschriften für Rehabilitationsmaßnahmen i. S. von § 35 Abs. 1 BBhV, die in einer ausländischen Einrichtung außerhalb der EU und innerhalb des EU-Auslands erfolgen.

12. § 42 Abs. 2 BBhV (Geburtsfälle)

In Geburtsfällen sind zusätzlich die vor Aufnahme in ein Krankenhaus am Entbindungsort entstehenden Unterkunftskosten beihilfefähig, sofern sich die Unterkunft nicht im Haushalt des Ehegatten, der Eltern oder Kinder der Schwangeren befindet.

13. § 47 Abs. 6 BBhV (Abweichender Bemessungssatz)

Bei Fahrtkosten i. S. des § 31 Abs. 5 BBhV (auch anlässlich Früherkennungs- und Vorsorgemaßnahmen) erhöht sich der Bemessungssatz auf 100 v. H. für die Beförderung zum nächstgelegenen geeigneten Behandlungs-, Untersuchungs- oder Entbindungsort, soweit die Fahrtkosten 153 Euro oder bei Rehabilitationsmaßnahmen 200 Euro übersteigen.

14. § 54 Abs. 2 BBhV (Antragsfrist)

Die Antragsfrist von drei Jahren (ab 1. April 2024 für alle bis zu diesem Stichtag noch nicht entschiedenen Beihilfeanträge) ist auch gewahrt, wenn der Antrag fristgerecht bei der Beschäftigungsstelle im Ausland eingereicht wird.

Beihilfeberechtigte Personen

Das Wichtigste in Kürze

- Beihilfeberechtigt (und damit antragsberechtigt) sind Beamte, frühere Beamte und Versorgungsempfänger, solange sie laufende Bezüge von ihrem (früheren) Dienstherrn erhalten oder Bezüge wegen der Anwendung von Ruhens-, Anrechnungs- oder Kürzungsregelungen nicht gezahlt werden oder wegen Elternzeit ohne Dienstbezüge beurlaubt sind. Der Beihilfeberechtigte hat Anspruch auf Beihilfe für sich und seine berücksichtigungsfähigen Angehörigen.

- Stirbt der Beihilfeberechtigte, werden seine Familienangehörigen, soweit sie aus dem Dienst-(Versorgungs-)Verhältnis des Verstorbenen versorgungsberechtigt sind, selbst beihilfeberechtigt.
- Die Beihilfeberechtigung unterliegt einer Reihe von Beschränkungen:

  a) Beihilfe wird i. d. R. nur gewährt, soweit nach Ausschöpfung vorrangiger Ansprüche ungedeckte Aufwendungen verbleiben.
  b) Berufs- und Zeitsoldaten steht als vorrangige Leistung unentgeltliche truppenärztliche Versorgung zu; die Gewährung von Beihilfen für ihre Person kommt deshalb i. d. R. nicht infrage.
  c) Bestimmte Aufwendungen sind im Hinblick auf die medizinische Notwendigkeit von der Beihilfe ausgeschlossen.
  d) In manchen Fällen sind Höchstbeträge und -grenzen festgelegt und die Beihilfefähigkeit von der vorherigen Anerkennung abhängig.

Abweichungen in Bundesländern:
→ Bayern (Ziff. 2)
→ Berlin (Ziff. 1)
→ Nordrhein-Westfalen (Ziff. 2)
→ Saarland (Ziff. 1)
→ Schleswig-Holstein (Ziff. 24)

1. Rechtsgrundlagen

§ 2 BBhV nennt den Personenkreis, dem das Recht auf Beihilfe für sich und die → berücksichtigungsfähigen Angehörigen zusteht. Außerdem wird in weiteren Vorschriften (z. B. in den Verwaltungsvorschriften zu § 31 SG) festgelegt, für welche Personen die Beihilfevorschriften entsprechend gelten. Tarifverträge legen fest, unter welchen Voraussetzungen und in welchem Umfang die Beihilfevorschriften für → Tarifvertragskräfte gelten.

Zu Aufwendungen, die vor Begründung der eigenen Beihilfeberechtigung entstanden sind, jedoch erst danach geltend gemacht werden, sind Beihilfen demjenigen zu gewähren, bei dem der Betreffende bei Entstehen der Aufwendungen berücksichtigungsfähiger Angehöriger war; ausgenommen sind Witwen und Witwer.

2. Personenkreis

Zum **Personenkreis der beihilfeberechtigten Personen** zählen (auch unter Berücksichtigung des § 31 SG):

- Beamte, Richter
- Berufssoldaten sowie Soldaten auf Zeit hinsichtlich ihrer berücksichtigungsfähigen Familienangehörigen
- Ruhestandsbeamte sowie Richter und Soldaten im Ruhestand
- die früheren Beamten, Richter sowie Berufssoldaten auf Zeit, die wegen Dienstunfähigkeit oder Erreichens der Altersgrenze entlassen worden oder wegen Ablaufs der Dienstzeit ausgeschieden sind
- Witwen und Witwer sowie die waisengeldberechtigten Kinder der zuvor genannten Personen, und zwar vom Todestag des Beihilfeberechtigten an
- Personen, die laufende Bezüge nach dem früheren G 131 oder nach dem BWGöD oder dem BWGöD (Ausland) erhalten
- die in einem öffentlich-rechtlichen Amtsverhältnis zum Bund stehenden Personen (z. B. Bundesminister und Parlamentarische Staatssekretäre), soweit sie keine Ansprüche nach § 27 des Abgeordnetengesetzes (auf Zahlung eines Zuschusses zu

den Krankenversicherungsbeiträgen) haben, und die Versorgungsempfänger aus diesem Personenkreis

- Behördenangestellte und -arbeiter (Beschäftigte) in dem durch die einschlägigen Tarifverträge festgelegten Umfang (→ Tarifvertragskräfte, sofern sie am 31.7.1998 beihilfeberechtigt waren)

Die Beihilfeberechtigung gilt nur für die Zeit, während der die genannten beihilfeberechtigten Personen Dienstbezüge (beim Tarifpersonal insbesondere Vergütung, Entgelt), Amtsbezüge, Anwärterbezüge, Ausbildungsgeld, Ruhegehalt, Übergangsgebührnisse aufgrund gesetzlichen Anspruchs, Witwengeld, Witwergeld, Waisengeld, Unterhaltsbeitrag oder Versorgungskrankengeld erhalten oder nur deshalb nicht erhalten, weil die Versorgungsbezüge wegen Anwendung von Ruhens- oder Anrechnungsvorschriften (z. B. bei Wiederverwendung eines Versorgungsempfängers im öffentlichen Dienst oder beim Zusammentreffen mit anderen Versorgungsbezügen) nicht gezahlt werden (§ 2 Abs. 2 BBhV). Desgleichen besteht für Beamte und Richter während der Elternzeit ein Beihilfeanspruch, unabhängig davon, ob Bezüge gezahlt werden (§ 2 Abs. 2 Satz 2 BBhV). Beihilfeberechtigung bleibt auch während einer Pflegezeit nach dem Pflegezeitgesetz bestehen (Höchstdauer: sechs Monate für jeden pflegebedürftigen nahen Angehörigen). Für Beamte und Richter bleibt bei Teilzeitbeschäftigung der Beihilfeanspruch in vollem Umfang bestehen.

Der Anspruch auf Beihilfe bleibt bei Urlaub ohne Bezüge nach § 26 Abs. 3 der Sonderurlaubsverordnung von längstens einem Monat unberührt.

3. Todesfälle

Für Todesfälle ist die Beihilfeberechtigung wie folgt geregelt:

- Beim Tod eines → berücksichtigungsfähigen **Angehörigen** erhält der Beihilfeberechtigte Beihilfe zu den von den berücksichtigungsfähigen Angehörigen bis zum Tod veranlassten Kosten (d. h. nicht zu den Kosten aus Anlass des Todes, wie Bestattungs- und Überführungskosten).

- Beim Tod einer **beihilfeberechtigten Person** sind die nach § 4 BBhV berücksichtigungsfähigen Angehörigen (i. d. R. Ehegatte und Kinder als Empfänger von Hinterbliebenenversorgung) beihilfeberechtigt. Sind mehrere dieser Personen vorhanden, wird die Beihilfe demjenigen gewährt, der die Belege über Aufwendungen des Verstorbenen vorlegt. Beihilfeberechtigt sind nicht nur die Kinder, die zu Lebzeiten des Beihilfeberechtigten zu den → berücksichtigungsfähigen Angehörigen gehört haben, sondern – soweit die übrigen Voraussetzungen erfüllt sind – alle leiblichen Kinder und Adoptivkinder des Verstorbenen. Für diese Beihilfeberechtigung ist es nicht erforderlich, dass die betreffenden Kinder zum Zeitpunkt des Todes der beihilfeberechtigten Person mit diesem in häuslicher Gemeinschaft gelebt haben oder der Verstorbene ganz oder überwiegend ihr Ernährer gewesen ist.

Es ist unerheblich, ob zur Deckung der in Rechnung gestellten beihilfefähigen Aufwendungen Leistungen Dritter zustehen. Allerdings sind gewährte Leistungen (insbesondere der GKV) nach Maßgabe des § 9 Abs. 1 und 2 BBhV auf die beihilfefähigen Aufwendungen anzurechnen. Die Anrechnung zustehender, aber nicht in Anspruch genommener Leistungen erfolgt nach Maßgabe des § 9 Abs. 3 BBhV. Leistungen der privaten Krankenversicherung mindern nicht die beihilfefähigen Aufwendungen, desgleichen nicht der Nachlass.

4. Einschränkungen

Die Beihilfeberechtigung unterliegt – je nach Lage des Einzelfalles – einer Reihe von Einschränkungen:

- Der Beihilfeanspruch ist im Verhältnis zu anderen Ansprüchen aufgrund gesetzlicher oder anderer Vorschriften sowie von

Schadensersatzansprüchen nur nachrangig. Dieses → Subsidiaritätsprinzip verpflichtet den Beihilfeberechtigten, zunächst andere vorrangige Ansprüche auszuschöpfen. Die Gewährung von Beihilfe kommt i. d. R. nur in Betracht, wenn und soweit nach Ausschöpfung vorrangiger Ansprüche ungedeckte → beihilfefähige Aufwendungen verbleiben. Ansprüche aufgrund privater Versicherungsverträge fallen, soweit nicht die Regelung über die → Hundert-Prozent-Grenze zu einer Kürzung der Beihilfe führt, nicht unter diese Einschränkung.

- Nicht beihilfefähig sind Aufwendungen von Berufssoldaten und Soldaten auf Zeit, denen unentgeltliche → truppenärztliche Versorgung zusteht. Die Beihilfeberechtigung der Berufssoldaten und Soldaten auf Zeit besteht deshalb nur hinsichtlich der → berücksichtigungsfähigen Personen. Aktiven Soldaten steht als vorrangige Leistung Überführung und Bestattung zu. Die Gewährung einer Beihilfe zu den durch den Tod eines Berufssoldaten oder Soldaten auf Zeit entstandenen Aufwendungen kommt deshalb i. d. R. nicht in Betracht. Entsprechendes gilt für Angehörige der Bundespolizei, die nach § 70 Abs. 2 BBesG Heilfürsorge erhalten, im Verhältnis zur Beihilfe.
- Ist der Beihilfeberechtigte nicht belastet, weil ihm von anderer Seite → Sach- und Dienstleistungen gewährt werden, kommt die Gewährung einer Beihilfe insoweit nicht in Betracht (§ 8 Abs. 4 BBhV).

5. Ausschluss von der Beihilfeberechtigung

Nicht beihilfeberechtigt sind insbesondere:

- Beamte des Bundeseisenbahnvermögens, die zum Zeitpunkt der Zusammenführung der Deutschen Bundesbahn und der Deutschen Reichsbahn Beamte der Deutschen Bundesbahn waren (§ 2 Abs. 4 BBhV) → Krankenversorgung der Bundesbahnbeamten

- A-Mitglieder der → Postbeamtenkrankenkasse, soweit die Satzung für diese Sachleistungen vorsieht und diese nicht durch einen Höchstbetrag begrenzt sind (§ 2 Abs. 5 BBhV). Erfasst werden Beamte des einfachen Dienstes.
- Beamte, Richter und Berufssoldaten, wenn das Dienstverhältnis auf weniger als ein Jahr befristet ist, es sei denn, sie sind insgesamt mindestens ein Jahr ununterbrochen im öffentlichen Dienst beschäftigt (§ 2 Abs. 3 Nr. 2 BBhV).
- Versorgungsempfänger für die Dauer einer Beschäftigung im öffentlichen Dienst, die zum Bezug von Beihilfen berechtigt (s. nachstehende Nr. 6)
- Empfänger von Übergangsgeld nach § 47 BeamtVG (das sind Beamte, die auf eigenen Antrag entlassen worden sind und für eine bestimmte Zeit ein Übergangsgeld erhalten)
- Empfänger von Unterhaltsbeitrag aufgrund disziplinarrechtlicher Regelungen
- Empfänger von Gnadenunterhaltsbeiträgen
- Ehrenbeamte und ehrenamtliche Richter (§ 2 Abs. 3 Nr. 1 BBhV)
- Beamte, Richter, Berufssoldaten, Soldaten auf Zeit und Versorgungsempfänger, denen Leistungen nach § 11 des Europaabgeordnetengesetzes, § 27 des Abgeordnetengesetzes oder entsprechenden vorrangigen landesrechtlichen Vorschriften zustehen (in diesem Fall erhält der → Abgeordnete die ihm als Abgeordnetem zustehenden Leistungen, § 2 Abs. 3 Nr. 3 BBhV)
- die → geschiedene Ehefrau eines Beihilfeberechtigten und die einer geschiedenen Ehefrau gleichgestellte Ehefrau eines verstorbenen Beihilfeberechtigten, dessen Ehe aufgehoben oder für nichtig erklärt worden ist. Dasselbe gilt für den Fall, dass eine Lebenspartnerschaft vor dem Tod des Beihilfeberechtigten aufgehoben worden war. Geschiedene Frauen haben keinen Anspruch auf Beihilfe, wenn sie einen Unterhaltsbeitrag nach § 22 Abs. 2 BeamtVG erhalten.

6. Zusammentreffen mehrerer Beihilfeberechtigungen

Beim Zusammentreffen mehrerer Beihilfeberechtigungen gilt Folgendes (§ 5 BBhV):

- Beim Zusammentreffen mehrerer Beihilfeberechtigungen aufgrund **beamten- oder soldatenrechtlicher** Vorschriften schließt eine Beihilfeberechtigung
  a) aus einem Dienstverhältnis die Beihilfeberechtigung aus einem Rechtsverhältnis als Versorgungsempfänger aus,
  b) aufgrund eines neuen Versorgungsbezugs die Beihilfeberechtigung aufgrund früherer Versorgungsbezüge aus. Dies gilt nicht, wenn der frühere Versorgungsanspruch sich aus einem eigenen Dienstverhältnis ergibt (§ 5 Abs. 2 Satz 2 BBhV). Somit wird ein selbst erworbener Beihilfeanspruch (z. B. der Witwe) in seiner Qualität nicht durch Beihilfeansprüche aufgrund eines Versorgungsanspruchs des verstorbenen Ehegatten geschmälert.

  Dabei sind Beihilfen nach beamten- oder soldatenrechtlichen Vorschriften – unbeschadet der Ausgestaltung im Einzelnen – dem Grunde nach gleichwertig.

- Die Beihilfeberechtigung aufgrund privatrechtlicher Rechtsbeziehungen geht der Beihilfeberechtigung aus einem Rechtsverhältnis als Versorgungsempfänger vor. Dabei wird die Beihilfeberechtigung nach beamten- oder soldatenrechtlichen Vorschriften aus einem Rechtsverhältnis als Versorgungsempfänger durch eine Beihilfeberechtigung nicht ausgeschlossen. Sie bleibt vielmehr bestehen, wenn aus der Beihilfeberechtigung im konkreten Fall dem Grunde nach keine Beihilfe zusteht. Nimmt z. B. eine Beamten- oder Soldatenwitwe, die als krankenversicherungspflichtige Arbeitnehmerin im öffentlichen Dienst beschäftigt ist, bei einer Krankenhausbehandlung Wahlleistungen (z. B. Zweibettzimmer oder Chefarztbehandlung) in Anspruch, steht ihr insoweit eine Beihilfe zu

a) nicht als Arbeitnehmerin, da sie in diesem Fall infolge der Verweisung auf Sachleistungen dem Grunde nach keine Beihilfeberechtigung aus ihrem Arbeitsverhältnis hat,
b) dafür aber als Versorgungsempfängerin, da insoweit keine vorgehende Beihilfeberechtigung vorliegt.

Dagegen ist die Aufstockung einer aufgrund privatrechtlicher Rechtsbeziehungen gewährten Beihilfe durch die Beihilfe aus dem Rechtsverhältnis als Versorgungsempfänger ausgeschlossen; steht eine Beihilfe aus einer vorgehenden Beihilfeberechtigung zu, ist diese in Anspruch zu nehmen.

- Die Beihilfeberechtigung aufgrund beamten- oder soldatenrechtlicher Vorschriften schließt die Berücksichtigungsfähigkeit als Angehöriger aus (§ 5 Abs. 1 Nr. 2 BBhV). Die Beihilfeberechtigung aufgrund privatrechtlicher Rechtsbeziehungen geht der Berücksichtigungsfähigkeit als Angehöriger vor (§ 5 Abs. 4 Satz 1 Nr. 2 BBhV).

Eine Beihilfeberechtigung

- nach beamten- oder soldatenrechtlichen Vorschriften ist gegeben, wenn ein Anspruch nach den Beihilfevorschriften des Bundes oder einer entsprechenden landesrechtlichen Regelung zusteht,
- aufgrund privatrechtlicher Rechtsbeziehungen ist gegeben, wenn ein Anspruch auf Beihilfen nach einer den Beihilfevorschriften des Bundes im Wesentlichen vergleichbaren Regelung besteht.

Der Beihilfeberechtigung nach beamten- oder soldatenrechtlichen Vorschriften steht der Anspruch auf Fürsorgeleistungen nach § 11 des Europaabgeordnetengesetzes, § 27 des Abgeordnetengesetzes oder entsprechenden vorrangigen landesrechtlichen Vorschriften, nach § 79 BBG gegen das Bundeseisenbahnvermögen (→ Krankenversorgung der Bundesbahnbeamten) oder entsprechenden kirchenrechtlichen Vorschriften gleich. Steht z. B. dem Ehegatten eines Berufs- oder Zeitsoldaten Krankenfürsorge als Bahnbeamtin zu, gilt der Ehegatte beim Zusammentreffen von Beihilfeansprüchen als Person mit Beihilfeansprüchen nach beamtenrechtlichen Vorschriften.

Keine im Wesentlichen vergleichbare Regelung stellt der bei teilzeitbeschäftigten Beschäftigten zu quotelnde Beihilfeanspruch dar (§ 5 Abs. 4 Satz 2 BBhV). Damit wird dem Beamten dem Urteil des BVerwG vom 3.12.1998 (Az. 2 C 21.98) folgend ein Beihilfeanspruch für Aufwendungen seines beihilfeberechtigten – nichtbeamteten – Ehegatten hinsichtlich der Beihilfe eingeräumt, die durch die Quotelung entsprechend der Arbeitszeitermäßigung ausfällt. Da der Ehegatte zum berücksichtigungsfähigen Angehörigen wird, steht Beihilfe jedoch nur unter Beachtung der Einkunftsgrenze nach § 6 Abs. 2 BBhV zu.

Keine vorgehende Beihilfeberechtigung nach § 5 Abs. 4 BBhV ist gegeben, wenn privat krankenversicherte Versorgungsempfänger im öffentlichen Dienst als Tarifbeschäftigte tätig sind und dabei weder einen Beitragszuschuss nach § 257 SGB V erhalten noch nach § 5 SGB V versicherungspflichtig sind. In diesen Fällen geht die Beihilfeberechtigung als Versorgungsempfänger bzw. als berücksichtigungsfähiger Angehöriger vor und verdrängt die Beihilfeberechtigung aus dem Teilzeitarbeitnehmerverhältnis (VV 5.4.3). Eine Beihilfegewährung zu Pflegeleistungen erfolgt ausschließlich aus dem Beihilfeanspruch des beamteten Ehegatten.

7. Berücksichtigungsfähige Aufwendungen

Die Beihilfeberechtigung gilt nur für Aufwendungen, die in der Zeit entstanden sind, während der die betreffende Person zum Kreis der beihilfeberechtigten oder berücksichtigungsfähigen Angehörigen gehört hat. **Abweichend** von dieser Vorschrift sind bei **Berufssoldaten und Soldaten auf Zeit**, die nach der Eignungsübung übernommen worden sind, auch die während der Eignungsübung entstandenen Aufwendungen beihilfefähig. Die Aufwendungen gelten als entstanden am Tag des Rechnungsdatums (vgl. § 54 Abs. 1 Satz 1 BBhV). Eine Beihilfe ist auch noch nach dem Ausscheiden aus dem Kreis der beihilfeberechtigten Personen zu gewähren, wenn es sich um Aufwendungen handelt, die vor dem Ausscheiden entstanden. Sie kann auch nach dem Ausscheiden geltend gemacht werden.

8. Versorgungsempfänger mit mehreren Ansprüchen auf Versorgungsbezüge

Versorgungsempfänger mit mehreren Ansprüchen auf Versorgungsbezüge erhalten Beihilfen nur von der Stelle, die für die Festsetzung der neuen Versorgungsbezüge zuständig ist (§ 5 Abs. 2 BBhV). Hierbei handelt es sich z. B. um Fälle, in denen ein Ruhestandsbeamter oder Soldat im Ruhestand ein weiteres Ruhegehalt, eine Ruhestandsbeamtin außerdem ein Witwengeld, eine Witwe oder Waise ein weiteres Witwen- oder Waisengeld erhält. Die Regelung knüpft an § 54 BeamtVG (§ 55 SVG) an, wonach der neue Versorgungsbezug in voller Höhe gezahlt wird, während der frühere Versorgungsbezug ganz oder teilweise ruht, falls beide Versorgungsbezüge bestimmte Grenzen überschreiten. Der Beihilfeausschluss hinsichtlich des früheren Versorgungsanspruchs besteht jedoch nicht, wenn diesem Versorgungsbezug ein eigenes Dienstverhältnis zugrunde liegt (§ 5 Abs. 2 Satz 2 BBhV). Erwirbt der Beihilfeberechtigte mit dem neuen Versorgungsbezug keinen neuen Beihilfeanspruch (weil der Träger der neuen Versorgung keine entsprechenden Leistungen gewährt), bleibt der Beihilfeanspruch gegen den vorhergehenden Träger der Versorgung bestehen.

9. Beihilfeberechtigung während Eltern- oder Pflegezeit

Während einer **Elternzeit** besteht nach § 2 Abs. 2 BBhV Beihilfeberechtigung. Nach Maßgabe des § 9 MuSchEltZV können die Beiträge zur Kranken- und Pflegeversicherung ganz oder anteilig erstattet werden.

Während einer nach dem **Pflegezeitgesetz erfolgenden Freistellung von der Arbeit** zur Pflege eines pflegebedürftigen nahen Angehörigen bis zu sechs Monaten gilt die Beihilfeberechtigung weiter (vgl. § 92 Abs. 5 BBG), obwohl grundsätzlich kein Entgeltanspruch besteht. Entsprechendes gilt bei kurzfristiger Freistellung bis zu zehn Arbeitstagen zur Organisation einer bedarfsgerechten Pflege und deren Durchführung.

Bei einer Beurlaubung ohne Besoldung nach der Sonderurlaubsverordnung bleibt der Beihilfeanspruch bestehen, wenn der Urlaub nicht länger als einen Monat dauert.

10. Beihilfeberechtigung bei Abordnung und Versetzung

Bei Abordnungen und Versetzungen zahlt die Beihilfen der Dienstherr (nach dessen Beihilferecht), der die Dienste des abgeordneten bzw. versetzten Beihilfeberechtigten in Anspruch nimmt. Aufwendungen, die vor dem Zeitpunkt des Beginns der Abordnung bzw. Versetzung entstanden sind, gehen zulasten des bisherigen Dienstherrn. Maßgeblich ist somit stets der Zeitpunkt, zu dem die Aufwendungen entstanden sind. Da das Beihilferecht beim Bund und in den Ländern nicht in allen Einzelheiten übereinstimmt, kann es vorkommen, dass die beihilfeberechtigte Person während einer Abordnung bzw. nach einer Versetzung besser oder schlechter steht als vorher.

11. Ende der Beihilfeberechtigung

Die Beihilfeberechtigung endet mit Ablauf des Tages der Beendigung des Dienstverhältnisses als Beamter, Richter, Berufssoldat oder Soldat auf Zeit bzw. mit dem Ablauf des Todesmonats der beihilfeberechtigten Person. Sie entfällt demnach z. B. auch in den Fällen, in denen nach Beendigung des Beamtenverhältnisses bis zum Ende des laufenden Monats Bezüge weitergezahlt werden, wie das nach § 60 BBesG bei Beendigung des Beamtenverhältnisses eines Anwärters mit dem Bestehen oder endgültigem Nichtbestehen der Laufbahnprüfung der Fall sein kann. Die Beihilfeberechtigung entfällt ferner bei Fortbestehen des Beamten- oder Soldatenverhältnisses.

Der ausgelaufenen Beihilfeberechtigung als Beamter usw. schließt sich i. d. R. unmittelbar eine solche als Versorgungsempfänger an.

12. Bezügeminderung

Eine Minderung der Bezüge (z. B. infolge Teilzeitbeschäftigung) berührt den Beihilfeanspruch nicht.

Beihilfefähige Aufwendungen

Das Wichtigste in Kürze

- Beihilfen werden
  a) in den ausdrücklich genannten Fällen, hauptsächlich in Krankheits-, Pflege- und Geburtsfällen, und auch hier nur
  b) zu den „beihilfefähigen Aufwendungen" gewährt, die oft niedriger als die tatsächlichen Ausgaben sind.

  Die „Beihilfefähigkeit" unterliegt einer Reihe von Einschränkungen (Notwendigkeit, Angemessenheit, Höchstbeträge, Höchstgrenzen, Eigenbehalte, vorherige Anerkennung, Ausschluss wissenschaftlich nicht anerkannter Behandlungsmethoden und Arzneimittel, vorrangige Inanspruchnahme anderer Leistungen usw.).
- Zu den beihilfefähigen Aufwendungen erhält der Beihilfeberechtigte auf Antrag eine Beihilfe
  - i. d. R. nach dem für die betreffende Person vorgeschriebenen Bemessungs-(Prozent-)Satz,
  - in Ausnahmefällen einen Pauschalbetrag.

Abweichungen in Bundesländern:
→ Baden-Württemberg (Ziff. 1)
→ Nordrhein-Westfalen (Ziff. 3, 4)
→ Rheinland-Pfalz (Ziff. 4)

1. Anwendungsfälle

Nach den Beihilfevorschriften erhalten die → beihilfeberechtigten Personen Beihilfen zu den notwendigen Aufwendungen, soweit sich diese in einem wirtschaftlich angemessenen Umfang halten:

- in → Krankheitsfällen (Kap. 2 der BBhV)
- bei → Rehabilitation (z. B. Sanatoriumsbehandlung, Heilkuren; Kap. 2 Abschnitt 3 BBhV)
- bei → dauernder Pflegebedürftigkeit (Kap. 3 der BBhV)
- bei Maßnahmen zur Früherkennung von Krankheiten (→ Vorsorgemaßnahmen) und bei → Schutzimpfungen (§ 41 BBhV)
- bei Schwangerschaft und Geburt (§ 42 BBhV)
- bis zum Tod des Beihilfeberechtigten (§ 44 BBhV)
- bei → Auslandsbehandlung (§ 11 BBhV); → Todesfälle
- bei Empfängnisregelung (→ Anti-Baby-Pille) und in Fällen eines nicht rechtswidrigen → Schwangerschaftsabbruchs und einer krankheitshalber erfolgten → Sterilisation

Andere als notwendige und wirtschaftlich angemessene Aufwendungen sind nach § 6 Abs. 3 Satz 2 BBhV ausnahmsweise beihilfefähig, soweit die BBhV dies ausdrücklich vorsieht oder die Ablehnung der Beihilfe gemessen an der Fürsorgepflicht eine besondere Härte darstellen würde. Nach der ersteren Regelung ist Beihilfefähigkeit auch gegeben, wenn der Leistungserbringer kein Mediziner und das medizinische Fachpersonal außer Stande ist, die dringend medizinisch gebotene Leistung selbst zu erbringen (z. B. Spezialuntersuchungen in wissenschaftlichen Instituten), VV 6.3.2.

2. Begriff „beihilfefähige" Aufwendungen

Der Begriff der beihilfefähigen Aufwendungen ist durch eine Reihe von Vorschriften in vielen Fällen enger gefasst als der Begriff der tatsächlichen Aufwendungen. Für den Beihilfeberechtigten ist es deshalb wichtig zu wissen,

- was zu den beihilfefähigen Aufwendungen gehört,
- ob und inwieweit die dem Grunde nach beihilfefähigen Aufwendungen durch → Höchstbeträge bzw. Höchstgrenzen oder auf andere Weise begrenzt sind.

Nicht beihilfefähig sind nach § 8 Abs. 4 BBhV erbrachte Leistungen nach dem

- Dritten Kapitel des SGB V (Leistungen der gesetzlichen Krankenversicherung, ausgenommen die Kostenerstattung nach § 13 SGB V für freiwillig Versicherte),
- Ersten Abschnitt des Zweiten Kapitels des SGB VI (Leistungen der gesetzlichen Rentenversicherung zur Teilhabe),
- Ersten, Zweiten, Vierten und Fünften Unterabschnitt des Ersten Abschnitts des Dritten Kapitels des SGB VII (Leistungen der gesetzlichen Unfallversicherung),
- Teil 1 Kapitel 9 und 11 SGB XI (Leistungen der Rehabilitation und Teilhabe behinderter Menschen).

3. Abgrenzung

Die wichtigste Abgrenzung der beihilfefähigen von den tatsächlichen Aufwendungen liegt in der Regelung, dass bei der Festsetzung der Beihilfen grundsätzlich **nur notwendige Aufwendungen in wirtschaftlich angemessenem Umfang** berücksichtigt werden (§ 6 Abs. 3 bis 6 BBhV). Notwendigkeit und Angemessenheit der Aufwendungen verhalten sich zueinander wie Grund und Höhe ihrer Beihilfefähigkeit. Die Notwendigkeit von Untersuchungen und Behandlungen usw. und damit auch der Aufwendungen beurteilt sich weitgehend nach medizinischen Kriterien. Es müssen grundsätzlich wissenschaftlich anerkannte Methoden sein. Als nicht notwendig gelten i. d. R. Untersuchungen und Behandlungen, die nach Anl. 1 zur BBhV von der Beihilfefähigkeit ausgeschlossen sind; diese sind unter den jeweiligen Stichworten des Taschenlexikons angeführt.

4. Notwendige Aufwendungen

Notwendig sind Aufwendungen, wenn die zugrunde liegende medizinische Leistung notwendig ist (VV 6.3.1). Es ist in erster Linie der Beurteilung des Arztes, Zahnarztes, Psychotherapeuten, Heilpraktikers oder Krankenhauses überlassen, was im Einzelfall notwendig ist. Dem operierenden Arzt wird man die Freiheit zugestehen müssen, dass er die Operationsmethode entsprechend seiner Ausbildung, Erfahrung und Praxis auswählt. Ob die Aufwendungen aus Anlass einer Krankheit entstanden sind und notwendig waren, ergibt sich aus der **Diagnose**; ohne deren Angabe in der Rechnung können die Aufwendungen nicht geprüft und somit nicht als beihilfefähig anerkannt werden. Den Antragstellern hat die Beihilfestelle Gelegenheit zu geben, die fehlende Diagnose nachzuliefern (VV12). Auch die ärztliche Schweigepflicht und Gesichtspunkte des Datenschutzes können daran nichts ändern (OVG Nordrhein-Westfalen vom 5.2.1991, Az. 12 A 541/89). Wer eine Beihilfe begehrt, muss sich damit abfinden, dass die Angabe der Diagnose für die Prüfung der Notwendigkeit und Angemessenheit unverzichtbar und deshalb die Festsetzung einer Beihilfe ohne Kenntnis der Diagnose nicht möglich ist.

Der Notwendigkeitsgrundsatz findet aus Fürsorgeerwägungen eine Grenze, wenn der Beihilfeberechtigte aus finanziellen Gründen dazu verleitet würde, von medizinisch erforderlichen Behandlungen oder Behandlungsformen abzusehen.

Bei Zweifeln an der Notwendigkeit kann die Beihilfestelle ein ärztliches Gutachten einholen. Ist sich der Beihilfeberechtigte nicht im Klaren, ob eine bestimmte Aufwendung als notwendig anerkannt wird, kann auch – falls dafür die Zeit reicht – eine vorherige Anfrage bei der Beihilfestelle zweckmäßig sein. So kann eine medizinische Indikation bei Ohr- oder Nasenkorrekturen, Brustverkleinerungen und Brustaufbau nach Tumoroperationen vorliegen.

Keine notwendigen Aufwendungen liegen vor, wenn sie

- über das medizinisch Erforderliche hinausgehen und auf Verlangen des Patienten usw. erbracht wurden (z. B. medizinisch-ästhetische Leistungen wie Schönheitsoperationen),
- als individuelle Gesundheitsleistungen von Pflichtversicherten (§ 5 SGB V) in Anspruch genommen wurden.

Ein Beihilfeberechtigter, der sich wegen derselben Krankheit an mehrere Ärzte wendet oder die Inanspruchnahme mehrerer Ärzte durch ein berücksichtigungsfähiges Familienmitglied zulässt, handelt nicht pflichtwidrig. Dies hat der BayVGH mit Urteil vom 26.7.1989 (ZBR 1990 S. 156) festgestellt. Das gilt auch für den Fall, dass er den Arzt nicht über bereits stattgefundene Besuche bei anderen Ärzten unterrichtet und so mehrfache Verordnungen wirkungsgleicher therapeutischer Mittel herbeigeführt hat. Der Beihilfestelle obliegt es, nach Prüfung der Notwendigkeit und Angemessenheit von Aufwendungen über die Gewährung der Beihilfe zu entscheiden und in Zweifelsfällen ein Gutachten einzuholen. Eine Dienstpflichtverletzung kommt nur in Betracht, wenn ein Beamter unrichtige oder unvollständige Angaben macht oder auf sonstige Weise eine ordnungsmäßige Prüfung und Entscheidung der Beihilfestelle verhindert oder erschwert. Abgesehen von diesen dienstrechtlichen Feststellungen des Gerichts bleibt es der Beihilfestelle unbenommen, die Anerkennung der Beihilfefähigkeit nicht notwendiger oder unangemessener Aufwendungen abzulehnen.

In einigen Fällen schreiben die Beihilfevorschriften die → vorherige Anerkennung der Beihilfefähigkeit vor (z. B. Psychotherapie). Wird deren Einholung versäumt, kann Nachsicht gewährt werden, wenn das Versäumnis entschuldbar ist und die Voraussetzungen für eine Anerkennung der Beihilfefähigkeit nachgewiesen sind. Aufwendungen, die in den Beihilfevorschriften als nicht beihilfefähig bezeichnet werden, sind unter dem Stichwort → nicht beihilfefähige Aufwendungen aufgeführt. Nach den Anl. 1 und 11 zur BBhV sind bestimmte Untersuchungs- und Behandlungsmethoden ganz oder teilweise von der Beihilfefähigkeit ausgeschlossen bzw. bestimmte Hilfsmittel und Geräte zur Selbstbehandlung und Selbstkontrolle als nicht beihilfefähig bezeichnet und unter dem jeweiligen Stichwort des Taschenlexikons aufgeführt.

Im Regelfall sind von der GKV anerkannte neue Behandlungsmethoden immer beihilfefähig. Bestehen Zweifel, ob eine neue Behandlungsmethode wissenschaftlich anerkannt ist und werden diese durch ein ärztliches Gutachten bestätigt, ist der obersten Dienstbehörde zu berichten (VV 6.4).

5. Angemessene Aufwendungen

Die Angemessenheit hat sich am Maß des medizinisch Gebotenen und somit nicht an den Vorstellungen des Patienten auszurichten. Der Dienstherr hat eine medizinisch zweckmäßige und ausreichende Versorgung zu gewährleisten.

Als wirtschaftlich angemessen sind nach § 6 Abs. 5 BBhV **grundsätzlich** Aufwendungen zu verstehen, die dem Gebührenrahmen der GOÄ, GOZ und GOP entsprechen, sofern sie nicht auf einer Vereinbarung (Abdingung) nach § 2 Abs. 2 GOÄ bzw. § 2 Abs. 3 GOZ beruhen. Heilpraktikergebühren sind nur bis zu den Höchstbeträgen nach Anl. 2 zur BBhV, Heilmittel (z. B. Krankengymnastik bis zu den Höchstbeträgen nach Anl. 9 zur BBhV) beihilfefähig. Dasselbe gilt hinsichtlich anderer in der BBhV gezogener Obergrenzen (z. B. für Fahrtkosten, Pflegeaufwendungen, Aufwendungen für Brillengläser und Kontaktlinsen sowie Hörgeräte). Desgleichen sind nach § 6 Abs. 5 Satz 3 BBhV wirtschaftlich angemessene Leistungen beihilfefähig, die aufgrund von Vereinbarungen der GKV oder der PKV mit Leistungserbringern erbracht wurden. Dies gilt hinsichtlich vertraglicher Vereinbarungen mit der PKV nur für Leistungen nach dem Grundtarif, nicht auch für Komforttarife (VV 6.5.8). Bei Beamten mit dienstlichem Wohnsitz im Ausland oder dorthin abgeordneten gelten die ortsüblichen Aufwendungen als wirtschaftlich angemessen. Zu Höchstbeträgen nach Anl. 11 zur BBhV (Hilfsmittel usw.) tritt der Kaufkraftausgleich nach § 55 BBesG hinzu (§ 6 Abs. 6 BBhV). Die Beihilfestellen dürfen im Einzelfall Aufwendungen nur dann teilweise von der Beihilfefähigkeit ausschließen, wenn diese die Höhe der von einer Vielzahl von Beihilfeberechtigten in vergleichbarer sozialer Stellung für gleiche Bedürfnisse gemachten Aufwendungen in einem auffallenden Maße überschreiten und wenn die Überschreitung nicht durch besondere Gründe ausnahmsweise gerechtfertigt ist.

6. Nachweis der Angemessenheit

Der Beihilfeberechtigte muss die wirtschaftliche Angemessenheit seiner Aufwendungen nicht in jedem Einzelfall nachweisen. Vielmehr wird sich die Angemessenheit i. d. R. aus der Sachlage, aus den Anordnungen des Arztes (Zahnarztes, Psychotherapeuten, Heilpraktikers) und aus den Beihilfevorschriften ergeben. Bei Zweifeln über die Angemessenheit kann die Beihilfestelle das Gutachten eines Amts- oder Vertrauensarztes sowie anderer fachkundiger Stellen (z. B. Landesärztekammer) einholen. Im Zweifelsfall sollte vom Beihilfeberechtigten die vorherige Anerkennung der Beihilfefähigkeit durch die Beihilfestelle beantragt werden.

→ Gebührenordnung für Ärzte

→ Gebührenordnung für Zahnärzte

→ Heilpraktiker (Ziff. 4)

7. Höchstgrenzen/Höchstbeträge

Soweit → Höchstgrenzen (Höchstbeträge) bestehen, erübrigt sich die Prüfung, ob die Aufwendungen angemessen sind, wenn die Höchstgrenze nicht überschritten wird. Dies gilt auch für pauschal gewährte Beihilfen.

8. Im Standard- oder Basistarif Versicherte

Seit Inkrafttreten der Sechsten Verordnung zur Änderung der BBhV vom 27.5.2015 (BGBl. I S. 842), mit dem § 6 Abs. 5 BBhV aufgehoben wurde, gelten für im Standard- oder Basistarif Versicherte keine Besonderheiten mehr hinsichtlich der Beihilfefähigkeit von Aufwendungen, also auch nicht für (zahn-)ärztliche Gebühren.

9. Maßgeblichkeit des SGB V hinsichtlich Notwendigkeit und Angemessenheit von Leistungen (§ 7 BBhV)

Lehnen sich Inhalt und Ausgestaltung von Leistungen nach der BBhV an Vorschriften des SGB V an, ist Beihilfefähigkeit nur gegeben, wenn bei Leistungen (einschl. Arzneimitteln) nach allgemein anerkanntem Stand medizinischer Erkenntnisse

- der diagnostische oder therapeutische Nutzen und
- die medizinische Notwendigkeit

nachgewiesen sind,

- ein Arzneimittel zweckmäßig ist,
- keine andere wirtschaftlichere Behandlungsmöglichkeit mit vergleichbarem diagnostischem und therapeutischem Nutzen zur Verfügung steht.

Lehnen sich die Leistungen nach der BBhV nicht nur an die Kassenleistungen an, sondern **verweisen** sie auf diese, hat sich die Entscheidung über die Beihilfe an diesen zu orientieren, d. h. die Kassenleistungen sind maßgebend. Dies kommt ohnehin beim Wortlaut verschiedener gewährender Regelungen wie

z. B. bei Arzneimitteln, der Früherkennung von Krankheiten und der künstlichen Befruchtung, aber auch bei der Belastungsgrenze bei Eigenbehalten zum Ausdruck.

10. Voraussetzung der Beihilfegewährung

Beihilfen werden nur dann gewährt, wenn und soweit aufgrund gesetzlicher oder anderer Vorschriften oder arbeitsvertraglicher Vereinbarungen nicht Heilfürsorge, Krankenhilfe oder Kostenerstattung zusteht (§ 9 Abs. 1 BBhV). Nach diesem → Subsidiaritätsprinzip sind die Beihilfeberechtigten i. d. R. verpflichtet, die ihnen und den berücksichtigungsfähigen Angehörigen vorrangig zustehenden Ansprüche geltend zu machen. Nur die Aufwendungen, die auf diese Weise nicht gedeckt werden, sind im Rahmen der Beihilfevorschriften beihilfefähig.

11. Tatsächlich entstandene Aufwendungen

Beihilfefähig können höchstens die tatsächlich entstandenen Aufwendungen sein. Werden die im Beihilfeantrag geltend gemachten Aufwendungen nachträglich ermäßigt oder gar erlassen, ist der Beihilfeberechtigte verpflichtet, dies der Beihilfestelle mitzuteilen; dazu verpflichtet er sich auch im Beihilfeantrag. War die Beihilfe bereits festgesetzt, ist die Beihilfestelle verpflichtet, die Beihilfe zu widerrufen und unter Berücksichtigung der ermäßigten (tatsächlich entstandenen) Aufwendungen neu festzusetzen.

Der Beihilfeberechtigte darf die ihm in Rechnung gestellten Kosten (z. B. ein Arzthonorar) nicht in voller Höhe in den Beihilfeantrag aufnehmen, wenn er vereinbart hat, nur den Betrag zu zahlen, der ihm als Beihilfe gewährt wird. Verabredungen zwischen Arzt und Beihilfeberechtigten dahin gehend, dass der Beihilfeberechtigte von dem in Rechnung gestellten Betrag nur den Teilbetrag zahlen muss, der ihm aus der Beihilfe zufließt, sind nach dem Urteil des BVerwG vom 3.6.1965 (RiA 1966 S. 134) mit der Treuepflicht nicht vereinbar und als Betrug zu werten. Gleiches gilt für die Abrede zwischen zwei Ärzten.

Beihilfebetrug ist ein schweres Dienstvergehen, das strafrechtliche, disziplinarrechtliche und arbeitsrechtliche Folgen hat (vgl. hierzu BVerwG vom 5.5.1993, ZBR S. 379).

Beihilfeversicherung

Ablösung der Beihilfeverpflichtungen (Rückversicherung gegen das Beihilferisiko) im kommunalen Bereich durch Abschluss von Beihilfeversicherungen → Beihilfevorschriften.

Beihilfevorgänge

Die bei der Beantragung von Beihilfeanträgen und deren Bearbeitung entstehenden Akten sind Teil der Personalakten. Sie unterfallen deshalb den Vorschriften über die Führung der Personalakten (für Hessen: vgl. VV zu §§ 86 ff. HBG). → Bearbeitungszeit von Beihilfeanträgen

Beihilfevorschriften

Die Beihilfevorschriften gelten für alle Verwaltungen des Bundes mit Ausnahme der Deutschen Bundesbahn und diejenigen Beamten, die zum Zeitpunkt der Zusammenführung der Deutschen Bundesbahn und der Deutschen Reichsbahn Beamte der Deutschen Bundesbahn waren. Für sie tritt an die Stelle der Beihilfevorschriften die Fürsorge im Rahmen der → Krankenversorgung der Bundesbahnbeamten. Nach § 31 SG sind § 80 BBG und die Bundesbeihilfeverordnung auf Soldaten, die Anspruch auf Dienstbezüge oder Ausbildungsgeld haben oder Elternzeit in Anspruch nehmen, und auf Versorgungsempfänger mit Anspruch auf Versorgungsbezüge nach dem Zweiten Teil des Soldatenversorgungsgesetzes entsprechend anzuwenden.

Aufgrund entsprechender Bestimmungen in den Landesbeamten- bzw. Landesbesoldungsgesetzen gilt das Beihilferecht des Bundes zumindest in Grundsätzen auch in den neuen Bundesländern Brandenburg, Mecklenburg-Vorpommern und Sachsen-Anhalt, teilweise mit Modifikationen aufgrund haushaltsrechtlicher Vorgaben. Die übrigen Länder haben ihr Beihilferecht im Laufe der Jahre mehr und mehr dem Bundesrecht angeglichen. In den Ländern gilt das Beihilferecht des jeweiligen Landes auch für Beamte und Versorgungsempfänger des kommunalen Bereichs. Zudem besteht in einigen Ländern die Möglichkeit, die Bearbeitung der Beihilfe an Dritte sowie die Verpflichtung zur Gewährung von Beihilfen durch den Abschluss einer Versicherung auf Versicherungsgesellschaften zu übertragen, wobei die Versicherungsleistungen dem jeweiligen Beihilferecht des betreffenden Landes entsprechen müssen. Im Übrigen → Rechtsnatur der Beihilfe.

Beitragserhöhungen

Diese können durch Verzicht auf unnötige oder luxuriöse Leistungen, durch Eigenbeteiligungen, durch Tarifwechsel innerhalb des Krankenversicherers (ohne neue Gesundheitsprüfung möglich), Krankenhaustagegelder oder Verzicht auf Einbettzimmer-Unterbringung im Krankenhaus vermieden werden. Eine allgemeine Erhöhung der Beiträge der PKV darf nur erfolgen, wenn sie von einem unabhängigen Treuhänder genehmigt wurde → Private Krankenversicherung (Ziff. 8).

Beitragsrückerstattung

1. Wesen der Beitragsrückerstattung

In der privaten Krankenversicherung und neuerdings auch in der GKV gibt es die teilweise Rückerstattung der während eines Kalenderjahres gezahlten Beiträge, wenn während eines ganzen Kalenderjahres keine Leistungen der Versicherung in Anspruch genommen worden sind oder nur Leistungen bis zur Höhe einer Selbstbeteiligung eingereicht wurden (Letzteres bei erfolgsunabhängiger Beitragsrückerstattung). Dazu müssen die Krankenversicherer 80 v. H. der erwirtschafteten Überschüsse der Rückstellung für Beitragserstattung zuführen. Die Beitragsrückerstattung wird von Jahr zu Jahr neu festgesetzt und ist bei den einzelnen Versicherungsgesellschaften in den zurückliegenden Jahren mit dem Ein- bis Sechsfachen eines Monatsbeitrags gezahlt worden; in der GKV beträgt sie höchstens einen Monatsbeitrag. Sie schließt z. B. auch die Beschäftigten zum Versicherungsbeitrag gewährten Zuschüsse des Arbeitgebers nach § 257 Abs. 2 SGB V ein. Manche Versicherer leisten die Rückerstattung für jeden einzelnen Versicherten, für den keine Leistungen beantragt und erbracht worden sind, andere Versicherungsgesellschaften nur dann, wenn für alle in einem Vertrag zusammengefassten Familienmitglieder nicht geleistet werden musste. Die i. d. R. bei einer Voll- (somit nicht Zusatz-)Versicherung zugesicherte Beitragsrückerstattung kann über mehrere Jahre gestaffelt sein, aber auch bereits nach dem ersten leistungsfreien Jahr oder sogar kürzeren Zeiträumen einsetzen. Sie kann als Barauszahlung, aber auch über eine Beitragsverrechnung und damit zur Beitragsminderung oder zur Vermeidung oder Minderung einer sonst notwendigen Beitragserhöhung erfolgen. Im Hinblick auf die strukturellen Unterschiede werden Vergleiche zwischen den einzelnen Krankenversicherern erschwert. Welche Gesellschaft die höchste Rückerstattung hat, lässt sich nur ermitteln, wenn man die für mehrere Jahre für die ganze Familie anfallenden Beitragsrückerstattungen gegenüberstellt. Sie ist abhängig von der Zuführungsquote des Versicherers, ermittelt aus der erfolgsunabhängigen und erfolgsabhängigen (Letztere aufgrund der von der Versicherung erwirtschafteten Überschüsse) Zuführung auf das Rückerstattungskonto, aber auch vom gewählten Tarif. Beitragsrückerstattung kann auch entscheidend sein für die Wahl des Versicherungsunternehmens, vermeidet oftmals einen Versichererwechsel und hält zu einer zurückhaltenden Inanspruchnahme von Versicherungsleistungen an. Die Beitragsrückerstattung kann abhängig sein von der pünktlichen Entrichtung der Beiträge.

2. Vorteile der Beitragsrückerstattung

In allen Fällen, in denen die Leistungen in Krankheitsfällen voraussichtlich niedriger sind als die Beitragsrückerstattung, ist es für die Versicherten günstiger, anstelle der ihnen tariflich zustehenden Leistungen die Rückerstattung in Anspruch zu nehmen. Welche der beiden Möglichkeiten die günstigere ist, lässt sich i. d. R. erst nach Ablauf eines Kalenderjahres beurteilen. Falls wegen der Höhe der Aufwendungen nicht von vornherein feststeht, dass die Beitragsrückerstattung höher sein wird als die Leistung der Krankenversicherung, sollte deshalb mit Erstattungsanträgen bis zum Ende des Jahres gewartet werden. Es besteht keine Verpflichtung, sich am Anfang des Jahres festzulegen, ob Beitragsrückerstattung beantragt wird. Um den Versicherten ihre Dispositionen zu erleichtern, wird von den meisten Versicherern die Höhe der Beitragsrückerstattung bereits für das nächste Jahr festgesetzt oder angekündigt.

Bei der Inanspruchnahme einer zusätzlichen privaten Auslandsreiseversicherung geht kein Anspruch auf Beitragsrückerstattung aus der sonstigen Krankenversicherung verloren. Dieser Vorteil kann die Prämie für die Auslandsreiseversicherung bei weitem übersteigen.

Die Beitragsrückerstattung ist nicht zuletzt ein wirksames Instrument zur Kostendämpfung, eine „positive Selbstbeteiligung“: Der Versicherte hat jederzeit den vollen Schutz im Rahmen des von ihm gewählten Versicherungsumfanges und erhält dennoch nachträglich eine beachtliche Beitragsrückerstattung, wenn er keine Versicherungsleistungen in Anspruch genommen hat. Es lohnt sich für ihn, kleinere Aufwendungen selbst zu tragen und durch die betragsmäßig höhere Beitragsrückerstattung insgesamt günstiger abzuschneiden. Der Versichertengemeinschaft wird so nicht nur die Erstattung, sondern auch kostenaufwendige Verwaltungsarbeit erspart, was sich wiederum günstig auf die Beitragshöhe aller Versicherten auswirkt.

3. Berücksichtigung der Beihilfe

Der Beitragsrückerstattung kommt besondere Bedeutung unter Berücksichtigung der Regelung über die → Hundert-Prozent-Grenze zu. Nach § 48 BBhV darf die Beihilfe mit den aus demselben Anlass gewährten Leistungen aus einer Krankenversicherung die dem Grunde nach beihilfefähigen Aufwendungen nicht übersteigen. Die Beitragsrückerstattung wird aber nicht „aus demselben Anlass" gewährt wie die Beihilfe zu bestimmten beihilfefähigen Aufwendungen und bleibt deshalb bei der Ermittlung der Hundert-Prozent-Grenze unberücksichtigt. Mit dem Beihilfeantrag ist ggf. anstelle der Belege über die Erstattung der Krankenversicherung eine Erklärung beizufügen, aus der sich ergibt, dass Leistungen der Krankenversicherung nicht in Anspruch genommen worden sind. Die Erklärung kann folgenden Wortlaut haben:

> Hiermit versichere ich, dass ich während des Kalenderjahres . . . von meiner Krankenversicherung für folgende Personen keine Leistungen für bestimmte Aufwendungen in Anspruch genommen habe, um in den Genuss der Beitragsrückerstattung zu kommen: . . .

Wird keine solche Erklärung abgegeben, besteht bei den nach einem Prozenttarif Versicherten die Gefahr, dass eine Erstattung nach dem in Frage kommenden Prozentsatz unterstellt und die Beihilfe entsprechend gekürzt wird. Soweit Leistungen aus einer Krankenversicherung nachweislich nach einem Vomhundertsatz bemessen werden, ist gemäß § 48 Satz 4 BBhV kein Einzelnachweis erforderlich. Vielmehr wird die übliche Leistung der Krankenversicherung nach dem der Beihilfestelle bekannten Prozentsatz von den dem Grunde nach beihilfefähigen Aufwendungen errechnet.

4. Selbstbeteiligungstarife

Von der Beitragsrückerstattung sind Selbstbeteiligungstarife zu unterscheiden. Bei diesen setzen Versicherungsleistungen erst nach Überschreiten eines Selbstbehalts ein. Die dabei eingesparten Versicherungsbeiträge sind insbesondere bei jüngeren Versicherten i. d. R. höher als die Selbstbeteiligung; bei höheren – oftmals nicht voraussehbaren – Krankheitskosten kann sich dies ins Gegenteil verkehren.

Beitragszuschuss

Unter den → Beihilfeberechtigten und den → berücksichtigungsfähigen Personen gibt es Personen, die zu ihrem Krankenversicherungsbeitrag einen Zuschuss erhalten. Näheres → Gesetzliche Krankenversicherung, Ziff. 7.

Die Gewährung eines Beitragszuschusses hat auch beihilferechtliche Konsequenzen: Näheres → Beihilfebemessungssätze, Ziff. 8 bis 10.

Bemessungsgrenzen (Sozialversicherung)

Am Ende jeden Jahres werden für die einzelnen Zweige der Sozialversicherung die Bemessungs-, Einkommens- und Beitragsgrenzen für das nächste Jahr festgesetzt. Die aktuell geltenden Grenzen finden Sie unter: www.krankenkassen.de

Die Beitragsbemessungsgrenze in der gesetzlichen Kranken- und Pflegeversicherung beträgt seit 1.1.2024 bundeseinheitlich 5175 Euro.

Berlin

Am 1.10.2009 trat in Berlin die Landesbeihilfeverordnung (LBhVO) vom 8.9.2009 (GVBl. S. 436) in Kraft. Sie wurde zuletzt durch die Vierte Verordnung zur Änderung der Landesbeihilfeverordnung vom 7.12.2021 (GVBl. S. 1354) geändert.

Die zu § 76 Abs. 1 LBG ergangene Landesbeihilfeverordnung entspricht inhaltlich weitgehend, im Aufbau voll der Bundesbeihilfeverordnung. Dies gilt insbesondere für das Konkurrenzverhältnis bei Berücksichtigungsfähigkeit eines Kindes bei mehreren Beihilfeberechtigten, für die begünstigten Indikationen bei implantologischen Leistungen, die Beihilfe zu psychotherapeutischen und Pflegeberatungsleistungen sowie zu Kommunikations- und Sehhilfen.

Gegenüber Bundesbeihilferecht bestehen folgende Abweichungen:

1. Empfänger von **Übergangsgeld** nach § 47 Landesbeamtenversorgungsgesetz (LBeamtVG Bln), Empfänger von Unterhaltsbeitrag nach dem LBeamtVG Bln aufgrund disziplinarrechtlicher Regelungen und Empfänger von Gnadenunterhaltsbeiträgen sind nicht beihilfeberechtigt (§ 2 Abs. 3 Nr. 4 LBhVO).
2. **Eingetragene Lebenspartner** vor Beihilfeberechtigten sind berücksichtigungsfähige Angehörige, allerdings unter Beachtung der Einkunftsgrenze von 20 000 Euro im zweiten Jahr vor der Antragstellung (§ 4 Abs. 1 LBhVO).
3. Die Angemessenheit der Aufwendungen von **Heilpraktikern** richtet sich nach den beihilfefähigen Höchstsätzen, die in der Anlage 2 zur LBhVO genannt sind (§ 6 Abs. 3 LBhVO).
4. Aufwendungen für Arznei- und Verbandmittel, Harn- und Blutteststreifen sowie bestimmte Medizinprodukte müssen ärztlich oder zahnärztlich schriftlich verordnet sein. Es wird nicht zwischen verschreibungs- und nicht verschreibungspflichtigen Arzneimitteln unterschieden. Anerkannt werden lediglich apothekenpflichtige Arzneimittel. Freiverkäufliche Arzneimittel (z. B. Vitaminpräparate, Stärkungsmittel) sind somit nicht beihilfefähig. Von einem Heilpraktiker verordnete Arznei- und Verbandmittel sind nicht beihilfefähig (§ 22 LBhVO).

5. Auch bei häuslicher **Krankenpflege** durch eingetragene Lebenspartner sind nur Fahrtkosten oder Verdienstausfall beihilfefähig (§ 27 Abs. 4 LBhVO).
6. Die Aufwendungen für ärztlich verordnete **Heilmittel** (medizinische Dienstleistungen, z. B. Krankengymnastik) sind beihilfefähig, wenn sie von bestimmten Behandlern erbracht werden und im sog. Heilbehandlungskatalog enthalten sind (§ 23 Abs. 1 LBhVO).
7. **Eigenbehalte** werden auf Antrag nicht berechnet, soweit sie zusammen die Belastungsgrenze von 2 v. H. (bei Chronikern 1 v. H.) der jährlichen Einnahmen übersteigen (§ 50 Abs. 1 Satz 4 LBhVO).
   Aufwendungen für bei stationärer Krankenhausbehandlung erbrachte Wahlleistungen (Chefarztbehandlung, Zweibettzimmerzuschlag) sind nach § 76 Abs. 4 LBG Bln grundsätzlich nicht beihilfefähig.
8. Nach der Übergangsregelung in § 108 LBG Bln bleiben die **Wahlleistungen** eines Krankenhauses nur für am 1.4.1998 vorhandene Versorgungsempfänger, Menschen mit Schwerbehinderung und Personen über 55 Jahre beihilfefähig, die Unterkunftskosten gekürzt um 14,50 Euro täglich (§ 26 Abs. 1 Nr. 5 LBhVO).
9. Bei **vollstationärer Krankenhausbehandlung** sowie **Anschlussheil- und Suchtbehandlungen** werden die beihilfefähigen Aufwendungen um 10 Euro je Kalendertag (beschränkt auf 28 Tage je Jahr), bei stationären Rehabilitationsmaßnahmen um 10 Euro je Kalendertag gekürzt (§ 49 Abs. 1 LBhVO).
10. Beihilfefähige Leistungen in **Privatkliniken** werden mit einer Vergleichsberechnung ermittelt (§ 26a Abs. 1 Nr. 1 LBhVO). In Privatkliniken für Psychiatrie und Psychosomatik erfolgt die Vergleichsberechnung nach § 26a Abs. 1 Nr. 2 LBhVO mit dem pauschalierendem Entgeltsystem Psychiatrie und Psychosomatik (PEPP).

11. Aufwendungen (ausgenommen Sachkosten) für Untersuchungen und Behandlungen durch eingetragene Lebenspartner (§ 8 Abs. 1 Nr. 7 LBhVO) sind nicht beihilfefähig.
12. **Angemessen** sind auch Leistungen, die aufgrund von Vereinbarungen mit der GKV (nach dem SGB V) oder von Verträgen mit der PKV erbracht wurden, wenn dadurch Kosten eingespart wurden (§ 6 Abs. 3 Satz 3 LBhVO).
13. Sofern im Einzelfall die Nichtgewährung der Beihilfe eine **besondere Härte** bedeutet, kann die Festsetzungsstelle mit Zustimmung der für Inneres zuständigen Senatsverwaltung Beihilfe gewähren (§ 6 Abs. 5 LBhVO).
14. Aufwendungen für von Zahnärztinnen und Zahnärzten ausgestellte **Dienstunfähigkeitsbescheinigungen** trägt die Festsetzungsstelle (§ 14 Satz 4 LBhVO).
    Aufwendungen für **Telekommunikationsdienstleistungen** sind nicht beihilfefähig (§ 18a Abs. 5 Satz 3 LBhVO).
15. Beim Wechsel einer **kieferorthopädischen Behandlung**, den die beihilfeberechtigte oder berücksichtigungsfähige Person zu vertreten hat, bleiben nur die Aufwendungen beihilfefähig, die nach dem Heil- und Kostenplan, dem die Festsetzungsstelle zugestimmt hatte, noch nicht abgerechnet sind (§ 15a Abs. 3 LBhVO).
16. Es fehlt eine § 22 Abs. 4 BBhV vergleichbare Regelung für **Arzneimittel**, deren Nutzen, die medizinische Notwendigkeit oder Wirtschaftlichkeit nicht nachgewiesen sind.
17. Die Beihilfefähigkeit von Aufwendungen für eine **häusliche Krankenpflege** ist grundsätzlich auf vier Wochen beschränkt (§ 27 Abs. 1 LBhVO).
18. Während einer **Kurzzeitpflege** wird für bis zu 8 Wochen je Kalenderjahr, während einer Verhinderungspflege für bis zu 6 Wochen je Kalenderjahr die Hälfte der zuvor geleisteten Pauschalbeihilfe weitergewährt (§ 38a Abs. 4 Satz 2 und 3 LBhVO).
19. Die **Kostendämpfungspauschale** im Beihilferecht ist rückwirkend zum 1. Januar 2018 abgeschafft worden.

20. **Wahlrecht zwischen Beihilfe und Beitragszuschuss**
Ab 2020 können Beamte zwischen Beihilfe und der Gewährung eines Zuschusses zum Beitrag ihrer gesetzlichen Krankenversicherung (pauschale Beihilfe) nach Maßgabe der Regelung in § 76 Abs. 5 LBG Bln wählen.

Berücksichtigungsfähige Personen

Das Wichtigste in Kürze

- Berücksichtigungsfähige Personen sind neben Kindern i. S. des § 4 Abs. 2 BBhV die Ehegattin oder der Ehegatte bzw. Lebenspartnerin oder der Lebenspartner des Beihilfeberechtigten.
- Nicht zum Kreis der berücksichtigungsfähigen Personen zählen die Geschwister des Beihilfeberechtigten und seines Ehegatten, die Ehegatten und Kinder beihilfeberechtigter Waisen sowie die Kinder des Beihilfeberechtigten hinsichtlich der Geburt eines Kindes.
- Bei berücksichtigungsfähigen Personen, die selbst beihilfeberechtigt sind, geht die eigene Beihilfeberechtigung der Berücksichtigungsfähigkeit vor oder schließt sie aus.
- Keine Beihilfe wird gewährt für den Ehegatten mit einem eigenen Gesamtbetrag der Einkünfte von mehr als 20 000 Euro (ab 2025: 21 832 Euro) jährlich im vorletzten Kalenderjahr vor Beantragung einer Beihilfe; Ausnahmen sind zulässig.
- Für die berücksichtigungsfähigen Personen gibt es feste Bemessungssätze, nämlich 70 v. H. für den Ehegatten und 80 v. H. für die Kinder.

Abweichungen in Bundesländern:

→ Baden-Württemberg (Ziff. 2)
→ Bayern (Ziff. 2, 20)

→ Berlin (Ziff. 2)
→ Brandenburg
→ Bremen (Ziff. 1)
→ Hamburg (Ziff. 1)
→ Niedersachsen (Ziff. 1)
→ Nordrhein-Westfalen (Ziff. 2)
→ Rheinland-Pfalz (Ziff. 3)
→ Saarland (Ziff. 1)
→ Sachsen (Ziff. 1)
→ Schleswig-Holstein (Ziff. 1)
→ Thüringen (Ziff. 1, 2)

1. Rechtsgrundlage

§ 4 BBhV nennt den Personenkreis, der beihilferechtlich berücksichtigungsfähig ist, d. h. für den der Beihilfeberechtigte – außer für sich selbst – Beihilfen erhält. Dabei handelt es sich im Wesentlichen um die nächsten Familienangehörigen (Ehegatte und Kinder), bei Kindern i. d. R. nur so weit, wie der Beihilfeberechtigte unterhaltspflichtig ist. Die Fürsorgepflicht des Dienstherrn umfasst nur die Beamten, Richter, Berufssoldaten, Soldaten auf Zeit und Versorgungsempfänger sowie deren Familien. Aufwendungen für die Ehegatten bzw. Lebenspartner und Abkömmlinge der Kinder des Beihilfeberechtigten sind deshalb nicht beihilfefähig.

2. Personenkreis

Berücksichtigungsfähige Angehörige sind nach § 4 BBhV:

- der Ehegatte bzw. Lebenspartner des Beihilfeberechtigten
- die im Familienzuschlag nach dem Bundesbesoldungsgesetz berücksichtigungsfähigen Kinder des Beihilfeberechtigten
- bei der Geburt eines nichtehelichen Kindes des Beihilfeberechtigten: die Mutter des Kindes

Nicht zum Kreis der berücksichtigungsfähigen Personen zählen:

- Geschwister des Beihilfeberechtigten
- Geschwister des Ehegatten oder Lebenspartners des Beihilfeberechtigten
- Ehegatten und Kinder beihilfeberechtigter Waisen
- die Kinder des Beihilfeberechtigten hinsichtlich der Geburt eines Kindes, es sei denn, es handelt sich um Aufwendungen aus Anlass der Geburt eines Kindes einer im Familienzuschlag berücksichtigungsfähigen Tochter

Bei berücksichtigungsfähigen Angehörigen, die aufgrund beamtenrechtlicher Vorschriften selbst beihilfeberechtigt sind, schließt die eigene Beihilfeberechtigung der Berücksichtigungsfähigkeit als Angehöriger aus (§ 5 Abs. 1 Satz 1 Nr. 2 BBhV) oder sie geht der Berücksichtigungsfähigkeit vor, sofern eine Beihilfeberechtigung nach privatrechtlichen Rechtsbeziehungen vorliegt (§ 5 Abs. 4 Satz 1 Nr. 2 BBhV). Zu Aufwendungen, die vor Begründung der eigenen Beihilfeberechtigung entstanden sind, jedoch erst danach geltend gemacht werden, sind Beihilfen demjenigen zu gewähren, bei dem der Betreffende bei Entstehen der Aufwendungen berücksichtigungsfähiger Angehöriger war.

Ist ein Kind bei mehreren Beihilfeberechtigten berücksichtigungsfähig, wird es dem Beihilfeberechtigten zugeordnet, der für das Kind den Familienzuschlag oder den Auslandszuschlag nach § 53 Abs. 4 Nr. 2 BBesG erhält.

Die Aufwendungen für die berücksichtigungsfähigen Angehörigen sind nur beihilfefähig, wenn diese Personen im **Zeitpunkt des Entstehens** der Aufwendungen zum Kreis der berücksichtigungsfähigen Angehörigen gezählt haben.

3. Ehegatte/Lebenspartner

Zum Kreis der berücksichtigungsfähigen Angehörigen gehört der nicht selbst beihilfeberechtigte Ehegatte bzw. eingetragene Lebenspartner des Beihilfeberechtigten. Mann und Frau sind beihilferechtlich gleichgestellt: Es erhält deshalb z. B. eine beihilfeberechtigte Beamtin für ihren berücksichtigungsfähigen Ehemann die gleiche Beihilfe wie der beihilfeberechtigte Beamte für seine Ehefrau. Geschiedene und aus der Lebenspartnerschaft mit dem Beihilfeberechtigten Ausgeschiedene sind nicht mehr berücksichtigungsfähige Personen, wohl aber der getrennt lebende Ehegatte.

Bei Prüfung des Einkommens von berücksichtigungsfähigen Ehegatten und Lebenspartner wird immer auf den Zeitpunkt der Antragstellung abgestellt, unabhängig zu welchem Zeitpunkt die Aufwendungen entstanden sind. Dadurch ist ein Schieben der entstandenen Aufwendungen in das Folgejahr möglich (VV 6.2.1). § 54 Abs. 1 BBhV ist zu beachten.

Keine Beihilfe erhält der Beihilfeberechtigte zu den Aufwendungen, die für den Ehegatten oder Lebenspartner entstanden sind, wenn der **Gesamtbetrag der Einkünfte** (§ 2 Abs. 3 EStG) des Ehegatten im **vorletzten** Kalenderjahr vor der Stellung des Beihilfeantrags **20 000 Euro** überstiegen hat. Neben der Anhebung der Einkommensgrenze für berücksichtigungsfähige Personen auf 20 000 Euro (ab 1.1.2021) wurde mit der neunten Änderungsverordnung zur BBhV gleichzeitig eine regelmäßige Anpassung dieser Einkommensgrenze eingefügt. Gemäß § 6 Abs. 2 Satz 6 BBhV wird dabei die Steigerung des Rentenwert West aufgrund der Rentenwertbestimmungsverordnung zugrunde gelegt. Mit Schreiben vom 4. Juni 2024 hat das Bundesministerium des Innern mitgeteilt, dass sich die Einkommensgrenze für berücksichtigungsfähige Personen nach § 4 Abs. 1 BBhV ab dem **1.1.2025 auf 21 832 Euro** erhöht (GMBl. 2024, S. 494).

Liegen Einkünfte des Ehegatten im laufenden Jahr voraussichtlich unter der Höchstgrenze (z. B. durch Aufgabe der Berufstätigkeit des Ehegatten), kann nach § 6 Abs. 2 Satz 2 BBhV unter Vorbehalt Beihilfe gewährt werden. Sofern sich diese Annahme nicht bestätigt, wird die Beihilfe zu Aufwendungen des Ehegatten oder Lebenspartners zurückgefordert. Auf die Rückzahlungsverpflichtung werden Beihilfeberechtigte i. d. R. schriftlich hingewiesen.

Auch bei geringer Überschreitung der Grenze entfällt der Beihilfeanspruch. Dies gilt auch, wenn bei Abgabe der Erklärung zur Höhe der Einkünfte des Ehegatten oder Lebenspartners alles dafür sprach, dass die genannte Grenze nicht überschritten wird. Eine Bereitschaft zur rückwirkenden Aufstockung des privaten Versicherungsschutzes bei Wegfall der Berücksichtigungsfähigkeit haben die Krankenversicherer bisher nicht erkennen lassen.

Der Wegfall der Beihilfe gilt für alle Aufwendungen, zu denen dem Beihilfeberechtigten sonst Beihilfe zustünde. Dies gilt z. B. auch für Pflegekosten sowie Kosten für Früherkennungsmaßnahmen.

Zu den Einkünften des Ehegatten oder Lebenspartners zählen alle **Einkunftsarten** (§ 2 Abs. 3 EStG), d. h.:

- Einkünfte aus Land- und Forstwirtschaft
- Einkünfte aus Gewerbebetrieb
- Einkünfte aus selbständiger Arbeit
- Einkünfte aus nichtselbständiger Arbeit
- Einkünfte aus Kapitalvermögen
- Einkünfte aus Vermietung und Verpachtung
- sonstige Einkünfte i. S. des § 22 EStG (dazu zählen u. a. die steuerpflichtigen Teile der Renten aus der gesetzlichen Rentenversicherung, landwirtschaftlichen Alterskassen und berufsständischen Versorgungseinrichtungen, Abgeordnetenbezüge, Unterhaltsleistungen des geschiedenen oder dauernd getrennt lebenden Ehegatten sowie Einkünfte aus Spekulationsgeschäften)

Die Summe dieser Einkünfte, vermindert um den Altersentlastungsbetrag (§ 24a EStG), den Entlastungsbetrag für Alleinerziehende (§ 24b EStG) und den Abzug nach § 13 Abs. 3 EStG (900 Euro bei Einkünften aus Landwirtschaft und Forsten), ist der Gesamtbetrag der Einkünfte. Einkünfte aus Land- und Forstwirtschaft, Gewerbebetrieb und selbständiger Arbeit sind der Gewinn, bei den anderen Einkunftsarten der Überschuss der Einnahmen über die Werbungskosten.

Die **Summe der Einkünfte** umfasst sowohl positive als auch negative Einkünfte, die somit miteinander verrechnet werden (Verlustausgleich), soweit dies § 2 Abs. 3 i. V. m. Abs. 5a EStG zulässt. Negative Einkünfte können z. B. bei Vermietung von Grundstücken entstehen.

Werbungskosten sind z. B. Beiträge zu Berufsverbänden, Aufwendungen des Arbeitnehmers für Fahrten zwischen Wohnung und Arbeitsstätte, Mehraufwendungen wegen doppelter Haushaltsführung, Fortbildungskosten und Aufwendungen für Arbeitsmittel (§ 9 EStG). Als Werbungskosten werden mindestens die jährlichen Pauschbeträge nach § 9a EStG abgezogen. Dies sind der Arbeitnehmer-Pauschbetrag (1200 Euro) sowie jeweils 102 Euro bei Renten und Pensionen.

Neben Werbungskosten vermindern die bei Ermittlung der Einkünfte abzuziehenden Freibeträge die jeweiligen Einkünfte. Dies gilt z. B. für den Versorgungsfreibetrag nach § 19 Abs. 2 EStG (mit Zuschlag) und den Sparerpauschbetrag nach § 20 Abs. 9 EStG von 801 Euro (einschl. Werbungskosten).

Nicht erfasst werden die nach den §§ 3, 3b EStG und unter den dort genannten Voraussetzungen ganz oder teilweise steuerfreien Einnahmen (z. B. Kindergeld, Mutterschaftsgeld, Arbeitsentgelt aus geringfügiger Tätigkeit, Pflegegeld, Abfindungen bei Auflösung des Arbeitsverhältnisses), aber auch Lotto- und Totogewinne, Schenkungen, Erbschaften.

Bei den von § 3 BBhV erfassten im Ausland tätigen Beihilfeberechtigten sind Auslandseinkünfte des Ehegatten oder Lebenspartners nicht zu berücksichtigen.

Leibrenten aus der gesetzlichen Rentenversicherung werden nach dem Alterseinkünftegesetz nicht mehr einem vom Lebensalter bei Eintritt des Rentenfalls abhängigen Ertragsanteil, sondern mit einem wesentlich höheren Besteuerungsanteil erfasst, der sich nach dem Jahr des Rentenbeginns bestimmt. Der Besteuerungsanteil (Ertragsanteil) beträgt für bis 2005 begonnene Renten 50 v. H. des Jahresbetrags der Rente und steigert sich bei Neurentnern bis zum Jahr 2020 jährlich um zwei Prozentpunkte auf 80 v. H., bis 2040 auf 100 v. H. Wichtig ist jedoch: Der bei Rentenbeginn maßgebende Besteuerungsanteil (in Prozent) bleibt für die gesamte Bezugsdauer der Rente gleich. Der dem Versteuerungsanteil gegenüberstehende Rentenfreibetrag bleibt betragsmäßig unverändert, somit auch bei einer linearen Rentenerhöhung. Übrigens wird sich der unversteuerte Teil der Versorgungsbezüge zudem durch den längerfristig eintretenden Wegfall des Versorgungsfrei- und Altersentlastungsbetrags und des Arbeitnehmer-Pauschbetrags verringern. Die durch den Wegfall der Beihilfe notwendige Erweiterung des privaten Krankenversicherungsschutzes wird die Betroffenen einschneidend belasten.

Bei Renten der betrieblichen oder beruflichen Altersversorgung handelt es sich um nachträglichen Lohn, der gekürzt um den Arbeitnehmer-Pauschbetrag zu berücksichtigen ist.

Einen **Altersentlastungsbetrag** erhalten Steuerpflichtige, die vor dem Beginn des Kalenderjahres, in dem sie ein Einkommen bezogen haben, das 64. Lebensjahr vollendet hatten, für alle Einkünfte, ausgenommen solche aus

- Versorgungsbezügen, für die bereits ein Freibetrag gewährt wird,

- Leibrenten i. S. des § 22 Nr. 1 Satz 3 Buchst. b und Einkünfte i. S. des § 22 Nr. 4 Satz 4 Buchst. b EStG.

Bei der Berechnung des Altersentlastungsbetrags ist vom Brutto-Arbeitslohn auszugehen, d. h. ohne Kürzung um die Werbungskosten und den Arbeitnehmer-Pauschbetrag. Der nach Maßgabe von § 24b EStG zustehende Entlastungsbetrag für Alleinerziehende beträgt 1908 Euro im Kalenderjahr. Bei einer Zusammenveranlagung von Ehegatten steht unter den gesetzlichen Voraussetzungen der Altersentlastungsbetrag auch dem Ehegatten zu. Er verringert sich nach Vollendung des 64. Lebensjahres nach Maßgabe des § 24a Satz 5 EStG.

Ohne Einfluss auf die Einkommensgrenze bleiben die das zu versteuernde Einkommen mindernden Sonderausgaben (§§ 10, 10b und 10c EStG), außergewöhnliche Belastungen (§ 33 EStG) sowie Pauschbeträge für behinderte Menschen (§ 33b Abs. 1 bis 3 EStG), der Pflege-Pauschbetrag (§ 33b Abs. 6 EStG), der Freibetrag für die Beschäftigung einer Hausgehilfin (§ 33a Abs. 3 Satz 1 EStG), für Berufsausbildung (§ 33a Abs. 2 EStG) sowie bei Heim- und Pflegeunterbringung (§ 33a Abs. 3 Satz 2 EStG).

Die vom Ehegatten oder Lebenspartner eines Beihilfeberechtigten mit Wohnsitz im Ausland (oder dorthin abgeordnet) erzielten ausländischen Einkünfte bleiben bei der Einkunftsgrenze unberücksichtigt.

Der Gesamtbetrag der Einkünfte ist einmal **jährlich** durch Vorlage einer Kopie des **Steuerbescheides** des Vorvorjahres nachzuweisen, bei dem die allein den Beihilfeberechtigten betreffenden Angaben geschwärzt oder anderweitig unkenntlich gemacht werden dürfen (VV Nr. 6.2.2). Dort werden die Einkünfte von Ehemann und Ehefrau getrennt dargestellt. Nach Abzug eines etwaigen Altersfreibetrags endet die Darstellung mit dem – für die Beihilfe – maßgeblichen Gesamtbetrag der Einkünfte, getrennt nach den Eheleuten. Weist der Steuerbescheid den Gesamtbetrag der Einkünfte nicht vollständig aus, können andere Nachweise gefordert werden. Die Festsetzungsstelle kann verlangen oder zulassen, dass anstelle eines Steuerbescheides andere beweiskräftige Einkommensnachweise vorgelegt werden. Dies gilt besonders, wenn kein Steuerbescheid ergangen ist (z. B. wegen Nichtveranlagung) oder der Steuerbescheid nicht alle Einkünfte erfasst (z. B. Kapitaleinkünfte, die mit der Kapitalertragsteuer pauschal versteuert wurden). Dasselbe gilt hinsichtlich im Inland (ggf. nach Doppelbesteuerungsabkommen) nicht versteuerter Auslandseinkünfte des Ehegatten.

Wird die Einkunftsgrenze im laufenden Jahr nicht überschritten, ist der Ehegatte oder Lebenspartner unter dem Vorbehalt des Widerrufs bereits im laufenden Kalenderjahr berücksichtigungsfähig (§ 6 Abs. 2 Satz 2 BBhV). Dies kann auch auf der Beendigung der Berufstätigkeit beruhen. Die Einkünfte sind durch Vorlage von Verdienstbescheinigungen, Unterlagen über die Einstellung des Arbeitsverhältnisses usw. nachzuweisen.

Da vom Zeitpunkt der Antragstellung (nicht des Entstehens der Aufwendungen) die Einkünfte der beiden vorangegangenen Kalenderjahre beurteilt werden, kann es vorteilhaft sein, den Antrag zurückzustellen, sofern im Jahr vor der Antragstellung die Einkünfte nicht mehr als 20 000 Euro (ab 2025: 21 832 Euro) betrugen.

Die Einkunftsgrenze gilt nur für den Ehegatten oder Lebenspartner des Beihilfeberechtigten. Auf die Beihilfefähigkeit der Aufwendungen für die übrigen berücksichtigungsfähigen Familienangehörigen und für den Beihilfeberechtigten selbst haben noch so hohe Einkünfte des Ehegatten oder Lebenspartner keinen Einfluss. Stirbt der Beihilfeberechtigte, wird die versorgungsberechtigte **Witwe** (bzw. der versorgungsberechtigte **Witwer**) oder der überlebende Lebenspartner selbst beihilfeberechtigt (vgl. VV Nr. 2.1 zu § 2 BBhV). Damit fallen die erwähnten Beschränkungen weg; die Höhe der Einkünfte der

Witwe (des Witwers) oder des überlebenden Lebenspartners hat keinen Einfluss auf die Gewährung der Beihilfen.

4. Kinder

Kinder gehören zu den berücksichtigungsfähigen Angehörigen, wenn sie nicht selbst (z. B. als Beamtenanwärter) beihilfeberechtigt und beim Familienzuschlag „berücksichtigungsfähig" sind, d. h. wenn für ein Kind Kindergeld zusteht (erstes und zweites Kind: jeweils 219 Euro, für das dritte Kind 225 Euro, für das vierte und jedes weitere Kind 250 Euro). Das sind:

- eheliche Kinder
- für ehelich erklärte Kinder
- an Kindes statt angenommene (adoptierte) Kinder
- nichteheliche Kinder
- in den Haushalt aufgenommene Stiefkinder
- Pflegekinder (d. h. Kinder, mit denen ein familienähnliches, auf längere Dauer berechnetes Band besteht, sofern sie nicht zu Erwerbszwecken in den Haushalt aufgenommen wurden. Die Pflegekinder müssen wie eigene Kinder zur Familie gehören; ein Obhuts- oder Pflegeverhältnis zu den leiblichen Eltern darf nicht mehr bestehen. Für in den Haushalt aufgenommene Geschwister besteht kein Kindergeldanspruch; sie können aber ggf. Pflegekinder sein)
- Enkel, die der Beihilfeberechtigte in seinen Haushalt aufgenommen hat

5. Kindergeldberechtigte Kinder

Es muss sich um Kinder handeln, für die Kindergeld nach dem Einkommensteuergesetz oder Bundeskindergeldgesetz zusteht oder ohne Berücksichtigung des § 64 EStG oder § 3 BKGG (Kindergeld für jedes Kind steht nur einer Person zu) oder des § 65 EStG oder § 4 BKGG (kein Kindergeld bei Anspruch auf zweckentsprechende Leistungen für das Kind) Kindergeld zustehen würde.

Nach § 1605 BGB besteht Auskunftspflicht über die Unterhaltspflicht gegenüber Enkeln und über die Höhe der Unterhaltsleistungen. Dabei muss auch dargelegt werden, dass keine – vorrangige – Unterhaltspflicht Dritter vorliegt. Im Übrigen dürften auch Teilbeträge zum Unterhalt für eine Berücksichtigungsfähigkeit genügen.

Nach Vollendung des 25. Lebensjahres besteht Kindergeldanspruch nur noch für wenige Ausnahmefälle (z. B. für behinderte Kinder, die sich nicht selbst unterhalten können). Solange der kinderbezogene Anteil im Familienzuschlag gezahlt wird, bleiben Kinder berücksichtigungsfähig. Dies gilt auch, wenn nachträglich festgestellt wird, dass kein entsprechender Anspruch bestanden hat und der kinderbezogene Anteil im Familienzuschlag zurückgefordert wird.

Arbeitsuchende Kinder werden längstens bis zur Vollendung des 21. Lebensjahres (erhöht um die Dauer eines freiwilligen Wehrdienstes) berücksichtigt.

Bei volljährigen Kindern in Schul- oder Berufsausbildung steht seit 1.1.2012 Kindergeld bis zur Vollendung des 25. Lebensjahres unabhänig von der Höhe etwaiger Einkünfte des Kindes zu.

Befinden sich Kinder nach Vollendung des 25. Lebensjahres noch in Schul- oder Berufsausbildung, sind sie weiter berücksichtigungsfähig, wenn die Ausbildung durch einen freiwilligen Wehrdienst nach § 58b SVG, einen Freiwilligendienst nach dem Bundesfreiwilligengesetz, einen vergleichbaren anerkannten Freiwilligendienst oder eine Tätigkeit als Entwicklungshelfer i. S. des § 1 Abs. 1 des Entwicklungshelfer-Gesetzes unterbrochen oder verzögert worden ist. Dabei besteht für insgesamt höchstens 12 Monate die weitere Berücksichtigungsfähigkeit (§ 4 Abs. 2 Sätze 3 und 4 BBhV).

Für die Dauer eines Dienstes i. S. des § 4 Abs. 3 (z. B. freiwilliger Wehrdienst) bleiben Kinder auch dann berücksichtigungsfähig, wenn kein Familienzuschlag für sie gezahlt wird (vgl. VV 4.2.3).

Für die genannten Kinder erhält der Beamte (Richter, Berufssoldat, Soldat auf Zeit, Versorgungsempfänger) den Familienzuschlag der Stufe 2 (bei einem Kind) mit den dazu gewährten Erhöhungsbeträgen (ab dem zweiten Kind). § 4 Abs. 2 Satz 1 BBhV erfasst nicht nur beim Familienzuschlag „berücksichtigte", sondern auch „berücksichtigungsfähige" Kinder. Damit wird sichergestellt, dass Beihilfen auch für Kinder gewährt werden, für die kein Familienzuschlag zusteht (z. B. bei Empfängern von Anwärterbezügen oder Elterngeld) oder die im Familienzuschlag erfasst würden, wenn sie nicht bereits bei einer anderen Person im Familienzuschlag berücksichtigt wären (VV 4.2.1).

Nichteheliche, für ehelich erklärte und adoptierte Kinder sowie Stiefkinder, Pflegekinder und Enkel des Beihilfeberechtigten sind – bei Vorliegen der genannten Voraussetzungen – beihilferechtlich den ehelichen Kindern gleichgestellt. Dabei ist es gleichgültig, ob der Vater des nichtehelichen Kindes verheiratet oder ledig ist. Nicht berücksichtigungsfähig sind die Kinder der selbst beihilfeberechtigten Waisen. Verheiratete Kinder, die sich noch in Schul- und Berufsausbildung befinden und deshalb zur Erhöhung des Familienzuschlags führen, sind dagegen berücksichtigungsfähig.

Nicht berücksichtigt werden Aufwendungen für:

- Enkelkinder, die der Beihilfeberechtigte nicht in seinen Haushalt aufgenommen hat
- Familienangehörige, denen Ansprüche aus der → Krankenversorgung der Bundesbahnbeamten zustehen
- Kinder, für die wegen Ableistung eines freiwilligen Wehrdienstes, Bundesfreiwilligendienstes, freiwilligen sozialen oder ökologischen Jahres kein Kindergeld gezahlt wird

- Geschwister des Beihilfeberechtigten oder seines Ehegatten, auch wenn sie Pflegekinder sind
- Kinder beihilfeberechtigter Waisen (§ 4 Abs. 3 BBhV)
- die Kinder eines Beihilfeberechtigten hinsichtlich der Geburt eines Kindes, es sei denn, es handelt sich um Aufwendungen aus Anlass der Geburt eines Kindes einer im Familienzuschlag berücksichtigungsfähigen Tochter des Beihilfeberechtigten

Ist ein Kind bei **mehreren Beihilfeberechtigten** im Familienzuschlag berücksichtigungsfähig oder ist bei verheirateten Kindern neben dem beihilfeberechtigten Elternteil der Ehegatte des Kindes beihilfeberechtigt, wird eine Beihilfe zu den Aufwendungen für das Kind nur dem Beihilfeberechtigten gewährt, der für das Kind Familienzuschlag, eine Leistung nach § 40 BBesG, Auslandszuschlag nach § 53 Abs. 4 Nr. 2 BBesG oder vergleichbare Leistungen auf anderer Rechtsgrundlage erhält (§ 5 Abs. 6 BBhV).

Der Bemessungssatz für beihilfeberechtigte Personen, die Elternzeit in Anspruch nehmen, beträgt 70 v. H. (§ 46 Abs. 3 Satz 5 BBhV).

Ein Anspruch auf Beihilfe für Kinder als berücksichtigungsfähige Angehörige besteht grundsätzlich so lange, wie der kinderbezogene Anteil im Familienzuschlag gezahlt wird. Dies gilt unabhängig davon, ob nachträglich festgestellt wird, dass ein entsprechender Anspruch nicht bestanden hat und der kinderbezogene Anteil im Familienzuschlag zurückgefordert wird (VV 4.2.2).

Ein Ausgleich für nicht mehr durch Beihilfe ausgeglichene Krankheitskosten usw. des Ehegatten ist nach der Scheidung nach dem Unterhaltsrecht herbeizuführen. Dies kann auch durch den Abschluss einer entsprechenden privaten Krankenversicherung erfolgen. Entsprechendes gilt für Lebenspartner.

Bestrahlungsgeräte, -lampen und -masken für ambulante Strahlentherapie

→ Hilfsmittel, Ziff. 2

Aufwendungen für Solarien, Helarien und andere Sonnenliegen, Höhensonnen, UV-Bestrahlungsgeräte sowie andere Bestrahlungsgeräte sind als Kosten der allgemeinen Lebenshaltung nicht beihilfefähig. Dies gilt angesichts möglicher Gesundheitsschädigungen durch künstliches UV-Licht (Hautkrebs, Hornhautentzündungen, Grauer Star) besonders für Selbstbehandlungen.

Die Aufwendungen für besonders bei der Strahlenbehandlung von malignen Erkrankungen erforderlichen Bestrahlungsmasken sind beihilfefähig (Abschnitt 1 Nr. 2.6 der Anl. 11 zur BBhV).

Beurlaubung

Während eines Erholungsurlaubs nach der Erholungsurlaubsverordnung bleiben die Beihilfeberechtigung und folglich auch die Berücksichtigungsfähigkeit von Angehörigen bestehen.

Beihilfeberechtigte, die **ohne Besoldung** beurlaubt sind, erhalten für Aufwendungen, die während der Beurlaubung entstanden sind, für sich und die berücksichtigungsfähigen Familienangehörigen keine Beihilfe. Dies gilt auch bei der Entsendung zu einer zwischen- oder überstaatlichen Organisation sowie für die Zeit einer Beurlaubung als Entwicklungshelfer. Das Beihilferecht geht davon aus, dass während einer Beurlaubung ohne Dienstbezüge anderweitig gegen Krankheit usw. vorgesorgt ist.

Einem Beamten mit Dienstbezügen kann gem. § 92 Abs. 1 Satz 1 BBG Urlaub ohne Besoldung bis zur Dauer von 15 Jahren mit der Möglichkeit der Verlängerung gewährt werden. Voraussetzung ist das Vorliegen eines wichtigen Grundes, wobei dieser – ohne dass dies jetzt ausdrücklich geregelt wäre – die Pflege und Betreuung minderjähriger Kinder sowie pflegebedürftiger sonstiger Angehöriger allgemein als wichtiger Beurlaubungsgrund angesehen werden kann. Es können aber auch andere wichtige persönliche Gründe sein (z. B. Umschulung wegen Erkrankung). Für die Dauer einer solchen Beurlaubung besteht ein Anspruch auf Leistungen der Krankheitsfürsorge in entsprechender Anwendung der Beihilferegelungen für Beamte mit Dienstbezügen (§ 92 Abs. 5 BBG).

Dies gilt allerdings nicht, wenn der Beamte → berücksichtigungsfähiger Angehöriger eines Beihilfeberechtigten wird oder Anspruch auf Familienversicherung nach § 10 SGB V hat. Die Regelung gilt deshalb i. d. R. nur bei alleinerziehenden Beamten. Für Berufssoldaten und Soldaten auf Zeit gelten entsprechende Regelungen.

Während einer **Elternzeit** besteht nach § 2 Abs. 2 BBhV Beihilfeberechtigung, unabhängig davon, ob und in welcher Höhe Elterngeld gewährt wird (vgl. § 80 Abs. 1 Satz 1 Nr. 1 i. V. m. § 92 Abs. 5 Satz 1 BBG). Dies gilt auch, wenn unverbrauchte Elternzeit nach der Elternzeit für ein weiteres Kind genommen wird. Bei Geburten ab 1.7.2015 können die Eltern 24 statt bisher 12 Monate Elternzeit auf den Zeitraum zwischen dem 3. Geburtstag bis zur Vollendung des 8. Lebensjahres übertragen. Jeder Elternteil kann seine gesamte Elternzeit in drei Zeitabschnitte aufteilen. Bei Pflege in Teilzeit wird die Bezugsdauer des Elterngeldes im Ausmaß verdoppelt wie bei jemandem, der vollständig beurlaubt ist. Allerdings beträgt das Elterngeld dann nur die Hälfte des Satzes bei vollständiger Auszeit. Nach Maßgabe des § 9 MuSchEltZV können die Beiträge zur Kranken- und Pflegeversicherung ganz oder anteilig erstattet werden. Die Verringerung der Arbeitszeit während der Elternzeit lässt die Höhe der Beihilfe unberührt.

Der Beihilfeanspruch aufgrund Elternzeit verdrängt eine etwaige Berücksichtigungsfähigkeit (vgl. VV 2.2.2 zu § 2 BBhV).

Bei einem verheirateten Paar, bei dem beide freiwillig gesetzlich versichert sind, fallen für die Mutter keine Beiträge in der Elternzeit an, da sie während der Erziehungsauszeit beitragsfrei in der Familienversicherung des Mannes versichert ist.

Während einer nach dem Pflegezeitgesetz erfolgenden Freistellung von der Arbeit zur Pflege eines pflegebedürftigen nahen Angehörigen bis zu sechs Monaten gilt die Beihilfeberechtigung weiter (vgl. § 92 Abs. 5 BBG), obwohl grundsätzlich kein Entgeltanspruch besteht. → Pflegezeit

Bei einer Beurlaubung ohne Besoldung nach der Sonderurlaubsverordnung bleibt der Beihilfeanspruch bestehen, wenn der Urlaub nicht länger als einen Monat dauert.

Bionator-Therapie

Bei der Bionator-(Aktivator-)Therapie handelt es sich um eine wissenschaftlich allgemein anerkannte Heilmethode der kieferorthopädischen Behandlung, wenn sie im Rahmen einer sonstigen, nach gesicherten kieferorthopädischen Erkenntnissen durchgeführten Methode erfolgt und Teil dieser Methode ist. Aufwendungen für eine solche Therapie sind deshalb beihilfefähig. Abrechenbar ist die Bionator-Therapie nach Nr. 6030 bis 6050 GOZ, bei vorangehenden nach Nr. 6060 bis 6080 GOZ.

Biophotonen-Therapie

Aufwendungen sind nicht beihilfefähig (Abschnitt 1 Nr. 2.2 der Anl. 1 zur BBhV).

Bioresonatorentests/Bioresonanztherapie (Ganzheitsbehandlung)

Aufwendungen sind nicht beihilfefähig (Abschnitt 1 Nr. 2.3 der Anl. 1 zur BBhV, zur Bioresonanztherapie vgl. auch OLG Saarbrücken vom 27.2.2002, Az. 5 U 804/98-71 und OLG Koblenz vom 16.11.2001, Az. 10 U 355/01).

Blinden-Hilfsmittel/Mobilitätstraining

Aufwendungen für Blindenhilfsmittel, die erforderliche Unterweisung im Gebrauch des Langstockes sowie für eine Schulung in Orientierung und Mobilität sind nach Maßgabe des Abschnitts 3 Nr. 2 und 3 der Anl. 11 zur BBhV beihilfefähig. Ferner sind die Aufwendungen für ärztlich verordnete elektronische Systeme zur Informationsverarbeitung und Informationsausgabe (Spezialhardware und -software) für Blinde beihilfefähig (Nr. 4 a. a. O.). Aufwendungen für ein **GPS-Navigationssystem** (über andere Blindenhilfsmittel hinaus) sind nur in besonders gelagerten Fällen und nach überzeugendem fachärztlichen Gutachten beihilfefähig.

Im Übrigen → Hilfsmittel

Abweichungen in Bundesländern:
→ Rheinland-Pfalz (Ziff. 12)

Blutdruckmessgeräte

Aufwendungen sind beihilfefähig (Abschnitt 1 Nr. 2.14 der Anl. 11 zur BBhV). Sie gelten als Bestandteil einer → Selbstbehandlung, Selbstkontrolle.

Blutgruppenfeststellung

Aufwendungen zur Feststellung der Blutgruppe sind, falls die Feststellung anlässlich einer Erkrankung oder Entbindung erforderlich ist, beihilfefähig. Dient die Blutgruppenfeststellung jedoch anderen Zwecken (z. B. der Anlegung eines sog. Unfall-Schutzpasses), kann keine Beihilfe zu den dadurch entstandenen Aufwendungen gewährt werden.

Blutkristallisationstest zur Erkennung von Krebserkrankungen

Aufwendungen sind nicht beihilfefähig (Abschnitt 1 Nr. 2.4 der Anl. 1 zur BBhV).

Blutzuckermessgerät

Aufwendungen sind beihilfefähig (Abschnitt 1 Nr. 2.17 der Anl. 11 zur BBhV).

→ Gewebezuckermessgeräte

→ Selbstbehandlung, Selbstkontrolle

Beihilfefähig sind auch Geräte, bei denen Teststreifen und Stechhilfen integriert sind, auch solche mit farbiger Anzeige. Oftmals lassen sich die gemessenen Daten auch an ein digitales Tagebuch im Smartphone übermitteln.

Bogomoletz-Serum

Aufwendungen sind nicht beihilfefähig (Abschnitt 1 Nr. 2.5 der Anl. 1 zur BBhV).

Brachytherapie

Zur Bekämpfung von Prostatakrebs mittels dauerhafter Implantierung kleiner Strahlenquellen in die Prostata.

Die Aufwendungen sind beihilfefähig.

Brandenburg

Nach § 62 des Beamtengesetzes für das Land Brandenburg (LBG Bbg) gelten in Brandenburg die Beihilfevorschriften des Bundes. Aufwendungen für Wahlleistungen eines Krankenhauses sind jedoch von der Beihilfe ausgenommen, außer bei am 1.1.1999 vorhandenen schwerbehinderten Menschen. Abweichend vom Bundesbeihilferecht beträgt die Einkommensgrenze für berücksichtigungsfähige Angehörige 20 000 Euro (§ 62 Abs. 2 Satz 2 Nr. 1 LBG Bbg).

Seit dem Jahr 2020 haben Beamte ein Wahlrecht zwischen individueller Beihilfe und einem hälftigen Zuschuss zum Beitrag der gesetzlichen Krankenversicherung (pauschale Beihilfe) nach Maßgabe der Regelungen in § 62 Abs. 6 LBG Bbg.

Bremen

Nach der Bremischen Beihilfeverordnung (BremBVO) i. d. F. der Bekanntmachung vom 10.3.2020 (Brem.GBl. S. 60), zuletzt geändert durch die Dritte Verordnung zur Änderung der Bremischen Beihilfeverordnung vom 12.9.2023 (Brem.GBl. S. 508), bestehen gegenüber dem Bundesbeihilferecht folgende grundlegende Abweichungen:

1. Familien- und Haushaltshilfe/Häusliche Krankenpflege

Aufwendungen für eine Familien- und Haushaltshilfe sind stündlich bis zur Höhe des allgemeinen Mindestlohnes nach § 11 des Mindestlohngesetzes für höchstens 6 Stunden täglich beihilfefähig. Nach dem Tod der haushaltführenden Person sind die vorstehenden Aufwendungen für 6 Monate, in Ausnahmefällen für 12 Monate beihilfefähig (§ 4 Abs. 1 Nr. 5 BremBVO).

Bei vorübergehender häuslicher Krankenpflege sind die Aufwendungen bis zur Höhe des tariflichen oder ortsüblichen Entgelts einer Pflegekraft der öffentlichen oder freien gemeinnützigen Träger beihilfefähig (§ 4 Abs. 1 Nr. 4 BremBVO).

2. Wahlleistungen/Privatkliniken

Aufwendungen für Wahlleistungen eines Krankenhauses sind grundsätzlich nicht beihilfefähig (§ 80 Abs. 3 Satz 2 BremBG). Bei Behandlung in Privatkliniken sind die Aufwendungen (für allgemeine Krankenhausleistungen) nur bis zur Höhe bei einer

Behandlung in einem städtischen Krankenhaus Bremens oder Bremerhavens beihilfefähig (§ 4 Abs. 1 Nr. 2 BremBVO).

3. Arznei- und Verbandmittel, Beförderungskosten

Arznei- und Verbandmittel werden einheitlich um 6 Euro für jedes Arznei- und Verbandmittel (jedoch nicht mehr als den Abgabepreis) gekürzt (§ 4 Abs. 1 Nr. 6 BremBVO). Beförderungskosten sind bei ärztlicher Verordnung und im Übrigen nach Maßgabe von § 4 Abs. 1 Nr. 10 BremBVO beihilfefähig.

4. Sehhilfen/Hörgeräte

Sehhilfen für Erwachsene sind nur bei den in Nr. 12.1 Buchst. b) und c) der Anlage 4 zu § 4 Abs. 1 Nr. 9 BremBVO genannten Erkrankungen beihilfefähig.

Eine Versorgung mit Hörgeräten ist alle fünf Jahre beihilfefähig, sofern nicht aus medizinischen oder technischen Gründen eine frühere Versorgung zwingend notwendig ist. Die Aufwendungen für Hörgeräte einschließlich Nebenkosten sind für Personen ab 15 Jahren auf 1500 Euro je Ohr begrenzt (Nr. 7 der Anlage 4 zu § 4 Abs. 1 Nr. 9 BremBVO).

5. Suchtbehandlungen/Reha-Maßnahmen

Pauschalpreise und Tagessätze bei Suchtbehandlungen sind insoweit beihilfefähig, als Sozialversicherungsträger dafür eintreten (§ 5a Abs. 1 BremBVO).

Aufwendungen für stationäre Reha-Maßnahmen sind nur beihilfefähig, wenn diese innerhalb von vier Monaten nach der Anerkennung begonnen wurden (§ 5 Abs. 4 BremBVO).

6. Heilkuren

Heilkuren werden nach § 6 Abs. 10 BremBVO auch Ruhestandsbeamten gewährt, die wegen Dienstunfähigkeit in den Ruhestand versetzt wurden und bei denen die Kur zur Wiederherstellung der Dienstfähigkeit führt und damit eine erneute Berufung in das Beamtenverhältnis ermöglicht wird (ausgenommen Mutter-Kind- oder Vater-Kind-Rehabilitationsmaßnahmen). Es besteht für Heilkuren eine Wartezeit von sechs Jahren Beihilfeberechtigung bei erstmaliger Anerkennung einer solchen (§ 6 Abs. 7 Nr. 1 BremBVO). Die Beihilfe zu Aufwendungen für Verpflegung bei Heilkuren ist innerhalb eines Jahres nach Beendigung der Heilkur zu beantragen (§ 13 Abs. 2 Satz 2 BremBVO).

Pauschalpreise anlässlich Mutter-Kind- oder Vater-Kind-Rehabilitationsmaßnahmen, für die eine Preisvereinbarung mit einem Sozialversicherungsträger besteht, sind nur bis zur Höhe dieser Vereinbarung beihilfefähig (§ 6 Abs. 5 Satz 2 BremBVO).

7. Zahnärztliche Leistungen

Die Beihilfefähigkeit bestimmter zahnärztlicher Leistungen ist von der Dauer der Zugehörigkeit zum und vom Verbleiben im öffentlichen Dienst abhängig (§ 7 BremBVO). Material- und Laborkosten sind weiterhin in Höhe von 60 v. H. beihilfefähig.

8. Heilpraktiker

Zu Heilpraktikerkosten steht keine Beihilfe zu; dies gilt auch für von Heilpraktikern verordnete Arznei- und Verbandmitteln.

9. Todesfälle

Beim Tod des Beihilfeberechtigten wird zu dessen Aufwendungen bis zum Ableben Beihilfe zu dem Bemessungssatz gewährt, der ihm am Tag vor seinem Ableben zugestanden hätte.

Beim Tod des Beihilfeberechtigten erhalten auch andere als die in § 11 Abs. 1 BremBVO genannten natürlichen sowie juristische Personen Beihilfe, sofern sie Erbe sind.

10. Auslandsbehandlungen

Bei Auslandsbehandlungen im EU-Ausland ist abweichend vom Bundesrecht weiterhin ein Vergleich mit den Inlandskosten anzustellen (§ 10 Abs. 1 BremBVO).

11. Beihilfebemessungssätze ab 1.12.2022

Die Beihilfebemessungssätze für bremische Beihilfeberechtigte und ihre berücksichtigungsfähigen Angehörigen wurden zum 1.12.2022 neu geregelt (§ 80 Abs. 4 BremBG, § 12 BremBVO). Anstelle des früheren familienbezogenen Bemessungssystems orientieren sie sich nunmehr weitgehend an den Regelungen des Bundes und der überwiegenden Anzahl der Länder. Beihilfeberechtigte Personen mit maximal einem Kind erhalten mit der Neuregelung 50 Prozent Beihilfe. Für Beihilfeberechtigte mit mehr als einem Kind erhöht sich der Bemessungssatz auf 70 Prozent. Berücksichtigungsfähige Ehegatten oder eingetragene Lebenspartner erhalten ebenso 70 Prozent. Berücksichtigungsfähige Kinder haben mit der Neuregelung einen Anspruch auf einen 80-prozentigen Bemessungssatz. Für Versorgungsempfänger gelten die bisherigen Bemessungssätze unverändert weiter.

Die Einkommensgrenze für die Berücksichtigungsfähigkeit der Aufwendungen von Ehegatten oder eingetragenen Lebenspartnern liegt weiterhin bei 12 000 Euro (§ 80 Abs. 2 Satz 3 BremBG, § 1b Abs. 3 BremBVO).

12. Selbstbehalt (§ 80 Abs. 6 BremBG, § 12a BremBVO)

Die beihilfefähigen Aufwendungen (ausgenommen bei dauernder Pflegebedürftigkeit) sind um 48 Euro je Kalenderjahr zu mindern. Für bremische Beamtinnen und Beamte der Besoldungsgruppen A 5 bis einschl. A 9 ist der sog. Selbstbehalt mit dem Inkrafttreten des BremBBVAnpG 2022 (Brem.GBl. S. 728) zum 1.12.2022 entfallen.

13. Antragsgrenze

Die Antragsgrenze beträgt 200 Euro.

Sofern die beihilfefähigen Aufwendungen aus sechs Monaten die Antragsgrenze von 200 Euro nicht überschreiten, ist Beihilfe zu gewähren (kein Mindestbetrag, § 13 Abs. 3 BremBVO). Entsprechendes gilt für gesetzlich Versicherte, die anstelle von Sachleistungen Kostenerstattung beansprucht haben.

14. Abschläge/Hilfe bei Schadenersatzansprüchen

In Ausnahmefällen können mit Zustimmung des Beihilfeberechtigten Abschläge auf die Beihilfe auch Dritten gezahlt werden (§ 13 Abs. 4 BremBVO).

Beim Vorliegen eines Anspruchs auf Schadenersatz kann bei noch nicht erfüllten Ansprüchen vorübergehend eine finanzielle Hilfe gewährt werden (§ 3 Abs. 9 BremBVO).

15. Wahlrecht zwischen Beihilfe und Beitragszuschuss

Neu eingestellte Beamte können ab 2020 zwischen der Gewährung von individueller Beihilfe (bei privater Krankenversicherung) und einem **Zuschuss zum Beitrag ihrer freiwilligen gesetzlichen oder privaten Krankenvollversicherung (sog. pauschale Beihilfe) nach Maßgabe der Regelungen in § 80 Abs. 7 und 8 BremBG** wählen.

Bruchbänder

Aufwendungen sind beihilfefähig (Abschnitt 1 Nr. 2.19 der Anl. 11 zur BBhV).

Bruchheilung von Eingeweiden (Hernien) ohne Operation

Aufwendungen sind nicht beihilfefähig (Abschnitt 1 Nr. 2.7 der Anl. 1 zur BBhV).

Brustoperationen

Aufwendungen für medizinisch sinnvolle und notwendige Brustoperationen sind beihilfefähig. Dies gilt für den Brustaufbau nach einer Krebsoperation, aber auch für die Beseitigung von Brustfehlbildungen oder Brustverkleinerungen. Eine zwingende Notwendigkeit für eine Operation wird zu verneinen sein, wenn eine straffere Form der Haut wieder hergestellt werden soll.

Da die weibliche Brustgröße keinen regelwidrigen Körperzustand darstellt, sind Aufwendungen für eine Vergrößerung oder Verkleinerung der Brust nicht beihilfefähig (vgl. LSG Baden-Württemberg, Az.: L 5 KR 447/17). Bei einem chirurgischen Wiederaufbau der weiblichen Brust nach einer Krebsoperation sind beide Brüste so zu rekonstruieren, dass eine asymmetrische Belastung durch die beiden Brüste vermieden wird (Sozialgericht Düsseldorf vom 13.6.2019, Az.: S 8 KR 392/18).

Brustprothesenhalter (orthopädische Büstenhalter)

Angemessene Aufwendungen für Brustprothesenhalter (orthopädische Büstenhalter) sind unter Abzug des Eigenbehalts nach § 49 Abs. 1 Satz 1 Nr. 2 BBhV beihilfefähig. Dies gilt auch für orthopädische Badeanzüge usw. Zum Ausgleich für ersparte Kosten der allgemeinen Lebenshaltung (übliche Kleidung) ist daneben ein Abzug von 15 Euro (bei orthopädischen Badeanzügen, Bodys oder Korseletts 40 Euro) von den beihilfefähigen Kosten vorzunehmen (Abschnitt 1 Nr. 11.13 der Anl. 11 zur BBhV → Körperersatzstücke).

Aus hygienischen Gründen ist zudem eine Zweitausstattung als beihilfefähig anzusehen, wobei bei Brustprothesenhaltern von einer Tragezeit von neun bis zwölf Monaten ausgegangen werden kann.

Bundesfreiwilligendienst

Nach dem Bundesfreiwilligengesetz vom 28.4.2011 (BGBl. I S. 687) engagieren sich Frauen und Männer freiwillig für das in

§ 1 BFDG beschriebene Allgemeinwohl für die Dauer von mindestens 6 Monaten, verlängerbar bis 24 Monate. Außer anderen sozialen Leistungen erhalten Freiwillige ein Taschengeld von derzeit höchstens 414 Euro (2020), also keine Bezahlung. Es besteht keine Beihilfeberechtigung.

Bundesversorgungsgesetz

Das Wichtigste in Kürze

- Stehen einem Beihilfeberechtigten oder einem berücksichtigungsfähigen Angehörigen Leistungen nach dem Bundesversorgungsgesetz (BVG) zu, sind die Aufwendungen nur insoweit beihilfefähig, als sie über die nach dem BVG gewährten Leistungen hinausgehen.
- Werden die nach dem BVG zustehenden Leistungen auf Heilbehandlung für solche Gesundheitsstörungen, die als Folge einer Schädigung anerkannt oder durch eine anerkannte Schädigungsfolge verursacht worden sind, nicht in Anspruch genommen, sind sie gleichwohl als zustehende Leistungen bei der Beihilfefestsetzung zu berücksichtigen:
  a) Aufwendungen für Arzneimittel in voller Höhe
  b) andere Aufwendungen, deren fiktiver Leistungsanteil nicht nachgewiesen wird oder ermittelt werden kann, in Höhe von 50 v. H.

  Die Beihilfe wird in diesen Fällen von den um die zustehenden Leistungen verminderten beihilfefähigen Aufwendungen berechnet.
- Werden die nach dem BVG zustehenden Leistungen auf sonstige Heilbehandlung oder auf Krankenbehandlung nicht in Anspruch genommen, wird die Beihilfe nach den ungekürzten Aufwendungen, soweit diese beihilfefähig sind, berechnet. In diesen Fällen besteht somit ein Wahl-

recht zwischen den Leistungen nach dem BVG und der Beihilfe. Wird das Wahlrecht zugunsten der nach dem BVG zustehenden Leistungen ausgeübt, wird daneben ggf. eine Beihilfe zu den die Leistungen nach dem BVG übersteigenden Aufwendungen, soweit diese beihilfefähig sind, gewährt. Zumeist wird sich daher derjenige, der das Wahlrecht zugunsten der Leistungen nach dem BVG ausübt und daneben ggf. eine Beihilfe in Anspruch nimmt, am besten stellen.

1. Geltungsbereich

Nach dem BVG erhalten Personen, die durch eine militärische oder militärähnliche Verrichtung oder durch einen Unfall während der Ausübung des militärischen oder militärähnlichen Dienstes oder durch die diesem Dienst eigentümlichen Verhältnisse eine gesundheitliche Schädigung erlitten haben, wegen der gesundheitlichen und wirtschaftlichen Folgen der Schädigung auf Antrag **Versorgung**. Die Versorgung gleicht die Folgen gesundheitlicher Schäden durch Heil- und Krankenbehandlung, durch Maßnahmen der Kriegsopferfürsorge und durch Geldleistungen aus. Bei den Hinterbliebenen der Geschädigten werden die durch den Tod des Ernährers eingetretenen wirtschaftlichen Folgen gemildert.

Das BVG findet aufgrund von Sondergesetzen (z. T. mit Einschränkungen) entsprechend Anwendung auf z. B. Soldaten der Bundeswehr und der früheren Wehrmacht, Hinterbliebene von Impfgeschädigten i. S. des Infektionsschutzgesetzes, Opfer von Gewalttaten.

Zur Kriegsopferversorgung zählen insbesondere:

a) die Heilbehandlung (§ 10 Abs. 1 und 2 BVG)
b) die Krankenbehandlung (§ 10 Abs. 4 und 5 BVG)

c) Leistungen zur Förderung der Gesundheit und zur Verhütung und Früherkennung von Krankheiten sowie Leistungen bei Schwangerschaft und Mutterschaft (§ 10 Abs. 6 BVG)
d) die stationäre Behandlung in einer Kureinrichtung, sog. Badekuren (§ 11 Abs. 2 BVG)

Berechtigte und Leistungsempfänger, die Leistungen nach dem BVG in Anspruch nehmen wollen, sollen dem Arzt für jedes Kalendervierteljahr einen **Bundesbehandlungsschein** vorlegen.

Die **Leistungen im Rahmen der Heil- und Krankenbehandlung** nach dem BVG werden als → Sach- und Dienstleistungen erbracht und entsprechen im Allgemeinen denen der → gesetzlichen Krankenversicherung. Die Sach- und Dienstleistungen sind den Berechtigten und Leistungsempfängern ohne Beteiligung an den Kosten zu gewähren; das gilt auch für den Ersatz der Fahrtkosten im Rahmen der Heil- und Krankenbehandlung durch die Krankenkassen. Die für Mitglieder der GKV vorgesehenen Zuzahlungen entfallen daher. Wer ein Opfer an Gesundheit für die Gemeinschaft erbracht hat, erhält die medizinisch notwendigen Arznei-, Heil- und Hilfsmittel, Krankenhausbehandlungen und Krankenfahrten ohne Beteiligung an den Kosten. Das gilt für alle Kriegsopfer, die als Krankenversicherte wegen ihres Kriegsleidens behandelt werden, ebenso für alle Kriegsbeschädigten und versorgungsberechtigten Hinterbliebenen, die von der Krankenkasse einen Bundesbehandlungsschein erhalten.

Im Rahmen der Krankenhilfe in der Kriegsopferversorgung sind in begründeten Ausnahmefällen auch Leistungen möglich, die der Leistungskatalog der GKV nicht umfasst. Dabei ist jedoch Folgendes zu beachten:

Der Anspruch ist auf diejenigen **Arznei- und Verbandmittel** begrenzt, die im Rahmen der GKV gewährt werden. Soweit für bestimmte Arznei- und Verbandmittel Festbeträge festgesetzt sind, besteht nur auf diese Mittel ein Anspruch. Übersteigen die tatsächlichen Kosten die Festbeträge, hat der Patient den übersteigenden Betrag selbst zu zahlen. Die Regelung über den Ausschluss bestimmter Arzneimittel (z. B. Schmerz- und Hustenmittel) von der Versorgung gilt auch für den Bereich des BVG. Soweit solche Mittel wegen der Schädigungsfolgen erforderlich sind, können sie im Wege des Härteausgleichs gewährt werden.

Bei der Versorgung mit **Zahnersatz** oder mit **Hilfsmitteln** dürfen Sach- und Dienstleistungen auf Antrag in Umfang, Material und Ausführung über das Maß des Notwendigen hinaus erbracht werden, wenn auch dadurch der Versorgungszweck erreicht wird und der Berechtigte oder Leistungsempfänger die Mehrkosten übernimmt. Führt eine solche Mehrleistung bei Folgeleistungen zu Mehrkosten, hat diese der Berechtigte oder Leistungsempfänger zu übernehmen.

Der Berechtigte kann den für die notwendige **Krankenhausbehandlung** erforderlichen Betrag als Zuschuss erhalten, wenn er oder der Leistungsempfänger Wahlleistungen in Anspruch nimmt.

Brillen und Kontaktlinsen werden als Sachleistungen ohne Kostenbeteiligung gewährt. Das bedeutet, dass die Lieferung von Kontaktlinsen, die nur in medizinisch zwingend erforderlichen Ausnahmefällen möglich ist, die Lieferung des notwendigen Zubehörs (Pflegemittel) mit umfasst. Sofern für Brillen Festbeträge festgesetzt werden, gelten diese auch für den Bereich des BVG; Aufwendungen für Brillengestelle werden nicht ersetzt.

2. Heilbehandlung

Heilbehandlung erhalten:

a) Beschädigte für Gesundheitsstörungen, die als Folge einer Schädigung anerkannt oder durch eine anerkannte Schädigungsfolge verursacht worden sind (§ 10 Abs. 1 BVG)
b) Schwerbeschädigte (d. h. Beschädigte mit einem GdB von 50 oder mehr) auch für Gesundheitsstörungen, die nicht als Folge einer Schädigung anerkannt sind (§ 10 Abs. 2 BVG)

Die Heilbehandlung umfasst (§ 11 Abs. 1 BVG):

a) ambulante ärztliche und zahnärztliche Behandlung
b) Versorgung mit Arznei- und Verbandmitteln
c) Versorgung mit Heilmitteln einschl. Krankengymnastik, Bewegungstherapie, Sprachtherapie und Beschäftigungstherapie sowie mit Brillengläsern und Kontaktlinsen
d) Versorgung mit Zahnersatz
e) Behandlung in einem Krankenhaus
f) Behandlung in einer Rehabilitationseinrichtung
g) häusliche Krankenpflege
h) orthopädische Versorgung
i) Belastungserprobung und Arbeitstherapie
j) Psychotherapie als ärztliche und psychotherapeutische Behandlung und Soziotherapie

3. Krankenbehandlung

Krankenbehandlung erhalten (§ 10 Abs. 4 und 5 BVG):

a) der Schwerbeschädigte für den Ehegatten oder Lebenspartner und die Kinder sowie für sonstige Angehörige, die mit ihm in häuslicher Gemeinschaft leben und von ihm überwiegend unterhalten werden
b) Beschädigte mit einem GdB von weniger als 50 für sich und die vorstehend unter a) genannten Angehörigen, wenn der Berechtigte an einer Leistung zur Teilhabe am Arbeitsleben (Rehabilitation) teilnimmt
c) Empfänger einer Pflegezulage für Personen, die deren unentgeltliche Wartung und Pflege nicht nur vorübergehend übernommen haben
d) Witwen/Witwer und hinterbliebene Lebenspartner, Waisen und versorgungsberechtigte Eltern

Bisherige Leistungsempfänger, die nach dem Tod des Schwerbeschädigten nicht zu den vorstehend unter d) genannten Personen gehören, können weiter Krankenbehandlung erhalten, wenn sie keinen wirksamen Krankenversicherungsschutz unter zumutbaren Bedingungen erreichen können (§ 10 Abs. 4 Satz 3 BVG). Ein wirksamer Schutz ist nicht gegeben, wenn ein bisheriger Leistungsempfänger weder eine Mitgliedschaft bei einer Krankenkasse erwerben kann noch von einem privaten Krankenversicherungsunternehmen aufgenommen wird, oder wenn der Krankenversicherungsschutz wegen des Ausschlusses vorhandener Leiden praktisch wertlos ist. Sofern zwar ein Krankenversicherungsschutz zu erlangen ist, der Beitrag den bisherigen Leistungsempfänger wegen seiner finanziellen Situation jedoch unzumutbar belasten würde, können die Voraussetzungen für eine Weitergewährung der Krankenbehandlung nach § 10 Abs. 4 Satz 3 BVG ebenfalls als erfüllt angesehen werden. Der Abschluss einer Krankenversicherung ist unzumutbar, wenn der künftige Krankenversicherungsbeitrag den Beitrag übersteigt, der sich aus dem Einkommen des bisherigen Leistungsempfängers und dem Beitragssatz der für seinen Wohnsitz zuständigen Allgemeinen Ortskrankenkasse ergibt.

Die Krankenbehandlung umfasst die gleichen Maßnahmen wie die Heilbehandlung, ausgenommen die Versorgung mit Zahnersatz (§ 12 Abs. 1 BVG); sie entspricht weitgehend den Leistungen, zu denen die → gesetzliche Krankenversicherung gegenüber ihren Mitgliedern verpflichtet ist. Zu den notwendigen Kosten der Beschaffung von Zahnersatz können den Berechtigten Zuschüsse gewährt werden (§ 12 Abs. 2 BVG). Unter bestimmten Voraussetzungen (§ 12 Abs. 3 BVG) kann Ehegatten, Lebenspartnern und Eltern von Pflegezulageempfängern sowie Personen, die die unentgeltliche Wartung und Pflege eines Pflegezulageempfängers übernommen haben, eine Badekur bewilligt werden.

4. Anspruchsausschluss bei Heilbehandlungen

Der Anspruch auf Heilbehandlung für Gesundheitsschäden, die nicht Folge einer Schädigung sind, sowie der Anspruch auf Krankenbehandlung sind gem. § 10 Abs. 7 BVG ausgeschlossen, wenn

- der Berechtigte ein Einkommen hat, das die jährliche Versicherungspflichtgrenze (Jahresarbeitsentgeltgrenze) der GKV (Betrag → Bemessungsgrenzen) übersteigt, es sei denn, dass der Berechtigte Anspruch auf Pflegezulage hat oder die Heilbehandlung wegen der als Folge einer Schädigung anerkannten Gesundheitsstörung nicht durch eine Krankenversicherung sicherstellen kann, oder
- der Berechtigte oder derjenige, für den die Krankenbehandlung begehrt wird (Leistungsempfänger), nach dem 31.12.1982 von der Versicherungspflicht in der GKV befreit worden ist, oder
- der Leistungsempfänger ein über der Jahresarbeitsentgeltgrenze der GKV liegendes Einkommen hat, es sei denn, dass der Berechtigte Anspruch auf Pflegezulage hat, oder
- ein Sozialversicherungsträger zu einer entsprechenden Leistung verpflichtet ist, oder
- Anspruch auf entsprechende Leistungen aus einem Vertrag, ausgenommen Ansprüche aus einer privaten Kranken- oder Unfallversicherung, besteht, oder
- soweit die Heil- oder Krankenbehandlung durch ein anderes Gesetz sichergestellt ist.

5. Beihilfefähige Aufwendungen

Stehen einem Beihilfeberechtigten oder einem berücksichtigungsfähigen Angehörigen Leistungen nach dem BVG zu, sind die Aufwendungen nur insoweit beihilfefähig, als sie über die nach dem BVG gewährten Leistungen hinausgehen. Dies und auch ein völliger Beihilfeausschluss verstößt nicht gegen höherrangiges Recht, auch nicht gegen die Fürsorgepflicht (BayVerfGH vom 24.6.2008, Az. Vf.3 – VII/07). Beihilfe wird folglich zu den beihilfefähigen Aufwendungen, abzüglich der nach dem BVG gewährten Leistungen, gezahlt (§ 9 Abs. 1 BBhV). Es muss sich somit um Leistungen handeln, die zwar beihilfefähig, nicht aber als BVG-Leistung vorgesehen sind (z. B. privatärztliche Behandlung, Inanspruchnahme eines Zweibettzimmers als Wahlleistung im Krankenhaus oder Behandlung durch einen → Heilpraktiker): Wer BVG-Leistungen in Anspruch nimmt, dem sollen höherwertige Leistungen, soweit diese beihilfefähig sind, nicht vorenthalten werden.

Sind nach dem BVG **zustehende Leistungen nicht in Anspruch genommen** worden, werden die zustehenden Leistungen dennoch auf die beihilfefähigen Aufwendungen angerechnet, wenn es sich um den Anspruch auf Heilbehandlung nach § 10 Abs. 1, 3 und 5 BVG handelt, d. h. um den Anspruch auf:

- Heilbehandlung für Gesundheitsstörungen, die als Folge einer Schädigung anerkannt oder durch eine anerkannte Schädigungsfolge verursacht worden sind (§ 10 Abs. 1 BVG)
- Versehrtenleibesübungen zur Wiedergewinnung und Erhaltung der körperlichen Leistungsfähigkeit (§ 10 Abs. 3 BVG)
- Krankenbehandlung bei Leistungen zur Teilhabe am Arbeitsleben (Rehabilitation) (§ 10 Abs. 5 BVG)

In diesen Fällen sind die zustehenden Leistungen für:

- Arzneimittel in voller Höhe
- andere Aufwendungen, deren fiktiver Leistungsanteil nicht nachgewiesen wird oder ermittelt werden kann, in Höhe von 50 v. H.

zu berücksichtigen, d. h. auf die beihilfefähigen Aufwendungen anzurechnen, so dass die Beihilfe nur noch von dem **reduzierten Betrag** zu berechnen ist. Auf diese Weise wird in den genannten Fällen ein starker Zwang zur Inanspruchnahme der nach dem BVG zustehenden Leistungen ausgeübt. Werden diese Leistungen nicht in Anspruch genommen, ergeben sich für den Beihilfeberechtigten finanzielle Einbußen. Dadurch kommt das Subsidiaritätsprinzip, d. h. die vorrangige Inanspruchnahme anderer Ansprüche auf Heilbehandlung, Krankenhilfe, Kostenerstattung usw. zum Zuge. Wie sich die Regelung auswirkt, ist im Beispiel unter dem Stichwort → Subsidiaritätsprinzip (Ziff. 4, 5) ausgeführt.

Ein **echtes Wahlrecht** besteht hinsichtlich der nach dem BVG bestehenden sonstigen Ansprüche auf Heil- und Krankenbehandlung, insbesondere für die Ansprüche auf:

- Heilbehandlung für Schwerbeschädigte hinsichtlich der Gesundheitsstörungen, die nicht als Folge einer Schädigung anerkannt sind (§ 10 Abs. 2 BVG)
- Krankenbehandlung für den Ehegatten oder Lebenspartner, die Kinder und sonstige Angehörige des Schwerbeschädigten (Letztere, soweit sie mit dem Schwerbeschädigten in häuslicher Gemeinschaft leben und von ihm überwiegend unterhalten werden)
- Krankenbehandlung für Beschädigte mit einem GdB von weniger als 50 für sich und die genannten Angehörigen, wenn der Berechtigte an einer berufsfördernden Maßnahme zur Rehabilitation teilnimmt

Wird in diesen Fällen das **Wahlrecht zugunsten der Gewährung einer Beihilfe** (unter Verzicht auf die Leistungen nach dem BVG) ausgeübt, wird die Beihilfe von den ungekürzten Aufwendungen, soweit diese beihilfefähig sind, berechnet (§ 9 Abs. 3 Satz 4 Nr. 1 BBhV). Der Beihilfeberechtigte bzw. die berücksichtigungsfähige Person wird demnach so behandelt, als wenn es keine Ansprüche nach dem BVG gäbe.

Wird das **Wahlrecht zugunsten des Anspruchs nach dem BVG** ausgeübt, erhält der Beihilfeberechtigte daneben dennoch eine Beihilfe zu den im Einzelfall über die nach dem BVG hinausgehenden Aufwendungen, soweit diese beihilfefähig sind. Im Ergebnis stellt sich der Beihilfeberechtigte deshalb finanziell besser, wenn er zunächst die Leistungen nach dem BVG in Anspruch nimmt; diese Leistungen erhält er – bis auf einige Ausnahmen – voll, während zu den übersteigenden Leistungen, soweit diese beihilfefähig sind, eine Beihilfe gewährt wird. Die danach verbleibende – und ggf. durch eine private Krankenversicherung abzudeckende – finanzielle Lücke wird i. d. R. kleiner sein, als wenn auf die Leistungen nach dem BVG verzichtet und nur eine Beihilfe in Anspruch genommen wird. Für den Beihilfeberechtigten ergeben sich bei der Kombination BVG/Beihilfe (Ausübung des Wahlrechts für das BVG, daneben noch Beihilfe) insbesondere Einsparungen beim Beitrag für eine private Krankenversicherung, die sich auf solche Leistungen beschränken kann, die über den bestehenden Grundschutz des BVG hinausgehen (z. B. auf Krankenhaustagegeldversicherung, Zusatzversicherung für die Wahlleistungen Ein- oder Zweibettzimmer und Chefarztbehandlung im Krankenhaus sowie ambulante Zusatzversicherung).

Bundeswehr

Nach der Allgemeinen Verwaltungsvorschrift des Bundesministeriums für Verteidigung zu § 31 SG finden die Beihilfevorschriften Bund auf folgenden Personenkreis entsprechende Anwendung:

- Berufssoldaten
- Soldaten auf Zeit (nicht Freiwilligen Wehrdienst Leistende)
- Soldaten im Ruhestand sowie ehemalige Berufssoldaten und Soldaten auf Zeit der Bundeswehr
- Witwen und Kinder der genannten Personen

Voraussetzung dafür ist, dass sie Dienstbezüge, Ausbildungsgeld, Ruhegehalt, Witwengeld, Waisengeld, Unterhaltsbeitrag oder aufgrund gesetzlichen Anspruchs Übergangsgebührnisse oder Versorgungskrankengeld erhalten.

Da die aktiven Soldaten für ihre Person nach § 69a Abs. 1 BBesG Anspruch auf unentgeltliche → truppenärztliche Versorgung haben und diese Krankenversorgung den Leistungen nach den

Beihilfevorschriften vorgeht (→ Subsidiaritätsprinzip), haben die Beihilfevorschriften für diesen Personenkreis i. d. R. praktische Bedeutung nur nach Eintritt des Versorgungsfalles sowie hinsichtlich der → berücksichtigungsfähigen Angehörigen, d. h. insbesondere für die Ehefrau, den Lebenspartner und die Kinder.

Beihilfen werden **nicht** Versorgungsempfängern gewährt, die im öffentlichen Dienst mit Beihilfeberechtigung beschäftigt sind.

→ Soldaten

Burnout

Diese Krankheit wird oftmals verursacht durch Umstände im Arbeitsleben, wie übermäßige Beanspruchung, Arbeitsverdichtung, Hetze, mangelnde Identifikation mit der Arbeit oder dem Arbeitgeber, Schichtarbeit. Bei einem Burnout zeigen sich Symptome wie Depressivität, Selbstmordgefährdung, Konzentrations- und Gedächtnisschwächen oder existenzielle Verzweiflung; er kann aber auch Risikozustand für nachfolgende psychische oder körperliche Erkrankungen sein (vgl. Deutsches Ärzteblatt 2012 S. 3610). Es werden insbesondere psychotherapeutische Behandlungen anzuerkennen und damit beihilfefähig sein. Diese Kosten werden i. d. R. auch von der Krankenversicherung übernommen.

Einem Burnout können Erkrankungen wie Depressionen, aber auch gastrointestinale Beschwerden sowie Schlaf- und Angststörungen folgen. Deren Behandlungskosten sind beihilfefähig.

Chirurgische Hornhautkorrektur durch Laserbehandlung

Aufwendungen für Chirurgische Hornhautkorrektur durch Laserbehandlung sind nur beihilfefähig, wenn keine Korrektur durch Brillen oder Kontaktlinsen nach augenärztlicher Feststellung möglich ist. Vor Behandlungsbeginn ist die Zustimmung der Beihilfestelle und in Zweifelsfällen ein Gutachten einzuholen (Abschnitt 2 Nr. 13 Buchstabe b der Anl. 1 zur BBhV).

Colon-Hydro-Therapie und ihre Modifikationen

Aufwendungen sind nicht beihilfefähig (Abschnitt 1 Nr. 3.1 der Anl. 1 zur BBhV).

Coronatest

Falls ein Coronatest notwendig ist, leisten sowohl die gesetzliche als auch die private Krankenversicherung. Zu den ungedeckten Aufwendungen steht Beihilfe zu. Leistungspflicht der Krankenversicherung besteht auch, wenn ärztlicher Rat über Facetime oder WhatsApp erfolgt, also auch, wenn über Telefon Rezepte ausgestellt werden. Eine anerkannte Therapie steht (zum Zeitpunkt des Redaktionsschlusses dieser Auflage) nicht zur Verfügung.

Cytotoxologische Lebensmitteltests

Aufwendungen sind nicht beihilfefähig (Abschnitt 1 Nr. 3.3 der Anl. 1 zur BBhV).

Dauernde Pflegebedürftigkeit

Das Wichtigste in Kürze

- Bei dauernder Pflegebedürftigkeit wird zu den Aufwendungen für eine notwendige häusliche, teilstationäre oder vollstationäre Pflege eine Beihilfe zu den Pflegekosten gewährt.
- Häusliche oder teilstationäre Pflege dauernd Pflegebedürftiger:

  a) Pflege durch Berufspflegekräfte: Die Aufwendungen für Pflegebedürftige sind ab 1.1.2024 monatlich in folgender Höhe beihilfefähig: Pflegebedürftige mit Pflegegrad 2 bis 761 Euro; mit Pflegegrad 3 bis 1432 Euro; mit Pflegegrad 4 bis 1778 Euro; mit Pflegegrad 5 bis 2200 Euro

  b) Pflege durch andere geeignete Personen (auch Familienangehörige): Gewährung einer kalendermonatlichen Pauschalbeihilfe ab 1.1.2024 in Höhe von

  – 332 Euro Pflegegrad 2;
  – 573 Euro Pflegegrad 3;
  – 765 Euro Pflegegrad 4;
  – 947 Euro Pflegegrad 5.

  Zweckentsprechende Leistungen Dritter werden angerechnet. Für Personen, die nicht pflegeversichert sind, werden die genannten Beträge zur Hälfte gewährt. Wird die Pflege teilweise durch Berufspflegekräfte und andere geeignete Personen erbracht, wird die Pauschalbeihilfe anteilig gewährt.
- Bei vollstationärer Pflege dauernd Pflegebedürftiger in zugelassenen Pflegeeinrichtungen sind neben den Pflegekosten auch die Kosten der Unterkunft und Verpfle-

gung beihilfefähig, allerdings nur, soweit sie einen einkommensabhängigen Eigenanteil übersteigen.

- Soweit keine Pauschalbeihilfe oder eine Beihilfe in Höhe der Leistungen der sozialen Pflegeversicherung in Betracht kommt, richtet sich die Höhe der Beihilfe nach den üblichen Bemessungssätzen (z. B. bei Versorgungsempfängern 70 v. H.).
- Beihilfen in Pflegefällen werden ab Beginn des Monats der ersten Antragstellung gewährt, frühestens jedoch ab dem Zeitpunkt, von dem an die Anspruchsvoraussetzungen vorliegen.
- Nach einer vorliegenden Studie müssen Bewohner von Pflegeheimen durchschnittlich mehr als 660 Euro der monatlichen Pflegekosten tragen. Zusammen mit dem Eigenanteil an Verpflegungs-, Unterkunfts- und Investitionskosten beträgt der Eigenanteil fast 1900 Euro monatlich.

Abweichungen in Bundesländern:

→ Baden-Württemberg (Ziff. 17)
→ Bayern (Ziff. 13)
→ Berlin (Ziff. 18)
→ Bremen (Ziff. 5)
→ Hamburg (Ziff. 11, 12)
→ Hessen (Ziff. 10)
→ Niedersachsen (Ziff. 17 bis 19)
→ Nordrhein-Westfalen (Ziff. 7)
→ Rheinland-Pfalz (Ziff. 13)
→ Saarland (Ziff. 5, 6)
→ Sachsen (Ziff. 15)
→ Schleswig-Holstein (Ziff. 21)
→ Thüringen (Ziff. 13)

1. Begriff

Der nach § 37 BBhV für die Beihilfe maßgebliche Begriff der **Pflegebedürftigkeit** bestimmt sich seit 1.1.2017 nach § 14 SGB XI i. d. F. des Zweiten Pflegestärkungsgesetzes vom 21.12.2015 (BGBl. I S. 2424). Er geht von einem neuen Begutachtungssystem aus, wobei der tatsächliche Unterstützungsbedarf des Pflegebedürftigen besser erfasst wird. Dies gilt unabhängig davon, ob jemand an körperlichen Einschränkungen oder z. B. solchen aufgrund einer Demenz leidet. Ausgedrückt wird die Pflegebedürftigkeit nicht mehr in vier Pflegestufen, sondern in fünf Pflegegraden, jeweils bemessen nach dem Grad der Beeinträchtigung der Selbstständigkeit. Bei Kindern wird der Pflegegrad durch einen Vergleich der Beeinträchtigungen ihrer Selbstständigkeit und ihrer Fähigkeitsstörungen mit altersentsprechend entwickelten Kindern ermittelt.

Derzeit leben in Deutschland etwa 3,4 Mio. pflegebedürftige Menschen, davon rd. 830 000 Menschen in stationären Pflegeeinrichtungen.

Bei am 31.12.2016 vorhandenen Pflegebedürftigen erfolgt die Zuordnung zu den Pflegegraden ohne erneute Antragstellung und Begutachtung. Dabei werden Menschen mit körperlichen Beeinträchtigungen automatisch von ihrer Pflegestufe und dem nächsthöheren Pflegegrad, Menschen mit dauerhaften erheblichen Einschränkungen der Alltagskompetenz dem übernächsten Pflegegrad zugewiesen (z. B. ein Pflegebedürftiger der Pflegestufe 0 wird in Pflegegrad 2 übergeleitet). Die Überleitung ist so angelegt, dass weiterhin Leistungen der Pflegeversicherung mindestens in bisherigem Umfang, zumeist aber höhere Leistungen zustehen.

Pflegebedürftige mit Pflegegrad 1 erhalten nur die in § 28a SGB XI bezeichneten Leistungen und dem folgend auch nur die entsprechend eingeschränkte Beihilfe. So steht z. B. keine Beihilfe zu Kosten einer häuslichen Pflege zu. → Private Pflege-Pflichtversicherung → Soziale Pflegeversicherung

Die Pflege schließt die Sterbebegleitung ein (§ 28 Abs. 4 SGB XI).

Erwachsene Kinder sind erst ab einem Jahreseinkommen von 100 000 Euro brutto zu Unterhaltsleistungen verpflichtet, sofern die Eltern die Kosten der Pflege nicht mehr zahlen können.

2. Beihilfefähigkeit

Die Beihilfefähigkeit umfasst die bei einer häuslichen, teilstationären und vollstationären Pflege entstehenden Aufwendungen für Grundpflege und hauswirtschaftliche Versorgung. Daneben sind die Aufwendungen für eine häusliche Krankenpflege nach § 27 BBhV (→ vorübergehende Pflegebedürftigkeit) beihilfefähig.

Zu Aufwendungen von Pflegebedürftigen des Pflegegrades 1 steht allein Beihilfe nach Maßgabe des § 39b BBhV zu (vgl. § 38 Nr. 2 BBhV). Für diese kann folglich z. B. keine Beihilfe zu Aufwendungen einer häuslichen Pflege (einschl. Pauschalbeihilfe nach § 38a Abs. 3 BBhV) gewährt werden.

Aufwendungen für **Pflegehilfsmittel** (§ 40 Abs. 1 bis 3 und 5 SGB XI), die zur Erleichterung der Pflege oder zur Linderung der Beschwerden des Pflegebedürftigen beitragen oder diesem eine selbstständige Lebensführung ermöglichen, sowie Maßnahmen zur Verbesserung des Wohnumfeldes (§ 40 Abs. 4 SGB XI) sind nur beihilfefähig, wenn auch ein Anspruch auf anteilige Zuschüsse für die jeweiligen Leistungen gegen die private oder soziale Pflegeversicherung besteht (§ 38g Abs. 1 Satz 2 BBhV). Bei privater Pflegeversicherung ist der Betrag dem Grunde nach beihilfefähig, der bei der Berechnung der anteiligen Versicherungsleistungen zugrunde gelegt worden ist (§ 38g Abs. 3 Satz 3 BBhV). Werden Aufwendungen für Pflegehilfsmittel von der privaten oder sozialen Pflegeversicherung als solche nicht bezuschusst oder anerkannt, sind die Aufwendungen nach § 25 BBhV auf Beihilfefähigkeit zu prüfen (VV 38g.2). Die Zuzahlung je Hilfsmittel beträgt 10 v. H. des Abgabepreises, höchstens 25 Euro (§ 40 Abs. 2 SGB XI). Die Aufwendungen der Pflegekasse für zum Verbrauch bestimmte Hilfsmittel dürfen den Betrag von 40 Euro monatlich (bis 31.12.2021: 60 Euro) nicht übersteigen. Hat die Pflegeversicherung den monatlichen Bedarf für zum Verbrauch bestimmte Hilfsmittel pauschal ohne Vorlage von Rechnungen anerkannt, kann auch die Beihilfestelle Beihilfe ohne Kostennachweis gewähren (vgl. VV 38g.3).

Technische Hilfsmittel sollen von den Pflegekassen in geeigneten Fällen vorrangig leihweise zur Verfügung gestellt werden (§ 40 Abs. 3 SGB XI). Zur **Verbesserung des individuellen Wohnumfelds** können auch finanzielle Zuschüsse bis zu 4000 Euro je Maßnahme gewährt werden. Wenn mehrere Anspruchsberechtigte in Wohngruppen zusammen wohnen, erhöht sich der Höchstbetrag auf bis zu 16 000 Euro und wird bei mehr als vier Anspruchsberechtigten anteilig auf die Versicherungsträger der Anspruchsberechtigten verteilt (§ 40 Abs. 4 SGB XI).

Beihilfefähig ist auch der sog. Entlastungsbetrag nach § 45b SGB XI in Höhe von bis zu 125 Euro monatlich.

Bei häuslicher Pflege sind Aufwendungen für **digitale Pflegeanwendungen (DiPA)** entsprechend § 40a SGB XI beihilfefähig, sofern die Notwendigkeit für die Versorgung mit DiPA, wie z. B. Pflege-Apps oder browserbasierten Webanwendungen durch die private oder soziale Pflegeversicherung anerkannt wurde. Unterstützungsleistungen bei der Nutzung der DiPA (z. B. durch Pflegedienste) entsprechend § 39a SGB XI sind ebenfalls beihilfefähig. Die Aufwendungen für die DiPA und ggf. Unterstützungsleistungen sind insgesamt nur bis zur Höhe von 50 Euro monatlich beihilfefähig (§ 38g Abs. 2 BBhV).

Weitergehende Hinweise zu diesem recht neuen Themenkomplex hat das Bundesministerium für Gesundheit auf der Seite https://www.bundesgesundheitsministerium.de/themen/pflege/online-ratgeber-pflege/leistungen-der-pflegeversicherung/leistungen-im-ueberblick/digitale-pflegeanwendungen (zuletzt aufgerufen: 2.9.2024) zusammengestellt. Das DiPA-Verzeichnis selbst wird auf den Seiten des Bundesinstituts für Arzneimittel und Medizinprodukte veröffentlicht, sobald die erste DiPA gelistet ist: https://www.bfarm.de/DE/Medizinprodukte/Portale/DiGA-DiPA/_node.html (zuletzt aufgerufen: 2.9.2024).

3. Definition Pflegebedürftigkeit

Wer nach § 37 BBhV dauernd pflegebedürftig ist, welche Krankheiten und Behinderungen vorliegen müssen und welche Hilfe Dritter dabei in Betracht kommt, ergibt sich aus §§ 14 und 15 SGB XI.

Die Beschäftigung und Betreuung z. B. in einer Werkstatt für behinderte Menschen ist keine Pflege i. S. des § 37 Abs. 2 BBhV. Aufwendungen im Zusammenhang mit der Beschäftigung und Betreuung in Einrichtungen der Behindertenhilfe sind nur im Rahmen von § 39a BBhV beihilfefähig. Ebenfalls nicht beihilfefähig sind die Aufwendungen, die durch einen zur Erfüllung der Schulpflicht vorgeschriebenen Sonderschulunterricht (z. B. Fahrtkosten) entstehen (VV 37.2.4).

4. Pflegegrade

Bei der Entscheidung über die dauernde Pflegebedürftigkeit und die Zuordnung zu den Pflegegraden ist allgemein von den Feststellungen im Gutachten für die Pflegeversicherung auszugehen, ansonsten hat sie selbst ein Gutachten einzuholen. Die Pflegeversicherung ist verpflichtet, binnen fünf Wochen nach Eingang des Antrags den Antragsteller über die Entscheidung zur Pflegebedürftigkeit zu unterrichten (§ 18c Abs. 1 SGB XI). Bei Aufenthalt im Krankenhaus oder stationärer Rehabilitation muss dies grundsätzlich innerhalb einer Woche geschehen (§ 18a Abs. 5 SGB XI).

5. Pflegekräfte und andere geeignete Personen

Bei häuslicher Pflege sowie Tages- und Nachtpflege wird unterschieden zwischen

- geeigneten erwerbsmäßig tätigen Pflegekräften i. S. von § 38a Abs. 1 Satz 2 BBhV und
- anderen – nicht erwerbsmäßig tätigen – Pflegekräften bei Anwendung des § 38a Abs. 3 BBhV, die einen Pflegebedürftigen in dessen häuslicher Umgebung pflegen.

Beide Pflegekräfte können bei der Kombination von Pflege nach § 38a Abs. 1 und 3 BBhV (vgl. § 38b BBhV) nebeneinander tätig sein.

Pflegebedürftige sind grundsätzlich in der Wahl des Pflegedienstes frei. Im Ernstfall kann jedoch die Pflegeversicherung verlangen, dass der Pflegedienst gewechselt wird.

6. Beihilfefähige Aufwendungen bei häuslicher Pflege

Bei der **häuslichen Pflege** von Pflegebedürftigen der Pflegegrade 2 bis 5 durch geeignete (berufsmäßige) Pflegekräfte sind die Aufwendungen angesichts der Verweisung in § 38a Abs. 1 Satz 1 BBHV auf § 36 Abs. 1 und 2 SGB XI je Kalendermonat bis zu folgendem Gesamtwert beihilfefähig:

- Pflegegrad 2 — 761 Euro
- Pflegegrad 3 — 1432 Euro
- Pflegegrad 4 — 1778 Euro
- Pflegegrad 5 — 2200 Euro

Als Pflegeeinsatz gilt die Tätigkeit, die die geeignete Pflegekraft bei der Körperpflege, der Ernährung oder der Mobilität und der hauswirtschaftlichen Versorgung jeweils zusammenhängend erbringt. Als geeignete Pflegekräfte kommen nur die in § 38a Abs. 1 Satz 2 BBhV genannten Personen in Betracht.

Aufwendungen für häusliche Krankenpflege (§ 27 BBhV) sind neben der häuslichen Pflegehilfe beihilfefähig.

Ein Pflegegeld, das an Angehörige i. S. des § 15 der Abgabenordnung gezahlt wird, welche die häusliche Pflege als Verwandte oder aus moralisch-sittlicher Verpflichtung übernommen haben, ist steuerfrei.

Aufwendungen für Grundpflege und hauswirtschaftliche Versorgung sind bei Pflegebedürftigen des Pflegegrades 1 nur bei schwerer Erkrankung oder akuter Verschlimmerung einer Krankheit (insbesondere nach einem Krankhausaufenthalt, einer ambulanten Operation oder einer ambulanten Krankenhausbehandlung) beihilfefähig (§ 27 Abs. 3 Satz 2 BBhV). Desgleichen sind Aufwendungen für die Versorgung chronischer und schwer heilender Wunden in spezialisierten Einrichtungen beihilfefähig (§ 27 Abs. 7 BBhV).

Anspruch auf Beihilfe nach § 38a Abs. 1 BBhV besteht auch dann ungekürzt, wenn die häusliche Pflege keinen vollen Kalendermonat umfasst.

Nach § 89 SGB XI sind die **Vergütungen der ambulanten Pflegeleistungen und der hauswirtschaftlichen Versorgung** für alle Pflegebedürftigen nach einheitlichen Grundsätzen zu vereinbaren.

Beispiel 1:

In der privaten Pflegeversicherung versicherter Versorgungsempfänger des Pflegegrades 3. Es erfolgen 60 Pflegeeinsätze zur Grundpflege (Vergütung je Pflegeeinsatz 25 Euro), an zehn Tagen verbunden mit hauswirtschaftlicher Versorgung (Vergütung je Einsatz 6 Euro).

Grundpflege	60 × 25 Euro	1500,00 Euro
hauswirtschaftliche Versorgung	10 × 6 Euro	60,00 Euro
		1560,00 Euro
beihilfefähiger Höchstbetrag		1432,00 Euro

Beihilfe	70 v. H. von 1432 Euro	1002,40 Euro
Leistung Pflegeversicherung	30 v. H. von 1432 Euro	429,60 Euro
insgesamt		1432,00 Euro

Beispiel 2:

wie Beispiel 1, nur liegt soziale Pflegeversicherung vor

Aufwendungen		1432,00 Euro
Leistung Pflegekasse	50 v. H. von 1432 Euro	716,00 Euro
Beihilfe (wie Pflegekasse)		716,00 Euro
insgesamt		1432,00 Euro

Beispiel 3:

Bei einem privat pflegeversicherten Versorgungsempfänger des Pflegegrades 5 liegt wegen der nötigen Rund-um-die-Uhr-Pflege außergewöhnlich hoher Pflegeaufwand vor. Der ambulante Pflegedienst berechnet für 120 Pflegeeinsätze je 19 Euro = 2280 Euro.

Aufwendungen		2280,00 Euro
Leistung Pflegeversicherung	30 v. H. von 2200 Euro	660,00 Euro
Beihilfe	70 v. H. von 2200 Euro	1540,00 Euro
insgesamt		2200,00 Euro

Bis zu den festgelegten Obergrenzen für häusliche Pflege (ohne Härtefälle) der beihilfefähigen Aufwendungen sind die Kosten bei teilstationärer Pflege eines Pflegebedürftigen mindestens des Pflegegrades 2 in einer Tages- oder Nachtpflegeeinrichtung beihilfefähig. Hierbei gelten die jeweiligen Pflegeeinsätze als erbracht, soweit im Einzelfall nicht eine geringere Inanspruchnahme nachgewiesen wird.

Beilhilfefähige Höchstbeträge sind beim Vorliegen des

Pflegegrad 2	761 Euro
Pflegegrad 3	1432 Euro
Pflegegrad 4	1778 Euro
Pflegegrad 5	2200 Euro

Pflegebedürftige dieser Pflegegrade können bei teilstationärer Tages- und Nachtpflege zusätzlich zu ambulanten Pflegesachleistungen, zur Pauschalbeihilfe nach § 38a Abs. 3 BBhV und zur Kombinationsleistung (§ 38b BBhV) Beihilfe beanspruchen, ohne Kürzung dieser Leistungen (§ 38d Abs. 3 BBhV).

Der Besuch von Tagespflegeeinrichtungen kann letztlich dazu führen, dass die Wohnung nicht pflegehalber aufgegeben werden muss, auch indem der Pflegebedürftige tagsüber an Veranstaltungen oder Ausflügen teilnimmt sowie auswärtigen Kontakt zu anderen Menschen hält. Beihilfefähig sind dabei (neben der Pflegekosten) auch die Fahrtkosten von der Wohnung zur Einrichtung und zurück (§ 38d Abs. 2 BBhV). Im Übrigen sind die Aufwendungen für teilstationäre Pflege neben den Aufwendungen nach § 38a Abs. 1 sowie Abs. 3 BBhV oder nach § 38b BBhV beihilfefähig (§ 38d Abs. 3 BBhV).

Die Aufwendungen der Tages- oder Nachtpflege können mit solchen der häuslichen Pflege (§ 38a Abs. 1 BBhV) sowie der Pauschalbeihilfe (§ 38a Abs. 3 BBhV) kombiniert werden.

Wird ein dauernd Pflegebedürftiger mindestens des Pflegegrades 2 vorübergehend in einer Pflegeeinrichtung gepflegt **(Kurzzeitpflege)**, sind die Pflegeaufwendungen (einschl. Betreuung) bis 1774 Euro für acht Wochen je Kalenderjahr beihilfefähig. Die Kurzzeitpflege erfolgt vollstationär und setzt voraus, dass eine teilstationäre Pflege nicht ausreicht und sie für eine Übergangszeit im Anschluss an eine stationäre Behandlung oder in sonstigen Krisensituationen erfolgt, in denen vorübergehende häusliche oder teilstationäre Pflege nicht möglich oder nicht ausreichend ist (§ 42 Abs. 1 SGB XI). Der Betrag von 1774 Euro kann um nicht ausgeschöpfte Mittel einer Verhinderungspflege auf bis zu 3386 Euro im Kalenderjahr erhöht werden. Grundvoraussetzung für die Beihilfe ist, dass die Pflegeversicherung Leistungen erbringt. Voraussetzung ist, dass die Pflegeversicherung anteilige Zuschüsse gewährt. Kurzzeitpflege steht für vier Wochen im Kalenderjahr zu.

Erfolgt die Kurzzeitpflege in Krankenhäusern und Sanatorien, sind die Kosten der Pflegeperson (Pflege und Unterbringung) gesondert beihilfefähig (vgl. § 42 Abs. 4 SGB XI).

Bei Pflegebedürftigen, welche nicht die Voraussetzungen des § 45a SGB XI erfüllen, sind zusätzlich Betreuungs- und Entlastungsleistungen nach § 45b Abs. 1 SGB XI bis zu 125 Euro monatlich beihilfefähig (§ 38a Abs. 2 BBhV). Dies gilt z. B. für die Begleitung bei Erledigungen oder Spaziergängen. In einem Kalenderjahr nicht genutzte Betreuungs- und Entlastungsleistungen können im folgenden Kalenderhalbjahr beansprucht werden. Über die dabei bestehenden Fristen unterrichtet die Pflegeversicherung. Die vorstehenden Beiträge erhöhen sich nach Maßgabe des § 38a SGB XI um jeweils 214 Euro (bei den Pflegesachleistungen und der Pflegepauschale) beim Wohnen in ambulant betreuten Wohngruppen oder in Einrichtungen des betreuten Wohnens oder in Pflege-Wohngemeinschaften. Maßgeblich ist die Entscheidung der Pflegeversicherung auch hinsichtlich der Höhe der zusätzlichen Betreuungsleistungen. Die Mittel sind zweckgebunden für Leistungen der Tages- und Nachtpflege sowie Kurzzeitpflege und andere niederschwellige Betreuungsangebote i. S. des § 45c Abs. 3 Satz 5 SGB XI (z. B. Betreuungsgruppen für Demenzkranke, Helferkreise zur stundenweisen Entlastung pflegender Angehöriger).

Nach dem Stand vom 1.1.2020 kostet ein Platz im Pflegeheim in Pflegegrad 4 oder 5 etwa 3350 Euro im Monat, zuzüglich der Ausgaben für Verpflegung.

Pflegebedürftige der Pflegegrade 2 bis 5 können nach der VV 38a.2.2 bis zu 40 v. H. ihrer Ansprüche für Aufwendungen zur häuslichen Pflege in Aufwendungen zur Unterstützung im Alltag umwandeln.

7. Pauschalbeihilfe bei häuslicher Pflege durch andere geeignete Personen

Bei häuslicher Pflege durch andere geeignete Personen wird eine Pauschalbeihilfe gewährt (§ 38a Abs. 3 BBhV und VV hierzu sowie Ziff. 5). Dies können auch die Familienangehörigen des Pflegebedürftigen sein. Die **Höhe der Pauschalbeihilfe** richtet sich nach dem Pflegegrad. Sie beträgt monatlich:

- Pflegegrad 2 — 332 Euro
- Pflegegrad 3 — 573 Euro
- Pflegegrad 4 — 765 Euro
- Pflegegrad 5 — 947 Euro

Wird die Pflege nicht für den gesamten Kalendermonat geleistet, ist die Pauschalbeihilfe entsprechend zu mindern; dabei ist der Kalendermonat mit 30 Tagen anzusetzen (§ 38a Abs. 4 Satz 1 BBhV). Beim Tod des Pflegebedürftigen steht die Pauschalbeihilfe bis Ablauf des Sterbemonats zu (§ 38a Abs. 4 Satz 4 BBhV). Zeiten, für die Aufwendungen anlässlich einer vollstationären Krankenhausbehandlung, Sanatoriumsbehandlung oder vollstationären Pflege nach § 39 BBhV geltend gemacht werden, unterbrechen die häusliche Dauerpflege. Bei Anwendung des § 66 Abs. 4 Satz 2 SGB XII wird die Pauschalbeihilfe auch über die ersten vier Wochen hinaus gewährt (wobei die Frist jeweils neu anläuft). Für Unterbrechungszeiten wird die Pauschalbeihilfe nur nach Maßgabe der VV 38a.3.3 gewährt. Pauschalbeihilfe steht auch bei vorübergehendem oder ständigem Aufenthalt im EU-Ausland zu; angerechnet wird das Pflegegeld, das beim Verbleiben im Inland zugestanden hätte (bei Aufenthalt im EU-Ausland steht stets Pflegegeld zu).

Ein aus der privaten oder sozialen Pflegeversicherung zustehendes Pflegegeld oder entsprechende Ersatzleistungen aufgrund sonstiger Rechtsvorschriften sind auf die Pauschalbeihilfe anzurechnen. Besteht keine Pflegeversicherung, wird die Pauschalbeihilfe zur Hälfte gewährt.

Pauschalbeihilfe steht nicht zu, wenn ein Anspruch auf Entschädigungsleistungen nach § 35 BVG besteht. Dagegen berühren Pflegepauschalen nach § 26c BVG nicht den Anspruch auf die Pauschalbeihilfe.

Neben der Pauschalbeihilfe sind Rentenversicherungsbeiträge für die Pflegeperson (vgl. nachfolgende Ausführungen) und die Leistungen nach § 44a SGB XI beihilfefähig (→ Pflegezeit), § 38h BBhV. Daneben sind nach dieser Vorschrift Leistungen bei Pflegezeit und das Pflegeunterstützungsgeld (bei kurzzeitiger Arbeitsverhinderung) einschließlich der damit verbundenen Leistungen zur sozialen Sicherung beihilfefähig.

Ist eine andere geeignete Person wegen Erholungsurlaubs, Krankheit oder aus anderen Gründen an der **Pflege gehindert**, sind die Aufwendungen nach Art und Umfang entsprechend den Leistungen der Pflegeversicherung beihilfefähig, sofern die Pflegeversicherung anteilige Zuschüsse gewährt (**Verhinderungspflege**, § 38c BBhV). Voraussetzung ist, dass beim Pflegebedürftigen im Zeitpunkt der Verhinderung mindestens Pflegegrad 2 vorliegt. Weitere Voraussetzung ist, dass die Pflegeperson die pflegebedürftige Person mindestens sechs Monate in ihrer häuslichen Umgebung gepflegt hat. Beihilfefähig sind entsprechend § 39 SGB XI seit 1.1.2016 bis zu 1612 Euro für die Kosten einer notwendigen Ersatzpflege bis zu 42 Tage im Kalenderjahr. Der Betrag von 1612 Euro erhöht sich um bis zu 806 Euro für nicht in Anspruch genommene Kurzzeitpflege. Pflegebedürftigen mit halbem Anspruch nach § 28 Abs. 2 SGB XI steht als Beihilfe ein Betrag in Höhe der Leistungen der sozialen Pflegeversicherung zu (vgl. § 46 Abs. 4 BBhV). Die Pflegeversicherungen gewähren bei ersatzweiser Pflege durch

- andere geeignete Pflegekräfte das Pflegegeld nach § 37 SGB XI weiter, ersetzen aber auch deren nachgewiesene Fahrtkosten und unvermeidbarem Verdienstausfall,
- Berufspflegekräfte Pflegesachleistungen nach § 36 SGB XI,
- stationäre Pflegeeinrichtungen die Pflegekosten (nicht Unterkunfts- und Verpflegungskosten),

insgesamt beschränkt auf 1612 Euro und begrenzt auf sechs Wochen im Kalenderjahr. Bei Verhinderungspflege unter acht Stunden am Tag erfolgt keine Anrechnung auf die Höchstdauer von 28 Tagen je Kalenderjahr, allerdings eine Anrechnung auf den Höchstbetrag.

Bei einem gemeinsamen Urlaub von Pflegebedürftigen und Pflegepersonen müssen Pflegekassen sog. Ersatz- oder Verhinderungspflege bezahlen. Dies gilt für sechs Wochen je Kalenderjahr und pflegegradabhängig bis zu 1612 Euro (Pflegegrad 5). Parallel hierzu ist das Pflegegeld für längstens vier Wochen zu gewähren (BSG vom 25.11.2015, Az. B 3 P/14 R). Entsprechend sollte die Beihilfe verfahren.

Mit der Einführung des Anspruchs auf Versorgung Pflegebedürftiger bei Aufenthalt der Pflegeperson in einer zugelassenen Vorsorge- oder Rehabilitationseinrichtung besteht ab dem 1. Juli 2024 entsprechend § 42a SGB XI ein eigener Leistungstatbestand im Recht der Pflegeversicherung. Der Zugang von Pflegepersonen zu Vorsorge- und Rehabilitationsmaßnahmen wird dadurch erleichtert und gestärkt. Pflegepersonen haben in vielen Fällen einen Rechtsanspruch auf Rehabilitation, sind aber durch die Pflege faktisch daran gehindert, diesen geltend zu machen. Damit besteht zukünftig für den Pflegebedürftigen unter bestimmten Voraussetzungen eine Möglichkeit zur Mitaufnahme in die stationäre Vorsorge- oder Rehabilitationseinrichtung der Pflegeperson. In diesen Fällen sind die Aufwendungen nach Maßgabe von § 38c Abs. 2 BBhV beihilfefähig.

Die nach § 38b BBhV zustehende anteilige Pauschalbeihilfe wird während einer Verhinderungspflege (§ 38c BBhV) bis zu sechs Wochen je Kalenderjahr, während einer Kurzzeitpflege (§ 38e BBhV) bis zu acht Wochen je Kalenderjahr zur Hälfte der vor Beginn der Verhinderungs- oder Kurzzeitpflege gewährten Pauschalbeihilfe fortgezahlt (§ 38b Abs. 2 BBhV). Bei vollstationärer Unterbringung in Einrichtungen der Hilfe für behinderte Menschen wird die ungekürzte Pauschalbeihilfe anteilig für Tage einer häuslichen Pflege gewährt (§ 38b Abs. 3 BBhV). Wird die Pauschalbeihilfe nur teilweise gewährt, weil die Pflege teilweise durch Berufspflegekräfte erfolgt, ist während einer Verhinderungs- oder Kurzzeitpflege entsprechend dem vorstehenden Satz zu verfahren.

Bei Pflegebeihilfe anlässlich des Lebens in **ambulanten betreuten Wohngruppen** wird beim Vorliegen der Voraussetzungen des § 38a Abs. 1 SGB XI eine um 214 Euro monatlich erhöhte Pauschalbeihilfe gewährt. Daneben sind nach § 38f Satz 2 BBhV Aufwendungen im Rahmen einer Anschubfinanzierung zur Gründung ambulant betreuter Wohngruppen entsprechend § 45e SGB XI beihilfefähig. Danach sind für die altersgerechte Umgestaltung der gemeinsamen Wohnung einmalig bis zu 2500 Euro beihilfefähig. Je Wohngruppe sind bis zu 10 000 Euro beihilfefähig, die bei mehr als vier Anspruchsberechtigten anteilig aufzuteilen sind.

Ein aus der privaten oder sozialen Pflegeversicherung zustehendes Pflegegeld und entsprechende Erstattungen oder Sachleistungen aufgrund sonstiger Rechtsvorschriften (z. B. Pflegekosten und Hilflosigkeitszuschlag nach § 34 BeamtVG, Pflegezulage nach § 35 Abs. 1 BVG, nicht aber Pflegegeld nach § 64a SGB XII) sind anzurechnen. Konkret bedeutet dies, dass von den genannten Beträgen immer nur der Teil (Prozentsatz) als Beihilfe gewährt wird, der nach Anrechnung aller anderen für den gleichen Zweck gezahlten Beträge noch offen bleibt. Für Personen, die nicht gegen das Risiko der Pflegebedürftigkeit versichert sind, wird die Pauschalbeihilfe von vornherein zur Hälfte gewährt. Dabei kann es sich nur um solche Personen handeln, die weder der gesetzlichen noch einer privaten Krankenversicherung angehören und deshalb nicht kraft Gesetzes in der sozialen oder privaten Pflegeversicherung versichert sind.

Mitglieder der → privaten Pflegepflichtversicherung erhalten als Pflegegeld von ihrer Versicherung von den gleichen Beträgen die aus ihrer privaten Krankenversicherung bekannten beihilfekonformen (restkostendeckenden) Prozentsätze, z. B.:

- aktive Beamte ohne oder mit einem Kind für sich selbst 50 v. H., für den Ehegatten 30 v. H.
- Versorgungsempfänger für sich selbst und den Ehegatten 30 v. H.

Mit der Beihilfe werden diese Prozentsätze auf 100 aufgefüllt, so dass z. B. nicht an Demenz leidende Versorgungsempfänger (Bemessungssatz 70 v. H.) folgende Leistungen monatlich erhalten:

im Pflegegrad 2		
	Beihilfe	99,60 Euro
	Pflegeversicherung	232,40 Euro
	insgesamt	332,00 Euro
im Pflegegrad 3		
	Beihilfe	171,90 Euro
	Pflegeversicherung	401,10 Euro
	insgesamt	573,00 Euro
im Pflegegrad 4		
	Beihilfe	229,50 Euro
	Pflegeversicherung	535,50 Euro
	insgesamt	765,00 Euro

im Pflegegrad 5

	Beihilfe	284,10 Euro
	Pflegeversicherung	662,90 Euro
	insgesamt	947,00 Euro

Beihilfeberechtigte **Mitglieder der sozialen Pflegeversicherung** erhalten von ihrer Pflegekasse die ihnen zustehenden Leistungen (einschl. Sachleistungen) zur Hälfte (§ 28 Abs. 2 SGB XI). Über den Gesamtwert (Leistungen der sozialen Pflegeversicherung plus Beihilfe) hinausgehende Aufwendungen sind nicht beihilfefähig.

Zu Aufwendungen für **Beratungsbesuche** nach § 37 Abs. 3 SGB XI steht nach § 38a Abs. 6 BBhV im

- Pflegegrad 2 und 3 halbjährlich einmal
- Pflegegrad 4 und 5 vierteljährlich einmal

Beihilfe zu. Voraussetzung ist, dass die Pflegeversicherung hierfür anteilig Zuschüsse zahlt (§ 37 Abs. 1 BBhV). Die Durchführung der Beratungen ist nach § 37 Abs. 4 SGB XI auch gegenüber der Beihilfestelle zu belegen. Für Personen, die nach § 28 Abs. 2 SGB XI Leistungen zur Hälfte erhalten, gilt § 46 Abs. 4 BBhV.

Bei nicht abgerufenen Beratungsbesuchen ist die Pauschalbeihilfe angemessen zu kürzen und im Wiederholungsfall ganz zu entziehen (vgl. § 37 Abs. 6 Satz 4 BBhV).

Die nicht erwerbsmäßig tätigen Pflegepersonen sind nach § 3 Abs. 1a SGB VI grundsätzlich in der **gesetzlichen Rentenversicherung** versichert, sofern die Pflege wenigstens 14 Stunden wöchentlich beansprucht und sie nicht außerhalb der Pflege zu mehr als 30 Stunden wöchentlich erwerbstätig sind. Beiträge hierzu haben die Beihilfestelle und Pflegeversicherung im Verhältnis ihrer Leistungen zu entrichten (§ 170 Abs. 1 Nr. 6 Buchst. c SGB VI). Die Pflegeperson ist beitragsfrei. Die Rentenversicherungspflicht (die auch teilzeitbeschäftigte Beamte als Pflegepersonen erfassen kann) kommt kraft Gesetzes zustande und setzt einen Anspruch auf Leistungen nach dem Pflege-Versicherungsgesetz voraus. Es ist nicht Voraussetzung, dass die Pflegeperson eine Vergütung vom Pflegebedürftigen erhält; allerdings müssen Leistungen aus der Pflegeversicherung gewährt werden. Der Leistungsanspruch ist wiederum von einem Antrag abhängig (§ 33 Abs. 1 SGB XI). Das Bestehen einer Versicherung in der Rentenversicherung ist von der privaten Pflegeversicherung und der Pflegekasse dem zuständigen Rentenversicherungsträger zu melden. Die Pflegeperson, den Pflegebedürftigen und die Beihilfestelle trifft keine Meldepflicht.

Auf Antrag der Pflegeperson ist nach Maßgabe des § 44a Abs. 3 SGB XI auch das Pflegeunterstützungsgeld als Ausgleich für entgangenes Arbeitsentgelt aus einem sonstigen Beschäftigungsverhältnis (§ 38h Abs. 1 Nr. 2 BBhV) beihilfefähig.

Die Zuschüsse zur Kranken- und Pflegeversicherung werden im Ausmaß des Bemessungssatzes gewährt (§ 38h Abs. 3 BBhV).

Einzelheiten der Zahlungsabwicklung ergeben sich aus einer Information des Verbandes Deutscher Rentenversicherungsträger zur Durchführung der Rentenversicherung der Pflegepersonen durch die Beihilfestellen, die das BMI bekannt gibt.

Die Pflegepersonen sind für den Fall eines Arbeitsunfalls auch beitragsfrei in den gesetzlichen Unfallversicherungsschutz einbezogen (§ 2 Abs. 1 Nr. 17 SGB VII). Versichert sind Unfälle anlässlich der in § 14 Abs. 4 SGB XI genannten Verrichtungen (einschl. hauswirtschaftlicher Versorgung), aber auch Unfälle auf dem Weg zum oder vom Pflegebedürftigen.

Zu Abschlägen auf die Pauschalbeihilfe → Abschlagzahlungen, Ziff. 2

8. Pflegezeit (einschl. Leistungen)

→ gleichlautendes Stichwort

9. Kombination Pflege durch Berufspflegekräfte und andere geeignete Pflegepersonen

Bei einer nach § 38b BBhV möglichen **Kombination der Leistungen für häusliche Pflege durch Berufspflegekräfte und durch andere geeignete Pflegepersonen** ist das in der privaten oder sozialen Pflegeversicherung zugrunde gelegte Verhältnis der anteiligen Inanspruchnahme auch für die Beihilfe maßgeblich.

Beispiel 1:

Der in der privaten Pflegeversicherung versicherte Versorgungsempfänger des Pflegegrades 4 nimmt zu jeweils 50 v. H. die Pflege durch Berufspflegekräfte (889 Euro von 1778 Euro) und das Pflegegeld (382,50 Euro von 765 Euro) in Anspruch.

a) Leistungen der privaten Pflegeversicherung		
– zu den Aufwendungen der Berufspflegekraft	30 v. H. von 889,00 Euro	266,70 Euro
– Pflegegeld	30 v. H. von 382,50 Euro	114,75 Euro
		381,45 Euro
b) Leistungen der Beihilfe		
– zu den Aufwendungen der Berufspflegekraft	70 v. H. von 889,00 Euro	622,30 Euro
– Pauschalbeihilfe	70 v. H. von 382,50 Euro	267,75 Euro
		890,05 Euro

Beispiel 2:

Gleicher Sachverhalt wie Beispiel 1, nur liegt soziale Pflegeversicherung vor. Nach § 28 Abs. 2 SGB XI erhält der Versorgungsempfänger von der sozialen Pflegeversicherung in diesem Fall von der Hälfte 50 v. H.

a) Leistungen der sozialen Pflegeversicherung		
– zu den Aufwendungen der Berufspflegekraft	50 v. H. von 889,00 Euro	444,50 Euro
– Pflegegeld	50 v. H. von 382,50 Euro	191,25 Euro
		635,75 Euro
b) Leistungen der Beihilfe		
– zu den Aufwendungen der Berufspflegekraft	50 v. H. von 889,00 Euro	444,50 Euro
– Pauschalbeihilfe	50 v. H. von 382,50 Euro	191,25 Euro
		635,75 Euro

Steht angesichts der Höhe der beanspruchten Leistungen für erwerbsmäßig tätige Pflegekräfte keine Pflegepauschale zu, entfällt die Beihilfe zu den Kosten der Beratungsbesuche nach § 37 Abs. 3 SGB XI.

Näheres zur Kombination der Pflege durch berufsmäßige und andere geeignete Pflegekräfte ergibt sich aus VV 38b. Vgl. auch Ziff. 10.

10. Kombinationsmöglichkeiten bei häuslicher Pflege (einschl. derjenigen durch nicht erwerbsmäßig tätige Pflegekräfte) mit Tages- und Nachtpflege

Häusliche Pflege nach § 38a Abs. 1 bis 3 BBhV kann mit Pflege in Einrichtungen der Tages- und Nachtpflege kombiniert werden. Beihilferechtlich ergibt sich dabei Folgendes:

Aufwendungen für teilstationäre (einschl. der Fahrtkosten der pflegebedürftigen Person von der Wohnung zur Einrichtung der Tages- oder Nachtpflege) sind nach Maßgabe des § 38d BBhV bis zu den Sätzen des § 41 Abs. 2 SGB XI beihilfefähig. Daneben sind die Aufwendungen für häusliche Pflege nach § 38a Abs. 1 oder 3 BBhV sowie Kombinationsleistungen nach § 38b BBhV beihilfefähig.

11. Beihilfefähige Aufwendungen bei vollstationärer Pflege

Die Beihilfegewährung zu Aufwendungen bei vollstationärer Pflege übernimmt nach § 39 BBhV die für die Pflegeversicherung geltenden Grundsätze mit einer wesentlichen Unterscheidung: Im Gegensatz zur Pflegeversicherung werden zu Aufwendungen für Unterkunft und Verpflegung in einer Pflegeeinrichtung Beihilfen gewährt, wenn auch unter Berücksichtigung von einkommensabhängigen Eigenanteilen. Es gelten folgende Grundsätze:

a) Die vollstationäre Pflege muss in einer nach § 72 Abs. 1 Satz 1 SGB XI **zugelassenen Pflegeeinrichtung** erfolgen. Da dies Einrichtungen sind, mit denen die Pflegeversicherung Versorgungsverträge geschlossen hat, ist Beihilfe stets zu gewähren, wenn auch die Pflegeversicherung Leistungen erbringt. Andere Pflegeeinrichtungen stehen zugelassenen gleich, sofern sie mit den Letzteren vergleichbar sind. Erbringt die Pflegeversicherung Leistungen, ist von einer zugelassenen Pflegeeinrichtung auszugehen. Als zugelassene Pflegeeinrichtungen (die noch um die Einrichtungen zu ergänzen sind, mit denen ein Versorgungsvertrag nach § 73 Abs. 4 SGB XI als abgeschlossen gilt) kommen Krankenanstalten allgemein, daneben Pflegeheime, Heil- und Pflegeanstalten sowie Pflegeabteilungen und -plätze in Altenheimen in Betracht. Keine Pflegeeinrichtungen in diesem Sinne sind Einrichtungen für behinderte Menschen (einschl. Werkstätten), Alten- und Seniorenwohnheime, Heimfamilien, therapeutische Wohngemeinschaften, Pflegefamilien, Sonderkindergärten und Heimsonderschulen. Vergleichbare Pflegeeinrichtungen, welche die Anforderungen an inländische erfüllen, können auch im Ausland gelegene Pflegeeinrichtungen sein, die vollstationäre Pflege erbringen. Es ist nicht mehr Voraussetzung, dass die Pflegeeinrichtung eine Erlaubnis nach dem Heimgesetz hat.

Die für eine Unterbringung in Pflegeheimen geeigneten Pflegeheime können dem vom Zentrum für Qualität in der Pflege herausgegebenen Ratgeber entnommen werden (www.zqb.de → Einblick Pflegeheimsuche).

b) Als **Pflegekosten** (ohne Investitionskosten, aber einschl. der Aufwendungen der sozialen Betreuung und der medizinischen Behandlungspflege, sofern hierzu nicht nach § 27 BBhV Beihilfe gewährt wird) sind angemessen und deshalb beihilfefähig:

■ im Pflegegrad 2	770 Euro
■ im Pflegegrad 3	1262 Euro
■ im Pflegegrad 4	1775 Euro
■ im Pflegegrad 5	2005 Euro

Beanspruchen Pflegebedürftige des Pflegegrades 1 vollstationäre Pflege, erhalten sie einen Zuschuss von 125 Euro monatlich.

Diese Pauschalbeträge gelten auch, wenn das Pflegeheim usw. geringere Pflegekosten berechnet.

Zu den Pflegekosten gewährt die private Pflegeversicherung Leistungen zu dem mit ihr vereinbarten Vomhundertsatz, bei Versorgungsempfängern somit i. d. R. 30 v. H. Den Rest übernimmt die Beihilfe. Bei in der sozialen Pflegeversicherung versicherten Pflegebedürftigen mit Anspruch auf die halben Leistungen (§ 28 Abs. 2 SGB XI) zahlen die Pflegekasse und die Beihilfestelle jeweils die Hälfte der genannten Beträge. Bei berücksichtigungsfähigen Angehörigen, die aus eigenem Recht (z. B. als Rentenbezieher) Mitglied der sozialen Pflegeversicherung sind, übernimmt die Pflegekasse die genannten Beträge voll, so dass die Beihilfe nicht mehr einzutreten braucht.

c) Die Kosten für **Unterkunft und Verpflegung** übernimmt die Pflegeversicherung nicht. Dafür aber die Beihilfe, wenn auch unter Berücksichtigung von Eigenanteilen.
Zu den Kosten der Unterkunft und Verpflegung, die übrigens den Heimbewohnern mitzuteilen sind, zählen auch die **Investitionskosten** für Maßnahmen zur Sicherung, Erweiterung und Verbesserung des Angebots an Pflegeplätzen. Diese von der öffentlichen Förderung der Heime abhängigen Investitionskosten werden von der Beihilfestelle mit den Beträgen anerkannt, welche die Pflegeversicherung ihren Leistungen zugrunde legt.
Zuschläge für **besondere Komfortleistungen** bei Unterkunft und Verpflegung sowie zusätzliche pflegerisch-betreuende Leistungen der Pflegeeinrichtung (vgl. § 88 Abs. 1 SGB XI) übernehmen weder die Pflegeversicherung noch die Beihilfe.
Werden die Kosten für Unterkunft und Verpflegung z. B. in der Rechnung des Heimes nicht besonders ausgewiesen, ist grundsätzlich die von der Pflegeversicherung bei ihren Leistungen vorgenommene Aufteilung zugrunde zu legen (VV 39.1.3).

d) Sofern die beihilfefähigen Pflegekosten die unter Buchst. b genannten Höchstbeträge überschreiten, kann auf Antrag zu den übersteigenden Pflegekosten **zusammen** mit den Kosten für Unterkunft und Verpflegung (einschl. Investitionskosten) unter Gegenrechnung von Einnahmen zusätzliche Beihilfe gewährt werden (§ 39 Abs. 2 BBhV). Bei monatlicher Abrechnung der Heimkosten sind insbesondere nach dem Grundgehalt der Stufe 8 der BesGr. A 13 und den Ansprüchen auf Leistungen der Pflegeversicherung bei vollstationärer Pflege abgestufte Teile des Grundgehaltes festgelegt, die nach Einsatz der Einnahmen dem Beihilfeberechtigten mindestens verbleiben müssen. Werden die Heimkosten nicht monatsweise abgerechnet, ist entsprechend der Monatsabrechnung zu verfahren. Die erweiterte Beihilfegewährung gilt nach § 39 Abs. 6 BBhV nicht für Zusatzleistungen i. S. des § 88 SGB XI (besondere Komfortleistungen bei Unterkunft und Verpflegung und zusätzliche pflegerisch-betreuende Leistungen).

Außer dem Grundgehalt des Beihilfeberechtigten wird auch dasjenige berücksichtigungsfähiger Personen sowie das des Ehegatten oder Lebenspartners, für die wegen vollstationärer Pflege nach § 39 Abs. 1 BBhV ein Beihilfeanspruch oder nach § 43 SGB XI ein Anspruch besteht, erfasst. Bestehen für den Ehegatten oder Lebenspartner keine solchen Ansprüche, beträgt die Selbstbehaltsgrenze 30 v. H. des Grundgehalts der Stufe 8 der BesGr. A 13. Für jedes berücksichtigungsfähige Kind, für das kein Anspruch nach § 39 Abs. 1 BBhV oder § 43 Abs. 1 SGB XI besteht, beträgt der Selbstbehalt 3 v. H. des Grundgehalts der Stufe 8 der BesGr. A 13, in den übrigen Fällen 3 v. H. des Grundgehalts der letzten BesGr. für die beihilfeberechtigte Person. Es wird auch die unter dem Gesamtbetrag der Einkünfte (§ 2 Abs. 3 EStG) liegenden Einkünfte des Ehegatten oder Lebenspartners berücksichtigt, wobei der darin enthaltene Anteil einer besteuerten gesetzlichen Rente nicht erfasst wird (§ 39 Abs. 3 Satz 1 Nr. 4 BBhV).

Die Einnahmen bestehen im Wesentlichen aus den Brutto-Dienstbezügen bzw. Brutto-Versorgungsbezügen. Dienst- und Versorgungsbezüge sind die in § 1 Abs. 2 Nr. 1 und 3 BBesG bzw. § 2 Abs. 1 BeamtVG genannten Bezüge (Letztere ohne den Unterschiedsbetrag nach § 50 Abs. 1 Satz 2 BeamtVG), allerdings ohne die kinderbezogenen Anteile im Familienzuschlag. Der Altersteilzeitzuschlag ist zu berücksichtigen (§ 39 Abs. 3 Nr. 1 BBhV). Leistungsprämien nach § 42a BBesG zählen nicht zu den Bezügen. Zur Besoldung wird auch die Besoldung bei begrenzter Dienstunfähigkeit (§ 72a BBesG) gerechnet einschl. des Zuschlags nach der zu § 72a

Abs. 2 BBesG ergangenen Verordnung vom 25.8.2008 (BGBl. I S. 1751). Minderungen der Versorgungsbezüge durch den Versorgungsausgleich (§ 57 BeamtVG) und durch Ruhens-, Kürzungs- oder Anrechnungsvorschriften verringern das maßgebliche Einkommen. Unfallausgleich (§ 35 BeamtVG) und Unfallentschädigung (§ 43 BeamtVG) gehören von vornherein nicht zu den Einnahmen, vgl. § 39 Abs. 3 Satz 1 Nr. 2 BBhV.

Neben den Dienst- und Versorgungsbezügen wird auch der Zahlbetrag von **Renten** aus der gesetzlichen Rentenversicherung und aus einer **zusätzlichen Alters- und Hinterbliebenenversorgung** sowohl des Beihilfeberechtigten als auch seines Ehegatten oder Lebenspartner erfasst, nicht aber Leistungen der Kindererziehung nach § 294 SGB VI. Zahlbetrag der Rente ist der Rentenbetrag, der sich ohne Berücksichtigung des Beitragszuschusses und vor Abzug der Beiträge zur Kranken- und Pflegeversicherung ergibt.

Zu einer zusätzlichen Alters- und Hinterbliebenenversorgung zählen auch betriebliche oder berufliche Renten („Betriebsrenten"), die steuerlich als nachträglicher Arbeitslohn gelten und deshalb der Lohnsteuer unterliegen.

Auf die steuerfreien und steuerpflichtigen Anteile kommt es nicht an.

Steuerabzugsbeträge, Krankenversicherungsbeiträge usw. mindern nicht die Dienst- und Versorgungsbezüge. Erhalten beide Ehegatten Dienst- oder Versorgungsbezüge, ist deren Summe zu berücksichtigen.

Zu den zu berücksichtigenden Einnahmen gehört auch der Gesamtbetrag der Einkünfte (§ 2 Abs. 3 EStG) des Ehegatten oder Lebenspartners, auch wenn dieser nicht pflegebedürftig ist. Dies betrifft neben Renten (der der Besteuerung unterliegende Anteil einer gesetzlichen Rente) besonders die laufenden Einkünfte aus nichtselbstständiger, selbstständiger und gewerblicher Tätigkeit. Einkommen aus geringfügiger Beschäftigung (§ 8 SGB IV) bleiben ebenso außer Ansatz wie

Einkommen eines Kindes und dessen Waisengeld. Sofern der Ehegatte oder Lebenspartner berufstätig ist, kann im Regelfall vom Überschreiten der Einkommensgrenze ausgegangen werden. Wird nachgewiesen, dass die Einkünfte des Beihilfeberechtigten und dessen Ehegatten insgesamt geringer als die Erwerbseinkünfte des Ehegatten oder Lebenspartners sind, sind als Erwerbseinkünfte des Ehegatten oder Lebenspartners insbesondere die Bruttoeinkünfte aus selbstständiger oder nicht selbstständiger Tätigkeit sowie Lohnersatzleistungen zugrunde zu legen. Bei monatlich schwankenden Einkommen ist der Durchschnitt der letzten zwölf Monate für die Ermittlung des Eigenanteils heranzuziehen.
Angehörige i. S. des § 39 Abs. 2 Satz 1 BBhV sind nur die → berücksichtigungsfähigen Angehörigen und die Familienangehörigen, die nach § 5 Abs. 3 BBhV nur deshalb nicht zu berücksichtigen sind, weil sie selbst beihilfeberechtigt sind. Bei der Ermittlung der Schonbeträge nach § 39 Abs. 2 Satz 1 BBhV gilt ein Bemessungssatz von 100 v. H. (§ 47 Abs. 6 BBhV). Die Einnahmen sind jährlich nachzuweisen, z. B. durch Vorlage des Einkommensteuer-Bescheides. Wird glaubhaft gemacht, dass die aktuellen Einnahmen voraussichtlich wesentlich geringer als die im Kalenderjahr vor der Antragstellung erzielten durchschnittlichen monatlichen Einnahmen sind, sind die Einnahmen im jeweiligen Pflegemonat zugrunde zu legen (§ 39 Abs. 3 Satz 4 BBhV). Hat die beihilfeberechtigte Person keine Einnahmen aus dem Kalenderjahr vor Antragstellung, werden die voraussichtlichen Einnahmen im jeweiligen Pflegemonat zugrunde gelegt (§ 39 Abs. 3 Satz 5 BBhV). Befinden sich verheiratete oder in einer Lebenspartnerschaft lebende Personen in vollstationärer Pflege und verstirbt die beihilfeberechtigte Person, sind grundsätzlich die aktuellen Einnahmen im jeweiligen Pflegemonat zugrunde zu legen (§ 39 Abs. 3 Satz 6 BBhV).
Für die zusätzliche Betreuung und Aktivierung pflegebedürftiger Heimbewohner mit erheblichem Bedarf an allge-

meiner Beaufsichtigung und Betreuung dürfen vom Heim bei entsprechender Vereinbarung Zuschläge berechnet werden. Die Beihilfegewährung bemisst sich nach dem Vorgehen der Pflegeversicherung. Wird durch aktivierende oder rehabilitative Maßnahmen der Pflegebedürftige in einen niedrigeren Pflegegrad eingestuft oder nicht mehr mindestens dem Pflegegrad 1 zugeordnet, sind die Leistungen nach § 87a Abs. 4 SGB XI beihilfefähig.
Hinsichtlich der Beihilfefähigkeit von Aufwendungen zur Weiterführung des Haushalts bei stationärer Krankenhausbehandlung oder dauernder Pflegebedürftigkeit der den Haushalt führenden Person → Familien- und Haushaltshilfe.
Zur Berechnung der sich nach Anwendung der Härtefallregelung nach § 39 Abs. 2 BBhV ergebenden Beihilfe vgl. Beispiele in VV 39.2.1.
Nach § 39 Abs. 4 BBhV sind anlässlich einer vollstationären Pflege auch Aufwendungen für zusätzliche Betreuung und Aktivierung entsprechend § 43b SGB XI beihilfefähig, die über die nach Art und Schwere der Pflegebedürftigkeit notwendige Versorgung hinausgehen.
Kinder von Pflegebedürftigen müssen sich bei einem Bruttoeinkommen ab 100 000 Euro jährlich finanziell an den Heimkosten der Eltern beteiligen. Sofern diese Kinder beihilfeberechtigt sind, steht ihnen Beihilfe im Rahmen des § 39 BBhV zu. Das Einkommen des Ehegatten bleibt bei der Ermittlung der beihilfefähigen Aufwendungen unberücksichtigt.

12. Betten- und Freihaltegebühren

Bei vorübergehendem Verlassen des Pflegeheimes sind Betten- und Freihaltegebühren (ohne Unterkunfts-, Verpflegungs- und Investitionskosten) bis zu 42 Abwesenheitstage im Kalenderjahr beihilfefähig. Dieser Zeitraum verlängert sich um Aufenthaltstage im Krankenhaus und in Rehabilitationseinrichtungen für die gesamte Dauer (VV 39.1.4).

13. Beginn und Ende der stationären Phase

Beginnt oder endet die stationäre Pflege nicht am ersten bzw. letzten Tag eines Monats, besteht Anspruch auf die pauschalen Beträge für den Teilmonat, bezogen auf den jeweiligen Pflegegrad. Liegt das Heimentgelt unter dem Monatsbetrag, ist der Pauschbetrag um Tage ohne Pflege zu kürzen. Übersteigt das Heimentgelt die Pauschalen, stehen diese voll zu.

Mit dem Todestag oder der Entlassung aus dem Heim endet der Beihilfeanspruch (VV 39.1.5). In diesem Fall sind der Berechnung des Eigenanteils nach § 39 Abs. 3 BBhV nur die Einnahmen (bezogen auf volle Anwesenheitstage) bis zur Entlassung aus dem Heim bzw. bis zum Tod zugrunde zu legen. Die Pauschalbeihilfe ist bis zum Ende des Sterbemonats zu zahlen (§ 38a Abs. 4 Satz 4 BBhV).

14. Vergütung wegen Einstufung in einen niedrigeren Pflegegrad

Pflegeeinrichtungen erhalten neben dem Heimentgelt eine zusätzliche Vergütung, wenn durch aktivierende und rehabilitative Maßnahmen eine niedrigere Einstufung erreicht wurde. Die Beihilfestelle folgt hier dem Vorgehen der Pflegeversicherung.

15. Verfahren zur Festsetzung einer Pflegebeihilfe

Besteht eine Pflegeversicherung, knüpft die Beihilfe an die für diese erfolgte Zuordnung zum Pflegegrad an. Die Beihilfestelle erhält das Gutachten oder die schriftliche Leistungszusage der Pflegeversicherung (ggf. als Ablichtung). Dies gilt auch für die Feststellung eines außergewöhnlich hohen Pflegeaufwands bei Schwerstpflegebedürftigen. Ohne diese Nachweise kann keine Beihilfe beantragt werden. Liegt ungeachtet der auch für Pflegekosten bestehenden Versicherungspflicht keine Pflegeversicherung vor, hat die Beihilfestelle ein Gutachten einzuholen, das sich zur Pflegebedürftigkeit, zum Pflegegrad und ggf. auch zur Notwendigkeit einer vollstationären Pflege äußert.

Wendet sich der Beihilfeberechtigte gegen den der Beihilfe zugrunde gelegten Pflegegrad, ist die Entscheidung über den Widerspruch (oder die Klage) bis zur Rechtskraft der Zuordnung durch die Pflegeversicherung auszusetzen.

Die Beihilfe wird ab Beginn des Monats der erstmaligen Antragstellung gewährt, frühestens jedoch ab dem Zeitpunkt, von dem an die Anspruchsvoraussetzungen vorliegen.

Ein rechtzeitig bei der Pflegeversicherung gestellter Antrag dürfte den Anspruch zum gleichen Zeitpunkt zum Entstehen bringen, von dem an Pflegeversicherungsleistungen gewährt werden.

Für die Bearbeitung und Entscheidung des Antrags auf Beihilfe wegen Pflege ist diesem ein Nachweis über die Pflegebedürftigkeit und die Zuordnung zu einem bestimmten Pflegegrad beizufügen. Für Versicherte der privaten oder sozialen Pflegeversicherung hat deren Versicherung die Pflegebedürftigkeit und deren Umfang feststellen zu lassen (gesetzliche Verpflichtung). Diese Feststellung ist auch für die Beihilfestelle maßgebend und ist ihr deshalb vom Antragsteller in geeigneter Weise zugänglich zu machen (vgl. § 51 Abs. 2 Satz 1 BBhV, z. B. durch Vorlage der Mitteilung über den Pflegegrad nach § 44 Abs. 4 SGB XI). Nur in Zweifelsfällen wird das vollständige Gutachten vorzulegen sein). Ist die pflegebedürftige Person nicht pflegeversichert, hat die Festsetzungsstelle ein entsprechendes Gutachten zu erstellen. Ohne Nachweis des Grades der Pflegebedürftigkeit wird der Antrag nicht bearbeitet (vgl. § 22 VwVfG). Entsprechendes gilt für das Vorliegen eines außergewöhnlich hohen Pflegeaufwands bei Schwerstpflegebedürftigen.

Ist im Einzelfall der Leistungsnachweis nicht ausreichend oder beantragt der Beihilfeberechtigte abweichend Beihilfe zu einem höheren Pflegegrad, ist mit Zustimmung des Pflegebedürftigen bei der privaten oder sozialen Pflegeversicherung eine Ausfertigung des Gutachtens anzufordern.

Heimträger können bei Versicherten der sozialen Pflegeversicherung gegenüber der Pflegeversicherung selbstständig einen höheren Pflegegrad durchsetzen, d. h. auch gegen den Willen des Bewohners (BSG vom 1.9.2005 – B 3 P 4/04 R und BP 9/04 R).

Für Klagen in Angelegenheiten nach dem SGB XI (z. B. Feststellung der Pflegebedürftigkeit und Zuordnung zu einem Pflegegrad) sind die Sozialgerichte zuständig (Art. 33 PflegeVG).

Sind die Voraussetzungen für eine vollstationäre Pflege gegeben, empfiehlt sich – sofort nach Aufnahme in ein Heim – einen **formlosen Antrag** auf Anerkennung der Beihilfefähigkeit der Aufwendungen zu stellen. Dem Antrag sollte ein ärztliches Attest über die dauernde Pflegebedürftigkeit und eine Bescheinigung des Heimes über die Zulassung als Pflegeeinrichtung (§§ 72, 73 SGB XI) beigefügt werden. Nach Anerkennung der Beihilfefähigkeit können die Heimkosten mit normalen Beihilfeanträgen geltend gemacht werden. Den Beihilfeanträgen sind Belege über die Heimkosten und – zur Berechnung des Eigenanteils (Selbstbehalts) – Belege über die Höhe des Einkommens beizufügen.

In Pflegefällen (§§ 37 bis 39 und 39b BBhV) kann auf Antrag eine dauerhafte Zahlung regelmäßig wiederkehrender und in der Höhe gleichbleibende Beihilfebeträge bewilligt werden, wenn der Beihilfeberechtigte sich verpflichtet, Änderungen unaufgefordert und unverzüglich mitzuteilen und den Beihilfeanspruch übersteigende Beträge zu erstatten. Die Anspruchsvoraussetzungen sind spätestens nach zwölfmonatiger Beihilfegewährung von der Festsetzungsstelle zu überprüfen (§ 51 Abs. 2 Satz 4 und 5 BBhV).

16. Unterbringung in Einrichtungen der Behindertenhilfe

Bei vollstationärer Unterbringung dauernd Pflegebedürftiger in Einrichtungen der Behindertenhilfe, in der die berufliche und soziale Eingliederung, die schulische Ausbildung oder die Erziehung im Vordergrund des Einrichtungszwecks stehen, sind die Aufwendungen nach Art und Umfang des § 43a SGB XI beihilfefähig (§ 39a BBhV). Das bedeutet, dass die pflegebedingten Aufwendungen und diejenigen für die soziale Betreuung sowie die Behandlungspflege bis zu 10 v. H. des Heimentgelts, höchstens 266 Euro im Kalendermonat beihilfefähig sind. Tage der An- und Abreise gelten bei der Pauschale als volle Tage häuslicher Pflege, sofern die anteilige Pauschalbeihilfe für die häusliche Pflege beansprucht wird.

Bei Unterbringung in vollstationären Einrichtungen der Behindertenhilfe besteht Anspruch auf volle Pauschalbeihilfe für Tage der häuslichen Pflege (§ 38b Abs. 3 BBhV).

17. Betreute Wohngruppen

Für das Wohnen Pflegebedürftiger (einschl. Demenzkranker) in ambulant betreuten Wohnungen steht entsprechend § 38a Abs. 1 SGB XI ein pauschaler Zuschlag von 214 Euro der beihilfefähigen Aufwendungen zu, wenn die Pflegeversicherung entsprechende Leistungen erbringt (VV 38f.1). Neben den Aufwendungen zur Verbesserung des individuellen Wohnumfeldes sind die Kosten der Anschubfinanzierung nach Maßgabe des § 45e SGB XI beihilfefähig.

18. Pflegeberatung, Pflegekurse

Jeder Bürger hat einen gesetzlichen Anspruch auf kostenfreie **Pflegeberatung**. Dabei müssen in der sozialen Pflegeversicherung Versicherte bereits einen Antrag auf Zuteilung eines Pflegegrades gestellt haben. Pflegegeldbezieher der Pflegegrade 2 und 3 müssen einmal halbjährlich, Pflegegeldbezieher der Pflegegrade 3 und 4 einmal vierteljährlich die Beratung anfordern. Sie soll eine Hilfestellung zur Auswahl und Inanspruchnahme von Pflegeleistungen sowie sonstigen unterstützenden Hilfsangeboten geben und findet in der Regel innerhalb von zwei Wochen nach der Anforderung statt. Zuständig ist die Pflegekasse des Pflegebedürftigen, bei privat Pflegeversicherten die Compass-Pflegeberatung. Beraten können auch die Angehörigen des Pflegebedürftigen.

Die Beratung schließt Fragen zur Antragstellung, Feststellung der Pflegebedürftigkeit, Kombination von Leistungen, Versorgung mit Hilfsmitteln und zu pflegebedingten häuslichen Umbauten ein. Außerdem ist über Leistungen zur Entlastung pflegender Angehöriger zu unterrichten.

Die Pflegeberatung kann auf Wunsch zu Hause, aber auch telefonisch oder online erfolgen, entweder bei Entstehen des Pflegefalles, bei Änderung des Pflegebedarfs durch Verschlechterung des Gesundheitszustandes oder auch bei Überlastung durch die übernommene Pflege von Angehörigen.

Die Beratung erfolgt in der privaten Pflegeversicherung über qualifizierte Pflegeberater, organisiert über das eigenständige Unternehmen Compass-Private Pflegeversicherung, zu dem auch eine gebührenfreie Hotline geschaltet ist (08 00/ 1 01 88 00). Nach Wunsch kann die Pflegeberatung telefonisch, zu Hause, in der Klinik und einer Reha- oder Pflegeeinrichtung durchgeführt werden. Bei sozialer Pflegeversicherung können in Städten, Gemeinden oder auf Kreisebene Pflegestützpunkte eingerichtet werden, um die Pflegebedürftigen und ihre Angehörigen wohnortnah in Pflegeangelegenheiten zu beraten, versorgen und zu betreuen, auch über sog. Fallmanager.

Über Beratungsangebote von Bund, Ländern, Einrichtungen der Wohlfahrtspflege, Verbraucherzentralen, kommunalen Einrichtungen sowie über alle Pflegestützpunkte hat die Stiftung Zentrum für Qualität der Pflege (ZQP) eine Onlineübersicht entwickelt, die unter www.zqp.de abgerufen werden kann. Dort kann man sich kostenfrei auch über die nächstgelegene Beratungsstelle informieren sowie nach Beratungsangeboten zu besonderen Themen recherchieren (z. B. nach Organisation der Pflege, Wohnberatung und finanzielle Hilfen). Das

Beratungsangebot ist kostenfrei sowie unabhängig und verfolgt das allgemeine Ziel, Pflegende zu unterstützen. Desgleichen sind dort unter der Rubrik „Wissensangebote" Informationsangebote für pflegende Angehörige eingestellt. Die Informationsreihe steht auch als Druckexemplar bereit.

Die Pflegeberatung ist für den Pflegebedürftigen kostenfrei sowie unabhängig; sie wird vom Träger der Pflegeberatung der Festsetzungsstelle berechnet. Folglich entstehen ihm keine beihilfefähigen Aufwendungen. Dafür beteiligt sich die Festsetzungsstelle nach § 37 Abs. 1 BBhV an den Beratungskosten.

Die Pflegeversicherungen haben Angehörigen der Pflegebedürftigen und sonstigen an einer ehrenamtlichen Pflegetätigkeit interessierten Personen Schulungskurse unentgeltlich anzubieten (vgl. § 45 SGB XI). Anteilige Leistungen der Festsetzungsstellen sind nicht vorgesehen, so dass auch eine Beihilfegewährung entfällt.

Über Medicproof (= Medizinischer Dienst der PKV) kann man sich um Gutachten für die Pflegegradeinstufung bemühen.

Anträge auf Pflegeleistungen sind bei den Pflegekassen bzw. den privaten Pflegeversicherungen zu stellen, auch mündlich. Von dort wird auch der Gutachter mit der Erstellung eines Gutachtens zur Pflegebedürftigkeit beauftragt. Es ist zweckdienlich, für das Gutachten die einzelnen Pflegeleistungen aufzulisten.

19. Pflegebedürftige des Pflegegrades 1

Diese Pflegebedürftigen erhalten nur eingeschränkte Beihilfe im Pflegefall. So steht insbesondere bei häuslicher Pflege keine Beihilfe zu den Aufwendungen für erwerbsmäßige Pflegekräfte (§ 38a Abs. 1 BBhV) und keine Pauschalbeihilfe (§ 38a Abs. 3 BBhV) zu. Dagegen steht uneingeschränkt Beihilfe zu Aufwendungen für Pflegehilfsmittel sowie Maßnahmen zur Verbesserung des Wohnumfeldes (§ 38g BBhV) zu. Bei vollstationärer Pflege sind lediglich 125 Euro monatlich beihilfefähig. Weitere begünstigte Aufwendungen ergeben sich aus § 39b BBhV.

20. Weitere Nachteilsausgleiche

Dauernd Pflegebedürftige erfüllen i. d. R. die Voraussetzungen für die Gewährung der Nachteilsausgleiche und der steuerlichen Vergünstigungen nach den Bestimmungen des → Behindertenrechts. Es empfiehlt sich deshalb, sich mit den einschlägigen Regelungen vertraut zu machen.

Decoderdermographie

Aufwendungen sind nach Abschnitt 1 Nr. 7.1 der Anl. 1 zur BBhV (→ Ganzheitsbehandlung) nicht beihilfefähig.

Diabetesschulung

Pauschal berechnete Aufwendungen für die ambulante – nichtärztliche – Schulung und Einstellung von Diabetikern sind beihilfefähig, wenn eine stationäre Schulung im Krankenhaus vermieden wird und mit der ambulanten Schulungseinrichtung ein entsprechender Vertrag mit der GKV besteht. Die Beihilfefähigkeit der Aufwendungen ist auf den mit der Krankenkasse vereinbarten Vertragssatz begrenzt.

Zum besseren Umgang mit Diabetes und der damit verbundenen Therapie bieten die GKV und vereinzelt auch die PKV die Kooperation (betreute Programme) mit auf Diabetes spezialisierten Unternehmen an.

Diagnosekliniken

Für Untersuchungen und diagnostische Maßnahmen in Diagnosekliniken gelten die allgemeinen Bestimmungen mit der Einschränkung, dass die Notwendigkeit und damit die Beihilfefähigkeit der

- Fahrtkosten (§ 31 BBhV),
- Aufwendungen für Unterbringung und Verpflegung bei → ambulanter Behandlung und Verpflegung (§ 32 BBhV) nur

anerkannt werden, wenn es sich um einen **Problemfall** handelt. Ein Problemfall liegt nur vor, wenn dies durch einen Arzt bestätigt wird. Hinsichtlich der übrigen Aufwendungen (insbesondere für Behandlungen in Diagnosekliniken) bedarf es dieser zusätzlichen Voraussetzungen nicht.

Beihilfefähig sind daneben die Aufwendungen für:

- → ärztliche und → zahnärztliche Leistungen
- die vom Arzt oder Zahnarzt verbrauchten oder verordneten → Arznei- und Verbandmittel
- die vom Arzt angeordnete → Heilmittel
- die vom Arzt verordneten → Hilfsmittel
- → Krankenhausbehandlung
- Pflegekräfte sowie eine → Familien- und Haushaltshilfe

Nicht vorgeschrieben ist die Überweisung durch den behandelnden Arzt (Hausarzt) oder einen Facharzt. Dennoch empfiehlt es sich für den Beihilfeberechtigten, den behandelnden Arzt oder Facharzt um eine solche Überweisung zu bitten, um auf diese Weise alle Zweifel an der Notwendigkeit der (weiteren) Untersuchung und Behandlung in einer Diagnoseklinik von vornherein auszuschalten. Im Übrigen gelten die → Gebührenordnungen für Ärzte und Zahnärzte uneingeschränkt (d. h. mit den in diesen Verordnungen vorgesehenen Beschränkungen).

Aufwendungen für **Vorsorgeuntersuchungen** sind auch in Diagnosekliniken nur zur Früherkennung von Krankheiten nach Maßgabe des § 41 Abs. 1 und 2 BBhV beihilfefähig (→ Vorsorgemaßnahmen). Das gilt auch für ungezielte umfassende Untersuchungen (sog. Check-ups).

Dialysebehandlung

Aufwendungen für eine vom Arzt verordnete oder im Krankenhaus erfolgende Dialysebehandlung, bei der mit einer künstlichen Niere drohender Harnvergiftung begegnet wird, sind beihilfefähig. Das Gleiche gilt für die Kosten eines Heimdialysegerätes (→ Hilfsmittel, Ziff. 2).

Die Kosten für eine **Dialyse im Ausland** während eines Urlaubsaufenthalts sind bis zur Höhe der Kosten einer ambulanten Krankenhausdialyse am Wohnort beihilfefähig, auch bei Personen, die sonst Heimdialyse in ihrer Wohnung durchführen. Auf Urlaubsreisen können Heimdialysen nicht durchgeführt werden. Deshalb können inländische Vergleichswerte nicht die Kosten der Heimdialyse, sondern nur die Kosten einer ambulanten Dialyseeinrichtung sein.

Bei im EU-Ausland entstandenen Aufwendungen für ambulante Dialysebehandlungen entfällt die Begrenzung auf die Inlandskosten (vgl. § 11 Abs. 1 Satz 1 BBhV). Dasselbe gilt für Dialysebehandlungen außerhalb eines EU-Landes, sofern die Kosten einer Behandlung 1000 Euro nicht übersteigen.

Dienstunfälle

Aufwendungen aufgrund von Dienstunfällen werden nach den Bestimmungen der Dienstunfallfürsorge beglichen (vgl. §§ 33 und 34 BeamtVG sowie die Verordnung zur Durchführung des § 33 BeamtVG – Heilverfahrensverordnung), so dass für die Gewährung von Beihilfen i. d. R. kein Raum bleibt (§ 9 Abs. 1 bis 3 BBhV). Das Heilverfahren im Rahmen der Dienstunfallfürsorge umfasst vornehmlich die notwendige ärztliche und zahnärztliche Behandlung (einschl. Behandlung im Krankenhaus), die notwendige Versorgung mit Arzneimitteln, die Ausstattung mit Körperersatzstücken und sonstigen Hilfsmitteln sowie die notwendige Pflege. Entstehen einem Beamten (Ruhestandsbeamten) aufgrund des Dienstunfalls beihilfefähige Aufwendungen, die im Rahmen der Dienstunfallfürsorge nicht erstattet werden, sind diese wie Aufwendungen anlässlich einer Erkrankung im Rahmen der Beihilfegewährung zu berücksichtigen.

Berufssoldaten und Soldaten auf Zeit erhalten bei Dienstunfällen unentgeltliche → truppenärztliche Versorgung, so dass für die Gewährung von Beihilfen kein Raum bleibt.

Digitale Gesundheitsanwendungen (DiGA)

Digitale Gesundheitsanwendungen (DiGA) sind Medizinprodukte, die dazu bestimmt sind, Erkrankungen zu erkennen, zu überwachen, zu behandeln oder zu lindern und die dabei maßgeblich auf digitaler Technologie beruhen („App auf Rezept"). Ein Einsatz zur Linderung oder Kompensierung von Verletzungen oder Behinderungen ist ebenfalls möglich (zur Legaldefinition dieses relativ neuen Heilmittels siehe § 33a Abs. 1 Satz 1 SGB V).

Aufwendungen für digitale Gesundheitsanwendungen sind nach § 25a BBhV beihilfefähig, wenn sie von einem Arzt oder Psychotherapeuten verordnet worden sind und die DiGA vom Bundesinstitut für Arzneimittel und Medizinprodukte (BfArM) in das Verzeichnis für digitale Gesundheitsanwendungen nach § 139e SGB V aufgenommen wurde. Es sind allerdings nur die Kosten für die Standardversion der DiGA beihilfefähig, sofern nicht aus ärztlicher oder therapeutischer Sicht die Notwendigkeit einer erweiterten Version begründet wurde (§ 25a Abs. 1 Satz 2 BBhV). Beihilfefähig ist auch das ausschließlich für die Nutzung der DiGA zwingend erforderliche Zubehör. Der nicht beihilfefähige Umfang (z. B. Endgeräte, Telekommunikationsdienstleistungen) ist in § 25a Abs. 2 Nr. 1 bis 4 BBhV zusammengefasst.

Im Verzeichnis des BfArM waren bei Redaktionsschluss 55 vorläufig und dauerhaft aufgenommene DiGA gelistet. Das Verzeichnis enthält darüber hinaus vielfältige Informationen zu jeder DiGA, wie z. B. Hersteller und Eigenschaften (u. a. Herstellerpreis), die geeignete Plattform (App- und/oder Webanwendung) und zur Indikation. Das Verzeichnis ist abrufbar unter: https://diga.bfarm.de/de/verzeichnis (zuletzt aufgerufen: 2.9.2024).

Digitale Pflegeanwendungen (DiPA)

Aufwendungen für digitale Pflegeanwendungen bei häuslicher Pflege entsprechend § 40a SGB XI sind nach Maßgabe von § 38 Abs. 2 BBhV beihilfefähig (→ Dauernde Pflegebedürftigkeit, Ziffer 2).

Disease-Management-Programme

Beihilfefähig sind Leistungen niedergelassener Ärzte bei Teilnahme an Disease-Management-Programmen (DMP). Diese strukturierten Versorgungsprogramme werden derzeit besonders bei Diabetes mellitus Typ II, Brustkrebs, koronarer Herzkrankheit, Asthma und chronisch obstruktiver Lungenerkrankung (COPD) angeboten (→ Gesetzliche Krankenversicherung, Ziff. 4 Buchst. v). Die dafür aufgelegten Progamme sollen die Gesundheit chronisch Kranker verbessern und dabei die Krankheitskosten senken, bei Diabetikern z. B. durch die Verringerung von Schlaganfällen und Amputationen.

Dolmetscherkosten

Kosten für einen vereidigten Dolmetscher sind nach Krankenkassenrecht und folglich auch nach Beihilferecht nicht erstattungsfähig (vgl. auch LSG Niedersachsen-Bremen vom 23.1.2018, Az. L 4 KR 147/14).

Drogenabhängigkeit

Drogenabhängigkeit ist ebenso wie Alkoholismus eine Krankheit. Die Aufwendungen für eine ärztlich verordnete Entziehungskur sind deshalb im Rahmen der Beihilfevorschriften beihilfefähig. Dies gilt auch für die zur Entwöhnung (Entgiftung) eingesetzten Mittel wie Methadon und Remedacen (→ Suchtbehandlungen).

Duschsitz/-stuhl

Aufwendungen sind beihilfefähig (Nr. 4.5 der Anl. 11 zur BBhV).

Ehrenbeamte

Ehrenbeamte zählen wie ehrenamtliche Richter nicht zum Kreis der → beihilfeberechtigten Personen.

Eigenbehalte

Abweichungen in Bundesländern:
→ Bayern (Ziff. 1)
→ Berlin (Ziff. 4, 7)
→ Bremen (Ziff. 12)
→ Hamburg (Ziff. 4)
→ Hessen (Ziff. 2, 3, 15)
→ Niedersachsen (Ziff. 9, 25)
→ Nordrhein-Westfalen (Ziff. 14)
→ Rheinland-Pfalz (Ziff. 10, 22)
→ Sachsen (Ziff. 17 bis 19)
→ Schleswig-Holstein (Ziff. 7, 25)
→ Thüringen (Ziff. 16, 17)

1. Grundsatz

Nach § 49 Abs. 1 bis 4 BBhV verringern sich bei bestimmten Aufwendungsarten die beihilfefähigen Aufwendungen um Eigenbehalte. Bestimmte Personen und Leistungen sind von Eigenbehalten ausgenommen. Bei Überschreiten der Belastungsgrenzen nach § 50 Abs. 1 BBhV erfolgt eine Freistellung von Eigenbehalten für den Rest des Kalenderjahres.

Von der gesetzlichen Krankenversicherung erhobene Eigenanteile sind zu Recht von der Beihilfe ausgenommen (BVerwG vom 15.12.2005, Az. 2635/04). Dies gilt auch für eine im Ausland erhobene Praxisgebühr und für dortige Zuzahlungen für Arznei- und Behandlungskosten.

2. Höhe der Eigenbehalte

Es werden folgende Eigenbehalte von den beihilfefähigen Aufwendungen (nicht von der Beihilfe) abgezogen:

Arznei- und Verbandmittel

Abgezogen werden – unabhängig vom Bezugsweg, d. h. auch über Versandapotheken – je Packung 10 v. H. der Kosten, höchstens 10 Euro, mindestens 5 Euro, aber jeweils nicht mehr als der Abgabepreis. Kein Abzug erfolgt bei Arznei- und Verbandmitteln, die bei (zahn-)ärztlicher Behandlung verbraucht und als Auslagen (§ 10 GOÄ) abgerechnet werden.

Die Abzüge gelten unabhängig vom Bezugsweg, also auch über Versandapotheken. Von Apotheken gewährte Rabatte mindern die Aufwendungen (vgl. VV 49.1.1).

Der Eigenbehalt bemisst sich nach dem Apothekenabgabepreis bzw. dem Festbetrag der Packung (Einheit) des Arznei- oder Verbandmittels (einschl. Mittel – wie z. B. Elementardiäten – i. S. von § 31 Abs. 1 Satz 2 SGB V und Medizinprodukte i. S. von § 31 Abs. 1 Satz 3 SGB V). Dies gilt auch bei Mehrfachverordnungen oder bei der Abgabe der verordneten Menge in mehreren Packungen. Bei zum Verbrauch bestimmten Arznei- und Verbandmitteln, die in der Verordnung als Monatsbedarf bezeichnet sind, beträgt der Eigenbehalt einmalig 10 Euro. Rabatte von Apotheken sowie solchen beim Bezug über Versandapotheken mindern den Abgabepreis. Bei Mehrfachverordnungen (d. h. einem Rezept, das in zeitlichen Abständen zum Bezug desselben Arzneimittels berechtigt) oder beim zeitlich getrennten Bezug des Arzneimittels (anstelle in der verordneten Packung in mehreren Originalpackungen) wird bei jeder Beschaffung der Eigenanteil einbehalten (§ 49 Abs. 1 Satz 3 BBhV). Dies gilt jedoch nicht, wenn das Arzneimittel nicht in der verordneten Originalpackung, sondern in Teilmengen abgegeben wird. So darf ein Abzug nur einmal erfolgen, wenn die Apotheke nicht die verordnete Menge eines Präparats zur Verfügung hat und sie deshalb andere Einheiten abgibt oder später eine Teilmenge liefert. Bei Dauerverordnung (z. B. von enteraler Ernährung) wird der Eigenbehalt i. d. R. nur einmal abgezogen.

Bei von einem Standard- oder Basistarif erfassten Personen gelten die von der PKV abgezogenen Selbstbehalte als Eigenanteil.

Arzneimittel können von der Zuzahlung an die GKV befreit werden, wenn ihr Preis mindestens 30 v. H. unter dem Festbetrag der Kassen liegt (§ 31 Abs. 3 Satz 4 SGB V). Die Befreiung betrifft sowohl Nachahmerpräparate (Generika) als auch Arzneimittel mit patentgeschützten Wirkstoffen. Rezeptfreie Arzneimittel sind allgemein von der Befreiung ausgeschlossen. Diese v. H.-Grenze bezieht sich auf die Preise der Pharmahersteller. Werden folglich die Festbeträge verringert, bleibt die Zuzahlungsfreiheit bestehen, wenn Pharmahersteller ihre Preise entsprechend ermäßigen. Können folglich die Arzneimittel-Hersteller angesichts gestiegener Kosten ihre Abgabepreise nicht entsprechend senken, besteht Zuzahlungspflicht. Betroffen sind insbesondere Präparate von Generikaherstellern und da wiederum umsatzstarke Arzneimittel (z. B. Cholesterinsenker, Schmerzmittel, Arzneimittel gegen Bluthochdruck und andere Herz-Kreislauf-Mittel). Eine – ständig aktualisierte – Befreiungsliste ist im Internet abrufbar unter:
www.gkv-spitzenverband.de.

Grundlage für die Ermittlung der beihilfefähigen Arzneimittel, für die kein Eigenbehalt zu berücksichtigen ist, sind die von den Spitzenorganisationen der Krankenkassen festgelegten zuzahlungsbefreiten Arzneimittel nach § 31 Abs. 3 Satz 4 SGB V (VV 22.3.2). Preisermäßigungen aufgrund der mit Krankenkassen regional und individuell ausgehandelten Rabattbeträge für Arznei- und Verbandmittel sowie Medizinprodukte (§ 130b SGB V) berühren nicht den Eigenbehalt.

Hilfsmittel

Abgezogen werden je Mittel 10 v. H. der Kosten, mindestens 5 Euro, höchstens 10 Euro, aber nicht mehr als der Abgabepreis (bei Erst- und Ersatzbeschaffung). Der Abzug erfolgt auch bei

Medizinprodukten i. S. der Anl. 4 zur BBhV, ebenso bei Körperersatzstücken nach § 25 BBhV.

Bei zum Verbrauch bestimmten Hilfsmitteln (wie Inkontinenzartikeln) werden höchstens 10 Euro für den Monatsbedarf je Indikation gekürzt. Die in der ärztlichen Verordnung angegebene Stückzahl ist grundsätzlich als Monatsbedarf anzusehen (kein Mindestabzug von 5 Euro).

Bei Hilfsmitteln mit Höchstbeträgen (z. B. Hörgeräten, Perücken, Brillengläsern) erfolgt kein Abzug, wohl aber bei Hilfsmitteln mit Selbstbehalt (z. B. bei Maßschuhen oder Brustprothesenhaltern). Bei Aufwendungen für Reparaturen und Betrieb wird kein Eigenbehalt abgezogen, dagegen bei Ersatzbeschaffungen. Bei Miete von Hilfsmitteln ist bei dem ersten Mietbetrag der Eigenbehalt abzuziehen.

Familien- und Haushaltshilfe, Soziotherapie

Abzug von 10 v. H. der Aufwendungen, mindestens 5 Euro, höchstens 10 Euro je Kalendertag.

Fahrtkosten

10 v. H. der Kosten, höchstens 10 Euro, mindestens 5 Euro.

Ausgenommen sind Fahrtkosten, die nur bis zu Höchstbeträgen beihilfefähig sind (vgl. § 35 Abs. 2 Nr. 1 BBhV).

Bei einer kombinierten vor-, voll- und nachstationären Krankenhausbehandlung (VV 49.1.6) wird der Eigenbehalt nur für die erste und letzte Fahrt abgezogen. Dies gilt auch bei ambulanten Operationen bezüglich der Einbeziehung der Vor- und Nachbehandlungen im jeweiligen Krankheitsfall, bei teilstationärer Behandlung (Tagesklinik) sowie bei einer ambulanten Chemo-/Strahlentherapieserie.

Vollstationäre Krankenhausleistungen und Anschluss-Reha

10 Euro je Kalendertag, höchstens für die ersten 28 Tage im Kalenderjahr, sowohl für den Aufnahme- als für den Entlassungs-

tag. Vollstationär ist eine Behandlung, die zusammenhängend sich mindestens über einen Tag und eine Nacht erstreckt.

Die Eigenbehalte sind für jedes Kalenderjahr gesondert einzubehalten, auch bei durchgehendem Krankenhausaufenthalt über den Jahreswechsel.

Bei Reha-Maßnahmen nach § 34 Abs. 1 und Abs. 2 Satz 1 BBhV (Anschlussheilbehandlungen, Suchtbehandlungen) erfolgt der Abzug höchstens für insgesamt 28 Tage im Kalenderjahr, für Reha-Maßnahmen nach § 35 Abs. 1 Nr. 1 und 2 BBhV (insbesondere Sanatorium und Mutter/Vater-Kind-Reha-Maßnahmen in Einrichtungen des Müttergenesungswerks) zeitlich unbegrenzt.

Folgt einem vollstationären Krankenhausaufenthalt eine stationäre Maßnahme i. S. von § 35 Abs. 1 Nr. 1 oder 2 BBhV, ist getrennt für jede Maßnahme ein Eigenbehalt von 10 Euro je Kalendertag zu kürzen, jeweils begrenzt auf 28 Tage (und umgekehrt). Bei Mutter-/oder Vater-Kind-Rehabilitations-Maßnahmen unterbleibt ein Abzug bei den auf das nicht volljährige Kind entfallenden Kosten (§ 49 Abs. 4 Nr. 1 BBhV).

Kein Eigenbehalt wird abgezogen bei Entbindungen, Heilkuren, teil-, vor- und nachstationären Behandlungen, ambulanten Operationen und wahlärztlichen Leistungen im Krankenhaus (VV 49.2.2).

Häusliche Krankenpflege

10 v. H. der Aufwendungen, begrenzt auf insgesamt 28 Tage je Kalenderjahr (auch bei weiterem Krankheitsfall im Kalenderjahr). Zusätzlich erfolgt je ärztlicher Verordnung ein Abzug von 10 Euro von den beihilfefähigen Aufwendungen.

3. Eigenbehalte bei Standard- und Basistarifen

Bei in einem Standard- oder Basistarif sowie bei der Postbeamtenkrankenkasse Versicherten werden Eigenbehalte nur mit der Maßgabe abgezogen, dass von der privaten Krankenversicherung oder der Postbeamtenkasse einbehaltene Selbstbehalte als die Eigenbehalte mindernd betrachtet werden (§ 49 Abs. 6 BBhV).

4. Keine Eigenbehalte

Keine Eigenbehalte sind nach § 49 Abs. 4 BBhV abzuziehen bei Aufwendungen für:

- Personen, die das 18. Lebensjahr noch nicht vollendet haben, ausgenommen Fahrtkosten
- Schwangere im Zusammenhang mit Schwangerschaftsbeschwerden (nicht Schwangerschaftsgymnastik) oder der Entbindung
- ambulante ärztliche und zahnärztliche Vorsorgeleistungen sowie Leistungen zur Früherkennung von Krankheiten
- Leistungen im Zusammenhang mit einer künstlichen Befruchtung nach § 43 einschließlich der dabei verwendeten Arzneimittel
- während einer ambulanten Behandlung verbrauchte und berechnete Arznei- und Verbandmittel
- zum Verbrauch bestimmten Pflegehilfsmitteln
- Harn- und Blutteststreifen
- Arzneimittel, deren Apothekeneinkaufspreis (einschl. Umsatzsteuer) mindestens 30 v. H. niedriger ist als der jeweils gültige Festbetrag, der diesem Preis zugrunde liegt
- Arznei- und Verbandmittel nach § 22 Nr. 1 und 2 BBhV, die für medizinische Zwecke benötigt und als Auslagen berechnet werden
- Auslagen für Arznei- und Verbandmittel, die für diagnostische Zwecke, Untersuchungen und ambulante Behandlungen als Auslagen abgerechnet oder aufgrund einer ärztlichen Verordnung von Beihilfeberechtigten oder berücksichtigungsfähigen Personen selbst beschafft worden sind (§ 49 Abs. 4 Nr. 4 Buchst. a BBhV)

- Heil- und Hilfsmittel, für die beihilfefähige Höchstbeträge bestehen
- Aufwendungen für Spenderinnen und Spender i. S. von § 45a Abs. 2 BBhV
- Arzneimittel nach § 22, wenn auf Grund eines Arzneimittelrückrufs oder einer von der zuständigen Behörde vorgenommenen Einschränkung der Verwendbarkeit eines Arzneimittels erneut ein Arzneimittel verordnet werden musste

Zu Vorsorgeleistungen gehören auch Grippeschutzimpfungen. Ergibt sich während der Durchführung von Früherkennungs- und Vorsorgemaßnahmen die Notwendigkeit weiterer Maßnahmen, die über den Umfang der Früherkennungs- und Vorsorgemaßnahmen nach § 41 BBhV hinausgehen, sind für die Durchführung dieser Maßnahmen Eigenbehalte abzuziehen.

Zur Befreiung vom Abzugsbetrag für Schwangere benötigt die Beihilfestelle entweder eine Kennzeichnung des Arzneimittels durch den verschreibenden Arzt oder eine entsprechende Erklärung der Schwangeren mit Angabe der Dauer der Schwangerschaft.

Der Eigenbehalt ist nicht abzuziehen, wenn Laborärzte eine kurz vor dem Quartalsende entnommene Blut- oder Gewebeprobe erst im folgenden Quartal untersuchen.

5. Belastungsgrenzen (§ 50 BBhV)

Übersteigen innerhalb eines Kalenderjahres die Eigenbehalte nach § 49 BBhV die Belastungsgrenze, erfolgt auf Antrag kein weiterer Abzug. Die Befreiung ist für jedes Kalenderjahr neu zu beantragen und gilt ab dem Zeitpunkt des Überschreitens der Belastungsgrenze bis zum Ende des jeweiligen Kalenderjahres, in dem die Aufwendungen entstanden sind. Ein Befreiungsantrag muss spätestens bis Ablauf des Jahres gestellt werden, das dem Jahr des Abzugs folgt. Bei nicht verschreibungspflichtigen Arzneimitteln nach § 22 Abs. 2 Nr. 3 BBhV, die nicht den Ausnahmeregelungen des § 22 Abs. 2 Nr. 3 BBhV unterliegen (z. B. Personen unter 12 Jahren bzw. unter 18 Jahren mit Entwicklungsstörungen sowie Behandlungen einer schwerwiegenden Erkrankung als Therapiestandard i. S. der Anlage I der Arzneimittel-Richtlinie des G-BA; vgl. § 22 Abs. 2 Nr. 3 Buchstabe c BBhV), sind die nachgewiesenen Aufwendungen in voller Höhe als beihilfefähig zu berücksichtigen, sofern sie über 8, 12 bzw. 16 Euro (vgl. § 50 Abs. 1 Satz 1 Nr. 2 BBhV) liegen. Vgl. VV Nr. 50.1. Die Eigenbehalte nach § 49 Abs. 1 bis 3 BBhV dürfen nur mit dem Bemessungssatz nach § 46 BBhV berücksichtigt werden.

Es sind alle Eigenbehalte des Beihilfeberechtigten und seiner berücksichtigungsfähigen Angehörigen zusammenzurechnen. Wird als Ergebnis die Belastungsgrenze überschritten, gilt die Freistellung für Aufwendungen des Beihilfeberechtigten und sämtlicher berücksichtigungsfähiger Angehörigen. Dies gilt auch, wenn nicht bei allen Personen Eigenbehalte anfallen.

Die Belastungsgrenze beträgt 2 v. H. der jährlichen Einnahmen i. S. von § 39 Abs. 3 BBhV (→ Dauernde Pflegebedürftigkeit, Ziff. 11 Buchst. d). Die Einnahmen des Ehegatten oder Lebenspartners werden nicht berücksichtigt, wenn dieser Mitglied der GKV oder beihilfeberechtigt ist. Sind Ehegatten oder Lebenspartner privat krankenversichert, sind deren Einnahmen in die Berechnung der Belastungsgrenze einzubeziehen (VV 50.2.1). Es gelten die Einnahmen des Kalenderjahres vor der Antragstellung. Hatte der Beihilfeberechtigte oder Ehegatte oder Lebenspartner im vorangegangenen Kalenderjahr keine Einkünfte, sind diejenigen des laufenden Kalenderjahres, hochgerechnet auf den Jahresbetrag, zugrunde zu legen. Bei verheirateten oder in einer Lebenspartnerschaft lebenden Beihilfeberechtigten vermindern sich die Einnahmen um 15 v. H. und für jedes berücksichtigungsfähige Kind – unabhängig vom Alter – um die Freibeträge nach § 32 Abs. 6 Satz 1 und 2 EStG von insgesamt 4656 Euro, bei Zusammenveranlagung um 9312 Euro (im Jahr 2024). Bei verheirateten Beihilfeberechtigten, die beide beihilfeberechtigt sind, erfolgt die Minderung der Einnahmen um 15 v. H. jeweils für jeden Beihilfeberechtigten gesondert. Die Minderung für jedes Kind um den sich aus § 32 Abs. 6 Satz 1 bis 3 EStG ergebenden Betrag erfolgt bei dem Beihilfeberechtigten, der den Familienzuschlag bezieht.

Bei chronisch Kranken, die wegen derselben Krankheit in Dauerbehandlung sind, beträgt die Belastungsgrenze 1 v. H. der zuvor bezeichneten Einnahmen. Der Begriff einer chronischen Erkrankung bestimmt sich nach der Richtlinie des Gemeinsamen Bundesausschusses zur Definition schwerwiegender chronischer Krankheiten i. S. des § 62 SGB V sowie nach VV 50.1.2. Wer chronisch erkrankt (dies gilt für weibliche Beihilfeberechtigte und berücksichtigungsfähige Angehörige, die nach dem 1.4.1987 geboren wurden, und für männliche Angehörige, die nach dem 1.4.1962 geboren wurden) muss außerdem nachweisen, dass er sich vor der Erkrankung über die relevanten Vorsorgeuntersuchungen hat beraten lassen, die zunächst auf die Vorsorgeuntersuchungen zur Früherkennung von Brustkrebs, Darmkrebs und Gebärmutterhalskrebs beschränkt sind. Werden diese Voraussetzungen nicht erfüllt, liegt keine nach den Beihilfevorschriften berücksichtigungsfähige „chronische Krankheit" vor. Die Feststellung erfolgt durch die Beihilfestelle. Der Beihilfeberechtigte muss durch geeignete Nachweise darlegen (z. B. ärztliche Bescheinigung, mehrere Liquidationen mit entsprechenden Diagnosen, mehrere Verordnungen), dass eine Dauerbehandlung vorliegt. Auf den jährlichen Nachweis des Fortbestehens einer chronischen Erkrankung wird verzichtet, wenn es keine Anzeichen für deren Wegfall gibt.

Die beim Überschreiten der Belastungsgrenzen von 2 und 1 v. H. eintretende Befreiung von Zuzahlungen (Eigenanteilen) gilt neben dem Beihilfeberechtigten für alle berücksichtigungsfähigen Angehörigen, selbst wenn diese z. B. nicht chronisch krank sind.

Werden Unterbringungskosten in einem Heim oder ähnlichen Einrichtungen von Trägern der Sozialhilfe oder Kriegsopferfürsorge bezahlt, ist für die Belastungsgrenze der nach Maßgabe des Regelbedarfs-Ermittlungsgesetzes zu ermittelnde Regelsatz anzuwenden (§ 50 Abs. 3 BBhV).

Beispiele:

1. Verheirateter Beamter mit einem Kind. Ehefrau ist nicht berufstätig. Einnahmen im Jahr 2021 = 40 400 Euro. Eigenbehalte bis Juni 2022 = 558 Euro, im Juli 2022 = 17 Euro.

Einnahmen	Euro	Euro
		40 400
./. 15 v. H. von 40 400 Euro	6 060	
Freibeträge nach § 32 Abs. 6 EStG	8 388	14 488
		25 952
2 v. H.		519,04

   Die Eigenbehalte sind bis zum Betrag von 519,04 Euro zu berücksichtigen. Die diesen Betrag übersteigenden Eigenbehalte von 55,96 Euro sind zu ersetzen. Für den Rest des Jahres 2022 besteht Befreiung von Eigenbehalten. Ab 2023 ist die Befreiung neu zu beantragen.

2. Verheirateter Versorgungsempfänger erfüllt als chronisch Kranker die Voraussetzung für die Belastungsgrenze von 1 v. H. Ehefrau ist Mitglied der GKV. Die Einnahmen des Beihilfeberechtigten betrugen 2021 18 000 Euro, die Rente seiner Frau 4000 Euro. Als Eigenanteile werden bis 6.6.2022 204 Euro abgezogen.

	Euro
Einnahmen Beihilfeberechtigter	18 000
Einnahmen Ehefrau (bleiben unberücksichtigt)	–
	18 000
./. 15 v. H. (für Ehefrau)	2 700
	15 300
1 v. H.	153

> Die über 153 Euro hinausgehenden Eigenbehalte sind nachträglich als beihilfefähig anzuerkennen. Zugleich dürfen ab 7.6.2022 keine Eigenbehalte mehr abgezogen werden. Ab 2023 ist die Befreiung neu zu beantragen.

Die Freistellung von Eigenbehalten wegen Überschreitens der Belastungsgrenzen erfasst auch die Eigenanteile, welche vor dem Befreiungsantrag abgezogen wurden (Beschluss des Niedersächsischen OVG vom 23.8.2006, ZBR 2007 S. 106).

6. Belastungsgrenze bei nicht verschreibungspflichtigen Arzneimitteln

Bei nicht verschreibungspflichtigen Arzneimitteln nach § 22 Abs. 2 Nr. 3 BBhV, für die keine Ausnahmeregelungen gelten, sind nach § 50 Abs. 1 Nr. 2 BBhV beim Überschreiten der Belastungsgrenzen (2 bzw. 1 v. H. der jährlichen Einnahmen) die Aufwendungen beihilfefähig, sofern diese je Arzneimittel über folgenden Beträgen liegen:

BesGr. A 1–A 8 (einschl. Anwärter)	8 Euro
BesGr. A 9–A 12	12 Euro
darüber	16 Euro,

bezogen auch auf die entsprechenden berücksichtigungsfähigen Angehörigen.

Bis zum Erreichen der Belastungsgrenze werden die Aufwendungen für nicht verschreibungspflichtige Arzneimittel ohne Eigenbehalt entsprechend dem Bemessungssatz berücksichtigt. Ab dem Zeitpunkt des Erreichens der Belastungsgrenze werden die danach entstehenden Aufwendungen als beihilfefähig anerkannt, die den nach Besoldungsgruppen gestaffelten Betrag übersteigen. Vgl. hierzu Beispiele in der VV 50.1.4. Maßgebende Besoldungsgruppe ist für Versorgungsempfänger diejenige vor Eintritt des Versorgungsfalles; für Beamte im Vorbereitungsdienst gilt § 50 Abs. 1 Nr. 2 BBhV.

Eigenblutbehandlung

Aufwendungen für die modifizierte Eigenblutbehandlung sind nach Abschnitt 2 Nr. 8 der Anl. 1 zur BBhV nur beihilfefähig

- im Bereich der Zahnheilkunde für eine Behandlung mit autologen Thrombozytenkonzentraten wie plättchenreiches Plasma (PRP) und plättchenreiches Fibrin (PRF) nach Extraktion eines oder mehrerer Zähne sowie
- im Bereich der Augenheilkunde zur Behandlung mit autologen Serumaugentropfen aus Eigenblut als Tränenersatzstoff bei einer trockenen Glandulae tarsales (Meibpm-Drüsen-Dysfunktion, Sicca-Syndrom, Keratokonjunktivitis sicca etc.)

Eingetragene Lebenspartner

Mit der Zweiten Verordnung zur Änderung der Bundesbeihilfeverordnung vom 13.7.2011 wurden Lebenspartner den Ehegatten der Beihilfeberechtigten gleichgestellt (zur Rückwirkung vgl. Art. 1 Nr. 13 der Verordnung). Diese Erweiterung des Kreises der berücksichtigungsfähigen Personen, die sich auch auf Kinder des Lebenspartners auswirkt, trat am Tag nach dem Inkrafttreten des Gesetzes zur Übertragung ehebezogener Regelungen im öffentlichen Dienstrecht auf Lebenspartnerschaften in Kraft. Die Gleichstellung mit dem Ehegatten bedeutet, dass zu Aufwendungen des Lebenspartners Beihilfe zusteht, allerdings unter Berücksichtigung der Einkunftsgrenze nach § 6 Abs. 2 BBhV. Desgleichen wird der Lebenspartner beim Bemessungssatz berücksichtigt.

Einlagen

Nur als orthopädische Einlagen beihilfefähig (Abschnitt 1 Nr. 5.1 der Anl. 11 zur BBhV).

Eisbehandlung

Kältetherapie bei einem oder mehreren Körperteilen mit lokaler Applikation intensiver Kälte in Form von Eiskompressen, tiefgekühlten Eis- oder Gelbeuteln, direkter Abreibung, Kaltgas und Kaltluft mit entsprechenden Apparaturen sowie Eisteilbädern in Fuß- oder Armbadewannen (Abschnitt 1 Nr. 39 der Anl. 9 zur BBhV) sind bis zum Höchstbetrag von 12,90 Euro beihilfefähig.

Elektroakupunktur nach Voll

Aufwendungen sind nach Abschnitt 1 Nr. 7.1 der Anl. 1 zur BBhV (→ Ganzheitsbehandlung) nicht beihilfefähig.

Elektronen-Behandlungen nach Nuhr

Aufwendungen sind nach Abschnitt 1 Nr. 2.1 der Anl. 1 zur BBhV („Behandlung mit nicht beschleunigten Elektronen") nicht beihilfefähig.

Elektro-Neural-Behandlungen nach Croon/ Elektro-Neural-Diagnostik

Aufwendungen sind nach Abschnitt 1 Nr. 5.1 und 5.2 der Anl. 1 zur BBhV nicht beihilfefähig.

Elektronische Patientenakte

Ab 1.1.2021 wurde für gesetzlich Versicherte mit dem Aufbau einer elektronischen Patientenakte (EPA) begonnen, in die der Arzt z. B. Angaben über verordnete Arzneimittel, Vorerkrankungen und Blutwerte eintragen kann. Dabei muss der Versicherte entscheiden, welche Daten gespeichert bzw. wieder gelöscht werden sollen. Er entscheidet auch, wer im Einzelfall auf die EPA zugreifen darf. Der Arzt muss die EPA mit Behandlungsdaten füllen. Die EPA kann auf dem Smartphone oder Tablet genutzt werden.

Elektronische Systemdiagnostik

Aufwendungen sind nach Abschnitt 1 Nr. 7.1 der Anl. 1 zur BBhV (→ Ganzheitsbehandlung) nicht beihilfefähig.

Elektrotherapie

Aufwendungen sind bis zu den in Abschnitt 1 Nr. 42–46 der Anl. 9 zur BBhV genannten Höchstbeträgen beihilfefähig.

Empfängnisregelung

Aufwendungen für eine ärztliche Beratung über Fragen der Empfängnisregelung sind nach § 43a Abs. 2 BBhV beihilfefähig. Die Beratung umfasst die medizinische Aufklärung über Empfängnisverhütung und Herbeiführung einer Schwangerschaft → Künstliche Befruchtung. Allgemeine Sexualaufklärung und -beratung zählen nicht dazu, wohl aber psychologische und sexualwissenschaftliche Beratung wie Untersuchungen, auch humangenetische in Risikofällen (z. B. erhebliche Leiden, Frau über 38 Jahre), ferner die Klärung der Immunitätslage gegen Röteln. Sind zudem die Beratung und Untersuchung des Ehemannes erforderlich, sind auch diese Kosten beihilfefähig. Desgleichen besteht Beihilfefähigkeit, wenn infolge Nebenwirkungen von Arzneimitteln mit hoher Wahrscheinlichkeit der Embryo geschädigt wird und deshalb zur Verhütung einer Schwangerschaft antikonzeptionelle Mittel eingenommen werden. Dies gilt auch für die sog. „Pille danach“; sie kann als Notfall-Verhütungsmittel rezeptfrei von der Apotheke bezogen werden. Die Pille danach ist allgemein in Fällen einer Vergewaltigung beihilfefähig. Die von der Beihilfefähigkeit ausgenommenen Mittel sind in der sog. Roten Liste („Kontrazeptiva“) angeführt. Nicht beihilfefähig sind auch Aufwendungen für mechanisch wirkende Verhütungsmittel, wie Intrauterin-Pessare und Kondome, es sei denn, die Mittel sind aus medizinischen Gründen ärztlich verordnet worden.

Beihilfefähig sind zudem Mittel zur Empfängnisverhütung von Beihilfeberechtigten und berücksichtigungsfähigen Angehörigen bis zum vollendeten 22. Lebensjahr, danach nur bei ärztlich bestätigter Krankheitsbehandlung (§ 43a Abs. 2 BBhV).

Ein Beihilfeanspruch besteht für Männer und Frauen. Der Anlass für die Beratung über Fragen der Empfängnisregelung ist ebenso unerheblich wie das Alter der Ratsuchenden. Bei einer gemeinsamen Beratung sind die auf den Beihilfeberechtigten und berücksichtigungsfähige Angehörige entfallenden Aufwendungen beihilfefähig.

Entseuchung

Nach § 45 Abs. 1 BBhV zählen zu den beihilfefähigen Aufwendungen auch die Kosten für eine behördlich angeordnete Entseuchung und die dabei verbrauchten Stoffe. Zu denken ist in diesem Zusammenhang z. B. an Entseuchungen, wie sie nach Maßgabe des Infektionsschutzgesetzes notwendig werden, wenn Diphtherie- und Scharlacherkrankungen oder andere ansteckende Krankheiten von Beihilfeberechtigten und berücksichtigungsfähigen Angehörigen in der Wohnung behandelt worden sind (VV 45.1.2).

Ergometer

Aufwendungen hierfür sind nicht beihilfefähig (Nr. 5.10 der Anl. 12 zur BBhV).

Erste Hilfe

Aufwendungen für Erste Hilfe sind nach § 45 Abs. 1 BBhV beihilfefähig. Unter „Erster Hilfe" versteht man vorläufige notwendige Hilfeleistungen, die an Menschen in körperlicher oder seelischer Not erbracht werden, ehe ärztlicher Beistand zur Stelle ist (z. B. bei Verkehrsunfällen, Bergunglücken, Naturkatastrophen und Seenotfällen). Sie wird in vielen Fällen nicht von Ärzten, sondern von Rettungskräften, Sanitätern und freiwilligen Helfern geleistet.

Notwendig sind Dienstleistungen einschl. der Fahrtkosten sowie Arznei-, Verband- und Heilmittel. Auch die Kosten für den Einsatz eines Rettungshubschraubers werden erfasst. Als notwendig sind alle Maßnahmen anzusehen, die von den beteiligten Hilfspersonen nach pflichtgemäßem Ermessen im Interesse des Verunglückten oder Erkrankten als sinnvoll angesehen worden sind.

Erweiterte ambulante Physiotherapie (EAP)

Aufwendungen sind nach Maßgabe des Abschnitts 2 der Anl. 9 zur BBhV beihilfefähig. Der beihilfefähige Höchstbetrag nach Nr. 15 des Leistungsverzeichnisses (Abschnitt 1 Nr. 1 a. a. O.) beträgt ab 1.1.2019 108,10 Euro je Behandlungstag (Mindestbehandlungsdauer 120 Minuten).

Europäische Union

Nach Art. 72 des Statuts der Beamten der Europäischen Union und der Beschäftigungsbedingungen für die sonstigen Bediensteten der Europäischen Union wird den Bediensteten dieser Einrichtungen eine Krankheitsfürsorge gewährt, die als Leistung i. S. des § 9 BBhV anzusehen ist. Der Anspruch auf diese Krankheitsfürsorge hat **Vorrang** vor dem Beihilfeanspruch (→ Subsidiaritätsprinzip).

E-Zigaretten

Angesichts nicht auszuschließender gesundheitlicher Schädigungen kann die E-Zigarette nicht als Ausstiegsmittel aus dem Tabakkonsum und folglich nicht als beihilfefähig angesehen werden.

Fahrtkosten

Abweichungen in Bundesländern:
→ Baden-Württemberg (Ziff. 15)
→ Bayern (Ziff. 10)
→ Bremen (Ziff. 3)
→ Hamburg (Ziff. 9)
→ Hessen (Ziff. 5)
→ Niedersachsen (Ziff. 20, 25)
→ Nordrhein-Westfalen (Ziff. 5, 12)
→ Rheinland-Pfalz (Ziff. 10, 15)
→ Sachsen (Ziff. 7)
→ Thüringen (Ziff. 9)

Fahrten zur Praxis eines Arztes, Zahnarztes oder eines Psychotherapeuten sind grundsätzlich nicht beihilfefähig. § 31 BBhV fasst einige Ausnahmen zusammen und regelt die Beihilfefähigkeit von Fahrtkosten im Übrigen wie folgt:

Absatz 1 enthält eine Aufzählung beihilfefähiger Fahrten nach ärztlicher Verordnung und Absatz 2 enthält Fälle, in denen Fahrtkosten auch ohne ärztliche Verordnung beihilfefähig sind.

Absatz 3 regelt die wirtschaftliche Angemessenheit der Aufwendungen für Fahrtkosten, die sich ausschließlich auf dem direkten Weg zwischen Aufenthaltsort und Behandlungsort bezieht und Absatz 4 beinhaltet nunmehr eine zentrale Norm für Fragen der Beihilfefähigkeit, speziell der Wirtschaftlichkeit von im Rahmen von Fahrten entstandenen Aufwendungen. Regelungen wie die Wegstreckenentschädigung oder Erstattung von Rettungsfahrten werden zusammengefasst.

Nicht beihilfefähige Fahrtkosten sind in § 31 Absatz 5 BBhV aufgeführt.

1. Krankenfahrten/Krankentransporte

Nach § 31 Abs. 1 BBhV sind die Aufwendungen in folgenden Fällen nur bei **ärztlich verordneten Fahrten** beihilfefähig:

- Fahrten im Zusammenhang mit einer stationären Krankenhausbehandlung einschließlich vor- und nachstationärer Behandlung (Abs. 1 Nr. 1)
- Fahrten anlässlich einer Verlegung in ein anderes Krankenhaus (Abs. 1 Nr. 2)
- Fahrten anlässlich ambulanter Operationen (auch in der Arztpraxis), einschl. Vor- und Nachbehandlung, wenn dadurch eine stationäre Krankenhausbehandlung verkürzt oder vermieden wird (Abs. 1 Nr. 3)
- Fahrten mit einem Krankentransportwagen, wenn während der Fahrt fachliche Betreuung oder eine fachgerechte Lagerung benötigt wird (Abs. 1 Nr. 4)
- Fahrten zur ambulanten Behandlung einer Erkrankung; Fahrten zu Gesundheitsvorsorge- und Krebsfrüherkennungsuntersuchungen nach §§ 25, 25a und 26 SGB V einschließlich Schutzimpfungen i. S. des § 2 Nr. 9 des Infektionsschutzgesetzes sowie die Versorgung einschließlich Diagnostik in einer Geriatrischen Institutsambulanz nach § 118a SGB V sind einer ambulanten Behandlung gleichzusetzen (Abs. 1 Nr. 5),
- Fahrten, um ein untergebrachtes, schwer erkranktes Kind der beihilfeberechtigten oder berücksichtigungsfähigen Person zu besuchen, das das 18. Lebensjahr noch nicht vollendet hat und bei dem zur Sicherung des Therapieerfolgs regelmäßige Besuche der Eltern nötig sind (Abs. 1 Nr. 6).

Sämtliche Fahrten müssen ärztlich verordnet sein. Die Notwendigkeit der Beförderung hat der behandelnde Arzt zu bestätigen. Dabei ist über Hin- und Rückfahrt gesondert zu befinden. Gleiches gilt für Fahrten, die von einem Zahnarzt oder Psychotherapeuten nach § 28 Abs. 1 Satz 1 SGB V verordnet sind, wenn die Fahrten im Zusammenhang mit einer zahnärztlichen oder psychotherapeutischen Behandlung stehen.

Nach § 31 Abs. 2 BBhV sind die Aufwendungen für folgende Fahrten **ohne ärztliche Verordnung** beihilfefähig:

- Rettungsfahrten und -flüge, auch wenn eine stationäre Behandlung nicht erforderlich ist (Abs. 2 Nr. 1)
- notwendige Fahrten zur ambulanten Dialyse, onkologischen Strahlentherapie, parenteralen antineoplastischen Arzneimitteltherapie (Medikamente zur Krebsbehandlung) oder parenteralen onkologischen Chemotherapie (Abs. 2 Nr. 2)
- Fahrten nach Absatz 1 Nummer 1 bis 5 beihilfeberechtigter oder berücksichtigungsfähiger Personen
  - a) mit einem Schwerbehindertenausweis mit dem Merkzeichen aG, Bl oder H oder
  - b) der Pflegegrade 3 bis 5 (Abs. 2 Nr. 3)
- Fahrten anlässlich einer Verlegung in ein anderes Krankenhaus, wenn die Festsetzungsstelle der Verlegung zugestimmt hat (Abs. 2 Nr. 4)

In den aufgezählten Fällen ist aufgrund der Grunderkrankung, der Behinderung oder des Pflegegrades davon auszugehen, dass eine ärztliche Verordnung wohl in allen Fällen erteilt werden dürfte. Sollte aus den beigefügten Belegen der Anlass der Fahrt nicht ersichtlich sein, ist dieser gesondert nachzuweisen. Dies kann z. B. durch Vorlage der ärztlichen Rechnung, aus der der Tag der notwendigen Behandlung hervorgeht, erfolgen.

Fahrtkosten zur ambulanten oder stationären Krankenhausbehandlung können grundsätzlich nur zwischen dem Aufenthaltsort der beihilfeberechtigten oder berücksichtigungsfähigen Person und der nächst erreichbaren geeigneten Behandlungsmöglichkeit als beihilfefähig anerkannt werden. Nächste erreichbare geeignete Behandlungsmöglichkeit muss nicht zwingend das nächstgelegene Krankenhaus sein (VV 31.3). Unter einer geeigneten Behandlungsstätte ist nach dem Urteil des VGH Baden-Württemberg vom 26.6.1990 (ZBR 1991, S. 120) eine solche zu verstehen, die ohne Einschränkung zur Behandlung der jeweiligen Erkrankung in der Lage ist. Der Umstand, dass in Notfällen auch Patienten behandelt würden, für deren Versorgung man im Grunde nicht eingerichtet sei, machen eine solche Einrichtung noch nicht zu einem Ort, an dem eine geeignete Behandlung möglich sei. Bei der Beurteilung der Notwendigkeit und Angemessenheit von Aufwendungen könnten auch subjektive Gesichtspunkte berücksichtigt werden (z. B. der Erkenntnisstand des Arztes, die subjektiven Erkenntnismöglichkeiten des Beihilfeberechtigten oder die Entscheidung des Erkrankten für eine bestimmte Behandlungsmethode).

Nach § 31 Abs. 5 BBhV sind die Fahrtkosten in folgenden Fällen **nicht beihilfefähig**:

- Kosten für die Rückbeförderung eines während einer Urlaubs- oder anderen privaten Reise Erkrankten (Abs. 5 Nr. 1)
- Kosten für die Beförderung anderer Personen als der erkrankten beihilfeberechtigten oder berücksichtigungsfähigen Person, es sei denn, die Beförderung von Begleitpersonen ist medizinisch notwendig (Abs. 5 Nr. 2)
- Kosten für Besuchsfahrten (ausgenommen die Fahrten der Eltern zum Besuch des schwer erkrankten Kindes; vgl. auch oben § 31 Abs. 1 Nr. 6 BBhV)
- Fahrt- und Flugkosten anlässlich von Untersuchungen und Behandlungen außerhalb der EU, sofern hierzu das Aufenthaltsland verlassen wird. Ausnahmen sind mit Zustimmung der obersten Dienstbehörde und im Einvernehmen mit dem BMI möglich beim Vorliegen zwingender medizinischer Gründe (§ 31 Abs. 5 Sätze 2 bis 4 BBhV).

2. Rettungsfahrten und -flüge

Beihilfefähig sind Aufwendungen für Rettungsfahrten und -flüge zum in Betracht kommenden Behandlungsort (der kein Krankenhaus zu sein braucht), auch wenn sich dort keine Behandlungsnotwendigkeit ergibt (§ 31 Abs. 2 Nr. 1 BBhV). Eine Rettungsfahrt, die im Rettungswagen (RTW), Notarztwagen (NAW), im Notarzteinsatzfahrzeug (NEF) oder im Rettungshubschrauber (RTH) erfolgen kann, ist nach den maßgebenden Krankentransport-Richtlinien erforderlich, wenn sich ein Patient in Lebensgefahr befindet oder schwere gesundheitliche Schäden zu befürchten sind, sofern nicht unverzüglich die medizinische Versorgung erfolgt. Ein RTH ist insbesondere notwendig, wenn ein schneller Transport der Patientin oder des Patienten mit einem bodengebundenen Rettungsmittel nicht ausreichend ist. Darüber hinaus sind Rettungshubschrauber anzufordern, wenn eine schnellere Heranführung der Notärztin oder des Notarztes an den Notfallort zur Durchführung lebensrettender Maßnahmen oder zur Herstellung der Transportfähigkeit der Patientin oder des Patienten mit dem jeweils geeigneten Transportmittel notwendig ist (§ 5 Abs. 4 der Krankentransport-Richtlinie). Wird der Einsatz des Hubschraubers nur wegen des unwegsamen Geländes notwendig, handelt es sich um nicht beihilfefähige Bergungskosten.

Beihilfefähig sind die nach dem jeweiligen Landes- oder Kommunalrecht berechneten Beträge.

3. Stationäre Behandlung

Die Beförderungskosten im Zusammenhang mit stationären und teilstationären Krankenbehandlungen sind beihilfefähig.

Muss nach ärztlicher Bestätigung oder mit Zustimmung der Festsetzungsstelle ein Patient in ein anderes Krankenhaus verlegt werden, sind die Beförderungskosten beihilfefähig. Dies gilt auch, wenn mit Zustimmung der Feststetzungsstelle eine Verlegung in ein wohnortnahes Krankenhaus erfolgt. Für Kosten einer Verlegung anlässlich einer Erkrankung während einer Urlaubs- oder anderen privaten Reise steht keine Beihilfe zu.

Stationärfahrten können auch mit regelmäßig verkehrenden Beförderungsmitteln, dem privaten Kfz oder mit Taxi durchgeführt werden.

4. Krankentransporte

Die Aufwendungen für ärztlich verordnete Fahrten im Krankentransportwagen (KTW) sind beihilfefähig, wenn während der Fahrt fachliche Betreuung oder eine fachgerechte Lagerung benötigt wird (§ 31 Abs. 1 Nr. 4 BBhV). Dies kann auch bei Fahrten zur ambulanten Versorgung (z. B. in der Arztpraxis) der Fall sein. Beihilfefähig sind die nach Landes- oder Kommunalrecht berechneten Beträge.

Über die Notwendigkeit von Krankentransporten und Rettungsfahrten können die für die GKV maßgebenden Krankentransport-Richtlinien Aufschluss geben. Dies gilt für Aufwendungen, welche die gesetzliche Krankenversicherung nicht übernimmt, wie z. B. Kosten eines Krankenrücktransports.

5. Ambulante Operationen im Krankenhaus oder in der Arztpraxis

Bei im Zusammenhang mit Krankenhausleistungen stehenden vor- oder nachstationären Krankenhausbehandlungen (vgl. § 115a SGB V) sowie vor- und nachstationärer Behandlung sind die Fahrtkosten nach ärztlicher Verordnung beihilfefähig. Desgleichen sind die Aufwendungen für ärztlich verordnete Fahrten anlässlich ambulanter Operationen im Krankenhaus oder in der Arztpraxis beihilfefähig, wenn dadurch eine stationäre Krankenbehandlung verkürzt oder vermieden wird.

6. Ambulante Behandlung

Beförderungskosten zur ambulanten Behandlung einer Erkrankung (außerhalb des Krankenhauses) sind nach § 31 Abs. 1 Nr. 5 BBhV bei ärztlicher Verordnung beihilfefähig. Bei beihilfeberechtigten oder berücksichtigungsfähigen Personen

a) mit einem Schwerbehindertenausweis mit dem Merkzeichen aG, Bl, H oder
b) der Pflegegrade 3 bis 5

sind die Fahrtkosten zur ambulanten Behandlung auch ohne ärztliche Verordnung beihilfefähig. Einer ambulanten Behandlung gleichzusetzen sind Gesundheitsvorsorge- und Krebsfrüherkennungsuntersuchungen einschließlich Schutzimpfungen sowie die Versorgung einschließlich Diagnostik in einer geriatrischen Institutsambulanz nach § 118a SGB V.

Notwendige Fahrten zur ambulanten Dialyse, onkologischen Strahlentherapie, parenteraler antineoplastischer Arzneimitteltherapie oder onkologischen Chemotherapie sind stets ohne ärztliche Verordnung beihilfefähig (§ 31 Abs. 2 Nr. 2 BBHV).

Bei Dauerbehandlungen mit Strahlen- oder Chemotherapie ist die Eigenbeteiligung nur für die erste und letzte Fahrt der Behandlungsserie zu berücksichtigen.

7. Umfang der beihilfefähigen Fahrtkosten

Die Höhe der beihilfefähigen Fahrtkosten bestimmt das Bundesreisekostengesetz, sofern nicht bei Rettungsfahrten und Krankentransporten die nach jeweiligem Landes- oder Kommunalrecht berechneten Gebühren maßgebend sind. Es kommt daher Fahrt- und Flugkostenerstattung nach § 4 BRKG bei Benutzung regelmäßig verkehrender Beförderungsmittel in Betracht, jeweils bezogen auf die niedrigste (Flug-)Klasse. Bei Bahnfahrten kann ab einer Fahrtzeit von mindestens zwei Stunden die nächsthöhere Klasse in Anspruch genommen werden. Fahrpreisermäßigungen (z. B. aufgrund von Sparpreisen und BahnCards) und die Möglichkeit einer kostenfreien Fahrt (z. B. als schwerbehinderter Mensch) von Bahn, Bus usw. sind zu nutzen.

Taxikosten sind nur beihilfefähig, wenn nach ärztlicher Bescheinigung aus medizinischen Gründen öffentliche Verkehrsmittel oder ein privates Kfz nicht benutzt werden konnten (VV 31.4). In diesem Fall gilt die Begrenzung auf 20 Ct/km nicht. Aufwendungen für Wartezeiten der Taxe am Zielort sind nur beihilfefähig, wenn das Warten zu einer Einsparung gegenüber den Aufwendungen für Einzelfahrten führte.

Bei **Fahrten mit dem eigenen Kraftfahrzeug** sind 20 Ct/km beihilfefähig, höchstens jedoch 130 Euro (§ 5 Abs. 1 BRKG). Bei Reha-Maßnahmen (einschl. Heilkuren und Mutter/Vater-Kind-Maßnahmen) sind die Fahrtkosten für die Gesamtmaßnahme (d. h. Hin- und Rückfahrt) bis zu 200 Euro beihilfefähig, unabhängig davon, ob öffentliche Verkehrsmittel oder private Kraftfahrzeuge benutzt werden (§ 35 Abs. 2 Satz 2 Nr. 1 BBhV). Nach dem eindeutigen Wortlaut des § 31 Abs. 4 BBhV steht die – erhöhte – Wegstreckenentschädigung nach § 5 Abs. 2 BRKG auch beim Vorliegen zwingender Gründe für die Kfz-Nutzung nicht zu.

Die beihilfefähigen Fahrtkosten sind nach § 49 Abs. 1 Satz 1 Nr. 3 BBhV um einen Eigenbehalt von 10 Prozent der Kosten, mindestens um 5 und höchstens um 10 Euro (jeweils nicht mehr als die tatsächlichen Kosten) zu kürzen.

Gepäckbeförderungskosten sind nicht beihilfefähig.

8. Rückbeförderung Ausland/Fahrtkosten außerhalb der EU

Aufwendungen für die Rückbeförderung (einschl. Flugkosten) anlässlich einer Erkrankung während einer Urlaubs- oder anderen privaten Reise (auch Tages- und Auslandsreisen) sind nicht beihilfefähig. Beihilfefähig sind allerdings die Beförderungskosten zur nächstgelegenen geeigneten Behandlungsstätte (z. B. Krankenhaus oder Arztpraxis) innerhalb der EU. Fahrtkosten anlässlich der Untersuchung und Behandlung (nicht der Rückbeförderung in die Heimat) in Ländern außerhalb der EU sind ausnahmsweise beihilfefähig, wenn zwingende medizinische Gründe vorliegen und die Festsetzungsstelle mit Zustimmung der obersten Dienstbehörde und im Einvernehmen mit dem BMI dem Transport zugestimmt hat (§ 31 Abs. 5 Sätze 2 bis 4 BBhV). Das wird z. B. der Fall sein, wenn eine Operation dringend erforderlich ist, diese aber im jeweiligen Land nicht erfolgversprechend durchgeführt werden kann.

9. Sonstige Anwendungsbereiche

Die vorstehenden Ausführungen gelten auch für Geburts- und Pflegefälle, Behandlungen in Hospizen, bei Vorsorgemaßnahmen, Auslandsbehandlungen sowie für eine Empfängnisregelung oder einen nicht rechtswidrigen bzw. nicht strafbaren Schwangerschaftsabbruch oder eine Sterilisation aus Krankheitsgründen.

Für Beamte, die ihren dienstlichen Wohnsitz im Ausland haben oder dorthin abgeordnet sind, gelten die Sonderregelungen nach § 31 Abs. 6 BBhV.

Sofern die Fahrtkosten nicht in der Rechnung der Pflegeeinrichtung enthalten sind, sind sie nach Maßgabe der VV 38d.2 beihilfefähig.

10. Begleitperson

Beförderungskosten für eine Begleitperson sind nur beihilfefähig, wenn die Begleitung des Erkrankten medizinisch notwendig war und dies vom Arzt schriftlich bescheinigt wird. Grundvoraussetzung für die Erstattung von Fahrtkosten ist, dass die Begleitperson **mit** dem Patienten (d. h. nicht getrennt) zum Behandlungsort gefahren ist. Eine ärztliche Bescheinigung ist i. d. R. nicht erforderlich, wenn es sich bei der erkrankten Person um ein Kind oder einen blinden oder schwerbehinderten Menschen handelt. Hinsichtlich des Beihilfebemessungssatzes gelten die Aufwendungen für eine Begleitperson als Aufwendungen des Begleiteten (§ 52 Nr. 2 BBhV). Ist z. B. die Ehefrau des Beihilfeberechtigten erkrankt, gilt der Bemessungssatz von 70 v. H. auch für die Beförderungskosten der Begleitperson.

Familien- und Haushaltshilfe

Abweichungen in Bundesländern:
→ Baden-Württemberg (Ziff. 11)
→ Bayern (Ziff. 8)
→ Bremen (Ziff. 1)
→ Niedersachsen (Ziff. 14)
→ Nordrhein-Westfalen (Ziff. 5)
→ Rheinland-Pfalz (Ziff. 9)
→ Sachsen (Ziff. 10)
→ Schleswig-Holstein (Ziff. 14)

1. Voraussetzungen der Beihilfefähigkeit

Die Aufwendungen für eine Familien- und Haushaltshilfe zur notwendigen Weiterführung des Haushalts des Beihilfeberechtigten sind je Stunde in Höhe von 0,32 v. H. der sich nach § 18 SGB IV ergebenden monatlichen Bezugsgröße, aufgerundet auf volle Euro, beihilfefähig (§ 28 Abs. 1 Satz 1 BBhV). Notwendige Fahrtkosten sind nach § 4 BRKG (bei Benutzung regelmäßig verkehrender Beförderungsmittel und Taxi) sowie § 5 BRKG (bei Kfz-Benutzung) beihilfefähig. Voraussetzungen für die Anerkennung der Beihilfefähigkeit sind, dass die sonst den Haushalt führende beihilfeberechtigte oder berücksichtigungsfähige Person

a) wegen einer notwendigen außerhäuslichen Unterbringung anlässlich einer
   - Krankenhausbehandlung,
   - auswärtigen ambulanten ärztlichen, zahnärztlichen oder psychotherapeutischen Behandlung (auch als Begleitperson),
   - Anschlussheil- oder Suchtbehandlung,
   - Rehamaßnahmen oder Heilkur und andere in § 35 Abs. 1 Nr. 1 bis 5 BBhV genannte Maßnahmen,

- vollstationären Pflege oder stationären bzw. teilstationären Palliativversorgung,

den Haushalt nicht weiterführen kann oder verstorben ist (§ 28 Abs. 1 Satz 1 Nr. 1 BBhV),

b) im Haushalt mindestens eine beihilfeberechtigte oder berücksichtigungsfähige Person verbleibt, die pflegebedürftig ist oder das 12. Lebensjahr noch nicht vollendet hat (§ 28 Abs. 1 Satz 1 Nr. 2 BBhV) und

c) keine andere im Haushalt lebende Person den Haushalt – auch nicht an einzelnen Tagen – weiterführen kann (§ 28 Abs. 1 Satz 1 Nr. 3 BBhV) oder

d) nach ärztlicher Bescheinigung eine an sich erforderliche stationäre Krankenhausbehandlung durch eine Familien- und Haushaltshilfe vermieden wird (VV 28.1.1).

In besonderen Ausnahmefällen kann aus fürsorgerischen Erwägungen mit Zustimmung der obersten Dienstbehörde von den genannten Voraussetzungen abgewichen werden (§ 28 Abs. 1 Satz 2 BBhV).

Hinsichtlich der Altersgrenze der zu versorgenden Kinder (zwölf Jahre) ist das Alter im Zeitpunkt des Entstehens der Aufwendungen maßgebend.

Kein Hinderungsgrund für die Anerkennung der Beihilfefähigkeit liegt vor, wenn

- zu den Aufwendungen der außerhäuslichen Unterbringung keine Beihilfe gezahlt wird (weil z. B. Sachleistungen in Anspruch genommen werden),
- der Ehegatte des Erkrankten einer Vollbeschäftigung nachgeht, die – wie z. B. bei Lehrern – i. d. R. nur mit der halbtägigen Abwesenheit von der Wohnung verbunden ist,
- eine unter § 28 Abs. 1 Nr. 2 BBhV fallende Person (z. B. Pflegebedürftige) den Haushalt weiterführen kann.

2. Weitere Möglichkeiten der Beihilfefähigkeit

Unter den genannten Voraussetzungen sind auch die Aufwendungen für eine Familien- und Haushaltshilfe bis zu 28 Tage beihilfefähig, wenn die Notwendigkeit ärztlich bescheinigt wurde. Dies ist aber nur der Fall, wenn die haushaltsführende Person (auch als Alleinstehende) aufgrund ihres Gesundheitszustandes nicht wieder wie früher im Haushalt tätig sein kann.

In den vorstehenden Fällen (wie auch im Todesfall → Ziff. 6) steht jedoch Beihilfe nur für Fahrtkosten und Verdienstausfall zu, wenn der Haushalt durch den Ehegatten, die Eltern oder Kinder geführt wird.

Die Notwendigkeit für eine Familien- und Haushaltshilfe für die ersten 28 Tage nach Ende einer außerhäuslichen Unterbringung ist gegeben, wenn bei schwerer Krankheit oder akuter Verschlimmerung einer Krankheit, besonders unmittelbar nach einem Krankenhausaufenthalt, unmittelbar nach einer ambulanten Operation oder Krankenhausbehandlung die Führung des Haushalts nach ärztlicher Bescheinigung noch nicht – auch nicht teilweise – wieder übernommen werden kann. Entsprechendes gilt für alleinstehende beihilfeberechtigte Personen.

Keine Beihilfe steht zu, wenn die als Begleitperson in das Krankenhaus aufgenommene Person den Haushalt allein führt. Abweichend hiervon können Aufwendungen für eine Familien- und Haushaltshilfe als beihilfefähig anerkannt werden, wenn die den Haushalt allein führende Person als Begleitperson eines stationär aufgenommenen Kindes im Krankenhaus aufgenommen wird und dies nach Feststellung des Amts- oder Vertrauensarztes wegen des Alters des Kindes und seiner eine stationäre Langzeittherapie erfordernden schweren Erkrankung aus medizinischen Gründen notwendig ist (VV 28.1.2).

3. Personenkreis

Voraussetzung für die Anerkennung der Beihilfefähigkeit der Aufwendungen ist, dass

- der den Haushalt führende Familienangehörige zum Kreis der → Beihilfeberechtigten oder → berücksichtigungsfähigen Angehörigen gehört (was z. B. bei der Mutter und Schwester des Beihilfeberechtigten nicht der Fall ist),
- der Beihilfeberechtigte selbst pflegebedürftig ist oder im Haushalt mindestens ein Kind unter zwölf Jahren oder eine pflegebedürftige berücksichtigungsfähige oder selbst beihilfeberechtigte Person verbleibt,
- der Beihilfeberechtigte bzw. die betreffende berücksichtigungsfähige Person den Haushalt allein führt (was z. B. nicht der Fall ist, wenn beide Ehegatten den Haushalt gemeinsam führen),
- die Weiterführung des Haushalts durch die betreffende Person nicht möglich ist (was besondere Bedeutung für die erste Woche nach Beendigung der außerhäuslichen Unterbringung hat).

4. Beihilfe ausschließende Tatbestände

Nicht beihilfefähig sind Aufwendungen für eine Familien- und Haushaltshilfe, wenn

- eine andere im Haushalt lebende Person (z. B. Beihilfeberechtigter, berücksichtigungsfähige Angehörige, Geschwister, Mutter) den Haushalt weiterführen kann,
- die Haushaltsführung von nahen Angehörigen (Ehegatte, Lebenspartner, Kindern, Eltern des Beihilfeberechtigten oder berücksichtigungsfähigen Angehörigen) übernommen wird oder die Kinder bzw. die pflegebedürftige Person im Haushalt eines nahen Angehörigen untergebracht werden; Fahrtkosten der nahen Angehörigen sowie ein etwaiger Verdienstausfall sind entsprechend § 27 Abs. 3 BBhV beihilfefähig.
- im Haushalt des Beihilfeberechtigten bereits eine andere mit der Führung des Haushalts beauftragte Person tätig ist.

5. Heimunterbringung, Aufnahme in fremden Haushalt

Werden anstelle der Beschäftigung einer Familien- und Haushaltshilfe Kinder unter zwölf Jahren oder pflegebedürftige berücksichtigungsfähige oder selbst beihilfeberechtigte Personen in einem Heim oder in einem fremden Haushalt untergebracht, sind die Aufwendungen hierfür bis zu den sonst notwendigen Kosten einer Familien- und Haushaltshilfe beihilfefähig (§ 28 Abs. 4 BBhV). Nicht beihilfefähig sind jedoch die Kosten (Ausnahme: Fahrtkosten und andere Sachkosten) für eine Unterbringung im Haushalt des Ehegatten, Lebenspartners, der Eltern oder der Kinder.

6. Todesfall

Beim Tod des den Haushalt führenden Beihilfeberechtigten oder berücksichtigungsfähiger Angehöriger sind nach § 28 Abs. 3 BBhV die Aufwendungen für eine Familien- und Haushaltshilfe für höchstens sechs, in besonders begründeten Ausnahmefällen für bis zu zwölf Monate beihilfefähig, z. B. wenn zum Haushalt mehrere minderjährige Kinder gehören, die Hilfe bei der Haushaltsführung zwingend notwendig ist und ohne die Anerkennung der Beihilfefähigkeit der Beihilfeberechtigte übermäßig belastet wäre.

7. Familien- und Haushaltshilfe im Ausland

Für Beihilfeberechtigte mit dienstlichem Wohnsitz im Ausland und dorthin abgeordnete Beihilfeberechtigte gelten hinsichtlich einer Familien- und Haushaltshilfe die Sondervorschriften des § 29 BBhV und die Verwaltungsvorschriften hierzu.

Familienorientierte Rehabilitation

Bei schweren Erkrankungen von berücksichtigungsfähigen Kindern oder deren Zustand nach Operationen am Herzen oder Organverpflanzungen kann eine familienorientierte Rehabilitation angezeigt sein.

Es sind im Grunde die gleichen Aufwendungen wie bei einer → Stationären Rehabilitationsmaßnahme beihilfefähig (vgl. § 35 Abs. 1 Nr. 3 BBhV). Allerdings bedarf es keiner ärztlichen Begutachtung. Die Maßnahmen sind zeitlich unbegrenzt und ohne Rücksicht auf vorausgegangene gleichartige Behandlungen beihilfefähig.

Familienzuschlag

Familienzuschlag der Stufe 1 erhalten vor allem Verheiratete, Verwitwete, Geschiedene und aus der geschiedenen oder aufgehobenen Ehe zum Unterhalt Verpflichtete (§ 40 Abs. 1 BBesG). Beamte (Richter) und Versorgungsempfänger mit einem Kind, für das Kindergeld nach dem Einkommensteuergesetz zusteht, werden der Stufe 2 des Familienzuschlags zugeordnet. Sind mehrere Kinder vorhanden, steht Familienzuschlag der Stufe 3 und folgende zu.

Kinder, die sich in dieser Weise beim Familienzuschlag erhöhend auswirken (d. h. durch die Zuteilung des Beamten usw. zur Stufe 2 und folgende), sind berücksichtigungsfähige Kinder.

Fernbehandlung

Fernbehandlungen werden allgemein nicht als ausreichende Therapie anerkannt. Die dabei entstehenden Aufwendungen sind deshalb nicht beihilfefähig. Telefonisch eingeholte ärztliche Ratschläge in Notfällen sind keine „Fernbehandlung“; die dafür berechneten Gebühren sind beihilfefähig.

Festbeträge

1. Gesetzliche Krankenversicherung

In der → Gesetzlichen Krankenversicherung bestehen für → Arznei- und Verbandmittel (§ 35 SGB V) sowie Hilfsmittel (§ 36 SGB V) Festbeträge. Mit den Festbeträgen sollen Arzt und Patient zum kostenbewussten Verhalten angeregt werden. Insbesondere soll erreicht werden, dass unter mehreren wirkstoffgleichen und gleichwertigen Arzneimitteln das jeweils billigere ausgewählt wird. Dazu bildet der Gemeinsame Bundesausschuss Arzneimittelgruppen, Wirkstoffgruppen, für die Festbeträge bestimmt werden können (Präparate mit vergleichbaren Wirkstoffen, mit chemisch verwandten Stoffen und Arzneimittel mit therapeutisch vergleichbarer Wirkung). Die Höhe der Festbeträge legt der GKV-Spitzenverband fest. Neu eingeführte oder geänderte Festbeträge finden sich unter www.gkv-spitzenverband.de/arzneimittel-festbetraege.gkv-net. Die Apotheken geben durchweg Auskünfte zu preiswerteren Alternativpräparaten außerhalb der zuzahlungspflichtigen Festbetragsarzneimittel.

Die Festbeträge werden so bestimmt, dass eine vollwertige und wirtschaftliche Versorgung (insbesondere mit Arzneimitteln) gewährleistet ist. Arzt und Patient erhalten auf diese Weise zugleich Auswahlmöglichkeiten zwischen mehreren therapeutisch gleichwertigen und qualitativ anerkannten Arzneimitteln. Wer sich nach Konsultation des Arztes oder Apothekers für ein teureres Mittel entscheidet, muss die Differenz zwischen Festbetrag und Preis selbst zahlen. Weitere Ausführungen → Gesetzliche Krankenversicherung, Ziff. 4 Buchst. e und f.

Die Krankenkassen ersetzen höchstens den Festbetrag. Wird er abgesenkt und behalten Pharmahersteller den Abgabepreis bei, hat der Versicherte die höhere Differenz zwischen Abgabepreis und Festbetrag zu tragen. Senken die Pharmahersteller den Abgabepreis im Ausmaß des ermäßigten Festbetrags, bleibt der Eigenanteil gleich. Der höhere Abgabepreis kann durch die Wahl eines wirkstoffgleichen Arzneimittels usw. vermieden werden, sofern der Festbetrag des alternativen Mittels unter dem Letzteren liegt. Aber auch wenn die Hersteller ihre Preise an den niedrigeren Festbetrag anpassen, kann Zuzahlungspflicht entstehen, wenn der neue Preis eines günstigeren Herstellers nicht mindestens 30 v. H. unter dem Festbetrag liegt.

2. Beihilferecht

Festbeträge sind in Anlehnung an die Regelungen der GKV auch im **Beihilferecht** eingeführt worden; dies gilt vornehmlich für → Arznei-, Verband- und → Hilfsmittel. Nach VV 8.4.3 Satz 3 gelten für Mitglieder der GKV als Festbeträge auch:

- die Vertragssätze nach § 33 Abs. 2 Satz 2 SGB V (Sehhilfen für Personen über 18 Jahre)
- der Zuschuss nach § 33 Abs. 4 Satz 1 SGB V (Sehhilfen bis zum 14. Lebensjahr)
- der Zuschuss zu Kontaktlinsen, die vom Versicherten statt einer erforderlichen Brille gezahlt werden (§ 33 Abs. 3 Satz 2 BBhV)
- die von der Krankenkasse übernommenen Kosten für Rettungsdienste (§ 133 Abs. 2 SGB V)

§ 8 Abs. 4 Satz 3 Nr. 2 BBhV erfasst auch die Fälle, in denen sich Pflichtversicherte nicht im Rahmen der kassenärztlichen Versorgung behandeln lassen (VV 8.4.4).

3. Berücksichtigung bei der Beihilfe

Soweit für Arznei-, Verband- und Hilfsmittel Festbeträge gelten, werden Aufwendungen für die betreffenden Mittel nur bis zur Höhe des jeweiligen Festbetrags als beihilfefähig anerkannt; darüber hinausgehende Aufwendungen sind nicht beihilfefähig. Dies gilt auch für Privatversicherte. Sofern gesetzlich Versicherte einen Zuschuss oder Arbeitgeberanteil zum Versicherungsbeitrag erhalten oder ein Anspruch auf beitragsfreie Krankenfürsorge besteht, gelten die über die Festbeträge für Arznei-, Verband- und Hilfsmittel (§§ 35, 36 SGB V) hinausgehenden Beträge als nicht beihilfefähige Sachleistungen (§ 8 Abs. 4 Satz 3 BBhV).

Ein Verzeichnis der Arzneimittelgruppen, für die Festbeträge bestehen, enthält die vom Bundesinstitut für Arzneimittel und Medizinprodukte im Internet veröffentlichte Festbetragsliste (vgl. Verweis in § 22 Abs. 3 BBhV).

Für Hilfsmittel bestehen keine beihilferechtlichen Festbeträge, wohl aber – für einige – Höchstbeträge.

Es kommt nicht mehr darauf an, ob ein Festbetragsarzneimittel vom Arzt auf der Verordnung mit einem „Z" gekennzeichnet war, was bei Selbstzahlern, insbesondere bei Privatversicherten, ohnehin selten zutraf. Die Beihilfestelle muss herausfinden, ob ein Festbetrags-Arzneimittel verordnet und so die Beihilfe zu Aufwendungen über den Festbetrag hinaus auszuschließen ist. Den Beihilfeberechtigten trifft eine Mitteilungspflicht, wenn er vom Arzt darüber unterrichtet wurde, dass für das Arzneimittel ein Festbetrag besteht. Der Arzt hat Kenntnis darüber, weil er aus seiner Verordnungspraxis gegenüber gesetzlichen Versicherten vom Bestehen der Festbeträge weiß.

Die Festbetragsregelung schränkt das Recht des Patienten, sich weiterhin das ihm bekannte Mittel seiner Wahl vom Arzt verschreiben zu lassen, nicht ein. Wer auf einem Mittel besteht, dessen Preis über dem Festbetrag liegt, muss jedoch in Kauf nehmen, dass der Mehrbetrag beihilferechtlich nicht berücksichtigt wird. Ob auch die privaten Krankenversicherer bei ihren Erstattungen nur die bis zum Festbetrag gehenden Aufwendungen berücksichtigen, hängt von dem Tarif ab, den der Beihilfeberechtigte gewählt hat. Im Zusammenhang damit haben die von einigen privaten Krankenversicherern angebotenen Beihilfeergänzungstarife erhöhte Bedeutung.

4. Zuzahlungspflichtige Arzneimittel

Auskünfte über zuzahlungspflichtige Arznei- und Verbandmittel erteilen die Krankenkassen, die Ärzte sowie Apotheken.

Festsetzungsstellen

Als Festsetzungsstellen (in diesem Taschenlexikon i. d. R. als Beihilfestellen bezeichnet) entscheiden (§ 56 BBhV)

- die obersten Dienstbehörden über die Anträge ihrer Bediensteten und der Leiter der ihnen unmittelbar nachgeordneten Behörden,
- die den obersten Dienstbehörden unmittelbar nachgeordneten Behörden über die Anträge der Bediensteten ihres Geschäftsbereichs,
- die Pensionsregelungsbehörden über die Anträge der Versorgungsempfänger,
- bei Soldaten die Beihilfestelle der Wehrbereichsverwaltung.

Werden Bundesbedienstete innerhalb des Bundesdienstes abgeordnet, verbleibt es bei der Zuständigkeit der bisherigen Festsetzungsstelle. Dasselbe gilt bei der Abordnung eines Beamten in den Bundesdienst.

Die obersten Dienstbehörden können die Zuständigkeit für ihren Geschäftsbereich abweichend regeln. Vgl. auch VV 56.0.1 bis 56.0.3 für die Fälle von Abordnung.

Die **Beihilfebearbeitung** darf nur auf Behörden des jeweiligen Dienstherrn übertragen werden.

Beihilfeanträge sind **vertraulich** zu behandeln; die bei der Bearbeitung bekannt gewordenen Angelegenheiten sind – auch gegenüber den Dienstvorgesetzten – geheim zu halten (→ Antragstellung, Ziff. 9). Das gilt nicht nur für die Beihilfestelle, sondern auch für alle anderen Dienststellen, die mit Beihilfeanträgen – und sei es nur zwecks Weitergabe auf dem Dienstweg – befasst sind. In einem verschlossenen Umschlag bei der Beschäftigungsdienststelle eingereichte und als solche kenntlich gemachte Beihilfeanträge sind von der Beschäftigungsdienststelle ungeöffnet an die Beihilfestelle weiterzuleiten. Soweit einzelne Unterlagen (wie z. B. Gutachten) bei den Akten verbleiben, sollten in einem verschlossenen Umschlag zumindest solche Belege aufbewahrt werden, die über die Art einer Erkrankung Aufschluss geben.

Die Festsetzungsstellen sind zugleich **Auskunfts- und Beratungsstellen** und versenden auf Anfrage Antragsformulare. In Zweifelsfragen (z. B. zu Behandlungsmethoden) sollten sich die Beihilfeberechtigten deshalb schriftlich an ihre Beihilfestelle wenden.

Fieberthermometer

Aufwendungen sind nicht beihilfefähig (Nr. 6.1 der Anl. 12 zur BBhV).

Freie Heilfürsorge

Soldaten mit Anspruch auf Besoldung oder Ausbildungsgeld haben nach Maßgabe des § 69a BBesG Anspruch auf Heilfürsorge in Form unentgeltlicher truppenärztlicher Versorgung. Entsprechendes gilt nach § 70 Abs. 2 BBesG für Polizeivollzugsbeamte der Bundespolizei. Die Heilfürsorge orientiert sich an den Grundsätzen des SGB V. Für die Bundeswehr ist die Heilfürsorge durch die Bundeswehr-Heilfürsorgeverordnung vom 11.8.2017 (BGBl. I S. 3250, zuletzt geändert durch Gesetz vom 4.8.2019, BGBl. S. 1147) neu geregelt worden.

Der Anspruch auf freie Heilfürsorge hat **Vorrang** vor dem Anspruch auf Beihilfe (→ Subsidiaritätsprinzip). Über die freie Heilfürsorge hinausgehende Aufwendungen sind nicht beihilfefähig (§ 8 Abs. 1 Nr. 1 BBhV); die freie Heilfürsorge kann nicht mittels der Beihilfe aufgestockt werden. Einzig wenn die Heilfürsorgebestimmungen dem Grunde nach keine Leistungen vorsehen, zu denen aber Beihilfen zustehen, ist Beihilfe zu gewähren.

Durch die freie Heilfürsorge für den Beamten bzw. Soldaten bleibt die Beihilfeberechtigung für die → berücksichtigungsfähigen Angehörigen unberührt.

Freiwilliger Wehrdienst

Mit der Aussetzung der Wehrpflicht zum 1.7.2011, verbunden mit der Einführung des Bundesfreiwilligendienstes, ist der Grundwehrdienst (wie auch der Zivildienst als Ersatzdienst) entfallen. An die Stelle der Wehrpflicht ist der Freiwillige Wehrdienst von bis zu 23 Monaten getreten einschl. einer Probezeit von sechs Monaten. Es stehen insbesondere Wehrsold (einschl. Wehrsoldtagessatz, Weihnachtsgeld) und Entlassungsgeld zu. Die Soldaten erhalten unentgeltliche → truppenärztliche Versorgung. Beihilfeberechtigung besteht nicht.

Frischzellentherapie

Aufwendungen sind nicht beihilfefähig (Abschnitt 1 Nr. 6.1 der Anl. 1 zur BBhV).

Ganzheitsbehandlungen

Ganzheitsbehandlungen auf bioelektrisch-heilmagnetischer Grundlage (z. B. Bioresonanztherapie, Decoderdermographie, Elektroakupunktur nach Dr. Voll, Elektronische Systemdiagnostik, Medikamententests nach der Bioelektrischen Funktionsdiagnostik (BFD), Mora-Therapie) sind nicht beihilfefähig (Nr. 7.1 der Anl. 1 zur BBhV).

Gebührenordnung für Ärzte

Das Wichtigste in Kürze

- Ärztliche Leistungen werden nach der Gebührenordnung für Ärzte (GOÄ) in Rechnung gestellt. Maßgebliche Bemessungskriterien für die Gebühr sind
  a) die Schwierigkeit und der Zeitaufwand der einzelnen Leistung,
  b) die Umstände bei der Ausführung der Leistung.

  Die Vermögens- und Einkommensverhältnisse des Zahlungspflichtigen dürfen bei der Bemessung der Gebühr nicht berücksichtigt werden.
- Das Bemessungssystem der GOÄ sieht einen Gebührenrahmen für die verschiedenen ärztlichen Leistungen vor. Innerhalb dieses Gebührenrahmens ist die Überschreitung eines mittleren Gebührensatzes (Schwellenwert) des Einfachsatzes nur zulässig, wenn die Besonderheiten des Einzelfalls dies rechtfertigen und der Arzt die Überschreitung begründet. Neben Gebühren dürfen nur Wegegeld, Reiseentschädigung und Auslagen in Rechnung gestellt werden.
- Eine von der GOÄ abweichende Höhe der Vergütung kann zwischen Arzt und Zahlungspflichtigem vereinbart werden. Solche „Abdingungen“ müssen vor der Inan-

spruchnahme des Arztes in einem besonderen Schriftstück geregelt werden, das auch die Feststellung enthalten muss, dass eine Erstattung der Vergütung durch Erstattungsstellen möglicherweise nicht in vollem Umfang gewährleistet ist. Weitere Erklärungen darf die Vereinbarung, von der dem Zahlungspflichtigen eine Ausfertigung auszuhändigen ist, nicht enthalten.

- Bei stationärer Krankenhausbehandlung können privatärztliche Leistungen als sog. Wahlleistungen in Anspruch genommen werden. Dies führt i. d. R. zu einer starken Erhöhung der mit dem Krankenhausaufenthalt verbundenen Kosten.
- Jede Arztrechnung muss insbesondere enthalten:
  a) das Datum der Erbringung der Leistung sowie die Diagnose
  b) bei Gebühren die Nummer und die Bezeichnung der einzelnen berechneten Leistung sowie den jeweiligen Betrag und den Steigerungssatz
  c) bei Gebühren für vollstationäre und teilstationäre privatärztliche Leistungen den Minderungsbetrag (25 v. H. oder 15 v. H. der Vergütung)
  d) bei Wegegeld und Reiseentschädigung den Betrag, die Art der Entschädigung und die Berechnung
  e) bei Ersatz von Auslagen den Betrag und die Art der Auslage; bei Beträgen über 25,56 Euro ist der Beleg oder ein sonstiger Nachweis beizufügen
  f) bei Überschreitung des Schwellenwertes Angabe der konkreten Gründe für das Überschreiten

1. GOÄ als Grundlage der Vergütung

Die Vergütung ärztlicher Leistungen, die für Privatpatienten (Selbstzahler) erbracht werden, richtet sich nach der Gebührenordnung für Ärzte (GOÄ). Zur GOÄ gehört ein Gebührenverzeichnis, das rund 2400 Einzelpositionen mit den dazu gehörenden Vergütungssätzen sowie zu einzelnen Positionen auch Abrechnungsbestimmungen enthält, die bei der Bemessung der Gebühren und der Anwendung des Leistungsverzeichnisses zu berücksichtigen sind.

2. Gebührenverzeichnis

Als Grundlage für das **Gebührenverzeichnis** diente der „Einheitliche Bewertungsmaßstab (EBM)", der im Bereich der GKV zwischen Vertragsärzten und Krankenkassen vereinbart wurde. Dabei wurden die Bezeichnungen der Leistungen, ihre fortlaufende Nummerierung und ihre relativen, in Punkten ausgedrückten Bewertungen weitgehend übernommen. Das GOÄ-Gebührenverzeichnis wurde darüber hinaus um eine Reihe von Leistungen ergänzt, die nicht Gegenstand vertragsärztlicher Versorgung sind, die aber im Bereich der privatärztlichen Behandlung vorkommen können (z. B. im Bereich des Gutachterwesens und der Pathologie sowie bei größeren Operationen, die bei der GKV mit dem allgemeinen Krankenhaus-Pflegesatz – auch als Fallpauschale – abgegolten werden). Ferner wurde in die GOÄ eine Reihe von Bestimmungen aus den Vertragsgebührenordnungen im Bereich der GKV übernommen. Nicht in der GOÄ enthalten sind dagegen spezifische Bestimmungen für Vertragsärzte (z. B. die Regelung, dass die eingehende, das gewöhnliche Maß übersteigende Untersuchung i. d. R. nur zweimal je Behandlungsfall berechnungsfähig ist).

Zu jeder Gebührenposition gehört eine **Punktzahl**, wobei jeder Punkt einer Vergütung von 5,82873 Cent entspricht.

3. Bemessungssystem

Das **Bemessungssystem** der GOÄ sieht folgenden **Gebührenrahmen** (auch „Gebührenspanne" genannt) vor (einfache Gebührensätze):

- für die persönlichen ärztlichen Leistungen vom 1- bis zum 3,5fachen Gebührensatz
- für die überwiegend medizinisch-technischen ärztlichen Leistungen (z. B. Röntgen und Bestrahlungen) vom 1- bis zum 2,5fachen Gebührensatz
- für Laboruntersuchungen vom 1- bis zum 1,3fachen Gebührensatz.

Für in einem beihilfeergänzenden Standardtarif oder in einem Basistarif Versicherte gelten hinsichtlich des Gebührenrahmens und des Schwellenwertes die gleichen Regelungen. Die bisherige Maßgeblichkeit der Gebührensätze nach § 75 Abs. 3a SGB V ist entfallen.

Im Bereich der GKV gilt dagegen eine Festgebühr ohne Rücksicht auf Schwierigkeit, Zeitaufwand und besondere Umstände der einzelnen Leistung. Privatärztlich wird durchschnittlich bei den überwiegend persönlichen ärztlichen Leistungen das Doppelte und bei den überwiegend medizinisch-technischen ärztlichen Leistungen das 1,5fache der kassenärztlichen Vergütungen berechnet.

Die GOÄ steckt den für die Bemessung der Vergütung maßgebenden Gebührenrahmen ab und zählt die Kriterien auf, die bei der Festsetzung im Einzelnen zugrunde zu legen sind. Der Gebührenrahmen dient deshalb nicht dazu, die Einfachsätze an die wirtschaftliche Entwicklung anzupassen. Er enthält vielmehr im Zusammenwirken mit dem Gebührenverzeichnis eine Variationsbreite für die Gebührenbemessung, die, bezogen auf die einzelne Leistung, ausreicht, um auch schwierige Leistungen angemessen zu entgelten (VV 6.3.1).

Als **Bemessungskriterien** werden in der GOÄ genannt:

- die Schwierigkeit der Leistung
- der für die Leistung erforderliche Zeitaufwand
- die Umstände bei der Ausführung

Diese Aufzählung ist abschließend, so dass keine weiteren Kriterien berücksichtigt werden dürfen. Im Gegensatz zur früheren GOÄ ist das Bemessungskriterium „Vermögens- und Einkommensverhältnisse des Zahlungspflichtigen" entfallen, das – abgesehen von der Fragwürdigkeit eines solchen Maßstabes – mit einer leistungsgerechten Vergütung nicht vereinbar ist. Unbenommen bleibt die Möglichkeit, im Rahmen einer Abdingung (vgl. folgende Nr. 6) die Vermögens- und Einkommensverhältnisse bei der Bemessung der Gebühren zu berücksichtigen.

4. Schwellenwert

Für Leistungen mit mittlerer Schwierigkeit und durchschnittlichem Zeitaufwand gibt es den **Schwellenwert** (Regelspanne), der beim 2,3-, 1,8-, 1,15- bzw. 1,1-fachen Gebührensatz liegt. Der Schwellenwert ist **kein Mittelsatz** in dem Sinne, dass unter normalen Voraussetzungen die ärztliche Liquidation immer beim 2,3-, 1,8- bzw. 1,15fachen Einfachsatz anzusetzen ist. Bei einfachen Verrichtungen ist es vielmehr angebracht, auch unter dem Schwellenwert zu bleiben, d. h. auch Zwischenwerte zu berechnen. Die Schwellenwerte stellen – so das OLG Koblenz im Urteil vom 19.5.1988 (Az. 6 U 286/87) – eine Beweislastgrenze dahin gehend dar, dass Gründe für das Überschreiten der Schwellenwerte im Rechtsstreit der Arzt, für das Unterschreiten der Patient darzulegen und zu beweisen hat.

Nach dem BGH-Urteil vom 8.11.2007 (Az. III ZR 54/07) darf der Arzt für nach Schwierigkeit und Zeitaufwand durchschnittliche Leistungen und somit für die große Mehrzahl der Behandlungsfälle den Schwellenwert berechnen. Dies ergebe sich auch daraus, dass erst bei Überschreiten des Schwellenwerts Begründungspflicht bestehe und die GOÄ keinen – niedrigeren – Mittelwert für durchschnittliche Leistungen innerhalb der Regelspanne vorsehe. Das Gericht sagt aber auch, dass sich die Gebühr bei einfachen Leistungen im unteren Bereich der Regelspanne bewegen müsse, in diesem Fall daher nicht der Schwellenwert berechnet werden darf.

Die **Überschreitung des Schwellenwerts,** d. h. des mittleren Gebührensatzes, ist nur zulässig, wenn die Besonderheiten der Bemessungskriterien sich im Einzelfall hinsichtlich der Schwierigkeit und des Zeitaufwands von den üblicherweise vorliegenden Umständen unterscheiden und ihnen nicht bereits in der Leistungsbeschreibung des Gebührenverzeichnisses Rechnung getragen worden ist. Auch dann ist aber nur eine abgestufte Überschreitung – nicht aber die generelle Anwendung des Höchstsatzes – gerechtfertigt. Die Überschreitung des Schwellenwerts ist nicht allein unter Hinweis auf die Funktion als Chefarzt, die Facharztqualifikation, die Behandlung nach einer neuen Methode oder den Einsatz eines besonders teuren Geräts gerechtfertigt. Dies würde dem Grundsatz widersprechen, dass die Bemessungskriterien leistungsbezogen sind.

Übersteigt die in Rechnung gestellte Gebühr den Schwellenwert, muss der höhere Steigerungssatz unter Angabe des konkreten Grundes begründet werden, so z. B. mit den besonderen Schwierigkeiten und dem Zeitaufwand oder der von der Norm abweichenden Art und Weise der einzelnen Leistung. Leistungen außerhalb der üblichen Präsenz des Arztes im Krankenhaus (z. B. bei Nacht oder an Sonn- und Feiertagen) rechtfertigen für sich allein nicht die Überschreitung. Üblicherweise sind stichwortartige Kurzbegründungen, nicht aber abstrakte Standardbegründungen (z. B. „hohes Alter", „schwieriger Behandlungsfall", „besonderes Risiko für den Patienten") oder undifferenziert beschriebene Krankheitsbilder wie „ungewöhnliche Problematik", „komplizierte Begleiterkrankungen" und „schwieriges Gesamtbild" ausreichend. Aber auch die kürzere Begründung muss auf die im Einzelfall vorliegenden Umstände abstellen, durch die eine Leistung besonders schwierig oder besonders zeitaufwendig wird.

Eine undifferenzierte und pauschale Begründung ohne näheren Bezug zu einzelnen Gebührenpositionen reicht für eine Schwellenwertüberschreitung nicht aus. Der Ansatz analoger Gebührenpositionen muss die entsprechend bewertete Leistung verständlich beschreiben und die Nummer und Bezeichnung der als gleichwertig erachteten Leistung anführen. Im Übrigen führen Fehler in der Rechnungsstellung nicht dazu, dass die gesamte Rechnung nicht fällig wird. Vielmehr sind die nicht beanstandeten Beträge fristgerecht zu zahlen.

Maßstab für die Angemessenheit von Aufwendungen sind die Gebühren nach der GOÄ auch dann, wenn die Leistung von einem Arzt erbracht, jedoch von anderer Seite (z. B. einer Klinik) in Rechnung gestellt wird; dies gilt nicht, soweit eine andere öffentliche Gebührenordnung (z. B. für Leistungen der Rettungsdienste) Anwendung findet.

Die Bemessung der zahnärztlichen Gebühr nach dem Schwellenwert setzt bereits einen über dem Durchschnitt liegenden Schwierigkeitsgrad der Behandlung oder einen über dem Durchschnitt liegenden Zeitaufwand voraus. Eine Überschreitung des Schwellenwerts ist nur beim Vorliegen einer außergewöhnlichen Besonderheit und nur dann möglich, wenn der Patient vor Behandlungsbeginn darauf hingewiesen worden ist. Diese Informationspflicht gibt sich als Nebenpflicht aus dem Behandlungsvertrag. Eine Ausnahme ist nur gestattet, wenn sich die Schwierigkeit erst während der Behandlung ergeben hat. Ein pauschaler Hinweis, dass bei einer Überschreitung des Schwellenwerts eine entsprechende medizinische Begründung gegeben werde, reicht nicht, da es dem Patienten im Voraus nicht möglich sei zu erkennen, mit welchen Kosten er rechnen müsse (und er folglich auch keine entsprechende finanzielle Vorsorge treffen könne). Die vorstehenden Grundsätze gelten auch für ärztliche Behandlungen.

Für den zahlungspflichtigen Patienten ergibt sich aus diesen Entscheidungen, dass er ärztliche Gebühren über den Schwellenwerten nicht begleichen muss, wenn ihn der Arzt vor Behandlungsbeginn nicht schriftlich oder nachweislich mündlich auf die medizinisch begründete Überschreitung des Schwellenwerts ausdrücklich hingewiesen hat. Die Beihilfestelle darf dann auch insoweit keine Beihilfe gewähren.

5. Gebührenminderungspflicht

Eine Minderung der ärztlichen Honorare ist nach § 6a Abs. 1 Satz 1 GOÄ bei stationären, teilstationären sowie vor- und nachstationären privatärztlichen Leistungen vorgesehen. Damit wird hinsichtlich eines Teils der in den Arztgebühren enthaltenen nichtärztlichen Sach- und Personalkosten der Tatsache Rechnung getragen, dass diese Kosten nicht dem Arzt, sondern dem Krankenhaus entstehen. Der Minderungsbetrag beträgt 25 v. H. Abweichend davon beläuft er sich auf 15 v. H. bei Leistungen von Belegärzten oder anderen niedergelassenen Ärzten.

Der Minderungsbetrag ist in der Rechnung anzugeben. Er kann nicht durch eine Vereinbarung ausgeschlossen werden. Für die Begründungspflicht beim Überschreiten der Schwellenwerte ist der Gebührensatz vor Abzug des Minderungsbetrages maßgebend.

Die Minderungspflicht besteht für alle Leistungen im Zusammenhang mit der stationären Behandlung, die der Erreichnung des stationär verfolgten Behandlungsziels dienen und unabhängig vom Ort der externen Leistungen. Ein Zusammenhang im vorstehenden Sinn liegt vor, wenn eine Krankenhausbehandlung ohne Inanspruchnahme der Leistungen des niedergelassenen Arztes oder eine – ambulante – Behandlung durch den niedergelassenen Arzt ohne Krankenhausaufnahme nicht möglich gewesen wäre (vgl. BGH vom 14.1.1998, Az. IV ZR 61/97).

Die externen ärztlichen Leistungen werden in der Weise notwendiger Bestandteil der Krankenhausleistung, dass die Behandlung nicht hätte durchgeführt werden können, wenn der

Patient nicht stationär aufgenommen worden wäre. Sie werden für die stationäre Behandlung benötigt und deshalb vom Krankenhaus veranlasst, was zu einem inneren Zusammenhang der externen Leistungen und der vom Patienten erwarteten Behandlung führt (vgl. BGH vom 13.6.2002, Az. III ZR 186/01). Ohne die Einbindung des niedergelassenen Arztes in den Betrieb des Krankenhauses (auch ohne ausdrückliche vertraglich abgesicherte Leistungsbereitstellung) wäre die Krankenhausbehandlung des Patienten ausgeschlossen. Der Patient hat folglich das Krankenhaus allein zu dem Zweck aufgesucht, in der dortigen Praxis des niedergelassenen Arztes (Belegarztes) behandelt zu werden. Der niedergelassene Arzt erbringt hier als Wahlarzt eine allgemeine Krankenhausleistung. Im Sinne einer Kürzung sind inzwischen gerichtlich u. a. entschieden: Röntgenleistungen zur Abklärung von Beschwerden, eine extern durchgeführte Dilatation, histologische und kardiologische Untersuchungen, pathologische Untersuchungen von Gewebeproben, Laborleistungen, Nuklear-, Magnetresonanz- oder Strahlentherapie, allesamt als erforderliche Leistungen („komplexes Zusammenwirken") bei einer Stationärbehandlung. Ein solcher Zusammenhang wurde auch bejaht, wenn der externen Behandlung unmittelbar eine stationäre folgte.

Ob auch zu kürzen ist, wenn anlässlich eines Krankenhausaufenthalts Leistungen in der Praxis des niedergelassenen Arztes erfolgen, ist höchstrichterlich noch nicht entschieden. Sofern das Krankenhaus kraft seiner apparativen und personellen Ausstattung zu diesen Leistungen in der Lage wäre (und folglich im Pflegesatz kalkuliert hat), ist die Minderungspflicht zu bejahen. Dies kann z. B. bei Laborleistungen, radiologischen Leistungen, Nuklear-, Magnetresonanz- oder Strahlentherapie der Fall sein. Minderungspflicht wird darüber hinaus unabhängig vom Ort der Leistungserbringung bestehen, wenn die externen Leistungen für die stationäre Behandlung benötigt und deshalb von dem Krankenhaus veranlasst werden, d. h. ein innerer Zusammenhang der externen Leistungen und der vom Patienten erwarteten Behandlung besteht. Dies gilt für die zuvor genannten externen Leistungen (wie Laboruntersuchungen usw.), die das Krankenhaus hinzukauft, ggf. von auf dem Gelände des Krankenhauses gelegenen Einrichtungen niedergelassener Ärzte oder von privatisierten früheren Abteilungen des Krankenhauses. Hier ist es Angelegenheit des Arztes (Labors usw.) und des Krankenhauses, einen Ausgleich für die Sach- und Praxiskosten herbeizuführen.

Ebenso besteht Minderungspflicht, wenn externe Leistungserbringer zwar aus dem organisatorischen Umfeld des Krankenhauses ausgegliedert worden sind, jedoch weiterhin einer übergeordneten Einheit (z. B. Universität) angehören oder wenn ein Arzt Räumlichkeiten des Krankenhauses zur Leistungserbringung gemietet hat. Die Minderungspflicht gilt auch für wahlärztliche Leistungen in Privatkrankenhäusern, die nicht dem KHEntgG oder der BPflV unterliegen (weil sie nicht in den Krankenhaus[bedarfs]plan aufgenommen wurden). Sie gilt ebenso für ärztliche Leistungen in Sanatorien sowie Vorsorge- und Rehabilitationseinrichtungen, Kurkrankenhäusern und ausländischen Krankenhäusern.

Rechnungen, die keine Gebührenminderung enthalten, werden zurückgegeben, um die Kürzung vom Arzt vornehmen zu lassen.

6. Abdingung

Soweit der Arzt den Gebührenrahmen überschreiten möchte, besteht nach § 2 GOÄ die Möglichkeit einer **Vereinbarung** (auch „**Abdingung**" genannt). Solche Vereinbarungen sind nur zulässig, soweit es sich um die Höhe der Vergütung handelt; die übrigen Vorschriften der GOÄ sind nicht abdingbar, somit auch nicht die Punktzahl, der Punktwert, die Berechnungsgrundlagen, das Gebührenverzeichnis und die Begründungspflicht im

Fall der Überschreitung des Schwellenwerts oder gar die Anwendung der GOÄ insgesamt.

Abdingungen sind nach § 2 Abs. 3 GOÄ bei stationären Leistungen ausgeschlossen, die nicht höchstpersönlich vom Chefarzt erbracht werden. Dasselbe gilt für Schwangerschaftsabbrüche.

Bei Notfall- oder akuten Schmerzbehandlungen ist eine Abdingung ausgeschlossen. Dies gilt nach § 2 Abs. 3 GOÄ auch bei ärztlichen Leistungen nach den Abschnitten A (Gebühren in besonderen Fällen), E (physikalisch-medizinischen Leistungen), M (Laborleistungen) und O (Strahlendiagnostik). Die Vermögensverhältnisse des Patienten sind zu berücksichtigen.

Die Vereinbarung muss aus Gründen der Rechtssicherheit und Rechtsklarheit

- vor Inanspruchnahme des Arztes
- in einem besonderen Schriftstück, das keine anderen Erklärungen enthält,
- in doppelter Ausfertigung (je eine für den Arzt und für den Zahlungspflichtigen)

getroffen werden und die Feststellung enthalten, dass eine Erstattung der Vergütung durch Erstattungsstellen möglicherweise nicht in vollem Umfang gewährleistet ist. Die Feststellung über eine möglicherweise nur teilweise Erstattung trägt dem besonderen Informationsbedürfnis der privat krankenversicherten und der beihilfeberechtigten Patienten Rechnung, deren Erstattungsansprüche i. d. R. auf den Umfang der nach der GOÄ vorgesehenen Vergütungshöhe begrenzt sind. Der Hinweis in der Vereinbarung soll diesen Personenkreis vor unangenehmen Überraschungen schützen.

Die Gebührenvereinbarung ist auf die individuelle Leistung, gekennzeichnet durch Gebührennummern und -sätze, beschränkt; sie kann unter Verwendung eines vorgefertigten Formulars erfolgen (BVerfG vom 25.10.2004, Az. 1 BvR 1437/02). Allerdings sind Vordrucke mit festen Steigerungssätzen oder Leistungen ausgeschlossen. In der Abdingung braucht die beabsichtigte Überschreitung der Schwellenwerte oder des Gebührenrahmens der GOÄ nicht begründet zu werden, ebenso nicht in der nachfolgenden Rechnung.

Während der Behandlung darf eine Vereinbarung **nur für künftige Leistungen** getroffen werden. Eine zusammen mit anderen Rechtsgeschäften (z. B. mit dem Krankenhausaufnahmevertrag oder dem Vertrag über die Erbringung von Wahlleistungen nach der Bundespflegesatzverordnung) in demselben Schriftstück getroffene Abdingungsvereinbarung ist unwirksam. Die Vereinbarung muss im Interesse eines wirksamen Schutzes des Zahlungspflichtigen erkennen lassen, in welchem Umfang das vereinbarte Honorar von der Vergütung nach der GOÄ abweicht, so dass der Zahlungspflichtige die auf ihn zukommende **Mehrbelastung** erkennen kann; diesem Erfordernis werden die pauschale Verweisung auf andere Vergütungsordnungen sowie die Angabe von Grenzwerten („bis zum . . .“) nicht gerecht. Die Vereinbarung eines Pauschalhonorars ohne Bezugnahme auf die GOÄ ist unzulässig.

Die Abdingung der in der GOÄ vorgesehenen Gebührenhöhe ist als Ausnahme vom Regelfall anzusehen. Sie kann nicht ohne vorherige Kenntnis der Besonderheiten des Einzelfalls vorgenommen und deshalb nur durch den behandelnden Arzt selbst getroffen werden. Eine Vertretung durch die Sprechstundenhilfe oder die Krankenhausverwaltung scheidet aus. Ein Arzt, der selbst keinen direkten Kontakt zum Zahlungspflichtigen hat (z. B. Laborarzt oder Pathologe), hat die Möglichkeit, sich beim Abschluss einer abweichenden Vereinbarung durch einen anderen Arzt vertreten zu lassen.

Auch für Gebührenvereinbarungen gilt der Grundsatz der Angemessenheit jeglicher Honorarforderung. Insbesondere sind deshalb die besonderen Umstände des Einzelfalls nach billigem Ermessen zu berücksichtigen. Aus dem Grundsatz der **angemessenen Honorargestaltung** ergibt sich, dass die Vergütungshöhe sich auch bei einer abweichenden Honorarvereinbarung an dem Verhältnis von Leistung und Gegenleistung orientieren muss. Eine sachlich nicht begründbare, willkürliche Honorarfestlegung wäre mit dem Gebot der angemessenen Honorargestaltung nicht vereinbar. Andererseits können abweichende **Vereinbarungen eine berechtigte Funktion** haben, wenn bei besonders schwierigem Krankheitsbild (z. B. nach vorausgegangenen unzulänglichen Behandlungen oder Diagnosen) eine in üblicher Zeit und mit normalen Mitteln nicht zu erbringende Leistung notwendig ist. Eine abweichende Honorarvereinbarung kann ferner durch eine weit überdurchschnittliche Qualität und Präzision der ärztlichen Leistung und einen darauf abgestellten Praxisaufwand begründet sein.

Für den Abschluss von Gebührenvereinbarungen gibt es **Grenzen der Zulässigkeit. Berufsrechtlich** gebieten die ärztlichen Berufsordnungen der Länder, dass die Honorarforderung angemessen sein muss und die besonderen Umstände des Einzelfalls zu berücksichtigen sind. Eine generelle Abdingung ohne vorherige Prüfung des Einzelfalls würde dieser Regelung nicht gerecht werden. Zulässig dürfte deshalb eine Abdingung im Einzelfall nur sein, wenn dessen Besonderheiten dies rechtfertigen. Zuständig für die Überwachung der ärztlichen Berufspflichten sind die Ärztekammern, die wiederum der Aufsicht der Länder unterstehen.

Unzulässig sind zudem sog. **kartellmäßige Empfehlungen** und Absprachen der Ärzte, die darauf abzielen, dass alle Ärzte einheitlich abdingen. Im Einzelfall dürfte es allerdings schwierig sein, derartige Kartell-Absprachen nachzuweisen.

Strafbar sind Abdingungen in den Fällen, in denen der Patient genötigt wird, eine Abdingungserklärung zu unterschreiben, obwohl dieser in seiner freien Willensentscheidung beeinträchtigt ist und (oder) nicht mehr die Möglichkeit hat, einen anderen Arzt zu wählen (z. B. in Notfällen oder auf dem Weg zum Operationssaal). Im Einzelfall könnte der Tatbestand der Nötigung, unter Umständen sogar der Körperverletzung durch Unterlassung erfüllt sein.

Wer eine Honorarvereinbarung unterschrieben hat, kann später dennoch eine unangemessen hohe **Arztrechnung beanstanden.** Auch kann eine Abdingung nach dem Gesetz zur Regelung des Rechts der Allgemeinen Geschäftsbedingungen sowie nach dem Grundsatz von Treu und Glauben nichtig sein, wenn sie unangemessen, ungewöhnlich, überraschend oder unverständlich ist. In einem solchen Fall sollte das Honorar bis zum Schwellenwert sofort gezahlt und hinsichtlich des Restbetrags die Landesärztekammer angerufen werden. Da die Ärztekammern nach einem Beschluss des 86. Ärztetages auf Antrag zur Abgabe gutachtlicher Stellungnahmen über die Angemessenheit von Honorarforderungen bereit sind, wird auch bei Meinungsverschiedenheiten über die Honorarhöhe i. d. R. eine gütliche Einigung möglich sein. Im äußersten Fall steht der Rechtsweg offen.

Eine Gebührenvereinbarung kann den Arzt nicht von der Pflicht befreien, die Überschreitung des Schwellenwerts schriftlich zu begründen. Die GOÄ lässt nämlich eine Vereinbarung ausdrücklich nur für die **Höhe der Vergütung,** nicht aber auch für die **Begründungspflicht** zu. Diese Auslegung ergibt sich aus § 12 Abs. 3 GOÄ, der für den Fall der Überschreitung des Schwellenwerts eine **Begründungspflicht ohne Ausnahme** festlegt. Die Pflicht zur Begründung ergibt sich ferner aus dem Umstand, dass dem Patienten andernfalls bei der Erstattung durch die Krankenversicherung und ggf. auch bei der Festsetzung der Beihilfe erhebliche finanzielle Nachteile entstehen können. Ergibt sich aus der Begründung, dass eine höhere Gebühr (z. B. wegen der Schwierigkeit des betroffenen Einzelfalles) angebracht ist, werden damit die Voraussetzungen für die Erstattung durch die private Krankenversicherung und die beihilferechtliche Anerkennung eines den Schwellenwert übersteigenden Arzthonorars geliefert. Die Pflicht zur ordnungsmäßigen Begründung jeder über den Schwellenwert hinausgehenden Vergütung auch bei Abdingungen ist vom OVG Rheinland-Pfalz mit Urteil vom 30.10.1991 (Az. 2 A 10662/91) bejaht worden. Eine solche Verpflichtung ergebe sich nach § 242 BGB als Nebenverpflichtung aus dem Behandlungsvertrag. Der Arzt sei gehalten, seinem Patienten dabei behilflich zu sein, dass dieser die höchstmöglichen Beihilfe- und Versicherungsleistungen erhalte. Dazu gehöre insbesondere auch, die den Regelsatz überschreitenden Gebühren zu begründen. Ohne eine solche Begründung sei die Beihilfestelle berechtigt, die Gewährung der Beihilfe für die über dem Schwellenwert liegende Gebühr des Arztes zu verweigern.

Das BVerwG bezeichnet ärztliche Gebühren als angemessen, wenn der berechnete Betrag bei objektiver Betrachtung einer vertretbaren Auslegung der Gebührenordnung entspricht und der Dienstherr nicht rechtzeitig über seine abweichende Auslegung Klarheit geschaffen hat (Urteil vom 16.12.2009, Az. 2 C 79/08).

Solange der Arzt – ungeachtet der Anmahnung durch den Patienten – eine ausreichende Begründung für eine die Regelspanne übersteigende Gebühr verweigert, wird der Vergütungsanspruch hinsichtlich des den Schwellenwert übersteigenden Teils der Gebühr nicht fällig.

Der Arzt (Zahnarzt) kann die Begründung für die Überschreitung des Schwellenwerts ergänzen, nachholen oder berichtigen, auch noch während eines Streitverfahrens (OVG Lüneburg vom 12.8.2009, NVwZ-RR 2010, S. 246). Zudem kann er die Diagnose auch im gerichtlichen Verfahren nachreichen oder korrigieren.

Aus der Arztrechnung muss ersichtlich sein, welcher Steigerungssatz und welche Gebühr ohne Honorarvereinbarung berechnet worden wären.

Unzulässige Abdingungen können zivilrechtlich nach den Vorschriften des BGB angefochten werden. Eine gegen die GOÄ verstoßende Vereinbarung, mit der ein Privatpatient unangemessen benachteiligt wird, ist nach § 9 des Gesetzes zur Regelung des Rechts der Allgemeinen Geschäftsbedingungen unwirksam. Eine **unangemessene Benachteiligung** ist im Zweifel anzunehmen, wenn eine Bestimmung

- mit wesentlichen Grundgedanken der gesetzlichen Regelung, von der abgewichen wird, nicht zu vereinbaren ist, oder
- wesentliche Rechte oder Pflichten, die sich aus der Natur des Vertrages ergeben, so einschränkt, dass die Erreichung des Vertragswerks gefährdet ist.

Die durch Gebührenvereinbarungen verursachten **Mehrkosten** werden i. d. R. im Rahmen der Beihilfegewährung und der Erstattungen der privaten Krankenversicherungen nicht berücksichtigt. Sie gehen deshalb voll zulasten des Beihilfeberechtigten (Versicherten). Bei der Beihilfefestsetzung und Erstattung werden im Allgemeinen nur die mittleren Gebührensätze (bis zum Schwellenwert) berücksichtigt, in Ausnahmefällen – wenn die Arztrechnung die vorgeschriebene Begründung für die Überschreitung des Schwellenwerts enthält – der GOÄ-Höchstsatz (Gebührenrahmen). In außergewöhnlichen, medizinisch besonders gelagerten Einzelfällen kann im Einvernehmen mit dem BMI eine Überschreitung des Gebührenrahmens zugelassen werden (VV 6.3.6 Satz 4).

Ist der Beihilfeberechtigte zivilrechtlich rechtskräftig zur Begleichung der Honorarforderung eines Arztes verpflichtet, ist die Vergütung regelmäßig als angemessen i. S. des Beihilferechts anzuerkennen (vgl. BVerwG vom 25.11.2004, Az. 2 C 30.03).

Die aufgrund einer Vereinbarung nach § 2 GOÄ berechneten ärztlichen Gebühren sind nicht beihilfefähig, soweit sie die gesetzlichen Gebühren übersteigen (§ 6 Abs. 3 Satz 2 BBhV).

7. Selbstständige ärztliche Leistungen

Der Arzt darf Gebühren nur für selbstständige ärztliche Leistungen berechnen, die er selbst erbracht hat oder die unter seiner Aufsicht nach fachlicher Weisung erbracht worden sind. Für eine Leistung, die Bestandteil einer anderen Leistung nach dem Gebührenverzeichnis ist (d. h. keinen eigenständigen Charakter hat), kann der Arzt keine Gebühr berechnen, wenn er für die andere Leistung eine Gebühr erhebt (§ 4 Abs. 2a GOÄ). Dies gilt auch für methodisch zur Erbringung der Hauptleistung notwendige operative Einzelschritte, die losgelöst von der Hauptleistung nicht selbstständig medizinisch indiziert waren. Damit soll die Berechnung solcher Leistungen ausgeschlossen werden, die sich als Bestandteil einer im Gebührenverzeichnis enthaltenen umfassenderen Leistungsposition darstellen. Dabei macht es keinen Unterschied, ob es sich um einen standardmäßigen Teilschritt auf dem Weg zum Leistungsziel handelt oder ob die Teilleistung nur in bestimmten (auch Ausnahme-)Fällen erbracht wird. Unterschieden hinsichtlich Zeit und Schwierigkeit bei der Erbringung der Zielleistung kann mit höheren Steigerungssätzen entsprochen werden.

Mit den Gebühren sind auch die **Praxiskosten** (einschl. der Kosten für den Sprechstundenbedarf) sowie die Kosten für die Anwendung von Instrumenten und Apparaten abgegolten. Neben den ärztlichen Gebühren können deshalb nur Wegegeld, Reiseentschädigung und die Kosten für diejenigen Arzneimittel, Verbandmittel und sonstigen Materialien berechnet werden, die der Patient zur weiteren Verwendung behält oder die mit einer einmaligen Anwendung verbraucht sind, ferner bestimmte Porto- und Versandkosten. Bei ambulanten ärztlichen Leistungen im Krankenhaus dürfen entstandene Sachkosten, die bereits mit der ärztlichen Gebühr abgegolten sind, vom Krankenhaus nicht noch einmal in Rechnung gestellt werden; das Krankenhaus muss solche Kosten gegenüber dem Arzt geltend machen. Sollen Leistungen durch Dritte (z. B. von einem zur Mitbehandlung herangezogenen Arzt oder einem Masseur oder Krankengymnasten) erbracht werden, die ihre Leistungen dem Zahlungspflichtigen selbst in Rechnung stellen, hat der Arzt gegenüber dem Zahlungspflichtigen eine entsprechende Unterrichtungspflicht.

Bei **stationärer Krankenhausbehandlung** sind die Arztkosten Teil der allgemeinen Krankenhausleistungen und im Pflegesatz enthalten. Bei Inanspruchnahme wahlärztlicher Leistungen rechnen die behandelnden Ärzte dagegen gesondert ab, was – ungeachtet des für solche Fälle vorgeschriebenen 25- oder 15-prozentigen Minderungsbetrags – zu einer Erhöhung, nicht selten einer Verdoppelung der Kosten eines stationären Krankenhausaufenthalts führt. → Krankenhausbehandlung

8. Analoge Bewertungen

In der GOÄ nicht enthaltene selbstständige ärztliche Leistungen, die nicht als besondere Ausführung einer anderen Leistung anzusehen sind, können entsprechend einer nach Art, Kosten- und Zeitaufwand gleichwertigen GOÄ-Leistung berechnet werden (**analoge Bewertung,** § 6 Abs. 2 GOÄ). Geschieht das, so ist in der Rechnung die entsprechend bewertete Leistung für den Zahlungspflichtigen verständlich zu beschreiben und mit dem Hinweis „entsprechend" sowie der Nummer und der Bezeichnung der als gleichwertig erachteten Leistung zu versehen (§ 12 Abs. 4 GOÄ). Gleichwertigkeit setzt voraus, dass es sich um Leistungen handelt, die nach Art, Kosten- und Zeitaufwand vergleichbar sind.

Der Zentrale Konsultationsausschuss für Gebührenordnungsfragen bei der Bundesärztekammer hat für Leistungen, die nicht im Gebührenverzeichnis der GOÄ enthalten sind, analoge

Bewertungen nach § 6 Abs. 2 GOÄ vorgenommen. Sie sind mit dem Bundesgesundheitsministerium und den Leistungsträgern (einschl. Beihilfe) abgestimmt. Daneben können auch Abrechnungsempfehlungen der Bundesärztekammer zu Analogbewertungen berücksichtigt werden.

Die analoge Bewertung kommt auch für solche Leistungen in Betracht, die nicht als wissenschaftlich allgemein anerkannt gelten und deshalb bei den Erstattungen der Krankenversicherungen sowie im Rahmen des Beihilferechts i. d. R. nicht berücksichtigt werden. Auch bei solchen Leistungen muss sich der Arzt mit der analogen Bewertung im Rahmen der GOÄ halten. Die Beihilfestellen erkennen i. d. R. die von den Zentralen Konsultationsausschüssen bei der Bundesärztekammer (Bundeszahnärztekammer) erarbeiteten Empfehlungen zu Analogbewertungen unbesehen an.

Auch bei analogen Bewertungen gelten etwaige Einschränkungen für die herangezogene Gebührenposition (z. B. Schwellenwert und Gebührenrahmen, Ausschlüsse gegenüber anderen Positionen, Anzahl der Teilnehmer, Mindestdauer der Leistung, ambulante Zuschläge). Sie müssen in der Darstellung der Analogbewertung angeführt werden. Eigene Zusätze des Arztes oder die Angabe frei erfundener Gebührennummern sind unzulässig.

Im Übrigen darf der Arzt Vergütungen nur für Leistungen berechnen, die nach den Regeln der ärztlichen Kunst für eine **zweckmäßige und wirtschaftliche ärztliche Versorgung** erforderlich sind. Leistungen, die über dieses Maß hinausgehen, darf er nur berechnen, wenn sie auf Verlangen erbracht werden; sie sind nicht beihilfefähig.

Abweichend von seiner früheren Rechtsprechung sieht das BVerwG eine vorherige Aussage des Dienstherrn zur Beihilfefähigkeit ärztlicher Gebühren nur als erforderlich an, wenn bei objektiver Betrachtung ernsthaft widerstreitende Auffassungen über die Berechtigung eines Gebührenansatzes bestehen (Urteil vom 30.5.1996, Az. 2 C 10/95). Nur in derartigen Fällen, und nicht allgemein dann, wenn eine Auslegung einer Gebührenfrage zweifelhaft sei, dürften Unklarheiten nicht zulasten des nicht entsprechend unterrichteten Beihilfeberechtigten gehen. Es könne i. d. R. davon ausgegangen werden, dass die Gebührenansätze eindeutig sind und ohne Weiteres mit eindeutigem Ergebnis ausgelegt werden können (dies sei der Regelfall und nicht der zuvor angesprochene Ausnahmefall). Wichtig ist die Feststellung des Gerichts, dass widerstreitende Auffassungen über Begründungen für Schwellenwertüberschreitungen keine Unklarheiten sind, über die der Dienstherr aufzuklären hat. Darlegungen zur Besonderheit eines Behandlungsfalls seien von den Beihilfestellen stets voll überprüfbar. Nichtzulässige Gebührenberechnungen seien nicht beihilfefähig.

9. Überhöhte Arztrechnungen

Bei **überhöhten Arztrechnungen** empfiehlt es sich,

- zunächst den Arzt um Überprüfung seiner Rechnung und ggf. um Angabe der Gründe für seine relativ hohe Honorarforderung zu bitten,
- notfalls an die Ärztekammer bzw. deren Aufsichtsbehörde (oberste Landesgesundheitsbehörde) mit der Bitte um Klärung und Vermittlung heranzutreten. Als Amtshilfe gegenüber der Beihilfestelle ist die Stellungnahme der Ärztekammer gebührenfrei.

„Die ärztlichen Berufsvertretungen sind bereit und verpflichtet, Arztrechnungen, welche für unangemessen gehalten werden, sowohl im Interesse des Patienten als auch der Ärzte zu überprüfen und ggf. Änderungen zu bewirken“ (so in einer Erklärung des Präsidenten der Bayerischen Ärztekammer).

Erscheint eine Arztrechnung überhöht und hat der Beihilfeberechtigte deshalb Zweifel, ob die Beihilfestelle und (oder) die private Krankenversicherung die berechneten Gebühren in voller Höhe als beihilfefähig bzw. erstattungsfähig anerkennen werden, sollte der Beihilfeberechtigte vor Zahlung des vollen Rechnungsbetrags die Stellungnahme der Beihilfestelle bzw. der Krankenversicherung einholen. In der Zwischenzeit könnte an den Arzt eine Abschlagzahlung in Höhe der Schwellenwerte geleistet werden. Notfalls müsste die Streitfrage gerichtlich geklärt werden, nach Möglichkeit mit Rechtsschutz des Interessenverbandes bzw. der Gewerkschaft, bei der der Beihilfeberechtigte Mitglied ist (→ Verwaltungsrechtsweg, Klageweg, Ziff. 7).

Im Streitfall ist der Arzt hinsichtlich der besonderen Umstände, die zu seiner relativ hohen Honorarforderung geführt haben, beweispflichtig.

10. Angaben auf der Arztrechnung

Das Arzthonorar wird fällig, wenn dem Zahlungspflichtigen eine der GOÄ entsprechende **Rechnung** erteilt worden ist. Die Arztrechnungen müssen folgende Angaben enthalten, die auch durch eine Gebührenvereinbarung nicht ausgeschlossen werden dürfen:

- Name des Arztes
- Datum der Erbringung der einzelnen Leistung
- Benennung der einzelnen ärztlichen Leistung durch Angabe der Nummer und der Bezeichnung des Gebührenverzeichnisses
- Angabe der Gebühr in Euro je einzelne Leistung und des Steigerungssatzes (Multiplikators)
- Angabe einer in der Leistungsbeschreibung ggf. genannten Mindestdauer

Wird ausnahmsweise

- bei persönlichen ärztlichen Leistungen eine höhere Gebühr als das 2,3-fache,

- bei überwiegend medizinisch-technischen ärztlichen Leistungen eine höhere Gebühr als das 1,8-fache,
- bei Laboruntersuchungen eine höhere Gebühr als das 1,15-fache

des einfachen Gebührensatzes berechnet, sind die konkreten Gründe anzugeben. Bei Standardtarifen kann in vorstehenden Fällen nur eine Gebühr bis zum 1,8-, 1,38- bzw. 1,16-fachen Einfachsatz, bei Basistarifen nur der 1,2-, 1- bzw. 0,9-fache Einfachsatz berechnet werden. Außerdem muss die Arztrechnung ausweisen:

- bei Wegegeld und Reiseentschädigung den Betrag, die Art der Entschädigung und die Berechnung
- bei Auslagen den Betrag und die Art der Auslage, bei Auslagen über 25,56 Euro unter Beifügung der einschlägigen Belege oder eines sonstigen Nachweises
- bei stationären, teilstationären sowie vor- und nachstationären privatärztlichen Leistungen den 25- bzw. 15-prozentigen Minderungsbetrag

Die **Bezeichnung der Leistung** kann entfallen, wenn der Rechnung eine Zusammenstellung beigefügt wird, der die Bezeichnung für die berechnete Leistung entnommen werden kann. Leistungen, die auf Verlangen erbracht werden, sind als solche zu bezeichnen. Statt der vollen Leistungsbezeichnung können auch Kurzbezeichnungen angegeben werden, wenn diese aus sich heraus verständlich sind und den Leistungsumfang ausreichend beschreiben. Soweit Begründungen für die Überschreitung des Schwellenwertes für den Zahlungspflichtigen nicht verständlich sind, kann vom Arzt eine nähere Begründung verlangt werden.

Die Rechnung muss – einer selbstverständlichen Regel im Geschäftsleben entsprechend – so ausgestaltet sein, dass der **Name des Arztes,** der die Leistung erbracht hat, klar aus ihr hervorgeht, die Rechnung somit eindeutig identifizierbar ist. Darauf muss insbesondere bei Computer-Rechnungsausdrucken geachtet werden. Im Hinblick auf die ärztliche Schweigepflicht darf der Arzt seine Rechnung nur dann über eine Verrechnungsstelle erstellen lassen, wenn der Patient dem zugestimmt hat.

Erforderlich ist auch die Angabe der **Diagnose**. Ohne Angabe der Diagnose in der Rechnung können die Aufwendungen nicht geprüft werden. Dem Antragsteller ist Gelegenheit zu geben, die fehlenden Angaben beizubringen. Der Beihilfeberechtigte kann sich gegenüber dem Verlangen der Beihilfestelle, den Beihilfeantrag um die Diagnose des behandelnden Arztes zu ergänzen, nicht auf die ärztliche Schweigepflicht oder Gesichtspunkte des Datenschutzes berufen (OVG Nordrhein-Westfalen vom 5.2.1991, Az. 12 A 541/89). Der Arzt wird dem Verlangen des Patienten nach Angabe der Diagnose entsprechen müssen, wenn dieser die Angabe für die Erstattung seiner Aufwendungen durch Erstattungsstellen (private Krankenversicherung oder Beihilfestelle) benötigt. Das kann z. B. der Fall sein, wenn aus den Leistungsbeschreibungen nicht ohne Weiteres hervorgeht, ob es sich um einen Krankheitsfall handelt oder um einen durch Erkrankung nicht bedingten Eingriff (z. B. Schönheitsoperationen). Der Beihilfestelle obliegt die Pflicht, den Kreis der mit der Beihilfefestsetzung befassten Personen möglichst klein zu halten und auch sonst alles zur Wahrung der Vertraulichkeit des Beihilfeantrags und der darin enthaltenen Angaben zu tun.

Die privaten Krankenversicherer erstatten in vielen Fällen nur dann, wenn aus der Rechnung die Diagnose klar erkennbar ist, und holen oft – gestützt auf entsprechende Regelungen des Versicherungsvertragsgesetzes und nach Zustimmung der Patienten – entsprechende Auskünfte bei den Ärzten ein. Die Angabe der Diagnose durch den Arzt ist nicht berechnungsfähig; die GOÄ sieht dafür keine Gebührenposition vor.

Die **Verjährung** beginnt mit Ende des Jahres, in dem eine § 12 GOÄ konforme Rechnung erteilt worden ist. Der Zahlungsanspruch des Arztes kann nach dem Grundsatz von Treu und Glauben verwirkt sein, wenn dieser seine Rechnung Jahre nach der Behandlung erteilt. Es steht somit nicht völlig im Belieben des Arztes, wann er die Rechnung erteilt. Verwirkung ist anzunehmen, wenn der Patient aus dem Verhalten des Arztes schließen kann, dass er seine Forderung nicht mehr geltend machen wird. Das AG Frankfurt/Main (Az. 30 C 2697/95) geht dabei von zwei Jahren nach Behandlung aus.

11. Kontrollmöglichkeiten

Die GOÄ gibt den Zahlungspflichtigen die Möglichkeit, Arztrechnungen in gleicher Weise zu verstehen und zu kontrollieren, wie das der **kostenbewusste Verbraucher** bei anderen Dienstleistungen seit eh und je tut. Diese Chance sollten Privatpatienten nutzen. Insbesondere sollten die Zahlungspflichtigen

- darauf achten, dass jede Überschreitung des Schwellenwertes vom Arzt in der Rechnung begründet wird,
- bei stationärer Krankenhausbehandlung Vereinbarungen über die Erbringung ärztlicher Leistungen als Wahlleistungen nur in dem wirklich gewünschten Umfang abschließen,
- mit sog. Honorarvereinbarungen zurückhaltend sein und darauf achten, dass dabei möglichst keine Vergütungen vereinbart werden, die von der privaten Krankenversicherung und bei der Beihilfengewährung nicht voll berücksichtigt werden.

Voraussetzung für eine sinnvolle Kontrolle der Arztrechnungen ist i. d. R. die Möglichkeit der Einsichtnahme in das Gebührenverzeichnis der GOÄ.

Zweifel über die Richtigkeit einer Arztrechnung sollten vom Patienten in erster Linie mit dem Arzt besprochen und ausgeräumt werden, möglichst vor Einreichung bei der Beihilfestelle. Aufschlussreich ist auch das ins Internet eingestellte „Prüfungsprogramm GOÄ“, mit dem die Arztrechnung online auf Übereinstimmung mit den Abrechnungsbestimmungen der GOÄ geprüft werden kann – zu finden unter: www.derprivatpatient.de. Vor Mitteilung des Ergebnisses der Überprüfung sollte die Rechnung nicht bezahlt werden.

Hinsichtlich der **Beihilfefähigkeit** der ärztlichen Vergütungen → Ärztliche Leistungen

Gebührenordnung für Zahnärzte

Das Wichtigste in Kürze

- Zahnärztliche Leistungen werden nach der Gebührenordnung für Zahnärzte (GOZ) in Rechnung gestellt. Maßgebliche Bemessungskriterien sind:
  a) die Schwierigkeit der Leistung
  b) der für die Leistung erforderliche Zeitaufwand
  c) die Umstände bei der Ausführung der Leistung

  Für Leistungen, die sowohl Ärzte als auch Zahnärzte erbringen, wird die GOZ durch die Gebührenordnung für Ärzte (GOÄ) ergänzt.
- Die GOZ sieht einen Gebührenrahmen vor. Innerhalb dieses Gebührenrahmens ist die Überschreitung des mittleren Gebührensatzes (Schwellenwert) nur zulässig, wenn die Besonderheiten des Einzelfalles dies rechtfertigen. Neben den Gebühren dürfen nur Wegegeld und Auslagen in Rechnung gestellt werden.
  Bei in einem Standardtarif versicherten Leistungen dürfen Gebühren nur bis zum zweifachen Gebührensatz berechnet werden, es sei denn, es wurde eine Vereinbarung über höhere Gebühren getroffen.
- Eine von der GOZ abweichende Höhe der Vergütung kann zwischen Zahnarzt und Zahlungspflichtigem vereinbart werden. Solche „Abdingungen" müssen vor der Inanspruchnahme des Zahnarztes in einem besonderen Schriftstück geregelt werden. Das Schriftstück muss die

Feststellung enthalten, dass eine Erstattung der Vergütung durch Erstattungsstellen möglicherweise nicht in vollem Umfang gewährleistet ist. Weitere Erklärungen darf die Vereinbarung, von der dem Zahlungspflichtigen ein Abdruck auszuhändigen ist, nicht enthalten.

- Jede Zahnarztrechnung muss mindestens enthalten:

  a) das Datum der Erbringung der Leistung
  b) die Nummer und Bezeichnung der einzelnen berechneten Leistung (einschl. einer verständlichen Bezeichnung des behandelten Zahnes) sowie den jeweiligen Betrag und den Steigerungssatz
  c) bei Gebühren für stationäre privatzahnärztliche Behandlung den Minderungsbetrag (25 bzw. 15 v. H. der Gebühren)
  d) bei Wegegeld den Betrag und die Berechnung
  e) bei Ersatz von Auslagen den Betrag und die Art der einzelnen Auslagen sowie Bezeichnung, Gewicht und Tagespreis verwendeter Legierungen
  f) bei gesondert berechnungsfähigen Kosten Art, Menge und Preis verwendeter Materialien
  g) bei Überschreitung des Schwellenwerts Angabe der konkreten Gründe für das Überschreiten

1. Gebührenordnung

Die Vergütung zahnärztlicher Leistungen, die für Privatpatienten (Selbstzahler) erbracht werden, richtet sich nach der Gebührenordnung für Zahnärzte (GOZ) i. d. F. des Art. 1 der Ersten Verordnung zur Änderung der GOZ vom 5.12.2011 (BGBl. I S. 2661). Zur GOZ gehört ein Gebührenverzeichnis, das über 200 Einzelpositionen mit den dazu gehörenden Vergütungssätzen sowie zu einzelnen Positionen auch Abrechnungsbestimmungen enthält, die bei der Bemessung der Gebühren und der Anwendung des Leistungsverzeichnisses zu berücksichtigen sind. Die GOZ zielt vor allem auf die Vorbeugung, Frühbehandlung und Zahnerhaltung ab.

Das Gebührenverzeichnis der GOZ wird durch Leistungen der GOÄ ergänzt. Eine größere Anzahl von Leistungen, die sowohl Ärzte als auch Zahnärzte erbringen, sind nicht in die GOZ aufgenommen worden und müssen nach der GOÄ abgerechnet werden (z. B. Beratungen, Röntgendiagnostik und Leistungen der Mund-, Kiefer- und Gesichtschirurgie). Für die Abrechnung dieser Leistungen gelten die Vorschriften der GOÄ.

2. Gebührenverzeichnis

Die im GOZ-Gebührenverzeichnis enthaltenen Leistungen decken das Spektrum der wissenschaftlich allgemein anerkannten zahnärztlichen Leistungen vollständig ab. Demnach ist – so der BGH vom 13.5.1992 (Az. IV ZR 213/91) davon auszugehen, dass das Gebührenverzeichnis die vergütungsauslösenden zahnärztlichen Leistungen vollständig beschreibt. Aus der fehlenden Beschreibung einer Einzelleistung folgt deshalb nicht, dass insoweit eine Regelungslücke vorliegt, vielmehr dass diese Einzelleistungen in einer anderen Leistung enthalten sind und deshalb keine Gebühr auslösen sollen.

Zu jeder der Gebührenpositionen gehört eine Punktzahl, wobei jeder Punkt einer Vergütung von 5,62421 Cent entspricht.

3. Bemessungssystem

Das **Bemessungssystem** der GOZ sieht einen **Gebührenrahmen** vor, der bis zum Dreieinhalbfachen des Einfachsatzes reicht (im Standardtarif bis zum zweifachen Einfachsatz). Innerhalb des Gebührenrahmens sind die Gebühren unter Berücksichtigung der Schwierigkeit und des Zeitaufwands der einzelnen Leistung sowie der Umstände bei der Aufführung nach billigem Ermessen zu bestimmen. Der Gebührenrahmen dient nicht dazu, die Einfachsätze an die wirtschaftliche Entwicklung anzupassen. Der in der GOZ vorgesehene Gebührenrahmen enthält vielmehr im Zusammenwirken mit dem Gebührenverzeichnis eine Variationsbreite für die Gebührenbemessung, die, bezogen auf die einzelne Leistung, ausreicht, um auch schwierige Leistungen angemessen zu entgelten.

Üblicherweise darf nach § 5 Abs. 2 GOZ eine zahnärztliche Gebühr nur zwischen dem Einfachen und 2,3fachen des Gebührensatzes (Schwellenwert) liegen. Der Schwellenwert ist eine Beweislastgrenze dahingehend, sodass Gründe für das Überschreiten des Schwellenwerts im Rechtsstreit der Arzt, für das Unterschreiten der Patient darzulegen und zu beweisen hat.

Die **Überschreitung des Schwellenwerts** ist nur zulässig, wenn die Besonderheiten der Bemessungskriterien sich im Einzelfall hinsichtlich der Schwierigkeit und des Zeitaufwands von den normalerweise vorliegenden Umständen unterscheiden und ihnen nicht bereits in der Leistungsbeschreibung des Gebührenverzeichnisses Rechnung getragen worden ist. Auch dann ist aber nur eine abgestufte Überschreitung des Schwellenwerts – nicht aber die generelle Anwendung des Höchstsatzes – gerechtfertigt. Übersteigt die in Rechnung gestellte Gebühr den Schwellenwert, muss der höhere Steigerungssatz unter Angabe des konkreten Grundes begründet werden, z. B. mit den besonderen Schwierigkeiten und dem Zeitaufwand oder der von der Norm abweichenden Art und Weise der einzelnen Leistung. Zumeist sind stichwortartige Kurzbegründungen, nicht aber abstrakte Standardbegründungen (z. B. „hohes Alter“, „schwieriger Behandlungsfall“, „besonderes Risiko für den Patienten“) ausreichend. Aber auch die kürzere Begründung muss auf die im Einzelfall vorliegenden Umstände abgestellt sein, durch die eine Leistung besonders schwierig oder besonders zeitaufwendig wird.

Als **Bemessungskriterien** nennt die GOZ:

- die Schwierigkeit der Leistung
- den für die Leistung erforderlichen Zeitaufwand
- die Umstände bei der Ausführung der Leistung

Diese Aufzählung ist abschließend, so dass weitere Kriterien nicht berücksichtigt werden dürfen.

Die Bemessung der zahnärztlichen Gebühr nach dem Schwellenwert setzt bereits einen über dem Durchschnitt liegenden Schwierigkeitsgrad der Behandlung oder einen über dem Durchschnitt liegenden Zeitaufwand voraus. Eine Überschreitung des Schwellenwerts kommt nur beim Vorliegen einer außergewöhnlichen Besonderheit und nur dann in Betracht, wenn der Patient vor Behandlungsbeginn darauf hingewiesen worden ist. Diese Informationspflicht ergibt sich als Nebenpflicht aus dem Behandlungsvertrag. Eine Ausnahme ist nur gestattet, wenn sich die Schwierigkeit erst während der Behandlung ergeben hat. Ein pauschaler Hinweis, dass bei einer Überschreitung des Schwellenwerts eine entsprechende medizinische Begründung gegeben werde, reicht nicht, da es dem Patienten im Voraus nicht möglich ist zu erkennen, mit welchen Kosten er rechnen muss.

Für den zahlungspflichtigen Patienten ergibt sich aus diesen Entscheidungen, dass er zahnärztliche Gebühren über den Schwellenwerten nicht zu begleichen hat, wenn ihn der Arzt oder Zahnarzt vor Behandlungsbeginn nicht schriftlich (z. B. im Heil- und Kostenplan) oder nachweislich mündlich auf die medizinisch begründete Überschreitung des Schwellenwerts ausdrücklich hingewiesen hat. Die Beihilfestelle darf dann auch keine Beihilfe gewähren.

Zur **Minderungspflicht** nach § 7 GOZ bei stationärer Behandlung → Gebührenordnung für Ärzte, Ziff. 5.

4. Abdingung

Hinsichtlich einer **abweichenden Gebührenvereinbarung** (Abdingung) nach § 2 GOZ gelten die Ausführungen zur → Gebührenordnung für Ärzte, Ziff. 6, entsprechend.

5. Selbstständige zahnärztliche Leistungen

Der Zahnarzt darf Gebühren nur für **selbstständige zahnärztliche Leistungen** berechnen, die er selbst erbracht hat oder die unter seiner Aufsicht nach fachlicher Weisung erbracht worden sind. Für eine Leistung, die Bestandteil einer anderen Leistung nach dem Gebührenverzeichnis ist, kann der Zahnarzt keine Gebühr berechnen, wenn er für die andere Leistung bereits eine Gebühr erhebt. Damit soll die Berechnung solcher Leistungen ausgeschlossen werden, die sich als Bestandteil einer im Gebührenverzeichnis enthaltenen umfassenden Leistungsposition darstellen.

Als **Vergütungen** stehen dem Zahnarzt Gebühren und Entschädigungen, ggf. auch Wegegeld und Reiseentschädigung, zu. Mit den Gebühren sind die **Praxiskosten** (einschl. der Kosten für Füllungsmaterial, für den Sprechstundenbedarf sowie für die Anwendung von Instrumenten und Apparaten) abgegolten, soweit nicht im Gebührenverzeichnis etwas anderes bestimmt ist; vgl. Ziff. 6.

Die im GOZ-Gebührenverzeichnis enthaltenen Leistungen decken das Spektrum der wissenschaftlich allgemein anerkannten zahnärztlichen Leistungen ab. Selbstständige zahnärztliche Leistungen, die erst nach dem Inkrafttreten der neuen GOZ aufgrund wissenschaftlicher Erkenntnisse entwickelt werden, können entsprechend einer nach Art, Kosten- und Zeitaufwand gleichwertigen Leistung des GOZ-Gebührenverzeichnisses berechnet werden (**analoge Bewertung,** § 6 Abs. 2 GOZ). Näheres zu analogen Bewertungen → Gebührenordnung für Ärzte (Ziff. 8).

Im Übrigen darf der Zahnarzt Vergütungen nur für Leistungen berechnen, die nach den Regeln der zahnärztlichen Kunst für eine **zweckmäßige und wirtschaftliche zahnärztliche Versorgung** erforderlich sind. Leistungen, die über dieses Maß hinausgehen, darf er nur berechnen, wenn sie auf Verlangen erbracht werden.

Zur vorherigen Klarstellung des Dienstherrn bei widerstreitender Auffassung zur Gebührenberechnung → Gebührenordnung für Ärzte (Ziff. 8).

6. Abrechnung sonstiger Leistungen

Neben den für die einzelnen zahnärztlichen Leistungen vorgesehenen Gebühren können als **Auslagen** die dem Zahnarzt tatsächlich entstandenen angemessenen Kosten für **zahntechnische Leistungen** berechnet werden, soweit diese Kosten nicht bereits nach den Bestimmungen des Gebührenverzeichnisses (vgl. z. B. GOZ-Nr. 6160 beim Einsetzen von festsitzenden Geräten im Rahmen kieferorthopädischer Maßnahmen) mit den Gebühren abgegolten sind. Auch für zahntechnische Leistungen, die im eigenen Praxislabor erbracht werden, darf der Zahnarzt nur die tatsächlich entstandenen Kosten unter Einschluss eines angemessenen kalkulatorischen Gewinnanteils als Auslagen abrechnen. Eine Steigerung der Vergütung für zahntechnische Leistungen ist generell – auch für vom Zahnarzt selbst erbrachte Leistungen dieser Art – ausgeschlossen. Auslagen dürfen nur in Rechnung gestellt werden, wenn sie dem Zahnarzt tatsächlich entstanden sind. So müssen z. B. Rabatte, die der Zahnarzt für zahntechnische Leistungen durch gewerbliche Zahnlabors erhält, an die Patienten weitergegeben werden. Eine zusätzliche Berechnung von Auslagen, wie sie für Ärzte in § 10 GOÄ geregelt ist, gibt es im Rahmen der GOZ nicht.

Praxiskosten (einschl. der Kosten für Füllungsmaterial, Sprechstundenbedarf und die Anwendung von Instrumenten und Apparaten) sind mit den Gebühren abgegolten, soweit nicht das Gebührenverzeichnis anderes bestimmt. Zu nicht berechenbaren Praxiskosten gehören besonders Einmalsachen (z. B. Einmal- und OP-Kleidung), Spritzen, Nahtmaterial, Anästhetika, Analgetika, Desinfektionsmittel, Kunststoff für Provisorien und Unterfütterungen, Auslagen für Fotos). Ferner sind nicht berechenbar durch Einmaleinsatz verbrauchte Bohrer, Fräsen und

Gewindeschneider. Mit Urteil vom 27.5.2004 (Az. III ZR 264/03) hat jedoch der BGH die gesonderte Berechenbarkeit von Bohrersätzen als ossäre Aufbereitungsinstrumente im Zusammenhang mit implantologischen Leistungen bejaht.

7. Überhöhte Zahnarztrechnungen

Es gelten die Ausführungen zu überhöhten Arztrechnungen entsprechend → Gebührenordnung für Ärzte (Ziff. 9).

8. Angaben auf der Zahnarztrechnung

Das Zahnarzthonorar wird fällig, wenn dem Zahlungspflichtigen eine § 10 GOZ entsprechende **Rechnung** erteilt worden ist. Die Zahnarztrechnungen müssen folgende Angaben enthalten, die auch durch eine Gebührenvereinbarung nicht ausgeschlossen werden dürfen:

- Datum der Erbringung der Leistung
- bei Gebühren die Nummer und die Bezeichnung der einzelnen berechneten Leistung (einschl. einer verständlichen Bezeichnung des behandelten Zahnes) sowie den jeweiligen Betrag und den Steigerungssatz
- bei voll- oder teilstationären sowie vor- und nachstationären privatzahnärztlichen Leistungen den Minderungsbetrag nach § 7 GOZ (25 v. H., bei Belegzahnärzten oder niedergelassenen anderen Zahnärzten 15 v. H.)
- bei Wegegeld oder Reiseentschädigung den Betrag und die Berechnung
- bei Ersatz von Auslagen nach § 9 GOZ Art, Umfang und Ausführung der einzelnen Leistungen und deren Preise, insbesondere den Betrag und die Art der einzelnen Auslagen sowie Bezeichnung, Gewicht und Tagespreis verwendeter Legierungen
- bei nach dem Gebührenverzeichnis gesondert berechnungsfähigen Kosten Art, Menge und Preis verwendeter Materialien

- bei Überschreitung des Schwellenwerts, d. h. des 2,3fachen des einfachen Gebührensatzes: Angabe der konkreten Gründe für das Überschreiten

Statt der vollen Leistungsbezeichnungen können auch **Kurzbeschreibungen** verwendet werden, wenn diese aus sich heraus verständlich sind und den Leistungsinhalt umfassend beschreiben. Eine **Besonderheit der zahnärztlichen Rechnung** ist die Anforderung, den behandelten Zahn, für den eine Leistung berechnet wird, verständlich zu bezeichnen. Die Art dieser Bezeichnung ist nicht vorgeschrieben; es kann z. B. ein Zahnschema verwendet werden, mit dessen Hilfe eine nummerische Bezeichnung der Zähne erläutert wird (z. B. Zahn 15, Zahn 26 usw.).

Die **Bezeichnung der Leistung** kann entfallen, wenn der Rechnung eine Zusammenstellung beigefügt ist, der die Bezeichnung für die abgerechnete Leistungsnummer entnommen werden kann. Bei **Auslagen** ist der einschlägige Beleg oder ein sonstiger Nachweis beizufügen. Leistungen, die auf Verlangen erbracht worden sind, sind als solche zu bezeichnen. Statt der vollen Leistungsbezeichnung können auch Kurzbezeichnungen angegeben werden, wenn diese aus sich heraus verständlich sind und den Leistungsumfang umfassend beschreiben. Soweit Begründungen für die Überschreitung des Schwellenwerts für den Zahlungspflichtigen nicht verständlich sind, kann vom Zahnarzt eine nähere Begründung verlangt werden.

Gegenüber dem Inhalt ärztlicher Rechnungen sind bei zahnärztlichen Rechnungen bei der **Abrechnung zahntechnischer Leistungen** Besonderheiten zu beachten. Sowohl die im eigenen Praxislabor gefertigten als auch die in Auftrag gegebenen zahntechnischen Leistungen müssen im Einzelnen durch einen Kostennachweis belegt werden. Bei Auftragsleistungen muss die Rechnung des gewerblichen Labors beigefügt werden, aus der sich die Spezifizierung der Auslagen (aufgeschlüsselt nach

Betrag, Art der Auslagen, Bezeichnung, Gewicht und Tagespreis verwendeter Legierungen) ergeben muss. Als Tagespreis gilt der Preis der Verarbeitung im Labor. Da die Laborrechnung auf diese Weise alle erforderlichen Angaben enthält, bedarf es insoweit in der Rechnung des Zahnarztes nur der Angabe des Gesamtbetrags der Laborrechnung.

Die Angabe der Diagnose ist nicht erforderlich, weil sich insoweit eine ausreichende Transparenz i. d. R. bereits aus den Leistungsbeschreibungen ergibt. Der Zahnarzt wird dem Verlangen des Patienten nach Angabe der Diagnose jedoch immer dann entsprechen müssen, wenn dieser sie für die beihilferechtliche Berücksichtigung oder für die Erstattung der Krankenversicherung benötigt.

9. Kontrollmöglichkeiten

Die GOZ gibt den Zahlungspflichtigen die Möglichkeit, Zahnarztrechnungen in gleicher Weise zu verstehen und zu kontrollieren, wie das der **kostenbewusste Verbraucher** bei anderen Dienstleistungen seit eh und je tut. Diese Chance sollte von den Privatpatienten genutzt werden. Insbesondere sollten die Zahlungspflichtigen

- darauf achten, dass jede Überschreitung des mittleren Gebührensatzes, d. h. des Schwellenwerts (2,3-facher Satz), vom Zahnarzt in der Rechnung begründet wird,
- mit sog. Abdingungen zurückhaltend sein und darauf achten, dass dabei möglichst keine Vergütungen vereinbart werden, die im Rahmen der privaten Krankenversicherung und bei der Beihilfegewährung nicht voll berücksichtigt werden.

Voraussetzung für eine sinnvolle Kontrolle der Zahnarztrechnungen ist i. d. R. die Möglichkeit der Einsichtnahme in das Gebührenverzeichnis der GOZ. Hierzu erschienen im Walhalla Fachverlag: „Gebührenordnungen für Ärzte“ (Loseblattwerk,

Grundwerk in 3 Bänden inkl. Online-Dienst, ISBN 978-3-8029-2019-6).

10. Beihilfefähigkeit

Hinsichtlich der Beihilfefähigkeit der zahnärztlichen Vergütungen → Zahnärztliche Leistungen

Die Begrenzung der Beihilfefähigkeit nach § 6 Abs. 3 Satz 2 BBhV auf die gesetzlichen Gebühren gilt auch für Honorare der Zahnärzte.

Geburtsfälle (einschl. Schwangerschaft)

Abweichungen in Bundesländern:
→ Baden-Württemberg (Ziff. 23)
→ Hamburg (Ziff. 12)
→ Nordrhein-Westfalen (Ziff. 11)
→ Rheinland-Pfalz (Ziff. 16)
→ Saarland (Ziff. 9)
→ Sachsen (Ziff. 13)

1. Beihilfefähige Aufwendungen

In Geburtsfällen (§ 42 BBhV) sind beihilfefähig die Aufwendungen für:

- ärztliche Betreuung während der → Schwangerschaft und nach der Entbindung nach Maßgabe der Mutterschafts-Richtlinien
  Zu den ärztlichen Leistungen gehört auch ein Test auf Schwangerschaftsdiabetes (Gefahr von Geburtskomplikationen).
- Hebamme und Entbindungspfleger
  Hebammenhilfe umfasst die Leistungen nach dem Gebührenverzeichnis zur jeweiligen landesrechtlichen Hebammenhilfe-Gebührenverordnung, also Mutterschaftsvorsorge und Schwangerenbetreuung, Geburtshilfe und Leistungen während des Wochenbettes. Sie schließt auch die Überwachung

von Mutter und Kind nach der Geburt ein, besonders wenn Komplikationen als Folge der Geburt (z. B. verzögerte Nabelabheilung) eintreten. Ebenso ist die Rückbildungsgymnastik eingeschlossen. Hebammenhilfe bedarf keiner ärztlichen Verordnung oder Delegation.
Eine bundeseinheitliche Gebührenregelung für **Hebammengebühren** besteht nur im Verhältnis freiberuflich tätiger Hebammen zu gesetzlichen Krankenkassen. Diese auch für freiberuflich als Beleghebamme im Krankenhaus geltende Vergütungsvereinbarung enthält ein Leistungsverzeichnis mit festen Vergütungssätzen. Weitergehende Vergütungsansprüche stehen der Hebamme nicht zu, auch nicht, wenn die Wöchnerin freiwillig gesetzlich versichert ist. Eine Wahlleistung „Hebammenhilfe“ bei stationärer Behandlung gibt es nicht. Freiberuflich tätige Hebammen und Entbindungspfleger müssen den Abschluss einer Berufshaftpflichtversicherung nachweisen. Die (hohen) Prämien für diese Versicherung sind nicht gesondert berechnungsfähig.
Hebammenhilfe außerhalb der GKV (also für Selbstzahler) wird nach der Hebammengebührenverordnung der jeweiligen Länder vergütet; die Gebühren wie auch die Fahrtkosten der Hebamme sind beihilfefähig.

- → Arzneimittel und Verbandmittel
- Heilbehandlung sowie für ärztlich verordnete Schwangerschaftsgymnastik
- → Erste Hilfe
- → Krankenhausbehandlung
- Betreuung in Einrichtungen i. S. des § 134a SGB V (Geburtshäuser)
- eine → Familien- und Haushaltshilfe
  Bei Hilfe durch nahe Angehörige sind nur deren Fahrtkosten sowie das nachgewiesene ausgefallene Arbeitseinkommen beihilfefähig.

- die Beförderung anlässlich der Inanspruchnahme ärztlicher Leistungen und Krankenhausleistungen sowie bei Heilbehandlungen → Fahrtkosten
- eine Haus- und Wochenpflegekraft bei Hausentbindung oder ambulanter Entbindung in einer Krankenanstalt bis zu zwei Wochen nach der Geburt
- die Unterbringung, Verpflegung und ärztliche Betreuung des Kindes in einem Krankenhaus (einschl. der Pflege eines Frühgeborenen in einer dafür geeigneten Einrichtung)

Diese Aufzählung der beihilfefähigen Aufwendungen ist erschöpfend. Nicht beihilfefähig sind daher alle nicht genannten Aufwendungen, z. B. für Umstandskleidung und Säuglingsfrühnahrung oder für die Bestimmung des Geschlechts der Ungeborenen.

Im Rahmen der Schwangerenvorsorge sind bei Schwangeren auch die Aufwendungen für einen HIV-Test beihilfefähig.

Zur → **Schwangerschaftsüberwachung** gehört auch die im Rahmen der Schwangerschaftsvorbereitung durchgeführte **Schwangerschaftsgymnastik.** Deren Aufwendungen sind daher – auch unter der Bezeichnung Geburtsvorbereitung – beihilfefähig, wenn sie von Hebammen und sonstigen Angehörigen der Gesundheits- oder Medizinfachberufe (z. B. Krankengymnasten) erbracht werden und sich im Rahmen der einschlägigen Gebührenregelungen halten.

Gymnastikkurse nach Read sind als therapeutische Maßnahmen wissenschaftlich anerkannt – nicht nur während der Schwangerschaft, sondern auch während des Geburtsaktes. Sie dienen dem Ausgleich von Haltungsschäden, Fehlhaltungen und Skoliosen sowie anderer angeborener oder erworbener Körperschäden, die sich negativ auf die Entbindung auswirken können. Die Aufwendungen für diese Kurse sind beihilfefähig, wenn die Gymnastik aufgrund ärztlicher Verordnung durchgeführt wird. Gymnastikkurse nach Read werden vielfach kostenlos angeboten. In diesem Fall kann die Beihilfefähigkeit für entsprechende Aufwendungen nicht anerkannt werden.

Leistungen einer Hebamme oder eines Entbindungspflegers (z. B. Geburtsvorbereitung einschl. Schwangerschaftsgymnastik) nach den jeweiligen Hebammengebührenordnungen der Länder bedürfen keiner ärztlichen Verordnung, soweit nicht in der Hebammengebührenordnung etwas anderes bestimmt ist.

2. Höhe der Beihilfe

Die Höhe der Beihilfe richtet sich nach den üblichen → Beihilfebemessungssätzen (§ 46 BBhV). Der Bemessungssatz für das neugeborene Kind beträgt 80 v. H.

Keine Beihilfe wird zu den Aufwendungen gezahlt, die beim berücksichtigungsfähigen Kind eines Beihilfeberechtigten anlässlich der Geburt eines Kindes entstehen, es sei denn, es handelt sich um die Niederkunft einer berücksichtigungsfähigen Tochter des Beihilfeberechtigten.

Dagegen wird Beihilfe zu den beihilfefähigen Aufwendungen der Ehefrau des Beihilfeberechtigten nicht gezahlt, wenn der Gesamtbetrag der Einkünfte der Ehefrau im vorletzten Kalenderjahr vor der Stellung des Beihilfeantrages 20 000 Euro (ab 2025: 21 832 Euro) überstiegen hat.

3. Pflegekind, Adoption

Die **Begründung eines Pflegschaftsverhältnisses** und die **Annahme als Kind** (Adoption) sind keine Beihilfefälle i. S. des § 42 BBhV, auch dann nicht, wenn das Kind im frühesten Säuglingsalter in den Haushalt aufgenommen wird. Zu den vorstehend unter Ziff. 1 aufgezählten beihilfefähigen Aufwendungen kann in diesen Fällen daher keine Beihilfe gewährt werden.

4. Pflege bei Hausgeburt

Die Aufwendungen für eine **Haus- und Wochenpflegekraft bei Geburten in der Wohnung oder bei ambulanten Entbindungen** sind beihilfefähig für einen Zeitraum bis zu zwei Wochen nach der Geburt, wenn die Wöchnerin nicht bereits wegen Krankheit von einer Berufs- oder Ersatzpflegekraft gepflegt wird (§ 42 Abs. 1 Nr. 4 BBhV). Wird die Haus- und Wochenpflege vom Ehegatten, von den Eltern oder den Kindern der Wöchnerin geleistet, sind nur die Fahrtkosten und das nachgewiesene ausgefallene Arbeitseinkommen der die Haus- und Wochenpflege durchführenden Person beihilfefähig.

5. Entbindungsanstalten/Geburtshäuser

Entbindungsanstalten werden nur berücksichtigt, wenn sie im rechtlichen Sinne Krankenhäuser sind. Für die Kosten der Unterkunft und Entbindung in **Entbindungsanstalten** gilt die Regelung für Krankenanstalten entsprechend (→ Krankenhausbehandlung). Die Anerkennung der Beihilfefähigkeit hängt nicht von einer ärztlichen Einweisung ab. Die Kosten für Unterkunft und Verpflegung umfassen die Aufwendungen für Mutter und Kind.

Nach § 42 Abs. 1 Nr. 3 BBhV sind die Aufwendungen für von Hebammen oder Entbindungspflegern geleitete und in unterschiedlicher Trägerschaft und Rechtsform betriebenen Einrichtungen (Geburtshäuser) beihilfefähig, wenn die Spitzenverbände der Krankenkassen mit den Berufsverbänden der Hebammen und Entbindungspfleger und den Verbänden der von Hebammen und Entbindungspflegern geleiteten Einrichtungen auf Bundesebene mit bindender Wirkung Verträge über die Versorgung mit Hebammenhilfe, die abrechnungsfähigen Leistungen unter Einschluss einer Betriebskostenpauschale bei ambulanten Entbindungen in von Hebammen oder Entbindungspflegern geleiteten Einrichtungen einen Versorgungsvertrag geschlossen haben. In diesen wird sowohl stationäre als auch ambulante Geburtshilfe gewährt. Die dazu mit der gesetzlichen Krankenversicherung getroffenen Versorgungs- und Vergütungsvereinbarungen (einschl. einer Betriebskostenpauschale) sind auch Grundlage für die Beihilfegewährung. Nicht mit der Betriebskostenpauschale abgegoltene und von der Krankenversicherung nicht ersetzte Kosten (z. B. Rufbereitschaftspauschale als private Wahlleistung) sind nicht beihilfefähig.

6. Geburtsfälle im Ausland

Bei von § 3 BBhV erfassten Beihilfeberechtigten (besonders diejenigen mit Wohnsitz im Ausland) und deren berücksichtigungsfähigen Angehörigen sind zusätzlich die vor Aufnahme in ein Krankenhaus am Entbindungsort entstehenden Kosten der Unterkunft beihilfefähig. Dies gilt nicht für die Unterkunft im Haushalt des Ehegatten oder der Lebenspartnerin, der Eltern oder der Kinder der Schwangeren (§ 42 Abs. 2 BBhV).

7. Nichteheliche Kinder

Ansprüche des nichtehelichen Kindes gegen seinen Vater auf Ersatz von Aufwendungen bei Krankheit und aus Anlass der Geburt sind im Rahmen der Unterhaltspflicht zu erfüllen (vgl. §§ 1615a, 1615l BGB). Der Unterhaltsanspruch des nichtehelichen Kindes gegen seinen Vater fällt jedoch nicht unter die Ansprüche auf (vorrangige) Kostenerstattung nach § 9 BBhV; dies gilt ohne Rücksicht darauf, wem dieser Anspruch zusteht. Daher kann die Mutter nicht auf etwaige Ansprüche gegen den Vater des Kindes verwiesen werden, wenn sie für Aufwendungen dieser Art Beihilfe beansprucht.

Gehhilfen und -übungsgeräte

Die Aufwendungen sind beihilfefähig (Abschnitt 1 Nr. 7.2 der Anl. 11 zur BBhV).

Generika

Als Generika werden Arzneimittel bezeichnet, die eine wirkstoffgleiche Kopie eines unter einem Markennamen auf dem

Markt befindlichen Arzneimittels sind (Nachahmerpräparate). Die nach Ablauf des Datenschutzes für das Originalarzneimittel entwickelten Generika müssen folglich hinsichtlich der beanspruchten Indikationen therapeutisch in der Wirksamkeit den Ersteren entsprechen (was bei der Zulassung nachzuweisen ist), können aber auch wegen der Verwertung neuerer Erkenntnisse seit Entwicklung des Originalpräparats dessen Wirksamkeit übertreffen. Generika sind angesichts entfallener oder niedrigerer Forschungs- und Entwicklungskosten durchweg preiswerter als Originalpräparate. Hausärzte sind gegenüber gesetzlich Versicherten verpflichtet, bei mindestens 80 v. H. ihrer Verschreibungen Generika zu verordnen. Gleichwohl beträgt der Wert verordneter patentfreier Arzneimittel unter 50 v. H. der Arzneimittelkosten im GKV-Bereich. Als deutsche Hersteller sind besonders HEXAL, Merck, ratiopharm, Schwarz Pharma und STADApharm zu nennen. Generika bedürfen ebenfalls der Zulassung, wenn auch nach vereinfachtem Verfahren, wobei der Hersteller nur die Bioäquivalenz nachzuweisen hat.

Sofern Generika verschreibungspflichtig sind, steht Beihilfe nach Maßgabe von § 22 Abs. 1 BBhV, bei nicht verschreibungspflichtigen Generika nach Maßgabe von § 22 Abs. 2 BBhV zu (→ Arzneimittel, Ziff. 1 und 2). Gesetzlich Versicherte, die Arzneimittel beanspruchen, deren Abgabepreis mindestens 30 v. H. unter dem Festbetrag liegt, können von der Zuzahlung befreit werden; dies ist oft bei umsatzstarken Generika der Fall (z. B. bei Cholesterinsenkern, Schmerzmitteln und Arzneimitteln gegen Bluthochdruck; betroffen sind rd. 2100 Präparate). Eine vergleichbare Regelung fehlt bei den Eigenbehalten für Arzneimittel nach § 49 Abs. 4 BBhV. Für privat Krankenversicherte besteht im Übrigen keine Verpflichtung, anstelle Originalarzneimitteln Generika in Anspruch zu nehmen.

Gentests

Abweichungen in Bundesländern:
→ Baden-Württemberg (Ziff. 20)

Aufwendungen für Gentests (molekularbiologische Methoden zur Untersuchung des menschlichen Erbgutes) sind, da sie nicht zu den nach § 41 Abs. 1 BBhV für die Beihilfe verbindlichen Vorsorgeprogrammen der GKV gehören, grundsätzlich nicht beihilfefähig. Darunter fallen Tests bei Eltern, die keine Kinder bekommen können, Untersuchungen eines Embryos vor der Geburt, aber auch Tests zur Feststellung der Vaterschaft. Nach § 41 Abs. 3 BBhV ist Gendiagnostik im Rahmen des Früherkennungsprogramms für erblich belastete Frauen mit einem erhöhten familiären Brust- oder Eierstockkrebsrisiko beihilfefähig, wenn die Diagnostik durch von der Deutschen Krebshilfe zugelassene Zentren erbracht wird. Näheres ergibt sich aus der Anl. 14 zur BBhV (zu den beihilfefähigen Aufwendungen vgl. Nr. 2 a. a. O.). Im Rahmen des Früherkennungsprogramms für erblich belastete Personen mit einem erhöhten familiären Darmkrebsrisiko ist eine genetische Analyse (Untersuchung auf Keimbahnmutation) nach Maßgabe von § 41 Abs. 4 BBhV i. V. m. Anl. 15 zur BBhV beihilfefähig.

Keine Beihilfefähigkeit liegt vor bei Gentests auf das Osteoporoserisiko (Schwund des Knochengewebes), die Veranlagung zu Alzheimer oder den Alterungsprozess. Bei Verdacht auf Diabetesdiagnose kann bei Kindern und Jugendlichen von der Notwendigkeit eines Gentests ausgegangen werden, wenn es mehrere Diabetiker in der Familie gibt und die Erkrankten einen außergewöhnlichen Insulinbedarf haben.

Gerätegestützte Krankengymnastik

Aufwendungen für eine ärztlich verordnete gerätegestützte Krankengymnastik (KG-Gerät) einschl. Medizinischem Aufbautraining (MAT) und Medizinischer Trainingstherapie (MTT) sind nach Maßgabe des Abschnitts 1 Nr. 16 der Anl. 9 zur BBhV bis zu 52,40 Euro (ab 1.4.2024; siehe auch Heilmittel Ziff. 6) je Behandlung (Mindestbehandlungsdauer 60 Minuten) beihilfefähig). Die Behandlung muss durch besonders geschultes Personal, i. d. R. von Angehörigen der Gesundheits- oder Medizinalfachberufe, erfolgen und ist auf maximal 25 Behandlungen im Kalenderhalbjahr begrenzt.

→ Medizinisches Aufbautraining (MAT, MTT)

Geriatrika

Geriatrika sind Präparate zur Verhütung des biologischen Alterns sowie zur Vorbeugung und Behandlung allgemeiner Abnutzungserscheinungen. Der Alterungsprozess ist medizinisch keine Krankheit, sondern stellt einen physiologischen Vorgang dar, der mit Arzneimitteln nicht beeinflusst werden kann. Daneben ist die Wirkung von Geriatrika, die zur Vorbeugung und Behandlung von Abnutzungserscheinungen verwendet werden, wegen der großen Zahl von Inhaltsstoffen, mit denen eine Vielzahl von unterschiedlichen Symptomen behandelt werden sollen, fraglich. Abgesehen von der fraglichen Wirksamkeit sind diese Präparate i. d. R. unwirtschaftlicher als Präparate für eine gezielte therapeutische Anwendung bei einer eng umschriebenen Indikation.

Die Aufwendungen für Geriatrika (wie z. B. Geriatric-Pharmaton, KH 3, Gerigoa, Gero-H3-Aslan, Klosterfrau Aktivkapseln und Vigodana) sind von der Beihilfefähigkeit ausgeschlossen.

Diese Mittel sind im Übrigen nicht verschreibungspflichtig und schon deshalb von der Beihilfefähigkeit ausgenommen. Als solche können sie – mangels der dafür geforderten Voraussetzungen – auch nicht ausnahmsweise verordnet werden, so dass sie auch von § 22 Abs. 2 Nr. 3 Buchst. c BBhV nicht erfasst werden.

Geschiedene Ehegatten

Wird die Ehe eines Beamten oder Ruhestandsbeamten geschieden, entfällt für den geschiedenen Ehegatten der Krankheitskostenschutz in Form von Beihilfen. Auch der geschiedene Ehegatte eines Bahn- oder Postbeamten ist nicht mehr über seinen geschiedenen Ehepartner in der → Krankenversorgung der Bundesbahnbeamten bzw. in der → Postbeamtenkrankenkasse mitversichert. Als Empfänger eines Unterhaltsbeitrags nach § 22 BeamtVG sind Ehegatten jedoch beihilfeberechtigt (§ 2 BBhV).

Die Auflösung einer eingetragenen Lebenspartnerschaft ist einer Scheidung gleichzuachten.

Geschwister

Geschwister des Beihilfeberechtigten sind nur berücksichtigungsfähige Angehörige, wenn für sie (z. B. als Pflege- oder adoptiertes Kind) Kindergeld und damit Familienzuschlag zusteht.

Gesetz zu Artikel 131 GG

Nach § 56 des – mit Übergangsregelungen – aufgehobenen G 131 gelten die für Bundesbeamte maßgeblichen Bestimmungen über die Gewährung von Beihilfen für 131er entsprechend, vorausgesetzt, sie erhalten laufende Bezüge nach dem G 131. Welche Bezüge das sein können, hat das BMI in den Ausführungsbestimmungen vom 15.6.1963 (GMBl. S. 213) festgestellt. Im Übrigen → Beihilfeberechtigte Personen

Gesetzliche Krankenversicherung

Das Wichtigste in Kürze

- Die gesetzliche Krankenversicherung (GKV) unterscheidet versicherungspflichtige, versicherungsfreie, von der

Versicherungspflicht befreite und freiwillig versicherte Mitglieder und als Familienmitglieder Mitversicherte. Zu den versicherungsfreien (und damit von der Möglichkeit einer freiwilligen Mitgliedschaft i. d. R. ausgeschlossenen) Personen zählen Beamte, Richter, Berufssoldaten und Soldaten auf Zeit sowie die Versorgungsempfänger dieses Personenkreises, d. h. Personen, die nach beamtenrechtlichen Vorschriften Anspruch auf Beihilfe haben. Wer beim Inkrafttreten des Gesundheits-Reformgesetzes (1.1.1989) freiwilliges Mitglied der GKV war, konnte diese Mitgliedschaft fortsetzen.

- Die Leistungen der GKV müssen ausreichend, zweckmäßig und wirtschaftlich sein; sie dürfen das Maß des Notwendigen nicht überschreiten. Die Leistungen umfassen insbesondere Maßnahmen zur Förderung der Gesundheit, zur Verhütung und Früherkennung von Krankheiten, ärztliche und zahnärztliche Leistungen, Versorgung mit Arznei-, Verband- und Hilfsmitteln, Heilbehandlung (Massagen, Krankengymnastik usw.), Krankenhausbehandlung, häusliche Krankenpflege, Haushaltshilfe, Rehabilitationsmaßnahmen, Fahrtkostenersatz, Krankengeld sowie Auslandsbehandlung.
- Die GKV erbringt ihre Leistungen im Wesentlichen als Sach- und Dienstleistungen, d. h. der Versicherte und die mitversicherten Familienangehörigen erhalten die Leistungen der Krankenkasse i. d. R. ohne eigenen Geldeinsatz, daher auf Kosten der Krankenkasse. Vom Sachleistungsprinzip gibt es einige Ausnahmen, z. B. bei Zahnersatz, Heilkuren sowie in Form der vom Versicherten bei bestimmten Leistungen zu erbringenden Zuzahlungen. Versicherte können anstelle der Sach- und Dienstleistungen Kostenerstattung wählen.

- Nehmen Versicherte Leistungen ihrer Krankenkasse in Anspruch, haben sie in bestimmten Fällen einen Eigenanteil zu tragen, d. h. Zuzahlungen zu leisten. Außerdem gibt es für einige Leistungen Festbeträge, d. h. die Krankenkasse leistet nur bis zu einen bestimmten Betrag. Damit niemand durch die Zuzahlungen überfordert wird, gibt es Bestimmungen darüber, wer von diesen ganz oder teilweise befreit ist.
- Der Beitragssatz ist bundesweit gleich. Es können bei Kostenunterdeckung Zusatzbeiträge erhoben werden, die sich je nach Krankenkasse unterscheiden können. Versicherungspflichtige zahlen (unter Berücksichtigung des Arbeitgeberanteils) im Ergebnis die Hälfte des allgemeinen Beitragssatzes, freiwillige Mitglieder den vollen Beitrag, sofern sie keinen Beitragszuschuss erhalten.
- Beihilfen werden i. d. R. gewährt an
  a) freiwillig Versicherte, die nicht in den Genuss einer Beitragsermäßigung oder nur eines geringen Beitragszuschusses kommen, in Höhe von 100 v. H.,
  b) freiwillig Versicherte, die in den Genuss der genannten Vergünstigungen kommen, in Höhe des Regel-Bemessungssatzes,
  c) Pflichtversicherte (einschl. der Mitglieder der Krankenversicherung der Rentner) in Höhe des Regel-Bemessungssatzes.
- Bei der Inanspruchnahme von Kostenerstattung anstelle von Sach- oder Dienstleistungen bestehen – zum Teil einschneidende – Einschränkungen im Rahmen der GKV und des Beihilferechts.

Abweichungen in Bundesländern:

→ Bayern (Ziff. 17)
→ Nordrhein-Westfalen (Ziff. 2, 4)

→ Rheinland-Pfalz (Ziff. 3)
→ Sachsen (Ziff. 2, 16)
→ Schleswig-Holstein (Ziff. 13)

1. Grundsätze

Das Recht der gesetzlichen Krankenversicherung ist im Wesentlichen im Fünften Buch des Sozialgesetzbuches (SGB V) geregelt. Der GKV gehören rund 90 v. H. der Bevölkerung an. Ungefähr 30 v. H. der GKV-Mitglieder sind Rentner.

Die GKV ist eine **Solidargemeinschaft** und hat die Aufgabe, die Gesundheit der Versicherten zu erhalten, wiederherzustellen oder ihren Gesundheitszustand zu verbessern. Die Versicherten sind für ihre Gesundheit mit verantwortlich; sie sollen durch gesundheitsbewusste Lebensführung, durch frühzeitige Beteiligung an gesundheitlichen Vorsorgemaßnahmen sowie durch aktive Mitwirkung an Krankenbehandlung und Rehabilitation dazu beitragen, den Eintritt von Krankheit und Behinderung zu vermeiden oder ihre Folgen zu überwinden.

Aufgrund der Gesundheitsreform zählen seit 1.1.2007 Reha-Leistungen und Mutter/Vater-Kind-Kuren zu den obligatorischen Kassenleistungen. Dasselbe gilt für von der Ständigen Impfkommission empfohlene Schutzimpfungen. Versicherte mit schwersten Erkrankungen haben seitdem Anspruch auf ambulante Behandlung in ausgewählten Kliniken. Ausgeweitet wurden auch die Leistungen bei Reha-Behandlungen alter Menschen sowie bei der Betreuung Schwerstkranker und Sterbender in häuslicher Umgebung.

Zum 1.1.2009 wurde ein zentraler **Gesundheitsfonds** eingerichtet. Dieser speist sich aus lohnabhängigen Beiträgen bis zur Beitragsbemessungsgrenze, berechnet nach staatlich festgesetzten bundeseinheitlichen Beiträgen für alle Kassen. Daneben fließen Steuermittel in den Gesundheitsfonds, aus dem dann mindestens 95 v. H. der Ausgaben der Kassen finanziert werden. Jede Kasse erhält aus dem Fonds einen einheitlichen Pauschalbetrag je Versicherten, unabhängig von dessen Beiträgen im Einzelfall. Unterschiedliche Risiken (wie z. B. Alter oder Krankheit) werden durch eine entsprechende Zuweisung ausgeglichen. Dieser Strukturausgleich wird besonders bei einer Häufung von Versicherten mit schwerwiegenden, kostenintensiven oder chronischen Krankheiten in Betracht kommen. Reichen die Mittel aus dem Gesundheitsfonds nicht aus, dürfen die Kassen von ihren Mitgliedern einen unbegrenzten Zusatzbeitrag erheben, der zwischen den Kassen variiert. Damit kein Mitglied finanziell überfordert wird, steht ein einkommensabhängiger Sozialausgleich aus Steuermitteln zu, der sich am durchschnittlichen Zusatzbeitrag für das kommende Jahr orientiert (vgl. § 242b SGB V). Beträgt der durchschnittliche Zusatzbeitrag nicht mehr als 2 v. H. des Arbeits- oder Renteneinkommens des Mitglieds, entfällt ein Sozialausgleich. Übersteigt er diesen Vomhundertsatz, wird über den Arbeitgeber bzw. den Rentenversicherungsträger (bei Rentnern) der 2 v. H. des Bruttoeinkommens übersteigende Zusatzbeitrag ersetzt. Überschüsse dürfen Kassen ausschütten oder dafür zusätzliche Leistungen anbieten.

Mit dem GKV-Finanzierungsgesetz wurden die Verwaltungskosten grundsätzlich auf dem Niveau von 2010 eingefroren.

Gesetzlich Versicherte können über eine Kündigung (möglichst schriftlich und unbedingt per Einschreiben) alle 18 Monate oder nach Beitragserhöhungen (auch mittels Zusatzbeiträgen) mit einer Frist von zwei Monaten zum Monatsende die Kasse wechseln, allerdings nicht, wenn die Bindungsfrist eines Wahltarifs noch nicht abgelaufen ist. Der Wechsel in die PKV setzt eine Kassenmitgliedschaft von mindestens 18 Monaten voraus. Der Wechsel zurück in die GKV ist möglich, wenn das jährliche Einkommen unter 64 350 Euro (2021) sinkt. Die Kündigung ist innerhalb von zwei Monaten zu bestätigen. Die neue Krankenkasse darf eine Mitgliedschaft nicht ablehnen und muss eine

Aufnahmebescheinigung ausstellen, die der neuen Krankenkasse vorzulegen ist. Auch bei schweren Erkrankungen muss die neue Krankenkasse den Antragsteller aufnehmen, und das ohne Gesundheitsprüfung. Allerdings sind gravierende Vorerkrankungen anzugeben.

Für Mitglieder der GKV gibt es im **Beihilferecht** zum Teil besondere Regelungen (s. nachstehend Ziff. 8 sowie
→ Krankenversicherung der Rentner [Ziff. 3]
→ Beihilfebemessungssätze, Ziff. 8).

2. Versicherter Personenkreis

→ Versicherungspflicht in der Krankenversicherung
→ Krankenversicherung der Rentner (Ziff. 3)

Hinsichtlich des versicherten Personenkreises unterscheidet die GKV:

- versicherungspflichtige Personen
- Personen, die versicherungsfrei sind
- Personen, die von der Versicherungspflicht befreit sind
- freiwillig Versicherte
- Personen, die als Familienangehörige eines Versicherten von der Familienversicherung erfasst, d. h. mitversichert sind

Versicherungspflichtig sind – mit gewissen Ausnahmen – insbesondere Arbeitnehmer, Auszubildende, Landwirte, Künstler und Publizisten, Studenten, Arbeitslose (als privat krankenversicherte Bezieher von Arbeitslosengeld II auch nach Vollendung des 55. Lebensjahres), bestimmte Gruppen von Menschen mit Behinderung und Rentner (für Rentner → Krankenversicherung der Rentner). Versicherungspflicht besteht nach der Gesundheitsreform für die genannten Personengruppen auch dann, wenn sie die GKV verlassen und deshalb nicht mehr krankenversichert sind. Wer versicherungspflichtig wird und bei einem privaten Versicherungsunternehmen versichert ist, kann den Versicherungsvertrag mit Wirkung vom Eintritt der Versicherungspflicht an kündigen. Hauptberuflich selbständig Tätige sind grundsätzlich von der Krankenversicherungspflicht in der GKV ausgenommen. Als hauptberuflich ist dabei jede Person anzusehen, die mehr als 20 Stunden wöchentlich arbeitet und deren monatliches Arbeitseinkommen mehr als die Hälfte der monatlichen → Bezugsgröße beträgt. Auch die Beschäftigung eigener Arbeitnehmer führt nicht unbedingt zur Annahme einer hauptberuflichen Selbständigkeit. Im Übrigen kann ein Beschäftigter in die GKV zurückkehren, wenn er unter 55 Jahre alt ist und als Angestellter unter der Versicherungspflichtgrenze verdient.

Versicherungsfrei (und damit i. d. R. von der Möglichkeit einer freiwilligen Mitgliedschaft ausgeschlossen) sind u. a. Beamte, Richter, Berufssoldaten und Soldaten auf Zeit, sonstige Personen mit Ansprüchen nach beamtenrechtlichen Vorschriften auf Beihilfe oder Heilfürsorge, Versorgungsempfänger aus den genannten Personenkreisen, ferner Arbeitnehmer mit einem Arbeitsentgelt über der Jahresarbeitsentgeltgrenze (→ Bemessungsgrenzen). Wer eine geringfügige Beschäftigung ausübt (z. B. nebenberuflich als Beamter), ist in dieser Beschäftigung versicherungsfrei (§ 7 SGB V). Sind beihilfeberechtigte Hinterbliebene als Arbeitnehmer gegen Entgelt beschäftigt, sind sie aufgrund dieses Beschäftigungsverhältnisses grundsätzlich versicherungspflichtig. Dasselbe gilt, wenn sie Rente aus eigener Rentenversicherung erhalten. Im letzteren Fall ist deshalb bei Rentenantrag ggf. (z. B. bei privater Krankenversicherung) Antrag auf Befreiung von der Versicherungspflicht in der KVdR zu stellen.

Für Personen, die in das Beamtenverhältnis eintreten, gibt es folgende Möglichkeiten, freiwilliges Mitglied der GKV zu werden:

a) Wird im Anschluss an eine Familienversicherung (§ 10 SGB V) ein Beamtenverhältnis begründet, besteht eine Beitrittsmöglichkeit (§ 9 Abs. 1 Nr. 2 SGB V).

b) Bestand vor der Aufnahme der Beamtentätigkeit eine freiwillige Versicherung in der GKV, kann diese fortgesetzt werden.

Besteht eine freiwillige Versicherung als Beamter, ist innerhalb der GKV ein Wechsel der Krankenkasse möglich. Das gilt auch für die vorstehend unter Buchst. a und b genannten Fälle.

Eine **Befreiung von der Versicherungspflicht** auf Antrag ist nach § 8 SGB V u. a. zulässig für Arbeitnehmer, die wegen Erhöhung der Jahresarbeitsentgeltgrenze versicherungspflichtig werden, beim Antrag auf Rente und in bestimmten Fällen der Herabsetzung der Arbeitszeit. Der Antrag ist innerhalb von drei Monaten nach Beginn der Versicherungspflicht bei der Krankenkasse zu stellen. Die Befreiung wirkt vom Beginn der Versicherungspflicht an und kann nicht widerrufen werden. Die Befreiung ist nicht (mehr) von dem Nachweis abhängig, dass ein privater Versicherungsschutz besteht.

Eine **freiwillige Versicherung** ist nach § 9 SGB V zulässig für Personen, die als Mitglied aus der Versicherungspflicht ausgeschieden sind und in den letzten fünf Jahren vor dem Ausscheiden mindestens 24 Monate oder unmittelbar vor dem Ausscheiden ununterbrochen mindestens zwölf Monate versichert waren, ferner Personen beim Ausscheiden aus der Familienversicherung. Einen freiwilligen Beitritt zur GKV gibt es seit dem Inkrafttreten des Gesundheitsreformgesetzes nicht mehr für Beamte, Richter, Berufssoldaten und Soldaten auf Zeit sowie für die Versorgungsempfänger aus diesem Personenkreis. Wer beim Inkrafttreten des genannten Gesetzes freiwilliges Mitglied war, behält seine Mitgliedschaft. Beim Austritt aus der freiwilligen Versicherung gibt es keine Möglichkeit der Rückkehr.

Von der **Familienversicherung** werden erfasst der Ehegatte und die Kinder des Versicherten, letztere i. d. R. bis zur Vollendung des 18. Lebensjahres (bis zum 25. Lebensjahr bei Schul- oder Berufsausbildung, ohne Altersgrenze bei schwerer Behinderung), in allen Fällen jedoch nur, wenn die Familienangehörigen nicht selbst versicherungspflichtig oder freiwillig versichert oder versicherungsfrei sind oder sich nicht (z. B. als Rentner in der KVdR oder als Student) von der Versicherungspflicht haben befreien lassen. Mitversicherte Familienangehörige sind Versicherte mit eigenen Leistungsansprüchen; sie sind insoweit den Mitgliedern der Krankenkasse gleichgestellt. Von der Familienversicherung erfasst werden nur Familienangehörige ohne eigenes oder mit geringem Einkommen (Freigrenze → Bemessungsgrenzen). Gehören Vater und Mutter verschiedenen Krankenkassen an, können sie entscheiden, bei welcher Krankenkasse das Kind mitversichert sein soll. Sind mehrere Kinder vorhanden, können die Eltern die Kinder auf ihre Versicherungen verteilen. Ein einmal ausgeübtes Wahlrecht hat so lange Bestand, wie das Stammmitglied bei seiner Versicherung bleibt. Diese Wahl kann nachfolgend geändert werden. Die Mitversicherung endet naturgemäß mit dem Ende der Mitgliedschaft der Eltern.

Arbeitnehmer werden in der GKV gleichbehandelt. Sie haben grundsätzlich gleichen Zugang zu allen Kassen (zu Betriebs- und Innungskrankenkassen allerdings nur, wenn diese sich durch Satzung für den Zugang geöffnet haben), d. h. sie können ihre Krankenkasse frei wählen. Die Kasse muss jeden Interessenten aufnehmen, der die Zugangsvoraussetzungen erfüllt. Die Kassenwahl ist für mindestens zwölf Monate bindend.

Die Mitgliedschaft in der GKV kann ohne Nachteile jederzeit mit dem Ziel eines Wechsels zu einer anderen Kasse gekündigt werden. Ein **Sonderkündigungsrecht** besteht bei Beitragserhöhungen oder einer Kassenfusion.

3. Leistungsgrundsätze

Die GKV erbringt ihre Leistungen nach Maßgabe der Vorschriften des SGB V. Demnach ist die medizinische Grundversorgung bei allen Kassen gleich. Jedoch darf jede Kasse ohne gesetzliche

Verpflichtung Sonderleistungen anbieten (vgl. nachfolgende Ausführungen unter Buchst. x). Qualität und Wirksamkeit haben dem allgemein anerkannten Stand der medizinischen Erkenntnisse zu entsprechen und den medizinischen Fortschritt zu berücksichtigen.

Die Leistungen der GKV müssen ausreichend, zweckmäßig und wirtschaftlich sein; sie dürfen das Maß des Notwendigen nicht überschreiten (§ 12 Abs. 1 SGB V). Leistungen, die nicht notwendig oder die unwirtschaftlich sind, können Versicherte nicht beanspruchen, dürfen die Leistungserbringer nicht bewirken und die Krankenkassen nicht bewilligen. Ist für eine Leistung ein Festbetrag festgesetzt, erfüllt die Krankenkasse ihre Leistungspflicht mit dem Festbetrag. Konnte die Krankenkasse eine unaufschiebbare Leistung nicht rechtzeitig erbringen oder hat sie eine Leistung zu Unrecht abgelehnt, und sind dem Versicherten durch die selbstbeschaffte Leistung Kosten entstanden, sind diese von der Krankenkasse in der entstandenen Höhe zu erstatten, soweit die Leistung notwendig war.

Die Krankenkassen haben auch die Kosten einer spezialisierten ambulanten Palliativversorgung für Sterbenskranke zu übernehmen. Außerhalb des Leistungskatalogs müssen Kassen die Kosten einer Therapie tragen, wenn bei einer medikamentösen Behandlung eine „nicht ganz fern liegende Aussicht auf Heilung oder wenigstens auf eine spürbar positive Einwirkung auf den Krankheitsverlauf" anzunehmen ist (BVerfG vom 11.4.2017, Az. 1 BVR 452/17).

Krankenkassen müssen auch die **Kosten für Naturheilverfahren** übernehmen, wenn traditionelle Behandlungsmethoden ungeeignet sind (BSG vom 23.3.1988, Az. 3/8 RK 5/87, vom 9.2.1989, Az. 3 RK 19/87 und vom 21.11.1991, Az. 3 RK 8/90). In solchen Fällen geböten die Regeln der ärztlichen Kunst auch Behandlungsmethoden, deren Wirksamkeit (noch) nicht gesichert sei. **„Außenseiter-Methoden"** (→ Alternative Medizin) könnten insbesondere bei der Verordnung von Arzneimitteln gerechtfertigt sein. Die Krankenkassen könnten die Kosten für Naturheilverfahren nicht schon deshalb generell ausschließen, weil sich die zuständigen Gremien der kassenärztlichen Versorgung bisher nicht für eine entsprechende Behandlung ausgesprochen hätten und die Wirksamkeit bestimmter Naturheilmittel noch nicht allgemein wissenschaftlich anerkannt sei. Diese fehlende Anerkennung setze z. B. der Verordnung homöopathischer Mittel zwar enge Grenzen, ihre Anwendung sei dennoch gerechtfertigt, wenn ein Therapieerfolg „wenigstens möglich erscheint oder bereits nachgewiesen ist". Es widerspräche den Regeln ärztlicher Kunst, die notwendige Behandlung einzustellen, obwohl eine wissenschaftlich ernst zu nehmende Therapiemöglichkeit bestehe. Die alternative Behandlungsmethode muss objektiv in dem Sinn vertretbar sein, dass sie nach dem medizinischen Erkenntnisstand bei der Behandlung als wahrscheinlich geeignet angesehen werden konnte oder ebenso Erfolg versprechend wie Behandlungen nach der Schulmedizin ist und keine höheren Kosten verursacht (BGH vom 10.7.1996, Az. IV ZR 133/95, und vom 23.6.1993, Az. IV ZR 135/92).

Zu den Kassenleistungen zählen insbesondere keine Wellnessangebote und medizinisch zweifelhafte Angebote wie Sauerstoff- und Misteltherapien, ferner werden keine Kosten für Yoga-Kurse, Fastenwochen sowie Mitgliedschaften in Sportvereinen und Fitnessclubs übernommen. Allerdings dürfen Krankenkassen neben den gesetzlich zustehenden Kassenleistungen durch Satzung weitere Angebote machen (auch aus Wettbewerbsgründen). Dazu gehören z. B. Rückenschule, Nordic Walking, Osteopathie, Schutzimpfungen anlässlich von Auslandsreisen oder Pilates.

Für Arzt- und Zahnarztbesuche sowie für die Inanspruchnahme von Früherkennungs- und Gesundheitsuntersuchungen stellen die Krankenkassen für jeden Versicherten, somit auch für die mitversicherten Familienmitglieder, eine **gebührenfreie Krankenversichertenkarte** (elektronische Gesundheitskarte) aus, auf der die Versichertendaten (Name, Anschrift, Geburtsdatum, Versicherungsnummer und Gültigkeitsdatum) datensicher gespeichert sind. Diese Daten können beim Arzt (Zahnarzt) nur gelesen, nicht aber verändert werden. Die Versichertenkarte ist zu unterschreiben und zu jedem Arzt-(Zahnarzt-)Besuch mitzunehmen. Mit der Versichertenkarte kann auch unmittelbar ein Facharzt aufgesucht werden; sie berechtigt auch dazu, unmittelbar einen anderen als den bisher behandelnden Arzt zu konsultieren. Zu unterscheiden hiervon ist die formularmäßige Überweisung des behandelnden Arztes an einen anderen Arzt zur Mit- oder Weiterbehandlung des Versicherten. Auch dem letzteren Arzt ist die Versichertenkarte vorzulegen. Für Auslandsbehandlung wird ein Auslandskrankenschein benötigt, wenn das aufgesuchte Land Ausländern Krankenhilfe gewährt. Dies sind die Mitgliedstaaten des Europäischen Wirtschaftsraums sowie die Länder, mit denen ein Sozialversicherungsabkommen geschlossen wurde. Im EU-Ausland ist anstelle des Auslandskrankenscheins die persönliche Europäische Gesundheitskarte (EHIC) vorzulegen.

Wie bei selbstverschuldeten Krankheiten darf die Krankenkasse Versicherte in angemessener Höhe an den Kosten beteiligen, wenn eine Krankheit durch medizinisch nicht angezeigte Maßnahmen wie Schönheitsoperationen, Tätowierungen, Piercing usw. ausgelöst wurde (§ 52 SGB V).

Das System der GKV wird im Wesentlichen vom **Sach- und Dienstleistungsprinzip** (→ Sach- und Dienstleistungen) beherrscht, dies im Gegensatz zu dem die private Krankenversicherung bestimmenden Kostenerstattungsprinzip. Das bedeutet, dass die Versicherten die Leistungen der Krankenkasse i. d. R. ohne eigenen Geldeinsatz erhalten: Die Krankenkasse beschafft dem Versicherten die Dienste und Güter, deren er bedarf. Der Versicherte hat deshalb – von Ausnahmen abgesehen – keine finanziellen Verpflichtungen gegenüber Ärzten, Zahnärzten, Krankenhäusern, Apotheken usw. Seine Krankenkasse hat vielmehr mit diesen Leistungsträgern Verträge abgeschlossen, nach denen die Versicherten die Leistungen in natura erhalten.

Die Versicherungsträger rechnen ihrerseits unmittelbar mit Ärzten, Zahnärzten, Ärztlichen und Zahnärztlichen Verrechnungsstellen, Krankenhäusern, Apotheken usw. ab, ohne dass der Versicherte – von Ausnahmen abgesehen – mit eigenen Geldleistungen in Vorlage treten muss oder sich überhaupt zu beteiligen hat. Die Krankenkasse darf anstelle der Sach- und Dienstleistungen Kosten nur erstatten, soweit dies gesetzlich zugelassen ist (→ Kostenerstattung).

Der Kassenarzt muss den Patienten auf dessen Verlangen schriftlich über Leistungen und Kosten informieren.

Vom Sachleistungsprinzip gibt es einige Ausnahmen:

- Zu bestimmten Leistungen der Krankenkasse (z. B. bei Arznei-, Verband- und Hilfsmitteln, Heilmitteln, Krankenhausbehandlung, Fahrtkosten) muss der Versicherte Zuzahlungen leisten.
- Sind für bestimmte Leistungen Festbeträge festgesetzt, so erfüllt die Krankenkasse ihre Leistungspflicht mit dem Festbetrag; darüber hinausgehende Aufwendungen gehen zulasten des Versicherten.
- Es kann anstelle der Sach- und Dienstleistung → Kostenerstattung gewählt werden. Die Verpflichtung zum Aufsuchen eines Vertragsarztes und andere Vertragsbehandler bleibt bestehen. Die Ausübung des Wahlrechts zugunsten der Kostenerstattung kann für den Versicherten erhebliche Nachteile mit sich bringen.
- Zu Zahnersatz und zur Versorgung mit Kronen werden befundabhängige Festzuschüsse gewährt.

- Kieferorthopädische Behandlung wird seit 1.1.1999 als Sachleistung erbracht. Geblieben ist eine Zuzahlung bis zu 20 v. H. der Kosten bei nicht ordnungsgemäßem Abschluss der Behandlung.

Seit 1.4.2007 können gesetzliche Krankenkassen neben Pflichtangeboten (vgl. Ziff. 4 Buchst. v) Wahltarife anbieten (vgl. Ziff. 4 Buchst. w und x). Mit Satzungsleistungen dürfen die Kassen die bestehende Regelversorgung weiterentwickeln, jedoch keine neuen Versorgungsformen schaffen.

Krankenkassen müssen binnen drei Wochen über die Leistungsanträge der Versicherten entschieden haben, sonst gelten sie als genehmigt (BSG vom 7.11.2017, Az. B 1 Ke15/17 R). Sofern eine gutachterliche Stellungnahme (wie die des Medizinischen Dienstes) einzuholen ist, gilt eine Frist von fünf Wochen; darüber ist der Versicherte zu informieren. Verstreichen diese Fristen, können sich die Versicherten auch Leistungen im Ausland beschaffen.

4. Die Leistungen im Einzelnen

a) Maßnahmen zur Förderung der Gesundheit und zur Verhütung von Krankheiten

Zu den Maßnahmen der Gesundheitsförderung und Krankheitsverhütung gehören die Aufklärung über Gesundheitsgefährdungen und die Mitwirkung bei der Verhütung arbeitsbedingter Gesundheitsgefahren. Zur Erhaltung und Förderung der Gesundheit können die Krankenkassen in ihrer Satzung Ermessensleistungen vorsehen. Versicherte Kinder, die das 6., aber noch nicht das 18. Lebensjahr vollendet haben, können sich zur Verhütung von Zahnerkrankungen einmal in jedem Kalenderhalbjahr zahnärztlich untersuchen lassen. Zur Beseitigung von gesundheitlichen Schwächungen und zur Vermeidung von Pflegebedürftigkeit besteht Anspruch auf ärztliche Behandlung und Versorgung mit Arznei-, Verband-, Heil- und Hilfsmitteln; für Mütter auch auf eine Kur in einer Einrichtung des Müttergenesungswerkes oder einer gleichartigen Einrichtung bzw. für Väter Anspruch auf Vater-Kind-Maßnahmen in dafür geeigneten Einrichtungen. Aufwendungen für Schutzimpfungen vor Auslandsreisen mit erhöhtem Gesundheitsrisiko werden grundsätzlich nicht erstattet.

b) Leistungen zur Früherkennung von Krankheiten bei Erwachsenen und Kindern (§§ 25 und 26 SGB V)

Gesetzlich Versicherte, die das 35. Lebensjahr vollendet haben, haben in Abständen von drei Jahren nach Maßgabe des § 25 SGB V Anspruch auf alters-, geschlechter- und zielgruppengerechte ärztliche Gesundheitsuntersuchungen einschl. Untersuchungen zur Früherkennung von Krebserkrankungen. Die Untersuchungen umfassen auch präventionsorientierte Beratung einschl. der Überprüfung des Impfstatus und der Fettwerte.

Frauen haben ab Beginn des 20. Lebensjahres, Männer ab Beginn des 45. Lebensjahres, höchstens einmal jährlich Anspruch auf eine Untersuchung zur Früherkennung von Krebserkrankungen.

c) Ärztliche Leistungen (§ 28 SGB V)

Die ärztliche Behandlung umfasst die Tätigkeit des Arztes, die zur Verhütung, Früherkennung und Behandlung von Krankheiten nach den Regeln der ärztlichen Kunst ausreichend und zweckmäßig ist. Zur ärztlichen Behandlung gehört auch die Hilfeleistung anderer Personen, die von dem Arzt angeordnet und von ihm zu verantworten ist. Die Versicherten können unter den zur vertragsärztlichen Versorgung zugelassenen Ärzten und Zahnärzten frei wählen. Wird ohne zwingenden Grund ein anderer als einer der nächsterreichbaren an der vertragsärztlichen Versorgung teilnehmenden Ärzte oder ärztlich geleiteten Einrichtungen in Anspruch genommen, hat der Versicherte die Mehrkosten zu tragen. Vor der Behandlung ist dem Arzt

(Zahnarzt) die Krankenversichertenkarte auszuhändigen. In dringenden Fällen kann diese nachgereicht werden.

Jeder Kassenarzt muss mindestens 20 Wochenstunden zur Behandlung von Kassenpatienten bereitstehen. Berufswidrig handeln Kassenärzte, welche die Behandlung neuer GKV-Patienten ablehnen, gleichzeitig aber Privatpatienten annehmen.

Vertragsärzte sind verpflichtet, den Krankenkassen selbst verschuldete Krankheiten der Patienten (z. B. Komplikationen nach Schönheitsoperationen, Entfernung von Tätowierungen, Piercing usw.) anzuzeigen.

Seit 1.1.2016 haben Patienten, die vor einem planbaren medizinischen Eingriff stehen, Anspruch auf Einholung einer unabhängigen **ärztlichen Zweitmeinung**. Darauf muss der Patient mindestens zehn Tage vor der Operation und auf mögliche Gutachter hingewiesen werden.

Nach dem „Gesetz für schnellere Termine und bessere Versorgung" **(Terminservice- und Versorgungsgesetz, TSVG, in Kraft getreten am 11. Mai 2019)** muss ein Arzt (nicht unbedingt der Hausarzt) an allen Wochentagen 24 Stunden über die bundesweit einheitliche Telefonnummer 116 117 der Terminservicestelle erreichbar sein (auch online). Terminvereinbarungen können auch über das Internet getroffen werden. In dringenden Fällen sollen Patienten auch während der Sprechstundenzeiten an Arztpraxen, Notfallambulanzen oder Krankenhäuser vermittelt werden können. Bei bestimmten (Fach-)Ärzten (z. B. Augenärzten, Hals-, Nasen-, Ohrenärzten) muss mindestens an fünf Stunden wöchentlich eine offene Sprechzeit ohne festen Termin bestehen. Nach dem genannten Gesetz wird für die Behandlung der vermittelten Patienten ein Zuschlag auf die Grund- und Versicherungspauschalen gewährt. Hausärzte erhalten einen Zuschlag von 10 Euro für die Vermittlung eines Facharzttermins. Bestimmte Ärzte müssen mindestens fünf offene Sprechstunden je Woche anbieten. Außerdem steht eine

Smartphone-App bereit, unter der Termine gebucht werden können. Die Vertragsärzte der GKV sind verpflichtet, der Terminservicestelle freie Termine zu melden, auch solche der Hausärzte sowie von Kinder- und Jugendärzten. Die Terminvermittlung hat binnen einer Woche zu erfolgen. Bei verschiebbaren Routineuntersuchungen für Erwachsene und Bagatellerkrankungen ist eine Terminvergabe auch außerhalb von vier Wochen gestattet. Ggf. muss auch ein ambulanter Behandlungstermin in einem zugelassenen Krankenhaus angeboten werden. In Akutfällen ist auf der Grundlage eines bundesweit einheitlichen Ersteinschätzungsverfahrens eine unmittelbare Versorgung in der in Betracht kommenden Behandlungsstätte spätestens am Tage nach der Kontaktaufnahme mit der Terminservicestelle zu vermitteln.

Privatversicherte erhalten i. d. R. einen Facharzttermin innerhalb von 12 Werktagen, Kassenpatienten dagegen innerhalb von 25 Werktagen (vgl. Frankfurter Allgemeine Sonntagszeitung vom 28.6.2020).

d) Zahnärztliche Leistungen (§§ 28, 55 SGB V)

Bei **Zahnbehandlung** übernimmt die Krankenkasse die notwendigen Aufwendungen in vollem Umfang als Sachleistung; es ist jedoch auch → Kostenerstattung nach § 13 Abs. 2 SGB V möglich.

Zu Kosten des Zahnersatzes (einschl. Kronen und Suprakonstruktionen) werden befundabhängige Festzuschüsse gewährt. Die Festzuschüsse betragen 60 v. H. der vom Gemeinsamen Bundesausschuss festgelegten Regelversorgungsformen. Bei erkennbarer regelmäßiger Zahnpflege und nachgewiesener zahnärztlicher Vorsorge innerhalb der letzten fünf Jahre vor Behandlungsbeginn erhöht sich der Festzuschuss um 20 v. H. sowie um weitere 10 v. H. bei ununterbrochener halbjähriger oder jährlicher (Letzteres bei Versicherten nach Vollendung des 18. Lebensjahres) Vorsorge in den letzten zehn Jahren vor Behandlungsbeginn. Bezogen auf den Grundzuschuss entspricht dies 65 v. H. Zusätzlich zu dem Festzuschuss von 50 v. H. erhalten Versicherte einen Betrag in jeweils gleicher Höhe (höchstens bis zu den entstandenen Kosten), wenn sie ansonsten unzumutbar belastet wären. Der höchstmögliche Kassenzuschuss ist unabhängig davon, ob er beansprucht oder von der GKV gezahlt wurde, auf die beihilfefähigen Aufwendungen anzurechnen (VV 9.2). Mehrkosten für von dem Versicherten gewählten, über die Regelversorgung nach § 56 Abs. 2 SGB V hinausgehenden gleich- oder andersartigen Zahnersatz ersetzen die Kassen nicht (§ 55 Abs. 4 SGB V); sie werden nach der GOZ dem Patienten berechnet.

Brücken werden im Rahmen zahnprothetischer Maßnahmen nicht bezuschusst, soweit mehr als vier fehlende Zähne je Kiefer oder mehr als drei fehlende Zähne im Seitenzahnbereich ersetzt werden sollen. Mehrere Einzelversorgungen, die die genannten Obergrenzen jeweils nicht übersteigen, sind jedoch zulässig, wobei die Gesamtzahl der zu ersetzenden Zähne vier übersteigen darf. Ebenfalls ausgeschlossen ist die Kombinationsversorgung mit mehr als zwei Verbindungselementen je Kiefer, es sei denn, es handelt sich um Versicherte mit einem Restzahnbestand von höchstens drei Zähnen je Kiefer (hier werden drei Verbindungselemente je Kiefer bezahlt). Die Kosten einer aufwendigeren Versorgung hat allein der Versicherte – ohne Kassenbeteiligung – zu tragen. Konservierend-chirurgische Maßnahmen sowie Röntgenleistungen im Rahmen der zahnprothetischen Versorgung werden als Sachleistung erbracht.

Mehrkosten, die dadurch entstehen, dass über die plastischen Zahnfüllungen hinausgehende Füllungsmaterialien (z. B. Edelmetalle und Keramik) beansprucht werden, hat der Versicherte zu tragen.

Die **kieferorthopädische Behandlung** (§ 29 SGB V) wird als Sachleistung gewährt, woran sich der Versicherte ggf. mit bis zu

20 v. H. der Kosten zu beteiligen hat. Dieser Anteil wird von der Krankenkasse erstattet, wenn die Behandlung in dem medizinisch erforderlichen Umfang abgeschlossen ist. Die „Interessenquote" von 20 v. H. verringert sich für das zweite und jedes weitere Kind, das sich in kieferorthopädischer Behandlung befindet, auf 10 v. H. Bei vorzeitigem Abbruch der Behandlung verbleibt eine Selbstbeteiligung des Versicherten von 20 bzw. 10 v. H.

Anspruch auf die Leistung der Krankenkasse bei kieferorthopädischer Behandlung besteht i. d. R. nur für Versicherte, die das 18. Lebensjahr noch nicht vollendet haben. Ausnahme: Die Kieferanomalie hat ein Ausmaß erreicht, welches kombinierte kieferchirurgische und kieferorthopädische Behandlungen erfordert. Leistungen stehen nur zu, wenn eine Indikation mindestens des Behandlungsbedarfsgrades 3 vorliegt. Konservierend-chirurgische Maßnahmen sowie Röntgenleistungen werden auch im Rahmen der Kieferorthopädie als Sachleistung durchgeführt. Zu funktionsanalytischen und -therapeutischen sowie implantologischen Behandlungen (von eng begrenzten Ausnahmen abgesehen) gewähren die Krankenkassen keine Leistungen.

e) Versorgung mit Arznei- und Verbandmitteln (§ 31 SGB V)

Versicherte haben Anspruch auf Versorgung mit apothekenpflichtigen Arzneimitteln sowie auf Versorgung mit Verbandmitteln, Harn- und Blutteststreifen. Nicht verschreibungspflichtige Arzneimittel können ausnahmsweise von der Kasse zur Verfügung gestellt werden, wenn sie bei der Behandlung schwer wiegender Erkrankungen als Therapiestandard gelten.

Für Versicherte, die das 18. Lebensjahr vollendet haben, sind Arzneimittel gegen geringere Gesundheitsleistungen ausgeschlossen (§ 34 Abs. 1 Satz 6 SGB V).

Leistungen für sehr teure Arzneimittel braucht die Krankenkasse nicht zu tragen, wenn eine zugelassene, weniger aufwändige Behandlungsmethode zur Verfügung steht (gerichtlich entschieden für ein sehr teures Gentherapie-Arzneimittel).

Von der Versorgung sind ferner Arzneimittel ausgeschlossen, bei deren Anwendung eine Erhöhung der Lebensqualität im Vordergrund steht. Dieser Ausschluss betrifft besonders Arzneimittel, die überwiegend der Behandlung der erektilen Dysfunktion, der Anreizung und Steigerung der sexuellen Potenz (z. B. das Präparat „Viagra"), zur Raucherentwöhnung, Abmagerung oder zur Zügelung des Appetits, zur Regulierung des Körpergewichts oder zur Verbesserung des Haarwuchses dienen.

Weitere Arzneimittel, die ihrer Zweckbestimmung nach üblicherweise bei geringfügigen Gesundheitsstörungen verordnet werden, können durch Verordnung von der Kassenversorgung ausgenommen werden. Unwirtschaftliche Arzneimittel sind bereits geschlossen worden.

Insbesondere für wirkstoffgleiche oder -ähnliche Arzneimittel, die von verschiedenen Herstellern zu unterschiedlichen Preisen angeboten werden, gibt es **Festbeträge,** die sich an den preisgünstigen vergleichbaren Produkten orientieren. Wer auf teuren Arzneimitteln besteht, muss den Preisunterschied zum Festbetrag zuzahlen. Sofern für Arzneimittel **Rabattverträge** mit der Kasse bestehen, darf die Apotheke nur diese Arzneimittel abgeben. Besteht der Versicherte auf dem bisher bezogenen Arzneimittel, muss er in Vorkasse treten und erhält nur den Preis des rabattierten Arzneimittels ersetzt, selbst wenn sie sich in Wirkstoff und -stärke genau entsprechen.

Bei Arznei- und Verbandmitteln sind Zuzahlungen (→ Ziff. 5) zu leisten. Für Zuzahlungen kann nach § 62 SGB V ggf. eine teilweise Befreiung in Betracht kommen → Ziff. 5 und → Eigenbehalte.

Bei der Abgabe von verordneten Harn- und Blutteststreifen ist grundsätzlich keine Zuzahlung zu entrichten. Versicherte, die das 18. Lebensjahr noch nicht vollendet haben, sind von Zuzahlungen grundsätzlich befreit.

f) Versorgung mit Hilfsmitteln (§ 33 SGB V)

Kosten für Hilfsmittel (z. B. Seh- und Hörhilfen, Krankenfahrstühle, Prothesen, Bruchbänder, Krücken) werden von der Krankenkasse übernommen, mit Ausnahme der Hilfsmittel von geringer oder umstrittener therapeutischer Wirkung sowie sog. Bagatellmittel und der Hilfsmittel, die wegen dauernder Pflegebedürftigkeit benötigt werden (diese übernimmt ganz oder teilweise die Pflegeversicherung).

Die Hilfsmittel müssen mindestens die im Hilfsmittelverzeichnis nach § 139 Abs. 2 SGB V festgelegten Anforderungen erfüllen. Sofern Hilfsmittel bereitgestellt werden, sind auch die Aufwendungen für eine notwendige Anpassung, Instandsetzung und Ersatzbeschaffung sowie die notwendige Wartung und technische Kontrollen beihilfefähig. Die Kosten der über das Maß des Notwendigen hinausgehenden Hilfsmittel oder zusätzlichen Aufwendungen hat der Versicherte zu tragen.

Kassenleistungen zu Sehhilfen (Brillen, Kontaktlinsen) stehen folgenden Personen zu:

- Kindern und Jugendlichen bis zur Vollendung des 18. Lebensjahres
- Versicherten über 18 Jahre, wenn sie
  - nach ICD 10 – GM 2017 aufgrund ihrer Sehbeeinträchtigung oder Blindheit bei bestmöglicher Brillenkorrektur auf beiden Augen eine schwere Sehbeeinträchtigung mindestens der Stufe 1 haben,
  - eines verordneten Fern-Korrekturausgleichs für einen Refraktionsfehler von mehr als 6 Dioptrien bei Kurz- oder Weitsichtigkeit (Myopie oder Hyperopie) bzw. von mehr als 4 Dioptrien bei Hornhautverkrümmung (Astigmatismus) bedürfen.

Anspruch auf therapeutische Sehhilfen besteht, wenn diese der Behandlung von Augenverletzungen oder -erkrankungen dienen.

Die Krankenkasse trägt nicht die vollen Kosten der Brillengläser, sondern gewährt nur Zuschüsse, die sich an den Festbeträgen für Brillengläser orientieren und folglich nur 10 bis knapp 112 Euro betragen. Zu Brillengestellen gewährt die GKV keine Leistungen.

Die von der Versorgung ausgeschlossenen Hilfsmittel mit geringem therapeutischen Nutzen oder geringem Abgabepreis sind durch Verordnung bekannt gegeben worden. Dazu gehören u. a. Batterien für Hörgeräte, Augenklappen, Badestrümpfe, Einmalhandschuhe, Fingerlinge, Ohrenklappen und Urinflaschen. Für viele Hilfsmittel gibt es Festbeträge. Wer teurere Hilfsmittel haben möchte, muss die Mehrkosten selbst tragen. Festbeträge wurden für Brillengläser sowie für Kontaktlinsen eingeführt. Soweit für Hilfsmittel keine Festbeträge definiert sind, zahlt die Krankenkasse die vertraglich vereinbarten Preise. Für Hilfsmittel, die individuell angefertigt werden (z. B. Prothesen, Spezialschuhe), zahlt die Krankenkasse die vollen Kosten für eine einfache, wirtschaftliche Ausführung. Die Krankenkassen informieren die Versicherten auf Anfrage über preisgünstige Hilfsmittel.

Versicherte über 18 Jahre haben eine Zuzahlung (→ Ziff. 5) zu entrichten.

g) Heilmittel (§ 32 SGB V)

Versicherte haben Anspruch auf Versorgung mit Heilmitteln. Unter „Heilmittel" versteht das Gesetz Heilbehandlungen wie z. B. Massagen, Bestrahlungen, Krankengymnastik sowie Bewegungs-, Beschäftigungs- und Sprachtherapie. Versicherte, die das 18. Lebensjahr vollendet haben, haben eine Zuzahlung (→ Ziff. 5) zu leisten. Die Zuzahlung gilt auch für in der Arztpraxis erfolgende Massagen, Bäder und Krankengymnastik, nicht dagegen für die übrigen in der Arztpraxis verabreichten Maßnahmen der physikalischen Therapie. In einer Rechtsverordnung werden Heilmittel von geringem oder umstrittenem therapeutischen Nutzen oder geringem Abgabepreis bestimmt, deren Kosten die Krankenkasse nicht übernimmt.

h) Krankenhausbehandlung (§ 39 SGB V)

Die Krankenhausbehandlung wird vollstationär, stationsäquivalent, teilstationär, vor- oder nachstationär und ambulant erbracht. Versicherte haben Anspruch auf vollstationäre Behandlung in einem zugelassenen Krankenhaus, wenn die Aufnahme nach Prüfung durch das Krankenhaus erforderlich ist, weil das Behandlungsziel nicht durch teilstationäre, vor- und nachstationäre oder ambulante Behandlung einschl. häuslicher Krankenpflege erreicht werden kann.

Zuzahlungen → Ziff. 5

i) Häusliche Krankenpflege (§ 37 SGB V)

Häusliche Krankenpflege durch geeignete Pflegekräfte erhalten Versicherte in ihrem Haushalt oder in ihrer Familie neben der ärztlichen Behandlung, wenn Krankenhausbehandlung geboten, aber nicht ausführbar ist, oder wenn Krankenhausbehandlung durch häusliche Krankenpflege vermieden oder verkürzt wird. Die häusliche Krankenpflege umfasst die im Einzelfall erforderliche Grundpflege (wie Körperpflege) und Behandlungspflege (wie Verbandwechsel und Injektionen) sowie die hauswirtschaftliche Versorgung (wie Zubereitung der Mahlzeiten). Anspruch auf häusliche Krankenpflege besteht bis zu vier Wochen je Krankheitsfall, in Ausnahmefällen mit Zustimmung der Krankenkasse auch länger, allerdings nur, soweit eine im Haushalt lebende Person den Kranken in dem erforderlichen Umfang nicht pflegen und versorgen kann. Kann die Krankenkasse keine Kraft für die häusliche Krankenpflege stellen oder besteht

Grund, davon abzusehen, sind dem Versicherten die Kosten für eine selbstbeschaffte Kraft in angemessener Höhe zu erstatten.

j) Haushaltshilfe (§ 38 SGB V)

Versicherte erhalten Haushaltshilfe, wenn ihnen wegen einer Krankenhausbehandlung, Kur oder Ähnliches die Weiterführung des Haushalts nicht möglich ist und im Haushalt ein Kind lebt, das bei Beginn der Haushaltshilfe das 12. Lebensjahr noch nicht vollendet hat oder behindert und auf Hilfe angewiesen ist. Ferner erhalten Haushaltshilfe Versicherte ohne Pflegebedürftigkeit nach Pflegegrad 2 bis 5, wenn ihnen die Weiterführung des Haushalts wegen schwerer oder Verschlimmerung einer Krankheit nicht möglich ist, längstens jedoch für vier Wochen. Der Anspruch besteht nur, soweit eine im Haushalt lebende Person den Haushalt nicht weiterführen kann. Kann die Krankenkasse keine Haushaltshilfe stellen oder besteht Grund, davon abzusehen, sind dem Versicherten die Kosten für eine selbstbeschaffte Haushaltshilfe in angemessener Höhe zu erstatten. Für Verwandte und Verschwägerte bis zum zweiten Grad werden – bis auf die erforderlichen Fahrtkosten und Verdienstausfall in angemessenen Grenzen – keine Kosten erstattet.

Zuzahlung → Ziff. 5

k) Medizinische Rehabilitationsmaßnahmen (§§ 23, 40 SGB V)

Reichen ambulante Vorsorgeleistungen i. S. des § 23 Abs. 1 SGB V nicht aus, kann die Krankenkasse aus medizinischen Gründen erforderliche ambulante Vorsorgeleistungen in anerkannten Kurorten erbringen (offene **Badekuren**, § 23 Abs. 2 SGB V). Die Krankenkasse übernimmt die Kosten der medizinischen Behandlung. Zu den übrigen Kosten der Kur (Kurtaxe, Fahrtkosten, Unterkunft und Verpflegung) zahlt die Krankenkasse einen Zuschuss von bis zu 16 Euro täglich, bei chronisch kranken Kleinkindern bis zu 25 Euro täglich. Reicht eine offene Badekur nicht aus, kann die Krankenkasse Behandlung mit Unterkunft und Verpflegung in einer Vertrags-Vorsorgeeinrichtung für einen Zeitraum von bis zu drei Wochen (mit Verlängerungsmöglichkeit) gewähren (§ 23 Abs. 4 und 5 SGB V). Badekuren können frühestens nach Ablauf von drei Jahren nach Durchführung einer vorangegangenen Badekur, Maßnahmen in Vertrags-Vorsorgeeinrichtungen nach Ablauf von vier Jahren nach Abschluss vorangegangener Maßnahmen gewährt werden, deren Kosten nach öffentlich-rechtlichen Vorschriften getragen oder bezuschusst worden sind, es sei denn, aus dringenden medizinischen Gründen ist eine vorzeitige Maßnahme erforderlich (§ 23 Abs. 5 Satz 4 SGB V).

Ist eine **stationäre Behandlung in einer Reha-Klinik** erforderlich, übernimmt die Krankenkasse als Pflichtleistung die Behandlungskosten (einschl. Unterkunft und Verpflegung). Die Dauer ist auf drei Wochen begrenzt, es sei denn, eine Verlängerung ist aus medizinischen Gründen dringend erforderlich. Patienten sind frei in der Wahl der zertifizierten Kliniken, müssen aber die Mehrkosten gegenüber der Behandlung in der von der Krankenkasse vorgeschlagenen Klinik tragen. Stationäre Behandlungen in Reha-Kliniken werden nur in Abständen von vier Jahren gewährt, wobei die vorstehenden Ausführungen zu Badekuren auch hier gelten.

Zuzahlungen → Ziff. 5

l) Medizinische Rehabilitation für Mütter und Väter (§ 41 SGB V)

Sofern medizinische Gründe vorliegen, müssen Krankenkassen Leistungen in Form von Mutter/Vater-Kind-Maßnahmen in dafür geeigneten Einrichtungen gewähren. Müttern können daneben Leistungen der Rehabilitation in Einrichtungen des Müttergenesungswerkes oder einer gleichartigen Einrichtung gewährt werden.

Zuzahlungen → Ziff. 5

m) Soziotherapie (§ 37a SGB V)

Versicherte, die wegen schwerer psychischer Erkrankung nicht fähig sind, ärztlich verordnete Leistungen selbstständig in Anspruch zu nehmen, haben Anspruch auf Soziotherapie, wenn dadurch Krankenhausbehandlung vermieden, verkürzt oder wenn diese geboten, aber nicht ausführbar ist. Anspruch besteht für höchstens 120 Stunden innerhalb von drei Jahren je Krankheitsfall.

Zuzahlungen → Ziff. 5

n) Hospizleistungen (§ 39a SGB V)

Bei stationärer oder teilstationärer Unterbringung von Versicherten mit fortgeschrittenen, zum Tod führenden Krankheiten in Hospizen gewähren die Krankenkassen einen satzungsmäßig festzulegenden Zuschuss, der unter Anrechnung zweckentsprechender Leistungen anderer Sozialleistungsträger täglich 9 v. H. der monatlichen Bezugsgröße nach § 18 Abs. 1 SGB IV nicht übersteigen darf. Voraussetzung ist, dass eine ambulante Versorgung des Sterbenden im Haushalt oder in der Familie des Versicherten nicht möglich ist. Ambulante Hospizdienste fördert die Krankenkasse durch Zuschüsse von 13 v. H. der genannten Bezugsgröße zu den notwendigen Personalkosten sowie durch begleitende ambulante Schmerztherapie.

o) Belastungserprobung und Arbeitstherapie (§ 42 SGB V)

Die GKV übernimmt die Kosten, wenn andere Träger der Sozialversicherung solche Leistungen nicht erbringen können.

p) Künstliche Befruchtung (§ 27a SGB V)

Unter bestimmten Voraussetzungen werden medizinische Leistungen zur Herbeiführung einer Schwangerschaft gewährt. Anspruch besteht nur für Versicherte zwischen 25 Jahre und dem 40. Lebensjahr (Frauen) bzw. 50. Lebensjahr (Männer). Es werden 50 v. H. der von der Krankenkasse aufgrund eines Behandlungsplans genehmigten Kosten und begrenzt auf drei Fertilisationsversuche gewährt (→ Künstliche Befruchtung).

q) Nichtärztliche sozialpädiatrische Leistungen (§ 43a SGB V)

Es werden insbesondere psychologische, heilpädagogische und psychosoziale Leistungen bereitgestellt, die erforderlich sind, um eine Krankheit zum frühestmöglichen Zeitpunkt zu erkennen und einen Behandlungsplan aufzustellen.

r) Empfängnisverhütung (§ 24a SGB V)

Es besteht Anspruch auf ärztliche Beratung über Fragen der Empfängnisregelung. Frauen bis zum vollendeten 20. Lebensjahr haben Anspruch auf Versorgung mit empfängnisverhütenden Mitteln.

s) Schwangerschaftsabbruch, Sterilisation (§ 24b SGB V)

Es gelten vergleichbare Regelungen wie für die Beihilfegewährung.

→ Schwangerschaftsabbruch

→ Sterilisation

t) Fahrtkosten (§ 60 SGB V)

Die Krankenkasse übernimmt die Fahrtkosten bei:

- Fahrten zur stationären Behandlung
- Rettungsfahrten (ohne Rücksicht darauf, ob anschließend eine Krankenhausbehandlung erforderlich ist oder eine ambulante Versorgung ausreicht)
- Krankentransporten, die während der Fahrt einer fachlichen Betreuung oder der besonderen Einrichtungen des Krankenwagens bedürfen oder bei denen dies aufgrund des Zustandes des Versicherten zu erwarten war, auch dann, wenn kein Notfall vorlag

- Fahrten zu einer ambulanten Behandlung oder Operation im Krankenhaus sowie zu einer vor- und nachstationären Krankenhausbehandlung, wenn dadurch eine an sich gebotene voll- oder teilstationäre Krankenhausbehandlung vermieden oder verkürzt wird oder diese nicht ausführbar ist wie bei einer stationären Krankenhausbehandlung

Als Fahrtkosten werden anerkannt die Benutzung eines öffentlichen Verkehrsmittels (unter Ausschöpfung von Fahrpreisermäßigungen) oder, wenn dies nicht möglich ist, eines Taxis oder Mietwagens, sowie die Benutzung eines Krankenwagens oder Rettungsfahrzeugs, wenn aus medizinischen Gründen weder ein öffentliches Verkehrsmittel noch ein Taxi oder Mietwagen benutzt werden konnte. Benutzt der Versicherte ein privates Kraftfahrzeug, wird für jeden gefahrenen Kilometer der Höchstbetrag für Wegstreckenentschädigung nach § 5 Abs. 1 Satz 1 BRKG (derzeit 0,20 Euro/km, bis zu 130 Euro für Hin- und Rückfahrt) berücksichtigt, höchstens jedoch die Kosten, die bei Inanspruchnahme eines anderen erforderlichen Transportmittels entstanden wären.

Kosten des Rücktransports in das Inland trägt die Krankenkasse nicht, auch wenn er in Spezialfahrzeugen erfolgt.

Zuzahlungen → Ziff. 5

u) Behandlungen im Ausland

Bei Erkrankungen in

- den EU-Staaten,
- den Staaten, in denen das Abkommen über den Europäischen Wirtschaftsraum (EWR) gilt (Island und Norwegen), sowie
- den Staaten, mit denen entsprechende Sozialversicherungsabkommen abgeschlossen worden sind (z. B. Israel, Türkei, Tunesien und Nachfolgestaaten des ehemaligen Jugoslawien),

werden die Kosten der Behandlung usw. von der Krankenkasse übernommen, wenn der Versicherte bei der Behandlung im

Ausland einen von der Krankenkasse ausgestellten Auslandskrankenschein vorlegt und die Ärzte usw. für ihre Leistungen nach Maßgabe der zwischen den Staaten getroffenen Abmachungen abrechnen. Seit 2005 wird in Ländern der EU der Auslandskrankenschein durch die Europäische Krankenversicherungskarte (EHIC) abgelöst. Aufgrund dieser Karte wird der Reisende in allen staatlichen Krankenhäusern und Gesundheitszentren kostenlos behandelt, wenn die Erkrankung unerwartet kommt und die Behandlung nicht aufschiebbar ist. Da sich der Leistungsanspruch nach dem Recht des Aufenthaltsstaates richtet, bleiben die Erstattungsansprüche vielfach hinter den Ansprüchen bei einer Inlandsbehandlung zurück. Bei Urlaub außerhalb Europas besteht zumeist kein Erstattungsanspruch. Privat bezahlte Rechnungen, Kosten der Krankenbehandlung in anderen als den genannten Ländern sowie Aufwendungen für den Rücktransport eines Kranken werden i. d. R. nicht erstattet, auch wenn der Rücktransport zur weiteren diagnostischen Abklärung oder zur Weiterbehandlung in einem deutschen Krankenhaus notwendig ist. Auslandsrechnungen werden ausnahmsweise erstattet, wenn es dem Versicherten nicht möglich war, die Sachleistung von Vertragsärzten oder Krankenhäusern des Gastlandes in Anspruch zu nehmen, z. B. weil die Entfernung zu weit war oder der Auslandskrankenschein nicht angenommen wurde. Die deutschen Krankenkassen bezahlen grundsätzlich nur nach den Gebührensätzen der GKV des betreffenden Landes. Wenn sich der Arzt in einem der genannten Länder nicht an das Krankenversicherungsabkommen hält und nur gegen Barzahlung behandelt, empfiehlt es sich, eine spezifizierte und quittierte Rechnung ausstellen zu lassen. Viele Kassen zahlen auf solche Rechnungen den Betrag, den sie hätten zahlen müssen, wenn sich der Arzt „abkommensgerecht" verhalten hätte.

Vor Auslandsreisen sollten sich die Versicherten bei ihrer Krankenkasse über die Möglichkeiten der Behandlung im Ausland und Erstattung der entstandenen Kosten genau erkundigen.

Die Krankenkasse kann ausnahmsweise die Kosten für eine Behandlung im Ausland ganz oder teilweise übernehmen, wenn eine dem allgemein anerkannten Stand der medizinischen Erkenntnisse entsprechende Behandlung nur außerhalb der Bundesrepublik Deutschland möglich ist (z. B. Klimatherapie in der Schweiz).

Die Möglichkeit einer Erstattung entstandener (verauslagter) Kosten gibt es nur in den genannten Ländern. Ausgeschlossen ist demnach eine Kostenerstattung für alle übrigen Länder (z. B. USA, Kanada, Japan, Australien, Monaco). Hier hilft eine Auslands-Krankenversicherung oder Auslands-Unfallversicherung, wie sie von privaten Krankenversicherungen (→ Private Krankenversicherung, Ziff. 3 Buchst. d) und Reiseveranstaltern sowie Automobilclubs angeboten wird. Mit einer solchen Versicherung sollten auch die Kosten für einen Rücktransport abgedeckt werden.

Ist während eines vorübergehenden Auslandsaufenthalts in Ländern, mit denen kein Sozialversicherungsabkommen besteht, eine Behandlung unverzüglich erforderlich, die auch im Inland erforderlich wäre, hat die Krankenkasse die Kosten der erforderlichen Behandlung insoweit zu übernehmen, als Versicherte sich hierfür wegen einer Vorerkrankung oder ihres Lebensalters nachweislich privat nicht versichern können und die Krankenkasse dies vor Beginn des Auslandsaufenthalts festgestellt hat (§ 18 Abs. 3 SGB V). Die Kosten dürfen nur bis zu der Höhe übernommen werden, in der sie im Inland entstanden wären, und zwar längstens für sechs Wochen im Kalenderjahr. Eine Kostenübernahme ist jedoch nicht möglich, wenn Versicherte sich zur Behandlung ins Ausland begeben. → Schutzimpfungen (Buchst. a)

v) Pflichtangebote

Nach Inkrafttreten des GKV-Wettbewerbsstärkungsgesetzes müssen gesetzliche Kassen folgende Pflichtangebote für alle Versicherten bereithalten:

- Hausarzttarife
  Hiernach verpflichtet sich der Versicherte unter Einschränkung der freien Arztwahl, zunächst den Hausarzt und erst nach Überweisung einen Facharzt oder ein Krankenhaus aufzusuchen. Der Hausarzt organisiert auch eine etwaige Reha, Nachsorge oder Pflege. Eine erweiterte Variante („Hausarztplus") kann dem Hausarzt – ggf. gegen einen Zusatzbeitrag – Zusatzleistungen (z. B. Ernährungsberatung, Vereinbarung von Gesundheitszielen, längere Öffnungszeiten der Praxis) übertragen.
- Disease-Management-Programme bei chronischen Erkrankungen (wie Diabetes, koronare Herzerkrankung, Asthma und chronisch obstruktive Lungenerkrankung oder Brustkrebs)
- andere Formen der Integrierten (vernetzten) Versorgung
  Dabei stellen Ärzte verschiedener Fachrichtung, Apotheker, Krankenhäuser, Reha- und Pflegeeinrichtungen, aber auch Ergo- und Physiotherapeuten einen gemeinsamen Behandlungsplan auf, mit dem bei besonderen Indikationsgebieten oder Krankheitsformen eine verbesserte Verzahnung von Diagnose, Behandlung (einschl. Operation), Nachbehandlung und Arznei- und Hilfsmittelversorgung erreicht werden soll. Doppeluntersuchungen, Fehldiagnosen und vorschnelle Operationen sollen vermieden werden.
  Bei einer besonderen ambulanten ärztlichen Versorgung deckt eine Ärztegemeinschaft (z. B. Ärztehaus) oder Ähnliches das gesamte ambulante Leistungsspektrum ab. Modelle Integrierter Versorgung gibt es besonders für Knie- und Hüftoperationen, Diabetes, Rückenschmerzen, Lungen-, Herz- und Kreislauferkrankungen, aber auch für ambulante Operationen und Krebserkrankungen. Erste Anlaufstelle ist der Hausarzt.

Bei der Teilnahme an diesen Pflichttarifen dürfen die Kassen Beitragsnachlässe, Boni und Zuzahlungsermäßigungen gewähren.

w) Wahltarife

Als Wahltarife verbunden mit einer mindestens dreijährigen Bindungspflicht und gleichen Zusatzbeiträgen für Frauen und Männer stehen die nachstehenden Tarife bereit. Bei Wahltarifen mit Beitragsrückerstattung, Kostenerstattung oder Arzneimitteln der besonderen Therapierichtungen beträgt die Bindungspflicht seit 2011 ein Jahr. Sie sind unabhängig von Alter und Gesundheitszustand des Versicherten. Die Wahltarife stehen teilweise im Wettbewerb mit entsprechenden Tarifangeboten der PKV.

- Tarife mit einkommensabhängigen Selbstbehalten
  Die Versicherten verpflichten sich, gegen einen entsprechenden Beitragsnachlass von höchstens 600 Euro im Kalenderjahr Behandlungs- und Arzneimittelkosten bis zu einer bestimmten Höhe je Kalenderjahr selbst zu zahlen. Dabei kann nach Selbstbehaltsstufen unterschieden werden. Die Beitragsermäßigung darf 20 v. H. der Beiträge des Mitglieds nicht übersteigen und auch in Form von Zusatzleistungen (z. B. Zahnreinigung) gewährt werden.
- Tarife mit Beitragsrückzahlung
  Es kann höchstens ein Monatsbeitrag am Jahresende erstattet werden, wenn das Mitglied und die mitversicherten Familienmitglieder keine Leistungen in Anspruch genommen haben. Vorsorge- und Früherkennungsmaßnahmen, Leistungen zur Empfängnisverhütung sowie im Zusammenhang mit Schwangerschaftsabbrüchen und Sterilisationen sowie Leistungen an Kinder unter 18 Jahren berühren die Beitragserstattung nicht. Eine Staffelung nach leistungsfreien Jahren ist zulässig.
- Kostenerstattungstarife
  Diese Tarife ergänzen die bereits nach § 13 Abs. 2 SGB V gewählte → Kostenerstattung.
  Bei privatärztlicher Behandlung erstattet die Kasse den Unterschied zwischen dem nach der GOÄ/GOZ berechneten Ho-

norar gegenüber dem Kassenarzt, teilweise verbunden mit Selbstbehalten (Verwaltungskosten).
Zugänglich für die Kostenerstattungstarife sind die zum Kassen-Leistungskatalog gehörenden Leistungen. So werden z. B. für Aufwendungen individueller Gesundheitsleistungen (IGeL) keine Leistungen erbracht, die übrigens durchweg nicht beihilfefähig sind.
In Ergänzung zu den Kostenerstattungstarifen bieten private Krankenversicherer Zusatzversicherungen an, teilweise mit Eigenbeteiligung.

- Tarife für Modellvorhaben nach § 63 SGB V

Die Wahltarife sind grundsätzlich miteinander kombinierbar, wenn auch eingeschränkt. Sie müssen sich ohne die Möglichkeit der Querfinanzierung selbst tragen. Tarife, die den Verzicht auf medizinische Leistungen mit Boni honorieren, sind unzulässig.

x) Sonstige Wahltarife/Zusatzleistungen

Mit eigenen oder über Vertragspartner der PKV vermittelten Tarifen können Nicht-Kassenleistungen für von der Regelversorgung ausgeschlossene Arzneimittel, für Homöopathie, Naturheilkunde, alternative bzw. anthroposophische Medizin und Heilpraktiker versichert werden. Dasselbe gilt für die Kosten der Unterbringung im Ein- oder Zweibettzimmer eines Krankenhauses (ausgenommen reine Privatkliniken) sowie Chefarztbehandlung, Zusatzleistungen bei Zahnersatz oder Brillen, Präventionsmaßnahmen, Sterbegeldversicherungen oder Krankengeldansprüche. Außerdem bieten Kassen Zusatzleistungen an. So werden z. B. vielfach angeboten bzw. bezuschusst: alternative Behandlungen wie Homöopathie und Osteopathie, sportmedizinische Untersuchung, Einholen einer ärztlichen Zweitmeinung, Hautkrebsuntersuchungen außerhalb des gesetzlichen Rahmens, Professionelle Zahnreinigung, Behandlungen im Ausland, Krankenrücktransport aus dem Ausland, Heilpraktiker-Behandlungen, Vorsorgeuntersuchungen, Reiseimpfungen und alternative Arzneimittel. Gesundheitsprüfungen sind i. d. R. nicht vorgesehen. Die Leistungen können nach Laufzeit des Versicherungsvertrags gestaffelt sein. Wahltarife müssen versicherungsmathematischen Ansprüchen genügen, was das Bundesversicherungsamt prüft. Sie stehen teilweise im Wettbewerb mit entsprechenden Tarifangeboten der PKV. Abschluss und Höhe der Beiträge der Zusatzversicherungen hängen zumeist vom Ergebnis einer Gesundheitsprüfung ab. Außerdem sind Wartezeiten (üblicherweise acht Monate) zu beachten. Kinder sind nicht in jeder Zusatzversicherung mitversichert. Bei einem Wechsel der gesetzlichen Kasse bleibt der private Vertrag über Zusatzleistungen bestehen.

Zahnzusatzversicherungen können entweder einen bestimmten Vomhundertsatz des Rechnungsbetrags (unter Berücksichtigung der Ersatzleistungen anderer Kostenträger) erstatten oder einen pauschalen Prozentsatz des nach Abzug der Kassenleistung verbleibenden Betrags ersetzen. Sie können aber auch so gestaltet sein, dass sie die Kassenleistungen auf einen bestimmten Prozentsatz des Rechnungsbetrags erhöhen.

Ob Kostenerstattungstarife der GKV z. B. für Zusatzleistungen bei Auslandsbehandlungen, Krankenhausbehandlung, Zahnersatz und Hilfsmitteln (wie Brillen) rechtlich zulässig sind, ist nach dem Urteil des LSG Nordrhein-Westfalen vom 14.6.2018, Az. L 16 KR 251/14, zweifelhaft.

y) Leistungsverweigerungen

Gegen eine Leistungsverweigerung kann der Versicherte binnen vier Monaten schriftlich Widerspruch einlegen. Wurde ein Leistungsantrag nicht binnen drei Wochen schriftlich abgelehnt, gilt der Antrag als genehmigt. Wurde nicht innerhalb von drei Monaten gegen einen Widerspruch entschieden, ohne dass dafür berechtigte Gründe vorliegen, kann Untätigkeitsklage beim Sozialgericht erhoben werden.

z) Terminservicestellen

Das Terminservice- und Versorgungsgesetz vom 6.5.2019 (BGBl. I S. 646) stellt sicher, dass gesetzlich Versicherte schneller als bisher zu einem Arzttermin beim Haus- oder Facharzt kommen. Dazu werden von den Kassenärztlichen Vereinigungen Terminservicestellen eingerichtet, welche die ganze Woche über und rund um die Uhr unter der Nr. 116117 oder online erreichbar sind und die innerhalb von höchstens vier Wochen einen Termin bei Haus- und Kinderärzten, Fachärzten und Psychologischen Psychotherapeuten vermitteln. Die Behandlung durch einen Facharzt muss in der Überweisung als dringend bezeichnet sein. In Akutfällen oder außerhalb der Sprechzeiten sollen Patienten während der regulären Sprechstundenzeiten an Krankenhäuser, Notfallambulanzen oder den kassenärztlichen Bereitschaftsdienst vermittelt werden. Die Wartezeit auf eine psychotherapeutische Akutbehandlung soll nicht länger als zwei Wochen dauern. Die Arztpraxis muss in zumutbarer Entfernung zum Wohnsitz des Patienten liegen. Ärzte, die wegen der erweiterten Nachfrage zusätzlich Patienten behandeln müssen, werden von den Krankenkassen besser bezahlt. Kommt mittels der Servicestelle ein Termin innerhalb einer Woche zustande, erhält der Arzt einen zusätzlichen Bonus.

Für Termine beim Augenarzt, Frauenarzt oder ein Erstgespräch beim Psychotherapeuten wird keine Überweisung benötigt, um den Terminservice zu beanspruchen.

5. Zuzahlungen

Nehmen Versicherte Leistungen der GKV in Anspruch, haben sie in bestimmten Fällen eine Zuzahlung zu leisten. Damit niemand überfordert wird, ist geregelt, wer von den Zuzahlungen teilweise befreit ist.

a) Nach § 61 SGB V haben in der GKV Versicherte **Zuzahlungen** zu bestimmten Leistungen bis zur Belastungsgrenze nach § 62

SGB V zu erbringen. Die gesetzlich vorgesehenen Zuzahlungen sind nach § 8 Abs. 3 Satz 1 BBhV nicht beihilfefähig.

b) Als Zuzahlungen kommen insbesondere in Betracht:
   - **Arznei-, Verband- und Hilfsmittel** (jeweils bei Versicherten über 18 Jahre), Fahrtkosten zur ambulanten Behandlung 10 v. H. der Kosten, höchstens 10 Euro, mindestens 5 Euro, jedoch nicht mehr als die Kosten des Mittels
     bei **Hilfsmitteln zum Verbrauch** (z. B. Inkontinenzartikel) 10 v. H. des Abgabepreises, höchstens jedoch 10 Euro im Monat (bezogen auf die Produktgruppe)
   - **Krankenhausbehandlung**
     10 Euro je Kalendertag für längstens 28 Tage im Kalenderjahr; die innerhalb des Kalenderjahres nach § 32 Abs. 1 Satz 2 SGB V an den Rentenversicherungsträger oder für eine stationäre Reha-Maßnahme nach § 40 Abs. 6 SGB V geleistete Zuzahlung wird angerechnet
   - **stationäre Vorsorge und Rehabilitation, Mutter/Vater-Kind-Maßnahmen**
     10 Euro täglich, bei Anschluss-Rehabilitation (in unmittelbarem Anschluss an eine Krankenhausbehandlung) für höchstens 28 Tage im Kalenderjahr. Auch hier werden Zuzahlungen an Rentenversicherungsträger und solche bei Krankenhausbehandlung angerechnet
   - **Heilbehandlungen** (z. B. Krankengymnastik)
     10 v. H. der Kosten, zuzüglich 10 Euro je ärztliche Verordnung
   - **Haushaltshilfe**
     10 v. H. der Kosten, mindestens 5 Euro je Einsatz
   - **häusliche Krankenpflege**
     10 v. H. der Kosten je Einsatz, höchstens für 28 Tage im Kalenderjahr, zuzüglich 10 Euro je ärztliche Verordnung

Für die **Abrechnung der Zuzahlungen mit den Krankenkassen** gilt grundsätzlich das Kalenderjahr. Wenn Versicherte im Laufe eines Jahres mehr zugezahlt haben, als ihnen nach der Überforderungsklausel zugemutet werden darf, erstattet die Krankenkasse den überschießenden Betrag am Jahresende. Die Versicherten müssen deshalb die Zuzahlungsbelege während eines Kalenderjahres aufbewahren und der Kasse anschließend zur Erstattung des überschießenden Betrags vorlegen. Fallen regelmäßig Zuzahlungen an, z. B. bei ständigen Fahrten zur Dialyse oder bei ständiger Einnahme von Arzneimitteln, können die Kassen auch in kürzeren Zeitabständen erstatten, z. B. monatlich oder vierteljährlich.

Die Krankenkassen liefern ihren Versicherten (z. T. nur auf Anforderung) Nachweishefte, in denen alle Zuzahlungen und (für die Berücksichtigung der Fahrtkosten) die Arzt- und Zahnarztbesuche eingetragen werden können. Wird die individuelle Belastungsgrenze überschritten, kann nach Ablauf jeden Jahres bei der Krankenkasse ein „Zuzahlungs-Jahresausgleich" beantragt werden. Sind die Familienmitglieder bei verschiedenen Krankenkassen versichert, ist die Erstattung für alle bei einer Kasse zu beantragen. Übersteigen die Zuzahlungen die Belastungsgrenzen der Sozial- bzw. Überforderungsklausel, wird der übersteigende Betrag von der Krankenkasse zurückgezahlt.

6. Befreiung von Zuzahlungen/Belastungsgrenze

Zuzahlungen (aber ohne Zahnersatz) sind für jedes Kalendervierteljahr nur bis zur Belastungsgrenze zu leisten (§ 62 Abs. 1 SGB V). Wird Letztere überschritten, stellt die Krankenkasse einen Befreiungsausweis aus, der bis zum Ende des Kalenderjahres gilt.

Die Belastungsgrenze beträgt 2 v. H. der jährlichen Bruttoeinnahmen zum Lebensunterhalt, bezogen auf den Versicherten und die im gemeinsamen Haushalt lebenden Angehörigen einschl. des eingetragenen Lebenspartners. Die Bruttoeinnahmen sind nach § 62 Abs. 2 Satz 2 und 3 SGB V für den ersten im gemeinsamen Haushalt wohnenden Angehörigen um 15 v. H., für jeden weiteren Angehörigen um 10 v. H. der jährlichen Bezugsgröße nach § 18 SGB IV, für jedes familienversicherte Kind um den sich nach § 32 Abs. 6 Satz 1 und 2 EStG ergebenden Betrag jährlich zu vermindern. Welche Einnahmen außer Ansatz bleiben bzw. welche Bruttoeinnahmen bei bestimmten Personengruppen zugrunde gelegt werden, ergibt sich aus § 62 Abs. 2 Satz 4 und 5 SGB V. Bei **chronisch Kranken**, die wegen derselben schwerwiegenden Krankheit in Dauerbehandlung sind, beträgt die Belastungsgrenze 1 v. H. der jährlichen Bruttoeinnahmen. Die Ermäßigung auf 1 v. H. tritt jedoch nur ein, wenn die in § 62 Abs. 1 Satz 3 SGB V bezeichneten Untersuchungen nachgewiesen wurden. Nach den Richtlinien des Gemeinsamen Bundesausschusses zur Definition schwerwiegender chronischer Krankheiten vom 22.1.2004 (BAnz. S. 1343, zuletzt geändert durch Beschl. vom 17.11.2017, BAnz. AT vom 5.3.2018 B4) ist eine Krankheit schwerwiegend chronisch, wenn sie wenigstens ein Jahr lang mindestens einmal pro Quartal ärztlich behandelt werden musste und eines der folgenden Merkmale vorhanden ist:

- Pflegegrad 3 oder 4
- GdB von mindestens 60 oder Minderung der Erwerbsfähigkeit von mindestens 60 v. H.
- Es muss eine kontinuierliche medizinische Versorgung erforderlich sein, ohne die eine lebensbedrohende Verschlimmerung der Lebenserwartung oder eine dauerhafte Beeinträchtigung der Lebensqualität durch die auslösende Krankheit zu erwarten ist.

Über die Befreiung von Zuzahlungen stellt die Krankenkasse einen entsprechenden Ausweis aus, der dem Apotheker, Krankengymnasten usw. vorzulegen ist.

7. Beiträge, Beitragszuschüsse

Die beitragspflichtigen Einnahmen bestimmen sich nach den §§ 226 bis 240 SGB V. Diese werden in allen Fällen begrenzt durch die Beitragsbemessungsgrenze von 58 050 Euro jährlich bzw. 4837,50 Euro monatlich, jeweils für 2021.

Die Beitragsbemessungsgrenze für freiwillig gesetzlich Versicherte und Selbständige beträgt 2021 im Monat 3185 Euro (Westen) bzw. 3010 Euro (Osten). Ab 1.1.2020 beginnt die Beitragspflicht von Betriebsrentnern erst bei einer Rente von 155,75 Euro monatlich. Die Beiträge sind folglich nicht vom Gesundheitszustand oder der familiären Lage des Versicherten, sondern allein von dessen Verdienst abhängig.

Der **Allgemeine Beitragssatz** für Beschäftigte beträgt bundeseinheitlich 14,6 v. H., der zu gleichen Teilen von Arbeitgebern und Arbeitnehmern zu tragen ist. Ein ermäßigter Beitragssatz gilt z. B. für freiwillig Versicherte mit Einkünften aus Vermietung oder Kapitalvermögen. Verzichten Selbständige und Freiberufler auf Krankengeld, beträgt der Bemessungssatz 14 v. H. zuzüglich Zusatzbeitrag. Für verbleibende Finanzlücken dürfen die Kassen individuelle und einkommensabhängige prozentuale **Zusatzbeiträge** oberhalb des Mindestbeitrags von 14,6 v. H. von ihren Mitgliedern erheben, wobei der Arbeitgeberanteil von 7,3 v. H. festgeschrieben ist. Der Zusatzbeitrag beträgt durchschnittlich 1,3 v. H., der sich paritätisch auf Versicherte und Arbeitgeber verteilt. Der gesamte Beitragssatz beläuft sich folglich auf 15,9 v. H. Sofern die Kasse Zusatzbeiträge erstmalig erhebt oder diese erhöht, hat das Mitglied ein Sonderkündigungsrecht zum Kassenwechsel (Wahltarife ausgeschlossen). Auf dieses Recht und das Informationsangebot des Spitzenverbandes Bund der Krankenkassen über Zusatzbeiträge der verschiedenen Kassen hat die Kasse mit gesondertem Schreiben hinzuweisen. Der Zusatzbeitrag wird ab 1.1.2019 vom Arbeitgeber oder Rentenversicherungsträger paritätisch (also jeweils zur Hälfte) getragen. Die auf Versorgungsbezüge entfallenden Beiträge trägt der Versorgungsempfänger allein. Freiwillige Mitglieder tragen ihren Beitrag ebenfalls allein, ggf. unter Gewährung eines Beitragszuschusses. Für mitversicherte Familienangehörige werden keine Beiträge erhoben.

Auf Betriebsrenten wird der volle Beitragssatz (derzeit 14,6 v. H.) zuzüglich des jeweiligen Zusatzbeitrags der Krankenkasse erhoben. Ein Beitragszuschuss wird nicht gewährt.

Der Zusatzbeitrag wird direkt vom Arbeitgeber oder Rentenversicherungsträger einbehalten.

Ab 2020 müssen Betriebsrentner nur noch für den Teil ihrer Betriebsrente Beiträge zur gesetzlichen Krankenversicherung sowie den Zusatzbeitrag bezahlen, der über den Freibetrag von 159,25 Euro im Monat liegt.

Mitglieder mit Anspruch auf freie Heilfürsorge (z. B. Polizeivollzugsbeamte, Berufssoldaten und Soldaten auf Zeit), die zur Nutzung der Ansprüche aus der Familienversicherung der GKV als Mitglied angehören, zahlen den Beitrag für Mitglieder ohne Krankengeldanspruch. Sind solche Mitglieder alleine versichert, beläuft sich der Beitrag mindestens auf den Solidaranteil für die KVdR sowie die anteiligen Verwaltungskosten (Anwartschaftsversicherung für die spätere Rückkehr in die GKV).

Bei den meisten privaten Krankenversicherern haben Beamte auf Widerruf, die eine Ausbildung durchlaufen, einen erleichterten Zugang zur PKV. So bestehen kein Zugangsausschluss wegen Vorerkrankungen, keine Ablehnung von Leistungen bei bestimmten Erkrankungen und eine Begrenzung der Beitragszuschläge wegen erhöhter Risiken auf 30 v. H. der Prämie.

Freiwillig Versicherte, die nur wegen Überschreitens der Jahresarbeitsentgeltgrenze (2020: 62 500 Euro) versicherungsfrei oder von der Versicherungspflicht befreit sind, erhalten von ihrem Arbeitgeber einen **Beitragszuschuss.** Der Höchstzuschuss beträgt 2020 342,19 Euro (ohne Zusatzbeitrag).

Der Zuschuss beträgt die Hälfte des Betrags, der sich unter Anwendung des durchschnittlichen allgemeinen Beitragssatzes der Krankenkasse vom 1. Januar des Vorjahres und des Arbeitsentgelts als Beitrag ergibt, höchstens jedoch die Hälfte des tatsächlichen Beitrags.

Rentenbezieher, die freiwillig in der gesetzlichen oder in einer privaten Krankenversicherung versichert sind, erhalten auf Antrag zu ihrer Rente einen Beitragszuschuss in Höhe eines Prozentsatzes des monatlichen Rentenzahlbetrags, höchstens jedoch in Höhe des tatsächlichen Beitrags (→ Bemessungsgrenzen).

8. Beihilfe bei gesetzlicher Krankenversicherung

Für gesetzlich Versicherte ist der Beihilfeanspruch eingeschränkt, weil die GKV ihre Leistungen i. d. R. nicht – wie die private Krankenversicherung – in (teilweisem) Geldersatz, sondern in Natur erbringt. Mit diesen vorrangigen → Sach- und Dienstleistungen werden i. d. R. die vollen Kosten übernommen, sodass die beihilfeberechtigte Person – bis auf einige Ausnahmen – nicht belastet ist. Da Beihilfen nur gewährt werden, soweit eine Belastung vorliegt, sind Sach- und Dienstleistungen nicht beihilfefähig (§ 8 Abs. 4 BBhV).

Bei Personen, denen ein Zuschuss, Arbeitgeberanteil und dergleichen zum Krankenversicherungsbeitrag gewährt wird oder die einen Anspruch auf beitragsfreie Krankenfürsorge haben, gelten als Sach- und Dienstleistungen (§ 8 Abs. 4 Satz 3 BBhV) auch

a) Festbeträge für Arznei-, Verband- und Hilfsmittel,
b) Aufwendungen – mit Ausnahme der Aufwendungen für Wahlleistungen im Krankenhaus –, die darauf beruhen, dass der Versicherte die beim Behandler (Arzt, Zahnarzt usw.) mögliche Sachleistung nicht in Anspruch genommen hat.

Ausnahmsweise gewährte Geldleistungen werden auf die beihilfefähigen Aufwendungen – zum Teil pauschal – angerechnet.

Stehen einer beihilfeberechtigten Person oder einem berücksichtigungsfähigen Angehörigen Leistungen der GKV zu (auch als sog. Kann-, also im Ermessen der Kasse stehende Leistungen), sind die Aufwendungen nur insoweit beihilfefähig, als sie über die gewährten Kassenleistungen hinausgehen. Die von der GKV gewährten Leistungen sind somit in voller Höhe von den beihilfefähigen Aufwendungen abzuziehen (§ 9 Abs. 1 BBhV).

Freiwillig Versicherte sind nicht (mehr) gehalten, zustehende Sach- und Dienstleistungen (insbesondere der Krankenkasse) oder Arznei-, Verband- und Hilfsmittel mit Festbeträgen in Anspruch zu nehmen. Ihre so verursachten notwendigen und angemessenen Aufwendungen sind beihilfefähig (vgl. § 8 Abs. 4 Satz 4 BBhV). Desgleichen werden bei diesen Versicherten Kassenleistungen (als Geld- oder Sachleistung) nicht von den beihilfefähigen Aufwendungen abgezogen (§ 9 Abs. 3 Satz 4 Nr. 3 BBhV).

Am 20.9.2012 vorhandene freiwillig Versicherte mit der Höhe nach gleichen Leistungsansprüchen wie Pflichtversicherte erhalten zu ihren nach Abzug der Kassenleistung verbleibenden beihilfefähigen Aufwendungen eine **Beihilfe** in Höhe von 100 v. H., sofern kein Beitragszuschuss usw. von mindestens 21 Euro monatlich gewährt wird (§ 47 Abs. 6 BBhV a. F., § 58 Abs. 2 BBhV). Bei den verbleibenden Aufwendungen handelt es sich um Kosten, die von der GKV nicht oder nur zum Teil übernommen werden, aber beihilfefähig sind (z. B. privatärztliche Krankenhausbehandlung oder ambulante Behandlung durch einen Privatarzt).

Wird ein zur Krankenversorgung nicht zugelassener Arzt (Behandler) aufgesucht, werden die bei einer Behandlung durch einen Kassenarzt zustehenden Leistungen gleichwohl berücksichtigt (§ 9 Abs. 3 Satz 1 BBhV). Hierbei sind Aufwendungen für Arznei- und Verbandmittel in voller Höhe, andere Aufwendungen, deren fiktiver Leistungsanteil nicht nachgewiesen wird oder ermittelt werden kann, in Höhe von 50 v. H. als zustehende Leistung anzusetzen (§ 9 Abs. 3 Satz 3 BBhV).

Die erwähnten Einschränkungen gelten angesichts der von der Krankenkasse übernommenen allgemeinen Krankenhausleistungen nicht für Wahlleistungen eines Krankenhauses sowie für die Aufwendungen bei Behandlung durch Nicht-Vertragsärzte und Heilpraktiker (einschl. der von ihnen verordneten Arznei- und Verbandmittel).

Freiwillige GKV-Mitglieder, die keinen Beitragszuschuss erhalten und den vollen Beitrag zahlen, sind von den erwähnten Einschränkungen nicht betroffen.

Mitglieder der → Krankenversicherung der Rentner erhalten als Beamte oder Versorgungsempfänger Beihilfe zu den Aufwendungen, die über die von der KVdR gewährten Leistungen hinausgehen (z. B. Wahlleistungen eines Krankenhauses sowie Aufwendungen für Behandlung durch einen Privatarzt oder Heilpraktiker) und beihilfefähig sind.

Rentenempfänger, die sich von der Krankenversicherungspflicht haben befreien lassen und einen Beitragszuschuss erhalten, sind keine Mitglieder der KVdR.

9. Bonus-, Rabatt- und andere Modelle

Das GKV-Modernisierungsgesetz eröffnet der GKV größere Freiheiten bei **Bonus- und Rabattmodellen**. Dies kann auch in Kooperation mit privaten Krankenversicherern in der Weise geschehen, dass **Zusatzversicherungen** für Zahnersatz, Krankenhausbehandlung oder auch Auslandsreisen angeboten werden. Zum Vorteil der Versicherten gereichen auch – außer Sachzuwendungen wie z. B. Sportschuhe – Ermäßigungen oder der Verzicht auf Zuzahlungen bei Teilnahme an bestimmten Programmen (z. B. bei regelmäßigem Besuch von Fitness-Studios, Teilnahme an Lauftreffs) oder bei ärztlich bestätigter Normalgewichtigkeit. Ermäßigt kann nur der Zusatzbeitrag werden. Hervorzuheben sind hierbei die **Hausarztmodelle, Disease-Management-Programme** und andere Formen der integrierten

Versorgung, auch über **Medizinische Zentren,** bei denen niedergelassene Ärzte ambulante Eingriffe vornehmen (→ Ziff. 4 Buchst. v und x).

10. Verweisung auf Leistungen der gesetzlichen Krankenversicherung

Nach § 8 Abs. 4 Satz 1 BBhV sind gesetzlich Krankenversicherte auf die Inanspruchnahme zustehender Leistungen nach dem Sozialversicherungsrecht verwiesen. Das bedeutet, dass ihnen keine Beihilfe zusteht, wenn sie zustehende Leistungen nicht in Anspruch genommen haben. Allerdings nimmt § 8 Abs. 4 Satz 2 BBhV bestimmte Personengruppen von der Verweisung auf die Kassenleistungen aus. Dies gilt besonders für freiwillige Mitglieder der GKV, allerdings nicht, wenn sie einen monatlichen Beitragszuschuss von 21 Euro und mehr erhalten.

Außerdem sind Bezieher eines Beitragszuschusses von mindestens 21 Euro monatlich von der Erhöhung des Bemessungssatzes auf 100 v. H. der beihilfefähigen Aufwendungen ausgenommen, sofern sie am 20.9.2012 freiwillig gesetzlich versichert waren (vgl. § 58 Abs. 2 BBhV).

Die vorstehenden negativen Folgen eines Beitragszuschusses können durch einen völligen Verzicht auf den monatlichen Beitragszuschuss von 21 Euro und mehr abgewendet werden. Gewährt die Krankenkasse ihrer Satzung entsprechend nur einen Zuschuss (z. B. bei Zahnersatz) oder sieht die Satzung überhaupt keine Leistung vor (z. B. bei der Inanspruchnahme eines Heilpraktikers), sind die zulasten des Beihilfeberechtigten verbleibenden Aufwendungen im Rahmen der Beihilfevorschriften beihilfefähig. Weitere Ausführungen → Tarifvertragskräfte.

Für **berücksichtigungsfähige Kinder** eines Beihilfeberechtigten (z. B. eines Beamten), die von der Pflichtversicherung in der gesetzlichen Kranken- oder Rentenversicherung einer anderen Person (z. B. der als Behördenangestellte beschäftigten Ehefrau des

Beamten) erfasst werden, werden Beihilfen ebenfalls nur zu den über die Kassenleistungen hinausgehenden Aufwendungen, soweit diese beihilfefähig sind, gewährt. Werden die Kassenleistungen nicht in Anspruch genommen, entfällt die Beschränkung; dann werden Beihilfen zu den entstandenen beihilfefähigen Aufwendungen gewährt (§ 9 Abs. 3 Satz 4 Nr. 2 BBhV).

11. Patientenakte

Ab 2021 ist die GKV verpflichtet, für ihre Versicherten eine digitale Patientenakte anzubieten. In diese sind alle Gesundheitsdokumente des Versicherten einzustellen (z. B. Arztbriefe, Röntgenbilder). Damit soll auch ein besserer Überblick über die gesundheitliche Lage des Patienten erreicht werden. Patienten haben ein Recht auf Ablichtung ihrer Patientenakte sowie der vorliegenden Befunde.

Gesetzliche Rentenversicherung

1. Grundsatz

Die Träger der gesetzlichen Rentenversicherung erbringen nach § 9 ff. SGB VI auch Leistungen zur medizinischen Rehabilitation und zur Teilhabe am Arbeitsleben, um

- den Auswirkungen einer Krankheit oder einer körperlichen, geistigen oder seelischen Behinderung auf die Erwerbsfähigkeit des Versicherten entgegenzuwirken oder sie zu überwinden und
- dadurch Beeinträchtigungen der Erwerbsfähigkeit der Versicherten oder ihr vorzeitiges Ausscheiden aus dem Erwerbsleben zu verhindern oder sie möglichst dauerhaft in das Erwerbsleben wiedereinzugliedern.

Die Leistungen der Rehabilitation haben Vorrang vor Rentenleistungen, aber auch vor Leistungen nach den Beihilfevorschriften (→ Subsidiaritätsprinzip).

2. Voraussetzungen

Für Rehabilitationsleistungen haben Versicherte nach § 11 SGB VI die **versicherungsrechtlichen Voraussetzungen** erfüllt, die bei Antragstellung eine Wartezeit von 15 Jahren erbracht haben oder eine Rente wegen verminderter Erwerbsfähigkeit beziehen. Für die **medizinischen** Leistungen haben Versicherte die versicherungsrechtlichen Voraussetzungen auch erfüllt, die

- in den letzten zwei Jahren vor der Antragstellung sechs Kalendermonate mit Pflichtbeitragszeiten haben,
- innerhalb von zwei Jahren nach Beendigung einer Ausbildung eine versicherte Beschäftigung aufgenommen und bis zum Antrag ausgeübt haben oder nach einer solchen Beschäftigung bis zum Antrag arbeitsunfähig oder arbeitslos gewesen sind oder
- vermindert erwerbsfähig sind oder bei denen dies in absehbarer Zeit zu erwarten ist, wenn sie die allgemeine Wartezeit erfüllt haben.

Die versicherungsrechtlichen Voraussetzungen haben auch überlebende Ehegatten erfüllt, die Anspruch auf große Witwen/-Witwerrente wegen verminderter Erwerbsfähigkeit haben; sie gelten in diesem Zusammenhang als Versicherte.

Beim Bezug einer Teilrente als Folge der vorzeitigen Beendigung des Arbeitsverhältnisses verringert sich die vorgezogene Rente nicht, wenn die Einkünfte aus einem Beschäftigungsverhältnis 6300 Euro im Jahr (525 Euro monatlich) nicht übersteigen. Sonst werden 40 Cent je Euro des Zuverdienstes auf die Rente angerechnet, sofern Rente und Arbeitslohn den früheren Vollverdienst nicht übersteigen. Auf die Beihilfegewährung bleibt dies ohne Einfluss. Für eine Beschäftigung in einem Minijob gilt weiterhin die Verdienstgrenze von 450 Euro/Monat.

Beitragsbemessungsgrenze (als maximaler Bruttolohn bei Erhebung der Beiträge zur gesetzlichen Rentenversicherung) ist

2020 82 800 Euro (77 400 Euro, Ostdeutschland). Der Beitragssatz beträgt einheitlich 18,7 v. H.

3. Medizinische Leistungen

Die medizinischen Leistungen zur Rehabilitation umfassen insbesondere:

- Behandlung durch Ärzte und Angehörige anderer Heilberufe
- Arznei- und Verbandmittel, Heilmittel (einschl. Krankengymnastik, Bewegungstherapie, Sprachtherapie und Beschäftigungstherapie)
- Belastungserprobung und Arbeitstherapie
- Körperersatzstücke, orthopädische und andere Hilfsmittel (einschl. Instandsetzung, notwendiger Änderung und Ersatzbeschaffung sowie der Ausbildung im Gebrauch der Hilfsmittel)

Die medizinischen Leistungen zur Rehabilitation werden vor allem stationär im Rahmen sog. **Kuren** (einschl. der erforderlichen Unterkunft und Verpflegung) in Einrichtungen erbracht, die i. d. R. unter ständiger ärztlicher Verantwortung und unter Mitwirkung von besonders geschultem Personal in versicherungseigenen oder vertraglich verpflichteten Einrichtungen (im Allgemeinen „Sanatorien“) stehen. Solche Leistungen werden i. d. R. innerhalb von vier Jahren nur einmal erbracht und sind grundsätzlich auf drei Wochen beschränkt.

4. Ergänzende Leistungen

Als **ergänzende Leistungen** zur Rehabilitation können insbesondere erbracht werden:

- Haushaltshilfe
- Reisekosten

Haushaltshilfe kann erbracht werden, wenn

- Versicherte wegen der medizinischen, berufsfördernden oder sonstigen Leistungen außerhalb des eigenen Haushalts untergebracht sind und ihnen deshalb die Weiterführung des Haushalts nicht möglich ist,

- eine andere im Haushalt lebende Person den Haushalt nicht weiterführen kann und
- im Haushalt ein Kind lebt, das bei Beginn der Haushaltshilfe das 12. Lebensjahr noch nicht vollendet hat oder das behindert und auf Hilfe angewiesen ist.

Zu den **Reisekosten** gehören Fahrtkosten und Transportkosten, Verpflegungs- und Übernachtungskosten, Kosten des Gepäcktransports sowie Wegstrecken- und Mitnahmeentschädigung für die Versicherten und eine wegen der Behinderung erforderliche Begleitperson.

Reisekosten werden i. d. R. für zwei Familienheimfahrten oder für zwei Besuchsfahrten eines Angehörigen monatlich übernommen.

5. Beitragszuschüsse

Die Rentenversicherer gewähren zum Beitrag der Krankenversicherung (ohne Zusatzbeitrag) einen Beitragszuschuss von 7,3 v. H. des Zahlbetrags der Altersrente, maximal 342,19 Euro (2020).

6. Zuzahlung

Bei medizinischen **Rehabilitationsmaßnahmen** ist von Versicherten, die das 18. Lebensjahr vollendet haben, eine **Zuzahlung** von 10 Euro je Kalendertag an die Einrichtung zu leisten. Diese Zuzahlung wird bei einer Anschluss-Reha an eine Krankenhausbehandlung für längstens 14 Tage je Kalenderjahr erhoben (§ 32 Abs. 1 SGB VI). Eine innerhalb eines Kalenderjahres an die GKV geleistete Zuzahlung für Reha-Maßnahmen wird angerechnet.

Eine Befreiung von der Zuzahlung ist möglich, wenn diese zu einer unzumutbaren Belastung führen würde.

Gesetzliche Unfallversicherung

1. Grundsatz

Zu den Aufgaben der im Siebten Buch des Sozialgesetzbuches (SGB VII) geregelten gesetzlichen Unfallversicherung gehört der Ersatz des Schadens, der durch einen Arbeitsunfall, eine Berufskrankheit oder während einer anderen unter Versicherungsschutz stehenden Tätigkeit entstanden ist. Zur Letzteren zählen besonders Reisen bei versicherten Tätigkeiten und der Weg von der Wohnung zum Ort der Tätigkeit und zurück (Wegeunfälle), allerdings grundsätzlich ohne Umwege (z. B. bei Fahrgemeinschaften oder beim Verbringen eines Kindes zum Kindergarten oder zur Kindertagesstätte). Im Rahmen der **Heilbehandlung** werden gewährt: ärztliche ambulante oder stationäre Behandlung, Versorgung mit Arznei- und Verbandmitteln sowie Heilmitteln einschl. Krankengymnastik, Bewegungstherapie, Sprachtherapie und Beschäftigungstherapie, Ausstattung mit Körperersatzstücken, orthopädischen und anderen Hilfsmitteln (einschl. der notwendigen Änderung, Instandsetzung und Ersatzbeschaffung sowie der Ausbildung im Gebrauch der Hilfsmittel), Hilfe zur Wiedereingliederung (z. B. Fortbildungsmaßnahmen, Umschulungen, Kfz-Hilfe, Wohnungshilfe, sozialpädagogische oder psychosoziale Betreuung, Haushaltshilfe, Rehabilitationssport) sowie die Gewährung von häuslicher Krankenpflege und Verletztengeld.

2. Mitglieder

Mitglieder der gesetzlichen Unfallversicherung sind u. a. Beschäftigte (Arbeitnehmer), ferner Lernende während der beruflichen Aus- und Fortbildung, Schüler, Studenten sowie Kinder während des Besuchs der Schule bzw. der Hochschule bzw. des Kindergartens oder der Kinderkrippe, behinderte Menschen in anerkannten Werkstätten und Pflegepersonen i. S. des § 19 SGB XI. Zu den Versicherten gehören vorübergehend auch Personen, die im Interesse des Gemeinwohls tätig werden, z. B. Blutspender und Spender körpereigener Gewebe, Ehrenbeamte, gerichtliche Zeugen und sog. Nothelfer (Lebensretter sowie Personen, die von einem öffentlichen Amtsträger zur Hilfeleistung herangezogen werden). Obwohl Beamte, Soldaten und Empfänger beamtenrechtlicher (oder entsprechender) Versorgungsbezüge grundsätzlich zum versicherungsfreien Personenkreis gehören, sind Fälle denkbar, in denen auch Beamte usw. für sich oder ihre berücksichtigungsfähigen Angehörigen Ansprüche aus der gesetzlichen Unfallversicherung haben können. Das ist z. B. der Fall bei der Beschäftigung von Versorgungsempfängern im Arbeitnehmerverhältnis.

3. Vorrangigkeit

Der Anspruch auf Heilbehandlung nach den Bestimmungen der gesetzlichen Unfallversicherung hat Vorrang vor dem Anspruch auf Gewährung von Beihilfen (→ Subsidiaritätsprinzip). Entstehen einem Beihilfeberechtigten oder einem berücksichtigungsfähigen Angehörigen über die nach den Bestimmungen der gesetzlichen Unfallversicherung zustehende Heilbehandlung hinaus weitere Aufwendungen, sind diese im Rahmen der Beihilfevorschriften beihilfefähig (§ 9 Abs. 1 Satz 1 BBhV).

Gesundheitskarte

Seit 2015 haben gesetzlich Versicherte beim Arzt- oder Psychotherapeutenbesuch die elektronische Gesundheitskarte vorzulegen. Diese enthält die Unterschrift und ein Foto des Versicherten (ausgenommen besonders Jugendliche unter 15 Jahren). Die Versicherungskarte kann bis zu 10 Tage nach Praxisbesuch nachgereicht werden. Danach erstellt der Arzt eine Privatrechnung. In diesem Fall leistet die Kasse nur, wenn eine gültige Gesundheitskarte bis zum Ende des Quartals vorliegt. Die dabei über die Kassenleistungen bei Vorlage der Gesundheitskarte hinausgehenden Aufwendungen sind wie die Kosten der Beschaffung der Karte allgemein nicht beihilfefähig.

Mittlerweile liegt die Gesundheitskarte in der neuen Version G2 vor, die für künftige digitale Anwendungen vorbereitet ist. Sie soll u. a. die verschlüsselte Aufnahme von Notfalldaten eines elektronischen Medikationsplanes sowie einer etwaigen Organspendenerklärung ermöglichen.

Die PKV wird ihren Versicherten eine dem E-Health-Gesetz entsprechende elektronische Gesundheitskarte-App vorlegen. Sie enthält die Kernfunktionen des gesamten Gesetzes (z. B. Notfalldaten und Impfpass), aber auch weitere Servicefunktionen.

Getrennt lebender Ehegatte

Zum Kreis der → berücksichtigungsfähigen Angehörigen gehört auch der getrennt lebende Ehegatte. Voraussetzung für die Anerkennung der Beihilfefähigkeit der entstandenen Aufwendungen ist jedoch auch hier, dass der Beihilfeberechtigte die Aufwendungen tatsächlich getragen hat.

Gewebezuckermessgeräte

Geräte zur kontinuierlichen Gewebezuckermessung sind bei Personen mit einer behandlungsbedürftigen Stoffwechselerkrankung wie einem behandlungspflichtigen Diabetes mellitus beihilfefähig (Nr. 7.6 der Anl. 11 zur BBhV). Daneben sind Aufwendungen für übliche Blutzuckermessgeräte einschließlich der erforderlichen Bluttestreifen beihilfefähig.

Gezielte vegetative Umstimmungsbehandlung oder gezielte vegetative Gesamtumschaltung durch negative statische Elektrizität

Aufwendungen sind nicht beihilfefähig (Abschnitt 1 Nr. 7.2 der Anl. 1 zur BBhV).

Gipsbett, Liegeschale

Aufwendungen sind beihilfefähig (Abschnitt 1 Nr. 7.9 der Anl. 11 zur BBhV).

Grundfreibetrag

Der Grundfreibetrag, d. h. der jährliche Betrag, von dessen Überschreiten Einkommensteuer zu zahlen ist, beträgt ab 2024 11 604 Euro (bisher 10 908 Euro).

Gummihose sowie saugende körpernah getragene Inkontinenzhilfen (bei Blasen- oder Darminkontinenz), Gummistrümpfe

Aufwendungen für Gummihose sowie körpernah getragene Inkontinenzhilfen (insbesondere Fixierhosen für Inkontinenzvorlagen, saugende Inkontinenzhosen und -vorlagen) und Gummistrümpfe sind beihilfefähig (Abschnitt 1 Nr. 7.11 und 7.12 der Anl. 11 zur BBhV).

Gutachten

Die Erstattung von Gutachten gehört zu den → ärztlichen und → zahnärztlichen Leistungen; die dafür entstehenden Aufwendungen sind deshalb beihilfefähig, soweit sie im Rahmen einer notwendigen Krankenbehandlung oder bei der Durchführung der Beihilfevorschriften entstanden sind. Aufwendungen für ärztliche Bescheinigungen zum Nachweis der Arbeitsunfähigkeit des Beihilfeberechtigten oder von der Festsetzungsstelle benötigte Bescheinigungen oder Gutachten (z. B. für Reha-Maßnahmen) trägt die Festsetzungsstelle (§ 12 Satz 3 BBhV, VV 36.1.2).

Die Kosten für vorgeschriebene oder von der Beihilfestelle angeforderte Atteste und Bescheinigungen sind auch dann beihilfefähig, wenn das Gutachten negativ ausfällt und die Anerkennung der Beihilfefähigkeit versagt wird.

Der vorgeschriebene Inhalt der Gutachten und Bescheinigungen ergibt sich aus dem Wortlaut der genannten Bestimmungen.

Nicht beihilfefähig sind Aufwendungen für Gutachten und Atteste, die weder im Rahmen einer ärztlichen oder zahnärztlichen Behandlung noch bei der Durchführung der BBhV erstattet werden (vgl. § 8 Abs. 1 Nr. 2 BBhV).

Die Einholung amtsärztlicher Gutachten ist i. d. R. nicht Sache des Beihilfeberechtigten, sondern der Beihilfestelle, die sich per Amtshilfe an das zuständige Gesundheitsamt wendet.

Zur Einholung von Gutachten bedarf es, sofern dazu persönliche Daten weitergegeben werden, des Einverständnisses des Beihilfeberechtigten.

Gymnastik

Aufwendungen sind bis zu den in Abschnitt 1 Nr. 3–17 der Anl. 9 zur BBhV genannten Höchstbeträgen beihilfefähig.

Gymnastikkurse nach Read → Geburtsfälle (einschl. Schwangerschaft)

Aufwendungen für die **Teilnahme an allgemeinen Gymnastikkursen** gehören zu den Aufwendungen der allgemeinen Lebensführung und sind deshalb nicht beihilfefähig. Eine Ausnahme kommt nur in Betracht, wenn eine ärztlich verordnete Krankengymnastik durch Angehörige der Gesundheits- oder Medizinalfachberufe erfolgt, die Teilnahme im Einzelnen bescheinigt und die Gebühr nicht Teil eines Vereinsbeitrags ist. Dies gilt auch für Gymnastikkurse (in Gruppen) an Volkshochschulen.

Aufwendungen für Gymnastikgeräte zur Behandlung von Spastikern sind beihilfefähig (→ Hilfsmittel, Ziff. 2). Im Übrigen → Gerätegestützte Krankengymnastik

Haarwuchsmittel

Haarwuchsmittel dienen vordergründig der Erhöhung der Lebensqualität (wenn sie überhaupt zur Behandlung von Krankheiten dienen) und sind deshalb nach den zu § 92 Abs. 1 Satz 2 Nr. 6 SGB V ergangenen Arzneimittel-Richtlinien von der Versorgung zulasten der GKV ausgenommen. Dieser Ausschluss gilt auch für die Beihilfe (§ 22 Abs. 2 Nr. 1 BBhV). Die in Betracht kommenden – ausgeschlossenen – Arzneimittel ergeben sich aus der Anlage II zur Arzneimittel-Richtlinie des G-BA.

Häftlingshilfegesetz

Den unter das Häftlingshilfegesetz fallenden Personen stehen die gleichen Maßnahmen zu wie den unter das → Bundesversorgungsgesetz und das Heimkehrergesetz fallenden Personen.

Hallenbäder/Freibäder

Aufwendungen für die Benutzung von Hallen- bzw. Freibädern gehören zur allgemeinen Lebenshaltung und sind daher nicht beihilfefähig → Heilmittel, Ziff. 2.

Hämatogene Oxydationstherapie

Aufwendungen für die hämatogene Oxydationstherapie (z. B. nach Wehrli) sind nicht beihilfefähig (Abschnitt 1 Nr. 9.3 der Anl. 1 zur BBhV).

Hamburg

Die Gewährung von Beihilfe regelt die Hamburgische Beihilfeverordnung (HmbBeihVO) vom 12.1.2010 (HmbGVBl. S. 6), zuletzt geändert durch Verordnung vom 7.1.2020 (HmbGVBl. S. 48). Die Grundsätze hinsichtlich des Beihilfeanspruchs sind in § 80 HmbBG enthalten.

Gegenüber dem Bundesbeihilferecht bestehen die folgenden grundlegenden Abweichungen:

1. Die für den **Beihilfeausschluss für Ehegatten und Lebenspartner** maßgebende Einkunftsgrenze (18 000 Euro) bezieht sich auf das Kalenderjahr **vor der Antragstellung**. Der Beihilfeausschluss gilt nicht für Ehegatten und Lebenspartner, die ohne Verschulden keine Leistungen der privaten Krankenversicherung erhalten (§ 2 Abs. 5 HmbBeihVO).
2. Voraussetzung und Umfang der Beihilfefähigkeit **psychotherapeutischer Leistungen** bestimmen sich nach den in der GKV geltenden Psychotherapie-Richtlinien (§ 6 HmbBeihVO). Aufwendungen für **Heilpraktikerleistungen** sind nicht (mehr) beihilfefähig (§ 5 HmbBeihVO).
3. **Wahlleistungen** eines Krankenhauses sind nicht beihilfefähig (§ 18 Abs. 2 HmbBeihVO). Dies gilt nicht für die in § 29 Abs. 2 HmbBeihVO bezeichneten Personen, zu deren Aufwendungen vor dem 1.10.1985 Beihilfe zustand.
   Bei stationären Behandlungen in einem Krankenhaus, das nicht nach dem Krankenhausfinanzierungsgesetz gefördert wird, sind die Aufwendungen bis zu dem Betrag beihilfefähig, der bei einem geförderten Krankenhaus in Hamburg beihilfefähig wäre (§ 18 Abs. 3 Satz 2 HmbBeihVO).
   Bei der Beihilfe zu Aufwendungen für allgemeine Krankenhausleistungen bleiben **Ermäßigungen aufgrund von Wahlleistungen** (z. B. die Gebührenminderung nach § 6a GOÄ) unberücksichtigt (§ 18 Abs. 1 HmbBeihVO).
   Wurde im Ausland zur Notversorgung das nächstgelegene Krankenhaus aufgesucht oder übersteigen die Aufwendungen nicht 1000 Euro je Krankheitsfall, sind nicht mehr die Aufwendungen einer Behandlung in Hamburg Obergrenze für die Beihilfefähigkeit der Aufwendungen (§ 28 Abs. 2 Nr. 3 HmbBeihVO).
4. Bei Reha-Maßnahmen sind die **Fahrtkosten** für die An- und Abreise bis zu 300 Euro beihilfefähig, unabhängig vom be-

nutzten Beförderungsmittel (§ 20 Abs. 6 Satz 1 Nr. 5 HmbBeihVO).

Fahrtkosten werden um 10 v. H. je einfache Fahrt, mindestens jedoch um 5 Euro und höchstens 10 Euro gekürzt (§ 16 Abs. 2 HambBeihVO). Beim Überschreiten einer Belastungsgrenze von 2 v. H. des jährlichen Einkommens (höchstens 312 Euro) entfällt der Abzugsbetrag. Bei Personen in Dauerbehandlung werden bei Überschreiten der Belastungsgrenze keine weiteren Abzüge vorgenommen (§ 8 Abs. 3 HmbBeihVO).

Beihilfefähig sind auch nicht verschreibungspflichtige **Arzneimittel**, sofern sie ärztlich usw. verordnet wurden. Keine Beihilfefähigkeit besteht bei den in § 8 Abs. 4 bis 6 HmbBeihVO genannten Arzneimitteln.

Für **Abzüge bei Arznei- und Verbandmittel** besteht eine Belastungsobergrenze von 312 Euro je Beihilfeberechtigtem und berücksichtigungsfähigem Angehörigen. Bis zu diesem Betrag sind 2 v. H. des jährlichen Einkommens zugrunde zu legen (§ 8 Abs. 3 HmbBeihVO). Bei Personen in Dauerbehandlung werden ab Erreichen von 312 Euro keine weiteren Abzüge vorgenommen. Von Zuzahlungen sind insbesondere ausgenommen berücksichtungsfähige Kinder, Empfänger von Mindestruhegehalt und in der GKV zuzahlungsfreie Arzneimittel (§ 8 Abs. 2 HmbBeihVO).

5. **Perücken** sind bis 700 Euro beihilfefähig (§ 11 Abs. 10 HmbBeihVO).
6. Für **Mehrstärken-** und **Dreistufengläser** bestehen vom Bund teilweise abweichende Höchstbeträge für Personen über 18 Jahren und mit schwerer Sehbeeinträchtigung (§ 12 HmbBeihVO). Mehraufwendungen für Kontaktlinsen sind nach Maßgabe des § 33 Abs. 3 SGB V beihilfefähig (§ 12 Abs. 5 HmbBeihVO). In sonstigen Fällen kann nach § 12 Abs. 3 Satz 2 und 3 HmbBeihVO bei volljährigen Personen für Brillen oder Kontaktlinsen ein geringerer, einheitlicher Pauschalbetrag von 25 Euro je Glas als beihilfefähig anerkannt werden.

Aufwendungen für **Brillengestelle** sind nicht beihilfefähig. Dasselbe gilt für Brillen- und Kontaktlinsenversicherungen (§ 12 Abs. 7 HmbBeihVO). Aufwendungen für Ersatzbeschaffungen von Brillengläsern und Kontaktlinsen sind – von Ausnahmen abgesehen – nur beihilfefähig, wenn seit dem Kauf der bisherigen Sehhilfe mindestens drei Jahre, bei weichen Kontaktlinsen mindestens zwei Jahre vergangen sind (§ 12 Abs. 6 HmbBeihVO). Eine erneute schriftliche augenärztliche Verordnung ist nur erforderlich, wenn sich die der bisherigen Verordnung zugrunde liegenden Umstände erheblich geändert haben (§ 12 Abs. 6 Satz 4 HmbBeihVO). Bei **Altersfehlsichtigkeit** sind neben den Aufwendungen für Kontaktlinsen die Aufwendungen für Einstärkenbrillengläser beihilfefähig (§ 12 Abs. 5 Satz 4 HmbBeihVO).

Aufwendungen für **Hörgeräte** für Personen ab 15 Jahren sind bis zu 1050 Euro je Ohr beihilfefähig (§ 11 Abs. 3 HmbBeihVO). Insbesondere bei beidseitiger Schwerhörigkeit, die an Taubheit heranreicht, sind auch Aufwendungen über den Höchstbetrag hinaus beihilfefähig.

7. Aufwendungen für **implantologische Leistungen** sind bis zu zwei Implantaten je Kieferhälfte (einschl. vorhandener, von der Beihilfe bezahlter) beihilfefähig. Diese Beschränkung gilt nicht bei weniger als acht Zähnen je Kiefer im jugendlichen Erwachsenengebiss und grundsätzlich bei großen Kieferdefekten als Folge von Kieferbruch und Kieferresektionen (§ 7 Abs. 5 HmbBeihVO).

   Aufwendungen für **stationäre zahnärztliche Behandlungen** im Zusammenhang mit implantologischen und sonstigen Zahnersatzleistungen sind nur beim Vorliegen der Indikationen nach § 7 Abs. 6 HmbBeihVO beihilfefähig.

   Zahntechnische Leistungen sowie Aufwendungen für Edelmetalle (einschl. Legierungen) und Keramik sind zu 60 v. H. beihilfefähig (§ 7 Abs. 2 HmbBeihVO).

8. Aufwendungen für **häusliche Krankenpflege** (einschl. Behandlungspflege) sind insgesamt bis zur Höhe der Kosten

einer Pflegekraft der Entgeltgruppe 7a der KR-Anwendungstabelle zum TVÜ-L beihilfefähig. Eine gewährte Vergütung ist bis zu dem zuvor genannten Höchstbetrag beihilfefähig, wenn für die Pflege eine mindestens halbtägige Erwerbstätigkeit aufgegeben wird (§ 13 HmbBeihVO).

Ist häusliche Krankenpflege bei schwerer Krankheit oder wegen akuter Verschlimmerung einer Krankheit nicht ausreichend und liegt keine Pflegebedürftigkeit der Pflegegrade 2 bis 5 vor, sind Aufwendungen für eine vollstationäre Kurzzeitpflege entsprechend § 42 SGB XI beihilfefähig (§ 13 Abs. 2 HmbBeihVO). Aufwendungen für eine Familien- oder Haushaltshilfe sind auch beihilfefähig, wenn keine Pflegebedürftigkeit der Pflegegrade 2 bis 5 im Sinne des SGB XI vorliegt und die sonstigen Voraussetzungen vorliegen (§ 14 Abs. 1 Satz 3 HmbBeihVO).

9. **Unterkunftskosten** anlässlich auswärtiger ambulanter Behandlungen sind bis zu 26 Euro täglich beihilfefähig, ggf. auch für eine nach ärztlicher Bestätigung notwendige Begleitperson (§ 17 Nr. 1 HmbBeihVO).

   Unterkunfts- und Verpflegungskosten sind bis zu 9 Euro täglich beihilfefähig, wenn bei einer Heilbehandlung eine Heimunterbringung erforderlich ist (ausgenommen vollstationäre Pflege und Behindertenhilfe), § 17 Nr. 2 HmbBeihVO. Wurden für **Kuren** jeglicher Art Pauschalpreise mit einem Sozialleistungsträger vereinbart, sind diese auch für die Beihilfe verbindlich (§ 21 Abs. 5 Satz 2 HmbBeihVO).

10. **Fahrtkosten** sind nach § 16 Abs. 1 HmbBeihVO bis zur Höhe des Fahrpreises der niedrigsten Klasse regelmäßig verkehrender Beförderungsmittel beihilfefähig (auch bei ambulanter Behandlung). Höhere Kosten (z. B. bei Fahrten mit dem Krankenwagen) sind bei Unvermeidbarkeit beihilfefähig. Bei unvermeidbarer Benutzung des eigenen Kfz für krankheitsbedingte Fahrten sind 0,20 Euro/km beihilfefähig (§ 16 Abs. 1 Satz 3 HmbBeihVO). Für die Reisetage anlässlich Reha-Maßnahmen und Heilkuren sind nach der Sonderregelung des

§ 20 Abs. 6 Satz 1 Nr. 5 HmbBeihVO Fahrtkosten insgesamt höchstens mit einem Betrag von 300 Euro beihilfefähig.

11. Für die **häusliche Pflege** dauernd Pflegebedürftiger durch erwerbsmäßig tätige Pflegekräfte gelten vom Pflegegrad 2 bis 4 abhängige prozentuale Höchstsätze. Maßgebend sind die Kosten einer Berufspflegekraft der Entgeltgruppe 7a des TVÜ-L (§ 13 Satz 4 HmbBeihVO). Beim Vorliegen des Pflegegrades 5 können die Gesamtaufwendungen bis zu 100 v. H. der prozentual anzuerkennenden Kosten als beihilfefähig anerkannt werden (§ 22 Abs. 3 Satz 1 HmbBeihVO).
12. Bei **stationärer Pflege** sind die Kosten für Unterkunft und Verpflegung unterteilt nach regulärer Pflege, geschlossener Unterbringung sowie Dementen- oder Wachkomabetreuung nach Pflegegraden gestaffelt bis zu bestimmten Höchstbeträgen beihilfefähig (§ 22 Abs. 4 Nrn. 1 bis 3 HmbBeihVO). Dabei ist ein monatlicher Abzug von 102 Euro (für Beihilfeberechtigte mit einem Angehörigen), 89 Euro (bei Beihilfeberechtigten mit zwei oder drei Angehörigen) oder 76 Euro (bei Beihilfeberechtigten mit mehr als drei Angehörigen) vorzunehmen (§ 22 Abs. 4 Nr. 4 HmbBeihVO). Bei Beihilfeberechtigten ohne Angehörige oder bei gleichzeitiger Unterbringung des Beihilfeberechtigten und aller Angehörigen sind 60 v. H. der Dienst- oder Versorgungsbezüge, der gesetzlichen Renten sowie derjenigen aus einer zusätzlichen Altersversorgung des öffentlichen Dienstes anzurechnen (§ 22 Abs. 4 Nr. 5 HmbBeihVO).
13. In **Geburtsfällen** wird eine Pauschale von 128 Euro je lebend geborenes Kind für Säuglings- und Kleinkinderausstattung gewährt (§ 25 Abs. 3 HmbBeihVO).
    Die notwendigen Aufwendungen für eine **künstliche Befruchtung** sind abweichend von § 27a SGB V in voller Höhe und ohne Altersbeschränkung beihilfefähig; die Personen müssen nicht verheiratet sein (§ 25 Abs. 1 HmbBeihVO).
14. In **Todesfällen** kann eine pauschale Bestattungskostenbeihilfe beantragt werden. Die Höhe der Pauschale (665 bzw. 435 Euro) richtet sich grundsätzlich nach der Höhe der zu-

stehenden Sterbegelder; stehen zweckentsprechende Leistungen Dritter von mindestens 2000 Euro zu, wird keine Beihilfe gewährt (§ 27 Abs. 1 HmbBeihVO). Überführungskosten zum Wohnsitz im Zeitpunkt des Todes sind beihilfefähig, bei Auslandsüberführungen bis zu Kosten einer Überführung von 700 km (§ 27 Abs. 2 HmbBeihVO).

15. Aufwendungen aus Anlass von Untersuchungen zur **Früherkennung von Krebserkrankungen** sind bei Beihilfeberechtigten allgemein vom Beginn des 19. Lebensjahres an beihilfefähig (§ 24 Abs. 1 Satz 1 Nr. 1 HmbBeihVO).
16. Bei **Auslandsbehandlungen im EU-Ausland** ist abweichend von Bundesrecht weiterhin ein Vergleich mit den Inlandskosten anzustellen. Ausnahmen bestehen insbesondere bei größerer Erfolgsaussicht einer Behandlung im Ausland (einschl. Heilkuren außerhalb der EU) und für kurähnliche Maßnahmen im EU-Ausland (§ 28 HmbBeihVO).
17. Die Beihilfe ist innerhalb einer **Ausschlussfrist** von zwei Jahren zu beantragen (§ 80 Abs. 6 HmbBG). Die **Antragsgrenze** beträgt nach § 4 Abs. 4 HmbBeihVO 200 Euro (Bagatellgrenze 15 Euro).
18. Beträgt die Beihilfe mehr als 500 Euro (bei stationärer Unterbringung oder Heilkur mehr als 1000 Euro), sind die **zurückgegebenen Belege drei Jahre nach Empfang der Beihilfe aufzubewahren** und auf Anforderung der Festsetzungsstelle vorzulegen, soweit sie nicht bei einer Krankenversicherung verbleiben (§ 4 Abs. 6 HmbBeihVO).

    Die Beihilfegewährung kann davon abhängig gemacht werden, dass die zugrunde liegenden Rechnungen bezahlt wurden oder deren Bezahlung gewährleistet ist (§ 4 Abs. 2 HmbBeihVO).

    Es genügt die Vorlage von **Kopien** oder **Zweitschriften**. Eingereichte Belege werden nicht zurückgesendet (§ 4 Abs. 3 HmbBeihVO).
19. Zum 1.8.2005 wurde eine mit der BesGr. A 7 beginnende und nach Besoldungsgruppen gestaffelte **Kostendämpfungs-**

pauschale eingeführt (§ 80 Abs. 10 HmbBG). Die Kürzung der gewährten Beihilfe um Kostendämpfungspauschalen erfolgt nur für bis zum 31. Dezember 2019 entstandene Aufwendungen (§ 80 Abs. 10 Satz 2 HmbBeihVO).

Nach § 80 Abs. 11 des HmbBG wird auf Antrag anstelle von Beihilfe eine Pauschale gewährt, wenn freiwillig in der gesetzlichen Krankenversicherung oder in entsprechendem Umfang privat versicherte Beihilfeberechtigte ihren Verzicht auf ergänzende Beihilfe erklären. Aufwendungen, für die eine Leistungspflicht der sozialen oder privaten Pflegeversicherung besteht, sind davon ausgenommen. Das Wahlrecht zwischen individueller und pauschaler Beihilfe gilt nicht nur für vorhandene, sondern auch für neueingestellte Beamte.

20. Die Pauschale bestimmt sich nach der Hälfte des nachgewiesenen Krankenversicherungsbeitrags (bei privat Versicherten höchstens des Beitrags im Basistarif). Der Antrag auf Gewährung der Pauschale ist unwiderruflich und schriftlich zu stellen.

Hausnotrufsystem

Aufwendungen sind nicht beihilfefähig (Nr. 8.5 der Anl. 12 zur BBhV).

Hautschutzmittel

Aufwendungen für Hautschutzmittel gehören zur allgemeinen Lebenshaltung und sind daher nicht beihilfefähig.

Heileurythmie

Aufwendungen sind nach Abschnitt 1 Nr. 8.1 der Anl. 1 zur BBhV nicht beihilfefähig, auch nicht im Rahmen der Psychotherapie (vgl. Abschnitt 1 Nr. 1 der Anl. 3 zur BBhV).

Heilimpfungen

Aufwendungen für die Durchführung von Heilimpfungen, wie sie z. B. bei Diphtherie üblich sind, sind gemäß § 41 Abs. 1 BBhV beihilfefähig. → Schutzimpfungen

Heilkuren

Das Wichtigste in Kürze

- Aufwendungen für Heilkuren (für den Arzt, Heilmittel, Heilbehandlung, Kurtaxe und Schlussbericht) sind beihilfefähig. Fahrtkosten sind auf 200 Euro (An- und Abreise) begrenzt und unter Abzug eines Eigenbehalts von 10 v. H. der Kosten (höchstens 10 Euro) beihilfefähig. Die Aufwendungen für Unterkunft und Verpflegung sind bis zu 16 Euro täglich beihilfefähig, jedoch beschränkt auf 21 Tage (ohne An- und Abreise).
- Eine Kur darf nur in Abständen von vier Kalenderjahren und nur dann anerkannt werden, wenn
  a) die Heilkur nach einem von der Beihilfestelle einzuholenden Gutachten zur Erhaltung der Dienstfähigkeit sowie zur Verhütung oder Vermeidung von Krankheiten oder deren Verschlimmerung notwendig ist und nicht durch andere Heilmaßnahmen mit gleicher Erfolgsaussicht ersetzt werden kann,
  b) die Heilkur muss in einem in der Anl. 15 zur BBhV aufgeführten (anerkannten) Heilbad oder Kurort durchgeführt werden, d. h. die Unterkunft muss sich auch dort befinden,
  c) die Beihilfestelle die Beihilfefähigkeit vor Beginn der Heilkur anerkannt hat und die Behandlung innerhalb von vier Monaten seit Bekanntgabe des Bescheids begonnen wird.

- Beihilfen für Heilkuren werden nur aktiven Bediensteten gewährt. Versorgungsempfänger und berücksichtigungsfähige Angehörige erhalten bei krankheitsbedingten Heilkuren Beihilfen zu den Aufwendungen für den Arzt, für Arzneimittel und Heilbehandlung; dies gilt auch für aktive Bedienstete, wenn eine nicht anerkannte Heilkur durchgeführt wird.

Abweichungen in Bundesländern:

→ Baden-Württemberg (Ziff. 17)
→ Bayern (Ziff. 12)
→ Bremen (Ziff. 6)
→ Hamburg (Ziff. 9)
→ Hessen (Ziff. 9)
→ Niedersachsen (Ziff. 15)
→ Nordrhein-Westfalen (Ziff. 9)
→ Rheinland-Pfalz (Ziff. 15)
→ Saarland (Ziff. 7)
→ Sachsen (Ziff. 9)
→ Schleswig-Holstein (Ziff. 12)
→ Thüringen (Ziff. 12)

1. Beihilfefähigkeit

Aufwendungen für eine Heilkur im Gebiet der Bundesrepublik Deutschland sind beihilfefähig nur

- für einen beschränkten Personenkreis, nämlich für aktive Bedienstete (Beamte und Richter mit Dienst- oder Amtsbezügen sowie Beamte mit Anwärterbezügen), nicht für → berücksichtigungsfähige Angehörige (Ehegatte und Kinder) und Versorgungsempfänger,
- unter einer Reihe einschränkender Voraussetzungen.

Die Beschränkung der Beihilfefähigkeit auf Aufwendungen für aktive Bedienstete wird in § 35 Abs. 1 Nr. 4 BBhV ausdrücklich geregelt.

Heilkuren im Ausland → Auslandsbehandlung (Ziff. 9)

2. Beihilfefähigkeit spezifischer Aufwendungen

Die spezifischen Aufwendungen für eine Heilkur, nämlich die Aufwendungen für

a) Unterkunft und Verpflegung,
b) die Beförderung vom Wohn- zum Kurort (§ 35 Abs. 2 Satz 1 Nr. 1 BBhV, → Sanatoriumsbehandlung, Ziff. 3),
c) die Kurtaxe, auch für die Begleitperson,
d) den ärztlichen Schlussbericht,

sind nur dann beihilfefähig, wenn

- nach einem der Beihilfestelle vorliegenden Gutachten die Heilkur zur Wiederherstellung oder Erhaltung der Dienstfähigkeit oder zur Verhütung oder Vermeidung von Krankheiten oder deren Verschlimmerung medizinisch notwendig ist und ambulante ärztliche Behandlung und die Anwendung von Heilmitteln am Wohnort wegen erheblich beeinträchtigter Gesundheit zur Erreichung der Rehabilitationsziele nicht ausreichend sind (§ 36 Abs. 1 Satz 2 Nr. 2 BBhV) → Nr. 4,
- die Beihilfestelle die Beihilfefähigkeit der Aufwendungen vorher anerkannt hat und die Behandlung innerhalb von vier Monaten seit Bekanntgabe des Bescheids begonnen wird (§ 36 Abs. 1 Satz 4 BBhV); in begründeten Ausnahmefällen kann die Anerkennung der Heilkur auch nachträglich erfolgen (§ 36 Abs. 1 Satz 5 BBhV),
- die Heilkur in einem anerkannten Kurort durchgeführt wird (§ 35 Abs. 1 Nr. 4 BBhV) (→ Ziff. 7).

Diese Einschränkungen der Beihilfefähigkeit gelten nicht für Aufwendungen, die nicht typisch für eine Heilkur sind, somit nicht für:

a) die → ärztlichen Leistungen
b) die ärztlich verordneten → Arznei- und Verbandmittel
c) die ärztlich verordneten → Heilmittel

Bei Heilkuren sind die Aufwendungen für ärztlich verordnetes Schwimmen in Mineral- oder Thermalbädern sowie ärztlich verordnete Saunaaufenthalte beihilfefähig.

Entsprechende notwendige und angemessene Aufwendungen werden somit auch dann als beihilfefähig anerkannt, wenn sie bei einer nicht genehmigten Heilkur entstanden sind.

Für **Unterkunft und Verpflegung** sind – unter den genannten einschränkenden Voraussetzungen – bei Nachweis der effektiven Kosten folgende Aufwendungen für höchstens 21 Tage (ohne Tage der An- und Abreise) beihilfefähig:

- für den Patienten bis zu 16 Euro täglich (§ 35 Abs. 2 Satz 2 Nr. 5 Buchst. d BBhV)
- für Begleitpersonen bis zu 13 Euro täglich (§ 35 Abs. 2 Satz 2 Nr. 5 Buchst. e BBhV)

Sofern z. B. ärztliche Leistungen, Heilbehandlungen, Unterkunft und Verpflegung pauschal berechnet werden, kann dieser Pauschbetrag als beihilfefähig anerkannt werden, wenn von der Kureinrichtung mit einem Sozialleistungsträger eine entsprechende Berechnung vereinbart wurde.

Fahrtkosten einschl. Gepäckkosten für die An- und Rückreise sind nach § 35 Abs. 2 Satz 2 Nr. 1 BBhV wie folgt beihilfefähig:

- bei Benutzung regelmäßig verkehrender Beförderungsmittel (Fahrpreis der niedrigsten Klasse)
- bei Kfz-Benutzung 0,20 Euro/km für die Strecke Wohnung/Quartier am Kurort (vgl. § 5 Abs. 1 BRKG)
- höchstens jedoch insgesamt 200 Euro (für Hin- und Rückreise)

Bei Benutzung regelmäßig verkehrender Beförderungsmittel sind zusätzlich die nachgewiesenen Gepäckbeförderungskosten für verschicktes Gepäck nicht beihilfefähig. Bei einer notwendigen Begleitung sind auch die Fahrtkosten (einschl. Gepäckkosten) der Begleitperson beihilfefähig, bei getrennter Benutzung eines Kfz oder Benutzung regelmäßig verkehrender Beförderungsmittel (im letzteren Fall ggf. zuzüglich Gepäckbeförderungskosten) mit 0,20 Euro/km; bei Mitfahrt bzw. gemeinsamer Fahrt im Kfz sind Mehrkosten nicht beihilfefähig. Die Fahrtkosten sind um einen Eigenbehalt von 10 v. H. der beihilfefähigen Aufwendungen (höchstens um 10 Euro) zu kürzen.

Aufwendungen für ärztlich verordneten **Rehabilitationssport** in Gruppen sind bis zu 6,20 Euro je Übungseinheit beihilfefähig.

Aufwendungen und nachgewiesener **Verdienstausfall** von medizinisch notwendigen Begleitpersonen sind beihilfefähig (§ 35 Abs. 2 Nr. 2 BBhV).

Aufwendungen für eine **Familien- und Haushaltshilfe** sind nach Maßgabe des § 28 BBhV beihilfefähig.

3. Keine Anerkennung

Die **Anerkennung der Beihilfefähigkeit ist** nach § 36 Abs. 2 BBhV **nicht zulässig**, wenn im laufenden oder den drei vorangegangenen Kalenderjahren bereits eine als beihilfefähig anerkannte Sanatoriumsbehandlung oder Heilkur durchgeführt wurde. Dies gilt auch, wenn vorausgehend wegen einer anderen Erkrankung eine Sanatoriumsbehandlung oder Heilkur erfolgte. Von der Einhaltung der Frist darf nur abgesehen werden, wenn nach dem befürwortenden Gutachten aus medizinischen Gründen (z. B. wegen schwerem chronischem Leiden) die Heilkur in kürzerem Zeitabstand dringend notwendig ist.

4. Personenkreis

Beihilfen zu den Aufwendungen anlässlich einer Heilkur kommen nur für **aktive Bedienstete** (und auch bei diesen nur unter den genannten Voraussetzungen), nicht aber für Versorgungsempfänger (einschl. entpflichtete Hochschullehrer) und berücksichtigungsfähige Angehörige in Betracht. Gleichwohl besteht auch für **Ruhestandsbeamte, Soldaten im Ruhestand, Hinterbliebene von Beamten, Richtern und Berufssoldaten, Ehegatten von Beihilfeberechtigten** usw. ein Beihilfeanspruch hinsichtlich der bei einer notwendigen krankheitsbedingten Heilkur entstandenen Aufwendungen für die Inanspruchnahme eines Arztes sowie der Kosten für Arzneimittel und Heilmittel. Das Gleiche gilt für den Fall, dass Beihilfeberechtigte eine Heilkur auf eigene Kosten durchführen oder der Antrag auf vorherige Anerkennung einer Heilkur abgelehnt worden ist.

Kann eine Beihilfe aus Anlass einer Heilkur nicht gewährt werden, sollte überlegt werden, ob eine Beihilfe für → Sanatoriumsbehandlung in Frage kommt. Eine solche Beihilfe kann insbesondere auch berücksichtigungsfähigen Angehörigen und Versorgungsempfängern gewährt werden.

Heilkur und Sanatoriumsbehandlung sind in vielen Belangen sehr ähnlich. In beiden Fällen werden besondere Heilbehandlungen durchgeführt, für die es am Wohnort des Kranken keine Behandlungsmöglichkeiten mit gleichen Erfolgsaussichten gibt. Bei einer Sanatoriumsbehandlung erfordern Art und Schwere der Erkrankung eine stationäre Unterbringung. Bei der Heilkur bleibt es dem Patienten überlassen, wie er die Frage der Unterkunft und Verpflegung löst. Beihilferechtlich geht die Heilkur der Sanatoriumsbehandlung vor. Wird die Beihilfefähigkeit für die Durchführung einer Heilkur vorher anerkannt und lässt der Beihilfeberechtigte die Behandlung gleichwohl in einem Sanatorium durchführen, wird die Beihilfe nach den Bestimmungen für die Heilkur abgerechnet.

5. Gutachten

Das eine Heilkur befürwortende Gutachten wird i. d. R. von der Beihilfestelle eingeholt, nachdem der Beihilfeberechtigte unter

Vorlage eines Gutachtens seines behandelnden Arztes und Beifügung aller in seinen Händen befindlichen einschlägigen Unterlagen **die vorherige Anerkennung der Heilkur** beantragt hat. Eine **Nachsichtgewährung** wegen eines entschuldbaren Versäumnisses gibt es für Heilkuren nicht.

Im Gutachten muss ausdrücklich bescheinigt werden, dass die Heilkur

- zur **Wiederherstellung oder Erhaltung der Dienstfähigkeit** oder der Verhütung oder Vermeidung von Krankheiten oder deren Verschlimmerung dient und deshalb medizinisch notwendig ist und
- eine ambulante ärztliche Behandlung und die Anwendung von Heilmitteln am Wohnort wegen erheblich beeinträchtigter Gesundheit zur Erreichung der Rehabilitationsziele nicht ausreichend sind.

Die allgemeine ärztliche Empfehlung, eine Heilkur sei für den Gesundheitszustand des Beihilfeberechtigten förderlich, reicht zur Anerkennung der Beihilfefähigkeit nicht aus.

Die Kosten des Gutachtens trägt die Festsetzungsstelle (vgl. VV 36.1.1).

6. Ärztlicher Schlussbericht

Der **Schlussbericht des Kurarztes** soll bestätigen, dass die Heilkur entsprechend der amts- oder vertrauensärztlichen Bescheinigung in einer für den Kurerfolg gebotenen Form durchgeführt worden ist. Die Aufwendungen sind beihilfefähig.

7. Heilkurort

Die Aufwendungen anlässlich der Durchführung einer Heilkur sind nur beihilfefähig, wenn die Heilkur in einem anerkannten in- oder ausländischen Heilbad oder Kurort durchgeführt wird. Sie müssen in der Anl. 15 zur BBhV aufgeführt sein. Die Unterkunft muss sich an diesen Orten befinden. Es genügt deshalb

z. B. nicht, wenn von einer außerhalb des Heilbads oder Kurorts gelegenen Unterkunft zur Inanspruchnahme von Kurmitteln usw. angereist wird. Der vom Deutschen Heilbäderverband mit näheren Angaben u. a. zur Kur, zu Heilanzeigen usw. herausgegebene Deutsche Bäderkalender ist Teil einer CD-ROM, die kostenfrei erhältlich ist unter: info@dhv-bonn.de

Sind diese Voraussetzungen nicht erfüllt, gelten die üblichen Voraussetzungen für → Auslandsbehandlung.

8. Kurdauer

Die **Kurdauer** darf (ohne Tage der An- und Rückreise) 21 Tage nicht übersteigen (keine Verlängerungsmöglichkeit). Wird eine Kurdauer von 21 Tagen als beihilfefähig anerkannt, gilt das im Zweifel für die Behandlungsdauer ohne Reisetage. Wird die als beihilfefähig anerkannte Behandlungsdauer bzw. die Höchstdauer überschritten, sind die über die zulässige Kurdauer hinaus entstehenden Aufwendungen für Unterkunft und Verpflegung nicht beihilfefähig; für die während dieser Zeit entstehenden notwendigen Aufwendungen für den Arzt, Arznei- und Verbandmittel sowie Heilbehandlungen bleibt die Beihilfefähigkeit gewahrt.

Aufwendungen für **Nachkuren** sind nicht beihilfefähig. Ist während einer Nachkur eine ärztliche Behandlung erforderlich, sind die dadurch entstehenden Aufwendungen wie bei einer anderen Erkrankung beihilfefähig.

9. Auslandskuren

Die Beihilfefähigkeit der Aufwendungen ist auch bei Auslandskuren vom Vorliegen der für inländische Rehabilitationsmaßnahmen (Heilkuren) geltenden Voraussetzungen abhängig:

- Beschränkung auf aktive Bedienstete
- Wiederherstellung oder Erhaltung der Dienstfähigkeit sowie Verhütung oder Vermeidung von Krankheiten und deren

Verschlimmerung, was durch ein von der Beihilfestelle einzuholendes Gutachten zu bestätigen ist

- angestrebtes Kurziel ist am Wohnort durch ambulante ärztliche Behandlung und Anwendung von Heilmitteln nicht erreichbar
- Anerkennung der Heilkur vor deren Beginn durch die Beihilfestelle
- anerkanntes Heilbad oder anerkannter Kurort (vgl. Anl. 15 Nr. 3 und 4 zur BBhV)
  Soll die Heilkur in einem dort nicht aufgeführten Heilbad oder Kurort durchgeführt werden, trifft die oberste Dienstbehörde die Entscheidung über die Anerkennung des Ortes als Kurort. Der Beihilfeberechtigte hat Unterlagen, die zur Entscheidung erheblich sind, vorzulegen (VV 35.1.4.2).
- Kurbeginn innerhalb von vier Monaten nach Anerkennung

Es sind die in § 35 Abs. 2 Satz 2 Nr. 1 bis 4 sowie Nr. 5 Buchst. d und e BBhV genannten Aufwendungen bis zu den dort bestimmten Höchstgrenzen beihilfefähig.

Im EU-Ausland sind die Aufwendungen im Umfang der für inländische Kuren geltenden Beträge beihilfefähig. Bei Kuren außerhalb der EU sind die Aufwendungen bis zu den im Inland entstandenen Kosten beihilfefähig; hier ist ein Kostenvergleich anzustellen (§ 11 Abs. 1 BBhV). Letzterer entfällt, wenn die Kur außerhalb der EU aus dem in § 11 Abs. 2 Nr. 3 BBhV genannten Grund (vor Beginn) anerkannt wurde, → Auslandsbehandlung Ziff. 3.

10. Wartefrist

Nach § 36 Abs. 2 BBhV ist die Anerkennung der Beihilfefähigkeit nicht zulässig, wenn **im laufenden oder den drei vorangegangenen Kalenderjahren** bereits eine als beihilfefähig anerkannte → Sanatoriumsbehandlung oder Heilkur durchgeführt worden ist. Von der Einhaltung dieser Wartefrist darf nur abgesehen werden, wenn nach einem Gutachten aus medizinischen Gründen eine Heilkur in einem kürzeren Zeitabstand dringend notwendig ist.

Die **Wartefrist von drei Kalenderjahren** ohne Heilkur oder Sanatoriumsbehandlung gilt für alle Erkrankungen. Es gibt daher keine getrennten Dreijahresfristen für verschiedene Beschwerden. Nicht mitgezählt werden Heilkuren und Sanatoriumsbehandlungen, die der Beihilfeberechtigte auf eigene Kosten und ohne Anerkennung durchgeführt und beendet hat.

11. Aufwendungen im Krankheitsfall

Ist die **Beihilfefähigkeit der Kosten einer Heilkur nicht anerkannt** worden, sind dennoch die notwendigen Aufwendungen für ärztliche Leistungen, Beratung und Verrichtung, für die ärztlich verordneten Arznei- und Verbandmittel sowie für eine ärztlich angeordnete Heilbehandlung (z. B. Bäder, Massagen, Krankengymnastik) beihilfefähig, dies allerdings nur unter der Voraussetzung, dass es sich nicht um Vorsorgemaßnahmen, sondern um Aufwendungen in einem Krankheitsfall handelt.

12. Vorrangige Ansprüche

Vor der Antragstellung auf vorherige Anerkennung der Beihilfefähigkeit sollte geprüft werden, ob andere **vorrangige Ansprüche** (z. B. nach dem → Bundesversorgungsgesetz oder im Rahmen der → gesetzlichen Kranken- oder Rentenversicherung) auf Durchführung entsprechender Heilmaßnahmen bestehen (→ Subsidiaritätsprinzip). Zahlt die gesetzliche Kranken- oder Rentenversicherung oder eine andere Stelle aufgrund von Rechtsvorschriften einen Zuschuss, ist nur der über die anderweitige Leistung hinausgehende Betrag beihilfefähig.

13. Beihilfe-Berechnung

Die **Beihilfe** errechnet sich nach dem Regel-Bemessungssatz. Da bei Heilkuren die meisten privaten **Krankenversicherungen** wenig oder nichts leisten und die Unterkunfts- und Verpflegungskosten nur bis zu einem unzureichenden Satz beihilfefähig sind, werden Beihilfe und Leistung der Krankenversicherung i. d. R. nicht ausreichen, um die Kosten der Heilkur zu decken. Es empfiehlt sich deshalb, mit der Krankenversicherung vor Beginn der Heilkur die Erstattung (Gewährung einer freiwilligen Leistung) zu klären und auch die Möglichkeit zu prüfen, ob – falls die Voraussetzungen vorliegen – anstelle einer Heilkur eine Sanatoriumsbehandlung gewählt werden sollte.

Besteht für ein Arzneimittel ein Festbetrag, sind die Aufwendungen nur bis zu diesem beihilfefähig.

14. Urlaub/Arbeitsverhinderung

Für eine Heilkur (und Sanatoriumsbehandlung) wird Urlaub unter Fortzahlung der Besoldung gewährt. Dauer und Häufigkeit bestimmen sich nach der BBhV.

Für die vom TVöD erfassten Beschäftigten gilt die Teilnahme an Maßnahmen der medizinischen Vorsorge und Reha als unverschuldete Arbeitsverhinderung (§ 22 Abs. 1 Satz 3 TVöD) mit der Folge der Zahlung von Krankenentgelt unter Beachtung von § 9 des Lohnfortzahlungsgesetzes. Dies gilt grundsätzlich auch für Müttergenesungskuren, nicht aber für sog. freie Badekuren, Nachkuren und Schonzeiten. Bei pflichtversicherten Beschäftigten muss eine Kur von einem Träger der gesetzlichen Kranken-, Renten- oder Unfallversicherung, einer Verwaltungsbehörde der Kriegsopferversorgung oder einem anderen Sozialleistungsträger bewilligt worden sein.

Heilmittel

Das Wichtigste in Kürze

- Aufwendungen für Heilmittel (z. B. Bäder, Massagen, Krankengymnastik, Stimm-, Sprech- und Sprachtherapie) sind bis zu bestimmten Höchstbeträgen beihilfefähig, wenn sie

- vom Arzt nach Art und Umfang schriftlich verordnet worden sind und
- berufsmäßig von dafür ausgebildeten Fachkräften oder vom Arzt selbst durchgeführt, beaufsichtigt oder geleitet werden.

- Aufwendungen für den Besuch von Frei- und Hallenbädern, das Schwimmen in Thermal- oder Mineralbädern außerhalb einer Sanatoriumsbehandlung oder Heilkur sowie das gewohnheitsmäßige oder gelegentliche Aufsuchen von Saunabädern sind nicht beihilfefähig, auch dann nicht, wenn der Besuch solcher Bäder ärztlich empfohlen oder verordnet worden ist.
- Wissenschaftlich nicht allgemein anerkannte Heilmethoden sind von der Beihilfefähigkeit ausgeschlossen. In Zweifelsfällen empfiehlt es sich, vor Beginn der Heilbehandlung bei der Beihilfestelle die Beihilfefähigkeit zu klären.

Abweichungen in Bundesländern:

→ Baden-Württemberg (Ziff. 13)
→ Berlin (Ziff. 6)
→ Hessen (Ziff. 4)
→ Niedersachsen (Ziff. 10)
→ Nordrhein-Westfalen (Ziff. 5)
→ Sachsen (Ziff. 11)

1. Beihilfefähige Kosten

Zu den **beihilfefähigen Kosten** in Krankheitsfällen zählen die Aufwendungen ärztlich verordneter Heilmittel (Heilbehandlungen) nach dem Leistungsverzeichnis in Abschnitt 1 der Anl. 9 zur BBhV und die dabei verbrauchten Stoffe (§ 23 Abs. 1 BBhV).

Der Arzt verordnet die Heilmittel in einer Art Blankoverordnung. Ab 1. April 2024 sind die Aufwendungen für Ergotherapie inkl. verbrauchter Stoffe auch nach Verordnung durch Psychologische Psychotherapeuten sowie Kinder- und Jugendlichenpsychotherapeuten nach Maßgabe der Anlage 9 beihilfefähig (§ 23 Abs. 2 BBhV).

Der Therapeut bestimmt Auswahl und Dauer der Therapie sowie die Häufigkeit der Behandlungseinheiten. Bei den der Anlage 9 aufgeführten Beträgen handelt es sich um beihilfefähige Höchstbeträge, die unter Umständen im Einzelfall nicht vollständig kostendeckend sind (VV 23.1.3).

Im Vorgriff auf eine beabsichtigte Änderung der BBhV hat das BMI ein aktuelles Verzeichnis für die Bereiche Ergotherapie und Sonstiges bekannt gegeben (GMBl. 710).

Zur Heilbehandlung zählen insbesondere:

- ärztlich verordnete **Bäder** (→ Hydrotherapie) – ausgenommen Saunabäder und Aufenthalt in Mineral- oder Thermalbädern außerhalb einer stationären Rehabilitationsbehandlung oder Heilkur
- → **Massagen**
- **Krankengymnastik** (→ Gymnastik)
- → **Inhalationen**
- **Packungen** (→ Hydrotherapie)
- → **Wärmetherapie**
- **Kältetherapie** (→ Eisbehandlung)
- → **Elektrotherapie**
- **Ergotherapie** (→ Beschäftigungstherapie)
- **Stimm-, Sprech- und Sprachtherapie**
- **Podologische Behandlung**

Andere als die im Bereich „Packungen, Hydrotherapie, Bäder“ aufgeführten Bäder sind nicht beihilfefähig (vgl. erster Satz zu Abschnitt 1 Nr. 38 der Anl. 9 zur BBhV).

Behandlungen, die der traditionellen chinesischen Medizin zuzuordnen sind, wie Tui-Na, Qi-Gong, Shiatsu, Akupressur und Ähnliches, gehören nicht zu den Heilmitteln nach Anl. 9 zur BBhV (VV 23.1.2).

Neben dem Leistungsverzeichnis in Abschnitt 1 enthält die Anlage 9 zur BBhV besondere Maßgaben für

- für eine → erweiterte ambulante Physiotherapie (EAP) nach Nr. 15 des Leistungsverzeichnisses (Abschnitt 2)
- für → medizinisches Aufbautraining (MAT)/medizinische Trainingstherapie (MTT) nach Nr. 16 des Leistungsverzeichnisses (Abschnitt 3)
- für → Palliativversorgung nach Nr. 21 des Leistungsverzeichnisses (Abschnitt 4).

Voraussetzung für die Anerkennung der Beihilfefähigkeit der Heilmittel ist die vorherige schriftliche Verordnung (s. o.). Das gilt auch für den Einsatz von Heilmitteln bei stationären Rehabilitationsmaßnahmen und Heilkuren Die Anwendung von Heilmitteln ist den in Anl. 10 zur BBhV genannten Personen vorbehalten (z. B. Krankengymnast, Masseur), unabhängig davon, ob sie freiberuflich oder in einem Anstellungsverhältnis tätig sind. Ferner gehören die in der VV 23.1.2 genannten Therapeuten zum begünstigten Personenkreis. Sie müssen in ihrem jeweiligen Beruf tätig sein. Wird eine Heilbehandlung vom Arzt selbst durchgeführt, sind die dabei entstehenden Aufwendungen beihilfefähig nach § 12 BBhV. Von Heilpraktikern verordnete Heilbehandlungen sind nicht beihilfefähig. Sie sind aber zur Durchführung (und Berechnung) von Heilbehandlungen berechtigt. Die Aufwendungen für Leistungen von Heilpraktikern sind angemessen, wenn sie die Höchstbeträge nach Anl. 2 zur BBhV nicht übersteigen.

Bei Beamten, die ihren dienstlichen Wohnsitz im Ausland haben oder ins Ausland abgeordnet sind (§ 3 BBhV), beurteilt sich die Angemessenheit der Aufwendungen für verordnete Heilmittel anstelle der in Anl. 9 zur BBhV genannten Höchstbeträge nach den ortsüblichen Gebühren. Die beihilfefähigen Aufwendungen vermindern sich in diesen Fällen, außer bei Personen unter 18 Jahren, um 10 v. H. der die Höchstbeträge nach Anl. 9 zur BBhV übersteigenden Aufwendungen, höchstens jedoch um 10 Euro (§ 23 Abs. 3 BBhV).

Werden Aufwendungen für **Unterkunft** bei ärztlich verordneter Heilbehandlung in einer Einrichtung, die der Betreuung und der Behandlung von Kranken und behinderten Menschen dient, mit einer Pauschale berechnet, ist diese auch beihilfefähig, wenn sie einen Verpflegungsanteil einschließt (§ 32 Abs. 2 BBhV).

Für einen ärztlich verordneten Hausbesuch darf nach Nr. 83 des Leistungsverzeichnisses (Stand 1.4.2024) eine pauschale Gebühr von 22,40 Euro inkl. der Fahrtkosten berechnet werden. Bei Besuchen mehrerer Patienten auf demselben Weg sind die Fahrtkosten nur anteilig je Patient ansetzbar.

2. Bäder-Begriff

„Bäder" i. S. des Abschnitts 1 Nr. 29–37 der Anl. 9 zur BBhV sind nur die vom Arzt nach Anzahl und Dauer schriftlich verordneten medizinischen Bäder (z. B. Kohlesäure-, Moor-, Sand-, Sole- und Wechselbäder). Beihilfefähig sind auch die Aufwendungen für die vom Arzt verordneten Bewegungsbäder, mit denen bestimmte Erkrankungen und Leiden behandelt werden.

Nicht beihilfefähig sind dagegen:

- → Saunabäder und Schwimmen in Mineral- oder Thermalbädern außerhalb einer Sanatoriumsbehandlung oder Heilkur.

Das zwanglose **Schwimmen** ist keine Heilmaßnahme, sondern gehört zur allgemeinen Lebensgestaltung.

- der Besuch und das Schwimmen in Frei- und Hallenbädern, auch, wenn das Schwimmen ärztlich verordnet worden ist

3. Beihilfefähige Gymnastik

Beihilfefähig sind – bis zu bestimmten Höchstbeträgen – die Aufwendungen für die auf ärztliche Anordnung durchgeführte **Krankengymnastik**. Aufwendungen für die **Teilnahme an allgemeinen Gymnastikkursen** zählen dagegen zu den Kosten der allgemeinen Lebenshaltung und sind deshalb nicht beihilfefähig; das gilt auch für die Fälle der Teilnahme an solchen Kursen auf ärztliche Verordnung. Von der Beihilfefähigkeit ausgeschlossen sind auch die Kosten für die Anschaffung sog. **Massagebürsten.**

4. Stationäre bzw. teilstationäre Behandlung

Im Rahmen einer **stationären oder teilstationären Behandlung** in Einrichtungen, die der Betreuung und der Behandlung von Kranken oder behinderten Menschen dienen (z. B. Frühfördereinrichtungen, Ganztagsschulen, Behindertenwerkstätten, Heimsonderschulen, Behindertenwohnheime, therapeutische Wohngemeinschaften, therapeutische Bauernhöfe, Übergangsheime für Suchtkranke), sind die Aufwendungen für Heilmittel nur beihilfefähig, soweit sie durch eine in Anlage 10 genannte Person (für den betreffenden Beruf ausgebildete Fachkraft) verabreicht werden und die in Anlage 9 genannten Höchstbeträge nicht überschritten sind. Dabei gilt nach VV 23.1.5 Folgendes:

- Art und Umfang der durchgeführten Heilbehandlung sind nachzuweisen. Ein darüber hinaus in Rechnung gestellter Pflegesatz für Heilmittel oder sonstige Betreuung ist nicht beihilfefähig.

- Wird an Stelle der Einzelleistung ein einheitlicher Kostensatz für Heilmittel, Verpflegung und sonstige Betreuung berechnet, sind für Heilmittel je Tag der Anwesenheit in der Einrichtung pauschal 14 Euro beihilfefähig (VV 23.1.5).

5. Sonderunterricht

Legasthenie ist keine Erkrankung i. S. der BBhV. Aufwendungen für eine derartige Behandlung sind daher nicht beihilfefähig; ebenso Aufwendungen für **Nachhilfeunterricht.**

6. Beihilfefähige Höchstbeträge für Heilmittel im Bereich Ergotherapie ab 1.8.2024

Im Vorgriff auf eine beabsichtigte Änderung der BBhV hat das BMI mit Rundschreiben vom 17.7.2024 ein aktuelles Verzeichnis mit den angepassten Höchstbeträgen im Bereich Ergotherapie bekannt gegeben. Die im nachstehenden Leistungsverzeichnis aufgeführten Höchstbeträge gelten für ab dem 1.8.2024 entstandene Aufwendungen für ärztlich verordnete Heilmittel.

Heilpraktiker

Abweichungen in Bundesländern:

→ Baden-Württemberg (Ziff. 13)
→ Bremen (Ziff. 9)
→ Niedersachsen (Ziff. 3)
→ Saarland (Ziff. 1)
→ Schleswig-Holstein (Ziff. 6)

1. Heilpraktiker

Nach § 13 BBhV sind die Aufwendungen für die Leistungen eines Heilpraktikers nach Maßgabe der §§ 6 Abs. 5 Satz 4 und 22 Abs. 6 BBhV beihilfefähig. Da Heilpraktiker in § 23 Abs. 1 BBhV nicht aufgeführt sind, können Aufwendungen für die von ihnen verordneten → Arzneimittel und → Heilmittel jedoch nicht als beihilfefähig anerkannt werden. Entsprechendes gilt für Hilfsmittel.

2. Vergütung

Die **Vergütungen der Heilpraktiker** richten sich nach dem **Gebührenverzeichnis für Heilpraktiker**. Für jede Einzelgebühr gibt es eine Höchstgebühr oder einen Gebührenrahmen mit einer Mindest- und einer Höchstgebühr. Bestimmte Bemessungskriterien für die Ausschöpfung dieses Rahmens sind in diesem GebüH nicht enthalten.

3. Rechnungen

Der Heilpraktiker hat spezifizierte Rechnungen auszustellen, in denen Name und Anschrift des Patienten, die Diagnose (obligatorisch → VV 13.2), die Behandlungstage, jede Einzelleistung mit der entsprechenden Nummer des GebüH, jeder Einzelbetrag der entsprechenden Leistung sowie Injektions- und Infusionspräparate angegeben werden.

4. Beihilfefähigkeit

Heilpraktikerkosten sind beihilfefähig, unabhängig davon, welche Behandlungsmethode der Heilpraktiker anwendet, sofern es sich nicht um eine nach Anl. 1 zu den BBhV ausgeschlossene Untersuchungs- und Behandlungsmethode handelt.

Nach der zwischen dem Bund und den Heilpraktikerverbänden geschlossenen Vereinbarung vom 31.7.2013 (GMBl. S. 828) sind Aufwendungen für Leistungen von Heilpraktikern bis zu den in der Anl. 2 zur BBhV genannten Beträgen beihilfefähig (§ 6 Abs. 5 Satz 4 BBhV). Übersteigende Gebühren sind also nicht beihilfefähig, ebenso Gebühren, die nicht in der Anl. 2 genannt sind.

Die Begrenzung auf die Höchstbeträge gilt auch für medizinisch-physikalische Leistungen (z. B. Bäder, Inhalationen); die dafür berechneten Gebühren sind zudem nur beihilfefähig, wenn die Leistungen in der Praxis des Heilpraktikers erbracht wurden.

Beihilfefähig sind auch die vom Heilpraktiker berechneten Arznei- und Verbandmittel sowie Medizinprodukte, wenn sie für Diagnostik, Untersuchungen und ambulante Behandlungen verbraucht und gesondert berechnet wurden. Die verabreichten Arzneimittel müssen apothekenpflichtig sein (§ 13 BBhV).

Leistungen für wissenschaftlich nicht anerkannte Behandlungsmethoden (vgl. Anl. 1 zur BBhV) sind auch bei Heilpraktikerbehandlung nicht beihilfefähig.

Die Aufwendungen für die vom Heilpraktiker nach Art und Umfang schriftlich verordneten → Arzneimittel, Verbandmittel und dergleichen sind nicht beihilfefähig. Für die während einer Behandlung verbrauchten Arznei- und Verbandmittel, Teststreifen und Medizinprodukte besteht Beihilfefähigkeit (§ 22 Abs. 6 BBhV).

Gewährte Kassenleistungen vermindern die beihilfefähigen Aufwendungen; bei Behandlung durch einen Vertragsarzt zugestandene, aber nicht beanspruchte Kassenleistungen sind zu 100 v. H. anzurechnen.

Kosten für Dienstunfähigkeitsbescheinigungen von Heilpraktikern sind nicht beihilfefähig (VV 13.1).

5. Qualifikationsnachweis

Führt der Heilpraktiker Heilbehandlungen durch, muss er die Qualifikation nach Anl. 10 zur BBhV besitzen.

Heilschlaf

Der Heilschlaf ist wissenschaftlich anerkannt, die Aufwendungen sind deshalb beihilfefähig.

Heimtrainer

Aufwendungen sind nicht beihilfefähig (Nr. 8.7 der Anl. 12 zur BBhV).

Heizdecken/-kissen

Aufwendungen sind nicht beihilfefähig (Nr. 8.8 der Anl. 12 zur BBhV).

Helixor

Aufwendungen sind nur nach Maßgabe des § 33 BBhV und der VV hierzu beihilfefähig.

Hessen

Es bestehen folgende grundlegende Abweichungen der Hessischen Beihilfenverordnung (HBeihVO) i. d. F. vom 5.12.2001 (GVBl. I S. 482), zuletzt geändert durch Art. 2 der Verordnung vom 22.6.2023 (GVBl. S. 414), gegenüber der Bundesbeihilfeverordnung:

1. Hessen hat abweichend von Bund und Ländern den Beihilfeanspruch des Tarifpersonals in der HBeihVO bestimmt; es bestehen folglich auch keine Beihilfetarifverträge. Ein Beihilfeanspruch nach der Regelungen der HBeihVO besteht nur für Tarifbeschäftigte, die bereits vor dem 1.5.2001 bei einem hessischen Dienstherrn beschäftigt waren und seitdem ununterbrochen beschäftigt sind (§ 2 Abs. 1 Nr. 4 HBeihVO). Für nach dem 30.4.2001 neu eingestelltes Tarifpersonal ist die Beihilfeberechtigung entfallen. Die Einbeziehung des Tarifpersonals in die HBeihVO hat zur Folge, dass in Hessen eine größere Abhängigkeit des Beihilfeanspruchs von der Art des Krankenversicherungsverhältnisses der Beihilfeberechtigten besteht.
2. Es sind grundsätzlich auch Aufwendungen für **nicht verschreibungspflichtige Arzneimittel** beihilfefähig.
   Die nicht beihilfefähigen **Eigenanteile** an Arznei- und Verbandmitteln betragen in Hessen je Mittel 4,50 Euro (höchstens Apothekenpreis). Empfänger von Versorgungsbezügen

bis zu 1125 Euro monatlich sind neben anderen Personen von den genannten Eigenanteilen freigestellt (§ 6 Abs. 1 Nr. 2 HBeihVO).

3. Die um einen Eigenanteil von 10 Euro je einfache Fahrt zu kürzenden **Beförderungskosten** sind allgemein auch bei Fahrten zur ambulanten Behandlung beihilfefähig (§ 6 Abs. 1 Nr. 9 HBeihVO).
4. Eine **Heilbehandlung**, die in einen Unterricht zur Erfüllung der Schulpflicht eingebunden ist oder mit der zugleich in erheblichem Umfang berufs- oder allgemein bildende Zwecke verfolgt werden, ist nicht beihilfefähig (Ausnahme: Aufwendungen für zusätzliche, gesondert durchgeführte und berechnete Heilbehandlungen), § 6 Abs. 1 Nr. 3 HBeihVO.
5. Aufwendungen für **Leistungen, Edelmetalle und Keramik** sind zu 50 % beihilfefähig (Anl. 2 Nr. 1 zur HBeihVO).

   Aufwendungen für **implantologische Leistungen** werden grundsätzlich für bis zu zwei Implantate je Kieferhälfte anerkannt.
6. Es werden Beihilfen zu **Brillen** und **Kontaktlinsen** weiterhin entsprechend den beim Bund geltenden Grundsätzen gewährt (Nr. 11 der Anl. 3 zur HBeihVO).
7. Bei der **Wahlleistung** „Unterbringung" eines Krankenhauses sind die Unterbringungskosten im Zweibettzimmer abzüglich 16 Euro täglich beihilfefähig (§ 6 Abs. 1 Nr. 6 Buchst. b HBeihVO).

   Die Gewährung von Beihilfe zu stationären Wahlleistungen eines Krankenhauses setzt nach § 6a Abs. 1 HBeihVO die verbindliche Erklärung des Beihilfeberechtigten (zugleich für seine berücksichtigungsfähigen Angehörigen) voraus, Wahlleistungen künftig in Anspruch nehmen zu wollen. Damit ist die Verpflichtung verbunden, 18,90 Euro monatlich zu entrichten. Dieser Betrag ermäßigt sich nicht bei Teilzeitbeschäftigung und anteiligen Bezügen. Für berücksichtigungsfähige Angehörige entfällt dieser Betrag. Die

Zahlungspflicht ruht besonders während einer Elternzeit, Pflegezeit nach dem Pflegezeitgesetz und bei bestimmten Beurlaubungen (§ 6a Abs. 3 HBeihVO). Es muss vor Erbringung der Wahlleistungen die vorgeschriebene Wahlleistungsvereinbarung schriftlich abgeschlossen werden, die auf Verlangen der Festsetzungsstelle vorzulegen ist.
Der Eigenbetrag von 18,90 Euro monatlich ist kein Versicherungsbeitrag, kann also nicht als Sonderausgaben bei der Steuer geltend gemacht werden.

8. Eine sich an eine stationäre Krankenhausbehandlung zeitlich unmittelbar anschließende **Reha-Maßnahme** gilt als Krankenhausbehandlung (§ 7 Abs. 4 HBeihVO). Der Bemessungssatz erhöht sich nach § 15 Abs. 6 HBeihVO um 15 v. H. bis auf höchstens 85 v. H.
9. Bei **Heilkuren** sind die Aufwendungen für Unterkunft und Verpflegung mit 16 Euro täglich (für Begleitpersonen und Schwerbehinderte 13 Euro täglich), beschränkt auf 23 Kalendertage beihilfefähig (§ 8 Abs. 2 Nr. 2 HBeihVO).
10. Bei der **häuslichen oder teilstationären Pflege** dauernd Pflegebedürftiger durch erwerbsmäßig tätige Pflegekräfte sind die Pflegekosten bis zu den Sachleistungssätzen nach § 36 SGB XI beihilfefähig. Höhere Pflegekosten sind begrenzt beihilfefähig, soweit sie 20 v. H. der Pflegesachleistungen übersteigen (§ 9a Abs. 1 HBeihVO).
    Die **Pflegekosten** anlässlich einer vollstationären Pflege sind nach dem in Betracht kommenden Pflegesatz nach § 43 SGB XI beihilfefähig. Verbleibt unter Berücksichtigung von Beihilfe und Pflegeversicherungsleistungen ein Restbetrag, wird dieser gemäß § 9c HBeihVO bis zu pflegegradabhängigen Höchstbeträgen als Beihilfe ersetzt.
    Aufwendungen für **Unterkunft und Verpflegung bei vollstationärer Pflege** werden um von Familienstand und -größe abhängige, in Vomhundertsätzen ausgedrückte Beträge (bezogen auf das Einkommen) gekürzt. Es besteht ein beihilfefähiger Höchstbetrag für Unterkunfts- und Verpfle-

gungskosten von 1100 Euro monatlich (§ 9c Abs. 2 HBeihVO).

11. In **Todesfällen** wird eine einheitliche Bestattungskostenbeihilfe bis zur Höhe von 1200 Euro gezahlt (vgl. § 13 Abs. 1 HBeihVO).
12. Bei Krankheitsfällen in **EU-Ländern** werden die ambulanten Behandlungskosten sowie die Aufwendungen für eine stationäre Behandlung in öffentlichen Krankenhäusern ohne Beschränkung auf die Inlandskosten als beihilfefähig anerkannt. Dasselbe gilt für das **übrige Ausland**, wenn die Aufwendungen je Krankheitsfall 1000 Euro nicht übersteigen (§ 14 Abs. 2 Nr. 3 HBeihVO).
13. Es besteht ein von Familienstand und -größe, Art der Finanzierung des Krankenversicherungsschutzes, vom Status als Versorgungsempfänger und von der Art der Behandlung (hier: Krankenhausbehandlung) abhängiges **Bemessungssystem**, das i. d. R. zu einem einheitlichen Bemessungssatz für alle Personen und Aufwendungen führt (§ 15 HBeihVO).
    Für die Aufwendungen bei dauernder Pflegebedürftigkeit gelten die **personenbezogenen Bemessungssätze** des Bundes (§ 15 Abs. 10 HBeihVO).
    Für Empfänger von **Versorgungsbezügen** (einschl. Waisengeld) erhöht sich der Bemessungssatz um 10 v. H., für Empfänger von **Witwen- und Witwergeld** daneben um weitere 5 v. H. (§ 15 Abs. 4 HBeihVO).
    Bei **vollstationärer** (einschl. vorstationärer) **Krankenhausbehandlung und Anschluss-Reha** erhöht sich der Bemessungssatz um 15 v. H., jedoch auf nicht mehr als 85 v. H. (§ 15 Abs. 6 HBeihVO und den VV hierzu).
    Bei Personen, denen aus einem **Beschäftigungsverhältnis** ein **Zuschuss** (gleich in welcher Höhe) zu den Beiträgen einer **privaten** Krankenversicherung zusteht, ermäßigt sich der Bemessungssatz um 50 v. H. für ihre Aufwendungen (§ 15 Abs. 8 HBeihVO).
14. Es besteht **keine Hundert-Prozent-Grenze**.

15. Hinsichtlich der unterschiedlichen Eigenbehalte und der Aufwendungen für nicht verschreibungspflichtige Arzneimittel bestehen keine Belastungsgrenzen entsprechend § 50 BBhV.
16. Die **Antragsgrenzen** betragen 250 Euro und 25 Euro (bei Aufwendungen aus zehn Monaten). Die einjährige Antragsfrist ist eine Ausschlussfrist (§ 17 Abs. 2 und 9 HBeihVO).
    Als Folge der Einführung des eGovernement in die Beihilfebearbeitung werden **Belege** zum Beihilfeantrag nicht mehr zurückgegeben. Der Beihilfeberechtigte muss die Originale bzw. Kopien der Belege bis drei Jahre nach Empfang der Beihilfe aufbewahren (soweit sie nicht bei der Krankenversicherung verbleiben) und auf Verlangen der Beihilfestelle vorlegen (§ 17 Abs. 6 HBeihVO).

Hilfsmittel

Das Wichtigste in Kürze

- Die notwendigen Aufwendungen für die vom Arzt schriftlich verordneten
  a) Hilfsmittel,
  b) Geräte zur Selbstbehandlung und zur Selbstkontrolle,
  c) Körperersatzstücke sind beihilfefähig.
  d) Beihilfefähig sind Aufwendungen für
     – die Anschaffung in angemessenem Umfang,
     – die Reparatur ohne erneute ärztliche Verordnung,
     – den Ersatz unbrauchbar gewordener Hilfsmittel, Geräte und Körperersatzstücke ohne erneute ärztliche Verordnung, wenn die Ersatzbeschaffung innerhalb von sechs Monaten seit dem Kauf erfolgt,
     – den Betrieb und die Unterhaltung, soweit die Kosten den Betrag von 100 Euro im Kalenderjahr übersteigen,

- die Anmietung von Hilfsmitteln und Geräten zur Selbstbehandlung und Selbstkontrolle, soweit die Kosten dafür nicht höher sind als die entsprechenden Anschaffungskosten und sich durch die Anmietung eine Anschaffung erübrigt.

- Nicht beihilfefähig sind nach § 25 Abs. 2 BBhV
  1. Aufwendungen für Hilfsmittel usw., die
     - einen geringen oder umstrittenen Nutzen haben,
     - einen niedrigen Abgabepreis haben,
     - der allgemeinen Lebenshaltung zuzurechnen sind (also auch von Gesunden gebrauchte Gegenstände),
     - in der Anl. 12 zur BBhV genannt sind (z. B. Autofahrerrückenstütze, Ergometer, Kraftfahrzeuge einschl. behindertengerechter Umrüstung) und
  2. gesondert ausgewiesene Versandkosten.
- Besondere Bestimmungen (z. B. Höchstbeträge) gelten für Hörgeräte, Perücken und Sehhilfen.

Abweichungen in Bundesländern:

→ Baden-Württemberg (Ziff. 8, 9)
→ Bayern (Ziff. 5)
→ Hamburg (Ziff. 6)
→ Hessen (Ziff. 6)
→ Niedersachsen (Ziff. 11)
→ Nordrhein-Westfalen (Ziff. 5)
→ Rheinland-Pfalz (Ziff. 12)
→ Saarland (Ziff. 11)
→ Schleswig-Holstein (Ziff. 17 bis 20)
→ Sachsen (Ziff. 5, 6)
→ Thüringen (Ziff. 7, 19)

1. Beihilfefähige Aufwendungen

Zu den beihilfefähigen Aufwendungen in Krankheitsfällen gehören gemäß § 25 Abs. 1 BBhV die Kosten für

- Anschaffung oder Miete,
- Reparatur,
- Ersatz,
- Betrieb,
- Unterhalt und
- Unterweisung in den Gebrauch

der vom Arzt schriftlich verordneten Hilfsmittel, Geräte zur Selbstbehandlung und Selbstkontrolle, Körperersatzstücke. Hilfsmittel sind Mittel, mit denen im Allgemeinen kein Heilungseffekt erzielt, sondern ein organischer Mangel (z. B. Kurzsichtigkeit, Schwerhörigkeit) ausgeglichen werden soll.

Die ärztliche Verordnung muss dem Beihilfeantrag beigefügt werden. Eine Verordnung durch einen Heilpraktiker genügt nicht. Bei Zweifeln an der ärztlichen Verordnung hinsichtlich der Eignung des Hilfsmittels oder – gemessen an vergleichbaren Hilfsmitteln – am Preis des verordneten Hilfsmittels kann die Beihilfestelle Gutachten einholen.

2. Hilfsmittel und Geräte zur Selbstbehandlung

Beihilfefähig sind die in der Anl. 11 zur BBhV aufgezählten Hilfsmittel, Geräte zur → Selbstbehandlung und Selbstkontrolle sowie Körperersatzstücke. Dazu gehören nach ärztlicher Verordnung neuerdings auch die Aufwendungen zur Anschaffung von Adaptionshilfen, eines Blutdruckmessgeräts, Cochlea-Implantaten, eines Farberkennungsgeräts, eines Rauchwarnmelders für Gehörlose und hochgradig Schwerhörige sowie eines Schlafpositionsgeräts zur Lagetherapie bei positionsabhängiger obstruktiver Schlafapnoe. In diesem Taschenlexikon sind die **gängigsten** beihilfefähigen bzw. nicht beihilfefähigen Hilfsmittel (Anl. 12 zur BBhV) besonders angeführt.

Ein Anspruch auf Beihilfe zu Aufwendungen, deren Beihilfefähigkeit nicht in den Beihilfevorschriften festgelegt ist, kommt nach der Rechtsprechung des BVerwG nur dann in Betracht, wenn andernfalls die Fürsorgepflicht in ihrem Wesenskern verletzt wäre (→ Rechtsnatur der Beihilfe). Das ist z. B. nicht der Fall, wenn es sich nur um mittelbare Folgekosten eines Krankheitsfalles handelt. Gleiches gilt für die **Anschaffungskosten eines Kraftfahrzeugs,** die schon inhaltlich nicht den vom Regelungsbereich der Beihilfevorschriften erfassten Aufwendungen in Krankheitsfällen oder den Kosten eines Hilfsmittels zur Beseitigung oder zum Ausgleich angeborener oder erworbener Körperschäden unterfallen. Dies gilt auch, wenn es sich um einen schwer behinderten Beihilfeberechtigten handelt. Nicht beihilfefähig sind auch Aufwendungen für die **behindertengerechte Umrüstung** von Personenkraftwagen (z. B. Automatikgetriebe, Handgas). Derartige Maßnahmen sind der beruflichen und sozialen Rehabilitation zuzurechnen und daher nicht Gegenstand des Beihilferechts). Ebenso sind nach Anl. 12 zur BBhV nicht beihilfefähig die Aufwendungen für Autofahrerrückenstützen, -kindersitze, -kofferraumlifter, -lifter und -spezialsitze.

Auch für Hilfsmittel gilt der Grundsatz, dass nur die notwendigen Aufwendungen in wirtschaftlich angemessenem Umfang beihilfefähig sind. Mehraufwendungen für zu aufwendige oder gar luxuriöse Ausführungen sind deshalb von der Beihilfefähigkeit ausgeschlossen. Begrenzungen bzw. Höchstgrenzen für die Beihilfefähigkeit der Aufwendungen für bestimmte Hilfsmittel gibt es besonders für → **Hörgeräte,** → **orthopädische Schuhe,** → **Perücken** und → **Sehhilfen** (Brillen, Kontaktlinsen).

Folgende allgemeine Regelungen sollten beachtet werden:

- Die Aufwendungen für die **Miete** (einschl. etwaiger Versorgungspauschalen) von Hilfsmitteln und Geräten zur Selbstbehandlung und Selbstkontrolle sind beihilfefähig, soweit sie nicht höher sind als die entsprechenden Anschaffungskosten und sich durch die Anmietung eine Anschaffung erübrigt (§ 25 Abs. 3 BBhV).

- Bei teuren Hilfsmitteln, für deren Ankauf Beihilfe gewährt worden ist, kann die Beihilfe mit der Auflage gebilligt werden, dass der Kaufpreis anteilig an die Beihilfestelle zurückzuzahlen ist, wenn das Hilfsmittel vom Lieferanten zurückgekauft oder sonst wiederverkauft worden ist (z. B. Rollstühle).
- Die Aufwendungen für den **Ersatz** eines unbrauchbar gewordenen Hilfsmittels oder Gerätes sind in der bisherigen Ausführung auch ohne ärztliche Verordnung beihilfefähig, wenn die Ersatzbeschaffung innerhalb von sechs Monaten seit dem Kauf des bisherigen Hilfsmittels oder Gerätes erfolgt (§ 25 Abs. 1 BBhV).
- Die Aufwendungen für **Reparaturen** der beihilfefähigen Hilfsmittel und Geräte sind ohne ärztliche Verordnung beihilfefähig. Zu den Reparaturkosten zählen auch die Aufwendungen für Ersatzteile.
- Die Aufwendungen für **Betrieb und Unterhaltung** (einschl. Wartung und technischer Kontrollen) der Hilfsmittel und Geräte sind nur mit dem 100 Euro im Kalenderjahr übersteigenden Betrag beihilfefähig (§ 25 Abs. 5 BBhV). Ausgenommen hiervon sind Kinder vor Vollendung des 18. Lebensjahres. Der Eigenanteil ist nicht bezogen auf die Kosten **eines** Hilfsmittels, sondern bezieht sich auf die Summe der Aufwendungen eines Kalenderjahres für den Betrieb und den Unterhalt sämtlicher Hilfsmittel des Beihilfeberechtigten und seiner berücksichtigungsfähigen Angehörigen.

Beispiel:

Unterhaltungskosten für Rollstuhl des Beihilfeberechtigten = 120 Euro, für ein Heimdialysegerät der volljährigen Tochter 315 Euro. Beihilfefähig sind 120 + 315 Euro = 435 Euro ./. 100 Euro = 335 Euro.

Beihilfefähig sind auch die Aufwendungen für die **Wartung** von Hilfsmitteln, die technisch notwendig ist. In diesem Fall besteht auch Leistungspflicht der privaten Krankenversicherung (BGH vom 7.11.2018, Az. IV ZR 14/17).

Nicht beihilfefähig sind die Aufwendungen für Batterien für Hörgeräte sowie für Pflege- und Reinigungsmittel für Kontaktlinsen bei Personen über 18 Jahren (§ 25 Abs. 5 BBhV). Ebenso sind Aufwendungen für gesondert ausgewiesene Versandkosten nicht beihilfefähig (§ 25 Abs. 2 Nr. 2 BBhV).

Die notwendigen und angemessenen Aufwendungen für **Körperersatzstücke** (z. B. Arm- und Beinprothesen, künstliche Augen, Cochlea-Implantsystem) sind beihilfefähig, wenn sie vom Arzt schriftlich verordnet worden sind. Für Reparaturen, Ersatz, Betrieb und Unterhaltung der Körperersatzstücke gelten die vorstehend unter Ziff. 2 gegebenen Hinweise.

Cochlea-Implantate sind als Körperersatzstücke nicht von der Begrenzung des § 25 Abs. 5 BBhV betroffen. Mit Cochlea-Implantaten als implantierte Hörprothesen werden besonders gesprochene Worte in elektrische Impulse umgewandelt und der Hörnerv stimuliert. Die Aufwendungen sind beihilfefähig (vgl. Nr. 3.2 der Anl. 11 zur BBhV). Es gilt nicht der Höchstbetrag für Hörgeräte.

3. Keine Beihilfefähigkeit

Nicht beihilfefähig sind die Aufwendungen für Gegenstände, deren Anschaffungskosten den Aufwendungen der allgemeinen Lebenshaltung zuzurechnen sind (§ 25 Abs. 2 Nr. 1 Buchst. c BBhV).

Zu den Hilfsmitteln gehören keine Gegenstände, die von geringem oder umstrittenem therapeutischem Nutzen oder niedrigem Abgabepreis (§ 25 Abs. 2 Nr. 1 Buchst. a und b BBhV) sind, der allgemeinen Lebenshaltung zuzuordnen oder in Anl. 12 zur BBhV genannt sind.

Ob ein Gegenstand im Rahmen der allgemeinen Lebenshaltung benutzt werden kann, entscheidet sich nach seiner objektiven Eignung, nicht aber danach, ob er tatsächlich zu anderen als vom Arzt verordneten Zwecken benutzt wird.

Bei dauernder Pflegebedürftigkeit stehen ebenfalls Hilfsmittel zu. Da sie auf die Bedürfnisse der Pflege zugeschnitten sind, entsprechen die Hilfsmittel vielfach nicht den bei Krankheit erforderlichen.

4. Nicht in Anl. 11 und 12 zur BBhV aufgeführte Gegenstände

Sind Hilfsmittel und Geräte zur Selbstbehandlung und -kontrolle weder in Anl. 11 zur BBhV (anerkannte Hilfsmittel und Geräte) noch in Anl. 12 zur BBhV (nicht anerkannte Mittel und Geräte) aufgeführt, noch mit den dort aufgeführten Gegenständen **vergleichbar**, kann die Beihilfestelle aus fürsorgerischen Erwägungen die Beihilfefähigkeit ausnahmsweise nach dem in § 25 Abs. 4 Sätze 2 bis 4 BBhV vorgegebenen Verfahren anerkennen. Dabei muss allerdings der Beihilfeausschluss nach § 25 Abs. 2 BBhV beachtet werden.

Nach der VV Nr. 25.1.2 kann das vom Finanzministerium als Online-Datenbank geführte Hilfsmittelverzeichnis nützliche Erläuterungen zur Funktionsweise und zur Anwendung der Anl. 11 und 12 geben. Aufwendungen für die Reparatur von Hilfsmitteln usw. bedürfen keiner ärztlichen Verordnung.

Versorgungspauschalen für gemietete Hilfsmittel sind grundsätzlich als Teil der Miete anzusehen.

HIV-Test

Die Aufwendungen für einen HIV-Bluttest dürften im Rahmen des § 6 Abs. 3 Satz 1 und 2 BBhV beihilfefähig sein, wenn der Beihilfeberechtigte oder seine berücksichtigungsfähigen Angehörigen den Verdacht ausschließen wollen, aufgrund einer in den letzten Jahren durchgeführten Blutübertragung infiziert worden zu sein, auch → Schwangerschaftsüberwachung.

Aufwendungen für eine ärztliche Beratung, erforderliche Untersuchungen und Versorgung mit verschreibungspflichtigen Arzneimitteln zur Präexpositionsprophylaxe (Verhütung einer Ansteckung mit HIV) für Personen ab dem 16. Lebensjahr sind beihilfefähig (§ 41 Abs. 5 BBhV). Eine Impfung gegen eine HIV-Infektion ist (noch) nicht möglich.

Hochschullehrer

Hochschullehrer sind Beamte und gehören als solche zum Kreis der → beihilfeberechtigten Personen. Die beamtenrechtliche Stellung der entpflichteten Hochschullehrer wird durch die Entpflichtung nicht berührt. Sie erhalten deshalb ihre Dienstbezüge auch nach der Entpflichtung weiter und sind weiterhin als Beamte (nicht als Versorgungsempfänger) beihilfeberechtigt. Nach der Entpflichtung (und dem Eintritt in den Ruhestand) steht zu Aufwendungen für Heilkuren keine Beihilfe mehr zu.

Der → Beihilfebemessungssatz der aktiven und entpflichteten Hochschullehrer beläuft sich deshalb auf 50 v. H. bzw. (wenn mindestens zwei berücksichtigungsfähige Kinder vorhanden sind) auf 70 v. H. der beihilfefähigen Aufwendungen (§ 46 Abs. 3 BBhV). Er beträgt für entpflichtete Hochschullehrer 70 v. H., wenn ihnen sonst aufgrund einer nach § 5 BBhV nachrangigen Beihilfeberechtigung ein Bemessungssatz von 70 v. H. zustünde. Als Versorgungsempfänger steht ihnen ein Bemessungssatz von 70 v. H. zu. Für die berücksichtigungsfähigen Angehörigen gelten die allgemeinen Regelbemessungssätze. Auch die übrigen Vorschriften über die Bemessung der Beihilfen betreffen Hochschullehrer wie die übrigen Beihilfeberechtigten.

Höchstgrenzen

Das Wichtigste in Kürze

- Für bestimmte Aufwendungsarten ist die Beihilfefähigkeit durch Höchstbeträge, Höchstwerte oder allgemeine Regelungen begrenzt. Bis zu diesen Begrenzungen sind die Aufwendungen – Notwendigkeit vorausgesetzt – ohne Weiteres beihilfefähig; eine Prüfung der Angemessenheit entfällt.
- Die Begrenzungen liegen in vielen Fällen nicht unerheblich unter den Beträgen, die – auch bei eiserner Sparsamkeit – effektiv aufzuwenden sind. In besonderen Maße gilt das für:

  a) die vollstationäre Pflege
  b) Heilkuren und Sanatoriumsbehandlungen
  c) Heilbehandlung
  d) Hörgeräte

  Diese Lücken in der beamtenrechtlichen Krankenfürsorge lassen sich zum Teil durch entsprechende private Zusatzversicherungen ausfüllen.
- Soweit Beihilfeberechtigten bei Bestehen einer angemessenen Krankenversicherung größere Kostenlücken verbleiben, kann in besonderen Ausnahmefällen ein Antrag auf Erhöhung des Bemessungssatzes erfolgreich sein.

Die Höchstbeträge und -grenzen sind bei den jeweiligen Stichworten angeführt. Bei Höchstbeträgen und -grenzen ist die Beihilfestelle der Prüfung hinsichtlich der wirtschaftlichen Angemessenheit der Aufwendungen enthoben. Bis zu den genannten Höchstbeträgen und sonstigen Begrenzungen wird die Angemessenheit unterstellt.

Höhenflüge zur Asthma- und Keuchhustenbehandlung

Aufwendungen sind nicht beihilfefähig (Abschnitt 1 Nr. 8.2 der Anl. 1 zur BBhV).

Höhensonnen

Aufwendungen sind nicht beihilfefähig (Nr. 8.10 der Anl. 12 zur BBhV).

Homöopathie

Bei der Homöopathie (als Reiz- und Regulationstherapie) wird mit Hilfe des passenden Arzneimittels im Körper ein Reiz erzeugt, der die Selbstheilungskräfte nebenwirkungsfrei aktivieren soll. Dabei handelt es sich durchweg um verdünnte Arzneimittel, die bei gesunden Menschen ähnliche Symptome hervorgerufen haben. Hauptanwendungsbereiche sind Allergien, Migräne, Rückenschmerzen, chronische Schmerzen, Magen-Darmbeschwerden und psychosomatische Leiden. Obwohl ausreichende wissenschaftliche Belege für die Wirksamkeit fehlen, werden die Kosten von der Krankenversicherung getragen. Sie sollten als beihilfefähig angesehen werden. Dies gilt angesichts § 22 Abs. 1 BBhV nicht für die von nichtärztlichen Homöopathen verordneten Arzneimittel. Von Schulmedizinern verordnete homöopathische Arzneimittel sind dagegen beihilfefähig.

Gesetzliche Krankenkassen tragen grundsätzlich nicht die Aufwendungen für Homöopathie.

Hörgeräte

Abweichungen in Bundesländern:
→ Baden-Württemberg (Ziff. 8)
→ Bayern (Ziff. 5)

→ Bremen (Ziff. 4)
→ Hamburg (Ziff. 5)
→ Niedersachsen (Ziff. 11)
→ Nordrhein-Westfalen (Ziff. 5)
→ Rheinland-Pfalz (Ziff. 12)
→ Sachsen (Ziff. 5)
→ Schleswig-Holstein (Ziff. 17)

Die Aufwendungen für schriftlich verordnete Hörgeräte sind nach Maßgabe von Nr. 8.8 der Anlage 11 zur BBhV beihilfefähig. Beihilfefähige Versorgungsformen sind:

- HdO-Geräte (Hinter-dem-Ohr-Geräte) sowie IdO-Geräte (In-dem-Ohr-Geräte) einschließlich Otoplastik – Aufwendungen für Ohrpassstücke sind somit nicht neben dem Höchstbetrag beihilfefähig,
- Hörbrillen (Hinsichtlich der Mehraufwendungen für Hörbrillen sind auch die für → Sehhilfen geltenden Regelungen und Höchstbeträge zu beachten. Eine Hörbrille ist die Kombination einer Brille mit einem Hörgerät, wobei die Bauteile des Hörgerätes in einem Brillenbügel oder – bei beidohriger Versorgung – in beiden Brillenbügeln untergebracht sind),
- Schallsignale überleitende Geräte (C.R.O.S.-Geräte, Contralateral Routing of Signals),
- Taschengeräte und drahtlose Hörhilfen.

Der beihilfefähige Betrag ist für Personen ab 15 Jahren grundsätzlich auf **1500 Euro je Ohr** begrenzt, gegebenenfalls zuzüglich der Aufwendungen für eine medizinisch indizierte notwendige **Fernbedienung**. Aufwendungen für zusätzlich ärztlich verordnete Fernbedienungen von Hörgeräten können folglich als beihilfefähig anerkannt werden, wenn wegen Erkrankung oder Behinderung dessen Benutzung nur mit Hilfe einer Fernbedienung möglich ist. Zu denken ist hierbei besonders an Personen mit krankhaft veränderten Händen (z. B. durch Gicht) oder die an Morbus Parkinson oder an Altersgebrechlichkeit Leidenden.

Beispiel zur Berechnung der Beihilfe (Bemessungssatz 50 %):

Aufwendungen für Hörgeräte	= 2100 Euro je Ohr
beihilfefähiger Höchstbetrag	= 1500 Euro je Ohr
Beihilfe	= 750 Euro je Ohr (1500 Euro × 50 %)

Der **Höchstbetrag** kann überschritten werden, wenn dies erforderlich ist, um eine ausreichende Versorgung bei beidseitiger an Gehörlosigkeit grenzender Schwerhörigkeit oder bei vergleichbar schwerwiegenden Sachverhalten zu gewährleisten.

Aufwendungen für ärztlich verordnete Hörgeräte einschließlich der Nebenkosten sind **alle fünf Jahre** beihilfefähig, es sei denn, aus medizinischen oder technischen Gründen ist eine vorzeitige Verordnung zwingend erforderlich.

Aufwendungen für Betrieb und Unterhaltung der Hörgeräte (z. B. Reinigungsmittel, Ladegeräte, Versicherungen) sowie für **Batterien von Hörgeräten** sind für Personen, die das 18. Lebensjahr vollendet haben, nicht beihilfefähig (§ 25 Abs. 5 BBhV). Eine ggf. erforderliche **Reparatur** der Hörgeräte ist hingegen ohne Vorlage einer ärztlichen Verordnung beihilfefähig (Nr. 25.1.4 BBhVVwV).

Implantierte Hörgeräte: Zu den beihilfefähigen Hilfsmitteln gehören auch ärztlich verordnete Cochlea-Implantate einschließlich Zubehör. Mit der gesonderten Aufnahme unter Nr. 3.2 der Anlage 11 zur BBhV (vormals als „schallaufnehmende Geräte bei teilimplantierten Knochenleitungs-Hörsystem“ unter Nr. 8.8 der Anl. 11 zur BBhV) unterliegt das Cochlea-Implantat nicht dem Höchstbetrag für Hörgeräte. Es werden die gesamten Aufwendungen einschließlich der OP als beihilfefähig anerkannt.

Weitere Hörhilfen: **Tinnitusgerät** (siehe Nr. 20.4 der Anlage 11 zur BBhV)

Hundert-Prozent-Grenze

Das Wichtigste in Kürze

- Übersteigt die Beihilfe zusammen mit den Leistungen einer Kranken- oder Pflegeversicherung oder anderen Erstattungen die tatsächlichen (dem Grunde nach beihilfefähigen) Aufwendungen, wird die nach den zustehenden Bemessungssätzen berechnete Beihilfe um den übersteigenden Betrag gekürzt, so dass der Gesamtbetrag aus Beihilfe plus Erstattung der Kranken-(Pflege)-Versicherung nicht über 100 v. H. der dem Grunde nach beihilfefähigen Aufwendungen hinausgeht. Hierbei bleiben besonders Leistungen aus Krankentagegeld-, Pflegetagegeld- und Krankenhaustagegeldversicherungen unberücksichtigt.
- Die Hundert-Prozent-Grenze stellt somit nicht auf die – in mancherlei Hinsicht begrenzten – beihilfefähigen Aufwendungen ab, sondern auf die effektiven Kosten, falls diese wenigstens mit einem Teilbetrag beihilfefähig sind. Es dürfen demnach zwar 100 v. H. der beihilfefähigen Aufwendungen überschritten werden, nicht aber 100 v. H. der effektiven („dem Grunde nach" beihilfefähigen) Aufwendungen.
- Bei der Ermittlung der Hundert-Prozent-Grenze wird die Summe der mit einem Antrag geltend gemachten Aufwendungen den auf diese Aufwendungen insgesamt entfallenden Versicherungsleistungen gegenübergestellt; innerhalb desselben Beihilfeantrags können mithin sog. Übererstattungen gegen Erstattungslücken aufgerechnet werden. Getrennt abzurechnen sind Aufwen-

dungen für Heilkuren und vollstationäre Pflege dauernd Pflegebedürftiger.

- Die nachteiligen Auswirkungen der Hundert-Prozent-Grenze lassen sich weitgehend durch Anpassung der privaten Krankenversicherung (z. B. Beschränkung der Prozentversicherung bei gleichzeitigem Abschluss einer Krankenhaustagegeld- oder Pflegetagegeldversicherung) vermeiden.

Abweichungen in Bundesländern:

→ Hessen (Ziff. 14)
→ Nordrhein-Westfalen (Ziff. 16)
→ Schleswig-Holstein (Ziff. 4)

1. Deckelungsprinzip

Nach § 48 Satz 1 BBhV darf die Beihilfe zusammen mit den aus demselben Anlass gewährten Leistungen

- einer Krankenversicherung,
- einer Pflegeversicherung,
- aufgrund anderer Rechtsvorschriften oder
- aufgrund arbeitsvertraglicher Vereinbarungen

die „dem Grunde nach" beihilfefähigen Aufwendungen nicht übersteigen (Hundert-Prozent-Grenze). Hierbei bleiben Zahlungen aus Krankentagegeld-, Krankenhaustagegeld-, Pflegezusatz-, Pflegetagegeld-, Pflegerentenzusatz- und Pflegerentenversicherungen, soweit diese nicht der Befreiung von der Versicherungspflicht nach SGB XI dienen, und das Sterbegeld nach § 18 Abs. 2 Nr. 2 BeamtVG unberücksichtigt (§ 48 Satz 2 BBhV). Übersteigt der Gesamtbetrag aus Beihilfe und Erstattung usw. die beihilfefähigen Aufwendungen, wird die Beihilfe um den übersteigenden Betrag gekürzt.

Das BVerfG vom 13.11.1990 (Az. 2 BvF 3/88) entschied in einem Normenkontrollverfahren, dass die Hundert-Prozent-Grenze im Beihilferecht des Landes Nordrhein-Westfalen mit dem Grundgesetz vereinbar ist.

Den Beihilfeberechtigten kann nur angeraten werden, ihren Krankenversicherungsschutz beihilfenkonform zu gestalten und ggf. mit einer Beihilfe-Ergänzungsversicherung und Krankenhaus-Tagegeldversicherungen (→ Private Krankenversicherung, Ziff. 3 Buchst. c) Erstattungslücken abzudecken. Für die Pflegeversicherung empfiehlt sich eine Pflege-Zusatzversicherung.

Der Umfang des bestehenden Kranken- und Pflegeversicherungsschutzes und die aufgrund dessen gewährten Leistungen hat die beihilfeberechtigte Person nachzuweisen. Ausgenommen sind Erstattungen nach einem Prozentsatz (§ 48 Abs. 2 BBhV). Dies gilt auch bei Änderungen des Versicherungsschutzes. Insoweit sind Übererstattungen von Krankheitskosten eigentlich ausgeschlossen. Es hat sich aber gezeigt, dass trotz einer höher bemessenen Beihilfe der Umfang des Versicherungsschutzes nicht ermäßigt wird (z. B. bei Änderungen des Familienstandes oder der Familiengröße). In diesen Fällen kommt es zu Übererstattungen, übrigens auch dann, wenn neben der privaten Krankenversicherung andere Leistungsträger für die Kosten eintreten.

Sinn und Zweck der Hundert-Prozent-Grenze ist es, die nach den üblichen → Beihilfebemessungssätzen an sich zustehende Beihilfe zu kürzen, wenn und soweit diese zusammen mit anderen aus demselben Anlass gewährten Leistungen (insbesondere den Leistungen einer privaten Kranken- oder Pflegeversicherung) die effektiven Ausgaben (soweit diese „dem Grunde nach" beihilfefähig sind) übersteigen. Der Gesamtbetrag aus Beihilfe und Erstattung der Krankenversicherung (sowie den anderen genannten Erstattungsleistungen) soll nicht höher sein als hundert Prozent der „dem Grunde nach" beihilfefähigen Aufwendungen. Niemand soll, so lautet das gängige, irreführende Schlagwort, an seiner Krankheit oder Pflegebedürftigkeit „verdienen".

Die Hundert-Prozent-Grenze ist bedeutungslos für freiwillige Mitglieder der → Gesetzlichen Krankenversicherung, die nach § 47 Abs. 6 BBhV eine Beihilfe in Höhe von 100 v. H. der sich nach Anrechnung der Kassenleistungen ergebenden beihilfefähigen Aufwendungen erhalten. Für diesen Personenkreis kann es nach der genannten Sonderregelung keine Beihilfe geben, die zusammen mit den aus demselben Anlass gewährten Leistungen ihrer Krankenversicherung 100 v. H. der beihilfefähigen Aufwendungen übersteigt. Darüber hinausgehende Aufwendungen bleiben auch dann unberücksichtigt, wenn sie „dem Grunde nach" beihilfefähig sind. Diese Schlechterstellung der freiwilligen Mitglieder der GKV ist rechtlich bedenklich. Im Übrigen ist die Hundert-Prozent-Grenze für alle gesetzlich Versicherten leerläufig, bei denen gewährte oder zustehende Kassenleistungen auf die beihilfefähigen Aufwendungen angerechnet werden.

Die Aufwendungen nach den §§ 35 bis 39b BBhV sind gesondert zu betrachten, d. h. diesen Aufwendungen sind die jeweiligen Ersatzleistungen gegenüberzustellen.

2. Anwendung auf dem Grunde nach beihilfefähige Aufwendungen

Wichtig ist, dass die Hundert-Prozent-Grenze nicht auf die (in vielfacher Hinsicht begrenzten) → beihilfefähigen Aufwendungen, sondern auf die tatsächlichen Aufwendungen abgestellt ist, soweit diese **„dem Grunde nach" beihilfefähig** sind (§ 48 Abs. 1 BBhV). Dies ist der Fall bei allen in den Kapiteln 2 bis 4 der BBhV näher bezeichneten (insbesondere in Krankheitsfällen, bei Reha-Behandlung, Heilkuren, dauernder Pflegebedürftigkeit, Palliativversorgung, Vorsorgeuntersuchungen, Schutzimpfungen, Geburtsfällen sowie Auslandsbehandlung entstandenen) Aufwendungen, auch wenn und soweit diese über bestimmte → Höchstgrenzen und Einschränkungen hinausgehen, wie das beispielsweise der Fall ist bei:

a) einem den Schwellenwert oder gar den Gebührenrahmen der Gebührenordnungen für Ärzte, Zahnärzte und Psychotherapeuten übersteigenden Arzt-(Zahnarzt-)Honorar (→ Ärztliche und → Zahnärztliche Leistungen)
b) den Mehrausgaben für ein Ein- oder Zweibettzimmer im Krankenhaus als Wahlleistung (→ Krankenhausbehandlung)
c) den nicht beihilfefähigen Anteilen für Arznei- und Verbandmittel
d) den die beihilfefähigen Höchstbeträge übersteigenden Aufwendungen für ärztliche verordnete → Heilmittel (z. B. → Hydrotherapie, → Massagen, → Inhalationen, Krankengymnastik, → Medizinische Fußpflege, → Elektro- und → Lichttherapie)
e) einem den Höchstbetrag nach der Vereinbarung zwischen Bund und den Heilpraktikerverbänden übersteigenden Honorar (vgl. Anl. 2 zur BBhV) → Heilpraktiker, Ziff. 4
f) den die beihilfefähigen Aufwendungen für Unterkunft und Verpflegung übersteigenden Ausgaben anlässlich einer → Stationären Rehabilitationsbehandlung oder → Heilkur
g) den die beihilfefähigen Aufwendungen übersteigenden Ausgaben bei zahnprothetischen Leistungen (→ zahnärztliche Leistungen)
h) den die Höchstbeträge für bestimmte → Hilfsmittel (z. B. für → Sehhilfen) übersteigenden Ausgaben
i) den über die beihilfefähigen Aufwendungen hinausgehenden → Fahrtkosten (z. B. für die Benutzung eines privateigenen Pkw oder der ersten Wagenklasse der Deutschen Bahn)
j) den über den beihilfefähigen Tagessatz hinausgehenden Kosten für eine → Familien- und Haushaltshilfe
k) den tatsächlichen Ausgaben einer Krankenbehandlung im Ausland

l) den Aufwendungen bei → dauernder oder vorübergehender Pflegebedürftigkeit

Nicht dem Grunde nach beihilfefähig (und deshalb auf die beihilfefähigen Aufwendungen und die Hundert-Prozent-Grenze ohne Einfluss) sind insbesondere Aufwendungen für:

- nicht ärztlich verordnete Arzneimittel
- nicht verschreibungspflichtige Arzneimittel, es sei denn, sie sind nach § 22 Abs. 2 Satz 1 Nr. 2 BBhV ausnahmsweise beihilfefähig
- Arznei- und Hilfsmittel, die geeignet sind, Güter des täglichen Bedarfs zu ersetzen oder als Lifestyle-Arzneimittel gelten (→ Arzneimittel, → Hilfsmittel)
- nicht beihilfefähige Sehhilfen
- → wissenschaftlich nicht anerkannte Heilmethoden und Heilmittel (einschl. → Geriatrika)
- Aufwendungen für die Behandlung und Pflege durch einen nahen Angehörigen (→ Verwandte, nahe Angehörige)

Wie sich die Ausrichtung der Hundert-Prozent-Grenze an den „dem Grunde nach" beihilfefähigen Aufwendungen gestaltet, zeigt das Beispiel unter nachfolgender Ziff. 3.

Bei der Ermittlung der Hundert-Prozent-Grenze werden nur „aus demselben Anlass gewährte Leistungen" berücksichtigt. Werden Leistungen der Krankenversicherung nicht in Anspruch genommen und deshalb Beiträge zurückerstattet, hat das auf die Hundert-Prozent-Grenze keinen Einfluss.

Die aufgezählten, in der Beihilfefähigkeit begrenzten oder ausgeschlossenen Aufwendungen ließen sich früher durch eine leichte „Überversicherung" abdecken. Solche sinnvolle Eigenvorsorge ist durch die Einführung der Hundert-Prozent-Grenze erschwert worden. Eine leichte „Überversicherung" ist nämlich nur noch sinnvoll, wenn der Beihilfeberechtigte damit rechnen muss, dass in jedem Beihilfeantrag auch solche Aufwendungen geltend gemacht werden, die zwar dem Grunde, aber nicht der Höhe nach voll beihilfefähig sind.

Bei Inanspruchnahme eines Zweibettzimmers als Wahlleistung im Krankenhaus wird die Beihilfe nach dem um 14,50 Euro ermäßigten Pflegesatz, die Hundert-Prozent-Grenze aber nach den tatsächlichen Kosten berechnet. Soweit demnach bestimmte Aufwendungen in der Beihilfefähigkeit nur der Höhe nach begrenzt sind, ist nach wie vor ein Ausgleich zwischen Kostenlücken und Übererstattungen zulässig, und zwar bis zur Grenze der „dem Grunde nach" beihilfefähigen Aufwendungen.

3. Berechnung

Bei der **Berechnung der Hundert-Prozent-Grenze** ist wie folgt zu verfahren:

- Zunächst ist vom Gesamtbetrag der → beihilfefähigen Aufwendungen die Beihilfe nach den üblichen → Beihilfebemessungssätzen zu berechnen. Dabei bleibt das beamtenrechtliche Sterbegeld nach § 18 Abs. 2 Nr. 2 BeamtVG als Erstattungsleistung unberücksichtigt.
- Übersteigt die errechnete Beihilfe zusammen mit den Leistungen einer privaten Krankenversicherung usw. den Gesamtbetrag der dem Grunde nach beihilfefähigen Aufwendungen, ist die Beihilfe um den übersteigenden Betrag zu kürzen.

4. Ermittlung der Hundert-Prozent-Grenze

Bei der **Ermittlung der Hundert-Prozent-Grenze** ist nicht jedem einzelnen Rechnungsbetrag oder gar jeder einzelnen Rechnungsposition die hierzu jeweils gewährte Versicherungsleistung, sondern der Summe der mit **einem** Antrag geltend gemachten, dem Grunde nach beihilfefähigen Aufwendungen, die Summe der hierauf entfallenden Versicherungsleistungen usw. gegenüberzustellen. Auf diese Weise ist es möglich, sog.

„Übererstattungen" gegen Kostenlücken aufzurechnen, soweit es sich um den gleichen Beihilfeantrag handelt. Nicht zugelassen ist eine solche **Aufrechnung** im Verhältnis zwischen zwei verschiedenen Anträgen (Beihilfen). Die Kürzung auf die Hundert-Prozent-Grenze findet somit auch dann statt, wenn der Beihilfeberechtigte in dem vorangegangenen Beihilfeantrag aus Beihilfe und Erstattung der Krankenversicherung weniger erhalten hat als seine dem Grunde nach beihilfefähigen Aufwendungen.

Zu berücksichtigen sind auch Leistungen aus Zusatzversicherungen, ausgenommen Leistungen aus Krankentagegeld- (als Schutz gegen Verdienstausfall), Pflegetagegeld- und Krankenhaustagegeldversicherungen (als Absicherung gegen von der Krankheitskostenversicherung nicht übernommene Kosten). Kurtagegeld als einzige Versicherungsleistung bei Heilkuren ist zu berücksichtigen.

Ohne Einfluss auf die Hundert-Prozent-Grenze sind → Pauschalbeihilfen, wie sie in Pflegefällen nach § 38 Abs. 2 BBhV gewährt werden. Ebenso bleibt das Sterbegeld nach § 18 Abs. 2 Nr. 2 BeamtVG unberücksichtigt (= Sterbegeld für sonstige Personen, die die Kosten der letzten Krankheit oder der Bestattung getragen haben).

Keine Leistungen aus Anlass einer Krankheit sind → **Beitragsrückerstattungen**, wie sie von den meisten privaten Krankenversicherungen bei Nichtinanspruchnahme der Versicherung innerhalb eines Kalenderjahres gewährt werden. Solche teilweisen Rückzahlungen der entrichteten Beiträge bleiben deshalb bei der Ermittlung der Hundert-Prozent-Grenze unberücksichtigt. Das gilt auch, wenn – gemessen am Beihilfebemessungssatz – eine „Überversicherung" besteht. Es besteht keine Verpflichtung, Krankenversicherungsleistungen ganz oder teilweise im Hinblick auf die Hundert-Prozent-Grenze in

Anspruch zu nehmen. Vielmehr ist es gestattet, auf diese zugunsten einer Beitragserstattung zu verzichten.

Der Umfang des privaten sowie des gesetzlichen Krankenversicherungsschutzes (beim Letzteren einschl. der Ansprüche aus Wahltarifen nach § 53 SGB V) ist gegenüber der Festsetzungsstelle nachzuweisen (§ 48 Satz 1 BBhV). Diese Nachweispflicht besteht auch bei Änderungen des Umfangs des Versicherungsschutzes.

Beihilfeberechtigte Personen haben den Umfang des bestehenden Kranken- und Pflegeversicherungsschutzes und die gewährten Leistungen nachzuweisen, ausgenommen prozentuale Leistungen nach dem Kranken- oder Pflegeversicherungsrecht (§ 48 Abs. 2 Satz 2 BBhV). Im letzten Fall kann der entsprechende Nachweis beim ersten Antrag durch **Vorlage des Versicherungsscheines** oder einer Bescheinigung der Kranken-(Pflege-)Versicherung erbracht werden, womit sich entsprechende Einzelnachweise erübrigen. Die Leistung der Kranken-(Pflege-)Versicherung wird dann nach dem Vomhundertsatz des nachgewiesenen Prozenttarifs von der Beihilfestelle berechnet, und zwar von den effektiven Aufwendungen, soweit diese dem Grunde nach beihilfefähig sind. Änderungen der Versicherungsverhältnisse sind bei der nächsten Antragstellung nachzuweisen.

Die generelle Berücksichtigung eines bestimmten Erstattungs-Prozentsatzes schließt nicht aus, dass **abweichende geringere Erstattungsleistungen** berücksichtigt werden. Hierfür sind entsprechende Nachweise durch den Beihilfeberechtigten erforderlich. Für die nach einem Prozenttarif versicherten Beihilfeberechtigten empfiehlt es sich deshalb, die Erstattungsbescheinigungen der Kranken-(Pflege-)Versicherung genau dahingehend zu überprüfen, ob wirklich alle geltend gemachten Aufwendungen nach dem einschlägigen Prozentsatz des vereinbarten Tarifs erstattet worden sind. Dies ist notwendig, weil es auch bei den Prozent-Tarifen Abweichungen von der üblichen prozentualen Erstattung gibt, z. B. bei Rehamaßnahmen, Zahnbehandlung und Zahnersatz, Heilkuren, Hilfsmitteln und Beförderungskosten (→ Antragstellung, Ziff. 5).

Hydrotherapie (Packungen, Bäder)

Aufwendungen für vom Arzt schriftlich verordnete Packungen, Hydrotherapie und Bäder sind bis zu den Höchstbeträgen nach Abschnitt 1 Nr. 22–37 der Anl. 9 zur BBhV beihilfefähig. Aufwendungen für andere als die dort bezeichneten Bäder sind nicht beihilfefähig.

Bei Hand- oder Fußbad, Teil- oder Vollbädern mit ortsgebundenen natürlichen Heilwässern erhöhen sich die jeweils angegebenen beihilfefähigen Höchstbeträge nach Abschnitt 1 Nr. 36 Buchstabe a bis c und nach Nummer 37 Buchstabe b der Anl. 9 zur BBhV um 4,10 Euro. Weitere Zusätze hierzu sind nach Maßgabe der Nr. 36 Buchstabe d beihilfefähig.

Weitere Ausführungen → Heilmittel

Hygienische Mittel

Hygienische Mittel gehören nicht zu den → Arzneimitteln. Aufwendungen für hygienische Mittel sind deshalb nicht beihilfefähig.

Hyperbare Sauerstofftherapie (Überdruckbehandlung)

Nach Abschnitt 2 Nr. 3 der Anl. 1 zur BBhV sind Aufwendungen für die Hyperbare Sauerstofftherapie bei folgenden Indikationen beihilfefähig: Kohlenmonoxydvergiftung, Gasgangrän, chronische Knocheninfektionen, Septikämien, schwere Verbrennungen, Gasembolien, periphere Ischämie, diabetisches

Fußsyndrom ab Wagner Stadium II oder von Tinnitusleiden, die mit Perzeptionsstörungen des Innenohres verbunden sind.

Hyperthermiebehandlung

Beihilfefähig nur bei Tumorbehandlungen in Kombination mit Chemo- oder Strahlentherapie (Abschnitt 2 Nr. 4 der Anl. 1 zur BBhV).

IGeL-Liste

In der sog. IGeL-Liste sind Leistungen zusammengefasst, für die die GKV nicht eintritt. Es handelt sich i. d. R. um nicht notwendige Leistungen auf Verlangen des Versicherten bzw. um Leistungen, für die weder auf der Grundlage von Beschlüssen des Gemeinsamen Bundesausschusses noch des EBM oder vertraglicher Vereinbarungen eine Leistungspflicht der GKV besteht. Sie können auch deshalb ausgeschlossen sein, weil sie zwar notwendig und vertretbar, zugleich aber nicht wirtschaftlich sind (vgl. § 12 SGB V).

Vor der Inanspruchnahme der vom Arzt angebotenen IGeL-Leistungen sollte mit diesem ein klärendes Gespräch darüber geführt werden, weshalb er die Leistungen für unerlässlich hält, welcher Nutzen und welche Risiken mit ihnen verbunden sind und welche Kosten entstehen. Das Institut für Qualität und Wirtschaftlichkeit im Gesundheitswesen gibt dazu unabhängige Informationen heraus.

Über IGel-Leistungen ist eine schriftliche Vereinbarung zwischen Arzt und Patient zu treffen. Die Rechnung darüber muss im Einzelnen die Leistungsbestandteile und die dazu berechneten Gebühren enthalten. Über die vorgehenden Leistungen und deren Notwendigkeit muss der Arzt den Patienten verständlich aufklären. Es reicht nicht, wenn sie pauschal als „wünschenswert", „sinnvoll" oder „optimal" bezeichnet werden. Auf etwaige Risiken hat der Arzt ebenso hinzuweisen wie auch auf die Tatsache, dass die Krankenversicherung mutmaßlich nicht für die Kosten eintritt. IGeL-Leistungen dürfen nur auf Nachfrage des Patienten angeboten und nicht vom Arzt beworben werden. Ärztliche IGeL-Leistungen müssen einzeln nach den Grundsätzen der GOÄ berechnet werden (mit Erteilung einer Rechnung); eine pauschale Berechnung ist folglich nicht zulässig. Nicht in der GOÄ aufgeführte Leistungen oder deren besondere Ausführung können analog berechnet werden.

Für die beihilferechtliche Beurteilung von Leistungen der IGeL-Liste gilt im Übrigen:

a) Dort aufgeführte (Früherkennungs- und) Vorsorgemaßnahmen, wie Ultraschall-Untersuchungen (z. B. des Beckens oder Eierstöcke) zur ergänzenden Krebsfrüherkennung, „kleines Blutbild", kosmetische Leistungen (z. B. Entfernung von Krähenfüßen), Knochendichtemessung, Hyaluronsäure-Injektionen bei Arthrose, sind nicht beihilfefähig, da nur die in § 41 Abs. 1 BBhV (vorbehaltlich § 41 Abs. 3 BBhV) beschriebenen Vorsorgemaßnahmen oder ggf. solche anerkannt werden können, die Gegenstand eines Modellversuchs in der GKV sind.
b) Andere Leistungen der IGeL-Liste (außerhalb von Vorsorgemaßnahmen) sind nicht beihilfefähig, sofern sie nicht ausdrücklich – wie die Akupunktur – beihilferechtlich anerkannt sind. Hier ist davon auszugehen, dass es an der medizinischen Notwendigkeit fehlt. Oftmals wird es an der Verbindung mit einem Krankheitsfall mangeln.
c) Als Risikofaktor für ein **Glaukom** (Grüner Star) gilt häufig (aber nicht immer) ein erhöhter Augendruck, der einerseits den Augeninnendruck erhöht und so einen mechanischen Schaden am Sehnerv bewirkt und gleichzeitig die Durchblutung des Sehnervs stört. Durch eine drucksenkende Therapie lässt sich das Fortschreiten des Glaukoms verlangsamen. Bei Glaukom-Untersuchungen (Augeninnendruckmessung) wird besonders bei extrem Kurzsichtigen, Diabetikern mit Veränderungen am Augenhintergrund, Menschen mit Bluthochdruck, bei Personen mit verwandtschaftlicher Glaukombelastung oder bei älteren Personen eine Behandlungsbedürftigkeit nicht auszuschließen und deshalb die Beihilfefähigkeit im Einzelfall anzuerkennen sein, um mit einer frühzeitigen Behandlung einer empfindlichen bzw. irreparablen Schädigung des Sehnervs (wegen des nicht mehr ablaufenden im Auge produzierten Kammerwassers) vorzubeugen. Entsprechendes gilt bei Zuständen, die aus augenärztlicher Sicht einen

Glaukomausschluss erforderlich machen (z. B. bei intraokularen Eingriffen).

d) Aufwendungen für **PSA** (Prostataspezifisches Antigen)-Tests sind grundsätzlich nicht beihilfefähig. Die Feststellung eines erhöhten PSA-Werts kann zu einer Vielzahl diagnostischer Eingriffe (wie Biopsien) und auch überflüssiger Therapien führen. So übernimmt die GKV deren Kosten nur bei begründetem Verdacht auf Prostatakrebs. Die Beihilfefähigkeit der Tests wird ausnahmsweise zu bejahen sein, wenn er (bei Männern ab 50 Jahren) als ergänzende Maßnahme einer rektalen Untersuchung oder als Aufklärung für weitere Diagnostik (z. B. Biopsie der Prostata, die bei einem PSA-Wert von über 4 mg/ml angezeigt ist) dient.

Angaben zum medizinischen Nutzen sind dem vom Spitzenverband der Gesetzlichen Krankenkassen betriebenen Portal „igelmonitor.de“ zu entnehmen. Dort werden als „potentiell positiv“ eingestuft die Akupunktur zur Migräneprophylaxe, die Laserbehandlung von Krampfadern und die Lichttherapie bei Winterdepression. In diesen Fällen dürfte auch von der Beihilfefähigkeit der Aufwendungen auszugehen sein.

Immunoaugmentative Therapie (IAT)

Aufwendungen sind nicht beihilfefähig (Abschnitt 1 Nr. 9.1 der Anl. 1 zur BBhV).

Immunseren (Serocytol-Präparate)

Aufwendungen sind nicht beihilfefähig (Abschnitt 1 Nr. 9.2 der Anl. 1 zur BBhV).

Impulsvibratoren

Aufwendungen sind nach Abschnitt 1 Nr. 9.1 der Anl. 11 zur BBhV beihilfefähig.

Inhalationen

Aufwendungen für vom Arzt schriftlich verordnete Inhalationen sind bis zu den Höchstbeträgen nach Abschnitt 1 Nr. 1 und 2 der Anl. 9 zur BBhV beihilfefähig.

Weitere Ausführungen:

→ Hilfsmittel (Beihilfefähigkeit der Aufwendungen für **Inhalationsgeräte**)

→ Heilmittel

Inkontinenzartikel

Inkontinenzartikel sollen, soweit es um Harninkontinenz geht, Harnausscheidungen auffangen, möglichst hautfern ableiten und speichernd sammeln. Darunter fallen besonders Einlagen (einschl. Windeln sowie Netz- und Fixierungshosen), Inkontinenzhosen (Windelhosen, Inkontinenzunterlagen), Katheter, Urinalkondome und -bandagen, intrauterale/intravaginale Inkontinenztherapiesysteme sowie Hilfsmittel zum Training der Beckenbodenmuskulatur. Inkontinenzartikel im weiteren Sinne sind auch Antidekubitus-Schutzauflagen, wie Auf-/Unterlagen für das Bett, Spezialmatratzen, Keile, Kissen, Auf-/Unterlagen für den Rollstuhl sowie Schützer für Ellenbogen, Unterschenkel und Füße (vgl. Abschnitt 1 Nr. 4.2 der Anl. 11 zur BBhV, Dekubitus-Schutzmittel).

Aufwendungen für ärztlich verordnete Inkontinenzartikel bei Harn- oder Stuhlinkontinenz sind beihilfefähig, nicht nur zur Dekubitusbehandlung oder bei Dermatitiden. Als ärztliche Verordnung genügt dabei ein einmaliges Rezept, aus der sich der Zeitraum der Versorgung sowie Art und Umfang der benötigten Mittel ergibt. Die Mittel müssen krankheitshalber oder wegen einer Operation (z. B. Prostata) gebraucht werden. Ärztlich verordnete Krankenunterlagen, die in direktem Zusammenhang mit der Behandlung einer Krankheit, beispielsweise einer bescheinigten Inkontinenz zusammenhängen, sind ausnahmsweise beihilfefähig (vgl. Nr. 11.8 der Anl. 12 zur BBhV). Bei nur sehr geringer Harn- oder Stuhlinkontinenz, die die Lebensqualität nur unwesentlich beeinträchtigt, ist keine Beihilfefähigkeit gegeben. Sind Einlagen auch nachts unerlässlich, ist allgemein von Beihilfefähigkeit auszugehen. Voraussetzung ist nicht, dass dauernde Pflegebedürftigkeit besteht oder die Zuordnung zu einem Pflegegrad vorliegt. Soweit Inkontinenzartikel von Heimen als Pflegehilfsmittel bereitzuhalten sind (z. B. als saugende Bettschutzeinlagen), besteht keine Beihilfefähigkeit.

Insulinapplikationshilfen und Zubehör (Insulindosierungsgerät, -pumpe, -injektor)

Aufwendungen sind beihilfefähig (Abschnitt 1 Nr. 9.5 der Anl. 11 zur BBhV).

Integrierte Versorgung

Pauschal berechnete Aufwendungen für eine integrierte Versorgung (→ Gesetzliche Krankenversicherung, Ziff. 4 Buchst. v → Private Krankenversicherung, Ziff. 4) sind nach Maßgabe des § 24 Abs. 4 BBhV in Höhe der Pauschalbeträge beihilfefähig. Maßgebend für die Pauschalbeträge ist die auf der Rechnung vermerkte Vertragspauschale der Abrechnung für die Behandlung.

Iso- oder hyperbare Inhalationstherapie mit ionisiertem oder nichtionisiertem Sauerstoff/Ozon

Aufwendungen sind nicht beihilfefähig (Abschnitt 1 Nr. 9.3 der Anl. 1 zur BBhV).

Katheter und Zubehör (auch Ballonkatheter)

Aufwendungen sind beihilfefähig (Abschnitt 1 Nr. 11.3 der Anl. 11 zur BBhV).

Katzenfell

Aufwendungen sind nicht beihilfefähig (Nr. 11.1 der Anl. 12 zur BBhV).

Kieferorthopädische Behandlung

Abweichungen in Bundesländern:
→ Bayern (Ziff. 4)
→ Berlin (Ziff. 15)
→ Nordrhein-Westfalen (Ziff. 5)
→ Rheinland-Pfalz (Ziff. 5)

Aufwendungen für eine kieferorthopädische Behandlung oder für die Beseitigung von Kiefermissbildungen sind nach § 15a Abs. 1 und 2 BBhV beihilfefähig, wenn

- die behandelte Person bei Behandlungsbeginn das 18. Lebensjahr noch nicht vollendet hat.
  Eine vor Vollendung des 18. Lebensjahres begonnene Behandlung bleibt einschl. einer ggf. erforderlichen Verlängerung auch nach Vollendung des 18. Lebensjahres weiterhin beihilfefähig.
- bei älteren Personen, wenn eine schwere Kieferanomalie vorliegt, die eine kombinierte kieferchirurgische und kieferorthopädische Behandlung zum Ausgleich der Fehlstellung erforderlich macht.
  Schwere Kieferanomalie liegt vor bei:
  - angeborenen Missbildungen des Gesichts oder eines Kiefers
  - skelettalen Dysgnathien
  - verletzungsbedingten Kieferfehlstellungen

- die Beihilfestelle den Aufwendungen vor Beginn der Behandlung auf der Grundlage eines Heil- und Kostenplans (dessen Kosten beihilfefähig sind) zugestimmt hat.

Vor Beginn der zweiten Phase des Zahnwechsels sind Aufwendungen für kieferorthopädische Leistungen nur beim Vorliegen der in § 15a Abs. 6 BBhV genannten Indikationen beihilfefähig.

Die Frühbehandlungen i. S. des § 15a Abs. 6 Satz 1 Nr. 4 BBhV sollten innerhalb von sechs Monaten abgeschlossen und nicht vor dem vierten Lebensjahr begonnen werden.

Die kieferorthopädische Behandlung erfolgt vielfach mit festsitzenden oder losen Zahnspangen, auch kombiniert. Dabei werden auch sog. Brackets verwendet, wobei Klebeplättchen bzw. Metallschlösschen eingesetzt werden, die auf den Zahn geklebt werden. Beihilfefähig dürften entsprechend der Verfahrensweise der GKV nur Edelstahlbrackets sein. Anstelle des Einsatzes von Stahlbögen, die hohen Druck auf die Zähne ausüben und zu Schäden an den Zahnwurzeln führen können, werden auch elastische Bögen aus dem Werkstoff „Nitinol" verwandt, die einen leichteren Druck auf die Zähne ausüben.

Keine Beihilfe steht zu bei Aufwendungen für

- Keramik- und Speedbrackets
- durchsichtige Kunststoffschienen
- Pendulum-Apperaturen
- Versiegelung des Bracketsumfelds

Wird eine kieferorthopädische Behandlung aus einem vom Beihilfeberechtigten oder berücksichtigungsfähigen Angehörigen zu vertretenden Grund abgebrochen oder wird der Kieferorthopäde gewechselt, sind nur die Aufwendungen für Behandlungen beihilfefähig, denen die Festsetzungsstelle nach dem Heil- und Kostenplan zugestimmt hatte und die noch nicht abgerechnet sind (§ 15a Abs. 3 BBhV). Dem Wechsel des Kieferorthopäden steht der Abbruch der Behandlung durch den früheren Kieferorthopäden auf Betreiben des Patienten gleich. Nicht betroffen ist ein Wechsel wegen eines berufsbedingten Umzugs oder aus medizinischen Gründen (VV 15a.3.1).

Aufwendungen für Leistungen zur Rentention sind bis zu zwei Jahre nach Abschluss der aufgrund des Heil- und Kostenplans von der Beihilfestelle genehmigten Behandlung beihilfefähig.

Maßnahmen im Sinne der Nr. 6030 bis 6080 des Gebührenverzeichnisses der GOZ sind alle Leistungen zur Kieferumformung und Einstellung des Unterkiefers in den Regelbiss innerhalb eines Zeitraums von bis zu vier Jahren, unabhängig von den angewandten Methoden oder den verwendeten Therapiegeräten.

Sofern eine aktive kieferorthopädische Weiterbehandlung über den bis zu vierjährigen Zeitraum hinaus medizinisch notwendig wird, ist die Vorlage eines neuen Heil- und Kostenplanes erforderlich. Dieser ist im letzten Quartal vor Ablauf der vierjährigen Behandlung, d. h. im 16. Behandlungsquartal, vorzulegen. Je Jahr der Weiterbehandlung werden 25 v. H. der Aufwendungen nach den Nrn. 6030 bis 6080 des Gebührenverzeichnisses der GOZ als beihilfefähig anerkannt. Aufwendungen für eine Behandlung, die vor Vollendung des 18. Lebensjahres begonnen wurde, sind auch danach beihilfefähig, wenn die Weiterbehandlung medizinisch notwendig ist. Kieferorthopädische Leistungen, die nach dem 16. Behandlungsquartal durchgeführt werden, sind nur beihilfefähig, wenn die Festsetzungsstelle die Beihilfefähigkeit, ggf. nach fachzahnärztlicher Begutachtung, vorher anerkannt hat. Aufwendungen für kieferorthopädische Leistungen vor Beginn der zweiten Phase des Zahnwechsels sind nur nach Maßgabe des § 15a Abs. 6 BBhV beihilfefähig. Entsprechendes gilt für erforderliche Zweitbehandlungen.

Erfolgten die aktiven Behandlungsmaßnahmen innerhalb der Regelbehandlungszeit von bis zu vier Jahren und sind anschließend ausschließlich Retentionsmaßnahmen nach Nr. 6210 oder

Begleitleistungen nach den Nr. 6180 bis 6230 GOZ medizinisch notwendig, ist kein neuer Heil- und Kostenplan erforderlich.

Aufwendungen für Leistungen nach den Nr. 6200 und 6240 GOZ setzen nicht unmittelbar eine kieferorthopädische Behandlung i. S. der BBhV voraus. Für diese Leistungen ist kein Heil- und Kostenplan notwendig (VV 15a.1.2).

Kieferorthopädische Behandlungen sind i. d. R. sehr langwierig und im Allgemeinen nur bei Kindern üblich. Die Zahnärzte stellen meistens nicht nur eine Schlussrechnung, sondern auch Zwischenrechnungen aus. Nach den Nr. 6030 bis 6080 GOZ berechnete quartalsmäßige Abschlagzahlungen sind als beihilfefähig anzuerkennen. Derartige Beihilfeleistungen stehen unter dem Vorbehalt einer ordnungsgemäßen Schluss- oder Gesamtabrechnung über den Leistungskomplex gemäß den jeweiligen Vorgaben der GOZ. Die endgültige Beihilfe wird erst nach Beendigung der Behandlung festgesetzt.

Im Rahmen der Kieferorthopädie sind auch die Aufwendungen für eine Bionator-(Aktivator-)Therapie beihilfefähig, sofern dieser Therapie Maßnahmen zur Umformung des Kiefers (Nr. 6030 bis 6080 GOZ) vorangegangen sind. Die Angemessenheit für diese Therapie richtet sich nach den Nr. 6060 bis 6080 GOZ. Bei der Bionator-Therapie handelt es sich um eine kombinierte Ober- und Unterkieferspange, die herausnehmbar ist.

Die myofunktionelle sowie die Invisalign-Therapie sind wissenschaftlich anerkannt und deshalb beihilfefähig.

Beihilfefähig sind die notwendigen Aufwendungen in angemessenem Umfang. Das bedeutet, dass Aufwendungen für kieferorthopädische Behandlungen wie die übrigen → Zahnärztlichen Leistungen nur bis zum Schwellenwert, d. h. bis zum 2,3fachen Satz der → Gebührenordnung für Zahnärzte beihilfefähig sind, es sei denn, ein Überschreiten ist durch besondere, über das gewöhnliche Maß hinausgehende Umstände begründet. Neben den Behandlungskosten sind auch die Material- und Laborkosten beihilfefähig (ohne Kürzung um 40 v. H.).

Die kieferorthopädischen Leistungen nach den Nr. 6100, 6120, 6140 und 6150 GOZ umfassen auch die M+L-Kosten für Standardmaterialien (vgl. Abschnitt G der Anlage zur GOZ). Mehrkosten für darüber hinausgehende Materialien sind als wirtschaftlich unangemessene Aufwendungen nicht beihilfefähig (§ 6 Abs. 3 Satz 2 BBhV).

Die Beschränkung der Leistungen der GKV auf Leistungen beginnend bei Indikationen des Behandlungsbedarfsgrades 3 ist für die Beihilfegewährung ohne Belang → Gesetzliche Krankenversicherung (Ziff. 4 Buchst. d).

Im Übrigen → Zahnärztliche Leistungen (insbesondere Nr. 5)

Aufwendungen für kieferorthopädische Behandlungen gelten bei Mitgliedern der → gesetzlichen Krankenversicherung als → Sachleistungen und sind daher nicht beihilfefähig (§ 8 Abs. 4 Satz 2 BBhV).

Kinesiologische Behandlung

Aufwendungen sind nicht beihilfefähig (Nr. 11.1 der Anl. 1 zur BBhV).

Kirlian-Fotografie

Aufwendungen sind nicht beihilfefähig (Nr. 11.2 der Anl. 1 zur BBhV).

Klimakammerbehandlungen

Aufwendungen sind nur beihilfefähig, wenn andere übliche Behandlungsmethoden nicht zum Erfolg geführt haben und die Beihilfestelle aufgrund des Gutachtens eines von ihr bestimmten Arztes die Beihilfefähigkeit vor Beginn der Behandlung anerkannt hat (Abschnitt 2 Nr. 5 der Anl. 1 zur BBhV).

Klumpfußschiene, Klumphandschiene

Aufwendungen sind beihilfefähig (Abschnitt 1 Nr. 11.6 und 11.7 der Anl. 11 zur BBhV).

Knie- und Knöchel-Hilfsmittel

Aufwendungen für folgende Hilfsmittel sind nach Anl. 11 zur BBhV beihilfefähig:

- Kniekappe/-bandage, Kreuzgelenkbandage (Nr. 11.10)
- Kniepolster/-rutscher bei Unterschenkelamputation (Nr. 11.11)
- Knöchel- und Gelenkstützen (Nr. 11.12)

Knochendichtemessung

Die Aufwendungen für die Messung der Knochendichte mit Röntgenstrahlen sind beihilfefähig, wenn ein erhöhtes Risiko für Osteoporose besteht und ärztlich mit Arzneimitteln dagegen angegangen werden soll (z. B. bei einer Langzeitbehandlung mit Cortison, bei Einnahme bestimmter Arzneimittel gegen Brustkrebs oder bei chronisch entzündlichen Darmerkrankungen).

Kombinierte Serumtherapie

Aufwendungen für eine solche Therapie (z. B. Wiedemann-Kur) sind nicht beihilfefähig (Abschnitt 1 Nr. 11.3 der Anl. 1 zur BBhV).

Kommunikationshilfen für gehörlose, hochgradig schwerhörige oder ertaubte Personen

Aufwendungen für diese Hilfen sind nach Maßgabe des § 45 Abs. 2 BBhV beihilfefähig. In Betracht kommen insbesondere Gebärdensprache- und andere Dolmetscher. Beihilfefähig sind die Aufwendungen bis zu den Beträgen im Justizvergütungs-

und -entschädigungsgesetz (vgl. VV 45.2). Voraussetzung für die Beihilfefähigkeit ist, dass anders als mit Kommunikationshilfen der Informationsfluss zwischen dem Leistungserbringer und den beihilfeberechtigten oder berücksichtigungsfähigen Personen nicht gewährleistet ist. Weitere Voraussetzung ist, dass in Verwaltungsverfahren die Verwendung einer Kommunikationshilfe nach § 9 des Behindertengleichstellungsgesetzes bestünde.

Komplextherapien

Unter Komplextherapien sind fachübergreifende ambulante, voll- oder teilstationäre Behandlungen eines einheitlichen Krankheitsbildes zu verstehen, die gemeinsam durch ärztliches und ggf. nicht ärztliches Personal (einschl. Psychotherapeuten und Angehörigen der Gesundheits- oder Medizinalfachberufe nach Anl. 10 zur BBhV) durchgeführt werden, wobei die Beteiligung von Ärzten sichergestellt sein muss; sie müssen ärztlich verordnet sein. Es handelt sich u. a. um Asthmaschulungen, ambulante Entwöhnung (z. B. von Suchtkranken), ambulante Tinnitustherapie, Chemotherapie, kardiologische Therapie, Diabetikerschulung, Adipositasschulung, Neurodermieschulung sowie medizinische Leistungen zur Früherkennung und Frühförderung behinderter und von Behinderung bedrohter Kinder. Die stationäre Komplextherapie fasst klinische Behandlung und Reha-Maßnahmen zusammen. Nicht dazu gehören insbesondere die → Soziotherapie und die psychiatrische Krankenpflege sowie Rehabilitationsmaßnahmen nach § 35 Abs. 1 BBhV.

Für diese Behandlungsformen sind nach § 24 Abs. 1 Satz 1 BBhV die pauschal berechneten Gebühren in angemessener Höhe beihilfefähig. Angemessen ist die Vergütung, die von den Krankenkassen oder Rentenversicherungsträgern aufgrund entsprechender Vereinbarungen getragen wird (VV 24.1.2).

Sofern bei Komplextherapie sozialpädiatrische Leistungen erbracht werden, sind Aufwendungen hierfür nicht beihilfefähig.

Kompressionstherapie

Hilfsmittel zur Kompressionstherapie sind medizinische Kompressionswadenstrümpfe, -(halb)schenkelstrümpfe, -strumpfhosen, -stumpfstrümpfe, -armstrümpfe sowie Narbenkompressionsbandagen, Ein- und Mehrkammergeräte und Befestigungshilfen (Hautkleber, Strumpfhaltersysteme, Leibteile, Leibgurte).

Die Aufwendungen sind beihilfefähig (Abschnitt 1 Nr. 11.14 der Anl. 11 zur BBhV).

→ Bandagen

Konduktive Förderung nach Petö

Aufwendungen sind nach Abschnitt 1 Nr. 11.4 der Anl. 1 zur BBhV nicht beihilfefähig, sofern sie ohnehin bereits als heilpädagogische Behandlung von der Beihilfefähigkeit ausgeschlossen wurden.

Kopfschützer, Kopfringe mit Stab, Kopfschreiber

Aufwendungen sind beihilfefähig (Abschnitt 1 Nr. 11.16 und 11.17 der Anl. 11 zur BBhV).

Körperersatzstücke einschl. Zubehör

Die notwendigen und angemessenen Aufwendungen für Körperersatzstücke (z. B. Armprothesen, Beinprothesen, künstliche Augen) einschl. Zubehör sind beihilfefähig, bei eingesparter Kleidung gekürzt um 15 bzw. 40 Euro (Abschnitt 1 Nr. 11.13 der Anl. 11 zur BBhV).

→ Brustprothesenhalter

Körperpflege

Aufwendungen sind als Kosten der Lebenshaltung nicht beihilfefähig.

Kosmetische Maßnahmen

Kosmetische Maßnahmen (z. B. Schlankheitsmassagen, Beseitigung von Tätowierungen, „Besenreisern", Muttermalen und Sommersprossen) sowie Aufwendungen für die Körperpflege sind nicht beihilfefähig.

Kostenanteile

Nicht beihilfefähig sind:

- gesetzlich vorgesehene Zuzahlungen und Kostenanteile (§ 8 Abs. 3 BBhV)
- Aufwendungen für von der Krankenversorgung ausgeschlossene Arznei-, Hilfs- und Heilmittel
- Abschläge bei der Kostenerstattung (§ 13 Abs. 2 SGB V) anstelle von Sachleistungen (§ 8 Abs. 4 Satz 2 BBhV)

Zu den Fällen, in denen Zuzahlungen zu leisten sind, und in denen eine teilweise Befreiung möglich ist → Gesetzliche Krankenversicherung, Ziff. 5 und 6. Hinsichtlich der von der Krankenversorgung ausgeschlossenen Arzneimittel → Gesetzliche Krankenversicherung, Ziff. 4 Buchst. e.

→ Eigenbehalte

Kostendämpfungspauschalen

In den Ländern Baden-Württemberg, Bremen (dort als Eigenbehalt bezeichnet und nicht bei dauernder Pflegebedürftigkeit erfolgend), Hamburg, Rheinland-Pfalz, Saarland und Schleswig-Holstein bestehen Kostendämpfungspauschalen unterschiedlicher Art. Sie mindern die Beihilfe und ersetzen durchweg Eigenanteile und Selbstbehalte bei der Ermittlung der beihilfefähigen Aufwendungen (z. B. bei Arzneimitteln und Fahrtkosten), was den Verwaltungsaufwand mindert.

In Berlin wurde die Kostendämpfungspauschale zum 31.12.2017 aufgegeben, in Nordrhein-Westfalen rückwirkend zum 1.1.2022 und in Sachsen ab dem 1.1.2024 abgeschafft.

Gegen die Kostendämpfungspauschalen liegen einige deren Rechtmäßigkeit bestreitende Urteile vor; sie waren auch Anlass, allgemein vorläufige Beihilfebescheide zu erlassen.

Mittlerweile hat das Bundesverfassungsgericht mit Beschlüssen vom 2.10.2007 (Az. 2 BvR 1715/03 bis 1717/03) zwar festgestellt, dass Beihilfekürzungen kein Ausmaß erreichen dürfen, mit dem die Mindestanforderungen an die verfassungsrechtlich garantierte amtsangemessene Alimentation nicht mehr gewahrt wären. Dies lag jedoch in der zum früheren Recht Niedersachsens ergangenen Entscheidung nicht vor (die Kürzungen dort bewegten sich zwischen 9 und 43 Euro im Monat). Die Kostendämpfungspauschale Nordrhein-Westfalen ist rechtmäßig (BVerwG vom 20.3.2008, IÖD S. 207).

Dem Beschluss kommt angesichts seiner Begründung grundlegende Bedeutung zu. Es kann deshalb nicht von einer Aufgabe oder Änderung der Kostendämpfungspauschalen in den genannten Ländern oder von widerstreitenden Entscheidungen von Verwaltungsgerichten ausgegangen werden.

Kostenerstattung

1. Wahlrecht

Allen gesetzlich Versicherten (auch Pflichtversicherten) ist es nach § 13 Abs. 2 SGB V allgemein gestattet, anstelle von Sach- und Dienstleistungen Kostenerstattung zu beanspruchen → Gesetzliche Krankenversicherung, Ziff. 4 Buchst. w. Das Verfahren ist durch Satzung zu bestimmen. Die Kostenerstattung kann für alle Leistungsarten gewählt werden. Sie kann aber auch auf ärztliche und zahnärztliche Versorgung, den stationären Bereich oder auf veranlasste Leistungen beschränkt werden. Es ist ausgeschlossen, innerhalb derselben Behandlungsart die Versorgung z. B. in Form von Sach- und Dienstleistungen und Teilleistungen als Kostenerstattung in Anspruch zu nehmen. Sie erfasst auch Leistungserbringer im EU-Ausland sowie in Ländern des Europäischen Wirtschaftsraums. An die Entscheidung für die Kostenerstattung ist der Versicherte mindestens ein Kalendervierteljahr gebunden.

Die Teilnahme an der Kostenerstattung ist der Krankenkasse anzuzeigen. Die Kasse kann nicht widersprechen; sie muss den Versicherten vor Inanspruchnahme der Leistungen darüber unterrichten, dass die nicht von ihr getragenen Kosten vom Versicherten zu übernehmen sind.

Bei Teilnahme am Kostenerstattungsverfahren dürfen nicht im 4. Kapitel des SGB V genannte Leistungserbringer (z. B. Privatärzte und -krankenhäuser, Heilpraktiker) nur nach vorheriger Zustimmung der Krankenkasse in Anspruch genommen werden. Die Kasse kann zustimmen, wenn medizinische oder soziale Gründe dies rechtfertigen und zumindest eine gleichwertige Versorgung gewährleistet ist. Bei der Inanspruchnahme von Nichtvertragspartnern der Krankenkassen leisten diese auch nicht in Höhe der sonst zu erbringenden Sachleistungen. Dasselbe gilt für Leistungen, die nicht im Leistungskatalog der GKV enthalten sind. Bei Leistungen im Ausland ist die Erstattung auf den Wert inländischer Sachleistungen beschränkt. Da die Sachleistung nur geschuldet wird, wenn sie notwendig ist, setzt auch der der Kostenerstattung zugrunde liegende Sachverhalt eine – medizinische – Notwendigkeit der Behandlung usw. voraus.

Einer Kostenerstattung stehen gleich:

- Behandlungen in Reha-Einrichtungen, mit denen kein Versorgungsvertrag mit den Kassen besteht, die aber zertifiziert sind

- der Bezug eines Original-Arzneimittels anstelle des verordneten preiswerteren (wirkungsgleichen) Generika-Präparats. Die Mehrkosten hat der Versicherte zu tragen. Rabatte, die Hersteller und Pharmahandel geben müssen, sind zu berücksichtigen, mindern somit die Kassenleistungen und kommen deshalb dem Versicherten nicht zugute. Außerdem setzen die Kassen eine Bearbeitungsgebühr an. Mehrkosten sind nicht beihilfefähig, auch nicht bei freiwillig Versicherten.

2. Berechnung

Die Ärzte berechnen bei Patienten, die Kostenerstattung gewählt haben, ihre Leistungen nach den → Gebührenordnungen für Ärzte und Zahnärzte und machen die Vergütungen gegenüber dem Versicherten geltend, der sie auch unmittelbar dem Arzt zu bezahlen hat. Die Rechnungen (mit Angabe der Diagnose) sind von den Versicherten im Original der Krankenkasse zur Erstattung vorzulegen. Die Krankenkassen leisten in Höhe der im Sachleistungssystem vereinbarten Vertragssätze. Dies ist im Krankenhausfall das Entgelt für die allgemeinen Krankenhausleistungen abzüglich Zuzahlungen. Auch die Vertragssätze für Arznei-, Verband-, Heil- und Hilfsmittel werden um die Zuzahlungen gekürzt. Die Krankenkasse kann **Abschläge für Verwaltungskosten** in Höhe von höchstens 5 v. H. des Erstattungsbetrags vornehmen. Das bedeutet nicht, dass die Krankenkasse für die Kosten unwirtschaftlicher Behandlungsmethoden eintritt (BSG vom 25.9.2000 – B 1 KR 24/99 R). Außerdem sind der Kasse entgangene Rabatte für Arzneimittel beim Umfang der Erstattung zu berücksichtigen.

Beispiele:

1. Arztrechnung 500 Euro (beihilfefähig), gekürzt um die Kassenleistung von 350 Euro

	Euro	Euro
beihilfefähiger Rechnungsbetrag		500,00
./. Kassenleistung		350,00
		150,00

2. Arzneimittelkosten 40 Euro (privatärztliche Verordnung), Kassenerstattung 30 Euro, Abschlag nicht auf Verordnung angegeben		
beihilfefähiger Arzneimittelpreis		40,00
./. Kassenleistung	30,00	
./. Abschlag nach § 8 Abs. 3 Satz 2 BBhV (= 15 v. H. von 30 Euro)	4,50	
./. Eigenbehalt nach § 49 Abs. 1 Satz 1 Nr. 1 BBhV	5,00	39,50
beihilfefähig		0,50

3. Ungedeckte Kosten

Wer an der Kostenerstattung teilnimmt, muss sich darüber im Klaren sein, dass ihm ungedeckte Kosten verbleiben, die wiederum nicht beihilfefähig zu sein brauchen, → Ziff. 4. Der Status als Selbstzahler oder Privatpatient wird oftmals teuer erkauft. Dem Arzt ist es verboten, den Patienten zur Kostenerstattung zu drängen oder gar die Behandlung von deren Vereinbarung abhängig zu machen. Der Patient sollte sich vor Einwilligung in eine Kostenerstattung mit dem Arzt und der Krankenkasse über die finanziellen Folgen erkundigen. Es begegnet keinen rechtlichen Bedenken, wenn bei der Teilnahme an der Kostenerstattung über die Beihilfe nicht alle beihilfefähigen Kosten ausgeglichen werden (BVerwG vom 15.12.2005, Az. 2 C 35/04; OVG Münster vom 2.5.2007, Az. 6 A 3510/04).

4. Nachweis

Bei Kostenerstattung sind die beihilfefähigen Aufwendungen abzüglich der Kassenleistung beihilfefähig. Die Kassenleistungen sind von dem Beihilfeberechtigten nachzuweisen. Abschläge für Verwaltungskosten sind in nachgewiesener Höhe bzw. – bei nicht erbrachtem Nachweis – in Höhe von 15 v. H. der Kassenleistungen nicht beihilfefähig → Abschläge bei Kostenerstattung. Wählen in der GKV pflichtversicherte Versorgungsempfänger (für Beamte und Richter dürfte eine Pflichtversicherung ausscheiden) zulässigerweise Kostenerstattung, sind ebenfalls die beihilfefähigen Aufwendungen abzüglich der Kassenleistung beihilfefähig, sofern sie nicht von § 8 Abs. 4 Satz 3 BBhV erfasst werden. Allerdings erfolgt bei diesen keine Aufstockung des Bemessungssatzes nach § 47 Abs. 6 BBhV.

Pflichtversicherte, die (z. B. als Rentenbezieher) einen Zuschuss (des Rentenversicherungsträgers) oder einen Arbeitgeberanteil zum Krankenversicherungsbeitrag bekommen, erhalten zu Kostenlücken als Folge der Inanspruchnahme der Kostenerstattung anstelle der Sach- und Dienstleistung keine Beihilfe.

Kostenpläne

Aufwendungen für Heil- und Kostenpläne bei Zahnersatz und kieferorthopädischer Behandlung sind beihilfefähig (einschl. derjenigen nach Nr. 0030 und 0040 GOZ), mit Ausnahme der nach § 2 Abs. 3 GOZ erstellten Heil- und Kostenpläne (das sind Pläne für Leistungen, die auf Verlangen des Zahlungspflichtigen vereinbart worden und weder in der GOÄ noch in der GOZ enthalten sind).

Nicht beihilfefähig sind die Aufwendungen für ärztliche Heil- und Kostenpläne.

Krampfaderbehandlung

Die Venenklappen verhindern, dass beim Blutkreislauf das Blut entgegen der Schwerkraft zurückfließen kann. Bei Störungen der Klappenfunktion strömt das Blut langsam zum Herz, wodurch sich knotenförmige Erweiterungen und bläuliche Verfärbungen der oberflächigen Vene ergeben können, die als Krampfadern oder Besenreiser bezeichnet werden. Sie können zu gesundheitlichen Gefahren wie Blutgerinnseln (Thrombosen, Venenentzündungen, Krampfaderbildungen und Hautschäden) führen. Die Aufwendungen für das Beseitigen und Behandeln von Krampfadern sind beihilfefähig. Dies gilt sowohl für das Herausziehen der Krampfadern als auch das Tragen von Krampfaderbinden (vgl. Abschnitt 1 Nr. 11.20 der Anlage 11 zur BBhV).

Krankenbesuche

Aufwendungen anlässlich von Krankenbesuchen gehören nach allgemeiner Auffassung zu den Lebenshaltungskosten und sind deshalb nicht beihilfefähig. Ausnahmen gelten nach § 31 Abs. 2 Nr. 7 BBhV nur für elterliche Besuche eines stationär untergebrachten Kindes oder Jugendlichen in begründeten Ausnahmen (z. B. bei schwerer Erkrankung).

Krankenbetten

Beihilfefähig sind i. d. R. Aufwendungen für Zubehör, mit dem ein normales Bett zum Kranken- bzw. Pflegebett hergerichtet wird (z. B. Krankenlifter, Krankenheber, Bettnässer-Weckgerät, Schrägliegebrett) und das es möglich macht, die → Krankenhausbehandlung durch kostensparende häusliche Pflege zu ersetzen. Dazu gehören auch stufen- und elektronisch verstellbare Betten, wenn sie aus medizinischen Gründen oder zur Erleichterung der Pflege unerlässlich sind. Aufwendungen für von Heimen usw. zu stellende Kranken- oder Pflegebetten sind nicht beihilfefähig.

Krankenfahrzeuge

Aufwendungen für Behinderten-Dreiräder und Krankenfahrstühle (auch elektrisch) mit Zubehör sind nach Abschnitt 1 Nr. 2.5 bzw. Nr. 11.21 der Anl. 11 zur BBhV beihilfefähig. Die Notwendigkeit der Beschaffung ist vom Arzt schriftlich zu bescheinigen. Die Beschaffung ist notwendig, wenn sich der Erkrankte mit Hilfe von Körperersatzstücken (z. B. Beinprothesen) oder anderen Hilfsmitteln nicht seinen Bedürfnissen entsprechend bewegen kann und er deshalb zur Fortbewegung ein Krankenfahrzeug benötigt. Nicht beihilfefähig sind die Aufwendungen für ein Zweirad oder Tandem für behinderte Menschen (Nr. 20.3 der Anl. 12 zur BBhV). Aufwendungen für eine Rampe dürften beim Vorliegen dauernder Pflegebedürftigkeit als Maßnahmen zur Verbesserung des individuellen Wohnumfelds beihilfefähig sein (§ 38g Abs. 1 Satz 1 Nr. 2 BBhVO).

Beihilfefähig sind die Aufwendungen für ein **handbetriebenes Krankenfahrzeug.** In Ausnahmefällen können auch die Kosten für ein **motorisiertes (elektrisch betriebenes) Krankenfahrzeug** als beihilfefähig anerkannt werden, wenn der Arzt eine solche Anschaffung ausdrücklich als notwendig bescheinigt. Notwendig kann die Anschaffung eines motorisierten Krankenfahrzeugs z. B. wegen der örtlichen Straßenverhältnisse, hügeligem Gelände, Behinderung der Arme oder Hände sowie der Art und Weise der Erkrankung bzw. Behinderung sein. Die Beihilfefähigkeit der Aufwendungen für motorisierte Krankenfahrzeuge ist nicht durch einen Höchstbetrag begrenzt; vielmehr sind insoweit die Aufwendungen in angemessenem Umfang beihilfefähig. Die Mehrkosten für elektrisch betriebene Rollstühle dürfen nicht mit dem Hinweis von der Beihilfe ausgenommen werden, dass Angehörige oder Haushaltsangehörige einen Rollstuhl ohne Elektroantrieb schieben könnten oder der Patient sich mit Aktivrollstühlen selbst in der Wohnung usw. bewegen könne (vgl. BSG vom 12.8.2009, Az. B 3 KR 8/08 R).

E-Bikes, also Fahrräder mit Elektrounterstützung, sind dagegen keine beihilferechtlichen Krankenfahrzeuge, da sie nicht primär zum Ausgleich einer Krankheit oder Behinderung dienen (vgl. LSG Niedersachsen-Bremen, Az. L 4 KR 454/11).

Bei stark behinderten Menschen sind die Aufwendungen für besonders hergerichtete Dreiräder oder Therapie-Tandems beihilfefähig, wenn sie der Integration i. S. der Gleichstellung mit Gesunden dienen.

Auch Aufwendungen für den **Betrieb und die Unterhaltung** des Krankenfahrzeugs (z. B. für das Aufladen der Batterie) sind beihilfefähig, soweit sie – ggf. zusammen mit den Kosten für Betrieb und Unterhaltung anderer Hilfsmittel – den Betrag von 100 Euro kalenderjährlich übersteigen. Die 100-Euro-Regelung gilt nicht für Kinder bis zur Vollendung des 18. Lebensjahres (§ 25 Abs. 5 Satz 1 und 3 BBhV). Die Aufwendungen für die Anschaffung eines **Batterieladegeräts** sind beihilfefähig, wenn die Kosten niedriger sind als für den Kauf einer Ersatzbatterie oder das wiederholte Laden der Batterie in einer Werkstatt.

Krankenhausbehandlung

Das Wichtigste in Kürze

- Die Kosten vollstationärer und teilstationärer Krankenhausbehandlung werden durch die Bundespflegesatzverordnung und das Krankenhausentgeltgesetz geregelt, die es dem Privatpatienten ermöglichen, die Höhe der entstehenden Kosten zu beeinflussen.
- Die allgemeinen Krankenhausleistungen umfassen insbesondere
  a) ärztliche Behandlung,
  b) Krankenpflege,
  c) Versorgung mit Arznei-, Heil- und Hilfsmitteln,
  d) Unterkunft und Verpflegung,
  e) die vom Arzt veranlassten Leistungen Dritter (z. B. von Konsiliarärzten),
  f) die medizinisch notwendige Mitaufnahme einer Begleitperson,

  d. h. die komplette Leistung des Krankenhauses, und zwar gleichermaßen für Kassen- und Privatpatienten.

- Die allgemeinen Krankenhausleistungen werden
  a) mit Fallpauschalen oder Sonderentgelten oder
  b) mit Pflegesätzen

  in Rechnung gestellt.
- Über die allgemeinen Krankenhausleistungen hinaus können mit dem Krankenhaus und (oder) dem Arzt Wahlleistungen vereinbart werden, insbesondere
  a) die nicht als allgemeine Krankenhausleistung vorgesehene Unterbringung in einem Zwei- oder Einbettzimmer oder
  b) die Behandlung durch den Chefarzt oder einen anderen liquidationsberechtigten Arzt oder
  c) beides zusammen.
- Das hat zur Folge, dass
  a) bei der Inanspruchnahme eines Zwei- oder Einbettzimmers der allgemeine Pflegesatz um einen Zuschlag erhöht wird,
  b) bei der Inanspruchnahme der Behandlung durch einen liquidationsberechtigten Arzt alle in Anspruch genommenen Ärzte gesondert nach der Gebührenordnung für Ärzte (GOÄ) abrechnen, wobei die üblichen GOÄ-Gebühren um 25 v. H. (bei Belegärzten und niedergelassenen anderen Ärzten um 15 v. H.) reduziert werden.
- Bei notwendiger stationärer Krankenhausbehandlung sind beihilfefähig die Aufwendungen für die voll-, teil-, vor- und nachstationären Leistungen, und zwar
  a) bei Inanspruchnahme der allgemeinen (medizinisch zweckmäßigen und ausreichenden, umfassenden) Krankenhausleistungen, wie sie im Allgemeinen für Mitglieder der GKV erbracht und voll mit der Fallpauschale oder dem allgemeinen Pflegesatz abgegolten

werden: i. d. R. die vollen Kosten, allerdings gekürzt um einen Eigenbehalt,

b) bei Inanspruchnahme von Wahlleistungen (insbesondere Wahl eines bestimmten Arztes sowie Ein- oder Zweibettzimmer),
   - die Aufwendungen für die gesondert berechnete Wahlleistung Unterkunft (das vom Patienten gewünschte Ein- oder Zweibettzimmer) bis zur Höhe von täglich 51,79 Euro (ab 1.4.2024),
   - die übrigen notwendigen Aufwendungen (insbesondere für die gesondert liquidationsberechtigten Ärzte), soweit es sich um Honorarforderungen im Rahmen der GOÄ-Schwellenwerte handelt: in vollem Umfang.

- Die Kosten einer stationären Krankenhausbehandlung sind bei Inanspruchnahme von Wahlleistungen – insbesondere durch die gesonderten Liquidationen aller beteiligten Ärzte – wesentlich höher als der allgemeine Pflegesatz, mit dem nicht nur Unterkunft und Verpflegung, sondern auch die notwendigen ärztlichen Verrichtungen abgegolten werden.
- Nehmen freiwillige Mitglieder einer gesetzlichen Krankenkasse „allgemeine Krankenhausleistungen" in Anspruch, werden diese Leistungen von der Krankenkasse als Sach- und Dienstleistungen gewährt. Für die Gewährung von Beihilfen bleibt deshalb nur Raum, soweit Wahlleistungen in Anspruch genommen werden.
- Bei Behandlungen in Privatkliniken sind nur die entsprechenden Aufwendungen bei Behandlung in Krankenhäusern der Maximalversorgung beihilfefähig.
- Ansprüche auf Wahlleistungen sind in den einzelnen Bundesländern abweichend geregelt.

- Zu Abschlagszahlungen und Deckungszusagen der PKV
  → Abschlagszahlungen

Abweichungen in Bundesländern:
→ Baden-Württemberg (Ziff. 10)
→ Bayern (Ziff. 6)
→ Berlin (Ziff. 8 bis 10)
→ Brandenburg
→ Bremen (Ziff. 2)
→ Hamburg (Ziff. 3)
→ Hessen (Ziff. 9)
→ Mecklenburg-Vorpommern
→ Niedersachsen (Ziff. 12)
→ Nordrhein-Westfalen (Ziff. 5)
→ Rheinland-Pfalz (Ziff. 6)
→ Saarland (Ziff. 3)
→ Sachsen (Ziff. 8)
→ Schleswig-Holstein (Ziff. 8, 9)
→ Thüringen (Ziff. 11)

1. Vergütung von Krankenhausleistungen

Eine Krankenhausbehandlung ist notwendig und die Aufwendungen sind nur dann beihilfefähig, wenn sie von niedergelassenen Ärzten verordnet sind. Diese Einschränkung gilt nicht in Notfällen.

Die vollstationären und teilstationären Leistungen der Krankenhäuser werden nach dem Krankenhausentgeltgesetz (KHEntgG) und der Bundespflegesatzverordnung (BPflV) vergütet. Die Vergütung für vor- und nachstationäre Behandlung richtet sich für alle Benutzer des Krankenhauses einheitlich nach den nach § 115a SGB V vereinbarten Sätzen. Die ambulante Durchführung von Operationen im Krankenhaus wird für gesetzlich versicherte Personen nach § 115b SGB V und für sonstige Personen nach den für sie geltenden Vorschriften, Vereinbarungen oder Tarifen vergütet.

Die BPflV gilt (mit einigen Ausnahmen, wie z. B. Krankenhäuser im Strafvollzug und Polizeikrankenhäuser) für alle Krankenhäuser der Bundesrepublik Deutschland. Mit ihr sind an die Stelle eines vollpauschalierten Pflegesatzes zum Teil leistungsorientierte Fallpauschalen und Sonderentgelte getreten, mit denen die Senkung der Verweildauer der Patienten und ein Preiswettbewerb zwischen den Krankenhäusern ermöglicht werden sollen. Die Kalkulation dieser Entgelte ist im Wesentlichen auf einen „Normpatienten" und ein „Normkrankenhaus" abgestellt. Ziele dieser Umstellung, die durch Übergangsbestimmungen und flankierende Maßnahmen eine flexible, schrittweise Anpassung an die neuen Bedingungen vorsieht, sind mehr Wirtschaftlichkeit und Sparsamkeit im Gesundheitswesen. Für eine längere Zeit wird es ein Nebeneinander von leistungsbezogenen und krankenhausindividuellen Entgelten geben.

Mittlerweile wurde das Vergütungssystem für Krankenhausleistungen auf Diagnosis Related Groups (DRG's) umgestellt, was sich in einem **Fallpauschalsystem** neuer Art ausdrückt. Diesem liegt ein krankenhausspezifischer Punktwert zugrunde, der nach den in den Bundesländern vereinbarten Basisfallwerten festgelegt wird und künftig nicht mehr Pflegekosten des Krankenhauses enthält. Für psychiatrische und psychosomatische Behandlungen gilt ein pauschalierender tagesbezogener Entgeltkatalog.

Mit den Fallpauschalen werden die gesamten Leistungen eines Krankenhauses für einen bestimmten Behandlungsfall vergütet. Die **Sonderentgelte** vergüten demgegenüber nur die Kosten für einen bestimmten Leistungskomplex, insbesondere für Operationen. Zur Vergütung der Leistungen, die nicht durch Fallpauschalen oder Sonderentgelte vergütet werden, sind im Rahmen eines krankenhausindividuell auszuhandelnden Budgets tagesgleiche **Abteilungspflegesätze** und **Basispflegesätze** vorgesehen.

Die mit einem Plankrankenhaus verbundenen Privatkliniken sind bei ihren Pflegesätzen an die Fallpauschalen des Plankrankenhauses gebunden (vgl. BGH, Az. III ZR 195/17), wenn sie denselben Träger haben und mehrere Räume und Einrichtungen (z. B. Röntgen, Empfang) gemeinsam nutzen.

Privatpatienten können die Höhe ihrer Kosten beeinflussen, insbesondere durch Verzicht auf Wahlleistungen sowie durch eine teilstationäre oder ambulante anstelle einer vollstationären Behandlung.

Vor der Aufnahme in ein Krankenhaus kann zur Prüfung der Beihilfefähigkeit eine Übersicht der voraussichtlichen Kosten vorgelegt werden.

Bei im Ausland beanspruchten Leistungen in zugelassenen oder nicht zugelassenen Krankenhäusern (§§ 26, 26a BBhV) sind bei der Beantragung von Beihilfe eine Entlassungsanzeige und – bei Inanspruchnahme von Wahlleistungen – auf Verlangen der Festsetzungsstelle die Wahlleistungsvereinbarung vorzulegen (§ 51 Abs. 3 Satz 3 und 4 BBhV).

2. Umfang der Krankenhausleistungen

Die beihilfefähigen Krankenhausleistungen umfassen:

- vor- und nachstationäre Krankenhausbehandlung nach § 115a SGB V (einschl. der Belegärzte)
- allgemeine Krankenhausleistungen (einschl. der Belegärzte)
- Wahlleistungen

Dies sind insbesondere:

a) ärztliche Behandlung
b) Krankenpflege
c) Versorgung mit Arznei-, Heil- und Hilfsmitteln
d) Unterkunft und Verpflegung

Zu den Krankenhausleistungen gehören nicht die Leistungen der Belegärzte sowie der Beleghebammen und -entbindungspfleger. Belegärzte sind niedergelassene und andere nicht am Krankenhaus angestellte Ärzte, die berechtigt sind, ihre Patienten (Belegpatienten) im Krankenhaus unter Inanspruchnahme der hierfür bereitgestellten Dienste, Einrichtungen und Mittel stationär oder teilstationär zu behandeln oder durch Krankenhausärzte behandeln zu lassen, ohne hierfür vom Krankenhaus eine Vergütung zu erhalten.

3. Allgemeine Krankenhausleistungen

Allgemeine Krankenhausleistungen sind die Krankenhausleistungen, die unter Berücksichtigung der Leistungsfähigkeit des Krankenhauses für eine nach Art und Schwere der Erkrankung des Patienten medizinisch zweckmäßige und ausreichende Versorgung notwendig sind. Dazu zählen auch:

a) die während des Krankenhausaufenthalts durchgeführten Maßnahmen zur Früherkennung von Krankheiten i. S. des SGB V
b) die vom Krankenhaus veranlassten Leistungen Dritter (z. B. die Leistungen fremder Untersuchungsstellen oder von Konsiliarärzten)
c) die aus medizinischen Gründen notwendige Mitaufnahme einer Begleitperson des Patienten
d) die besonderen Leistungen von Tumorzentralen und onkologischen Schwerpunkten für die stationäre Versorgung von krebskranken Patienten

Die allgemeinen Krankenhausleistungen umfassen damit alle Leistungen des Krankenhauses, die nach Art und Schwere der Erkrankung des Patienten für dessen Versorgung medizinisch notwendig und zweckmäßig sind. Erfordert z. B. eine schwierige Operation die besonderen Erfahrungen und Fähigkeiten des chirurgischen Chefarztes, kann dessen Tätigkeit nicht davon abhängig gemacht werden, dass der Patient ein gesondertes Honorar zahlt. Andererseits wird nicht ausgeschlossen, dass die Leistung des Chefarztes bei entsprechender vorheriger Vereinbarung als Wahlleistung gesondert berechnet werden kann. Das gilt auch für die Leistungen der Geburtshilfe. Entsprechendes gilt für die Unterbringung des Patienten in einem Ein- oder Zweibettzimmer: War die Einweisung in ein solches Zimmer nach ärztlicher Anordnung notwendig, gehört die Unterbringung zu den allgemeinen Krankenhausleistungen; wird die Unterbringung in einem Ein- oder Zweibettzimmer gewünscht, ohne dass dafür eine medizinische Notwendigkeit besteht, kann sich der Patient diesen Komfort als Wahlleistung kaufen.

Eine Verweildauer im Krankenhaus über das Wochenende hinaus muss nachweislich medizinisch begründet sein. Im Zweifel hat das Krankenhaus dies darzulegen (vgl. BSG vom 10.12.2008, Az. B 1 KN 3/08 KR R).

Zu den allgemeinen Krankenhausleistungen zählen nicht nur die voll- und teilstationären Leistungen, die das Krankenhaus zur Versorgung des Patienten selbst erbringt, sondern auch von ihm veranlasste notwendige **Leistungen Dritter**, z. B. die Leistungen fremder Untersuchungsstellen (z. B. Röntgenpraxis, Labore) oder von Konsiliarärzten, die vom Krankenhaus zur Behandlung des Patienten herangezogen werden. Maßstab für Art und Umfang der Leistungen ist, was für die Wiederherstellung der Patientengesundheit unter medizinischen Gesichtspunkten im Einzelfall als erforderlich anzusehen ist. Soweit die eigenen Leistungen des Krankenhauses hierzu nicht ausreichen, muss es auf die notwendigen Leistungen Dritter zurückgreifen. Die Vergütung der Drittleistungen geht in die Selbstkosten des Krankenhauses und damit in die Pflegesätze ein.

Zu den allgemeinen Krankenhausleistungen rechnet schließlich auch die aus medizinischen Gründen notwendige **Mitaufnahme einer Begleitperson** des Patienten. Bei nach dem Krankenhausentgeltgesetz berechneten Kosten wird ein Zuschlag für die **Begleitperson** berechnet (nicht für den Entlassungstag). „Mitaufnahme" bedeutet Aufnahme „mit" dem Patienten im Krankenhaus, nicht Unterbringung in einem in der Nachbarschaft des Krankenhauses liegenden Hotel. Bei der Unterbringung der Begleitperson von Kindern außerhalb des Krankenhauses sind Aufwendungen bis zu 13 Euro täglich beihilfefähig, wenn wegen des Alters des Kindes dafür eine medizinische Notwendigkeit vorliegt (VV 26.1.2). Die Entscheidung über die medizinische Notwendigkeit der Mitaufnahme kann zunächst vom niedergelassenen Arzt im Zusammenhang mit der Einweisung des Patienten in das Krankenhaus getroffen werden. Die Letztentscheidung über Notwendigkeit und Dauer der Mitaufnahme trifft (wie für den Patienten) der behandelnde Arzt im Krankenhaus.

Nicht zu den allgemeinen Krankenhausleistungen gehört eine **Dialyse**, wenn hierdurch eine entsprechende Behandlung fortgeführt wird, das Krankenhaus keine eigene Dialyseeinrichtung hat und kein Zusammenhang mit dem Grund der Krankenhausbehandlung besteht.

4. Vergütung allgemeiner Krankenhausleistungen

Die allgemeinen Krankenhausleistungen werden vergütet, soweit Fallpauschalen und Sonderentgelte

a) in bundesweit gültigen Bewertungsrelationen (Punktzahlen) bereits festgelegt sind: durch diese diagnosebezogenen Fallpauschalen (Diagnosis Related Groups, DRG) und Sonderentgelte. Die endgültige Vergütung der Krankenhausleistungen bestimmt sich nach den Fallpauschalen in Verbindung mit den sog. Basisfallwerten, die auf Länderebene vereinbart werden.
b) noch nicht zur Verfügung stehen: durch tagesgleiche Abteilungspflegesätze, Basispflegesätze und entsprechende teilstationäre Pflegesätze, die auf der Grundlage eines der voraussichtlichen Leistungsstruktur und -entwicklung jedes Krankenhauses ermittelten Budgets festgelegt werden.

Eingeschlossen ist auch der zusätzliche Pflegezuschlag zur dauerhaften Beschäftigung von mehr Pflegepersonal.

Fallpauschalen werden in Abständen zwischen den Spitzenverbänden der GKV und PKV sowie der Deutschen Krankenhausgesellschaft vereinbart. Dies gilt auch für den pauschalierten Entgeltkatalog für psychiatrische und psychosomatische Einrichtungen (PEPP-Entgeltkatalog). Der jeweils für ein Kalenderjahr festgesetzte Fallpauschalenkatalog ist die Abrechnungsgrundlage für stationäre Leistungen, gilt also auch für Privatversicherte.

In bestimmten Fällen (z. B. bei der Behandlung von Blutern) dürfen neben einer Fallpauschale Sonderentgelte oder Zuschläge berechnet werden.

Bei **Geburt** werden für Mutter und Kind getrennte Fallpauschalen berechnet. Dies gilt auch hinsichtlich des Neugeborenen, das krankheitshalber verlegt wird.

Andere als die allgemeinen Krankenhausleistungen dürfen als Wahlleistungen gesondert berechnet werden, wenn die gesonderte Berechnung mit dem Krankenhaus vereinbart ist.

Im Rahmen der allgemeinen Krankenhausleistungen gelten für Kassen- und Privatpatienten und für alle Kostenträger die gleichen Sätze.

Für Krankenhausbehandlungen, die voraussichtlich länger als eine Woche dauern, kann das Krankenhaus angemessene Vorauszahlungen verlangen.

Neben den Pflegesätzen dürfen andere als die allgemeinen Krankenhausleistungen als Wahlleistungen gesondert berechnet werden, wenn

- die allgemeinen Krankenhausleistungen durch die Wahlleistungen nicht beeinträchtigt werden und
- die gesonderte Berechnung mit dem Krankenhaus vereinbart ist.

Diagnostische und therapeutische Leistungen dürfen als Wahlleistungen nur gesondert berechnet werden, wenn die genannten Voraussetzungen vorliegen und die Leistungen von einem Arzt erbracht werden.

5. Vergütung von Wahlleistungen

Als Wahlleistungen kommen insbesondere in Betracht:

- die Wahl eines bestimmten Arztes (meistens des Chefarztes) für die stationäre Behandlung
- die Inanspruchnahme eines im Rahmen des allgemeinen oder des in Betracht kommenden besonderen Pflegesatzes regelmäßig nicht vorgesehenen Ein- oder Zweibettzimmers

Daneben gibt es weitere Wahlleistungen, z. B. besondere Essensangebote, Nasszellen, Fernsehen, Telefon und die Unterbringung einer Begleitperson ohne entsprechende medizinische Notwendigkeit.

Wahlleistungen sind vor der Erbringung schriftlich zu vereinbaren; der Patient ist vor Abschluss der **Vereinbarung** über die Entgelte der Wahlleistungen und deren Inhalt im Einzelnen zu unterrichten. Nicht zulässig ist die rückwirkende Vereinbarung von Wahlleistungen. Das gilt auch für Notfälle. Hier muss die ärztliche Wahlleistung z. B. durch einen Vertreter vorher schriftlich vereinbart worden sein. Geschieht das nicht, sind für die rückwirkende Zeit nur allgemeine Krankenhausleistungen in Anspruch genommen worden. Dies gilt auch in den Fällen, in denen der Chefarzt seine ärztliche Leistung schon im Rahmen seines Hauptamtes als Teil der allgemeinen Krankenhausleistungen erbracht hat, weil sein persönliches Tätigwerden nach Art und Schwere der Erkrankung des Patienten medizinisch notwendig war. Kann der Chefarzt voraussehbar den Patienten nicht behandeln (z. B. wegen Teilnahme an einem Kongress), hat das Krankenhaus den Patienten darüber zu unterrichten. Dieser kann dann entscheiden, ob er sich vom Vertreter behandeln lässt oder die Rückkehr des Chefarztes abwartet. Fehlt es an der Einwilligung von Patienten zu der vertretungsweisen Behandlung durch einen anderen Arzt, liegt letztlich ein rechtswidriger Eingriff in die körperliche Integrität vor.

Eine Vereinbarung über gesondert berechenbare Unterkunft (Überlassung eines Ein- oder Zweibettzimmers als Wahlleistung) darf nicht von einer Vereinbarung über sonstige Wahlleistungen, auch nicht der Wahl eines liquidationsberechtigten Arztes, abhängig gemacht werden. Dagegen können wahlärztliche Leistungen von der Unterbringung im Zwei- oder Einbettzimmer (als Wahlleistung) abhängig gemacht werden. Der Privatpatient hat daher die Möglichkeit, folgende Wahlleistungen einzeln oder zusammen in Anspruch zu nehmen:

- die Unterbringung in einem Zwei- oder Einbettzimmer oder
- die Betreuung durch einen liquidationsberechtigten Arzt (mit der vorstehenden Einschränkung)

Eine Vereinbarung über wahlärztliche Leistungen erstreckt sich nicht nur auf den Arzt, mit dem die Vereinbarung abgeschlossen wird (i. d. R. den Chefarzt), sondern auf alle an der Behandlung des Patienten beteiligten Ärzte des Krankenhauses, soweit diese zur gesonderten Berechnung ihrer Leistungen im Rahmen der voll- und teilstationären sowie einer vor- und nachstationären Behandlung berechtigt sind, einschl. der von diesen Ärzten veranlassten Leistungen von Ärzten und ärztlich geleiteten Einrichtungen außerhalb des Krankenhauses. Es entsteht daher bei Inanspruchnahme wahlärztlicher Leistungen eine **Liquidationskette**, die z. B. bei einer Operation nicht nur den Chefarzt der chirurgischen Abteilung, sondern auch die hinzugezogenen anderen Chefärzte (z. B. den Internisten, Anästhesisten, Röntgenologen, Pathologen) erfasst. Wahlärzte (mit Liquidationsberechtigung) sind durchweg nur Ärzte, die in einem festen Anstellungs- oder Beamtenverhältnis zu dem Krankenhausträger stehen, nicht also Honorar-, Beleg- oder

Konsiliarärzte. Die letzteren Ärzte werden vielmehr nicht von der Wahlleistungsvereinbarung erfasst, dürfen also die Höhe ihres Honorars frei bestimmen (vgl. BGH vom 31.3.2018, Az. B 6 KA 63/17 B). Auf diesen Umstand muss in der Vereinbarung hingewiesen werden. Wahlärztliche Leistungen sind nur berechenbar, wenn sich der Arzt persönlich zu Beginn, während der Behandlung (Operation) und zum Abschluss dieser mit dem Patienten in der Weise befasst, dass er die Behandlung persönlich geprägt hat (BGH vom 25.8.2008, Az. 5 U 243/07).

Werden wahlärztliche Leistungen in Anspruch genommen, erhält der Privatpatient vom Krankenhaus und von jedem in Anspruch genommenen liquidationsberechtigten Arzt (oder dessen Verrechnungsstelle) eine gesonderte Rechnung. Dabei gilt Folgendes:

Das Krankenhaus stellt die allgemeinen Krankenhausleistungen in Rechnung. Dabei wird für die Inanspruchnahme eines Zwei- oder Einbettzimmers als Wahlleistung zusätzlich ein Zuschlag berechnet.

Die Ärzte liquidieren ihrerseits nach der → Gebührenordnung für Ärzte, die nicht festen Vergütungen, sondern einen Gebührenrahmen mit Mindest- und Höchstsätzen, außerdem Schwellenwerte vorsieht, über die nur ausnahmsweise und mit entsprechender (in die Rechnung aufzunehmender) Begründung hinausgegangen werden darf. Die nach der GOÄ berechneten Gebühren sind bei stationärer und teilstationärer sowie vor- und nachstationärer Behandlung zwar um 25 v. H. (bei Belegärzten um 15 v. H.) zu reduzieren (→ Gebührenordnung für Ärzte, Ziff. 5). Darüber hinaus gibt die GOÄ die Möglichkeit, zwischen Arzt und Zahlungspflichtigem abweichende Vergütungen zu vereinbaren (sog. Abdingung), die den Gebührenrahmen übersteigen können und mit den Mehrkosten i. d. R. voll zulasten des Beihilfeberechtigten gehen.

Nehmen Privatpatienten als Wahlleistung sowohl gesondert berechenbare Unterkunft als auch wahlärztliche Leistungen in Anspruch, kann der Krankenhausaufenthalt zwei- bis dreimal so teuer werden wie bei der vergleichbaren stationären Behandlung eines Kassenpatienten. Der Hauptgrund für die unterschiedliche Kostensituation liegt in den gesondert in Rechnung gestellten Arzthonoraren. Es sollte deshalb gut überlegt werden, ob man bei jedem Krankenhausaufenthalt die Behandlung durch den Chefarzt als wahlärztliche Leistung beansprucht. Eine solche Wahlleistung hat nicht immer zur Folge, dass der Chefarzt wirklich selbst behandelt bzw. operiert und sich um alles selbst kümmert. Ist der Chefarzt in Urlaub oder krank, muss der Patient ohnehin mit den anderen Ärzten vorlieb nehmen und entdeckt dabei nicht selten, dass er dann ebenso gut versorgt wird. Das sollte jedenfalls so sein; denn auch in den allgemeinen Krankenhausleistungen ist eine medizinisch zweckmäßige und ausreichende ärztliche Versorgung enthalten.

Ein zur gesonderten Berechnung wahlärztlicher Leistungen berechtigter Arzt des Krankenhauses kann eine Abrechnungsstelle mit der Abrechnung der Vergütung für die wahlärztlichen Leistungen beauftragen oder die Abrechnung dem Krankenhausträger überlassen. Die Übermittlung personenbezogener Daten an eine beauftragte Abrechnungsstelle außerhalb des Krankenhauses darf nur mit Einwilligung der jeweils betroffenen Patienten erfolgen.

6. Privatpatient

Privatpatienten bzw. gesetzlich Versicherte mit Zusatzversicherung für den Krankenhausfall haben freie Krankenhauswahl, Anspruch auf Chefarztbehandlung, Unterbringung im Ein- oder Zweibettzimmer, ambulante Operationen und – bei privater Versicherung von Kindern – auch Anspruch auf Leistungen für eine Begleitperson des Kindes.

Der Privatpatient erhält, wenn er keine Wahlleistungen in Anspruch nimmt, vom Krankenhaus i. d. R. nur eine Rechnung (evtl. aufgegliedert in Teilrechnungen für bestimmte Zeiträume), mit der alle Krankenhausleistungen (einschl. der ärztlichen Versorgung) abgegolten sind. Die tagesgleichen Pflegesätze werden auch für den Aufnahmetag, nicht jedoch für den Entlassungs- oder Verlegungstag berechnet. Die letzteren Tage dürfen allerdings bei einer teilstationären Behandlung berücksichtigt werden.

7. Mitteilungsanspruch

Das Krankenhaus hat dem Patienten oder seinem gesetzlichen Vertreter auf Verlangen die Pflegesätze (einschl. Fallpauschalen und Sonderentgelte) für die allgemeinen Krankenhausleistungen mitzuteilen. Eine rückwirkende Anhebung dieser Pflegesätze ist grundsätzlich ausgeschlossen (§ 15 Abs. 1 BPflV).

8. Rechte des Krankenhauspatienten

Die **Rechte des Krankenhauspatienten** wurden vom Ausschuss der Krankenhäuser in der EU in einer vom Vorstand der Deutschen Krankenhausgesellschaft zustimmend zur Kenntnis genommenen Charta des Krankenhauspatienten festgelegt.

9. Beihilfefähige Aufwendungen

Bei stationärer Krankenhausbehandlung sind nach § 26 BBhV **beihilfefähig** die Aufwendungen für die vor- und nachstationäre Krankenhausbehandlung nach § 115a SGB V sowie für die vollstationären und teilstationären Krankenhausleistungen nach dem KHEntgG und der BPflV:

- allgemeine Krankenhausleistungen (§ 2 Abs. 2 KHEntgG/BPflV)
  - a) Fallpauschalen, Zusatzentgelte und Sonderentgelte
  - b) aus dem Budget abgeleitete tagesgleiche Pflegesätze nach § 13 BPflV (Abteilungspflegesatz, Basispflegesatz, teilstationärer Pflegesatz)

- Wahlleistungen
  - gesondert berechnete wahlärztliche Leistungen (§§ 16, 17 KHEntgG, § 16 BPflV)
  - gesondert berechnete Unterkunft (§ 26 Abs. 1, § 26a Abs. 1 BBhV) bis zur Höhe von 51,79 Euro täglich (ab 1.4.2024)
- andere im Zusammenhang damit berechnete Leistungen
- Zuschläge für Ausbildungsstätten und Ausbildungsvergütungen, Sicherstellungszuschläge
- Qualitätssicherungszuschläge
- Zuschläge gemäß DRG-Systemzuschlagsgesetz, Investitionszuschläge nach § 8 BPflV und andere gesetzliche Zuschläge

Bei Beamten mit dienstlichem Wohnsitz im Ausland oder dorthin abgeordneten sowie deren berücksichtigungsfähigen Angehörigen sind hinsichtlich Unterkunft und Verpflegung in ausländischen Krankenhäusern die bei entsprechender Unterbringung in einem inländischen Krankenhaus entstandenen Aufwendungen beihilfefähig (bis zur Höhe von 51,79 Euro täglich; siehe auch unter Ziffer 11).

Die nach § 18 KHEntgG von Belegärzten gesondert berechneten Gebühren (Fallpauschalen, Zusatzentgelte) sind beihilfefähig.

Beihilfefähig sind Aufwendungen an jedem Behandlungsort in der Bundesrepublik Deutschland, z. B. am Urlaubsort. Hinsichtlich eines notwendigen Krankenhausaufenthalts im Ausland gelten besondere Bestimmungen (→ Auslandsbehandlung).

Bei einer Behandlung in Privatkliniken hat sich die Beihilfefähigkeit an folgenden Obergrenzen zu orientieren:

- oberster Tagessatz eines bundesdeutschen Krankenhauses, bei Inanspruchnahme von Wahlleistungen erhöht um diese,
- höchste Fallpauschale eines bundesdeutschen Krankenhauses.

Es kommt also nicht auf die Sätze z. B. öffentlicher Krankenhäuser an (vgl. BVerwG – 5 C 36.13, 5 C 37.13, 5 C 7.14). Dies gilt, solange im Beihilferecht des Bundes (oder des jeweiligen Landes) keine niedrigeren Obergrenzen ausdrücklich vorgesehen sind.

Für die Anerkennung der Krankenhauskosten ist es nicht erforderlich, dass der Patient von einem Arzt in das Krankenhaus eingewiesen oder dass – wie bei Sanatoriumsbehandlung und Heilkuren – die Beihilfefähigkeit vorher anerkannt wird. Natürlich muss die Krankenhausbehandlung, soll sie als beihilfefähig anerkannt werden, notwendig sein. Nicht beihilfefähig ist deshalb z. B. eine Krankenhausbehandlung bei einem Leiden, das mit gleicher Erfolgsaussicht auch ambulant hätte behandelt werden können oder bei der eine Schönheitsoperation erfolgt. Um alle Zweifel an der Notwendigkeit auszuschließen, ist deshalb i. d. R. die Einweisung (bzw. Aufnahme) durch einen Arzt zu empfehlen. Der Arzt ist verpflichtet, einen Patienten, dem er eine nicht notwendige stationäre Behandlung empfiehlt, darüber aufzuklären, dass sich die private Krankenversicherung (und deshalb auch die Beihilfestelle) weigern könnte, die Kosten für die Krankenhausbehandlung zu übernehmen, weil die Notwendigkeit der stationären Behandlung nicht gegeben ist (BGH vom 1.2.1983, Az. VI ZR 104/81). Vernachlässigt der Arzt diese Aufklärungspflicht, kann der Patient vom Arzt die Erstattung der durch das Versäumnis entstandenen Kosten verlangen.

Ungeachtet der für den Patienten kaum überschaubaren Gebührenregelungen ist zumindest bei in öffentlicher oder gemeinnütziger Trägerschaft stehenden Krankenhäusern grundsätzlich von der Richtigkeit der berechneten Krankenhauskosten auszugehen.

Zu den voll- oder teilstationären Krankenhausleistungen gehören auch voll- und teilstationäre Leistungen zur Rehabilitation, die sich zeitlich unmittelbar an eine Krankenhausbehandlung anschließen (Anschluss-Reha).

Von den beihilfefähigen Aufwendungen für allgemeine Krankenhausleistungen (einschl. Anschluss-Reha) ist für höchstens insgesamt 28 Tage im Kalenderjahr ein Eigenbehalt von 10 Euro je Kalendertag abzuziehen (§ 49 Abs. 2 BBhV).

10. Wahlleistungen (allgemein)

Bei Wahlleistungen erhält der Privatpatient i. d. R.

- bei Inanspruchnahme eines (nicht als allgemeine Krankenhausleistung vorgesehenen) Ein- oder Zweibettzimmers: **eine Rechnung vom Krankenhaus,**
- bei Inanspruchnahme ärztlicher Leistungen als Wahlleistung: **je eine weitere Rechnung von jedem beteiligten Arzt.**

Bei Wegfall der Beihilfe zu Wahlleistungen (Zweibettzimmer, Chefarztbehandlung) – wie in einigen Ländern geschehen – ermöglichen die Krankenversicherungen eine Vollabsicherung der Wahlleistungen, durchweg ohne erneute Risikoprüfung und Wartezeiten sowie ohne Ausschluss von nach der Vertragserweiterung eingetretenen Erkrankungen. Wird dabei auf einen Versicherungsschutz zu Wahlleistungen verzichtet, verringern sich die Versicherungsbeiträge.

11. Zimmerwahl

Bei **Inanspruchnahme eines Zimmers mit mehr als zwei Betten** sind die vollen Aufwendungen beihilfefähig. Hierbei handelt es sich um einen Teil der allgemeinen Krankenhausleistungen, wie sie auch bei sog. Kassenpatienten erbracht werden.

Bei der Inanspruchnahme eines Zwei- oder Einbettzimmers der jeweiligen Abteilung als Wahlleistung sind die Aufwendungen für ein solches Zimmer in öffentlichen Kliniken nach § 26 Abs. 1 Satz 1 Nr. 5 Buchst. b BBhV und in Privatkliniken nach § 26a Abs. 1 Satz 1 Nr. 3 BBhV gleichermaßen bis zur Höhe von 1,2 Prozent der Obergrenze des einheitlichen Basisfallwertkorridors beihilfefähig. Der beihilfefähige Höchstwert für die Wahlleistung Unterkunft beträgt ab 1.4.2024 täglich 51,79 Euro.

Soweit Zweibettzimmer unterschiedlicher Qualität (z. B. mit und ohne Nasszelle) und unterschiedlicher Kosten zwar vorhanden, alle Zimmer der billigsten Kategorie aber belegt sind und deshalb keines der billigsten Zimmer verfügbar ist, sind jedoch diejenigen Aufwendungen beihilfefähig, die bei objektiver Beurteilung unter Berücksichtigung der besonderen Umstände des Falles notwendig und angemessen waren. Bei der Beurteilung der Angemessenheit der Aufwendungen kann deshalb nur auf die niedrigsten Kosten eines solchen Zweibettzimmers abgestellt werden, das für die Unterbringung tatsächlich in Betracht kam. Gesondert berechenbare Komfortleistungen sind nicht beihilfefähig (VV 26.1.3 Satz 2).

Ist die Unterbringung in einem Einbettzimmer aus medizinischen Gründen notwendig, liegt keine Wahlleistung, sondern eine allgemeine Krankenhausleistung vor, die mit dem allgemeinen Pflegesatz abgegolten wird. Wird vom Krankenhaus dennoch ein Zuschlag berechnet, sind die Aufwendungen für diese widerrechtliche Forderung nicht beihilfefähig. Im Übrigen sind Mehraufwendungen für ein Einzelzimmer auch dann nicht beihilfefähig, wenn die allgemeinen Krankenhausleistungen bereits die Kosten der Unterbringung in einem Zweibettzimmer umfassen; dies gilt auch für Krankenhäuser, die das KHEntgG oder die BPflV nicht anwenden. Hält ein Krankenhaus nur Einbettzimmer vor, ist dies die allgemeine Krankenhausleistung mit der Folge, dass zusätzliche Unterbringungsleistungen nicht berechnet werden dürfen.

Bei Krankenhausleistungen in Krankenhäusern ohne Zulassung ist die VV 26a zu beachten.

Zuschläge für die Unterbringung im Zwei- oder Einbettzimmer (als Wahlleistung) dürfen nicht für den **Entlassungs- oder Verlegungstag** berechnet werden (BGH vom 31.10.2002, Az. III ZR 60/02, NJW 2003 S. 52). Diese Zuschläge sind folglich nicht beihilfefähig.

12. Unterbringung einer Begleitperson

Die Unterbringung einer **Begleitperson**, die aus medizinischen Gründen notwendig ist, wird als allgemeine Krankenhausleistung durch den Pflegesatz nach der BPflV abgegolten. Das Krankenhaus darf die Kosten einer vom Krankenhausarzt als notwendig festgestellten Unterbringung einer Begleitperson nicht in Rechnung stellen; die dadurch entstehenden Unterbringungskosten gehen in die Selbstkosten des Krankenhauses und damit in die Pflegesätze ein.

Berechnet das Krankenhaus seine Leistungen nach dem KHEntgG, darf nach § 2 Abs. 2 Satz 2 Nr. 3 dieses Gesetzes für die medizinisch notwendige Mitaufnahme einer Begleitperson ein Zuschlag berechnet werden. Dies gilt nach VV 26.1.2 Satz 2 nicht für Entlassungs- und Verlegungstage, die nicht zugleich Aufnahmetag sind. Die nach § 17b Abs. 1 Satz 4 KHEntgG erfolgte Vereinbarung über Zuschläge sind auf der Internetseite des BMI veröffentlicht. Diese Zuschläge für den Aufnahmetag und jeden folgenden Tag vollstationären Krankenhausaufenthalts sind beihilfefähig.

Hiernach sind **nicht beihilfefähig**:

a) besonders berechnete Kosten für eine medizinisch nicht notwendige Unterbringung einer Begleitperson
b) die Kosten für die Unterbringung einer Begleitperson außerhalb des Krankenhauses

Abweichend hiervon können Aufwendungen für die Unterbringung einer Begleitperson außerhalb des Krankenhauses bis zur Höhe von 13 Euro täglich als beihilfefähig anerkannt werden, wenn nach der Feststellung des Amts- oder Vertrauensarztes oder nach ärztlicher Notwendigkeitsbescheinigung die Unterbringung der Begleitperson wegen des Alters des Kindes und seiner eine stationäre Langzeittherapie erfordernden schweren Erkrankung aus medizinischen Gründen notwendig, die Unterbringung im Krankenhaus selbst aber nicht möglich ist (VV 26.1.2 Satz 5).

Aufwendungen für die Aufnahme einer Begleitperson in ein nicht dem KHEntgG oder der BPflV unterfallendes (Privat-)Krankenhaus sind nicht beihilfefähig, selbst wenn die Mitunterbringung aus medizinischen Gründen (auch durch die Begleitung eines kranken oder pflegebedürftigen Kindes) geboten ist. Da die Kosten einer Begleitperson Teil der allgemeinen Krankenhausleistungen und deshalb mit dem Pflegesatz abgegolten sind, scheidet die Beihilfefähigkeit aus.

13. Chefarztbehandlung, Gebührenvereinbarung

Bei **Inanspruchnahme ärztlicher Leistungen** (z. B. durch den Chefarzt) als Wahlleistung spielt neben der BPflV auch die → Gebührenordnung für Ärzte eine bedeutende Rolle. Aus dem Wahlarztvertrag schuldet der Chefarzt insbesondere die Erbringung folgender Leistungen: Anamnese, Untersuchung des Patienten, Stellen der Diagnose, Aufklärung und Beratung des Patienten, Entscheidung über Therapie und Operation, Durchführung invasiver Therapien einschl. der Kernleistungen operativer Eingriffe. Die Anwesenheit während eines Eingriffes begründet allein nicht die Berechenbarkeit von besonderen Gebühren im Rahmen einer Wahlleistungsvereinbarung (OLG Hamm vom 15.12.2017, Az. 26 U 74/17). Wurde die Behandlung ausdrücklich durch einen bestimmten Arzt vereinbart, entsteht keine Zahlungspflicht des Patienten bei Behandlung durch einen anderen Arzt. Darüber hinaus darf, wenn der Patient von einem von ihm bestimmten Arzt operiert werden will, kein anderer Arzt den Eingriff vornehmen. Bei einem Krankenhausträger nicht festangestellte Honorarärzte dürfen ihre Leistungen nicht als Wahlleistungen berechnen (BGH vom 16.10.2014, Az. III ZR/14).

Die Vertretung des Chefarztes darf nur mit unvorhersehbarer Abwesenheit, nicht aber z. B. mit Urlaub oder Teilnahme an Kongressen begründet werden. Er darf den Hauptanteil seiner Tätigkeit einem Oberarzt übertragen, der in der Wahlarztvereinbarung namentlich genannt sein muss. Die Aufgabenübertragung bedarf grundsätzlich der Zustimmung des Patienten.

Beihilfefähig sind bei ärztlichen Leistungen mit durchschnittlicher Schwierigkeit i. d. R. nur die Gebühren bis zu einem mittleren Gebührensatz (Schwellenwert, vgl. auch die Ausführungen zu → Ärztliche Leistungen). Wird dieser Schwellenwert überschritten, ist das Arzthonorar beihilfefähig,

a) soweit nicht die genannten Höchstgebühren (also das 3,5-, 2,5- bzw. 1,3-fache der Einfachgebühr) überschritten werden, von außerordentlich seltenen Ausnahmen abgesehen → Ärztliche Leistungen, Ziff. 3;
b) es sich zudem um einen Fall mit besonderen Schwierigkeiten und (oder) mit einem besonders hohen Zeitaufwand handelt und
c) die Überschreitung des Schwellenwerts vom Arzt in der Rechnung ausreichend begründet wird.

Über den GOÄ-Höchstsätzen liegende Arztgebühren sind nur beihilfefähig in außergewöhnlichen, medizinisch besonders gelagerten Einzelfällen (→ Ärztliche Leistungen, Ziff. 3). Nicht beihilfefähig sind ferner die Aufwendungen für die persönliche Tätigkeit eines nahen Angehörigen sowie für die Anwendung → wissenschaftlich nicht anerkannter Methoden.

Die Beihilfeberechtigten sollten besonders darauf achten, dass insbesondere Mehraufwendungen, die auf einer **Gebührenvereinbarung** (→ Gebührenordnung für Ärzte, Ziff. 6) zwischen dem Arzt und dem Privatpatienten bzw. dem Zahlungspflichtigen beruhen, i. d. R. voll zulasten des Beihilfeberechtigten gehen. Es sollte deshalb darauf geachtet werden, dass Gebührenvereinbarungen nur dann und nur in dem Umfang abgeschlossen werden, wie es dem Wunsch sowie der Zahlungsfähigkeit und -bereitschaft des Beihilfeberechtigten entspricht. In vielen Fällen kann ein offenes Gespräch zwischen Patient und Arzt sinnvoll sein. Besonders in Rechnung gestellte belegärztliche

Leistungen nach § 18 KHEntgG bzw. § 23 BPflV sind neben den wahlärztlichen Leistungen nach § 17 KHEntgG bzw. § 22 BPflV beihilfefähig (VV 26.1.7).

Private Krankenversicherer können vertraglich Leistungen zu Wahlleistungen eines Krankenhauses ablehnen oder ihre Leistungspflicht von bestimmten Vorgaben abhängig machen.

14. Andere beihilfefähige Aufwendungen

Anlässlich einer stationären Krankenhausbehandlung können – außer den Kosten für Unterkunft, Verpflegung und Pflege sowie den Arzthonoraren – **andere beihilfefähige Aufwendungen** entstehen, z. B. für:

- Anschaffung (ggf. Miete), Reparatur, Ersatz, Betrieb und Unterhaltung der vom Arzt schriftlich verordneten Hilfsmittel, Körperersatzstücke usw. (→ Hilfsmittel)
- eine → Familien- und Haushaltshilfe
- die Beförderung des Kranken (ggf. auch einer Begleitperson) zum Krankenhaus und zurück zur Wohnung (→ Beförderungskosten)
- eine stationsäquivalente psychiatrische Behandlung nach § 115d SGB V (§ 26 Abs. 2 BBhV)

Nicht beihilfefähig sind dagegen die indirekt mit der stationären Krankenhausbehandlung zusammenhängenden Aufwendungen, z. B.:

a) Fahrtkosten zum Besuch des Kranken, Ausnahme siehe § 31 Abs. 2 Nr. 7 BBhV
b) Trinkgelder für das Krankenhaus-Personal
c) Aufwendungen für zusätzliche Verpflegung des Kranken (z. B. Obst, Getränke und Stärkungsmittel) sowie für Geschenke und Blumen
d) Ausgaben für zusätzliche Wäsche und Kleidung des Kranken
e) Kosten für Telefon- und Fernsehbenutzung

15. Lücken im Krankheitskostenschutz

Bei der Inanspruchnahme von Wahlleistungen im Krankenhaus können sich beihilferechtlich erhebliche **Lücken im Krankheitskostenschutz** ergeben.

- Die Lücke bei der Wahlleistung Ein- oder Zweibettzimmer ist überschaubar und lässt sich deshalb mit einer Krankenhaus-Tagegeldversicherung abdecken, die bei der Kürzung der Beihilfe nach den Bestimmungen über die → Hundert-Prozent-Grenze unberücksichtigt, d. h. mit ihren Leistungen dem Beihilfeberechtigten voll erhalten bleibt.
- Unkalkulierbar und deshalb (zumal im Hinblick auf die Hundert-Prozent-Grenze) nur schwer versicherbar sind dagegen die Arzthonorare, besonders, wenn sie über die Schwellenwerte der GOÄ hinausgehen.

Wer mit häufigen Krankenhausaufenthalten und hohen Arztrechnungen rechnen muss, für den kann sich eine Beihilfe-Ergänzungsversicherung lohnen, zumal bei der Kürzung nach den Bestimmungen über die Hundert-Prozent-Grenze nicht von den beihilfefähigen, sondern von den „dem Grunde nach beihilfefähigen" Aufwendungen (d. h. bei den Wahlleistungen anlässlich einer stationären Krankenhausbehandlung von den effektiven Kosten) ausgegangen wird. Auf diese Weise ist es möglich, mit dem Gesamtbetrag aus Beihilfe und Leistung der Krankenversicherung auch die über den beihilfefähigen Rahmen hinausgehenden Wahlleistungen abzudecken (→ Private Krankenversicherung, Ziff. 3 Buchst. c und f).

16. Behandlung in Krankenhäusern, die weder das Krankenhausentgeltgesetz noch die Bundespflegesatzverordnung anwenden

Bei Behandlung in Krankenhäusern, welche die Voraussetzungen des § 107 Abs. 1 SGB V erfüllen, nicht aber nach § 108 SGB V zugelassen sind (also besonders Privatkliniken), sind die Aufwendungen nach folgenden Maßstäben anzuerkennen (§ 26a BBhV):

a) Indikationen, die mit **Fallpauschalen** berechnet werden
Es werden die allgemeinen Krankenhausleistungen bis zu dem Betrag als beihilfefähig anerkannt, der sich nach § 9 Abs. 1 Satz 1 Nr. 1 KHEntgG für die Hauptabteilung des Krankenhauses ergibt, auch bei belegärztlicher Behandlung. Dabei wird die obere Grenze des nach § 10 Abs. 9 KHEntgG zu vereinbarenden einheitlichen Basisfallwertkorridors zugrunde gelegt.

b) In **anderen Fällen**
Es ist der Basis- und Abteilungspflegesatz beihilfefähig, soweit der tägliche Gesamtbetrag folgende Beträge nicht übersteigt:
- bei vollstationärer Behandlung von Personen, die das 18. Lebensjahr vollendet haben, 293,80 Euro
- bei teilstationärer Behandlung von Personen, die das 18. Lebensjahr vollendet haben, 225,60 Euro
- bei vollstationärer Behandlung von Personen, die das 18. Lebensjahr noch nicht vollendet haben, 462,80 Euro
- bei teilstationärer Behandlung von Personen, die das 18. Lebensjahr noch nicht vollendet haben, 345,80 Euro

Es ist das Alter am Tag der Krankenhausaufnahme maßgeblich (VV 26a.1.3).

c) Gesondert berechnete Wahlleistungen für Unterkunft sind bis zur Höhe von 1,2 Prozent der oberen Grenze des einheitlichen Basisfallwertkorridors nach § 10 Abs. 9 KHEntgG (ab 1.4.2024: 51,79 Euro) beihilfefähig.

d) Bei einer **Notfallversorgung** sind die Aufwendungen für die Behandlung im nächstgelegenen Krankenhaus beihilfefähig (§ 26a Abs. 1 Nr. 4 BBhV).

e) Die Kosten der Unterbringung einer Begleitperson aus medizinischen Gründen sind entsprechend dem für Krankenhäuser nach dem Entgeltgesetz oder der Bundespflegesatzverordnung geltenden Grundsätzen beihilfefähig.

Näheres ergibt sich aus der VV 26a.1. Die von Privatkliniken berechnete Umsatzsteuer ist beihilfefähig und geht in die Vergleichsberechnung ein. Umsatzsteuerpflicht wird nur in wenigen Fällen bestehen, da Privatkrankenhäuser, die dem Gemeinwohl dienende Tätigkeiten ausüben, befreit sind. Diese Auflage wird erfüllt, wenn die privaten Krankenhäuser unter vergleichbaren Bedingungen wie Kliniken in öffentlicher Trägerschaft (Plankrankenhäuser oder Häuser mit Versorgungsvertrag) tätig sind.

Vor der Krankenhausaufnahme kann eine Übersicht über die voraussichtlich entstehenden Kosten bei der Festsetzungsstelle zur Prüfung der Beihilfefähigkeit eingereicht werden (§ 26a Abs. 4 BBhV).

Keine Begrenzung auf die Kosten des maßgeblichen Krankenhauses der Maximalversorgung besteht, wenn dort gemessen an der Art und Schwere der Erkrankung die medizinisch notwendige und ausreichende Behandlung nicht erfolgen kann. Voraussetzung ist deshalb insbesondere, dass das Krankenhaus der Maximalversorgung die durchgeführte Therapie tatsächlich anbietet (OVG Rheinland-Pfalz vom 4.7.2008, IÖD 2009, S. 66). Im Übrigen hat ein Behandlungsvertrag mit dem Krankenhaus nicht zwangsläufig zur Folge, dass die darin begründeten Behandlungskosten als angemessen und damit beihilfefähig anzusehen sind (BVerwG vom 22.1.2009, Az. 2 B 19/09).

Nicht beihilfefähig sind Aufwendungen für Leistungen, die zusätzlich berechnet werden und die üblicherweise Teil der allgemeinen Leistungen öffentlicher Krankenhäuser sind.

Bei einer Behandlung in einer Privatklinik für psychische und psychosomatische Erkrankungen sind die Entgelte nach der BPflV für einen Kostenvergleich maßgebend. Dabei wird immer auf den Behandlungsfall abgestellt. Bei diesem Kostenvergleich sind alle von der Privatklinik in Rechnung gestellten Entgelte für Unterkunft, Verpflegung, therapeutische, pflegerische und ärztliche Leistungen den Kosten für Basis- und Abteilungspflegesatz des maßgebenden Krankenhauses der Maximalversorgung gegenüberzustellen. In den Kostenvergleich sind neben dem Basis- und Abteilungspflegesatz Zuschläge für eine bessere Unterkunft nur einzubeziehen, wenn die Privatkliniken diese anbieten und in Rechnung gestellt haben.

Die Begrenzung auf Krankenhäuser, die Maximalversorgung gewähren, gilt auch für private Spezialkliniken (z. B. für Orthopädie, Neurochirurgie oder plastische Chirurgie) und solche mit fächerübergreifender Betreuung. Dies gilt angesichts des BGH-Urteils vom 12.3.2003 (Az. IV ZR 278/01 auch für von der Privatklinik selbst definierte Fallpauschalen (z. B. für minimal-invasive Bandscheibenoperationen). Das Gericht hat seine Entscheidung insbesondere damit begründet, dass die sonst nach Pflegesätzen berechneten Gebühren den Kostenvorgaben von Privatkliniken nicht gerecht würden. Die in Privatkliniken erfolgten Behandlungen müssten nur nach objektiven medizinischen Befunden und Erkenntnissen vertretbar sein, ohne dass es auf Kostengesichtspunkte (bis zur Wuchergrenze) ankomme. Der medizinische Gesichtspunkt sei ausgehend von den Versicherungsbedingungen für den Versicherten der entscheidende. Es bleibt den Versicherungsunternehmen und dem Gesetzgeber überlassen, wie sie auf das Urteil reagieren werden. Jedenfalls hat es auch Auswirkungen auf die verstärkten Ausgründungen von Privatkliniken/Privatstationen (mit sehr hohen Pflegesätzen) aus Plankrankenhäusern. Diese Privatkliniken bestehen oftmals im Ergebnis nur aus Krankenhausbetten und bedienen sich im Übrigen der gesamten medizintechnischen und personellen Infrastruktur des bisherigen Krankenhauses.

Sofern bekannt ist, dass Beihilfeberechtigte oder berücksichtigungsfähige Angehörige sich in Kliniken behandeln lassen, die weder das KHEntgG noch die BPflV anwenden, erscheint es angezeigt, sie darüber zu informieren, dass möglicherweise hohe nicht gedeckte Kosten verbleiben. Vor Beginn der Behandlung kann der Beihilfestelle eine Übersicht über die voraussichtlichen Kosten zur Prüfung der Beihilfefähigkeit vorgelegt werden (§ 26 Abs. 2 Satz 4 BBhV).

Betreibt ein staatlich gefördertes (Plan-)Krankenhaus eine räumlich und organisatorisch mit ihm verbundene Privatklinik, sind hinsichtlich der Behandlungskosten der Privatklinik und die für das Plankrankenhaus von der gesetzlichen Krankenversicherung bezahlten Fallpauschalen des Plankrankenhauses beihilfefähig. Zur Verbindlichkeit von Fallpauschalen für Privatkliniken (vgl. auch BGH vom 17.5.2018, Az. III ZR 195/17). Die rechtliche Trennung reicht nicht. Die räumliche Zusammengehörigkeit ist u. a. daran zu erkennen, dass sich Plankrankenhaus und Privatklinik den Empfangsbereich, den Internetauftritt, die Telefonnummer sowie Räume, technische Einrichtungen und Personal teilen.

Nach dem GKV-Versorgungsstrukturgesetz vom 22.12.2011 (BGBl. I S. 2983) darf eine Privatklinik, die in räumlicher Nähe zu einem Plankrankenhaus liegt und die dessen personelle, technische und räumliche Ressourcen nutzt, ohnehin keine höheren Entgelte als das Plankrankenhaus verlangen. Es gelten die für gesetzlich und privat Versicherte identischen Fallpauschalen nach dem Krankenhausentgeltgesetz. Entsprechend ist bei der Gewährung von Beihilfe zu verfahren.

17. Kostenübernahme durch GKV

Die → **gesetzliche Krankenversicherung** übernimmt für ihre Mitglieder die Kosten der allgemeinen Krankenhausleistungen als → Sach- und Dienstleistungen. Daher entstehen dem Beihilfeberechtigten – abgesehen von der vorgeschriebenen Zuzahlung (→ Gesetzliche Krankenversicherung, Ziff. 4 Buchst. h) – keine Aufwendungen, so dass keine beihilfefähigen Kosten entstehen. Die aufgrund einer Tätigkeit im öffentlichen Dienst krankenversicherungspflichtigen Personen und ihre berücksichtigungsfähigen Familienangehörigen sind nach den einschlägigen Tarifverträgen auf die Sach- und Dienstleistungen ihrer Krankenkasse verwiesen (→ Tarifvertragskräfte).

Bei → Kostenerstattung sind die beihilfefähigen Aufwendungen um die Kassenleistungen und den Abschlag nach § 13 Abs. 2 SGB V zu kürzen.

18. Abschlagzahlungen

Da bei stationären Krankenhausbehandlungen erfahrungsgemäß relativ hohe Kosten entstehen und die meisten Krankenhäuser entsprechende Kostenvorschüsse verlangen, sind viele Beihilfeberechtigte gezwungen, einen Antrag auf Gewährung von → **Abschlagzahlungen** (§ 51 Abs. 8 BBhV) zu stellen. Wegen der hohen Kosten schreiben auch manche private Krankenversicherer den Versicherten vor, sie unverzüglich zu unterrichten, wenn eine stationäre Krankenhausbehandlung erforderlich ist.

19. Besondere Leistungsregelungen

Die privaten Krankenversicherer haben für sog. **gemischte Krankenanstalten** besondere Leistungsregelungen (→ Private Krankenversicherung, Ziff. 4).

Krankenlifter (Lifter, Multilift, Bad-Helfer, Krankenheber, Badewannenlift)

Aufwendungen sind beihilfefähig (Abschnitt 1 Nr. 12.5 der Anl. 11 zur BBhV).

Krankenversicherung

→ Gesetzliche Krankenversicherung
→ Private Krankenversicherung

1. Vorsorgemaßnahmen

Krankheiten sind i. d. R. mit erheblichen finanziellen Belastungen verbunden, die nicht selten über die finanzielle Leistungsfähigkeit des Einzelnen hinausgehen. Deshalb ist für solche Wechselfälle des Lebens die **Vorsorge durch Abschluss einer**

Krankenversicherung unerlässlich. → Versicherungspflicht in der Krankenversicherung

2. Personenkreis

Der größte Teil der Bevölkerung ist in der → gesetzlichen Krankenversicherung (Allgemeine Ortskrankenkassen, Ersatzkassen, Betriebskrankenkassen usw.) versichert. Beamte, Richter, Berufssoldaten, Soldaten auf Zeit und Empfänger von Versorgungsbezügen aus diesem Personenkreis sind in der GKV versicherungsfrei. Gleichwohl gehören viele von ihnen der GKV als freiwilliges Mitglied an, während andere ihren Versicherungsschutz der → privaten Krankenversicherung anvertraut haben.

3. Beihilfe und Krankenversicherung

Die häufig gestellte Frage, ob Beihilfeberechtigte und die berücksichtigungsfähigen Angehörigen besser bei der gesetzlichen oder der privaten Krankenversicherung aufgehoben sind, lässt sich nicht allgemeingültig beantworten. Den in der GKV freiwillig Versicherten kann deshalb nur empfohlen werden, bei einer privaten Krankenversicherung einen sog. Probeantrag für eine ungefähr beihilfenkonforme Krankenversicherung zu stellen und sich selbst die Frage zu beantworten, was ihnen insbesondere die Behandlung als „Privatpatient“, die Beihilfeberechtigung, die bessere Unterbringung und Chefarztbehandlung im Krankenhaus und die Möglichkeit einer Beitragsrückerstattung (bei Nichtinanspruchnahme der Krankenversicherung für die Dauer eines Jahres) wert sind. Für Mitglieder der GKV besteht zudem die Möglichkeit des Abschlusses einer privaten Zusatzversicherung (z. B. für Ein- oder Zweibettzimmer im Krankenhaus). Im Übrigen → Gesetzliche Krankenversicherung und → Private Krankenversicherung.

Krankenversicherung der Rentner

Das Wichtigste in Kürze

- Die Krankenversicherung der Rentner (KVdR) ist der gesetzliche Krankenversicherungsschutz der Rentner. Dieser Schutz wird dem Rentner
  a) entweder durch die Mitgliedschaft in der KVdR geboten
  b) oder durch einen Beitragszuschuss erleichtert, den der Rentenversicherungsträger an den Rentner zahlt.
- Personen, die die Leistungen der KVdR in Anspruch nehmen wollen, müssen lange Vorversicherungszeiten in der GKV nachweisen. Hinterbliebene sind KVdR-versichert, wenn der verstorbene Versicherte bereits Rente bezog und in der KVdR versichert war.
- Von der KVdR ausgeschlossen sind Personen, die in der GKV versicherungsfrei oder von der Versicherungspflicht befreit sind. Damit ist die KVdR insbesondere ausgeschlossen für Beamte, Richter, Berufssoldaten und Soldaten auf Zeit sowie die Versorgungsempfänger dieses Personenkreises, d. h. die Personen, die nach beamtenrechtlichen Vorschriften Anspruch auf Beihilfe haben. Rentner, die beim Inkrafttreten des Gesundheits-Reformgesetzes in der KVdR versichert waren, verlieren ihren Versicherungsschutz nicht.
- Die Befreiung von der KVdR ist für alle Personen möglich, die diese Versicherung aus persönlichen Gründen nicht wünschen. Der Antrag auf Befreiung ist innerhalb einer Frist von drei Monaten nach Beginn der KVdR zu stellen. Die Befreiung ist unwiderruflich.
- KVdR-Mitglieder zahlen für ihre Krankenversicherung Beiträge nach Maßgabe ihres beitragspflichtigen Einkommens. Beitragspflichtige Einnahmen sind bei Pflichtmitgliedern die Rente, die der Rente vergleichbaren Ein-

nahmen (z. B. Pensionen) und Arbeitseinkommen, bei freiwilligen Mitgliedern auch andere Einnahmen wie Mieten und Einkünfte aus Kapitalvermögen. Beitragssatz ist für Pflichtmitglieder der halbe allgemeine Beitragssatz ihrer Krankenkasse, für freiwillige Mitglieder der Beitragssatz der Mitglieder ohne Anspruch auf Krankengeld. Den von Mitgliedern der KVdR zu entrichtenden Beitrag tragen bis auf den kassenindividuellen Zusatzbeitrag nach § 242 SGB V das Mitglied und der Rentenversicherungsträger jeweils zur Hälfte. Freiwillig versicherte Rentenbezieher erhalten einen Beitragszuschuss des Rentenversicherungsträgers.

- Für Versorgungsbezüge und Arbeitseinkommen haben KVdR-Versicherte seit 1.1.2004 den vollen Beitragssatz zu entrichten; ein Beitragszuschuss steht nicht zu.
- KVdR-Mitglieder erhalten Beihilfen nur zu den über die von der Krankenkasse gewährten Leistungen hinausgehenden beihilfefähigen Aufwendungen. Werden zustehende Leistungen nicht in Anspruch genommen, werden Aufwendungen für Arznei- und Verbandmittel in voller Höhe, andere Aufwendungen, deren Leistungsanteil nicht ermittelt werden kann, in Höhe von 50 v. H. als zustehende Leistung berücksichtigt.

1. Grundsatz

Die Krankenkassen der GKV sind Solidargemeinschaften, nicht nur zwischen Gesunden und Kranken, sondern auch zwischen erwerbstätigen und nicht mehr erwerbstätigen Versicherten. Die jüngeren und i. d. R. gesünderen Versicherten tragen die höheren Krankheitsrisiken der älteren Versicherten mit. Die erhöhten Aufwendungen für die Rentner fallen in das Risiko der GKV. Das heißt: Die Mehrbelastungen für die Rentner werden hauptsächlich von der Krankenversicherung und nicht etwa von der Rentenversicherung getragen.

2. Recht der GKV

Für die KVdR gilt das Recht der → gesetzlichen Krankenversicherung, das SGB V. Sie teilt deshalb auch weitgehend das Schicksal der GKV. Das hat sich besonders deutlich am Gesundheits-Reformgesetz (in Kraft getreten am 1.1.1989), am Gesundheitsstrukturgesetz (GRG – in Kraft getreten am 1.1.1993), am 2. GKV-Neuordnungsgesetz (in Kraft getreten im Wesentlichen am 1.7.1997) und am GKV-Gesundheitsmodernisierungsgesetz (in Kraft getreten im Wesentlichen am 1.1.2004, voller Beitragssatz für Versorgungsbezüge) gezeigt. Die größtenteils einschränkenden Neuregelungen im Leistungs- und Gebührenrecht sind auch auf die KVdR voll durchgeschlagen. Darüber hinaus wurde der Zugang zur KVdR immer mehr eingeschränkt, dies allerdings unter weitgehender Wahrung des Rechts- und Besitzstandes der bereits KVdR-Versicherten.

3. Pflichtversicherung

Ein Wechsel in die GKV (hier Krankenversicherung der Rentner) ist nur bis zum 55. Lebensjahr möglich. Danach gilt Folgendes:

Rentner, die 9/10 der zweiten Hälfte ihres Arbeitslebens freiwillig oder als Pflichtmitglied in der GKV versichert waren, gehören ab 1.4.2002 zusammen mit ihren familienversicherten Angehörigen der KVdR (als Pflichtversicherung) an. Auf die Zeit der Mitgliedschaft in der GKV werden für zwischen 1.8.2012 und 31.7.2017 gesetzlich Versicherte nach § 5 Abs. 2 SGB V i. d. F. des Gesetzes vom 4.4.2017 (BGBl. I S. 778) ab 1.8.2017 für jedes Kind drei Jahre angerechnet. Dies gilt nicht für Betriebsrenten. Wird die 9/10- Zugehörigkeit zur GKV nicht nachgewiesen, bleibt die Möglichkeit der Mitgliedschaft in der GKV zwar bestehen, es werden dann aber sämtliche Einnahmen zum Lebensunterhalt (wie z. B. Miet- und Zinseinkünfte) beitragspflichtig.

Für Rentenantragsteller in den neuen Bundesländern gilt die beim Träger der Sozialversicherung in der ehemaligen DDR zurückgelegte Versicherungszeit in einem Sonderversorgungssystem als Pflichtversicherung, und zwar bis längstens zum 31.12.1990. Daher dürften fast alle Rentenantragsteller aus den neuen Ländern die Voraussetzungen für die Pflichtmitgliedschaft der KVdR erfüllen.

Wer vor Beginn des Ruhestandes privat versichert war, kann als Rentner i. d. R. nicht in die GKV zurückkehren. § 6 Abs. 3a SGB V hat die Möglichkeit für über 55-Jährige beseitigt, durch die Aufnahme einer versicherungspflichtigen Tätigkeit (ggf. mit anschließender Arbeitslosigkeit) von mindestens zwölf Monaten in die GKV zurückzukehren. Diese Personen bleiben während der Tätigkeit versicherungsfrei, müssen daher ihre private Krankenversicherung fortführen.

Bis zu einem Monatsbezug von 395 Euro besteht für Familienangehörige Anspruch auf beitragsfreie Familienversicherung.

4. Ausschluss

Ein Ausschluss von der KVdR gilt (nach § 6 Abs. 2 und 3 SGB V) für Personen, die in der GKV versicherungsfrei oder von der Versicherungspflicht befreit sind. Damit ist die KVdR ausgeschlossen u. a. für

- Beamte, Richter, Berufssoldaten, Soldaten auf Zeit und sonstige Beschäftigte des öffentlichen Dienstes oder öffentlich-rechtlicher Körperschaften (z. B. Geistliche), wenn sie nach beamtenrechtlichen Vorschriften oder Grundsätzen bei Krankheit Anspruch auf Beihilfe haben,
- Ruhegehaltsempfänger der genannten Personenkreise sowie Empfänger von Hinterbliebenenversorgung, wenn sie ausschließlich Hinterbliebenenrente beziehen.

Der Ausschluss von der KVdR gilt für diesen Personenkreis auch, wenn die Vorversicherungszeiten erfüllt sind.

Rentner, die schon am 31.12.1988 in der KVdR versichert waren, verlieren ihren Versicherungsschutz nicht (Art. 56 Abs. 2, 3 GRG). Deshalb bleiben z. B. auch Beamte, Berufssoldaten und Empfänger beamtenrechtlicher Versorgungsbezüge, die am 31.12.1988 neben ihrem Ruhegehalt eine Rente aus der gesetzlichen Rentenversicherung bezogen, weiterhin als Rentner KVdR-versichert.

5. Befreiung

Eine **Befreiung von der KVdR** ist für alle Personen möglich, welche die Vorversicherungszeit für die Versicherungspflicht in der KVdR erfüllen, diese Versicherung aber aus persönlichen Gründen nicht wünschen. Das Gesetz geht davon aus, dass bei allen, die die Befreiung von der KVdR beantragen, eine anderweitige Absicherung gegen Krankheitskosten besteht. Der Nachweis eines entsprechenden Schutzes bei einem privaten Krankenversicherer wird daher nicht mehr gefordert. Wer sich von der Versicherungspflicht in der KVdR hat befreien lassen, kann der GKV nicht als freiwilliges Mitglied beitreten.

Der Antrag auf Befreiung ist innerhalb einer Frist von drei Monaten nach Beginn der KVdR zu stellen. Die Befreiung ist unwiderruflich und hat zur Folge, dass auch bei Aufnahme einer Beschäftigung während des Rentenbezugs oder bei Bezug einer weiteren Rente (z. B. Witwenrente tritt zur eigenen Rente hinzu) oder bei Familienversicherung (z. B. über eine Mitgliedschaft des Ehegatten) kein Krankenversicherungsschutz eintritt.

Wer die zweite Hälfte seines Arbeitslebens nicht zu 90 v. H. in der GKV pflichtversichert war, kann sich **freiwillig** gesetzlich versichern.

6. Beiträge

KVdR-Mitglieder zahlen für ihre Krankenversicherung **Beiträge** nach Maßgabe ihrer beitragspflichtigen Einnahmen.

Beitragspflichtige Einnahmen sind

a) bei Pflichtversicherten: die gesetzliche Rente (Beitragssatz 7,3 %), Versorgungsbezüge, Erwerbseinkommen (Beitragssatz 14,6 %)
Keine beitragspflichtigen Einnahmen sind Miet- und Kapitalerträge oder Zahlungen aus privaten Renten sowie Riester- oder Rürup-Renten. Beamtenrechtliche Versorgungsbezüge des Ehegatten sind bis zur Höhe der halben Beitragsbemessungsgrenze beitragspflichtig.
b) bei freiwillig gesetzlich Versicherten alle Einnahmen, also neben der Rente z. B. Miet- und Zinseinkünfte, Einkünfte aus einer selbständigen Tätigkeit (Beitragssatz: 14,0 v. H.)
c) bei Mitgliedern, die der KVdR bereits vor dem 1.1.1993 als Mitglied angehört haben: die gleichen Einnahmen wie bei Pflichtmitgliedern

Beitragssatz ist der halbe allgemeine bundeseinheitliche Beitrag, höchstens jedoch der Beitrag für Einnahmen bis zur Beitragsbemessungsgrenze (→ Bemessungsgrenzen). Auf Einnahmen außerhalb der gesetzlichen Rente (z. B. Versorgungsbezüge und Betriebsrenten) ist der volle Beitrag zu zahlen (keine Beteiligung des Rentenversicherungsträgers). Zu den auch Mitglieder der KVdR erfassenden Zusatzbeiträgen → Gesetzliche Krankenversicherung, Ziff. 7.

Zusätzlich zum Beitragssatz muss ein Zusatzbeitrag an die jeweilige Krankenkasse entrichtet werden.

Die Rentenversicherungsträger und Zahlstellen sind verpflichtet, der für den Rentner zuständigen Krankenkasse die Höhe der Rente bzw. der Versorgungsbezüge mitzuteilen. Versorgungsempfänger haben die Verpflichtung

- gegenüber ihrer Zahlstelle der Versorgungsbezüge zur Angabe der Krankenkasse sowie zur Anzeige eines Kassenwechsels

und der Aufnahme einer versicherungspflichtigen Beschäftigung,
- gegenüber der Krankenkasse zur Meldung von Beginn, Höhe, Veränderung und Zahlstelle der Versorgungsbezüge.

Überschreiten die beitragspflichtigen Einnahmen die Beitragsbemessungsgrenze, werden zu viel gezahlte Beiträge auf Antrag von der Krankenkasse erstattet.

Beziehern von Betriebsrenten steht vom 1.1.2020 ein Freibetrag von monatlich 159 Euro zu, so dass sich der Beitrag entsprechend vermindert.

7. Zuschüsse

Rentenbezieher, die freiwillig in der GKV oder bei einem der deutschen Aufsicht unterliegendem Krankenversicherungsunternehmen versichert sind, erhalten einen Zuschuss des Rentenversicherungsträgers zu den Beiträgen für die Krankenversicherung. Dies gilt nicht, wenn sie gleichzeitig in der GKV pflichtversichert sind. Der Beitragszuschuss wird in Höhe des halben Beitrags gewährt, der sich aus dem um 0,9 v. H. verminderten allgemeinen Beitragssatz der GKV ergibt. Grundlage ist allein der Zahlbetrag der Rente (§ 106 Abs. 1 SGB VI). Entsprechendes gilt für Zuschüsse zu einer privaten Krankenversicherung, hier begrenzt auf den tatsächlichen Krankenversicherungsbeitrag (§ 106 Abs. 2 SGB VI).

8. Leistungen

Die **Leistungen** der KVdR entsprechen denen der → gesetzlichen Krankenversicherung. Rentner erhalten kein Krankengeld.

9. Auswirkungen auf das Beihilferecht

Die von der KVdR erbrachten → Sach- und Dienstleistungen sind, da – von Ausnahmen abgesehen – eine Belastung für den Versicherten nicht verbleibt, nicht beihilfefähig (§ 8 Abs. 4 Satz 1 BBhV).

Stehen Leistungen der KVdR zu, sind nur solche Aufwendungen beihilfefähig, die über die im Einzelfall gewährten Leistungen hinausgehen (§ 9 Abs. 1 BBhV). Sind zustehende Leistungen nicht in Anspruch genommen worden (weil z. B. privatärztliche Behandlung gewählt wurde), sind

- Aufwendungen für Arznei- und Verbandmittel in voller Höhe,
- andere Aufwendungen, deren fiktiver Leistungsanteil nicht nachgewiesen wird oder ermittelt werden kann, in Höhe von 50 v. H.

als zustehende Leistung anzusetzen und in dieser Höhe bei der Beihilfefestsetzung zu berücksichtigen (§ 9 Abs. 3 Satz 1 bis 3 BBhV). Zu berücksichtigen sind somit nur die beihilfefähigen Aufwendungen abzüglich der als zustehende Leistung ermittelten Beträge.

Kranken- und Pflegeversicherung der Studenten und Praktikanten

1. Personenkreis

Zum Personenkreis der Pflichtversicherten der → Gesetzlichen Krankenversicherung zählen **Studenten** (ausgenommen Studierende an Berufsakademien oder in dualen Studiengängen), die an staatlichen oder staatlich anerkannten Hochschulen eingeschrieben sind, unabhängig davon, ob sie ihren Wohnsitz oder gewöhnlichen Aufenthalt im Gebiet der Bundesrepublik Deutschland haben, wenn für sie aufgrund über- oder zwischenstaatlichen Rechts kein Anspruch auf Sachleistungen besteht (§ 5 Abs. 1 Nr. 9 SGB V). Die Pflichtversicherung dauert längstens bis zur Vollendung des 30. Lebensjahres bzw. längstens bis zur vorherigen Exmatrikulierung. Danach sind Studenten jedoch weiterhin versicherungspflichtig, wenn die Art der Ausbildung oder familiäre sowie persönliche Gründe (z. B. Krankheit, Schwangerschaft oder der Erwerb der Zugangsvoraussetzungen in einer Ausbildungsstätte des Zweiten Bildungswegs) die Überschreitung der Altersgrenze oder eine längere Fachstudienzeit rechtfertigen. Nach Ende der Versicherungspflicht besteht die Möglichkeit einer freiwilligen Krankenversicherung. Die Befreiung von der Versicherungspflicht durch Abschluss einer privaten Krankenversicherung ist gestattet. Ebenso tritt die Versicherungspflicht nicht bei einer – beitragsfreien – Familienversicherung bei den Eltern ein (grundsätzlich möglich bis zur Vollendung des 25. Lebensjahres).

Versicherungspflicht besteht gem. § 5 Abs. 1 Nr. 10 SGB V auch für Personen, die eine in Studien- oder Prüfungsordnungen vorgeschriebene berufspraktische Tätigkeit verrichten, während eines Urlaubsemesters sowie zu ihrer Berufsausbildung ohne Arbeitsentgelt Beschäftigte. Auszubildende des Zweiten Bildungswegs, die sich in einem förderungsfähigen Teil eines Ausbildungsabschnitts nach dem BAföG befinden, sind den genannten Praktikanten gleichgestellt.

Die Versicherungspflicht der Studenten usw. tritt zurück, solange eine Familienversicherung besteht (→ Gesetzliche Krankenversicherung, Ziff. 2).

Der Beitrag zur Kranken- und Pflegeversicherung ist für alle Studenten gesetzlich festgelegt. Er berechnet sich aus dem BAföG-Höchstsatz von 861,00 Euro (Wintersemester 2020/21) und dem Beitragssatz. Der Beitrag beläuft sich grundsätzlich auf monatlich 76,85 Euro. Die Krankenkassen können darüber hinaus kassenindividuelle, einkommensabhängige Zusatzbeiträge verlangen. Der Beitrag zur Pflegeversicherung beträgt 24,82 Euro (für kinderlose Studierende über 23 Jahren) bzw. 22,94 Euro (für alle anderen Studierenden) und ist bei allen Krankenkassen gleich. Der Beitrag ist im Voraus für das Semester zu zahlen. Nach dem BAföG geförderte Studenten können einen Beitragszuschuss erhalten. Er beträgt 2021 monatlich 84 Euro für die Krankenversicherung und 25 Euro für die Pflegeversicherung. Oftmals besteht die Möglichkeit der kostenfreien Familienversicherung bei den Eltern.

Während des Schreibens der Doktorarbeit nach Abschluss des Studiums besteht kein Anspruch auf kostengünstige Krankenversicherung (BSG vom 7.6.2018, Az. B 12 KR 15/16 R).

2. Befreiung und Wahlrecht

Wer durch die Einschreibung als Student oder die berufspraktische Tätigkeit versicherungspflichtig wird, wird auf Antrag von der Versicherungspflicht befreit (§ 8 Abs. 1 Nr. 5 SGB V). Der Antrag ist innerhalb von drei Monaten nach Beginn der Versicherungspflicht bei der für die Pflichtversicherung zuständigen Krankenkasse zu stellen. Die Befreiung wirkt vom Beginn der Versicherungspflicht an, wenn seit diesem Zeitpunkt noch keine Leistungen in Anspruch genommen wurden, sonst vom Beginn des Kalendermonats an, der auf die Antragstellung folgt. Die Befreiung kann nicht widerrufen werden. Sie bleibt auch während der Unterbrechung oder des Wechsels des Studiums (z. B. durch Berufstätigkeit mit freiwilliger Mitgliedschaft in der GKV) bestehen.

Die Möglichkeit der Befreiung von der Versicherungspflicht läuft auf ein Wahlrecht zwischen gesetzlicher und → privater Krankenversicherung hinaus. Bei der Ausübung dieses Wahlrechts sollte Folgendes bedacht werden:

- Das gleiche Wahlrecht gibt es später als Arbeitnehmer nur, wenn das Einkommen über der Jahresarbeitsentgeltgrenze liegt. Die Befreiung gilt deshalb nur für die Zeit des Studiums. Berufsanfänger mit einem qualifizierten Studium überschreiten später jedoch erfahrungsgemäß bald die genannte Grenze.
- Der Abschluss einer privaten Krankenversicherung ist besonders in jungen Jahren günstig. Ein frühes Beitrittsalter wirkt sich dauerhaft auf die Beitragshöhe (auch im Alter) aus.

- Die Auswahl der Krankenkasse oder des Privatversicherers ist wichtig, auch wenn sich die Anbieter auf Einheitstarife für Studenten festgelegt haben. Wer einmal eine kostengünstige und leistungsstarke Versicherung gewählt hat, kann auch später dort versichert bleiben. Auch kleine Beitragsunterschiede addieren sich später zu stattlichen Beträgen.
- Wer als Student privat versichert ist und als Arbeitnehmer später (vorübergehend) versicherungspflichtig wird, hat die Möglichkeit, für die Zeit der versicherungspflichtigen Tätigkeit mit seinem privaten Krankenversicherer eine Anwartschaftsversicherung zu relativ geringen Beiträgen abzuschließen, die später die Rückkehr in die private Krankenversicherung mit dem ursprünglichen Eintrittsalter und deshalb mit einem günstigen Beitrag sichert.

3. Versicherungsende

Die Mitgliedschaft versicherungspflichtiger Studenten in der GKV und damit der Billigtarif endet einen Monat nach Ablauf des Semesters, für das sie sich zuletzt eingeschrieben oder zurückgemeldet haben, sofern sie sich nicht vorher exmatrikuliert haben (§ 190 Abs. 9 SGB V). Sie endet ferner grundsätzlich mit Ablauf des 14. Fachsemesters oder mit Vollendung des 30. Lebensjahres. Ein nach Abschluss des Studiums erfolgendes Promotionsverfahren schließt die studentische Krankenversicherung aus, da keine Ausbildung mehr vorliegt (BSG vom 7.6.2018, Az. B 12 KR 15/16).

Nach Ende der Mitgliedschaft als versicherungspflichtiger Student können sich Studenten in der GKV freiwillig weiterversichern. Sie zahlen dann, sofern sie kein höheres beitragspflichtiges Einkommen haben, den Beitrag nach dem Mindesteinkommen für freiwillig Versicherte, worauf der jeweilige Beitragssatz der Krankenkasse angewendet wird. Bis zu sechs Monate nach Ende der Mitgliedschaft als versicherungspflichtiger Student zahlen die Studenten, die sich freiwillig weiterversichert haben, auf das beitragspflichtige Einkommen nur den ermäßigten Studentenbeitragssatz (§ 245 Abs. 2 SGB V).

4. Zweiter Bildungsweg

Auszubildende des Zweiten Bildungswegs, die sich in einem Ausbildungsabschnitt befinden, der nach dem BAföG förderungsfähig ist, werden den Praktikanten gleichgestellt und in die Versicherungspflicht einbezogen. Sie zahlen daher ebenfalls den günstigen Beitrag für Studenten und Praktikanten.

5. Studenten und Beihilfe

Studenten, die der GKV angehören, erhalten in Krankheitsfällen sowie bei Vorsorgeuntersuchungen und Impfungen Leistungen nach dem SGB V. Für sie gelten deshalb, soweit sie zum Personenkreis der → berücksichtigungsfähigen Personen gehören, die beihilferechtlichen Bestimmungen für Pflichtmitglieder der GKV. Insbesondere gilt für sie die Regelung in § 9 Abs. 1 BBhV, wonach beim Bestehen vorrangig zustehender Leistungen aufgrund von Rechtsvorschriften usw. solche Leistungen vor Berechnung der Beihilfe in voller Höhe von den beihilfefähigen Aufwendungen abzuziehen sind. Einzelheiten hierzu → Subsidiaritätsprinzip.

6. Pflegeversicherung

Studenten, die an staatlichen oder staatlich anerkannten Hochschulen eingeschrieben sind, sind als Mitglied der GKV auch in der sozialen Pflegeversicherung versicherungspflichtig (§ 20 Abs. 1 Nr. 9 SGB XI). Eine – beitragsfreie – Familienversicherung in der GKV führt zu einer wiederum beitragsfreien Familienversicherung in der Pflegeversicherung (§ 25 SGB XI). Ist der Student privat krankenversichert, muss er sich nach § 23 SGB XI auch privat pflegeversichern, wobei er in der Wahl des privaten Pflegeversicherers frei ist.

Bei in der sozialen Pflegeversicherung als Mitglied angehörenden Studenten gilt 1/30 des Bedarfssatzes nach dem BAföG als beitragspflichtige Einnahme; daneben sind Renten, Versorgungsbezüge und Arbeitseinkommen des Studenten beitragspflichtig. Auf die Summe der beitragspflichtigen Einnahmen (höchstens die Beitragsbemessungsgrenze) wird der Beitragssatz erhoben, den der Student (ohne Beitragszuschuss) allein zu entrichten hat. Der Beitragssatz beträgt seit 1.8.2019 für über 23-jährige kinderlose Studenten 3,30 v. H. Der monatliche Beitrag zur sozialen Pflegeversicherung beträgt seit 1.8.2019 für kinderlose Studierende über 23 Jahren 24,55 Euro, für alle anderen Studierenden 21,42 Euro. Privat pflegeversicherte Studenten zahlen den Versicherungsbeitrag nach den Tarifbedingungen. Auch diese Studenten erhalten wie Mitglieder der sozialen Pflegeversicherung bei BAföG-Förderung einen Zuschuss zu den Beiträgen.

Krankenversorgung der Bundesbahnbeamten

Das Wichtigste in Kürze

- Die KVB ist eine betriebliche Sozialeinrichtung des Bundeseisenbahnvermögens. Sie gewährt in Krankheits-, Pflege-, Geburts-, Todes- und Pflegefällen sowie zu Maßnahmen der Früherkennung Leistungen, die ungefähr der Beihilfe entsprechen. Damit verwirklicht sie die sich aus § 79 BBG ergebende Fürsorgepflicht, vergleichbar einer privaten Krankenversicherung. Versichert sind neben den Mitgliedern auch deren Angehörige. Die seit 1.1.1994 geschlossene Einrichtung ist nur noch zugänglich für Angehörige bereits versicherter Mitglieder.
- Die Leistungen der KVB belaufen sich i. d. R. auf 80 bis 100 v. H. der erstattungsfähigen Aufwendungen und sind zum Teil durch Höchstbeträge begrenzt. Erstattet werden nur notwendige Aufwendungen in angemesse-

nem Umfang. Bei Doppelversicherung werden – zusammen mit den Leistungen von anderer Seite – insgesamt nicht mehr als die erstattungsfähigen Aufwendungen gewährt.

- Beim Zusammentreffen von Ansprüchen an die KVB mit Beihilfeansprüchen gilt der Grundsatz, dass für die gleichen Aufwendungen nicht zweimal eine Leistung aus öffentlichen Mitteln gewährt werden darf. Deshalb erhält das KVB-Mitglied für seine mitversicherten (beihilfeberechtigten oder berücksichtigungsfähigen) Familienangehörigen von der KVB mindestens den auf eigene Beitragszahlungen zurückgehenden Teil der KVB-Leistung.

1. Personenkreis

Die Beihilfevorschriften gelten nicht für den Bereich der Deutschen Bahn und diejenigen Beamten des Bundeseisenbahnvermögens, die zum Zeitpunkt der Zusammenführung der Deutschen Bundesbahn und der Deutschen Reichsbahn Beamte der Deutschen Bahn waren (§ 2 Abs. 4 BBhV). Für diesen Personenkreis kommt die Deutsche Bahn der ihr obliegenden Fürsorgepflicht in Krankheits-, Geburts- und Todesfällen sowie bei Maßnahmen zur Früherkennung von Krankheiten durch eine besondere, als Körperschaft des öffentlichen Rechts betriebene **Sozialeinrichtung**, die „Krankenversorgung der Bundesbahnbeamten (KVB)“, nach. Die Bahn leistet zu dieser Einrichtung pro Person Zuschüsse aus Haushaltsmitteln ungefähr in der gleichen Höhe, wie der Bund Mittel zur Erfüllung der sich aus den Beihilfevorschriften ergebenden Verpflichtungen bereitstellt.

Mit den Leistungen der KVB werden die Bahnbeamten und die Versorgungsempfänger der Bundesbahn von wirtschaftlichen Belastungen in Krankheits-, Pflege-, Geburts- und Todesfällen sowie bei Maßnahmen zur Früherkennung von Krankheiten in einem der Fürsorgepflicht der Dienstherren entsprechenden Ausmaß freigestellt. Unbeschadet der zwischen dem System der Beihilfengewährung einerseits und der KVB-Versicherung andererseits bestehenden Unterschiede sind die von der Bahn geleisteten Zuschüsse als **pauschalierte Beihilfeleistungen des Dienstherrn** anzusehen. Die Leistungen der KVB treten daher, soweit sie auf Zuschüssen der Bahn beruhen, an die Stelle der Beihilfen und ersetzen diese. Durch die Zuschüsse stellen sich die KVB-Mitglieder im Allgemeinen nicht ungünstiger, als wenn sie Beihilfen zu den als beihilfefähig anerkannten Aufwendungen erhalten würden.

Die eigenständige Krankenversorgung der früheren Bundesbahn ist mit der Privatisierung der Bahn durch das Eisenbahnneuordnungsgesetz und die Gründung der Deutsche Bahn AG geschlossen worden. Die KVB wird aber nach der bisherigen Satzung und den bestehenden Tarifen für die bisherigen Mitglieder weitergeführt. Wer im Zeitpunkt des Inkrafttretens des genannten Gesetzes KVB-Mitglied werden konnte, von dieser Möglichkeit aber keinen Gebrauch gemacht hat, kann – bis auf einige Ausnahmen – nicht mehr Mitglied werden.

Die Belastungen, die sich aus der Schließung der KVB ergeben, gehen zulasten des Bundes. Damit ist sichergestellt, dass die mit der Schließung verbundene Überalterung des Mitgliederbestandes nicht zulasten der KVB-Mitglieder geht. Eine Beitragsüberforderung wird mit der Bestimmung, dass der Beitragssatz auf den Satz der → Krankenversicherung der Rentner begrenzt wird, vermieden. Für den in der KVB verbliebenen Personenkreis kommt die Bahn ihrer Fürsorgeverpflichtung nach wie vor im Rahmen der Leistungen der KVB nach. Wenn es zu Leistungsänderungen im Bereich der Beihilfevorschriften kommt, werden diese Änderungen auf den Bereich der KVB übertragen.

Die Mitglieder der KVB sind zum Abschluss einer **privaten Pflegeversicherung** bei der Gemeinschaft privater Versicherungsunternehmen zur Durchführung der Pflege-Pflichtversicherung verpflichtet. Für sie gelten die Bestimmungen der → privaten Pflege-Pflichtversicherung. Die technische Durchführung der Pflegeversicherung obliegt der KVB.

2. Beiträge

Die **Beiträge** der KVB-Mitglieder richten sich bei Beamten und Empfängern beamtenrechtlicher Versorgungsbezüge vornehmlich nach der Besoldungsgruppe, bei Angestellten nach der Vergütungsgruppe. Auszugehen ist von einem „Eckmann“, das ist ein Beamter der Besoldungsgruppe A 7 (neunte Dienstaltersstufe mit Familienzuschlag der Stufe 1 und Zulage für „sonstige Dienste“). Die Beiträge sind nach Mitgliedern mit und ohne Angehörige gestaffelt.

Ruhestandsbeamte und Beamtenwitwen zahlen den gleichen Beitrag wie aktive Beamte der gleichen Besoldungsgruppe.

Einen **Zuschlag** zu den Beiträgen zahlen:

- Mitglieder, die – ohne einen Fürsorgeanspruch gegen die Deutsche Bundesbahn zu haben – auf Antrag die Mitgliedschaft fortsetzen (z. B. versetzte und zu internationalen Organisationen abgeordnete Beamte), soweit sie nicht (wie z. B. Beihilfeberechtigte anderer Dienstherren) Anspruch nur auf den durch eigene Beitragsleistung gedeckten Teil der Tarifleistungen haben
- ehemalige Angestellte der Deutschen Bundesbahn
- Witwen und Witwer ehemaliger Angestellter der Deutschen Bundesbahn
- aufnahmeberechtigte frühere Ehegatten, deren Ehe mit dem KVB-Mitglied nach dem 30.6.1977 geschieden worden ist.

Der Zuschlag dient der Abgeltung des fehlenden Fürsorgeanspruchs gegen die Bahn und wird von ihr jährlich festgesetzt.

3. Leistungen

Die **Leistungen** der KVB werden nach Maßgabe der KVB-Satzung und des KVB-Tarifs erbracht; beide Unterlagen hat jedes KVB-Mitglied in Händen. Die Leistungen betragen 80 bis 100 v. H. der erstattungsfähigen Aufwendungen und sind zum Teil durch Höchstbeträge begrenzt. Die Leistungen der KVB führen daher in vielen Fällen nicht zu einer Kostendeckung; hierfür bedarf es einer besonderen Restkostenversicherung.

Leistungen werden nur auf **Antrag** gewährt. **Antragsberechtigt** ist grundsätzlich nur das Mitglied selbst, für nicht voll geschäftsfähige Waisen der gesetzliche Vertreter. Für den Antrag ist der vorgeschriebene Vordruck zu verwenden, den jede Dienststelle der Deutschen Bahn unentgeltlich abgibt. Dem Erstattungsantrag sind alle Belege in Urschrift beizufügen. Beim **Tod eines Mitglieds** werden auch dem hinterbliebenen Ehegatten oder den Kindern des Verstorbenen tarifgemäße Leistungen gewährt. Sind solche Hinterbliebene nicht vorhanden, können Leistungen auch an andere Personen gewährt werden, soweit sie durch die Aufwendungen belastet sind. Eine Belastung liegt nur vor, wenn der Wert des Nachlasses nicht ausreicht, um die erstattungsfähigen Aufwendungen zu decken. Wird eine Belastung nicht nachgewiesen, wird nur der allein aus Beitragsmitteln gedeckte Anteil der jeweiligen Tarifleistung gezahlt.

Leistungen werden nur gewährt, wenn sie binnen **Jahresfrist** beantragt werden. Diese Ausschlussfrist beginnt mit dem Tag der Erstausfertigung der Rechnung, hinsichtlich des Anspruchs auf Sterbegeld mit dem Todesfall. Bei nachweislich unverschuldeter Fristversäumnis kann auf Antrag eine Nachfrist gewährt werden.

Erstattungsfähig sind nur **notwendige Aufwendungen in angemessenem Umfang.** Ergibt sich aus eingereichten Rechnungen eine **übermäßige Beanspruchung**, ist die KVB nach Anhörung des beratenden Arztes berechtigt, ihre tarifmäßige Leistung auf einen angemessenen Betrag herabzusetzen. Die Versicherten sind verpflichtet, sich zur Prüfung eines Anspruchs auf Leistungen auf Kosten der KVB nachuntersuchen zu lassen. Die KVB kann den Antrag auf Leistungen ablehnen, wenn die **Nachuntersuchung** ohne triftigen Grund verweigert wird. Im Übrigen werden Kosten nur anerkannt, wenn die vorgenommenen oder verordneten Leistungen zur Heilung oder Milderung eines Krankheitszustandes oder zur Früherkennung von Krankheiten notwendig waren. Aufwendungen für wissenschaftlich nicht anerkannte Behandlungsverfahren und für die Tätigkeit eines nahen Angehörigen werden nicht ersetzt. Um für die Versicherten und die KVB geldliche Nachteile zu vermeiden, sind die Versicherten verpflichtet, sich vor Beginn einer ärztlichen Behandlung usw. beim Arzt, der Krankenanstalt usw. durch Vorzeigen der KVB-Mitgliedskarte auszuweisen. **Unfälle und Verletzungen** jeder Art sind ohne Rücksicht darauf, ob fremdes Verschulden vorliegt, unverzüglich der KVB zu melden. Wird diese Meldung versäumt, können die Leistungen ganz oder teilweise versagt werden.

4. Zusammentreffen von Ansprüchen

Für das Zusammentreffen von Ansprüchen gegen die KVB mit anderen Ansprüchen gilt Folgendes:

- **Zusammentreffen von KVB-Ansprüchen mit Beihilfeansprüchen** (ein Ehegatte KVB-Mitglied, der andere Ehegatte – z. B. als Bundes- oder Landesbeamter – beihilfeberechtigt):
  a) Der beihilfeberechtigte Ehegatte oder Lebenspartner erhält für seine Aufwendungen von der für ihn zuständigen Beihilfestelle auf Antrag die ihm zustehende Beihilfe. Sein Ehegatte oder Lebenspartner erhält zu den gleichen Aufwendungen auf Antrag von der KVB außerdem – da der beihilfeberechtigte Ehegatte oder Lebenspartner in der KVB mitversichert ist und für Mitversicherte zusätzliche Beiträge gezahlt werden – den aus eigenen Beitragszah-

lungen gedeckten (somit nicht auch den auf Zuschüsse der DB zurückgehenden) Anteil der Tarifleistung.

b) Das KVB-Mitglied erhält für seine eigenen Aufwendungen von der KVB auf Antrag die ihm zustehenden vollen Tarifleistungen. Sein beihilfeberechtigter Ehegatte oder Lebenspartner erhält zu den gleichen Aufwendungen nach § 5 Abs. 1 Nr. 2 BBhV keine Beihilfe.

c) Bei der Geltendmachung von Aufwendungen für die gemeinsamen Kinder (soweit diese beim beihilfeberechtigten Elternteil berücksichtigungsfähig und beim anderen Elternteil in der KVB mitversichert sind) steht den Ehegatten ein Wahlrecht zu:

   - Der beihilfeberechtigte Elternteil erhält bei Anspruch auf Familienzuschlag die ihm zustehende Beihilfe. Sein Ehegatte erhält zu den gleichen Aufwendungen auf Antrag von der KVB außerdem – entsprechend der vorstehend unter Buchst. a erwähnten Regelung – den aus eigenen Beitragszahlungen gedeckten Anteil der Tarifleistung.
   - Legt der bei der KVB versicherte Elternteil die Originalbelege zur Erstattung vor, erhält er von der KVB die volle Tarifleistung. Für die Gewährung einer Beihilfe an den beihilfeberechtigten Ehegatten oder Lebenspartner bleibt kein Raum.

Die in diesen Regelungen enthaltene unterschiedliche Bewertung der KVB- und der Beihilfe-Ansprüche hat ihren Grund darin, dass im Ergebnis für die gleichen Aufwendungen nicht zweimal aus öffentlichen Mitteln geleistet werden soll, dass die KVB-Versicherung eine freiwillige Krankenversicherung ist und die Beiträge für Mitglieder mit mitversicherten Familienangehörigen höher sind als die Beiträge der Mitglieder ohne Mitversicherte. Den Versicherten aber kann für ihre mitversicherten Angehörigen nicht der Teil der Leistungen vorenthalten werden, der nicht auf Zuschüssen der DB, sondern auf eigenen Beitragsleistungen beruht. Dagegen ist der auf Zuschüssen beruhende Teil der KVB-Leistungen wie eine von einem anderen Dienstherrn gezahlte Beihilfe zu behandeln, neben der nicht eine weitere Beihilfe gewährt werden kann. Danach ist es i. d. R. günstiger, zunächst – soweit zulässig – eine Beihilfe und anschließend die (reduzierte) KVB-Tarifleistung zu beantragen.

Die dargestellten Regelungen gelten nicht, wenn **frühere Bedienstete der Deutschen Bundesbahn** oder andere Personen (z. B. Witwen und Witwer ehemaliger Angestellter der Bundesbahn) die Mitgliedschaft in der KVB fortsetzen und zur Abgeltung des fehlenden Fürsorgeanspruchs gegen die Bundesbahn einen Zuschlag zu den üblichen Beiträgen gezahlt haben. In diesen Fällen beruhen die Leistungen der KVB ausschließlich auf eigenen Beiträgen des Versicherten und sind deshalb den Leistungen einer privaten Krankenversicherung gleichzusetzen.

■ Doppelversicherung

Besteht eine Doppelversicherung, d. h. gehört ein Mitglied oder ein mitversicherter Angehöriger gleichzeitig einer gesetzlichen Krankenkasse oder einer privaten Krankenversicherung an, müssen die Leistungen der Krankenversicherung zuerst in Anspruch genommen werden. Zusammen mit dem Erstattungsantrag an die KVB ist nachzuweisen, welche Beträge die andere Versicherung gezahlt hat. Die satzungsgemäßen Leistungen der KVB, ausgenommen Wochenhilfe und Sterbegeld, werden erforderlichenfalls so weit gekürzt, dass das Mitglied im Ganzen nicht mehr als die erstattungsfähigen Aufwendungen erhält.

Nehmen Mitglieder oder ihre mitversicherten Angehörigen die ihnen aus ihrer Doppelversicherung zustehenden Leistungen nicht in Anspruch, sind diese gleichwohl bei der Zuschussgewährung zu berücksichtigen. Hierbei sind Aufwendungen für Arzneimittel in voller Höhe, andere Aufwendun-

gen in Höhe von 50 v. H. als zustehende Leistung anzusetzen. Zu den danach ggf. verbleibenden Restaufwendungen werden die tarifmäßigen Zuschüsse gezahlt. Die Bestimmungen, dass bei Doppelversicherung zuerst die Leistungen der anderen Krankenversicherung in Anspruch genommen werden müssen, gelten nicht für mitversicherte Kinder, die von der Pflichtversicherung der gesetzlichen Kranken- oder Rentenversicherung einer anderen Person erfasst werden. Das heißt, dass den familienkrankenversicherten Kindern ein bisher nicht bestehendes Wahlrecht eingeräumt wird.
Eine anrechnungsfähige Doppelversicherung i. S. der KVB-Satzung liegt nicht vor, wenn im Versicherungsvertrag die Vorleistung durch die KVB als Hauptversicherung zur Bedingung gemacht wurde (KVB-Restkostenversicherung) und/ oder eine Krankentagegeldversicherung bestand. In jedem KVB-Erstattungsantrag ist die Frage nach einer Doppelversicherung unbedingt zu beantworten; geschieht das nicht, kann der Antrag zur Ergänzung zurückgegeben werden.

- **Zusammentreffen mit Ansprüchen aufgrund gesetzlicher oder anderer Vorschriften:**
Kein Leistungsanspruch gegen die KVB besteht, wenn Mitglieder oder mitversicherte Angehörige
  a) kraft gesetzlicher oder anderer Vorschriften einen **Erstattungs- oder Entschädigungsanspruch gegen Versorgungsbehörden** oder andere Stellen haben, wobei Mehrkosten für Krankenhauspflege und Zahnersatz, die über die Richtsätze der Versorgungsbehörde usw. hinaus aufgewendet und von diesen nicht getragen werden, im Rahmen des Tarifs erstattungsfähig sind,
  b) in einem Schadensfall **Ersatzansprüche gegen Dritte** aufgrund haftpflichtrechtlicher Bestimmungen haben, wobei jedoch ein Vorschuss bis zur Höhe der tarifmäßigen Leistungen gezahlt werden kann.

Bestehen **Ansprüche auf Leistungen nach § 10 Abs. 2 bzw. 4 des → Bundesversorgungsgesetzes** oder entsprechende Vorschriften und werden diese Leistungen nicht in Anspruch genommen, werden von der KVB die tarifmäßigen Leistungen erbracht. Bei **Unfällen** i. S. der gesetzlichen Unfallversicherung sind die Leistungen des zuständigen Versicherungsträgers zuerst in Anspruch zu nehmen; Mehrkosten, die vom Mitglied über die gesetzliche Leistung hinaus aufgewendet werden, sind im Rahmen des KVB-Tarifs erstattungsfähig.

- **Empfänger eines Beitragszuschusses aufgrund eines Beschäftigungsverhältnisses:**
  Erhält ein Beschäftigter gem. § 257 SGB V einen **Zuschuss seines Arbeitgebers zu seinem Krankenversicherungsbeitrag,** ermäßigt sich die Tarifleistung der KVB um die in den letzten zwölf Monaten bis zur Antragstellung geleisteten Zuschüsse des Arbeitgebers, soweit diese nicht bereits auf eine früher gewährte Tarifleistung der KVB angerechnet worden sind. Ferner bleibt der bezuschusste Anteil der Aufwendungen für Krankentagegeldversicherungen unberücksichtigt. Die Anrechnung darf den Anteil der Tarifleistung, der durch die Beitragszahlung gedeckt ist, nicht schmälern.

5. Verträge durch die KVB

Die KVB hat für die Mehrzahl ihrer Versicherten mit Verbänden der Ärzte und Zahnärzte **Verträge** abgeschlossen, die auch die Höhe des jeweils zu berechnenden Honorars zum Inhalt haben. Nach diesen Verträgen hat der Arzt/Zahnarzt sein Honorar nach den vertraglich vereinbarten Gebührensätzen in Rechnung zu stellen.

Es ist zu empfehlen, sich auch gegenüber den Krankengymnasten, Masseuren und medizinischen Bademeistern usw. vor Beginn einer Behandlung als KVB-Mitglied auszuweisen; Verträge mit den jeweiligen Verbänden dieser Heilbehandler bestehen allerdings derzeit nicht.

Voraussetzung für die Anwendung der Verträge ist, dass sich KVB-Mitglieder und die mitversicherten Familienangehörigen vor Beginn der Behandlung **durch die Mitgliedskarte ausweisen**.

Krankheitsfälle

In Krankheitsfällen sind die notwendigen Aufwendungen in angemessenem Umfange beihilfefähig:

- zur Wiedererlangung der Gesundheit
- zur Besserung oder Linderung von Leiden
- für die Beseitigung oder zum Ausgleich angeborener oder erworbener Körperschäden
- für die Pflege dauernd Pflegebedürftiger

Die BBhV bestimmt nicht, welche Kosten krankheitsbedingt sind. Angesichts der vergleichbaren Zweckbestimmung zwischen Beihilfe und dem Recht der gesetzlichen Krankenversicherung sollte für die Beihilfe der Krankheitsbegriff nach § 27 Abs. 1 Satz 1 SGB V maßgebend und verbindlich sein. Danach ist Krankheit ein regelwidriger Zustand des Körpers oder Geistes, der ärztlich oder anderer zweckentsprechender Hilfe bedarf. Sofern die Krankenversicherung Leistungen erbringt, sollte allgemein von der Beihilfefähigkeit der Aufwendungen ausgegangen werden (so auch HessVGH vom 24.9.2019, Az. 1 A 731/17).

Bei der Beurteilung, ob Aufwendungen in Krankheitsfällen vorliegen, sind die Krankheitskosten von anderen Aufwendungen abzugrenzen, die zwar im Zusammenhang mit einer Krankheit anfallen, deren Entstehen aber maßgeblich auf anderen Gründen (z. B. solche des äußeren Erscheinungsbildes) beruht. Bei Maßnahmen im Zusammenhang mit einer Wiedereingliederung in Schule oder Beruf liegen Krankheitskosten z. B. nur vor, wenn die Schul- oder Arbeitsfähigkeit aus Krankheitsgründen bedroht ist, d. h. auf einem außerhalb der Bandbreite des Normalen liegenden regelwidrigen körperlichen, geistigen oder seelischen Zustand der Person beruht. Welche Aufwendungen in Krankheitsfällen beihilfefähig sind, wird unter den in Frage kommenden Stichwörtern erläutert.

Die Kosten von Maßnahmen, die wegen Krebsangst die Annahme einer Erkrankung ausschließen sollen, sind nicht beihilfefähig (LSG Celle, Az. L 16 KR 73/19).

Krebsregistrierung

Der Bund (und nachfolgend wohl auch die Länder) beteiligen sich nach Maßgabe des § 45b BBhV an den personenbezogenen Kosten der Krebsregistrierung, sofern eine Vereinbarung mit dem Träger des klinischen Krebsregisters vorliegt. Entsprechend verfahren die Länder.

Die fallbezogene Krebsregisterpauschale sowie die Meldevergütung nach § 65c Abs. 6 Sätze 1 bis 5, 8 und 9 SGB V sind zum Bemessungssatz beihilfefähig.

Krücken

Aufwendungen sind beihilfefähig (Abschnitt 1 Nr. 11.25 der Anl. 11 zur BBhV).

Künstliche Befruchtung

Abweichungen in Bundesländern:

Abweichend von den Ländern mit eigenem Beihilferecht begrenzt der Bund die berücksichtigungsfähigen Kosten auf 50 v. H. (§ 43 Abs. 5 BBhV).

Allgemeines

Die als beihilfefähig anerkannten Anwendungen bei einer künstlichen Befruchtung ergeben sich unmittelbar aus § 43 BBhV. Die hier zusammengefassten beihilfefähigen Regelungen orientieren sich zwar wie bisher an den Leistungen der GKV und den Richtlinien über künstliche Befruchtung des G-BA, der früher aufgenommene direkte Verweis auf § 27a SGB V ist jedoch mit der Neunten Verordnung zur Änderung der BBhV vom 1.12.2020 entfallen.

Die Aufwendungen für eine künstliche Befruchtung einschließlich der damit im Zusammenhang verordneten Arzneimittel sind nach § 43 Abs. 1 BBhV beihilfefähig, wenn folgende sieben Voraussetzungen erfüllt sind:

- Die künstliche Befruchtung ist nach ärztlicher Feststellung erforderlich (Abs. 1 Nr. 1) und
- bietet hinreichende Erfolgsaussichten (Abs. 1 Nr. 2) – vgl. auch BSG vom 18.11.2014, Az. B1 A 1/14 R,
- Die Personen sind bei Inanspruchnahme der künstlichen Befruchtung miteinander verheiratet (Abs. 1 Nr. 3),
- beide Ehegatten haben bei Beginn der künstlichen Befruchtung das 25. Lebensjahr vollendet (Abs. 1 Nr. 4) und
- die Ehefrau hat das 40. Lebensjahr und der Ehemann hat das 50. Lebensjahr noch nicht vollendet (Abs. 1 Nr. 5) – vgl auch BSG vom 3.3.2009, Az. B1 KR 12/08.
  Liegt nur bei einem Ehegatten die geforderte Altersgrenze vor, ist die gesamte Maßnahme nicht beihilfefähig. Die maßgeblichen Altersgrenzen für beide Ehegatten müssen in jedem Behandlungszyklus (Zyklusfall) zum Zeitpunkt des ersten Zyklustages im Spontanzyklus, des ersten Stimulationstages im stimulierten Zyklus oder des ersten Tages der Down-Regulation erfüllt sein (VV 43.1.2).
  Nach Auffassung des Hessischen Verwaltungsgerichts (VGH Hessen vom 24.9.2019, Az. 1 A 731/17) haben auch ledige Beamtinnen des Landes Hessen einen Beihilfeanspruch bei künstlicher Befruchtung. Die Leistungspflicht der Krankenversicherung besteht auch bei einer künstlichen Befruchtung älterer Ehepaare, wenn die Behandlung mit einer gewissen

Wahrscheinlichkeit zu einer Schwangerschaft führen kann (BGH vom 4.12.2019, Az. IV ZR 323/18).

- Es werden ausschließlich Ei- und Samenzellen der Ehegatten verwendet (Abs. 1 Nr. 6) und
- die Ehegatten haben sich vor Durchführung der Maßnahme von einem nicht beteiligten Arzt unter Berücksichtigung ihrer medizinischen, psychischen und sozialen Aspekte beraten lassen (Abs. 1 Nr. 7).

Die Zuordnung der Kosten zu den Ehegatten erfolgt nach § 43 Abs. 2 und 3 BBhV in enger Anlehnung an Nummer 3 der Richtlinien über künstliche Befruchtung. Das bedeutet, dass die Kosten der Person zuzurechnen sind, bei der die Leistung durchgeführt wird (VV 43.2). Es gilt daher in diesen Fällen das sog. körper- oder anwendungsbezogene Kostenaufteilungsprinzip anstelle des sonst teilweise bei der PKV geltenden Verursacherprinzips (vgl. dazu auch OVG Rheinland-Pfalz vom 19.6.2009, Az. 10 A 10309/09).

Die begünstigten Methoden, die anzuerkennenden Indikationen und die Höchstzahl der beihilfefähigen Versuche ergeben sich aus § 43 Abs. 4 BBhV. So ist z. B. auch die In-vitro-Fertilisation – IVF – (Reagenzglas-Befruchtung) mit anschließendem Embryotransfer bzw. Transfer der Gameten (vereinigten Geschlechtszellen) ebenso anerkannt wie die ICSI-Methode (Intrazytoplasmatische Spermieninjektion) und Stimulationsverfahren. Es muss jedoch nach ärztlicher Feststellung eine hinreichende Aussicht auf Erfolg bestehen.

Im Fall eines totalen Fertilisationsversagens nach dem ersten Versuch einer IVF kann in maximal zwei darauffolgenden Zyklen die ICSI zur Anwendung kommen, auch wenn die Voraussetzungen der ICSI nicht vorliegen. Ein Methodenwechsel innerhalb eines IVF-Zyklus (sog. Rescue-ICSI) ist ausgeschlossen (VV 43.4.1).

Die IVF gilt als vollständig durchgeführt, wenn die Einzelkultur angesetzt worden ist. Die ICSI gilt als vollständig durchgeführt, wenn die Spermieninjektion in die Eizelle(n) erfolgt ist (VV 43.4.2).

Die Versuche beginnen nach Geburt eines Kindes oder einer klinisch nachgewiesenen Schwangerschaft jeweils neu zu laufen. Beihilfefähigkeit besteht auch, wenn nach der Geburt eines Kindes (auf natürlichem Weg oder mittels IVF) erneut eine künstliche Befruchtung durchgeführt wird, sofern dafür die allgemeinen Voraussetzungen vorliegen. Dies gilt auch, wenn eine sog. klinische Schwangerschaft (z. B. Nachweis durch Ultraschall, Eileiterschwangerschaft) vorlag, die zu einer Fehlgeburt führte (VV 43.5.2).

Aufwendungen für die Kryokonservierung von Ei- und Samenzellen oder von Keimzellgewebe sowie dazugehörige medizinische Maßnahmen sind beihilfefähig, wenn die Kryokonservierung wegen einer Erkrankung und deren Behandlung mit einer keimzellschädigen Therapie medizinisch notwendig erscheint, um spätere medizinische Maßnahmen zur Herbeiführung einer Schwangerschaft durch künstliche Befruchtung vornehmen zu können (§ 43 Abs. 7 BBhV). Aufwendungen für eine Krykonservierung können höchstens bis zum Erreichen der Höchstaltersgrenze für eine künstliche Befruchtung (s. o.) als beihilfefähig anerkannt werden.

Aufwendungen für Maßnahmen der künstlichen Befruchtung einschließlich der in diesem Zusammenhang erforderlichen Arzneimittel sind zu 50 Prozent der berücksichtigungsfähigen Anwendungen beihilfefähig (§ 43 Abs. 5 BBhV, VV 43.5.1 Satz 1).

Aufwendungen, die für vorausgehende Untersuchungen zur Diagnose und bei der Abklärung der in Betracht kommenden Methode zur künstlichen Befruchtung entstanden sind, sind gesondert beihilfefähig (VV 43.5.1 Satz 2).

Aufwendungen für eine künstliche Befruchtung nach einer vorhergehenden Sterilisation, die nicht medizinisch notwendig war, sind nicht beihilfefähig (§ 43 Abs. 6 BBhV).

Nach entsprechenden Förderungsrichtlinien des Bundes können auch unverheiratete Paare Zuschüsse zu den Kosten einer künstlichen Befruchtung erhalten. Weitergehende Informationen über das Bundesprogramm und zu den Fördervoraussetzungen sowie die notwendigen Kontaktdaten sind auf der Internetseite des BMFSFJ www.informationsportal-kinderwunsch.de (zuletzt aufgerufen: 2.9.2024) zu finden.

Laboruntersuchungen

Medizinisch überflüssige Laboruntersuchungen braucht ein Privatpatient nicht zu bezahlen (BGH vom 14.1.2010, Az. III ZR 173/09, ergangen zu speziellen Gentests zur Feststellung des Diabetestyps). Es ist insbesondere zu prüfen, ob auf bereits vorliegende Untersuchungen zurückgegriffen werden kann. Bei der Beauftragung eines Fremdlabors handelt der Arzt i. d. R. als Stellvertreter des Patienten. Der Auftrag muss sich auf notwendige Laboruntersuchungen beschränken.

Lanthasol-Aerosol-Inhalationskuren

Die Aufwendungen sind nur beihilfefähig, wenn die Kuren mit hochwirksamen Arzneimitteln (z. B. Aludrin) durchgeführt werden (Abschnitt 2 Nr. 6 der Anl. 1 zur BBhV).

Laser-Behandlung im Bereich der physikalischen Therapie

Aufwendungen sind nicht beihilfefähig (Abschnitt 1 Nr. 12.1 der Anl. 1 zur BBhV).

Laser-Methode Lasik

Sie gilt als sichere Methode, um Kurz- oder Weitsichtigkeit zu korrigieren. Dies geschieht mittels Laserstrahl, mit dem die Hornhaut um einige Tausendstel abgetragen wird, um die Fehlsichtigkeit zu korrigieren. Die Behandlung sollte möglichst in einem zertifizierten inländischen Zentrum vorgenommen werden. Die Krankenkassen beteiligen sich an den Kosten nur bei nachgewiesener Brillenunverträglichkeit.

Abschnitt 2 Nr. 13 Buchstabe b der Anl. 1 zur BBhV bejaht die Beihilfefähigkeit der Kosten nur, wenn eine Korrektur des Sehvermögens durch Brillen oder Kontaktlinsen nach augenärztlicher Feststellung ausgeschlossen ist.

Bei einer Laserbehandlung mit einer Kataraktoperation am Auge wegen Grauen Stars sind die Gebühren für den Einsatz eines Femtosekundenlasers nicht beihilfefähig (vgl. OLG Düsseldorf vom 28.8.2020, Az. 4 UT 62/18).

Lebensbedrohliche oder regelmäßig tödlich verlaufende Krankheiten

Abweichungen in Bundesländern:
→ Baden-Württemberg (Ziff. 1)

Als schwerwiegende Erkrankungen i. S. des § 33 BBhV kommen besonders Krebserkrankungen, Multiple Sklerose und Parkinson, jeweils im weit fortgeschrittenen Stadium in Betracht. Steht für die genannten Erkrankungen eine allgemein anerkannte, dem medizinischen Standard entsprechende Behandlung nicht zur Verfügung oder besteht keine Aussicht auf Heilung, sind Aufwendungen für medizinische Leistungen beihilfefähig, wenn eine nicht ganz entfernt liegende Aussicht auf Heilung oder spürbare Einwirkung auf den Krankheitsverlauf besteht. Dies gilt z. B. auch für lebensbedrohliche spinale Muskelatrophie bei Säuglingen und Kleinkindern (hier für das – zugelassene – Gentherapiemittel Zolgensma). Es muss keine hohe Wahrscheinlichkeit der Heilung, Verlängerung der Lebensdauer oder der Verbesserung der Lebensqualität bestehen (VV 33 Satz 3). Es sind besonders an „Mittel der letzten Wahl", aber auch an Behandlungsmethoden und Arzneimittel zu denken, die sich zwar noch in der Erprobungsphase befinden, aber Erfolge bei einer größeren Anzahl von Patienten vorweisen können. Dabei können auch Arzneimittel außerhalb der Schulmedizin berücksichtigt werden. Ein weiteres Kriterium kann sein, dass eine anerkannte Heilbehandlung nicht angewendet werden darf oder bereits erfolglos eingesetzt worden ist. Über die Beihilfefähigkeit entscheidet die Festsetzungsstelle im Einvernehmen mit der obersten Dienstbehörde, die vor ihrer Zustimmung das Einvernehmen mit dem BMI herzustellen hat.

Leibbinden

Aufwendungen sind beihilfefähig, jedoch nicht Nieren-, Flanell- und Wärmeleibbinden (Abschnitt 1 Nr. 12.2 der Anl. 11 zur BBhV).

Lesehilfen

Aufwendungen für Lesehilfen als Leseständer, Blattwendestab, Blattwendegerät und Auflagegestell sind beihilfefähig (Abschnitt 1 Nr. 12.3 der Anl. 11 zur BBhV).

Lichtsignalanlage

Nach Abschnitt 1 Nr. 12.4 der Anl. 11 zur BBhV sind bei Gehörlosen und hochgradig Schwerhörigen die Aufwendungen für eine Lichtsignalanlage beihilfefähig.

(Funk-)Lichtwecker

Diese Aufwendungen gehören zur allgemeinen Lebenshaltung und sind nicht beihilfefähig.

Logopädie

1. Höchstbeträge

Aufwendungen sind bis zu den Höchstbeträgen nach Abschnitt 1 Nr. 47–52 der Anl. 9 zur BBhV beihilfefähig.

Die Aufwendungen sind nur beihilfefähig, wenn die Leistungen von einem in der Anl. 10 zur BBhV aufgeführten Leistungserbringer in ihrem Beruf erbracht werden. Zu den staatlich anerkannten Sprachtherapeuten gehören auch Sprachtherapeuten mit Bachelor- oder Masterabschluss. Unter die medizinischen Sprachheilpädagogen fallen auch die Sprachheilpädagogen nach Nr. 2 Buchstabe g Doppelbuchstabe aa der Anl. 10 zur BBhV (VV 23.1.1).

2. Sprechübungen mit stotternden Kindern

Hinsichtlich der Aufwendungen für Sprechübungen mit stotternden Kindern sind zwei Fälle zu unterscheiden:

- Die Aufwendungen können als beihilfefähig anerkannt werden, wenn die Sprachstörung als Krankheit anzusehen ist und der behandelnde Arzt einen behandlungsbedürftigen und behandlungsfähigen Zustand des Kindes anerkennt und bescheinigt, dass zur Behebung der Sprachhemmung eine Heilbehandlung durch Abhaltung von Sprechübungen durch einen Lehrer der Sprachheilkunde dringend erforderlich ist.
- Die Beihilfefähigkeit ist zu verneinen, wenn (bzw. sobald) feststeht, dass die Sprachstörung auf einem geistig-sprachlichen Rückstand mit seelischen Hemmungen beruht und eine Beseitigung oder Besserung des Leidens nicht mehr zu erwarten ist.

Die Beihilfefähigkeit der Aufwendungen für Sprechübungen mit stotternden Kindern ist deshalb vor Beginn der Heilbehandlung zu beantragen. Für die Beihilfestelle kann es sich empfehlen, zunächst nur eine beschränkte Zahl von Sprechübungen als beihilfefähig anzuerkennen und den Erfolg der Übungen durch einen Arzt (evtl. auch Amts- oder Vertrauensarzt) feststellen zu lassen.

3. Ohrtaktgeber

Aufwendungen für sog. Ohrtaktgeber bei Sprechübungen mit stotternden Kindern sind nicht beihilfefähig, da diese Geräte wissenschaftlich nicht anerkannt sind und nach ärztlicher Auffassung sogar zu neurotischen Störungen führen können.

4. Sprechhilfen

Sprechhilfen (auch elektronische) und Sprechkanülen gehören zu den beihilfefähigen Hilfsmitteln.

Magnetfeldtherapie

Die Therapie mit pulsierenden Magnetfeldern ist wissenschaftlich nur anerkannt für die Behandlung der atrophen Pseudarthrose sowie bei Endoprothesenlockerungen, idiopathischer Hüftnekrose und verzögerter Knochenbruchheilung, wenn sie in Verbindung mit einer sachgerechten chirurgischen Therapie durchgeführt wird, sowie bei psychiatrischen Erkrankungen. Für alle anderen Fälle ist die Beihilfefähigkeit ausgeschlossen (Abschnitt 2 Nr. 7 der Anl. 1 zur BBhV). Dies gilt auch für die Behandlung von Osteoporose.

Makuladegeneration (AMD)

Die altersabhängige und unheilbare AMD ist bei über 60-Jährigen Hauptursache für ein Erblinden. Die schwerwiegende Form dieser Krankheit ist die feuchte Makuladegeneration, bei der Blutgefäße unkontrolliert in die Netzhaut wuchern und so zu schädlichen Flüssigkeitsansammlungen im Auge führen. Um dies zu unterbinden werden sog. VGEF-Hemmer ins Auge gespritzt. Damit lässt sich allerdings der eigentliche, durch ein überaktives Immunsystem ausgelöste Entzündungsprozess nicht bekämpfen. Der Krankheitsverlauf kann aber verlangsamt werden und die Sehfähigkeit länger erhalten bleiben. Die Aufwendungen für die genannten Spritzen sind beihilfefähig, ebenso diejenigen für Injektionen von Polysialinsäure.

Mammographie-Screening

Das Mammographie-Screening gehört bei Frauen im Alter von 50 bis 75 Jahren zum Krebsvorsorgeprogramm der GKV. Somit liegt nach § 41 Abs. 1 BBhV auch Beihilfefähigkeit der Kosten vor (vgl. VV 41.1.1 Nr. 3), die bei privat Krankenversicherten nach der GOÄ (abhängig von der Screening-Einheit) berechnet werden (i. d. R. Nr. 5266 GOÄ, für die Teilnahme an der multidisziplinären Fachkonferenz daneben jeweils Nr. 60 GOÄ analog). Ebenso analog werden die Leistungen bei verdächtigem Mammographiebefund berechnet. Oftmals werden bei privat Krankenversicherten die Leistungen des Screenings unmittelbar mit der Versicherung abgerechnet. Die Kosten der Erfassung und Einladung für ein Mammographie-Screening werden von den Kostenträgern (einschl. Beihilfe) unmittelbar getragen.

Bei auffälligem Mammographiebefund ist Ultraschall Teil des Screening-Verfahrens; sonst ist er als Verlangensleistung nicht beihilfefähig. Das Letztere gilt auch, wenn sich gesunde oder beschwerdefreie Frauen außerhalb der Altersgrenzen vorsorglich auf Brustkrebs untersuchen lassen.

Manuelle Lymphdrainage

Bei der manuellen Lymphdrainage handelt es sich um eine wissenschaftlich anerkannte Heilmethode. Die Aufwendungen für eine solche Behandlung sind deshalb beihilfefähig.

Massagen

Aufwendungen sind bis zu den Höchstbeträgen nach Abschnitt 1 Nr. 18 bis 20 der Anl. 9 zur BBhV beihilfefähig.

Die Fußreflexzonenmassage unterfällt Nr. 18a der Anl. 9 zur BBhV und ist folglich bis 20,30 Euro (ab 1.4.2024, siehe auch → Heilmittel) je Massage beihilfefähig. Aufwendungen für die sog. Rhythmische Massage sind dagegen nicht beihilfefähig.

Aufwendungen für die Anschaffung von **Massagebürsten** sind nicht beihilfefähig.

Mecklenburg-Vorpommern

Es gelten die Beihilfevorschriften des Bundes. Beihilfe zu **Wahlleistungen** eines Krankenhauses steht nicht zu, von den in § 80 Abs. 4 LBG M-V genannten Fällen abgesehen (z. B. ein Krankenversicherungsschutz für die ausfallende Beihilfe ist aus anderen als finanziellen Gründen nicht erreichbar).

Medikamententests nach der Bioelektrischen Funktionsdiagnostik (BFD)

Aufwendungen sind nicht beihilfefähig (Abschnitt 1 Nr. 7.1 der Anl. 1 zur BBhV) → Ganzheitsbehandlungen auf bioelektrisch-heilmagnetischer Grundlage.

Medizinisch nicht indizierte Maßnahmen

Nach § 8 Abs. 1 Nr. 6 BBhV sind Behandlungen als Folge von medizinisch nicht indizierten Maßnahmen wie → Schönheitsoperationen, Tätowierungen und Piercing nicht beihilfefähig. → Wissenschaftlich nicht anerkannte Methoden.

Medizinische Fußpflege (Podologische Therapie)

Von allen Formen der Fußpflege sind nur die Aufwendungen für von Podologen vorgenommene medizinische Fußpflege (Podologische Therapie) beihilfefähig. Diese erfasst allein die Behandlung krankhafter Veränderungen am Fuß infolge Diabetes mellitus (diabetisches Fußsyndrom). Aufwendungen für vom Arzt schriftlich verordnete Maßnahmen sind bis zu den Höchstbeträgen nach Abschnitt 1 Nr. 62 bis 73 der Anl. 9 zur BBhV beihilfefähig.

Die medizinische Fußpflege schließt nicht Mykosen und Durchblutungsstörungen bei arterieller Verschlusskrankheit ein. Hautdefekte, Entzündungen und eingewachsene Zehennägel dürfen nur von Ärzten behandelt werden. Die „normale“ Fußpflege, auch diejenige durch zu den Gesundheits- oder Medizinalfachberufen gehörenden Podologen, wird nicht von der Beihilfe erfasst.

Medizinische Versorgungszentren (MVZ)

Um fach- und berufsgruppenübergreifend zusammenarbeiten zu können (auch hinsichtlich unterschiedlicher Fachärzte) und dabei z. B. auch durch zentrale Rezeption, Kommunikationstechnik oder auch medizinisches Gerät, Kosten zu sparen, schließen sich verstärkt Ärzte zu Medizinischen Versorgungszentren zusammen (vgl. § 95 Abs. 1 Satz 2 SGB V). Dabei müssen mindestens zwei ärztliche Fachrichtungen, Schwerpunkte oder Leistungssektoren vertreten sein. Die MVZ können in die vertragsärztliche Versorgung einbezogen werden. Desgleichen stehen den dort freiberuflich tätigen Ärzten Liquidationsrechte gegenüber Privatversicherten zu. Die Zentren selbst haben kein Recht zur Rechnungserstellung. Für die beihilferechtliche Anerkennung der Gebühren gelten die sonst für Ärzte und nichtärztliche Heilbehandler geltenden Regelungen.

Medizinisches Aufbautraining (MAT, MTT)

Diese mit Sequenztrainingsgeräten erfolgende Behandlung von Erkrankungen der Wirbelsäule (auch als MedX-Therapie, Trainingskonzept der Gesellschaft für Medizinische Kräftigungstherapie – GMKT –, FPZ-Konzept oder DAVID-Wirbelsäulenkonzept bezeichnet) ist allein nach Maßgabe der Nr. 16 der Anl. 9 zur BBhV (siehe auch Abschnitt 3 Anl. 9 zur BBhV zu den Voraussetzungen hinsichtlich der ärztlichen Versorgung, Therapieplanung, Ergebniskontrolle und Aufsicht) beihilfefähig. Dies schließt die Beihilfefähigkeit von Fitness- und Kräftigungsmethoden an Therapiemaschinen (z. B. Sportstudios oder das Kieser-Training) mit einzig gesundheitsfördernder Zielsetzung aus, auch wenn sie an identischen Geräten erfolgen.

Nach der genannten Regelung ist die Beihilfefähigkeit auf höchstens 25 Behandlungen je Kalenderhalbjahr begrenzt.

→ Gerätegestützte Krankengymnastik

Mehrwertsteuer

Die Mehrwertsteuer (Umsatzsteuer) zu beihilfefähigen Aufwendungen ist wie die Aufwendungen selbst beihilfefähig. Zusammen mit der Mehrwertsteuer (Umsatzsteuer) dürfen Höchstbeträge und -grenzen nicht überschritten werden.

Nach § 4 Nr. 14 und 16 UStG ist der überwiegende Teil der medizinischen Leistungen (z. B. ärztliche Leistungen) von der Umsatzsteuerpflicht befreit. Dies gilt z. B. nicht für die Gebühren der im Rahmen der Psychotherapie tätigen Gutachter sowie selbstständig tätige Beleg- oder Laborärzte.

Mietgebühren für Hilfsmittel und Geräte zur Selbstbehandlung und -kontrolle

Mieten für Hilfsmittel und Geräte zur Selbstbehandlung und Selbstkontrolle sind beihilfefähig, soweit sie nicht höher als die entsprechenden Anschaffungskosten sind und sich dadurch ein Kauf erübrigt (§ 25 Abs. 3 BBhV).

Migräne

Bei genetisch bedingter Übererregbarkeit bestimmter Hirnzellen wird der Trigeminusnerv aktiviert. Dadurch entsteht eine aseptische Entzündung, die einen pulsierenden Schmerz im Kopf auslöst. Dabei können auch Übelkeit und Reizüberempfindlichkeit eintreten. Die gegen die Schmerzen eingesetzten Arznei- und Heilmittel sind beihilfefähig.

Mora-Therapie

Aufwendungen sind nicht beihilfefähig (Abschnitt 1 Nr. 7.1 der Anl. 1 zur BBhV → Ganzheitsbehandlung).

Mundduschen

Aufwendungen sind nicht beihilfefähig (Nr. 13.3 der Anl. 12 zur BBhV).

Mundstab/-greifstab

Aufwendungen sind beihilfefähig (Abschnitt 1 Nr. 13.7 der Anl. 11 zur BBhV).

Mutter/Vater-Kind-Rehabilitationsmaßnahmen

Abweichungen in Bundesländern:
→ Bayern (Ziff. 14)
→ Schleswig-Holstein (Ziff. 12)

Aufwendungen für die vorstehenden Rehabilitationsmaßnahmen sind nur beihilfefähig, wenn sie die Beihilfestelle aufgrund eine die medizinische Notwendigkeit bestätigenden ärztlichen Gutachtens vor Beginn der Behandlung anerkannt hat. Weitere Voraussetzung ist, dass eine ambulante ärztliche Behandlung und die Anwendung von Heilmitteln am Wohnort wegen erheblich beeinträchtigter Gesundheit zur Erreichung des Rehabilitationsziels nicht ausreichend sind (§ 36 Abs. 1 Satz 2 Nr. 2 BBhV). Auch dazu hat sich das ärztliche Gutachten zu äußern.

Die Maßnahmen sind grundsätzlich stationär durchzuführen → Rehabilitationsmaßnahmen.

Mutter/Vater-Kind-Rehabilitationsmaßnahmen können als Vorsorgemaßnahme (beim Risiko, dass ein Elternteil erkrankt oder die Kindesentwicklung beeinträchtigt ist) oder als Rehabilitationsmaßnahme (bei bereits eingetretenen gesundheitlichen Beeinträchtigungen im Familienalltag) ärztlich verordnet werden. Eltern können mit oder ohne Kind in Kur gehen.

Die genannten Reha-Maßnahmen gehören zum Leistungskatalog der GKV. Private Krankenversicherer müssen nur leisten, wenn dies im Krankenversicherungsvertrag zugesichert ist. Arbeitgeber müssen Eltern unter Gehaltsfortzahlung freistellen bzw. beurlauben. Die Leistungsträger weisen die Einrichtungen zu, wobei aber i. d. R. ein Wunsch- oder Wahlrecht eingeräumt wird. Die Dauer der Reha-Maßnahme von 21 Tagen (ohne Tage der An- und Abreise) kann in dringenden gesundheitlichen Fällen verlängert werden.

Ist die Mitaufnahme des Kindes aus medizinischen Gründen oder deshalb erforderlich, weil die Trennung von Mutter oder Vater wegen der besonderen familiären Verhältnisse unzumutbar wäre oder das Kind angesichts seines Alters oder wegen Pflegebedürftigkeit nicht anderweitig versorgt werden könnte, sind die Aufwendungen beihilfefähig. Begleitet das nicht behandlungsbedürftige Kind Mutter oder Vater ohne Vorliegen eines der vorstehenden Gründe, ist – bei Anerkennung durch die Beihilfestelle – nur der von der Einrichtung für das Kind berechnete Betreuungsbetrag beihilfefähig, wobei die Aufwendungen der Mutter bzw. dem Vater zuzurechnen sind. Werden die Aufwendungen mit pauschalen Tagessätzen berechnet, sind auch die Kosten des Kindes in voller Höhe beihilfefähig. Eine feste Altersgrenze für das Kind besteht nicht. Kinder können i. d. R. bis zum 12. Lebensjahr, in besonderen Fällen bis zum 14. Lebensjahr, mitgenommen werden (VV 35.1.2.3).

In welchen Einrichtungen stationäre Mutter/Vater-Kind Rehabilitationsmaßnahmen erfolgen müssen → Rehabilitationsmaßnahmen, Ziff. 1.

Es gilt der Vierjahresausschluss nach § 36 Abs. 2 BBhV, sofern nicht aus medizinischen Gründen eine Maßnahme in kürzerem Zeitabstand dringend notwendig ist. Mutter/Vater-Kind-Rehabilitationsmaßnahmen müssen in Einrichtungen des Müttergenesungswerks oder einer gleichartigen Einrichtung durchgeführt werden.

Unterkunfts- und Verpflegungskosten sind insoweit beihilfefähig, als die Einrichtung sie dem Sozialleistungsträger berechnet. Daneben sind die in § 35 Abs. 1 BBhV bezeichneten Aufwendungen beihilfefähig, insbesondere für ärztliche, psychotherapeutische und Krankenhausleistungen, ferner Arznei-, Heil- und Hilfsmittel. Zu Fahrtkosten → Heilkuren, Ziff. 2.

Die Eigenbehaltsregelung nach § 49 BBhV ist zu beachten, wobei Kinder bis zur Vollendung des 18. Lebensjahres grundsätzlich ausgenommen sind.

Mutterschutzgesetz

Seit 1.1.2018 gilt Mutterschutz auch für Studentinnen und Schülerinnen.

Nachkuren

Aufwendungen für eine Nachkur nach einer → Heilkur sind nicht beihilfefähig. Ist während der Nachkur eine ärztliche Behandlung usw. erforderlich, sind die dadurch entstehenden Kosten beihilfefähig wie bei einer anderen Erkrankung.

Die Aufwendungen für eine Nachkur im Rahmen der Betreuung von Krebskranken in eigens dafür eingerichteten Sanatorien und Kurheimen sind beihilfefähig. Bei diesen Nachkuren handelt es sich um → Stationäre Rehabilitationsbehandlungen. Die Beihilfefähigkeit hängt somit davon ab, dass die für Sanatoriumsbehandlung vorgeschriebenen Voraussetzungen erfüllt werden.

Naturheilverfahren

Viele den Menschen in seiner Einheit aus Körper, Seele und Geist ansehenden Naturheilverfahren (als Methoden, die Reizwirkung und körperliche Reaktionen und Regulationen des Gesamtorganismus anregen) sind Teil der Schulmedizin. Die Aufwendungen sind grundsätzlich beihilfefähig, sofern sie nicht ausdrücklich nach Anl. 1 zur BBhV ganz bzw. teilweise oder nach dem übergeordneten Grundsatz der medizinischen Notwendigkeit ausgeschlossen sind. Die altbekannten Methoden wie Homöopathie, Akupunktur, Pflanzenheilkunde oder Kneipp-Therapie sind weiterentwickelt und teilweise durch andere Therapieformen wie z. B. Neuraltherapie, Chirotherapie, Kinesiologie, Fußreflexzonen-Massage und Bioresonanztherapie ergänzt worden. Näheres ergibt sich aus dem „Hufeland-Leistungsverzeichnis der Besonderen Therapierichtungen". Einige Krankenversicherer bieten spezielle Tarife an, die die Kosten naturkundlicher Behandlungsmethoden tragen.

Neuropsychologische Diagnostik und Therapie

Mit der ambulanten neuropsychologischen Diagnostik und Therapie sollen hirnorganisch verursachte geistige und seelische Funktionsstörungen festgestellt und behandelt werden.

Sie muss von den in § 30a Abs. 1 BBhV genannten Behandlern durchgeführt werden. § 30a Abs. 2 BBhV schließt bestimmte Indikationen von der Beihilfefähigkeit aus, da die Therapie in diesen Fällen nichts bewirken kann. Der Umfang der anzuerkennenden Behandlung ergibt sich aus § 30a Abs. 3 BBhV. Die berechenbaren GOÄ-Positionen ergeben sich aus der VV 30a.3.

Neurostimulationstherapie (DRG-Therapie)

Mit dieser Therapie kann gezielt auf chronisch schmerzende Körperbereiche durch Stimulation einer Gruppe von Nervenzellen in der Wirbelsäule eingewirkt werden. Die Aufwendungen dürften beihilfefähig sein, wenn andere Behandlungen versagen oder keine ausreichende Linderung bringen.

Neurostimulation nach Molsberger

Aufwendungen sind nicht beihilfefähig (Abschnitt 1 Nr. 14.1 der Anl. 1 zur BBhV).

Neurotoptische Diagnostik und Therapie

Aufwendungen sind nicht beihilfefähig (Abschnitt 1 Nr. 14.2 der Anl. 1 zur BBhV).

Nicht beihilfefähige Aufwendungen

Das Wichtigste in Kürze

Bestimmte Aufwendungen sind von der Beihilfefähigkeit ausgeschlossen, insbesondere:

- Aufwendungen für eine Behandlung nach einer wissenschaftlich nicht allgemein anerkannten Methode
- Sach- und Dienstleistungen
- vorrangig in Anspruch zu nehmende Leistungen
- Aufwendungen für sog. Bagatellarzneimittel oder Lifestyle-Arzneimittel, nicht verschreibungspflichtige Arz-

neimittel (mit Ausnahmen) sowie Aufwendungen, die über die für Arznei- und Hilfsmittel festgesetzten Festbeträge hinausgehen

- Aufwendungen für die persönliche Tätigkeit eines nahen Angehörigen
- verspätet (später als ein Jahr nach Ausstellung der Rechnung) geltend gemachte Aufwendungen

1. Einzelfälle

In zahlreichen Fällen wird in den Beihilfevorschriften festgelegt, welche Aufwendungen nicht beihilfefähig sind. Es handelt sich vornehmlich um:

- Aufwendungen für eine Untersuchung oder Behandlung nach einer → **wissenschaftlich nicht anerkannten Methode**, dies allerdings mit einigen Ausnahmen (Anl. 1 zur BBhV)
- **Sach- und Dienstleistungen** nach § 2 Abs. 2 SGB V (soweit nicht auf den Sozialhilfeträger übergeleitet), § 8 Abs. 4 BBhV. Als Sachleistungen gelten auch:
  - die Kostenerstattung gesetzlicher Krankenkassen bei Kieferorthopädie
  - bei Pflichtversicherten (einschl. Familienversicherten) die Kostenerstattung nach § 13 Abs. 2 SGB V

  Bei gesetzlich Versicherten mit Arbeitgeberanteil, Zuschuss zum Krankenkassenbeitrag oder mit Anspruch auf beitragsfreie Krankenversicherung gelten als Sach- und Dienstleistungen auch:
  - die über Festbeträge hinausgehenden Zahlungen für Arznei-, Verband- und Hilfsmittel
  - Aufwendungen, die infolge nicht in Anspruch genommener Sachleistungen entstanden sind; ausgenommen sind Wahlleistungen eines Krankenhauses.

Dies gilt nach dem neugefassten § 8 Abs. 4 Satz 4 BBhV nicht für Personen mit Ansprüchen nach § 10 Abs. 2, 4 oder 6 BVG, freiwillig gesetzlich Versicherte (mit oder ohne Beitragszuschuss) und für von der Pflichtversicherung in der GKV oder Rentenversicherung einer anderen Person erfasste berücksichtigungsfähige Kinder.

– die wegen Wahlarzttarifen (z. B. Selbstbehaltstarif) ausfallenden Sach- und Dienstleistungen

- Aufwendungen als Folge **medizinisch nicht indizierter Maßnahmen** wie z. B. ästhetische Operationen, Tätowierungen oder Piercings (§ 8 Abs. 1 Nr. 6 BBhV)
- Aufwendungen für **berufsfördernde, -vorbereitende und -bildende und heilpädagogische Maßnahmen** und den Besuch von (vor-)schulischen Einrichtungen sowie Werkstätten für Behinderte (§ 8 Abs. 1 Nr. 4 und 5 BBhV)
- Aufwendungen, die über das **Maß einer medizinisch notwendigen Versorgung** hinausgehen (§ 6 Abs. 1 Satz 1 BBhV)
- gesetzlich vorgesehene **Zuzahlungen**, Kostenanteile und Selbstbehalte bei Wahltarifen (§ 53 SGB V), (→ Gesetzliche Krankenversicherung, Ziff. 5, → Kostenanteile) sowie Aufwendungen für von der Krankenversorgung ausgeschlossene Arznei-, Hilfs- und Heilmittel
- Aufwendungen für den **Ehegatten/Lebenspartner mit eigenen Einkünften** im vorletzten Kalenderjahr vor Antragstellung von mehr als 20 000 Euro jährlich (ab 2025: 21 832 Euro)
- Aufwendungen für die **persönliche Behandlung** durch Ehegatten, Lebenspartner, Eltern oder Kinder des Behandelten, ausgenommen Sachkosten (§ 8 Abs. 1 Nr. 7 BBhV)
- Aufwendungen, für die → **Schadensersatzansprüche** gegen Dritte bestehen, die nicht auf den Dienstherrn übergegangen sind (§ 8 Abs. 2 BBhV)
- Aufwendungen, für die Anspruch auf Heilfürsorge nach § 70 Abs. 2 BBesG oder entsprechenden landesrechtlichen Vorschriften besteht (§ 8 Abs. 1 Nr. 1 BBhV)

- Aufwendungen für außermedizinische (zahn-)ärztliche Bescheinigungen für berücksichtigungsfähige Angehörige (§ 8 Abs. 1 Nr. 3 BBhV)
- Aufwendungen für nicht von der Festsetzungsstelle veranlasste Gutachten, z. B. zur Kindergartentauglichkeit (§ 8 Abs. 1 Nr. 2 BBhV)
- Aufwendungen, für die ein **vorrangiger Beihilfeanspruch** besteht
- → **Eigenbehalte** nach § 49 BBhV
- Aufwendungen, die über beihilferechtliche **Höchstbeträge** hinausgehen
- Selbstbehalte bei → **Kostenerstattung** nach § 13 Abs. 2 SGB V
- Aufwendungen für → **Kostenpläne** und **Kostenvoranschläge,** mit Ausnahme bestimmter Kostenpläne bei zahnärztlichen und kieferorthopädischen Leistungen
- Aufwendungen, die zu einem **Zeitpunkt** entstanden sind,
  - in dem der Beihilfeberechtigte noch nicht oder nicht mehr zum Kreis der → beihilfeberechtigten Personen gehörte,
  - in dem die betreffende Person nicht zum Kreis der → berücksichtigungsfähigen Angehörigen gehörte,
- nicht beihilfefähige Aufwendungen für Arznei-, Hilfs- und Heilmittel, Fahrtkosten usw.
- Aufwendungen für **Nachkuren**
- Aufwendungen, für die der **Beihilfeantrag nicht innerhalb eines Jahres** nach Rechnungsdatum vorgelegt wird (§ 54 Abs. 1 BBhV)
- Beihilfeanträge, wenn die geltend gemachten Aufwendungen insgesamt nicht mehr als 200 Euro betragen (sog. **Bagatellgrenze,** § 51 Abs. 8 BBhV)

2. Weitere Beschränkungen

Weitere Beschränkungen der Beihilfefähigkeit ergeben sich aus → Höchstgrenzen und → Festbeträgen sowie aus der für einige Behandlungsarten geforderten → vorherigen Anerkennung der Beihilfefähigkeit.

Niedersachsen

Aufgrund von § 80 Abs. 6 des Niedersächsischen Beamtengesetzes (NBG) ist die Niedersächsische Beihilfeverordnung (NBhVO) vom 7.11.2011 ergangen und am 1.1.2012 in Kraft getreten, zuletzt geändert durch die Vierte Verordnung zur Änderung der NBhVO vom 21.6.2023 (Nds. GVBl. S. 122).

Es bestehen besonders (auch unter Berücksichtigung der jeweiligen Vollzugshinweise) folgende wesentliche inhaltliche Abweichungen vom Bundesbeihilferecht:

1. **Berücksichtigungsfähigkeit von Angehörigen**
   Zu Aufwendungen, zu denen vor 1.1.2012 trotz ausreichender und rechtzeitiger Krankenversicherung wegen angeborener Leiden oder wegen des Vorliegens bestimmter Krankheiten keine Versicherungsleistungen gewährt oder auf Dauer eingestellt wurden, erhalten berücksichtigungsfähige Ehegatten und Lebenspartner trotz Überschreitens der Einkunftsgrenze Beihilfen (§ 2 Abs. 2 NBhVO).
   Die Einkunftsgrenze beträgt 20 000 Euro. Bei erstmaligem Rentenbezug nach 1.4.2009 ist die Bruttorente (d. h. nicht nur der steuerpflichtige Teil) maßgebend (§ 80 Abs. 3 Satz 2 und 3 NBG).
2. **Beihilfeanspruch bei unzumutbarer Härte**
   Führt der Ausschluss von Beihilfe zu einer unzumutbaren Härte, ist aus der Fürsorgepflicht des Dienstherrn (§ 45 BeamtStG) Beihilfe zu gewähren (§ 4 Abs. 2 NBhVO).
3. **Aufwendungen für Leistungen eines Heilpraktikers und die von ihm verordneten Arznei- und Verbandmittel**
   Bei in der GKV Pflichtversicherten sind Aufwendungen bei Inanspruchnahme eines Heilpraktikers dem Grunde nach beihilfefähig (§ 5 Abs. 2 NBhVO und Anlage 2 zu § 5 Abs. 2 NBhVO). Entsprechend dem Rd. Erl. des Nds. Finanzministeriums vom 13.3.1987 sind die beihilfefähigen Honorarkosten eines Heilpraktikers um 50 % zu kürzen. Von einem

Heilpraktiker verordnete Arzneimittel sind aufgrund des vorgenannten Erlasses grundsätzlich nicht beihilfefähig.

4. **Maßgeblichkeit vertraglicher Gebührenabsprachen**
   Liegen vertragliche Absprachen über die Höhe berechenbarer Gebühren vor oder wurden solche für den Bereich der privaten Krankenversicherung getroffen, richtet sich die Angemessenheit von Aufwendungen für (zahn-)ärztliche, psychotherapeutische und heilpraktische Leistungen nach diesen Verträgen (§ 5 Abs. 3 NBhVO).
5. **Abschläge für Verwaltungskosten**
   Nicht nachgewiesene Abschläge für Verwaltungskosten bei einer Kostenerstattung nach § 13 Abs. 2 SGB V werden mit 5 v. H. der Aufwendungen erfasst (§ 6 Abs. 3 Satz 2 NBhVO).
6. **Implantologische Leistungen**
   Bei implantatgestütztem Zahnersatz im atropischen zahnlosem Oberkiefer sind Aufwendungen für bis zu sechs Implantate beihilfefähig (§ 9 Abs. 1 Satz 2 NBhVO).
7. **Analytische Psychotherapie bei Erwachsenen**
   Es sind im Regelfall bis zu 160 Sitzungen bei Gruppenbehandlung bis zu 80 Sitzungen, beihilfefähig, in Ausnahmefällen auch darüber hinaus (§ 14 Abs. 1 Nr. 2 NBhVO).
8. **Ambulante psychosomatische Nachsorge, ambulante neuropsychologische Therapie**
   Die Aufwendungen für die Erstere sind nach einer stationären psychosomatischen Behandlung bis zu sechs Monate beihilfefähig. Anerkannt werden die Sätze, die von den gesetzlichen Krankenkassen oder den Rentenversicherungsträgern übernommen werden (§ 16 NBhVO).
   Die Beihilfefähigkeit von Aufwendungen für eine ambulante neuropsychologische Therapie bestimmt sich nach § 16a NBhVO.
9. **Arzneimittel**
   Aufwendungen für die von einem Arzt, Zahnarzt oder Heilpraktiker verbrauchten bzw. schriftlich verordneten Arzneimittel sind nach Maßgabe von § 17 Abs. 2 bis 10 NBhVO bei-

hilfefähig. Nicht beihilfefähig sind Aufwendungen für nicht verschreibungspflichtige Arzneimittel und sonstige in der gesetzlichen Krankenversicherung nicht verordnungsfähige Arzneimittel (z. B. Husten- und Schnupfenmittel). Von der Einschränkung ausgenommen sind insbesondere Aufwendungen für Arzneimittel für Kinder bis zum vollendeten 12. Lebensjahr und Kinder mit Entwicklungsstörungen bis zum vollendeten 18. Lebensjahr (§ 17 Absatz 3 Nr. 1 und 2 NBhVO).

Aufwendungen für Arzneimittel, für die Festbeträge nach § 35 SGB V festgesetzt sind, sind nur bis zur Höhe der vom Deutschen Institut für medizinische Dokumentation und Information im Internet unter www.dimdi.de veröffentlichten Festbeträge beihilfefähig.

Die beihilfefähigen Aufwendungen für Arzneimittel mindern sich nach § 45 Abs. 1 Satz 1 NBhVO um einen Abzugsbetrag von 10 Prozent, mindestens 5 Euro und höchstens um 10 Euro je Arzneimittel, jedoch nicht mehr als die tatsächlichen beihilfefähigen Aufwendungen. Ein Eigenbehalt wird von Aufwendungen für ein Arzneimittel nicht abgezogen, wenn das Arzneimittel in der vom Spitzenverband Bund der Krankenkassen im Internet unter www.gkv-spitzenverband.de veröffentlichten Liste der Arzneimittel, die von der Zuzahlung befreit sind, enthalten ist (§ 45 Absatz 5 NBhVO).

10. **Heilmittel**

Wird das Heilmittel bei einem ärztlich oder zahnärztlich verordneten Hausbesuch angewendet, so sind die Aufwendungen für den Hausbesuch bis zur Höhe von 12,10 Euro zuzüglich Fahrtkosten (bei Kfz-Benutzung 0,30 Euro/km) beihilfefähig.

Wird anlässlich einer teil- oder vollstationären Heilbehandlung ein einheitlicher Kostensatz berechnet, sind für Heilmittel je Tag 10,50 Euro beihilfefähig (§ 18 Abs. 2 NBhVO).

11. **Hilfsmittel**

Enthält ein von der Festsetzungsstelle eingeholtes Gutachten eine entsprechende Empfehlung, bedarf es zur Versor-

gung mit Hilfsmitteln usw. keiner ärztlichen Verordnung (§ 20 Abs. 1 Satz 6 NBhVO).
Bei mindestens einer mittleren Harn- oder Stuhlinkontinenz sind saugende Inkontinenzvorlagen beihilfefähig. Farberkennungsgeräte sind unter den in Anl. 7 Nr. 2 zur NBhVO genannten Voraussetzungen beihilfefähig. Aufwendungen für Perücken sind bis zu 700 Euro, Ersatzbeschaffungen frühestens nach Ablauf von zwei Jahren beihilfefähig (Nr. 4 der Anl. 7 zur NBhVO). Aufwendungen für Sehhilfen sind unabhängig vom Alter der Person beihilfefähig (Nr. 5.1 der Anl. 7 zur NBhVO). Beim Einzeltraining im Gebrauch eines Blindenstockes sind je Trainingsstunde 66,75 Euro beihilfefähig (Nr. 1 Buchst. a der Anl. 9 zur NBhVO).

12. **Krankenhausleistungen**
Aufwendungen für allgemeine Krankenhausleistungen von Krankenhäusern, die weder das Krankenhausentgeltgesetz noch die BPflVO anwenden, sind nach Maßgabe des § 21 Abs. 3 NBhVO beihilfefähig.

13. **Soziotherapie**
Sind soziotherapeutische Maßnahmen nach ärztlicher oder psychotherapeutischer Verordnung notwendig, um den Erkrankten zur Soziotherapie zu befähigen, sind auch die Aufwendungen für bis zu fünf Therapieeinheiten beihilfefähig (§ 25 Abs. 4 Satz 1 NBhVO).
Die Therapie muss vor deren Beginn von der Festsetzungsstelle anerkannt werden (§ 25 Abs. 3 Satz 1 Nr. 2 NBhVO).

14. **Haushaltshilfe**
Aufwendungen für eine Haushaltshilfe sind unter den Voraussetzungen von § 23 Abs. 3 NBhVO für bis zu vier Wochen und bis zur Höhe der von der GKV erstatteten Sätze beihilfefähig. Lebt im Haushalt mindestens ein Beihilfeberechtigter oder berücksichtigungsfähiger Angehöriger mit Anspruch auf Pflegeversicherungsleistungen oder unter zwölf Jahren, werden Leistungen für längstens 26 Wochen gewährt.

15. **Heilkuren/Anschlussrehabilitation**
    Aufwendungen für eine Anschlussrehabilitation sind nur beihilfefähig, wenn eine ärztliche Verordnung zur Art, Dauer und Inhalt der Maßnahme vorliegt (§ 29 Abs. 2 Satz 2 NBhVO).
16. **Häusliche Krankenpflege**
    Für Personen mit einem Pflegegrad ab 2 nach dem SGB XI steht keine Beihilfe zu Aufwendungen für eine häusliche Krankenpflege (§ 22 Abs. 3 NBhVO) zu.
17. **Vollstationäre Krankenpflege bei Krankheit**
    Reichen Grundpflege und hauswirtschaftliche Versorgung nicht aus, sind die Aufwendungen für eine vollstationäre Kurzzeitpflege nach Maßgabe des § 22a NBhVO beihilfefähig.
18. **Vollstationäre Pflege**
    Aufwendungen für eine vollstationäre Pflege sind nur bis zur Höhe der für die Pflegeeinrichtung vereinbarten Pflegesätze beihilfefähig (§ 34 Abs. 3 NBhVO).
19. **Kurzzeitpflege**
    Während einer vollstationären Kurzzeitpflege wird die Pauschalbeihilfe nach § 33 Abs. 2 NBhVO für bis zu acht Wochen im Kalenderjahr zur Hälfte weitergezahlt (Abs. 11 a. a. O.).
20. **Fahrtkosten**
    Es sind – außerhalb von Krankentransporten – nur die Fahrtkosten bei Benutzung der niedrigsten Klasse eines regelmäßig verkehrenden Beförderungsmittels beihilfefähig. Konnten diese nicht benutzt werden, sind 0,20 Euro/km beihilfefähig (§ 26 Abs. 4 NBhVO). Beim Vorliegen eines zwingenden Grundes sind Fahrtkosten auch zu und von anderen Orten als dem der nächstgelegenen geeigneten Behandlungsmöglichkeit beihilfefähig (§ 26 Abs. 2 Satz 3 NBhVO). Beim Vorliegen zwingender medizinischer Gründe können auch Fahrtkosten bei einer Behandlung außerhalb der EU beihilfefähig sein (§ 26 Abs. 3 und 4 NBhVO).

21. **Unterkunftskosten**
Unterkunftskosten (auch diejenigen einer Begleitperson) sind bis zu 26 Euro je Tag, Platzfreihaltekosten bei vollstationärer Behandlung bis zu 5,50 Euro je Tag beihilfefähig (§ 27 Abs. 1 und 2 NBhVO).
22. **Suchtbehandlung**
Die Aufwendungen sind bis zur Höhe der von den gesetzlichen Krankenkassen oder Rentenversicherungsträgern übernommenen Kosten beihilfefähig (§ 31 Abs. 1 NBhVO). Zur Beihilfefähigkeit der Fahrtkosten vgl. Nr. 20.
23. **Prävention**
Nach § 38 Abs. 10 NBhVO sind die Aufwendungen für bis zu zwei Gesundheits- und Präventionskurse je Kalenderjahr zu den dort bestimmten Bereichen (z. B. Ernährung und Bewegungsgewohnheiten) beihilfefähig. Voraussetzung sind die von der GKV anerkannte Förderungsfähigkeit und der Nachweis, dass mindestens 80 v. H. der Kurseinheiten wahrgenommen wurden. Die Beihilfe beträgt höchstens 75 Euro je Kurs.
Aufwendungen für eine amtliche Impfdokumentation im Sinne des § 22 des Infektionsschutzgesetzes sind beihilfefähig (§ 38 Abs. 1 Satz 4 NdBhVO).
24. **Bemessung der Beihilfe**
Der Bemessungssatz von Versorgungsempfängern sowie ihren Ehegatten und Lebenspartnern kann nach § 43 Abs. 4 NBhVO um bis zu 20 Prozentpunkte erhöht werden, wenn
   - die monatlichen Beiträge für eine private Krankenversicherung 12 Prozent des Durchschnittsbetrages der monatlichen Einnahmen beider Personen der letzten zwölf Kalendermonate übersteigen und
   - der Durchschnittsbetrag der monatlichen Einnahmen beider Personen der letzten zwölf Kalendermonate 170 v. H. des monatlichen Betrages der Mindestversorgung nach § 16 Abs. 3 Sätze 2 und 3 NBeamtVG nicht übersteigt.

Der Bemessungssatz für Aufwendungen einer vollstationären Pflege beträgt bei in der sozialen Pflegeversicherung Versicherten 50 v. H. (§ 36 Satz 2 NBhVO).

25. **Eigenbehalte**
Bei der Verbindung einer vollstationären mit einer vor- oder nachstationären Krankenhausbehandlung wird der Eigenbehalt von 10 v. H. (mindestens 5 Euro, höchstens 10 Euro je Fahrt) nur für die erste und letzte Fahrt abgezogen. Auch bei Heilmitteln und Komplextherapien erfolgt ein Abzug von 10 v. H. und 10 Euro je Verordnung (§ 45 Abs. 1 Satz 2, Abs. 3 Nr. 2 NBhVO).

26. **Antragsgrenze**
Ein Antrag ist nur zulässig, wenn die geltend gemachten Aufwendungen mindestens 100 Euro betragen (§ 47 Abs. 5 Satz 1 NBhVO). Ausnahmen sind nach § 47 Abs. 5 Satz 2 NBhVO zulässig.

27. **Beantragung der Beihilfe**
Es gilt eine Ausschlussfrist von einem Jahr nach Entstehen der Aufwendungen. Wiedereinsetzung in den vorigen Stand wegen Versäumens der Antragsfrist ist nur möglich, wenn wegen höherer Gewalt die Einhaltung der Frist entgegenstand. Ein Fristversäumnis ist unbeachtlich, wenn andernfalls eine unzumutbare Härte eintritt (§ 48 Abs. 1 Sätze 5 und 6 NBhVO).

Niedrig dosierter, gepulster Ultraschall

Aufwendungen hierfür sind nicht beihilfefähig (Nr. 14.3 der Anl. 1 Abschnitt 1 zur BBhV).

Nordrhein-Westfalen

1. Allgemeines

Nordrhein-Westfalen gehört zu den Ländern mit eigenem Beihilferecht. Hinsichtlich des beihilfeberechtigten Personenkreises ist von Interesse, dass der Beihilfeanspruch von Tarifbeschäftigten, deren Arbeitsverhältnis vor dem 1. Januar 1999 begründet wurde und weiterhin ununterbrochen fortbesteht, in einer gesonderten Rechtsverordnung bestimmt ist (Beihilfenverordnung Tarifbeschäftigte – BVO Tb NRW vom 30.11.2011, GV. NRW S. 607, geändert durch Verordnung vom 16.12.2016, GV. NRW. S. 1196, ber. 2017 S. 108). Der Beihilfeanspruch der Beamten, Richter und Versorgungsempfänger ergibt sich aus der Beihilfenverordnung NRW (BVO NRW) vom 5.11.2009 (GV. NRW S. 602), zuletzt geändert durch die Sechzehnte Verordnung zur Änderung der Beihilfenverordnung NRW vom 30.7.2024 (GV. NRW. S. 494). Die nachfolgende Darstellung des Beihilferechts Nordrhein-Westfalen nach den Paragrafen der BVO NRW stellt besonders die wesentlichen Abweichungen vom Bundesrecht heraus und berücksichtigt dabei auch die zur BVO NRW ergangenen Verwaltungsvorschriften (VV).

2. Beihilfeberechtigte Personen (§ 1 BVO NRW), berücksichtigungsfähige Ehegatten/Lebenspartner (§ 2 Abs. 1 Buchst. b BVO NRW)

Beihilfeberechtigt nach § 1 BVO NRW sind grundsätzlich Beamte und Richter, Ruhestandsbeamte und Richter im Ruhestand, wegen Dienstunfähigkeit oder Erreichens der Altersgrenze entlassene frühere Beamte und Richter sowie Hinterbliebene der zuvor genannten Beihilfeberechtigten, sofern sie Dienst-, Anwärter- oder Versorgungsbezüge oder Unterhaltsbeihilfe erhalten. Nicht beihilfeberechtigt sind insbesondere Beamte und Richter, die auf weniger als ein Jahr beschäftigt werden, es sei denn, sie sind insgesamt mindestens ein Jahr ununterbrochen im öffentlichen Dienst tätig. An Beamte und Richter, deren regelmäßige wöchentliche Arbeitszeit durchschnittlich weniger als die Hälfte der regelmäßigen wöchentlichen Arbeitszeit eines Vollbeschäftigten beträgt werden keine Beihilfen gezahlt.

Der für Versorgungsempfänger nach § 1 Abs. 3 Nr. 2 BVO NRW bei einer Beschäftigung mit Beihilfeberechtigung bestehende Beihilfeausschluss besteht nicht, wenn ein krankenversicherungspflichtiges Beschäftigungsverhältnis vorliegt. In diesem Fall können die über die Sachleistungen bzw. deren Wert hinausgehenden Aufwendungen bei der Pensionsregelungsbehörde geltend gemacht werden (Nummer 1.3.2.1 der VV).

Die **Berücksichtigungsfähigkeit von Ehegatten oder eingetragenen Lebenspartnern** setzt voraus, dass die steuerlichen Einkünfte im Kalenderjahr vor Entstehen der Aufwendungen 20 000 Euro nicht übersteigen (§ 2 Abs. 1 Nr. 1 Buchst. b BVO NRW). Diese Einkünftegrenze wird regelmäßig im gleichen Verhältnis, wie sich der Rentenwert West erhöht, angepasst und auf volle Euro aufgerundet. Die Anpassung erfolgte erstmals im Kalenderjahr 2022 mit Wirkung für das auf die Rentenerhöhung folgende Kalenderjahr. Für Aufwendungen, die ab dem Jahr 2022 entstanden sind, ergeben sich somit folgende Beträge:

Entstehen der Aufwendungen	Einkünfte im Jahr	Einkünftegrenze in Euro
2022	2021	20 000
2023	2022	21 071
2024	2023	**21 995**

Bei Rentenfällen ab 1.1.2022 ist der Unterschied zwischen dem steuerlichen Ertragsanteil nach § 22 Nr. 1 Satz 3 Buchst. b EStG und dem Bruttorentenbetrag als Einkünfte anzusehen.

Bei Überschreiten der Einkunftsgrenze sind die 1000 Euro im Kalenderjahr übersteigenden beihilfefähigen Aufwendungen des Ehegatten usw. beihilfefähig bei Ausschluss oder Einstellung von Erstattungsleistungen trotz ausreichender Krankenversicherung. Für Aufwendungen des getrennt lebenden Ehegatten oder eingetragenen Lebenspartner besteht ein Beihilfeanspruch nur beim Vorliegen eines Unterhaltsanspruchs gegen den Beihilfeberechtigten.

3. Beihilfefälle (§ 2 BVO NRW)

§ 2 BVO NRW bestimmt die für eine Beihilfegewährung in Betracht kommenden und in § 3 Abs. 1 BVO NRW näher beschriebenen Tatbestände (Krankheit, Geburt, Tod, Schwangerschaftsabbruch, Sterilisation) sowie die Personen, bei denen Aufwendungen aus dieser Veranlassung beihilfefähig sind.

Steht für dasselbe Kind mehreren Personen (Eltern, Ehegatten, Lebenspartner) Beihilfe zu, wird Beihilfe zu den Aufwendungen des Kindes nur dem Beihilfeberechtigten gezahlt, der den entsprechenden Anteil des Familienzuschlags erhält (§ 2 Abs. 2 BVO NRW).

4. Begriff der beihilfefähigen Aufwendungen (§ 3 BVO NRW)

Die beihilfefähigen **Früherkennungs- und Vorsorgemaßnahmen** (einschl. der prophylaktischen zahnärztlichen Leistungen und Schutzimpfungen) werden neu und teilweise abweichend vom Recht der gesetzlichen Krankenversicherung beschrieben (§ 3 Abs. 1 Nr. 2, 3 und 5 BVO NRW).

§ 3 Abs. 3 BVO NRW schließt die Beihilfefähigkeit aus, wenn Sach- oder Dienstleistungen (ärztliche und zahnärztliche Versorgung, ambulante und stationäre Krankenhausbehandlung, Heilmittel usw.) zustehen. Ferner nimmt er bestimmte Zuzahlungen gesetzlich Versicherter (z. B. für Arznei- und Verbandmittel) von der Beihilfe aus und verweist in der GKV Pflichtversicherte auf die Inanspruchnahme von Sachleistungen. Ausnahmen hierzu enthält § 3 Abs. 4 BVO NRW besonders für freiwillig gesetzlich versicherte Beamte und Versorgungsempfänger, am 31.12.1993 in der KVdR versicherte Rentner sowie Personen, die als Mitglied der sozialen Pflegeversicherung nach § 28 Abs. 2 SGB XI nur die halben Leistungen erhalten oder ihre Beiträge zur Pflegeversicherung allein zu tragen haben. Nicht beihilfefähig sind Aufwendungen, die dadurch entstehen, dass Pflichtversicherte an Stelle von Sach- oder Dienstleistungen Kostenerstattung nach § 13 Abs. 3 und 4 SGB V beanspruchen, sowie Aufwendungen, zu denen die Krankenkasse die Kosten bis zur Höhe von Festbeträgen nach dem SGB V trägt (§ 3 Abs. 3 Buchst. b BVO NRW).

Bei privat Krankenversicherten mit Arbeitgeberzuschuss nach § 257 SGB V vermindern die zustehenden Versicherungsleistungen die beihilfefähigen Aufwendungen.

Zuzahlungen sind bei gesetzlich Versicherten nicht beihilfefähig (§ 3 Abs. 3 Buchst. d) BVO NRW).

Im Übrigen verdeutlicht § 3 Abs. 4 BVO NRW den Nachrang der Beihilfe gegenüber zweckentsprechenden Leistungen Dritter (und zugleich die Freizügigkeit für die in Satz 2 genannten Personen), indem er die Anrechnung bestimmter zustehender Leistungen vorschreibt. Für Empfänger von Beitragszuschüssen nach § 257 Abs. 2 SGB V für eine private Kranken- oder Pflegeversicherung erfolgt eine Anrechnung der Versicherungsleistungen im Verhältnis des Beitragszuschusses zur Hälfte des Krankenversicherungsbeitrags, sofern die Hälfte des Beitrags den Beitragszuschuss übersteigt.

Wie nach Bundesrecht sind auch die Aufwendungen für eine Behandlung durch nahe Angehörige (erweiterter Kreis gegenüber Bundesrecht) von der Beihilfe ausgeschlossen (§ 3 Abs. 6 BVO NRW).

5. Beihilfefähige Aufwendungen in Krankheitsfällen (§ 4 BVO NRW)

Aufwendungen für eine **Untersuchung, Beratung und Verrichtung** (einschl. Begutachtung für Beihilfezwecke durch **Ärzte, Zahnärzte, Psychotherapeuten** und **Heilpraktiker**) sind beihilfefähig (→ Ärztliche Leistungen, → Zahnärztliche Leistungen, → Heilpraktiker, → Gebührenordnung für Ärzte, → Gebührenordnung für Zahnärzte). Aufwendungen für → Akupunkturbehandlung sind bei Schmerzbehandlung stets, sonst nur nach vorheriger Entscheidung der Beihilfestelle in den Fällen beihilfefähig, in denen wissenschaftlich anerkannte Methoden ohne Erfolg angewendet worden sind. Unter den letzteren Voraussetzungen können im Einzelfall auch Aufwendungen für noch nicht erkannte Heilbehandlungen beihilfefähig sein (§ 4i Abs. 4 und Anlage 6 BVO NRW).

Die Befunde, die nach einer somatischen ärztlichen Behandlung von Krankheiten oder deren Auswirkungen eine psychotherapeutische Behandlung rechtfertigen, werden teilweise neu beschrieben (§ 4a Abs. 2 und 3 BVO NRW). Die Systemische Therapie (§ 4e BVO NRW) wurde mit der 12. Änderungsverordnung in den Katalog der Behandlungsformen neu aufgenommen.

Aufwendungen für ambulant durchgeführte psychotherapeutische Leistungen, Maßnahmen der psychotherapeutischen Grundversorgung und Akutbehandlung sind nach den §§ 4a bis 4f und der Anl. 1 zur BVO NRW beihilfefähig.

Als eigenständige beihilfefähige Tatbestände werden die **Neuropsychologische Therapie, Komplextherapien und integrierte Versorgung** sowie **Soziotherapie** ausgewiesen (§§ 4g, 4h, 4i BVO NRW). Dies gilt auch für die **Familienorientierte Rehabilitation** (§ 6b BVO NRW), die **Sozialmedizinische Nachsorge** (§ 6c BVO NRW) und für **Rehabilitationssport** und **Funktionstraining** (§ 6d BVO NRW).

Bei Verhaltenstherapie kann die Höchstzahl der Sitzungen überschritten werden, wenn die medizinische Notwendigkeit durch ein Gutachten belegt ist (§ 4d Abs. 2 i. V. m. § 4c Abs. 3 BVO NRW). Aufwendungen für eine ambulante sozialpädiatrische Behandlung von Kindern sind nach Maßgabe des § 4h Abs. 3 BVO NRW beihilfefähig.

Die Beihilfefähigkeit für Leistungen nach § 4j Abs. 2 BVO NRW (= sonstige Heilbehandlungen) durch nichtärztliche Leistungserbringer bestimmt sich nach Anl. 5 zur BVO NRW.

Voraussetzungen und Umfang der Beihilfefähigkeit von Aufwendungen für **Heilpraktikerleistungen** bestimmen sich nach Anl. 4 zur BVO NRW.

Aufwendungen für **kieferorthopädische Leistungen** sind grundsätzlich nur bei Personen unter 18 Jahren beihilfefähig (§ 4 Abs. 2 Buchst. a BVO NRW → Kieferorthopädische Behandlung).

Bei begünstigten Indikationen werden die Aufwendungen für höchstens zehn **Implantate** (einschließlich vorhandener) pauschal bis zu 1000 Euro je Implantat beihilfefähig (§ 4 Abs. 2 Buchst. b BVO NRW). Mit diesem Pauschalbetrag sind alle persönlichen und Sachkosten der Implantatversorgung abgegolten. Die Aufwendungen für Suprakonstruktionen sind neben dem Pauschalbetrag beihilfefähig. Bei Reparaturen sind neben den Kosten für die Suprakonstruktion einheitlich 400 Euro je Implantat beihilfefähig. Beim Vorliegen bestimmter Indikationen sind die notwendigen und angemessenen Aufwendungen beihilfefähig, sofern ein Voranerkennungsverfahren aufgrund eines der Beihilfestelle vorgelegten Kostenvoranschlags durchgeführt wurde (§ 4 Abs. 2 Buchst. b Satz 5 BVO NRW). Die Kosten des Gutachtens zur Voranerkennung der Beihilfefähigkeit trägt die Beihilfestelle (§ 4 Abs. 2 Buchst. b BVO NRW).

Bei der Versorgung mit Zahnersatz (einschl. Kronen und Suprakonstruktionen) sowie bei **Inlays** sind **zahntechnische Leistungen** nach § 9 GOZ zu 70 v. H. beihilfefähig (§ 4 Abs. 2 Buchst. c) BVO NRW). Mehraufwendungen für **Verblendungen** (einschließlich Vollkeramikkronen bzw. -brücken, zum Beispiel im Cerec-Verfahren) sind im angemessenen Umfang beihilfefähig.

Die Anlage 7 zur BVO NRW enthält beihilferechtliche Hinweise zum zahnärztlichen Gebührenrecht.

Bei **Wahlleistungen** eines Krankenhauses werden die Arztkosten um 10 Euro täglich für höchstens 20 Tage im Kalenderjahr gekürzt. Die Kosten der gesondert berechneten Unterkunft (Zweibettzimmer mit separater Dusche und WC, ohne Komfortleistungen) werden um 15 Euro täglich für insgesamt 20 Tage im Kalenderjahr gekürzt (§ 4 Abs. 1 Nr. 2 Buchst. b BVO

NRW). Die Aufwendungen für gesondert berechnete Unterkunft (als Wahlleistung) sind nur bis zu der vom Verband der privaten Krankenversicherungen (PKV) und der Deutschen Krankenhausgesellschaft vereinbarten Höhe beihilfefähig.

Aufwendungen für Behandlungen in Krankenhäusern, die nicht nach § 108 SGB V zugelassen sind, sind nur insoweit angemessen (und beihilfefähig), als sie den Kosten entsprechen, die in der dem Behandlungsort nächstgelegenen Klinik der Maximalversorgung (Universitätsklinik nach § 108 SGB V) für eine medizinisch gleichwertige Behandlung berechnet würden. Dabei sind täglich 25 Euro für höchstens 20 Tage im Kalenderjahr abzuziehen. Dieser Selbstbehalt ist maximal für 20 Tage bzw. 500 Euro je beihilfeberechtigte und berücksichtigungsfähige Person im Kalenderjahr anzusetzen (§ 4 Abs. 1 Nr. 2 Satz 5 BVO NRW).

Die bei Behandlungen in Privatkliniken anzustellende Vergleichsberechnung mit den Kosten einer Behandlung in der nächstgelegenen Klinik der Maximalversorgung entfällt bei stationären Notfallbehandlungen (§ 4 Abs. 1 Nr. 2 Satz 4 BVO NRW).

Unterkunftskosten anlässlich einer **auswärtigen ambulanten ärztlichen Behandlung** (außerhalb einer Heilkur oder kurähnlichen Behandlung) sind bis zu 30 Euro täglich für den Erkrankten und die notwendige Begleitperson beihilfefähig (§ 4 Abs. 1 Nr. 3 BVO NRW).

Bei **vorübergehender häuslicher Krankenpflege** sind die Kosten einer Berufs- oder Ersatzpflegekraft beihilfefähig (§ 4 Abs. 1 Nr. 5 BVO NRW). Bei der Pflege durch nahe Angehörige sind nur etwaige Beförderungskosten und Unterbringungskosten der Pflegekraft, ggf. auch eine Vergütung in Höhe eines Verdienstausfalls, beihilfefähig, Letztere nur, wenn eine mindestens halbtägige Beschäftigung aufgegeben wurde (→ Vorübergehende Pflegebedürftigkeit).

Die Aufwendungen für eine **Familien- und Hauspflegekraft** sind unter sonst mit Bundesrecht weitgehend übereinstimmenden Voraussetzungen bis zu 13 Euro je Stunde, höchstens jedoch 104 Euro täglich beihilfefähig (§ 4 Abs. 1 Nr. 6 BVO NRW → Familien- und Haushaltshilfe). Die Aufwendungen sind nach entsprechender ärztlicher Bescheinigung auch bis 28 Tage nach einer stationären Unterbringung, einer ambulanten Operation und beihilfefähig, wenn durch die Beschäftigung einer Familien- und Hauspflegekraft ein stationärer Krankenhausaufenthalt vermieden wird, sowie bei Alleinstehenden, wenn eine Hilfe zur Haushaltsführung erforderlich wäre.

Abgrenzungsmerkmal für die Beihilfefähigkeit verordneter **Arzneimittel** ist deren Apothekenpflicht. Geblieben ist der Beihilfeausschluss für von der Kassenversorgung ausgenommene verschreibungspflichtige sowie für nicht verschreibungspflichtige und nicht apothekenpflichtige Arzneimittel, allerdings mit der Möglichkeit, in medizinisch begründeten besonderen Einzelfällen sowie bei der Behandlung schwerwiegender Erkrankungen die als Therapiestandard geltenden oder sich in klinischer Erprobung befindlichen Arzneimittel die Beihilfefähigkeit anzuerkennen (§ 4 Abs. 1 Nr. 7 BVO NRW). Die Begrenzung auf etwaige Festbeträge besteht – abweichend vom Bund – nicht mehr. Von der Beihilfefähigkeit sind nach § 4 Abs. 1 Nr. 7 und Anlage 2 BVO NRW bestimmte Arzneimittel ausgenommen, z. B. Mund- und Rachentherapeutika (ausgenommen bei erheblichen Grunderkrankungen).

Die Beihilfefähigkeit von ärztlich verordneten **Heilbehandlungen** (z. B. Krankengymnastik, Massagen) ist davon abhängig, ob die Behandler Angehörige von Gesundheits- oder Medizinalfachberufen sind (§ 4j Abs. 2 BVO NRW). und Heilkuren beihilfefähig (→ Hydrotherapie, → Gymnastik). Für Heilmittel gelten dem Bundesrecht entsprechende Höchstbeträge.

Bei Heilbehandlungen in einer Einrichtung, in der kranke und behinderte Menschen behandelt und betreut werden, sind auch die notwendigen Verpflegungskosten bis zu 6 Euro, für Unterkunft und Verpflegung insgesamt bis zu 10 Euro täglich beihilfefähig, sofern nicht § 5f Abs. 2 BVO NRW Anwendung finden (§ 4j Abs. 6 BVO NRW).

Aufwendungen für **Hilfsmittel** sind im Grunde unter denselben Voraussetzungen wie nach Bundesrecht beihilfefähig. Eine Beschränkung der Beihilfefähigkeit von Brillengläsern auf Personen bis zu 18 Jahren und schwer Sehgestörte (wie nach Bundesrecht) besteht nicht. Bei der Ersatzbeschaffung von Brillen von Personen über 14 Jahren muss sich die Sehschärfe um mindestens 0,5 Dioptrien (nur sphärischer Wert) geändert haben (§ 4 Abs. 1 Nr. 10 und Anlage 3 BVO NRW). Diese Sehschärfenänderung liegt auch vor, wenn die Dioptriewerte für ein Auge um 0,25 Dioptrien zugenommen und für das andere Auge um 0,25 Dioptrien abgenommen hat. Bei Kurzsichtigkeit genügt es, wenn sich mit der Brille die Sehschärfe um mindestens 20 Prozent verbessert (VV Nr. 4.1.10a.5). Es wird kein Eigenbehalt abgezogen.

Kosten für **Entspiegelungen** sind bei höherbrechenden Gläsern ab 6 Dioptrien beihilfefähig.

Aufwendungen für Ersatzbeschaffungen einer ärztlich verordneten Brille oder von ärztlich verordneten Kontaktlinsen sind in angemessenem Umfang beihilfefähig, Aufwendungen für höherbrechende Gläser ab 6 Dioptrien. Für Ersatzbeschaffungen einer Brille oder von Kontaktlinsen reicht die Refraktionsbestimmung durch den Augenoptiker aus. Dafür berechnete Kosten sind bis zu 13 Euro je Sehhilfe beihilfefähig.

Aufwendungen für ein Brillengestell sind bis zu 70 Euro sowie die Einschleifkosten der Brillengläser in das Gestell bis zu einem Betrag von 25 Euro je Glas beihilfefähig.

Aufwendungen für **Perücken** sind beim Vorliegen bestimmter Voraussetzungen bis zu einem Höchstbetrag von 1200 Euro

(800 Euro bis zum vollendeten 14. Lebensjahr) beihilfefähig. Aufwendungen für eine Zweitperücke sind beihilfefähig, wenn die Tragedauer der ersten Perücke nach ärztlichem Attest 12 Monate überschreitet. Ersatzbeschaffungen sind frühestens nach 24 Monaten möglich, bei Kindern bei Änderung der Kopfform auch früher.

Aufwendungen für **Blutdruckmessgeräte** sind bis zu 50 Euro, Aufwendungen für **Blutzuckerteststreifen** bis zu 0,70 Euro je Stück beihilfefähig.

Für **Hörhilfen** besteht ein Höchstbetrag von 1500 Euro je Ohr (Anl. 3 Nr. 8 zur BVO NRW).

Aufwendungen für **orthopädische Maßschuhe** sind bei Erwachsenen um 70 Euro (Hausschuhe 30 Euro), bei Kindern bis 14 Jahre um 40 Euro (Hausschuhe 20 Euro) zu kürzen (Anl. 3 Nr. 11 zur BVO NRW).

Aufwendungen für **Allergiebettwäsche** sind nach Maßgabe der Anl. 3 Abschnitt II Nr. 1 zur BVO NRW beihilfefähig.

Aufwendungen für **Betrieb und Pflege von Hilfsmitteln** (z. B. Batterien für Hörgeräte) sind bei Personen über 18 Jahren nur mit dem 100 Euro im Kalenderjahr übersteigenden Betrag beihilfefähig (§ 4 Abs. 1 Nr. 10 Satz 2 BVO NRW).

Beförderungskosten des Erkrankten sowie einer erforderlichen Begleitperson sind bis zu den niedrigsten Kosten regelmäßig verkehrender Beförderungsmittel (ohne Gepäckbeförderungskosten) beihilfefähig (§ 4 Abs. 1 Nr. 11 BVO NRW → Fahrtkosten), wenn diese benutzt werden können. Wird anstelle der medizinisch notwendigen Benutzung eines Krankenwagens oder einer Taxe ein privates Kfz benutzt, sind bis zu 0,30 Euro/km beihilfefähig. Nicht beihilfefähig sind die Aufwendungen für die Mitnahme weiterer Personen im Pkw, für Fahrten am Wohn-, Behandlungs- und Aufenthaltsort und in einem Umkreis von bis zu 30 km, Mehrkosten bei Behandlungen in anderen als den nächstgelegenen geeigneten Behandlungsstätten sowie Kosten des Rücktransports wegen Erkrankungen anlässlich privater Auslandsaufenthalte. Es wird kein Eigenanteil abgezogen.

Die in der Anlage 6 zur BVO NRW aufgeführten, von der Beihilfefähigkeit ganz oder teilweise ausgeschlossenen Untersuchungs- und Behandlungsmethoden gehen teilweise über diejenigen nach Bundesrecht hinaus.

6. Ambulante oder stationäre Palliativ- oder Hospizversorgung

Aufwendungen für eine **ambulante oder stationäre Palliativ- oder Hospizversorgung** sind beihilfefähig, wenn wegen einer nicht heilbaren, fortschreitenden oder weit fortgeschrittenen Erkrankung bei einer zugleich begrenzten Lebenserwartung eine besonders aufwändige Versorgung notwendig ist (§ 4 Abs. 1 Nr. 9 BVO NRW). Dabei sind Aufwendungen für eine stationäre oder teilstationäre Versorgung in einem Hospiz für die ersten neun Monate (Kinderhospiz 18 Monate) beihilfefähig. Abzüge nach § 4 Abs. 1 Nr. 2 BVO NRW (10, 15, 25 Euro) erfolgen nicht. Nach Ablauf der Fristen gelten die für dauernde Pflegebedürftigkeit maßgeblichen Regelungen (§§ 5 ff. BVO NRW). Ist die Mitunterbringung eines Elternteils oder von Geschwistern bei stationärer Pflege eines Kindes bis zum vollendeten 14. Lebensjahr medizinisch erforderlich, wird zu deren Unterbringungskosten ein Zuschuss von bis zu insgesamt 80 Euro täglich gezahlt.

7. Beihilfe bei dauernder Pflegebedürftigkeit (§§ 5a bis 5g BVO)

Bei Pflegebedürftigen des Pflegegrades 1 sind nur die in § 5g BVO NRW bezeichneten Aufwendungen beihilfefähig.

Aufgrund eines höheren Pflegebedarfs entstehende Aufwendungen für häusliche Pflege sind im Pflegegrad 4 bis 1000 Euro monatlich, im Pflegegrad 5 bis zu 1995 Euro monatlich (jeweils als Pflegezuschlag) zusätzlich beihilfefähig (§ 5a Abs. 1 Satz 4 BVO NRW).

Bei Pflegebedürftigen mit erheblichem allgemeinen Pflegebedarf sind Aufwendungen für zusätzliche Betreuungs- und Entlastungsleistungen unabhängig vom Pflegegrad nach Maßgabe der §§ 45, 45a und 45b SGB XI beihilfefähig (§ 5a Abs. 2 BVO NRW).

Ist die sonst tätige Pflegekraft wegen Erholungsurlaubs, Krankheit oder aus anderen Gründen an der häuslichen Pflege gehindert, sind für längstens sechs Wochen je Kalenderjahr die Aufwendungen für eine Ersatzpflegekraft nach den Grundsätzen des § 39 SGB XI beihilfefähig (§ 5a Abs. 8 BVO NRW). Danach kann sich der dort genannte Höchstbetrag von 1612 Euro im Kalenderjahr um 806 Euro aus noch nicht in Anspruch genommenen Aufwendungen für eine Kurzzeitpflege auf insgesamt 2418 Euro im Kalenderjahr erhöhen.

Ab dem 1. Juli 2024 haben Pflegebedürftige Anspruch auf Versorgung in einer zugelassenen Vorsorge oder Rehabilitationseinrichtung, wenn dort gleichzeitig Leistungen zur med. Vorsorge und Rehabilitation von einer Pflegeperson des Pflegebedürftigen in Anspruch genommen werden und die pflegerische Versorgung der Pflegebedürftigen in der Vorsorge- oder Rehabilitationseinrichtung für die Dauer der Vorsorge- oder Rehabilitationsmaßnahme der Pflegeperson sichergestellt ist (§ 42a Abs. 1 und 2 SGB XI). In diesen Fällen sind die Aufwendungen nach § 5a Abs. 9 BVO NRW beihilfefähig.

Aufwendungen für eine **teilstationäre Pflege** (Tages- oder Nachtpflege) sind nach Maßgabe des § 41 Abs. 2 SGB XI beihilfefähig (§ 5b Abs. 1 BVO NRW). Bei **Kurzzeitpflege** sind die Aufwendungen bis zu 1774 Euro im Kalenderjahr beihilfefähig (§ 5b Abs. 3 BVO NRW). Nach § 42 SGB XI kann hierzu der noch nicht in Anspruch genommene Leistungsbetrag der Verhinderungspflege in Höhe von bis zu 1612 Euro für die Kurzzeitpflege verwendet werden, sodass sich der Leistungsbetrag in diesen Fällen auf insgesamt 3386 Euro im Kalenderjahr erhöht.

Neben dem Pflegegeld nach § 5a Abs. 3 BVO NRW sind bei Pflegebedürftigen des Pflegegrades 4 ein Pflegezuschlag von 150 Euro, des Pflegegrades 5 von 240 Euro monatlich beihilfefähig.

Während einer Verhinderungspflege wird Pflegegeld bis zu sechs Wochen (bei Pflegebedürftigen unter 25 Jahren mit Pflegegrad 4 oder 5 bis zu acht Wochen) und bei Kurzzeitpflege bis zu acht Wochen je Kalenderjahr zur Hälfte gewährt. Ferner steht Pflegegeld für die ersten vier Wochen einer vollstationären Krankenhausbehandlung, einer stationären Rehabilitationsmaßnahme oder (voll) für den Sterbemonat des Pflegebedürftigen zu (§ 5a Abs. 4 BVO NRW). Pflegebedürftige in vollstationären Behinderteneinrichtungen erhalten für die Tage in häuslicher Pflege ungekürztes Pflegegeld – allerdings ohne Pflegezuschlag (§ 5a Abs. 7 BVO NRW).

Aufwendungen für Unterkunft und Verpflegung (einschl. Zusatzleistungen sowie Investitionskosten) werden bei **vollstationärer Pflege** (einschl. solcher in Behinderteneinrichtungen) als Beihilfe gezahlt, soweit sie bei Beihilfeberechtigten mit einem Angehörigen 30 v. H., bei mehreren Angehörigen 25 v. H. des um 600 Euro verminderten Einkommens übersteigen. Bei Beihilfeberechtigten ohne Angehörige sowie bei gleichzeitiger stationärer Pflege des Beihilfeberechtigten und aller Angehörigen beträgt der Eigenanteil 50 v. H. des um 400 Euro verminderten Einkommens i. S. des § 5d Abs. 2 Nr. 2 BVO NRW. Bei einer Pflege in Einrichtungen, mit denen Versorgungsverträge mit Pflegekassen usw. abgeschlossen wurden, sind höchstens die mit diesen Leistungserbringern vereinbarten Sätze beihilfefähig (§ 5d Abs. 3 BVO NRW). Bei einer vollstationären Pflege sind Aufwendungen für zusätzliche Betreuung und Aktivierung entsprechend § 43b SGB XI, die über die nach Art und Schwere der Pflegebedürftigkeit notwendige Versorgung hinausgehen, zusätzlich beihilfefähig (§ 5d Abs. 4 BVO NRW).

8. Stationäre Rehabilitationsmaßnahmen (§ 6 BVO NRW)

Eine stationäre Rehabilitationsmaßnahme ist nur beihilfefähig, wenn eine amtsärztliche Bestätigung bescheinigt, dass sie nicht durch eine ambulante Maßnahme ersetzt werden kann. Die Aufwendungen für Unterkunft, Verpflegung und Kurtaxe sind nur jedes vierte Kalenderjahr und nur für höchstens 23 Kalendertage beihilfefähig. Die Vierjahresfrist kann nach einer schweren, einen Krankenhausaufenthalt erfordernden Erkrankung oder aus zwingenden medizinischen Gründen verkürzt, die Höchstdauer beim Vorliegen medizinischer Gründe verlängert werden. Mit der Behandlung muss binnen **sechs Monaten** nach der Bekanntgabe des Anerkennungsbescheids begonnen werden.

Zu den Kosten der Hin- und Rückfahrt einschl. der Gepäckbeförderung wird bei notwendigen Behandlungen in einem Ort außerhalb von Nordrhein-Westfalen ein Zuschuss von 100 Euro, innerhalb von Nordrhein-Westfalen von 50 Euro gewährt (§ 6 Abs. 1 BVO NRW). Beihilfeberechtigten mit Wohnsitz außerhalb Nordrhein-Westfalens werden einmalig 100 Euro, höchstens aber die tatsächlichen Kosten erstattet (VV Nr. 6.1.3).

Die Kosten für Unterkunft, Verpflegung und Behandlung sind in Höhe der mit einem Sozialversicherungsträger getroffenen Preisvereinbarung (Pauschale) beihilfefähig. Werden neben den Kosten für Unterkunft und Verpflegung nach § 4 Abs. 1 Nr. 1 BVO NRW (insbesondere ärztliche und psychotherapeutische Leistungen), Arznei- und Verbandmittel oder Heilbehandlungen berechnet, ist die vorstehende Pauschale um 30 v. H. zu kürzen. Besteht keine Preisvereinbarung, sind die Kosten für Unterkunft und Verpflegung bis zur Höhe des niedrigsten Tagessatzes, höchstens 120 Euro täglich beihilfefähig. Bei notwendiger ständiger Begleitung sind die Aufwendungen für Unterkunft und Verpflegung sowie die Kurtaxe der Begleitperson bis zu 40 Euro täglich beihilfefähig.

Bei stationären Rehabilitationsmaßnahmen im Ausland muss die Einrichtung die Voraussetzungen des § 107 Abs. 2 SGB V erfüllen (vgl. § 6 Abs. 2 BVO NRW), auch wenn die Behandlungen in einem Land des Europäischen Wirtschaftsraums erfolgen (§ 10 Abs. 2 BVO NRW).

Familienorientierte Rehabilitationsmaßnahmen werden allgemein bei der Beihilfe anerkannt, wenn ein Kind bis zum vollendeten 14. Lebensjahr an einer schweren chronischen Erkrankung (einschl. Zustand nach Herzoperationen oder Transplantationen) leidet. Dabei können als beihilfefähige Aufwendungen die mit Sozialversicherungsträgern vereinbarten Beträge anerkannt werden (§ 6b BVO NRW).

Bei stationären Müttergenesungskuren oder Mutter/Vater-Kind-Kuren (§ 6a BVO NRW) werden Beihilfen bis zu einer Dauer von 23 Kalendertagen (bei chronisch kranken Kindern bis zum vollendeten 14. Lebensjahr bis zu 30 Kalendertagen) einschl. der Reisetage gewährt. Die Kosten sind wie bei stationären Rehabilitationsmaßnahmen beihilfefähig, einschl. Kurtaxe, Aufwendungen für das amtsärztliche Gutachten, den ärztlichen Schlussbereicht und Fahrtkosten.

9. Ambulante Kur- und Rehabilitationsmaßnahmen (§ 7 BVO NRW)

In Abständen von vier Behandlungsjahren werden bei anerkannten **ambulanten Kuren** Beihilfen bis zu 23 Kalendertagen (einschl. Reisetagen), **bei ambulanten Rehabilitationsmaßnahmen** bis zu 20 Behandlungstagen (bei chronisch kranken Kindern bis zum vollendeten 14. Lebensjahr bis zu 30 Kalendertagen) einschl. der Reisetage gewährt. Beim Vorliegen schwerwiegender gesundheitlicher Gründe kann der behandelnde Arzt (Kurarzt) eine Verlängerung um bis zu 14 Kalendertage (Heilkuren) bzw. 10 Behandlungstage (Rehabilitationsmaßnahmen) verordnen. Die Karenzzeit für eine erneute ambulante Kur- und Rehabilitationsmaßnahme beträgt bei Beamten mit

Dienstbezügen, und die das 63. Lebensjahr vollendet haben, ein Jahr (außerhalb des laufenden Jahres).

Neben den anderen sich aus § 7 Abs. 3 Satz 1 BVO NRW ergebenden beihilfefähigen Aufwendungen wird zu den Fahrtkosten, der Kurtaxe sowie den Unterkunfts- und Verpflegungskosten ein Zuschuss von 60 Euro täglich (einschl. der Reisetage) gewährt (für die ständige Begleitperson: 40 Euro täglich).

Zu Aufwendungen für von der GKV als förderungswürdig anerkannte Gesundheits- oder Präventionskurse wird je Kurs ein Zuschuss bis zu 75 Euro für höchstens zwei Kurse im Kalenderjahr gezahlt (§ 4 Abs. 1a BVO NRW).

Wurde für ambulante Rehabilitationsmaßnahmen zwischen einem Sozialhilfeträger und der Einrichtung ein Pauschalbetrag vereinbart, ist dieser beihilfefähig. Nebenkosten (z. B. für Unterkunft und Verpflegung, Kurtaxe, Fahrtkosten) sind, soweit nicht in der Pauschale enthalten, bis zu 20 Euro täglich beihilfefähig. Die Zugangsvoraussetzungen entsprechen weitgehend denjenigen nach § 36 Abs. 1 und 2 BBhV. → Heilkuren

10. Künstliche Befruchtung (§ 8 Abs. 4 BVO NRW)

Aufwendungen für medizinische Maßnahmen zur Herbeiführung einer Schwangerschaft (→ künstliche Befruchtung) sind nach den in § 8 Abs. 4 BVO NRW angeführten und § 27a Abs. 1 SGB V entsprechenden Voraussetzungen beihilfefähig. Dies gilt auch für die altersmäßigen Voraussetzungen. Bei der In-vitro-Fertilisation (IVF) sowie der Intracytoplasmatischen Spermieninjektion (ICSI) ist hinsichtlich der Kostenzuordnung nicht das Verursacher-, sondern das Kostenteilungsprinzip vorgeschrieben.

11. Beihilfe in Geburtsfällen (§ 9 BVO NRW)

Anspruchsvoraussetzung und Höhe der beihilfefähigen Aufwendungen entsprechen im Wesentlichen § 42 Abs. 1 BBhV (→ Geburtsfälle). Allerdings wird weiterhin eine pauschale Beihilfe zu den Kosten der **Säuglings- und Kleinkinderausstattung** gewährt. Sie beträgt 170 Euro je Kind.

12. Behandlung im Ausland (§ 10 BVO NRW)

Aufwendungen für eine Behandlung oder Entbindung im Ausland sind bis zu den Aufwendungen bei einer Behandlung am inländischen Wohnort, letzten früheren Dienstort (bei Wohnsitz im Ausland) oder diesen nächstgelegenen geeigneten inländischen Behandlungsort beihilfefähig. → Auslandsbehandlung

Der Kostenvergleich entfällt bei Aufwendungen in einem Mitgliedstaat der EU, einem Vertragsstaat des Europäischen Wirtschaftsraums (EWR), dem Vereinigten Königreich Großbritannien und Nordirland oder der Schweiz für **ambulante Behandlungen** und **stationäre Leistungen in öffentlichen Krankenhäusern**. Bei Behandlungen in Krankenhäusern (somit auch Privatkrankenhäusern in der EU) sind die Behandlungs-, Unterkunfts- und Verpflegungskosten (oder entsprechende Kosten) nur insoweit angemessen, als sie in der der Beihilfestelle nächstgelegenen Klinik der Maximalversorgung für eine medizinisch gleichwertige Behandlung entstanden wären.

Der Vergleich mit Inlandskosten entfällt ferner, wenn die Aufwendungen 1000 Euro je Krankheitsfall nicht übersteigen. Der Kostenvergleich entfällt auch, wenn die Aufwendungen anlässlich einer Auslandsdienstreise entstanden sind und die Behandlung nicht bis zur Rückkehr ins Inland aufgeschoben werden kann, ferner wenn die Krankheit nur im Ausland erfolgreich behandelt werden kann. Aufwendungen im Kleinwalsertal wie auch in der Hochgebirgsklinik Davos Wolfgang gelten grundsätzlich als im Inland entstanden, so dass sich eine Umrechnung erübrigt (VV 10.3.2).

Beförderungskosten in ein Land außerhalb der EU, des EWR, des Vereinigten Königreichs Großbritannien und Nordirland oder der Schweiz sind einschl. der Rücktransportkosten aus diesem

Gebiet nicht beihilfefähig, es sei denn es liegt eine Auslandsdienstreise oder eine Krankheit zugrunde, die nur im Ausland erfolgreich behandelt werden kann. Sofern eine **Auslandskrankenversicherung** zur Absicherung gegen Krankheits-, Beförderungs- und Rücktransportkosten abgeschlossen wurde, werden die Prämien bis zu 10 Euro für den Beihilfeberechtigten und für jede berücksichtigungsfähige Person als Beihilfe ersetzt. Dabei ist der Beihilfeberechtigte verpflichtet, die Versicherungsleistungen in Anspruch zu nehmen.

Pflichtversicherte sowie freiwillig gesetzlich Versicherte mit Beitragszuschuss oder -befreiung erhalten Beihilfe zu Aufwendungen einer Krankenbehandlung oder Entbindung im Ausland nur, wenn sie dort keine Sachleistungen oder Kostenerstattung erhalten konnten und das Ausland nicht der Behandlung wegen aufgesucht wurde (VV Nr. 10.1.2).

Aufwendungen für **stationäre Rehabilitationsmaßnahmen** sowie **ambulante Kur- und Rehabilitationsmaßnahmen** in den zuvor genannten Staaten (einschl. Schweiz) sind bis zur Höhe der Aufwendungen bei einer Behandlung am inländischen Wohnort oder ihm am nächsten gelegenen inländischen Behandlungsort beihilfefähig. Bei Heilkuren in den zuvor genannten Staaten sind die Aufwendungen nur beim Nachweis beihilfefähig, dass der Behandlungsort als Kurort anerkannt ist. Dazu genügt die Bescheinigung des Kurorts, dass nach Landesrecht dieser als Kurort anerkannt ist (VV 10.3.4). Bei den eingangs genannten Behandlungsmaßnahmen außerhalb der in Satz 1 genannten Staaten sind die Aufwendungen nur beihilfefähig, wenn im Inland, der EU, des EWR, dem Vereinigten Königreich Großbritannien und Nordirland oder der Schweiz kein vergleichbarer Heilerfolg zu erwarten und die Behandlung zuvor anerkannt worden ist.

13. Beihilfe in Todesfällen (§ 11 BVO NRW)

Überführungskosten (zur Beisetzungsstelle, zum nächstgelegenen Krematorium) sind höchstens bis zu einer Überführung an den Familienwohnsitz im Zeitpunkt des Todes beihilfefähig, bei zuletzt im Ausland wohnhaften Beihilfeberechtigten und berücksichtigungsfähigen Angehörigen höchstens über eine Entfernung von 500 km. Die Beihilfefähigkeit der Überführungskosten bei einem **Sterbefall im Ausland** bestimmt § 11 Abs. 1 Nr. 2 BVO NRW, die für die Beschäftigung einer Familien- und Hauspflegekraft (bis zur Dauer von sechs Monaten) § 11 Abs. 2 BVO NRW, → Familien- und Haushaltshilfe.

Zu den Aufwendungen anlässlich des Todes steht neben der Beihilfe aus Anlass der Todesfeststellung und für die Überführungskosten keine weitere Beihilfe zu.

Beihilfen zu Aufwendungen, die dem verstorbenen Beihilfeberechtigten entstanden sind, können auf ein der in § 14 Absatz 1 BVO NRW aufgeführten Konten überwiesen werden. Beihilfen zu den in § 11 Abs. 1 BVO NRW genannten Aufwendungen können auf ein zu diesem Zweck von der Person/den Personen, die die Aufwendungen übernommen hat/haben angegebenen Konto überwiesen werden. Die Beihilfe bemisst sich nach dem Vomhundertsatz, der dem verstorbenen Beihilfeberechtigten zustand (§ 14 Abs. 2 BVO NRW).

14. Eigenbehalte

Eigenbehalte i. S. des § 49 BBhV werden nicht abgezogen, insbesondere nicht bei Arznei-, Verband- und Hilfsmitteln sowie Beförderungskosten, Rehamaßnahmen und Heilkuren, allerdings erfolgen nach § 4 Abs. 1 Nr. 2 Satz 1 Buchst. b und Satz 3 BVO NRW Kürzungen bei Wahlleistungen eines Krankenhauses (siehe hierzu auch unter Ziffer 5).

15. Bemessung der Beihilfe (§ 12 BVO NRW)

Der Beihilfebemessungssatz für Aufwendungen eines Kindes oder einer Waise beträgt 80 v. H. (§ 12 Abs. 1 Satz 2 Buchst. d) BVO NRW).

Eine Erhöhung des Bemessungssatzes ist bei individuellen Leistungsausschlüssen oder -einstellungen (§ 12 Abs. 3 BVO NRW), Dienstbeschädigung, Leichenüberführung anlässlich einer Dienstreise oder Abordnung und in besonderen Ausnahmefällen möglich (§ 12 Abs. 4 BVO NRW). Eine Erhöhung des Bemessungssatzes im Einzelfall für im Grundsatz beihilfefähige Aufwendungen einer vollstationären Pflege oder für ambulante und stationäre Krankheits- und Pflegefälle scheidet aus, wenn für Krankheits- und Pflegefälle kein ausreichender Krankheitsschutz nachgewiesen werden kann (§ 12 Abs. 4 Satz 2 BVO NRW). Bei Ehegatten und Lebenspartnern mit Bezügen über 20 000 Euro im Kalenderjahr vor der Antragstellung kann in Ausnahmefällen die Gewährung von Beihilfen zugelassen werden (§ 12 Abs. 5 BVO NRW).

16. Hundert-Prozent-Grenze (§ 12 Abs. 6 BVO NRW)

Beihilfe und zweckentsprechende Versicherungsleistungen sowie Leistungen aufgrund von Rechtsvorschriften und arbeitsvertraglichen Vereinbarungen dürfen die beihilfefähigen Aufwendungen nicht übersteigen. Bei der Hundert-Prozent-Grenze nach § 12 Abs. 6 BVO NRW bleiben u. a. zweckentsprechende Versicherungsleistungen (z. B. Krankenhaustagegeld-, Pflegegeld- und sonstige Summenversicherungen) unberücksichtigt, soweit sie 100 Euro täglich nicht übersteigen.

17. Kostendämpfungspauschale (§ 12a BVO NRW)

Die Kostendämpfungspauschale wurde durch das Gesetz vom 25.3.2022 (GV. NRW. S. 389) rückwirkend zum 1.1.2022 abgeschafft. Dies betrifft Aufwendungen, die nach dem 31.12.2021 in Rechnung gestellt wurden. Die von der Kostendämpfungspauschale in der bis zum 31.12.2021 geltenden Fassung ausgenommenen Beihilfeberechtigten der Besoldungsgruppen A 5 und A 6 erhalten einen Zuschuss zu den Beiträgen für die Krankenversicherung nach § 75 Absatz 6 Satz 2 des Landesbeamtengesetzes in Höhe von monatlich 12,50 Euro.

18. Antragsgrenze, Antragstellung

Beihilfe wird nur auf Antrag gewährt. Für den Antrag sind die vom Ministerium der Finanzen herausgegebenen Formblätter zu verwenden. Die Nutzung einer angebotenen elektronischen Antragsmöglichkeit bleibt unberührt (§ 13 Abs. 2 Satz 3 BVO NRW). Bei Verwendung der Beihilfe-App verbleiben die Originalbelege beim Beihilfeberechtigten (§ 13 Abs. 8 Satz 4 BVO NRW). Eine Antragstellung durch E-Mail oder Telefax ist ausgeschlossen.

Die Beihilfe ist binnen 24 Monaten nach Entstehen der Aufwendungen zu beantragen, spätestens 24 Monate nach der ersten Ausstellung der Rechnung, die den Aufwendungen zugrunde liegt.

Rechnungen von Ärzten und Zahnärzten sollen die Diagnose enthalten (§ 13 Abs. 3 Satz 3 BVO NRW).

19. Belastungsgrenze (§ 15 BVO NRW)

Die Selbstbehalte bei Wahlleistungen eines Krankenhauses und der Eigenanteil bei zahntechnischen Leistungen dürfen im Kalenderjahr 2 v. H. der Bruttojahresdienstbezüge oder Bruttojahresversorgungsbezüge des vorangegangenen Kalenderjahres nicht übersteigen. Wird die Belastungsgrenze überschritten, sind für das betreffende Kalenderjahr keine weiteren Selbstbehalte in Abzug zu bringen (§ 15 Abs. 2 Satz 2 BVO NRW).

Organspende

Abweichungen in Bundesländern:
→ Baden-Württemberg (Ziff. 21)

Der Organspende steht die Spende von Geweben, Blutstammzellen und anderen Blutbestandteilen gleich.

Nach dem Transplantationsgesetz muss nach Bestätigung durch zwei erfahrene Ärzte unabhängig voneinander beim Spender der Hirntod festgestellt werden, wobei einer der Ärzte Neurologe oder Neurochirurg sein muss. Der Spender darf keine akute Krebserkrankung haben und nicht HIV-positiv sein. Der Patient muss auf der Warteliste eines Transplantationszentrums stehen.

Hinsichtlich der Organspende eines Verstorbenen ist der geäußerte Wille des Verstorbenen entscheidend. Liegt keine solche Festlegung vor, können auch Angehörige entscheiden.

Zu den beihilfefähigen Aufwendungen nach § 45a BBhV zählen die Kosten für eine postmortale Organspende (Vermittlung, Entnahme, Versorgung und Transport des Organs sowie Organisation für die Bereitstellung des Organs zur Transplantation), soweit der Empfänger des gespendeten Organs zum Kreis der → beihilfeberechtigten Personen oder → berücksichtigungsfähigen Angehörigen zählt. Beihilfefähig sind:

- die bei der Transplantation entstehenden notwendigen Aufwendungen entsprechend Kap. 2 der BBhV
- bei Lebendspendern nachgewiesener Ausfall an Arbeitseinkünften des Organspenders sowie der als Organspender vorgesehenen Personen, wenn sich herausstellt, dass sie als Organspender nicht in Betracht kommen; dem Arbeitgeber des Organspenders wird auf Antrag das fortgezahlte Entgelt anteilig zum Bemessungssatz des Organempfängers erstattet. Bei der **Berechnung des Verdienstausfalls** sind die Bestimmungen der GKV entsprechend anzuwenden.

- nach dem BMI-RdSchr. vom 30.1.2018 – D 6 – 30111/48 – 2 als Organisations- und Flugkosten im Jahr 2018 je transplantiertes Organ:
  - a) 21 300 Euro, wenn kein eigenständiger Flugtransport durchgeführt wurde,
  - c) 29 179 Euro, wenn ein eigenständiger Flugtransport durchgeführt wurde,
  - d) 43 881 Euro zusätzlich zu den Pauschalen nach Buchst. a und b, wenn ein OCS™-Einsatz durchgeführt wurde.

Den Spendern sind gleichgestellt Personen, die als Spender vorgesehen waren, aber nicht in Betracht kamen.

Aufwendungen für die Registrierung von Beihilfeberechtigten und berücksichtigungsfähigen Angehörigen zur Suche nach einem nicht verwandten Blutstammzellenspender im Zentralen Knochenmarkspender-Register sind beihilfefähig.

Die bei einer Lebendspende genannten Aufwendungen für die Behandlung des Organspenders und der Ersatz des entgangenen Arbeitseinkommens gelten auch dann als Kosten eines Krankheitsfalls des Empfängers, wenn der Organspender selbst zum Kreis der beihilfeberechtigten oder berücksichtigungsfähigen Personen gehört.

Orthopädische Schuhe und Zurichtungen an Konfektionsschuhen

Abweichungen in Bundesländern:

→ Bayern (Ziff. 5)
→ Rheinland-Pfalz (Ziff. 12)

Nach Nr. 13.4 der Anl. 11 zur BBhV sind Aufwendungen zur Beschaffung ärztlich verordneter (orthopädischer) Maßschuhe (Straßen-, Haus-, Sport- und Badeschuhe) beihilfefähig, die serienmäßig nicht herzustellen sind, soweit die Kosten 64 Euro je Paar übersteigen, ausgenommen bei vorübergehender (therapeutischer) Nutzung. Nicht beihilfefähig sind dagegen die Kosten für **serienmäßig hergestellte Schuhe mit Fußstützen,** verstärkter Ferse oder sonstigen Besonderheiten; dies gilt auch, wenn solche Schuhe als „Gesundheitsschuhe" angeboten werden. Zu den beihilfefähigen Aufwendungen zählen dagegen nach Nr. 15.2 der Anl. 11 zur BBhV ärztlich verordnete Orthesenschuhe (abzüglich eines Eigenanteils von 64 Euro), orthopädische Einlagen, orthopädische Innenschuhe, Fußteil-Entlastungsschuhe und Verbandschuhe (jeweils als Einzelschuhversorgung), Korrektursicherungsschuhe, Stabilisationsschuhe bei Sprunggelenkschäden und Lähmungszuständen (als Einzelschuhversorgung), Ipos-Redressions-Korrektur-Schühchen und Ipos-Vorfußentlastungsschuhe. Beihilfefähig sind auch die Kosten für die orthopädische Zurichtung an Konfektionsschuhen, begrenzt auf höchstens sechs Paar Schuhe je Jahr (Nr. 15.3 der Anl. 11 zur BBhV). Nicht beihilfefähig sind die Aufwendungen für nicht verordnete orthopädische Bade- und Turnschuhe. Nicht ausdrücklich in Anl. 11 zur BBhV aufgeführte Produkte (z. B. Adimed-Stabil-Schuhe) gehören nicht zu den beihilfefähigen Hilfsmitteln (Nr. 19.3 der Anl. 12 zur BBhV).

Für die beihilfefähigen Maßschuhe besteht eine Höchstausstattung und eine zeitliche Vorgabe für Ersatzbeschaffungen (vgl. Abschnitt 1 Nr. 13.4.1 bis 5 der Anl. 11 zur BBhV). So ist z. B. bei Straßenschuhen die Beschaffung von zwei Paaren im Abstand von zwei Jahren gestattet. Kosten für die **Reparatur** orthopädischen Schuhwerks (einschl. Besohlung) sind dagegen nicht beihilfefähig, weil entsprechende Ausgaben auch bei normaler Fußbekleidung entstehen und es sich deshalb nicht um Mehraufwendungen des Erkrankten handelt.

Da durch den Kauf orthopädischer Schuhe die Ausgaben für normales Schuhwerk vermieden werden, sind die Aufwendungen um den eingesparten Betrag zu kürzen. Dieser „Eigenbehalt" ist einheitlich auf 64 Euro festgesetzt worden. Vom Kaufpreis für ein Paar orthopädische Maßschuhe in Höhe von

120 Euro sind danach z. B. 56 Euro beihilfefähig. Der Abzug erfolgt auch, wenn nur **ein** Schuh orthopädisch verändert ist.

Osmotische Entwässerungstherapie

Aufwendungen sind nicht beihilfefähig (Abschnitt 1 Nr. 15.1 der Anl. 1 zur BBhV).

Osteopathie

Die Osteopathie wird nicht nur bei orthopädischen Beschwerden und Bewegungseinschränkungen, sondern u. a. bei hormonellen Störungen, Migräne, Herzrhythmusstörungen, Tinnitus, aber teilweise auch im psychiatrischen Bereich eingesetzt. Die Krankenversicherung gewähren i. d. R. Leistungen, wenn ein Erfolg mit höherer Wahrscheinlichkeit eintritt als das Gegenteil. Die Beihilfestelle wird im Einzelfall die Osteopathie entsprechend dem Gutachten der Landesärztekammer beurteilen.

Ozontherapie

Aufwendungen sind nur beihilfefähig bei Gasinsufflationen, wenn arterielle Verschlusserkrankungen behandelt werden und die Beihilfestelle aufgrund des Gutachtens eines von ihr bestimmten Arztes die Beihilfefähigkeit vor Beginn der Behandlung anerkannt hat (Abschnitt 2 Nr. 9 der Anl. 1 zur BBhV).

Palliativversorgung

Abweichungen in Bundesländern:
→ Baden-Württemberg (Ziff. 18)
→ Nordrhein-Westfalen (Ziff. 6)
→ Thüringen (Ziff. 14)

Patienten mit fortgeschrittenen unheilbaren Krankheiten und sehr begrenzter Lebenserwartung (z. B. Endstadium bei Krebs- und chronischer Nieren-, Herz-, Verdauungstrakt- oder Lungenerkrankung) können in Palliativstationen eines Krankenhauses oder Hospizes (im Letzteren voll- oder teilstationär und mit Versorgungsauftrag der GKV) aufgenommen werden. Bei der Unterbringung in Hospizen i. S. des § 39a SGB V sowie in Wohneinrichtungen für Patienten mit Aids und bei der Inanspruchnahme ambulanter Hospizdienste (im Haushalt oder in der Familie des Sterbenden) und -einrichtungen erfolgt eine symptomatische Behandlung unter Berücksichtigung der persönlichen Bedürfnisse des Patienten (z. B. Sterbebegleitung) und der medizinischen Erfordernisse (vor allem Schmerztherapie) in interdisziplinärer Weise durch Ärzte, Psychologen, ausgebildetes Pflegepersonal, Sozialarbeiter und Laien.

Gesetzlich Versicherte haben nach § 39b SGB V Anspruch auf individuelle Beratung und Hilfestellung durch die Krankenkasse zu den Leistungen der Palliativ- und Hospizversorgung. Die privaten Krankenversicherungen und die Beihilfe dürften künftig entsprechende Leistungen bzw. Kostenerstattungen einräumen.

Die Aufwendungen bei ambulanter Palliativversorgung insbesondere durch palliativ-pflegerische Beratung und begleitende Schmerztherapie sind nach § 40 Abs. 1 BBhV beihilfefähig.

Die Aufwendungen für die stationäre und teilstationäre Versorgung in Hospizen einschl. der Kosten für Unterkunft und Verpflegung sind nach § 40 Abs. 2 BBhV in angemessener Höhe beihilfefähig, wenn eine ambulante Versorgung im eigenen Haushalt oder in der Familie nicht erbracht werden kann. Die Aufwendungen der **ambulanten** Palliativversorgung sind bis zur Höhe entsprechend der vereinbarten Vergütung nach § 132d SGB V beihilfefähig. Dabei ist es ausreichend, wenn der Leistungserbringer dies bestätigt. Nach Maßgabe der VV 40.2.2 sind bei stationärer oder teilstationärer Unterbringung im Hinblick auf die Kassenleistungen 95 v. H. der Aufwendungen (einschl. Unterkunft und Verpflegung) beihilfefähig. Dabei sind kalendertägliche Mindestbeträge zu berücksichtigen. Soweit andere Sozialleistungsträger als die Krankenkassen Zuschüsse gewähren, sind diese im Rahmen des § 9 Abs. 1 BBhV anzurechnen.

Die Aufwendungen für eine ambulante Palliativversorgung zu Hause sind nach Maßgabe des § 27 BBhV und der dazu ergangenen VV beihilfefähig.

In Ausnahmefällen können die Kosten bis zur Höhe der Kosten einer Hospizbehandlung auch in anderen Häusern, die palliativmedizinische Versorgung erbringen, beihilfefähig sein, wenn aufgrund der Besonderheit der Erkrankung oder eines Mangels an Hospizplätzen eine Unterbringung in einem wohnortnahen Hospiz nicht möglich ist. Dies gilt auch für in Pflegeheimen ohne eigene Palliativabteilung erbrachte Palliativleistungen. In diesem Fall bestimmt sich die beihilfefähige „angemessene Vergütung“ an dem Betrag, den die GKV ihrem Zuschuss zugrunde gelegt hat. Zur Ermittlung dieses Betrages reicht die Bestätigung der Einrichtung über die Höhe der der gesetzlichen Krankenversicherung in Rechnung gestellten Vergütung (VV 40.2.2).

Erfolgt die Hospizbetreuung nicht während des gesamten Kalendermonats, vermindern sich die beihilfefähigen Aufwendungen entsprechend.

Der Bund beteiligt sich nach Maßgabe des § 40 Abs. 3 BBhV an den personenbezogenen Kosten ambulanter Hospizdienste für erbrachte Sterbebegleitung.

Mit der Neunten Änderungsverordnung zur BBhV wurde die Regelung des § 132g SGB V wirkungsgleich in das Bundesbeihilferecht übernommen. Aufwendungen für eine gesundheitliche Versorgungsplanung für die letzte Lebensphase sind nach § 40a BBhV in vollstationären Pflegeeinrichtungen und Einrichtungen der Eingliederungshilfe für behinderte Menschen beihilfefähig. Die Einrichtungen können über medizinische und pflegerische Versorgung und Betreuung in der letzten Lebensphase beraten sowie Hilfen und Angebote der Sterbebegleitung aufzeigen.

Patientenrechte, Patientenberatung

- Freie Arzt- und Krankenhauswahl
- → Ärztliche Aufklärungspflicht (§ 630e BGB)
- Der Patient kann eine weitere Diagnose (Zweitmeinung) einholen, die allerdings die Krankenversicherung nicht bezahlen muss.
- Dokumentation der Behandlung (§ 630f BGB) und Recht auf Einsicht in die vollständige Patientenakte einschl. der enthaltenen Befunde (z. B. Krankenhaus-, Labor- und Sonographiebefunde, fachärztliche Arztbriefe), § 630g BGB, und Anspruch auf Abschriften von Behandlungsakten (einschl. Röntgenbilder)
  Akteneinsicht Dritter (z. B. Krankenversicherer) darf nur mit Einwilligung des Patienten (verbunden mit einer Schweigepflichtentbindung) gewährt werden. Hinterbliebene haben beim Vorliegen eines rechtlichen Interesses und nach Prüfung des Arztes, ob dies dem mutmaßlichen Willen des Patienten nicht zuwiderläuft, ein Einsichtsrecht (wiederum nach Schweigepflichtentbindung).
- Beratung durch die Krankenversicherung
- Der Patient bzw. ein hierzu Berechtigter (§ 630d BGB) muss jeder Behandlungsmaßnahme zustimmen.
- Vertraulichkeit der Patientendaten und Datenschutz

- Genehmigungspflichtige Leistungen können auch ohne Zustimmung der Krankenversicherung in Anspruch genommen werden, wenn diese eine Anfrage des Patienten nicht binnen drei Monaten beantwortet hat.
- Schadensersatz für Behandlungsfehler
  Schadensersatz und Schmerzensgeld stehen nur bei nachgewiesenen ärztlichen Fehlern zu, es sei denn, es handelt sich um einen groben Behandlungsfehler.
- Der Patient hat einen Anspruch gegen seine Krankenversicherung auf Unterstützung bei der Aufklärung von Behandlungsfehlern und dessen Durchsetzung.

Das Patientenrechtegesetz vom 20.2.2013 (BGBl. I S. 277) bestimmt über § 630a BGB die vertragstypischen Pflichten der Ärzte, aber auch der Angehörigen anderer Heilberufe (z. B. Psychotherapeuten, Physiotherapeuten, Heilpraktiker, Hebammen und Masseure). Der Arzt (wie auch die anderen Heilbehandler) müssen sich fachgerecht um eine Genesung bemühen. Bleibt die erbrachte Leistung hinter dem medizinischen Standard zurück, kann ein Behandlungsfehler vorliegen, der zum Schadensersatzanspruch für den Patienten führen kann. Zur ordnungsgemäßen Leistungserbringung gehört nach § 630c BGB auch die Erläuterung der für die Behandlung wesentlichen Umstände (einschl. Diagnose und beabsichtigter Therapie) vor Behandlungsbeginn. Mangelnde therapeutische Aufklärung stellt einen Behandlungsfehler dar. § 630c Abs. 2 Satz 2 BGB verpflichtet den Arzt zur Offenbarung fehlerhaften Verhaltens auf Verlangen. Bei Verdacht auf einen Behandlungsfehler besteht Anspruch auf Erstellung eines Gutachtens.

Bei groben Behandlungsfehlern (als Verstoß gegen gesicherte medizinische Erkenntnisse, BGH vom 20.9.2011, Az. VI R 55/09) liegt die Beweislast beim Arzt, bei leichten Behandlungsfehlern sind die Patienten beweispflichtig. Ein grober Behandlungsfehler liegt vor, wenn ein Arzt eindeutig gegen bewährte medizinische Behandlungsregeln oder gesicherte Erkenntnisse verstößt und dabei einen Fehler begangen hat, der aus objektiver Sicht nicht hätte unterlaufen dürfen (BGH vom 25.10.2011, Az. VI ZR 139/10).

Die Krankenversicherung muss helfen, bei Behandlungsfehlern Schadensersatz durchzusetzen. Das Krankenhaus muss die Durchsetzung von Patientenbeschwerden regeln.

Krankenhäuser und Arztpraxen müssen Mindeststandards festlegen, wie medizinische Fehler vermieden werden.

Bei Behandlungsfehlern muss sich der Patient an die Landesärztekammer wenden; von dieser wird ein Schlichtungsverfahren eingeleitet.

Es besteht für Patienten die Möglichkeit, sich über medizinische und damit zusammenhängende rechtliche Fragen beraten zu lassen. Dazu gehören auch Fragen zu Behandlungsmethoden und Erläuterungen zu Arztrechnungen und Leistungen der Krankenversicherung. Sofern die Beratung nicht telefonisch erfolgen kann, ist auch eine persönliche Beratung an 30 Standorten in Deutschland möglich. Zusätzlich werden mobile Beratungsstellen in mehr als 100 weiteren Städten angefahren. Bei eingeschränkter Mobilität kann die Beratung auch zu Hause erfolgen. Sie steht allen Interessierten und Patienten offen, gleich ob gesetzlich, privat oder nicht krankenversichert, und erfolgt durch die Unabhängige Patientenberatung Deutschland, betrieben von der Callcenter-Firma Sanvartis. Mehr als 70 v. H. der Beratungen betrafen in der Vergangenheit rechtliche, mehr als 15 v. H. medizinische oder psychosoziale Fragen. Erreichbar ist die Patientenberatung unter 08 00/0 11 77 22 (gebührenfrei in allen Netzen) und im Internet unter:

- www.patientenberatung.de bzw.
- www.zqp.de/beratung-pflege/

Beratungsangebote halten auch die Verbraucherzentralen bereit.

Patientenverfügung

Mit einer Patientenverfügung (auch als Patiententestament bezeichnet) bestimmen Menschen, wie sie medizinisch versorgt werden möchten, wenn sie es selbst nicht mehr entscheiden können. Solche Situationen können beim bevorstehenden Tod, bei schwierigen Operationen oder auch infolge von Unfällen entstehen. Dabei sind Ärzte berufsrechtlich verpflichtet, alles Mögliche zur Rettung oder Verlängerung des Menschenlebens zu tun. Angesichts fortgeschrittener Technik und Erkenntnisse ist es möglich, irreversibel Kranke, Bewusstlose und Sterbende noch einige Zeit durch den Einsatz von Apparaten am Leben zu erhalten. Durch eine Patientenverfügung können Patienten solchen Maßnahmen widersprechen, um z. B. in Würde bzw. nach ihren Vorstellungen zu sterben. Aus der Ablehnung aktiver Sterbehilfe kann nicht gefolgert werden, dass auch der Abbruch der künstlichen Ernährung gewollt ist (BGH vom 8.2.2017, Az. XII ZB 604/15).

Zur Klärung medizinischer Fragen empfiehlt es sich, Ärzte bei der Abfassung der Patientenverfügung beizuziehen. Der Arzt darf seine (Beratungs-)Leistungen nach der GOÄ berechnen. Die Honorare sind nicht beihilfefähig, da sie nicht in einem Zusammenhang mit der Behandlung eines Krankheitsfalles i. S. des § 12 BBhV stehen, sondern der Gestaltung des Lebensablaufs dienen. Dies gilt auch für Gebühren, die von einem Betreuungsverein, Rechtsanwalt (Notar), Sozialdienst usw. berechnet werden.

Pauschalbeihilfen

Pauschalbeihilfen werden abweichend von den nach Bemessungssätzen gewährten Beihilfen und gelöst von den Kostenverhältnissen im Einzelfall in Form fester Beihilfebeträge gewährt. Dies ist z. B. bei häuslicher Pflege dauernd Pflegebedürftiger durch nicht erwerbsmäßig tätige Pflegepersonen der Fall (Pauschalbeihilfe – Pflegegeld – nach § 38 Abs. 2 BBhV).

Perücken

Abweichungen in Bundesländern:
→ Hamburg (Ziff. 5)
→ Nordrhein-Westfalen (Ziff. 5)
→ Sachsen (Ziff. 5)
→ Schleswig-Holstein (Ziff. 18)

Aufwendungen für ärztlich verordnete Voll- oder Teilperücken einschließlich Befestigungselementen sind bis zu einem Höchstbetrag von 512 Euro beihilfefähig, wenn, vorübergehend oder langfristig, großflächiger und massiver Haarverlust wegen einer Krankheit oder im Zusammenhang mit einer Krankheit (insbes. Chemotherapie, Strahlenbehandlung, Operationen, Stoffwechselerkrankungen und weitere Indikationen in Abschnitt 2 der Anl. 11 zur BBhV) vorliegt.

Die Aufwendungen für eine Zweitperücke zum Wechseln sind nur beihilfefähig, wenn die Perücke länger als ein Jahr getragen werden muss. Bei erneuter Beschaffung wird zwischen Kunststoff- und Echthaarperücken unterschieden. Aufwendungen für die erneute Beschaffung sind beihilfefähig, wenn seit der vorangegangenen Beschaffung ein Jahr bei einer Kunststoffperücke bzw. zwei Jahre bei einer Echthaarperücke vergangen sind oder sich bei Kindern vor Ablauf dieser Zeiträume die Kopfform geändert hat.

Klebestreifen und Spangen sowie Materialien zur Befestigung sind im Rahmen des vorgenannten Höchstbetrages beihilfefähig, nicht aber die Kosten für das Waschen, Frisieren und Nachfärben der Perücke.

Bei der Erstversorgung sind auch die Aufwendungen für einen Perückenkopf beihilfefähig.

Bei Frauen ist totaler Haarausfall ein deutlich abweichender und entstellender Zustand, der die Versorgung mit einer Perücke rechtfertigt (BSG, Az.: B 3 KR 3/14 R). Dagegen seien vollständiger oder teilweiser Haarverlust insbesondere bei älteren Männern vielfach festzustellen und kein unnatürlicher Zustand. Bei gewünschter Korrektur dieser Unregelmäßigkeit ohne Krankheitswert handele es sich somit nur um eine kosmetische Maßnahme. Insofern stünden diesen Männern keine Kassenleistungen für eine Perücke zu.

Pflegezeit

Zur Pflege naher Angehöriger in häuslicher Umgebung können Beschäftigte nach Maßgabe des § 3 des Pflegezeitgesetzes (PflegeZG) ganz oder teilweise für längstens sechs Monate freigestellt werden (Pflegezeit). Nach § 2 PflegeZG besteht ferner Anspruch auf Freistellung von bis zu zehn Arbeitstagen (unter Gewährung von Lohnersatzleistungen), um eine bedarfsgerechte Pflege von nahen Angehörigen zu organisieren oder sicherzustellen.

Eine Beihilfeberechtigung bleibt während der Freistellung bestehen → Beurlaubung.

Nach § 44a SGB XI haben Beschäftigte i. S. des § 3 PflegeZG Anspruch auf zusätzliche Leistungen, wenn sie nahe Angehörige pflegen. Für Beamte tritt anstelle des PflegeZG § 92 Abs. 5 BBG. Zusätzliche Leistungen sind die Übernahme von Beiträgen zur Arbeitslosenversicherung und die Gewährung eines Zuschusses zur Kranken- und Pflegeversicherung der Pflegeperson. Die Leistungen teilen sich Pflegeversicherung und Beihilfe im sonst geltenden Maße. Näheres ergibt sich aus den VV zu § 38a BBhV.

Die nach dem Familienpflegezeitgesetz mögliche Verringerung der Wochenarbeitszeit auf bis zu 15 Stunden für höchstens zwei Jahre wegen der Pflege eines pflegebedürftigen nahen Angehörigen in häuslicher Umgebung (Pflegeteilzeit, Familienpflegezeit) beeinflusst nicht die Beihilfeberechtigung. Allerdings verringert sich der Beihilfeanspruch im Ausmaß der Arbeitszeitermäßigung.

Photobiomodulation (PBM) bei trockener altersbedingter Makuladegeneration (AMD)

Aufwendungen sind nicht beihilfefähig (Abschnitt 1 Nr. 16.1 der Anl. 1 zur BBhV).

Photodynamische Therapie in der Parodontologie

Aufwendungen sind nicht beihilfefähig (Abschnitt 1 Nr. 16.2 der Anl. 1 zur BBhV).

Pleoptisch-orthoptische Augenbehandlung

Bei der Pleoptik und der Orthoptik handelt es sich um wissenschaftlich anerkannte Behandlungsmethoden. Die Aufwendungen für diese Behandlungsarten sind deshalb beihilfefähig.

Polarimeter

Aufwendungen sind beihilfefähig (Abschnitt 1 Nr. 16.6 der Anl. 11 zur BBhV).

Postbeamtenkrankenkasse

1. Geltungsbereich

Die Beihilfevorschriften gelten auch für Postbeamte. Die Bearbeitung der Beihilfeanträge obliegt der Postbeamtenkrankenkasse im Auftrag der Deutschen Post. Die Postbeamtenkrankenkasse hat damit die Doppelfunktion einer Krankenversicherung sowie einer Beihilfestelle. Die Mitglieder der Postbeamtenkrankenkasse brauchen die Erstattung ihrer verauslagten Krankheitsaufwendungen nur bei einer Stelle zu beantragen und erhalten innerhalb kurzer Zeit ihr Geld.

Die Postbeamtenkrankenkasse ist seit 1995 mit der Privatisierung der Deutschen Bundespost und deren Umwandlung in die neuen Aktiengesellschaften Deutsche Post AG, Deutsche Telekom AG und Deutsche Postbank AG zusammengeschlossen. Die Kasse wird aber nach der bisherigen Satzung und den bestehenden Tarifen für die bisherigen Mitglieder weitergeführt. Wer im Zeitpunkt der Schließung der Kasse Mitglied werden konnte, von dieser Möglichkeit aber keinen Gebrauch gemacht hat, konnte – bis auf einige Ausnahmen – nicht mehr Mitglied werden.

Die Mitglieder der Postbeamtenkrankenkasse sind zum Abschluss einer **privaten Pflegeversicherung** bei der Gemeinschaft privater Versicherungsunternehmen zur Durchführung der Pflege-Pflichtversicherung verpflichtet. Für sie gelten die Bestimmungen der → privaten Pflege-Pflichtversicherung. Die technische Durchführung der Pflegeversicherung obliegt der Postbeamtenkrankenkasse.

Für die **A-Mitglieder** der Postbeamtenkrankenkasse gelten besondere Vorschriften. Danach dürfen diese Mitglieder im Hinblick auf den Ausschluss der → Sachleistungen von der Beihilfefähigkeit nur solche Aufwendungen zum Gegenstand eines Beihilfeantrags machen, für die die Kasse ihre Leistungspflicht entweder ausgeschlossen oder durch → Höchstbeträge begrenzt hat. Da den A-Mitgliedern der Postbeamtenkrankenkasse – wie Mitgliedern der GKV – i. d. R. freie (ambulante und stationäre) Behandlung aufgrund von Verträgen mit Ärzten, Zahnärzten, Apotheken usw. als Sachleistungen gewährt wird, kommen Beihilfen an diesen Personenkreis nur in Ausnahmefällen in Betracht, wie sie sich z. B. bei privatärztlicher oder privatzahnärztlicher Behandlung und den dabei verordneten Arzneimitteln, Heilbehandlungen, Hilfsmitteln und Körperersatzstücken sowie für Behandlung durch Heilpraktiker (einschl. der verordneten Arzneimittel) ergeben können.

Die **übrigen Mitglieder** (insbesondere B-Mitglieder) und deren mitversicherte Angehörige haben Freizügigkeit bei der Inanspruchnahme medizinischer Leistungen; für sie gilt nicht der

Beihilfeausschluss nach § 2 Abs. 5 BBhV. Die Kassenleistungen entsprechen in ihrer Art weitgehend den beihilfefähigen Aufwendungen. Ergänzend erhalten sie Beihilfe nach der BBhV.

2. Gruppeneinteilung

Die Postbeamtenkrankenkasse unterscheidet folgende **Gruppen von Mitgliedern:**

- Gruppe A: Beamte und Versorgungsempfänger des einfachen Dienstes
- Gruppe B: die übrigen Beamten und Versorgungsempfänger sowie die Angestellten

Außerdem gibt es noch die hier weniger relevante

- Gruppe C: frühere Angestellte mit Versorgungsrentenberechtigung bei der Versorgungsanstalt der Deutschen Bundespost
- Gruppe D: unter Wegfall der Besoldung/Vergütung beurlaubte Mitglieder ohne Beihilfeanspruch
- Gruppe E: geschiedene Ehegatten von Mitgliedern
- Gruppe S: studierende Kinder von Mitgliedern
- Gruppe D (S): Studierende Kinder von Mitgliedern nach dem Wegfall der Berücksichtigungsfähigkeit im Familienzuschlag

Mitglieder der Gruppe A können auf Antrag die Mitgliedschaft in der Gruppe B erwerben. Ein Rücktritt in die Gruppe A ist zulässig, nicht dagegen die Rückkehr in die Gruppe B.

Ruhestandsbeamte und Hinterbliebene, die der Gruppe B angehören, können einmalig den Übertritt in die Gruppe A beantragen, wenn ihre Versorgungsbezüge die Dienstbezüge eines Beamten in der ersten Dienstaltersstufe der Besoldungsgruppe A 5 unterschreiten; dabei werden Zuschläge, die mit Rücksicht auf den Familienstand gezahlt werden, nicht einbezogen. Ein Rücktritt in die Gruppe B ist zulässig.

Die Mitglieder der Gruppe B und deren mitversicherte Angehörige werden auf Rechnung behandelt. Sie sind Selbstzahler und haben freie Arztwahl.

Das Tarifpersonal der Postunternehmenszweige (einschl. Rentenbezieher aus diesem Personenkreis) gehört grundsätzlich der aus den Betriebskrankenkassen der Post und von Volkswagen entstandenen Deutschen Betriebskrankenkasse an. Es hat über Tarifverträge einen – stark eingeschränkten – Beihilfeanspruch.

3. Mitversicherung

Zur **Mitversicherung** können angemeldet werden:

- der nicht gesetzlich krankenversicherte Ehegatte, sofern der Gesamtbetrag seiner Einkünfte im vorletzten Kalenderjahr vor Beantragung von Beihilfe die in § 4 Abs. 1 Satz 1 BBhV festgelegte Grenze nicht überstiegen hat (→ Berücksichtigungsfähige Personen, Ziff. 3)
- die im Familienzuschlag berücksichtigungsfähigen, nicht gesetzlich krankenversicherten Kinder (→ Berücksichtigungsfähige Personen, Ziff. 4)

Versorgungsberechtigte **Vollwaisen** können die Mitgliedschaft des letztverstorbenen Elternteils fortsetzen, wenn sie zuvor mitversichert waren.

4. Einnahmen der Postbeamtenkrankenkasse

Die **Einnahmen der Postbeamtenkrankenkasse** bestehen aus:

- Eintrittsgeldern
- Beiträgen der Mitglieder
- Zuschuss der Deutschen Post
- Vermögenserträgen
- sonstigen Einnahmen

Den Personal- und Sachaufwand trägt die Deutsche Post. Die Mittel der Postbeamtenkrankenkasse dürfen nur zur Gewährung der satzungsgemäßen Leistungen und zur Zahlung von Verwaltungsaufwendungen verwendet werden.

5. Monatlicher Beitrag

Der **monatliche Beitrag** ist grundsätzlich nach Versichertengruppen, Alter, Familienstand, Grund- und Zusatzversicherungen, nicht aber nach Geschlecht gestaffelt.

6. Leistungen

Die **Leistungen der Postbeamtenkrankenkasse** für Mitglieder und mitversicherte Angehörige richten sich nach besonderen Leistungsordnungen, wobei die Leistungsordnungen weitgehend Leistungen vorsehen, die auch in den BBhV enthalten sind (einschl. der Einschränkungen der Beihilfeansprüche durch die Übernahme des GKV-Modernisierungsgesetzes). Die Leistungsordnung A gilt für A-Mitglieder, die Leistungsordnung B grundsätzlich für Mitglieder der Gruppe B (einschl. der Mitversicherten). Die in den Leistungsordnungen nach Umfang festgelegten Leistungen entsprechen weitgehend der Art nach denjenigen nach der BBhV, zuzüglich Leistungen in Todesfällen.

Die Kosten für die Behandlung der Mitglieder der **Gruppe A** (Beamte und Versorgungsempfänger des einfachen Dienstes) und ihrer mitversicherten Angehörigen übernimmt die Postbeamtenkrankenkasse nur bei Inanspruchnahme der von ihr vertraglich verpflichteten Ärzte, denen gegenüber diese Mitglieder sich unaufgefordert auszuweisen haben. Für die Mitglieder dieser Gruppe entsprechen die Leistungen denen der GKV. Beihilfen nach den Beihilfevorschriften kommen deshalb für diese Mitglieder nur in Ausnahmefällen in Betracht (s. vorstehend Ziff. 1).

Den Mitgliedern der **Gruppe B** vergütet die Postbeamtenkrankenkasse bei Vorlage der Belege (Arztrechnungen, Rezepte usw.) die in den Leistungsordnungen vorgesehenen Leistungen. Die Leistungen der Postbeamtenkrankenkasse sind nach Prozentsätzen so gestaffelt, dass damit – wenn die Aufwendungen im Rahmen der Leistungsordnungen bleiben – i. d. R. zusammen mit der Beihilfe 100 v. H. der → beihilfefähigen Aufwendungen erstattet werden.

Die Hauptverwaltung kann in Ausnahmefällen zu Behandlungskosten u. Ä. sowie den hiermit im Zusammenhang stehenden zwangsläufigen Aufwendungen, für die satzungsgemäß Leistungen der Art nach nicht vorgesehen sind, abweichend von den Bestimmungen der Satzung und Leistungsordnungen der Postbeamtenkrankenkasse im Einzelfall Leistungen zuerkennen. Leistungen sind jedoch nur zu gewähren, soweit die jeweilige Behandlungsmaßnahme lebensnotwendig oder lebenswichtig ist oder aus wirtschaftlichen Gründen gegenüber einer sonstigen Möglichkeit im Rahmen der Heilbehandlung für zweckmäßig gehalten wird. Voraussetzung für die Gewährung von Leistungen in diesen Ausnahmefällen ist ferner die Anerkennung der Aufwendungen als beihilfefähig nach den Beihilfevorschriften des Bundes.

7. Zusatzversicherung

Für ihre Mitglieder bietet die Postbeamtenkrankenkasse eine **Zusatzversicherung** an. Sie besteht aus einer Grundstufe (Leistungen bei stationärer Krankenhausbehandlung und bei stationären medizinischen Rehabilitationsmaßnahmen) und einer vierstufigen Krankenhaustagegeldversicherung. Die Aufnahme in die Zusatzversicherung ist nur bis zur Vollendung des 65. Lebensjahres möglich.

Außerdem gibt es eine **Auslands- und Krankenergänzungsversicherung,** mit der den Mitgliedern der Postbeamtenkrankenkasse und ihren Familienangehörigen ein weltweiter ergänzender Versicherungsschutz bei vorübergehenden Auslandsreisen geboten wird.

Potenzsteigernde Mittel

Aufwendungen für solche Mittel (z. B. „Viagra“, „Cialis“, aber auch entsprechende Nachahmerpräparate), die überwiegend zur Behandlung von erektiler Dysfunktion verordnet werden, sind nach § 22 Abs. 2 Nr. 1 BBhV (als von der Kassenversorgung ausgeschlossene Mittel) nicht beihilfefähig (vgl. auch Anlage II der Arzneimittel-Richtlinie des G-BA). Dies gilt auch, wenn Grund- oder Vorerkrankungen zu Impotenz oder zu Potenzstörungen führten. Werden potenzsteigernde Arzneimittel zur medizinisch gebotenen Behandlung **anderer Krankheiten** als der erektilen Dysfunktion eingenommen, besteht Beihilfefähigkeit, sofern es zur Behandlung dieser Krankheit keine zugelassenen Arzneimittel gibt oder sie im Einzelfall nicht verträglich sind oder sich als nicht wirksam erwiesen haben (§ 22 Abs. 2 Nr. 1 BBhV, BVerwG vom 18.2.2009, NVwZ 2009, S. 847).

Private Krankenversicherung (PKV)

Das Wichtigste in Kürze

- Die PKV steht (von Beamten und Richtern abgesehen) nur Personen mit einem jährlichen Bruttoeinkommen von mindestens 64 350 Euro bzw. 5362,50 Euro monatlich (Werte 2021) offen.
- Die privaten Krankenversicherungen bieten mit Prozent-Tarifen am besten die Möglichkeit, den Versicherungsschutz und die Beitragshöhe den persönlichen Bedürfnissen und Möglichkeiten anzupassen.
- Die Leistungen sind individuell zugeschnitten.
- Bei Abschluss einer privaten Krankenversicherung müssen Interessierte nur gravierende Vorerkrankungen nennen. Die behandelnden Ärzte stellen hierzu gegen eine Gebühr eine Liste aus der Krankenakte zusammen. Beim Wechsel in einen Tarif mit besseren Leistungen müssen

sich Versicherte erneut einem umfassenden Gesundheits-Check unterziehen.

- Mit einer privaten Krankenversicherung lässt sich ungefähr die finanzielle Lücke schließen, die in Krankheitsfällen nach Gewährung der Beihilfen verbleibt. „Überversicherungen" können nach den beihilferechtlichen Bestimmungen über die Hundert-Prozent-Grenze zu Beihilfekürzungen, Versicherungen zur rechnerischen Auffüllung der Beihilfe auf hundert Prozent der beihilfefähigen Aufwendungen zu Erstattungslücken führen. Als Ausweg zu einer vollen Kostendeckung bleiben vor allem die Krankenhaustagegeldversicherungen, die auf die Hundert-Prozent-Grenze ohne Einfluss sind.
- Der Beitrag richtet sich nach dem gewählten Tarif, dem Eintrittsalter zu Beginn des Vertrags bzw. einer Vertragsänderung, dem Lebensalter im Zeitpunkt von Beitragsanhebungen und dem Geschlecht, ggf. auch nach dem Gesundheitszustand beim Eintritt in die Versicherung. Bei Nichtinanspruchnahme von Versicherungsleistungen innerhalb eines Kalenderjahres gewähren die meisten privaten Krankenversicherungen ansehnliche Beitragsrückerstattungen.
- Prämien und Leistungen der Krankenversicherung werden in bestimmten Jahresabständen ohne Gesundheitsprüfung angepasst.
- Seit Jahresbeginn 2019 können Beamte auf Widerruf unter erleichterten Bedingungen der PKV beitreten. So können sie nicht wegen Vorerkrankungen abgelehnt werden, es bestehen keine Erkrankungen, bei denen Leistungen von vornherein abgelehnt werden und Risikozuschläge sind auf 30 v. H. der Prämie beschränkt.
- Als Vorgänge einer privaten Krankenversicherung werden bessere Leistungen, frühere Teilhabe am medizi-

nisch-technischen Fortschritt und an modernsten Behandlungsmethoden angeführt. Dagegen steht, dass die anfangs niedrigen Beiträge später sehr ansteigen können und beim Ende des Arbeitslebens nicht sinken.

- Die anlässlich der Corona-Pandemie in den Basistarif gewechselten Personen können später ohne Nachteil in den ursprünglichen Tarif zurückkehren.

1. Kostenerstattungsprinzip/Versicherungspflicht

Im Gegensatz zur GKV, bei der das Ausmaß des Versicherungsschutzes gesetzlich vorgeschrieben ist und die Versicherungsleistungen hauptsächlich in Form von Sach- und Dienstleistungen erbracht und die Beiträge nach der Höhe des Einkommens erhoben werden, erbringt die private Krankenversicherung ihre Leistungen nach dem **Prinzip der Kostenerstattung** und bietet die Möglichkeit, den Versicherungsschutz und die Beitragshöhe nach den persönlichen Bedürfnissen zu bestimmen.

Im Gegensatz zur GKV kann die PKV einen Versicherungsschutz ablehnen oder angesichts des angegriffenen Gesundheitszustands Beitragszuschläge verlangen.

Art und Umfang des privaten **Versicherungsschutzes** ergeben sich aus dem Versicherungsvertrag, den Allgemeinen Versicherungsbedingungen (Rahmenbedingungen), den diese ergänzenden Tarifen und Tarifbedingungen sowie den gesetzlichen Vorschriften. Das Versicherungsverhältnis setzt sich fort, wenn der Versicherte seinen gewöhnlichen Aufenthalt ins EU-Ausland oder in den Europäischen Wirtschaftsraum verlegt. Allerdings besteht Leistungspflicht nur insoweit, als sie bei Verbleiben im Inland bestanden hätte.

Ein privat versichertes Kind braucht nach Scheidung der Eltern nicht in die beitragsfreie Mitversicherung eines Elternteils zu wechseln (OLG Koblenz vom 9.1.2010, Az. 11 UF 620/09). Ab

Volljährigkeit des Kindes können Eltern die für dieses Kind bestehende Mitversicherung kündigen. Für diesen Fall kann die Krankenversicherung dem Kind eine eigenständige Anschlussversicherung anbieten (BGH vom 18.12.2013 – IV ZR149/13).

Die PKV steht uneingeschränkt auch Beamtenanwärtern und Referendaren offen, auch bei Vorerkrankungen und Behinderungen. Zur Information für diesen Personenkreis steht das Informationsportal www.beamte-in-der-pkv.de zur Verfügung.

Auch für Kinder, die mit Behinderung zur Welt kommen, besteht die Verpflichtung der privaten Krankenversicherung, sie zu versichern, und zwar ohne Gesundheitsprüfung (vgl. § 198 VVG). Dies gilt auch für neugeborene kranke Kinder der Versicherten. Voraussetzung ist, dass vor der Geburt (oder Adoption) mindestens ein dreimonatiges Versicherungsverhältnis bestand. Die Anmeldung der Kinder zur Versicherung muss innerhalb von zwei Monaten nach der Geburt oder Adoption erfolgen.

Der private Krankenversicherungsschutz kann unter Einhaltung der im Versicherungsvertrag genannten Frist gekündigt werden. Bei einer Vollversicherung (also nicht bei einer Zusatzversicherung) ist eine Kündigung nur zulässig, wenn ein ausreichender Ersatzversicherungsschutz nachgewiesen wird.

2. Beiträge

Der **Beitrag** in der privaten Krankenversicherung orientiert sich nicht am Einkommen (wie in der GKV), sondern am individuellen Risiko des Versicherten (ein Risikozuschlag kann bei dauerhaftem Wegfall des Erkrankungsrisikos wegfallen), d. h. insbesondere am Eintrittsalter zu Beginn des Vertrags und dem gewählten Tarif. Neben dem Eintrittsalter sind der Umfang der Leistungen und der Gesundheitszustand zu Beginn der Versicherung entscheidend. Die Unterscheidung nach Geschlecht ist für nach dem 21.12.2012 abgeschlossene Neuverträge entfallen, es gibt folglich nur noch Unisex-Tarife. Aus einem Unisex-

Tarif kann nicht in den seitherigen Tarif zurückgekehrt werden. Da das Krankheitsrisiko mit zunehmendem Alter stark ansteigt, sind die Beiträge für jüngere Versicherte niedriger als für ältere Personen. Damit die Versicherten mit fortschreitendem Alter nicht laufend in höhere Altersgruppen mit entsprechend höheren Beiträgen umgestuft werden müssen, wird in die Beiträge der Erwachsenen ab Versicherungsbeginn neben dem Risikobeitrag zusätzlich ein Sparbeitrag zur Bildung einer **Alterungsrückstellung** eingerechnet. Jüngere Versicherte zahlen dabei über den Kosten liegende Beiträge. Mit ihr werden steigende Krankheitskosten aufgefangen, die sich beim Älterwerden des Versicherten zwangsläufig ergeben. Der Beitrag ist durch die teilweise Überführung in die Alterungsrückstellung höher, als er nach dem Alter des Versicherten bei Versicherungsbeginn sein müsste. Er bleibt damit insoweit bis zum Versicherungsende unverändert, d. h. der Beitrag muss allein wegen des Älterwerdens nicht erhöht werden. In den späteren Jahren werden die fehlenden Beitragsanteile aus der dafür aus den anfänglich überschießenden Beitragsteilen angesparten Alterungsrückstellung entnommen. Da die medizinische Versorgung aber erfahrungsgemäß ständig teurer wird und die Aufwendungen des Versicherers für Krankheitskosten stetig steigen, müssen die Versicherungsbeiträge von Zeit zu Zeit auch dieser Kostenentwicklung angepasst werden. Für die vorhandenen Versicherten richtet sich der Mehrbeitrag nach dem im Augenblick der Beitragsanpassung erreichten Lebensalter. Das wiederum hat zur Folge, dass die Beiträge der älteren Versicherten schneller steigen als die der jüngeren Versicherungsnehmer. Bei einem Wechsel von einem privaten zu einem anderen privaten Krankenversicherer gehen die Alterungsrückstellungen verloren, nicht aber bei einem Wechsel in einen anderen Tarif desselben Krankenversicherers.

Bei der Kalkulation der Beiträge werden auch etwaige Kosten für Epidemien wie z. B. die Corona-Pandemie berücksichtigt.

Seit 2013 ist die Höhe der angelaufenen Alterungsrückstellungen dem Versicherten jährlich mitzuteilen.

Überschüsse aus den Beitragseinnahmen sammeln die Versicherer zum größten Teil in einem Fonds für → **Beitragsrückerstattungen** an, aus dem bestimmte Beträge (z. B. in Höhe von zwei oder drei Monatsbeiträgen bzw. 30 bis 50 v. H. der Beiträge) an diejenigen Versicherten gezahlt werden, die im Laufe eines Jahres keine Leistungen in Anspruch genommen haben. Für die Versicherten kann es deshalb in vielen Fällen lohnend sein, kleinere Rechnungen ohne Inanspruchnahme ihrer Krankenversicherung zu begleichen und so den Anspruch auf Beitragsrückerstattung zu erhalten. Eine ähnliche, der Kostendämpfung im Gesundheitswesen dienende Regelung kennt die GKV nur bei Tarifen mit Beitragsrückzahlung → Gesetzliche Krankenversicherung (Ziff. 4 Buchst. w). Die im Hinblick auf eine – höhere – steuerliche Beitragserstattung selbst getragenen Krankheitskosten können nicht als Sonderausgaben geltend gemacht werden.

Bei Tarifen mit Selbstbehalt ist zu beachten, dass in einer Verringerung des Selbstbehalts eine Leistungserhöhung gesehen und deshalb eine neue Gesundheitsprüfung verlangt wird.

Zur Sicherung der Beitragsstabilität im Alter sind 90 v. H. der sog. Überzinsen (d. h. Unterschied der Marktzinsen zu den bei den Altersrückstellungen kalkulierten Zinsen) zur Beitragsentlastung im Alter zu verwenden. Zum anderen wird von Versicherten zwischen dem vollendeten 21. und 60. Lebensjahr ein Beitragszuschlag einschl. der mitversicherten Wahlleistungen eines Krankenhauses von 10 v. H. erhoben (zum Kernbereich der Krankenversicherung, aber z. B. ohne Zusatzversicherungs- und risikospezifische Zuschläge). Mit Erreichen des 61. Lebensjahres entfällt der Zuschlag, der übrigens auch an allgemeinen Prämienerhöhungen teilnimmt.

Mit einem altersabhängigen Zuschlag zum Versicherungsbeitrag lässt sich dieser im Alter bis zur Hälfte senken (**Beitragsentlastungstarif**). Anpassungen des Beitrags an steigende Kosten erfolgen nur bis zum vertraglichen Beginn der Beitragsentlastung. Im Ergebnis führt der genannte Tarif zu einer Bindung an den Versicherer.

Bei der Wahl eines Krankenversicherers werden i. d. R. die Höhe der Beiträge und die Beitragsstabilität im Vordergrund stehen. Von Interesse ist auch, wie die Beitragsunterschiede zustande kommen. Hierbei können die Nettoverzinsung und die Zuführung zu Alterungsrückstellungen, mehr aber noch Leistungsbeschränkungen und -ausschlüsse, eingeräumte Komfort- und Kulanzleistungen sowie der Umfang der Leistungen zu Hilfsmitteln eine Rolle spielen.

Seit Einführung der Krankenversicherungspflicht darf Versicherten bei Zahlungsrückständen nicht mehr gekündigt werden, allerdings bei Betrug und schweren Vertragsverletzungen (vgl. BGH – IV ZR 50/11 und 105/11). Beitragsrückstände müssen zweimal gemahnt werden, ehe der Nichtzahler in einen Tarif versetzt wird, in dem nur noch akute Erkrankungen (sowie Schwangerschaften) versichert werden (Nichtzahlertarif). Es kann auch die Einweisung in den Basistarif erfolgen, in den allerdings wesentlich höhere Beiträge zu zahlen sind.

Beitragsschuldner haben – wie in der GKV – nur Anspruch auf Notfallleistungen (auch für Mitversicherte).

Durch Vorauszahlungen von Beiträgen für künftige (höchstens drei) Jahre können im Ergebnis Steuern gespart werden (vgl. Frankfurter Allgemeine Zeitung vom 7.12.2019).

3. Tarife

Die Tarife, Möglichkeiten von Zusatzversicherungen und Wechsel innerhalb der privaten Krankenversicherer sind sehr vielgestaltig. Bei einem Wechsel in einen anderen Tarif **dessel-**

ben Unternehmens (auch zur Verringerung der Beiträge) darf weder eine neue Gesundheitsprüfung erfolgen und kein Beitragszuschlag erhoben werden (vgl. BVerwG vom 23.6.2010, Az. 8 C 42/09).

Die Krankenversicherer sind zur regelmäßigen Prüfung verpflichtet, ob die Beiträge noch ausreichend sind. Dabei müssen entweder die Leistungsausgaben oder die Sterbewahrscheinlichkeit um 5 bzw. 10 v. H. von der ursprünglichen Kalkulation abweichen.

Krankenversicherer bieten bei Neuverträgen nur noch Unisex-Tarife mit gleichen Beiträgen für Frauen und Männer an. In diesen Tarif können auch Frauen und Männer aus anderen Tarifen wechseln, allerdings ohne die Möglichkeit des Wechsels in den bisherigen Tarif (einschl. des Rechts auf Übertritt in den Standardtarif im Alter).

Vorerkrankungen (d. h. bei Abschluss der Versicherung vorliegende Erkrankungen) erhöhen – im Gegensatz zur GKV – die Beiträge.

Durch eine Beitragskomponente verschiedener Krankenversicherer kann über einen Mehrbeitrag erreicht werden, dass die Beiträge sich im Alter ermäßigen. Über diese Modelle geben die jeweiligen Versicherer Auskunft.

Durch den Abschluss einer individuellen Vorsorgekomponente kann über einen Zusatzbeitrag erreicht werden, dass im Alter niedrigere Beiträge zu entrichten sind.

Privat Krankenversicherte können in andere Tarife ihrer Versicherungsgesellschaft wechseln. Diese kann jedoch bei Erhöhung der Leistungen oder Verringerung der Selbstbeteiligung einen erneuten Gesundheitstest verlangen.

Eine beitragsfreie Familienversicherung wie in der GKV besteht in der privaten Krankenversicherung nicht.

Ein Wechsel zwischen privaten Krankenversicherungen führt zu höheren Beiträgen, die die angesammelten Altersrückstellungen vermindern.

Allgemeine Beitragsänderungen können nur im Benehmen mit unabhängigen Treuhändern erfolgen.

a) Prozent-Tarife

Für → Beihilfeberechtigte sind besonders die **Prozent-Tarife** (Quoten-Tarife) zu empfehlen, nach denen i. d. R. ein bestimmter Prozentsatz der in Krankheitsfällen entstandenen Aufwendungen erstattet wird, womit die automatische Anpassung der Erstattungsleistungen an die Kostenentwicklung im Gesundheitswesen verbunden ist.

Als Prozent-Tarif benötigt jeder Beihilfeberechtigte von Anfang an einen Grundversicherungsschutz von 30 v. H. lebenslang. Hinzu tritt temporär längstens bis zum Eintritt des Versorgungsfalls ein Bedarf von weiteren 20 v. H., so z. B. für Beihilfeberechtigte, solange sie weniger als zwei berücksichtigungsfähige Kinder haben. Dieser Besonderheit des neuen Beihilfebemessungssystems tragen einige Krankenversicherer mit entsprechenden Tarifen (z. B. Kombination 50/30 v. H.) Rechnung.

Bei der Kalkulation der Beiträge für diese variablen Tarife wird berücksichtigt, dass Alterungsrückstellungen über das 65. Lebensjahr nur im Rahmen eines 30-Prozent-Tarifes benötigt werden, was im Ergebnis zu niedrigeren Beiträgen führt.

b) Festkosten-Tarife

Weniger überschaubar als die Prozent-Tarife sind die sog. **Festkosten-Tarife,** bei denen die Erstattungen durch Festbeträge begrenzt sind und deshalb i. d. R. keinen zufriedenstellenden Überblick bieten, ob und inwieweit die nach Gewährung der Beihilfe verbleibende finanzielle Lücke durch Erstattungen der Krankenversicherung abgedeckt ist. Hinzu kommt, dass bei den

Festkostentarifen die laufende Anpassung der Tarife an die Kostenentwicklung im Gesundheitswesen unmöglich ist, so dass die Leistungen im Allgemeinen nicht dem aktuellen Kostenniveau entsprechen.

c) Zusatzversicherungen

Bei Zusatzversicherungen sollte beachtet werden, dass oftmals Leistungen erst nach Wartezeiten von bis zu zwölf Monaten einsetzen oder anfangs beschränkt oder nach Laufzeiten des Versicherungsvertrags gestaffelt sein können. Mitunter sind Kinder vom Versicherungsschutz ausgenommen.

Versicherungsschutz besteht nicht für laufende Fälle. Es bestehen Wartezeiten von üblicherweise drei Monaten, bei Zahnersatz länger. In den ersten Versicherungsjahren begrenzen viele Versicherer die Leistungen; sie können den Vertrag auch ohne Angabe von Gründen kündigen. Vorhersehbare Behandlungskosten werden nicht übernommen, auch nicht bei chronischen Erkrankungen.

Neben der Krankenversicherung nach einem Prozent- oder Festkosten-Tarif können für die Beihilfeberechtigten insbesondere in Betracht kommen eine:

- **Krankenhaus-Tagegeldversicherung,** die für jeden Tag eines Krankenhausaufenthaltes einen vereinbarten Geldbetrag bietet, der – unabhängig von allen anderen Leistungen – zeitlich unbegrenzt gezahlt wird und auf die → Hundert-Prozent-Grenze ohne Einfluss ist.
- **Krankheitskosten-Zusatzversicherung,** mit der Mitglieder der GKV die Mehrkosten einer privatärztlichen Behandlung und einer besseren Unterbringung im Krankenhaus (zum Teil auch für Heilkuren) finanzieren können.
- **Zusatzversicherung für Zahnbehandlung und Zahnersatz,** mit der die Lücke geschlossen wird, die i. d. R. nach Gewährung der Beihilfe und Erstattung der Krankenversicherung

insbesondere bei kostenaufwendigem Zahnersatz (einschl. Kronen, Brücken und Implantate) verbleibt.

- **Beihilfe-Ergänzungsversicherung,** mit der sich die Lücken schließen lassen, die zwischen beihilfefähigen und tatsächlichen Aufwendungen (z. B. bei Inanspruchnahme eines Zweibettzimmers im Krankenhaus, Überschreitung des Schwellenwerts bei Arzt- und Zahnarztrechnungen, → Rehabilitationsmaßnahmen und Überschreitung von → Höchstgrenzen) verbleiben. Da die einschlägigen Tarife, soweit bekannt, nur Leistungen für Aufwendungen vorsehen, die „dem Grunde nach" beihilfefähig sind, kann es durch eine Beihilfe-Ergänzungsversicherung nicht zur Überschreitung der → Hundert-Prozent-Grenze kommen.

Weitere Zusatzversicherungen können z. B. für Brillen- und Heilpraktikerkosten und andere nicht oder nicht vollständig von der GKV übernommene Kosten abgeschlossen werden. Auch Zusatzversicherungen sind vom Ergebnis einer Gesundheitsprüfung abhängig. Außerdem besteht eine Wartezeit von drei Monaten. Ausgeschlossen sind sie bei Personen über 65 Jahre. Versicherer behalten sich vereinzelt ein Kündigungsrecht (ohne Angabe von Gründen) in den ersten drei Jahren vor. Zusatzversicherungen empfehlen sich im Übrigen besonders als Ergänzung einer gesetzlichen Krankenversicherung, wenn diese bei Auslandsaufenthalten den Versicherungsschutz begrenzt haben oder sich an den Gepflogenheiten des Reiselandes bei ihrem Leistungsverhalten orientieren.

Eine **Reiserücktrittsversicherung** zahlt u. a. bei Krankheit oder Tod der Reisenden, aber auch bei Reiseabbruch. Vorhersehbare Behandlungskosten werden nicht übernommen. Dagegen werden Stornierungskosten gestaffelt nach den Tagen bis zum Reisebeginn ersetzt. Bei Reiseabbruch werden bei Vorliegen einer **Reiseabbruchversicherung** die Kosten der Rückflüge, nicht genutzte Urlaubsleistungen oder auch die Mehrkosten wegen einer Reiseverlängerung durch Naturereignisse ersetzt.

Bei den **Hausarzttarifen** übernimmt der Hausarzt die Steuerung der Behandlung, was unnötige Untersuchungen usw. erspart. Der Versicherte verpflichtet sich, zuerst den Hausarzt (anstelle eines Facharztes usw.) aufzusuchen und spart so Beiträge.

d) Auslandsreise-Krankenversicherung

Privat Krankenversicherte behalten bei Auslandsaufenthalten in Europa den für Deutschland vereinbarten Versicherungsschutz. Für Reisen in Länder außerhalb Europas besteht durchwegs kein Krankenversicherungsschutz. Hier empfiehlt sich der Abschluss einer Auslandsreise-Krankenversicherung.

Die Versicherungsprämien sind nach Altersstufen gestaffelt, d. h. je älter die Reisenden sind, desto höher sind die Prämien.

Die Auslandsreise-Krankenversicherung trägt die nicht von der GKV aus demselben Anlass getragenen Kosten. Die Kosten eines Rücktransports werden übernommen, wenn dieser auch medizinisch sinnvoll ist. Der Abschluss dieser Versicherung kann auch ratsam sein, um die Beitragsrückerstattung der privaten Vollversicherung zu ermöglichen oder den Selbstbehalt aus der privaten Vollversicherung zu vermeiden.

Die Prämien sind auch abhängig von der Dauer der Auslandsreise (einschl. ganzjährigen Reisen).

Bei chronischen Erkrankungen übernimmt die Krankenversicherung nicht die im Ausland entstandenen Kosten für Arzneimittel, Untersuchungen und Behandlungen im Zusammenhang mit der Krankheit (z. B. bei Dialysepatienten).

Eine Auslandsreise-Krankenversicherung ist empfehlenswert, wenn die Stammversicherung keinen entsprechenden Versicherungsschutz einräumt → Auslandsbehandlung, Nr. 14. Dies gilt für Aufwendungen, welche die gesetzliche Krankenversicherung nicht übernimmt, wie z. B. Kosten eines Krankenrücktransports.

Ein privater Versicherungsschutz gilt in ganz Europa einschl. der osteuropäischen Staaten (ohne Altersbegrenzung) und mindestens für einen Monat auch im außereuropäischen Ausland. Bei Reisen in außereuropäische Länder von länger als einem Monat sollte, sofern nicht eine Erweiterung des Versicherungsschutzes möglich ist, eine Auslandsreise-Krankenversicherung abgeschlossen werden.

Ein Vertrag für die jeweilige Einzelauslandsreise ist nur erforderlich, wenn diese länger als 42 Tage dauert. Jahresverträge gelten für mehrere Reisen pro Jahr, sofern diese jeweils 42 Tage nicht überschreiten.

Versichert sind auch Reisen, die Familienmitglieder alleine ausführen.

Die Versicherung übernimmt im Ausland die Kosten für eine medizinisch notwendige Behandlung bei frei wählbaren Ärzten, Zahnärzten oder Krankenhäusern, allerdings nur die Kosten, die dafür in Deutschland angefallen wären. Gezahlt wird nicht nur der Transport zum nächstgelegenen Krankenhaus oder zur nächstgelegenen Behandlungsstätte, sondern – bei medizinischer Notwendigkeit – der Rücktransport in die Heimat, aber nur, wenn im Ausland keine ausreichende medizinische Versorgung gewährleistet ist.

Zu den Leistungen gehören auch schmerzstillende Zahnbehandlungen (einschl. einfache Zahnfüllungen und Reparaturen am Zahnersatz) sowie die Überführung im Todesfall oder Bestattung im Ausland bis üblicherweise 10 000 Euro.

Die Versicherung tritt u. a. nicht ein, wenn die Reise zum Zweck der Behandlung geistiger oder seelischer Erkrankungen unternommen wird, bei Zahnersatz (einschl. Kronen) und Kieferorthopädie, Heilbehandlungen (wie Bädern), Hilfsmitteln (wie

Brillen und Hörgeräte), Kuren und Sanatoriumsbehandlungen, für Kosten der Versorgung dauernd Pflegebedürftiger und chronisch Kranker.

Eine spezielle Auslandsreiseversicherung kann sich auch empfehlen, um den Schadensfreiheitsrabatt aus der Hauptversicherung nicht zu schmälern. Dazu sollte die Zusatzversicherung möglichst bei einer anderen als der Hauptversicherung abgeschlossen werden, damit die Leistungen der Zusatzversicherung nicht auf diejenigen aus der Hauptversicherung angerechnet werden.

Es empfiehlt sich, Angebote verschiedener Versicherer einzuholen. Die Versicherung (die auch mit Selbstbeteiligung vereinbart sein kann) muss nicht bei dem Unternehmen abgeschlossen werden, bei dem man krankenversichert ist.

e) Anwartschaftsversicherung

Mit einer Anwartschaftsversicherung (ohne Versicherungsleistungen) begründen Personen mit einem Anspruch auf → freie Heilfürsorge (insbesondere bei Polizeivollzugsbeamten, Bundespolizeibeamten sowie Berufssoldaten und Soldaten auf Zeit) oder auf andere für den Krankheitsfall bestehende Leistungen (z. B. Studenten nach Ablauf der → Krankenversicherung der Studenten) für die Zeit nach Beendigung der freien Heilfürsorge bzw. anderweitiger Leistungen einen Anspruch auf privaten Krankenversicherungsschutz. Dieser nachfolgende Versicherungsschutz wird ohne Risikozuschläge (für in der Anwartschaftszeit aufgetretene Erkrankungen und Unfallfolgen) und Wartezeiten bei Beiträgen nach dem Eintrittsalter zu Beginn der Versicherung unter Berücksichtigung zwischenzeitlicher Beitragsanpassungen gewährt.

Bei sog. kleinen Anwartschaftsversicherungen bleibt das ursprüngliche Eintrittsalter nicht erhalten. Bei kleinen Anwartschaftsversicherungen haben die Versicherten 3 bis 6 v. H. der letzten Prämie zu zahlen.

Das Fortführen der Versicherung in Form einer Anwartschaft kann auch bei Teilzeitarbeit, einem Sabbatjahr oder bei Arbeitslosigkeit des privat Versicherten empfehlenswert sein.

Ein Krankenversicherungsvertrag kann für höchstens 36 Monate (mit Möglichkeit eines späteren Übergangs in eine Anwartschaftsversicherung als **beitragsfrei ruhend** gestellt werden (z. B. bei vorübergehenden Notlagen). Auch hier wird der Versicherte nach Ablauf der Ruhenszeit so gestellt, als wäre der Vertrag durchgelaufen.

f) Ergänzungsversicherung

Die Übernahme der teilweise einschneidenden Leistungsbeschränkungen durch das GKV-Modernisierungsgesetz in die Beihilfe hat eine erhöhte Notwendigkeit zur Folge, für bei der Beihilfe ausfallende Aufwendungen einen ergänzenden Versicherungsschutz zu suchen. Die privaten Krankenversicherer bieten hier Ergänzungsversicherungen (auch in Kombination) an, deren Tarife wie Volltarife gestaltet sind. Versicherbar sind insbesondere Aufwendungen für zahnprothetische Leistungen, Brillen und Kontaktlinsen, Arznei- und Hilfsmittel, Heilmittel, Wahlleistungen eines Krankenhauses, Arzthonorare, Heilpraktikergebühren und alternative Behandlungsmethoden.

g) Beihilfekonformer Standardtarif

Personen, die bis Ende 2008 einen Krankenversicherungsvertrag abgeschlossen hatten, haben die Möglichkeit der Krankenversicherung in einem beihilfekonformen Standardtarif derselben Krankenversicherung. In diesem Tarif versicherungsfähig sind Personen mit einer mindestens zehnjährigen Vorversicherungszeit in einer privaten Krankenversicherung, die das 55. Lebensjahr überschritten und nach beamtenrechtlichen Vorschriften in Krankheitsfällen Anspruch auf Beihilfe hatten, sowie deren berücksichtigungsfähige Angehörige. Dieses Recht gilt auch für Beihilfeberechtigte mit der gleichen Vorversicherungszeit, wenn sie das 55. Lebensjahr vollendet haben und ihr jährliches Gesamteinkommen die Beitragsbemessungsgrenze nicht übersteigt.

Für Versicherte über 65 Jahre gibt es keine Einkommensgrenze.

Wer jünger ist, hat ein Zugangsrecht, wenn er bereits ein beamtenrechtliches Ruhegehalt bezieht. Ein Zugangsrecht besteht auch für Personen unter 55 Jahren, die eine Rente beziehen oder beantragt haben und deren Einkommen nicht über der Beitragsbemessungsgrenze liegt.

Für Personen, die nicht oder nur zu ungünstigen Bedingungen in die private Krankenversicherung aufgenommen werden können, ist die Versicherung in einem Standardtarif innerhalb der ersten sechs Monate nach Feststellung der Behinderung oder Berufung in das Beamtenverhältnis möglich.

Berufsanfänger, die nicht Anwärter sind (z. B. zu Beamten ernannte frühere Angestellte) und keine beihilfekonforme private Vollversicherung haben (z. B. weil sie in der GKV versichert sind), können jeweils während der ersten sechs Monate seit der Begründung des Dienstverhältnisses in die private Krankenversicherung wechseln (ggf. mit einem auf 30 v. H. beschränkten Risikozuschlag).

Der von der Versicherungszeit und dem Alter abhängige Beitrag darf den durchschnittlichen Höchstbeitrag in der GKV nicht übersteigen. Für Beihilfeberechtigte im beihilfekonformen Standardtarif ermäßigt sich der Beitrag unter Berücksichtigung der nur prozentualen Absicherung gegen Krankheitskosten. Bei einem Übertritt in einen Standardtarif werden die im bisherigen Tarif angesammelten Alterungsrückstellungen übernommen, was zu einer Beitragsermäßigung führt. Für Ehepaare, die beide im Standardtarif versichert sind, beträgt der Höchstbetrag 150 v. H. des durchschnittlichen Höchstbetrags in der GKV für Verheiratete bzw. auf den GKV-Höchstbetrag für Verheiratete.

Voraussetzung ist, dass ihr Gesamteinkommen die Jahresarbeitsentgeltgrenze nicht übersteigt.

Die Leistungen aus dem Standardtarif bewegen sich im Rahmen der Leistungen der GKV. Zusatzvereinbarungen sind nicht gestattet.

Gibt sich der Beihilfeberechtigte als in einem Standardtarif Versicherter zu erkennen, darf der Arzt nicht mehr als den 1,7-fachen, der Zahnarzt nicht mehr als den 2-fachen Gebührensatz berechnen. Die Ärzte und Zahnärzte können jedoch eine Behandlung zu dieser Auflage ablehnen oder mit dem Patienten eine höhere Gebühr vereinbaren. Zu den höheren Gebühren stehen seit Inkrafttreten der 6. ÄndVO nach den allgemeinen Maßstäben Beihilfen zu.

Der vorstehende brancheneinheitliche Standardtarif besteht auch nach Einführung des Basistarifs fort. Die dort Versicherten konnten in den Basistarif bis 30.6.2009 wechseln, unter Mitnahme der Alterungsrückstellung. Seit 1.7.2009 ist ein Wechsel nur noch unter den in § 178f Abs. 1 Nr. 1b VVG genannten Voraussetzungen möglich, auch in den Basistarif eines anderen Unternehmens und unter begrenzter Mitnahme von Alterungsrückstellungen. Für neue Kunden der PKV besteht kein Zugangsrecht zum Standardtarif.

Als Folge der auch für die private Krankenversicherung geltenden Versicherungspflicht konnten sich neu hinzugekommene Versicherte ab 1.1.2007 in einem **modifizierten** Standardtarif mit Leistungen entsprechend der GKV versichern. Diese Versicherten wurden zum 1.1.2009 in den Basistarif überführt (vgl. § 315 Abs. 4 SGB V).

h) Basistarif

Ein Zutrittsrecht in den brancheneinheitlichen und von allen privaten Krankenversicherern anzubietenden Basistarif haben Nichtversicherte bzw. hatten Bestandsversicherte, die früher privat versichert waren, freiwillig gesetzlich Versicherte innerhalb von sechs Monaten nach Einführung des Basistarifs bzw. binnen sechs Monaten nach Ende der Versicherungspflicht. Ferner steht der Basistarif Beihilfeberechtigten offen, die einen die Beihilfe ergänzenden Versicherungsschutz benötigen. Die früher im Standardtarif Versicherten wurden in den Basistarif überführt. Personen, die sich vor dem 1.1.2009 erstmals privat krankenversichert haben, können nur in den Basistarif der eigenen Versicherung wechseln, wenn sie das 55. Lebensjahr vollendet haben, Ruhegehalt (als Versorgungsbezug) bzw. eine gesetzliche Rente beziehen oder hilfsbedürftig i. S. des Sozialrechts sind. Im Übrigen haben Krankenversicherungsunternehmen einen Basisversicherungsschutz zu gewähren, u. a. Beihilfeberechtigten (als beihilfeergänzenden Schutz) sowie inländischen Privatversicherten, die nach dem 1.1.2009 eine private Krankenversicherung abgeschlossen haben. Die letzteren Versicherten können unter Mitnahme einer bestehenden Alterungsrückstellung in den Basistarif des eigenen oder anderen Versicherers wechseln. Im Basistarif bestehen keine Leistungsausschlüsse bei Vorerkrankungen. Es müssen jedoch Auskünfte über den Gesundheitszustand gegeben werden. Das Krankenversicherungsunternehmen kann gewählt werden; sie dürfen keinen Interessierten ablehnen, es sei denn, dieser war bereits einmal bei diesem Versicherer versichert und hatte seinen Versicherungsschutz wegen arglistiger Täuschung oder Verletzung vorvertraglicher Anzeigepflichten verloren.

Die anlässlich der Corona-Krise in den Basistarif gewechselten Personen können später ohne Nachteil in den ursprünglichen Tarif zurückkehren.

Der Versicherer muss Tarife mit Selbstbehalt anbieten (300, 600, 900 und 1200 Euro jährlich), die vorübergehend durch Vertragsumstellung rückgängig gemacht werden können und verbunden sind mit einer Mindestbindungsfrist von drei Jahren.

Der nach Eintrittsalter und Umfang der vereinbarten Leistungen zu kalkulierende Monatsbeitrag (ohne Selbstbehalt) darf den allgemeinen Höchstbetrag der GKV (jeweils bezogen auf das Vorjahr) nicht übersteigen, zuzüglich Beiträge zur Pflegeversicherung (§ 12 Abs. 1c VVG). Zuschläge für Vorerkrankungen dürfen nicht erhoben werden. Leistungsausschlüsse sind unzulässig. Für den mitversicherten Ehegatten kommt derselbe Betrag hinzu; für jedes mitversicherte Kind erhöht er sich um einen geringeren Zusatzbeitrag.

Beim GKV-Höchstbeitrag ist der durchschnittliche Zusatzbeitrag (der für das jeweilige Jahr im Voraus festgelegt wird) zu berücksichtigen. Dies wird in der Weise geschehen, dass sich der Höchstbeitrag für den Basistarif ohne Selbstbehalt aus der Multiplikation des allgemeinen Beitragssatzes mit der jeweils geltenden Beitragsbemessungsgrenze in der GKV unter Hinzurechnung des durchschnittlichen Zusatzbeitrags ergibt. Bei Beihilfeberechtigten tritt an die Stelle des genannten Höchstbetrags ein Höchstbeitrag, der dem prozentualen Anteil des die Beihilfe ergänzenden Leistungsanspruchs entspricht. Eine Beitragsobergrenze für Eheleute und Lebenspartner von 150 v. H. besteht nicht. Der Beitrag für den Basistarif zur Ergänzung der Beihilfe ist besonders zu kalkulieren, auch unter Berücksichtigung von Selbstbehalten. Kann der Neuversicherte wegen bescheinigter finanzieller Notlage den Beitrag nicht zahlen, halbiert sich die Prämie (z. B. bei Hartz IV-Empfängern). Falls dies nicht ausreicht, gewähren das Sozialamt oder die Arbeitsagenturen (bei Beziehern von Arbeitslosengeld II) Zuschüsse zum verminderten Beitrag, ggf. bis zur Höhe des halbierten Beitrags. Risikozuschläge wegen erhöhtem oder nicht versicherbarem Krankheitsrisiko dürfen nicht erhoben werden.

Der Leistungsumfang entspricht nach Art und Umfang weitgehend den Leistungen der GKV nach dem Dritten Kapitel des SGB V und ist bei allen Anbietern gleich. Er darf nicht darüberhinausgehen. Nach dem Basistarif werden bei ärztlichen Leistungen bis zum 1,2-fachen, bei Leistungen nach Abschnitt O der GOÄ (Strahlendiagnostik usw.) bis zum 1-fachen, bei Laborleistungen bis zum 0,9-fachen GOÄ-Satz erstattet. Bei zahnärztlichen Leistungen liegt die Obergrenze beim 2-fachen GOZ-Satz. Basisversicherte erhalten bei Krankenhausbehandlung die Regelleistungen. Zu den über die genannten Obergrenzen hinaus berechneten Gebühren steht nach dem Inkrafttreten der 6. ÄndVO Beihilfe nach den allgemeinen Maßstäben zu. Ärzte können im Übrigen die Behandlung ablehnen, auch als Vertragsärzte, von Notfällen abgesehen.

Der Beitrag des Basistarifs liegt deutlich über demjenigen des Standardtarifs.

Im Basistarif Versicherte müssen vor Behandlungsbeginn Ärzte usw. über diese Art des Versicherungsschutzes unterrichten. Andernfalls darf der Arzt nach den üblichen Sätzen der GOÄ liquidieren. Zu dem Unterschied besteht kein Erstattungsanspruch gegenüber der Krankenversicherung. Für die Beihilfefähigkeit der Gebühren gelten die allgemeinen Angemessenheitsgrundsätze des § 6 Abs. 3 BBhV.

Wurde der Versicherungsvertrag **seit 1.1.2009** abgeschlossen, kann jederzeit in alle Tarife anderer Krankenversicherer unter ggf. begrenzter Mitnahme der Alterungsrückstellung gewechselt werden. Dies gilt auch für einen Wechsel von einem Volltarif und einem Basistarif desselben Unternehmens. Die Alterungsrückstellung entspricht höchstens dem Teil der gekündigten Versicherung, dessen Leistungen dem Basistarif entsprechen; sie kann auch auf Prämien für Zusatzversicherungen angerechnet werden.

Der Abschluss von Zusatzversicherungen ist beim Basistarif erlaubt. Nach dem Wechsel in den Basistarif eines anderen Krankenversicherers darf frühestens nach Ablauf von 18 Monaten und nach Gesundheitsprüfung in einen höheren Tarif (z. B. Volltarif) dieses Unternehmens gewechselt werden.

Für den Basistarif gelten im Übrigen folgende Besonderheiten:

- Kontrahierungszwang, ungeachtet des Alters, ohne Ausschluss von Vorerkrankungen und ohne Berechnung von Risikozuschlägen
- Barleistungen entsprechend den Leistungen der GKV (Drittes Kapitel SGB V)
- Behandlungspflicht durch Kassenärzte, gegen Honorare nach GOÄ und GOZ
- auf den Höchstbeitrag der GKV beschränkte Beiträge je nach Versicherungsvertrag, für Ehegatten ohne die Begrenzung auf 150 v. H.
- dem in einem Basistarif Versicherten kann auch bei Beitragsrückstand nicht gekündigt werden

Der Basistarif schränkt die Berufsfreiheit der privaten Krankenversicherung nicht unverhältnismäßig ein (BVerfG vom 10.6.2009, Az. 1 BvR 706/08). Dem Gesetzgeber wird allerdings die kontinuierliche Prüfung auferlegt, ob dies – im Hinblick auf andere Änderungen im Gesundheitsmarkt – auch künftig so ist.

i) Notlagentarif

Seit August 2013 werden Versicherte, die ihren Versicherungsbeitrag für mindestens zwei Monate trotz zweifacher Mahnung nicht zahlen (können), dem Notlagentarif zugeordnet (auch rückwirkend, sofern der Versicherte nicht widerspricht). Er soll ein Minimum an gesundheitlicher Versorgung gewährleisten. Leistungen aus diesem Tarif stehen nur bei akuter Erkrankung, Schmerzzuständen, Schwangerschaft und Geburt zu. Der Beitrag (derzeit etwa 150 Euro/Monat) ist unabhängig vom Alter und Gesundheitszustand, aber bei den einzelnen Versicherern unterschiedlich. Alterungsrückstellungen werden nicht gebildet, vorhandene Rückstellungen zur Finanzierung der Leistungen herangezogen. Dem Krankenversicherer ist gestattet, die aus dem Notlagentarif zustehenden Leistungen mit rückständigen Prämien zu verrechnen.

In allgemeinen Notsituationen wie z. B. der Corona-Krise müssen Krankenversicherer weiter leisten, wobei die Beiträge gestundet werden und die Versicherten in ihrem Tarif verbleiben.

Nach Beseitigung der finanziellen Notlage ist die Rückkehr in den bisherigen ruhenden Tarif zulässig.

j) Wechsel von Beamten in die private Krankenversicherung

Seit 1.1.2005 bieten viele private Krankenversicherungen zeitlich unbegrenzt gesetzlich versicherten Beamten (ausgenommen Beamtenanwärtern), Richtern, Versorgungsempfängern sowie gesetzlich versicherten berücksichtigungsfähigen Angehörigen die Möglichkeit zum Wechsel in die private Krankenversicherung. Dabei werden

- keine Antragsteller aus Risikogründen abgewiesen, auch nicht ihres Alters wegen,
- keine Leistungsausschlüsse vorgenommen,
- eventuelle Risikozuschläge auf höchstens 30 v. H. des tariflichen Beitrags begrenzt.

Die Öffnungsaktion der privaten Krankenversicherung ist auf berücksichtigungsfähige Angehörige sowie auf Versorgungsempfänger erweitert worden, die von der Versicherungspflicht der Rentner (§ 5 Abs. 1 Nr. 13 SGB V) erfasst werden. Der Übertritt in die PKV muss sechs Monate nach Eintritt der Versicherungspflicht beantragt werden (Näheres: Verband der privaten Krankenversicherung, Postfach 51 10 40, 50946 Köln, Tel. 02 21/ 99 87-0).

Umfasst die Beihilfe auch die Kosten von Wahlleistungen eines Krankenhauses, sind diese Leistungen Teil des Versicherungsschutzes. Steht zu Wahlleistungen keine Beihilfe zu, deckt der Versicherungsschutz nur die allgemeinen Krankenhausleistungen ab; hier kann über Beihilfeergänzungstarife ein Ausgleich geschaffen werden. Für Beamtenanwärter verbleibt es bei dem Zugangsrecht zu erleichterten Bedingungen innerhalb der ersten sechs Monate nach erstmaliger Verbeamtung.

Ein Wechsel in die PKV ist seit 1.1.2011 wieder nach einem Jahr mit einem Bruttoverdienst von über der Versicherungspflichtgrenze (2021: 64 350 Euro) möglich (zuvor betrug die Wartezeit drei Jahre).

Berufsanfänger mit einem Bruttoverdienst von über 5 212,50 Euro monatlich in 2020 können sich sofort privat versichern. Maßgeblich ist der regelmäßige Arbeitslohn einschl. Weihnachts- und Urlaubsgeld, vermögenswirksamen Leistungen (Arbeitsentgelt i. S. des § 14 der Sozialversicherungsentgeltverordnung), nicht aber Bonus- und einmalige Sonderzahlungen. Im Übrigen muss die auf das Einkommen bezogene Wechselfrist auch eingehalten werden, wenn vor der Mitgliedschaft in der GKV bereits eine private Krankenversicherung bestand.

Nach § 204 Abs. 1 VVG haben alle privat Krankenversicherte bei Beitragsanpassungen das Recht, in gleichartige Tarife des eigenen Versicherers zu wechseln. Der Versicherer ist gesetzlich verpflichtet, die Kunden zum Tarifwechsel kostenlos zu beraten und dabei auf die Vorstellung des Versicherten einzugehen. Dazu gehört auch der Wunsch des Versicherten, in den Standard- oder Basistarif zu wechseln. Der Übertritt in den Standardtarif desselben Versicherers ist jedoch nur möglich, wenn der Versicherte entweder 65 Jahre alt ist oder er mindestens 55 Jahre alt ist und sein Einkommen unter der Jahresarbeitsentgeltgrenze der GKV liegt. Ein Wechsel in den Basistarif ist möglich, sofern der Versicherte älter als 55 Jahre ist. Auf Anfrage erhält der Versicherte eine Zusammenstellung über gleichwertige Tarife sowie Angebote mit höheren oder niedrigeren Leistungen. Bei Beitragserhöhungen müssen Versicherte ab dem 60. Lebensjahr auf geeignete und preiswertere Tarife des eigenen Krankenversicherers hingewiesen werden. Die „Leitlinien der Privaten Krankenversicherung für einen transparenten und kundenorientierten Tarifwechsel" sehen diese Hinweispflicht bereits bei Versicherten ab dem 55. Lebensjahr vor. Bisher sind allerdings noch nicht alle Krankenversicherungen dieser Selbstverpflichtung beigetreten. Nach den genannten Leitlinien sind Anfragen von Privatversicherten zu Versicherungsschutz und Beiträgen innerhalb von 15 Arbeitstagen zu beantworten oder es muss binnen dieser Frist eine Beratung des Versicherten erfolgen. Bei einem Wechsel in einen günstigeren Tarif hat der Versicherte Einschnitte bei den Leistungen hinzunehmen. Der Versicherte darf nur Gesundheitsfragen stellen, die sich auf die Mehrleistungen beziehen.

Der Wechsel ist vom Ergebnis dieser Gesundheitsprüfung abhängig; diese beschränkt sich auf die Feststellung, ob Krankheiten bestehen, für die künftig Leistungen zu erbringen oder auszuschließen sind.

Einige Versicherer nehmen bisher in der GKV Versicherte (einschl. Familienangehörige) unter bestimmten Voraussetzungen innerhalb von sechs Monaten nach erstmaligem Eintritt der Versicherungsfreiheit ohne Leistungsausschlüsse und unter 30 v. H. beschränkten Risikozuschlägen auf. Die letzteren Zuschläge sind nur zulässig, wenn der neue Tarif mehr leistet.

Eine Wechselmöglichkeit besteht nicht für in der KVdR Versicherte, d. h. Pflichtversicherte, ebenfalls nicht für berücksichtigungsfähige Angehörige, die pflichtversichert sind.

Beim Wechsel des privaten Krankenversicherers kann man einen erwerbsmäßig tätigen Versicherungsberater in Anspruch nehmen. Dessen Beratungshonorar darf nicht erfolgsabhängig sein.

Umgekehrt ist die **Rückkehr in die GKV** grundsätzlich möglich, wenn der Lohn aus einer sozialversicherungspflichtigen Tätigkeit die Versicherungspflichtgrenze unterschreitet, der Beschäftigte noch keine 55 Jahre alt ist, in den letzten fünf Jahren zuvor nicht der GKV angehörte und in diesem Zeitraum aufgrund seines Status mindestens 2,5 Jahre der GKV nicht angehören musste. Unterschreitet der Lohn während des Jahres dauerhaft die Versicherungspflichtgrenze, besteht vom ersten des die Unterschreitung folgenden Monats an wieder Versicherungspflicht. Privatversicherte, die 55 Jahre und älter sind, können nur in die GKV wechseln, wenn sie in den vergangenen fünf Jahren mindestens ein Tag gesetzlich versichert waren. Dabei ist zu beachten, dass der Versicherte mindestens drei Monate und einen Tag Vollzeit beschäftigt gewesen sein muss. Bei einem Wechsel zur GKV gehen die Alterungsrückstellungen verloren.

Ist der Ehegatte gesetzlich krankenversichert und beträgt dessen Gesamteinkommen nicht mehr als 455 Euro monatlich, kann er in die gesetzliche Familienversicherung des Ehegatten wechseln. Ein weiterer Weg der Rückkehr in die GKV ist die Entgeltumwandlung in der Weise, dass ein Teil des Gehalts in eine Direktversicherung (z. B. für eine Betriebsrente) eingezahlt wird (nur möglich bei einem Verdienst von höchstens 65 852 Euro jährlich). Ferner kann ein Wertguthaben dergestalt gebildet werden, dass der Arbeitgeber einen Teil des Gehalts auf ein Langzeitkonto einzahlt und dieses auf die Rentenversicherung übertragen wird.

Wer in die GKV wechseln will, muss mindestens 18 Monate Mitglied der GKV gewesen sein. Es besteht eine Kündigungsfrist von zwei Monaten zum Monatsende. Die bisherige Krankenkasse muss die Kündigung binnen zwei Wochen bestätigen. Diese Bestätigung muss der neuen Krankenkasse mit dem Aufnahmeantrag vorgelegt werden. Es erfolgt keine Gesundheitsprüfung. Auch schwerwiegende Erkrankungen stehen einem Kassenwechsel nicht entgegen. Es besteht ein Wechselrecht zu allen Krankenkassen. Im Übrigen sollte nicht übersehen werden, dass bei einem Wechsel zur GKV für zwei Jahre kein Anspruch auf Pflegegeld besteht; die private Pflegeversicherung sollte deshalb für diesen Zeitraum fortgeführt werden.

Privat krankenversicherte Rentner bleiben solche auch nach Eintritt des Rentenfalles. Sie werden nur dann in der KVdR versicherungspflichtig, wenn sie in der zweiten Hälfte der Erwerbstätigkeit mindestens zu 90 v. H. gesetzlich versichert waren. Wer diese Versicherungszeit nicht erfüllt, kann sich freiwillig versichern. Dasselbe gilt, wenn er in den letzten fünf Jahren mindestens 24 Monate in der GKV versichert war oder aktuell mindestens ein Jahr eine Pflegeversicherung vorlag.

Bei einem beabsichtigten Wechsel zur PKV hat die aufnehmende Krankenversicherung den Betroffenen über die Nachteile eines Wechsels, besonders hinsichtlich Beitragssteigerungen aufzuklären (OLG Hamm, Az. I-20 U 116/13).

Bei einem Wechsel in einen anderen Tarif **derselben Krankenversicherung** dürfen auch bei einem verschlechterten Gesundheitszustand keine Zuschläge erhoben werden (BVerwG vom 23.6.2010, Az. 8 C 42/09). Dies gilt auch bei einem Wechsel in einen Tarif, der gegenüber dem vorherigen Mehrleistungen des Versicherers vorsieht.

Bei einem Tarifwechsel beim eigenen Versicherer geht die volle Alterungsrückstellung mit. Bei einem Wechsel zu einem anderen Krankenversicherer erfolgen dagegen Abstriche bei der Alterungsrückstellung. Bei einem Wechsel in einen anderen Tarif desselben Versicherers darf die Versicherung Zusatzleistungen des neuen Tarifs ausschließen oder einen Risikozuschlag dafür verlangen (BGH vom 13.4.2016, Az. IV ZR 393/15).

Freiberuflern und selbstständigen Gewerbetreibenden ist – wie Beamten und Richtern – jederzeit der Wechsel (Eintritt) in die PKV möglich.

k) Bei einem Wechsel oder Änderungen des Tarifs ist unbedingt zu beachten

Nach § 178f VVG kann der Versicherungsnehmer bei bestehenden Versicherungsverhältnissen verlangen, dass der Versicherer ohne erneute Gesundheitsprüfung Anträge auf Wechsel in andere Tarife mit gleichartigem Versicherungsschutz (und auch niedrigeren Beiträgen) unter Anrechnung der aus dem Vertrag erworbenen Rechte und der Alterungsrückstellung annimmt. Ein gleichartiger Versicherungsschutz setzt nicht voraus, dass die Leistungen insgesamt identisch sind, auch nicht der Höhe nach. Vielmehr müssen nur die gleichen Leistungsbereiche abgedeckt werden. Wartezeiten sind bei einem Tarifwechsel beim selben Versicherer ausgeschlossen, ebenso Leistungsausschlüsse. Bei Versicherten über 60 Jahren muss die PKV nach den Leitlinien der meisten Krankenversicherer für einen transparenten und kundenorientierten Tarifwechsel über das Wechselrecht informieren und dabei auch Tarife nennen, in denen Versicherte Beiträge sparen können. Risikozuschläge dürfen nur für neue, weiterreichende Leistungen (als bisher vereinbart) erhoben werden. Allerdings darf bei einem internen Tarifwechsel beim selben Krankenversicherer eine neue Gesundheitsprüfung erfolgen, wenn der neue Tarif Mehrleistungen gegenüber dem bisherigen vorsieht. Ebenso ist auf die Möglichkeit des Wechsels in den Standard- oder Basistarif hinzuweisen. Dasselbe gilt für einen Tarif mit höheren Selbstbehalten als bisher. Wer sich nach dem 20.12.2012 privat versichert hatte oder in einen nach dem 20.12.2012 gegründeten Unisextarif gewechselt ist, kann nicht in den Standardtarif, wohl aber in den Basistarif übertreten. Zuschläge dürfen auch bei einem Wechsel aus einem zuschlagsfreien Tarif mit höheren Prämien in einen solchen mit niedrigen Beiträgen erhoben werden (BGH vom 15.7.2015, Az. IV ZR 70/15). Damit besteht insbesondere für ältere Versicherungsnehmer, deren Beiträge bei Beitragsanpassungen i. d. R. stärker steigen als bei jüngeren Versicherten, die Möglichkeit des Wechsels in einen Tarif mit geringeren Leistungen und entsprechend geringeren Beiträgen. In Betracht kommt z. B. der Verzicht auf die sehr kostenintensiven Wahlleistungen eines Krankenhauses und die Wahl eines Tarifs mit Leistungen, die ungefähr denen der → GKV entsprechen.

Bei einem Tarifwechsel mit dem Ziel der Verringerung einer Selbstbeteiligung darf ein Risikozuschlag nur aufgrund des Ergebnisses einer zusätzlichen Gesundheitsprüfung erhoben werden. Pauschale Zuschläge ohne diese Prüfung sind nicht gestattet (BGH vom 20.7.2016, Az. IV ZR 45/16).

Bei einem Wechsel der Vollversicherung (auch als Quotenversicherung zur Beihilfe) beim selben Krankenversicherer bleibt die Alterungsrückstellung voll erhalten. Wer aus einer Vollversicherung zu derselben Versicherungsform bei einem anderen privaten Krankenversicherer wechselt, hat sich dort einer Gesundheitsprüfung zu unterziehen. Seit 1.7.2009 kann bei einem Wechsel zu einem anderen Krankenversicherer die Alterungsrückstellung nur mitgenommen werden, wenn sie aus der 2000 begonnenen zusätzlichen zehnprozentigen Rückstellung gebildet wurde. Eine Mitnahme ist auch künftig bei einem Wechsel zur GKV ausgeschlossen. Eine Gesundheitsprüfung erfolgt nicht, sofern keine höheren Leistungen beansprucht werden. Wer aus einem Vollversicherungstarif in einen Basis- oder Standardtarif beim selben Versicherer wechselt, nimmt ebenfalls die Alterungsrückstellung ganz oder teilweise mit. Wer in den Basistarif eines anderen Versicherers wechselt, kann nur die auf den Basistarif entfallende Alterungsrückstellung beanspruchen.

Bei Änderung des Bemessungssatzes oder Wegfall des Beihilfeanspruchs hat der Versicherte Anspruch auf Anpassung des Versicherungsschutzes. Wird ein entsprechender Antrag innerhalb von sechs Monaten nach der Änderung gestellt, erfolgt die Anpassung ohne Risikoprüfung oder Wartezeiten (§ 199 Abs. 2 VVG). Bei Erhöhung des Versicherungsschutzes infolge Minderung des Beihilfeanspruchs darf kein Risikozuschlag erhoben werden, wenn der ursprüngliche Versicherungsvertrag keinen solchen vorsah. Bei Eintritt in den Ruhestand kann vereinbart werden, dass der Versicherungsschutz im Ausmaß der Erhöhung des Bemessungsgrundsatzes endet (§ 199 Abs. 1 VVG). Hinsichtlich der Beiträge für die Erhöhung des Versicherungsschutzes gilt das bei Anpassung des Versicherungsschutzes erreichte Alter (vgl. BGH vom 20.12.2006, Az. ZR 175/08), ein Kostenrisiko, das ggf. über einen Beihilfeergänzungstarif abgesichert werden kann. Es ist in diesem Zusammenhang zu beachten, dass Verschlechterungen im Beihilferecht allgemein nicht über eine Anpassung des Versicherungsschutzes nach § 199 Abs. 2 VVG ausgleichbar sind.

Eine Aufstockung des Versicherungsschutzes auf 100 v. H. wegen **Scheidung** oder **Wegfall der Berücksichtigungsfähigkeit** muss binnen zwei Monaten beantragt werden.

Die **Umstellung eines Prozenttarifs in einen Festkostentarif** dürfte dagegen als Neuversicherung angesehen werden. Das kann eine erhebliche Verteuerung des Versicherungsschutzes zur Folge haben, da für die neue Versicherung das Alter des Versicherten bei Beginn der neuen Versicherung als neues, für die Höhe des Beitrags ausschlaggebendes „Eintrittsalter" gilt. Dies führt zu einem unerwünschten Mehrbeitrag, der besser in einer Krankenhaustagegeldversicherung angelegt werden könnte.

Für die **Allgemeinen Versicherungsbedingungen** der privaten Krankenversicherer gibt es die vom Verband der privaten Krankenversicherung herausgegebenen Musterbedingungen, in denen u. a. für Wartezeiten, Umfang und Einschränkungen der Leistungspflicht, Beitragsberechnung und -zahlung sowie die Obliegenheiten der Versicherten Empfehlungen gegeben werden. Hinsichtlich der Allgemeinen Versicherungsbedingungen gibt es deshalb zwischen den Versicherungen relativ geringe Unterschiede. Um unangenehmen Überraschungen (z. B. hinsichtlich Wartezeiten und des Ausschlusses von Leistungen für wissenschaftlich nicht allgemein anerkannte Untersuchungs- und Behandlungsmethoden und Arzneimittel) vorzubeugen, sollten die Versicherten auch über diese Versicherungsbedingungen Bescheid wissen.

l) Leistungsvergleiche zwischen einzelnen Versicherungsgesellschaften

Bei Leistungsvergleichen zwischen einzelnen Versicherungsgesellschaften sollte man sich vor punktuellen Gegenüberstellungen einzelner Tarife oder Tarifstellen hüten. Jeder – auch der ungünstigste – Tarif hat nämlich seine Vorzüge, so dass die einzelnen Leistungen wenig oder gar nichts über die Qualität der einzelnen Unternehmen aussagen. Zudem ist der Laie mit Tarifvergleichen überfordert. Objektiver Maßstab für die Güte der einzelnen Versicherungsgesellschaften ist deshalb am ehesten – besonders für den Laien – die Schadenquote. Sie drückt aus, in welchem Umfang die Bruttobeiträge eines Jahres für Versicherungsleistungen und Altersrückstellungen verwendet werden. Daneben können z. B. zu niedrig kalkulierte Beiträge oder überdurchschnittliche Versicherungsleistungen Einfluss auf die Schadenquote haben. Daneben geben auch die Verwaltungskosten in Prozent der Beitragseinnahmen interessante Aufschlüsse über die Wirtschaftlichkeit und damit auch über die Leistungsfähigkeit der einzelnen Unternehmen. Ferner sagen die **Schadensquote,** die Vomhundertsätze der **Nettoverzinsung** der Kapitalanlagen sowie – was die Sicherheit betrifft – die stillen Reserven und die Rückstellungsquoten Wichtiges über die Qualität des Versicherungsunternehmens aus.

Größere Unterschiede bestehen beim Verwaltungskostensatz; sie reichen von 0,9 v. H. bis 5,0 v. H. Noch größer sind die Unterschiede beim Abschlusskostensatz (Spanne von 1,4 v. H. bis 16,8 v. H.). Die Interessenten müssen nach der sog. Informationspflichtenverordnung über die Abschlusskosten (als einheitlicher Gesamtbetrag) unterrichtet werden. In die Beiträge einkalkulierte Verwaltungskosten müssen daneben als Anteil der Jahresprämie ausgewiesen werden.

Die Leistungs-, Verwaltungs- und Nettozinsenquoten für 2017 ergeben sich aus der nachfolgenden Übersicht (aus: Zeitschrift für Versicherungswesen vom 1.10.2017, S. 568):

Versicherungsunternehmen		Schadenquote 2017 in Prozent	Verwaltungskostenquote 2017 in Prozent	Nettoverzinsung 2017 in Prozent
1.	HUK-Coburg	86,4	0,9	2,8
2.	Debeka	84,3	1,4	3,5
3.	Bayerische Beamten	81,6	2,0	2,9
4.	Süddeutsche	81,2	1,8	3,5
5.	Allianz	79,5	2,6	4,1
6.	Continentale	78,5	2,5	3,2
7.	PAX-Familienfürsorge	77,9	2,0	2,9
8.	Gothaer	77,5	2,7	3,9
9.	Nürnberger	77,2	3,7	3,2
10.	Alte Oldenburger	76,8	1,7	3,2
11.	Münchner Verein	76,7	2,9	3,1
12.	Signal Iduna	76,0	2,6	4,0
13.	AXA	75,9	1,9	3,4
14.	Barmenia	75,7	2,4	3,3
15.	Provinzial	75,2	2,2	3,1
16.	ARAG	75,1	2,4	3,8
17.	Inter	74,8	2,7	4,3
18.	DKV	74,8	2,8	3,3
19.	Landeskrankenhilfe	74,6	1,5	2,2
20.	Hallesche	74,6	2,6	3,0
21.	Union	74,1	2,0	2,8
22.	LVM	73,6	2,1	3,5
23.	Universa	73,3	2,8	3,5
24.	Central	72,4	3,2	3,5
25.	Württembergische	71,2	3,2	3,4
26.	R+V	70,3	1,6	3,7
27.	Concordia	70,3	2,8	3,0
28.	HanseMerkur	69,9	2,0	4,0
29.	Envivas	69,4	3,3	2,9
30.	Ergo Direkt	67,1	4,8	2,8
31.	DEVK	66,3	2,7	4,0
32.	Mecklenburgische	54,0	3,2	2,5

Nähere Angaben zu den Geschäftszahlen usw. der privaten Krankenversicherer lassen sich auch folgendem Portal entnehmen: www.pkv-zahlenportal.de. Soweit in der vorstehenden Zusammenstellung einige Krankenversicherer fehlen, liegt das daran, dass über die keine oder nicht aufschlussreiche Angaben zur Leistungsquote vorliegen. Für eine Absicherung des Krankheitskostenrisikos kann auch entscheidend sein, wie im Vergleich die Beitragslast sowie die Finanzstärke des Krankenversicherers in Expertentests bewertet werden. Unabhängig von den vorstehenden Merkmalen können die mit dem jeweiligen Tarif zugesicherten Leistungen (nach Inhalt und Umfang) und die dafür berechneten Beiträge entscheidend für die Wahl des Versicherers sein.

Kostenfreie Tarifvergleiche ermöglicht auch das von mehreren Krankenversicherern erstellte Internetvergleichsportal „KV Fux", abrufbar unter KVpro.de.

Bei einem Wechsel in gleichartige Tarife derselben Krankenversicherer bleiben die im bisherigen Tarif erworbenen Rechte (einschließlich derer aus Rückstellungen) bestehen. So entstehen auch keine neuen Wartezeiten, Risikozuschläge oder Leistungsausschlüsse.

4. Leistungspflicht

Für die in den Tarifbedingungen nicht genannten oder diesen nicht entsprechenden Leistungen muss die Versicherung nicht einstehen (BGH vom 11.2.2009, Az. IV ZR 28/08). Am übersichtlichsten sind die sog. Prozenttarife (Quotentarife), die zu den meisten (nicht unbedingt zu allen) Aufwendungen prozentuale Erstattungen vorsehen. Der Versicherte bleibt Zahlungspflichtiger gegenüber dem Arzt, Zahnarzt, Krankenhaus, der Apotheke usw. und erhält nach Vorlage der Rechnungen sowie sonstigen Belege von seiner Krankenversicherung die im Tarif vorgesehenen Geldleistungen. Wer unangenehme Überraschungen vermeiden will, sollte die im Tarif beschriebenen Leistungen gründlich prüfen – vor allem bei Einschränkungen der sonst üblichen Erstattungen.

Die meisten Versicherer gewähren Leistungen, wenn sich der Versicherte innerhalb Europas bzw. im Europäischen Wirtschaftsraum (einschl. Schweiz) aufhält.

Der privat Krankenversicherte hat grundsätzlich **freie Arzt- und Krankenhauswahl,** der beanspruchte Arzt Therapiefreiheit.

Vor Beginn einer Heilbehandlung, deren Kosten voraussichtlich 2000 Euro überschreiten werden, muss der Versicherer auf Anfrage des Versicherten in Textform Auskunft über den Umfang des Versicherungsschutzes erteilen. Der Versicherer muss in dringenden Fällen diesem Ersuchen innerhalb von zwei Wochen, sonst binnen vier Wochen nachkommen. Verstreichen diese Fristen ohne eindeutige Antwort, wird bis zum Beweis des Gegenteils davon ausgegangen, dass die beabsichtigte medizinische Behandlung notwendig ist (§ 192 Abs. 8 VVG).

Anders als die GKV ersetzt die PKV auch die Kosten nicht verschreibungspflichtiger Arzneimittel, sofern diese im Behandlungsfall medizinisch notwendig waren. Voraussetzung ist eine ärztliche Verordnung und der Bezug über eine Apotheke. Weitere Voraussetzung ist, dass das Arzneimittel in der Schulmedizin überwiegend anerkannt ist. Außerdem muss es sich in der Praxis ebenso erfolgversprechend bewährt haben wie in der Schulmedizin.

Neuerdings bieten private Krankenversicherer auch sog. Assistance-Leistungen wie Betreuungsprogramme für chronisch Kranke sowie Präventionsprogramme an, auch anlässlich des Aufenthalts im Ausland, wobei über den Notruf der Krankenversicherung auch geeignete Fachärzte oder Krankenhäuser abgefragt werden können. Desgleichen wird zur Steigerung der Qualität der Patientenversorgung (und zur Kosteneinsparung) vereinzelt ambulante und stationär vernetzende (integrierte) Betreuung auf der Grundlage abgestimmter Therapie- und Behandlungsformen angeboten (z. B. Chronikerprogramme für Herzkranke, Diabetiker und Rückenleidende). Ferner unterstützen sie Kranke bei der Organisation von Behandlung und Pflege, einschl. des Übergangs aus der Krankenhausbehandlung in die Reha oder Pflege, bei der Versorgung mit Hilfsmitteln, der Vermittlung physikalisch-technischer Leistungen oder bei der Wahl von Arzt und Krankenhaus.

Nach dem VVG besteht die Möglichkeit, dass private Krankenversicherer unmittelbar mit den Ärzten abrechnen. So lassen sich gebührenrechtliche Streitigkeiten für den Patienten vermeiden.

Durch das GKV-Finanzierungsgesetz partizipiert die PKV an Rabatten der Pharmahersteller. Diese Preisnachlässe erhalten abweichend von GKV-Versicherten nicht unmittelbar der Versicherte (über verbilligte Arzneimittel), sondern die Versicherer über eine Inkassostelle beim PKV-Verband. Daneben wirken sich für die PKV mittelbar die mit den Pharmagroßhändlern und den Apotheken vereinbarten Abschläge auf Arzneimittelkosten aus. Ferner führt die Angleichung von Kosten für Impfstoffe an internationale Vergleichspreise zu einer Ausgabenminderung.

Keine Leistungspflicht der privaten Krankenversicherung besteht

- für solche Krankheiten einschl. ihrer Folgen sowie für Folgen von Unfällen und für Todesfälle, die durch Kriegsereignisse verursacht oder als Wehrdienstbeschädigung anerkannt und nicht ausdrücklich in den Versicherungsschutz eingeschlossen sind;
- für auf Vorsatz beruhende Krankheiten und Unfälle einschl. deren Folgen sowie für Entziehungsmaßnahmen einschl. Entziehungskuren. Bei stationären Entziehungsmaßnahmen werden neuerdings in Einzelfällen begrenzt Versicherungsleistungen gewährt;
- für Behandlung durch Ärzte, Zahnärzte, Heilpraktiker und in Krankenanstalten, deren Rechnungen der Versicherer aus wichtigem Grund von der Erstattung ausgeschlossen hat, wenn der Versicherungsfall nach der Benachrichtigung des

Versicherungsnehmers über den Leistungsausschluss eintritt. Sofern im Zeitpunkt der Benachrichtigung ein Versicherungsfall schwebt, besteht keine Leistungspflicht für die nach Ablauf von drei Monaten seit der Benachrichtigung entstandenen Aufwendungen;

- für Kur- und Sanatoriumsbehandlung sowie für Rehabilitationsmaßnahmen der gesetzlichen Rehabilitationsträger, wenn der Tarif nichts anderes vorsieht (z. B. für Arztkosten und Heilmittel);
- für ambulante Heilbehandlung in einem Heilbad oder Kurort. Die Einschränkung entfällt, wenn die versicherte Person dort ihren ständigen Wohnsitz hat oder während eines vorübergehenden Aufenthaltes durch eine vom Aufenthaltszweck unabhängige Erkrankung oder einen dort eingetretenen Unfall Heilbehandlung notwendig wird;
- für Behandlungen durch Ehegatten, Eltern oder Kinder. Nachgewiesene Sachkosten werden tarifgemäß erstattet;
- für eine durch Pflegebedürftigkeit oder Verwahrlosung bedingte Unterbringung.

Für psychotherapeutische Behandlungen besteht zwar kein Leistungsausschluss, jedoch sind die Leistungen oftmals auf eine verhältnismäßig geringe Stundenzahl je Kalenderjahr beschränkt (was nach den BGH-Urteilen – V ZR 192/04 und 305/04 rechtlich nicht zu beanstanden ist). Bei Abschluss des Versicherungsvertrags bestehende psychische Erkrankungen werden durchweg von der Leistungspflicht ausgeschlossen. Auch in der Vergangenheit erfolgreich abgeschlossene psychische Erkrankungen führen i. d. R. zur Ablehnung einer entsprechenden Versicherung.

Die PKV beteiligt sich auch an krisenbedingten Zusatzaufwendungen bei Krankenhausbehandlung (wie z. B. Zusatzentgelte wegen bestimmter Tests, z. B. Coronatests) und Hygienemaßnahmen, auch bei ambulanter Behandlung.

Bei Zahnersatz treten Zusatzversicherungen nur teilweise ein, und dabei oftmals nur für die Erhaltung der Zähne. Implantate und Inlays können ausgeschlossen sein.

Es besteht Anspruch auf häusliche Palliativversorgung von Sterbenskranken.

Allgemein gilt, dass die PKV keine Kosten (auch Krankenhauskosten) zu tragen hat, die in einem auffälligen Missverhältnis zu den erbrachten Leistungen stehen (§ 192 Abs. 2 VVG). Die PKV trägt oftmals nicht die Kosten der Behandlung in einer Privatklinik, wenn dort kein Vertragsverhältnis mit der GKV besteht.

Preisnachlässe der Erbringer medizinischer Leistungen mindern die Leistungspflicht der Krankenversicherung.

Den Ausschluss wissenschaftlich nicht anerkannter Untersuchungs- oder Behandlungsmethoden (→ Wissenschaftlich nicht anerkannte Methoden) von der Leistungspflicht hat der BGH mit Urteil vom 23.6.1993 (Az. IV ZR 135/92) für unwirksam erklärt. Der Verband der privaten Krankenversicherung hat deshalb seinen Mitgliedsunternehmungen empfohlen, nicht nur für die von der Schulmedizin (einschl. Naturheilkunde) überwiegend anerkannten Behandlungsmethoden und Arzneimittel zu leisten, sondern darüber hinaus auch für Methoden und Arzneimittel, die sich in der Praxis als ebenso erfolgversprechend wie die von der Schulmedizin eingesetzten Mittel bewährt haben und keine höheren Kosten als die letzteren Mittel verursachen. Nach den beiden Urteilen des BGH vom 30.10.2002 (Az. IV ZR 60/01 und IV ZR 119/01) wird dies auch zu gelten haben bei der Behandlung unheilbarer oder unerforschter Krankheiten (z. B. MS, AIDS) → Alternative Medizin. Damit sollen natürlich nicht die Schranken gegen Kostenerstattung für Wunderheiler und Scharlatane geöffnet werden. Im Zweifel sollte vor Beginn einer Behandlung nach Methoden der Alternativmedizin die Stellungnahme des Kostenträgers eingeholt werden.

Übersteigt eine Heilbehandlung oder sonstige Maßnahme, für die Leistungen vereinbart sind, das medizinisch notwendige Maß, kann der Versicherer seine Leistungen auf einen angemessenen Betrag herabsetzen. Will der Versicherer seine Leistungen kürzen, weil eine Heilbehandlung das medizinisch notwendige Maß überschritten hat, ist er für diese Behauptung darlegungs- und beweispflichtig (BGH vom 29.5.1991, Az. 4 ZR 151/90). Besteht auch Anspruch auf Leistungen aus der gesetzlichen Unfallversicherung oder der gesetzlichen Rentenversicherung, auf eine gesetzliche Heilfürsorge oder Unfallfürsorge, ist der Versicherer, unbeschadet der Ansprüche des Versicherungsnehmers auf Krankenhaustagegeld, nur für die Aufwendungen leistungspflichtig, welche trotz der gesetzlichen Leistungen notwendig bleiben.

Im Zweifelsfall sollte der Versicherte vor Inanspruchnahme einer Leistung bei seiner Krankenversicherung eine Auskunft bzw. die Zustimmung zu bestimmten Behandlungsarten einholen. Das gilt z. B. für die sog. **gemischten Krankenanstalten**. Die PKV unterscheidet nämlich zwischen allgemeinen Krankenhäusern und gemischten Krankenanstalten, die auch Kuren oder Sanatoriumsbehandlung durchführen und Rekonvaleszenten aufnehmen. Für medizinisch notwendige stationäre Heilbehandlung in solchen gemischten Krankenanstalten sind die privaten Krankenversicherungen nur dann leistungspflichtig, wenn sie Leistungen **vor** Beginn der Behandlung zugesagt haben. Diese Einschränkung ist in den Versicherungsbedingungen vorgesehen, weil vom privaten Versicherungsschutz i. d. R. nur medizinisch notwendige Krankenhausbehandlung erfasst wird. Die Kur- und Sanatoriumsbehandlung ist dagegen von der Leistungspflicht ausgeschlossen, wenn nicht ein besonderer Kurtarif vorgesehen wurde.

Die einschlägige Prüfung lässt sich vor der Behandlung leichter durchführen. Eine verbindliche Leistungszusage kann der Versicherte nur erwarten, wenn die medizinische Notwendigkeit stationärer Behandlung den Untersuchungsergebnissen (Befunden) der vorbehandelnden Ärzte zu entnehmen ist. Deshalb sollte der Versicherte seinem Antrag auf vorherige Anerkennung der Leistungen als erstattungsfähig gleich einen ärztlichen Befundbericht beifügen. Aus diesem Bericht sollten sich die Notwendigkeit stationärer Behandlung und die Gründe dafür ergeben, dass die Behandlung nicht ambulant durchgeführt werden kann.

Gegen Leistungsverweigerungen der PKV kann binnen der dreijährigen Verjährungsfrist angegangen werden.

Lehnt die Versicherung etwa unter Hinweis auf fehlende medizinische Notwendigkeit Leistungen ganz oder teilweise ab, kann der Versicherte um die Darlegung der Gründe ihm gegenüber, aber auch an den von ihm benannten Arzt oder auch Rechtsanwalt bitten. Wird auf Betreiben der Krankenversicherung über den Versicherten der behandelnde Arzt um Stellungnahmen oder Gutachten gebeten, trägt die Krankenversicherung die Kosten, die Rechnung geht an den Patienten.

Auf Wunsch des Versicherten können private Krankenversicherungen unmittelbar mit niedergelassenen Ärzten oder Kliniken abrechnen (vgl. § 192 Abs. 3 Nr. 5 VVG). Dies empfiehlt sich besonders, wenn Auseinandersetzungen mit dem Arzt über die Rechnung zu befürchten sind. Ferner können Versicherer weitere Serviceleistungen mit ihren Versicherten vereinbaren, wie Beratung über Leistungen, die Berechtigung von Honoraren der Leistungserbringer und die Abwehr unberechtigter Honorare. Daneben dürfen sie die Versicherten bei Ansprüchen wegen fehlerhafter Leistungen unterstützen.

Versicherte haben Anspruch darauf, dass die Versicherung innerhalb eines Monats nach Vorlage der Unterlagen über die Gewährung von Leistungen entscheidet (§ 14 des Versicherungsvertragsgesetzes). Andernfalls besteht Anspruch auf **Abschlagszahlungen,** sofern Vertragsleistungen zustehen.

5. Kostenlücke und Hundert-Prozent-Grenze

Mit einer PKV lässt sich ungefähr die Kostenlücke schließen, die in Krankheitsfällen nach Gewährung der Beihilfen verbleibt. Wie groß diese Lücke ist, lässt sich allerdings seit Einführung der → Hundert-Prozent-Grenze nicht mehr generell abschätzen.

Die Hundert-Prozent-Grenze erschwert eine **beihilfenkonforme (restkostendeckende) Krankenversicherung.** Nach den Beihilfevorschriften werden nur bestimmte Prozentsätze der → beihilfefähigen Aufwendungen erstattet, die in vielen Fällen (z. B. bei Inanspruchnahme eines Ein- oder Zweibettzimmers im Krankenhaus als Wahlleistung, ferner bei den den Schwellenwert oder Gebührenrahmen der → Gebührenordnung der Ärzte übersteigenden Arzthonoraren sowie bei Sanatoriumsaufenthalten und bei Heilkuren) niedriger sind als die effektiven Kosten. Die Folge ist, dass auch bei einem rein rechnerisch auf den betreffenden Bemessungssatz abgestimmten Prozenttarif der Krankenversicherung in vielen Fällen eine Kostenlücke verbleibt.

Wird zur Abdeckung solcher Kostenlücken – wie das früher allgemein üblich war – eine leichte „Überversicherung" gewählt, kann damit eine (annähernd) volle Kostenerstattung aus Beihilfe und Leistung der Krankenversicherung erreicht werden, wenn es sich um Aufwendungen handelt, die „dem Grunde nach" beihilfefähig sind, d. h. wenigstens mit einem Teilbetrag bei der Beihilfeberechnung berücksichtigt werden.

Was in dem einen Fall durchaus sachgerecht und vernünftig ist, nämlich eine leichte „Überversicherung", führt in einem anderen Fall wegen der Hundert-Prozent-Grenze zur Kürzung der Beihilfe.

In dieser Situation bleibt den Beihilfeberechtigten die Auswahl zwischen mehreren **Auswegen:**

- Eine Möglichkeit ist der Abschluss einer **Krankenhaustagegeldversicherung,** mit der die Kostenlücken abgedeckt werden können, die bei stationärer Krankenhausbehandlung auftreten, wenn ein Zwei- oder Einbettzimmer sowie die persönliche ärztliche Betreuung durch den Chefarzt als Wahlleistung in Anspruch genommen werden. Krankenhaustagegeldversicherungen bleiben bei der Anwendung der Bestimmungen über die Hundert-Prozent-Grenze nämlich unberücksichtigt, können daher bei Übererstattungen nicht zu einer Kürzung der Beihilfe führen.

- Außerdem denkbar ist der Abschluss einer **Beihilfe-Ergänzungsversicherung,** wie sie von einigen privaten Krankenversicherungen angeboten werden. Mit einer solchen Versicherung kann die Kostenlücke zwischen 100 v. H. der beihilfefähigen Aufwendungen und den tatsächlichen Kosten abgedeckt werden.
- Zu überlegen ist auch der Abschluss einer leichten **„Überversicherung",** die immer dann nicht zur Kürzung der Beihilfe wegen der Hundert-Prozent-Grenze führt, wenn die tatsächlichen Aufwendungen (soweit sie dem Grunde nach beihilfefähig sind) die beihilfefähigen Aufwendungen übersteigen. Eine leichte „Überversicherung" kann deshalb in solchen Fällen sinnvoll sein, in denen laufend mit relativ hohen Aufwendungen zu rechnen ist, die in ihrer Beihilfefähigkeit durch Höchstbeträge oder auf andere Weise begrenzt sind.
- Die meisten Versicherer zahlen in Selbstbeteiligungstarifen einen Teil des Jahresbeitrags zurück, wenn der Versicherte und (oder) die mitversicherten Personen während eines bestimmten Zeitraums (i. d. R. während eines Jahres) keine Versicherungsleistungen in Anspruch genommen haben. In vielen Fällen ist es günstiger, auf die tariflichen Versicherungsleistungen zu verzichten und stattdessen die → **Beitragsrückerstattung** auszuschöpfen. In einem solchen Fall ist der Beihilfeberechtigte wie ein Nichtversicherter zu behandeln, so dass von vornherein die Kürzung der Beihilfe wegen Überschreitung der Hundert-Prozent-Grenze ausscheidet. Deshalb sollte mit dem Beihilfeantrag – unter Berücksichtigung der einjährigen Antragsfrist (→ Antragstellung, Ziff. 6) – gewartet werden, bis sich einschätzen lässt, welcher Weg der günstigere ist. Werden

allerdings ungedeckte Krankheitskosten usw. steuerlich als außergewöhnliche Belastung geltend gemacht, werden die zur Sicherung der Beitragsrückerstattung nicht beanspruchten Versicherungsleistungen fiktiv angerechnet.

Welche dieser Aushilfsmaßnahmen gewählt wird, hängt von der Einstellung des Einzelnen sowie von der gesundheitlichen Verfassung des Beihilfeberechtigten und seiner berücksichtigungsfähigen Angehörigen ab. Wer z. B. bei stationärer Krankenhausbehandlung besonderen Wert auf die Inanspruchnahme eines Ein- oder Zweibettzimmers legt, sollte mindestens neben einer rechnerisch ausreichenden Prozent-Versicherung eine Krankenhaustagegeldversicherung abschließen. Muss mit häufigen Krankenhausaufenthalten gerechnet werden, kann auch eine leichte „Überversicherung" angebracht sein, vor allem dann, wenn Wahlleistungen in Anspruch genommen werden. Einen relativ sicheren Weg bietet eine Beihilfe-Ergänzungsversicherung.

Die angestellten Überlegungen zeigen, dass viele Beihilfeberechtigte mit der **Wahl der richtigen Beihilfe-Strategie** überfordert sein dürften. In dieser Situation muss vor einer zu weit gehenden Reduzierung des Krankenversicherungsschutzes gewarnt werden. Wie die Erfahrung lehrt, sind **Verschlechterungen des Beihilferechts** auch für die Zukunft nicht auszuschließen. Die dann vielleicht notwendig werdende Aufstockung einer privaten Krankenversicherung wird umso schwieriger und kostspieliger sein, je älter der Versicherte bei der Vertragsänderung ist. Ein bestehender Versicherungsschutz, der unter Berücksichtigung der Hundert-Prozent-Grenze zu weit geht, sollte deshalb nicht vorschnell reduziert, sondern besser (z. B. durch den Abschluss oder die Erweiterung einer Krankenhaustagegeldversicherung) so umgeschichtet werden, dass die Hundert-Prozent-Grenze nicht greift.

Zu den Begriffen ausreichende und rechtzeitige Versicherung sowie Leistungsausschluss → Beihilfebemessungssätze, Ziff. 7

6. Ausreichender Versicherungsschutz

Problematisch ist eine ausreichende private Krankenversicherung bei:

- Personen, die (wie z. B. Berufssoldaten, Soldaten auf Zeit und Polizeivollzugsbeamte) während ihrer aktiven Dienstzeit Anspruch auf → freie Heilfürsorge oder (bei Soldaten) auf unentgeltliche → truppenärztliche Versorgung haben und nach Eintritt des Versorgungsfalls als Versorgungsempfänger (auch) für die in ihrer Person entstehenden beihilfefähigen Aufwendungen Beihilfen erhalten
- aktiven Bediensteten, die – weil sie zwei oder mehr berücksichtigungsfähige Kinder haben – für ihre Person eine 70-v. H.-Beihilfe erhalten und mit ihrem persönlichen Bemessungssatz auf 50 v. H. zurückfallen, wenn die Kinder aus dem Kreis der → berücksichtigungsfähigen Personen ausscheiden

Schließen diese Personen eine ungefähr beihilfenkonforme private Krankenversicherung erst ab, wenn der (zusätzliche) Versicherungsbedarf eintritt, muss bis zum Einsetzen des vollen Versicherungsschutzes mit Wartezeiten gerechnet werden. Bei bestimmten Vorerkrankungen kann ein Versicherungsschutz auch von der Zahlung zusätzlicher Risikozuschläge abhängig gemacht oder ganz abgelehnt werden. Außerdem ist dann die Voraussetzung einer rechtzeitigen Vorsorge i. S. des § 47 Abs. 4 BBhV (Erhöhung des Bemessungssatzes bei Aussteuerung) nicht erfüllt.

Für diesen Personenkreis kommt deshalb hinsichtlich des voraussehbaren (erhöhten) Versicherungsbedarfs eine **Anwartschaftsversicherung** in Betracht, die für die Zeit nach Beendigung der freien Heilfürsorge bzw. der unentgeltlichen truppenärztlichen Versorgung oder der Reduzierung des Bemessungssatzes einen Anspruch auf (erweiterten) Versicherungsschutz ohne Risikoprüfung und ohne Wartezeit zum Normalbeitrag sichert (→ vorstehende Ziff. 3 Buchst. e). Der Abschluss einer solchen Versicherung sowie (zur Ergänzung der freien

Heilfürsorge) einer sofort wirksamen Krankenhaustagegeldversicherung wird empfohlen, wenn der dafür erforderliche Beitrag noch bei den steuerlich berücksichtigungsfähigen Sonderausgaben unterzubringen ist (→ Steuerermäßigungen). Beim Umfang der Anwartschaftsversicherung wird zu berücksichtigen sein, dass für Versorgungsempfänger ein Bemessungssatz von 70 v. H. vorgeschrieben ist.

7. Risikozuschläge/Anzeigepflicht

Für bei Abschluss des Versicherungsvertrags vorhandene Erkrankungen (die anzuzeigen sind) können höhere Prämien **(Risikozuschläge)** erhoben oder der Versicherungsschutz insoweit ausgeschlossen werden. Sind diese Vorerkrankungen ausgeheilt oder Beschwerden längere Zeit nicht mehr aufgetreten und wird dies ärztlich bestätigt, kann bei der Versicherung die Streichung des Risikozuschlags oder die Aufhebung des Leistungsausschlusses beantragt werden.

Um das zu versichernde Risiko einschätzen zu können, trifft den Versicherten die – vorvertragliche – Anzeigepflicht, seinen Gesundheitszustand zutreffend zu beschreiben, also insbesondere Vorerkrankungen oder chronische Krankheiten offenzulegen. Diese Verpflichtung kann bis zu zehn Jahre zurückgehen, aber auch zeitlich unbegrenzt sein (z. B. hinsichtlich Krebsleiden). Die Anzeigepflicht betrifft auch den Zustand des Gebisses. Offenkundig belanglose Erkrankungen wie Erkältungen, geringe Sportverletzungen müssen nicht angegeben werden, sofern nicht danach gefragt wird. Dazu sollte von der Versicherung anstelle der mündlichen eine Befragung in Textform erfolgen. Fragen nach Vorerkrankungen sollten optisch hervorgehoben am Ende des Antragsvordrucks gestellt werden. Der frühere Grundsatz, wonach schon bei leichter Fahrlässigkeit Leistungsansprüche verloren gingen, ist durch das geänderte Versicherungsvertragsgesetz in der Weise modifiziert worden, dass sich die Leistungen nach dem Grad des Verschuldens richten und auch grobe

Fahrlässigkeit nicht zum völligen Ausfall des Versicherungsschutzes führen muss (z. B. erhöhte Blutzucker- oder Cholesterinwerte, die bisher nicht behandelt worden waren). In diesen Fällen sind allerdings Ausschlüsse von Leistungen und Beitragserhöhungen möglich. Zugleich kann der Versicherer bei grober Fahrlässigkeit binnen drei Jahren nach Versicherungsbeginn vom Vertrag zurücktreten, mit der Folge, dass der Versicherte alle Leistungen zurückzuzahlen hat. Bei arglistiger Täuschung (z. B. dem Verschweigen schwerer oder chronischer Krankheiten) können die Versicherer ihre Leistungen über einen Zeitraum von zehn Jahren zurückverlangen. Von Versicherungen ist zu erwarten, dass sie gezielt und genau nach Vorerkrankungen fragen und sich ggf. eine Entbindung der behandelnden Ärzte von der Schweigepflicht geben lassen. Sie müssen eindeutig auf die Folgen falscher Angaben hinweisen und können mit Erlaubnis des Versicherten Auskünfte bei Ärzten und anderen Therapeuten einholen. Der Versicherungsschutz darf i. d. R. nur für die Zukunft geändert, mit einem Beitragszuschlag belegt oder auch völlig ausgeschlossen werden. Die Krankenversicherungen haben den Versicherungsschutz einschränkende oder ausschließende Erkrankungen binnen bestimmter Fristen aufzugreifen.

Im Zweifelsfall kann die Krankenversicherung eine ärztliche Gesundheitsprüfung veranlassen, die aber nicht genetische Untersuchungen oder Analysen einschließt. Dabei kann die Versicherung auch den Arzt bestimmen. Nachträglich darf der Tarif nicht angepasst werden, wenn sich der Gesundheitszustand des Versicherten verschlechtert. Beim Wechsel in einen höherwertigen Tarif kann die Versicherung auf einer – erneuten – Gesundheitsprüfung bestehen.

8. Prämienerhöhung

Die Prämien müssen (ggf. über deren Erhöhung) die zugesicherten Leistungen garantieren und insbesondere Kostensteigerungen im Gesundheitswesen oder auch den Anstieg des durchschnittlichen Lebensalters berücksichtigen. Ab dem 60. Lebensjahr ermäßigt sich der Beitrag um 10 v. H. Die Erhöhungen müssen korrekt berechnet und ausreichend begründet sein (BGH, Az. IV ZR 255/17). Dazu gehört besonders die Darstellung, in welchem Umfang die Leistungsausgaben gestiegen sind.

Nach dem VVG sind die Krankenversicherungen zu **Prämienerhöhungen** verpflichtet, wenn der tatsächliche Schadensbedarf (z. B. durch Kostensteigerungen im Gesundheitswesen oder Anstieg der durchschnittlichen Lebenserwartung) gegenüber den Verhältnissen anlässlich der bisherigen Prämienfestsetzung bei einer Tarifgruppe um mindestens 5 v. H. gestiegen ist, Veränderungen im Zinsniveau sind dabei unbeachtlich. Die Beitragserhöhungen müssen unter Darlegung der Kostensituation konkret begründet werden. Die Krankenversicherer müssen den Umfang des Anstiegs der Leistungsausgaben dem Versicherten gegenüber darlegen. Einem Prämienanstieg kann ggf. auch durch eine Erhöhung des Selbstbehalts begegnet werden, ggf. auch durch einen Tarifwechsel, bei dem keine erneute Gesundheitsprüfung erfolgt bzw. Wartefristen eingehalten werden müssen. Angesichts der vorstehend genannten Schwellenwerte als Voraussetzung für eine Beitragserhöhung können sich nach Jahren einer Beitragsstabilität die Beiträge wesentlich erhöhen. Dazu müssen sie für jeden Tarif mindestens einmal jährlich die Einnahmen und Ausgaben überprüfen, getrennt nach Risikogruppen (z. B. Männer und Frauen, Altersgruppen) und ausgehend von anerkannten versicherungsmathematischen Grundsätzen. Die Prämienerhöhung darf nur für die Versichertengruppe (z. B. Männer, Frauen, Kinder), für welche der deutliche Anstieg der Kosten festgestellt wurde, und nicht zugleich für die übrigen Versichertengruppen erfolgen, besonders was die Unabhängigkeit des Treuhänders betrifft. Einer Erhöhung muss ein unabhängiger Treuhänder zustimmen. Die Entscheidung kann der Versicherte gerichtlich überprüfen lassen (BGH vom 16.6.2004, Az. IV ZR 117/02). Von überdurchschnittlichen Beitragserhöhungen sind zumeist Versicherte betroffen, die älter als 50 Jahre sind. Dies gilt besonders für Versicherte, die in jüngeren Jahren von der GKV in die PKV (wegen der niedrigeren Beiträge der Letzteren) gewechselt sind. **Überschussbeteiligungen** können Beitragserhöhungen mildern. Ebenso kommen auf die Alterungsrückstellung bezogene **Zinserlöse** den Versicherten zugute. Bei Zweifeln an der Rechtmäßigkeit einer Beitragserhöhung können Betroffene sich an die Bundesanstalt für Finanzdienstleistungsaufsicht wenden, vgl. Ziff. 10. Private Krankenversicherer sind berechtigt, ihren Versicherten Empfehlungen und Hinweise zu Arztrechnungen zu geben, auch was die Berechenbarkeit von Gebühren betrifft.

Bei Prämienerhöhungen können Versicherte den Versicherungsvertrag binnen zweier Monate zum Monatsende, gerechnet ab dem Zugang der Änderungsmitteilung, **kündigen**. Damit entfällt auch eine Bindung an Zusatzverträge. Bei Prämienerhöhungen kann der Wechsel in einen günstigeren Tarif desselben Anbieters lohnend sein, ggf. ohne Leistungsabstrich. Der Krankenversicherer muss auf Nachfrage den Wechsel in einen Tarif mit gleichartigen Leistungen anbieten, allerdings nur solche, die im abgelaufenen Geschäftsjahr die meisten neuen Kunden beanspruchten. Der Antrag auf einen internen Tarifwechsel muss binnen 15 Tagen beantwortet werden (so eine Verpflichtung der meisten Krankenversicherungen). Bietet der neue Tarif in Teilbereichen bessere Leistungen, kann der Versicherer eine neue Gesundheitsprüfung und ggf. Risikozuschläge verlangen. Dies gilt auch für niedrigere Selbstbeteiligungen. Alterungsrückstellungen werden in den neuen Vertrag übertragen. Im Übrigen besteht das Recht auf einen anderen Tarif desselben Krankenversicherers, unabhängig von einer Beitragserhöhung.

Prämienerhöhungen können Anlass sein, den Umfang des Versicherungsschutzes neu zu bestimmen. Dies kann durch einen Wechsel in den Standardtarif desselben Krankenversicherers geschehen (vgl. Ziff. 3 Buchst. g), sofern das Versicherungsverhältnis vor dem 1.1.2009 begründet wurde. Nach dem

31.12.2008 privat Versicherte können in den Basistarif wechseln (vgl. Ziff. 3 Buchst. h). Desgleichen besteht die Möglichkeit, Selbstbehalte zu erhöhen (mit Gesundheitsprüfung) oder den Wegfall von Risikozuschlägen zu beantragen, insbesondere wenn sich nach ärztlicher Bestätigung der Gesundheitszustand auf Dauer verbessert hat.

9. Kündigung des Versicherungsschutzes

Der Versicherte hat eine Kündigungsfrist von drei Monaten zum Ende des Geschäftsjahres (i. d. R. Kalenderjahr). Dazu muss ein Nachweis über einen Versicherungsschutz nach Ablauf des Versicherungsvertrags vorgelegt werden. Ein Kündigungsrecht besteht auch, wenn nur **ein Teil** des Versicherungsvertrages teurer wird (OLG Bremen, Urteil vom 6.2.2014, Az. 3 U 35/13).

Die Kündigung einer privaten Krankenversicherung wird angesichts der Versicherungspflicht nur wirksam, wenn eine Anschluss-Krankenversicherung nachgewiesen wird.

Sofern vom Versicherten ein PKV-Vertrag gekündigt wurde, ohne dass ein GKV-Vertrag zustande kam, kann binnen drei Monaten eine Wiederaufnahme zu den früheren Bedingungen beantragt werden. Danach kann die Krankenversicherung die Wiederaufnahme ablehnen.

10. Kontrollinstanz

Die privaten Krankenversicherungen unterliegen – wie alle Versicherungsunternehmen – der ständigen **Kontrolle** durch die Bundesanstalt für Finanzdienstleistungsaufsicht – BaFin – (Anschrift: Graurheindorfer Str. 108, 53117 Bonn, www.bafin.de), an das sich die Versicherten bei Meinungsverschiedenheiten mit ihrer Krankenversicherung wenden können. Die genannte Bundesanstalt kann rechtswidrige Praktiken von Krankenversicherern unterbinden, deren Stellungnahme zu Zweifelsfragen anfordern, aber im Grunde keine Streitfragen entscheiden oder einen gütlichen Vergleich herbeiführen.

11. Ombudsmann und andere Beratungsstellen, Auskunftspflicht der PKV, Behandlungsfehler

Versicherte, die sich erfolglos mit ihrer privaten Krankenversicherung auseinandergesetzt haben, können sich kostenfrei (eigene Kosten wie z. B. Postgebühren und Gebühren für Telefonate ausgenommen) außer an die in der vorstehenden Nr. 10 genannten Bundesanstalt (BaFin) an den **Ombudsmann für die private Krankenversicherung und Pflegeversicherung** (als neutrale Schlichtungsstelle) wenden (Anschrift: PKV-Geschäftsstelle, Postfach 06 02 22, 10052 Berlin, Telefon 08 00/2 55 04 44, www.pkv-ombudsmann.de). Streitgegenstände können u. a. Auslegungsfragen zu Versicherungs- und Tarifbedingungen (einschl. Tarifwechsel), Gebührenstreitigkeiten (einschl. Beiträge und Beitragsanpassung) mit Ärzten und Zahnärzten, Fragen der medizinischen Notwendigkeit (z. B. bei alternativer Medizin, im Wellness- und Reha-Bereich, bei Nahrungsergänzungsmitteln und kosmetischen Präparaten), Leistungsverweigerung bei umstrittenen Behandlungsmethoden und -mitteln und die kulanzweise Gewährung von Leistungen sein. Bei Zusatzversicherungen geht es hauptsächlich um die Auslegung der Vertragsbedingungen. Der Ombudsmann ist unabhängig, weisungsfrei, gibt unverbindliche Empfehlungen oder unterbreitet Kompromissvorschläge, die den Krankenversicherer jedoch nicht binden. Er kann nur tätig werden, wenn weder die Bundesanstalt für Finanzdienstleistungsaufsicht mit der Angelegenheit befasst ist, noch ein Gerichtsverfahren läuft. Solange der Ombudsmann einen Fall bearbeitet, ist die Verjährungsfrist unterbrochen. Der Ombudsmann hat binnen 90 Tagen nach Eingang der vollständigen Beschwerdeunterlagen einen Schlichtungsvorschlag zu unterbreiten. Gegen eine für den Versicherten negative Empfehlung kann geklagt werden.

Beratungsstellen in versicherungs- (und gebühren-)rechtlichen Fragen sind auch die Verbraucherzentralen (gegen Honorar, www.verbraucherzentrale.de) und die Patientenberatungsstellen der jeweiligen Landes- oder örtlichen Ärzte- und Zahnärztekammern. Verbraucherzentralen können Verstöße gegen Allgemeine Geschäftsbedingungen beanstanden bzw. mit Verbandsklagen verfolgen, mit denen Versicherte unangemessen benachteiligt werden. Auch die Entscheidungen der genannten Stellen binden nicht die Krankenversicherung. Weitere Berater in Fragen des privaten Krankenversicherungsrechts sind Versicherungsberater, die allerdings ihre Leistungen den Kunden gegenüber berechnen.

Es mehren sich Fälle, in denen Patienten sich von ärztlichen Behandlungsfehlern betroffen fühlen. Hierzu kann man sich an Gutachterkommissionen und Schlichtungsstellen der Ärztekammern wenden, die sich als unabhängige Stellen um eine außergerichtliche Bewertung des strittigen Sachverhalts bemühen. Ferner beschäftigen sich – neben Gerichten – auch Krankenversicherer und Haftpflichtversicherungen um die Klärung, ob ggf. ein ärztlicher Behandlungsfehler vorliegt.

Über die zu erwartenden Versicherungsleistungen hat die PKV zu unterrichten, sofern dieser ein Heil- und Kostenplan vorgelegt wird und die voraussichtlichen Kosten 3000 Euro übersteigen. In dringenden Fällen ist innerhalb von zwei Monaten zu entscheiden.

Für Beamtenanwärter und Referendare steht das neue Informationsportal www.beamte-in-der-pkv.de zur Verfügung. Es berücksichtigt auch die Beihilfegewährung.

Das von einem Berater in Versicherungsfragen (einschl. Wechsel des Krankenversicherers) berechnete Honorar darf nicht erfolgsabhängig sein.

12. Sicherungsfonds

Zum Schutz ihrer Versicherten bei Zahlungsunfähigkeit von Krankenversicherern müssen diese Beiträge in einen gemeinschaftlichen **Sicherungsfonds** entrichten. Der Sicherungsfonds gewährleistet, dass Krankenversicherungsverträge auch im Insolvenzfall nicht erlöschen.

13. Digitalisierung im Gesundheitswesen

Seit Juli 2018 eröffneten mehrere private und gesetzliche Krankenversicherer ihren Versicherten die Möglichkeit, über eine gemeinsame App („Vivy", Smartphone oder Tablet) z. B. Krankheitsbefunde, Laborwerte und Notfalldaten abzurufen. Ferner stehen in dieser digitalen Gesundheitsakte z. B. Medikationspläne, Röntgenbilder, Überweisungen, Arbeitsunfähigkeitsbescheinigungen, Arztbriefe, Arzt- und Impftermine zur Verfügung. Sie warnt vor Wechselwirkungen von Arzneimitteln und gibt Hinweise zur gesunden Lebensführung. Zugang hat der Versicherte über PIN-Eingabe; die elektronische Gesundheitskarte ist nicht nötig. Einzig der Versicherte bestimmt, welche Informationen gespeichert werden. Er kann seinen Arzt oder das Krankenhaus bitten, Befunde über Mail an das System zu schicken. Die App erinnert auch an die Einnahme von Arzneimitteln oder an Arzt- und Impftermine. Die Teilnahme an diesen Verfahren ist für die Patienten freiwillig und kostenlos; sie können auch festlegen, welche Daten sie zusammen mit dem Arzt nutzen wollen.

14. Informationen

Dem Gesundheitsportal des PKV-Verbandes „www.derprivatpatient.de" lassen sich sehr aufschlussreiche Informationen zum Gesundheitswesen entnehmen, so zur (zahn-)ärztlichen Tätigkeit (einschl. Gebührenrechnung), zur Krankenhausbehandlung, zu Arznei-, Heil- und Hilfsmitteln, aber auch zur Pflege. Dort ist auch ein Zugriff auf ein GOÄ-Rechnungsprüfungsprogramm möglich. Ferner ist dort eine Übersicht über Kliniken aufgeführt, in denen bei bestimmten Erkrankungen die bestmögliche Behandlung gewährleistet ist.

Private Pflege-Pflichtversicherung

Vorbemerkung

Zur Beihilfefähigkeit von Pflegekosten → Dauernde Pflegebedürftigkeit

1. Versicherungspflicht

Für Personen, die gegen das Risiko Krankheit bei einem privaten Krankenversicherungsunternehmen mit Anspruch auf allgemeine Krankenhausleistungen versichert sind, besteht seit 1.1.1995 die gesetzliche Verpflichtung, bei dem gleichen oder einem anderen Unternehmen auch eine Pflegeversicherung abzuschließen. Auch nicht Krankenversicherte haben ein Zugangsrecht zur privaten Pflegeversicherung (BVerfG vom 3.4.2001, Az. 1 BvR 81/98). Für Beamte, Empfänger beamtenrechtlicher Versorgungsbezüge und andere Personen, die Anspruch auf Gewährung einer Beihilfe bei Pflegebedürftigkeit haben, gilt die gleiche Verpflichtung hinsichtlich der von der Beihilfe nicht gedeckten Leistungen bei Pflegebedürftigkeit (beihilfekonforme Pflegeversicherung). Versicherungspflicht in der privaten Pflegeversicherung besteht auch für Heilfürsorgeberechtigte (z. B. Soldaten, Polizeibeamte und Feuerwehrleute), die nicht in der → sozialen Pflegeversicherung versicherungspflichtig sind, sowie für die Mitglieder der → Postbeamtenkrankenkasse und der → Krankenversorgung der Bundesbahnbeamten. Der Pflege-Pflichtversicherungspflicht unterliegen auch diejenigen, die bereits in einem Pflegeheim untergebracht sind. Bei Wohnsitznahme oder gewöhnlichem Aufenthalt im Ausland besteht dagegen keine Versicherungspflicht (Ausnahme Beschäftigung im Inland und Wohnen im Ausland).

Die Zuordnung der gegen Krankheit privat Versicherten zur privaten Pflege-Pflichtversicherung erreicht, dass die Pflegeversicherung der Krankenversicherung folgt und Abgrenzungsschwierigkeiten zwischen Krankheit und Pflegebedürftigkeit vermieden werden. Für freiwillige Mitglieder der GKV gibt es Möglichkeiten der Befreiung von der sozialen Pflegeversicherung (Ziff. 2), unter der Voraussetzung, dass ein Vertrag über eine Pflegeversicherung bei einem privaten Versicherungsunternehmen abgeschlossen wird.

Mit der Beitragszahlung erwirbt jeder Versicherte unabhängig von seiner wirtschaftlichen Lage einen Rechtsanspruch auf die zugesagten Leistungen, die der Art nach denen der sozialen Pflegeversicherung entsprechen.

Die vorgesehenen Leistungen decken i. d. R. – auch unter Berücksichtigung beihilferechtlicher Ansprüche – nicht alle pflegebedingten Aufwendungen ab. Die Pflegebedürftigen werden deshalb künftig einen mehr oder weniger großen Teil der Pflegekosten selbst tragen müssen. In den meisten Fällen wird das möglich sein. In Fällen, in denen das nicht möglich ist, kommt – wie früher – die Inanspruchnahme der Sozialhilfe in Betracht. Möglich ist auch der Abschluss einer privaten Pflege-Zusatzversicherung (→ folgende Ziff. 5).

Jeder Pflegeversicherte (privat oder gesetzlich) hat einen gesetzlichen Anspruch auf kostenfreie **Pflegeberatung,** gesetzlich Pflegeversicherte allerdings erst nach Stellung eines Antrags auf Zuerkennung eines Pflegegrades. Die Beratung findet i. d. R. zwei Wochen nach dem Antrag statt. Zuständig ist bei privat Versicherten die bundesweit arbeitende Compass Pflegeberatung.

Wer aus der privaten in die gesetzliche Pflegeversicherung wechseln will (etwa wegen der dort bestehenden kostenfreien Familienversicherung), muss eine zweijährige Frist ohne Leistungen hinnehmen (BSG vom 30.11.2017, Az. B 3 P 5/16).

2. Gesetzliche Rahmenbedingungen

Um sicherzustellen, dass die private Pflege-Pflichtversicherung im Wesentlichen zu sozialverträglichen Bedingungen den gleichen Versicherungsschutz bietet wie die soziale Pflegeversicherung, sind den Versicherungsunternehmen **gesetzliche Rahmenbedingungen** für die Durchführung der Pflegeversicherung vorgegeben worden, die von den sonst in der privaten Versicherungswirtschaft üblichen Grundsätzen erheblich abweichen (§ 1 Abs. 2 Satz 2 sowie §§ 23, 27, 110 und 111 SGB XI). Bei allen privaten Kranken- und Pflegeversicherungsunternehmen sind die Leistungen deshalb im Wesentlichen gleich und die Beiträge gleichermaßen begrenzt.

Der Versicherungsvertrag muss ab dem Zeitpunkt des Eintritts der Versicherungspflicht für den Versicherten und für die Familienangehörigen, für die in der sozialen Pflegeversicherung eine Familienversicherung bestünde, Vertragsleistungen vorsehen, die nach Art und Umfang den Leistungen der sozialen Pflegeversicherung gleichwertig sind. Dabei tritt an die Stelle der Sachleistungen eine der Höhe nach gleiche Kostenerstattung. Die Gleichwertigkeit des Versicherungsschutzes schließt ein, dass die privaten Versicherungsunternehmen wie die Pflegekassen auch verpflichtet sind, Beiträge an die gesetzliche Rentenversicherung zur Alterssicherung der nicht erwerbsmäßig tätigen Pflegepersonen im Verhältnis ihrer Leistungen zur Beihilfe zu entrichten sowie für die Feststellung der Pflegebedürftigkeit und der Zuordnung zu einem Pflegegrad die gleichen Maßstäbe anzulegen wie in der sozialen Pflegeversicherung.

Außerdem wird den privaten Versicherungsunternehmen Folgendes vorgeschrieben (§ 110 Abs. 1 SGB XI):

- Kontrahierungszwang, d. h. die Versicherungsunternehmen sind zum Vertragsabschluss verpflichtet
- kein Ausschluss von Vorerkrankungen der Versicherten
- kein Ausschluss bereits pflegebedürftiger Personen
- keine längeren Wartezeiten als in der sozialen Pflegeversicherung
- keine Staffelung der Prämien nach Geschlecht und Gesundheitszustand der Versicherten
- keine Prämienhöhe, die den Höchstbetrag der sozialen Pflegeversicherung übersteigt (bei Beihilfeberechtigten mit beihilfekonformem Teilkostentarif höchstens 50 v. H. des Höchstbeitrags)
- beitragsfreie Mitversicherung der Kinder unter denselben Voraussetzungen wie in der sozialen Pflegeversicherung
- für Ehepaare oder eingetragene Lebenspartner keine Prämie von mehr als 150 v. H. des Höchstbeitrags der sozialen Pflege-

versicherung, wenn der Ehegatte kein Gesamteinkommen hat, das regelmäßig 1/7 der monatlichen Bezugsgröße nach § 18 SGB IV (bei geringfügiger Beschäftigung: 450 Euro monatlich) übersteigt. Hat der Ehegatte ein höheres Einkommen, sind auch für diesen 100 v. H. des Beitrags zu zahlen.

Für Versicherungsverträge, die mit Personen abgeschlossen werden, die nach dem 31.12.1994 Mitglied eines privaten Krankenversicherers mit Anspruch auf allgemeine Krankenhausleistungen werden, gelten die gleichen Bedingungen mit folgenden Ausnahmen (vgl. § 110 Abs. 3 SGB XI):

- Der Ausschluss bereits pflegebedürftiger Personen ist zulässig.
- Die Beschränkung der Prämienhöhe auf den Höchstbeitrag der sozialen Pflegeversicherung (bei Beihilfeberechtigten mit beihilfekonformem Teilkostentarif von höchstens 50 v. H. des Höchstbeitrages) gilt nur für Versicherungsnehmer, die über eine Vorversicherungszeit von mindestens fünf Jahren in ihrer privaten Pflegeversicherung oder privaten Krankenversicherung verfügen.
- Eine Beitragsermäßigung für Ehegatten oder eingetragene Lebenspartner ist nicht vorgeschrieben.

Für Personen, die über eine private Krankenversicherung im Basistarif verfügen und einen besonderen sozialen Schutz erhalten, gelten günstigere Bedingungen.

3. Formen der privaten Pflegeversicherung

a) Versicherungspflichtig

Auf Nachweis durch Vorlage der Rechnungen über die Pflegeleistungen werden die nicht durch die gesetzlichen Pflegeleistungen erstatteten Pflegekosten ersetzt.

Zur Pflegetagegeldversicherung gehört auch die staatlich geförderte Pflegezusatz-Versicherung Pflege-Bahr, bei der auch Menschen mit Vorerkrankungen Versicherungsschutz erhalten.

b) Pflegerentenversicherung

Es werden die Pflegekosten durch eine nach den Pflegegraden gestaffelte monatliche Rente im Ausmaß der Pflegebedürftigkeit ersetzt. Unerheblich ist, ob die Pflege im Heim oder zu Hause erfolgt.

4. Leistungen

Die **Leistungen** der privaten Pflege-Pflichtversicherung in den **Pflegegraden 2 bis 5** entsprechen denen der sozialen Pflegeversicherung (→ Soziale Pflegeversicherung, Ziff. 5 bis 11). Die bereits Pflegebedürftigen erhalten den Versicherungsschutz ebenso wie diejenigen, die im Hinblick auf ihr Lebensalter und ihren Gesundheitszustand in absehbarer Zeit Leistungen benötigen werden. Beihilfeberechtigte erhalten die Leistungen anteilig von der Pflegeversicherung und ihrer Beihilfestelle. Es gelten die üblichen → Beihilfebemessungssätze und die → Hundert-Prozent-Grenze.

Die Beurteilung der Pflegebedürftigkeit wird für die Unternehmen der privaten Pflege-Pflichtversicherung von der BAD-GmbH bzw. deren Tochterfirma MEDICPROOF GmbH durchgeführt, die als ärztlicher Dienst tätig wird.

Leistungen werden nur auf **Antrag** gewährt, und zwar frühestens vom Beginn des Monats der Antragstellung.

Während die Leistungen der sozialen Pflegeversicherung vornehmlich als Dienst-, Sach- und Geldleistungen und nur in Ausnahmefällen im Wege der Kostenerstattung gewährt werden, ist bei der privaten Pflege-Pflichtversicherung die Kostenerstattung die Regel. Im Allgemeinen muss der Pflegebedürftige zunächst selbst in Vorlage treten, d. h. die entstandenen Aufwendungen vorstrecken und anschließend die Rechnungen seiner Versicherung, bei Beihilfeberechtigten auch der Beihilfestelle, zur (anteiligen) Erstattung vorlegen.

Bei teil- und vollstationärer Pflege (einschl. Kurzzeitpflege) hat der Pflegebedürftige die Kosten für Unterkunft und Verpflegung selbst zu zahlen. Die Pflegeversicherung leistet somit nur für die pflegebedingten Aufwendungen. Die Leistungen bei stationärer Pflege werden nur gewährt, wenn keine häusliche oder teilstationäre Pflege möglich ist. Entscheidet sich der Pflegebedürftige dennoch für die Heimunterbringung, erhält er nur diejenigen Leistungen, die bei ambulanter Pflege gewährt worden wären.

Die **Beratung** erfolgt in der privaten Pflegeversicherung über qualifizierte Pflegeberater, organisiert über das eigenständige Unternehmen Compass-Private Pflegeberatung, zu dem auch eine Hotline geschaltet ist. Nach Wunsch kann die Pflegeberatung telefonisch oder im Wohnbereich durchgeführt werden.

Zur Absicherung des Pflegekostenrisikos kann sich der Abschluss einer staatlich geförderten Zusatzversicherung („Pflege-Bahr") empfehlen, welche die Gewährung eines von dem Pflegegrad abhängigen Pflegemonatsgeldes vorsieht. Es stehen auch nicht geförderte Produkte zur Verfügung.

Ansprüche aus der privaten Pflegeversicherung verjähren drei Jahre nach Ablauf des Jahres, in dem sie berechnet wurden (§ 195 BGB).

5. Beiträge

a) Grundlagen

Die Beiträge zur privaten Pflege-Pflichtversicherung orientieren sich – im Gegensatz zur sozialen Pflegeversicherung – nicht am Einkommen. Im Unterschied zum Umlageverfahren der sozialen Pflegeversicherung wird aus Teilen der Beiträge eine Rückstellung für das im Alter steigende Pflegerisiko gebildet. Diese vom Gesetzgeber vorgeschriebene Kapitalbildung macht die private Pflege-Pflichtversicherung von der drohenden Überalterung der Bevölkerung weitgehend unabhängig. In den ersten Jahren nach Einführung der Pflegeversicherung mussten die Leistungen der bereits Pflegebedürftigen aus den Beiträgen aller Mitversicherten mitbezahlt werden. Je mehr im Laufe der Jahre wirksame Alterungsrückstellungen (die übrigens bei einem Versicherungswechsel nach bestimmten Maßgaben mitgenommen werden können) aufgebaut werden können, umso eher ist eine Entlastung aller Beiträge, insbesondere der Beiträge der Jüngeren, möglich. Zunächst basiert aber auch die private Pflegeversicherung weitgehend auf dem Solidarausgleich zwischen Jung und Alt und damit auf einer – der privaten Krankenversicherung fremden – Umverteilung großen Umfanges. Nimmt man noch die Umwandlung eines Feiertags, später vielleicht von zwei Feiertagen in Werktage hinzu, erkennt man erstmals eine Umverteilung sozialer Wohltaten zugunsten derjenigen, die in früheren Jahren zu kurz gekommen sind, nämlich zugunsten der Pflegebedürftigen.

Die Unterschiede der Beitragsregelung zur sozialen Pflegeversicherung liegen somit in der vorgeschriebenen Verpflichtung der privaten Versicherer zur Rücklagenbildung zum Zweck der Beitragsstabilität und der vorausschauenden Berücksichtigung der zunehmenden Überalterung der Bevölkerung.

b) Höhe

Die Beitragshöhe richtet sich nach den von den privaten Versicherern herausgegebenen Beitragstabellen. Der Höchstbeitrag zur privaten Pflegeversicherung ist gesetzlich auf den Höchstbeitrag der sozialen Pflegeversicherung begrenzt. Er darf deshalb ab 1.1.2015 nicht höher sein als 2,55 v. H. der Beitragsbemessungsgrenze (→ Bemessungsgrenzen). Er beträgt ab 1.7.2021 höchstens 59,02 Euro je Monat. Das Grenzalter, von dem ab der Höchstbeitrag zu zahlen ist, liegt bei 56 Jahren bzw. bei Beamten bei 53 Jahren (neue Bundesländer: 51 Jahren bzw. bei Beamten 45 Jahren). Diesen Höchstbeitrag (50 v. H.) haben die privaten Pflegeversicherungen für Beihilfeberechtigte intern auf 40 v. H. begrenzt. Auch die Beiträge für Versicherte, die jünger sind als 56 Jahre, liegen allerdings nicht weit unter dem Höchstbeitrag. Eine Einheitsprämie der privaten Versicherungsunternehmen gibt es nicht. Abweichend von der GKV kann die PKV für Kranke höhere Beiträge berechnen oder einen Versicherungsschutz ablehnen.

Zum Jahresbeginn 2020 stiegen die Beiträge für private Pflegezusatzversicherungen um 3,7 v. H. (im Beihilfebereich um 2,4 v. H.).

Versorgungsempfänger (vorerst nur) des Bundes haben seit 1.1.2005 einen zusätzlichen monatlichen Beitragsanteil von 0,85 v. H. (bis zur Beitragsbemessungsgrenze) zu zahlen, der von der jährlichen Sonderzahlung einbehalten wird.

Kinder sind unter den gleichen Voraussetzungen wie in der sozialen Pflegeversicherung beitragsfrei mitversichert. Ehegatten zahlen zusammen eine Prämie von höchstens 150 v. H. des Höchstbeitrags bei sozialer Pflegeversicherung, wenn einer der beiden Ehegatten ein regelmäßiges Gesamteinkommen unterhalb der Geringfügigkeitsgrenze (§ 8 SGB IV) hat. Ist dieses Gesamteinkommen höher, haben beide Ehegatten den vollen Beitrag zu zahlen.

Beitragserhöhungen dürfen erst erfolgen, wenn festgelegte Schwellen beim Anstieg der Leistungsausgaben überschritten werden. Bei jeder Beitragserhöhung kann der Versicherte den Wechsel in einen anderen Tarif mit gleichen Leistungen verlangen. Auf dieses Wechselrecht muss der Versicherer hinweisen und bei Versicherten ab dem 60. Lebensjahr darüber hinaus geeignete Wechseltarife nennen. Bei einem Wechsel zu einem anderen Versicherer gehen die meisten beim bisherigen Versicherer erworbenen Rechte verloren oder können nur teilweise mitgenommen werden.

Beitragsrückstände können mit privatem Pflegegeld verrechnet werden (vgl. LSG Nordrhein-Westfalen vom 25.1.2018, Az. L 5 P 81/86). Dies gilt nicht, wenn der Pflegebedürftige durch die Aufrechnung auf Sozialhilfe angewiesen wäre.

c) Arbeitgeberanteil und sonstige Beitragszuschüsse

Wie in der sozialen Pflegeversicherung zahlt der Arbeitgeber den halben Beitrag des Versicherten. Beamte, Versorgungsempfänger und sonstige Beihilfeberechtigte zahlen nur den halben Beitrag und erhalten dafür auch nur anteilige (beihilfekonforme) Leistungen. Den Rest der Aufwendungen erhalten sie im Rahmen der Beihilfe.

Arbeitnehmer, die Mitglied einer privaten Pflege-Pflichtversicherung sind, erhalten einen **Beitragszuschuss** ihres Arbeitgebers in Höhe von 50 v. H. bis zur Höchstgrenze des Arbeitgeberbeitrags in der sozialen Pflegeversicherung. Von seiner privaten Pflegeversicherung erhält der Arbeitnehmer eine Bescheinigung darüber, dass der Versicherer nach einer Bestätigung der Aufsichtsbehörde die vorgeschriebenen Voraussetzungen für den Betrieb einer privaten Pflege-Pflichtversicherung erfüllt. Diese Bescheinigung hat der Versicherte dem zur Zahlung des Beitragszuschusses Verpflichteten vorzulegen.

Privat versicherte **Rentner** erhalten einen Beitragszuschuss von ihrer Rentenversicherung. Dieser Zuschuss wird nach dem gleichen Prozentsatz von der Rente berechnet wie bei sozialversicherten Rentnern. Zu den auf die Rente entfallenden Beiträgen werden keine Zuschüsse mehr gezahlt.

Hinsichtlich der Beiträge von **Studenten** → Kranken- und Pflegeversicherung der Studenten und Praktikanten (Ziff. 6).

6. Pflegezusatzversicherung

In einer privaten **Pflegezusatzversicherung** können die Aufwendungen finanziell abgedeckt werden, die von der sozialen und privaten Pflegeversicherung nicht übernommen werden. Für alle Pflegezusatzversicherungen ist das positive Ergebnis einer vorliegenden Gesundheitsprüfung maßgebend. Bei gesundheitlichen Problemen kann auch eine Pflegeversicherung gegen Erhebung von Risikozuschlägen in Betracht kommen.

Besonders interessant sind Pflegetage- bzw. Pflegemonatsgeldversicherungen. Die volle Summe wird je nach Vertrag im 4. oder 5. Pflegegrad gezahlt. Bei niedrigeren Pflegegraden wird das Pflegetage- bzw. Pflegemonatsgeld anteilig gewährt. Beim Pflegetagegeld kann der Versicherte entscheiden, für welchen Zweck er es einsetzt; es ist unabhängig von den Kosten. Pflegetagegelder einer privaten Pflegeversicherung werden nicht bei der Regelung über die → Hundert-Prozent-Grenze berücksichtigt. Bei **Pflegekostenversicherungen** werden i. d. R. die nach Abzug zweckentsprechender Leistungen Dritter (einschl. Beihilfe) verbleibenden Pflegekosten (ohne Kosten der Unterkunft und Verpflegung im Heim) mit einem bestimmten Prozentsatz bis zu einer Obergrenze erstattet. Bei der bei Lebensversicherten abzuschließenden **Pflegerentenversicherung** (vgl. Ziff. 3) wird monatlich eine nicht zweckgebundene Rente gezahlt, die mit Eintritt des Pflegefalls beginnt. Die Beitragspflicht endet zu diesem Zeitpunkt.

Pflegetagegeld-Versicherungen (vgl. Ziff. 3) werden übrigens unter bestimmten Voraussetzungen mit einem jährlichen Zuschuss von 60 Euro staatlich gefördert, sofern der Versicherte mindestens 120 Euro jährlich einzahlt (sog. Pflege-Bahr).

Eine höhere Beihilfe als vorgesehen (z. B. über einen erhöhten Beihilfebemessungssatz) kann im Pflegefall grundsätzlich nur beansprucht werden, wenn nicht durch den Abschluss einer Pflegezusatzversicherung ungedeckte Pflegekosten hätten vermieden werden können (vgl. VV 6.6).

Verschiedene Krankenversicherer unterstützen und beraten ihre Versicherten beim Eintritt des Pflegefalles, z. B. bei der Organisation der Pflege, der Erlangung eines Pflegegrades, der Suche eines Pflegeplatzes oder Pflegeheimes, der Auswahl von Pflegehilfsmitteln, der Beantragung von Zuschüssen und Leistungen oder dem pflegegerechten Umbau der Wohnung oder des Hauses.

7. Steuerliche Berücksichtigung

Die Pflichtbeiträge zur sozialen und privaten Pflegeversicherung sind steuerlich als Sonderausgaben abzugsfähig. Beiträge zu einer zusätzlichen Pflegeversicherung sind für nach dem 31.12.1957 Geborene bis zu einem zusätzlichen Höchstbetrag von 184 Euro (als Sonderausgaben) jährlich abzugsfähig. Letzteres gilt allerdings nur, wenn – befristet bis 2019 – die seitherigen Höchstbeträge nach § 10 Abs. 3 EStG a. F. beansprucht werden.

Prostata-Hyperthermie-Behandlung

Aufwendungen sind nicht beihilfefähig (Abschnitt 2 Nr. 4 der Anl. 1 zur BBhV).

Psychophonie-Verfahren zur Behandlung von Migräne

Aufwendungen sind nicht beihilfefähig (Abschnitt 1 Nr. 1.1 der Anl. 1 zur BBhV).

Psychotherapeutische Behandlung

Abweichungen in Bundesländern:
→ Niedersachsen (Ziff. 7, 8)
→ Nordrhein-Westfalen (Ziff. 5)
→ Rheinland-Pfalz (Ziff. 4)
→ Sachsen (Ziff. 3)

1. Allgemeines

Im Rahmen der §§ 18 bis 21 BBhV sind Aufwendungen für **ambulante** psychotherapeutische Behandlungen beihilfefähig. Beihilfefähige Therapiemaßnahmen können sein:

- Psychotherapie
- psychosomatische Grundversorgung

- psychoanalytisch begründete Verfahren
- Verhaltenstherapie
- Systemische Therapie

Mit der neunten Änderungsverordnung zur BBhV wurden die beihilfefähigen Leistungen der ambulanten Psychotherapie um die Systemische Therapie erweitert. Nach der Verordnungsbegründung handelt es sich hierbei um die Anpassung an die Regelung der GKV, die die „Systemische Therapie" für Erwachsene als weiteres Richtlinienverfahren aufgenommen hat (Änderung vom 22.11.2019 der Psychotherapie-Richtlinie).

Wann und unter welchen Voraussetzungen Aufwendungen für Psychotherapie beihilfefähig sind, ergibt sich aus §§ 18, 18a BBhV und den dazu ergangenen VV.

Es müssen bestimmte seelische Erkrankungen, aber auch **Suchtkrankheiten** wie Alkohol- und Drogenabhängigkeit vorliegen. Um die Notwendigkeit einer psychotherapeutischen Erkrankung feststellen zu können, ist ein Begutachtungsverfahren vorgeschaltet, das auch das Ergebnis probatorischer Sitzungen berücksichtigt.

2. Voraussetzungen der Beihilfefähigkeit

Die Behandler werden sich vor Anerkennung der Beihilfefähigkeit der Behandlung i. d. R. ein Urteil über die Voraussetzungen für einen Behandlungserfolg verschaffen; hierzu dienen einige probatorische Sitzungen.

Aufwendungen für psychotherapeutische Behandlungen, die zu den wissenschaftlich anerkannten Verfahren nach den Abschnitten B und G der GOÄ gehören, sind beihilfefähig, wenn

a) sie der Feststellung, Heilung oder Linderung von Störungen mit Krankheitswert dienen, bei denen Psychotherapie indiziert ist,

b) nach einer biografischen Analyse oder Verhaltensanalyse und nach höchstens fünf, bei analytischer Psychotherapie nach höchstens acht probatorischen Sitzungen ein Behandlungserfolg zu erwarten ist und
c) die Festsetzungsstelle vor Beginn der Behandlung die Beihilfefähigkeit der Aufwendungen aufgrund eines Gutachtens zur Notwendigkeit und zu Art und Umfang der Behandlung anerkannt hat, es sei denn, dass es sich um eine Kurzzeittherapie handelt (§ 18a Abs. 3 Satz 1 Nr. 3 BBhV).

Mit der ab 1.4.2024 geltenden Neuregelung des § 18a Abs. 5 BBhV können die Festsetzungsstellen im Bereich der Psychotherapie auf die Einholung eines Gutachtens im Rahmen des Voranerkennungsverfahrens verzichten (siehe auch unter Ziffer 9, Verfahren).

Bei psychosomatischer Grundversorgung müssen die Voraussetzungen der vorstehenden Buchst. b und c nicht erfüllt sein, d. h. es muss keine Voranerkennung (aufgrund eines Gutachterverfahrens) erfolgen. Aufwendungen einer biografischen Analyse und Verhaltensanalyse und ggf. fünf probatorische Sitzungen sind auch beihilfefähig, wenn sich eine psychotherapeutische Behandlung nicht als notwendig erwiesen hat.

Katathymes Bilderleben ist nur im Rahmen eines übergeordneten tiefenpsychologischen Therapiekonzepts, Rational Emotive Therapie nur im Rahmen eines umfassenden verhaltenstherapeutischen Behandlungskonzepts beihilfefähig (§ 19 Abs. 6, § 20 Abs. 3 BBhV).

Autogenes Training ist eine psychotherapeutische Maßnahme. Aufwendungen hierfür sind deshalb nur dann beihilfefähig, wenn die Behandlung durch einen Arzt, einen psychologischen Therapeuten, Kinder- und Jugendlichenpsychotherapeuten oder Psychotherapeuten durchgeführt wird (§ 18a Abs. 2 BBhV i. V. m. Abschnitt 2 der Anlage 3 zur BBhV). Die behandelnde Person muss über Kenntnisse und Erfahrungen in der Anwendung der entsprechenden Intervention verfügen. Dagegen kann Yoga nicht einer psychotherapeutischen Behandlung gleichgestellt werden, sondern ist den heute vielfach empfohlenen Fitness-Methoden zuzuordnen. Aufwendungen für Yoga-Übungen sind daher nicht beihilfefähig. Nicht beihilfefähig sind auch Aufwendungen zum Erlernen der transzendentalen Meditation.

3. Nicht beihilfefähige Aufwendungen

Nicht beihilfefähig sind Aufwendungen für

- die in Abschnitt 1 Nr. 1 der Anl. 3 zur BBhV genannten Behandlungsverfahren (z. B. Familientherapie, Gesprächspsychotherapie, Musiktherapie, → Heileurythmie)
- Behandlungen, die zur schulischen, beruflichen oder sozialen Anpassung (z. B. zur Berufsförderung oder zur Erziehungsberatung) bestimmt sind (Abschnitt 1 Nr. 2 der Anl. 3 zur BBhV)
- gleichzeitige Behandlungen nach §§ 19 bis 21 BBhV (§ 18 Abs. 3 Nr. 1 BBhV)

4. Behandler

Der für die Erbringung psychotherapeutischer Leistungen in Betracht kommende Personenkreis ist in Anl. 3 zur BBhV abschließend beschrieben, getrennt nach den Formen der Psychotherapie.

Vor Behandlungen durch Psychologische Psychotherapeuten sowie Kinder- und Jugendlichenpsychotherapeuten muss spätestens nach den probatorischen Sitzungen und vor Beginn des Gutachterverfahrens eine somatische Abklärung durch Ärzte in einem schriftlichen oder elektronischen Konsiliarbericht erfolgen (§ 18 Abs. 3 BBhV).

5. Psychosomatische Grundversorgung

Die psychosomatische Grundversorgung umfasst nach § 21 Abs. 1 BBhV

a) verbale Interventionen im Rahmen der Nr. 849 GOÄ,
b) übende und suggestive Verfahren nach Nr. 845 bis 847 GOÄ (autogenes Training, progressive Muskelrelaxation nach Jacobson und Hypnose).

Im Krankheitsfall sind nach § 21 Abs. 2 BBhV Leistungen beihilfefähig für:

a) verbale Intervention als Einzelbehandlung für bis zu 25 Sitzungen, sowohl über einen kürzeren Zeitraum als auch im Verlauf chronischer Erkrankungen über einen längeren Zeitraum in niederfrequenter Form
b) Hypnose als Einzelbehandlung mit bis zu zwölf Sitzungen
c) autogenes Training und progressive Muskelrelaxation nach Jakobson als Einzel- oder Gruppenbehandlung mit bis zu zwölf Sitzungen; eine Kombination von Einzel- und Gruppenbehandlung ist hierbei möglich

Leistungen nach Buchst. a dürfen nicht in denselben Sitzungen mit Leistungen nach Buchst. b und c kombiniert werden.

Ein Krankheitsfall umfasst die auf einer verbindenden Diagnose beruhende und im Wesentlichen einer einheitlichen Zielsetzung dienende Psychotherapie in einer akuten Krankheitsperiode. Der Begriff des Krankheitsfalls ist daher enger als der des Behandlungsfalls im Sinne des SGB V (VV 19.1).

Die Erhöhung der Sitzungszahl auf über 25 (verbale Intervention als einzige Leistung) und über zwölf Sitzungen (autogenes Training und progressive Muskelrelaxation nach Jacobson, Hypnose) hinaus ist nicht zulässig.

Aufwendungen für eine bis zu sechs Monate dauernde ambulante psychosomatische Nachsorge nach einer stationären psychosomatischen Behandlung sind bis zur Höhe der von der GKV oder den Rentenversicherungsträgern übernommenen Vergütung beihilfefähig. Die ambulante psychosomatische Nachsorge ist keine ambulante psychotherapeutische Behandlung im

Sinne der §§ 19 bis 21 BBhV und bedarf daher keines Gutachtenverfahrens (VV 21.3).

6. Psychoanalytisch begründete Verfahren

Nach § 19 Abs. 1 BBhV sind Aufwendungen für psychoanalytisch begründete Verfahren (als tiefenpsychologisch fundierte oder analytische Psychotherapie) für die dort bezeichnete Anzahl von Sitzungen beihilfefähig, ggf. mit den Verlängerungsmöglichkeiten nach § 19 Abs. 3 und 4 BBhV.

7. Verhaltenstherapie

In den Fällen des § 20 Abs. 1 BBhV sind Aufwendungen für Verhaltenstherapie nach den Nr. 870 und 871 GOÄ beihilfefähig (§ 20 Abs. 1 BBhV). Die dort angeführte Höchstzahl der Sitzungen kann bei medizinisch notwendiger Einbeziehung von Bezugspersonen in die Therapie von Personen unter 21 Jahren nach Maßgabe des § 19 Abs. 4 BBhV überschritten werden.

In Ausnahmefällen kann die oberste Dienstbehörde die Beihilfefähigkeit weiterer Sitzungen anerkennen, wenn die medizinische Notwendigkeit durch ein Gutachten belegt wird (§ 20 Abs. 2 i. V. m. § 19 Abs. 3 BBhV).

Je Krankheitsfall gelten Höchstzahlen für Sitzungen, die nach Einzel- und Gruppenbehandlung unterscheiden.

8. Systemische Therapie

Die „Systemische Therapie" ist ein psychotherapeutisches Verfahren, dessen Schwerpunkt auf dem sozialen Kontext psychischer Störungen, insbesondere auf Interaktionen zwischen Familienmitgliedern und deren sozialer Umwelt liegt. Die Systemische Therapie ist nur bei Erwachsenen anzuwenden. Beihilfefähig sind im Regelfall 36 Sitzungen. In Ausnahmefällen kann von der festgeschriebenen Höchstzahl von Sitzungen abgewichen werden (VV 20.a1).

9. Verfahren

In den VV zu § 18a BBhV sind beginnend mit der Beantragung von Leistungen der Psychotherapie, der formalisierten Beauftragung von Gutachtern über das Voranerkennungsverfahren und die Obliegenheiten der Beihilfestelle Verfahrenshinweise (einschl. hinsichtlich einer etwaigen Verlängerung der Behandlung) gegeben. Bedeutsam ist hierbei für den Antragsteller, dass es keines Voranerkennungsverfahrens bedarf, wenn Leistungszusagen der Krankenversicherung mit Angaben zu Art und Umfang der Behandlung und Qualifikation der Therapeuten vorliegen. Mit der ab 1.4.2024 geltenden Neuregelung des § 18a Abs. 5 BBhV besteht im Bereich der Psychotherapie für Festsetzungsstellen die Möglichkeit, auf die Einholung eines Gutachtens im Rahmen des Voranerkennungsverfahrens zu verzichten. Auch wenn von dieser Möglichkeit Gebrauch gemacht wird, steht es der Festsetzungsstelle jederzeit zu, nach § 51 Abs. 1 Satz 3 BBhV in Zweifelsfragen ein Gutachten einzuholen (Rundschreiben des BMI vom 20. März 2024 – D6.30111/1#10).

Aufwendungen für Kurzzeittherapien sind auch ohne vorherige Voranerkennung durch die Festsetzungsstelle bis 24 Sitzungen als Einzel- oder Gruppentherapie beihilfefähig (§ 18a Abs. 6 BBhV). Gesetzlich Versicherte müssen ohnehin vor Behandlungsbeginn eine sog. psychotherapeutische Sprechstunde aufsuchen, in der besonders geklärt wird, ob eine Therapie nötig ist und welche. Entspricht die Leistungszusage nicht dem Umfang nach der BBhV oder ist sie versagt worden, kann das beihilferechtliche Voranerkennungsverfahren daneben durchgeführt werden. Die ambulante psychotherapeutische Nachsorge nach stationärer psychosomatischer Behandlung bedarf keines Gutachterverfahrens; die Aufwendungen sind bis zur Höhe der von der GKV oder den Rentenversicherungsträgern getragenen Kosten beihilfefähig. Die Gutachtergebühren von 50 Euro bzw. 85 Euro (Zweitgutachten), jeweils zuzüglich Umsatzsteuer, werden von der Beihilfestelle getragen (VV 18a.4.12).

Im Voranerkennungsverfahren sind die Formblätter nach Anhang 2 zur VV zu verwenden.

Dabei hat der Beihilfeberechtigte

a) der Beihilfestelle die Formblätter 1, 2 und 3 ausgefüllt vorzulegen und
b) den behandelnden Therapeuten zu ersuchen, auf Formblatt 4 einen Bericht für den Gutachter zu erstellen.

Der Therapeut soll das ausgefüllte Formblatt 4 (ggf. Formblatt 5) in einem verschlossenen, deutlich erkennbar als vertrauliche Arztsache zu kennzeichnenden Umschlag der Festsetzungsstelle zur Weiterleitung an den Gutachter übersenden.

Nach Erhalt der Unterlagen holt die Festsetzungsstelle mit dem Formblatt 6 ein Gutachten nach den Formblättern 7.1, 7.2 und 7.3 unter Beifügung folgender Unterlagen ein:

- den verschlossenen, als vertrauliche Arztsache gekennzeichneten Umschlag mit dem Bericht des Therapeuten,
- das ausgefüllte Formblatt 3 (als Kopie),
- die Formblätter 7.1, 7.2 und 7.3,
- einen an die Festsetzungsstelle adressierten Freiumschlag und
- einen an den Therapeuten adressierten Freiumschlag.

Der Gutachter übermittelt das Gutachten auf dem Formblatt 7.1 in dem einen Freiumschlag der Festsetzungsstelle und auf dem Formblatt 7.2 in dem anderen Freiumschlag direkt dem Therapeuten. Auf Grundlage dieser Stellungnahme erteilt die Festsetzungsstelle der beihilfeberechtigten Person einen rechtsmittelfähigen Bescheid über die Beihilfefähigkeit der Aufwendungen für Psychotherapie nach Formblatt 8 oder deren Ablehnung.

Legt die beihilfeberechtigte Person Widerspruch ein, kann die Festsetzungsstelle im Rahmen des Widerspruchsverfahrens ein Zweitgutachten einholen (VV 18a.4.7 ff.).

Ist eine Verlängerung der Behandlung erforderlich, leitet die Festsetzungsstelle den vom behandelnden Psychotherapeuten begründeten Verlängerungsbericht auf dem Formblatt 4 mit zwei Freiumschlägen dem mit dem Erstgutachten beauftragten Gutachter zur Stellungnahme zu. Dabei ist das Formblatt 6 um die zusätzlichen Angaben bei Folgebegutachtung zu ergänzen (VV 18a.4.10).

Der Gutachter übermittelt seine Stellungnahme auf den entsprechenden Formblättern jeweils im Freiumschlag der Festsetzungsstelle und dem Therapeuten (s. o.).

Die Kosten des Gutachtens (Erstgutachten bis 50 Euro, Zweitgutachten bis 85 Euro, jeweils zuzüglich Umsatzsteuer) trägt die Festsetzungsstelle.

10. Gebühren

Die Gebühren privatliquidierender ärztlicher Psychotherapeuten bestimmen sich nach der Gebührenordnung für Psychologische Psychotherapeuten und Kinder- und Jugendlichenpsychotherapeuten (GOP) vom 18.10.2001 (BGBl. I S. 2721). Nach § 1 GOP richten sich die Gebühren nach der GOÄ, wobei allerdings nur Leistungen berechenbar sind

- nach den Abschnitten B (Grundleistungen, Allgemeine Leistungen) und G (Neurologie, Psychiatrie, Psychotherapie),
- die nach § 1 Abs. 3 des Psychotherapeutengesetzes zum Tätigkeitsbereich des Psychotherapeuten gehören.

Aufwendungen für eine psychotherapeutische Akutbehandlung sind als Einzeltherapie von mindestens 25 Minuten bis zu 51 Euro beihilfefähig (§ 18 Abs. 2 Satz 1 BBhV).

11. Beschränkung der Leistungen der PKV

Die PKV kann ihre Leistungen auf eine bestimmte jährliche Höchststundenzahl sowie auf Leistungen approbierter Ärzte und Krankenhäuser (d. h. nicht psychologische Therapeuten) beschränken (BGH vom 15.2.2006, Az. IV ZR 192/04 und Az. IV ZR 305/04). Der PKV-Verband hat seinen Mitglieds-Unternehmen empfohlen, jährlich mindestens 50 Psychotherapiesitzungen zu bezahlen.

Psycotron-Therapie

Aufwendungen sind nicht beihilfefähig (Abschnitt 1 Nr. 16.3 der Anl. 1 zur BBhV).

Pulsierende Signaltherapie (PST)

Aufwendungen sind nicht beihilfefähig (Abschnitt 1 Nr. 16.4 der Anl. 1 zur BBhV).

Pyramidenenergiebestrahlung

Aufwendungen sind nicht beihilfefähig (Abschnitt 1 Nr. 16.5 der Anl. 1 zur BBhV).

Radiale Stoßwellentherapie (r-ESWT)

Aufwendungen sind nur bei Schmerzbehandlungen im orthopädischen und schmerztherapeutischen Bereich beihilfefähig (Abschnitt 2 Nr. 10 der Anl. 1 zur BBhV). → Stoßwellentherapie

Raucherentwöhnung

Mittel zur Raucherentwöhnung bei Nikotinabhängigkeit dienen vordergründig der Erhöhung der Lebensqualität (wenn sie überhaupt zur Behandlung von Krankheiten dienen) und sind deshalb nach den Arzneimittel-Richtlinien von der Versorgung zulasten der GKV ausgenommen (vgl. BSG vom 28.5.2019, Az.: B 1 KR 25/18 R). Rauchen wird dabei nicht einer Krankheit zugeordnet, sondern als Verhalten, das Sucht und Erkrankungen hervorruft, deren Entstehen begünstigen und Krankheiten verschlimmern können. Die zur Raucherentwöhnung eingesetzten Mittel dienen vorrangig einer Steigerung der Lebensqualität. Dieser Ausschluss gilt nach § 22 Abs. 2 Satz 1 Nr. 1 BBhV auch für die Beihilfe (vgl. Anlage II der Arzneimittel-Richtlinie des G-BA).

Rauchmelder für Gehörlose

Bei Gehörlosen sind die Aufwendungen für spezielle Rauchmelder mit Lichtsignalen beihilfefähig (BSG, Az. B 3 KR 8/13 R).

Rechtsnatur der Beihilfe

Das Wichtigste in Kürze

- Die Beihilfevorschriften sind Ausfluss der grundgesetzlich verankerten Fürsorgepflicht des Dienstherrn. Auf die Gewährung der vorschriftsmäßigen Beihilfe besteht ein Rechtsanspruch. Daneben gibt es einige wenige Fälle von „Kann"-Beihilfen.

- Die Beihilfe hat nur ergänzenden Charakter. Sie ist deshalb eine Hilfeleistung, die – neben der zumutbaren Eigenvorsorge des Beihilfeberechtigten – nur ergänzend und i. d. R. nur dann einzugreifen braucht, wenn nicht durch die Ausschöpfung anderer vorrangiger Ansprüche geholfen werden kann. Dabei wird eine angemessene Krankenversicherung unterstellt, für die in den Dienst- und Versorgungsbezügen eine finanzielle Beteiligung des Dienstherrn enthalten ist.
- Nach dem Tod der beihilfeberechtigten Person kann die Beihilfe mit befreiender Wirkung auf das Bezügekonto des Versicherten oder das im Beihilfeantrag oder in einer Vollmacht genannte Konto überwiesen werden. Dasselbe gilt für ein Konto eines Erben, der als solcher im Erbschein oder in einer anderen öffentlichen oder öffentlich beglaubigten Urkunde (z. B. Testament) ausgewiesen ist. Ein eigenständiges Antragsrecht auf Beihilfe ist damit nicht verbunden.

Abweichungen in Bundesländern:
→ Bayern (Ziff. 1)
→ Rheinland-Pfalz (Ziff. 1)

1. Eigenständigkeit

Nach Beamten- und Soldatenrecht hat der Dienstherr im Rahmen des Dienst- und Treueverhältnisses für das Wohl des Beamten (Berufs- und Zeitsoldaten) und seiner Familie, auch für die Zeit nach Beendigung des aktiven Dienstverhältnisses, zu sorgen. Die Landesbeamtengesetze enthalten inhaltlich entsprechende Vorschriften.

Die Beihilfe ist eine **eigenständige beamten- und soldatenrechtliche Kranken- und Pflegefürsorge,** die der Versicherungsfreiheit in der → gesetzlichen Kranken- und Pflegeversicherung der Beamten, Richter, Berufs- und Zeitsoldaten sowie der Versorgungsempfänger aus diesem Personenkreis Rechnung trägt. Durch die Beihilfe erfüllt der Dienstherr die dem Beamten, Berufssoldaten usw. und seiner Familie gegenüber bestehende beamtenrechtliche und soziale Verpflichtung, sich an den Kosten in Krankheits-, Pflege- und Geburtsfällen mit dem Anteil zu beteiligen, der durch die zumutbare Eigenvorsorge nicht abgedeckt ist.

2. Fürsorgepflicht

Die nach § 80 Abs. 4 BBG erlassene, für Berufssoldaten und Soldaten auf Zeit entsprechend geltende Bundesbeihilfeverordnung ist Ausfluss der **Fürsorgepflicht** der Dienstherren. Sie legt – so die Rechtsprechung des BVerwG – für die Ausübung der Fürsorgepflicht generalisierende und die Fürsorgepflicht konkretisierende Richtlinien fest, ohne dass damit die Fürsorgepflicht erschöpfend geregelt wird. Der Dienstherr ist vielmehr verpflichtet, in Zweifelsfällen zu prüfen, ob es die Fürsorgepflicht nicht gebietet, dem Bediensteten oder Versorgungsempfänger eine **über die Beihilfevorschriften hinausgehende Beihilfe** zu gewähren. Andererseits ist das Zurückgreifen auf die allgemeine Fürsorgepflicht des Dienstherrn nur in den Fällen zulässig und geboten, in denen die Fürsorgepflicht in ihrem **Wesenskern** verletzt wird.

Die Fürsorgepflicht schreibt dem Dienstherrn vor, durch Gewährung von Beihilfen **ergänzend** einzugreifen, um den Beamten, Richter, Berufssoldat, Soldat auf Zeit und Versorgungsempfänger von den durch die Besoldung und Versorgung nicht gedeckten Aufwendungen in Krankheits-, Pflege- und Geburtsfällen usw. in angemessenem Umfang freizustellen. Die Beihilfe ist somit ihrem Wesen nach eine Hilfeleistung, die – neben der **zumutbaren Eigenvorsorge** des Beamten und Versorgungsempfängers – nur ergänzend in angemessenem Umfang einzugreifen hat, um in einem durch die Fürsorgepflicht gebotenen Maß die wirtschaftliche Lage des Beihilfeberechtigten durch Zuschüsse aus öffentlichen Mitteln zu erleichtern (vgl. § 1 Satz 2 BBhV). Die → Beihilfebemessungssätze sind daher darauf abgestellt, dass der Beihilfeberechtigte sich und seine Familie mit einem angemessenen Beitrag in einer Krankenversicherung versichert. Dieses Grundkonzept des geltenden Beihilferechts ist von der höchstrichterlichen Rechtsprechung wiederholt als verfassungskonform bestätigt worden.

Nach ständiger Rechtsprechung des BVerwG sind die Beihilfevorschriften eine den durchschnittlichen Verhältnissen angepasste Regelung, bei der – soweit keine unzumutbare Belastung entsteht – auch **Härten und Nachteile** sowie der Umstand in Kauf genommen werden müssen, dass nicht in jedem Einzelfall eine volle Deckung der (durch eine Krankenversicherung nicht erstatteten) Aufwendungen erreicht wird. Der Dienstherr stellt nach den wiederholten Entscheidungen des BVerwG mit der Besoldung oder Versorgung einen nicht bezifferbaren **Durchschnittssatz** zur Verfügung, der für Aufwendungen im Krankheitsfalle gedacht ist, die erfahrungsgemäß entstehen. Soweit diese Aufwendungen den mit der Besoldung oder Versorgung abgegoltenen Durchschnittssatz übersteigen, hat dies der Dienstherr durch die Gewährung von Beihilfen auszugleichen. In welcher Weise der Beihilfeberechtigte Vorsorge trifft, ist ihm überlassen.

Die Anforderungen an die Grundsätze von Notwendigkeit und Angemessenheit können dazu führen, dass im Einzelfall die Ablehnung einer Beihilfe zu einer besonderen Härte führt. Dies kann sich auch bei zweifelhaften oder umstrittenen Therapien und den dabei eingesetzten Mitteln zeigen, die nach der BBhV ausdrücklich von der Beihilfe ausgenommen sind. Die Härte wird sich zumeist in dem übermäßigen krankheitsbedingten Einsatz von finanziellen Mitteln ausdrücken, wodurch eine ausreichende (bescheidene) Lebenshaltung nicht mehr möglich ist. Ein weiterer Grund kann sein, dass angesichts der geringen

Einkünfte keine angemessene Vorsorge gegen Krankheits- und Pflegekosten getroffen werden konnte oder angesichts der Belastung mit diesen Kosten ein amtsangemessener Unterhalt des Beihilfeberechtigten und seiner Familie gefährdet ist (VV 6.6). In diesen Einzelfällen kann nach § 6 Abs. 7 BBhV die oberste Dienstbehörde mit Zustimmung des BMI eine einmalige und dauerhafte Entscheidung über eine Beihilfegewährung treffen.

Die Beihilferegelung stellt, so heißt es in den einschlägigen Entscheidungen des BVerwG weiter, **keine Alimentierung im eigentlichen Sinne** dar, sondern soll diese nur ergänzen. Den geschuldeten Unterhalt leistet der Dienstherr durch die Besoldung oder Versorgung. Diese Alimentation ist dadurch gekennzeichnet, dass sie laufend und ohne Bezug zu bestimmten Bedürfnissen des Empfängers geleistet wird. Das ist bei den Beihilfen nicht der Fall. Sie werden aus besonderem Anlass und zu einem bestimmten Zweck erbracht und sollen den Beihilfeberechtigten in angemessenem Umfang von denjenigen Aufwendungen in Krankheits-, Pflege- und Geburtsfällen freistellen, die nicht mit der Besoldung oder Versorgung abgedeckt sind. Dementsprechend finden sie ihre Rechtsgrundlage nicht in der Alimentierungspflicht des Dienstherrn, sondern – ihrem Leistungszweck entsprechend – in dessen Fürsorgepflicht. Die Gewährung von Beihilfen als **Nebenalimentation** und die Grundsätze ihrer Bemessung als Teil einer umfassend zu verstehenden „Gesamtalimentation" stehen nicht unter dem Schutz des Art. 33 Abs. 5 GG. Auch das BVerfG hat mit Beschluss vom 23.6.1981 (NJW S. 1998) festgestellt, dass das System der Beihilfengewährung nicht zu den hergebrachten Grundsätzen des Berufsbeamtentums gehört und nicht aus der zu diesen Grundsätzen zählenden Alimentationspflicht hergeleitet werden kann. Für den Fall, dass die zur Abwendung von krankheitsmäßigen Belastungen erforderlichen Krankenversicherungsprämien einen solchen Umfang erreichen, dass der amtsangemessene Lebensunterhalt des Beihilfeberechtigten nicht mehr gewährleistet wäre, sei eine Korrektur der Besoldungs- und Versorgungsgesetze geboten, nicht aber eine Anpassung der nicht verfassungsverbürgten Beihilfesätze.

3. Einklagbarer Anspruch

Auf die Gewährung der Beihilfe hat der Beihilfeberechtigte einen im → Verwaltungsrechtsweg verfolgbaren **Rechtsanspruch** (§ 10 Abs. 1 Satz 1 BBhV). Die Regelbeihilfe wird ohne Prüfung der Würdigkeit und Bedürftigkeit und ohne Rücksicht auf die für Beihilfezwecke zur Verfügung stehenden Haushaltsmittel gewährt.

Der Anspruch auf Gewährung einer Beihilfe ist höchstpersönlich und fällt nicht in den Nachlass. Der Beihilfeanspruch kann deshalb nicht abgetreten und grundsätzlich auch nicht verpfändet oder gepfändet werden (§ 10 Abs. 1 Satz 2 BBhV). Die Pfändung durch einen Forderungsgläubiger ist nach § 10 Abs. 1 Satz 3 BBhV in Höhe der Forderung zulässig, der eine gleich hohe, nicht ausgezahlte Beihilfe gegenübersteht (so auch BGH vom 5.11.2004, Az. IXa ZB 17/04). Der einem verstorbenen Beihilfeberechtigten entstandene Beihilfeanspruch geht auf Erben über, schafft aber keinen eigenen materiellen Beihilfeanspruch Dritter bezüglich der im Zusammenhang mit der Behandlung von Verstorbenen entstandenen Aufwendungen (BVerwG vom 29.4.2010, Az. 2 C 77/08). Entstanden ist ein Beihilfeanspruch, wenn beihilfefähige Aufwendungen vorliegen und damit ein Zahlungsanspruch des Erbringers der Leistung (z. B. Arzt, Krankenhaus, Apotheke) begründet wurde. Der Zahlungsanspruch braucht nicht erfüllt zu sein. Auch nach dem Tod des Beihilfeberechtigten geltend gemachte Aufwendungen begründen einen vererblichen Beihilfeanspruch, der naturgemäß nur vom Erben verfolgt werden kann. Zu Überführungskosten beim Tod des Beihilfeberechtigten in den Fällen des § 44 BBhV steht den Erben der Beihilfeanspruch zu, sofern nicht wegen eines Dienstunfalls § 33 Abs. 4 BeamtVG Anwendung findet. Nach dem Tod des Beihilfeberechtigten kann die Beihilfe auf die in § 10 Abs. 2 BBhV genannten Konten gezahlt werden, auch an einen ausgewiesenen Erben.

Ein Verzicht auf Beihilfe verbunden mit einem Wechsel in die gesetzliche Krankenversicherung bei Gewährung eines Zuschusses zum Kassenbeitrag kann sich auch für Bedienstete mit vielen Kindern lohnen.

Es ist nicht erforderlich, dass im Zeitpunkt des Todes des Beihilfeberechtigten Beihilfe beantragt war. Hat der Erblasser die einjährige Antragsfrist (§ 54 BBhV) versäumt, wirkt dies auch gegen den Erben, d. h. er kann keine vom Todestag aus berechnete – neue – Antragsfrist (bezogen auf das Rechnungsdatum) beanspruchen.

4. Krankenversicherungsschutz

Entgegen früherem Recht ist der Beihilfeanspruch nicht abhängig von einem gesetzlichen oder privaten Kranken- bzw. Pflegeversicherungsschutz. Dies gilt für Beihilfeberechtigte und berücksichtigungsfähige Angehörige.

5. Beihilfeberechtigung nach dem Tod des Beihilfeberechtigten

Zu Aufwendungen, die berücksichtigungsfähigen Angehörigen nach dem Tod des Beihilfeberechtigten entstehen, steht den berücksichtigungsfähigen Personen ein originärer Beihilfeanspruch zu. Für Überführungskosten anlässlich des Todes des Beihilfeberechtigten gilt § 44 BBhV.

Reflektometer

Aufwendungen sind beihilfefähig (Abschnitt 1 Nr. 18.2 der Anl. 11 zur BBhV).

Regeneresen-Therapie

Aufwendungen sind nicht beihilfefähig (Abschnitt 1 Nr. 18.1 der Anl. 1 zur BBhV).

Rehabilitationsmaßnahmen

Das Wichtigste in Kürze

Von den stationären Rehabilitationsmaßnahmen ist von herausragender Bedeutung die Sanatoriumsbehandlung. Diese steht allen beihilfeberechtigten und berücksichtigungsfähigen Personen offen.

Abweichungen in Bundesländern:
→ Baden-Württemberg (Ziff. 15)
→ Bayern (Ziff. 11)
→ Bremen (Ziff. 5)
→ Hessen (Ziff. 9)
→ Niedersachsen (Ziff. 16)
→ Nordrhein-Westfalen (Ziff. 8, 9)
→ Rheinland-Pfalz (Ziff. 15)

1. Rehabilitationsmaßnahmen

Abschnitt 3 des Kapitels 2 der BBhV regelt zentral alle Formen medizinischer Rehabilitationsmaßnahmen. Sie umfassen nach § 35 Abs. 1 BBhV:

- stationäre Rehabilitationsmaßnahmen in Krankenhäusern und anderen geeigneten Einrichtungen; allgemein als **Sanatoriumsbehandlung** bezeichnet
- → Heilkuren unter ärztlicher Leitung nach einem Rehabilitationsplan als ambulante Rehabilitationsmaßnahmen in Heilbädern oder Kurorten

- → Mutter/Vater-Kind-Rehabilitationsmaßnahmen in Vorsorge- oder Rehabilitationseinrichtungen, mit denen ein Versorgungsvertrag nach § 111a SGB V besteht (z. B. Einrichtungen des Müttergenesungswerkes)
- ärztlich verordnete ambulante Rehabilitationsmaßnahmen in Rehabilitationseinrichtungen oder durch wohnortnahe Einrichtungen; dazu gehört auch die zu Hause durchgeführte mobile Rehabilitation
- ärztlich verordnete → familienorientierte Rehabilitation für berücksichtigungsfähige Kinder, die an schweren chronischen Erkrankungen (insbesondere Krebs oder Mukoviszidose) leiden, oder deren Zustand nach Herzoperationen oder nach Organtransplantationen eine solche Maßnahme erfordert
- ärztlich verordneter Rehabilitationssport in Gruppen unter ärztlicher Betreuung und Überwachung → Behindertensport

Erfasst werden auch → Anschlussheilbehandlungen im Anschluss an einen Krankenhausaufenthalt oder im Zusammenhang mit einem solchen (§ 34 Abs. 1 BBhV) sowie → Suchtbehandlungen (§ 34 Abs. 2 BBhV). In Ausnahmefällen kann eine stationäre Rehabilitationsmaßnahme auch im Anschluss an eine ambulante Behandlung anerkannt werden.

2. Stationäre Rehabilitationsmaßnahmen

Als stationäre Rehabilitationseinrichtungen gelten Vorsorge- oder Rehabilitationseinrichtungen, in denen stationäre Rehabilitationsmaßnahmen erfolgen und mit denen ein Versorgungsvertrag nach § 111 Abs. 2 Satz 1 SGB V besteht oder stationäre Mutter/Vater-Kind-Rehabilitationsmaßnahmen erfolgen und mit der Einrichtung ein Versorgungsvertrag nach § 111a SGB V besteht. Liegen keine solchen Versorgungsverträge vor, sind sämtliche Aufwendungen nicht beihilfefähig. Auch familienorientierte Rehabilitation für berücksichtigungsfähige Kinder, die an schweren chronischen Erkrankungen leiden (vgl. § 35 Abs. 1 Nr. 3 BBhV), können stationär durchgeführt werden.

3. Vorherige Anerkennung

Stationäre Rehabilitationsmaßnahmen in Krankenhäusern usw., Mutter/Vater-Kind-Rehabilitationsmaßnahmen und Heilkuren müssen vor Beginn von der Beihilfestelle anerkannt werden, sofern keine triftigen Gründe für eine nachträgliche Anerkennung vorliegen. Dazu ist eine ärztliche Bescheinigung (Verordnung) zur medizinischen Notwendigkeit der Rehabilitationsmaßname erforderlich (§ 36 Abs. 1 BBhV). Bei Diagnosen aus dem Indikationsspektrum von Psychotherapie (§§ 19 bis 21 und 30a BBhV) ist eine Verordnung durch einen psychologischen Psychotherapeuten oder Kinder- und Jugendpsychotherapeuten möglich. Für stationäre Rehabilitationsmaßnahmen ist keine ärztliche Bescheinigung erforderlich, wenn eine Ausfertigung der Entscheidung über die Pflegebedürftigkeit verbunden mit der Notwendigkeit einer solchen Rehabilitationsmaßnahme vorgelegt wird (§ 36 Abs. 1 Satz 4 BBhV).

Gesetzlich Versicherte müssen nicht jede von diesen angebotenen Rehabilitationsmaßnahmen der Krankenkasse hinnehmen. Sie haben vielmehr ein Wahlrecht, müssen aber die Mehrkosten tragen.

4. Ärztliche Bescheinigung

Die ärztliche Verordnung muss sich dazu äußern, ob

a) die Rehabilitationsmaßnahme medizinisch notwendig ist,
b) eine ambulante ärztliche Behandlung und die Anwendung von Heilmitteln am Wohnort wegen erheblich beeinträchtigter Gesundheit zur Erreichung der Rehabilitationsziele nicht ausreichend sind und
c) ein gleichwertiger Erfolg nicht durch eine Heilkur erzielt werden kann.

In dringenden Fällen, in denen die sofortige Einlieferung des Kranken zur stationären Behandlung geboten ist, muss der Beihilfeantrag unverzüglich nachgeholt werden. Ohne Antrag wird eine Beihilfe nur gewährt, wenn das Versäumnis entschuldbar ist und die sachlichen Voraussetzungen für eine Anerkennung der Beihilfefähigkeit nachgewiesen sind.

Für ärztliche Rehabilitationsmaßnahmen braucht keine Wahlleistungsvereinbarung vorgelegt zu werden.

5. Begleitpersonen

Es ist i. d. R. davon auszugehen, dass angesichts der personellen und sächlichen Ausstattung der Einrichtung keine **Begleitung** des Patienten notwendig ist. Es kann jedoch aus medizinischen Gründen zur Sicherung des angestrebten Behandlungserfolgs die Mitaufnahme einer Begleitperson zwingend erforderlich sein, wenn

a) wegen schwerwiegenden psychologischen Gründen die Trennung eines minderjährigen Kindes von der Bezugsperson eine erfolgreiche Durchführung der Behandlung gefährden würde,
b) wegen schwerer Behinderung (z. B. Blindheit) der Betroffene ständiger Hilfe bedarf, die von der Einrichtung nicht erbracht werden kann, oder
c) während der Behandlung eine Einübung der Begleitperson in therapeutische Verfahren, Verhaltensregeln oder Nutzung von technischen Hilfen notwendig ist.

Dies muss vor der Anerkennung der Behandlung durch den behandelnden Arzt der Einrichtung bestätigt werden. Unter dieser Voraussetzung sind für die Begleitperson auch die Fahrtkosten (vgl. Ziff. 9), die Aufwendungen für Unterkunft und Verpflegung (begrenzt auf 70 v. H. des niedrigsten Satzes der Rehabilitationseinrichtung und auf 21 Tage, sofern nicht aus gesundheitlichen Gründen eine Verlängerung dringend erforderlich ist → Nr. 7), die Kurtaxe (§ 35 Abs. 2 Satz 1 Nr. 3 BBhV) und ein nachgewiesener Verdienstausfall (§ 35 Abs. 2 Satz 2 Nr. 2 BBhV) beihilfefähig.

6. Heilmittel

Für die ärztlich verordneten **Heilmittel** gelten auch im Rahmen einer Rehabilitation die Höchstbeträge nach Abschnitt 1 der Anl. 9 zur BBhV. Es kommen hinsichtlich einer Psychotherapie nicht die – einschränkenden – Regelungen für ambulante Psychotherapie zum Tragen.

Aufwendungen für ärztlich verordneten **Rehabilitationssport** in Gruppen sind bis 8,20 Euro je Übungseinheit (ab 1.1.2019 → Beträge nach Anl. 9 Abschn. 1 Nr. 7 BBhV) beihilfefähig.

7. Weitere Kosten

Für **Unterkunft, Verpflegung und Pflege,** begrenzt auf 21 Tage (ohne Tage der An- und Abreise), sind – unter den genannten einschränkenden Voraussetzungen – beihilfefähig

- für den Patienten ein Betrag bis zur Höhe des niedrigsten Satzes des Sanatoriums,
- für die **Begleitperson** eines schwerbehinderten Menschen → Nr. 5.

Ist aus gesundheitlichen Gründen eine Verlängerung der Sanatoriumsbehandlung dringend erforderlich, kann dies durch die Beihilfestelle aufgrund eines fachärztlichen Gutachtens des behandelnden Arztes der Einrichtung geschehen (VV 35.2.2).

Nach der Rechtsprechung kommt es nicht darauf an, ob das Zimmer mit dem niedrigsten Satz tatsächlich verfügbar ist. Desgleichen ist unerheblich, ob das Sanatorium Einzelpatienten nicht im Doppelzimmer, sondern diese Zimmer nur an Ehepaare oder nahe Verwandte vergibt. Der niedrigste Satz eines Einbettzimmers ist nicht maßgebend, wenn z. B. Eheleute in einem Doppelzimmer untergebracht sind und der halbe Doppelzimmerpreis niedriger als derjenige für ein Einbettzimmer ist. Die Begrenzung auf den niedrigsten Satz ist (auch bezogen auf den halben Doppelzimmerpreis und nicht eines Einbettzimmers) rechtmäßig. Gesondert berechnete Diät-, Heizkosten- und Bedienungszuschläge sind beihilfefähig.

Pauschalsätze der Rehabilitationseinrichtung, welche alle täglichen Kosten einschl. für Unterkunft und Verpflegung einschließen, werden als beihilfefähig anerkannt, wenn die Rehabilitation in einer Einrichtung des Trägers der Rentenversicherung oder in Einrichtungen erfolgt, mit denen ein Versorgungsvertrag mit den Landesverbänden der gesetzlichen Krankenversicherung besteht.

Über den normalen Tagessatz hinausgehende Unterkunfts- und Verpflegungskosten (z. B. besondere Verpflegung), die auf dem Wunsch des Patienten beruhen, sind nicht beihilfefähig (VV 35.2.5). Von dem niedrigsten Satz sind nach § 49 Abs. 2 BBhV 10 Euro je Kalendertag und für die Gesamtdauer der Behandlung einzubehalten, auch von demjenigen, der mit 70 v. H. für die Begleitperson berechnet wurde.

Von dem niedrigsten Satz sind nach § 49 Abs. 2 Nr. 2 BBhV 10 Euro je Kalendertag und für die Gesamtdauer der Behandlung einzubehalten, auch von demjenigen, der mit 70 v. H. für die Begleitperson berechnet wurde.

8. Ärztlicher Schlussbericht

Der **ärztliche Schlussbericht** soll bestätigen, dass die Behandlung ordnungsmäßig durchgeführt worden ist. Darüber hinausgehende medizinische Angaben sind nicht erforderlich.

9. Fahrtkosten

Die **Fahrtkosten** (einschl. der Kosten der Gepäckbeförderung) für die **An- und Rückreise** zwischen Wohnung und der Einrichtung sind beihilfefähig

- bei Benutzung regelmäßig verkehrender Beförderungsmittel in Höhe der tatsächlichen Kosten,

- bei Kfz-Benutzung in Höhe von 0,20 Euro/km (§ 5 Abs. 1 BRKG; die dort genannten Höchstbeträge von 130 oder 150 Euro gelten nicht),

jedoch insgesamt höchstens bis 200 Euro je Person in Behandlung (§ 35 Abs. 2 Satz 2 Nr. 1 BBhV).

Fahrtkosten anlässlich ambulanter Behandlungen sind bei Benutzung regelmäßig verkehrender Beförderungsmittel mit den niedrigsten Kosten, bei Kfz-Nutzung mit 0,30 Euro/km beihilfefähig (vgl. VV 35.1.5.3).

Bei getrennter Reise der **Begleitperson** gelten die Höchstgrenzen für die einzelne Person. Bei gemeinsamer Fahrt mit der Begleitperson oder anlässlich einer zur gleichen Zeit in der gleichen Einrichtung ebenfalls stattfindenden stationären Rehabilitationsmaßnahme mit einem Beihilfeberechtigten oder einem berücksichtigungsfähigen Angehörigen im privaten Kfz gilt insgesamt die genannte Höchstgrenze. Mitnahmeentschädigung wegen der höheren Belastung des Kfz ist nicht beihilfefähig. Es erfolgt keine Kürzung um Eigenbehalte.

10. Familien- und Haushaltshilfe

Zur Beihilfefähigkeit der Aufwendungen für eine **Familien- und Haushaltshilfe** (bzw. der Unterbringung von Kindern unter 12 Jahren oder pflegebedürftigen Angehörigen in einem anderen Haushalt) → Familien- und Haushaltshilfe, Ziff. 1.

Der Antrag, dem alle verfügbaren Unterlagen über die Notwendigkeit einer Rehabilitationsmaßnahme beigefügt werden sollten, kann formlos gestellt werden. Die Kosten des Gutachtens trägt die Beihilfestelle.

In dringenden Fällen, in denen die sofortige Einlieferung des Kranken zur stationären Behandlung geboten ist, muss der Beihilfeantrag unverzüglich nachgeholt werden. Ohne Antrag wird eine Beihilfe nur gewährt, wenn das Versäumnis entschuldbar ist und die sachlichen Voraussetzungen für eine Anerkennung der Beihilfefähigkeit nachgewiesen sind. Die sachlichen Voraussetzungen für die Anerkennung einer Rehabilitätsmaßnahme liegen vor, wenn festgestellt wird, dass die Rehabilitätsmaßnahme nicht durch eine andere Behandlung mit gleicher Erfolgsaussicht ersetzt werden konnte. Ob das der Fall war, kann i. d. R. nur durch einen Amts- oder Vertrauensarzt festgestellt werden. Sind die **Voraussetzungen für die nachträgliche Anerkennung** nicht gegeben, kann eine Beihilfe nur zu den Aufwendungen für den Arzt, die Arznei- und Verbandmittel sowie die Heilmittel gewährt werden, d. h. nicht zu den Kosten für Unterkunft und Verpflegung, für eine Familien- und Haushaltshilfe, die Kurtaxe, den ärztlichen Schlussbericht und die Beförderung des Kranken. Begibt sich der Erkrankte zu einer Zeit in Rehabilitationsbehandlung, die von der vorherigen Anerkennung nicht erfasst ist, kann die Beihilfe zu den Aufwendungen für Unterkunft und Verpflegung verweigert werden (OVG Nordrhein-Westfalen vom 23.12.1980, ZBR 1982 S. 35).

11. Vierjährige Wartezeit

Nach § 36 Abs. 2 BBhV ist die Anerkennung der Beihilfefähigkeit nicht zulässig, wenn im **laufenden oder den drei vorangegangenen Kalenderjahren** bereits eine als beihilfefähig anerkannte Reha-Maßnahme i. S. des § 35 Abs. 1 BBhV (insbesondere stationäre Rehabilitation, Heilkur, Mutter/Vater-Kind-Reha-Maßnahme) durchgeführt und beendet worden ist.

Von der Einhaltung der Vierjahresfrist darf nur abgesehen werden, wenn nach dem zur Anerkennung der Beihilfefähigkeit eingeholten Gutachten aus medizinischen Gründen dies dringend notwendig ist. Dies kann der Fall sein

- nach einer schweren, einen Krankenhausaufenthalt erfordernden Erkrankung. In diesem Fall muss eine wiederholte Behandlung zur Nachsorge der schweren Erkrankung erforderlich sein, die den Aufenthalt in einem Krankenhaus oder anderen Einrichtung notwendig gemacht hatte; auf einen engen zeitlichen Zusammenhang kommt es nicht an,

- in Fällen, in denen die sofortige Einlieferung des Kranken zur stationären Behandlunggeboten ist. In diesen Fällen ist der Antrag auf Anerkennung der Beihilfefähigkeit unverzüglich nachzuholen,
- bei schwerer chronischer Erkrankung.

Die Wartefrist von vier Kalenderjahren gilt für alle Erkrankungen. Es gibt somit keine getrennten Vierjahresfristen für verschiedene Beschwerden. Nicht mitgezählt werden Rehabilitationsmaßnahmen, die der Beihilfeberechtigte oder ein berücksichtigungsfähiger Angehöriger auf eigene Kosten und ohne Anerkennung der zuständigen Beihilfestelle durchgeführt hat.

12. Prüfung vorrangiger Ansprüche

Vor dem Antrag auf vorherige Anerkennung der Rehabilitationsmaßnahme sollte geprüft werden, ob andere **vorrangige Ansprüche** (z. B. nach dem → Bundesversorgungsgesetz oder im Rahmen der → gesetzlichen Rentenversicherung sowie → gesetzlichen Krankenversicherung) auf Durchführung entsprechender Heilmaßnahmen bestehen. Das gilt auch für Familienangehörige mit Ansprüchen aus der gesetzlichen Renten- oder Krankenversicherung. Für den Fall, dass der Träger der gesetzlichen Renten- bzw. Krankenversicherung nicht bereit ist, entsprechende Leistungen zu übernehmen, kommt, falls die beihilferechtlichen Voraussetzungen erfüllt sind, der Anspruch auf Gewährung einer Beihilfe zum Zuge. Zahlt der Träger der gesetzlichen Renten- oder Krankenversicherung nur einen Zuschuss, ist nur der über den Zuschuss hinausgehende Betrag beihilfefähig.

Beamte (mit Rentenanwartschaft) sowie Versorgungsempfänger als Rentenbezieher haben gegenüber dem Rentenversicherungsträger keinen Anspruch auf medizinische Rehabilitationsmaßnahme. Dieser Leistungsausschluss erfasst auch Beamte und Versorgungsempfänger, die aufgrund ihrer früheren Tätigkeit als Beschäftigte – entspricht der Terminologie des SGB VI – die 15-jährige Wartezeit nach § 11 Abs. 1 SGB VI erfüllen. In der GKV versicherte Beamte und Versorgungsempfänger haben dagegen Anspruch auf medizinische Leistungen ihrer Krankenkasse.

13. Berechnung der Beihilfe

Die **Beihilfe** errechnet sich bei Rehabilitationsmaßnahmen (auch bei Heilkuren) nach dem Regel-Bemessungssatz. Da bei Rehabilitationsmaßnahmen auch die meisten privaten Krankenversicherungen wenig oder nichts leisten und nur die Unterkunfts- und Verpflegungskosten bis zur Höhe des niedrigsten Satzes beihilfefähig sind, werden Beihilfe und Leistungen der Krankenversicherung i. d. R. nicht reichen, um die Kosten zu decken. Es empfiehlt sich deshalb, Angebote von mehreren geeigneten Einrichtungen einzuholen und mit der Krankenversicherung vor Beginn der Behandlung die Erstattung (Gewährung einer freiwilligen Leistung) zu klären.

14. Beurlaubung/unverschuldete Arbeitsverhinderung

→ Heilkuren, Ziff. 14

Reinigungsprogramm mit Megavitaminen

Aufwendungen für Reinigungsprogramme mit Megavitaminen und Ausschwitzen sind nicht beihilfefähig (Abschnitt 1 Nr. 18.2 der Anl. 1 zur BBhV).

Rheinland-Pfalz

Das Beihilferecht von Rheinland-Pfalz wurde durch die Beihilfenverordnung Rheinland-Pfalz (BVO RP) vom 22.6.2011 neu gefasst und zuletzt durch Verordnung vom 2.11.2021 (GVBl. S. 577) geändert.

1. Der Beihilfeanspruch ist vererblich (§ 2 Satz 2 BVO RP). Nach § 2 Satz 4 BVO RP darf die zustehende und noch nicht ausgezahlte Beihilfe **gepfändet** werden.
2. **Beihilfeberechtigung** besteht allgemein während eines unbezahlten Urlaubs, sofern dessen Dauer 30 Kalendertage nicht überschreitet (§ 3 Abs. 2 Nr. 3 BVO RP).
3. Die Einkunftsgrenze für die Berücksichtigungsfähigkeit von Ehegatten und Lebenspartnern liegt
   - bei nach dem 31. Dezember 2011 eingegangenen Ehen und Lebenspartnerschaften bei 17 000 Euro,
   - bei vor dem 1. Januar 2012 eingegangenen Ehen und Lebenspartnerschaften und Begründung des Beihilfeanspruchs nach dem 1. Januar 2012 bei 17 000 Euro
   - und in allen übrigen Fällen bei 20 450 Euro.

   Maßgebend sind die Einkünfte im zweiten Kalenderjahr vor Beantragung der Beihilfe (§ 66 Abs. 2 Satz 2 Nr. 1 LBG RP). Als berücksichtigungsfähig gelten auch **Kinder**, die im Familienzuschlag berücksichtigungsfähig sind (§ 4 Abs. 2 BVO RP). Kinder bleiben grundsätzlich auch berücksichtigungsfähig, wenn nach Abschluss einer erstmaligen Berufsausbildung oder eines Erststudiums wegen des Umfangs einer Erwerbstätigkeit in der weiteren Ausbildung (§ 32 Abs. 4 Satz 2 und 3 EStG) Kindergeld oder Kinderfreibetrag nicht gewährt wird (§ 4 Abs. 2 Satz 2 BVO RP).

   Pflichtversicherte beihilfeberechtigte Personen und die bei ihnen familienversicherten oder selbst pflichtversicherten berücksichtigungsfähige Personen sind nach § 10 BVO RP ausschließlich auf die zustehenden Kassenleistungen angewiesen, auch wenn sie diese nicht in Anspruch genommen haben. Bei einer Versorgung mit Zahnersatz, Zahnkronen und Suprakonstruktionen sind nach § 10 Abs. 3 BVO RP die Aufwendungen bis zur Höhe des auf 100 v. H. erhöhten

Festzuschusses (§ 55 Abs. 1 Satz 2 SGB V) beihilfefähig ohne Kürzung der Aufwendungen für zahntechnische Leistungen um 40 v. H. (§ 12 BVO RP) und ohne die Einschränkungen für implantologische Leistungen (§ 14 BVO RP). Wird den genannten Personen nach dem SGB V nur ein Zuschuss von der Krankenkasse gewährt, sind die Aufwendungen im Rahmen der BVO RP beihilfefähig (§ 10 Abs. 1 Satz 3 BVO RP).

4. Bei **Psychotherapie** bestehen absolute Begrenzungen der Anzahl der Sitzungen auch bei analytischer Psychotherapie sowie tiefenpsychologischer und analytischer Psychotherapie von Kindern und Jugendlichen.
   Es sind auch die Aufwendungen für eine neuropsychologische Therapie beihilfefähig (§ 16a BVO RP). Aufwendungen durch die Einbeziehung von Bezugspersonen anlässlich der Behandlung einer tiefenpsychologisch fundierten und analytischen Psychotherapie sind nach Maßgabe von § 19 Abs. 4 BVO RP beihilfefähig. Aufwendungen für psychotherapeutische Leistungen sind bei bestimmten Erwachsenen auch für EMDR beihilfefähig (§ 17 Abs. 6 BVO RP).
5. Aufwendungen für **kieferorthopädische Behandlungen** sind auch bei Personen über 18 Jahren beihilfefähig (§ 16 BVO RP).
   Die Beihilfefähigkeit von Aufwendungen für **zahntechnische, funktionsanalytische und -therapeutische** sowie **implantologische Leistungen** ist grundsätzlich von einer mindestens einjährigen ununterbrochenen Zugehörigkeit zum öffentlichen Dienst abhängig (§ 15 BVO RP).
   Aufwendungen für **zahntechnische Leistungen** im Zusammenhang mit einer Behandlung nach Abschnitt C Nr. 2130 bis 2320 und Abschnitt F der GOZ sind zu 60 v. H. beihilfefähig (§ 12 Abs. 2 BVO RP).
6. Das Geltendmachen von **Wahlleistungen** eines Krankenhauses muss binnen einer Ausschlussfrist von drei bzw. sechs Monaten (letztere bei Empfängern von Hinterbliebenenversorgung) erklärt werden. Der Anspruch auf Beihilfe zu

Wahlleistungen setzt (auch bei Teilzeitbeschäftigten) die Zahlung von 26 Euro monatlich voraus und ist abhängig von einer schriftlichen Wahlleistungsvereinbarung, die vor Erbringung der Wahlleistungen abgeschlossen und der Festsetzungsstelle vorzulegen ist (§ 25 Abs. 2 und 4 BVO RP). Eine vor dem 1.8.2011 erklärte Inanspruchnahme von Wahlleistungen gilt fort (§ 66 Abs. 2 BVO RP).
Aufwendungen für gesondert berechnete Unterkunft in einem zugelassenen Krankenhaus sind

- bis zu den Kosten eines Zweibettzimmers
- oder in Höhe von 50 v. H. der Kosten eines Einbettzimmers (sofern nur Zimmer mit drei oder mehr Betten vorhanden sind)

abzüglich 12 Euro täglich beihilfefähig (§ 24 Abs. 2 BVO RP).
Bei stationären Behandlungen in Krankenhäusern ohne Zulassung nach § 108 SGB V, das sind die sogenannten Privatkliniken, sind die Aufwendungen nur bis zu bestimmten Höchstgrenzen beihilfefähig. Es sind hohe Eigenanteile zu erwarten. Vor der Aufnahme in ein solches Krankenhaus empfiehlt es sich deshalb, eine Übersicht über die voraussichtlich entstehenden Kosten bei der Festsetzungsstelle zur Prüfung der Höhe der Beihilfe einzureichen.

7. Bei **häuslicher Krankenpflege** durch nahe Angehörige (§ 27 Abs. 1 Satz 2 BVO RP) sind die Aufwendungen insgesamt bis zur Höhe der durchschnittlichen monatlichen Kosten einer Berufspflegekraft beihilfefähig. Beihilfefähig sind deren Fahrtkosten und eine gewährte Vergütung bis zur Höhe des Ausfalls an Arbeitseinkommen. Hierzu ist jedoch erforderlich, dass eine mindestens halbtätige Erwerbstätigkeit aufgegeben oder die Erwerbstätigkeit um mindestens die Hälfte der regelmäßigen Arbeitszeit eines Vollbeschäftigten eingeschränkt wird. Eine an Ehegatten, Lebenspartner und Eltern des Pflegebedürftigen gewährte Vergütung für die Pflege ist allerdings nicht beihilfefähig.

8. Die Aufwendungen einer spezialisierten **teil- oder vollstationären Palliativversorgung** in einem Hospiz sind wie allgemeine Krankenhausleistungen beihilfefähig (§ 28 BVO RP).
9. Aufwendungen für eine **Familien- und Haushaltshilfe** sind nach Maßgabe des § 29 Abs. 1 Satz 2 BVO RP je Stunde in Höhe des gesetzlichen Mindestlohns, höchstens für 8 Stunden täglich, beihilfefähig. Nach § 29 Abs. 2 BVO RP sind die Aufwendungen für eine Familien- und Haushaltshilfe in den dort genannten Fällen bis zu 28 Tage beihilfefähig, auch bei Alleinstehenden. Die sonst den Haushalt führende Person darf – sofern sie nicht Alleinerziehender ist – nicht oder nur geringfügig erwerbstätig sein. Im Haushalt verbleibende berücksichtigungsfähige Kinder dürfen das 15. Lebensjahr noch nicht vollendet haben oder müssen pflegebedürftig sein (§ 29 BVO RP).
10. Bei der Beihilfefähigkeit von **Fahrtkosten** ist zwischen Fahrten, die zuvor ärztlich verordnet sein müssen und Fällen, in denen keine ärztliche Verordnung erforderlich ist, zu unterscheiden (§ 30 Abs. 1 und 2 BVO RP). Bei Benutzung regelmäßig verkehrender Beförderungsmittel sind nur die Fahrtkosten der niedrigsten Klasse beihilfefähig.
    Bei privater Pkw-Benutzung sind die Fahrtkosten bis zu dem in § 6 Abs. 1 Satz 1 Landesreisekostengesetz genenannten Betrag beihilfefähig, bei gemeinsamer Fahrt mit anderen Personen. sind die Fahrtkosten insgesamt nur einmal beihilfefähig (§ 30 Abs. 3 Nr. 3 BVO RP). Die Mehrkosten durch die Behandlung an einem anderen als dem nächstgelegenen geeigneten Behandlungsort sind nicht beihilfefähig (§ 30 Abs. 4 Nr. 1 BVO RP).
11. **Unterkunftskosten** bei auswärtiger Behandlung sind bis zu 26 Euro täglich beihilfefähig. Derselbe Höchstbetrag gilt für eine notwendige Begleitperson (§ 32 BVO RP).
12. Aufwendungen für verordnete **Arzneimittel zur Vorbeugung gegen Rachitis oder Karies** sind bei Kindern bis zum

vollendeten dritten Lebensjahr beihilfefähig (§ 21 Abs. 2 BVO RP).
Aufwendungen für **Hörgeräte** sind bis zu 1500 Euro je Ohr beihilfefähig (Nr. I.1 der Anl. 4 zur BVO RP). Mit § 31a BVO RP wurde eine eigene Regelung hinsichtlich der Aufwendungen für geeignete Kommunikationshilfen geschaffen.
Aufwendungen für **Orthesenschuhe** sind insoweit beihilfefähig, als sie 64 Euro übersteigen (Nr. I.1 der Anl. 4 zur BVO RP). Aufwendungen für Unterkunft und Verpflegung eines **Blinden-Mobilitätstrainers** sind bis zu 46 Euro täglich beihilfefähig (Nr. I.2.2 der Anl. 4 zur BVO RP).

13. Bei **häuslicher Pflege** durch geeignete Pflegekräfte (Pflegesachleistung) sind beim Vorliegen eines besonderen Pflegebedarfs die Pflegekosten, welche die Höchstbeträge nach § 36 Abs. 1 SGB XI übersteigen, je nach Pflegegrad bis zu bestimmten Vomhundertsätzen der durchschnittlichen monatlichen Kosten einer Berufspflegekraft beihilfefähig. Die so ermittelten Kosten sind um gestaffelte Eigenanteile, berechnet nach den um 1000 Euro verminderten Bezügen i. S. des § 36 Abs. 4 BVO RP, beihilfefähig (§ 36 Abs. 2 BVO RP). Die **Pauschalbeihilfe** bei Pflege durch selbstbeschaffte, nicht erwerbsmäßig tätige Pflegekräfte wird für die ersten vier Wochen einer stationären Krankenhausbehandlung und einer vor- oder nachstationären Krankenhausbehandlung, Sanatoriumsbehandlung, Anschlussheilbehandlung oder nach dem Tod des Pflegebedürftigen weitergewährt, ist aber danach zeitanteilig zu kürzen (§ 36 Abs. 5 BVO RP). Aufwendungen für Beratungen nach § 37 Abs. 3 SGB XI mindern nicht die Höchstbeträge der Pauschalbeihilfe (§ 36 Abs. 7 BVO RP). Ist eine andere geeignete Pflegekraft an der Pflege gehindert, sind die Aufwendungen für eine Ersatzpflegekraft bis zu 2418 Euro im Kalenderjahr beihilfefähig. Erfolgt die Verhinderungspflege durch nahe Angehörige, sind die Aufwendungen bis zum 1,5-fachen Betrag der Pauschalbeihilfe beihilfefähig (§ 36 Abs. 8 BVO RP).

Neben der Beihilfe bei häuslicher Pflege wird Pflegebedürftigen in ambulant betreuten Wohngruppen eine Pauschalbeihilfe von 214 Euro monatlich gewährt, sofern die Pflegeversicherung entsprechende Leistungen erbringt (§ 36 Abs. 9 BVO RP). Eine aus der Pflegeversicherung zustehende Leistung ist anzurechnen. Zu den Aufwendungen der Anschubfinanzierung zur Gründung einer ambulanten Wohngruppe werden Beihilfen gewährt, wenn die Pflegeversicherung entsprechende Leistungen erbringt (§ 36 Abs. 10 BVO RP).

Aufwendungen für **teilstationäre Pflege** (Tages- und Nachtpflege) sind neben Leistungen wegen häuslicher Pflege nach § 36 Abs. 1 bis 8 BVO RP beihilfefähig. Dabei wird auch die notwendige Beförderung des Pflegebedürftigen von der Wohnung zur Pflegeeinrichtung und zurück erfasst. Aufwendungen für Unterkunft und Verpflegung sind nicht beihilfefähig (§ 37 BVO RP).

Bei Kurzzeitpflege sind auch die Aufwendungen für Unterkunft und Verpflegung beihilfefähig (§ 38 BVO RP). Findet Kurzzeitpflege in einem Sanatorium statt, in dem die Pflegeperson untergebracht ist, sind die Aufwendungen nach Maßgabe des § 38 Abs. 2 BVO RP beihilfefähig.

Daneben sind die notwendigen Aufwendungen für Pflegehilfsmittel und technische Hilfen beihilfefähig. Zum Verbrauch bestimmte Pflegehilfsmittel sind bis zu 40 Euro monatlich beihilfefähig (§ 40 Abs. 1 BVO RP).

Zusätzliche Aufwendungen für niedrigschwellige Betreuungs- und Entlastungsangebote sind nach Maßgabe des § 42 BVO RP bis zu 125 Euro monatlich beihilfefähig.

Bei **vollstationärer Pflege** sind die Aufwendungen für Unterkunft und Verpflegung einschließlich der Investitionskosten nach § 39 Abs. 3 Satz 1 BVO RP nicht beihilfefähig, es sei denn sie übersteigen die nach § 39 Abs. 3 Satz 2 BVO RP ermittelten Eigenanteile. Die den Eigenanteil übersteigenden Aufwendungen für Unterkunft, Verpflegung und In-

vestitionskosten werden als Beihilfe gezahlt (§ 39 Abs. 3 Satz 4 BVO RP).
Leistungen bei vollstationärer Pflege, die zu einer Rückstufung des Pflegebedürftigen in einen niedrigeren Pflegegrad oder zum Wegfall der Pflegebedürftigkeit führen, sind bis zu 2952 Euro beihilfefähig (§ 39a BVO RP). Aufwendungen für die Betreuung in einer vollstationären Pflegeeinrichtung der Behindertenhilfe sind nach Maßgabe des § 41 BVO RP beihilfefähig.
Bei Pflegebedürftigen in häuslicher Pflege sind Aufwendungen zur Entlastung der Pflegenden sowie zur Förderung deren Selbständigkeit nach Maßgabe des § 42 BVO RP bis zu 125 Euro monatlich beihilfefähig. Ferner sind Aufwendungen Pflegebedürftiger in häuslicher Pflege für Leistungen anerkannter Angebote zur Unterstützung im Alltag nach Maßgabe des § 42a BVO RP begrenzt beihilfefähig.
Sofern Personen nicht gegen das Risiko der Pflegebedürftigkeit versichert sind oder bei ruhendem Leistungsanspruch, sind als zustehende Leistungen der Pflegeversicherung 50 v. H. der jeweiligen Leistungen fiktiv zu berücksichtigen (§ 35 Abs. 5 BVO RP).

14. Aufwendungen für **FSME- und Grippeschutzimpfungen** sind allgemein beihilfefähig (§ 44 Satz 2 BVO RP). Je Kalenderjahr sind bis zu zwei Gesundheits- oder Präventionskurse zu den Bereichen Bewegungsgewohnheiten, Ernährung, Stressmanagement und Suchtmittelkonsum beihilfefähig (§ 43 Abs. 5 Satz 1 BVO RP).
Aufwendungen für Gesundheits- und Präventionskurse sind nur beihilfefähig, wenn der Kurs von einer Krankenkasse als förderfähig anerkannt worden ist oder er von Angehörigen der Heilfachberufe nach Anlage 3 BVO RP durchgeführt wird (§ 43 Abs. 5 Satz 2 BVO RP).
Aufwendungen für Untersuchungen zur **Früherkennung von Krebserkrankungen** sind allgemein bei Personen von der Vollendung des 18. Lebensjahres an beihilfefähig (§ 43 Abs. 2 Satz 1 Nr. 3 BVO RP).

15. Für **Sanatoriumsbehandlungen** gilt die Einschränkung nicht, dass im laufenden oder in den drei vorherigen Kalenderjahren keine Sanatoriumsbehandlung, Heilkur usw. erfolgte (§ 45 BVO RP).

    Bei einer Sanatoriumsbehandlung sind die Unterkunfts- und Verpflegungskosten bis zum niedrigsten Satz für ein **Einbett**zimmer beihilfefähig. Bei gleichzeitiger Behandlung eines Beihilfeberechtigten und von berücksichtigungsfähigen Angehörigen sind die genannten Kosten bis zum niedrigsten Satz für ein Zwei- oder Mehrbettzimmer beihilfefähig, höchstens jedoch bis zum entsprechenden Mehrfachen des niedrigsten Satzes für ein Einbettzimmer (§ 45 Abs. 2 BVO RP).

    Bei **Heilkuren** sind die nachgewiesenen Unterkunftskosten sowie die Verpflegungskosten in Höhe von 16 Euro je vollen Kalendertag beihilfefähig. Für notwendige Begleitpersonen von schwerbehinderten Menschen sind die Kosten der Unterkunft in Höhe von 12,50 Euro täglich beihilfefähig. Die Kurdauer ist auf 23 Tage beschränkt. Sie kann in Ausnahmefällen über 23 Tage (einschl. Reisetage) bis zu insgesamt 30 Kalendertage verlängert werden (§ 47 Abs. 2 Satz 2). An- und Abreisetag gelten zusammen als ein Kurtag (§ 47 Abs. 1 Satz 1 Nr. 4 BVO RP).

    Fahrtkosten anlässlich der An- und Abreise bei **stationären Reha-Maßnahmen, Anschlussheilbehandlungen** und **Heilkuren** sind unabhängig vom benutzten Beförderungsmittel insgesamt bis zu 200 Euro beihilfefähig (§ 48 BVO RP), sofern nicht § 30 BVO RP anzuwenden ist. Bei gemeinsamer An- und Abreise mit berücksichtigungsfähigen Personen mit **einem** Pkw sind die Fahrtkosten insgesamt nur einmal nach § 48 Satz 1 BVO RP beihilfefähig.

    Aufwendungen für **Reha-Maßnahmen** und **Heilkuren** für in der GKV oder Rentenversicherung Versicherte, an deren Beiträgen der Arbeitgeber beteiligt ist, sind nur beihilfefähig, wenn zuvor der Träger der Rentenversicherung die Durchführung eines Heil- oder Kurverfahrens und die GKV eine Kostenbeteiligung abgelehnt oder einen Zuschuss zu den Kosten schriftlich bewilligt hat (§ 9 Abs. 4 BVO RP), sofern nicht § 30 BVO RP anzuwenden ist (z. B. bei Transport in einem Krankenwagen).

Sofern der Beihilfeberechtigte nicht in den dem Antragsmonat vorausgegangenen drei Jahren ununterbrochen im öffentlichen Dienst beschäftigt war, ist die Anerkennung einer Heilkur ausgeschlossen (zu Ausnahmetatbeständen vgl. § 47 Abs. 4 Nr. 1 BVO RP).

Für eine Sanatoriumsbehandlung oder Heilkur im **Ausland** gelten die Sondervorschriften des § 56 BVO RP.

16. Für die **Säuglings- und Kleinkinderausstattung** jedes lebend geborenen Kindes wird eine Beihilfe von 150 Euro gewährt (§ 49 Abs. 2 BVO RP).
17. Aufwendungen für eine ärztliche Untersuchung und Begutachtung zur Feststellung der Voraussetzungen einer nicht rechtswidrigen **Sterilisation** sowie deren Durchführung sind beihilfefähig (§ 53 BVO RP).
18. Stirbt die beihilfeberechtigte Person, erhält die Erbin, der Erbe oder die Erbengemeinschaft die Beihilfe zu den bis zum Tot entstandenen Aufwendungen (§ 5 BVO RP). Aus Anlass eines **Todes** entstehende Aufwendungen sind nicht beihilfefähig. Überführungskosten sind nur bei Dienstreisen, Abordnungen oder vor dienstlich veranlassten Umzügen beihilfefähig. Aufwendungen für eine Familien- und Haushaltshilfe sind anlässlich eines Todesfalles unter den Voraussetzungen des § 54 Abs. 2 BVO RP beihilfefähig.weiterhin beihilfefähig.
19. Im **Ausland** entstandene Aufwendungen sind bis zur Höhe beihilfefähig, die bei einer Behandlung im Inland entstanden wären, allerdings unter Beachtung der dort geltenden Höchstbeträge und Begrenzungen (§ 55 BVO RP).
20. Die **Aufstockung der Beihilfe** gesetzlich Versicherter auf 100 v. H. erfolgt auch, wenn ein Beitragszuschuss durch den Rentenversicherungsträger von nicht mehr als 41 Euro monatlich gezahlt wird (§ 58 Abs. 1 BVO RP).

Bei **Privatversicherten mit Beitragszuschuss** nach § 257 SGB V ermäßigt sich der Bemessungssatz grundsätzlich um 20 v. H. für den Zuschussempfänger. Entsprechendes gilt, wenn **freiwillig gesetzlich Versicherte** einen Beitragszuschuss nach § 257 SGB V erhalten und die Krankenkasse keine Leistungen zu den Aufwendungen gewährt (§ 58 Abs. 3 BVO RP).

Haben mehrere Beihilfeberechtigte Anspruch auf den Bemessungssatz von 70 v. H. (wegen zwei oder mehr Kindern), gilt dies nicht, wenn eine der beihilfeberechtigten Personen bereits aus anderen Gründen einen Bemessungssatz von 70 v. H. erhält (§ 57 Abs. 1 Satz 3 BVO RP).

Nach § 58 Abs. 5 BVO RP beträgt auf Antrag der **Bemessungssatz für Versorgungsempfänger** und deren berücksichtigungsfähige Ehegatten 80 v. H., wenn

- das monatliche Gesamteinkommen (Bruttoversorgungsbezüge einschl. Sonderzahlungen, Renten, Kapitalerträgen und sonstigen laufenden Einnahmen des Versorgungsempfängers und seines berücksichtigungsfähigen Ehegatten, ausgenommen BVG-Grundrenten, Blinden- und Wohngeld und Leistungen für Kindererziehung nach § 294 SGB VI) bei Nichtverheirateten 1680 Euro und bei Verheirateten 1940 Euro nicht übersteigt und
- die monatlichen Beiträge für eine beihilfekonforme private Krankenversicherung 15 v. H. des Gesamteinkommens übersteigen.

Hinsichtlich des Bemessungssatzes sind bei gemeinsamer Fahrt mehrerer beihilfeberechtigter oder berücksichtigungsfähiger Personen in einem Pkw die Aufwendungen der ältesten behandlungsbedürftigen Person maßgebend (§ 57 Abs. 3 Nr. 4 BVO RP).

Bei **unverschuldeter Notlage** kann der Bemessungssatz nach Maßgabe des § 58 Abs. 4 BVO RP erhöht werden (§ 58 Abs. 4 BVO RP).

21. Die Beihilfe wird nach Maßgabe der §§ 60 und 61 BVO RP um eine nach Besoldungsgruppen gestaffelte **Kostendämpfungspauschale** von 100 bis 750 Euro je Kalenderjahr gekürzt.
22. Es werden keine **Eigenanteile** abgezogen (z. B. bei Arzneimittelkosten). Folglich besteht insoweit keine Belastungsgrenze.
23. Auf Verlangen der Festsetzungsstelle sind Originalbelege vorzulegen (§ 62 Abs. 4 Satz 5 BVO RP), außerdem kann mit Einwilligung der beihilfeberechtigten oder der berücksichtigungsfähigen Person bei dem Urheber des Beleges Auskunft über die Echtheit eingeholt werden (§ 62 Abs. 4 Satz 6 BVO RP). Belegen in einer Amtssprache außerhalb der EU ist eine Übersetzung beizufügen, die bei Aufwendungen über 500 Euro hinaus beglaubigt sein muss (§ 62 Abs. 5 BVO RP). Es besteht – auch für gesetzlich Versicherte – keine **Antragsgrenze**.

    Die **Antragsfrist** beträgt zwei Jahre (§ 64 Abs. 1 BVO RP).
24. Bei elektronischer Antragstellung werden bei unmittelbaren Landesbeamtinnen und -beamten Beihilfebescheide ausschließlich zum Datenabruf durch Datenfernübertragung bereitgestellt, wobei sich die abrufberechtigte Person für den Abruf zu authentifizieren hat. Der zugrundeliegende Beihilfebescheid gilt dabei als am dritten Tag nach der elektronischen Mitteilung über dessen Bereitstehen als bekanntgegeben (§ 62 Abs. 6 BVO RP). Mit diesem Tag beginnt die Rechtsmittelfrist.

    Bei dem genannten Personenkreis ist die Direktabrechnung zwischen Festsetzungsstelle und zugelassenen Krankenhäusern zulässig, wenn das Land eine Rahmenvereinbarung über die Direktabrechnung abgeschlossen hat oder eine entsprechende Rahmenvereinbarung des Bundes beigetreten ist. Näheres ergibt sich aus § 63 Abs. 2 BVO RP.

Rolfing-Behandlung

Aufwendungen sind nicht beihilfefähig (Abschnitt 1 Nr. 18.3 der Anl. 1 zur BBhV).

Rückforderung zu viel gezahlter Beihilfen

Das Wichtigste in Kürze

- Die Pflicht zur Rückzahlung zu viel gezahlter Beihilfen besteht i. d. R. nur, wenn beim Beihilfeberechtigten noch eine Bereicherung durch die Überzahlung vorliegt, der zu viel gezahlte Betrag insbesondere nicht im Rahmen der allgemeinen Lebensführung verbraucht ist und deshalb ein Vermögenszuwachs besteht. Dasselbe gilt für nach dem Tod des Beihilfeberechtigten den Erben usw. gewährte Beihilfe.
- Ohne Rücksicht auf den Wegfall der Bereicherung muss der zu viel gezahlte Betrag zurückgezahlt werden, wenn und soweit
  a) die Beihilfe unter dem Vorbehalt der Rückforderung oder als Abschlag (Vorschuss) oder aufgrund eines vorläufigen Bescheides gewährt wurde,
  b) der Empfänger die Überzahlung schuldhaft verursacht hat,
  c) der Mangel des rechtlichen Grundes oder die Fehlerhaftigkeit des Bescheides so offensichtlich war, dass der Empfänger dies hätte erkennen müssen.
- In den Fällen, in denen eine Rückzahlungspflicht besteht, kann mit Zustimmung der obersten Dienstbehörde aus Billigkeitsgründen ausnahmsweise ganz oder teilweise von der Rückzahlung abgesehen werden.

1. Rechtliche Grundlagen

Nach § 12 Abs. 2 BBesG und § 52 Abs. 2 BeamtVG (§ 49 Abs. 2 SVG) regelt sich die Rückforderung zu viel gezahlter Bezüge (einschl. zu viel gezahlter Beihilfen) nach den Vorschriften des Bürgerlichen Gesetzbuches (BGB) über die Herausgabe einer ungerechtfertigten Bereicherung. Von der Rückforderung kann aus Billigkeitsgründen mit Zustimmung der obersten Dienstbehörde oder der von ihr bestimmten Stelle ganz oder teilweise abgesehen werden.

„Zu viel gezahlt" (d. h. überzahlt) sind Bezüge, die ohne rechtlichen Grund gezahlt wurden, z. B.:

- ohne Bescheid im Widerspruch zum geltenden Recht
- im Widerspruch zu einem wirksamen Bescheid
- aufgrund eines nichtigen Bescheides im Widerspruch zum geltenden Recht
- aufgrund eines zunächst wirksamen, später jedoch wegen Fehlerhaftigkeit ganz oder teilweise zurückgenommenen, widerrufenen, anderweitig aufgehobenen oder durch Zeitablauf oder in anderer Weise erledigten Bescheides

2. Wegfall der Bereicherung

Zu viel gezahlte Beihilfen sind von der Beihilfestelle zurückzufordern, wenn und soweit

- nicht der **Wegfall der Bereicherung** mit Erfolg geltend gemacht wird oder unterstellt werden kann,
- die Berufung auf den Wegfall der Bereicherung unbeachtlich ist,
- nicht aus Billigkeitsgründen von der Rückforderung abgesehen wird.

Die Rückforderung zu viel gezahlter Bezüge ist ausgeschlossen, wenn die **Bereicherung weggefallen** ist (vgl. § 818 Abs. 3 BGB). Inwieweit eine Bereicherung weggefallen ist, hat der Empfänger im Einzelnen darzulegen und nachzuweisen. Der Wegfall der

Bereicherung ist anzunehmen, wenn der Empfänger glaubhaft macht, dass er die zu viel gezahlten Bezüge im Rahmen seiner Lebensführung verbraucht hat. Eine Bereicherung ist noch vorhanden, wenn im Zeitpunkt der Rückforderung gegenüber dem Beginn des Zeitraums, in dem die Überzahlung geleistet worden ist, ein Vermögenszuwachs zu verzeichnen ist, der ohne die Überzahlung nicht eingetreten wäre. Eine Verminderung von Schulden steht einem Vermögenszuwachs gleich.

3. Anspruch auf Rückforderung

Der **Anspruch auf Rückforderung** zu viel gezahlter Beihilfe bleibt ohne Rücksicht auf den Wegfall der Bereicherung u. a. bestehen, wenn und soweit

- die Beihilfe ausdrücklich unter Rückforderungsvorbehalt, als Vorschuss, als Abschlag oder aufgrund eines als vorläufig bezeichneten oder erkennbaren Bescheides gewährt wurde,
- der Empfänger die Überzahlung durch schuldhafte Verletzung der ihm gegenüber seinem Dienstherrn obliegenden Pflichten verursacht hat,
- der **Mangel des rechtlichen Grundes** der Zahlung oder die Fehlerhaftigkeit des Bescheides so offensichtlich war, dass der Empfänger dies hätte erkennen müssen. Das ist der Fall, wenn der Empfänger den Mangel des rechtlichen Grundes der Zahlung oder die Fehlerhaftigkeit des Bescheides nur deswegen nicht erkannt hat, weil er die im Verkehr erforderliche Sorgfalt in ungewöhnlich hohem Maße außer Acht gelassen hat. Ob die anordnende Stelle oder die mit der Zahlung betraute Kasse die ihr obliegende Sorgfaltspflicht verletzt hat, ist in diesem Zusammenhang ohne Bedeutung. Nach dem Urteil des BVerwG vom 16.11.1989 (NVwZ 1990 S. 672) ist die mögliche Kenntnis der weggefallenen Beihilfevoraussetzungen rechtlich der Kenntnis des Mangels des rechtlichen Grundes der Zahlung gleichzusetzen.

4. Absehen von Rückforderungen aus Billigkeitsgründen

Die Entscheidung darüber, ob und inwieweit aus **Billigkeitsgründen von der Rückforderung überzahlter Beihilfe abgesehen** wird oder ob **Ratenzahlungen** oder sonstige Erleichterungen zugebilligt werden, steht im pflichtgemäßen Ermessen der zuständigen Behörde. Bei der Prüfung, ob von der Rückforderung überzahlter Bezüge abgesehen werden soll, ist ein strenger Maßstab anzulegen. Die Entscheidung bedarf der Zustimmung der obersten Dienstbehörde oder der von ihr bestimmten Stelle, wenn die Rückforderung ganz oder teilweise unterbleiben soll. Bei der Entscheidung sind vor allem die wirtschaftlichen und sozialen Verhältnisse des Empfängers und der Grund der Überzahlung zu berücksichtigen. Üblicherweise soll zumindest ein angemessener Teil der Überzahlung zurückgefordert werden. Ist die Überzahlung aufgrund eines schuldhaften, pflichtwidrigen Verhaltens des Empfängers entstanden, kann grundsätzlich von der Rückforderung nicht abgesehen werden.

5. Vollziehbarkeit

Solange die **Vollziehbarkeit** eines Rückforderungsbescheides oder eines die Rückforderung betreffenden Widerspruchsbescheides infolge eines Widerspruchs oder einer Anfechtungsklage aufgeschoben ist, ist die Einziehung des überzahlten Betrages auszusetzen.

6. Verjährungsfrist

Für den Rückforderungsanspruch gilt die dreijährige Verjährungsfrist des § 195 BGB. Nach dem Tod des Empfängers der Überzahlung können die Erben durch Leistungsbescheid zur Rückerstattung herangezogen werden.

Saarland

Die Saarländische Beihilfeverordnung (BhVO Saar) vom 11.12.1962 in der Fassung der Bekanntmachung vom 10.3.1987 (Amtsbl. S. 329), wurde zuletzt geändert durch Verordnung vom 8.11.2023 (Amtsbl. I S. 1084). Zur Beihilfeverordnung wurden die umfänglichen Ausführungsvorschriften (AV) vom 10.9.2009 erlassen, die zuletzt am 4.5.2021 (Amtsbl. I S. 1562) geändert wurden. Die Regelungen entsprechen weitgehend Bundesrecht. Es bestehen vom Bundesbeihilferecht im Wesentlichen folgende inhaltliche Abweichungen:

1. Soweit sich die Leistungen der Beihilfe nach Inhalt und Gestaltung an denjenigen des SGB V anlehnen, ist davon auszugehen, dass die Beihilfefähigkeit der Aufwendungen notwendig und wirtschaftlich ist und keine andere wirtschaftlichere Behandlungsmöglichkeit mit vergleichbarem diagnostischem und therapeutischem Nutzen bereitsteht. Dies gilt grundsätzlich auch im Verhältnis zu den Richtlinien des Gemeinsamen Bundesausschusses nach § 91 SGB V.
   Aufwendungen für Behandlungen durch Heilpraktiker einschl. der von ihnen verordneten Arznei- und Hilfsmittel sowie von ihnen erbrachten oder veranlassten Laborleistungen sind nicht beihilfefähig (§ 67 Abs. 2 Satz 2 SBG).
2. **Ehegatten/eingetragene Lebenspartner** sind berücksichtigungsfähige Angehörige, wenn der Gesamtbetrag ihrer Einkünfte im zweiten Kalenderjahr vor der Antragstellung 16 000 Euro nicht übersteigt (§ 4 Abs. 7 Satz 1 BhVO Saar). Diese Einkünftegrenze wird regelmäßig im gleichen Verhältnis, wie sich der aktuelle Rentenwert in der gesetzlichen Rentenversicherung erhöht, angepasst und auf volle Euro abgerundet; die Anpassung erfolgte erstmals im Kalenderjahr 2022 mit Wirkung auf das auf die Rentenerhöhung folgende Kalenderjahr (§ 4 Abs. 7 Sätze 3 und 4 BhVO Saar). Für Aufwendungen, die ab dem Jahr 2022 entstanden sind, ergeben sich somit folgende Beträge:

Antragstellung im Jahr	Einkommensteuerbescheid	Einkünftegrenze in Euro
2022	2020	16 000
2023	2021	16 865
2024	2022	17 595

3. Aufwendungen für Wahlleistungen bei stationärer Behandlung sind nach § 67 Abs. 2 Satz 2 SBG grundsätzlich nicht beihilfefähig; eine Ausnahme bilden die von der Übergangsregelung zu § 5 Abs. 1 Nr. 2 BhVO a. F. betroffenen Personen.
4. Bei einer **heilpädagogischen Behandlung** oder Behandlung von spastisch gelähmten Kindern in Heimen sind 7,15 Euro täglich für Unterkunft und Verpflegung, bei einer auswärtigen **ambulanten ärztlichen Behandlung** für Unterkunft 26 Euro täglich beihilfefähig (§ 5 Abs. 1 Nr. 8 bzw. Nr. 12 BhVO Saar).
5. Bei **dauernder Pflegebedürftigkeit** sind die Aufwendungen für häusliche Pflege durch erwerbsmäßig tätige Pflegekräfte bis zu den Beträgen nach § 36 Abs. 3 SGB XI beihilfefähig, bei besonderem Pflegeaufwand auch darüber hinaus (§ 6 Abs. 3 BhVO Saar).
6. Bei **vollstationärer Pflege** sind Unterbringungskosten nach Abzug prozentualer Eigenanteile beihilfefähig (§ 6 Abs. 6 Satz 2 BhVO Saar).
7. Beihilfe zu **Kuren** wird nach § 8 Abs. 1 BhVO Saar bis zu 23 Kalendertagen gewährt, wobei die Kosten für Unterkunft und Verpflegung bis zu 10 Euro (Begleitperson bis zu 7 Euro) täglich beihilfefähig sind (§ 8 Abs. 4 Nr. 2 BhVO Saar). Die beihilfefähigen Höchstbeträge gelten auch für Mutter/Vater-Kind-Kuren.
8. Material- und Laborkosten bei Zahnersatz sind zu 50 v. H. beihilfefähig (§ 9 Abs. 1 BhVO Saar).

9. Für **Säuglings- und Kleinkinderausstattung** wird weiterhin eine Pauschalbeihilfe von 128 Euro je Kind gewährt (§ 12 Satz 2 BhVO Saar).
10. Die Höchstbeträge der von zustehenden zweckentsprechenden Leistungen abhängigen **Bestattungskostenpauschale** betragen 525 Euro und in Todesfällen von Kindern 225,50 Euro, sofern kein Sterbe- oder Bestattungsgeld auf Grund von Rechtsvorschriften, arbeitsvertraglicher Vereinbarung oder Schadenersatz zusteht (§ 14 Abs. 1 BhVO Saar).
11. **Betriebs- und Unterhaltskosten** für Hilfsmittel sind mit den 5 Euro monatlich übersteigenden Kosten beihilfefähig. Nicht beihilfefähig sind Aufwendungen für Batterien für Hörgeräte von Personen, die das 18. Lebensjahr vollendet haben, und für Pflege- und Reinigungsmittel für Kontaktlinsen (Nr. 2.6 in Anlage 4 zu § 5 Abs. 1 Nr. 9 i. V. m. Abs. 2 Satz 1 Buchstabe b BhVO Saar).
12. Außerhalb der EU entstandene Aufwendungen für die erforderliche Notfallversorgung sind ohne Beschränkung auf vergleichbare Inlandskosten beihilfefähig (Nr. 7 der AV zu § 13 BhVO Saar).
13. Es werden keine **Eigenanteile** an Aufwendungen für Arznei- und Verbandmittel, voll- und teilstationäre Krankenhausbehandlungen, Sanatoriumsbehandlungen, Heilbehandlungen sowie für Beförderungskosten abgezogen. Folglich besteht keine Belastungsgrenze für Eigenanteile.
14. Der **Bemessungssatz für Versorgungsempfänger** und deren berücksichtigungsfähige Angehörige wird auf Antrag auf 80 v. H. erhöht, wenn die Versicherungsbeiträge 15 v. H. der Versorgungsbezüge übersteigen (§ 15 Abs. 5 BhVO Saar).
15. Im Todesfall kann Beihilfe zu Aufwendungen im Zusammenhang mit der Behandlung des Verstorbenen nach § 18 BhVO Saar beantragt werden.
16. Eine nach § 108 SGB V mögliche Direktabrechnung von beihilfefähigen Aufwendungen zwischen einem Krankenhaus und der Festsetzungsstelle setzt einen entsprechenden An-

trag der beihilfefähigen Person bei der Letzteren voraus (AV Nr. 4 zu § 17 Abs. 2 BhVO Saar).

17. Die **Antragsgrenze** beträgt 100 Euro. Erreichen die Aufwendungen aus zehn Monaten diesen Betrag nicht, kann eine Beihilfe beantragt (und gewährt) werden (§ 17 Abs. 4 BhVO Saar).
18. Seit 1.1.2011 wird die auszuzahlende Beihilfe je Kalenderjahr um folgende **Kostendämpfungspauschale** (§ 67 Abs. 4 Saarländisches Beamtengesetz) gekürzt:

BesGr. A 7 + A 8	100 Euro
BesGr. A 9 – A 11	150 Euro
BesGr. A 12 – A 15, C 1 + C 2, H 1 – H 3, R 1, W 1	300 Euro
BesGr. A 16, B 2, B 3, C 3, H 4 + H 5, R 2 + R 3, W 2	450 Euro
BesGr. B 4 – B 7, C 4, R 4 – R 7, W 3	600 Euro
höhere BesGr.	750 Euro

Bei Teilzeitbeschäftigung wird die Pauschale im gleichen Verhältnis wie die Arbeitszeit vermindert.

Bei Ruhestandsbeamten bemisst sich die Pauschale nach dem Ruhegehaltssatz (höchster Selbstbehalt 70 v. H. der Pauschale), bei Witwen nach 55 v. H. des Ruhegehaltssatzes (höchster Selbstbehalt 40 v. H. der Pauschale).

Für Kinder vermindert sich die Pauschale um 40 Euro je Kind.

Sie entfällt insbesondere bei Anwärtern, Aufwendungen anlässlich des Todes des Beihilfeberechtigten, gesetzlich Versicherten, dauernder Pflegebedürftigkeit und Maßnahmen der Gesundheitsvorsorge und Früherkennung von Krankheiten.

Sach- und Dienstleistungen

Das Wichtigste in Kürze

- Von der gesetzlichen Kranken-, Unfall- und Rentenversicherung sowie der sozialen Pflegeversicherung werden

Leistungen in Krankheitsfällen usw. i. d. R. nicht in Geld, sondern in Natur erbracht. Mit diesen „Sach- und Dienstleistungen" werden i. d. R. die vollen Kosten übernommen (von Zuzahlungen abgesehen), so dass der Beihilfeberechtigte – bis auf einige Ausnahmen – nicht belastet ist. Da Beihilfen nur gewährt werden, soweit eine Belastung vorliegt, sind Sach- und Dienstleistungen nicht beihilfefähig.

- Nicht beihilfefähig sind u. a. nicht in Anspruch genommene Sach- und Dienstleistungen, bei freiwilligen Mitgliedern der GKV mit Anspruch auf freie Krankenfürsorge oder Beitragszuschuss Aufwendungen für die privatärztliche Behandlung durch Kassenärzte, für die von Kassenärzten auf Privatrezept verordneten Arznei-, Verband- und Hilfsmittel und Heilbehandlungen sowie Zuzahlungen zu Arzneimitteln usw.
- In der GKV Pflichtversicherte sind i. d. R. ausschließlich auf die ihnen zustehenden Sachleistungen angewiesen.
- Aufwendungen, die von der GKV oder der sozialen Pflegeversicherung nicht übernommen werden, aber beihilfefähig sind (z. B. Kosten für die Behandlung durch Heilpraktiker), sind auch bei Mitgliedern der GKV und der sozialen Pflegeversicherung beihilfefähig.

1. Sach- und Dienstleistungsprinzip

Die GKV (Allgemeine Ortskrankenkassen, Ersatzkassen, Innungs-, Land- und Betriebskrankenkassen, Krankenversicherung der Rentner), die gesetzliche Renten- und Unfallversicherung sowie die → Soziale Pflegeversicherung gewähren ihren Versicherten i. d. R. keine Geld-, sondern Sach- und Dienstleistungen (Sachleistungsprinzip im Gegensatz zu dem Kostenerstattungsprinzip der privaten Kranken- und Pflegeversicherung). Der Versicherte hat deshalb – von einigen Ausnahmen abgesehen – keine finanziellen Verpflichtungen gegenüber Ärzten, Krankenhäusern, Apotheken usw. Sein Versicherungsträger hat vielmehr mit Ärzten, Zahnärzten, Krankenhäusern, Apotheken, Heilbehandlern usw. zugunsten der bei ihm Versicherten Verträge abgeschlossen, nach denen die Versicherten die **Leistungen zulasten des Versicherungsträgers in natura** erhalten. Die Versicherungsträger ihrerseits rechnen unmittelbar mit den Verrechnungsstellen, Ärzten, Zahnärzten, Krankenhäusern, Apotheken usw. ab, ohne dass der Versicherte – von Ausnahmen abgesehen – mit eigenen Geldleistungen in Vorlage treten muss.

Mit den Sach- und Dienstleistungen übernimmt der Versicherungsträger i. d. R. die vollen Kosten, so dass der Beihilfeberechtigte – von einigen Ausnahmen abgesehen – nicht belastet ist. Deshalb wird in § 8 Abs. 4 Satz 1 BBhV bestimmt, dass **Sach- und Dienstleistungen** (als Kassenleistungen) **nicht beihilfefähig** sind. Der von den Betroffenen immer wieder kritisierte Ausschluss der Sach- und Dienstleistungen von der Beihilfegewährung ist nach der Rechtsprechung des BVerwG rechtlich nicht zu beanstanden. Ob diese Rechtsprechung angesichts der zunehmenden Durchbrechung des Sachleistungsprinzips (s. nachstehende Ziff. 2) noch zutreffend ist, erscheint fraglich.

Bei Personen,

a) denen ein Zuschuss, Arbeitgeberanteil oder dergleichen zum Krankenversicherungsbeitrag gewährt wird oder
b) die einen Anspruch auf beitragsfreie Krankenfürsorge haben oder
c) deren Beiträge als Versicherungspflichtige zur Krankenversicherung zur Hälfte vom Träger zur Rentenversicherung getragen werden,

gelten als Sach- und Dienstleistungen auch:

- → **Festbeträge** für Arznei-, Verband- und Hilfsmittel nach dem SGB V (einschl. der Vertragssätze für Hilfsmittel, des Zuschusses zu Aufwendungen für Kontaktlinsen anstelle einer erforderlichen Brille und der von der Krankenkasse übernommenen Kosten für Krankentransporte) sowie die Kostenerstattung bei kieferorthopädischer Behandlung und bei Pflichtversicherten die Kostenerstattung nach § 13 SGB V als Sach- und Dienstleistung (§ 8 Abs. 4 Satz 2 BBhV) mit der Folge, dass die darüber hinausgehenden Aufwendungen bei bestimmten Personengruppen nicht beihilfefähig sind (§ 8 Abs. 4 Satz 3 BBhV).

- Aufwendungen – mit Ausnahme der Aufwendungen für Wahlleistungen im Krankenhaus –, die darauf beruhen, dass der **Versicherte die beim Behandler mögliche Sachleistung nicht als solche in Anspruch genommen hat** (§ 8 Abs. 4 Satz 3 Nr. 2 BBhV). Hätte der Behandler im Falle der Vorlage der Versichertenkarte, des Kassenrezepts oder des Überweisungsscheins eine Sachleistung oder des Kassenrezepts zu erbringen gehabt, ist eine Beihilfe ausgeschlossen. Gehört der Behandler oder verordnende Arzt nicht zu dem von der Krankenkasse zugelassenen Behandlerkreis, sind die zustehenden, aber nicht in Anspruch genommenen Leistungen gleichwohl bei der Beihilfefestsetzung zu berücksichtigen.

- Sofern Erstattungs- oder Sachleistungsansprüche gegen Dritte (gleich welcher Leistungsträger) nicht geltend gemacht wurden, ist deren Wert auf die beihilfefähigen Aufwendungen anzurechnen. Dabei werden Aufwendungen für Arznei- und Verbandmittel voll, die übrigen Aufwendungen zu 50 v. H. angesetzt. Dies gilt jedoch nicht für freiwillig gesetzlich Versicherte und die anderen in § 9 Abs. 3 BBhV bezeichneten Personen. Diese Einschränkungen gelten jedoch nicht für freiwillig in der GKV Versicherte ohne Anspruch auf Beitragszuschuss oder einen solchen von weniger als 21 Euro im Monat sowie die übrigen in § 8 Abs. 4 Satz 3 BBhV genannten Personen (also Personen mit Ansprüchen nach § 10 Abs. 2, 4 und 6 BVG und von der Pflichtversicherung einer anderen Person erfassten berücksichtigungsfähigen Kinder.

- Besteht nach ausländischen Sozialversicherungssystemen nachweislich kein Versicherungsschutz, erfolgt keine fiktive Anrechnung auf die beihilfefähigen Aufwendungen (vgl. VV 9.3.3).

Zu den anzurechnenden Leistungen zählen auch Leistungen des Arbeitgebers, die nicht als Geldleistungen gewährt werden, aber zum beitragspflichtigen Arbeitsentgelt gehören.

Im Ergebnis laufen diese Regelungen darauf hinaus, dass bei dem genannten Personenkreis (nämlich bei freiwilligen Mitgliedern der GKV mit Anspruch auf freie Krankenfürsorge oder Beitragszuschuss) Aufwendungen für **ambulante ärztliche Behandlung, für Arznei-, Verband- und Hilfsmittel sowie für Heilbehandlungen** (z. B. Massagen und Krankengymnastik) nur beihilfefähig sind, wenn die Behandlung durch einen nicht zur Krankenversorgung zugelassenen Arzt, Zahnarzt oder Therapeuten (z. B. Psychotherapeut, Masseur, Krankengymnast) oder durch einen Heilpraktiker erbracht wird. Privatärztliche ambulante Behandlungskosten von Vertragsärzten, Vertragszahnärzten und Vertragstherapeuten sowie die von Vertragsärzten und Vertragszahnärzten auf Privatrezept verordneten Arznei-, Verband- und Hilfsmittel sowie Heilmittel sind somit bei dem erwähnten Personenkreis nicht beihilfefähig.

Die vorstehend dargestellte Einschränkung gilt nicht für Personen, die Leistungen nach § 10 Abs. 2, 4 und 6 BVG oder hierauf bezugnehmenden Vorschriften erhalten, sowie für berücksichtigungsfähige Kinder eines Beihilfeberechtigten, die von der Pflichtversicherung in der gesetzlichen Kranken- oder Rentenversicherung einer anderen Person erfasst werden.

Der Ausschluss der Sachleistungen von der Beihilfefähigkeit gilt nicht für Sozialhilfe, wenn Ansprüche auf den Sozialhilfeträger übergeleitet werden (§ 8 Abs. 5 BBhV). Wegen der Überleitung des Beihilfeanspruchs auf einen Sozialhilfeträger → Sozialhilfe nach dem SGB XII.

2. Ausnahmen

Vom Sach- und Dienstleistungsprinzip gibt es einige **Ausnahmen:**

- Zu bestimmten Leistungen der Krankenkasse (z. B. Arznei- und Verbandmittel, Hilfsmittel, Krankenhausbehandlung, Fahrtkosten) muss der Versicherte Zuzahlungen bzw. → Kostenanteile leisten.
- Sind für bestimmte Leistungen Festbeträge festgesetzt, erfüllt die Krankenkasse ihre Leistungspflicht mit dem Festbetrag; darüber hinausgehende Aufwendungen gehen zulasten des Versicherten.
- Pflicht- und freiwillig Versicherte können Kostenerstattung anstelle von Sach- und Dienstleistungen wählen.
- Anstelle der häuslichen Pflegehilfe können Pflegebedürftige Pflegegeld beantragen.
- Die kieferorthopädische Behandlung erfolgt als Sachleistung.

3. Anrechnung von Geldleistungen für freiwillige Mitglieder

Wird **freiwilligen Mitgliedern** der GKV anstelle einer Sachleistung eine **Geldleistung** gewährt, wird diese auf die beihilfefähigen Aufwendungen angerechnet, ausgenommen Leistungen an Beihilfeberechtigte, die dem gemeinsamen Krankenfürsorgesystem der EU angehören (§ 9 Abs. 1 Satz 1 und 2 BBhV). Das Gleiche gilt, wenn ausnahmsweise keine Sachleistung, sondern ein **Zuschuss** (z. B. für Hilfsmittel und Körperersatzstücke) gewährt wird. Grundlage für die Beihilfeberechnung sind daher die an sich beihilfefähigen Aufwendungen abzüglich der von der GKV erbrachten Geldleistungen. Das gilt auch bei der Inanspruchnahme von Wahlleistungen eines Krankenhauses → Krankenhausbehandlung, Ziff. 10 bis 13.

Über zustehende Sach- und Dienstleistungen (insbesondere der GKV) hinaus verursachte Aufwendungen sind im Rahmen der BBhV beihilfefähig, auch wenn der freiwillig Versicherte einen

Beitragszuschuss erhält. Desgleichen sind diese Versicherten nicht verpflichtet, Sach- und Dienstleistungen in Anspruch zu nehmen. Auch die dadurch entstehenden Aufwendungen sind im Rahmen der BBhV beihilfefähig. Abschläge bei einer Kostenerstattung nach § 13 Abs. 2 Satz 11 und § 64 SGB V sind dagegen nicht beihilfefähig.

4. Sachleistungen für Pflichtversicherte

Die in der GKV **pflichtversicherten Arbeitnehmer** sind nach den geltenden Tarifverträgen i. d. R. ausschließlich auf die ihnen zustehenden Sachleistungen angewiesen. Gegenüber diesen Tarifvertragskräften (Arbeitnehmern und Auszubildenden) erfüllen die Arbeitgeber ihre Fürsorgepflicht in Krankheitsfällen im Wesentlichen durch Entrichtung des Arbeitgeberanteils zur GKV. Aufwendungen, die dadurch entstanden sind, dass der Pflichtversicherte die ihm zustehenden Sachleistungen nicht in Anspruch nimmt oder sich anstelle einer möglichen Sachleistung eine Geldleistung gewähren lässt, sind nicht beihilfefähig. Lediglich in den Fällen, in denen die GKV nur einen Zuschuss leistet oder – im Gegensatz zum Beihilferecht (wie z. B. bei Behandlung durch einen Heilpraktiker) – keine Leistung vorsieht, sind die verbleibenden Aufwendungen im Rahmen der Beihilfevorschriften beihilfefähig; vor der Berechnung der Beihilfe werden die beihilfefähigen Aufwendungen um den Zuschuss gekürzt (→ Tarifvertragskräfte).

Die Verweisung der Pflichtversicherten auf die ihnen zustehenden Sach- und Dienstleistungen gilt nicht in den Fällen, in denen neben dem tarifrechtlichen Beihilfeanspruch auch ein Anspruch auf Gewährung einer Beihilfe nach beamtenrechtlichen Grundsätzen besteht, wie das z. B. bei einer im öffentlichen Dienst als Arbeitnehmerin beschäftigten Beamtenwitwe der Fall ist. Solche und andere Fälle des Zusammentreffens mehrerer Beihilfeberechtigungen sind unter dem Stichwort → Beihilfeberechtigte Personen (Ziff. 6) dargestellt.

Beihilfen können unter bestimmten Voraussetzungen auch **Mitglieder der KVdR** erhalten. → Krankenversicherung der Rentner, Ziff. 9

5. Unfall- und Rentenversicherung

Für Sach- und Dienstleistungen der gesetzlichen **Unfallversicherung** und der gesetzlichen **Rentenversicherung** und sonstiger Leistungsträger gelten die gleichen Vorschriften wie für Sachleistungen der GKV.

6. Sachbezüge

Sachbezüge, die der Arbeitgeber nicht als Geldleistungen gewährt (wie Wohnung, Heizung, Beleuchtung oder Verköstigung), gehören zum steuer- und beitragspflichtigen Arbeitslohn. Sie werden regelmäßig der Entwicklung der Verbraucherpreise angepasst.

Sachsen

Grundlage für die Beihilfefähigkeit von Aufwendungen im Freistaat Sachsen sind §§ 80 und 80a Sächsisches Beamtengesetz (SächsBG) und die Sächsische Beihilfeverordnung (SächsBhVO). Zur SächsBhVO in der Fassung der Bekanntmachung vom 24.8.2016 (SächsGVBl. S. 383, 609) ist die umfängliche Verwaltungsvorschrift (VwV-SächsBhVO) vom 24.2.2016 (SächsABl. S. 266, zuletzt geändert durch die Verwaltungsvorschrift vom 1.6.2021, SächsABl. S. 705) ergangen, zuletzt enthalten in der Verwaltungsvorschrift vom 1.12.2023 (SächsABl. SDr. S. S 253). Die Sächsische Beihilfeverordnung wurde zuletzt durch Artikel 1 der Verordnung vom 11.12.2023 (SächsGVBl. S. 893) geändert. Zusammen mit den Neuregelungen im SächsBG haben sich ab 1.1.2024 umfangreiche Änderungen im sächsischen Beihilferecht ergeben (Ziffer 1). Gegenüber dem Bundesbeihilferecht bestehen im Übrigen folgende inhaltliche Abweichungen:

1. Wesentliche Änderungen ab 1.1.2024:
   - Änderung der Bemessungssätze (siehe Ziffer 18)
   - Der Selbstbehalt von 40 Euro je Kalenderjahr ist für ab 1.1.2024 entstandene Aufwendungen entfallen.
   - Einführung der pauschalen Beihilfe (siehe Ziffer 22)
   - Beihilfeberechtigten, die keine pauschale Beihilfe erhalten, wird der Beitrag für die beihilfekonforme PKV ihrer berücksichtigungsfähigen Angehörigen ab 1.1.2024 bis zu höchstens 104 Euro (Erwachsene) bzw. 21,45 Euro (je Kind) monatlich erstattet (§ 80b SächsBG).
   - Erhöhung der Ehegattengrenzbetrags: Die Einkunftsgrenze für die Ehegattenbeihilfe (Durchschnitt der Einkünfte in den letzten drei Jahren vor der Leistungserbringung) wurde im Jahr 2024 von 18 000 Euro auf 18 504 Euro angehoben(§ 4 Abs. 2 Satz 1 SächsBhVO). Dieser Grenzbetrag ist für den gesamten Dreijahreszeitraum zugrunde zu legen. Der Betrag ist dynamisch und an die Erhöhung der Grundgehaltssätze nach § 19 des Sächsischen Besoldungsgesetzes gekoppelt. Die Erhöhung tritt mit Wirkung zum 1. Januar des zweiten Jahres ein, das dem Jahr der Erhöhung des Grundgehaltes folgt.
     Keine Einkunftsgrenze besteht insbesondere bei Aufwendungen anlässlich u. a. Schwangerschaft und Geburt sowie hinsichtlich der Pauschalbeihilfe für Säuglings- und Kleinkinderausstattung (§ 4 Abs. 2 Satz 6 SächsBhVO).
2. Bei gesetzlich Versicherten besteht nach Maßgabe des § 5 Abs. 3 SächsBhVO ein Beihilfeanspruch nur bei Zahnersatz, Heilpraktikerleistungen, Sehhilfen nach Vollendung des 18. Lebensjahres und Wahlleistungen eines Krankenhauses.
3. Die tiefenpsychologisch fundierte oder analytische Psychotherapie ist nach Maßgabe des § 17 Abs. 1 SächsBhVO auch beihilfefähig, wenn sie jeweils als Kombination aus Einzel- und Gruppenbehandlung durchgeführt wird.

4. Bei der Verlängerung von kieferorthopädischen Leistungen über den Behandlungszeitraum von vier Jahren hinaus sind Behandlungen im Einzelfall bis zu bestimmten Höchstbeträgen beihilfefähig (§ 12 SächsBhVO).
   Unabhängig vom Vorliegen bestimmter Indikationen sind Aufwendungen für bis zu zwei Implantate je Kieferhälfte beihilfefähig (§ 11 Abs. 1 SächsBhVO).
   Auslagen, Material- und Laborkosten sowie Kosten der Lagerhaltung (§ 4 Abs. 3, § 9 GOZ) sind bei zahnärztlicher Behandlung grundsätzlich zu 60 v. H. beihilfefähig (§ 14 Abs. 1 SächsBhVO). Bei Versorgung mit Inlays, Zahnkronen, Zahnersatz und Suprakonstruktionen sind diese Aufwendungen zu 65 v. H., bei Indikationen nach § 11 Abs. 2 SächsBhVO zu 100 v. H. beihilfefähig.
5. Aufwendungen für ein Hörgerät, ein Tinnitusgerät oder ein kombiniertes Hör- und Tinnitusgerät sind bei Personen über 18 Jahren bis zu 1750 Euro je Ohr (bis 31.12.2023 bis zu 1500 Euro) beihilfefähig, Mindesttragezeit vor einer Ersatzbeschaffung vier Jahre (§ 23 Abs. 7 SächsBhVO).
   Aufwendungen für Perücken und sonstige Kopfhaarersatzstücke sind einschließlich der Kosten für das Verkleben ab 1.1.2024 bis zu 600 Euro (bis 31.12.2023 bis zu 520 Euro) beihilfefähig (§ 23 Abs. 6 SächsBhVO). Die Aufwendungen für eine Zweitperücke sind zusätzlich beihilfefähig, wenn eine Perücke voraussichtlich länger als ein Jahr getragen werden muss. Es besteht erst nach drei Jahren (auch für Zweitperücken) ein Anspruch zur Neubeschaffung.
6. Aufwendungen für Brillengläser (einschl. Handwerksleistung und Reparaturkosten) und Kontaktlinsen sind bei Personen über 18 Jahre ab 1.1.2024 auf 110 Euro (bis 31.12.2023 auf 100 Euro) je Auge und alle zwei Jahre begrenzt (§ 24 Abs. 4 SächsBhVO). Beim Vorliegen bestimmter Indikationen sind Aufwendungen für Kurzzeit-Kontaktlinsen ohne die vorstehenden Begrenzungen beihilfefähig. Für Sportbrillen von Schülern gelten besondere Regelungen. Bei ei-

ner Refraktionsbestimmung durch Augenoptiker anlässlich einer Ersatzbeschaffung sind die Kosten ab 1.1.2024 bis zu 17 Euro (bis 31.12.2024 bis 15 Euro) beihilfefähig (§ 24 Abs. 3 Satz 2 SächsBhVO).

7. Nach Maßgabe des § 32 Abs. 1 Satz 3 SächsBhVO sind allgemein (ohne ärztliche Verordnung) auch Fahrtkosten bei ambulanter Krankenbehandlung beihilfefähig.
   Für die Erstattung von Fahrtkosten gilt das Sächsische Reisekostengesetz mit der Maßgabe, dass bei Kfz-Benutzung nur die niedrigste Wegstreckenentschädigung beihilfefähig ist. Die beihilfefähigen Fahrtkosten sind grundsätzlich um 10 Euro je einfache Fahrt zu kürzen. Ausgenommen sind besonders Fahrtkosten bei bestimmten Schwerbehinderungen und Fahrten zur ambulanten Dialyse sowie anlässlich onkologischer Strahlen- oder Chemotherapie (§ 32 Abs. 3 SächsBhVO).
   Fahrt- und Flugkosten anlässlich Behandlungen außerhalb der EU sind nur in den von der SächsBhVO bezeichneten Fällen beihilfefähig (§ 5 Abs. 2 Nr. 2 SächsBhVO).
8. Bei als Wahlleistung gesondert berechneter Unterkunft erfolgt ein Abzug von 14,50 Euro täglich von den Kosten des Zweibettzimmers (§ 59 Abs. 2 SächsBhVO). Werden Zweibettzimmer weder als allgemeine Krankenhausleistung noch als Wahlleistung angeboten, sind die Unterkunftskosten bis zur Hälfte der Kosten eines Einbettzimmers beihilfefähig (§ 20 Abs. 1 Nr. 4 Buchstabe b SächsBhVO).
   Bei Krankenhäusern ohne Zulassung nach § 108 SGB V sind Aufwendungen für Untersuchungen und Behandlungen nach Maßgabe des § 20 Abs. 2 SächsBhVO beihilfefähig.
9. Die Beihilfefähigkeit von Kosten einer Heilkur sind grundsätzlich geknüpft an dreijährige ununterbrochene Beschäftigung im öffentlichen Dienst und an ein nicht feststehendes Verlassen des öffentlichen Dienstes ein Jahr nach Durchführung der Heilkur (§ 39 Abs. 4 Satz 3 SächsBhVO).
   Kuren am Toten Meer wegen Neurodermitis oder Psoriasis stehen auch Versorgungsempfängern und berücksichti-

gungsfähigen Angehörigen offen (§ 39 Abs. 5 SächsBhVO). Mutter-/Vater-Kind-Rehabilitationsmaßnahmen sind nur bei Kindern unter 12 Jahren und schwerbehinderten Kindern beihilfefähig (§ 37 Abs. 2 Nr. 3 SächsBhVO).

10. Eine an nahe Angehörige gezahlte Vergütung für häusliche Krankenpflege ist bis zu 60 v. H. der in § 30 Abs. 3 Satz 3 SächsBhVO bezeichneten tariflichen Vergütung beihilfefähig, sofern entsprechende Arbeitseinkünfte ausfallen. Aufwendungen für eine Familien- und Haushaltshilfe sind unter den in § 35 Abs. 1 und 2 SächsBhVO beschriebenen Voraussetzungen bis zu 12,41 Euro je Stunde, höchstens 99,28 Euro täglich, beihilfefähig. Erfolgt die Familien- und Haushaltshilfe durch nicht im Haushalt lebende nahe Angehörige der hilfsbedürftigen Person, sind nur die Fahrtkosten, höchstens bis zu 36 Euro täglich, beihilfefähig (§ 35 Abs. 3 SächsBhVO). Nahe Angehörige im Sinne dieser Vorschrift sind die Ehegatten, Lebenspartner, Eltern und Kinder der behandelten Person (§ 35 Abs. 6 SächsBhVO). Erfolgt die Unterbringung im Haushalt einer Person, die mit der hilfsbedürftigen Person bis zum zweiten Grad verwandt oder verschwägert ist, sind nur die Fahrtkosten dem Grunde nach beihilfefähig, und zwar nur einmalig jeweils für die Hin- und Rückfahrt der hilfsbedürftigen Person zum außerhäuslichen Unterbringungsort (§ 35 Abs. 4 Satz 3 und 4 SächsBhVO).
11. Aufwendungen für ein Medizinisches Aufbautraining (MAT) oder eine Medizinische Trainingstherapie (MTT) sind begrenzt auf 25 Behandlungen je Kalenderhalbjahr und nur beim Vorliegen der Voraussetzungen des § 26 Abs. 4 SächsBhVO beihilfefähig.
12. Bei auswärtigen Untersuchungen und Behandlungen (ausgenommen Kuren) sind Unterkunfts- und Verpflegungskosten bis zur Höhe des nach § 7 Abs. 1 Satz 1 des Sächsischen Reisekostengesetzes geregelten Höchstbetrages beihilfefähig (vgl. § 33 Abs. 1 SächsBhVO). Dies gilt auch für Begleitpersonen. Es muss eine auswärtige Behandlung (ausgenom-

men Heilkur) vorliegen, die mehr als 30 km vom Wohnort entfernt erfolgt, oder die tägliche Rückkehr zur Wohnung muss nach Maßgabe des § 33 Abs. 1 Satz 2 SächsBhVO unzumutbar sein.
Bei Kuren am Toten Meer sind Fahrt- und Flugkosten bis insgesamt 700 Euro beihilfefähig. Besteht mit Sozialversicherungsträgern eine pauschale Vergütungsvereinbarung, sind die Aufwendungen insgesamt bis zur Höhe dieser Pauschalen beihilfefähig (§ 39 Abs. 5 SächsBhVO).

13. Die für Hebammengebühren geltenden Höchstbeträge ergeben sich aus der Anlage 6 zur Sächsischen Beihilfeverordnung. Sie gelten auch für außerhalb des Freistaates Sachsen erfolgte Hebammenleistungen (Nr. 44.2.1 VwV SächsBhVO). Für jedes lebend geborene Kind wird für die Säuglings- und Kleinkinderausstattung eine Geburtspauschale von 150 Euro gewährt (§ 44 Abs. 4 SächsBhVO). Die Geburtspauschale steht auch zu, wenn der Beihilfeberechtigte ein Kind unter zwei Jahren adoptiert oder mit dem Ziel der Adoption in seinen Haushalt aufgenommen hat und dabei die Eltern die Einwilligung zur Adoption erteilt haben (§ 44 Abs. 4 SächsBhVO).
14. Aufwendungen für Gesundheitsuntersuchungen sind beihilfefähig, soweit der Beihilfeberechtigte oder berücksichtigungsfähige Angehörige das 18. Lebensjahr vollendet hat (§ 41 Abs. 1 SächsBhVO und entspr. Anwendung von § 25 Abs. 1, 3 und 4 SGB V). Bis zur Vollendung des 35. Lebensjahres ist einmalig eine Gesundheitsuntersuchung beihilfefähig; ab Vollendung des 35. Lebensjahres alle drei Jahre (Nr. 41.1.2 VwV SächsBhVO). Aufwendungen zur Früherkennung von Krebserkrankungen sind gemäß § 41 Abs. 2, 4 und 5 SächsBhVO beihilfefähig. § 25 Abs. 2 bis 4 SGB V gilt entsprechend.
15. Übersteigen bei häuslicher Pflege die Pflegeaufwendungen für geeignete Pflegekräfte die Höchstbeträge nach § 49 Abs. 1 und 3 SächsBhVO, sind die Mehrkosten bis zu den in § 49 Abs. 5 SächsBhVO festgesetzten Obergrenzen beihilfe-

fähig (siehe auch Nr. 49.5.1 und Beispiele in Nr. 49.5.4 VwV SächsBhVO).
Bei Verhinderung der Pflegeperson werden für längstens sechs Wochen im Kalenderjahr die Leistungen nach § 51 SächsBhVO weitergewährt.
Beihilfe bei Kurzzeitpflege steht für höchstens acht Wochen im Kalenderjahr zu (§ 52 SächsBhVO).
Zu den nicht durch Beihilfe gedeckten Aufwendungen einer vollstationären Pflege wird zusätzliche Beihilfe gewährt, wenn sie den Eigenanteil des Einkommens nach § 55 Abs. 5 SächsBhVO übersteigen. In diesen Fällen erhöht sich der Bemessungssatz für den Eigenanteil übersteigende erstattungsfähige Aufwendungen auf 100 Prozent (§ 57 Abs. 10 Satz 2 SächsBhVO).
§ 49a SächsBhVO sieht unter den dort genannten Voraussetzungen bei häuslicher Pflege und Wohnen in ambulant betreuten Wohngruppen einen pauschalen Zuschlag von 214 Euro monatlich (Höhe entsprechend § 38a Abs. 1 SGB XI) zu den beihilfefähigen Aufwendungen vor.
Die Beihilfe zu Aufwendungen zur Verbesserung des individuellen Umfeldes steht nicht pflegeversicherten Personen nur zur Hälfte zu (§ 54 Abs. 3 Satz 2 SächsBhVO).
Für Beamte im Ausland und ihre berücksichtigungsfähigen Angehörigen sind Pflegekosten bei dauernder Pflegebedürftigkeit im Ausland wie beim Verbleiben am Wohnort bzw. am letzten früheren Dienstort beihilfefähig (§ 7a Abs. 1 SächsBhVO).

16. Bei freiwillig gesetzlich Versicherten erhöht sich der Bemessungssatz auf 100 Prozent der nicht durch Kassenleistungen gedeckten beihilfefähigen Aufwendungen. Dies gilt nicht für Aufwendungen, zu denen die Kasse weder Leistungen noch Zuschüsse gewährt hat (§ 57 Abs. 9 SächsBhVO).
17. Bei Arzneimitteln, Verbandmitteln und stofflichen Medizinprodukten wird von den beihilfefähigen Aufwendungen eine vom Abgabepreis abhängige Eigenbeteiligung (4/4,50/

5 Euro je Mittel) abgezogen. Davon sind u. a. ausgenommen berücksichtigungsfähige Kinder sowie Empfänger von Versorgungsbezügen bis zum 1,1-fachen Satz des Mindestruhegehalts. Die Eigenbeteiligung beträgt bei der KrankenhausWahlleistung „Unterkunft" 14,50 Euro je Aufenthaltstag (§ 59 SächsBhVO).

18. Mit der **Neuregelung der Bemessungsätze** (§ 80 SächsBG, § 57 SächsBhVO) haben sich folgende wesentliche Änderungen ergeben:
    - 70 % für aktive Beihilfeberechtigte (Beamte, Richter) mit einem Kind
    - 90 % für aktive Beihilfeberechtigte und Versorgungsempfänger mit zwei oder mehr Kindern
    - 90 % für berücksichtigungsfähige Ehegatten, Lebenspartner und Kindern.

    Die neuen Bemessungssätze gelten für ab dem 1.1.2024 entstandene Aufwendungen (z. B. Datum des Arztbesuchs). Bei Aufwendungen in Pflegefällen gelten die bisherigen Bemessungssätze nach Maßgabe des § 57 Abs. 5 SächsBhVO unverändert fort.
19. Eigenbeteiligungen werden bis zu den Belastungsgrenzen des § 61 SächsBhVO erhoben.
20. Eine Antragsgrenze besteht nicht. Die Antragsfrist beträgt zwei Jahre nach Entstehen der Aufwendungen oder der Ausstellung der Rechnung (§ 63 SächsBhVO).
21. Bei stationären Krankenhausbehandlungen, Anschlussbehandlungen und Reha-Maßnahmen kann veranlasst werden, dass die Leistungserbringer oder Rechnungssteller die Beihilfe direkt von der Festsetzungsstelle anfordern (§ 62 Abs. 5 SächsBhVO).
22. Nach § 80a SächsBG können freiwillig in der GKV oder zu 100 Prozent in der PKV versicherte Beihilfeberechtigte ab 1.1.2024 anstatt individueller Beihilfe eine **pauschale Beihilfe** wählen. Sie ist schriftlich (per Formular) zu beantragen

(§ 65 Abs. 1 Satz 1 SächsBhVO). Die Entscheidung für die pauschale Beihilfe ist unwiderruflich (§ 80a Abs. 1 Satz 2 SächsBG). Sie beträgt grundsätzlich die Hälfte der anfallenden Kosten einer notwendigen Krankenvollversicherung (§ 80a Abs. 3 SächsBG) und wird monatlich im Voraus gezahlt (§ 66 Abs. 1 SächsBhVO).

Sachsen-Anhalt

Nach § 3 Abs. 8 Besoldungs- und Versorgungsrechtsergänzungsgesetz des Landes Sachsen-Anhalt vom 8.2.2011 (GVBl. LSA 2011, S. 68, 101), zuletzt geändert durch Artikel 2 des Gesetzes vom 7.12.2022 (GVBl. LSA S. 354), gelten bis zum Inkrafttreten einer eigenen Beihilfeverordnung die einschlägigen Regelungen des Beamtengesetzes von Sachsen-Anhalt und die in Bezug genommene Bundesbeihilfeverordnung.

Sauerstoff-Darmsanierung

Aufwendungen für Sauerstoff-Darmsanierung (Colonics) sind nicht beihilfefähig (Abschnitt 1 Nr. 9.3 der Anl. 1 zur BBhV).

Sauerstoffgeräte

Aufwendungen sind als Inhalationsgeräte beihilfefähig (Abschnitt 1 Nr. 9.3 der Anl. 11 zur BBhV).

Sauerstoff-Mehrschritt-Therapie nach Prof. Dr. von Ardenne

Aufwendungen sind nicht beihilfefähig (Abschnitt 1 Nr. 9.3 der Anl. 1 zur BBhV).

Säuglingsfrühnahrung

Säuglingsfrühnahrung, die neben oder anstelle der Muttermilch gegeben wird, ist kein Arzneimittel, sondern dient als vorbeugendes Nahrungsmittel. Die Aufwendungen für diese Spezialnahrung sind daher nicht beihilfefähig.

Saunabäder

Saunabäder als Maßnahme der allgemeinen Gesundheitspflege oder -vorsorge sind keine Heilmaßnahme und daher nicht beihilfefähig. Vom Arzt im Rahmen einer → Rehabilitationsmaßnahme oder → Heilkur als → Heilmittel (Ziff. 2) schriftlich verordnete Saunabäder sind dagegen beihilfefähig.

Schadensersatzansprüche

Das Wichtigste in Kürze

- Ansprüche auf Schadensersatz gehen dem Beihilfeanspruch vor. Sofern Schadensersatz erlangt werden kann, ist daher i. d. R. für eine Beihilfe kein Raum.
- Für über den Schadensersatzanspruch hinausgehende Aufwendungen und in den Fällen, in denen kein Schadensersatzanspruch realisiert werden kann, werden im Rahmen des Beihilferechts Beihilfen gewährt. Vor der Abtretung von Schadensersatzansprüchen empfiehlt es sich, Kontakt zur Beihilfestelle aufzunehmen; das Gleiche gilt für Vergleiche über solche Ansprüche.
- Die frühere Möglichkeit, bei sich hinziehender Durchsetzung des Schadensersatzanspruchs hinsichtlich offener Kosten eine finanzielle Hilfe gewähren zu können, ist entfallen.
- Bei nach Beamtenrecht auf den Dienstherrn übergegangenen Schadensersatzansprüchen (Forderungsüber-

gang) wird Beihilfe ohne Berücksichtigung etwaiger Leistungen aufgrund des Schadensersatzanspruchs gewährt.

1. Kein Beihilfeanspruch bei Schadensersatzansprüchen

Ein Beihilfeberechtigter, der durch Verschulden eines Dritten eine Gesundheitsschädigung (z. B. durch einen Verkehrsunfall) erleidet, hat insoweit nach § 8 Abs. 2 BBhV keinen Beihilfeanspruch, als für die entstandenen Aufwendungen ein Schadensersatzanspruch gegen den Dritten besteht, der nicht auf den Dienstherrn oder von ihm Beauftragte übergeht oder die Ansprüche auf einen anderen übergegangen oder übertragen worden sind. Vgl. hierzu VV 8.2.

Steht Beihilfeberechtigten oder berücksichtigungsfähigen Personen gegen Leistungserbringer wegen unrichtiger Abrechnung von Leistungen ein Anspruch auf Erstattung oder Schadensersatz zu, kann der Dienstherr bewirken, dass der Anspruch insoweit auf ihn übergeht, als er zu hohe Beihilfe gewährte. Die zugrundeliegende Beihilfegewährung an die Antragsteller bleibt unberührt (vgl. § 80 Abs. 5 BBG).

2. Kein Beihilfeanspruch bei Abfindungen oder Vergleichen

Der Ausschluss von Beihilfeansprüchen bei Schadensersatzansprüchen gilt auch bei Abfindungsvereinbarungen und Vergleichen. Sind durch eine Abfindungsvereinbarung oder einen Vergleich auch künftig entstehende Aufwendungen (ggf. im Verhältnis der Schadensteilung) abgegolten worden, wird Beihilfe auch nicht insoweit gewährt, als der künftig tatsächlich entstehende Schadensbetrag den Abfindungsbetrag übersteigt. Zur Vermeidung von Nachteilen empfiehlt es sich, vor Abschluss einer Abfindungsvereinbarung oder eines Vergleichs sich an die Beihilfestelle zu wenden. Für die Beihilfefestsetzung kann – ggf. im Benehmen mit der Krankenversicherung des

Beihilfeberechtigten, auf die der Anspruch übergegangen ist – i. d. R. davon ausgegangen werden, dass die im Vergleich vereinbarte Schadensteilung der wirklichen Sach- und Rechtslage entspricht, sofern nicht konkrete Anhaltspunkte – insbesondere, wenn neben der vereinbarten Schadensteilung weitere Leistungen erbracht werden – Anlass zu Zweifeln geben.

Der Ausschluss des Beihilfeanspruchs gilt auch, wenn der zustehende Schadensersatzanspruch ganz oder teilweise auf ein privates Versicherungsunternehmen übergeht, weil dieses Leistungen erbracht hat. Entsprechendes gilt, wenn der durch das Verschulden eines Dritten Verletzte in der GKV versichert ist; der gegen den Dritten bestehende Schadensersatzanspruch geht im Augenblick seines Entstehens auf den Versicherungsträger über. Der sofortige Forderungsübergang hat zur Folge, dass der Verletzte zu keiner Zeit vollständig über den Schadensersatzanspruch verfügen oder ihn gerichtlich geltend machen kann. Gleichwohl ist auch hier der Beihilfeanspruch ganz oder teilweise ausgeschlossen, weil dem Verletzten zwar kein Anspruch auf Kostenerstattung gegen einen Dritten, wohl aber ein gesetzlicher Anspruch auf Krankenhilfe gegen den Träger der GKV zusteht.

3. Anspruch gegen ersatzpflichtige Familienangehörige

Richtet sich der Schadensersatzanspruch nicht gegen einen außenstehenden Dritten, sondern gegen einen ersatzpflichtigen Familienangehörigen, ist von der Anrechnung des Anspruchs abzusehen, es sei denn, es können Leistungen einer Haftpflichtversicherung erlangt werden. In diesen Fällen findet nach der einschlägigen Rechtsprechung des BVerwG grundsätzlich kein Übergang der Schadensersatzansprüche auf den Dienstherrn bzw. den Versicherungsträger statt. Als Familienangehörige gelten alle Personen, die mit dem Geschädigten verwandt oder verschwägert sind und mit ihm wegen der verwandtschaftlichen Bindungen in häuslicher Gemeinschaft wohnen.

Wird auf die Geltendmachung der gegen eine Haftpflichtversicherung bestehenden Ansprüche verzichtet, um die Minderung eines sog. Schadensfreiheitsrabatts zu vermeiden, liegt eine Leistung der Haftpflichtversicherung vor, mit der die Sonderbehandlung der Familienangehörigen hinfällig wird.

4. Übergang des Schadensersatzanspruchs

Von dem Grundsatz, dass Aufwendungen insoweit nicht beihilfefähig sind, als Schadensersatz von einem Dritten erlangt werden kann oder hätte erlangt werden können oder die Ansprüche auf einen anderen übergegangen oder übertragen worden sind, wird dahingehend zum Vorteil der Beihilfeberechtigten (auch weil es die Mehrzahl der Fälle betrifft) abgewichen, dass Aufwendungen beihilfefähig sind, die auf einem Ereignis beruhen, das nach § 76 BBG oder entsprechenden landesrechtlichen Vorschriften zum **Übergang des gesetzlichen Schadensersatzanspruchs auf den Dienstherrn** führt.

Der Übergang des Schadensersatzanspruchs nach § 76 BBG (im Zeitpunkt des Schadensereignisses) hat für den betroffenen Beihilfeberechtigten den Vorteil, dass er Beihilfe **ohne Berücksichtigung der aus dem übergegangenen Anspruch zustehenden Leistungen** erhält. Der Dienstherr macht die Beihilfe gegenüber dem Schädiger oder dessen Versicherung geltend und setzt den Ersatz seiner Beihilfeleistungen ggf. auch gerichtlich durch. Damit wird dem Beihilfeberechtigten die Last abgenommen, sich um die Durchsetzung seines Schadensersatzanspruchs kümmern zu müssen, was nicht selten mit Ärger, vielfach auch mit höheren Kosten verbunden ist. Im Übrigen geht nicht nur bei Körperverletzung oder Tötung des Beamten (Richters), sondern auch eines Versorgungsempfängers oder eines berücksichtigungsfähigen Angehörigen ein Schadensersatzanspruch auf den – früheren – Dienstherrn über.

Von dem Grundsatz, dass Aufwendungen insoweit nicht beihilfefähig sind, als Schadensersatz von einem Dritten erlangt werden kann oder hätte erlangt werden können oder die Ansprüche auf einen anderen übergegangen oder übertragen worden sind, hatte das BMI mit RdSchr. vom 6.6.1980 (GMBl. S. 406) **Ausnahmen** zugelassen. Dieses Rundschreiben wurde durch das BMI-RdSchr. vom 8.1.2010 (GMBl. S. 58) aufgehoben.

5. Beihilfegewährung, wenn sich der Schadensersatzanspruch nicht realisieren lässt

Die Gewährung einer Beihilfe kommt, abgesehen von den Fällen des § 76 BBG wie erwähnt nur in Betracht, wenn der Schadensersatzanspruch nicht realisierbar ist oder die Aussichten einer gerichtlichen Verfolgung gering sind. Das Vorliegen dieser Voraussetzungen wird sich i. d. R. erst nachweisen lassen, wenn ernste und nachhaltige Anstrengungen zur Realisierung der Schadensersatzansprüche unternommen worden sind und nachgewiesen werden. Der Beihilfeberechtigte muss bei der Verfolgung seiner Ansprüche am Ende seiner Möglichkeiten angelangt sein. Dies kann andererseits schon in einem frühen Stadium der Rechtsverfolgung der Fall sein, z. B. dann, wenn sich herausstellt, dass bei dem Schuldner „nichts zu holen ist".

Schaummatratzen

Aufwendungen sind nicht beihilfefähig.

Schlafapnoe

Bei der Schlafapnoe handelt es sich um eine schlafbezogene Atmungsstörung, die lebensbedrohliche Folgeerkrankungen (wie z. B. Herzinfarkt und Schlaganfall) zur Folge haben kann.

Aufwendungen für eine Schlafmaske (einschl. Ersatzmasken und -filter), mit der kontinuierlich Raumluft zugeführt wird, sind nach Abschnitt 1 Nr. 8.6 der Anl. 11 zur BBhV beihilfefähig („Herz-Atmungs-Überwachungsgerät oder -monitor").

Geschiedene Ehegatten sind antragsberechtigt für Aufwendungen der im Haushalt lebenden Kinder (§ 5 Abs. 1 Satz 4 BhVO).

Schlaflabor

In Schlaflaboren analysieren Ärzte, wie ein Patient schläft und was seine Nachtruhe beeinträchtigt. Dabei werden – zumeist in zwei Nächten – verschiedene physiologische Funktionen wie Hirnströme, Atmung, Herztätigkeit und Sauerstoffsättigung des Blutes gemessen, aufgezeichnet und ggf. behandelt. Schlafbezogene Atmungsstörungen (einschl. Atemstillstand) wie z. B. die obstruktive oder zentrale → Schlafapnoe (Atemstillstand) werden durch kontinuierliche Luftdruckerhöhung in den oberen Atemwegen über eine Nasenmaske (CPAP-Therapie) beseitigt.

Die für den ärztlich verordneten Aufenthalt im Schlaflabor berechneten Aufwendungen sind beihilfefähig. Dasselbe gilt für Aufwendungen für → Atemtherapiegeräte und Schlafmasken → Schlafapnoe sowie für Schlafmittel (Hypnotika, Sedativa), die wegen akuter Schlafstörungen (einschl. Einschlafstörungen) ärztlich verordnet wurden. Aufwendungen für selbstbeschaffte Schlaftherapiegeräte sind dagegen nicht beihilfefähig (vgl. Anl. 12 Nr. 19.2 zur BBhV).

Neben der Maskentherapie kann z. B. auch die Seitenlagerungs- und die Zahnschienentherapie zur Anwendung kommen, deren Aufwendungen beihilfefähig sind.

Schleswig-Holstein

Der Beihilfeanspruch bestimmt sich nach der Beihilfeverordnung (BhVO SH) vom 15.11.2016 (GVOBl. Schl.-H. S. 863), zuletzt geändert durch die Landesverordnung zur Änderung der Beihilfeverordnung vom 23.7.2024 (GVOBl. Schl.-H. S. 691). Zur Beihilfeverordnung wurden umfängliche Durchführungshinweise (DFH) vom 4.4.2018 erlassen (Amtsbl. Schl.-H. 2018 Nr. 18,

S. 334). Als Alternative zur „individuellen" Beihilfe kann in Schleswig-Holstein ab 1. Januar 2024 unter den Voraussetzungen des § 80a LBG SH ein Zuschuss zur freiwilligen gesetzlichen Krankenversicherung (pauschale Beihilfe) beantragt werden (siehe Ziffer 27).

Es gelten im Wesentlichen folgende Abweichungen von Bundesrecht:

1. Der Ausschluss der **Berücksichtigungsfähigkeit** von Ehegatten und Lebenspartnern tritt bei höheren steuerlichen Einkünften als 20 000 Euro im zweiten Kalenderjahr vor Stellung des Beihilfeantrags ein (§ 80 Abs. 6 LBG SH).
2. Ein **Antragsrecht** zu deren Aufwendungen besteht für berücksichtigungsfähige Angehörige (z. B. getrennt lebender Ehegatte oder eingetragener Lebenspartner), aber auch für infolge der Trennung nicht mehr im Haushalt des Beihilfeberechtigten lebende volljährige Kinder (§ 5 Abs. 1 Satz 3 BhVO SH).
   Geschiedene Ehegatten sind antragsberechtigt für Aufwendungen der im Haushalt lebenden Kinder (§ 5 Abs. 1 Satz 4 BhVO SH).
3. Die Beihilfe muss innerhalb von zwei Jahren nach Entstehen der Aufwendungen oder Ausstellung der Rechnung beantragt werden (§ 80 Abs. 2 Satz 1 LBG SH). Die **Antragsgrenze** beträgt 100 Euro (Bagatellgrenze für Aufwendungen aus 10 Monaten = 15 Euro), § 80 Abs. 2 LBG SH. Als Belege sind deutlich lesbare Kopien oder Zweitschriften einzureichen (§ 5 Abs. 2 Satz 2 BhVO SH). Zur Beihilfegewährung eingereichte Belege werden in der Regel nicht zurückgegeben, auch nicht Originale.
   Abschläge können nur gewährt werden, wenn die Aufwendungen 2600 Euro übersteigen oder die medizinische Behandlung nicht ohne Vorauszahlung vorgenommen wird (§ 5 Abs. 7 BhVO SH).

4. Die **Begrenzung der Beihilfe** auf die zweckentsprechenden ungedeckten Aufwendungen erfolgt je Beihilfeantrag (§ 7 Abs. 3 BhVO SH).
   Bei gesetzlich Krankenversicherten (einschl. freiwillig Versicherten) sind Erstattungen von dritter Seite grundsätzlich in voller Höhe auf die beihilfefähigen Aufwendungen anzurechnen, auch wenn sie nicht in Anspruch genommen wurden. Von den Aufwendungen für Zahnersatz und Suprakonstruktionen sind ab 1.11.2024 60% (anstelle 65%) als gewährte Leistung abzuziehen (§ 8 Abs. 3 BhVO SH).
5. Bei **Auslandsbehandlungen innerhalb der EU** gilt die Begrenzung der Honorare von Ärzten, Zahnärzten und Psychotherapeuten auf die Schwellenwerte der inländischen Gebührenregelungen nicht (§ 8 Abs. 4 Satz 1 BhVO SH). Eine **Freigrenze von 1000 Euro** je Krankheitsfall, bei der bei ausländischen Arztkosten außerhalb der EU nicht auf Inlandskosten umgerechnet wird, besteht abweichend vom Bundesrecht (§ 11 Abs. 2 Nr. 2 BBhV) nicht.
6. Aufwendungen für **Heilpraktikerleistungen** sind bis zu den Höchstbeträgen nach der Anl. 1 zur BhVO SH beihilfefähig (§ 8 Abs. 1 Satz 3 BhVO SH).
7. Der Bereich nicht beihilfefähiger Sach- und Dienstleistungen einer gesetzlichen Krankenkasse, der gesetzlichen Unfallversicherung, der Rentenversicherung sowie sonstiger Leistungsträger wurde in § 6 Abs. 3 Nr. 2 BhVO SH neu geregelt.

7a. Aufwendungen für **Heilmittel** sind bis zu den in der Anl. 4 zur BBhV genannten Höchstbeträgen beihilfefähig (§ 9 Abs. 1 Nr. 3 BhVO SH). Diese sowie die Beschreibung der Leistungen weichen teilweise von denjenigen nach der Anl. 9 zur Bundesbeihilfeverordnung ab.

8. Aufwendungen für **Wahlleistungen** eines Krankenhauses sind nicht beihilfefähig (§ 6 Abs. 3 Nr. 1 BhVO SH). Dies gilt nicht für Aufwendungen der nach § 95 Abs. 2 des Landes-

beamtengesetzes in der bis zum 24.6.2004 geltenden Fassung begünstigten Personen (§ 18 Abs. 2 BhVO SH).

8. Ermäßigungen der Krankenhausentgelte wegen der Inanspruchnahme von Wahlleistungen bleiben unberücksichtigt. Für die Vergleichsberechnung bei der Behandlung in Kliniken, die die BPflV oder das KHEntgG nicht anwenden, sind grundsätzlich die Kosten für die dem Wohnort nächstgelegene Klinik der Maximalversorgung (Universitätsklinik) heranzuziehen (Nr. 4 zu § 9 Abs. 1 Nr. 6 der DFH zur BhVO SH).
9. Die Beihilfe zu Aufwendungen bei **dauernder Pflegebedürftigkeit** bestimmt sich nach den §§ 12 bis 12c BhVO SH. Es gelten – wie beim Bund – die nach dem SGB XI maßgeblichen Höchstbeträge.
   Bei vollstationärer Pflege werden vom Bundesrecht abweichende Eigenanteile (Vomhundertsätze des Einkommens) berücksichtigt (§ 12c Abs.2 und 3 BhVO SH).
   Beihilfe zu Aufwendungen in **Hospizen** sind höchstens bis zur Höhe des Zuschusses der GKV beihilfefähig (§ 13 Abs. 1 BhVO SH). Aufwendungen für eine spezialisierte ambulante **Palliativversorgung** (SAPV) sind bis zur jeweils geltenden Abrechnungspauschale erstattungsfähig, wenn der Leistungserbringer Vertragspartner des zwischen dem Bund und den Spitzenorganisationen der ambulanten Hospizdienste geschlossenen Vertrages vom 11.6.2015 ist (§ 13 Abs. 2 BhVO SH).
10. Aufwendungen für eine **künstliche Befruchtung** sind unter den Voraussetzungen und Einschränkungen des § 27a SGB V, allerdings in voller Höhe bei körperbezogener Zuordnung der Kosten, beihilfefähig (§ 9 Abs. 1 Nr. 13 BhVO SH).
11. Bei Personen von der Vollendung des 55. Lebensjahres an sind Aufwendungen für eine **Koloskopie** beihilfefähig. Eine zweite Koloskopie ist frühestens nach zehn Jahren beihilfefähig (§ 14 Abs. 1 Nr. 5 BhVO SH).
12. Kosten für Unterkunft und Verpflegung anlässlich einer **Heilkur** sind für höchstens drei Wochen bis zu 16 Euro täglich beihilfefähig, soweit sie über 12,50 Euro täglich hinaus-

gehen. Die Kosten einer notwendigen Begleitperson sind bis zu 13 Euro täglich beihilfefähig, soweit sie 10 Euro täglich überschreiten (§ 11 Abs. 2 Satz 1 Nr. 2 BhVO SH). Sofern die Kosten für Unterkunft und Verpflegung pauschal berechnet werden und für diese eine Preisvereinbarung mit einem Sozialleistungsträger besteht, ist die Beihilfefähigkeit auf den Pauschalpreis begrenzt (§ 11 Abs. 2 Satz 2 BhVO SH).

Die Anerkennung einer Heilkur ist ausgeschlossen, wenn Beihilfeberechtigte in den dem Antragsmonat vorausgegangenen drei Jahren nicht ununterbrochen im öffentlichen Dienst beschäftigt waren. Davon sind die in § 11 Abs. 4 Nr. 1 BhVO SH angeführten Fällen ausgenommen.

Müttergenesungskuren und **Mutter-/Vater-Kind-Kuren** gelten als Heilkuren. Sie können nur anerkannt werden, wenn das Kind das 2. Lebensjahr vollendet hat und bei einem gesunden Begleitkind das 12. Lebensjahr, bei einem erkrankten Kind das 14. Lebensjahr (bzw. das 18. Lebensjahr bei einem behinderten Kind) nicht vollendet ist (§ 11 Abs. 7 BhVO SH).

13. Bei Heilbehandlungen in besonderen Einrichtungen sind Kosten der Unterkunft und Verpflegung bis zu 9,00 Euro täglich beihilfefähig (§ 9 Abs. 1 Nr. 10 Buchst. b BhVO SH).
14. Aufwendungen für eine **Familien- und Haushaltshilfe** sind bis zur Höhe des gesetzlichen Mindestlohns, höchstens acht Zeitstunden täglich beihilfefähig (§ 9 Abs. 1 Nr. 8 BhVO SH). Aufwendungen für eine Familien- und Haushaltshilfe sind auch beihilfefähig, wenn ein ärztlich für erforderlich gehaltener Krankenhausaufenthalt vermieden wird (§ 9 Abs. 1 Nr. 8 Buchst. e BhVO SH).
15. **Unterkunftskosten** bei notwendigen auswärtigen ambulanten Leistungen sind bis zu 26 Euro täglich beihilfefähig; dies gilt auch für eine erforderliche Begleitperson (§ 9 Abs. 1 Nr. 10 BhVO SH). **Unterkunfts- und Verpflegungskosten** bei einer ärztlich verordneten Heilbehandlung sind nach Maßgabe des § 9 Abs. 1 Nr. 10b BhVO SH bis zu 9 Euro täglich beihilfefähig.

16. Aufwendungen für **zahntechnische Leistungen, Edelmetalle und Keramik** im Zusammenhang mit Leistungen nach den Abschnitten C Nummern 2120 bis 2320, F und K GOZ sind zu 60 v. H. beihilfefähig (Nr. 1 der Anl. 3 zur BhVO SH).
Aufwendungen für implantologische Maßnahmen sind beim Vorliegen der nachgewiesenen medizinischen Notwendigkeit beihilfefähig. Eine **Suprakonstruktion** ist im Rahmen der GOZ ohne Begrenzung der Anzahl der Implantate beihilfefähig (Nr. 4 der Anl. 3 zur BhVO SH).
Für **große Brücken** sind die Aufwendungen für bis zu vier fehlenden Zähnen je Kiefer oder bis zu drei fehlenden Zähnen je Seitenzahngebiet beihilfefähig. Werden durch mehrere Einzelbrücken je Kiefer im Einzelnen nicht mehr als drei bzw. vier fehlende Zähne, insgesamt aber mehr als vier fehlende Zähne, ersetzt, sind die Aufwendungen beihilfefähig (Nr. 5 der Anl. 3 zur BhVO SH).
Bei Versorgung mit **Zahnersatz und -kronen** gesetzlich Versicherter sind 60 v. H. als gewährte Leistungen von den beihilfefähigen Aufwendungen abzuziehen, auch wenn diese nicht in Anspruch genommen werden (§ 8 Abs. 3 Satz 2 und 3 BhVO SH).
17. Aufwendungen für **Hörgeräte** sind grundsätzlich alle fünf Jahre bis zu 1100 Euro je Ohr beihilfefähig (Nr. 1 der Anl. 5 zur BhVO SH).
18. **Blutdruckmessgeräte** sind nach Herzoperationen und bei dauernder Herz- und Kreislaufbehandlung beihilfefähig; die beihilfefähige Höchstgrenze liegt bei 70 Euro je Gerät (Anl. 5 zur BhVO SH). Aufwendungen für **Perücken** sind bis zu 1000 Euro beihilfefähig. Die Aufwendungen für eine Zweitperücke sind nur beihilfefähig, wenn eine Perücke voraussichtlich länger als ein Jahr getragen werden muss (Anl. 5 zur BhVO SH).
19. Aufwendungen für **Brillen** sind ohne die beim Bund geltenden starken Einschränkungen beihilfefähig. Die Höchstbeträge für Gläser liegen über denjenigen des Bundes, ausge-

nommen bei den Mehrkosten für Kunststoff-, Leicht- und getönte Gläser. Für Brillenfassungen gilt ein Festbetrag von 60 Euro (Nr. 9.2 der Anl. 5 zur BhVO SH). Derselbe Höchstbetrag gilt für Reparaturen einer Brillenfassung.

20. Mehraufwendungen für **Kontaktlinsen** sind beim Vorliegen bestimmter Indikationen bis zu 100 Euro je Linse, bei Kurzzeitlinsen bis zu 150 Euro (sphärisch) und 220 Euro (torisch) im Kalenderjahr beihilfefähig (Nr. 9.3.1 und 9.3.3 der Anl. 5 zur BhVO SH). Die letzteren Kurzzeitlinsen sind wiederum beim Vorliegen bestimmter Indikationen unbegrenzt beihilfefähig (Nr. 9.3.2 der Anl. 5 zur BhVO SH).
21. Für die **teilstationäre Pflege** gelten die in § 12b BhVO SH angeführten Sonderregelungen. Dasselbe gilt für die vollstationäre Pflege nach Maßgabe des § 12c BhVO SH, besonders hinsichtlich der Kosten für Unterkunft und Verpflegung (siehe auch Ziffer 9).
22. Für **freiwillig gesetzlich Versicherte,** die bis zum 30.6.2005 keinen Beitragszuschuss, Arbeitgeberanteil oder dergleichen erhalten haben, gilt keine Verweisung auf Sachleistungen der Krankenkasse und wird die Beihilfe auf 100 v. H. aufgestockt, wenn nach dem 30.6.2005 weiterhin kein Beitragszuschuss oder ein solcher von weniger als 21 Euro monatlich gewährt wird (§ 18 Abs. 3 BhVO SH).
23. Der **Bemessungssatz für die Mutter** eines nichtehelichen Kindes des Beihilfeberechtigten beträgt 70 v. H. hinsichtlich der Geburt (§ 7 Abs. 1 Satz 2 Nr. 5 i. V. m. § 3 Abs. 1 Nr. 2 Halbsatz 2 BhVO SH).
24. Das **Tarifpersonal** ist nicht mehr beihilfeberechtigt. Ausgenommen hiervon sind Personen, die bis zum 30.9.1970 eingestellt wurden oder am 1.1.2004 das 40. Lebensjahr vollendet haben und volle Beihilfe aufgrund einer beihilfekonformen Privatversicherung erhielten (Übergangsregelung in Art. 2 der Landesverordnung vom 6.11.2003, GVOBl. Schl.-H. S. 566).

25. Die errechnete Beihilfe wird nach § 16 BhVO SH je Kalenderjahr des Entstehens der Aufwendungen um folgende **Selbstbehalte** gekürzt:

BesGr. A 10 + A 11	140 EUR
BesGr. A 12–A 15, B 1, C 1 + C 2, W 1 + W 2, R 1	200 EUR
BesGr. A 16, B 2 + B 3, C 3, W 3, R 2 + R 3	320 EUR
BesGr. B 4–B 7, C 4, R 4–R 7	440 EUR
höhere Besoldungsgruppen	560 EUR

Anwärter, Alleinerziehende während einer Beurlaubung ohne Dienstbezüge zur Betreuung oder Pflege eines Kindes unter 18 Jahren, Elternteile in beschäftigungsfreier Elternzeit sowie Aufwendungen bei dauernder Pflegebedürftigkeit, bei Schädigung durch Dritte und bei Vorsorgemaßnahmen sind vom Selbstbehalt ausgenommen (Nr. 1 und 2 zu § 16 Abs. 5 der DFH zur BhVO SH). Bei Teilzeitbeschäftigung werden die Selbstbehalte im gleichen Verhältnis wie die verminderte Arbeitszeit zur regelmäßigen Arbeitszeit gekürzt. Die Selbstbehalte dürfen 1 v. H. des Grundgehalts – bei Versorgungsempfängern des jährlichen Ruhegehalts – nicht übersteigen.

Die Selbstbehalte verringern sich für Hinterbliebene auf 40 v. H., für Waisen auf 10 v. H. Außerdem verringern sie sich für jedes berücksichtigungsfähige Kind (§ 3 Abs. 1 Nr. 2 Halbsatz 1 BhVO SH) um jeweils 25 Euro. Der Mindestselbstbehalt beträgt 50 Euro; er gilt nicht für Waisen (§ 16 Abs. 4 BhVO SH). Maßgebend sind die Verhältnisse am 1.1. des betreffenden Kalenderjahres.

26. **Anhebung des Bemessungssatzes für krankheitsbedingte Aufwendungen** ab 1.5.2022: Der Bemessungssatz für Ehegatten und eingetragene Lebenspartner wurde von 70 v. H. auf 90 v. H. erhöht, sofern zwei oder mehr Kinder berücksichtigungsfähig sind. Sind drei oder mehr berücksichtigungsfähige Kinder vorhanden, wurde der Beihilfebemessungssatz für alle Kinder von 80 v. H. auf 90 v. H. erhöht (§ 7

Abs. 1 Satz 3 und 4 BhVO SH). Die Erhöhung der Bemessungssätze gilt nicht für pflegebedingte Aufwendungen.

27. Anstelle der aufwendungsbezogenen und ergänzenden Beihilfe (§ 80 LBG SH) besteht ab 1. Januar 2024 die Möglichkeit, einen Zuschuss zur freiwilligen gesetzlichen Versicherung (pauschale Beihilfe) nach § 80a LBG SH zu beantragen. Der Antrag ist mit dem Verzicht auf die ergänzende Beihilfe verbunden. Beides ist unwiderruflich (§ 80a Abs. 6 LBG SH). Er beträgt grundsätzlich die Hälfte des nachgewiesenen Krankenversicherungsbetrages (§ 80a Abs. 1 LBG SH). Ein Zuschuss zur Pflegeversicherung wird nicht gezahlt (§ 80a Abs. 7 LBG SH).

Schnabeltassen

Aufwendungen sind nicht beihilfefähig.

Schönheitsoperationen

Nicht beihilfefähig sind Aufwendungen für chirurgische **Schönheitsoperationen** einschl. kosmetischer Maßnahmen wie der Beseitigung von Muttermalen, Sommersprossen und Tätowierungen (vgl. § 8 Abs. 1 Nr. 6 BBhV). Der Beihilfeausschluss erklärt sich bereits daraus, dass keine behandlungsbedürftige **Krankheit** vorliegt. Als Krankheit können nur das übliche Maß verlassende Gegebenheiten angesehen werden, die nicht mit dem Ablauf des Lebens und des biologischen Alterns des Menschen zusammenhängen, auch soweit sie das Aussehen des Menschen betreffen. Krankheitswert und damit Beihilfefähigkeit sind erst dann gegeben, wenn der Mangel im Erscheinungsbild über reines Missempfinden hinaus zu Beschwerden oder Behinderungen i. S. einer nicht unerheblichen oder geistigen Funktionsstörung führt. Eine anatomische Abweichung muss entstellend wirken. Bei der Entstellung muss es sich objektiv um eine erhebliche Auffälligkeit handeln, die Neugier und Betroffenheit der Mitmenschen auf sich lenkt, sich deshalb der Betroffene aus dem Leben der Gemeinschaft zurückzieht und zu vereinsamen droht, so dass die Teilhabe am Leben in der Gesellschaft gefährdet ist (vgl. BVerwG vom 4.11.2008, Az. 2 B 19/08 und BSG vom 28.2.2008, Az. 1 KR 19/07 R). Dies gilt z. B. auch für die Beseitigung von Warzen und Muttermalen im Gesicht. Werbung für Schönheitsoperationen, die sich ausschließlich oder überwiegend an Jugendliche richtet, ist verboten. Erfolgt eine Schönheitsoperation ohne medizinischen Grund, muss der Betroffene mindestens einen Teil der Folgekosten tragen (BSG, Az.: B 1 KR 37/18 R).

Schröpfen mit Saugglläsern usw.

Diesem Verfahren der alternativen Medizin, eingesetzt insbesondere bei Muskelverspannungen und Rückenproblemen, fehlt der wissenschaftliche Nachweis der Wirksamkeit. Die Aufwendungen sind deshalb nicht beihilfefähig.

Schutzimpfungen

Abweichungen in Bundesländern:
→ Rheinland-Pfalz (Ziff. 14)

Maßgebend ist die Impfverordnung, auch was die Priorisierung von Impfterminen betrifft. Impfungen dienen der aktiven und passiven Immunisierung gegen bestimmte Infektionskrankheiten. Sie werden u. a. durchgeführt gegen Cholera, Diphtherie, Fleckfieber, Grippe (Influenza), Hepatitis, Masern, Paratyphus, Pocken, Ruhr, Scharlach, spinale Kinderlähmung, Tetanus, Tollwut und Typhus. Kombinationsimpfungen gegen Tetanus, Diphtherie und Keuchhusten sollten besonders bei älteren Menschen möglichst in kürzeren Abständen aufgefrischt werden. Der Impfstatus wird im – gelben – Impfpass festgehalten, worin vom Arzt jede Impfung bestätigt wird (i. d. R. mit Angabe des verwendeten Impfstoffs).

Impfpflicht im Hinblick auf Masern besteht für Kinder in Kitas und Schulen, ferner für Bewohner und Mitarbeiter von bzw. in Asylbewerber- und Flüchtlingsunterkünften. Ab 1.1.2020 besteht allgemein Masern-Impfpflicht.

Aufwendungen für Schutzimpfungen sind nach § 41 Abs. 1 BBhV, der (auch) auf § 20i SGB V verweist, **beihilfefähig,** ausgenommen jedoch grundsätzlich solche aus Anlass privater Reisen ins Ausland. Nicht oder nur beschränkt beihilfefähig sind Aufwendungen für Schutzimpfungen, wenn dem Beihilfeberechtigten oder berücksichtigungsfähigen Angehörigen ein Anspruch auf Schutzimpfungen im Rahmen der freien → Heilfürsorge oder Krankenhilfe usw. aufgrund von Rechtsvorschriften oder arbeitsvertraglichen Vereinbarungen zusteht.

Bei jeder Grunduntersuchung von Kindern, Jugendlichen oder Erwachsenen ist künftig eine Impfberatung und nötigenfalls eine Impfung eingeschlossen. Die Aufwendungen dafür sind beihilfefähig.

Beihilfefähig sind die von der Ständigen Impfkommission (STIKO) empfohlenen und in deren Impfkalender veröffentlichten Schutzimpfungen. Dieser Impfkalender (abrufbar im Internet unter: www.rki.de) äußert sich auch zu den Indikationen (bzw. Reisezielen) und enthält Anwendungshinweise. Die STIKO empfiehlt z. B. Grippeschutzimpfungen aller Menschen ab 60 Jahren, Schwangeren ab dem 2. Trimester, medizinischem Personal, Bewohnern von Alten- und Pflegeheimen, Menschen mit bestimmten Krankheiten sowie Menschen, die Risikopatienten betreuen. Desgleichen wird die Impfung gegen Gürtelrose bei Personen ab 60 Jahren empfohlen. Menschen mit einer Grundkrankheit oder Immunschwäche wird die Impfung bereits ab einem Alter von 50 Jahren empfohlen. Gesetzlich Versicherte haben Anspruch auf Vierfach-Impfung gegen Grippe. Angesichts des Beihilfeausschlusses bei Auslandsreisen sind besonders die als „Reiseimpfung“ bezeichneten Impfungen von Bedeutung. Beihilfefähig sind auch die Kosten für Wiederholungsimpfungen; nach der dritten Impfung ist Immunität für bis zu fünf Jahre hergestellt.

Nach Nr. 2 der Anl. 13 zur BBhV sind auch FSME (= Frühsommer-Meningoenzephalitis)-Schutzimpfungen sowie Grippeschutzimpfungen ohne Einschränkungen beihilfefähig. Empfohlen ist die jährliche Influenza-Impfung für alle Erwachsenen ab 60 Jahre sowie für Personen mit erhöhter Gefährdung infolge bestimmter Grundleiden. Entsprechendes gilt für Vorbeugung gegen die Herpes Zoster-Erkrankung. Kassenpatienten haben Anspruch auf eine Impfung mit einem modernen Vierfach-Impfstoff gegen Grippe, mit der jeweils aktuellen Antigen-Kombination, welche die Weltgesundheitsorganisation empfiehlt. Entsprechendes gilt für Beihilfeberechtigte hinsichtlich des Beihilfeanspruchs.

Durch das Masernschutzgesetz vom 10.2.2020 (BGBl. I S. 148) wurden auch Impfungen gegen das Coronavirus in den Infektionsschutz einbezogen. Die Impfkosten sind folglich beihilfefähig.

Das bei Schutzimpfungen verbrauchte und berechnete Serum ist um den Eigenbehalt nach § 49 Abs. 1 Satz 1 Nr. 1 BBhV zu kürzen, sofern nicht nach § 49 Abs. 5 BBhV von dem Eigenbehalt abzusehen ist (z. B. bei Kindern unter 18 Jahren).

Bei **dienstlichem** Aufenthalt in Endemie-Gebieten hat das BMI der Notwendigkeit einer **Malariaprophylaxe** (mit Tabletten) zugestimmt. Die notwendigen Aufwendungen für eine Malariaprophylaxe können unabhängig hiervon als Nebenkosten der Dienstreise nach § 10 Abs. 1 BRKG erstattet werden.

Privat Krankenversicherte (einschl. der berücksichtigungsfähigen Angehörigen) sind nicht verpflichtet, kostenlose Impfungen durch die Gesundheitsämter in Anspruch zu nehmen. Ihre Impfkosten sind beihilfefähig.

Schwangerschaftsabbruch

Abweichungen in Bundesländern:
→ Bayern (Ziff. 1)

1. Gesetzliche Grundlagen der Beihilfefähigkeit

Die Beihilfefähigkeit der Aufwendungen bei einem nicht rechtswidrigem Schwangerschaftsabbruch ist in § 43a Abs. 3 BBhV geregelt.

Bestätigt eine ärztliche Bescheinigung die Rechtmäßigkeit des Schwangerschaftsabbruchs, hat die Beihilfestelle dem zu folgen. Vgl. dazu auch VV 43a.3: Liegt eine ärztliche Bescheinigung über das Vorliegen der Voraussetzungen des § 218a Abs. 2 oder 3 StGB vor, bedarf es grundsätzlich keiner weitergehenden Prüfung der Rechtmäßigkeit durch die Festsetzungsstelle.

2. Grundrechtlicher Schutz

Nach der Entscheidung des BVerfG zum Schwangerschaftsabbruch vom 28.5.1993 (BGBl. I S. 820) verpflichtet das Grundgesetz den Staat, menschliches Leben, auch das ungeborene, zu schützen. Deshalb gebühre dem Ungeborenen rechtlicher Schutz auch gegenüber seiner Mutter. Das Lebensrecht des Ungeborenen dürfe nicht, wenn auch nur für eine begrenzte Zeit, der freien, rechtlich nicht gebundenen Entscheidung eines Dritten, und sei es selbst die Mutter, überantwortet werden. Grundrechte der Frau trügen nicht so weit, dass die Rechtspflicht zum Austragen des Kindes – auch nur für eine bestimmte Zeit – generell aufgehoben wäre. Die Grundrechtspositionen der Frau führten allerdings dazu, dass es in Ausnahmelagen zulässig, in manchen dieser Fälle womöglich geboten sei, eine solche Rechtspflicht nicht aufzuerlegen. Solche rechtfertigenden Ausnahmen vom prinzipiellen Verbot des Schwangerschaftsabbruchs kämen bei Belastungen infrage, die ein solches Maß an Aufopferung eigener Lebenswerte verlangten, dass dies von der Frau nicht erwartet werden könne. Als rechtmäßige

Schwangerschaftsabbrüche kämen deshalb nur medizinische, embryopathische und kriminologische Indikationen in Betracht. Der Tatbestand einer rechtfertigenden Ausnahme müsse mit rechtsstaatlicher Verlässlichkeit festgestellt werden. Nur wenn diese Voraussetzungen erfüllt seien, könnten Schwangerschaftsabbrüche zum Gegenstand von Ansprüchen aus den sozialen Leistungssystemen gemacht werden.

Das BVerfG hat die einschlägigen Bestimmungen des Schwangeren- und Familienhilfegesetzes sowie die §§ 218a und 219 des Strafgesetzbuches (StGB – betr. die Strafbarkeit eines ohne die vorgeschriebene Beratung durchgeführten Schwangerschaftsabbruches) für nicht mehr anwendbar erklärt. Das Schwangeren- und Familienhilfeänderungsgesetz vom 21.8.1995 (BGBl. I S. 1050) änderte die Strafbarkeit des Schwangerschaftsabbruchs im Hinblick auf das genannte Urteil. Es wird jetzt unterschieden zwischen

a) nicht rechtswidrigen Schwangerschaftsabbrüchen, die mit Einwilligung der Schwangeren wegen
   - medizinischer Indikation (d. h. zur Abwehr einer ernsten Gefahr für das Leben und die Gesundheit der Schwangeren notwendige),
   - der medizinischen Indikation zugeordneten embryopathischen Indikation (d. h. zur Verhütung erbkranken oder mit irreparablen Schäden behafteten Nachwuchses erforderliche),
   - kriminologischer Indikation nach Notzuchtverbrechen durchgeführt werden,

b) zwar rechtswidrigen, aber nicht strafbaren Schwangerschaftsabbrüchen. Diese liegen vor, wenn der Tatbestand des § 218 StGB nicht verwirklicht ist (§ 218a Abs. 1 StGB). Dieser Abbruch, der innerhalb der ersten zwölf Wochen der Schwangerschaft erfolgen muss, setzt eine nachzuweisende Konfliktberatung der Schwangeren durch eine besondere Beratungsstelle voraus.

Ein Schwangerschaftsabbruch Minderjähriger ist nicht abhängig von der Zustimmung der Eltern.

3. Kostenübernahme durch GKV

Die GKV trägt weiterhin die gesamten Kosten für Schwangerschaftsabbrüche aus medizinischer, embryopathischer oder kriminologischer Indikation (§ 24b SGB V).

4. Rechtswidrige, aber straffreie Schwangerschaftsabbrüche

Bei **rechtswidrigen, aber straffreien Schwangerschaftsabbrüchen** (insbesondere bei sozialer Indikation) sind alle im Zusammenhang mit diesem Abbruch entstehenden Aufwendungen **nicht** beihilfefähig.

5. Beihilfefähige Aufwendungen

Beihilfefähig sind nur Aufwendungen, die nach der neuen Rechtslage im Rahmen nicht rechtswidriger Schwangerschaftsabbrüche entstanden und nach der vorgeschriebenen Beratung durchgeführt worden sind.

Bei rechtmäßigen Schwangerschaftsabbrüchen sind folgende Aufwendungen **beihilfefähig**:

- die ärztliche Beratung über Fragen der Empfängnisregelung einschließlich hierzu erforderlicher ärztlicher Untersuchungen
- aus Anlass eines beabsichtigten Schwangerschaftsabbruchs erfolgende ärztliche Beratung über die Erhaltung oder den nicht rechtswidrigen Abbruch der Schwangerschaft
- die ärztliche Untersuchung und die Begutachtung zur Feststellung der Voraussetzungen für einen nicht rechtswidrigen Schwangerschaftsabbruch

Nicht beihilfefähig sind Hebammengebühren und Kosten einer häuslichen Krankenpflege.

Kommt es zu einem nicht rechtswidrigen Schwangerschaftsabbruch, sind außerdem beihilfefähig die Aufwendungen für → ärztliche Leistungen (einschl. des Abbruchs), die vom Arzt verbrauchten oder nach Art und Umfang schriftlich verordneten → Arzneimittel, Verbandmittel, eine → Familien- und Haushaltshilfe, Fahrtkosten sowie → ambulante auswärtige Behandlung, und zwar in dem durch die Beihilfevorschriften gesteckten Rahmen.

6. Nachweispflicht

Die Beihilfestelle kann die **Vorlage aller einschlägigen Unterlagen** verlangen, aus denen sich ergibt, dass es sich um einen nicht rechtswidrigen Schwangerschaftsabbruch gehandelt hat. Hierzu gehört der Nachweis, dass sich die Schwangere mindestens drei Tage vor dem Eingriff wegen der Frage des Abbruchs ihrer Schwangerschaft an eine behördlich anerkannte Beratungsstelle oder an einen Arzt gewandt hat, der nicht selbst den Schwangerschaftsabbruch vornimmt. Außerdem muss die Schwangere von einem Arzt über die ärztlich bedeutsamen Gesichtspunkte beraten worden sein. An die Stelle des Arztes kann im Fall des Schwangerschaftsabbruchs kein Heilpraktiker treten.

Schwangerschaftsüberwachung

Aufwendungen für Schwangerschaftsüberwachung sind nach § 42 Abs. 1 Nr. 1 BBhV beihilfefähig. Es sind die Mutterschafts-Richtlinien zugrunde zu legen. Danach sind bei Schwangeren auch die Aufwendungen für einen **HIV-Test** beihilfefähig.

→ Geburtsfälle (einschl. Schwangerschaft)

Schwimmbäder

Ausgaben für die Benutzung von Frei- und Hallenbädern gehören zur allgemeinen Lebenshaltung und sind daher nicht beihilfefähig (→ Heilmittel, Ziff. 2).

Schwingfeld-Therapie

Aufwendungen sind nicht beihilfefähig (Abschnitt 1 Nr. 19.1 der Anl. 1 zur BBhV).

Sehhilfen

Das Wichtigste in Kürze

- Aufwendungen für Sehhilfen sind nur bis zu bestimmten (nach Art der Gläser gestaffelten) Höchstbeträgen, i. d. R. nur für einfache Ausführungen, und auch nur dann beihilfefähig, wenn die erstmalige Beschaffung der Brille usw. vom Augenarzt schriftlich verordnet worden ist. Mehrkosten können nur ausnahmsweise und nur beim Vorliegen bestimmter Voraussetzungen als beihilfefähig anerkannt werden. Aufwendungen für Brillengestelle sind nicht beihilfefähig (Ausnahme: Schulsport-Brillen).
- Bei erneuter Beschaffung einer Brille oder von Kontaktlinsen genügt die Refraktionsbestimmung eines Augenoptikers. Diese Aufwendungen sind im Rahmen der Höchstbeträge beihilfefähig
  a) vor Ablauf von drei Jahren seit dem Kauf der bisherigen Brille oder Kontaktlinsen, wenn die Ersatzbeschaffung der Brille (oder nur der Gläser) oder Kontaktlinsen notwendig ist, weil
     - sich die Sehschärfe geändert hat oder
     - die bisherige Brille verloren gegangen oder unbrauchbar geworden ist oder
     - sich bei Kindern die Kopfform geändert hat.

  b) nach Ablauf von drei Jahren (bei weichen Kontaktlinsen zwei Jahren) in den übrigen Fällen, d. h. auch bei gleich bleibender Sehschärfe und wenn die Anschaffung einer neuen Brille nicht unbedingt notwendig ist.

c) Aufwendungen für eine **Zweitausstattung** mit Brillen oder Kontaktlinsen sind nicht beihilfefähig.

- Nicht beihilfefähig sind die Aufwendungen für Brillenetuis und handelsübliche Sonnenschutzbrillen, Sportbrillen (ausgenommen bei Schulkindern) und Brillenversicherungen.

Abweichungen in Bundesländern:
→ Baden-Württemberg (Ziff. 9)
→ Bremen (Ziff. 4)
→ Hessen (Ziff. 6)
→ Nordrhein-Westfalen (Ziff. 5)
→ Sachsen (Ziff. 6)
→ Schleswig-Holstein (Ziff. 19, 20)

1. Beihilfefähigkeit notwendiger Aufwendungen

Aufwendungen für Sehhilfen sind nur dann beihilfefähig, wenn sie notwendig sind und sich in einem angemessenen Rahmen halten. Die erstmalige Beschaffung einer Brille muss von einem Augenarzt schriftlich verordnet werden (Abschnitt 4 Unterabschnitt 1 Nr. 1 der Anl. 11 zur BBhV). Eine entsprechende Bescheinigung eines anderen Arztes oder eines Optikers reicht nicht aus. Für die erneute Beschaffung einer Brille oder von Kontaktlinsen genügt die Refraktionsbestimmung eines Augenoptikers (siehe Ziffer 2). Die Aufwendungen hierfür sind bis zu 13 Euro je Sehhilfe beihilfefähig. Die Refraktionsbestimmung durch einen Augenoptiker genügt auch, wenn bei der erneuten Beschaffung einer Brille z. B. Gläser anderer Stärke, Beschaffenheit (z. B. Leichtgläser, Mehrstärkengläser) oder mit Sonderbehandlung (z. B. Tönung) oder statt einer Brille Kontaktlinsen notwendig werden.

Die Bestimmungen für Sehhilfen gelten entsprechend hinsichtlich der Mehraufwendungen für **Hörbrillen** (→ Hörgeräte).

Die Sehfehler- und Sehschärfenbestimmung gehört bei gesetzlich Versicherten zu den Kassenleistungen, nicht aber die Verordnung der Brille selbst. Die dafür dem Patienten berechnete Gebühr ist folglich – auch – bei gesetzlich Versicherten allgemein beihilfefähig. Unberührt bleibt der Anspruch gesetzlich Versicherter auf den kostenfreien Sehtest durch den Augenarzt und die Mitteilung der Messergebnisse.

2. Voraussetzungen für die Ersatzbeschaffung einer Sehhilfe

Aufwendungen für die Ersatzbeschaffung einer Brille (ohne Gestell) und Kontaktlinsen sind nach Abschnitt 4 Unterabschnitt 1 Nr. 2 der Anl. 11 zur BBhV nur beihilfefähig, wenn bei gleich bleibender Sehschärfe seit dem Kauf der bisherigen Sehhilfe drei Jahre – bei weichen Kontaktlinsen zwei Jahre – vergangen sind oder vor Ablauf dieses Zeitraumes die erneute Beschaffung der Brille – ggf. nur der Gläser – notwendig ist, weil

a) sich die Refraktion (Brechkraft des Auges, gemessen in Dioptrien) geändert hat,
b) die bisherige Sehhilfe verloren gegangen oder unbrauchbar geworden ist,
c) sich die Kopfform geändert hat.

Außerdem sind Aufwendungen für Speziallinsen und Brillengläser, die der Krankenbehandlung bei Augenverletzungen oder -erkrankungen dienen (therapeutische Sehhilfen) nach Maßgabe des Abschnitts 4 Unterabschnitt 5 der Anl. 11 zur BBhV beihilfefähig.

3. Prüfung der medizinischen Notwendigkeit

Im Interesse einer einheitlichen Verfahrensweise bei der Gewährung von Beihilfen für Sehhilfen ist bei erstmaliger Beantragung eine augenärztliche Verordnung erforderlich. Mehraufwendungen für Kunststoff-, Leicht- und Lichtschutzgläser können bei bestimmten Indikationen beihilfefähig sein (siehe unter 5.).

Nicht beihilfefähig sind bezüglich Brillen die in Abschnitt 4 Unterabschnitt 2 Nr. 3 der Anl. 11 zur BBhV genannten Aufwendungen (z. B. Entspiegelung, Reservebrillen, Bildschirmbrillen, Brillenetuis, Brillenversicherung). Aufwendungen für **Sonnenbrillen** sind nicht beihilfefähig. Mehraufwendungen für eine aus medizinischen Gründen erfolgende **Tönung** (Lichtschutzgläser) oder **phototrope Gläser** sind zusätzlich bis zu 11 Euro beihilfefähig. **Bildschirmbrillen** sind ggf. vom Arbeitgeber zu stellen.

4. Höchstbeträge

Bei der Beschaffung von Brillengläsern gelten nach Abschnitt 4 Unterabschnitt 2 Nr. 1 der Anl. 11 zur BBhV für die Beihilfefähigkeit (einschl. Handwerksleistung) folgende **Höchstbeträge:**

- für vergütete Gläser mit Gläserstärken bis +/– 6 Dioptrien (dpt)
  - a) Einstärkengläser:
    - für das sphärische Glas 31,00 Euro
    - für das zylindrische Glas 41,00 Euro
  - b) Mehrstärkengläser:
    - für das sphärische Glas 72,00 Euro
    - für das zylindrische Glas 92,50 Euro
- für vergütete Gläser mit Gläserstärken über +/– 6 dpt zuzüglich je Glas 21,00 Euro
- Dreistufen- oder Multifokalgläser zuzüglich je Glas 21,00 Euro
- Gläser mit prismatischer Wirkung zuzüglich je Glas 21,00 Euro

Einschleifkosten für in vorhandene oder neue Brillengestelle eingesetzte Gläser sind nur im Rahmen der Höchstbeträge für Brillengläser beihilfefähig.

5. Mehraufwendungen für Brillen

Mehraufwendungen für **Brillen mit Kunststoff-, Leicht- und getönten Gläsern** sind neben den genannten Höchstbeträgen in folgendem Umfang beihilfefähig:

- **Kunststoffgläser, Leichtgläser** (hochbrechende mineralische Gläser) zuzüglich je Glas bis zu **21 Euro** beim Vorliegen der in Nr. 2 Buchst. a des Abschnitts 4 Unterabschnitt 2 der Anl. 11 zur BBhV genannten Indikationen.
- **Getönte Gläser (Lichtschutzgläser), phototrope Gläser** zuzüglich je Glas bis zu **11 Euro** beim Vorliegen der in Nr. 2 Buchst. b des Abschnitts 4 Unterabschnitt 2 der Anl. 11 zur BBhV genannten Indikationen.

6. Kontaktlinsen

Aufwendungen für Kontaktlinsen sind nur unter den in Nr. 1 des Abschnitts 4 Unterabschnitt 3 der Anl. 11 zur BBhV genannten Voraussetzungen beihilfefähig. Die in Betracht kommende Indikation hat der Augenarzt in seiner Verordnung bzw. der Augenoptiker (bei einer Ersatzbeschaffung) in der Rechnung zu vermerken. Auch Aufwendungen für Kontaktlinsen sind bei gleich gebliebener Sehschärfe nur im Abstand von drei Jahren (bei weichen Kontaktlinsen zwei Jahren) beihilfefähig.

Aufwendungen für **Kurzzeitlinsen** sind bis zu 154 Euro (sphärisch) und 230 Euro (torisch) im Kalenderjahr beihilfefähig.

Sogenannte Tag- und Nacht-Kontaktlinsen können Tag und Nacht bis zu einem Monat im Auge bleiben. Vor dem Gebrauch solcher Langzeitlinsen sollte die Eignung für den Patienten durch einen Augenarzt festgestellt werden.

Liegt keine der begünstigten Indikationen für Kontaktlinsen vor, sind nur die vergleichbaren Kosten für Brillengläser beihilfefähig.

Da Kontaktlinsen aus medizinischen Gründen nicht ununterbrochen getragen werden können, sind bei Vorliegen der Indikationen (s. o.) neben den Kontaktlinsen Aufwendungen für eine Brille im Rahmen der für diese geltenden Voraussetzungen zusätzlich beihilfefähig. Liegt keine der Indikationen vor, sind nur die vergleichbaren Kosten für Brillengläser beihilfefähig.

7. Andere Sehhilfen

Unter bestimmten Voraussetzungen können auch Aufwendungen für **vergrößernde Sehhilfen** zur Verbesserung der Sehschärfe nach Nr. 1 in Abschnitt 4 Unterabschnitt 4 der Anl. 11 zur BBhV beihilfefähig sein. Lässt sich z. B. durch Verordnung einer Brille oder von Kontaktlinsen das Lesen normaler Zeitungsschrift nicht erreichen, können Aufwendungen für folgende ärztlich verordnete Sehhilfen als beihilfefähig anerkannt werden:

a) optisch vergrößernde Sehhilfen für die Nähe bei mind. 1,5-fachem Vergrößerungsbedarf (Hellfeldlupe, Hand- und Standlupe, Lupengläser, in Ausnahmefällen als Fernrohrlupenbrillensystem)
b) elektronisches Lesegerät für die Nähe bei mind. 6-fachem Vergrößerungsbedarf,
c) optisch vergrößernde Sehhilfen für die Ferne als fokussierende Handfernrohre oder Monokulare.

Voraussetzung für die Beihilfefähigkeit ist allerdings, dass die Sehhilfe von einem Facharzt für Augenheilkunde verordnet worden ist, der die Notwendigkeit und die Art der benötigten Sehhilfen selbst oder in Zusammenarbeit mit einem entsprechend ausgestatteten Augenoptiker bestimmt hat.

Ferner ist die ärztlich verordnete Computerspezialausstattung für Menschen mit Behinderung (z. B. seh- und bei den körperlichen Bewegungsabläufen behinderte Menschen) ein beihilfefähiges Hilfsmittel. Nr. 3.4 des Abschnitts 1 der Anl. 11 zur BBhV nennt hierzu für Spezialhard- und -software als Höchstbetrag 3500 Euro (ggf. zuzüglich für eine Braillezeile mit 40 Modulen bis zu 5400 Euro).

Sportbrillen (und Schwimmbrillen) sind nur bei zur Teilnahme am Schulsport verpflichteten Kindern mit Vollzeitschulpflicht beihilfefähig. Demnach sind auch die Aufwendungen für aus medizinischen Gründen getragene Sportbrillen von der Beihilfe ausgenommen. Es sind nach Nr. 4 des Abschnitts 4 Unterabschnitt 1 der Anl. 11 zur BBhV Aufwendungen – einschl. Handwerksleistung – in folgendem Umfang beihilfefähig:

- für Gläser im Rahmen der Höchstbeträge
- für eine Brillenfassung bis zu 52 Euro

Dagegen hat das BVerwG mit Urteil vom 15.12.1983 (ZBR 1984 S. 274) die Beihilfefähigkeit einer **Sportbrille** verneint, die ein Lehrer benötigt, der auch einen Lehrauftrag im Fach Sport hat. Bei der Sportbrille für einen Sportlehrer gehe es nicht um den Ausgleich der durch die normale Brille nicht voll behobenen Sehschwäche, sondern darum, die infolge der Ausübung einer bestimmten Tätigkeit (Erteilung von Sportunterricht) bestehende Bruch- und Verletzungsgefahr, die eine normale Brille hervorrufen könne, nach Möglichkeit zu vermeiden oder sogar auszuschließen. Das aber sei keine medizinische Notwendigkeit i. S. des Beihilferechts. Dagegen gehöre bei Schulkindern der Schulbesuch und die damit verbundene Teilnahme am Sportunterricht zum allgemeinen Lebensbereich, so dass hier ein anderer Sachverhalt vorliege, der die Anerkennung der Beihilfefähigkeit einer Sportbrille rechtfertige.

Bildschirmbrillen: Angesichts des altersbedingten Abbaus der Elastizität der Augenlinse kann auch mit einer Lesebrille die Schrift auf dem Monitor eines Bildschirms nicht mehr scharf gesehen werden, auch nicht mit einer Gleitsichtbrille. Hierzu ist eine spezielle Bildschirmbrille nötig. Dies können Brillen mit Ein- oder Zweistärkengläsern oder auch stufenlose Nahsichtgläser sein, je nachdem, ob beim Arbeiten am Computer nur der Bildschirm gelesen oder zugleich auch andere Aufgaben erledigt werden müssen.

Nach Nr. 2.10 der Anl. 12 zur BBhV sind Aufwendungen für Bildschirmbrillen nicht beihilfefähig. Es kann aber eine Gestellung der Brille durch den Dienstherrn (als Arbeitsmittel) in Betracht kommen.

8. Therapeutische Sehhilfen

Aufwendungen für therapeutische Sehhilfen zur Behandlung einer Augenverletzung oder -erkrankung sind unter den in Nr. 1 des Unterabschnitts 5 Abschnitt 4 der Anl. 11 zur BBhV aufgeführten Voraussetzungen/Indikationen nach augenärztlicher Verordnung beihilfefähig.

9. Reparaturen

Beihilfefähig sind – ohne besondere ärztliche Verordnung und ohne zeitliche Beschränkung – auch die notwendigen und angemessenen Aufwendungen für die **Reparatur** von Brillen, ausgenommen Brillengestelle, sofern nicht Schulsportbrillen. Es ist nur der 100 Euro im Kalenderjahr übersteigende Betrag beihilfefähig, wobei auch andere Reparaturen an Hilfsmitteln mitzuzählen sind (§ 25 Abs. 5 BBhV). Der Einbau zweier neuer Gläser in ein Brillengestell ist keine Reparatur, sondern eine Ersatzbeschaffung, der Einbau eines neuen Glases dagegen eine Reparatur.

10. Sonstige Hilfsmittel

Beihilfefähig sind die Aufwendungen für folgende → **Hilfsmittel**:

therapeutische Sehhilfen i. S. des Abschn. 4 Unterabschn. 5 Nr. 1 der Anl. 11 zur BBhV, Augenbadewannen/-duschen/-spülgläser und -flaschen, ferner für Augenpinsel/-pipetten und -stäbchen sowie für Augenschielklappen, auch als Folie (Nr. 1.20 und 1.21 des Abschnitts 1 der Anl. 11 zur BBhV).

11. Eigenbehalt

Bei Aufwendungen für Brillengläser und Kontaktlinsen, für die Höchstbeträge bestehen (auch wenn im Einzelfall die tatsächlichen Kosten darunter liegen), ist nach § 49 Abs. 4 Nr. 6 BBhV kein Eigenbehalt abzuziehen. Bei ohne Höchstbegrenzung beihilfefähigen Aufwendungen für Brillengläser, Kontaktlinsen und vergrößernde Sehhilfen ist dagegen bei Personen über 18 Jahren der Eigenbehalt zu berücksichtigen.

Selbstbehandlung, Selbstkontrolle

Zu den in Anl. 11 zur BBhV genannten Hilfsmitteln, bei denen die Aufwendungen für Anschaffung, Reparatur, Ersatz, Betrieb, Unterweisung in den Gebrauch und Unterhaltung beihilfefähig sind, gehören „Geräte zur Selbstbehandlung und zur Selbstkontrolle". Die Beihilfefähigkeit ist auch gegeben, wenn ein Arzt sie verordnet hat und

- die ersparten Behandlungskosten höher sind als die Aufwendungen für die Anschaffung der Geräte oder
- die Anschaffung aus besonderen Gründen dringend geboten ist, z. B. in den Fällen, in denen der Patient wegen seines Gesundheitszustandes, seines Alters oder schlechter Verkehrsverbindungen nicht in der Lage ist, einen Arzt oder ein Krankenhaus aufzusuchen.

Bei teuren Geräten empfiehlt es sich für den Beihilfeberechtigten, die Anerkennung der Beihilfefähigkeit bei der Beihilfestelle vor der Anschaffung zu beantragen.

Zu den **Kontrollgeräten** gehören:

- **Polarimeter** zur Bestimmung der Konzentration von Harnzucker und Serumeiweiß
- **Blutzuckermessgeräte** zur Selbstkontrolle des Zuckerspiegels bei Zuckerkranken

- **Blutgerinnungsmessgeräte** (nur bei erforderlicher Dauerantikoagulation, künstlichem Herzklappenersatz)
- **Herz-Atmungsüberwachungsgeräte (-monitore)**

Zu den **Apparaten zur Selbstbehandlung** zählen insbesondere:

- **Absauggeräte** (z. B. bei Kehlkopferkrankung)
- **Atemtherapiegeräte** (besonders zur Behandlung von Asthma, Bronchitis und Schlafapnoe)
- **Geräte zur Behandlung mit elektromagnetischen Wechselfeldern** (nur bei den in Abschnitt 1 Nr. 7.5 der Anl. 11 zur BBhV genannten Indikationen)
- **Elektrostimulationsgeräte**
- **Impulsvibratoren**
- **Insulinapplikatoren und Zubehör** (Insulindosierungsgerät, -pumpe, -injektor)
- **Psoriasiskamm**
- **Spastikerhilfen** (Gymnastik-/Übungsgeräte)
- **Inhalations- und Sauerstoffgeräte** (z. B. Kaltdampfvernebler, Ultraschallvernebler, Aerosolgeräte) zur Behandlung von Asthmakranken sowie bei chronischen Erkrankungen der oberen Luftwege, Nasennebenhöhlen und Bronchien; nicht jedoch Luftbefeuchter, -filter und -wäsche
- **Heimdialysegeräte**
- **Sauerstoffgeräte** zur Behandlung bestimmter Herzkrankheiten wie Angina pectoris und Herzasthma
- **Vibrationstrainer** (bei Taubheit)
- **Atomiseure** (zur Medikamenten-Aufsprühung)
- **Injektionsspritzen**

Nach Anl. 12 zur BBhV sind insbesondere folgende Geräte zur Selbstbehandlung und -kontrolle **nicht** beihilfefähig:

- Elektronic-Muscle-Control (EMC 100)
- Ergometer (Fahrradergometer; BVerwG vom 28.5.2008, Az. 2 C 9/07), Expander
- Fieberthermometer
- Fußgymnastik-Rolle, Fußwippe (WIP-Venentrainer)
- Handtrainer, Hanteln
- Ionisierungsgeräte
- Kolorimeter
- Munddusche
- Pulsfrequenzmesser
- Rotlichtlampe
- Rückentrainer
- Sprossenwand
- Sterilisator
- Übungsmatte
- Ultraschalltherapiegeräte
- Umweltkontrollgeräte
- Urin-Prüfgerät Uromat

Nicht beihilfefähig sind Aufwendungen für solche Geräte, die zu den Gegenständen des allgemeinen Lebensbedarfs gehören und i. d. R. nicht nur von Kranken, sondern auch von Gesunden benutzt werden (z. B. **Höhensonne, Solarien, Spirometer**).

Solarien

Aufwendungen sind nicht beihilfefähig (Nr. 2.5 der Anl. 12 zur BBhV). → Bestrahlungsgeräte

Soldaten

1. Umfang der staatlichen Fürsorgepflicht

Nach § 31 Satz 1 Soldatengesetz hat der Bund im Rahmen des Dienst- und Treueverhältnisses für das Wohl des Berufssoldaten und des Soldaten auf Zeit sowie ihrer Familien, auch für die Zeit nach Beendigung des Dienstverhältnisses, zu sorgen. Dieser Fürsorgepflicht kommt der Staat u. a. durch folgende Maßnahmen nach:

a) die unentgeltliche → **truppenärztliche Versorgung** für die Berufssoldaten und die Soldaten auf Zeit sowie die Regelung die Überführung und Bestattung verstorbener Soldaten betreffend

b) die Gewährung von Beihilfen in Krankheits-, Pflege- und Geburtsfällen, bei Maßnahmen zur Früherkennung von Krankheiten, bei Schutzimpfungen sowie bei nicht rechtswidrigen Schwangerschaftsabbrüchen und Sterilisationen für
   - die Soldaten im Ruhestand
   - die → berücksichtigungsfähigen Angehörigen der Berufssoldaten und der Soldaten auf Zeit sowie der Soldaten im Ruhestand
   - die versorgungsberechtigten Hinterbliebenen des gleichen Personenkreises
   - die Berufssoldaten und die Soldaten auf Zeit in Ausnahmefällen

2. Leistungen nach dem Soldatenversorgungsgesetz

Nach § 80 des Soldatenversorgungsgesetzes (SVG) erhält ein Soldat, der eine Wehrdienstbeschädigung erlitten hat, nach Beendigung des Wehrdienstverhältnisses wegen der gesundheitlichen und wirtschaftlichen Folgen der Wehrdienstbeschädigung auf Antrag Versorgung in entsprechender Anwendung der Vorschriften des → Bundesversorgungsgesetzes, soweit im SVG nichts Abweichendes bestimmt ist. Entsprechend erhalten auf Antrag eine Zivilperson, die eine Wehrdienstbeschädigung erlitten hat, und deren Hinterbliebene Versorgung.

Nach § 82 SVG erhalten ein ehemaliger Soldat, der nach § 4 Abs. 1 Nr. 1 des Wehrpflichtgesetzes Grundwehrdienst geleistet hat, und ein ehemaliger Soldat auf Zeit wegen einer Gesundheitsstörung, deren Heilbehandlungsbedürftigkeit während des Wehrdienstverhältnisses festgestellt worden und die bei dessen Beendigung heilbehandlungsbedürftig sind, bis zur Dauer von drei Jahren nach Beendigung des Wehrdienstverhältnisses für die festgestellten Gesundheitsstörungen Heilbehandlung in entsprechender Anwendung der Bestimmungen des → Bundesversorgungsgesetzes. Dies gilt nicht, wenn Ansprüche gegen einen Träger der gesetzlichen Renten-, Kranken- oder Unfallversicherung oder aufgrund eines Vertrages (ausgenommen private Versicherungsverträge) bestehen oder der Berechtigte ein Einkommen hat, das die Jahresarbeitsentgeltgrenze der GKV übersteigt, oder die Gesundheitsstörung auf eigenen Vorsatz zurückzuführen ist.

Ansprüche nach dem SVG haben Vorrang vor dem Anspruch auf Gewährung von Beihilfen (→ Subsidiaritätsprinzip). Entstehen einem ehemaligen Soldaten über die ihm nach dem SVG zustehenden Leistungen hinaus weitere Aufwendungen, sind diese im Rahmen der Beihilfevorschriften beihilfefähig.

Sommersprossen

Aufwendungen für die Beseitigung von Sommersprossen sind nicht beihilfefähig (→ Kosmetische Maßnahmen).

Sonnenschutzbrillen

Aufwendungen für handelsübliche Sonnenschutzbrillen sind nicht beihilfefähig (im Übrigen → Sehhilfen).

Soziale Pflegeversicherung

Vorbemerkung

Zur Beihilfefähigkeit von Pflegekosten → Dauernde Pflegebedürftigkeit

1. Rechtliche Grundlage

Das Recht der gesetzlichen Pflegeversicherung (als fünfte große Säule der Sozialen Sicherung) ist im Elften Buch des Sozialgesetzbuches (SGB XI) geregelt (Gesetz zur sozialen Absicherung des Risikos der Pflegebedürftigkeit – Pflege-Versicherungsgesetz vom 26.6.1994, BGBl. I S. 1014).

Ziel des Pflege-Versicherungsgesetzes ist es, sowohl die Situation der Pflegebedürftigen als auch die der pflegenden Angehörigen und der anderen Pflegepersonen zu verbessern. Die vorgesehenen Hilfen decken i. d. R. allerdings nicht alle pflegebedingten Leistungen ab. Die Pflegebedürftigen werden deshalb auch künftig einen mehr oder weniger großen Teil der Pflegekosten selbst tragen müssen. In den meisten Fällen wird das möglich sein. Wo das nicht der Fall ist, kommt die Inanspruchnahme der Sozialhilfe in Betracht. Verbleibende Lücken können auch durch den Abschluss einer privaten Pflegezusatzversicherung geschlossen werden (→ Private Pflege-Pflichtversicherung, Ziff. 5), welche die Pflegekassen vermitteln. Durch die Pflegeversicherung erwirbt jeder Versicherte unabhängig von seiner wirtschaftlichen Lage einen Rechtsanspruch auf Hilfe bei dauernder Pflegebedürftigkeit.

2. Versicherter Personenkreis

Grundsätzlich muss jeder Krankenversicherte auch pflegeversichert sein. Hinsichtlich des **versicherten Personenkreises** gilt das Prinzip „Pflegeversicherung folgt der Krankenversicherung". Das bedeutet: Wer in der GKV versichert ist, wird auch in der gesetzlichen („sozialen") Pflegeversicherung versicherungspflichtig. Wer dagegen in der PKV versichert ist, muss eine private Pflegeversicherung abschließen. Demgemäß wird unterschieden zwischen

- sozialer Pflegeversicherung, die grundsätzlich die in der GKV versicherten Personen umfasst,
- privater Pflege-Pflichtversicherung, der die bei einer PKV versicherten Personen angehören.

Von der Pflicht zur Pflegeversicherung werden neben allen gesetzlich und privat krankenversicherten Personen auch sonstige Personen erfasst, die nicht gesetzlich oder privat krankenversichert, sondern über einen anderen Anspruch auf Hilfe im Krankheitsfall abgesichert sind. Hierzu zählen zum Beispiel Menschen, die nach dem Bundesversorgungsgesetz einen Anspruch auf Heil- oder Krankenbehandlung haben (z. B. Bundeswehrsoldaten oder Kriegsopfer des Zweiten Weltkrieges).

Zum versicherten Personenkreis der sozialen Pflegeversicherung gehören:

a) Pflichtmitglieder der GKV
b) freiwillige Mitglieder der GKV
c) mitversicherte Familienangehörige im Rahmen der Familienversicherung bei einem monatlichen regelmäßigen Gesamteinkommen bis 470 Euro (450 Euro bei geringfügig Beschäftigten)

Zu den versicherungspflichtigen Mitgliedern zählen insbesondere Arbeitnehmer mit einem versicherungspflichtigen Einkommen unterhalb der Jahresarbeitsentgeltgrenze sowie pflichtversicherte Rentner (Mitglieder der → Krankenversicherung der Rentner).

Pflichtmitglieder der GKV, die am 1.1.1995 bei einem privaten Versicherer gegen das Risiko der Pflegebedürftigkeit versichert waren und den Versicherungsvertrag vor dem 23.6.1993 abgeschlossen haben, konnten bei der zuständigen Pflegekasse die Befreiung von der sozialen Pflegeversicherung beantragen. Wer vor dem 1.1.1995 eine private Pflegeversicherung abgeschlossen hatte und anschließend versicherungspflichtig in der sozialen Pflegeversicherung wurde, kann den privaten Pflegeversicherungsvertrag mit Beginn der Versicherungspflicht kündigen.

Auch freiwillige GKV-Mitglieder können auf Antrag von der Versicherungspflicht befreit werden, wenn sie nachweisen, dass sie bei einem privaten Versicherungsunternehmen gegen das Risiko der Pflegebedürftigkeit versichert sind und im Rahmen dieser Versicherung Leistungen beanspruchen können, die nach Art und Umfang den Leistungen der sozialen Pflegeversicherung gleichwertig sind. Die Wahl der privaten Versicherung ist unwiderruflich.

Wer bereits am 1.1.1995 freiwilliges Mitglied der GKV war, konnte bis zum 30.6.1995 die Befreiung von der Versicherungspflicht in der sozialen Pflegeversicherung beantragen. Wer nach Inkrafttreten des Pflegeversicherungsgesetzes freiwilliges GKV-Mitglied wird, kann den Antrag auf Befreiung innerhalb einer Frist von drei Jahren stellen. Wer als privat Pflegeversicherter im Hinblick auf eine dort mögliche Familienversicherung in die soziale Pflegeversicherung wechseln will, hat zwei Jahre keine Ansprüche gegen die letztere Versicherung (vgl. BSG vom 30.11.2017, Az. B 3 P 5/16).

Im Rahmen der Familienversicherung beitragsfrei mitversichert sind unterhaltsberechtigte Kinder sowie Ehegatten und Lebenspartner, deren monatliches Einkommen die Geringfügigkeitsgrenze nicht übersteigt.

3. Finanzierungsmodell, Beiträge

Die **Finanzierung der Pflegeversicherung** wird durch Beiträge und sonstige Einnahmen sichergestellt. Der **Beitragssatz** in der sozialen Pflegeversicherung beträgt für Eltern ab 1.1.2021 3,05 v. H. der beitragspflichtigen Einnahmen, begrenzt durch die Beitragsbemessungsgrenze der GKV (→ Bemessungsgrenzen). **Kinderlose** (ausgenommen Personen unter 23 Jahren und vor dem 1.1.1940 Geborene) haben einen Zusatzbeitrag von 0,25 v. H. (bis zur Beitragsbemessungsgrenze) der beitragspflichtigen Einnahmen zu zahlen. Ihr Beitragssatz beträgt ab 1.1.2021 3,05 v. H. + 0,25 v. H. = 3,30 v. H.

Pflichtversicherte der sozialen Pflegeversicherung tragen als Arbeitnehmer die Hälfte des Beitrags, die andere Hälfte zahlt der Arbeitgeber. Der Kompensation der Beitragsbelastung der Arbeitgeber dient der Wegfall eines bundeseinheitlichen, stets auf einen Werktag fallenden gesetzlichen Feiertags. Reicht das nach Inkrafttreten der stationären Pflegeleistungen nicht aus, soll ein weiterer Feiertag wegfallen.

Freiwillige GKV-Mitglieder sowie Privatversicherte tragen den Beitrag allein, erhalten aber – wie in der GKV – einen Beitragszuschuss des Arbeitgebers in Höhe der Hälfte des Beitrags, höchstens jedoch den Arbeitgeberanteil für Pflichtversicherte.

Rentner haben angesichts des Wegfalls des Beitragsanteils des Rentenversicherungsträgers nach der Beitragserhöhung zum 1.1.2013 nunmehr 2,05 v. H. der Rente (bis zur Beitragsbemessungsgrenze) zu zahlen. Für Versorgungsempfänger (vorerst nur des Bundes) ist dies durch eine entsprechende einmalige Kürzung der Sonderzahlung nachvollzogen worden. Entsprechend dem Wegfall der Beitragsteilung bei pflichtversicherten Rentnern ist der Beitragszuschuss an freiwillig der GKV angehörenden Rentnern zum auf die Rente entfallenden Beitrag beschränkt.

Hinsichtlich der **beitragspflichtigen Einnahmen** folgt die Regelung für die soziale Pflegeversicherung den Bestimmungen der GKV. Das bedeutet:

- Bei in der sozialen Pflegeversicherung versicherten Mitgliedern werden der Beitragsbemessung zugrunde gelegt: das Arbeitsentgelt aus einer versicherungspflichtigen Beschäftigung, der Zahlbetrag der Rente, der Zahlbetrag der der Rente vergleichbaren Einnahmen (Versorgungsbezüge) sowie das

Arbeitseinkommen, das neben einer Rente oder Versorgungsbezügen erzielt wird.

- Bei Rentnern werden der Beitragsbemessung zugrunde gelegt: der Zahlbetrag der Rente, der Zahlbetrag der der Rente vergleichbaren Einnahmen und das Arbeitseinkommen.
- Bei freiwilligen Mitgliedern der GKV und bei Mitgliedern der sozialen Pflegeversicherung, die nicht in der GKV versichert sind, wird die Beitragsbemessung durch die Satzung der Krankenkasse geregelt. Dabei ist sichergestellt, dass die Beitragsbelastung die gesamte wirtschaftliche Leistungsfähigkeit des freiwilligen Mitglieds berücksichtigt. Das bedeutet, dass außer Arbeitseinkommen, Rente und Versorgungsbezügen auch Einnahmen aus anderen Einkunftsarten (insbesondere aus Vermietung und Verpachtung sowie aus Kapitalvermögen) zu berücksichtigen sind.

Seit 1.1.2013 besteht die Möglichkeit des Abschlusses einer (zusätzlichen) privaten Pflegeversicherung, zu deren Beiträgen ein staatlicher Zuschuss von 60 Euro im Jahr gewährt wird.

Träger der sozialen Pflegeversicherung dürfen bei Pflegekosten von Eltern nur auf das Einkommen von Kindern zurückgreifen, wenn deren Bruttoeinkommen 100 000 Euro jährlich übersteigt.

4. Pflegebedürftigkeit

Die Pflegekassen haben durch den Medizinischen Dienst der Krankenversicherung oder einen anderen beauftragten Gutachter prüfen zu lassen, ob die Voraussetzungen der Pflegebedürftigkeit erfüllt sind und welche Stufe der Pflegebedürftigkeit vorliegt. Die Untersuchung findet im Wohnbereich des Versicherten (ggf. im Heim) statt. Erteilt der Versicherte dazu nicht sein Einverständnis, kann die Pflegekasse die beantragten Leistungen verweigern. Der Medizinische Dienst oder ein anderer Gutachter soll, soweit der Versicherte einwilligt, die behandelnden Ärzte des Versicherten, insbesondere die Hausärzte, in die Begutachtung einbeziehen und ärztliche Auskünfte und Unterlagen berücksichtigen.

Über Pflegeanträge hat die Pflegekasse binnen fünf Wochen zu entscheiden, bei Krankenhausaufenthalt binnen einer Woche.

5. Leistungen

Die **Leistungen** der Pflegeversicherung sollen den Pflegebedürftigen helfen, trotz ihres Hilfebedarfs ein möglichst selbstständiges und selbstbestimmtes Leben zu führen, das der Würde des Menschen entspricht. Die Hilfen sind darauf auszurichten, die körperlichen, geistigen und seelischen Kräfte des Pflegebedürftigen wiederzugewinnen oder zu erhalten. Den Wünschen der Pflegebedürftigen zur Gestaltung der Hilfe soll, soweit sie angemessen sind, im Rahmen des Leistungsrechts entsprochen werden.

Die Leistungen müssen wirksam und wirtschaftlich sein; sie dürfen das Maß des Notwendigen nicht übersteigen. Leistungen der sozialen Pflegeversicherung dürfen nur bei Leistungserbringern in Anspruch genommen werden, mit denen die Pflegekassen oder die für sie tätigen Verbände Verträge abgeschlossen haben. Rehabilitation hat Vorrang vor der Pflege. Zahlungen der Pflegekasse an den Pflegebedürftigen sind steuerfrei.

Versicherte erhalten Leistungen auf Antrag. Die Leistungen werden ab Antragstellung, frühestens jedoch von dem Zeitpunkt an gewährt, an dem die Anspruchsvoraussetzungen vorliegen. Wird der Antrag später als einen Monat nach Eintritt der Pflegebedürftigkeit gestellt, beginnen die Leistungen vom Beginn des Antragsmonats an (§ 33 Abs. 1 Satz 3 SGB XI). Seit 1.1.2000 besteht Anspruch auf Leistungen, wenn der Versicherte vor der Antragstellung mindestens fünf Jahre in den letzten zehn Jahren als Mitglied versichert oder als Familienmitglied mitversichert war. Der Anspruch auf Leistungen ruht, solange Versicherte sich im Ausland aufhalten. Bei **vorübergehendem Auslandsaufenthalt** von bis zu sechs Wochen je Kalenderjahr (besonders also bei Urlaub im Ausland) besteht Anspruch auf Pflege durch pflegerische Fachkräfte, wenn diese den Pflegebedürftigen begleitet.

Über § 34 Abs. 1 Nr. 1 SGB XI hinaus, der die Gewährung von Pflegegeld für selbstbeschaffte Pflegekräfte zur häuslichen Pflege bei vorübergehendem Auslandsaufenthalt von bis zu sechs Wochen im Kalenderjahr vorsieht, wird Pflegegeld auch bei dauerndem Aufenthalt innerhalb der EU bzw. des EWR sowie in der Schweiz unter denselben Voraussetzungen wie im Inland für die selbst sichergestellte häusliche Pflege als auch bei Pflege in stationären Einrichtungen gewährt. Die Beratungseinsätze erfolgen dabei durch Vertragspflegekräfte der ausländischen Partner-Krankenversicherungen.

Die Leistungen der sozialen Pflegeversicherung werden als Dienst-, Sach- und Geldleistungen erbracht; in Ausnahmefällen wird Kostenerstattung gewährt. Träger der sozialen Pflegeversicherung sind die Pflegekassen; ihre Aufgaben werden von den Krankenkassen wahrgenommen.

Die häusliche Pflege hat Vorrang vor der stationären Pflege. Leistungen der teilstationären Pflege und der Kurzzeitpflege gehen den Leistungen der vollstationären Pflege vor. Den Leistungen der Pflegeversicherung gehen die Entschädigungsleistungen wegen Pflegebedürftigkeit nach dem → Bundesversorgungsgesetz, nach den Gesetzen, die eine entsprechende Anwendung des Bundesversorgungsgesetzes vorsehen, aus der → gesetzlichen Unfallversicherung und aus öffentlichen Kassen aufgrund gesetzlich geregelter Unfallversorgung und Unfallfürsorge vor. Die Leistungen der häuslichen Krankenpflege im Rahmen der GKV bleiben unberührt.

Personen, die nach beamtenrechtlichen Vorschriften oder Grundsätzen bei Krankheit und Pflege Anspruch auf Beihilfe oder → Heilfürsorge haben, **erhalten die zustehenden Leistungen (einschl. Sachleistungen) nur zur Hälfte,** bei halbem Beitrag. Die andere Hälfte der Leistungen wird durch die Beihilfe oder Heilfürsorge sichergestellt. Dies gilt auch für berücksichtigungsfähige Angehörige, die beim Beihilfeberechtigten nach § 25 SGB XI familienversichert sind. Dagegen erhalten berücksichtigungsfähige Angehörige, die aufgrund Beschäftigung, Rentenbezugs usw. selbst Mitglied der sozialen Pflegeversicherung sind, die vollen Leistungen.

Es sind zu unterscheiden:

- Leistungen bei häuslicher Pflege (nachstehend Ziff. 6)
- Leistungen bei teilstationärer Pflege und Kurzzeitpflege (nachstehend Ziff. 7)
- Leistungen bei vollstationärer Pflege (nachstehend Ziff. 8)
- Leistungen für Pflegepersonen (nachstehend Ziff. 11)

Pflegebedürftige haben Anspruch auf individuelle Beratung und Hilfestellung durch Pflegeberater, deren Kosten von der Pflegekasse bezahlt werden und die beihilfefähig sind (vgl. § 7a SGB XI).

Ansprüche aus der sozialen Pflegeversicherung verjähren drei Jahre nach Ablauf des Jahres, in dem sie berechnet wurden (§ 25 SGB IV).

6. Leistungen im Einzelnen

1. Häusliche Pflege durch Berufspflegekräfte
   → Dauernde Pflegebedürftigkeit, Ziff. 6
2. Pflege in einer Tages- oder Nachtpflegeeinrichtung, Kurzzeitpflege
   → Dauernde Pflegebedürftigkeit, Ziff. 6
3. Verhinderungspflege
   → Dauernde Pflegebedürftigkeit, Ziff. 7
4. Pflegegeld bei häuslicher Pflege
   → Dauernde Pflegebedürftigkeit, Ziff. 7
5. Vollstationäre Pflege
   → Dauernde Pflegebedürftigkeit, Ziff. 11

6. Leistungen beim Wohnen in ambulant betreuten Wohngruppen
   → Dauernde Pflegebedürftigkeit, Ziff. 7, 17
7. Kombination Pflege durch Berufspflegekräfte und andere geeignete Pflegekräfte
   → Dauernde Pflegebedürftigkeit, Ziff. 9, 10
8. Unterbringung in Einrichtungen der Behindertenhilfe
   → Dauernde Pflegebedürftigkeit, Ziff. 16
9. ambulant betreute Wohngruppen
   → Dauernde Pflegebedürftigkeit, Ziff. 17
10. Pflegehilfsmittel, Verbesserung des individuellen Wohnumfeldes
    → Dauernde Pflegebedürftigkeit, Ziff. 2
11. Beratungseinsätze
    → Dauernde Pflegebedürftigkeit, Ziff. 7

7. Pflegeberatung

→ Dauernde Pflegebedürftigkeit (Ziff. 18)

8. Leistungen für Pflegepersonen

Bei den **Leistungen für Pflegepersonen** sind zu unterscheiden Leistungen zur sozialen Sicherung der Pflegepersonen und Pflegekurse für Angehörige und ehrenamtliche Pflegepersonen.

Zur sozialen Sicherung der nicht erwerbsmäßig tätigen Pflegepersonen entrichtet die soziale Pflegeversicherung Beiträge an den zuständigen Träger der gesetzlichen **Rentenversicherung** (§ 44 SGB XI). Voraussetzung ist, dass sie einen Pflegebedürftigen ab dem 2. Pflegegrad mindestens 10 Stunden wöchentlich (verteilt auf mindestens zwei Tage) oder mehrere pflegebedürftige Personen zu Hause pflegen und regelmäßig nicht mehr als 30 Stunden wöchentlich erwerbstätig sind. Erfasst werden auch Angehörige, die ausschließlich demenzkranke Pflegebedürftige betreuen.

Die Pflichtbeiträge zur Rentenversicherung trägt die Pflegekasse, ggf. zusammen mit der Beihilfestelle. Die Pflegeperson oder der Pflegebedürftige muss sich nicht an der Beitragszahlung beteiligen. Die Beitragszahlungen der Pflegekasse sind als Leistungen aus einer Pflegeversicherung steuerfrei (§ 3 Nr. 1 Buchst. a EStG).

Die Höhe der Beiträge richtet sich nach bestimmten fiktiven Verdienstgrößen und nicht etwa danach, ob und ggf. in welcher Höhe die Pflegeperson von dem Pflegebedürftigen Geldleistungen erhält. Die fiktiven Verdienstgrößen wiederum orientieren sich an dem Pflegegrad des Pflegebedürftigen und der Anzahl der wöchentlichen Pflegestunden. Ab dem Pflegegrad 5 sind um 25 v. H. höhere Beiträge zu entrichten.

Die monatlichen Beiträge (abgestuft nach Pflegegraden und Pflegeaufwand) werden alljährlich vom BMI bekannt gegeben.

Wer neben der Pflegetätigkeit eine weitere versicherungspflichtige Beschäftigung oder selbstständige Tätigkeit ausübt, für den wird zusätzlich zu dem in dieser Beschäftigung oder Tätigkeit tatsächlich erzielten Verdienst der fiktive Verdienst aus der Pflegetätigkeit berücksichtigt. Die Obergrenze für beide Verdienste ist die Beitragsbemessungsgrenze.

Ab 1.1.2017 sind Pflegepersonen in der Arbeitslosenversicherung zu versichern. Allerdings muss unmittelbar vor Aufnahme der Pflegetätigkeit eine Versicherungspflicht in der Arbeitslosenversicherung bestanden haben. Die Pflegepersonen haben folglich Anspruch auf Arbeitslosengeld und Leistungen der aktiven Arbeitsförderung, falls ein unmittelbarer Einstieg in eine Beschäftigung nach Ende der Pflegetätigkeit nicht möglich ist. An den Beiträgen hat sich die Beihilfe zu beteiligen.

Die Pflegekasse bzw. das private Versicherungsunternehmen melden die in der Renten-, Unfall- und Arbeitslosenversicherung zu versichernden Pflegepersonen dem zuständigen Versicherungsträger. In diesen Meldungen (und deshalb auch in den

Anträgen auf Zahlung der Versicherungsbeiträge) sind anzugeben die Versicherungsnummer (soweit bekannt), Familien- und Vornamen, Geburtsdatum, Anschrift, Beginn und Ende der Pflegetätigkeit, der Pflegegrad des Pflegebedürftigen und die unter Berücksichtigung des Umfangs der Pflegetätigkeit maßgeblichen beitragspflichtigen Einnahmen.

Während der pflegerischen Tätigkeit sind die Pflegepersonen außerdem beitragsfrei in den Versicherungsschutz der gesetzlichen **Unfallversicherung** einbezogen. Pflegepersonen, die nach Beendigung der Pflegetätigkeit in das Erwerbsleben zurückkehren, haben Anspruch auf Unterhaltsgeld nach § 153 ff. SGB III. Das bedeutet, dass Unterhaltsgeld i. d. R. nur zusteht, wenn während einer bestimmten Mindestzeit (z. B. drei Jahre) eine beitragspflichtige Beschäftigung ausgeübt worden ist.

Die Pflegekassen sind verpflichtet, für Angehörige und sonstige an einer ehrenamtlichen Pflegetätigkeit interessierte Personen **Schulungskurse** unentgeltlich anzubieten, um soziales Engagement im Bereich der Pflege zu fördern und zu stärken, Pflege und Betreuung zu erleichtern, zu verbessern sowie pflegebedingte körperliche und seelische Belastungen zu mindern.

9. Pflegezusatzversicherungen

Die von der gesetzlichen Pflegeversicherung zustehenden Leistungen reichen oftmals nicht aus, die Pflegekosten zu decken. Um den Eigenanteil an den Pflegekosten in einem erträglichen Ausmaß zu halten, kann der Abschluss einer privaten Pflegezusatzversicherung empfehlenswert sein. Damit lässt sich z. B. eine Verdoppelung der gesetzlichen Leistungen bei ambulanter Pflege oder ein zusätzliches Pflegegeld erreichen. Nach Möglichkeit sollte diese private Vorsorge möglichst in jungen Jahren erfolgen.

10. Inanspruchnahme von Unterhaltspflichtigen

Für die Kosten der Pflege können Unterhaltspflichtige zum Ersatz herangezogen werden. Seit dem 1. Januar 2020 sind Kinder ihren Eltern erst ab einem Jahresbruttoeinkommen von 100 000 Euro zum Unterhalt verpflichtet.

Sozialhilfe nach dem SGB XII

Leistungen nach dem SGB XII werden grundsätzlich nur **nachrangig** gewährt, d. h. Sozialhilfe erhält nur, wer sich nicht selbst helfen oder die erforderliche Hilfe nicht von anderer Seite (insbesondere von den Trägern anderer Sozialleistungen oder von nahen Angehörigen) erhalten kann. Eine nach den Beihilfevorschriften zustehende Beihilfe hat Vorrang vor Sozialhilfe (§ 2 Abs. 1 SGB XII), auch wenn nach dem SGB XII vorgeleistet wird. Beihilfen nach den Beihilfevorschriften sind deshalb ohne Rücksicht auf die Bestimmungen des SGB XII zu gewähren.

Erhält ein Beihilfeberechtigter Sozialhilfe oder ein berücksichtigungsfähiger Angehöriger **Hilfe in besonderen Lebenslagen** (z. B. Heimpflege) und steht für Aufwendungen Beihilfe zu, kann der Träger der Sozialhilfe durch schriftliche Anzeige an die Beihilfestelle den **Übergang des Beihilfeanspruchs** auf sich bewirken (§ 93 SGB XII). Ist dies geschehen, tritt der Träger der Sozialhilfe an die Stelle des Beihilfeberechtigten und wird damit auch antragsberechtigt.

Bei einer anderen Hilfegewährung als derjenigen in besonderen Lebenslagen geht nach § 94 SGB XII ein bürgerlich-rechtlicher Unterhaltsanspruch (nicht bei Beihilfeanspruch) auf den Sozialhilfeträger über. Dies gilt auch bei volljährigen und verheirateten Kindern als Hilfeempfängern. Aus dem übergegangenen Unterhaltsanspruch kann der Sozialhilfeträger Ersatz seiner Aufwendungen verlangen. Tut er dies tatsächlich, besteht ein Beihilfeanspruch, der vom Beihilfeberechtigten geltend zu machen ist. → Antragstellung (Ziff. 11)

Im Rahmen der Sozialhilfe spielt die **Hilfe zum Lebensunterhalt** eine besondere Rolle. Sie wird gewährt, wenn kein ausreichendes eigenes Einkommen oder Vermögen vorhanden ist. Dies ist immer häufiger der Fall bei Versorgungsempfängern, die in Heimen untergebracht sind. In solchen Fällen zahlt die Sozialhilfe, soweit die Versorgungsbezüge des Heimbewohners und die gewährten Beihilfen nicht ausreichen, die restlichen Heimkosten sowie einen von den zuständigen Landesbehörden festgesetzten Barbetrag zur persönlichen Verfügung (§ 35 Abs. 2 SGB XII).

Sozialpädiatrische Behandlung von Kindern

Aufwendungen für die ambulante sozialpädiatrische Behandlung von Kindern in sozialpädiatrischen Zentren sind nach Maßgabe des § 24 Abs. 3 BBhV in der dort bezeichneten Höhe beihilfefähig. Aufwendungen für **sozialpädagogische Behandlungen** sind dagegen nicht beihilfefähig.

Soziotherapie

Abweichungen in Bundesländern:
→ Bayern (Ziff. 8)
→ Niedersachsen (Ziff. 13)

Mit ihr soll es schwer psychisch Kranken ermöglicht werden, neben der Behandlung dieses Leidens andere medizinische Hilfsleistungen zu beanspruchen. Unter Hilfeleistungen sind besonders Trainings- und Motivationsmethoden sowie Koordinationsmaßnahmen zu verstehen, die von fachlich entsprechend vorgebildeten Personen (z. B. Sozialarbeitern und -pädagogen mit einschlägiger mehrjähriger Berufspraxis) durchgeführt werden. Voraussetzung ist übereinstimmend mit § 37a SGB V und den dazu ergangenen Soziotherapie-Richtlinien, dass mit der Therapie Krankenhausaufenthalte vermieden oder verkürzt oder wenn diese geboten, aber nicht durchführbar sind.

Die Höhe der Vergütung richtet sich nach den entsprechend § 132b SGB V geschlossenen Verträgen. In deren Höhe sind sie nach § 6 Abs. 5 Satz 3 BBhV beihilfefähig (VV 30).

Spastikerhilfen (Gymnastik-/Übungsgeräte)

Aufwendungen sind beihilfefähig (Abschnitt 1 Nr. 19.11 der Anl. 11 zur BBhV).

Sportverletzungen

Aufwendungen zur Behandlung von Sportverletzungen (auch langwierigen) sind grundsätzlich beihilfefähig, auch soweit Mannschaftssport mit hohem Körpereinsatz betrieben wird. Eine Grenze ist jedoch bei der Ausübung gefährlichen Sports wie Bungee- oder Fallschirmspringen zu ziehen.

Sprachverstärker nach Kehlkopfresektion

Aufwendungen sind beihilfefähig (Abschnitt 1 Nr. 19.14 der Anl. 11 zur BBhV).

Spreiz-Hilfsmittel

Aufwendungen sind beihilfefähig (Abschnitt 1 Nr. 19.15 und 19.16 der Anl. 11 zur BBhV).

Spritzen

Aufwendungen sind beihilfefähig (Abschnitt 1 Nr. 19.17 der Anl. 11 zur BBhV).

Sterbehilfe

Aufwendungen für erlaubte Sterbehilfe durch Dritte sind nicht beihilfefähig, auch wenn verfassungsrechtlich ein Recht auf selbstbestimmtes Sterben besteht.

Sterilisation

Abweichungen in Bundesländern:
→ Bayern (Ziff. 1)
→ Rheinland-Pfalz (Ziff. 17)

Aufwendungen für eine Sterilisation sind nur beihilfefähig, wenn diese aufgrund einer **Krankheit** erforderlich ist (§ 43a Abs. 1 BBhV), so dass Sterilisationen aus anderem Grund (z. B. im Rahmen der Familienplanung oder wegen sozialer Notlage) von der Beihilfe ausgeschlossen sind; Gleiches gilt – weil nicht aus Heilzwecken vorgenommen – auch bei einer Sterilisation aus eugenischen Gründen (Verhütung erbkranken Nachwuchses). Ebenso kann die Beihilfe nicht eintreten, wenn vorgetragen wird, mit der Sterilisation sollen spätere Schwangerschaftsabbrüche vermieden werden. Die Sterilisation, die ärztlich veranlasst und durchgeführt werden muss, ist – auch nach ärztlichem Berufsrecht – beim Vorliegen medizinischer Gründe nicht rechtswidrig, wenn der Betroffene eingewilligt hat.

Beihilfefähig sind die Aufwendungen für → ärztliche Leistungen, die vom Arzt verbrauchten oder nach Art und Umfang schriftlich verordneten → Arznei- und Verbandmittel und dgl., eine → Krankenhausbehandlung, eine → Familien- und Haushaltshilfe, → Fahrtkosten sowie für eine → ambulante auswärtige Behandlung, und zwar in dem durch die Beihilfevorschriften gesteckten Rahmen.

Beihilfen zu Aufwendungen für Sterilisationen an **Berufssoldaten und Soldaten auf Zeit** können unter der Voraussetzung gewährt werden, dass kein Anspruch auf Kostenerstattung im Rahmen der unentgeltlichen → truppenärztlichen Versorgung besteht. Ein Berufssoldat oder Soldat auf Zeit, der sich einer Sterilisation unterzieht und hierfür Beihilfe nach den Beihilfevorschriften beanspruchen will, hat vor deren Durchführung eine Bestätigung seines für ihn zuständigen Truppenarztes einzuholen, dass eine Leistung im Rahmen der unentgeltlichen truppenärztlichen Versorgung ausgeschlossen ist. Werden Sterilisationen im Rahmen der unentgeltlichen truppenärztlichen Versorgung durchgeführt, verbietet sich die Zahlung von Beihilfen.

Die Aufwendungen für **Refertilisierung** nach vorausgegangener medizinisch nicht notwendiger Sterilisation sind nicht beihilfefähig.

Steuerermäßigungen

1. Aufwendungen in Krankheits-, Pflege- und Geburtsfällen sowie für Hilfsmittel und Kuren

Dies sind **außergewöhnliche Belastungen** i. S. des § 33 EStG, soweit sie

- durch Beihilfe und (oder) Kranken-(Pflege-)versicherung nicht gedeckt sind und
- die zumutbare Belastung überschreiten. Die zumutbare Belastung ergibt sich aus der Tabelle in § 33 Abs. 3 EStG.

Eine steuerlich berücksichtigungsfähige außergewöhnliche Belastung liegt nur vor, soweit die Ausgaben zwangsläufig und den Umständen entsprechend notwendig sind, einen angemessenen Betrag nicht übersteigen und durch Leistungen von dritter Seite (z. B. als Erstattung einer Krankenversicherung oder durch Gewährung einer Beihilfe) nicht gedeckt sind. Auch das Finanzamt prüft somit die **Notwendigkeit** und vor allem die **Angemessenheit** der verschiedenen Ausgaben. Üblicherweise wird die Notwendigkeit einer Maßnahme durch eine entsprechende ärztliche Verordnung bestätigt. Berücksichtigungsfähige Krankheitskosten liegen nur vor, wenn sie eindeutig und unmittelbar der Heilung dienen oder eine Krankheit erträglicher machen sollen. Dieser Zusammenhang ist z. B. nicht bei Schönheitsoperationen der Fall, sofern sie nicht mindestens der Erleichterung einer Krankheit dienen (BFH vom 24.11.2006, Az.

III B 57/06). Zwangsläufig ist eine Ausgabe, wenn sich der Steuerzahler den Aufwendungen aus rechtlichen, tatsächlichen oder sittlichen Gründen nicht entziehen kann. Dies ist nicht der Fall, wenn zur Sicherung der Beitragsrückerstattung keine Versicherungsleistungen in Anspruch genommen werden (vgl. FG Rheinland-Pfalz vom 31.1.2012, Az.: 2 V 1883/11).

Nicht jede auf ärztliches Anraten oder aus medizinischen Gründen durchgeführte Maßnahme führt zu einer steuerrechtlich zu berücksichtigenden außergewöhnlichen Belastung. Diese Einschränkung zeigt sich besonders deutlich bei der Durchführung von Heilkuren. Hier ist es erforderlich, dass die der Behandlung einer Krankheit oder eines Leidens dienende Kur zur Heilung oder Linderung der Krankheit nachweislich notwendig ist und eine andere Behandlung nicht oder kaum erfolgversprechend erscheint. Zum Nachweis der Notwendigkeit einer Kur wird deshalb von den Finanzämtern i. d. R. die Vorlage eines vor Antritt der Kur ausgestellten ärztlichen Zeugnisses gefordert, aus dem sich nicht nur die Notwendigkeit der Kur, sondern auch deren Dauer und Reiseziel ergibt, ferner die Anerkennung der Krankenversicherung und ggf. auch der Beihilfestelle. Als Fahrtkosten werden i. d. R. nur die Aufwendungen für die Benutzung öffentlicher Verkehrsmittel berücksichtigt. Aufwendungen für eine Nachkur in einem typischen Erholungsort können steuerlich im Allgemeinen nicht geltend gemacht werden.

Als **notwendig** werden im Allgemeinen auch anerkannt:

- Aufwendungen für eine **Frischzellenbehandlung** (allerdings nur in Höhe eines angemessenen Betrags, d. h. nicht unbegrenzt)
- Kosten für **Arznei- und Stärkungsmittel** (einschl. der sog. Bagatell-Arzneimittel) und ähnliche Präparate,
  a) wenn ihre durch Krankheit bedingte Zwangsläufigkeit und Notwendigkeit durch die Verordnung eines Arztes oder Heilpraktikers nachgewiesen wird oder

b) wenn es sich um eine länger dauernde Krankheit handelt, deren Vorliegen schon früher glaubhaft gemacht oder nachgewiesen worden ist und die einen laufenden Verbrauch bestimmter Arzneimittel usw. bedingt,

- nicht ersetzte Aufwendungen für **Hilfsmittel** (z. B. Hörgeräte), **Heilpraktikerkosten**, Kosten von **umstrittenen Behandlungsmethoden** (vgl. BFH vom 2.9.2010, Az. VI R 11/09).
- Ausgaben für eine **Alkoholentziehungskur** oder die Behandlung von **Rauschmittelsucht** und **Tablettenabhängigkeit** (→ Suchtbehandlungen)
- Aufwendungen für eine **künstliche Befruchtung**
- Aufwendungen für die Behandlung durch einen Heilpraktiker sowie für eine vom Arzt verordnete **Krankengymnastik, Massage und Saunabenutzung** usw.
- **Fahrtkosten** zum Besuch eines minderjährigen Kindes im Krankenhaus, wenn der Aufenthalt am Krankenbett des Kindes für dessen Gesundung aus ärztlicher Sicht nicht nur erwünscht, sondern therapeutisch unentbehrlich ist
- die Kosten für die krankheitsbedingte **Unterbringung in einem Alten- oder Pflegeheim,** wenn die Unterbringung wegen außergewöhnlicher Umstände (z. B. Pflegebedürftigkeit) notwendig ist. Dies gilt auch, wenn keine dauernde Pflegebedürftigkeit vorliegt und keine Pflegekosten entstehen (BFH vom 13.10.2010, Az. VI R 38/09). Erstattungen der (Pflicht-)Pflegeversicherung sowie privater Pflegezusatzversicherungen werden voll angerechnet.
- die **Kosten für eine Begleitperson** anlässlich des Kuraufenthaltes bei alten, hilflosen Personen, bei Sanatoriumsbehandlungen oder von minderjährigen Kindern
- **Zuzahlungen, Kostenanteile** und Eigenbeteiligungen im Rahmen der GKV, → Eigenbehalte
- **ungedeckte Pflegekosten**

Als steuerlich zu berücksichtigende Aufwendungen werden i. d. R. nicht anerkannt:

- Diätkosten
- Verpflegungsmehraufwand
- Kosten für Auslandsreisen zur Behandlung von im Ausland nicht mit wesentlich höherer Erfolgsaussicht behandelbarer Erkrankungen

Wurden Krankheitskosten selbst getragen, um dafür Beitragserstattung zu erlangen, können die entsprechenden Kosten nicht als außergewöhnliche Belastung geltend gemacht werden, da die Aufwendungen nicht zwangsläufig entstanden sind.

Vom Gesamtbetrag der Einkünfte ist die zumutbare Belastung zu berechnen. Übersteigt der durch Beihilfe und Krankenversicherung nicht gedeckte Betrag die zumutbare Belastung, kann dieser Betrag vom steuerpflichtigen Einkommen abgesetzt werden. Es empfiehlt sich, die Überschreitung der zumutbaren Belastung im Rahmen der jährlichen Einkommensteuer-Erklärung geltend zu machen, und zwar zusammen mit anderen Möglichkeiten zur Verringerung der Steuerschuld. Dem Antrag sind alle Unterlagen beizufügen, aus denen sich ergibt, dass eine Überschreitung der zumutbaren Belastung vorliegt, insbesondere alle Belege über die Krankheit sowie den Festsetzungsbescheid über die Beihilfe und den Erstattungsbescheid der Krankenversicherung.

2. Sonstige Versicherungsbeiträge

Beiträge für Altersvorsorgeaufwendungen (z. B. Beiträge zur Rentenversicherung, kapitalgedeckte Lebensversicherungen) sind bis zu 20 000 Euro bzw. 40 000 Euro (Verheiratete) als Sonderausgaben abzugsfähig, bei Beamten allerdings gekürzt um 19,5 v. H. der Bezüge. Von dem so gekürzten Höchstbetrag sind 60 v. H. (2005, danach bis 2024 steigend um jährlich 2 v. H.) abzugsfähig, gekürzt um Arbeitgeberanteile zur Rentenversicherung.

Andere Vorsorgeaufwendungen, wie Beiträge zu Kranken-, Pflege-, Arbeitslosen-, Unfall- und Haftpflichtversicherungen können mit 2800 Euro (bei Personen ohne Zuschüsse zu Krankenversicherungsbeiträgen oder Zuschüsse zu Krankheitskosten), sonst mit 1900 Euro berücksichtigt werden. Bei Zusammenveranlagung bestimmt sich der gemeinsame Höchstbetrag nach der Summe der jedem Ehegatten zustehenden Höchstbeträge. Beitragsrückerstattungen mindern die vom Finanzamt anerkannten Sonderausgaben, auch wenn sie dadurch entstanden sind, dass die Erstattung auf vom Versicherten getragenen Krankheitskosten beruht. Boni, die Krankenkassen für gesundes Verhalten der Versicherten gewähren, verringern nicht die Sonderausgaben.

Seit 2010 sind Kranken- und Pflegeversicherungsbeiträge in größerem Umfang als bisher als Sonderausgaben berücksichtigungsfähig. Diese Beiträge werden voll berücksichtigt, allerdings nur soweit sie auf den Basisschutz in der Kranken- und Pflegeversicherung entfallen (z. B. ohne Beiträge für Wahlleistungen eines Krankenhauses oder Mehrleistungen für Zahnersatz und Kieferorthopädie). Auf Antrag werden höhere Abzugsbeträge bereits bei Einbehaltung der Lohnsteuer berücksichtigt.

Sofern günstiger, kann (bis 2019) die bis 2004 geltende Ermittlung der berücksichtigungsfähigen Sonderausgaben beibehalten werden; dabei ist auch der gesonderte Sonderausgaben-Höchstbetrag von 184 Euro für Beiträge zu einer zusätzlichen freiwilligen Pflegeversicherung (§ 10 Abs. 3 Nr. 3 EStG a. F.) zu berücksichtigen. Dies ist besonders für Beamte und Versorgungsempfänger oft vorteilhafter als der Abzug von 1900 Euro (bzw. 2800 Euro). Danach erfolgt ein Vorwegabzug von 3068 Euro (Verheiratete: 6136 Euro), der sich allerdings um 16 v. H. des Arbeitslohns vermindert. Die verbleibenden Beträge sind bis zu 1334 Euro (Verheiratete: 2668 Euro) berücksichtigungsfähig. Der danach verbleibende Restbetrag an Sonderausgaben wird zur Hälfte berücksichtigt, höchstens mit 1334 Euro (Verheiratete: 2668 Euro).

Für den genannten Personenkreis (Beamte usw.) dürften folglich zumeist folgende Höchstbeträge beim Abzug von Vorsorgeaufwendungen in Betracht kommen:

Familienstand	Alleinstehende	Verheiratete
	Euro	Euro
voll abzugsfähige Höchstbeträge	1334	2668
zur Hälfte abzugsfähige Höchstbeträge	1334	2668
Zusatzfreibetrag	3068	6136
höchstmögliche Aufwendungen	5736	11472
davon steuerwirksam	6403	12806

3. Freibeträge

Bestimmte **Freibeträge können** bereits beim Steuerabzug durch den Arbeitgeber berücksichtigt werden. Damit wird erreicht, dass sich eine Steuerermäßigung bereits vor Ablauf des Kalenderjahres und vor Durchführung der Einkommensteuer-Veranlagung auswirkt. Auf Antrag trägt das Finanzamt Freibeträge ein, wenn

- die Werbungskosten (besonders die arbeitstäglichen Fahrtkosten zur Arbeitsstelle mit 0,30 Euro je Entfernungskilometer) den Arbeitnehmer-Pauschbetrag von 1000 Euro jährlich übersteigen,
- außergewöhnliche Belastungen i. S. der Ziff. 1, aber auch solche wegen Unterhalts- und Ausbildungskosten für Kinder vorliegen,
- ein Pauschbetrag für behinderte Menschen, Hinterbliebene und Pflegebedürftige nach § 33b EStG zusteht, der vom Finanzamt vermerkt wird,
- 36 bzw. 72 Euro (bei Verheirateten) übersteigende Sonderausgaben infolge Unterhaltsleistungen an geschiedene oder dauernd getrennt lebende Ehegatten (nach Maßgabe des

§ 10 Abs. 1a Nr. 1 EStG) oder wegen Berufsausbildung oder Weiterbildung in einem nicht ausgeübten Beruf vorliegen (§ 10 Abs. 1 Nr. 7 EStG).

4. Steuerermäßigung bei Behinderung

Führt eine Erkrankung oder ein Leiden zu einer **dauernden Behinderung,** sollte geprüft werden, ob die Anerkennung einer Schwerbehinderung in Betracht kommt. Für schwerbehinderte und diesen gleichgestellte Personen gibt es **eine Reihe weiterer Steuerermäßigungen** und sonstiger Vergünstigungen. Näheres → Behindertenrecht

Stoma-Versorgungsartikel, Sphinkter-Plastik

Aufwendungen sind beihilfefähig (Abschnitt 1 Nr. 19.20 der Anl. 11 zur BBhV).

Stoßwellentherapie (ESWT)

Aufwendungen für eine Extrakorporale Stoßwellentherapie (EWST) oder radiale Stoßwellentherapie (r-ESTW) sind nur bei Schmerzbehandlungen im orthopädischen und schmerztherapeutischen Bereich beihilfefähig. Die für eine ESTW erfassten Krankheitsbilder sind in Abschnitt 2 Nr. 2 der Anl. 1 zur BBhV bezeichnet (besonders bestimmte orthopädische Erkrankungen, vor allem hartnäckige und schmerzhafte Sehnenansatzerkrankungen) und nach Nr. 1800 der Anlage zur GOÄ berechenbar. Die Krankheitsbilder für eine r-EWST sind in Abschnitt 2 Nr. 10 der Anl. 1 zur BBHV aufgeführt und die Gebühren hierfür sind nach Nr. 302 der Anlage zur GOÄ beihilfefähig. Weitere Zuschläge sind nicht beihilfefähig.

Stottern

Aufwendungen für sog. **Ohrtaktgeber** bei Sprechübungen mit stotternden Kindern sind nicht beihilfefähig, da diese Geräte wissenschaftlich nicht anerkannt sind und nach ärztlicher Auffassung sogar zu neurotischen Störungen führen können.

Hinsichtlich der Aufwendungen für **Sprechübungen** mit stotternden Kindern → Logopädie, Ziff. 2

Stumpfstrümpfe und Stumpfschutzhüllen

Aufwendungen sind beihilfefähig (Abschnitt 1 Nr. 19.23 und 19.24 der Anl. 11 zur BBhV).

Subsidiaritätsprinzip

Das Wichtigste in Kürze

- Beihilfen werden i. d. R. nur gewährt, wenn und soweit nicht durch die Ausschöpfung vorrangiger Ansprüche geholfen wird. Die aufgrund vorrangiger Regelungen gewährten Leistungen sind deshalb vor Berechnung der Beihilfe in voller Höhe von den beihilfefähigen Aufwendungen abzuziehen. Werden solche vorrangigen Leistungen nicht in Anspruch genommen, werden sie grundsätzlich bei einer dennoch zustehenden Beihilfe berücksichtigt. Bleiben nach Ausschöpfung oder Anrechnung vorrangiger Leistungsansprüche ungedeckte Kosten übrig, wird dazu, soweit es sich um beihilfefähige Aufwendungen handelt, Beihilfe gewährt.
- Vorrangig in Anspruch zu nehmende Leistungen sind bei freiwilligen Mitgliedern der GKV mit Anspruch auf freie Krankenfürsorge, Beitragszuschuss oder ermäßigten Beitrag auch die beim Arzt oder sonstigen Behandler möglichen Sach- und Dienstleistungen (einschl. der von Kassenärzten auf Privatrezept verordneten Arznei-, Verband- und Hilfsmittel).
- Sehen vorrangige Leistungssysteme keine Leistungen für bestimmte Aufwendungen vor, die beihilfefähig sind,

wird für solche Aufwendungen die übliche Beihilfe gewährt (z. B. Aufwendungen bei der Inanspruchnahme eines Heilpraktikers sowie Inanspruchnahme von Wahlleistungen eines Krankenhauses durch Mitglieder der GKV).

- In einigen Fällen gibt es ein Wahlrecht zwischen den an sich vorrangigen Ansprüchen und dem Anspruch auf Gewährung der Beihilfe. Wird das Wahlrecht zugunsten der Beihilfegewährung ausgeübt, wird die Beihilfe in voller Höhe gezahlt. Wird die vorrangig zustehende Leistung gewährt, wird zu den darüber hinausgehenden Aufwendungen, soweit sie beihilfefähig sind, eine Beihilfe erstattet.

1. Grundsatz

Das Beihilferecht geht davon aus, dass die **Fürsorge des Dienstherrn nur ergänzend** eingreift, wenn und soweit einer Person nicht aufgrund von Rechtsvorschriften oder arbeitsrechtlichen Vereinbarungen Heilfürsorge, Krankenhilfe, Geldleistung oder Kostenerstattung zusteht (§ 9 Abs. 1 BBhV). Die aufgrund vorrangiger Regelungen gewährten Leistungen sind deshalb vor Berechnung der Beihilfe in voller Höhe von den beihilfefähigen Aufwendungen abzuziehen. Beihilfeleistungen kommen, erst „subsidiär", d. h. nachrangig, unterstützend infrage. Ausnahme: Eine nach den Beihilfevorschriften zustehende Beihilfe hat Vorrang vor Leistungen der Sozialhilfe.

Für den Beihilfeberechtigten bedeutet das „Subsidiaritätsprinzip", dass er – von einigen Ausnahmen (vgl. nachstehende Ziff. 5) abgesehen – die ihm und den berücksichtigungsfähigen Angehörigen zustehenden sonstigen Ansprüche (auch solche aufgrund von Kann-Bestimmungen) ausschöpfen muss, ehe eine Beihilfe beantragt werden kann. Geschieht das nicht, sind die Aufwendungen i. d. R. nur in dem Umfang beihilfefähig, wie dies bei voller Inanspruchnahme der nach anderen Vorschriften bestehenden Leistungen der Fall gewesen wäre.

2. Abzug gewährter Leistungen

Das Subsidiaritätsprinzip findet seine Ausprägung in § 9 Abs. 1 Satz 1 BBhV. Hier wird Folgendes bestimmt:

Steht dem Beihilfeberechtigten oder einem berücksichtigungsfähigen Angehörigen

a) Heilfürsorge oder
b) Krankenhilfe oder
c) Geldleistung oder
d) Kostenerstattung

aufgrund von Rechtsvorschriften oder arbeitsvertraglichen Vereinbarungen zu, sind die gewährten Leistungen vor Berechnung der Beihilfe in voller Höhe von den beihilfefähigen Aufwendungen abzuziehen. Eine Anrechnung unterbleibt, wenn die nach dem BVG gewährten Leistungen vom Einkommen oder Vermögen des Leistungsberechtigten oder seiner unterhaltspflichtigen Angehörigen wieder eingezogen werden (VV 9.1.1 Satz 2).

Beihilfefähig sind danach nur die zulasten des Beihilfeberechtigten verbleibenden Aufwendungen, und auch diese nur insoweit, wie es die Beihilfevorschriften allgemein zulassen. Wird daher ein vorrangiger Anspruch ausgeschöpft (wie er z. B. kriegsbeschädigten Beihilfeberechtigten aufgrund des → Bundesversorgungsgesetzes zusteht) und verbleibt zulasten des Beihilfeberechtigten anschließend noch ein Betrag von 100 Euro (weil z. B. ein Heilpraktiker in Anspruch genommen wurde), ist die Beihilfe von diesem Betrag zu berechnen, vorausgesetzt, die entsprechenden Aufwendungen sind allgemein beihilfefähig.

Die Vorschrift in § 9 Abs. 1 Satz 1 BBhV regelt aber nicht nur die Pflicht zur vorrangigen Inanspruchnahme der Leistungen, die nach anderen Rechtsvorschriften usw. zustehen. Sie räumt auch den Beihilfeberechtigten, denen solche vorrangigen Leistungen zustehen, einen Beihilfeanspruch zu beihilfefähigen Aufwendungen ein, die über die Leistungen der Krankenversicherung oder anderer Leistungsträger hinausgehen, aber beihilfefähig sind. Dabei ist es unerheblich, ob der Beihilfeberechtigte freiwillig oder pflichtversichert ist. Nimmt z. B. ein in der Rentnerkrankenversicherung versicherter Ruhestandsbeamter bei einer → stationären Krankenhausbehandlung besondere Unterkunft sowie privatärztliche Behandlung als Wahlleistungen in Anspruch, erhält er zu den nach Anrechnung der gewährten oder zustehenden Kassenleistungen verbleibenden beihilfefähigen Aufwendungen Beihilfe. Das Gleiche gilt für Aufwendungen der Behandlung durch einen → Heilpraktiker, weil die GKV hierfür keine Leistungen vorsieht, solche Aufwendungen jedoch – Notwendigkeit und Angemessenheit vorausgesetzt – als beihilfefähig anerkannt werden.

3. Vorrangige Ansprüche

Zu den vorrangig **„zustehenden Leistungen"** zählen Ansprüche:

- nach dem → Beamtenversorgungsgesetz und dem → Soldatenversorgungsgesetz hinsichtlich der Bestimmungen über die Unfallfürsorge
- nach den Bestimmungen über die Gewährung → freier Heilfürsorge für Beamte der Bundespolizei sowie für Polizeivollzugsbeamte der Länder (§§ 69 Abs. 2 und 70 Abs. 2 BBesG)
- nach den Bestimmungen über die → truppenärztliche Versorgung der Berufssoldaten und der Soldaten auf Zeit
- für Aufwendungen, die bereits aufgrund eines vorgehenden Beihilfeanspruchs (→ Beihilfeberechtigte Personen, Ziff. 6) beihilfefähig sind
- nach den Vorschriften über die → Gesetzliche Rentenversicherung, → Gesetzliche Krankenversicherung (ohne Leistungen aufgrund des Bundesversorgungsgesetzes), → Krankenversicherung der Rentner, → Gesetzliche Unfallversicherung

- nach dem → Bundesversorgungsgesetz, und zwar Leistungen der Kriegsopferfürsorge auch dann, wenn sie nach sozialhilferechtlichen Grundsätzen gewährt werden, es sei denn, dass sie vom Einkommen oder Vermögen des Leistungsberechtigten oder seiner unterhaltsverpflichteten Angehörigen wieder eingezogen oder im Wege des Härteausgleichs nach § 89 BVG gewährt werden
- nach dem Wehrsoldgesetz
- nach dem → Häftlingshilfegesetz
- gegen zwischen- oder überstaatliche Organisationen
- aufgrund des Art. 31 Abs. 2 des Statuts des Lehrpersonals der Europäischen Schulen
- nach dem Gesetz über die Krankenversicherung der Landwirte
- nach den Vorschriften über die → Krankenversicherung der Studenten und Praktikanten
- aufgrund arbeitsvertraglicher Regelungen, welche die Anwendung des Beihilferechts in anderen Bereichen vorsehen
- aufgrund von Vorschriften, die einen → Schadensersatzanspruch gegen einen Dritten begründen

Die Erstattung von Leistungen aus dem gemeinsamen Krankenfürsorgesystem der EG (GKFS) ist allerdings gegenüber der Beihilfe nachrangig.

Nicht zu den vorrangig „zustehenden Leistungen“ gehören **Ansprüche des nichtehelichen Kindes** im Rahmen der Unterhaltspflicht gegen seinen Vater oder seine Mutter auf Ersatz von Aufwendungen bei Krankheit. Die Mutter des nichtehelichen Kindes kann deshalb nicht auf etwaige Ansprüche des Kindes gegen den Vater verwiesen werden, wenn sie Aufwendungen für das Kind geltend macht. Beihilfen für die Entbindungs- und -folgekosten können nicht versagt werden.

Nicht zu den vorrangigen Leistungen zählen Leistungen nach dem SGB XII (Sozialhilfe). Eine nach den Beihilfevorschriften zustehende Beihilfe hat deshalb Vorrang vor den Leistungen der Sozialhilfe (§ 2 Abs. 1 SGB XII), auch dann, wenn der Sozialhilfeträger vorgeleistet hat.

4. Berücksichtigung nicht in Anspruch genommener Leistungen

Werden von den Berechtigten vorrangig zustehende Leistungen nicht in Anspruch genommen (wie das z. B. bei GKV-Mitgliedern bei privatärztlicher Behandlung der Fall sein kann), sind die zustehenden Leistungen – von einigen nachstehend unter Ziff. 5 behandelten Fällen abgesehen – gleichwohl in voller Höhe bei der Beihilfefestsetzung zu berücksichtigen, d. h. diese Leistungen sind mit ihrem effektiven oder notfalls mit einem fiktiven Wert von den beihilfefähigen Aufwendungen abzuziehen (§ 9 Abs. 3 BBhV). Hierbei sind nach § 9 Abs. 3 Satz 2 und 3 BBhV

- Aufwendungen für Arznei- und Verbandmittel in voller Höhe,
- andere Aufwendungen, deren fiktiver Leistungsanteil nicht nachgewiesen wird oder nicht ermittelt werden kann, in Höhe von 50 v. H. als „zustehende Leistung" anzusetzen.

Von dieser Regelung werden auch **Pflichtversicherte** der GKV erfasst.

Die komplizierte Regelung verdeutlicht folgendes Beispiel:

Berechnungsbeispiel:

Ein kriegsbeschädigter Versorgungsempfänger mit Anspruch auf Heilbehandlung nach § 10 Abs. 1 BVG lässt sich wegen seines kriegsbedingten Leidens privatärztlich (d. h. nicht unter Vorlage des ihm gem. § 18b BVG zustehenden Bundesbehandlungsscheines) behandeln. Hierbei entstehen ihm Aufwendungen für

– ärztliche Leistungen (für das 2,3fache der GOÄ-Sätze, im Rahmen des Schwellenwerts) in Höhe von	460 Euro
– ärztlich verordnete Arzneimittel in Höhe von	100 Euro
insgesamt in Höhe von	560 Euro

Für die Festsetzung der Beihilfe sind abzusetzen

– von den Aufwendungen für Arzthonorare mit	460 Euro	
der Wert der zustehenden Leistung (hier in Höhe des ermittelten einfachen GOÄ-Satzes) mit	200 Euro	
so dass zu berücksichtigen sind		260 Euro
– von den Aufwendungen für Arzneimittel mit	100 Euro	
der volle Wert mit	100 Euro	
so dass zu berücksichtigen sind		– Euro

Von dem verbleibenden Betrag in Höhe von		260 Euro
wird die Beihilfe mit 70 v. H. =		182 Euro
berechnet, so dass zulasten des Beihilfeberechtigten verbleiben	(560 Euro ./. 182 Euro =)	378 Euro

Diese Kosten hätte der Beihilfeberechtigte vermeiden können, wenn er anstelle der privatärztlichen Behandlung die ihm zustehenden ärztlichen Leistungen nach dem BVG in Anspruch genommen hätte.

Ungünstig würde auch das Ergebnis bei einer stationären Krankenhausbehandlung unter Inanspruchnahme von Wahlleistungen (insbesondere Zweibettzimmer und privatärztliche Behandlung) sein, weil hier von den (relativ hohen) Gesamtkosten i. d. R. der (alle Krankenhausleistungen umfassende) allgemeine Pflegesatz abzusetzen wäre.

Die vorstehenden Einschränkungen kommen nur dann zum Zuge, wenn **„zustehende" Leistungen** nicht in Anspruch genommen worden sind. Stehen in anderen Leistungssystemen (z. B. in der GKV, dem BVG oder im Rahmen der unentgeltlichen Heilfürsorge für Polizei- und Bundespolizeibeamte) bestimmte Leistungen (z. B. Behandlung durch einen Heilpraktiker) überhaupt nicht zu, ist deren vorrangige Inanspruchnahme im Rahmen jener Leistungssysteme nicht möglich. Deshalb ist die Kürzung der beihilfefähigen Aufwendungen in solchen Fällen nicht zulässig.

5. Wahlrecht

Ein **Wahlrecht** zwischen Inanspruchnahme der vorrangig zustehenden Leistungen und dem Verzicht auf solche Leistungen gibt es nach § 9 Abs. 3 Satz 4 BBhV für:

- freiwillig Versicherte der GKV, jedoch mit einer wichtigen Ausnahme: Bei freiwilligen GKV-Mitgliedern mit Anspruch auf freie Krankenfürsorge, Beitragszuschuss oder Arbeitgeberanteil zum Krankenversicherungsbeitrag gelten als nicht beihilfefähige → Sach- und Dienstleistungen auch Aufwendungen – mit Ausnahme der Aufwendungen für Wahlleistungen eines Krankenhauses –, die darauf beruhen, dass der Versicherte die beim Arzt, Zahnarzt oder sonstigen Behandler möglichen Sach- und Dienstleistungen nicht als solche in Anspruch genommen hat.
- Personen, denen Leistungen nach § 10 Abs. 2, 4 und 6 BVG zustehen, das sind
  a) die nach diesem Gesetz als Schwerbeschädigte anerkannten Personen für Gesundheitsstörungen, die nicht als Folge einer Schädigung anerkannt sind,

b) Familienangehörige Schwerbeschädigter, nämlich:
- der Ehegatte und die Kinder sowie sonstige Angehörige, die mit ihm in häuslicher Gemeinschaft leben und von ihm überwiegend unterhalten werden
- Personen, welche die unentgeltliche Betreuung und Pflege des Empfängers einer Pflegezulage nicht nur vorübergehend übernommen haben
- die Witwen und Waisen sowie die versorgungsberechtigten Eltern eines an den Folgen der Schädigung verstorbenen Beschädigten

- Personen, denen Leistungen nach anderen, auf § 10 Abs. 2, 4 und 6 BVG Bezug nehmenden Vorschriften zustehen
- berücksichtigungsfähige **Kinder** eines Beihilfeberechtigten, die von der Pflichtversicherung in der gesetzlichen Kranken- oder Rentenversicherung einer anderen Person (z. B. des Ehegatten) erfasst werden

Für diesen Personenkreis stehen beim Verzicht auf vorrangig zustehende Leistungen Beihilfen in gleicher Weise zu wie für Personen, die keine Ansprüche auf vorrangige Leistungen haben (Ausnahme: die für freiwillige GKV-Mitglieder genannten Fälle). Werden die vorrangigen Ansprüche ausgeschöpft, gilt auch hier § 9 Abs. 1 Satz 1 BBhV, wonach beihilfefähig nur die Aufwendungen sind, die über die im Einzelfall gewährten Leistungen hinausgehen. Von dieser (verbleibenden) Belastung erhalten freiwillige Mitglieder der GKV, soweit sie nicht einen Zuschuss, Arbeitgeberanteil von mindestens 21 Euro monatlich zum Krankenkassenbeitrag erhalten, eine Beihilfe in Höhe von 100 v. H. der beihilfefähigen Aufwendungen (§ 47 Abs. 6 BBhV a. F. i. V. m. § 58 Abs. 2 BBhV).

In allen anderen Fällen ist daher, soweit es sich um notwendige und angemessene Aufwendungen handelt, nach vorstehender Ziff. 4 zu verfahren. Das gilt auch für:

- Beschädigte mit Anspruch auf Heilbehandlung nach § 10 Abs. 1 BVG hinsichtlich der Gesundheitsstörungen, die als Folge einer Schädigung anerkannt oder durch eine Schädigungsfolge verursacht worden sind
- Mitglieder der → gesetzlichen Rentenversicherung und der → Krankenversicherung der Rentner, und zwar auch dann, wenn die Beiträge zur Rentenversicherung freiwillig entrichtet wurden, aber nicht für freiwillig gesetzlich Versicherte mit oder ohne Beitragszuschuss (vgl. § 9 Abs. 1 Satz 2 Nr. 2 BBhV)
- Beamte, Berufssoldaten und Soldaten auf Zeit mit Anspruch auf → freie Heilbehandlung bzw. unentgeltliche → truppenärztliche Versorgung sowie mit Anspruch auf Heilbehandlung im Rahmen der Unfallfürsorge nach dem → Beamtenversorgungsgesetz
- Personen mit Ansprüchen auf → Schadensersatz gegen Dritte

Zudem ist zu beachten, dass Leistungen der GKV, die aufgrund des BVG gewährt werden, nicht zu den Leistungen aus einem freiwilligen Versicherungsverhältnis zählen. Das den freiwilligen Mitgliedern der GKV eingeräumte Wahlrecht kommt somit nicht zum Zuge, soweit es sich um Leistungen der Krankenkasse nach § 10 Abs. 1 BVG (d. h. bei Gesundheitsstörungen als Folge einer Schädigung) handelt.

Suchtbehandlungen

Abweichungen in Bundesländern:
→ Baden-Württemberg (Ziff. 15)
→ Bremen (Ziff. 5)
→ Niedersachsen (Ziff. 2)

1. Beihilfefähigkeit

Alkoholismus und Drogensucht sind als Krankheiten anerkannt. Die Kosten für eine ärztlich verordnete Alkohol- und Drogenentziehungsbehandlung sind deshalb im Rahmen der Beihilfevorschriften beihilfefähig.

Die Suchtbehandlung muss in einer Einrichtung erfolgen, mit der ein Versorgungsvertrag nach § 111 Abs. 2 Satz 1 SGB V besteht. Andernfalls sind nach einem entsprechendem Vollzugshinweis des Bundesverwaltungsamtes – Dienstleistungszentrum – Aufwendungen nach den folgenden Vorschriften beihilfefähig:

- § 12 BBhV (ärztliche Leistungen),
- § 13 BBhV (Heilpraktikerleistungen),
- § 18 BBhV (Psychotherapeutische Leistungen),
- §§ 22 bis 25 BBhV (Arzneimittel, Heilmittel, Komplextherapie, Hilfsmittel),
- § 26a Abs. 1 BBhV (beihilferechtliche Obergrenze für Summe aus Abteilungs- und Basispflegesatz),
- § 26a Abs. 1 Nr. 3 BBhV (gesondert berechnete Wahlleistungen für Unterkunft bis zur Höhe von 1,2 Prozent der oberen Grenze des einheitlichen Basisfallwertkorridors nach § 10 Abs. 9 des Krankenhausentgeltgesetzes; ab 1.4.2024 sind bis zu 51,79 Euro täglich für die Wahlleistung Unterkunft beihilfefähig),
- § 31 Abs. 1 Nr. 4 BBhV (ärztlich verordnete Fahrten zum Krankentransport, wenn während der Fahrt eine fachliche Betreuung oder die Nutzung der besonderen Einrichtungen eines Krankenkraftwagens erforderlich ist),
- § 31 Abs. 2 Nr. 7 BBhV (ärztlich verordnete Fahrten der Eltern anlässlich des Besuchs ihres stationär untergebrachten Kindes, welches das 18. Lebensjahr noch nicht vollendet hat, in Ausnahmefällen),
- § 35 Abs. 2 Satz 2 Nr. 1 BBhV (Fahrtkosten für die An- und Abreise einschl. Gepäckbeförderungskosten mit regelmäßig verkehrenden Beförderungsmitteln in Höhe der tatsächlichen Aufwendungen bis zu den in der niedrigsten Klasse anfallenden Kosten und mit privaten Kraftfahrzeugen in entspre-

chender Anwendung des § 5 Abs. 1 BRKG, insgesamt jedoch nicht mehr als 200 Euro für die Gesamtmaßnahme),

- § 35 Abs. 2 Satz 2 Nr. 2 BBhV (Aufwendungen und nachgewiesener Verdienstausfall von Begleitpersonen, wenn die medizinische Notwendigkeit einer Begleitung ärztlich bescheinigt worden ist),
- § 35 Abs. 2 Satz 2 Nr. 3 BBhV (Kurtaxe, auch für die Begleitpersonen),
- § 35 Abs. 2 Satz 2 Nr. 4 BBhV (Aufwendungen für einen ärztlichen Schlussbericht),
- § 35 Abs. 2 Satz 2 Nr. 5 Buchst. b BBhV (für Begleitpersonen bei stationären Rehabilitationsmaßnahmen 70 v. H. des niedrigsten Satzes ohne zeitliche Begrenzung).

Bei einem Rückfall nach einer Entziehungsmaßnahme und erneuter Dienst-(Arbeits-)unfähigkeit kann jedoch ein schuldhaftes Verhalten vorliegen, da der (die) Alkohol-(Drogen-)süchtige über die Gefahren des Alkohols bzw. der Drogen aufgeklärt wurde und es dem Süchtigen gelungen war, mehrere Monate abstinent zu bleiben (so das Bundesarbeitsgericht in zwei Urteilen vom 11.5.1988).

Mittel zur Alkoholentwöhnung sind nur nach Maßgabe des § 34 Abs. 2 BBhV und der Anl. 8 Nr. 1 zur BBhV beihilfefähig, wenn sie zur Aufrechterhaltung der Abstinenz und zur Reduktion des Alkoholkonsums eingesetzt werden und dies ärztlich besonders begründet wird.

Nach § 34 Abs. 2 BBhV sind Aufwendungen für ärztlich verordnete Suchtbehandlungen, die als medizinische Rehabilitationsmaßnahme oder Entwöhnungen durchgeführt werden, beihilfefähig. Dies gilt auch für ambulante Nachsorge nach der Entwöhnung.

Die Beihilfefähigkeit ist von der Voranerkennung durch die Beihilfestelle aufgrund eines vom Arzt erstellten Gutachtens, der nicht der die Suchtbehandlung durchführenden Einrichtung angehört, abhängig (vgl. VV Nr. 34.2). Die Notwendigkeit einer Verlängerung der Maßnahme ist von der Einrichtung festzustellen. Die Suchtbehandlungen durchführenden Einrichtungen müssen dafür geeignet sein, was anzunehmen ist, wenn Sozialversicherungsträger Patienten dorthin schicken. Der Umfang der beihilfefähigen Aufwendungen bestimmt sich nach den sonst für stationäre Rehabilitationsmaßnahmen geltenden Vorschriften, wobei § 26 BBhV (Krankenhausbehandlung, d. h. einschl. Wahlleistungen und Unterbringung einer Begleitperson) und § 31 BBhV (Fahrtkosten) entsprechend gelten. Aufwendungen für eine Nachsorge sind in Höhe der von der GKV getragenen Kosten beihilfefähig.

Wenngleich **Computerspielabhängigkeit** nicht unbedingt Suchterkrankungen i. S. von § 34 Abs. 2 BBhV gleichgeachtet werden kann, sollte angesichts des exzessiven Nutzungsverhaltens und der vielmals damit einhergehenden seelischen und psychischen Leiden die Notwendigkeit ärztlicher sowie psychotherapeutischer oder psychiatrischer Beratung und Behandlung anerkannt werden. Die dadurch eintretenden Aufwendungen sind folglich beihilfefähig.

2. Leistungen der PKV

Nach § 5 Abs. 1b der Musterbedingungen des Verbandes der privaten Krankenversicherung für „Entziehungsmaßnahmen einschl. Entziehungskuren" besteht für Unternehmen der privaten Krankenversicherung keine Leistungspflicht. Dies hat dazu geführt, dass Beihilfeberechtigten bei solchen Maßnahmen z. T. erhebliche Eigenbehalte verblieben. Nach Abstimmung mit dem Bundesaufsichtsamt für das Versicherungswesen hat der Verband der privaten Krankenversicherung seinen Mitgliedsunternehmen jedoch empfohlen, bei Entziehungsmaßnahmen unter bestimmten Voraussetzungen eingeschränkte Leistungen zu erbringen. Diese sollen vorerst freiwillig als „Regelkulanz" gewährt werden. Danach soll über die Aufnahme der Leistungen in die Allgemeinen Versicherungsbedingungen entschieden werden.

Die Empfehlung geht dahin, freiwillige Leistungen für Entziehungsmaßnahmen zu gewähren, wenn folgende Voraussetzungen erfüllt sind:

- Es muss eine Vollversicherung vorliegen. Hierzu zählen auch die prozentualen Tarife in Ergänzung zur Beihilfe.
- Ein anderweitiger vergleichbarer Anspruch auf Sachleistungen oder Kostenerstattung darf nicht bestehen.
- Es muss sich bei dem Betroffenen um den ersten Fall einer Entziehungsmaßnahme handeln.
- Es muss eine hinreichende Erfolgsaussicht bestehen, die sich sowohl auf die medizinischen und sonstigen Gegebenheiten bei dem Betroffenen als auch auf die Krankenanstalt oder sonstigen Einrichtungen bezieht, in der die Entziehungsmaßnahme durchgeführt wird.

Die Leistungen sollen auf die Erstattung des allgemeinen Pflegesatzes und eines Krankentagegeldes beschränkt werden, wobei ein Selbstbehalt von 20 v. H. als angemessen angesehen wird. Höchstgrenzen nach Dauer und/oder Betrag für diese Versicherungsleistungen sollen sich aus dem medizinisch notwendigen Umfang der Entziehungsmaßnahme ergeben.

Die Beihilfeberechtigten sind im Hinblick auf ihre Mitwirkungspflicht und in ihrem eigenen Interesse bei Durchführung von Entziehungsmaßnahmen verpflichtet, bei den jeweiligen privaten Krankenversicherungsunternehmen unter Hinweis auf die Empfehlung des Verbandes der privaten Krankenversicherung entsprechende freiwillige Leistungen zu beantragen.

3. Leistungen der GKV und Rentenversicherung

Die GKV und die Rentenversicherungsträger gewähren bei Alkohol-, Medikamenten- und Drogenabhängigkeit Leistungen.

Suspensorien

Aufwendungen sind beihilfefähig (Abschnitt 1 Nr. 19.25 der Anl. 11 der BBhV).

Tagebücher für Diabetiker

Ab 1.1.2020 können Ärzte digitale Anwendungen wie z. B. Tagebücher für Diabetiker und Apps für Menschen mit Bluthochdruck zur Unterstützung der Physiotherapie oder bei anderen Erkrankungen verschreiben. Die dadurch entstehenden Aufwendungen sind beihilfefähig.

Tarifrechtliche Beihilfeansprüche für Beschäftigte des öffentlichen Dienstes

1. Beschäftigte

Nach den Protokollerklärungen zu § 13 der Überleitungstarifverträge TVÜ-Bund, TVÜ-Länder und TVÜ-VKA bleiben am 30.9.2005 vorhandene Beschäftigte mit Beihilfeanspruch im seitherigen Umfang beihilfeberechtigt. Maßgebender Stichtag für Hessen ist der 31.12.2009 (entsprechende Protokollerklärung zu § 13 TVÜ-Hessen). Entsprechendes gilt nach der Protokollerklärung zu § 11 TVÜ-Ärzte (VKA) für Ärzte an kommunalen Krankenhäusern sowie nach der Protokollerklärung zu § 10 TVÜ (Länder) für Ärzte an Universitätskliniken.

Beamte, die z. B. bei der Bundesagentur für Arbeit freiwillig aus dem Beamtenverhältnis ausscheiden und tarifvertragliche Arbeitskräfte werden, bleiben behilfeberechtigt.

Die Beihilfeberechtigung entfällt mit Beendigung des Beschäftigungsverhältnisses, i. d. R. mit dem Eintritt des Rentenfalles. Aufwendungen bei dauernder Pflegebedürftigkeit waren bereits vor den genannten Stichtagen von der Beihilfefähigkeit ausgenommen worden. Maßgeblich für die Beihilfeansprüche ist das für den jeweiligen Dienstherrn geltende Beihilferecht für Beamte. Dessen Änderungen betreffen folglich auch die Beschäftigten.

Die Zusicherung der Beihilfeberechtigten erfasst entgegen ihrem Wortlaut nicht nur Beihilfen im Krankheitsfall, sondern alle durch das Beihilferecht des jeweiligen Arbeitgebers eingeräumten Ansprüche, somit (z. B. nach Bundes-Beihilferecht) auch in Geburtsfällen, aber auch bei Vorsorgemaßnahmen, Heilkuren und Sanatoriumsbehandlungen.

2. Beihilfeberechtigung von neu eingestellten Beschäftigten

Nach dem 30.9.2005 neu eingestellte Beschäftigte sind nicht mehr beihilfeberechtigt. Sie können jedoch z. B. als Ehegatte oder Lebenspartner zum sog. berücksichtigungsfähigen Angehörigen werden (vgl. § 4 Abs. 1 BBhV). Die Beihilfeberechtigung bleibt durchweg erhalten, wenn ein an den genannten Stichtagen beihilfeberechtigt gewesener Beschäftigter in unmittelbarem Anschluss in ein anderes Arbeitsverhältnis mit Tarifvertragsbindung wechselt.

3. Beihilfeberechtigter Ehegatte oder Lebenspartner des Beschäftigten

Zu den Aufwendungen dieser berücksichtigungsfähigen Personen kann der Bedienstete Beihilfe geltend machen. Allerdings kann eine eigene Beihilfeberechtigung dieser Personen die Berücksichtigungsfähigkeit ausschließen (§ 5 Abs. 1 Nr. 2 BBhV) oder dem Anspruch aus der Berücksichtigungsfähigkeit vorgehen (§ 5 Abs. 3 Satz 1 Nr. 2 BBhV). Ist der Ehegatte oder Lebenspartner als Beschäftigter selbst beihilfeberechtigt, muss er seinen Beihilfeanspruch bei seinem Arbeitgeber geltend machen. Nur wenn seine Beihilfeberechtigung zu keiner Beihilfe seiner Aufwendungen führt, kann der Ehegatte oder Lebenspartner als Beamter, Richter oder Versorgungsempfänger die Aufwendungen des Beschäftigten bei seinem Dienstherrn geltend machen. Steht dagegen aus der Beihilfeberechtigung des Beschäftigten Beihilfe zu, ist eine ergänzende Beihilfe (bzw. deren Aufstockung) über den Ehegatten oder Lebenspartner ausgeschlossen. Dasselbe gilt, wenn ein teilzeitbeschäftigter beihilfeberechtigter Beschäftigter nur eine seiner Arbeitszeit entsprechende quotenmäßige Beihilfe erhält. Hier kann der beamtete usw. Ehegatte oder Lebenspartner die ausfallende anteilige Beihilfe bei seinem Dienstherrn geltend machen, wobei die dem Beschäftigten gewährte Beihilfe abgezogen wird (VV 5.3.3).

Da die Vorschriften über die Berücksichtigung von Ehegatten oder Lebenspartnern nicht darauf abstellen, ob die Letzteren zu einem höheren Entgelt führen (vgl. § 4 BBhV und entsprechendes Länderbeihilferecht), steht Beihilfe auch für Personen zu, die der Beschäftigte nach dem 30.9.2005 geheiratet hat.

4. Kinder des Beschäftigten

Nicht für jedes Kind, sondern nur für die im Orts- oder Sozialzuschlag berücksichtigungsfähigen Kinder konnten bisher Arbeitnehmer Beihilfe erhalten. Dies ist für **nicht** dem TVöD unterfallende Arbeitnehmer auch so geblieben.

Nach dem förmlichen Wegfall des Orts- und Sozialzuschlags kann bei der Berücksichtigungsfähigkeit von Kindern nicht mehr an diese Zuschläge angeknüpft werden. Die seitherigen familienabhängigen Bezahlungsbestandteile sind in das individuelle Vergleichsentgelt eingegangen und werden bei im September 2005 Beschäftigten als Besitzstandszulage fortgezahlt. Es würde dem Schutzgedanken der Zuerkennung der Beihilfeberechtigung nach den unter Ziff. 1 genannten Protokollerklärungen zu den Überleitungstarifen TVÜ-Bund, TVÜ-Länder usw. und der Besitzstandszulage (als Ausgleich für die kinderbezogenen Teile des entfallenden Orts- und Sozialzuschlags) widersprechen, wenn Beihilfen zu Aufwendungen für Kinder allgemein ausgeschlossen wären. **Es ist deshalb gerechtfertigt, alle Kinder, für die dem Beschäftigten eine Besitzstandsanzeige zusteht, bei der Beihilfe zu berücksichtigen,** auch bei der Beihilfebemessung. Daran ändert auch nichts der Hinweis auf eine etwaige – beitragsfreie – Familienversicherung der Kinder.

Als Besitzstandsregelung kann die Besitzstandszulage nicht nach dem 30.9.2005 geborene, in den Haushalt aufgenommene oder adoptierte Kinder erfassen. Sie lebt nicht wieder auf, wenn ein Kind aus der Kindergeldberechtigung herausgefallen war und später die Voraussetzungen für die Kindergeldgewährung wieder vorliegen, ausgenommen bei Unterbrechungen aufgrund des freiwilligen Wehrdienstes und des Bundesfreiwilligendienstes wegen Ableistung eines freiwilligen sozialen oder ökologischen Jahres. Sie entfällt bei einem Arbeitgeberwechsel.

5. Umfang des Beihilfeanspruchs

→ Tarifvertragskräfte

Tarifvertragskräfte

Das Wichtigste in Kürze

- Seit 1.8.1998 neu eingestellte Tarifvertragskräfte sind nicht mehr beihilfeberechtigt.
- Pflichtversicherte Tarifvertragskräfte sind ausschließlich auf die ihnen zustehenden Sachleistungen der GKV angewiesen. Nimmt der Pflichtversicherte die Leistungen seiner Krankenkasse nicht in Anspruch oder lässt er sich anstelle einer ihm zustehenden Sachleistung eine Barleistung gewähren, sind die ihn belastenden Aufwendungen weder ganz noch teilweise beihilfefähig; es wird keine Beihilfe gewährt.
- Soweit die Krankenkasse bei pflichtversicherten Mitgliedern satzungsgemäß nur einen Zuschuss zu bestimmten vom Versicherten zu zahlenden Aufwendungen zahlt, sind die notwendigen, angemessenen Aufwendungen, gekürzt um den Zuschuss, beihilfefähig.
- Bei nicht pflichtversicherten Arbeitnehmern, die zum Krankenversicherungsbeitrag von ihrem Arbeitgeber einen Beitragszuschuss erhalten, sind Aufwendungen in Krankheits- und Geburtsfällen usw. nur insoweit beihil-

fefähig, als sie über die aus einer freiwilligen Krankenversicherung zustehenden Leistungen hinausgehen, dies aber nur, wenn die Aufwendungen generell beihilfefähig sind.

Abweichungen in Bundesländern:
Bei seit 1.8.1998 begründeten Arbeitsverhältnissen zum Bund besteht keine Beihilfeberechtigung mehr bzw. der Beihilfetarifvertrag wird nicht mehr angewandt. Vergleichbare Ausschlüsse bestehen in Baden-Württemberg (1.10.1997), Bayern (1.1.2001), Hessen (1.5.2001), Niedersachsen (1.1.1999), Nordrhein-Westfalen (1.1.1999), Rheinland-Pfalz (1.1.1999) und Schleswig-Holstein.

1. Fürsorgepflicht des Arbeitgebers

Gegenüber **Arbeitnehmern** und **Auszubildenden** erfüllen die öffentlichen Arbeitgeber ihre Fürsorgepflicht in Krankheits-, Pflege- und Geburtsfällen im Wesentlichen

- entweder durch Entrichtung des Arbeitgeberanteils zur GKV (soweit Versicherungspflicht besteht)
- oder durch die Zahlung eines → Beitragszuschusses nach § 257 SGB V (soweit wegen Überschreitens der Jahresarbeitsentgeltgrenze keine Versicherungspflicht besteht).

Nach den einschlägigen Tarifverträgen erhalten Arbeitnehmer und Auszubildende deshalb Beihilfen nach Maßgabe der Beihilfevorschriften nur mit wesentlichen (in den Tarifverträgen und den dazu ergangenen RdSchr. des BMI enthaltenen) Einschränkungen. Zu Kosten bei dauernder Pflegebedürftigkeit i. S. des § 37 BBhV steht Tarifvertragskräften keine Beihilfe zu. Für Aufwendungen während eines Streiks, an dem der Beihilfeberechtigte teilgenommen hat, besteht kein tarifrechtlicher Beihilfeanspruch. Die Beihilfeberechtigung endet mit dem Ausscheiden aus dem öffentlichen Dienst.

Seit 1.8.1998 sind an neu begründeten Arbeits- und Ausbildungsverhältnissen die Tarifverträge über die Gewährung von Beihilfen an Angestellte, Lehrlinge und Anlernlinge des Bundes sowie über die Gewährung von Beihilfen an Arbeiter, Lehrlinge und Anlernlinge des Bundes nicht mehr anzuwenden. Arbeitnehmer, deren Arbeits- oder Ausbildungsverhältnis nach dem 31.7.1998 begründet worden ist, erhalten folglich keine Beihilfe mehr. Für Arbeitnehmer, die am 1.8.1998 oder später in unmittelbarem Anschluss an ein Arbeitsverhältnis eingestellt werden, auf das der TVöD, TV-L und TV-Hessen angewendet worden ist, bleibt die Beihilfeberechtigung bestehen. Die nicht mehr beihilfeberechtigten Personen werden ggf. beim beihilfeberechtigt bleibenden Ehegatten zum berücksichtigungsfähigen Angehörigen, sofern § 4 Abs. 1 BBhV nicht entgegensteht (→ Berücksichtigungsfähige Personen, Ziff. 3).

Achtung: Mit dem am 1.10.2005 in Kraft getretenen Tarifvertrag für den öffentlichen Dienst (TVöD) ist die Beihilfeberechtigung der Tarifkräfte an diesem Stichtag nicht entfallen. Entsprechendes gilt für die vom Tarifvertrag-Länder (TV-L) bzw. TV-Hessen erfassten Beschäftigten.

Im Krankheitsfall erhalten Arbeitnehmer zunächst Lohnfortzahlung durch den Arbeitgeber, unabhängig davon, ob sie Mitglied der GKV oder privatversichert sind. Im Anschluss daran erhalten sie Krankengeld. Während des Bezugs der genannten Leistungen besteht Beihilfeberechtigung.

2. Pflichtversicherte der GKV

Pflichtversicherte in der GKV sind ausschließlich auf die ihnen zustehenden → **Sach- und Dienstleistungen** (einschl. der Kann-Leistungen) der Krankenversicherung angewiesen, mit denen die i. S. der Beihilfevorschriften notwendigen und angemessenen Krankheitsaufwendungen in vollem Umfang gedeckt sind. Ausschließlich auf die Sach- und Dienstleistungen angewiesen ist der Pflichtversicherte auch in den Fällen, in denen die Beihilfevorschriften Leistungen vorsehen, die über die Sach- und Dienstleistungen der GKV hinausgehen (z. B. bei Wahlleistungen eines Krankenhauses). Ausschlaggebend ist allein, dass der Pflichtversicherte dem Grunde nach einen Sach-(Dienst-)Leistungsanspruch hat. Aufwendungen, die dadurch entstanden sind, dass er diese Leistungen nicht in Anspruch nimmt oder sich anstelle einer möglichen Sach- und Dienstleistung eine Barleistung gewähren lässt, sind nicht beihilfefähig. Dies gilt auch, wenn er anstelle von Sach- und Dienstleistungen Kostenerstattung (§ 13 SGB V) wählt. Lediglich in den Fällen, in denen die Krankenversicherung nur **Zuschüsse** gewährt, sind die geltend gemachten Aufwendungen im Rahmen der Beihilfevorschriften beihilfefähig; die beihilfefähigen Aufwendungen werden um den Zuschuss gekürzt. Zuschüsse gesetzlicher Kassen stehen besonders bei Kosten für Zahnersatz zu. Keine Kassenleistungen und deshalb keine Beihilfen werden gewährt z. B. zu Überführungskosten im Todesfall des Beihilfeberechtigten.

Erhalten pflichtversicherte Tarifvertragskräfte keine Kassenleistungen, weil sie nicht die Behandlung durch Vertragspartner der Krankenkassen gewählt haben, steht keine Beihilfe zu (z. B. bei der Behandlung durch privatliquidierende Ärzte); für Heilpraktikerbehandlungen vgl. aber Ziff. 5. Leistet die Kasse generell nicht, stehen pflichtversicherten Tarifvertragskräften dagegen Beihilfen zu.

Dasselbe gilt für → berücksichtigungsfähige Angehörige eines krankenversicherungspflichtigen Arbeitnehmers.

Aufwendungen für **Reha-Maßnahmen** und → **Heilkuren** der in der GKV oder Rentenversicherung Versicherten, an deren Beiträgen der Arbeitgeber beteiligt ist, werden als beihilfefähig anerkannt, wenn die Versicherungsträger die Bewilligung eines Heil- oder Kurverfahrens abgelehnt oder lediglich einen Zuschuss zu den Kosten zugesagt haben und der Amts- oder Vertrauensarzt die Behandlung oder eine Heilkur als unaufschiebbar bezeichnet.

Soweit Tarifvertragskräfte keinen Anspruch auf Orts- oder Sozialzuschlag haben, bestimmt sich der Kreis der → **berücksichtigungsfähigen Angehörigen** in der Weise, dass Beihilfen gezahlt werden, wenn der Beihilfeberechtigte, wäre er Arbeitnehmer, Anspruch auf Orts- oder Sozialzuschlag hätte. Hinsichtlich der dem TVöD unterfallenden Tarifvertragskräfte (Beschäftigte) → Tarifvertrag für den öffentlichen Dienst (Ziff. 4), bezüglich Kinder des Beschäftigten.

3. Nicht in der GKV Versicherungspflichtige

Nicht versicherungspflichtige Beschäftigte erhalten nach § 257 SGB V i. d. R. einen → Beitragszuschuss ihres Arbeitgebers (→ Gesetzliche Krankenversicherung). Im Hinblick auf diese Beteiligung des Arbeitgebers am Krankenversicherungsbeitrag sind bei dem genannten Personenkreis Aufwendungen nur insoweit beihilfefähig, als sie über die aus der bezuschussten Versicherung zustehenden oder als zustehend geltenden Leistungen aus einer freiwilligen Krankenversicherung hinausgehen (§ 9 Abs. 1 und 2 BBhV).

Angerechnet werden somit nicht nur tatsächlich gewährte Leistungen, sondern auch zustehende, aber nicht in Anspruch genommene Kassenleistungen, und zwar – analog § 9 Abs. 3 Sätze 2 und 3 BBhV – fiktiv mit ihrem Geldwert, bei Aufwendungen für Arznei- und Verbandmittel in voller Höhe, andere Aufwendungen, deren fiktiver Leistungsanteil nicht nachgewiesen wird oder ermittelt werden kann, mit 50 v. H. des beihilfefähigen Betrags. Übersteigt der Beitrag des Beschäftigten zu einer privaten Krankenversicherung den Beitrag, der bei Krankenversicherungspflicht des Beschäftigten zu zahlen wäre, sind die Leistungen der privaten Krankenversicherung nur in dem Verhältnis anzurechnen, in dem der tatsächliche Beitrag zum Beitrag bei Krankenversicherungspflicht steht. Es gilt daher folgende Berechnungsformel:

$$\text{anzurechnende Leistung} = \text{tatsächliche Leistung} \times \frac{\text{Beitrag bei Krankenversicherungspflicht}}{\text{tatsächlicher Krankenversicherungsbeitrag}}$$

Für die Bemessung der Beihilfe ist § 47 Abs. 6 BBhV, soweit nach § 58 Abs. 2 BBhV fortgeltend (Erhöhung des Bemessungssatzes auf 100 v. H. der nach Anrechnung der Kassenleistung verbleibenden beihilfefähigen Aufwendungen), nicht anzuwenden.

Zur Anwendung kommen die „normalen" Bemessungssätze des § 46 Abs. 2 und 3 BBhV, ggf. auch § 47 Abs. 3 und 4 BBhV.

Ein Fall der Anwendung des § 48 BBhV (→ Hundert-Prozent-Grenze) dürfte nur bei einer die Zuschussgrenze des § 257 SGB V deutlich übersteigenden Beitragsleistung und damit einhergehenden hohen Versicherungsleistungen denkbar sein.

Bei den vorgenannten freiwillig gesetzlich Versicherten mit Beitragszuschuss Arbeitgeberanteil zum Kassenbeitrag oder mit Anspruch auf beitragsfreie Krankenfürsorge sind nicht beihilfefähig:

- Aufwendungen über Festbeträge für Arznei-, Verband- und Hilfsmittel hinaus
- Aufwendungen – ausgenommen als Folge beanspruchter Wahlleistungen eines Krankenhauses –, die wegen der Nichtinanspruchnahme bereitstehender → Sach- und Dienstleistungen entstanden sind

Dies gilt auch, wenn Leistungsträger anderer Mitgliedstaaten der EU in Anspruch genommen wurden, d. h. anstelle möglicher Sachleistungen Kostenerstattung gewährt wurde (§ 8 Abs. 4 Satz 3 BBhV).

4. Zusammentreffen beihilferechtlicher Ansprüche

Beim **Zusammentreffen beihilferechtlicher Ansprüche** gilt Folgendes:

- Ist ein beihilfeberechtigter Arbeitnehmer gleichzeitig als Angehöriger eines Beamten oder Versorgungsempfängers berücksichtigungsfähig, geht die eigene Beihilfeberechtigung der Berücksichtigungsfähigkeit als Angehöriger vor. Bestehen aufgrund der Beihilfeberechtigung als Arbeitnehmer im Einzelfall keine Beihilfeansprüche, kommt der Anspruch als berücksichtigungsfähiger Angehöriger zum Zuge.
- Hat ein beihilfefähiger Arbeitnehmer außerdem einen Beihilfeanspruch als Empfänger beamtenrechtlicher Versorgungsbezüge (z. B. eine Beschäftigte mit Anspruch auf beamtenrechtliches Witwengeld nach ihrem verstorbenen Ehemann), geht die Beihilfeberechtigung aus dem eigenen Arbeitsverhältnis der Beihilfeberechtigung als Versorgungsempfängerin vor (§ 5 Abs. 3 Satz 1 Nr. 1 BBhV). Besteht als Arbeitnehmer kein oder nur ein eingeschränkter (gequotelter) Beihilfeanspruch, kommt der Beihilfeanspruch als Versorgungsempfänger zum Tragen (vgl. § 5 Abs. 3 Satz 2 BBhV).
- Bei Arbeitnehmern mit entsprechend der Arbeitszeit gequoteltem Beihilfeanspruch hat der Ehegatte oder Lebenspartner als Beamter oder Versorgungsempfänger einen Beihilfeanspruch zu den durch die Quotelung ausfallenden Aufwendungen. Dabei ist von den beihilfefähigen Aufwendungen die dem Arbeitnehmer gewährte Beihilfe abzuziehen. Das Einkommen darf im vorletzten Kalenderjahr vor Antragstellung 20 000 Euro (ab 2025: 21 832 Euro) nicht überschritten haben. Bei Pflegekosten des Arbeitnehmers steht der Beihilfeanspruch allein dem Ehegatten oder Lebenspartner zu.

5. Heilpraktikerbehandlung

Bei Behandlung durch einen → Heilpraktiker hat das BMI mit RdSchr. vom 24.2.1986 (GMBl. S. 158) die Gewährung von Beihilfen an Tarifvertragskräfte und deren berücksichtigungsfähige Angehörige zugelassen, soweit im Einzelfall bei der Heilpraktikerbehandlung eine **besondere** (nicht der Schulmedizin zuzurechnende) **Heilmethode** (z. B. homöopathische Verfahren) gegeben ist. Die Aufwendungen sind bis zu den Beträgen beihilfefähig, die in der zwischen dem Bund und den Heilpraktikerverbänden geschlossenen Vereinbarung vom 23.9.2011 (GMBl. S. 828) festgelegt sind (Näheres → Heilpraktiker, Ziff. 4, 5).

6. Zahnersatz

Pflichtversicherte erhalten bei **Zahnersatz** nur Beihilfe zu Aufwendungen der Regelversorgung, nach Abzug der – befundbezogenen – höchstmöglichen Festzuschüsse (80 v. H.). Material- oder Laborkosten werden daneben nicht berücksichtigt, auch nicht in auf 40 v. H. gekürzter Höhe. Mehrkosten für gleich- oder andersartigen Zahnersatz (z. B. implantatgestützter Zahnersatz) sind nicht beihilfefähig, ebenso nicht Aufwendungen für funktionsanalytische und -therapeutische Leistungen (BMI-RdSchr. vom 30.5.2005, GMBl. S. 1343). Dasselbe gilt für Mehrkosten durch Zahnfüllungen über die Normalversorgung hinaus (insbesondere Edelmetall- und Keramikfüllungen).

Die vorstehenden Ausführungen gelten auch für freiwillig gesetzlich versicherte Arbeitnehmer mit Beitragszuschuss nach § 257 Abs. 1 SGB V (vgl. BMI-RdSchr. vom 24.6.2005, GMBl. 2006 S. 74).

Sonstige freiwillig gesetzlich Versicherte (auch als Beamte oder Versorgungsempfänger) erhalten zu Mehraufwendungen infolge gleich- oder andersartiger Versorgung (anstelle der Regelversorgung) unter Abzug des höchstmöglichen Festzuschusses Beihilfe. Material- und Laborkosten sind vorab um 60 v. H. zu kürzen (§ 16 Abs. 2 BBhV).

7. Teilzeitbeschäftigte

Bei **Teilzeitbeschäftigten** ist die regulär errechnete Beihilfe anteilig entsprechend der im Einzelfall vereinbarten Wochenarbeitszeit zu gewähren. Maßgebend ist die Wochenarbeitszeit, die zum Zeitpunkt des Entstehens der Aufwendungen vereinbart ist.

8. Keine Beihilfefähigkeit

Nicht beihilfefähig sind gesetzlich vorgesehene → Kostenanteile, Zuzahlungen sowie Aufwendungen für von der Krankenversorgung ausgeschlossene Arzneimittel (→ Arzneimittel, Ziff. 2), Hilfs- und Heilmittel. Dies gilt gleichermaßen für privat wie für gesetzlich versicherte Tarifvertragskräfte.

Telefonhalter/-verstärker

Aufwendungen sind nicht beihilfefähig (Nr. 20.5 und 20.4 der Anl. 12 zur BBhV).

Telemedizin

Grundlage für die Telemedizin ist das Gesetz für sichere Kommunikation und Anwendungen im Gesundheitswesen (E-Health-Gesetz) vom 28.12.2015 (BGBl. I S. 2408). Es soll Informations- und Kommunikationstechnologie in der sektorenübergreifenden Gesundheitsversorgung einführen und dadurch die Wirtschaftlichkeit und Qualität der Versorgung weiter verbessern. Dabei sollen Praxen, Krankenhäuser, Apotheken und andere im Gesundheitswesen Tätige durch eine Telematikinfrastruktur vernetzt werden, wozu auch der elektronische Arztbrief gehört, die besonderen Sicherheitsanforderungen genügen muss. Die Patienten haben u. a. Anspruch auf einen Medikationsplan, eine elektronische Patientenakte bzw. ein elektronisches Patientenfach und Videosprechstunden.

Bei der Telemedizin kommunizieren Patienten von zu Hause über PC mit ihrem Arzt, sog. Online-Videosprechstunde. Für die digitale Sprechstunde müssen sich die Patienten über das Portal www.patientus.de registrieren und einen Termin beim gewünschten Arzt wählen. Dem Videokontakt muss unerlässlich eine Untersuchung usw. in der Arztpraxis vorausgegangen sein, wenn der Arzt nicht lediglich beraten soll. Künftig soll die telemedizinische Beratung und Behandlung ohne vorherigen Arztkontakt möglich sein. Vergütungsregelungen für die Videosprechstunde stehen noch aus. Der Arzt muss sich auf Befund- und Verlaufsbesprechungen beschränken, darf aber keine Diagnose stellen.

Bis Ende 2019 sollen alle Arztpraxen und Apotheken an die Telematikinfrastruktur (TI) angeschlossen sein. Dies gilt sowohl für den ambulanten als auch den stationären Bereich und ebenso für die elektronische Gesundheitskarte (in Verbindung mit dem Smartphone).

Zu den Kosten der Sprechstunde leisten die Kassen vereinzelt, die private Krankenversicherung allgemein. Sofern dies nicht der Fall ist, betragen die Kosten für die Sprechstunde i. d. R. 25 Euro und sind beihilfefähig.

Mit der Bundesärztekammer sind für die Beihilfegewährung neue, zeitlich unbefristete Abrechnungsempfehlungen vereinbart worden. Diese enthalten z. B. Gebührenangaben für Videosprechstunden, Telekonsile und die Erstellung und Aktualisierung eines Medikationsplans sowie die Verordnung von Gesundheits-Apps. Der Arzt muss die telemedizinischen Leistungen im Klartext und ggf. mit der jeweiligen Mindestdauer angeben.

Telemedizinische Betreuung (Telemonitoring) bei chronischer Herzinsuffizienz

Aufwendungen sind beihilfefähig (Nr. 1.1 der Anl. 13 zur BBhV).

Bei Patienten mit koronarer Herzerkrankung bzw. Herzrhythmusstörungen wird oftmals ein **mobiles EKG-Gerät** eingesetzt, das medizinisch bedeutsame Daten sammelt und sie an ein telemedizinisches Zentrum weitergibt. So können frühzeitig Veränderungen im Krankheitsbild erkannt und entsprechende Behandlungen eingeleitet werden. Die Aufwendungen für das Gerät sind beihilfefähig.

Therapeutische Bewegungsgeräte

Aufwendungen für therapeutische Bewegungsgeräte, die auf Dauer der gesteuerten und (über eine Spasmenschaltung) dosierten Selbstbehandlung (z. B. bei Multipler Sklerose, Querschnittslähmung, Rheuma, spastischer Erkrankung, Arthrose, Parkinsonscher Krankheit, Muskeldystrophie, Polyneuropathie) und Bewegungsarmut dienen, sind beihilfefähig (Abschnitt 1 Nr. 20.2 der Anl. 11 zur BBhV).

Voraussetzung ist die Vorlage einer fachärztlichen Verordnung mit detaillierter Begründung. Aus der Verordnung muss der individuelle Zustand des Patienten erkennbar sein (insbesondere Schweregrad der Erkrankung oder Behinderung) und dargelegt werden, weshalb im Einzelfall Hilfe von dem Gerät erwartet wird.

Therapeutisches Reiten (Hippotherapie)

Aufwendungen sind nur beihilfefähig bei ausgeprägten zerebralen Bewegungsstörungen (Spastik) oder schwerer geistiger Behinderung, sofern die ärztlich verordnete und indizierte Behandlung durch einen Angehörigen der Gesundheits- oder Medizinalberufe (z. B. Krankengymnast) mit entsprechender Zusatzausbildung durchgeführt wird. Die Leistungen sind nach Abschnitt 1 Nr. 4–6 der Anl. 9 zur BBhV berechenbar (Abschnitt 2 Nr. 11 der Anl. 1 zur BBhV).

Thermoregulationsdiagnostik

Aufwendungen sind nicht beihilfefähig (Abschnitt 1 Nr. 20.1 der Anl. 1 zur BBhV).

Thüringen

Zum 1.7.2012 ist die Thüringer Beihilfeverordnung (ThürBhV) vom 25.5.2012 (GVBl. S. 182) in Kraft getreten, zuletzt geändert durch Verordnung vom 17.7.2019 (GVBl. S. 358).

Es gelten folgende grundlegende Abweichungen gegenüber der Bundesbeihilfeverordnung (in Paragrafenfolge der ThürBhV):

1. Der Ehegatte oder Lebenspartner ist nur **berücksichtigungsfähiger Angehöriger** (mit Anspruch auf Beihilfe zu deren Aufwendungen), wenn dessen Gesamtbetrag der steuerlichen Einkünfte im zweiten Kalenderjahr vor der Antragstellung 18 000 Euro nicht übersteigt (§ 3 Abs. 1 Nr. 1 ThürBhV). Eine Ausnahme gilt nur, wenn ungeachtet ausreichender und rechtzeitiger Krankenversicherung von dieser wegen angeborener Leiden oder bestimmter Krankheiten aufgrund eines individuellen Ausschlusses keine Leistungen gewährt oder diese auf Dauer eingestellt werden.
2. Die Angemessenheit und Notwendigkeit von Leistungen kann auch auf der Grundlage von Verträgen und Vereinbarungen bewertet werden (§ 7 Abs. 4 ThürBhV).
3. Wird zu bis zum **Tod des Beihilfeberechtigten** entstandenen Aufwendungen binnen sechs Monaten kein Beihilfeantrag von Erben gestellt, die aus übergegangenem Recht anspruchsberechtigt sind, kann die Beihilfe auch an andere natürliche oder juristische Personen gezahlt werden, soweit sie mit den Aufwendungen belastet sind (§ 4 Abs. 2 ThürBhV).
4. Aufwendungen für den **Besuch von (vor-)schulischen Einrichtungen** und berufsfördernden Maßnahmen sind – wie der Besuch von Werkstätten für behinderte Menschen – nicht beihilfefähig (§ 7 Abs. 9 ThürBhV).
5. Nicht beihilfefähig sind Aufwendungen aufgrund einer **Vereinbarung nach § 2 Abs. 3 GOZ oder § 1 Abs. 2 Satz 2 GOÄ** (§ 7 Abs. 10 ThürBhV). Dies gilt auch für über Standardmaterialien hinausgehende Mehrkosten für Materiali-

en bei kieferorthopädischen Leistungen (§ 7 Abs. 10 Satz 1 ThürBhV).

6. Aufwendungen von **Beamten auf Widerruf** und ihren berücksichtigungsfähigen Angehörigen für prothetische Leistungen, Inlays, Zahnkronen, funktionsanalytische und -therapeutische Leistungen sowie implantologische Leistungen (jeweils einschl. Auslagen, Material- und Laborkosten) sind nur beihilfefähig, wenn sie auf einem Unfall während des Vorbereitungsdienstes beruhen oder eine mindestens dreijährige ununterbrochene Beschäftigung im öffentlichen Dienst vorliegt (§ 8 Abs. 2 ThürBhV).
7. Der Ersatz eines unbrauchbar gewordenen **Hilfsmittels** bedarf keiner erneuten ärztlichen Verordnung, wenn die Ersatzbeschaffung innerhalb von sechs Monaten seit dem Kauf erfolgt (§ 21 Abs. 2 ThürBhV).
8. Die Beihilfefähigkeit von Aufwendungen für **häusliche Krankenpflege** sowie **Familien- und Haushaltshilfen** bestimmt sich grundsätzlich nach dem Recht der gesetzlichen Krankenversicherung (§§ 37, 38 SGB V). Bei häuslicher Krankenpflege durch nahe Angehörige (auch Großeltern, Enkelkinder, Geschwister und Verschwägerte des Beihilfeberechtigten und deren berücksichtigungsfähige Angehörige) sind deren Fahrtkosten und eine Vergütung bis zur Höhe des Ausfalls an Arbeitseinkommen beihilfefähig, wenn wegen der Pflege eine mindestens halbtägige Erwerbstätigkeit aufgegeben wird. Eine an Ehegatten, Lebenspartner und Eltern des Pflegebedürftigen gewährte Vergütung ist allerdings nicht beihilfefähig (§ 22 ThürBhV).
9. **Fahrtkosten** anlässlich ambulanter Krankenbehandlung oder Operation anlässlich einer vor- und nachstationären Krankenhaus- oder Facharztbehandlung sind allgemein bis zu 200 Euro (Hin- und Rückfahrt) beihilfefähig, wenn dadurch eine voll- oder teilstationäre Krankenhausbehandlung vermieden oder verkürzt wird oder diese nicht durchführbar ist. Maßgebend sind die Fahrtkosten der niedrigsten

Klasse regelmäßig verkehrender Beförderungsmittel zuzüglich Kosten der Gepäckbeförderung. Unvermeidbare Fahrtkosten sind darüber hinaus beihilfefähig, bei Kfz-Benutzung höchstens 20 Ct/km (§ 25 ThürBhV).

10. **Unterbringungskosten** anlässlich ambulanter auswärtiger (zahn-)ärztlicher oder psychotherapeutischer Behandlung sind bis zu 26 Euro täglich beihilfefähig (§ 26 ThürBhV).
11. Bei Inanspruchnahme von **Wahlleistungen** eines Krankenhauses werden von Arztkosten 25 Euro, von Unterkunftskosten bei gesonderter Unterbringung im Zweibettzimmer 7,50 Euro je Tag von den beihilfefähigen Aufwendungen abgezogen (§ 27 Abs. 1 ThürBhV).
    In Privatkliniken wird bei der Wahlleistung Unterkunft die Obergrenze von 1,5 v. H. des Basisfallwertkorridors nicht um 14,50 Euro täglich gekürzt (§ 27 Abs. 2 Nr. 4 ThürBhV).
12. Aufwendungen für Unterkunft und Verpflegung bei **Heilkuren** sind bis zu 26 Euro je Tag und Person, begrenzt auf 21 Tage (ohne Reisetage) beihilfefähig (§ 29 Abs. 5 Nr. 8 ThürBhV).
    Beihilfe steht auch für Aufwendungen für **Heilkuren** von Versorgungsempfängern und berücksichtigungsfähigen Angehörigen zu.
13. Bei **häuslicher Pflege** durch erwerbsmäßig tätige Pflegekräfte sowie teilstationärer Pflege in einer Tages- oder Nachtpflegeeinrichtung sind die Aufwendungen bis 671 Euro (Pflegestufe I), 1341 Euro (Pflegestufe II) und 2012 Euro (Pflegestufe III) monatlich beihilfefähig. Bei außergewöhnlich hohem Pflegeaufwand der Stufe III erhöht sich die beihilfefähige Höchstgrenze auf 3352 Euro monatlich (§ 31 Abs. 1 ThürBhV).
    § 30 Abs. 5 ThürBhV sieht eine **Dynamisierung** der Leistungen bei Pflege entsprechend den Änderungen der Leistungen der Pflegeversicherung vor.
    Bei Pflegebedürftigen, die **zusätzlicher Betreuungsleistungen** bei häuslicher Pflege bedürfen, erhöhen sich nach § 37 Abs. 5 ThürBhV die Höchstbeträge für Pflegesachleistungen

der Pflegestufe 1 auf 689 Euro, bei Pflege durch andere geeignete Pflegekräfte in Pflegestufe 2 auf 316 Euro, in Pflegesufe 3 auf 545 Euro.

14. Die Aufwendungen für eine (teil-)stationäre Versorgung in **Hospizen** sind bis zur Höhe des Zuschusses der GKV beihilfefähig. Darüber hinaus können die Aufwendungen im Ausmaß der anteiligen Leistungen der Pflegekasse beihilfefähig sein (§ 38 Abs. 2 ThürBhV).
15. Bei nicht ausreichendem Nachweis im **Ausland** entstandener Aufwendungen kann die Festsetzungsstelle einen Kostenvergleich mit den maßgebenden Inlandskosten unter Berücksichtigung des bescheinigten Krankheitsbildes, der Darlegung der ungefähr erbrachten Leistungen und ggf. der Übersetzung der vorgelegten Belege anstellen (§ 45 Abs. 1 ThürBhV).
    Ohne **Begrenzung auf die Inlandskosten** sind (zahn-)ärztliche Leistungen bis zu 1000 Euro je Krankheitsfall beihilfefähig (§ 45 Abs. 2 Nr. 3 ThürBhV).
16. Als **Eigenbehalt** an Aufwendungen werden für jede Rechnung über jedes Arznei- und Verbandmittel sowie Medizinprodukt 4 Euro von der Beihilfe (jedoch nicht mehr als diese) abgezogen (§ 48 Abs. 1 ThürBhV). Entscheidend ist das Rechnungs- oder Kaufdatum.
    Der **Abzug unterbleibt** nach § 48 Abs. 2 ThürBhV
    - bei Aufwendungen für Waisen, Beamte auf Widerruf im Vorbereitungsdienst und berücksichtigungsfähige Kinder,
    - für Beihilfeberechtigte und berücksichtigungsfähige Angehörige, die Mitglied einer gesetzlichen Krankenversicherung sind,
    - bei Aufwendungen im Zusammenhang mit Schwangerschaftsbeschwerden oder der Entbindung,
    - für Arznei-, Verbandmittel, Medizinprodukte und dergleichen nach § 18 ThürBhV, die bei der Behandlung verbraucht und in der Rechnung als Auslagen abgerechnet wurden,

- bei Früherkennungs- und Vorsorgemaßnahmen nach § 40 ThürBhV,
- für Harn- und Blutteststreifen,
- bei einem Beihilfeanspruch nach § 68 Abs. 4 Thüringer Beamtengesetz und § 17 Abs. 1 der Thüringer Urlaubsverordnung vom 30.9.1994 (GVBl. S. 1095) in der jeweils geltenden Fassung während einer Beurlaubung ohne Dienstbezüge und
- soweit die Summe der Eigenbehalte für die Beihilfeberechtigten und ihre berücksichtigungsfähigen Ehegatten oder eingetragenen Lebenspartner zusammen die Belastungsgrenzen nach § 49 Abs. 1 ThürBhV überschreiten.

17. Bei **Überschreiten der Belastungsgrenze** von 2 v. H. bzw. 1 v. H. (bei chronisch Kranken) der Jahresdienst- oder Jahresversorgungsbezüge entfallen nach § 49 Abs. 2 ThürBhV auf Antrag die Eigenbehalte nach § 48 ThürBhV für den Rest des Kalenderjahres. Zu Beginn des folgenden Kalenderjahres ist ggf. ein neuer Befreiungsantrag zu stellen.
    Die maßgeblichen Jahreseinnahmen bestimmen sich nach § 49 Abs. 3 ThürBhV.
18. Wird die **Antragsgrenze** von 200 Euro nicht erreicht, kann Beihilfe beantragt werden, wenn die Aufwendungen aus zehn Monaten 15 Euro übersteigen (§ 50 Abs. 2 Satz 3 ThürBhV).
    Die Kosten der **Pflegeberatung** (§ 30 Abs. 4 ThürBhV) werden im Landesbereich der ausführenden Stelle grundsätzlich unmittelbar ersetzt, sodass zu ihnen keine Beihilfegewährung in Betracht kommt (§ 50 Abs. 1 Satz 4 und 5 ThürBhV).
    Die vorgelegten Belege werden im Landesbereich nach der Versendung des Beihilfebescheides grundsätzlich vernichtet (§ 50 Abs. 3a ThürBhV).
19. Bei nicht serienmäßig herstellbaren **Maßschuhen** bestehen Vorgaben zum Umfang der Ausstattung und frühestmöglicher Ersatzbeschaffung (Anl. 4 zur ThürBhV).

20. Die oberste Dienstbehörde bzw. das für das Beihilferecht zuständige Ministerium kann in besonderen begründeten Ausnahmefällen zusätzlich Beihilfe gewähren (§ 72 Abs. 4 des Thüringer Beamtengesetzes).
21. Auf Antrag des Beihilfeberechtigten wird ab 1.1.2020 nach Maßgabe des § 72 Abs. 6 des Thüringer Beamtengesetzes anstelle der Beihilfe zu bestimmten Aufwendungen eine pauschale Beihilfe gewährt. Voraussetzung ist, dass eine freiwillige gesetzliche Versicherung oder mindestens in entsprechendem Umfang eine in einer privaten Krankenversicherung vorliegt und auf die Beihilfe verzichtet wird. Die Neuregelung gilt für neue Beamte sowie für Beamte und Versorgungsempfänger, die bereits freiwillig gesetzlich krankenversichert sind.

Thymustherapie und Behandlung mit Thymuspräparaten (TGE)

Aufwendungen sind nur beihilfefähig bei Krebsbehandlungen, soweit andere übliche Behandlungsmethoden nicht zum Erfolg geführt haben (Abschnitt 2 Nr. 12 der Anl. 1 zur BBhV).

Tinnitus-Masker (auch in Kombination mit Hörgeräten)

Aufwendungen sind beihilfefähig (Abschnitt 1 Nr. 20.4 der Anl. 11 zur BBhV).

Todesfälle

Abweichungen in Bundesländern:

→ Baden-Württemberg (Ziff. 23)
→ Bremen (Ziff. 9)
→ Hamburg (Ziff. 14)
→ Hessen (Ziff. 11)

→ Nordrhein-Westfalen (Ziff. 13)
→ Rheinland-Pfalz (Ziff. 18)
→ Saarland (Ziff. 10 und 15)
→ Thüringen (Ziff. 3)

1. Tod der beihilfeberechtigten Person

Beim Tod der beihilfeberechtigten Person sind nach Maßgabe des § 44 BBhV nur die Überführungskosten beihilfefähig. Zu den Bestattungskosten steht keine Beihilfe mehr zu.

2. Tod berücksichtigungsfähiger Angehöriger

Beim Tod eines berücksichtigungsfähigen Angehörigen sind sämtliche anlässlich des Todes entstandenen Kosten, somit auch Überführungskosten, nicht beihilfefähig.

3. Anspruchsberechtigung

Beim **Tod des Beihilfeberechtigten** haben der hinterbliebene **Ehegatte** sowie die leiblichen Kinder und Adoptivkinder des Verstorbenen einen Beihilfeanspruch. Dieser besteht für die gleichen beihilfefähigen Aufwendungen, wie sie der Beihilfeberechtigte für einen berücksichtigungsfähigen Angehörigen erhalten hätte. Nahe Angehörige haben keinen Beihilfeanspruch, wenn sie vor dem Tod nicht zu den → berücksichtigungsfähigen Angehörigen gezählt haben. Er besteht aber, wenn Ehegatte bzw. Lebenspartner oder berücksichtigungsfähige Kinder durch den Tod des Beihilfeberechtigten einen Versorgungsanspruch erwerben. Beim Tod des Beihilfeberechtigten ist auch der dauernd getrennt lebende Ehegatte oder Lebenspartner berücksichtigungsfähig.

Sind **mehrere Angehörige** als Beihilfeberechtigte vorhanden, wird die Beihilfe zu den Aufwendungen bis zum Tod (mit befreiender Wirkung gegenüber allen Berechtigten) an denjenigen ausgezahlt, der die Belege zuerst vorlegt.

Maßgeblich ist der Bemessungssatz zum Zeitpunkt der Leistungserbringung (§ 46 Abs. 1 Satz 2 BBhV). Für die bis zum Tod eines Beihilfeberechtigten für ihn und seine berücksichtigungsfähigen Angehörigen entstandenen Aufwendungen sind die für die einzelnen Personen vorgeschriebenen → Beihilfebemessungssätze zugrunde zu legen, wie sie am Tag vor dem Tod maßgebend waren.

Es werden eine Prozentbeihilfe für die Kosten der letzten Erkrankung des Verstorbenen und für die Aufwendungen für eine Familien- und Haushaltshilfe mit dem der jüngsten verbleibenden Person zustehenden Bemessungssatz gewährt (Ehegatte 70 v. H., Kinder 80 v. H.).

4. Überführungskosten/Leichenschau

Beim Tod des Beihilfeberechtigten während einer Dienstreise, Abordnung oder vor einem dienstlich bedingten Umzug außerhalb des Orts der Hauptwohnung werden die Überführungskosten zu 100 v. H. als Beihilfe ersetzt (§ 44 BBhV). Als Dienstreisen dürften auch Fortbildungsreisen aus ausschließlich dienstlichem Interesse und Dienstreisen nach § 11 Abs. 1 Satz 1 BRKG anzusehen sein. Der Abordnung dürfte die Zuweisung (§ 20 BeamtStG) gleichzuachten sein.

Als Kosten der Leichenüberführung kommen im Wesentlichen die Transportkosten im Leichenwagen in Betracht, auch vom Krankenhaus in die Wohnung oder zur Bestattungsstätte. Mehrkosten infolge einer Flugzeugüberführung werden i. d. R. als nicht notwendig anzusehen sein. Desgleichen wird die Notwendigkeit der Urnenüberführung in einem Leichenwagen zu verneinen sein, da Urnen üblicherweise von Beförderungsunternehmen versandt werden. Sofern die Benutzung eines Zinksargs vorgeschrieben ist, zählen auch dessen (Miet-)Kosten zu den Überführungskosten. Beihilfefähig ist auch die Gebühr für den Leichenpass. Nicht zur Leichenüberführung gehört die Bergung eines in den Bergen tödlich Verunglückten mit einem

Hubschrauber, wohl aber die spätere Überführung der Leiche von der Stelle, zu der die geborgene Leiche verbracht wurde, zum Familienwohnsitz. Ebenso wenig besteht Beihilfefähigkeit der Kosten einer Seebestattung oder Bestattung in einem sog. Ruheforst. Wird die Leiche nach der Überführung zum Wohnort zur Einäscherung verbracht, sind weder die Kosten des Leichentransports ins Krematorium noch der Urnenbeförderung beihilfefähig.

Neben der Gebühr für die eingehende Leichenschau (Nr. 100 GOÄ) ist die Besuchsgebühr nach Nr. 50 GOÄ nicht berechenbar und nicht beihilfefähig, auch nicht analog (LG Kiel vom 16.6.2016, Az.: 10 Qs 22/16). Für eine vorläufige Leichenschau steht eine Vergütung von 110,51 Euro zu. Allgemein darf Reiseentschädigung nach § 9 GOÄ berechnet werden, die auch beihilfefähig ist. Ferner sind Aufwendungen für zusätzliche Tätigkeiten wie z. B. die Entnahme von Körperflüssigkeiten oder eines Herzschrittmachers beihilfefähig.

5. Familien- und Haushaltshilfe

Beim Tod der haushaltführenden Person sind die Aufwendungen für eine **Familien- und Haushaltshilfe** für sechs bzw. zwölf Monate beihilfefähig (§ 28 Abs. 2 Satz 3 BBhV). Werden dabei der Ehegatte, Lebenspartner, die Eltern oder Kinder der Haushaltsangehörigen tätig, sind nur die Fahrtkosten beihilfefähig.

6. Berufssoldaten, Soldaten auf Zeit

Für Berufssoldaten und Soldaten auf Zeit gelten (für ihre Person, nicht für die berücksichtigungsfähigen Angehörigen) im Rahmen der truppenärztlichen Versorgung besondere Regelungen.

Toilettenhilfen bei Schwerbehinderung

Aufwendungen sind beihilfefähig (Abschnitt 1 Nr. 20.5 der Anl. 11 zur BBhV).

Tonmodulierte Verfahren

(z. B. nach Tomatis, Hörtraining nach Volf, Audiovokale Integration und Therapie, Psychophonie-Verfahren zur Behandlung von Migräne). Aufwendungen sind nicht beihilfefähig (Abschnitt 1 Nr. 1.1 der Anl. 1 zur BBhV).

Treppenlift

Bei dauernder Pflegebedürftigkeit ist (als Maßnahme zur Verbesserung des individuellen Wohnumfeldes) Beihilfefähigkeit nach Maßgabe des § 38 Abs. 10 BBhV gegeben.

→ Dauernde Pflegebedürftigkeit, Ziff. 2

Privat und gesetzlich Versicherte können bei der Pflegeversicherung einen Zuschuss von bis zu 4000 Euro zur Wohnraumanpassung beantragen. Dazu gehört auch der Einbau eines Treppenlifts.

Trinkgelder

Trinkgelder (auch an das Krankenhauspersonal) sind – als freiwillige Leistungen – nicht beihilfefähig.

Trockenzellentherapie

Aufwendungen sind nicht beihilfefähig (Abschnitt 1 Nr. 20.3 der Anl. 1 zur BBhV).

Truppenärztliche Versorgung

1. Personenkreis

Berufssoldaten und Soldaten auf Zeit steht für ihre Person truppenärztliche Versorgung zu (§ 69a BBesG). Hierbei erhalten Soldaten, die eine Wehrdienstbeschädigung erlitten haben, Leistungen im Rahmen der Heilbehandlung nach dem → Bundesversorgungsgesetz, wenn dies günstiger ist (§ 69a Absatz 1 BBesG).

2. Leistungen

Die truppenärztliche Versorgung umfasst die unentgeltliche Gewährung aller zur Gesunderhaltung, Verhütung und frühzeitigen Erkennung von gesundheitlichen Schäden sowie zur Behandlung einer Erkrankung erforderlichen medizinischen und medizinisch-technischen Leistungen (u. a. auch Darmspiegelung). Da der Soldat durch seinen Einsatz ganz andere körperliche Leistungen zu erbringen hat als – von bestimmten Gruppen abgesehen – der Beamte, ist die Heilfürsorge auf die speziellen Erfordernisse des Wehrdiensts ausgerichtet. Sie umfasst demnach nur solche ärztlichen Maßnahmen, die zur Erhaltung oder Wiederherstellung der Wehrdienstfähigkeit des Soldaten erforderlich sind.

Die unentgeltliche truppenärztliche Versorgung ist geregelt in der Verordnung über die Gewährung von Heilfürsorge für Soldatinnen und Soldaten der Bundeswehr (Bundeswehr-Heilfürsorgeverordnung – BwHFV), § 69a Abs. 7 BBesG.

3. Vorrangprinzip

Die truppenärztliche Versorgung hat Vorrang vor der Gewährung von Beihilfen. Das darin zum Ausdruck kommende Prinzip der → Subsidiarität der Beihilfe erlaubt es dem Dienstherrn, seine truppenärztliche Versorgung an die Erwartung zu knüpfen, dass der Soldat zunächst alle ihm zustehenden Ansprüche und damit die völlige oder teilweise Freistellung von Krankheitskosten usw. ausschöpft.

Die dem Wehrdienst gemäße Form der Fürsorgepflicht, die truppenärztliche Versorgung, darf aber nicht dazu führen, dass der Dienstherr in den Fällen, in denen die truppenärztliche Versorgung nicht greift, die in den Beihilfevorschriften vorgesehene Beihilfe versagt und sich damit seiner allgemeinen Fürsorgepflicht entzieht. Der Nachrang der Beihilfe gegenüber dem Anspruch auf truppenärztliche Versorgung gilt deshalb nur in den Fällen, in denen überhaupt eine Leistung vorgesehen ist. Ist eine den Beihilfevorschriften entsprechende Leistung (wie z. B. bei → Sterilisation) nicht vorgesehen, kommen auch für den aktiven Soldaten die Beihilfevorschriften zum Zuge (BVerwG vom 24.2.1982).

4. Keine Erstattung bei Nichtinanspruchnahme

Nimmt der Soldat dagegen die ihm zustehenden Leistungen ohne zwingenden Grund nicht in Anspruch, erhält er für die ihm durch eine Heilbehandlung usw. entstehenden Kosten weder eine Erstattung noch eine Beihilfe. Ausnahmen von dieser Grundregel sind nur in bestimmten Notfällen zulässig. Als Notfälle gelten i. d. R. nur solche Fälle, in denen es nicht möglich oder zumutbar war, eine Sanitätseinrichtung der Bundeswehr aufzusuchen.

5. Ausschluss von Familienmitgliedern, Soldaten im Ruhestand

Die truppenärztliche Versorgung umfasst nicht die Soldaten im Ruhestand sowie die Familien der Soldaten und deren Hinterbliebene. Die Fürsorge der Dienstherren für diesen Personenkreis in Krankheits-, Pflege- und Geburtsfällen sowie bei Maßnahmen zur Früherkennung von Krankheiten, bei Schutzimpfungen sowie bei nicht rechtswidrigen Schwangerschaftsabbrüchen und Sterilisationen richtet sich deshalb nach den Beihilfevorschriften.

6. Umfang der truppenärztlichen Versorgung

Die unentgeltliche truppenärztliche Versorgung ist ein eigenständiges System der Gesundheitsfürsorge und -vorsorge. Sie wird vom Sanitätsdienst der Bundeswehr erbracht und umfasst alle medizinisch notwendigen Leistungen. Jedes Bataillon der Bundeswehr hat einen Sanitätsbereich mit mindestens einem Truppenarzt, der für die Soldaten wie ein Hausarzt – auch als Ansprechpartner für alle gesundheitlichen Fragen – zur Verfügung steht. Soweit die Möglichkeiten des Truppenarztes und seines Sanitätsbereichs für die Diagnose und Behandlung nicht ausreichen, stehen innerhalb des Sanitätsdienstes der Bundeswehr weitere medizinische Einrichtungen zur Verfügung:

a) Ärzte mit Gebietsbezeichnung (früher „Fachärzte"), die als Truppenärzte, als Ärzte in Sanitätszentren, in fachärztlichen Untersuchungsstellen der Bundeswehr tätig sind, zur ambulanten Diagnose und Therapie
b) die zentralen Institute des Sanitätsdienstes der Bundeswehr in Koblenz und München sowie die Untersuchungsinstitute des Sanitätsdienstes der Bundeswehr, zur stationären Diagnostik und Therapie

Stehen dem behandelnden Truppenarzt Sanitätsoffiziere als Ärzte mit Gebietsbezeichnung im Standort oder im Umkreis von 50 km nicht zur Verfügung oder fehlen in Sanitätseinrichtungen der Bundeswehr für bestimmte Untersuchungen und Behandlungen die Voraussetzungen oder handelt es sich um einen Notfall, kann der kranke Soldat an einen anderen Arzt mit Gebietsbezeichnung des zivilen Gesundheitsdienstes überwiesen werden. Bei lebensbedrohlichen Erkrankungen, fehlender oder eingeschränkter Transportfähigkeit, Fehlen eines geeigneten Transportmittels oder einer geeigneten Behandlungsmöglichkeit in einem Bundeswehrkrankenhaus können Soldaten vom Truppenarzt auch in zivile Krankenhäuser eingewiesen werden.

7. Behandlungen außerhalb der Bundeswehreinrichtungen

Die unentgeltliche truppenärztliche Versorgung stellt den Soldaten i. d. R. vor keine rechtlichen und finanziellen Probleme. Das kann sich ändern, wenn der Soldat ausnahmsweise gezwungen ist (z. B. bei plötzlichen schweren Erkrankungen und bei Unglücksfällen), außerhalb der Sanitätseinrichtungen der Bundeswehr von sich aus ärztliche oder zahnärztliche Hilfe oder → Krankenhausbehandlung in Anspruch zu nehmen. In solchen Fällen ist der Soldat verpflichtet, den behandelnden Arzt, Zahnarzt bzw. das Krankenhaus darauf hinzuweisen, dass

- er Soldat ist,
- sich die Behandlung und Abrechnung deshalb nach den für die Bundeswehr geltenden Bestimmungen richtet,
- die erforderlichen Überweisungs- und Abrechnungsscheine von seiner Einheit nachträglich vorgelegt werden.

Auf keinen Fall sollte der Soldat oder ein beihilfeberechtigter Angehöriger Erklärungen unterschreiben, mit denen er der Behandlung als Privatpatient und (oder) bestimmten Arzthonoraren zustimmt oder sich mit Sonderleistungen (z. B. Einbettzimmer, Telefon, Fernsehen) einverstanden erklärt. Andernfalls gehen die in Rechnung gestellten Beträge, soweit sie die für die Bundeswehr festgelegten Gebührensätze übersteigen, zu seinen Lasten.

8. Übernahme der Aufwendungen

Im Allgemeinen werden bei Beachtung der erwähnten Regelungen die Aufwendungen für alle notwendigen und angemessenen Leistungen der Ärzte, Zahnärzte und Krankenhäuser sowie für Arzneimittel von der Bundeswehr übernommen, sodass dem Soldaten keine Kosten entstehen. Bei → Krankenhausbehandlung übernimmt die Bundeswehr

- für Soldaten der BesGr. A 1 bis A 7 die Kosten der allgemeinen Krankenhausleistungen,
- für Soldaten der BesGr. A 8 und höher die Kosten der allgemeinen Krankenhausleistungen sowie die Mehrkosten für ein Zwei-Bett-Zimmer und die gesondert berechneten ärztlichen Leistungen.

Nimmt der Soldat ausnahmsweise zivile ärztliche, zahnärztliche oder Krankenhaus-Leistungen in Anspruch, ist der Truppenteil und die nächsterreichbare Sanitätseinrichtung der Bundeswehr – sofern möglich – durch den Soldaten, sonst durch einen Familienangehörigen oder Beauftragten umgehend zu benachrichtigen. Der Meldung ist eine Notfallbescheinigung des behandelnden Arztes in verschlossenem Umschlag beizufügen. Auf der Bescheinigung sind der Truppenteil des Soldaten, die Prognose und die bisherige Behandlung anzugeben.

9. Krankenbehandlung im Ausland

Bei Urlaub im Ausland werden die Kosten in der Höhe übernommen, wie sie bei einer Erkrankung am Standort und Inanspruchnahme eines niedergelassenen Arztes oder einer Krankenanstalt zu angemessenen Sätzen ohne Berücksichtigung der für die Bundeswehr festgesetzten Gebührensätze entstanden wären. In aller Regel entstehen im Ausland höhere Kosten als im Inland. Es wird deshalb empfohlen, eine ausreichende Versicherung abzuschließen.

Bei Erkrankungen während eines Urlaubs unter Wegfall der Geld- und Sachbezüge einschl. der Heilfürsorge muss der Soldat, um die unentgeltliche truppenärztliche Versorgung in Anspruch nehmen zu können, seinen Urlaub abbrechen und unverzüglich zu seiner Einheit zurückkehren oder sich, sofern er nicht reisefähig ist, beim nächsten Verteidigungskreiskommando (VKK) oder Standortältesten (StoÄ) melden.

10. Weiterführende Hinweise

Weitere wichtige Hinweise enthält das jedem Soldaten ausgehändigte „Merkblatt für Soldaten bei Erkrankung außerhalb des Standortes“. Sofern dieses Merkblatt nicht ausgehändigt worden oder verloren gegangen ist oder die mit dem Merkblatt verbundenen Vordrucke verbraucht sind, sollte sich der Soldat bei seiner Einheit umgehend um die Aushändigung dieses Merkblattes und der Vordrucke bemühen.

11. Vorsorge für die Zeit nach dem Wehrdienst

Heilfürsorge in Form unentgeltlicher truppenärztlicher Versorgung erhält der Soldat nur während der aktiven Dienstzeit. Deshalb sollten Berufs- und Zeitsoldaten für die Zeit nach dem

Ausscheiden aus dem aktiven Wehrdienstverhältnis durch den Abschluss einer Anwartschaftsversicherung (→ Private Krankenversicherung, Buchst. d) bei einem privaten Krankenversicherer vorsorgen.

Weitere Hinweise siehe:

→ Beihilfeberechtigte Personen

→ Bundeswehr

→ Soldaten

Überführungskosten

Überführungskosten anlässlich des Todes (allein) der beihilfeberechtigten Person sind nur beihilfefähig, wenn der Tod während einer Dienstreise, Abordnung, Zuweisung oder vor einem dienstlich bedingten Umzug außerhalb des Ortes der Hauptwohnung eingetreten ist (§ 44 Abs. 1 BBhV).

Bei Überführungskosten anlässlich eines Dienstunfalls bestimmt sich der Ersatz von Überführungskosten nach § 33 Abs. 4 BeamtVG.

Der Bemessungssatz beträgt 100 v. H. (§ 47 Abs. 6 BBhV).

→ Todesfälle

Unfälle

Aufwendungen anlässlich der Wiederherstellung der Gesundheit, zur Besserung oder Linderung von Leiden sowie für die Beseitigung oder zum Ausgleich von Körperschäden anlässlich eines Unfalls sind im Rahmen der Beihilfevorschriften beihilfefähig wie Kosten wegen Erkrankung. Dies gilt nicht für Aufwendungen bei → Dienstunfällen, weil hier nach § 9 Abs. 1 und 2 BBhV vorrangig die Bestimmungen über die Dienstunfallfürsorge zum Zuge kommen (→ Subsidiaritätsprinzip).

→ Gesetzliche Unfallversicherung

Unfruchtbarkeit

Die Aufwendungen für eine ärztliche Untersuchung dahingehend, ob Unfruchtbarkeit (Sterilität) vorliegt, sind nach § 43 Abs. 1 BBhV beihilfefähig (→ Künstliche Befruchtung).

Unterkunftskosten bei ambulanter Behandlung

Abweichungen in Bundesländern:
→ Bayern (Ziff. 9)
→ Niedersachsen (Ziff. 21)
→ Rheinland-Pfalz (Ziff. 11)
→ Sachsen (Ziff. 12)
→ Schleswig-Holstein (Ziff. 15)
→ Thüringen (Ziff. 10)

Unterkunftskosten anlässlich notwendiger auswärtiger Untersuchung oder Behandlung durch Ärzte, Zahnärzte und Psychotherapeuten (nicht Heilpraktiker) sind nach Maßgabe des § 32 BBhV beihilfefähig.

Ambulante Behandlungen werden i. d. R. am Wohnort des Erkrankten durchgeführt, sodass keine Aufwendungen für Unterbringung entstehen. Allerdings gibt es Fälle, in denen ein anderer Ort für eine notwendige ambulante Behandlung, Untersuchung usw. aufgesucht werden muss, weil am Wohnort oder in der Nähe die gleichen Maßnahmen nicht oder nicht mit gleicher Erfolgsaussicht durchgeführt werden können. Bei Zweifeln über die Notwendigkeit der auswärtigen Behandlung usw. kann die Beihilfestelle ein ärztliches Gutachten einholen. Dabei wird das besondere Vertrauen des Erkrankten zu einem bestimmten Arzt (Zahnarzt, Psychotherapeut) nur in Ausnahmefällen (z. B. wenn sonst der Behandlungserfolg ernstlich infrage gestellt wäre) als ausreichender Grund für die Notwendigkeit der auswärtigen Behandlung anerkannt werden können. Bei Unterbringung nur tagsüber oder teilstationärer Unterbringung gilt die Regelung nicht.

Ist eine ambulante Behandlung, Untersuchung usw. an einem anderen Ort notwendig und die Rückkehr am Behandlungstag nicht möglich, sind nach § 32 Abs. 1 BBhV beihilfefähig die Kosten für Unterkunft bis zur Höhe von 150 v. H. des Übernachtungsgeldes nach § 7 Abs. 1 Nr. 1 BRKG (150 v. H. von

20 Euro = 30 Euro täglich); im Ausland sind Aufwendungen für die Unterkunft bis 150 v. H. des Auslandsübernachtungsgeldes beihilfefähig (§ 32 Abs. 3 BBhV). Diese Sätze gelten für den Kranken wie auch für eine erforderliche Begleitperson. Verpflegungskosten sind nicht beihilfefähig.

Werden ärztlich verordnete Heilmittel in einer Behinderteneinrichtung verabreicht, sind auch (Unterkunftskosten abgeltende) Pauschalen beihilfefähig, auch wenn sie einen Verpflegungsanteil enthalten (§ 32 Abs. 2 BBhV).

Betten- und Platzfreihaltegebühren, die für die Unterbrechungen durch Krankheit der oder des Behandelten erhoben werden, sind bis zu insgesamt 5,50 Euro täglich beihilfefähig. Dies gilt auch für eine Abwesenheit aus einem sonstigen, in der Person der behandelten Person liegenden Grund bis zur Dauer von 20 Kalendertagen je Abwesenheit (VV 32.2.3).

Urinale

Aufwendungen sind beihilfefähig (Abschnitt 1 Nr. 21.3 der Anl. 11 zur BBhV).

Vaduril-Injektionen gegen Parodontose

Aufwendungen sind nicht beihilfefähig (Abschnitt 1 Nr. 22.1 der Anl. 1 zur BBhV).

Versicherungspflicht in der Kranken- und Pflegeversicherung

Seit 1.4.2007 besteht allgemeine Versicherungspflicht in der gesetzlichen oder privaten Krankenversicherung, auch für Beamte, Richter und Versorgungsempfänger. Die Versicherungspflichtgrenze liegt 2021 bei einem Jahreseinkommen von 64 350 Euro (5362,50 Euro monatlich), d. h. bei einem höheren Jahreseinkommen besteht keine Versicherungspflicht.

Angestellte mit einem Bruttoeinkommen oberhalb der Versicherungspflichtgrenze haben die Wahl zwischen gesetzlicher und privater Krankenversicherung.

Für die Dauer des Studiums haben Studenten zu Beginn des Studiums die Wahl zwischen gesetzlicher und privater Versicherung. An diese Wahl sind sie für die Dauer der Hochschulausbildung gebunden.

Personen mit Wohnsitz in Deutschland, die weder gesetzlich versichert sind noch zum Bereich der GKV gehören, sind seit 1.1.2009 verpflichtet, eine Kranken- und Pflegeversicherung abzuschließen und aufrechtzuerhalten. Wer bisher nicht kranken- oder pflegeversichert war, hat die Wahl zwischen der Mitgliedschaft in der gesetzlichen und privaten Versicherung. Lag zuletzt eine der beiden Versicherungen vor, hat er in diese zurückzukehren, der privat Versicherte also wieder in die private Kranken- und Pflegeversicherung. Ansonsten wird er in dem Versicherungssystem versichert, dem er aufgrund der ausgeübten Tätigkeit zuzuordnen ist. Kommt eine private Versicherung in Betracht, hat die private Krankenversicherung einen Basistarif bereitzuhalten. Die Versicherungspflicht umfasst dabei nicht Aufwendungen für von der Beihilfe ausgenommene bzw. nur beschränkt beihilfefähige Leistungen (z. B. Wahlleistungen eines Krankenhauses). Für die privaten Krankenversicherer besteht Annahmezwang, sofern nicht ein früherer Versicherungsvertrag wegen Drohung oder arglistiger Täuschung angefochten wurde oder wegen vorsätzlicher Verletzung von vertraglichen Anzeigepflichten der Versicherer vom Vertrag zurückgetreten ist. Im – brancheneinheitlichen – Basistarif besteht ebenfalls Annahmezwang. Bei verspätetem Abschluss der PKV fallen Prämienzuschläge an. Dies gilt auch für bisher nicht krankenversicherte Beihilfeberechtigte, bei denen der Abschluss einer beihilfekonformen (Quoten-)Versicherung genügt. Eine Gesundheitsprüfung erfolgt nicht. Versichert wurden die genannten Personen über 55 Jahre zunächst im brancheneinheitlichen Standardtarif, sofern sie sich nicht für einen normalen Tarif entschieden haben.

Die Versicherungspflicht muss durch Gesetz festgelegt werden, wobei Sanktionen bei Verstoß gegen diese Pflicht bundesgesetzlich bestimmt werden müssen (VGH Baden-Württemberg, 10 S 2821/09).

Für die Pflegeversicherung besteht für nicht gesetzlich versicherte Beihilfeberechtigte nach § 23 Abs. 1 SGB XI Versicherungspflicht nur, wenn sie privat krankenversichert sind. Da aber seit 1.1.2009 auch für Beamte usw. allgemein Krankenversicherungspflicht besteht, ist von einer Pflegeversicherung auch der bisher nicht krankenversicherten Beihilfeberechtigten auszugehen.

Der **Nachweis** eines privaten oder gesetzlichen Krankenversicherungsschutzes ist nicht mehr Voraussetzung für die Beihilfegewährung. Unabhängig davon muss der Umfang eines Krankenversicherungsschutzes für die Prüfung nachgewiesen werden, ob die Hundert-Prozent-Grenze (§ 48 BBhV) überschritten ist.

Verwaltungsrechtsweg, Klageweg

1. Rechtsweg

Entscheidungen der Beihilfestellen sowie der anderen mit der Ausführung der Beihilfevorschriften befassten Dienststellen können im Verwaltungsrechtsweg angefochten werden.

2. Widerspruch

Die erste Stufe des Verwaltungsrechtswegs ist der **Widerspruch,** der bei der Beihilfestelle einzulegen ist

- innerhalb eines Monats nach Zustellung, Eröffnung oder Verkündung der anzufechtenden Entscheidung, wenn der Verwaltungsakt eine Rechtsbehelfsbelehrung enthalten hat,
- innerhalb eines Jahres, wenn keine solche Belehrung erteilt worden ist.

Hält die Beihilfestelle den Widerspruch für begründet, hilft sie ihm ab. Hält sie diesen für nicht begründet, entscheidet die zuständige oberste Dienstbehörde oder die von ihr beauftragte Dienststelle. Hat die oberste Dienstbehörde die angefochtene Entscheidung selbst erlassen, entscheidet die für solche Fälle beauftragte Behörde.

Oberste Dienstbehörde ist im Kommunalbereich i. d. R. der Gemeindevorstand (bei Gemeinden) bzw. der Magistrat einer Stadt, nicht der (Ober-)Bürgermeister, soweit die Zuständigkeiten im Verwaltungsrechtsweg usw. nicht abweichend bestimmt sind.

3. Klage

Nach erfolglosem Widerspruch kann der Beihilfeberechtigte **Klage vor dem Verwaltungsgericht** erheben, nämlich innerhalb eines Monats nach Zustellung des Widerspruchsbescheids. Klage ist auch zulässig, wenn ohne zureichenden Grund über einen Widerspruch nicht innerhalb einer angemessenen Frist entschieden worden ist. Üblicherweise ist eine solche Untätigkeitsklage frühestens nach Ablauf von drei Monaten zulässig, es sei denn, wegen der besonderen Umstände des Falls ist eine kürzere Frist geboten.

Die Entscheidung des Verwaltungsgerichts kann mit der **Berufung** beim Oberverwaltungsgericht (bzw. Verwaltungsgerichtshof) angefochten werden, sofern sie vom Oberverwaltungsgericht (bzw. Verwaltungsgerichtshof) zugelassen ist. Gegen die Entscheidung in der Berufungsinstanz ist die **Revision** beim BVerwG möglich, wenn das Berufungsgericht sie zugelassen hat. Gegen die Nichtzulassung der Revision kann die sog. Nichtzulassungsbeschwerde erhoben werden. Zulässig ist die Revision nur, wenn:

- die Rechtssache grundsätzliche Bedeutung hat
- das Urteil von einer Entscheidung des BVerwG abweicht und auf dieser Abweichung beruht
- bei einem geltend gemachten Verfahrensmangel die angefochtene Entscheidung auf dem Verfahrensmangel beruhen kann

4. Beschäftigte (Arbeitnehmer)

Für **Beschäftigte** (Arbeitnehmer) ist der Rechtsweg zu den Arbeitsgerichten gegeben. Die vorherige Einlegung eines Widerspruchs ist nicht vorgeschrieben. Dennoch empfiehlt es sich, zunächst bei der Beihilfestelle vorstellig zu werden und Gegenvorstellungen zu erheben.

5. Klagegrund

In der Regel wird sich der Beihilfeberechtigte im Widerspruchsverfahren sowie mit seiner Klage gegen eine fehlerhafte Anwendung der Beihilfevorschriften wenden. Im Verwaltungsrechtsweg kann der Beihilfeberechtigte aber auch beanstanden, dass eine Regelung mit der Fürsorgepflicht des Dienstherrn, dem Gleichbehandlungsgrundsatz oder anderen höherrangigen Rechtsnormen vereinbar ist. Das Beihilferecht verdankt seine zeitgemäße Weiterentwicklung nicht zuletzt der aus solchen Klagen resultierenden Rechtsprechung. Es kann deshalb im allgemeinen Interesse liegen, streitige Rechtsfragen im Klageweg auszutragen.

6. Vertretungspflicht

Im Widerspruchsverfahren sowie in Verfahren vor dem Verwaltungsgericht ist die Inanspruchnahme eines Rechtsanwalts oder anderen Bevollmächtigten nicht vorgeschrieben, aber zulässig. Bei einem Rechtsstreit vor dem Verwaltungsgericht sind neben Rechtsanwälten u. a. auch Gewerkschaften vertretungsbefugt (vgl. § 67 Abs. 2 Satz 3 VwGO). Vor Oberverwaltungsgerichten (Verwaltungsgerichtshöfen) und dem Bundesverwaltungsgericht besteht Vertretungszwang.

Die Verwaltungsgerichte entscheiden im Allgemeinen aufgrund mündlicher Verhandlung durch Urteil. Die beiden unteren Instanzen haben die Möglichkeit, zur Beschleunigung des Verfahrens ohne mündliche Verhandlung zu entscheiden. Die Parteien sind über die Absicht zu unterrichten.

7. Kosten

Die Kosten eines erfolglosen Verfahrens sind i. d. R. beträchtlich. Solche Kosten lassen sich durch den Abschluss einer **Rechtsschutzversicherung** vermeiden. Noch besser ist die **Gewährung von Rechtsschutz** durch Gewerkschaften oder Berufsverbände, deren Mitarbeiter i. d. R. über gute Kenntnisse des Beihilferechts verfügen und deshalb die Erfolgsaussichten eines Rechtsstreits beurteilen können. Nach § 7 des Rechtsdienstleistungsgesetzes dürfen berufsständische Vereinigungen Rat und Hilfe in Rechtsangelegenheiten nur an Mitglieder und nur im Rahmen ihres Aufgabenbereichs gewähren.

Verwandte, nahe Angehörige

Abweichungen in Bundesländern:
→ Baden-Württemberg (Ziff. 3)
→ Thüringen (Ziff. 8)

1. Personenkreis

Nach § 8 Abs. 1 Nr. 6 BBhV sind Aufwendungen für persönliche Behandlungen durch den **Ehegatten oder Lebenspartner**, die **Eltern** oder die **Kinder** des Behandelten nicht beihilfefähig, ausgenommen die dabei entstandenen Sachkosten. Erfasst wird auch die persönliche Tätigkeit durch Angestellte der genannten Personen (z. B. von einem Arzt, der vom Ehegatten beschäftigt wird).

2. Persönliche Tätigkeit des Angehörigen

Aufwendungen für die **persönliche Tätigkeit eines nahen Angehörigen** des Behandelten bei einer Untersuchung und Behandlung sind (abweichend vom Recht der GKV, aber übereinstimmend mit den Grundsätzen der PKV) nicht beihilfefähig. Nicht als nahe Angehörige gelten Großeltern, Enkelkinder, Schwiegersöhne, Schwiegertöchter, Schwäger, Schwägerinnen, Schwiegereltern und Geschwister Behandelten. Aufwendungen zum Ersatz der dem nahen Angehörigen im Einzelfall entstandenen Sachkosten (z. B. für Materialien, Stoffe und Arzneimittel, Fahrtkosten ab einer Entfernung von 21 km 0,35 Euro je Entfernungskilometer) sind bis zur Höhe des nachgewiesenen Geldwerts im Rahmen des Beihilferechts beihilfefähig. Der Geldwert sollte regelmäßig durch Vorlage von Belegen eines Dritten (z. B. über Arzneimittelkosten) nachgewiesen werden. → Ziff. 4

Eine Ausnahme vom Beihilfeausschluss dürfte in Betracht kommen, wenn für eine Behandlung angesichts der besonderen Fachkenntnisse, Behandlungsmethoden, aus Zeitgründen (Dringlichkeit) oder wegen der örtlichen Gegebenheiten nur eine Behandlung durch Verwandte und andere nahe Angehörige möglich war.

Nach ständiger Rechtsprechung des BVerwG (zuletzt Urteil vom 3.12.1990, ZBR 1991 S. 149, vgl. auch BayVerfG vom 17.7.2008, NVwZ-RR 2009 S. 45) verstößt der Ausschluss der Aufwendungen für die persönliche Tätigkeit eines nahen Angehörigen von der Beihilfefähigkeit nicht gegen die Fürsorgepflicht und den Gleichbehandlungsgrundsatz. Diese Regelung führe i. d. R. auch dann zu keiner unzumutbaren Belastung für den Beihilfeberechtigten, wenn die Beihilfefähigkeit eines Arzthonorars ausgeschlossen werde. Der Beihilfeberechtigte müsse auch gewisse Härten und Nachteile hinnehmen, die sich aus der pauschalierenden und typisierenden Konkretisierung der Fürsorgepflicht durch die Beihilfevorschriften ergäben. Auch wenn die unentgeltliche Behandlung naher Angehöriger, sogar von Eltern, nicht oder nicht mehr in dem Maße die Regel sei, dass sie als Verkehrssitte bezeichnet werden könne, bleibe die Erwägung berechtigt, dass eine Behandlung ohne Entgelt oder doch unter Beschränkung auf dasjenige, was als Versicherungsleistung und/oder Beihilfe erstattet werde, unter nahen Angehörigen jedenfalls nicht fernliege. Die Schwierigkeiten bei der Überprüfung der Ernsthaftigkeit von Honorarforderungen unter nahen Angehörigen, die u. U. ein mit den Grundsätzen und Zielen des Beihilferechts nicht zu vereinbarendes Eindringen in die Privatsphäre des Beihilfeberechtigten erforderlich machen würde, bestünden in der Praxis fort.

Diese Rechtsauffassung ist durch das Bundesverfassungsgericht durch (Beschluss vom 16.9.1992, NVwZ 1993 S. 560) auch für solche Fälle bestätigt worden, in denen der Honorarforderung des nahen Angehörigen nicht die Ernsthaftigkeit fehlt. Der Vorschriftengeber durfte den praktischen Erfordernissen der Verwaltung Rechnung tragen. Die Überprüfung der Ernsthaftigkeit der Honorarforderung in jedem Einzelfall wäre mit großen Schwierigkeiten verbunden und würde ein tiefes Eindringen in die Privatsphäre der Betroffenen erforderlich machen.

Nach dem BGH-Urteil vom 21.2.2001 (Az. IV ZR 11/00) ist die unentgeltliche Behandlung von nahen Angehörigen zwar nicht mehr Verkehrssitte, aber nach den gesellschaftlichen Anschauungen grundsätzlich nicht unüblich. Das Gericht verweist auch auf die Möglichkeit, dass eine Behandlung wegen der persönlichen Nähe zum Angehörigen ohne wirkliche Notwendigkeit durchgeführt wird oder sie über das Maß des Notwendigen hinausgeht.

3. Ausnahmen

Von dem Ausschluss der Aufwendungen für die persönliche Tätigkeit naher Angehöriger von der Beihilfefähigkeit gibt es **Ausnahmen** bei der häuslichen Pflege dauernd Pflegebedürftiger (Gewährung einer Pauschalbeihilfe je nach Pflegestufe) sowie bei der vorübergehenden häuslichen Krankenpflege (Beihilfefähigkeit eines Verdienstausfalls der Pflegepersonen). Desgleichen wird man die Vorschrift nicht anwenden können, wenn in einer Gemeinschaftspraxis die Behandlung nicht von einem nahen Angehörigen, sondern von dem Mitinhaber erfolgt.

4. Sachkosten

Erfasst werden besonders berechenbare Auslagen i. S. von § 10 GOÄ und § 4 Abs. 3 GOZ, die bei sonstigen Patienten berechenbar und in der Rechnung auszuweisen sind. Sachkosten sind z. B. Arznei-, Verband- oder Hilfsmittel, Fahrtkosten für den Behandler und den Patienten (einschl. Parkgebühren), Telefon- und andere Postgebühren, bei der Behandlung verbrauchte Chemikalien oder Einmalspritzen, Kosten für Filmmaterial, von einem beigezogenen Arzt berechnete Gebühren und nach § 9 GOZ berechnete zahntechnische Material- und Laborkosten (auch soweit von einem Fremdlabor berechnet) sowie bei physikalisch-medizinischen Leistungen verbrauchte Stoffe, Zusätze und Arzneimittel. Als Sachkosten gelten auch die beleglos geltend gemachten Sachkosten bis 25,56 Euro nach § 12 Abs. 2 Nr. 5 GOÄ. Allgemeine Praxiskosten (Praxisgemeinkosten, Vorhaltekosten, Generalunkosten) wie Miete, Personalkosten, Energiekosten sind zwar auch Sachkosten, der auf die einzelne

Behandlung des nahen Angehörigen entfallende Teil ist jedoch nicht zu beziffern und nachzuweisen.

Vibrationsmassage des Kreuzbeins

Im Rahmen der sog. „Winklerkur" werden neben der Anwendung von Kohlensäure-, Sauerstoff- und Darmbädern auch Vibrationsmassagen des Kreuzbeins angewandt. Diese Behandlung ist wissenschaftlich nicht allgemein anerkannt. Die Beihilfefähigkeit der Aufwendungen für eine derartige Behandlung ist deshalb ausgeschlossen (Abschnitt 1 Nr. 22.2 der Anl. 1 zur BBhV).

Vibrationstrainer bei Gehörlosigkeit

Aufwendungen sind beihilfefähig (Abschnitt 1 Nr. 22.2 der Anl. 11 zur BBhV).

Videosprechstunden

Ärzte (wie auch andere Heilbehandler und Hebammen) können unter bestimmten Voraussetzungen Videosprechstunden anbieten, wobei bestimmte Voraussetzungen zu erfüllen sind. Dabei dürfen auch elektronische Krankschreibungen erfolgen.

Visuelle Restitutionstherapie

Aufwendungen sind nicht beihilfefähig (Abschnitt 1 Nr. 22.3 der Anl. 1 zur BBhV).

Vorherige Anerkennung der Beihilfefähigkeit

In folgenden Fällen ist die **vorherige** Anerkennung der Beihilfefähigkeit erforderlich bei:

a) einer → Rehabilitationsmaßnahme, Heilkur und Mutter/Vater-Kind-Reha-Maßnahme (§ 36 Abs. 1 Satz 1 BBhV)

b) zwingend notwendiger Krankenbehandlung außerhalb der EU (§ 11 Abs. 2 Satz 1 Nr. 5 BBhV)
c) → psychotherapeutischen Behandlungen (§ 18a Abs. 3 Satz 1 Nr. 3 BBhV)

Wird die vorgeschriebene Anerkennung der Beihilfefähigkeit nicht vor Beginn der Behandlung von der Beihilfestelle eingeholt, wird keine Beihilfe gewährt. Ist die erforderliche Antragstellung und Anerkennung unterblieben und wird außerdem festgestellt, dass das Versäumnis entschuldbar ist und die sachlichen Voraussetzungen für die Anerkennung der Beihilfefähigkeit vorgelegen haben, dürfte Beihilfe zu gewähren sein.

Als entschuldbar wird die Unterlassung eines Antrags auf vorherige Anerkennung der Beihilfefähigkeit i. d. R. nicht angesehen werden können, wenn der Antragsteller argumentiert, er habe die betreffende Bestimmung des Beihilferechts nicht gekannt. Eine Ausnahme von dieser Regel kann infrage kommen bei Versorgungsempfängern, insbesondere bei Witwen, denen die üblichen Möglichkeiten der Unterrichtung nicht zur Verfügung stehen. Im Übrigen kann allen Beihilfeberechtigten nur geraten werden, nicht nur in den genannten (vorgeschriebenen) Fällen die vorherige Anerkennung der Beihilfefähigkeit zu beantragen, sondern auch dann, wenn aus anderen Gründen Zweifel darüber bestehen, ob die Beihilfestelle die Beihilfefähigkeit bestimmter Aufwendungen (voll) anerkennen wird.

Vorsorgemaßnahmen

Abweichungen in den Bundesländern:

→ Baden-Württemberg (Ziff. 19)
→ Bayern (Ziff. 15)
→ Rheinland-Pfalz (Ziff. 14)
→ Sachsen (Ziff. 14)
→ Schleswig-Holstein (Ziff. 11)

Die Aufwendungen für Leistungen zur ärztlichen Früherkennung und Vorsorge im ärztlichen Bereich sowie Schutzimpfungen sind nach § 41 Abs. 1 BBhV unter bestimmten Voraussetzungen beihilfefähig. Inhalt, Zielgruppe, Altersgrenzen, Häufigkeit, Art und Umfang der Maßnahmen zur Vorsorge und Früherkennung von Krankheiten richten sich nach den in den Verwaltungsvorschriften (VV 41.1.1) in Bezug genommenen Richtlinien des Gemeinsamen Bundesausschusses (G-BA). Als oberstes Beschlussgremium des Gesundheitswesens (§ 91 SGB V) legt er den Leistungskatalog der GKV fest und bestimmt u. a. die Rahmenbedingungen von Leistungen der medizinischen Versorgung. Er beschließt somit auch die zur Sicherung der ärztlichen Versorgung erforderlichen Richtlinien (§ 92 SGB V).

Aufwendungen für Früherkennungsuntersuchungen und Vorsorgemaßnahmen sind beihilfefähig bei:

- Kindern und Jugendlichen bis zur Vollendung des 18. Lebensjahres für Untersuchungen zur Früherkennung von Krankheiten, die ihre körperliche, geistige oder psychosoziale Entwicklung in nicht geringfügigem Maße gefährden (§ 41 Abs. 1 Satz 2 BBhV i. V. m. § 26 SGB V sowie Kinder-Richtlinien des G-BA)
- Kindern, die das siebte, aber noch nicht das neunte Lebensjahr vollendet haben – U 10 – (Nr. 1.2.1 der Anl. 13 zur BBhV)
- Kindern, die das neunte, aber noch nicht das elfte Lebensjahr vollendet haben – U 11 – (Nr. 1.2.2 der Anl. 13 zur BBhV)
- Kindern und Jugendlichen zwischen dem vollendeten 13. und dem vollendeten 14. Lebensjahr für eine einmalige Untersuchung zur Früherkennung von Krankheiten, die die körperliche, geistige und soziale Entwicklung in nicht geringfügigem Maße gefährden, wobei die Untersuchung auch zwölf Monate vor und nach diesem Zeitraum durchgeführt werden kann (§ 41 Abs. 1 Satz 2 BBhV i. V. m § 26 SGB V sowie Jugendgesundheitsuntersuchungs-Richtlinien des G-BA)

- Kindern und Jugendlichen, die das 16., aber noch nicht das 18. Lebensjahr vollendet haben – J 2 – (Nr. 1.2.3 der Anl. 13 zur BBhV)
- Frauen und Männern vom vollendeten 18. Lebensjahr bis zum Ende des 35. Lebensjahres für eine einmalige Gesundheitsuntersuchung, insbesondere zur Früherkennung von Herz-, Kreislauf- und Nierenerkrankungen und des Diabetes mellitus (§ 41 Abs. 1 Satz 2 BBhV i. V. m. § 25 SGB V sowie Gesundheitsuntersuchungsrichtlinie des G-BA)
- Frauen und Männern vom vollendeten 35. Lebensjahr an alle drei Jahre für eine Gesundheitsuntersuchung, insbesondere zur Früherkennung von Herz-, Kreislauf- und Nierenerkrankungen und des Diabetes mellitus (§ 41 Abs. 1 Satz 2 BBhV i. V. m. § 25 SGB V sowie Gesundheitsuntersuchungsrichtlinie des G-BA)
- Männern ab dem vollendeten 65. Lebensjahr für eine einmalige Teilnahme am Screening auf Bauchaortenaneurysmen (§ 41 Abs. 1 Satz 2 BBhV i. V. m. § 25 SGB V sowie Gesundheitsuntersuchungsrichtlinie des G-BA).
- Frauen und Männern ab dem vollendeten 35. Lebensjahr für ein einmaliges Screening auf Hepatitis-B-Virusinfektion und ein einmaliges Screening auf Hepatitis-C-Virusinfektion im Rahmen der allgemeinen Gesundheitsuntersuchung (§ 41 Abs. 1 Satz 2 BBhV i. V. m. § 25 SGB V sowie Gesundheitsuntersuchungsrichtlinie des G-BA).

Aufwendungen für Leistungen, die im Rahmen von Maßnahmen zur Vorsorge und Früherkennung von Krankheiten durchgeführt werden und über den Leistungsumfang nach den Richtlinien des G-BA hinausgehen oder nicht in Anlage 13 zur BBhV aufgeführt sind, können nicht als beihilfefähige Aufwendungen zur Früherkennungs- und Vorsorgemaßnahmen anerkannt werden (VV 41.1.2). So sind beispielsweise umfassende, ungezielte Vorsorgeuntersuchungen, wie sie als sog. Check-ups vor allem in → Diagnosekliniken zur Feststellung des allgemeinen Gesundheitszustandes durchgeführt werden, nicht beihilfefähig. Bei von Trägern der GKV veranlassten und verantworteten Modellversuchen im Zusammenhang mit Vorsorgemaßnahmen dürfte von der Beihilfefähigkeit der Aufwendungen (einschl. berechneter Verwaltungskosten) auszugehen sein.

Früherkennungsprogramme:

- Nach Maßgabe der Anlage 14 zur BBhV sind die in § 41 Abs. 3 BBhV genannten Aufwendungen im Rahmen des Früherkennungsprogramms für erblich belastete Personen mit erhöhtem familiären Brust- oder Eierstockkrebsrisiko beihilfefähig, wenn die erbliche Belastung auf einem Verwandtschaftsverhältnis ersten bis dritten Grades beruht. Zur beihilfefähigen Früherkennung gehört auch der Gentest bei erheblich belasteten Personen mit erhöhtem familiären Brust- oder Eierstockkrebsrisiko. Einzelheiten ergeben sich aus Abschnitt 2 der Anl. 14 zur BBhV. Zu diesem Früherkennungsprogramm gehören folgende Maßnahmen:
  - die einmalige Risikofeststellung, Aufklärung und interdisziplinäre Beratung, wobei je Familie pauschal 900 Euro beihilfefähig sind (abweichende beihilfefähige Beträge bei Aufklärung zur diagnostischen Untersuchung und Entscheidungscoaching in Nr. 1 Buchst. b und c in Abschnitt 2 der Anl. 14 zur BBhV).
  - die Genetische Untersuchung bei einer an Brust- oder Eierstockkrebs erkrankten Person, wobei hierfür pauschal 3500 Euro beihilfefähig sind. Bei einem prädiktiven Test (Vorhersage/Wahrscheinlichkeit des späteren Auftretens) sind Aufwendungen in Höhe von 250 Euro beihilfefähig.
  - für intensivierte Früherkennungs- und Nachsorgemaßnahmen sind einmaljährlich pauschal 672,80 Euro beihilfefähig. Bei einer Beratung vor Entlassung aus dem Programm sind einmalig 672,80 Euro beihilfefähig, sofern im entsprechenden Kalenderjahr noch keine Pauschale erstattet wurde.

- Aufwendungen für Leistungen im Rahmen des Früherkennungsprogramms für erblich belastete Personen mit einem erhöhten familiären Darmkrebsrisiko sind nach Maßgabe der Anlage 15 zur BBhV beihilfefähig, wenn die erbliche Belastung auf einem Verwandtschaftsverhältnis ersten bis zweiten Grades beruht (§ 41 Abs. 4 BBhV). Zu diesem Früherkennungsprogramm gehören nach Abschnitt 2 der Anl. 15 zur BBhV folgende Maßnahmen:
  - die Risikofeststellung und interdisziplinäre Beratung, wobei einmalig eine Pauschale in Höhe von 600 Euro beihilfefähig ist (inkl. Erhebung des Familienbefundes) sowie 300 Euro pauschal für jede weitere Beratung einer Person, in deren Familie bereits das Lynch-Syndrom oder Polyposis-Syndrom bekannt ist.
  - die Tumorgewebsdiagnostik, wobei eine Pauschale in Höhe von 500 Euro beihilfefähig ist.
  - die genetische Analyse (Untersuchung auf Keimbahnmutation), wobei hierfür pauschal 3500 Euro beihilfefähig sind. Bei einem prädiktiven (Vorhersage/Wahrscheinlichkeit des späteren Auftretens) oder diagnostischem Test weiterer Personen sind pauschal 350 Euro beihilfefähig.
  - für Früherkennungsmaßnahmen sind pauschal 540 Euro für eine jährliche endoskopische Untersuchung des Magendarmtraktes beihilfefähig.

Weitere Früherkennungsuntersuchungen und Vorsorgemaßnahmen:

- → HIV-Test, HIV-Infektionsrisiko (§ 41 Abs. 5 BBhV)
- → Telemedizinische Betreuung (Telemonitoring) bei chronischer Herzinsuffizienz (Nr. 1.1 der Anl. 13 zur BBhV)
- → Schutzimpfungen (Nr. 2 der Anl. 13 zur BBhV)

Individuelle Gesundheitsleistungen (→ IgeL-Liste) oder auch der PSA-Test (zur Erkennung von Prostata-Krebs) gehören nicht zu den beihilfefähigen Vorsorgemaßnahmen bzw. Früherkennungsprogrammen.

Ein Lungenkrebs-Screening gehört nicht zur Früherkennung und Vorsorge. Es wäre aber bei Menschen mit einem erhöhten Lungenkrebsrisiko ggf. empfehlenswert. Dazu gehören z. B. starke Raucher und Menschen, die berufsbedingt vermehrt bestimmte Stoffe einatmen, die unter Umständen Lungenkrebs auslösen können. Hier sollte die Beihilfe der Entscheidung der Krankenversicherung folgen.

Beihilfefähig sind nach § 41 Abs. 2 BBhV neben Früherkennungsuntersuchungen auf Zahn-, Mund- und Kieferkrankheiten sowie Maßnahmen zur Verhütung von Zahnerkrankungen (Individualprophylaxe) auch Aufwendungen für prophylaktische zahnärztliche Leistungen nach Abschnitt B und Nr. 0010, 0070, 2000, 4050 und 4060 GOZ (unabhängig vom Alter der Person). Hierbei handelt es sich um folgende Maßnahmen:

- Erstellen eines Mundhygienestatus und eingehende Unterweisung zur Vorbeugung gegen Karies und parodontale Erkrankungen (Nr. 1000 GOZ)
- lokale Fluoridierung mit Lack oder Gel als Maßnahme zur Verbesserung der Zahnsubstanz (Nr. 1020 GOZ)
- Versiegelung von kariesfreien Zahnfissuren mit aushärtenden Kunststoffen (Nr. 2000 GOZ)
- Entfernung von Zahnbelägen (einschl. Polieren) und nachfolgende Kontrolle (mit Nachreinigung, Nr. 4050 und 4060 GOZ)

Vorübergehende Pflegebedürftigkeit (häusliche Krankenpflege)

Abweichungen in Bundesländern:

→ Berlin (Ziff. 5)
→ Bremen (Ziff. 1)
→ Niedersachsen (Ziff. 16)

→ Nordrhein-Westfalen (Ziff. 6)
→ Rheinland-Pfalz (Ziff. 7)
→ Sachsen (Ziff. 10)

1. Voraussetzungen

Das Beihilferecht unterscheidet zwischen vorübergehender und → dauernder Pflegebedürftigkeit. Bei vorübergehender Pflegebedürftigkeit sehen die Beihilfevorschriften (§ 27 BBhV) eine häusliche Krankenpflege vor. Voraussetzung ist grundsätzlich eine entsprechende ärztliche Verordnung, die sich auch zur Art, Dauer und Umfang der häuslichen Krankenpflege (einschl. hauswirtschaftlicher Versorgung) äußern sollte (VV 27.1.1). Ambulant psychiatrische häusliche Krankenpflege kann von einem der in § 27 Abs. 2 Nr. 2 BBhV genannten Fachärzte, psychologischen Psychotherapeuten oder Kinder- und Jugendlichenpsychotherapeuten verordnet werden.

Vorübergehende Pflegebedürftigkeit liegt vornehmlich nach schwerer Erkrankung und nach Entlassung aus dem Krankenhaus vor. Die Leistungen können erbracht werden durch:

- Berufspflegekräfte
- Familienangehörige
- andere geeignete Personen

Die Aufwendungen sind für eine Krankenpflege bis zu vier Wochen beihilfefähig, es sei denn, es ist Behandlungspflege notwendig, um sicherzustellen, dass das Ziel der ärztlichen Behandlung erreicht wird. Darüber hinaus sind die Pflegekosten allgemein über vier Wochen hinaus beihilfefähig, wenn die Notwendigkeit ärztlich bestätigt wird.

Kann die häusliche Krankenpflege durch den Beihilfeberechtigten, einen berücksichtigungsfähigen Angehörigen oder eine andere im Haushalt lebende Person durchgeführt werden, sind die Aufwendungen nicht beihilfefähig. Die Krankenpflege muss im eigenen Haushalt oder an einem anderen geeigneten Ort erfolgen.

2. Arten der häuslichen Krankenpflege

Vom Arzt nach Art, Dauer und täglicher Stundenzahl verordnete **häusliche Krankenpflege** kommt für Personen in Betracht, die wegen Krankheit vorübergehend folgender Hilfe bedürfen:

- **Behandlungspflege**
  umfasst insbesondere Verbandwechsel, Injektionen, Infusionen, Einreibungen, Inhalationen, Dekubitusversorgung, Bestrahlungen, Blutdruck- und Blutzuckerkontrolle, Blasenspülung, Katheterisieren, Beatmungspflege, Verabreichung von Arzneimitteln und Anus-Praeter-Versorgung (vgl. VV 27.2.1). Es handelt sich somit um medizinische Hilfeleistungen zur Sicherstellung der ärztlichen Behandlung, die üblicherweise an Pflegekräfte delegiert werden können.
  Zur medizinischen Behandlungspflege zählt auch die **außerklinische Intensivpflege**. Die Aufwendungen für eine außerklinische Behandlungspflege nach § 37c SGB V sind beihilfefähig, wenn ein besonders hoher Bedarf an medizinischer Behandlungspflege besteht (§ 27a Abs. 1 BBhV). Ein besonders hoher Bedarf an medizinischer Behandlungspflege liegt nach der Definition in § 37c Abs. 1 Satz 2 SGB V vor, wenn die ständige Anwesenheit einer geeigneten Pflegefachkraft zur individuellen Kontrolle und Einsatzbereitschaft oder ein vergleichbar intensiver Einsatz einer Pflegefachkraft erforderlich ist. Der Gemeinsame Bundesausschuss (G-BA) hat das komplexe Leistungsangebot zu diesem Thema wie folgt zusammengefasst: „Außerklinische Intensivversorgung ist ein komplexes, individuell abzustimmendes ambulantes Leistungsangebot. Pflegefachkräfte überwachen im Rahmen der außerklinischen Intensivpflege beispielsweise die Atem- und Herz-Kreislauf-Funktionen, bedienen ein Beatmungsgerät und setzen Inhalations- und Absauggeräte ein. Neben pflegerischen

und medikamentösen Behandlungsmaßnahmen können bei Bedarf auch Heilmittel wie Schluck- und Atemtherapie und die notwendigen Hilfsmittel verordnet werden."
Der besonders hohe Bedarf an med. Behandlungspflege kann durch eine ärztliche Verordnung oder durch einen Träger der GKV, ein Unternehmen der PKV oder die Postbeamtenkasse nachgewiesen werden.
Erfolgt die außerklinische Intensivpflege in einer vollstationären Pflegeeinrichtung richtet sich die Beihilfefähigkeit nach Maßgabe von § 27a Abs. 2 BBhV. Aufwendungen für häusliche Krankenpflege nach § 27 BBhV und für vollstationäre Pflege nach § 39 BBhV sind neben einer außerklinischen Intensivpflege nicht beihilfefähig.

- **Grundpflege**
  umfasst insbesondere das Betten, Lagern, Hilfe beim An- und Auskleiden, Hygiene (z. B. Körperpflege, Benutzung der Toilette) und Nahrungsaufnahme (vgl. VV 27.2.3)

- **hauswirtschaftliche Versorgung**
  umfasst insbesondere Einkaufen, Besorgung von Arzneimitteln, Kochen, Reinigen der Wohnung, Spülen, Müllentsorgung, Wechseln und Waschen der Wäsche und Kleidung und das Beheizen (VV 27.2.4). Die hauswirtschaftliche Versorgung ist nicht allein bezogen auf den Pflegebedürftigen. Es wird vielmehr auch diejenige für andere Haushaltsangehörige erfasst, die durch den Ausfall des Pflegebedürftigen bei der Haushaltsführung entstehen. Aufwendungen für hauswirtschaftliche Versorgung können auch an Orten außerhalb der Wohnung berücksichtigt werden, wenn Personen wegen schwerer Krankheit oder akuter Verschlimmerung einer Krankheit (insbesondere nach einer Krankenhausbehandlung oder einer ambulanten Operation) dort leben, soweit keine dauernde Pflegebedürftigkeit vorliegt (§ 27 Abs. 3 Satz 2 BBhV).

- verrichtungsbezogene krankheitsspezifische Pflegemaßnahmen (§ 27 Abs. 3 Satz 1 Nr. 2 BBhV, vgl. auch VV 27.2.5)
- ambulante psychiatrische Krankenpflege (§ 27 Abs. 3 Satz 1 Nr. 2 BBhV, vgl. auch VV 27.2.6)
- zur häuslichen Krankenpflege gehört nach § 27 Abs. 3 Satz 1 Nr. 4 BBhV auch die ambulante Palliativversorgung (vgl. auch § 37 Abs. 2b SGB V)

3. Angemessene Aufwendungen

Bei einer **häuslichen Krankenpflege durch eine Berufspflegekraft** sind die angemessenen Aufwendungen beihilfefähig. Dies sind bei der Behandlungs- und Grundpflege die Aufwendungen bis zur Höhe des tariflichen oder ortsüblichen Entgelts einer Pflegekraft der in Betracht kommenden öffentlichen oder frei gemeinnützigen Träger der Pflege (z. B. gesetzliche Pflegekassen). Bei nicht tarifgebundenen oder nicht an kirchliche Arbeitsrechtsregelungen gebundene Leistungserbringer sind Aufwendungen in diesen Pflegeeinrichtungen angemessen, soweit diese nicht das regional übliche Entlohnungsniveau um mehr als 10 Prozent übersteigen (§ 27 Abs. 1 Satz 3 BBhV; vgl. auch § 82c Abs. 2 Satz 1 SGB XI).

Dies gilt auch hinsichtlich der Aufwendungen für eine vom Verordner (s. o.) als geeignet erklärte Ersatzpflegekraft. Bei Vorliegen eines sachlichen Grundes sind auch Aufwendungen beihilfefähig, die über 110 Prozent des regional üblichen Entlohnungsniveau liegen (§ 27 Abs. 1 Satz 5 BBhV).

4. Krankenpflege durch nahe Angehörige

Bei einer Pflege durch den Ehegatten oder Lebenspartner, die Eltern oder Kinder sind deren Fahrtkosten und eine an die häusliche Krankenpflege durchführende Person gezahlte Vergütung bis zur Höhe der deswegen ausgefallenen Arbeitseinkünfte beihilfefähig (§ 27 Abs. 6 BBhV).

5. Krankenpflege in einer Einrichtung (§ 27 Abs. 6 BBhV)

Bei einer **vorübergehenden Krankenpflege einer in einem Alten-/Seniorenwohnheim** nicht wegen dauernder Pflegebedürftigkeit wohnenden Person ist der zu den allgemeinen Unterbringungskosten berechnete Pflegezuschlag bis zur Höhe der Kosten einer Berufspflegekraft beihilfefähig. Aufwendungen für Unterkunft und Verpflegung sind nicht beihilfefähig.

Ist eine **Kurzzeitpflege** entsprechend § 42 SGB XI in dafür zugelassenen Einrichtungen erforderlich, sind die Aufwendungen nach Maßgabe dieser Vorschrift beihilfefähig, sofern die Notwendigkeit der Kurzzeitpflege ärztlich bescheinigt wurde.

Waagen

Aufwendungen sind nicht beihilfefähig (Nr. 23.1 der Anl. 12 zur BBhV).

Wahlrecht zwischen Beihilfe und Zuschuss zum Krankenversicherungsbeitrag

Verschiedene Länder (z. B. Hamburg, Berlin, Bremen) räumen Beihilfeberechtigten ein Wahlrecht zwischen Beihilfe und der Gewährung eines hälftigen Zuschusses zum Krankenversicherungsbeitrag ein. Dies kann z. B. für Beihilfeberechtigte von Vorteil sein, die in Teilzeit arbeiten, Vorerkrankungen oder viele Kinder haben und die folglich mit höheren Beiträgen belastet sind, auch weil die private Krankenversicherung eine beitragsfreie Mitversicherung von Familienangehörigen nicht kennt.

Waisen

Waisen eines Beihilfeberechtigten gehören grundsätzlich zum Kreis der → beihilfeberechtigten Personen, sofern sie Waisengeld oder Unterhaltsbeitrag beziehen.

Bei Waisen, die als solche beihilfeberechtigt sind, beträgt der → Beihilfebemessungssatz 80 v. H. (§ 46 Abs. 2 Nr. 4 BBhV). Ist die Waise aus einem Dienstverhältnis beihilfeberechtigt, schließt der daraus resultierende Beihilfeanspruch der Beihilfeberechtigung als Waise aus (§ 5 Abs. 1 Nr. 1 BBhV). In diesem Fall beträgt der Bemessungssatz 50 v. H. Welche Beihilfeberechtigung zum Zuge kommt, richtet sich nach dem Zeitpunkt des Entstehens der Aufwendungen.

Wärmetherapie

Eine Wärmetherapie mittels Heißluft bei einem oder mehreren Körperteilen (20 Minuten) ist beihilfefähig bis zum Höchstbetrag von 7,50 Euro (Abschnitt 1 Nr. 40 der Anl. 9 zur BBhV) sowie eine Ultraschall-Wärmetherapie bis zu einem beihilfefähigen Höchstbetrag von 13,80 Euro (ab 1.4.2024; Abschnitt 1 Nr. 41 der Anl. 9 zur BBhV).

Wehrübungen

Für die Dauer einer Wehrübung tritt keine Unterbrechung in der Gewährung von Beihilfen ein. Während dieser Zeit wird der Beamte mit Dienstbezügen beurlaubt.

Wiedergutmachungsberechtigte

Für Personen, denen nach dem Gesetz zur Regelung der Wiedergutmachung nationalsozialistischen Unrechts für Angehörige des öffentlichen Dienstes (BWGöD) oder nach dem Gesetz zur Regelung der Wiedergutmachung nationalsozialistischen Unrechts für die im Ausland lebenden Angehörigen des öffentlichen Dienstes (BWGöD Ausland) laufende Bezüge zustehen, gelten die Beihilfevorschriften des Bundes. Wiedergutmachungsberechtigte rechnen damit zum Personenkreis der → beihilfeberechtigten Personen.

Wissenschaftlich nicht anerkannte Methoden

1. Beihilfefähigkeit

Nach neuem Beihilferecht sind neue Behandlungsmethoden (Therapien) von der Beihilfefähigkeit ausgenommen, solange sie nicht ausdrücklich als beihilfefähig anerkannt sind. Neben den in der BBhV selbst als beihilfefähig angeführten Behandlungsformen sind als wissenschaftlich anerkannt (und damit notwendig) anzusehen, zu denen die GKV leistet (VV 6.4). Zu einer positiven Bewertung kann auch die Fürsorgepflicht führen, sofern ein Beihilfeausschluss eine besondere Härte darstellen würde.

Die medizinische Notwendigkeit der Methoden und damit die Beihilfefähigkeit bestimmen sich nach dem ärztlichen Befund im Zeitpunkt der Behandlung. Der Behandlungserfolg muss nicht garantiert sein. Es genügt vielmehr, dass die Therapie aussichtsreich i. S. der Heilung bzw. Linderung der Krankheit oder der Verhinderung einer Verschlimmerung erscheint.

Ausdrücklich ganz oder teilweise ausgenommen sind die in Anl. 1 zur BBhV – nicht abschließend – aufgeführten Untersuchungs- und Behandlungsmethoden. Vgl. auch die jeweiligen Stichworte des Taschenlexikons.

2. Anfragen notwendig

Bestehen Zweifel, ob eine Behandlungsmethode wissenschaftlich allgemein anerkannt ist, empfiehlt sich eine vorherige **Anfrage bei der Beihilfestelle.** Werden die Zweifel durch ein amts- oder vertrauensärztliches Gutachten bestätigt, haben die Beihilfestellen der obersten Dienstbehörde zu berichten.

Wird ein neuartiges medizinisches Verfahren oder Arzneimittel von der Beihilfefähigkeit ausgeschlossen, wird damit **kein Werturteil** über die Eignung oder Nichteignung der Methode abgegeben. Mit dem Ausschluss wird vielmehr nur der Vorsorgepflicht genügt, dass mit den als Fürsorgemaßnahmen gedachten Beihilfen möglicherweise ein ungeeignetes Verfahren unterstützt wird. Es kann sich deshalb oftmals ergeben, dass ein neues Heilverfahren oder Arzneimittel zunächst von der Beihilfefähigkeit ausgeschlossen ist, dass es aber bei späteren besseren, auf klinische Erprobung gestützten Erkenntnissen der Wissenschaft in die Beihilfengewährung einzuschließen ist. Im Übrigen kann nach der Rechtsprechung die Beihilfefähigkeit umstrittener Methoden und Präparate auch dann versagt werden, wenn diese nicht ausdrücklich in der Anl. 1 zur BBhV von der Beihilfe ausgeschlossen sind. Dies ergibt sich aus dem medizinisch zu verstehenden Notwendigkeitsgrundsatz.

→ Alternative Medizin

3. Rechtsprechung

Für die **Beihilfefähigkeit von Arzneimitteln, die von der Schulmedizin nicht anerkannt werden** ist entscheidend, dass nach dem gegenwärtigen Stand der Wissenschaft noch Aussicht auf Anerkennung des Mittels besteht. Solange die Ursache einer Krankheit (wie z. B. bei Krebsleiden) ungeklärt ist und deshalb ein Nachweis der Wirksamkeit eines Mittels (hier des Krebsheilmittels → Iscadortherapie) noch möglich erscheint, ist die Beihilfefähigkeit zu bejahen. Die Beihilfefähigkeit besteht nicht nur, wenn im konkreten Fall zuvor die wissenschaftlich anerkannten Behandlungsmethoden durchgeführt worden sind, sondern auch dann, wenn diesen Methoden von vornherein angesichts der Art der Erkrankung und ihres Stadiums keine Erfolgschancen eingeräumt werden konnten oder die Behandlung mit den wissenschaftlich anerkannten Methoden und Mitteln unzumutbar und mit der Fürsorgepflicht des Dienstherrn unvereinbar erscheint.

Auch in der **GKV** besteht nach der einschlägigen Rechtsprechung für die Krankenkassen die Verpflichtung, die Kosten für Naturheilverfahren und ggf. für „Außenseiter-Methoden" zu übernehmen, wenn traditionelle Behandlungsmethoden versagt haben. Die vom BSG für diese Verpflichtung gegebene Begründung ist auch beihilferechtlich interessant (Näheres → Gesetzliche Krankenversicherung, Ziff. 3).

Für den **Bereich der PKV** hat der BGH den Ausschluss wissenschaftlich nicht anerkannter Untersuchungs- und Behandlungsmethoden für unwirksam erklärt (→ Private Krankenversicherung, Ziff. 4). Die Entscheidung des Gerichts hat sinngemäß auch für das Beihilferecht Bedeutung.

Yoga-Intervention (Kurse)

Mit Yoga-Programmen lässt sich das geistige und körperliche Wohlbefinden, das Selbstbewusstsein und Körperbewusstsein steigern und das subjektive Stressempfinden verringern. Außerdem verringern sie u. a. das Körpergewicht, den Body-Mass-Index und den Körperfettanteil. Bei ärztlicher Verordnung mit der genannten Zweckbestimmung dürften die Aufwendungen für angeleitetes Yoga beihilfefähig sein.

Zahlung der Beihilfe an Dritte (hier an Krankenhäuser), Zuordnung der Aufwendungen

Die Rechtsbeziehungen zwischen dem Beihilfeberechtigten und dessen Beihilfestelle sowie dem Krankenhaus bei der Behandlung vom Beihilfeberechtigten und dessen berücksichtigungsfähigen Personen bestimmen sich nach § 51a Abs. 2 BBhV und der dazu ergangenen Allgemeinen Verwaltungsvorschrift.

Zuordnung der Aufwendungen

Diese Zuordnung bestimmt den für die Aufwendungen maßgebenden Bemessungssatz (vgl. § 52 BBhV, Nr. 52 BBhVwV).

Zahnärztliche Leistungen

Das Wichtigste in Kürze

- Zahnärztliche Aufwendungen sind beihilfefähig, wenn sie dem Grunde nach notwendig und soweit sie der Höhe nach angemessen sind.
- Bei zahnärztlichen Leistungen mit durchschnittlicher Schwierigkeit sind beihilfefähig die Gebühren, soweit sie den Schwellenwert (die Regelspanne) des Gebührenrahmens der Gebührenordnung für Zahnärzte (GOZ), d. h. das 2,3-fache des einfachen GOZ-Gebührensatzes, nicht überschreiten, bei voll- und teilstationären sowie vor- und nachstationären privatzahnärztlichen Leistungen abzüglich 15 (in Ausnahmefällen 25) v. H. der berechneten Gebühr.
- Wird der genannte Schwellenwert überschritten, ist das Zahnarzthonorar beihilfefähig, soweit nicht der Höchstsatz des Gebührenverzeichnisses, d. h. das 3,5-fache des einfachen Gebührensatzes überschritten wird, es sich außerdem um einen Fall mit besonderen Schwierigkeiten und (oder) mit einem besonders hohen Zeitaufwand

oder mit ungewöhnlichen Umständen bei der Ausführung der Leistung handelt und die Überschreitung der Regelspanne vom Zahnarzt in der Rechnung überzeugend begründet wird. Der über den GOZ-Höchstsätzen liegende Teil der Zahnarztgebühren ist nur in außergewöhnlichen, besonders gelagerten Einzelfällen beihilfefähig. Den in einem Standardtarif Versicherten dürfen zwar aufgrund einer Abdingung über dem 1,7-fachen Satz, im Basistarif über dem 2-fachen Satz liegende Gebühren berechnet werden, die übersteigenden Gebühren sind jedoch nicht beihilfefähig. Entsprechendes gilt für die im Basistarif Versicherten hinsichtlich der Aufwendungen, die über die vereinbarten Gebühren hinausgehen.

- Gebühren, die auf einer zwischen Zahnarzt und Patient (Zahlungspflichtigem) geschlossenen Vereinbarung („Abdingung") beruhen, werden nur bis zum Schwellenwert als angemessen und beihilfefähig angesehen.
- Die bei zahntechnischen Leistungen entstandenen Material- und Laborkosten sind nur in Höhe von 60 v. H. beihilfefähig.

Abweichungen in Bundesländern:

→ Baden-Württemberg (Ziff. 5, 6)
→ Bayern (Ziff. 4)
→ Bremen (Ziff. 7)
→ Hamburg (Ziff. 7)
→ Hessen (Ziff. 5)
→ Niedersachsen (Ziff. 6)
→ Nordrhein-Westfalen (Ziff. 5)
→ Rheinland-Pfalz (Ziff. 5)
→ Saarland (Ziff. 8)
→ Sachsen (Ziff. 2 bis 4)

→ Schleswig-Holstein (Ziff. 16)
→ Thüringen (Ziff. 5, 6)

1. Beihilfefähige Kosten

Zu den beihilfefähigen Kosten gehören nach §§ 14 bis 17 BBhV die Aufwendungen für zahnärztliche Leistungen. Hierzu sind zu rechnen die Aufwendungen für:

- Untersuchung
- Beratung
- Verrichtung
- Behandlung
- Begutachtung bei Durchführung der BBhV

Voraussetzungen und Umfang der Beihilfefähigkeit von Aufwendungen für zahnärztliche und kieferorthopädische Leistungen bestimmen sich nach den genannten Vorschriften. Es spielt keine Rolle, ob der Zahnarzt in seiner Praxis, in der Wohnung des Patienten, anlässlich einer stationären Krankenhausbehandlung oder an einem anderen Ort (z. B. am Urlaubsort) tätig geworden ist. Im Rahmen der → Vorsorgemaßnahmen sind (ohne Altersbegrenzung) ferner Aufwendungen für prophylaktische zahnärztliche Leistungen beihilfefähig.

Die zahnärztlichen **Vergütungen** (Honorare) richten sich bei Privatpatienten nach der → Gebührenordnung für Zahnärzte. Die im Bereich der GKV abrechnungsfähigen Leistungen sind im Bundeseinheitlichen Leistungsverzeichnis (BEL II) aufgeführt. Sie gelten nicht für privatärztliche Leistungen.

Zahnärztliche Leistungen sind nur solche Leistungen, die der Zahnarzt selbst erbringt oder durch Personen erbringen lässt, die seiner Aufsicht oder Weisung unterstehen.

Siehe auch: → kieferorthopädische Behandlung

2. Gebührenrahmen

Die **Beihilfefähigkeit der Aufwendungen für zahnärztliche Leistungen** wird durch den Rahmen der nach der GOZ zulässigen Gebühren (Honorare) bestimmt. Das heißt: Aufwendungen für zahnärztliche Leistungen werden bei der Festsetzung der Beihilfen nur im Rahmen der nach der GOZ zulässigen Gebühren berücksichtigt. Das Gleiche gilt für die Erstattung der Aufwendungen durch die privaten Krankenversicherer. Beihilfeberechtigte (Privatversicherte), die Kostenlücken vermeiden möchten, sind deshalb gut beraten, Zahnarztrechnungen dahingehend zu überprüfen, ob sie im Rahmen der GOZ bleiben. Das wiederum setzt die Kenntnis der wichtigsten GOZ-Regelungen voraus. Das erforderliche Wissen vermitteln die folgenden Ausführungen sowie die Erläuterungen unter → Gebührenordnung für Zahnärzte. Sehr nützlich ist die ebenfalls im Walhalla Fachverlag erschienene Textausgabe „Die aktuellen Gebührenordnungen für Ärzte und Zahnärzte".

3. Bewilligungsgrundsätze

Auch für zahnärztliche Leistungen gilt der Grundsatz, dass die **Beihilfefähigkeit** nur für solche Aufwendungen zu bejahen ist, die dem Grunde nach notwendig und der Höhe nach angemessen sind. Die **Notwendigkeit** einer zahnärztlichen Leistung kann von der Beihilfestelle aus der **Diagnose** und (oder) den vom Zahnarzt in der Rechnung angegebenen GOZ-Nr. festgestellt werden, deren Leistungsbeschreibungen i. d. R. Aufschluss über die Art der Erkrankung und damit auch über die Notwendigkeit der zahnärztlichen Behandlung geben. Hat der Zahnarzt auf der Rechnung keine Diagnose angegeben, wird er dem Verlangen des Patienten, dies nachzuholen, immer dann entsprechen müssen, wenn dieser die Angabe zur Erstattung durch die Krankenversicherung oder die Beihilfestelle benötigt.

Die besonders bei implantologischen sowie funktionsanalytischen und -therapeutischen Leistungen unverzichtbare Diagnose ergibt sich aus der Zahnarztrechnung. Zur Angabe der Diagnose ist der Zahnarzt verpflichtet. Ohne diese Angabe in der Rechnung können die Aufwendungen nicht geprüft werden.

Die **Angemessenheit** der Aufwendungen für zahnärztliche Leistungen beurteilt sich nach § 6 Abs. 5 BBhV nach dem Gebührenrahmen der → Gebührenordnung für Zahnärzte. Soweit keine in der Zahnarztrechnung ausdrücklich begründete besonders schwierige Leistung vorliegt, wird i. d. R. nur eine Gebühr als beihilfefähig anerkannt, die den Schwellenwert des Gebührenrahmens, d. h. das 2,3fache des einfachen Gebührensatzes, nicht überschreitet. Bei stationärer und teilstationärer Behandlung sind die zahnärztlichen Gebühren um 15 v. H. zu mindern (→ Gebührenordnung für Zahnärzte, Ziff. 3). Folglich sind in solchen Fällen auch nur die entsprechend reduzierten Zahnarzthonorare beihilfefähig. Für in einem Standardtarif versicherte Leistungen darf höchstens der 1,7fache Satz (§ 5a GOZ) bei im Basistarif Versicherten der für diesen geltende Vergütungssatz berechnet werden, es sei denn, es liegt eine Gebührenvereinbarung nach § 2 GOZ vor.

Aufwendungen für **Kompositfüllungen** bzw. Füllungen in der **Schmelz-Dentin-Adhäsivtechnik**, sind nach den Nrn. 2060, 2080, 2100 und 2120 GOZ berechenbar und beihilfefähig. Im Seitenzahnbereich sind allgemein nur die Kosten für Amalgam-Füllungen beihilfefähig, es sei denn, es liegt eine ärztlich bestätigte Amalgam-Unverträglichkeit vor. Aufwendungen für **Inlays** sind beihilfefähig, auch bei Verwendung von plastischen Kompositmaterialien (in Adhäsivtechnik berechnet nach Nr. 2050–2120 GOZ). Dasselbe gilt für Veneer als Keramikschalen auf Frontzähnen anstelle einer Metallvollgusskrone, obwohl diese für die Zahnerhaltung besser wäre, weil weniger von dem Zahn verloren geht. Keramikinlays eignen sich besonders für die Versorgung von Defekten im Seitenzahnbereich. Bei ihnen kann die Zahnfarbe individuell angeglichen werden. Die Krankenkassen bezahlen im sichtbaren Frontzahnbereich die

Kosten für zahnfarbene Kompositfüllungen, im Seitenzahnbereich die Kosten für Amalgamfüllungen. Inlays können auch aus Gold gefertigt sein, meistens in einer Legierung mit weiteren Metallen.

Bei **Überschreitung des Schwellenwerts** ist die Gebühr nur dann als angemessen (und beihilfefähig) angesehen, wenn in der schriftlichen Begründung der Rechnung dargelegt wird, dass erheblich über das gewöhnliche Maß hinausgehende Umstände dies rechtfertigen. Derartige Umstände können i. d. R. nur gegeben sein, wenn die einzelne Leistung aus bestimmten Gründen

- besonders schwierig war oder
- einen außergewöhnlichen Zeitaufwand beansprucht hat oder
- wegen anderer besonderer Umstände bei der Ausführung erheblich über das gewöhnliche Maß hinausgegangen ist

und diese Umstände nicht bereits in der Leistungsbeschreibung des GOZ-Gebührenverzeichnisses berücksichtigt sind.

Das nach Maßgabe der genannten Kriterien berechnete, zu Recht beanspruchte und vorschriftsmäßig begründete Zahnarzthonorar ist bis zu dem GOZ-Höchstsatz (3,5facher Einfachsatz) beihilfefähig.

Die Begründung ist auf Verlangen näher zu erläutern. Bestehen bei der Beihilfestelle erhebliche Zweifel darüber, ob die in der **Begründung** dargelegten Umstände den Umfang der Überschreitung des Schwellenwerts rechtfertigen, soll sie den Beihilfeberechtigten bitten, die Begründung durch den Zahnarzt erläutern zu lassen, soweit dies nicht bereits von der Krankenversicherung des Beihilfeberechtigten veranlasst worden ist. Werden die Zweifel nicht ausgeräumt, ist von der Beihilfestelle mit Einverständniserklärung des Beihilfeberechtigten eine Stellungnahme der zuständigen Zahnärztekammer einzuholen. Gebühren, die auf einer besonderen **Gebührenvereinbarung** beruhen, werden grundsätzlich nur bis zum Schwellenwert als angemessen i. S. der Beihilfevorschriften angesehen. Ausnahmen können nur in außergewöhnlichen, medizinisch besonders gelagerten Einzelfällen von der obersten Dienstbehörde im Einvernehmen mit dem BMI zugelassen werden (VV 6.5.6 Satz 4). Zumeist kann der Beihilfeberechtigte mit der Zulassung einer solchen Ausnahme nicht rechnen. Mehraufwendungen, die auf einer Gebührenvereinbarung zwischen Zahnarzt und Patient (bzw. Zahlungspflichtigem) beruhen, gehen deshalb i. d. R. voll zulasten des Beihilfeberechtigten.

Wird in einem besonders gelagerten Einzelfall bei einer Gebührenvereinbarung die **Überschreitung des Schwellenwerts** von der Beihilfestelle nicht beanstandet, wird die Gebühr i. d. R. nur bis zum **Höchstsatz** des GOZ-Gebührenverzeichnisses, d. h. bis zum 3,5fachen des einfachen Gebührensatzes – bei stationärer oder teilstationärer privatzahnärztlicher Behandlung abzüglich i. d. R. 15 v. H. – als beihilfefähig anerkannt.

Hiernach empfiehlt es sich für die Beihilfeberechtigten, Zahnarztrechnungen in der gleichen Weise zu prüfen, wie das sonst bei anderen Dienstleistungen geschieht. In vielen Fällen kann auch ein **Gespräch zwischen Patient und Zahnarzt** sinnvoll sein. Im Internet gibt es im Übrigen Zahnauktionsportale (z. B. zahngebot.de oder 2te-zahnarztmeinung.de), mit denen anhand des Heil- und Kostenplans ein Gebot eines anderen Zahnarztes für dieselbe Behandlung eingeholt werden kann.

Aufwendungen für einen **Heil- und Kostenplan** bei geplanten Zahnersatz- oder implantologischen Leistungen sind grundsätzlich beihilfefähig. Er wird nach Nr. 0030 GOZ berechnet (Einfachsatz: 11,25 Euro). Im Übrigen kann man anhand eines Heil- und Kostenplans die Notwendigkeit der beabsichtigten Behandlungsformen und den Umfang der zu erwartenden Aufwendungen von vielen Krankenversicherungen oder der Unabhängigen Patientenberatung (UPD) überprüfen lassen.

4. Zahntechnische Leistungen

Die bei zahnärztlicher Behandlung nach den Nummern 2130–2320, 5000–5340, 7080–7100 und 9000–9170 GOZ entstehenden Auslagen sowie Material- und Laborkosten sind zu 60 v. H. beihilfefähig (§ 16 Abs. 1 BBhV). Der Gesamtbetrag erhöht sich um die darauf entfallende anteilige Mehrwertsteuer. Die zahntechnischen Leistungen sind durch eine dem § 10 Abs. 2 Nr. 5 und 6 GOZ (Auslagen nach § 9 GOZ) entsprechenden Regelung des Dentallabors oder Zahnarztes (Eigenlabor) nachzuweisen.

Bei implantologischen Leistungen werden beim Vorliegen der Indikationen § 15 Abs. 1 Satz 1 Nr. 1 bis 4 BBhV die Auslagen sowie Material- und Laborkosten nicht um 40 v. H. gekürzt (§ 16 Abs. 1 Satz 2 BBhV).

5. Funktionsanalytische und -therapeutische Leistungen

Aufwendungen für funktionsanalytische und -therapeutische Leistungen sind nur bei den Indikationen nach § 15b Abs. 1 Satz 1 BBhV beihilfefähig. Dazu hat die beihilfeberechtigte Person der Festsetzungsstelle die Ablichtung der zahnärztlichen Dokumentation nach Nr. 8000 GOZ vorzulegen (§ 15b Abs. 2 BBhV).

6. Implantologische Leistungen

Aufwendungen für implantologische Leistungen nach Abschnitt K des Gebührenverzeichnisses der GOZ, einschl. aller damit verbundenen weiteren zahnärztlichen Leistungen wie vorbereitende operative Maßnahmen (z. B. Knochenaufbau), sind nach den in § 15 Abs. 1 Satz 1 Nr. 1 bis 5 BBhV aufgeführten Indikationen beihilfefähig, wenn ohne implantatgestützten Zahnersatz die Kaufähigkeit nicht wiederhergestellt werden kann. Dabei ist die Anzahl der Implantate nicht im Einzelnen, aber auf die notwendige Zahl beschränkt.

Liegt keine dieser Indikationen vor, sind die Aufwendungen für höchstens zwei Implantate je Kiefer, einschl. vorhandener, beihilfefähig. Bei Zahnersatz bei im Zeitpunkt des Einbringens zahnlosem Ober- oder Unterkiefer sind vier Implantate je Kiefer, wiederum einschl. vorhandener Implantate, beihilfefähig. Bei vorhandenen Implantaten ist davon auszugehen, dass sie aus öffentlichen Kassen (z. B. Beihilfe, GKV) bezahlt wurden und deshalb auf die Höchstzahl anzurechnen sind. Dies gilt nicht, wenn die Finanzierung der Implantate durch Dritte zumindest glaubhaft gemacht wird (VV 15.1.3). Die Aufwendungen für zahnärztliche Leistungen und Material- und Laborkosten sind im Verhältnis der Zahl der beihilfefähigen und nicht beihilfefähigen Implantate beihilfefähig. Aufwendungen für Suprakonstruktionen auf Implantaten sind ohne Einschränkungen, somit nicht nur bei beihilfefähigen Implantaten, beihilfefähig, allerdings nur zu 60 v. H. (§ 15 Abs. 3 BBhV).

Die Aufwendungen einer vorübergehenden Implantatversorgung sind nur beihilfefähig, wenn diese medizinisch notwendige und endgültige Versorgung ist (VV 15.1.2). Nach Maßgabe des § 15 Abs. 1 BBhV sind auch Aufwendungen für den Austausch von Sekundärteilen beihilfefähig.

Über ein Register für Implantate soll die Möglichkeit eröffnet werden, sich über Risiken und Komplikationen der Implantatversorgung zu informieren.

7. Parodontale Erkrankungen

Die Aufwendungen für die Leistungen nach den Nrn. 1000 und 1010 GOZ ohne Altersbegrenzung sind beihilfefähig.

8. Austausch von Amalgamfüllungen

Aufwendungen werden nur dann als notwendig und damit als beihilfefähig anerkannt, wenn im Einzelfall konkrete medizinische Gründe für einen Austausch (z. B. Allergien) geltend gemacht und dokumentiert werden. Hierzu reicht jedoch nicht die

Bestätigung des behandelnden Zahnarztes aus, sondern es muss die Bestätigung eines entsprechenden Gebietsarztes oder einer Klinik über das durch die Quecksilberbelastung verursachte Krankheitsbild vorgelegt werden.

Seit 1.7.2018 darf Amalgam bei Schwangeren, Stillenden und Kindern nicht mehr für Zahnfüllungen verwendet werden. Stattdessen sind bei den genannten Personen allgemein Kunststoff-Zahnfüllungen gestattet und beihilfefähig.

9. Berücksichtigung tatsächlich entstandener Aufwendungen

Beihilfefähig sind höchstens die **tatsächlich entstandenen Aufwendungen.** Wird das im Beihilfeantrag geltend gemachte Zahnarzthonorar nachträglich ermäßigt oder erlassen, ist der Beihilfeberechtigte verpflichtet, dies der Beihilfestelle mitzuteilen. War die Beihilfe bereits festgesetzt, ist sie zur Neufestsetzung unter Berücksichtigung der ermäßigten (tatsächlich entstandenen) Aufwendungen verpflichtet.

Der Beihilfeberechtigte darf das ihm in Rechnung gestellte Zahnarzthonorar nicht in voller Höhe in den Beihilfeantrag aufnehmen, wenn er mit dem Zahnarzt vereinbart hat, nur den Betrag zu zahlen, der ihm als Beihilfe gewährt wird. Solche Abreden sind mit der Treuepflicht nicht vereinbar und als Betrug zu werten. Das gilt auch, wenn die Abrede zwischen zwei Ärzten (Zahnärzten) getroffen wird.

10. Keine Beihilfefähigkeit

Nicht beihilfefähig sind u. a.:

- Aufwendungen für Behandlungen, die über das Maß einer medizinisch notwendigen Versorgung hinausgehen und auf Verlangen des Patienten erbracht worden sind
- Aufwendungen für Leistungen, die weder in der GOZ noch in der GOÄ enthalten sind und auf Verlangen des Zahlungspflichtigen vereinbart worden sind (§ 2 Abs. 3 GOZ)

- Aufwendungen für die Anwendung → wissenschaftlich nicht anerkannter Verfahren (§ 6 Abs. 4 BBhV)
- Kosten zahnärztlicher Untersuchungen, die nicht im Zusammenhang mit einer Erkrankung oder einer anderen beihilfefähigen Verrichtung stehen (z. B. die Aufwendungen für Atteste bei Aufnahme in eine Kranken- oder Lebensversicherung)
- Mehraufwendungen für die Inanspruchnahme einer ersten zahnärztlichen Fachkraft ohne zwingenden Anlass
- Mehraufwendungen, die dadurch entstehen, dass ohne medizinische Notwendigkeit **mehrere Zahnärzte** nebeneinander konsultiert werden
- von freiwilligen GKV-Mitgliedern in Anspruch genommene privatzahnärztliche Leistungen der Vertragszahnärzte (→ Gesetzliche Krankenversicherung, Ziff. 8, → Sach- und Dienstleistungen, → Subsidiaritätsprinzip, Ziff. 5)

Aufwendungen für die Verwendung von Kunststoff- statt Amalgamfüllungen sind auch dann beihilfefähig, wenn Kunststofffüllungen vom Patienten gewünscht worden sind. Das ergibt sich aus der sinngemäßen Anwendung des für den Bereich der GKV ergangenen Urteils des Bundessozialgerichts (14a RKa 7/92). Angesichts der Diskussion über den Werkstoff Amalgam müsse dem Patienten und dem Zahnarzt der Spielraum gelassen werden, nicht Amalgam, sondern Kunststoff zu verwenden.

Keramikinlays eignen sich besonders für die Versorgung von Defekten im Seitenzahnbereich. Bei ihnen kann die Zahnfarbe individuell angeglichen werden. Die Krankenkassen bezahlen im sichtbaren Frontzahnbereich die Kosten für zahnfarbene Kompositfüllungen, im Seitenzahnbereich die Kosten für Amalgamfüllungen.

Beim **Bleaching** wird z. B. Wasserstoffperoxid auf die Zähne gepinselt, dadurch die Zahnfarbe aufgehellt und Verfärbungen aufgelöst. Füllungen, Kronen und Brücken lassen sich nicht aufhellen, sind nicht beihilfefähig, da das Bleaching vorwiegend das Erscheinungsbild betrifft (Kosmetik). Dagegen ist die **professionelle Zahnreinigung** (berechnet nach Nr. 4050-4070 GOZ) als medizinisch prophylaktische Leistung als beihilfefähig anerkannt. Durch sie sinkt das Risiko für Karies und Parodontose und damit letztlich für Zahnverlust. Im Übrigen übernehmen inzwischen einige Kassen die Kosten. Die – auch von der GKV in Jahresabständen – getragene Zahnsteinentfernung ist unbesehen beihilfefähig.

11. Beamte auf Widerruf im Vorbereitungsdienst

Bei diesen und ihren berücksichtigungsfähigen Angehörigen sind nach § 17 Abs. 2 BBhV insbesondere nicht beihilfefähig die Aufwendungen für:

- prothetische Leistungen (Abschnitt F GOZ)
- Inlays und Zahnkronen (Abschnitt C Nr. 2150 bis 2170, 2200 bis 2240 GOZ)
- funktionsanalytische und -therapeutische Leistung (Abschnitt J GOZ)
- implantologische Leistungen (Abschnitt K GOZ)

Dies gilt nicht, wenn die Leistungen auf einem Unfall beruhen, der während der Zeit des Vorbereitungsdienstes eingetreten ist, oder wenn der Beihilfeberechtigte zuvor mindestens drei Jahre ununterbrochen im öffentlichen Dienst beschäftigt gewesen ist (auch außerhalb eines Beamtenverhältnisses). In diesem Fall sind auch Aufwendungen der berücksichtigungsfähigen Angehörigen beihilfefähig.

Ein nach Ablauf des Vorbereitungsdienstes übernommener Beamter kann unter Beachtung der Antragsfrist von einem Jahr die genannten von der Beihilfe ausgenommenen Aufwendungen nachträglich geltend machen.

12. Arznei-, Verbandmittel, Heilmaßnahmen

Die bei zahnärztlichen Maßnahmen verbrauchten Arznei- und Verbandmittel und anderen Stoffe, die der Patient behält, sind beihilfefähig nach § 22 Abs. 1 BBhV. Soweit ein Arzt, Zahnarzt oder Heilpraktiker oder eine andere mit Heilmaßnahmen beauftragte Person (z. B. Masseur, Krankengymnastin, Bademeister) eine **Heilbehandlung** durchführt, sind die dafür erforderlichen Aufwendungen beihilfefähig nach § 23 BBhV.

13. Berechnungsbeispiel Zahnersatz

Privat krankenversicherter Beamter		
1. Zahnarztrechnung	Euro	Euro
Honorar	811,58	
Material- und Laborkosten	631,76	1443,34
2. beihilfefähiges Honorar	811,58	
./. Kürzung wegen nicht gerechtfertigter Überschreitung des Schwellenwerts	103,12	708,46
beihilfefähige Material- und Laborkosten	631,76	
./. nicht beihilfefähige Kosten (Anästhetika)	7,54	
	624,22	
./. davon beihilfefähig 60 v. H.		374,53
insgesamt beihilfefähig		1082,99
3. Beihilfe		
50 v. H. von 1082,99 Euro		541,50
4. a) Leistungen der privaten Krankenversicherung 50 v. H. der Gesamtkosten (= 1443,34 Euro)		721,67
b) Leistung Zusatzversicherung		150,00
		871,67
5. Beihilfe und Versicherungsleistungen		
541,50 Euro + 871,67 Euro		1413,17
6. Hundert-Prozent-Grenze		
a) dem Grunde nach beihilfefähige Aufwendungen		1443,34
b) Beihilfe und Versicherungsleistungen		1413,17
Da die dem Grunde nach beihilfefähigen Aufwendungen die Beihilfe zuzüglich Versicherungsleistungen überschreiten, erfolgt keine Kürzung.		

Anmerkung

Da die beihilfefähigen Material- und Laborkosten um 40 v. H. zu kürzen sind, dürften Anwendungsfälle der Hundert-Prozent-Grenze kaum auftreten. Dasselbe gilt bei gesetzlich Versicherten schon deshalb, weil die dort gewährten Festzuschüsse gemessen an den Kosten gering sind.

14. Beihilfefähige Zahnarztkosten bei gesetzlicher Krankenversicherung von Beamten, Richtern und Versorgungsempfängern

Im Bereich der GKV wird nach drei Versorgungsformen unterschieden, und zwar der

- Regelversorgung
- gleichartigen Versorgung
- andersartigen Versorgung

Die Regelversorgung richtet sich nach dem Befund des Gebisses und der vom Gemeinsamen Bundesausschuss als wirtschaftlich definierten Versorgung. Sie wird vom Zahnarzt unmittelbar mit der Krankenkasse abgerechnet (nach Bema und BEL II); dem Versicherten wird ein Eigenanteil berechnet.

Gleichartig ist der Zahnersatz, wenn er die Regelversorgung umfasst, jedoch zusätzliche Versorgungselemente aufweist. Dies können z. B. Verblendkronen außerhalb des Verblendbereichs (anstelle unverblendeter Metallkronen), vollverblendete Kronen sowie Voll- und Teilkronen (anstelle vestibulärer Verbindungen und adhäsiv befestigter Stifte und nichtmetallischer Stiftsysteme) sein.

Eine andersartige Versorgung liegt vor, wenn anstelle der Regelversorgung eine völlig andere Versorgung erfolgt. Dies ist z B. der Fall, wenn ein fehlender Backenzahn nicht mit einer Brücke, sondern mit einer Implantatkonstruktion ersetzt oder eine Brücke mit einem Implantat gestützt wird.

Der Zahnarzt hat im Heil- und Kostenplan die Kosten der Regelversorgung anzugeben, so dass Patienten ein Vergleich mit den Kosten der aufwendigeren Behandlung möglich ist.

Die Krankenkassen gewähren einen befundorientierten Festzuschuss von 50 v. H. (ab Oktober 2020: 60 v. H.) der Kosten der festgelegten Regelversorgung. Bei erkennbarer regelmäßiger Zahnpflege und (durch Bonusheft) nachgewiesener zahnärztlicher Vorsorge innerhalb der letzten fünf Jahre vor Behandlungsbeginn erhöht sich der Festzuschuss um 20 Prozentpunkte. Er erhöht sich um weitere 10 Prozentpunkte (also auf insgesamt 80 v. H., ab 2021 auf 90 v. H.) bei nachgewiesener und ununterbrochener jährlicher zahnärztlicher Vorsorge in den letzten zehn Jahren vor Behandlungsbeginn. Zusätzlich zum Festzuschuss erhalten Versicherte einen Betrag bis zum doppelten Festzuschuss, wenn sie angesichts des geringen Familienbruttoeinkommens sonst unzumutbar belastet wären. Das Gleiche gilt besonders für Empfänger von Arbeitslosengeld II und BAföG.

Der höchstmögliche Festzuschuss vermindert die beihilfefähigen Aufwendungen. Material- und Laborkosten sind nicht gesondert, auch nicht um 40 v. H. gekürzt, beihilfefähig.

Beamte, Richter und Versorgungsempfänger als gesetzlich Versicherte erhalten zu Mehraufwendungen infolge gleich- und andersartiger Versorgung ebenfalls unter Abzug des höchstmöglichen Festzuschusses Beihilfe. Material- und Laborkosten sind vorab um 40 v. H. zu kürzen (§ 16 Abs. 2 BBhV).

Zum Beihilfeanspruch des Tarifpersonals → Tarifvertragskräfte, Ziff. 6.

Zahnpflegemittel

Diese Aufwendungen gehören zur allgemeinen Lebenshaltung und sind nicht beihilfefähig.

Verordnung über Beihilfe in Krankheits-, Pflege- und Geburtsfällen (Bundesbeihilfeverordnung – BBhV)

Vom 13. Februar 2009 (BGBl. I S. 326)

Zuletzt geändert durch
Zehnte Verordnung zur Änderung der Bundesbeihilfeverordnung
vom 6. März 2024 (BGBl. I Nr. 92)

Inhaltsübersicht

Auf Grund des § 80 Abs. 4 des Bundesbeamtengesetzes vom 5. Februar 2009 (BGBl. I S. 160) verordnet das Bundesministerium des Innern im Einvernehmen mit dem Auswärtigen Amt, dem Bundesministerium der Finanzen, dem Bundesministerium der Verteidigung und dem Bundesministerium für Gesundheit:

Kapitel 1
Allgemeine Vorschriften

§ 1 Regelungsgegenstand

Diese Verordnung regelt die Einzelheiten der Gewährung von Beihilfe nach § 80 Absatz 6 des Bundesbeamtengesetzes.

§ 2 Beihilfeberechtigte Personen

(1) Soweit nicht die Absätze 2 bis 5 etwas Anderes bestimmen, ist beihilfeberechtigt, wer im Zeitpunkt der Leistungserbringung

1. Beamtin oder Beamter,
2. Versorgungsempfängerin oder Versorgungsempfänger oder
3. frühere Beamtin oder früherer Beamter

ist.

(2) Die Beihilfeberechtigung setzt ferner voraus, dass der beihilfeberechtigten Person Dienstbezüge, Amtsbezüge, Anwärterbezüge, Ruhegehalt, Witwengeld, Witwergeld, Waisengeld, Unterhaltsbeiträge nach Abschnitt II oder Abschnitt V, nach § 22 Absatz 1 oder nach § 26 Absatz 1 des Beamtenversorgungsgesetzes oder Übergangsgeld nach Abschnitt VI des Beamtenversorgungsgesetzes zustehen. Die Beihilfeberechtigung besteht auch, wenn Bezüge wegen Elternzeit oder der Anwendung von Ruhens-, Anrechnungs- oder Kürzungsvorschriften nicht gezahlt werden. Ruhens- und Anrechnungsvorschriften im Sinne von Satz 2 sind insbesondere § 22 Absatz 1 Satz 2, die §§ 53 bis 56, § 61 Absatz 2 Satz 2 und Absatz 3 des Beamtenversorgungsgesetzes, § 9a des Bundesbesoldungsgesetzes sowie § 10 Absatz 4 und 6 des Postpersonalrechtsgesetzes. Der Anspruch auf Beihilfe bleibt bei Urlaub unter Wegfall der Besoldung nach der Sonderurlaubsverordnung unberührt, wenn dieser nicht länger als einen Monat dauert.

(3) Nicht beihilfeberechtigt sind

1. Ehrenbeamtinnen und Ehrenbeamte,
2. Beamtinnen und Beamte, deren Dienstverhältnis auf weniger als ein Jahr befristet ist, es sei denn, dass sie insgesamt mindestens ein Jahr ununterbrochen im öffentlichen Dienst im Sinne des § 40 Abs. 6 des Bundesbesoldungsgesetzes beschäftigt sind, und
3. Beamtinnen und Beamte sowie Versorgungsempfängerinnen und Versorgungsempfänger, denen Leistungen nach § 11 des Europaabgeordnetengesetzes, § 27 des Abgeordnetengesetzes oder entsprechenden vorrangigen landesrechtlichen Vorschriften zustehen.

(4) Nicht beihilfeberechtigt nach dieser Verordnung sind diejenigen Beamtinnen und Beamten des Bundeseisenbahnvermögens, die zum Zeitpunkt der Zu-

sammenführung der Deutschen Bundesbahn und der Deutschen Reichsbahn Beamtinnen oder Beamte der Deutschen Bundesbahn waren.

(5) Nicht beihilfeberechtigt nach dieser Verordnung sind diejenigen Beamtinnen und Beamten, die A-Mitglieder der Postbeamtenkrankenkasse sind, soweit die Satzung für beihilfefähige Aufwendungen dieser Mitglieder Sachleistungen vorsieht und diese nicht durch einen Höchstbetrag begrenzt sind.

§ 3 Beamtinnen und Beamte im Ausland

Beihilfeberechtigt nach § 2 Abs. 1 Nr. 1 sind auch diejenigen Beamtinnen und Beamten, die ihren dienstlichen Wohnsitz im Ausland haben oder in das Ausland abgeordnet sind.

§ 4 Berücksichtigungsfähige Personen

(1) Ehegattinnen, Ehegatten, Lebenspartnerinnen und Lebenspartner beihilfeberechtigter Personen sind berücksichtigungsfähig.

(2) Kinder sind berücksichtigungsfähig, wenn sie beim Familienzuschlag der beihilfeberechtigten Person nach dem Besoldungs- und Versorgungsrecht berücksichtigungsfähig sind. Dies gilt für beihilfeberechtigte Personen nach § 3, wenn

1. Anspruch auf einen Auslandszuschlag nach § 53 Absatz 4 Nummer 2 und 2a des Bundesbesoldungsgesetzes besteht oder
2. ein Auslandszuschlag nach § 53 Absatz 4 Nummer 2 und 2a des Bundesbesoldungsgesetzes nur deshalb nicht gezahlt wird, weil im Inland ein Haushalt eines Elternteils besteht, der für das Kind sorgeberechtigt ist oder war.

Befinden sich Kinder nach Vollendung des 25. Lebensjahres noch in Schul- oder Berufsausbildung, sind sie weiter berücksichtigungsfähig, wenn die Ausbildung durch einen freiwilligen Wehrdienst nach § 58b des Soldatengesetzes, einen Freiwilligendienst nach dem Bundesfreiwilligendienstgesetz oder dem Jugendfreiwilligendienstegesetz oder einen vergleichbaren anerkannten Freiwilligendienst oder durch eine Tätigkeit als Entwicklungshelfer im Sinne des § 1 Absatz 1 des Entwicklungshelfer-Gesetzes unterbrochen oder verzögert worden ist. Die Dauer der weiteren Berücksichtigungsfähigkeit entspricht der Dauer des abgeleisteten Dienstes, insgesamt höchstens zwölf Monate.

(3) Angehörige beihilfeberechtigter Waisen sind nicht berücksichtigungsfähig.

§ 5 Konkurrenzen

(1) Die Beihilfeberechtigung aus einem Dienstverhältnis oder ein Anspruch auf Leistungen der Krankenfürsorge in entsprechender Anwendung der Beihilferegelungen für Beamtinnen und Beamte schließt

1. eine Beihilfeberechtigung auf Grund eines Versorgungsanspruchs sowie
2. die Berücksichtigungsfähigkeit nach § 4

aus. Die Beihilfeberechtigung aus einem neuen Dienstverhältnis schließt die Beihilfeberechtigung aus einem bereits bestehenden Dienstverhältnis aus.

(2) Die Beihilfeberechtigung auf Grund eines Versorgungsbezugs schließt die Beihilfeberechtigung auf Grund früherer Versorgungsansprüche sowie als be-

rücksichtigungsfähige Person aus. Satz 1 gilt nicht, wenn der frühere Versorgungsanspruch aus einem eigenen Dienstverhältnis folgt.

(3) Absatz 1 Nummer 2 und Absatz 2 Satz 1 gelten nicht, wenn eine berücksichtigungsfähige Person nach § 4 Absatz 1, deren Aufwendungen auch nach § 6 Absatz 2 beihilfefähig sind,

1. mit einer beihilfeberechtigten Person nach § 3 in häuslicher Gemeinschaft am Auslandsdienstort lebt und
2. auf den eigenen Anspruch aus der Beihilfeberechtigung verzichtet.

Der Verzicht ist der Festsetzungsstelle nachzuweisen.

(4) Die Beihilfeberechtigung auf Grund privatrechtlicher Rechtsbeziehungen nach Regelungen, die dieser Verordnung im Wesentlichen vergleichbar sind, geht

1. der Beihilfeberechtigung auf Grund eines Versorgungsanspruchs und
2. der Berücksichtigungsfähigkeit nach § 4

vor. Keine im Wesentlichen vergleichbare Regelung stellt der bei teilzeitbeschäftigten Arbeitnehmerinnen und Arbeitnehmern zu quotelnde Beihilfeanspruch dar.

(5) Absatz 4 ist nicht anzuwenden bei privat krankenversicherten Versorgungsempfängerinnen und Versorgungsempfängern, die

1. eine Teilzeitbeschäftigung als Tarifbeschäftigte im öffentlichen Dienst ausüben und
2. auf Grund ihres dienstrechtlichen Status weder einen Beitragszuschuss nach § 257 des Fünften Buches Sozialgesetzbuch erhalten noch nach § 5 des Fünften Buches Sozialgesetzbuch versicherungspflichtig sind.

(6) Ein Kind wird bei der beihilfeberechtigten Person berücksichtigt, die den Familienzuschlag für das Kind erhält. Beihilfeberechtigt im Sinne von Satz 1 sind auch Personen, die einen Anspruch auf Beihilfe haben, der in seinem Umfang dem Anspruch nach dieser Verordnung im Wesentlichen vergleichbar ist, unabhängig von der jeweiligen Anspruchsgrundlage. Familienzuschlag für das Kind im Sinne von Satz 1 sind die Leistungen nach den §§ 39, 40 und 53 des Bundesbesoldungsgesetzes oder vergleichbare Leistungen, die im Hinblick auf das Kind gewährt werden. Die Sätze 1 und 2 gelten nicht für Personen, die Anspruch auf Heilfürsorge oder auf truppenärztliche Versorgung haben.

§ 6 Beihilfefähigkeit von Aufwendungen

(1) Aufwendungen sind beihilfefähig, wenn zum Zeitpunkt des Entstehens der Aufwendungen

1. die Beihilfeberechtigung besteht oder
2. die Voraussetzungen für die Berücksichtigungsfähigkeit nach § 4 erfüllt sind.

Die Aufwendungen gelten als zu dem Zeitpunkt entstanden, zu dem die sie begründende Leistung erbracht wird.

(2) Aufwendungen einer nach § 4 Absatz 1 berücksichtigungsfähigen Person sind beihilfefähig, wenn der Gesamtbetrag ihrer Einkünfte (§ 2 Absatz 3 in Verbindung mit Absatz 5a des Einkommensteuergesetzes) einschließlich ver-

gleichbarer ausländischer Einkünfte oder der Gesamtbetrag ihrer vergleichbaren ausländischen Einkünfte im zweiten Kalenderjahr vor Beantragung der Beihilfe 20 000 Euro nicht übersteigt. Sind die Einkünfte im laufenden Kalenderjahr geringer, sind Aufwendungen der Ehegattin, des Ehegatten, der Lebenspartnerin oder des Lebenspartners unter Vorbehalt bereits im laufenden Kalenderjahr beihilfefähig. Solange die Ehegattin, der Ehegatte, die Lebenspartnerin oder der Lebenspartner mit einer beihilfeberechtigten Person nach § 3 in häuslicher Gemeinschaft am Auslandsdienstort lebt, bleiben unberücksichtigt:

1. deren oder dessen im Rahmen einer im Ausland aufgenommenen oder fortgeführten Erwerbstätigkeit erzielten ausländischen Einkünfte,
2. deren oder dessen im Kalenderjahr der Ausreise an den ausländischen Dienstort und der Rückreise an den inländischen Dienstort aus einer Erwerbstätigkeit erzielten inländischen Einkünfte und
3. deren oder dessen Versorgungsbezüge und Renteneinkünfte.

Auf Anforderung der Festsetzungsstelle ist der Gesamtbetrag der Einkünfte durch Vorlage einer Kopie des Steuerbescheids oder, wenn dieser nicht oder noch nicht vorliegt, durch andere geeignete Unterlagen nachzuweisen. Weist der Steuerbescheid den Gesamtbetrag der Einkünfte nicht vollständig aus, können andere Nachweise gefordert werden. Der Betrag nach Satz 1 wird im gleichen Verhältnis, wie sich der Rentenwert West auf Grund der Rentenwertbestimmungsverordnung erhöht, angepasst und auf volle Euro abgerundet. Die Anpassung erfolgt mit Wirkung für das auf das Inkrafttreten der Rentenwertbestimmungsverordnung folgende Kalenderjahr. Das Bundesministerium des Innern und für Heimat gibt den jeweils angepassten Betrag durch Rundschreiben bekannt. Sind zum Zeitpunkt der Antragstellung die Aufwendungen einer nach § 4 Absatz 1 berücksichtigungsfähigen Person nicht mehr beihilfefähig, ist auf den Zeitpunkt nach Absatz 1 abzustellen.

(3) Beihilfefähig sind grundsätzlich nur notwendige und wirtschaftlich angemessene Aufwendungen. Andere Aufwendungen sind ausnahmsweise beihilfefähig, soweit diese Verordnung die Beihilfefähigkeit vorsieht.

(4) Die Notwendigkeit von Aufwendungen für Untersuchungen und Behandlungen setzt grundsätzlich voraus, dass diese nach einer wissenschaftlich anerkannten Methode vorgenommen werden. Als nicht notwendig gelten in der Regel Untersuchungen und Behandlungen, soweit sie in der Anlage 1 ausgeschlossen werden. Bei der Erbringung medizinischer Leistungen mittels Telekommunikationstechnologien sind Aufwendungen für die Beschaffung, den Betrieb oder die technische Anbindung der Endgeräte sowie die Aufwendungen für Telekommunikationsdienstleistungen nicht beihilfefähig. Satz 3 gilt nicht für Aufwendungen für Geräte und deren Betrieb, die ausschließlich für eine medizinische Behandlung notwendig sind.

(5) Aufwendungen für ärztliche, zahnärztliche und psychotherapeutische Leistungen sind wirtschaftlich angemessen, wenn sie sich innerhalb des in der einschlägigen Gebührenordnung vorgesehenen Gebührenrahmens halten. Als nicht wirtschaftlich angemessen gelten Aufwendungen auf Grund einer Vereinbarung nach § 2 der Gebührenordnung für Ärzte, nach § 2 der Gebühren-

ordnung für Zahnärzte oder nach den Sätzen 2 bis 4 der allgemeinen Bestimmungen des Abschnitts G der Anlage 1 zur Gebührenordnung für Zahnärzte, soweit sie die gesetzlichen Gebühren übersteigen. Wirtschaftlich angemessen sind auch Leistungen, die auf Grund von Vereinbarungen oder Verträgen zwischen Leistungserbringerinnen oder Leistungserbringern und gesetzlichen Krankenkassen nach dem Fünften Buch Sozialgesetzbuch, Unternehmen der privaten Krankenversicherung oder Beihilfeträgern erbracht worden sind, wenn dadurch Kosten eingespart werden. Aufwendungen für Leistungen von Heilpraktikerinnen oder Heilpraktikern sind wirtschaftlich angemessen, wenn sie die Höchstbeträge nach Anlage 2 nicht übersteigen.

(6) Für Personen, die nach § 3 beihilfeberechtigt oder bei einer nach § 3 beihilfeberechtigten Person berücksichtigungsfähig sind, gelten unter Berücksichtigung der besonderen Verhältnisse im Ausland die ortsüblichen Gebühren als wirtschaftlich angemessen. Gelten Höchstbeträge nach Anlage 11, kann in entsprechender Anwendung des § 55 des Bundesbesoldungsgesetzes der für den Dienstort jeweils geltende Kaufkraftausgleich hinzutreten.

(7) In Ausnahmefällen kann das Bundesministeriums des Innern und für Heimat im Einvernehmen mit dem Bundesministerium der Finanzen die einmalige Beteiligung des Bundes als Beihilfeträger an allgemeinen, nicht individualisierbaren Maßnahmen erklären. Hierfür zu leistende Zahlungen und Erstattungen kann das Bundesministeriums des Innern und für Heimat auf die Einrichtungen oder Stellen des Bundes, die Beihilfe nach dieser Verordnung gewähren, aufteilen. Auf Anforderung des Bundesministerium des Innern und für Heimat leisten die Einrichtungen oder Stellen entsprechende Abschläge und Zahlungen. Die Anteile bemessen sich nach dem Verhältnis der tatsächlichen Beihilfeausgaben im Jahr 2009; jährliche Ausgaben unter 1000 Euro bleiben außer Betracht. Auf Verlangen von mindestens fünf obersten Bundesbehörden oder Behörden der mittelbaren Bundesverwaltung setzt das Bundesministerium des Innern und für Heimat die Anteile entsprechend dem Verhältnis der tatsächlichen Beihilfeausgaben im Vorjahr für zukünftige Maßnahmen neu fest.

(8) Sofern im Einzelfall die Ablehnung der Beihilfe eine besondere Härte darstellen würde, kann die oberste Dienstbehörde mit Zustimmung des Bundesministeriums des Innern und für Heimat eine Beihilfe zur Milderung der Härte gewähren. Die Entscheidung ist besonders zu begründen und zu dokumentieren.

§7 Verweisungen auf das Sozialgesetzbuch

Soweit sich Inhalt und Ausgestaltung von Leistungen, zu denen Beihilfe gewährt wird, an Vorschriften des Fünften Buches Sozialgesetzbuch anlehnen, setzt die Beihilfefähigkeit der Aufwendungen voraus, dass für die Leistungen einschließlich der Arzneimittel nach dem allgemein anerkannten Stand der medizinischen Erkenntnisse der diagnostische oder therapeutische Nutzen, die medizinische Notwendigkeit und die Wirtschaftlichkeit nachgewiesen sind sowie insbesondere ein Arzneimittel zweckmäßig ist und keine andere, wirtschaftlichere Behandlungsmöglichkeit mit vergleichbarem diagnostischen oder therapeutischen Nutzen verfügbar ist. Wird in dieser Verordnung auf Vorschriften des Fünften Buches Sozialgesetzbuch verwiesen, die ihrerseits auf

Richtlinien des Gemeinsamen Bundesausschusses nach § 91 des Fünften Buches Sozialgesetzbuch, Entscheidungen oder Vereinbarungen der Spitzenverbände der gesetzlichen Krankenkassen oder Satzungsbestimmungen von gesetzlichen Krankenkassen verweisen oder Bezug nehmen, hat sich die Rechtsanwendung unter Berücksichtigung des Fürsorgegrundsatzes nach § 78 des Bundesbeamtengesetzes an den in diesen Normen oder Entscheidungen niedergelegten Grundsätzen zu orientieren. Dies gilt insbesondere für die §§ 22 und 27 Abs. 1 Satz 2, §§ 30 und 40 Abs. 1, § 41 Abs. 1, § 43 Abs. 1 und § 50 Abs. 1 Satz 4. Im Übrigen gelten die Vorschriften des Sozialgesetzbuches, auf die diese Verordnung verweist, entsprechend, soweit die grundsätzlichen Unterschiede zwischen Beihilfe- und Sozialversicherungsrecht dies nicht ausschließen.

§ 8 Ausschluss der Beihilfefähigkeit

(1) Nicht beihilfefähig sind Aufwendungen

1. soweit Personen, die beihilfeberechtigt oder bei beihilfeberechtigten Personen berücksichtigungsfähig sind, einen Anspruch auf Heilfürsorge nach § 70 Absatz 2 des Bundesbesoldungsgesetzes oder entsprechenden landesrechtlichen Vorschriften haben,
2. für Gutachten, die nicht von der Festsetzungsstelle, sondern auf Verlangen der beihilfeberechtigten oder der berücksichtigungsfähigen Person veranlasst worden sind,
3. für ärztliche und zahnärztliche Bescheinigungen für berücksichtigungsfähige Personen mit Ausnahme medizinisch notwendiger Bescheinigungen,
4. für den Besuch vorschulischer oder schulischer Einrichtungen oder von Werkstätten für Behinderte,
5. für berufsfördernde, berufsvorbereitende, berufsbildende und heilpädagogische Maßnahmen,
6. für Untersuchungen und Behandlungen als Folge medizinisch nicht indizierter Maßnahmen, insbesondere ästhetischer Operationen, Tätowierungen oder Piercings.

(2) Ferner sind Aufwendungen nicht beihilfefähig, soweit ein Ersatzanspruch gegen einen Dritten besteht, der nicht auf den Dienstherrn oder von ihm Beauftragte übergeht.

(3) Nicht beihilfefähig sind gesetzlich vorgesehene Zuzahlungen und Kostenanteile, Selbstbehalte nach § 53 des Fünften Buches Sozialgesetzbuch sowie Aufwendungen für von der Krankenversorgung ausgeschlossene Arznei-, Hilfs- und Heilmittel sowie gesondert ausgewiesene Abschläge für Verwaltungskosten und entgangene Apotheker- und Herstellerrabatte bei der Kostenerstattung nach § 13 Abs. 2 des Fünften Buches Sozialgesetzbuch.

(4) Nicht beihilfefähig sind erbrachte Leistungen nach

1. dem Dritten Kapitel des Fünften Buches Sozialgesetzbuch,
2. dem Ersten Abschnitt des Zweiten Kapitels des Sechsten Buches Sozialgesetzbuch,
3. dem Ersten, Zweiten, Vierten und Fünften Unterabschnitt des Ersten Abschnitts des Dritten Kapitels des Siebten Buches Sozialgesetzbuch,
4. Teil 1 Kapitel 9 und 11 des Neunten Buches Sozialgesetzbuch.

Satz 1 Nummer 1 gilt nicht bei Kostenerstattung nach § 13 des Fünften Buches Sozialgesetzbuch für freiwillige Mitglieder der gesetzlichen Krankenversicherung einschließlich der familienversicherten Personen nach § 10 des Fünften Buches Sozialgesetzbuch. Bei Personen, denen ein Zuschuss oder Arbeitgeberanteil zum Krankenversicherungsbeitrag gewährt wird oder die einen Anspruch auf beitragsfreie Krankenfürsorge haben, gelten als Leistungen auch

1. die über die Festbeträge hinausgehenden Beträge für Arznei-, Verband- und Hilfsmittel nach dem Fünften Buch Sozialgesetzbuch und
2. Aufwendungen, die darauf beruhen, dass Versicherte die ihnen zustehenden Leistungen nicht in Anspruch genommen haben; dies gilt auch, wenn Leistungserbringerinnen und Leistungserbringer in anderen Mitgliedstaaten der Europäischen Union in Anspruch genommen werden; ausgenommen sind Aufwendungen für Wahlleistungen im Krankenhaus.

Satz 3 gilt nicht für

1. Personen, die Leistungen nach den Kapiteln 5, 7 und 8 des Vierzehnten Buches Sozialgesetzbuch oder Leistungen nach Kapitel 3 des Soldatenentschädigungsgesetzes erhalten,
2. freiwillige Mitglieder der gesetzlichen Krankenversicherung,
3. berücksichtigungsfähige Kinder, die von der Pflichtversicherung in der gesetzlichen Kranken- oder Rentenversicherung einer anderen Person erfasst werden, und
4. berücksichtigungsfähige Personen nach § 4 Absatz 1, die mit einer nach § 3 beihilfeberechtigten Person am Auslandsdienstort in häuslicher Gemeinschaft leben und dort auf Grund einer eigenen Berufstätigkeit entweder pflichtversichert sind oder einen Anspruch auf beitragsfreie Krankenfürsorge haben.

(5) Die Absätze 3 und 4 gelten nicht für Leistungen nach dem Zwölften Buch Sozialgesetzbuch, wenn Ansprüche auf den Sozialhilfeträger übergeleitet worden sind.

§ 9 Anrechnung von Leistungen

(1) Soweit Aufwendungen auf Grund von Rechtsvorschriften oder arbeitsvertraglichen Vereinbarungen von dritter Seite getragen oder erstattet werden, sind sie vor Berechnung der Beihilfe von den beihilfefähigen Aufwendungen abzuziehen. Dies gilt nicht für Leistungen an beihilfeberechtigte Personen, die dem Gemeinsamen Krankheitsfürsorgesystem der Organe der Europäischen Union angehören. Unterhaltsansprüche von beihilfeberechtigten Personen gelten nicht als Ansprüche auf Kostenerstattung.

(2) Von Aufwendungen für Zahnersatz, Zahnkronen und Suprakonstruktionen ist der abstrakt höchstmögliche Festzuschuss der gesetzlichen Krankenversicherung abzuziehen.

(3) Sind Leistungsansprüche gegenüber Dritten nicht geltend gemacht worden, sind sie gleichwohl bei der Beihilfefestsetzung zu berücksichtigen. Hierbei sind Aufwendungen für Arznei- und Verbandmittel in voller Höhe anzusetzen. Andere Aufwendungen, bei denen der fiktive Leistungsanspruch gegenüber

Dritten nicht ermittelt werden kann, sind um 50 Prozent zu kürzen. Die Sätze 1 bis 3 gelten nicht für

1. Leistungsansprüche nach den Kapiteln 5, 7 und 8 des Vierzehnten Buches Sozialgesetzbuch oder Leistungsansprüche nach Kapitel 3 des Soldatenentschädigungsgesetzes,
2. berücksichtigungsfähige Kinder, die von der Pflichtversicherung in der gesetzlichen Kranken- oder Rentenversicherung einer anderen Person erfasst werden,
3. Leistungsansprüche aus einem freiwilligen Versicherungsverhältnis in der gesetzlichen Krankenversicherung, und
4. Leistungsansprüche berücksichtigungsfähiger Personen nach § 4 Absatz 1, die mit einer nach § 3 beihilfeberechtigten Person am Auslandsdienstort in häuslicher Gemeinschaft leben und dort auf Grund einer eigenen Berufstätigkeit entweder pflichtversichert sind oder einen Anspruch auf beitragsfreie Krankenfürsorge haben.

(4) Bei Personen, die nach § 3 beihilfeberechtigt oder bei einer nach § 3 beihilfeberechtigten Person berücksichtigungsfähig sind, kann von der Anrechnung eines Leistungsanteils nach Absatz 3 Satz 1 bis 3 abgesehen werden, wenn die zustehenden Leistungen wegen Gefahr für Leib und Leben nicht in Anspruch genommen werden konnten oder wegen der besonderen Verhältnisse im Ausland tatsächlich nicht zu erlangen waren.

§ 10 Beihilfeanspruch

(1) Auf Beihilfe besteht ein Rechtsanspruch. Der Anspruch kann nicht abgetreten und grundsätzlich nicht verpfändet oder gepfändet werden. Die Pfändung wegen einer Forderung auf Grund einer beihilfefähigen Leistung der Forderungsgläubigerin oder des Forderungsgläubigers ist insoweit zulässig, als die Beihilfe noch nicht ausgezahlt ist.

(2) Nach dem Tod der beihilfeberechtigten Person kann die Beihilfe mit befreiender Wirkung auf folgende Konten gezahlt werden:

1. das Bezügekonto der oder des Verstorbenen,
2. ein anderes Konto, das von der oder dem Verstorbenen im Antrag oder in der Vollmacht angegeben wurde, oder
3. ein Konto einer oder eines durch Erbschein oder durch eine andere öffentliche oder öffentlich beglaubigte Urkunde ausgewiesenen Erbin oder Erben.

§ 11 Aufwendungen im Ausland

(1) Aufwendungen für Leistungen in einem Mitgliedstaat der Europäischen Union sind wie im Inland entstandene Aufwendungen zu behandeln. § 6 Absatz 5 Satz 1 bis 3 ist in diesen Fällen nicht anzuwenden. Aufwendungen für Leistungen außerhalb der Europäischen Union sind beihilfefähig bis zu der Höhe, in der sie im Inland entstanden und beihilfefähig wären.

(2) Außerhalb der Europäischen Union entstandene Aufwendungen nach Absatz 1 sind ohne Beschränkung auf die Kosten, die im Inland entstanden wären, beihilfefähig, wenn

1. sie bei einer Dienstreise entstanden sind und die Behandlung nicht bis zur Rückkehr in das Inland hätte aufgeschoben werden können,
2. sie für ärztliche und zahnärztliche Leistungen 1000 Euro je Krankheitsfall nicht übersteigen,
3. in der Nähe der deutschen Grenze wohnende beihilfeberechtigte oder berücksichtigungsfähige Personen bei akutem Behandlungsbedarf das nächstgelegene Krankenhaus aufsuchen mussten,
4. beihilfeberechtigte oder berücksichtigungsfähige Personen zur Notfallversorgung das nächstgelegene Krankenhaus aufsuchen mussten oder
5. die Beihilfefähigkeit vor Antritt der Reise anerkannt worden ist.

Eine Anerkennung nach Satz 1 Nummer 5 kommt ausnahmsweise in Betracht, wenn ein von der Festsetzungsstelle beauftragtes ärztliches Gutachten nachweist, dass die Behandlung außerhalb der Europäischen Union zwingend notwendig ist, weil hierdurch eine wesentlich größere Erfolgsaussicht zu erwarten oder eine Behandlung innerhalb der Europäischen Union nicht möglich ist; in Ausnahmefällen kann die Anerkennung nachträglich erfolgen.

(3) Bei Personen, die nach § 3 beihilfeberechtigt oder bei einer nach § 3 beihilfeberechtigten Person berücksichtigungsfähig sind, sind Aufwendungen, die während eines nicht dienstlich bedingten Aufenthaltes außerhalb des Gastlandes und außerhalb der Europäischen Union im Ausland entstehen, nur insoweit und bis zu der Höhe beihilfefähig, wie sie im Gastland oder im Inland entstanden und beihilfefähig wären. Dies gilt nicht in den Fällen des § 31 Absatz 6.

Kapitel 2
Aufwendungen in Krankheitsfällen

Abschnitt 1
Ambulante Leistungen

§ 12 Ärztliche Leistungen

Aufwendungen für ambulante ärztliche Untersuchungen und Behandlungen sind nach Maßgabe des § 6 in Krankheitsfällen grundsätzlich beihilfefähig. Die Vorschriften des Kapitels 4 bleiben unberührt. Aufwendungen für Dienstunfähigkeitsbescheinigungen für den Dienstherrn der beihilfeberechtigten Person trägt die Festsetzungsstelle.

§ 13 Leistungen von Heilpraktikerinnen und Heilpraktikern

Aufwendungen für Leistungen von Heilpraktikerinnen und Heilpraktikern sind nach Maßgabe des § 6 Absatz 5 Satz 4 und nach § 22 Absatz 6 beihilfefähig.

§ 14 Zahnärztliche Leistungen

Aufwendungen für ambulante zahnärztliche und kieferorthopädische Untersuchungen und Behandlungen sind nach Maßgabe des § 6 grundsätzlich beihilfefähig. Für Zahnersatz und implantologische Leistungen kann der Festsetzungsstelle vor Aufnahme der Behandlung ein Heil- und Kostenplan vorgelegt werden. Die Kosten des Heil- und Kostenplanes gehören zu den beihilfefähigen Aufwendungen. Aufwendungen für Dienstunfähigkeitsbescheinigungen für den Dienstherrn der beihilfeberechtigten Person trägt die Festsetzungsstelle.

§ 15 Implantologische Leistungen

(1) Aufwendungen für implantologische Leistungen nach Abschnitt K der Anlage 1 zur Gebührenordnung für Zahnärzte und alle damit in Zusammenhang stehenden weiteren Aufwendungen nach der Anlage zur Gebührenordnung für Ärzte und der Anlage 1 zur Gebührenordnung für Zahnärzte sind beihilfefähig bei

1. größeren Kiefer- oder Gesichtsdefekten, die ihre Ursache haben in
   a) Tumoroperationen,
   b) Entzündungen des Kiefers,
   c) Operationen infolge großer Zysten,
   d) Operationen infolge von Osteopathien, sofern keine Kontraindikation für eine Implantatversorgung vorliegt,
   e) angeborenen Fehlbildungen des Kiefers, Lippen-Kiefer-Gaumen-Spalten, ektodermalen Dysplasien oder
   f) Unfällen,
2. dauerhaft bestehender extremer Xerostomie, insbesondere bei einer Tumorbehandlung,
3. generalisierter genetischer Nichtanlage von Zähnen,
4. nicht willentlich beeinflussbaren muskulären Fehlfunktionen im Mund- und Gesichtsbereich oder
5. implantatbasiertem Zahnersatz im zahnlosen Ober- oder Unterkiefer.

Im Fall des Satzes 1 Nummer 5 sind die Aufwendungen für höchstens vier Implantate je Kiefer, einschließlich bereits vorhandener Implantate, zu denen Beihilfen oder vergleichbare Leistungen aus öffentlichen Kassen gewährt wurden, beihilfefähig. Maßgebend für die Voraussetzung eines zahnlosen Ober- oder Unterkiefers ist der Zeitpunkt der Fixierung der Prothese. Zahnlos im Sinne der Verordnung ist ein Kiefer ohne Zähne und Zahnfragmente.

(2) Liegt keiner der in Absatz 1 Satz 1 genannten Fälle vor, sind die Aufwendungen für höchstens zwei Implantate je Kiefer, einschließlich bereits vorhandener Implantate, zu denen Beihilfen oder vergleichbare Leistungen aus öffentlichen Kassen gewährt wurden, beihilfefähig. Die Aufwendungen, einschließlich der Material- und Laborkosten nach den §§ 4 und 9 der Gebührenordnung für Zahnärzte, sind entsprechend dem Verhältnis der Zahl der nicht beihilfefähigen Implantate zur Gesamtzahl der Implantate zu kürzen.

(3) Die Aufwendungen für Suprakonstruktionen auf Implantaten sind im Rahmen des § 16 stets beihilfefähig.

§ 15a Kieferorthopädische Leistungen

(1) Aufwendungen für kieferorthopädische Leistungen sind beihilfefähig, wenn

1. bei Behandlungsbeginn das 18. Lebensjahr noch nicht vollendet ist oder
2. bei schweren Kieferanomalien, insbesondere bei angeborenen Missbildungen des Gesichts oder eines Kiefers, skelettalen Dysgnathien oder verletzungsbedingten Kieferfehlstellungen, eine kombinierte kieferchirurgische und kieferorthopädische Behandlung erfolgt.

Voraussetzung ist, dass die Festsetzungsstelle den Aufwendungen vor Beginn der Behandlung auf der Grundlage eines vorgelegten Heil- und Kostenplanes zugestimmt hat. Die Aufwendungen für die Erstellung des Heil- und Kostenplanes nach Satz 2 sind beihilfefähig.

(2) Für eine kieferorthopädische Behandlung Erwachsener ist abweichend von Absatz 1 Satz 1 Nummer 1 eine Beihilfe zu Aufwendungen zu bewilligen, wenn durch ein Gutachten bestätigt wird, dass

1. die Behandlung ausschließlich medizinisch indiziert ist und ästhetische Gründe ausgeschlossen werden können,
2. keine Behandlungsalternative vorhanden ist,
3. erhebliche Folgeprobleme bestehen, insbesondere bei einer craniomandibulären Dysfunktion.

(3) Bei einem Wechsel der Kieferorthopädin oder des Kieferorthopäden, den die beihilfeberechtigte oder die berücksichtigungsfähige Person zu vertreten hat, bleiben nur die Aufwendungen beihilfefähig, die nach dem Heil- und Kostenplan, dem die Festsetzungsstelle zugestimmt hatte, noch nicht abgerechnet sind.

(4) Ist eine Weiterbehandlung über den Regelfall eines vierjährigen Zeitraums hinaus medizinisch notwendig, muss der Festsetzungsstelle vor Ablauf der laufenden Behandlung ein neuer Heil- und Kostenplan vorgelegt werden. Pro Jahr der Weiterbehandlung werden 25 Prozent der Aufwendungen für die kieferorthopädischen Leistungen nach den Nummern 6030 bis 6080 der Anlage 1 zur Gebührenordnung für Zahnärzte als beihilfefähig anerkannt. Aufwendungen für eine Behandlung, die vor Vollendung des 18. Lebensjahres begonnen wurde, sind auch bei einer medizinisch notwendigen Weiterbehandlung nach Vollendung des 18. Lebensjahres beihilfefähig.

(5) Aufwendungen für Leistungen zur Retention sind bis zu zwei Jahre nach Abschluss der kieferorthopädischen Behandlung beihilfefähig, die auf Grundlage des Heil- und Kostenplanes nach Absatz 1 Satz 2 von der Festsetzungsstelle genehmigt wurde.

(6) Aufwendungen für kieferorthopädische Leistungen vor Beginn der zweiten Phase des Zahnwechsels sind nur beihilfefähig bei

1. Beseitigung von Habits bei einem habituellen Distalbiss bei distal sagittaler Stufe mit einer Frontzahnstufe von mehr als 9 Millimetern,
2. Beseitigung von Habits bei einem habituellen offenen oder seitlichen Biss bei vertikaler Stufe von mehr als 4 Millimetern,
3. Offenhalten von Lücken infolge vorzeitigen Milchzahnverlustes,

4. Frühbehandlung
   a) eines Distalbisses bei distal sagittaler Stufe mit einer Frontzahnstufe von mehr als 9 Millimetern,
   b) eines lateralen Kreuz- oder Zwangsbisses bei transversaler Abweichung mit einseitigem oder beidseitigem Kreuzbiss, der durch präventive Maßnahmen nicht zu korrigieren ist,
   c) einer Bukkalokklusion, Nonokklusion oder Lingualokklusion permanenter Zähne bei transversaler Abweichung,
   d) eines progenen Zwangsbisses oder frontalen Kreuzbisses bei mesial sagittaler Stufe,
   e) bei Platzmangel zum Schaffen von Zahnlücken von mehr als 3 und höchstens 4 Millimetern oder zum Vergrößern von Zahnlücken um mehr als 3 und höchstens 4 Millimetern,
5. früher Behandlung
   a) einer Lippen-Kiefer-Gaumen-Spalte oder anderer kraniofazialer Anomalien,
   b) eines skelettal offenen Bisses bei vertikaler Stufe von mehr als 4 Millimetern,
   c) einer Progenie bei mesial sagittaler Stufe,
   d) verletzungsbedingter Kieferfehlstellungen.

Die Frühbehandlung nach Satz 1 Nummer 4 soll nicht vor Vollendung des dritten Lebensjahres begonnen und innerhalb von sechs Kalenderquartalen abgeschlossen werden; eine reguläre kieferorthopädische Behandlung kann sich anschließen, wenn die zweite Phase des Zahnwechsels vorliegt. Aufwendungen für den Einsatz individuell gefertigter Behandlungsgeräte sind neben den Aufwendungen für eine Behandlung nach Satz 1 Nummer 4 oder Nummer 5 gesondert beihilfefähig.

§ 15b Funktionsanalytische und funktionstherapeutische Leistungen

(1) Aufwendungen für funktionsanalytische und funktionstherapeutische Leistungen sind nur beihilfefähig, wenn eine der folgenden Indikationen vorliegt:

1. Kiefer- und Muskelerkrankungen,
2. Zahnfleischerkrankungen im Rahmen einer systematischen Parodontalbehandlung,
3. Behandlungen mit Aufbissbehelfen mit adjustierten Oberflächen nach den Nummern 7010 und 7020 der Anlage 1 zur Gebührenordnung für Zahnärzte,
4. umfangreiche kieferorthopädische Maßnahmen einschließlich kieferorthopädisch-kieferchirurgischer Operationen oder
5. umfangreiche Gebisssanierungen.

Eine Gebisssanierung ist umfangreich, wenn in einem Kiefer mindestens acht Seitenzähne mit Zahnersatz oder Inlays versorgt werden müssen, wobei fehlende Zähne sanierungsbedürftigen gleichstehen, und wenn die richtige Schlussbissstellung nicht mehr auf andere Weise herstellbar ist.

(2) Die beihilfeberechtigte Person hat der Festsetzungsstelle eine Kopie der zahnärztlichen Dokumentation nach Nummer 8000 der Anlage 1 zur Gebührenordnung für Zahnärzte vorzulegen.

§ 16 Auslagen, Material- und Laborkosten

(1) Gesondert berechenbare Aufwendungen für Auslagen, Material- und Laborkosten nach § 4 Abs. 3 und § 9 der Gebührenordnung für Zahnärzte, die bei einer zahnärztlichen Behandlung nach den Nummern 2130 bis 2320, 5000 bis 5340, 7080 bis 7100 und 9000 bis 9170 der Anlage 1 zur Gebührenordnung für Zahnärzte entstanden sind, sind zu 60 Prozent beihilfefähig. Dies gilt nicht bei Indikationen nach § 15 Absatz 1 Satz 1 Nummer 1 bis 4.

(2) Wenn der auf die in Absatz 1 genannten Aufwendungen entfallende Anteil nicht nachgewiesen ist, sind 40 Prozent des Gesamtrechnungsbetrages anzusetzen.

§ 17 Zahnärztliche Leistungen für Beamtinnen und Beamte auf Widerruf

(1) Aufwendungen für zahnärztliche Leistungen für Beamtinnen und Beamte auf Widerruf und Personen, die bei ihnen berücksichtigungsfähig sind, sind beihilfefähig, soweit sie nicht in Absatz 2 ausgenommen sind.

(2) Von der Beihilfefähigkeit nach Absatz 1 ausgenommen sind Aufwendungen für

1. prothetische Leistungen,
2. Inlays und Zahnkronen,
3. funktionsanalytische und funktionstherapeutische Leistungen sowie
4. implantologische Leistungen.

Aufwendungen nach Satz 1 sind ausnahmsweise beihilfefähig, wenn sie auf einem Unfall während des Vorbereitungsdienstes beruhen oder wenn die beihilfeberechtigte Person zuvor mindestens drei Jahre ununterbrochen im öffentlichen Dienst beschäftigt gewesen ist.

§ 18 Psychotherapeutische Behandlungs- und Anwendungsformen

(1) Aufwendungen für die folgenden psychotherapeutischen Behandlungs- und Anwendungsformen sind nach Maßgabe der Absätze 2 bis 6 sowie der §§ 18a bis 21 beihilfefähig:

1. Gruppenpsychotherapeutische Grundversorgung,
2. probatorische Sitzungen,
3. psychotherapeutische Akutbehandlung,
4. Psychotherapie in den Behandlungsformen der psychoanalytisch begründeten Verfahren, der Verhaltenstherapie, der Systemischen Therapie sowie
5. psychosomatische Grundversorgung.

(2) Aufwendungen für die Gruppenpsychotherapeutische Grundversorgung sind je Krankheitsfall für bis zu vier Sitzungen in Einheiten von 100 Minuten beihilfefähig. Die Sitzungen können auch in Einheiten von 50 Minuten unter entsprechender Erhöhung der Gesamtzahl der Sitzungen durchgeführt werden. Darüber

hinaus sind unter Einbeziehung von Bezugspersonen bei Personen, die das 21. Lebensjahr noch nicht vollendet haben, und bei Menschen mit einer geistigen Behinderung zusätzlich bis zu 100 Minuten je Krankheitsfall beihilfefähig.

(3) Aufwendungen für bis zu fünf probatorische Sitzungen, bei sich anschließender analytischer Psychotherapie für bis zu acht probatorische Sitzungen, sind beihilfefähig, auch wenn Bezugspersonen einbezogen werden. Die probatorische Sitzung umfasst im Einzelsetting 50 Minuten und im Gruppensetting 100 Minuten. Probatorische Sitzungen im Gruppensetting können auch in Einheiten von 50 Minuten unter entsprechender Erhöhung der Gesamtzahl der Sitzungen durchgeführt werden. Darüber hinaus sind bei Personen, die das 21. Lebensjahr noch nicht vollendet haben, und bei Menschen mit einer geistigen Behinderung zwei zusätzliche probatorische Sitzungen beihilfefähig. Probatorische Sitzungen sind nicht auf die beihilfefähigen Kontingente der Behandlungen von Kurz- oder Langzeittherapien anzurechnen.

(4) Aufwendungen für eine psychotherapeutische Akutbehandlung als Einzeltherapie sind je Krankheitsfall für bis zu 24 Behandlungen in Einheiten von mindestens 25 Minuten beihilfefähig. Für Personen, die das 21. Lebensjahr noch nicht vollendet haben, und für Menschen mit einer geistigen Behinderung sind Aufwendungen bis zu 30 Behandlungen einer psychotherapeutischen Akutbehandlung je Krankheitsfall als Einzeltherapie unter Einbeziehung von Bezugspersonen beihilfefähig. Soll sich an die psychotherapeutische Akutbehandlung eine Behandlung nach den §§ 19 bis 20a anschließen, ist § 18a Absatz 3 zu beachten. Die Zahl der durchgeführten Akutbehandlungen ist auf das Kontingent der Behandlungen nach den §§ 19 bis 20a anzurechnen.

(5) Vor einer psychotherapeutischen Behandlung muss eine somatische Abklärung spätestens nach den probatorischen Sitzungen erfolgen.

(6) Nicht beihilfefähig sind Aufwendungen für

1. gleichzeitige Behandlungen nach § 18 Absatz 4 und den §§ 19 bis 21 sowie
2. Leistungen nach Anlage 3 Abschnitt 1.

§ 18a Gemeinsame Vorschriften für psychoanalytisch begründete Verfahren, Verhaltenstherapie und Systemische Therapie

(1) Aufwendungen für Leistungen der Psychotherapie sind beihilfefähig bei

1. affektiven Störungen: depressive Episoden, rezidivierende depressive Störungen und Dysthymie,
2. Angststörungen und Zwangsstörungen,
3. somatoformen Störungen und dissoziativen Störungen,
4. Anpassungsstörungen und Reaktionen auf schwere Belastungen,
5. Essstörungen,
6. nichtorganischen Schlafstörungen,
7. sexuellen Funktionsstörungen,
8. Persönlichkeits- und Verhaltensstörungen.

(2) Neben oder nach einer somatischen ärztlichen Behandlung von Krankheiten oder deren Auswirkungen sind Aufwendungen für Leistungen der Psychotherapie beihilfefähig bei

1. psychischen Störungen und Verhaltensstörungen
   a) durch psychotrope Substanzen; im Fall einer Abhängigkeit nur, wenn Suchtmittelfreiheit oder Abstinenz erreicht ist oder voraussichtlich innerhalb von zehn Sitzungen erreicht werden kann,
   b) durch Opioide und gleichzeitiger stabiler substitutionsgestützter Behandlung im Zustand der Beigebrauchsfreiheit,
2. seelischen Krankheiten auf Grund frühkindlicher emotionaler Mangelzustände oder tiefgreifender Entwicklungsstörungen, in Ausnahmefällen auch bei seelischen Krankheiten, die im Zusammenhang mit frühkindlichen körperlichen Schädigungen oder Missbildungen stehen,
3. seelischen Krankheiten als Folge schwerer chronischer Krankheitsverläufe,
4. schizophrenen und affektiven psychotischen Störungen.

Die Beihilfefähigkeit setzt voraus, dass die Leistungen von einer Ärztin, einem Arzt, einer Therapeutin oder einem Therapeuten nach den Abschnitten 2 bis 4 der Anlage 3 erbracht werden. Eine Sitzung der Psychotherapie umfasst eine Behandlungsdauer von mindestens 50 Minuten bei einer Einzelbehandlung und von in der Regel mindestens 100 Minuten bei einer Gruppenbehandlung. Eine Gruppenbehandlung kann auch mit einer Behandlungsdauer von 50 Minuten unter entsprechender Erhöhung der Gesamtzahl der Sitzungen durchgeführt werden.

(3) Aufwendungen für Leistungen der Psychotherapie, die zu den wissenschaftlich anerkannten Verfahren gehören und nach den Abschnitten B und G der Anlage zur Gebührenordnung für Ärzte abgerechnet werden, sind beihilfefähig, wenn

1. sie der Feststellung, Heilung oder Linderung von Störungen nach Absatz 1 dienen, bei denen eine Psychotherapie indiziert ist,
2. nach einer biographischen Analyse oder einer Verhaltensanalyse und nach den probatorischen Sitzungen ein Behandlungserfolg zu erwarten ist und
3. die Festsetzungsstelle vor Beginn der Behandlung die Beihilfefähigkeit der Aufwendungen auf Grund eines Gutachtens zu Notwendigkeit, Art und Umfang der Behandlung anerkannt hat, es sei denn, dass es sich um eine Kurzzeittherapie handelt.

Aufwendungen für Maßnahmen nach Satz 1 Nummer 2 sind auch dann beihilfefähig, wenn sich eine psychotherapeutische Behandlung später als nicht notwendig erwiesen hat.

(4) Das Gutachten nach Absatz 3 Satz 1 Nummer 3 ist bei einer Gutachterin oder einem Gutachter einzuholen, die oder der von der Kassenärztlichen Bundesvereinigung im Einvernehmen mit den Bundesverbänden der Vertragskassen nach § 12 der Psychotherapie-Vereinbarung in der jeweils geltenden auf der Internetseite der Kassenärztlichen Bundesvereinigung (www.kbv.de) veröffentlichten Fassung bestellt worden ist. Für Personen, die nach § 3 beihilfeberechtigt oder bei einer nach § 3 beihilfeberechtigten Person berücksichtigungsfähig sind, kann das Gutachten beim Gesundheitsdienst des Auswärtigen Amtes oder bei einer oder einem vom Gesundheitsdienst des Auswärtigen Amtes beauftragten Ärztin oder Arzt eingeholt werden.

(5) Festsetzungsstellen können auf die Einholung eines Gutachtens im Rahmen des Voranerkennungsverfahrens nach Absatz 3 Satz 1 Nummer 3 verzichten, wenn sichergestellt ist, dass sie selbst in der Lage sind, Notwendigkeit, Art und Umfang der Behandlung festzustellen.

(6) Aufwendungen für Kurzzeittherapien sind ohne Genehmigung durch die Festsetzungsstelle bis zu 24 Sitzungen als Einzel- oder Gruppenbehandlung beihilfefähig. Für Personen, die das 21. Lebensjahr noch nicht vollendet haben, und für Menschen mit einer geistigen Behinderung sind Aufwendungen für bis zu 30 Behandlungen einer genehmigungsfreien Kurzzeittherapie unter Einbeziehung von Bezugspersonen beihilfefähig. Erbrachte Sitzungen im Rahmen der psychotherapeutischen Akutbehandlung werden mit der Anzahl der Sitzungen der Kurzzeittherapie verrechnet. Die bereits in Anspruch genommenen Sitzungen der Kurzzeittherapie sind auf eine genehmigungspflichtige Therapie nach den §§ 19 bis 20a anzurechnen.

(7) Aufwendungen für eine Eye-Movement-Desensitization-and-Reprocessing-Behandlung sind nur bei Personen, die das 18. Lebensjahr vollendet haben, mit posttraumatischen Belastungsstörungen im Rahmen eines umfassenden Behandlungskonzepts der Verhaltenstherapie, der tiefenpsychologisch fundierten Psychotherapie oder analytischen Psychotherapie beihilfefähig.

§ 19 Psychoanalytisch begründete Verfahren

(1) Aufwendungen für psychoanalytisch begründete Verfahren mit ihren beiden Behandlungsformen, der tiefenpsychologisch fundierten Psychotherapie und der analytischen Psychotherapie, sind je Krankheitsfall in folgendem Umfang beihilfefähig:

1. tiefenpsychologisch fundierte Psychotherapie von Personen, die das 21. Lebensjahr vollendet haben:

	Einzelbehandlung	Gruppenbehandlung
im Regelfall in Ausnahmefällen	60 Sitzungen weitere 40 Sitzungen	60 Sitzungen weitere 20 Sitzungen

2. analytische Psychotherapie von Personen, die das 21. Lebensjahr vollendet haben:

	Einzelbehandlung	Gruppenbehandlung
im Regelfall in Ausnahmefällen	160 Sitzungen weitere 140 Sitzungen	80 Sitzungen weitere 70 Sitzungen

3. tiefenpsychologisch fundierte oder analytische Psychotherapie von Personen, die das 14. Lebensjahr, aber noch nicht das 21. Lebensjahr vollendet haben:

	Einzelbehandlung	Gruppenbehandlung
im Regelfall in Ausnahmefällen	90 Sitzungen weitere 90 Sitzungen	60 Sitzungen weitere 30 Sitzungen

4. tiefenpsychologisch fundierte oder analytische Psychotherapie von Personen, die das 14. Lebensjahr noch nicht vollendet haben:

	Einzelbehandlung	Gruppenbehandlung
im Regelfall in Ausnahmefällen	70 weitere Sitzungen weitere 80 Sitzungen	60 weitere Sitzungen weitere 30 Sitzungen

Bei einer Kombination von Einzel- und Gruppenbehandlung richtet sich die Beihilfefähigkeit der Aufwendungen nach der überwiegend durchgeführten Behandlung. Überwiegt die Einzelbehandlung, so werden zwei als Gruppenbehandlung durchgeführte Sitzungen als eine Sitzung der Einzelbehandlung gewertet. Überwiegt die Gruppenbehandlung, so wird eine als Einzelbehandlung durchgeführte Sitzung als zwei Sitzungen der Gruppenbehandlung gewertet.

(2) In den Fällen des Absatzes 1 Satz 1 Nummer 3 sind Aufwendungen für eine Psychotherapie, die vor Vollendung des 21. Lebensjahres begonnen wurde, zur Sicherung des Therapieerfolges auch nach Vollendung des 21. Lebensjahres beihilfefähig.

(3) In Ausnahmefällen kann die oberste Dienstbehörde die Beihilfefähigkeit von Aufwendungen für die Behandlung auch für eine über die in Absatz 1 Satz 1 festgelegte Höchstzahl von Sitzungen hinaus anerkennen, wenn die medizinische Notwendigkeit durch ein Gutachten belegt wird.

(4) Aufwendungen für Sitzungen, in die auf Grund einer durch Gutachten belegten medizinischen Notwendigkeit Bezugspersonen einbezogen werden, sind bei Einzelbehandlung bis zu einem Viertel und bei Gruppenbehandlung bis zur Hälfte der bewilligten Zahl von Sitzungen zusätzlich beihilfefähig, wenn die zu therapierende Person das 21. Lebensjahr noch nicht vollendet hat. Bei Personen, die das 21. Lebensjahr vollendet haben, werden die Sitzungen, in die Bezugspersonen einbezogen werden, in voller Höhe auf die bewilligte Zahl der Sitzungen angerechnet.

(5) Im Rahmen psychoanalytisch begründeter Verfahren ist die simultane Kombination von Einzel- und Gruppentherapie grundsätzlich ausgeschlossen. Aufwendungen für Leistungen einer solchen Kombination sind nur beihilfefähig, wenn sie auf dem Gebiet der tiefenpsychologisch fundierten Psychotherapie bei niederfrequenten Therapien auf Grund eines besonders begründeten Erstantrags erbracht werden.

(6) Aufwendungen für katathymes Bilderleben sind nur im Rahmen eines übergeordneten tiefenpsychologischen Therapiekonzepts beihilfefähig.

§20 Verhaltenstherapie

(1) Aufwendungen für eine Verhaltenstherapie sind je Krankheitsfall in folgendem Umfang beihilfefähig:

	Einzelbehandlung	Gruppenbehandlung
im Regelfall in Ausnahmefällen	60 Sitzungen weitere 20 Sitzungen	60 Sitzungen weitere 20 Sitzungen

(2) § 19 Absatz 1 Satz 2 bis 4 und Absatz 2 bis 4 gilt entsprechend.

(3) Aufwendungen für eine Rational-Emotive Therapie sind nur im Rahmen eines umfassenden verhaltenstherapeutischen Behandlungskonzepts beihilfefähig.

§ 20a Systemische Therapie

(1) Aufwendungen für eine Systemische Therapie sind je Krankheitsfall für Personen, die das 18. Lebensjahr vollendet haben, in folgendem Umfang, auch im Mehrpersonensetting, beihilfefähig:

	Einzelbehandlung	Gruppenbehandlung
im Regelfall	36 Sitzungen	36 Sitzungen
in Ausnahmefällen	weitere 12 Sitzungen	weitere 12 Sitzungen

(2) § 19 Absatz 3 gilt entsprechend.

§ 21 Psychosomatische Grundversorgung

(1) Die psychosomatische Grundversorgung im Sinne dieser Verordnung umfasst

1. verbale Interventionen im Rahmen der Nummer 849 des Gebührenverzeichnisses für ärztliche Leistungen der Gebührenordnung für Ärzte und
2. Hypnose, autogenes Training und progressive Muskelrelaxation nach Jacobson nach den Nummern 845 bis 847 der Anlage zur Gebührenordnung für Ärzte.

(2) Je Krankheitsfall sind beihilfefähig Aufwendungen für

1. verbale Intervention als Einzelbehandlung mit bis zu 25 Sitzungen, sowohl über einen kürzeren Zeitraum als auch im Verlauf chronischer Erkrankungen über einen längeren Zeitraum in niederfrequenter Form,
2. Hypnose als Einzelbehandlung mit bis zu zwölf Sitzungen sowie
3. autogenes Training und progressive Muskelrelaxation nach Jacobson als Einzel- oder Gruppenbehandlung mit bis zu zwölf Sitzungen; eine Kombination von Einzel- und Gruppenbehandlung ist hierbei möglich.

Aufwendungen für Leistungen nach Satz 1 Nummer 1 sind nicht beihilfefähig, wenn sie zusammen mit Aufwendungen für Leistungen nach Satz 1 Nummer 2 und 3 in derselben Sitzung entstanden sind. Neben den Aufwendungen für Leistungen nach Absatz 1 Nummer 1 sind Aufwendungen für somatische ärztliche Untersuchungen und Behandlungen von Krankheiten und deren Auswirkungen beihilfefähig.

(3) Aufwendungen für eine bis zu sechs Monate dauernde ambulante psychosomatische Nachsorge nach einer stationären psychosomatischen Behandlung sind bis zu der Höhe der Vergütung, die von den gesetzlichen Krankenkassen oder den Rentenversicherungsträgern zu tragen ist, beihilfefähig.

Abschnitt 2
Sonstige Aufwendungen

§22 Arznei- und Verbandmittel, Medizinprodukte

(1) Beihilfefähig sind Aufwendungen für ärztlich oder zahnärztlich nach Art und Umfang verordnete oder während einer Behandlung verbrauchte

1. Arzneimittel nach § 2 des Arzneimittelgesetzes, die apothekenpflichtig sind,
2. Verbandmittel,
3. Harn- und Blutteststreifen sowie
4. Stoffe und Zubereitungen aus Stoffen, die als Medizinprodukte im Sinne des Medizinprodukterechts zur Anwendung am oder im menschlichen Körper bestimmt, in Anlage V der Arzneimittel-Richtlinie des Gemeinsamen Bundesausschusses nach § 92 Absatz 1 Satz 2 Nummer 6 des Fünften Buches Sozialgesetzbuch in der jeweils geltenden und nach § 94 Absatz 2 des Fünften Buches Sozialgesetzbuch im Bundesanzeiger bekannt gemachten Fassung aufgeführt sind und die dort genannten Maßgaben erfüllen.

(2) Nicht beihilfefähig sind Aufwendungen für

1. Arzneimittel, die in Anlage II der Arzneimittel-Richtlinie des Gemeinsamen Bundesausschusses nach § 92 Absatz 1 Satz 2 Nummer 6 des Fünften Buches Sozialgesetzbuch in der jeweils geltenden und nach § 94 Absatz 2 des Fünften Buches Sozialgesetzbuch im Bundesanzeiger bekannt gemachten Fassung genannt sind, es sei denn, dass das jeweilige Arzneimittel im Einzelfall nicht zur Behandlung in dem für dieses Arzneimittel in Anlage II der Arzneimittel-Richtlinie des Gemeinsamen Bundesausschusses genannten Anwendungsbereich, sondern zur Behandlung einer anderen Körperfunktionsstörung, die eine Krankheit ist, eingesetzt wird und
   a) es keine anderen zur Behandlung dieser Krankheit zugelassenen Arzneimittel gibt oder
   b) die anderen zur Behandlung dieser Krankheit zugelassenen Arzneimittel im Einzelfall unverträglich sind oder sich als nicht wirksam erwiesen haben,
2. verschreibungspflichtige Arzneimittel zur Behandlung von
   a) Erkältungskrankheiten und grippalen Infekten einschließlich der bei diesen Krankheiten anzuwendenden Schnupfenmittel, Schmerzmittel, hustendämpfenden und hustenlösenden Mittel, sofern es sich um geringfügige Gesundheitsstörungen handelt,
   b) Mund- und Rachenerkrankungen, ausgenommen bei
      aa) Pilzinfektionen,
      bb) Geschwüren in der Mundhöhle oder
      cc) nach chirurgischen Eingriffen im Hals-, Nasen- und Ohrenbereich,
   c) Verstopfung, ausgenommen zur Behandlung von Erkrankungen im Zusammenhang mit Tumorleiden, Megacolon, Divertikulose, Divertikulitis, Mukoviszidose, neurogener Darmlähmung, vor diagnostischen Eingrif-

fen, bei phosphatbindender Medikation, bei chronischer Niereninsuffizienz, bei der Opiat- sowie Opioidtherapie und in der Terminalphase oder

d) Reisekrankheiten, ausgenommen bei der Anwendung gegen Erbrechen bei Tumortherapie und anderen Erkrankungen, zum Beispiel Menièrescher Symptomkomplex,

soweit die Arzneimittel nicht für Minderjährige bestimmt sind,

3. nicht verschreibungspflichtige Arzneimittel, es sei denn, sie
   a) sind bestimmt für Personen, die das zwölfte Lebensjahr noch nicht vollendet haben oder für Personen, die das 18. Lebensjahr noch nicht vollendet haben und an Entwicklungsstörungen leiden,
   b) wurden für diagnostische Zwecke, Untersuchungen oder ambulante Behandlungen benötigt und
      aa) in der Rechnung als Auslagen abgerechnet oder
      bb) auf Grund einer ärztlichen Verordnung zuvor von der beihilfeberechtigten oder berücksichtigungsfähigen Person selbst beschafft,
   c) gelten bei der Behandlung einer schwerwiegenden Erkrankung als Therapiestandard und werden mit dieser Begründung ausnahmsweise verordnet; die beihilfefähigen Ausnahmen ergeben sich aus Anlage I der Arzneimittel-Richtlinie des Gemeinsamen Bundesausschusses nach § 92 Absatz 1 Satz 2 Nummer 6 des Fünften Buches Sozialgesetzbuch in der jeweils geltenden und nach § 94 Absatz 2 des Fünften Buches Sozialgesetzbuch im Bundesanzeiger bekannt gemachten Fassung; Aufwendungen für anthroposophische und homöopathische Arzneimittel zur Behandlung der in Anlage I der Arzneimittel-Richtlinie des Gemeinsamen Bundesausschusses genannten schwerwiegenden Erkrankungen sind beihilfefähig, wenn die Anwendung des jeweiligen Arzneimittels in der jeweiligen Therapierichtung angezeigt ist,
   d) sind in der Fachinformation zum Hauptarzneimittel eines beihilfefähigen Arzneimittels als Begleitmedikation zwingend vorgeschrieben oder
   e) werden zur Behandlung unerwünschter Arzneimittelwirkungen, die beim bestimmungsgemäßen Gebrauch eines beihilfefähigen Arzneimittels auftreten können, eingesetzt; dabei muss die unerwünschte Arzneimittelwirkung lebensbedrohlich sein oder die Lebensqualität auf Dauer nachhaltig beeinträchtigen,
4. traditionell angewendete Arzneimittel nach § 109 Absatz 3 und § 109a des Arzneimittelgesetzes mit einem oder mehreren der folgenden Hinweise auf der äußeren Umhüllung oder der Packungsbeilage des Arzneimittels:
   a) zur Stärkung oder Kräftigung,
   b) zur Besserung des Befindens,
   c) zur Unterstützung der Organfunktion,
   d) zur Vorbeugung,
   e) als mild wirkendes Arzneimittel,

5. traditionelle pflanzliche Arzneimittel nach § 39a des Arzneimittelgesetzes,
6. hormonelle Mittel zur Empfängnisverhütung; dies gilt nicht bei Personen unter 22 Jahren oder wenn diese Mittel unabhängig von der arzneimittelrechtlichen Zulassung zur Behandlung einer Krankheit verordnet werden,
7. gesondert ausgewiesene Versandkosten; dies gilt nicht für Aufwendungen von Botendienstzuschlägen in Höhe von 2,50 Euro zuzüglich Umsatzsteuer je Lieferort und Tag bei der Abgabe von verschreibungspflichtigen Arzneimitteln durch Apotheken.

(3) Aufwendungen für Arzneimittel, für die Festbeträge nach § 35 Absatz 3, 5 und 6 des Fünften Buches Sozialgesetzbuch festgesetzt sind, sind nur bis zur Höhe der Festbeträge beihilfefähig, die das Bundesinstitut für Arzneimittel und Medizinprodukte nach § 35 Absatz 8 des Fünften Buches Sozialgesetzbuch im Internet veröffentlicht. Aufwendungen für Arzneimittel nach Satz 1 sind über den Festbetrag hinaus beihilfefähig, wenn die Arzneimittel

1. in medizinisch begründeten Einzelfällen verordnet worden sind oder
2. in Richtlinien nach § 129 Absatz 1a Satz 2 des Fünften Buches Sozialgesetzbuch bestimmt sind.

(4) Aufwendungen für Arzneimittel, bei denen nach allgemein anerkanntem Stand der medizinischen Erkenntnisse der diagnostische oder therapeutische Nutzen, die medizinische Notwendigkeit oder die Wirtschaftlichkeit nicht nachgewiesen ist, sind nach Maßgabe der Anlage 8 beihilfefähig. Arzneimittel nach Satz 1 können darüber hinaus im Einzelfall als beihilfefähig anerkannt werden, wenn eine medizinische Stellungnahme darüber vorgelegt wird, dass das Arzneimittel zur Behandlung notwendig ist.

(5) Aufwendungen für ärztlich verordnete Aminosäuremischungen, Eiweißhydrolysate, Elementardiäten und Sondennahrung sind zur enteralen Ernährung bei fehlender oder eingeschränkter Fähigkeit, sich auf natürliche Weise ausreichend zu ernähren, beihilfefähig, wenn eine Modifizierung der natürlichen Ernährung oder sonstige ärztliche, pflegerische oder ernährungstherapeutische Maßnahmen zur Verbesserung der Ernährungssituation nicht ausreichen. Aufwendungen für Elementardiäten sind beihilfefähig für Personen, die das dritte Lebensjahr noch nicht vollendet haben, mit Kuhmilcheiweiß-Allergie; dies gilt ferner bei Neurodermitis für einen Zeitraum von einem halben Jahr, sofern Elementardiäten für diagnostische Zwecke eingesetzt werden. Im Übrigen sind Aufwendungen für Lebensmittel, Nahrungsergänzungsmittel, Krankenkost und diätetische Lebensmittel nicht beihilfefähig.

(6) Die Absätze 1 bis 4 gelten entsprechend für Aufwendungen für Arznei- und Verbandmittel, Teststreifen und Medizinprodukte, die eine Heilpraktikerin oder ein Heilpraktiker während einer Behandlung verbraucht hat.

§23 Heilmittel

(1) Aufwendungen für ärztlich oder zahnärztlich verordnete Heilmittel und bei der Anwendung der Heilmittel verbrauchte Stoffe sind nach Maßgabe der Anlagen 9 und 10 beihilfefähig.

(2) Aufwendungen für Ergotherapie und für bei der Anwendung der Ergotherapie verbrauchte Stoffe sind nach Maßgabe der Anlagen 9 und 10 auch beihilfefähig, wenn die Ergotherapie durch eine Kinder- und Jugendlichenpsychotherapeutin oder einen Kinder- und Jugendlichenpsychotherapeuten oder durch eine Psychologische Psychotherapeutin oder einen Psychologischen Psychotherapeuten verordnet wird.

(3) Bei Personen, die nach § 3 beihilfeberechtigt oder bei einer nach § 3 beihilfeberechtigten Person berücksichtigungsfähig sind, beurteilt sich die Angemessenheit der Aufwendungen für verordnete Heilmittel anstelle der in Anlage 9 genannten Höchstbeträge nach den ortsüblichen Gebühren unter Berücksichtigung der besonderen Verhältnisse im Ausland. Die beihilfefähigen Aufwendungen mindern sich um 10 Prozent der Kosten, die die Höchstbeträge nach Anlage 9 übersteigen, höchstens jedoch um 10 Euro. Diese Minderung gilt nicht für Personen, die das 18. Lebensjahr noch nicht vollendet haben.

§ 24 Komplextherapie, integrierte Versorgung und Leistungen psychiatrischer und psychosomatischer Institutsambulanzen

(1) Aufwendungen für Leistungen, die in Form von ambulanten, voll- oder teilstationären Komplextherapien erbracht werden, sind abweichend von § 6 Absatz 5 und § 23 Absatz 1 in angemessener Höhe beihilfefähig. Komplextherapie ist eine aus verschiedenen, sich ergänzenden Teilen zusammengesetzte Therapie spezifischer Krankheitsbilder und wird von einem interdisziplinären Team erbracht.

(2) Aufwendungen für Leistungen psychiatrischer oder psychosomatischer Institutsambulanzen sind entsprechend § 118 des Fünften Buches Sozialgesetzbuch beihilfefähig bis zur Höhe der Vergütungen, die die Einrichtung mit dem Verband der privaten Krankenversicherung e. V., mit einem Landesverband der Krankenkassen, mit einem privaten Krankenversicherungsunternehmen oder mit Sozialversicherungsträgern in einer Vereinbarung getroffen hat.

(3) Aufwendungen für die ambulante sozialpädiatrische Behandlung von Kindern in sozialpädiatrischen Zentren, die zu einer solchen Behandlung nach § 119 Absatz 1 Satz 1 des Fünften Buches Sozialgesetzbuch ermächtigt wurden, sind beihilfefähig bis zu der Höhe der Vergütung, die die Einrichtung mit dem Verband der privaten Krankenversicherung e. V., mit einem Landesverband der Krankenkassen, mit einem privaten Krankenversicherungsunternehmen oder mit Sozialversicherungsträgern in einer Vereinbarung getroffen hat. Aufwendungen für sozialpädagogische Leistungen sind nicht beihilfefähig.

(4) Aufwendungen für Leistungen, die als integrierte Versorgung erbracht und pauschal berechnet werden, sind in der Höhe der Pauschalbeträge beihilfefähig, wenn dazu Verträge zwischen den Leistungserbringerinnen und Leistungserbringern und den Unternehmen der privaten Krankenversicherung oder Beihilfeträgern abgeschlossen wurden oder Verträge zu integrierten Versorgungsformen nach § 140a des Fünften Buches Sozialgesetzbuch bestehen.

(5) Bei chronisch Kranken oder schwerstkranken Personen, die das 14. Lebensjahr, in besonders schwerwiegenden Fällen das 18. Lebensjahr, noch nicht

vollendet haben, sind Aufwendungen für sozialmedizinische Nachsorgemaßnahmen beihilfefähig, wenn die Maßnahmen

1. durchgeführt werden im Anschluss an
   a) eine Behandlung in einem Krankenhaus, das nach § 108 des Fünften Buches Sozialgesetzbuch zugelassen ist,
   b) eine Behandlung in einem Krankenhaus, das die Voraussetzungen des § 107 Absatz 1 des Fünften Buches Sozialgesetzbuch erfüllt, aber nicht nach § 108 des Fünften Buches Sozialgesetzbuch zugelassen ist, oder
   c) eine stationäre Rehabilitationsmaßnahme im Sinne von § 35 Absatz 1 Satz 1 Nummer 1 oder Nummer 3 und
2. erforderlich sind, um den stationären Aufenthalt zu verkürzen oder die anschließende ambulante ärztliche Behandlung zu sichern.

§25 Hilfsmittel, Geräte zur Selbstbehandlung und Selbstkontrolle, Körperersatzstücke

(1) Aufwendungen für ärztlich verordnete Hilfsmittel, Geräte zur Selbstbehandlung und Selbstkontrolle sowie Körperersatzstücke sind beihilfefähig, wenn sie im Einzelfall erforderlich sind, um den Erfolg der Krankenbehandlung zu sichern, einer drohenden Behinderung vorzubeugen oder eine Behinderung auszugleichen. Beihilfefähig sind vorbehaltlich Absatz 4 Aufwendungen für Anschaffung, Reparatur, Ersatz, Betrieb, Unterweisung in den Gebrauch und Unterhaltung der in Anlage 11 genannten Hilfsmittel, Geräte zur Selbstbehandlung und Selbstkontrolle und Körperersatzstücke unter den dort genannten Voraussetzungen. Aufwendungen für den Ersatz eines unbrauchbar gewordenen oder verloren gegangenen Gegenstandes im Sinne des Satzes 1 sind auch ohne erneute ärztliche Verordnung beihilfefähig, wenn der Ersatzgegenstand in derselben oder einer gleichwertigen Ausführung beschafft wird wie der unbrauchbar gewordene oder verloren gegangene Gegenstand und die Ersatzbeschaffung innerhalb von sechs Monaten nach der Anschaffung erfolgt.

(2) Nicht beihilfefähig sind Aufwendungen für

1. Hilfsmittel und Geräte zur Selbstbehandlung und Selbstkontrolle, die
   a) einen geringen oder umstrittenen therapeutischen Nutzen haben,
   b) einen niedrigen Abgabepreis haben,
   c) der allgemeinen Lebenshaltung zuzurechnen sind oder
   d) in Anlage 12 genannt sind, und
2. gesondert ausgewiesene Versandkosten.

(3) Aufwendungen für das Mieten von Hilfsmitteln und Geräten zur Selbstbehandlung und Selbstkontrolle nach Absatz 1 Satz 1 sind beihilfefähig, soweit sie nicht höher als die Aufwendungen für deren Anschaffung sind.

(4) Sind Hilfsmittel und Geräte zur Selbstbehandlung und Selbstkontrolle im Sinne des Absatzes 1 Satz 1 weder in Anlage 11 oder 12 aufgeführt noch mit den aufgeführten Gegenständen vergleichbar, sind hierfür getätigte Aufwendungen ausnahmsweise beihilfefähig, wenn dies im Hinblick auf die Fürsorgepflicht nach § 78 des Bundesbeamtengesetzes notwendig ist. Die Festsetzungsstelle

entscheidet in Fällen des Satzes 1 bei Aufwendungen von mehr als 600 Euro mit Zustimmung der obersten Dienstbehörde. Die oberste Dienstbehörde hat bei Aufwendungen von mehr als 1200 Euro vor ihrer Zustimmung das Einvernehmen mit dem Bundesministerium des Innern und für Heimat herzustellen. Soweit das Einvernehmen des Bundesministeriums des Innern und für Heimat allgemein erklärt ist, kann die oberste Dienstbehörde ihre Zuständigkeit auf eine andere Behörde übertragen. Absatz 2 bleibt unberührt.

(5) Aufwendungen für den Betrieb und die Unterhaltung der Hilfsmittel und Geräte zur Selbstbehandlung und Selbstkontrolle im Sinne des Absatzes 1 Satz 1 sind nur in Höhe des 100 Euro je Kalenderjahr übersteigenden Betrages beihilfefähig. Nicht beihilfefähig sind Aufwendungen für Batterien von Hörgeräten sowie Pflege- und Reinigungsmittel für Kontaktlinsen. Die Sätze 1 und 2 gelten nicht für Personen, die das 18. Lebensjahr noch nicht vollendet haben.

(6) Beihilfefähig sind auch Aufwendungen für Hilfsmittel, die eine dritte Person durch einen Sicherheitsmechanismus vor Nadelstichverletzungen schützen, wenn die beihilfeberechtigte oder berücksichtigungsfähige Person selbst nicht zur Anwendung des Hilfsmittels in der Lage ist und es hierfür einer Tätigkeit der dritten Person bedarf, bei der die Gefahr einer Infektion durch Stichverletzungen, insbesondere durch Blutentnahmen und Injektionen, besteht oder angenommen werden kann.

§ 25a Digitale Gesundheitsanwendungen

(1) Aufwendungen für digitale Gesundheitsanwendungen nach § 33a Absatz 1 Satz 1 des Fünften Buches Sozialgesetzbuch sind beihilfefähig, wenn die digitalen Gesundheitsanwendungen

1. in dem beim Bundesinstitut für Arzneimittel und Medizinprodukte geführten Verzeichnis digitaler Gesundheitsanwendungen, das nach § 139e Absatz 1 Satz 3 des Fünften Buches Sozialgesetzbuch im Bundesanzeiger bekannt gemacht und auf der Internetseite https://diga.bfarm.de veröffentlicht wird, aufgeführt sind und
2. von einer Ärztin oder einem Arzt oder einer Psychotherapeutin oder einem Psychotherapeuten verordnet worden sind.

Die Aufwendungen sind nur beihilfefähig bis zu den Kosten für die Standardversion der digitalen Gesundheitsanwendung, sofern nicht aus ärztlicher oder therapeutischer Sicht die Notwendigkeit einer erweiterten Version schriftlich oder elektronisch begründet wurde. Aufwendungen für Zubehör der digitalen Gesundheitsanwendung sind beihilfefähig, wenn das Zubehör ausschließlich für die Nutzung der digitalen Gesundheitsanwendung zwingend erforderlich ist.

(2) Nicht beihilfefähig sind die Aufwendungen für

1. die Beschaffung, den Betrieb und die technische Anbindung der zur Nutzung der digitalen Gesundheitsanwendung erforderlichen Endgeräte,
2. die zur Nutzung der digitalen Gesundheitsanwendung erforderlichen Telekommunikationsdienstleistungen,
3. Zweit- oder Mehrfachbeschaffungen der digitalen Gesundheitsanwendung zur Nutzung auf verschiedenen Endgeräten; dies gilt auch für eine teurere

Version der digitalen Gesundheitsanwendung, die Lizenzen für die Nutzung auf mehreren Endgeräten beinhaltet, und
4. Zubehör, das den allgemeinen Lebenshaltungskosten zuzurechnen ist wie zum Beispiel Aktualisierungs- oder Ergänzungssoftware für Betriebsprogramme, Kopfhörer, Mikrofone oder vergleichbare Hardware und digitale Waagen.

§ 26 Behandlung in zugelassenen Krankenhäusern

(1) Aufwendungen für Behandlungen in zugelassenen Krankenhäusern nach § 108 des Fünften Buches Sozialgesetzbuch sind beihilfefähig, soweit sie entstanden sind für

1. vorstationäre und nachstationäre Krankenhausbehandlungen nach § 115a des Fünften Buches Sozialgesetzbuch,
2. allgemeine Krankenhausleistungen (§ 2 Absatz 2 des Krankenhausentgeltgesetzes und § 2 Absatz 2 der Bundespflegesatzverordnung),
3. im Zusammenhang mit den Nummern 1 und 2 berechenbare Leistungen der Belegärztinnen und Belegärzte (§ 18 Absatz 1 Satz 2 des Krankenhausentgeltgesetzes),
4. die aus medizinischen Gründen notwendige Unterbringung einer Begleitperson im Krankenhaus (§ 2 Absatz 2 Satz 2 Nummer 3 des Krankenhausentgeltgesetzes),
5. Wahlleistungen in Form
   a) gesondert berechneter wahlärztlicher Leistungen im Sinne des § 17 des Krankenhausentgeltgesetzes und des § 16 Satz 2 der Bundespflegesatzverordnung,
   b) einer gesondert berechneten Unterkunft im Sinne des § 17 des Krankenhausentgeltgesetzes und des § 16 Satz 2 der Bundespflegesatzverordnung bis zur Höhe von 1,2 Prozent der oberen Grenze des einheitlichen Basisfallwertkorridors, der nach § 10 Absatz 9 des Krankenhausentgeltgesetzes vereinbart ist, täglich, und
   c) anderer im Zusammenhang mit Leistungen nach den Buchstaben a und b erbrachter ärztliche Leistungen oder Leistungen nach § 22.

(2) Ist bei einer stationären Behandlung die Anwesenheit einer Begleitperson aus medizinischen Gründen notwendig, eine Mitaufnahme in das Krankenhaus jedoch nicht möglich, sind Aufwendungen für die Unterbringung und Verpflegung der Begleitperson auch außerhalb des Krankenhauses bis zur Höhe der Kosten für eine Mitaufnahme der Begleitperson in das Krankenhaus beihilfefähig.

(3) Aufwendungen für eine stationsäquivalente psychiatrische Behandlung nach § 115d des Fünften Buches Sozialgesetzbuch sind beihilfefähig.

§ 26a Behandlung in nicht zugelassenen Krankenhäusern

(1) Aufwendungen für Behandlungen in Krankenhäusern, die die Voraussetzungen des § 107 Absatz 1 des Fünften Buches Sozialgesetzbuch erfüllen, aber nicht nach § 108 des Fünften Buches Sozialgesetzbuch zugelassen sind, sind wie folgt beihilfefähig:

1. bei Indikationen, die in Krankenhäusern mit einer Zulassung nach § 108 des Fünften Buches Sozialgesetzbuch mit Fallpauschalen nach dem Krankenhausentgeltgesetz abgerechnet werden:

   a) die Aufwendungen für die allgemeinen Krankenhausleistungen (§ 26 Absatz 1 Nummer 2) bis zu dem Betrag, der sich bei Anwendung des Fallpauschalenkatalogs nach § 9 Absatz 1 Nummer 1 des Krankenhausentgeltgesetzes unter Zugrundelegung des zum Zeitpunkt der Leistungserbringung geltenden, einheitlichen Basisfallwertes nach § 10 Absatz 9 Satz 5 und 6 des Krankenhausentgeltgesetzes für die Hauptabteilung ergibt,

   b) die nach § 17b Absatz 4 des Krankenhausfinanzierungsgesetzes ausgegliederten Pflegepersonalkosten, und zwar für jeden Belegungstag die maßgebliche Bewertungsrelation aus dem Pflegeerlöskatalog nach § 17b Absatz 4 Satz 5 des Krankenhausfinanzierungsgesetzes multipliziert mit dem in § 15 Absatz 2a Satz 1 des Krankenhausentgeltgesetzes genannten Betrag, und

   c) Zusatzentgelte bis zu der im Zusatzentgeltkatalog nach § 9 Absatz 1 Nummer 2 des Krankenhausentgeltgesetzes ausgewiesenen Höhe;

2. bei Indikationen, die in Krankenhäusern mit einer Zulassung nach § 108 des Fünften Buches Sozialgesetzbuch nach dem pauschalierenden Entgeltsystem für psychiatrische und psychosomatische Einrichtungen nach § 17d des Krankenhausfinanzierungsgesetzes und in psychosomatischen Einrichtungen abgerechnet werden:

   a) das nach Anlage 1a oder Anlage 2a des PEPP-Entgeltkatalogs berechnete Entgelt bei Anwendung des pauschalen Basisentgeltwertes in Höhe von 300 Euro,

   b) Zusatzentgelte bis zu den in Anlage 3 des PEPP-Entgeltkatalogs ausgewiesenen Beträgen und

   c) ergänzende Tagesentgelte nach Anlage 5 des PEPP-Entgeltkatalogs bei Anwendung des pauschalen Basisentgeltwertes von 300 Euro;

   maßgebend ist die jeweils geltende, auf der Internetseite des Instituts für das Entgeltsystem im Krankenhaus veröffentlichte Fassung des PEPP-Entgeltkatalogs,

3. gesondert berechnete Wahlleistungen für Unterkunft bis zur Höhe von 1,2 Prozent der oberen Grenze des einheitlichen Basisfallwertkorridors, der nach § 10 Absatz 9 des Krankenhausentgeltgesetzes vereinbart ist, täglich,
4. bei einer Notfallversorgung, wenn das nächstgelegene Krankenhaus aufgesucht werden musste,
5. die Unterbringung einer Begleitperson im Krankenhaus, soweit dies aus medizinischen Gründen notwendig ist (§ 2 Absatz 2 Satz 2 Nummer 3 des Krankenhausentgeltgesetzes).

(2) Ist bei einer stationären Behandlung die Anwesenheit einer Begleitperson aus medizinischen Gründen notwendig, eine Mitaufnahme in das Krankenhaus jedoch nicht möglich, sind Aufwendungen für die Unterbringung und Ver-

pflegung der Begleitperson auch außerhalb des Krankenhauses bis zur Höhe der Kosten für eine Mitaufnahme der Begleitperson in das Krankenhaus beihilfefähig.

(3) Gesondert in Rechnung gestellte Aufwendungen für ärztliche Leistungen sind, sofern die Abrechnung nach der Anlage zur Gebührenordnung für Ärzte erfolgt, neben den Aufwendungen nach Absatz 1 beihilfefähig.

(4) Mit den Beträgen nach Absatz 1 sind Aufwendungen für Leistungen abgegolten, die

1. von Krankenhäusern zusätzlich in Rechnung gestellt werden und
2. Bestandteile der allgemeinen Krankenhausleistungen nach § 2 Absatz 2 des Krankenhausentgeltgesetzes und § 2 Absatz 2 der Bundespflegesatzverordnung sind.

(5) Vor der Aufnahme in ein Krankenhaus nach Absatz 1 kann bei der Festsetzungsstelle eine Übersicht über die voraussichtlich entstehenden Kosten zur Prüfung der Beihilfefähigkeit eingereicht werden.

(6) Bei Personen, die nach § 3 beihilfeberechtigt sind oder die bei einer nach § 3 beihilfeberechtigten Person berücksichtigungsfähig sind, sind für Unterkunft und Verpflegung in ausländischen Krankenhäusern unter Berücksichtigung der besonderen Verhältnisse am Behandlungsort die entstandenen Aufwendungen abzüglich eines Betrages von 14,50 Euro täglich beihilfefähig, sofern die Unterbringung derjenigen in einem Zweibettzimmer im Inland nach § 26 Absatz 1 Nummer 5 Buchstabe b entspricht. Satz 1 gilt nicht, wenn aus medizinischen Gründen eine andere Unterbringung notwendig ist. Beihilfefähig sind auch Aufwendungen, die für den Einsatz von Unternehmen entstehen, die bei der Abrechnung von im Ausland erbrachten stationären Leistungen tätig werden.

§ 26b Übergangspflege im Krankenhaus

Aufwendungen für die in § 39e Absatz 1 Satz 1 und 2 des Fünften Buches Sozialgesetzbuch genannten Leistungen der Übergangspflege im Krankenhaus sind für zehn Tage je Krankenhausbehandlung beihilfefähig. Nicht beihilfefähig sind Aufwendungen für gesondert berechnete Wahlleistungen für Unterkunft.

§ 27 Häusliche Krankenpflege, Kurzzeitpflege bei fehlender Pflegebedürftigkeit

(1) Beihilfefähig sind Aufwendungen für häusliche Krankenpflege, soweit sie angemessen sind und wenn sie nach Bescheinigung durch eine Verordnerin oder einen Verordner nach Absatz 2 erforderlich sind und die Pflege

1. nicht länger als vier Wochen dauert,
2. weder von der beihilfeberechtigten oder berücksichtigungsfähigen Person noch von einer anderen im Haushalt lebenden Person durchgeführt werden kann und
3. im eigenen Haushalt oder an einem anderen geeigneten Ort erbracht wird.

Angemessen im Sinne des Satzes 1 sind Aufwendungen bis zur Höhe des tariflichen Entgelts einer Pflegekraft der öffentlichen oder frei gemeinnützigen Träger, die für die häusliche Krankenpflege in Betracht kommen. Sofern das

Entgelt für Pflegekräfte nicht tariflich geregelt ist, sind Aufwendungen im Sinne des Satzes 1 bis zur Höhe von 110 Prozent des regional üblichen Entlohnungsniveaus nach § 82c Absatz 2 Satz 1 des Elften Buches Sozialgesetzbuch angemessen. Bis zur jeweiligen Höhe nach den Sätzen 2 und 3 sind auch die Aufwendungen für eine Ersatzpflegekraft, die die Verordnerin oder der Verordner für geeignet erklärt, beihilfefähig. Liegt ein sachlicher Grund vor, so sind auch Aufwendungen beihilfefähig, die ihrer Höhe nach über der Höhe nach Satz 3 liegen.

(2) Verordnerin oder Verordner ist

1. im Rahmen der häuslichen Krankenpflege oder Kurzzeitpflege bei fehlender dauernder Pflegebedürftigkeit die Ärztin oder der Arzt,
2. im Rahmen der psychiatrischen häuslichen Krankenpflege
   a) die Fachärztin für Nervenheilkunde oder der Facharzt für Nervenheilkunde,
   b) die Fachärztin für Neurologie oder der Facharzt für Neurologie,
   c) die Fachärztin für psychosomatische Medizin und Psychotherapie oder der Facharzt für psychosomatische Medizin und Psychotherapie,
   d) die Fachärztin für Psychiatrie und Psychotherapie oder der Facharzt für Psychiatrie und Psychotherapie,
   e) die Fachärztin oder der Facharzt für Kinder- und Jugendpsychiatrie und -psychotherapie; in therapeutisch begründeten Fällen auch in der Übergangsphase ab dem vollendeten 18. Lebensjahr bis zur Vollendung des 21. Lebensjahres der Patientin oder des Patienten,
   f) die Psychologische Psychotherapeutin oder der Psychologische Psychotherapeut,
   g) die Kinder- und Jugendlichenpsychotherapeutin oder der Kinder- und Jugendlichenpsychotherapeut; in therapeutisch begründeten Fällen auch in der Übergangsphase ab dem vollendeten 18. Lebensjahr bis zur Vollendung des 21. Lebensjahres der Patientin oder des Patienten,
   h) die Fachärztin mit Zusatz-Weiterbildung Psychotherapie oder der Facharzt mit Zusatz-Weiterbildung Psychotherapie.

(3) Häusliche Krankenpflege nach Absatz 1 Satz 1 umfasst

1. Behandlungspflege, Grundpflege und hauswirtschaftliche Versorgung,
2. verrichtungsbezogene krankheitsspezifische Pflegemaßnahmen,
3. ambulante psychiatrische Krankenpflege und
4. ambulante Palliativversorgung.

Aufwendungen für die erforderliche Grundpflege und die hauswirtschaftliche Versorgung einer beihilfeberechtigten oder berücksichtigungsfähigen Person sind beihilfefähig bei

1. schwerer Erkrankung oder
2. akuter Verschlimmerung einer Erkrankung,

insbesondere nach einem Krankenhausaufenthalt, einer ambulanten Operation oder einer ambulanten Krankenhausbehandlung. Satz 2 gilt nicht im Fall einer Pflegebedürftigkeit der Pflegegrade 2 bis 5. Aufwendungen für medizinische Behandlungspflege beihilfeberechtigter und berücksichtigungsfähiger Personen in den in § 43a des Elften Buches Sozialgesetzbuch genannten vollstationären Einrichtungen oder in Räumlichkeiten der Hilfe für behinderte Menschen im Sinne von § 43a des Elften Buches Sozialgesetzbuch sind beihilfefähig, wenn ein besonders hoher Bedarf an medizinischer Behandlungspflege besteht und die Leistungserbringung nicht zu den Aufgaben der Einrichtungen oder Räumlichkeiten gehört.

(4) In Ausnahmefällen können die Aufwendungen für die häusliche Krankenpflege für einen längeren Zeitraum anerkannt werden, wenn eine durch eine Verordnerin oder einen Verordner ausgestellte Bescheinigung darüber vorgelegt wird, dass häusliche Krankenpflege über einen längeren Zeitraum notwendig ist. Die ambulante Palliativversorgung nach Absatz 3 Satz 1 Nummer 4 ist regelmäßig als Ausnahmefall zu werten. Ist eine Behandlungspflege erforderlich, um sicherzustellen, dass das Ziel der ärztlichen Behandlung erreicht wird, ist Absatz 1 Satz 1 Nummer 1 nicht anzuwenden.

(5) Wird häusliche Krankenpflege im Sinne der Absätze 1, 3 und 4 durch die Ehegattin, den Ehegatten, die Lebenspartnerin, den Lebenspartner, die Eltern oder die Kinder der gepflegten Person durchgeführt, sind nur beihilfefähig:

1. Aufwendungen für Fahrtkosten der die häusliche Krankenpflege durchführenden Person und
2. eine an die die häusliche Krankenpflege durchführende Person gezahlte Vergütung bis zur Höhe der infolge der häuslichen Krankenpflege ausgefallenen Arbeitseinkünfte.

(6) Ist häusliche Krankenpflege nach Absatz 1

1. bei schwerer Krankheit oder
2. wegen akuter Verschlimmerung einer Krankheit,

insbesondere nach einem Krankenhausaufenthalt, nach einer ambulanten Operation oder nach einer ambulanten Krankenhausbehandlung nicht ausreichend und liegt keine Pflegebedürftigkeit der Pflegegrade 2 bis 5 vor, sind Aufwendungen für eine Kurzzeitpflege entsprechend § 42 des Elften Buches Sozialgesetzbuch in zugelassenen Einrichtungen nach dem Elften Buch Sozialgesetzbuch oder in anderen geeigneten Einrichtungen beihilfefähig, wenn die Notwendigkeit der Kurzzeitpflege durch eine Verordnerin oder einen Verordner bescheinigt worden ist.

(7) Beihilfefähig sind auch Aufwendungen für die Versorgung chronischer und schwer heilender Wunden in spezialisierten Einrichtungen.

§ 27a Außerklinische Intensivpflege

(1) Aufwendungen für eine außerklinische Intensivpflege nach § 37c des Fünften Buches Sozialgesetzbuch sind beihilfefähig, wenn ein besonders hoher Bedarf an medizinischer Behandlungspflege besteht. Der besonders hohe Bedarf an medizinischer Behandlungspflege kann nachgewiesen werden durch

1. eine ärztliche Verordnung aus der, zum Beispiel aus den Angaben zur Dauer oder zum notwendigen Umfang der medizinischen Behandlungspflege, der

besonders hohe Bedarf an medizinischer Behandlungspflege, insbesondere der Bedarf zur Bedienung und Überwachung eines Beatmungsgerätes, hervorgeht, oder
2. die Feststellung eines besonders hohen Bedarfes an medizinischer Behandlungspflege durch einen Träger der gesetzlichen Krankenversicherung, ein Unternehmen der privaten Krankenversicherung oder die Postbeamtenkrankenkasse.

Spätestens zwölf Monate nach einer Erstausstellung oder einer Folgeausstellung ist ein erneuter Nachweis nach Satz 2 Nummer 1 oder nach Satz 2 Nummer 2 zu erbringen.

(2) Erfolgt die außerklinische Intensivpflege in einer vollstationären Pflegeeinrichtung, die Leistungen nach § 43 des Elften Buches Sozialgesetzbuch erbringt, sind unter Anrechnung des von der Pflegekasse nach § 43 Absatz 2 Satz 2 und Absatz 3 des Elften Buches Sozialgesetzbuch jeweils übernommenen Leistungsbetrags Aufwendungen beihilfefähig für

1. die Pflege und die Betreuung,
2. die medizinische Behandlungspflege nach § 43 Absatz 2 und 3 des Elften Buches Sozialgesetzbuch,
3. die betriebsnotwendigen Investitionskosten sowie
4. die Entgelte für Unterkunft und Verpflegung nach § 87 des Elften Buches Sozialgesetzbuch.

Nach dem Wegfall eines besonders hohen Bedarfs an medizinischer Behandlungspflege sind Aufwendungen in dem nach Satz 1 beihilfefähigen Umfang weiterhin beihilfefähig, wenn eine Pflegebedürftigkeit des Pflegegrades 2, 3, 4 oder 5 im Sinne des § 15 Absatz 3 Satz 4 Nummer 2 bis 5 des Elften Buches Sozialgesetzbuch festgestellt ist.

(3) Die in den §§ 27 und 39 genannten Aufwendungen sind nicht neben den in den Absätzen 1 und 2 genannten Aufwendungen beihilfefähig.

§ 28 Familien- und Haushaltshilfe

(1) Die Aufwendungen für eine Familien- und Haushaltshilfe sind pro Stunde bis zur Höhe des 1,17-fachen Betrages des sich aus § 1 Absatz 2 Satz 1 des Mindestlohngesetzes ergebenden Mindestlohns, aufgerundet auf volle Euro, beihilfefähig, wenn

1. die den Haushalt führende beihilfeberechtigte oder berücksichtigungsfähige Person den Haushalt wegen ihrer notwendigen außerhäuslichen Unterbringung (§ 24 Absatz 1 und 3, §§ 26, 26a und 32 Absatz 1, §§ 34 und 35 Absatz 1 Nummer 1 bis 5, §§ 39 und 40 Absatz 2) nicht weiterführen kann oder verstorben ist,
2. im Haushalt mindestens eine beihilfeberechtigte oder berücksichtigungsfähige Person verbleibt, die pflegebedürftig ist oder das zwölfte Lebensjahr noch nicht vollendet hat, und
3. keine andere im Haushalt lebende Person den Haushalt weiterführen kann.

In Ausnahmefällen kann im Hinblick auf die Fürsorgepflicht nach § 78 des Bundesbeamtengesetzes mit Zustimmung der obersten Dienstbehörde von diesen Voraussetzungen abgewichen werden.

(2) Aufwendungen für eine Familien- und Haushaltshilfe, deren Notwendigkeit ärztlich bescheinigt worden ist, sind in der in Absatz 1 bestimmten Höhe bis zu 28 Tagen beihilfefähig

1. bei schwerer Krankheit oder
2. bei akuter Verschlimmerung einer Krankheit,

insbesondere unmittelbar nach einem Krankenhausaufenthalt, unmittelbar nach einer ambulanten Operation oder unmittelbar nach einer ambulanten Krankenhausbehandlung. Satz 1 gilt auch für Alleinstehende. Absatz 1 Satz 2 und § 27 Absatz 5 gelten entsprechend.

(3) Nach dem Tod der haushaltführenden Person sind die Aufwendungen nach Absatz 1 für sechs Monate, in Ausnahmefällen für zwölf Monate, beihilfefähig. § 27 Absatz 5 gilt entsprechend.

(4) Werden statt der Inanspruchnahme einer Familien- und Haushaltshilfe berücksichtigungsfähige Personen, die das zwölfte Lebensjahr noch nicht vollendet haben, oder pflegebedürftige berücksichtigungsfähige oder selbst beihilfeberechtigte Personen in einem Heim oder in einem fremden Haushalt untergebracht, sind die Aufwendungen hierfür bis zu den sonst notwendigen Kosten einer Familien- und Haushaltshilfe beihilfefähig.

(5) Aufwendungen für notwendige Fahrtkosten sind in Höhe der Reisekostenvergütung nach den §§ 3, 4 und 5 Absatz 1 des Bundesreisekostengesetzes beihilfefähig.

§ 29 Familien- und Haushaltshilfe im Ausland

(1) Aufwendungen beihilfeberechtigter Personen nach § 3 für eine Familien- und Haushaltshilfe sind auch dann beihilfefähig, wenn

1. eine ambulante ärztliche Behandlung der beihilfeberechtigten oder berücksichtigungsfähigen Person, die den Haushalt allein führt, in einem anderen Land als dem Gastland notwendig ist,
2. mindestens eine berücksichtigungsfähige Person, die das vierte Lebensjahr noch nicht vollendet hat, im Haushalt zurückbleibt und
3. die Behandlung wenigstens zwei Übernachtungen erfordert.

(2) Im Geburtsfall sind die Aufwendungen für eine Familien- und Haushaltshilfe auch dann beihilfefähig, wenn eine sachgemäße ärztliche Versorgung am Dienstort nicht gewährleistet ist und der Dienstort wegen späterer Fluguntauglichkeit vorzeitig verlassen werden muss. Maßgeblich ist die ärztlich festgestellte notwendige Abwesenheitsdauer.

(3) Werden statt der Inanspruchnahme einer Familien- und Haushaltshilfe berücksichtigungsfähige Personen, die das vierte Lebensjahr noch nicht vollendet haben, beim Verlassen des Dienstortes mitgenommen, sind die hierfür notwendigen Fahrtkosten beihilfefähig. Übernehmen die Ehegattin, der Ehegatte, die Lebenspartnerin, der Lebenspartner, die Eltern oder die Kinder des die Familien- und Haushaltshilfe in Anspruch Nehmenden die Führung des Haushalts, sind die damit verbundenen Fahrtkosten bis zur Höhe der andernfalls für eine Familien- und Haushaltshilfe anfallenden Aufwendungen beihilfefähig.

§ 30 Soziotherapie

Aufwendungen für Soziotherapie sind beihilfefähig, wenn die beihilfeberechtigte oder berücksichtigungsfähige Person wegen einer schweren psychischen Erkrankung nicht in der Lage ist, ärztliche oder ärztlich verordnete Leistungen selbständig in Anspruch zu nehmen, und durch die Soziotherapie eine Krankenhausbehandlung vermieden oder verkürzt wird. Dies gilt auch, wenn die Krankenhausbehandlung geboten, aber nicht durchführbar ist. Inhalt und Ausgestaltung der Soziotherapie richten sich nach § 37a des Fünften Buches Sozialgesetzbuch.

§ 30a Neuropsychologische Therapie

(1) Aufwendungen für ambulante neuropsychologische Therapie sind beihilfefähig, wenn sie

1. der Behandlung akut erworbener Hirnschädigungen oder Hirnerkrankungen dienen, insbesondere nach Schlaganfall oder Schädel-Hirn-Trauma und
2. durchgeführt werden von Fachärztinnen oder Fachärzten
   a) für Neurologie,
   b) für Nervenheilkunde, Psychiatrie, Psychiatrie und Psychotherapie,
   c) Kinder- und Jugendmedizin mit Schwerpunkt Neuropädiatrie oder
   d) Neurochirurgie und Kinder- und Jugendpsychiatrie und -psychotherapie,
   die zusätzlich zu ihrer Gebietsbezeichnung über eine neuropsychologische Zusatzqualifikation verfügen.

Satz 1 gilt auch bei Behandlungen, die durchgeführt werden von

1. Psychotherapeutinnen oder Psychotherapeuten,
2. ärztlichen Psychotherapeutinnen oder Psychotherapeuten,
3. psychologischen Psychotherapeutinnen oder Psychotherapeuten oder
4. Kinder- und Jugendlichenpsychotherapeutinnen oder Kinder- und Jugendlichenpsychotherapeuten,

wenn diese über eine neuropsychologische Zusatzqualifikation verfügen. Der Umfang der beihilfefähigen Aufwendungen richtet sich nach Absatz 3.

(2) Nicht beihilfefähig sind Aufwendungen für eine ambulante neuropsychologische Therapie, wenn

1. ausschließlich angeborene Einschränkungen oder Behinderungen der Hirnleistungsfunktionen ohne sekundäre organische Hirnschädigung behandelt werden, insbesondere Aufmerksamkeitsdefizit-Syndrom mit oder ohne Hyperaktivität (ADHS oder ADS), Intelligenzminderung,
2. es sich um Hirnerkrankungen mit progredientem Verlauf im fortgeschrittenen Stadium, insbesondere mittel- und hochgradige Demenz vom Alzheimertyp, handelt,
3. die Hirnschädigung oder die Hirnerkrankung mit neuropsychologischen Defiziten bei erwachsenen Patientinnen und Patienten länger als fünf Jahre zurückliegt.

(3) Aufwendungen für neuropsychologische Behandlungen sind in folgendem Umfang beihilfefähig:

1. bis zu fünf probatorische Sitzungen sowie
2. bei Einzelbehandlung, gegebenenfalls unter Einbeziehung von Bezugspersonen

	wenn eine Behandlungseinheit mindestens 25 Minuten dauert	**wenn eine Behandlungseinheit mindestens 50 Minuten dauert**
Regelfall	120 Behandlungseinheiten	60 Behandlungseinheiten
Ausnahmefall	40 weitere Behandlungseinheiten	20 weitere Behandlungseinheiten

3. bei Gruppenbehandlung, bei Kindern und Jugendlichen, gegebenenfalls unter Einbeziehung von Bezugspersonen

wenn eine Behandlungseinheit mindestens 50 Minuten dauert	**wenn eine Behandlungseinheit mindestens 100 Minuten dauert**
80 Behandlungseinheiten	40 Behandlungseinheiten

Bei einer Kombination von Einzel- und Gruppenbehandlung ist die gesamte Behandlung nach Satz 1 Nummer 2 beihilfefähig.

§ 31 Fahrtkosten

(1) Beihilfefähig sind Aufwendungen für ärztlich verordnete Fahrten

1. im Zusammenhang mit einer stationären Krankenbehandlung einschließlich einer vor- und nachstationären Krankenbehandlung,
2. anlässlich einer Verlegung in ein anderes Krankenhaus,
3. anlässlich einer ambulanten Operation und damit in Zusammenhang stehenden Vor- oder Nachbehandlungen nur, wenn dadurch eine stationäre Krankenbehandlung verkürzt oder vermieden wird,
4. mit einem Krankentransportwagen, wenn während der Fahrt eine fachliche Betreuung oder eine fachgerechte Lagerung benötigt wird,
5. zur ambulanten Behandlung einer Erkrankung; Gesundheitsvorsorge- und Krebsfrüherkennungsuntersuchungen nach den §§ 25, 25a und 26 des Fünften Buches Sozialgesetzbuch einschließlich Schutzimpfungen im Sinne des § 2 Nummer 9 des Infektionsschutzgesetzes sowie die Versorgung einschließlich Diagnostik in einer geriatrischen Institutsambulanz nach § 118a des Fünften Buches Sozialgesetzbuch sind einer ambulanten Behandlung gleichzusetzen, oder
6. um ein untergebrachtes, schwer erkranktes Kind der beihilfeberechtigten oder berücksichtigungsfähigen Person zu besuchen, das das 18. Lebensjahr noch nicht vollendet hat und bei dem zur Sicherung des Therapieerfolgs regelmäßige Besuche der Eltern nötig sind.

Satz 1 gilt entsprechend für Fahrten, die durch Zahnärztinnen oder Zahnärzte oder durch Psychotherapeutinnen oder Psychotherapeuten nach § 28 Absatz 1 Satz 1 des Fünften Buches Sozialgesetzbuch verordnet worden sind, wenn die Fahrten im Zusammenhang mit einer zahnärztlichen oder psychotherapeutischen Behandlung stehen.

(2) Ohne ärztliche Verordnung sind Aufwendungen beihilfefähig für

1. Rettungsfahrten und -flüge, auch wenn eine stationäre Behandlung nicht erforderlich ist,

2. notwendige Fahrten zur ambulanten Dialyse, onkologischen Strahlentherapie, parenteralen antineoplastischen Arzneimitteltherapie oder parenteralen onkologischen Chemotherapie,
3. Fahrten nach Absatz 1 Nummer 1 bis 5 beihilfeberechtigter oder berücksichtigungsfähiger Personen
   a) mit einem Schwerbehindertenausweis mit dem Merkzeichen aG, Bl oder H oder
   b) der Pflegegrade 3 bis 5 oder
4. Fahrten anlässlich einer Verlegung in ein anderes Krankenhaus, wenn die Festsetzungsstelle der Verlegung zugestimmt hat.

Ist der Anlass der Fahrt aus den Belegen nicht ersichtlich, so ist dieser auf andere Weise nachzuweisen.

(3) Wirtschaftlich angemessen sind nur die Fahrten auf dem direkten Weg zwischen dem jeweiligen Aufenthaltsort der beihilfeberechtigten oder berücksichtigungsfähigen Person und dem Ort der nächst erreichbaren geeigneten Behandlungsmöglichkeit, außer es besteht ein zwingender medizinischer Grund für die Behandlung an einem entfernteren Ort.

(4) Erstattet werden:

1. bei Rettungsfahrten und -flügen sowie bei Fahrten mit Krankentransportwagen der nach dem jeweiligen Landes- oder Kommunalrecht berechnete Betrag; fehlt dieser, gilt § 6 Absatz 3 und 5 Satz 3 und Absatz 6,
2. bei Benutzung regelmäßig verkehrender Beförderungsmittel die Kosten in Höhe der niedrigsten Beförderungsklasse,
3. bei Benutzung eines privaten Kraftfahrzeugs die Kosten entsprechend § 5 Absatz 1 des Bundesreisekostengesetzes; bei gemeinsamer Fahrt einer beihilfeberechtigten oder berücksichtigungsfähigen Person mit weiteren beihilfeberechtigten oder berücksichtigungsfähigen Personen mit einem Kraftfahrzeug sind die Fahrtkosten insgesamt nur einmal beihilfefähig,
4. bei Fahrten mit einem Taxi, wenn ein öffentliches Verkehrsmittel nicht benutzt werden kann, die Kosten bis zur Höhe der nach der jeweiligen Taxiordnung berechneten Taxe.

(5) Nicht beihilfefähig sind

1. die Kosten für die Rückbeförderung wegen Erkrankung während einer Urlaubsreise oder einer anderen privaten Reise,
2. die Kosten für die Beförderung anderer Personen als der erkrankten beihilfeberechtigten oder berücksichtigungsfähigen Person, es sei denn, die Beförderung von Begleitpersonen ist medizinisch notwendig,
3. die Kosten für andere als die in Absatz 1 Nummer 6 genannten Besuchsfahrten,
4. die Fahrtkosten einschließlich Flugkosten anlässlich von Untersuchungen und Behandlungen außerhalb der Europäischen Union, sofern hierzu das Aufenthaltsland verlassen wird.

Kosten nach Satz 1 Nummer 4 sind ausnahmsweise beihilfefähig, wenn zwingende medizinische Gründe für Untersuchungen und Behandlungen außerhalb der Europäischen Union vorliegen. Die Festsetzungsstelle entscheidet in

Fällen des Satzes 2 mit Zustimmung der obersten Dienstbehörde. Die Erteilung der Zustimmung bedarf des Einvernehmens des Bundesministeriums des Innern und für Heimat.

(6) Ist für Personen, die nach § 3 beihilfeberechtigt oder bei einer nach § 3 beihilfeberechtigten Person berücksichtigungsfähig sind, in Krankheits- oder Geburtsfällen eine notwendige medizinische Versorgung im Gastland nicht gewährleistet, sind die Kosten der Beförderung zum nächstgelegenen geeigneten Behandlungsort einschließlich der Kosten für die Rückfahrt beihilfefähig, wenn

1. eine sofortige Behandlung geboten war oder
2. die Festsetzungsstelle die Beihilfefähigkeit dieser Aufwendungen vorher dem Grunde nach anerkannt hat; in Ausnahmefällen kann die Anerkennung nachträglich erfolgen.

Die Hin- und Rückfahrt gelten als eine Fahrt.

§ 32 Unterkunftskosten

(1) Aufwendungen für die Unterkunft anlässlich notwendiger auswärtiger ambulanter ärztlicher, zahnärztlicher oder psychotherapeutischer Leistungen sind bis 150 Prozent des Betrags nach § 7 Absatz 1 Satz 1 des Bundesreisekostengesetzes beihilfefähig. Ist eine Begleitperson medizinisch erforderlich, sind Aufwendungen für deren Unterkunft in gleicher Höhe beihilfefähig.

(2) Werden ärztlich verordnete Heilmittel in einer Einrichtung verabreicht, die der Betreuung und der Behandlung von Kranken oder Behinderten dient, sind auch Pauschalen beihilfefähig. Dies gilt auch, wenn die Pauschalen einen Verpflegungsanteil enthalten.

(3) Aufwendungen nach den Absätzen 1 und 2 sind bei Personen, die nach § 3 beihilfeberechtigt oder bei einer nach § 3 beihilfeberechtigten Person berücksichtigungsfähig sind, auch dann beihilfefähig, wenn sie außerhalb des Gastlandes erbracht werden. Aufwendungen für eine Unterkunft im Ausland sind bis zur Höhe von 150 Prozent des Auslandsübernachtungsgelds (§ 3 Absatz 1 der Auslandsreisekostenverordnung) beihilfefähig.

§ 33 Lebensbedrohliche oder regelmäßig tödlich verlaufende Krankheiten

Beihilfefähig sind Aufwendungen für medizinische Leistungen anlässlich einer lebensbedrohlichen Erkrankung, anlässlich einer im Regelfall tödlich verlaufenden Erkrankung oder anlässlich einer Erkrankung, die diesen beiden Arten von Erkrankungen wertungsmäßig vergleichbar ist, wenn

1. eine allgemein anerkannte, dem medizinischen Standard entsprechende Behandlung nicht zur Verfügung steht und
2. eine nicht ganz entfernt liegende Aussicht auf Heilung oder auf eine spürbare positive Einwirkung auf den Krankheitsverlauf besteht.

Die Festsetzungsstelle entscheidet in Fällen des Satzes 1 im Einvernehmen mit der obersten Dienstbehörde. Die oberste Dienstbehörde hat vor ihrer Zustimmung das Einvernehmen mit dem Bundesministerium des Innern und für Heimat herzustellen.

Abschnitt 3
Rehabilitation

§ 34 Anschlussheil- und Suchtbehandlungen

(1) Aufwendungen für ärztlich verordnete Anschlussheilbehandlungen, die als medizinische Rehabilitationsmaßnahmen in Rehabilitationseinrichtungen, mit denen ein Versorgungsvertrag nach § 111 Absatz 2 Satz 1 oder § 111c des Fünften Buches Sozialgesetzbuch besteht, durchgeführt werden, sind beihilfefähig. Eine Anschlussheilbehandlung im Sinne des Satzes 1 liegt vor, wenn sich die Rehabilitationsmaßnahme an einen Krankenhausaufenthalt zur Behandlung einer schwerwiegenden Erkrankung anschließt oder im Zusammenhang mit einer Krankenhausbehandlung steht. Satz 1 gilt auch für Anschlussheilbehandlungen, wenn diese nach einer ambulanten Operation, Strahlen- oder Chemotherapie notwendig sind.

(2) Aufwendungen für ärztlich verordnete Suchtbehandlungen, die als medizinische Rehabilitationsmaßnahmen oder Entwöhnungen in Rehabilitationseinrichtungen, mit denen ein Versorgungsvertrag nach § 111 Absatz 2 Satz 1 des Fünften Buches Sozialgesetzbuch besteht, durchgeführt werden, sind beihilfefähig. Aufwendungen für die ambulante Nachsorge nach einer stationären Entwöhnungsbehandlung sind in angemessener Höhe beihilfefähig.

(3) Die Beihilfefähigkeit nach den Absätzen 1 und 2 setzt voraus, dass die ärztliche Verordnung die Rehabilitationsmaßnahme jeweils nach Art und Dauer begründet. Die Einrichtung muss für die Durchführung der Anschlussheil- oder Suchtbehandlung geeignet sein. Maßnahmen nach Absatz 2 sind nur nach Zustimmung durch die Festsetzungsstelle beihilfefähig. In Ausnahmefällen kann die Zustimmung nachträglich erfolgen.

(4) § 26 Absatz 1 Nummer 5, § 35 Absatz 2 Satz 1 und 2 Nummer 2 bis 4 und 5 Buchstabe a und b gelten entsprechend, jedoch ohne die zeitliche Begrenzung nach § 35 Absatz 2 Satz 2 Nummer 5 Buchstabe a und b auf 21 Tage.

(5) Kosten für die Hin- und Rückfahrt einschließlich Gepäckbeförderung sind beihilfefähig

1. bei einem aus medizinischen Gründen notwendigen Transport mit einem Krankentransportwagen nach § 31 Absatz 4 Nummer 1,
2. bei Fahrten mit regelmäßig verkehrenden Beförderungsmitteln in Höhe der tatsächlichen Aufwendungen bis zu den für Fahrten in der niedrigsten Beförderungsklasse anfallenden Kosten,
3. bei Benutzung eines privaten Kraftfahrtzeugs entsprechend § 5 Absatz 1 des Bundesreisekostengesetzes, jedoch nicht mehr als 200 Euro für die Gesamtmaßnahme,
4. bei Benutzung eines Taxis nur, wenn der Festsetzungsstelle auf Grund einer ärztlichen Bestätigung die Notwendigkeit der Beförderung nachgewiesen wird und die Festsetzungsstelle die Aufwendungen vorher anerkannt hat,
5. bei Fahrten zu und von ambulanten Maßnahmen, wenn die Fahrten entweder durch die Rehabilitationseinrichtung selbst oder durch einen von ihr beauftragten Dienstleister durchgeführt werden, jedoch nicht mehr als 10 Euro pro Behandlungstag.

(6) Werden unter den Voraussetzungen des Absatzes 3 Rehabilitationsmaßnahmen nach Absatz 1 oder Absatz 2 in Rehabilitationseinrichtungen durchgeführt, mit denen kein Versorgungsvertrag nach § 111 Absatz 2 Satz 1 des Fünften Buches Sozialgesetzbuch besteht, sind Aufwendungen nur entsprechend den §§ 12, 13, 18, 22 bis 25, 26a und § 35 Absatz 2 Satz 2 Nummer 2 bis 4 beihilfefähig.

§ 35 Rehabilitationsmaßnahmen

(1) Beihilfefähig sind Aufwendungen für

1. stationäre Rehabilitationsmaßnahmen in Vorsorge- oder Rehabilitationseinrichtungen, mit denen ein Versorgungsvertrag nach § 111 Absatz 2 Satz 1 des Fünften Buches Sozialgesetzbuch besteht oder in Vorsorge- oder Rehabilitationseinrichtungen in anderen Mitgliedstaaten der Europäischen Union, die im jeweiligen nationalen System der Krankenversicherung zur Versorgung der Versicherten berechtigt sind,
2. Mutter-Kind- oder Vater-Kind-Rehabilitationsmaßnahmen in Vorsorge- oder Rehabilitationseinrichtungen, mit denen ein Versorgungsvertrag nach § 111a des Fünften Buches Sozialgesetzbuch besteht,
3. ärztlich verordnete familienorientierte Rehabilitation für berücksichtigungsfähige Kinder, die an schweren chronischen Erkrankungen, insbesondere Krebserkrankungen oder Mukoviszidose, leiden oder deren Zustand nach Operationen am Herzen oder nach Organtransplantationen eine solche Maßnahme erfordert,
4. ambulante Rehabilitationsmaßnahmen unter ärztlicher Leitung nach einem Rehabilitationsplan in einem anerkannten Heilbad oder Kurort zur Wiederherstellung oder Erhaltung der Dienstfähigkeit sowie zur Verhütung oder Vermeidung von Krankheiten oder deren Verschlimmerung für beihilfeberechtigte Personen nach § 2 Abs. 1 Nr. 1,
5. ärztlich verordnete ambulante Rehabilitationsmaßnahmen in Rehabilitationseinrichtungen oder durch wohnortnahe Einrichtungen und
6. ärztlich verordneten Rehabilitationssport entsprechend der Rahmenvereinbarung über den Rehabilitationssport und das Funktionstraining der Bundesarbeitsgemeinschaft für Rehabilitation.

Das Bundesministerium des Innern und für Heimat gibt die Übersicht der anerkannten Heilbäder und Kurorte durch Rundschreiben bekannt. Die Unterkunft muss sich am Heilbad oder Kurort befinden.

(2) Für Rehabilitationsmaßnahmen nach Absatz 1 Satz 1 sind Aufwendungen nach den §§ 12, 13, 18, 22 bis 25 und 26 Absatz 1 Nummer 5 beihilfefähig. Daneben sind bei Leistungen nach Absatz 1 Nummer 1 bis 4 beihilfefähig:

1. Kosten für die Hin- und Rückfahrt einschließlich Gepäckbeförderung
   a) bei einem aus medizinischen Gründen notwendigen Transport mit einem Krankentransportwagen nach § 31 Absatz 4 Nummer 1,
   b) bei Fahrten mit regelmäßig verkehrenden Beförderungsmitteln in Höhe der tatsächlichen Aufwendungen bis zu den in der niedrigsten Beförderungsklasse anfallenden Kosten, insgesamt jedoch nicht mehr als 200 Euro für die Gesamtmaßnahme,

   c) bei Benutzung eines privaten Kraftfahrzeugs nach § 31 Absatz 4 Nummer 3, jedoch nicht mehr als 200 Euro für die Gesamtmaßnahme,
   d) bei Benutzung eines Taxis nur in Fällen des Absatzes 1 Satz 1 Nummer 1 oder § 31 Absatz 2 Nummer 3 unter Beachtung des § 36 Absatz 1 Satz 2 Nummer 4,
2. nachgewiesener Verdienstausfall einer Begleitperson,
3. Aufwendungen für Kurtaxe, auch für die Begleitperson,
4. Aufwendungen für einen ärztlichen Schlussbericht,
5. Aufwendungen für Unterkunft und Verpflegung
   a) bei stationären Rehabilitationsmaßnahmen einschließlich der pflegerischen Leistungen bis zur Höhe des niedrigsten Satzes der Einrichtung für höchstens 21 Tage ohne An- und Abreisetage, es sei denn, eine Verlängerung ist aus gesundheitlichen Gründen dringend erforderlich,
   b) der Begleitperson bei stationären Rehabilitationsmaßnahmen für höchstens 21 Tage ohne An- und Abreisetage bis zur Höhe des niedrigsten Satzes, es sei denn, eine Verlängerung ist aus gesundheitlichen Gründen der oder des Begleiteten dringend erforderlich,
   c) bei Mutter-Kind- oder Vater-Kind-Rehabilitationsmaßnahmen für höchstens 21 Tage ohne An- und Abreisetage in Höhe der Entgelte, die die Einrichtung einem Sozialleistungsträger in Rechnung stellt,
   d) bei ambulanten Rehabilitationsmaßnahmen nach Absatz 1 Satz 1 Nummer 4 in Höhe von 16 Euro täglich für höchstens 21 Tage ohne An- und Abreisetage und
   e) der Begleitperson bei ambulanten Rehabilitationsmaßnahmen nach Absatz 1 Satz 1 Nummer 4 in Höhe von 13 Euro täglich für höchstens 21 Tage ohne An- und Abreisetage.

Aufwendungen für eine Begleitperson sind nur beihilfefähig, wenn die medizinische Notwendigkeit einer Begleitung aus einer ärztlichen Bescheinigung nach § 36 Absatz 1 Satz 2 hervorgeht; bei Personen bis zum vollendeten zwölften Lebensjahr wird die medizinische Notwendigkeit der Begleitung unterstellt. Bei Leistungen nach Absatz 1 Satz 1 Nummer 5 sind nachgewiesene Fahrtkosten bis zu 10 Euro pro Behandlungstag für die Hin- und Rückfahrt beihilfefähig, sofern die Rehabilitationseinrichtung keine kostenfreie Transportmöglichkeit anbietet. Bei der Nutzung eines privaten Kraftfahrzeugs oder eines anderen motorgetriebenen Fahrzeugs gilt § 5 Absatz 1 des Bundesreisekostengesetzes entsprechend. Aufwendungen für Leistungen nach Absatz 1 Satz 1 Nummer 6 sind bis zur Höhe des Betrages nach Anlage 9 Abschnitt 1 Nummer 7 je Übungseinheit beihilfefähig.

(3) Ist bei einer stationären Rehabilitationsmaßnahme die Anwesenheit einer Begleitperson aus medizinischen Gründen notwendig, eine Mitaufnahme in der stationären Rehabilitationseinrichtung jedoch nicht möglich, sind Aufwendungen für Unterbringung und Verpflegung der Begleitperson außerhalb der Rehabilitationseinrichtung bis zur Höhe der Kosten nach Absatz 2 Satz 2 Nummer 5 Buchstabe b beihilfefähig.

§ 36 Voraussetzungen für Rehabilitationsmaßnahmen

(1) Aufwendungen für Rehabilitationsmaßnahmen nach § 35 Absatz 1 Satz 1 Nummer 1, 2 und 4 sind nur beihilfefähig, wenn die Festsetzungsstelle auf Antrag die Beihilfefähigkeit vor Beginn der Rehabilitationsmaßnahme anerkannt hat. Die Anerkennung setzt voraus, dass eine ärztliche Bescheinigung Aussagen dazu trifft, dass

1. die Rehabilitationsmaßnahme medizinisch notwendig ist,
2. bei Rehabilitationsmaßnahmen nach § 35 Absatz 1 Satz 1 Nummer 1 und 4 eine ambulante ärztliche Behandlung und die Anwendung von Heilmitteln am Wohnort wegen erheblich beeinträchtigter Gesundheit nicht ausreichen, um die Rehabilitationsziele zu erreichen,
3. bei stationären Rehabilitationsmaßnahmen nach § 35 Absatz 1 Satz 1 Nummer 1 ein gleichwertiger Erfolg nicht auch durch eine ambulante Rehabilitationsmaßnahme nach § 35 Absatz 1 Satz 1 Nummer 4 erzielt werden kann; dies gilt nicht, wenn eine beihilfeberechtigte oder berücksichtigungsfähige Person eine Angehörige oder einen Angehörigen pflegt,
4. eine Fahrt mit einem Taxi nach § 35 Absatz 2 Satz 2 Nummer 1 Buchstabe d medizinisch notwendig ist, und
5. eine Begleitperson medizinisch notwendig ist.

Der ärztlichen Bescheinigung steht bei Diagnosen aus dem Indikationsspektrum zur Anwendung von Psychotherapie nach den §§ 19 bis 21 und 30a die Bescheinigung durch eine Psychologische Psychotherapeutin oder einen Psychologischen Psychotherapeuten oder durch eine Kinder- und Jugendlichenpsychotherapeutin oder einen Kinder- und Jugendlichenpsychotherapeuten gleich. Für die Anerkennung von Rehabilitationsmaßnahmen nach § 35 Absatz 1 Satz 1 Nummer 1 ist eine ärztliche Bescheinigung nicht notwendig, wenn die beihilfeberechtigte oder berücksichtigungsfähige Person mit der Mitteilung der Entscheidung über die Pflegebedürftigkeit eine Rehabilitationsempfehlung erhalten hat, aus der hervorgeht, dass die Durchführung einer solchen Rehabilitationsmaßnahme angezeigt ist. Wird die Rehabilitationsmaßnahme nicht innerhalb von vier Monaten nach Anerkennung begonnen, entfällt der Anspruch auf Beihilfe zu der anerkannten Rehabilitationsmaßnahme. In Ausnahmefällen kann die Anerkennung auch nachträglich erfolgen.

(2) Die Anerkennung von Rehabilitationsmaßnahmen nach Absatz 1 ist nicht zulässig, wenn im laufenden oder den drei vorherigen Kalenderjahren eine als beihilfefähig anerkannte Rehabilitationsmaßnahme nach Absatz 1 durchgeführt wurde, es sei denn, nach der ärztlichen Bescheinigung ist aus medizinischen Gründen eine Rehabilitationsmaßnahme nach Absatz 1 in einem kürzeren Zeitabstand dringend notwendig.

(3) Für Personen, die nach § 3 beihilfeberechtigt oder bei einer nach § 3 beihilfeberechtigten Person berücksichtigungsfähig sind, sind Aufwendungen für eine Rehabilitationsmaßnahme im Sinne des § 35 Absatz 1 Satz 1 Nummer 1 in einer ausländischen Einrichtung außerhalb der Europäischen Union auch beihilfefähig, wenn vor Beginn der Maßnahme die oder der von der Festsetzungsstelle beauftragte Ärztin oder Arzt die Einrichtung für geeignet erklärt hat und die stationäre Rehabilitationsmaßnahme nicht in einem Staat der Eu-

ropäischen Union durchgeführt werden kann. Dem Antrag auf Anerkennung der Beihilfefähigkeit sind Unterlagen über die in Aussicht genommene Einrichtung beizufügen. Wird eine Rehabilitationsmaßnahme nach § 35 Absatz 1 Satz 1 Nummer 1 bis 4 in einem Staat der Europäischen Union durchgeführt, sind die Beförderungskosten zwischen dem Auslandsdienstort und dem Behandlungsort beihilfefähig, wenn die An- und Abreise nicht mit einer Heimaturlaubsreise oder einer anderen amtlich bezahlten Reise verbunden werden kann. Dies gilt auch, wenn eine Rehabilitationsmaßnahme auf Grund der in § 9 Abs. 1 erwähnten Rechtsvorschriften oder arbeitsvertraglichen Vereinbarungen gewährt wird, soweit der Kostenträger Fahrtkosten für die Abreise vom und die Anreise zum Auslandsdienstort nicht übernimmt und die Festsetzungsstelle die Beihilfefähigkeit der Fahrtkosten vorher dem Grunde nach anerkannt hat.

Kapitel 3
Aufwendungen in Pflegefällen

§ 37 Pflegeberatung, Anspruch auf Beihilfe für Pflegeleistungen

(1) Der Bund beteiligt sich an den personenbezogenen Kosten der Träger für eine Pflegeberatung nach § 7a des Elften Buches Sozialgesetzbuch, wenn

1. beihilfeberechtigte und berücksichtigungsfähige Personen Leistungen der Pflegeversicherung
   a) beziehen oder
   b) beantragt haben und erkennbar Hilfe- und Beratungsbedarf besteht und
2. eine entsprechende Vereinbarung des Bundes und den Trägern der Pflegeberatung nach § 7a des Elften Buches Sozialgesetzbuch besteht.

Der von der Festsetzungsstelle zu zahlende Betrag wird durch Rundschreiben des Bundesministeriums des Innern und für Heimat bekanntgegeben.

(2) Beihilfeberechtigte und berücksichtigungsfähige Personen erhalten Beihilfe zu Pflegeleistungen nach Maßgabe der §§ 38 bis 38g und der §§ 39 bis 39b, wenn sie pflegebedürftig im Sinne der §§ 14 und 15 des Elften Buches Sozialgesetzbuch sind.

§ 38 Anspruchsberechtigte bei Pflegeleistungen

Aufwendungen für Pflegeleistungen sind nur beihilfefähig bei beihilfeberechtigten oder berücksichtigungsfähigen Personen

1. der Pflegegrade 2 bis 5 nach Maßgabe der §§ 38a bis 39a und
2. des Pflegegrades 1 nach § 39b.

§ 38a Häusliche Pflege

(1) Aufwendungen für häusliche Pflege entsprechend § 36 Absatz 1 und 2 des Elften Buches Sozialgesetzbuch in Form von körperbezogenen Pflegemaßnahmen, pflegerischen Betreuungsmaßnahmen und Hilfen bei der Haushaltsführung sind in Höhe der in § 36 Absatz 3 des Elften Buches Sozialgesetzbuch genannten Beträge beihilfefähig. Voraussetzung ist, dass die häusliche Pflege durch geeignete Pflegekräfte erbracht wird, die in einem Vertragsverhältnis

zur Pflegekasse oder zu einer ambulanten Pflegeeinrichtung stehen, mit der die jeweilige Pflegekasse einen Versorgungsvertrag abgeschlossen hat. Satz 1 ist nicht anwendbar, wenn Aufwendungen wegen desselben Sachverhalts für eine häusliche Krankenpflege nach § 27 beihilfefähig sind. § 36 Absatz 4 Satz 1 des Elften Buches Sozialgesetzbuch gilt entsprechend.

(2) Aufwendungen für Leistungen

1. zur Entlastung pflegender Angehöriger und vergleichbar nahestehender Pflegepersonen in ihrer Eigenschaft als Pflegende oder
2. zur Förderung der Selbständigkeit und Selbstbestimmtheit der pflegebedürftigen Personen bei der Gestaltung ihres Alltags

sind entsprechend den §§ 45a und 45b des Elften Buches Sozialgesetzbuch beihilfefähig.

(3) Anstelle der Beihilfe nach Absatz 1 wird eine Pauschalbeihilfe gewährt, sofern die häusliche Pflege durch andere als die in Absatz 1 Satz 2 genannten Pflegekräfte erfolgt. Die Höhe der Pauschalbeihilfe richtet sich dabei nach § 37 Absatz 1 des Elften Buches Sozialgesetzbuch. Ein aus der privaten oder der sozialen Pflegeversicherung zustehendes Pflegegeld und entsprechende Erstattungen oder Sachleistungen auf Grund sonstiger Rechtsvorschriften sind auf Pauschalbeihilfen anzurechnen. Beihilfeberechtigte oder berücksichtigungsfähige Personen, die nicht gegen das Risiko der Pflegebedürftigkeit versichert sind, erhalten die Pauschalbeihilfe zur Hälfte.

(4) Besteht der Anspruch auf Pauschalbeihilfe nicht für einen vollen Kalendermonat, wird die Pauschalbeihilfe für den Teilmonat nur anteilig gewährt; dabei ist ein Kalendermonat mit 30 Tagen anzusetzen. Pauschalbeihilfe wird fortgewährt

1. während einer Verhinderungspflege nach § 38c für bis zu sechs Wochen je Kalenderjahr, im Fall des § 39 Absatz 4 Satz 1 des Elften Buches Sozialgesetzbuch für bis zu acht Wochen je Kalenderjahr, und
2. während einer Kurzzeitpflege nach § 38e für bis zu acht Wochen je Kalenderjahr.

Die Höhe der fortgewährten Pauschalbeihilfe beträgt die Hälfte der vor Beginn der Verhinderungs- oder Kurzzeitpflege geleisteten Pauschalbeihilfe. Verstirbt die pflegebedürftige Person, wird die Pauschalbeihilfe bis zum Ende des Kalendermonats gewährt, in dem der Tod eingetreten ist.

(5) Pauschalbeihilfe wird nicht gewährt, sofern ein Anspruch nach den §§ 74 bis 76 des Vierzehnten Buches Sozialgesetzbuch oder nach § 17 Absatz 1 des Soldatenentschädigungsgesetzes besteht.

(6) Beihilfefähig sind auch Aufwendungen für Beratungsbesuche im Sinne des § 37 Absatz 3 bis 3b des Elften Buches Sozialgesetzbuch, sofern für den jeweiligen Beratungsbesuch Anspruch auf Zahlung eines Zuschusses durch die private oder soziale Pflegeversicherung besteht. § 37 Absatz 4 Satz 1 des Elften Buches Sozialgesetzbuch bleibt unberührt. Der Umfang der beihilfefähigen Aufwendungen bestimmt sich entsprechend § 37 Absatz 3c des Elften Buches Sozialgesetzbuch. § 37 Absatz 6 des Elften Buches Sozialgesetzbuch gilt entsprechend.

§ 38b Kombinationsleistungen

(1) Erfolgt die häusliche Pflegehilfe nach § 38a Absatz 1 nur teilweise durch eine geeignete Pflegekraft, die die Voraussetzungen nach § 38a Absatz 1 Satz 2 erfüllt, wird neben der Beihilfe anteilige Pauschalbeihilfe nach § 38a Absatz 3 gewährt. Die Pauschalbeihilfe wird um den Prozentsatz vermindert, zu dem Beihilfe nach § 38a Absatz 1 gewährt wird.

(2) Die anteilige Pauschalbeihilfe wird fortgewährt

1. während einer Verhinderungspflege nach § 38c für bis zu sechs Wochen je Kalenderjahr, im Fall des § 39 Absatz 4 Satz 1 des Elften Buches Sozialgesetzbuch für bis zu acht Wochen je Kalenderjahr, und
2. während einer Kurzzeitpflege nach § 38e für bis zu acht Wochen je Kalenderjahr.

Die Höhe der fortgewährten Pauschalbeihilfe beträgt die Hälfte der vor Beginn der Verhinderungs- oder Kurzzeitpflege geleisteten Pauschalbeihilfe.

(3) Pflegebedürftige Personen in vollstationären Einrichtungen der Hilfe für behinderte Menschen erhalten ungeminderte Pauschalbeihilfe anteilig für die Tage, an denen sie sich in häuslicher Pflege befinden.

§ 38c Verhinderungspflege, Versorgung der pflegebedürftigen Person bei Inanspruchnahme von Vorsorge- oder Rehabilitationsleistungen durch die Pflegeperson

(1) Ist eine Pflegeperson wegen Erholungsurlaubs oder Krankheit oder aus anderen Gründen an der häuslichen Pflege gehindert, so sind Aufwendungen für eine notwendige Ersatzpflege entsprechend § 39 des Elften Buches Sozialgesetzbuch beihilfefähig.

(2) Aufwendungen für eine Versorgung der pflegebedürftigen beihilfeberechtigten oder berücksichtigungsfähigen Person in zugelassenen Vorsorge- oder Rehabilitationseinrichtungen sind nach § 42a Absatz 1 Satz 1, Absatz 2 und Absatz 5 Satz 2 des Elften Buches Sozialgesetzbuch nur beihilfefähig, wenn kein Anspruch nach § 40 Absatz 3a Satz 1 des Fünften Buches Sozialgesetzbuch besteht. Für die Fahrtkosten gilt § 34 Absatz 5 entsprechend. Abweichend von § 38a Absatz 4 Satz 2 ruhen Ansprüche nach § 38a einschließlich der Pauschalbeihilfe, solange sich die Pflegeperson in der Vorsorge- und Rehabilitationseinrichtung befindet und die pflegebedürftige beihilfeberechtigte oder berücksichtigungsfähige Person nach Satz 1 versorgt wird. Erfolgt die Versorgung der pflegebedürftigen Person nach § 42a Absatz 2 Satz 3 des Elften Buches Sozialgesetzbuch in einer zugelassenen vollstationären Pflegeeinrichtung, so sind die pflegebedingten Aufwendungen einschließlich der Aufwendungen für Betreuung, der Aufwendungen für Leistungen der medizinischen Behandlungspflege sowie der Entgelte für Unterkunft und Verpflegung und der betriebsnotwendigen Investitionsaufwendungen im Umfang des für diese Pflegeeinrichtung geltenden Gesamtheimentgelts beihilfefähig.

§ 38d Teilstationäre Pflege

(1) Aufwendungen für teilstationäre Pflege in Einrichtungen der Tages- oder Nachtpflege sind entsprechend § 41 Absatz 2 des Elften Buches Sozialgesetzbuch beihilfefähig, wenn

1. häusliche Pflege nicht in ausreichendem Umfang sichergestellt werden kann oder
2. die teilstationäre Pflege zur Ergänzung oder Stärkung der häuslichen Pflege erforderlich ist.

(2) Die teilstationäre Pflege umfasst auch die notwendige Beförderung der pflegebedürftigen Person von der Wohnung zur Einrichtung der Tages- oder Nachtpflege und zurück.

(3) Aufwendungen für Leistungen der teilstationären Pflege sind neben den Aufwendungen nach § 38a Absatz 1 oder 3 oder nach § 38b beihilfefähig.

§ 38e Kurzzeitpflege

Kann die häusliche Pflege zeitweise nicht, noch nicht oder nicht im erforderlichen Umfang erbracht werden und reicht auch teilstationäre Pflege nicht aus, sind Aufwendungen für Kurzzeitpflege entsprechend § 42 des Elften Buches Sozialgesetzbuch beihilfefähig.

§ 38f Ambulant betreute Wohngruppen

Entstehen Aufwendungen nach § 38a Absatz 1, 2 oder 3 oder nach § 38b in ambulant betreuten Wohngruppen und sind auch die Voraussetzungen nach § 38a Absatz 1 des Elften Buches Sozialgesetzbuch erfüllt, wird eine weitere Beihilfe entsprechend § 38a Absatz 1 des Elften Buches Sozialgesetzbuch zum jeweiligen Bemessungssatz gewährt. Daneben sind Aufwendungen im Rahmen der Anschubfinanzierung zur Gründung ambulant betreuter Wohngruppen entsprechend § 45e des Elften Buches Sozialgesetzbuch beihilfefähig.

§ 38g Pflegehilfsmittel, Maßnahmen zur Verbesserung des Wohnumfeldes, digitale Pflegeanwendungen und ergänzende Unterstützungsleistungen bei der Nutzung digitaler Pflegeanwendungen

(1) Beihilfefähig sind Aufwendungen für

1. Pflegehilfsmittel nach § 40 Absatz 1 bis 3 und 5 des Elften Buches Sozialgesetzbuch und
2. Maßnahmen zur Verbesserung des Wohnumfeldes der pflegebedürftigen Person nach § 40 Absatz 4 des Elften Buches Sozialgesetzbuch.

Die Aufwendungen nach Satz 1 sind nur beihilfefähig, wenn auch ein Anspruch auf anteilige Zuschüsse für die jeweiligen Leistungen gegen die private oder soziale Pflegeversicherung besteht. Bei privater Pflegeversicherung ist derjenige Betrag dem Grunde nach beihilfefähig, der für die Berechnung der anteiligen Versicherungsleistungen zugrunde gelegt worden ist.

(2) Beihilfefähig sind Aufwendungen für

1. digitale Pflegeanwendungen bei häuslicher Pflege entsprechend § 40a des Elften Buches Sozialgesetzbuch unter der Voraussetzung, dass die Notwendigkeit der Versorgung mit digitalen Pflegeanwendungen durch die private oder soziale Pflegeversicherung anerkannt wurde, und
2. ergänzende Unterstützungsleistungen bei der Nutzung digitaler Pflegeanwendungen entsprechend § 39a des Elften Buches Sozialgesetzbuch.

Die Aufwendungen nach Satz 1 sind insgesamt nur bis zur Höhe des in § 40b Absatz 1 des Elften Buches Sozialgesetzbuch genannten Betrages beihilfefähig.

§ 38h Leistungen zur sozialen Sicherung der Pflegeperson

(1) Auf Antrag der Pflegeperson sind beihilfefähig

1. Zuschüsse zur Kranken- und Pflegeversicherung nach § 44a Absatz 1 und 4 des Elften Buches Sozialgesetzbuch und
2. Pflegeunterstützungsgeld nach § 44a Absatz 3 des Elften Buches Sozialgesetzbuch.

(2) Die Festsetzungsstelle führt an die jeweiligen Leistungsträger Leistungen ab für die

1. Pflegeperson im Sinne des § 19 des Elften Buches Sozialgesetzbuch zur sozialen Sicherung nach § 44 Absatz 1, 2 und 2b des Elften Buches Sozialgesetzbuch und
2. Bezieherinnen und Bezieher von Pflegeunterstützungsgeld nach § 26 Absatz 2 Nummer 2b des Dritten Buches Sozialgesetzbuch in Verbindung mit den §§ 345 und 347 des Dritten Buches Sozialgesetzbuch.

(3) Die Leistungen nach den Absätzen 1 und 2 werden in der Höhe gewährt, die dem Bemessungssatz der beihilfeberechtigten oder berücksichtigungsfähigen Person entspricht.

§ 39 Vollstationäre Pflege

(1) Aufwendungen für vollstationäre Pflege in einer zugelassenen Pflegeeinrichtung im Sinne des § 72 Absatz 1 Satz 1 des Elften Buches Sozialgesetzbuch oder in einer vergleichbaren Pflegeeinrichtung sind beihilfefähig, wenn häusliche oder teilstationäre Pflege nicht möglich ist oder wegen der Besonderheit des Einzelfalls nicht in Betracht kommt. Beihilfefähig sind:

1. pflegebedingte Aufwendungen einschließlich der Aufwendungen für Betreuung und
2. Aufwendungen für medizinische Behandlungspflege, sofern hierzu nicht nach § 27 Beihilfe gewährt wird.

§ 43 Absatz 2 und 4 und § 43c des Elften Buches Sozialgesetzbuch gelten entsprechend.

(2) Rechnet die Pflegeeinrichtung monatlich ab, so sind auf besonderen Antrag Aufwendungen für Pflegeleistungen, die über die nach Absatz 1 beihilfefähigen Aufwendungen hinausgehen, sowie für Verpflegung und Unterkunft einschließlich der Investitionskosten beihilfefähig, sofern von den durchschnittlichen monatlichen nach Absatz 3 maßgeblichen Einnahmen höchstens ein Betrag in Höhe der Summe der folgenden monatlichen Beträge verbleibt:

1. 8 Prozent des Grundgehalts der Stufe 8 der Besoldungsgruppe A 13 für jede beihilfeberechtigte und jede berücksichtigungsfähige Person sowie für jede Ehegattin oder jeden Ehegatten oder für jede Lebenspartnerin oder jeden Lebenspartner, für die oder den ein Anspruch nach Absatz 1 oder nach § 43 Absatz 1, 2 und 4 des Elften Buches Sozialgesetzbuch besteht,

2. 30 Prozent des Grundgehalts der Stufe 8 der Besoldungsgruppe A 13 für eine beihilfeberechtigte Person sowie für eine Ehegattin oder einen Ehegatten oder für eine Lebenspartnerin oder einen Lebenspartner, für die oder den kein Anspruch nach Absatz 1 oder nach § 43 Absatz 1, 2 und 4 des Elften Buches Sozialgesetzbuch besteht,
3. 3 Prozent des Grundgehalts der Stufe 8 der Besoldungsgruppe A 13 für jedes berücksichtigungsfähige Kind, für das kein Anspruch auf Beihilfe nach Absatz 1 oder nach § 43 Absatz 1, 2 und 4 des Elften Buches Sozialgesetzbuch besteht, und
4. 3 Prozent des Grundgehalts der letzten Besoldungsgruppe für die beihilfeberechtigte Person.

Satz 1 gilt bei anderen Abrechnungszeiträumen entsprechend. Hat eine beihilfeberechtigte oder eine berücksichtigungsfähige Person Anspruch auf Zuschuss zu den Unterkunfts-, Investitions- und Verpflegungskosten nach landesrechtlichen Vorschriften, sind die Aufwendungen nach Satz 1 in Höhe des tatsächlich gezahlten Zuschusses zu mindern.

(3) Maßgeblich sind die im Kalenderjahr vor dem Entstehen der pflegebedingten Aufwendungen erzielten Einnahmen. Einnahmen sind:

1. die Bruttobezüge nach § 1 Absatz 2 Nummer 1 und 3 und Absatz 3 des Bundesbesoldungsgesetzes, die nach Anwendung von Ruhens-, Kürzungs- und Anrechnungsvorschriften verbleiben, und der Altersteilzeitzuschlag; unberücksichtigt bleibt der kinderbezogene Familienzuschlag,
2. die Bruttobezüge nach § 2 des Beamtenversorgungsgesetzes, die nach Anwendung von Ruhens-, Kürzungs- und Anrechnungsvorschriften verbleiben; unberücksichtigt bleiben das Sterbegeld nach § 18 des Beamtenversorgungsgesetzes, der Unterschiedsbetrag nach § 50 Absatz 1 Satz 2 des Beamtenversorgungsgesetzes, sofern der beihilfeberechtigten Person nicht nach § 57 des Beamtenversorgungsgesetzes geringere Versorgungsbezüge zustehen, sowie der Unfallausgleich nach § 35 des Beamtenversorgungsgesetzes und die Unfallentschädigung nach § 43 des Beamtenversorgungsgesetzes,
3. der Zahlbetrag der Renten aus der gesetzlichen Rentenversicherung und aus einer zusätzlichen Alters- und Hinterbliebenenversorgung der beihilfeberechtigten Person, der Ehegattin oder des Ehegatten oder der Lebenspartnerin oder des Lebenspartners; maßgeblich ist der Betrag, der sich vor Abzug der Beiträge zur Kranken- und Pflegeversicherung und ohne Berücksichtigung des Beitragszuschusses ergibt; eine Leistung für Kindererziehung nach § 294 des Sechsten Buches Sozialgesetzbuch bleibt unberücksichtigt,
4. die unter § 2 Absatz 2 des Einkommenssteuergesetzes fallenden Einkünfte der beihilfeberechtigten Person aus selbständiger und nicht selbständiger Arbeit und
5. der unter § 2 Absatz 3 des Einkommensteuergesetzes fallende Gesamtbetrag der Einkünfte der Ehegattin oder des Ehegatten oder der Lebenspartnerin oder des Lebenspartners; unberücksichtigt bleibt der Anteil einer gesetzlichen Rente, der der Besteuerung unterliegt.

Die Einnahmen sind jährlich nachzuweisen. Macht die beihilfeberechtigte Person glaubhaft, dass die aktuellen Einnahmen voraussichtlich wesentlich geringer sind als die im Kalenderjahr vor dem Entstehen der pflegebedingten Aufwendungen erzielten durchschnittlichen monatlichen Einnahmen, sind die Einnahmen im jeweiligen Pflegemonat zugrunde zu legen. Hat die beihilfeberechtigte Person keine Einnahmen nach Satz 1 aus dem Kalenderjahr vor dem Entstehen der pflegebedingten Aufwendungen, werden die voraussichtlichen Einnahmen im jeweiligen Pflegemonat zugrunde gelegt. Befinden sich verheiratete oder in einer Lebenspartnerschaft lebende Personen in vollstationärer Pflege und verstirbt die beihilfeberechtigte Person, sind die aktuellen Einnahmen im jeweiligen Pflegemonat zugrunde zu legen, bis die Voraussetzungen nach Satz 4 nicht mehr vorliegen.

(4) Beihilfefähig sind Aufwendungen für zusätzliche Betreuung und Aktivierung entsprechend § 43b des Elften Buches Sozialgesetzbuch, die über die nach Art und Schwere der Pflegebedürftigkeit notwendige Versorgung hinausgeht.

(5) Beihilfefähig sind Aufwendungen entsprechend § 87a Absatz 4 des Elften Buches Sozialgesetzbuch, wenn

1. die pflegebedürftige beihilfeberechtigte oder berücksichtigungsfähige Person nach der Durchführung aktivierender oder rehabilitativer Maßnahmen in einen niedrigeren Pflegegrad zurückgestuft wurde oder
2. festgestellt wurde, dass die zuvor pflegebedürftige beihilfeberechtigte oder berücksichtigungsfähige Person nicht mehr pflegebedürftig im Sinne der §§ 14 und 15 des Elften Buches Sozialgesetzbuch ist.

(6) Absatz 2 gilt nicht für Zusatzleistungen nach § 88 des Elften Buches Sozialgesetzbuch.

§ 39a Einrichtungen der Behindertenhilfe

Aufwendungen für Pflege, Betreuung und für Leistungen der medizinischen Behandlungspflege in einer vollstationären Einrichtung im Sinne des § 71 Absatz 4 Nummer 1 des Elften Buches Sozialgesetzbuch, in der die Teilhabe am Arbeitsleben, an Bildung oder die soziale Teilhabe, die schulische Ausbildung oder die Erziehung behinderter Menschen im Vordergrund des Einrichtungszwecks stehen, sind entsprechend § 43a des Elften Buches Sozialgesetzbuch beihilfefähig. Satz 1 gilt auch für pflegebedürftige Personen in Räumlichkeiten im Sinne des § 71 Absatz 4 Nummer 3 des Elften Buches Sozialgesetzbuch, in denen Leistungen der Eingliederungshilfe für Menschen mit Behinderungen nach Teil 2 des Neunten Buches Sozialgesetzbuch erbracht werden.

§ 39b Aufwendungen bei Pflegegrad 1

Für pflegebedürftige beihilfeberechtigte oder berücksichtigungsfähige Personen des Pflegegrades 1 sind Aufwendungen beihilfefähig für:

1. Beratung im eigenen Haushalt nach § 38a Absatz 6,
2. zusätzliche Leistungen in ambulant betreuten Wohngruppen nach § 38f, ohne dass Aufwendungen nach § 38a Absatz 1, 2 oder 3 oder nach § 38b entstanden sein müssen,
3. Pflegehilfsmittel, Maßnahmen zur Verbesserung des Wohnumfeldes, digitale Pflegeanwendungen und ergänzende Unterstützungsleistungen bei der Nutzung von digitalen Pflegeanwendungen nach § 38g,

4. zusätzliche Betreuung und Aktivierung in stationären Pflegeeinrichtungen nach § 39 Absatz 4,
5. vollstationäre Pflege nach § 39 Absatz 1 in Höhe des in § 43 Absatz 3 des Elften Buches Sozialgesetzbuch genannten Betrages,
6. den Entlastungsbetrag nach § 38a Absatz 2 in Verbindung mit § 45b des Elften Buches Sozialgesetzbuch,
7. Anschubfinanzierung zur Gründung von ambulant betreuten Wohngruppen nach § 38f Satz 2,
8. Rückstufung nach § 39 Absatz 5.

Daneben beteiligt sich der Bund an den Kosten der Pflegeberatung nach § 37 Absatz 1 und an den Leistungen zur sozialen Sicherung der Pflegepersonen nach § 38h Absatz 1 und Absatz 2 Nummer 2.

§ 40 Palliativversorgung

(1) Aufwendungen für spezialisierte ambulante Palliativversorgung sind beihilfefähig, wenn wegen einer nicht heilbaren, fortschreitenden oder weit fortgeschrittenen Erkrankung bei einer zugleich begrenzten Lebenserwartung eine besonders aufwändige Versorgung notwendig ist. § 37b Abs. 1 Satz 3 und 4 sowie § 37b Abs. 2 und 3 des Fünften Buches Sozialgesetzbuch gelten entsprechend.

(2) Aufwendungen für eine stationäre oder teilstationäre palliativmedizinische Versorgung in einem Hospiz sind nach Maßgabe einer ärztlichen Bescheinigung und in angemessener Höhe beihilfefähig, wenn eine ambulante Versorgung im eigenen Haushalt oder in der Familie nicht erbracht werden kann.

(3) Der Bund beteiligt sich an den personenbezogenen Kosten ambulanter Hospizdienste für erbrachte Sterbebegleitung einschließlich palliativpflegerischer Beratung bei beihilfeberechtigten und berücksichtigungsfähigen Personen. Voraussetzung einer Kostenbeteiligung ist eine Vereinbarung zwischen dem Bund und den für die Wahrnehmung der Interessen der ambulanten Hospizdienste maßgeblichen Spitzenorganisationen. Der von der Festsetzungsstelle zu zahlende Betrag wird durch Rundschreiben des Bundesministeriums des Innern und für Heimat bekanntgegeben.

§ 40a Gesundheitliche Versorgungsplanung für die letzte Lebensphase

(1) Beihilfefähig sind entsprechend § 132g des Fünften Buches Sozialgesetzbuch Aufwendungen für eine gesundheitliche Versorgungsplanung für die letzte Lebensphase in zugelassenen Pflegeeinrichtungen im Sinne des § 43 des Elften Buches Sozialgesetzbuch und in Einrichtungen der Eingliederungshilfe für behinderte Menschen.

(2) Die Höhe der beihilfefähigen Aufwendungen richtet sich nach § 15 insbesondere Absatz 5 der Vereinbarung zwischen dem GKV-Spitzenverband und den Trägern vollstationärer Pflegeeinrichtungen und Einrichtungen der Ein-

gliederungshilfe für Menschen mit Behinderung vom 13. Dezember 2017[1] in Verbindung mit den Vergütungsvereinbarungen der jeweiligen Träger der Einrichtungen mit den Landesverbänden der Krankenkassen und den Verbänden der Ersatzkassen.

Kapitel 4
Aufwendungen in anderen Fällen

§ 41 Früherkennungsuntersuchungen und Vorsorgemaßnahmen

(1) Aufwendungen für Leistungen zur ärztlichen Früherkennung und Vorsorge im ärztlichen Bereich sind beihilfefähig. Die §§ 20i, 25, 25a und 26 des Fünften Buches Sozialgesetzbuch gelten entsprechend. Daneben sind die in Anlage 13 aufgeführten Früherkennungsuntersuchungen, Vorsorgemaßnahmen und Schutzimpfungen beihilfefähig.

(2) Aufwendungen für Leistungen zur zahnärztlichen Früherkennung und Vorsorge sind beihilfefähig für

1. Früherkennungsuntersuchungen auf Zahn-, Mund- und Kieferkrankheiten,
2. Maßnahmen zur Verhütung von Zahnerkrankungen (Individualprophylaxe) und
3. prophylaktische zahnärztliche Leistungen nach Abschnitt B und den Nummern 0010, 0070, 2000, 4050, 4055 und 4060 der Anlage 1 zur Gebührenordnung für Zahnärzte und Nummer 1 der Anlage zur Gebührenordnung für Ärzte.

(3) Aufwendungen für Maßnahmen im Rahmen des Früherkennungsprogramms für erblich belastete Personen mit einem erhöhten familiären Brust- oder Eierstockkrebsrisiko sind für Personen nach den §§ 2 und 4 beihilfefähig, wenn die erbliche Belastung auf einem Verwandtschaftsverhältnis ersten bis dritten Grades beruht. Aufwendungen nach Satz 1 sind nach Maßgabe der Anlage 14 für folgende Maßnahmen beihilfefähig:

1. Risikofeststellung, Aufklärung und interdisziplinäre Beratung,
2. genetische Untersuchung,
3. intensivierte Früherkennungs- und Nachsorgemaßnahmen.

(4) Aufwendungen für Maßnahmen im Rahmen des Früherkennungsprogramms für erblich belastete Personen mit einem erhöhten familiären Darmkrebsrisiko sind für Personen nach den §§ 2 und 4 beihilfefähig, wenn die erbliche Belastung auf einem Verwandtschaftsverhältnis ersten bis zweiten Grades beruht. Aufwendungen nach Satz 1 sind nach Maßgabe der Anlage 15 für folgende Maßnahmen beihilfefähig:

1. Risikofeststellung und interdisziplinäre Beratung,
2. Tumorgewebsdiagnostik,

---

[1]) https://www.gkv-spitzenverband.de/krankenversicherung/hospiz_und_palliativversorgung/letzte_lebensphase/gesundheitliche_versorgungsplanung.jsp

3. genetische Analyse (Untersuchung auf Keimmutation),
4. Früherkennungsmaßnahmen.

(5) Bei Personen, die das 16. Lebensjahr vollendet haben, sind Aufwendungen beihilfefähig für

1. ärztliche Beratungen zu Fragen der medikamentösen Präexpositionsprophylaxe zur Verhütung einer Ansteckung mit HIV,
2. Untersuchungen, die bei Anwendung der für die medikamentöse Präexpositionsprophylaxe zugelassenen Arzneimittel erforderlich sind.

(6) Das Bundesministerium des Innern und für Heimat kann die Beihilfefähigkeit von Aufwendungen für Maßnahmen zur Früherkennung, Überwachung und Verhütung von Erkrankungen, die nicht nach anderen Vorschriften dieser Verordnung beihilfefähig sind, in Verwaltungsvorschriften für diejenigen Fälle ausnahmsweise zulassen, in denen die Gewährung von Beihilfe im Hinblick auf die Fürsorgepflicht nach § 78 des Bundesbeamtengesetzes notwendig ist.

(7) § 31 Absatz 6 in Verbindung mit § 49 Absatz 4 Nummer 3 gilt entsprechend.

§ 42 Schwangerschaft und Geburt

(1) Bei einer Schwangerschaft und in Geburtsfällen sind neben den Leistungen nach Kapitel 2 beihilfefähig Aufwendungen für

1. ärztliche Betreuung während der Schwangerschaft und nach der Entbindung,
2. die Hebamme oder den Entbindungspfleger im Rahmen der jeweiligen landesrechtlichen Gebührenordnung,
3. von Hebammen oder Entbindungspflegern geleitete Einrichtungen im Sinne des § 134a des Fünften Buches Sozialgesetzbuch,
4. eine Haus- und Wochenpflegekraft für bis zu zwei Wochen nach der Geburt bei Hausentbindungen oder ambulanten Entbindungen; § 27 Absatz 5 gilt entsprechend.

(2) Bei Personen, die nach § 3 beihilfeberechtigt oder bei einer nach § 3 beihilfeberechtigten Person berücksichtigungsfähig sind, sind in Geburtsfällen zusätzlich die vor Aufnahme in ein Krankenhaus am Entbindungsort entstehenden Kosten der Unterkunft beihilfefähig. § 32 Abs. 3 Satz 2 gilt entsprechend. Dies gilt nicht für die Unterkunft im Haushalt des Ehegatten, der Lebenspartnerin, der Eltern oder der Kinder der Schwangeren.

§ 43 Künstliche Befruchtung

(1) Aufwendungen für eine künstliche Befruchtung einschließlich der Arzneimittel, die im Zusammenhang damit verordnet werden, sind beihilfefähig, wenn

1. die künstliche Befruchtung nach ärztlicher Feststellung erforderlich ist,
2. nach ärztlicher Feststellung eine hinreichende Aussicht besteht, dass durch die künstliche Befruchtung eine Schwangerschaft herbeigeführt wird,
3. die Personen, die eine künstliche Befruchtung in Anspruch nehmen wollen, miteinander verheiratet sind,
4. beide Ehegatten das 25. Lebensjahr vollendet haben,

5. die Ehefrau das 40. Lebensjahr und der Ehemann das 50. Lebensjahr noch nicht vollendet hat,
6. ausschließlich Ei- und Samenzellen der Ehegatten verwendet werden und
7. sich die Ehegatten vor Durchführung der künstlichen Befruchtung von einer Ärztin oder einem Arzt, die oder der die Behandlung nicht selbst durchführt, über eine solche Behandlung unter Berücksichtigung ihrer medizinischen, psychischen und sozialen Aspekte haben unterrichten lassen.

(2) Die Aufwendungen für eine künstliche Befruchtung werden der Person zugeordnet, bei der die jeweilige Einzelleistung durchgeführt wird. Die Aufwendungen für folgende Einzelleistungen der künstlichen Befruchtung sind dem Mann zuzuordnen:

1. Maßnahmen im Zusammenhang mit der Gewinnung, Untersuchung und Aufbereitung gegebenenfalls einschließlich der Kapazitation des männlichen Samens,
2. notwendige Laboruntersuchungen und
3. Beratung der Ehegatten über die speziellen Risiken der künstlichen Befruchtung und für die gegebenenfalls in diesem Zusammenhang erfolgende humangenetische Beratung.

(3) Die Aufwendungen für folgende Einzelleistungen der künstlichen Befruchtung sind der Frau zuzuordnen:

1. extrakorporale Leistungen im Zusammenhang mit der Zusammenführung von Eizellen und Samen und
2. Beratung der Ehegatten über die individuellen medizinischen, psychischen und sozialen Aspekte der künstlichen Befruchtung.

(4) Im Einzelnen sind die Aufwendungen wie folgt beihilfefähig:

Nr.	Behandlungsmethode	Indikationen	Anzahl der beihilfefähigen Versuche
1	intrazervikale, intrauterine oder intratubare Insemination im Spontanzyklus, gegebenenfalls nach Auslösung der Ovulation durch HCG-Gabe, gegebenenfalls nach Stimulation mit Antiöstrogenen	– somatische Ursachen (zum Beispiel Impotentia coeundi, retrograde Ejakulation, Hypospadie, Zervikalkanalstenose, Dyspareunie) – gestörte Spermatozoen-Mukus-Interaktion – Subfertilität des Mannes – Immunologisch bedingte Sterilität	acht
2	intrazervikale, intrauterine oder intratubare Insemination nach hormoneller Stimulation mit Gonadotropinen	– Subfertilität des Mannes – Immunologisch bedingte Sterilität	drei

Nr.	Behandlungsmethode	Indikationen	Anzahl der beihilfefähigen Versuche
3	In-vitro-Fertilisation mit Embryo-Transfer, gegebenenfalls als Zygoten-Transfer oder als Embryo-Intrafallopian-Transfer	– Zustand nach Tubenamputation – anders, auch mikrochirurgisch, nicht behandelbarer Tubenverschluss – anders nicht behandelbarer tubarer Funktionsverlust, auch bei Endometriose – idiopathische, unerklärbare Sterilität, sofern alle diagnostischen und sonstigen therapeutischen Möglichkeiten der Sterilitätsbehandlung einschließlich einer psychologischen Exploration ausgeschöpft sind – Subfertilität des Mannes, sofern Behandlungsversuche nach Nummer 2 keinen Erfolg versprechen oder erfolglos geblieben sind – immunologisch bedingte Sterilität, sofern Behandlungsversuche nach Nummer 2 keinen Erfolg versprechen oder erfolglos geblieben sind	drei; der dritte Versuch ist nur beihilfefähig, wenn in einem von zwei Behandlungszyklen eine Befruchtung stattgefunden hat
4	intratubarer Gameten-Transfer	– anders nicht behandelbarer tubarer Funktionsverlust, auch bei Endometriose – idiopathische, unerklärbare Sterilität, sofern alle diagnostischen und sonstigen therapeutischen Möglichkeiten der Sterilitätsbehandlung einschließlich einer psychologischen Exploration ausgeschöpft sind – Subfertilität des Mannes, sofern Behandlungsversuche nach Nummer 2 keinen Erfolg versprechen oder erfolglos geblieben sind	zwei

Nr.	Behandlungsmethode	Indikationen	Anzahl der beihilfefähigen Versuche
5	Intracytoplasmatische Spermieninjektion	– schwere männliche Fertilitätsstörung, dokumentiert durch zwei aktuelle Spermiogramme, die auf der Grundlage des Handbuchs der Weltgesundheitsorganisation zu „Examination and processing of human semen" erstellt worden sind; die Untersuchung des Mannes durch eine Ärztin oder einen Arzt mit der Zusatzbezeichnung „Andrologie" muss der Indikationsstellung vorausgehen – Intracytoplasmatische Spermieninjektion nach Kryokonservierung nach Absatz 7 bei nachgewiesener Fertilitätsstörung bei der Frau unabhängig von einer männlichen Fertilitätsstörung	drei; der dritte Versuch ist nur beihilfefähig, wenn in einem von zwei Behandlungszyklen eine Befruchtung stattgefunden hat

Sofern eine Indikation sowohl für eine In-vitro-Fertilisation als auch für einen intratubaren Gameten-Transfer vorliegt, sind nur die Aufwendungen für eine Maßnahme beihilfefähig. Das Gleiche gilt bei einer nebeneinander möglichen In-vitro-Fertilisation und einer Intracytoplasmatischen Spermieninjektion. Im Fall eines totalen Fertilisationsversagens beim ersten Versuch einer In-vitro-Fertilisation sind die Aufwendungen für eine Intracytoplasmatische Spermieninjektion für maximal zwei darauffolgende Zyklen beihilfefähig.

(5) Aufwendungen nach Absatz 2 Satz 2, Absatz 3 und Absatz 4 sind zu 50 Prozent beihilfefähig.

(6) Aufwendungen für eine künstliche Befruchtung nach einer vorhergehenden Sterilisation, die nicht medizinisch notwendig war, sind nicht beihilfefähig.

(7) Aufwendungen für die Kryokonservierung von Ei- oder Samenzellen oder von Keimzellgewebe sowie Aufwendungen für die dazugehörigen medizinischen Maßnahmen sind nur beihilfefähig, wenn die Kryokonservierung wegen einer Erkrankung und deren Behandlung mit einer keimzellschädigenden Therapie medizinisch notwendig erscheint, um spätere medizinische Maßnahmen zur Herbeiführung einer Schwangerschaft nach Absatz 1 vornehmen zu können. Aufwendungen nach Satz 1 können höchstens bis zum Erreichen der Höchstaltersgrenze für eine künstliche Befruchtung nach Absatz 1 Nummer 5 als beihilfefähig anerkannt werden.

§ 43a Sterilisation, Empfängnisregelung und Schwangerschaftsabbruch

(1) Aufwendungen für eine durch eine Ärztin oder einen Arzt vorgenommene Sterilisation sind beihilfefähig, wenn die Sterilisation wegen einer Krankheit notwendig ist.

(2) Aufwendungen für die ärztliche Beratung zu Fragen der Empfängnisregelung einschließlich der hierfür notwendigen ärztlichen Untersuchungen und der ärztlich verordneten empfängnisregelnden Mittel sind beihilfefähig. Aufwendungen für ärztlich verordnete Mittel zur Empfängnisverhütung sowie für deren Applikation sind nur bei beihilfeberechtigten und berücksichtigungsfähigen Personen bis zum vollendeten 22. Lebensjahr beihilfefähig, es sei denn, die Mittel sind nach ärztlicher Bestätigung zur Behandlung einer Krankheit notwendig. Aufwendungen für allgemeine Sexualaufklärung oder Sexualberatung sind nicht beihilfefähig.

(3) Für einen nicht rechtswidrigen Schwangerschaftsabbruch sind Aufwendungen nach den §§ 12, 22, 26, 28, 29, 31 und 32 beihilfefähig. Daneben sind auch Aufwendungen für die ärztliche Beratung über die Erhaltung der Schwangerschaft und die ärztliche Untersuchung und Begutachtung zur Feststellung der Voraussetzungen eines nicht rechtswidrigen Schwangerschaftsabbruchs beihilfefähig.

§ 44 Überführungskosten

(1) Ist eine beihilfeberechtigte Person während einer Dienstreise, Abordnung, Zuweisung oder vor einem dienstlich bedingten Umzug außerhalb des Ortes ihrer Hauptwohnung nach § 22 Absatz 1 des Bundesmeldegesetzes verstorben, so sind die Kosten der Überführung beihilfefähig.

(2) Für Personen, die nach § 3 beihilfeberechtigt oder bei einer nach § 3 beihilfeberechtigten Person berücksichtigungsfähig sind, sind die Kosten der Überführung in das Inland bis zum Beisetzungsort beihilfefähig. Liegt der Beisetzungsort nicht im Inland, so sind Aufwendungen bis zur Höhe der Überführungskosten, die für eine Überführung in das Inland entstanden wären, beihilfefähig.

§ 45 Erste Hilfe, Entseuchung, Kommunikationshilfe

(1) Beihilfefähig sind die Aufwendungen für Erste Hilfe und für eine behördlich angeordnete Entseuchung sowie für die dabei verbrauchten Stoffe.

(2) Aufwendungen für Kommunikationshilfen für gehörlose, hochgradig schwerhörige oder ertaubte beihilfeberechtigte oder berücksichtigungsfähige Personen sind bei medizinisch notwendiger ambulanter oder stationärer Untersuchung und Behandlung, bei Verabreichung von Heilmitteln, bei Versorgung mit Hilfsmitteln, Zahnersatzversorgung oder Pflegeleistungen beihilfefähig, wenn

1. in Verwaltungsverfahren das Recht auf Verwendung einer Kommunikationshilfe nach § 9 des Behindertengleichstellungsgesetzes bestünde und
2. im Einzelfall der Informationsfluss zwischen Leistungserbringerin oder Leistungserbringer und den beihilfeberechtigten oder berücksichtigungsfähigen Personen nur so gewährleistet werden kann.

§ 45a Organspende und andere Spenden

(1) Beihilfefähig sind Aufwendungen bei postmortalen Organspenden für die Vermittlung, Entnahme, Versorgung, Organisation der Bereitstellung und für

den Transport des Organs zur Transplantation, sofern es sich bei den Organempfängerinnen oder Organempfängern um beihilfeberechtigte oder berücksichtigungsfähige Personen handelt. Die Höhe der Aufwendungen nach Satz 1 richtet sich nach den Entgelten, die die Vertragsparteien nach § 11 Absatz 2 des Transplantationsgesetzes vereinbart haben. Das Bundesministerium des Innern und für Heimat gibt folgende Pauschalen durch Rundschreiben bekannt:

1. für die Organisation der Bereitstellung eines postmortal gespendeten Organs,
2. für die Aufwandserstattung der Entnahmekrankenhäuser,
3. für die Finanzierung des Transplantationsbeauftragten,
4. für die Finanzierung des Betriebs der Geschäftsstelle Transplantationsmedizin und des Transplantationsregisters,
5. für die Flugtransportkosten.

(2) Aufwendungen für eine Spenderin oder einen Spender von Organen, Geweben, Blutstammzellen oder anderen Blutbestandteilen sind entsprechend Kapitel 2 und § 7 Absatz 1 des Bundesreisekostengesetzes beihilfefähig, wenn die Empfängerin oder der Empfänger der Spende eine beihilfeberechtigte oder berücksichtigungsfähige Person ist. Der Spenderin oder dem Spender wird auf Antrag auch der nachgewiesene transplantationsbedingte Ausfall von Arbeitseinkünften anteilig in Höhe des Bemessungssatzes der Empfängerin oder des Empfängers ausgeglichen. Dem Arbeitgeber der Spenderin oder des Spenders wird auf Antrag das fortgezahlte Entgelt anteilig in Höhe des Bemessungssatzes der Empfängerin oder des Empfängers erstattet. Den Spenderinnen und Spendern gleichgestellt sind Personen, die als Spenderin oder Spender vorgesehen waren, aber nicht in Betracht kommen.

(3) Aufwendungen für die Registrierung beihilfeberechtigter und berücksichtigungsfähiger Personen für die Suche nach einer nicht verwandten Blutstammzellspenderin oder einem nicht verwandten Blutstammzellspender im Zentralen Knochenmarkspender-Register sind beihilfefähig.

§ 45b Klinisches Krebsregister

(1) Der Bund beteiligt sich an den personenbezogenen Kosten der Krebsregistrierung beihilfeberechtigter und berücksichtigungsfähiger Personen unmittelbar gegenüber dem klinischen Krebsregister für

1. jede verarbeitete Meldung zur Neuerkrankung an einem Tumor nach § 65c Absatz 4 Satz 2 bis 4 und Absatz 5 Satz 1 des Fünften Buches Sozialgesetzbuch sowie
2. jede landesrechtlich vorgesehene Meldung der zu übermittelnden klinischen Daten an ein klinisches Krebsregister nach § 65c Absatz 6 Satz 1 des Fünften Buches Sozialgesetzbuch.

Voraussetzung der Kostenbeteiligung ist eine Vereinbarung zwischen dem Bund und dem klinischen Krebsregister.

(2) Der von der Festsetzungsstelle zu zahlende Betrag wird durch Rundschreiben des Bundesministeriums des Innern und für Heimat bekanntgegeben.

Kapitel 5
Umfang der Beihilfe

§ 46 Bemessung der Beihilfe

(1) Beihilfe wird als prozentualer Anteil (Bemessungssatz) der beihilfefähigen Aufwendungen gewährt. Maßgeblich ist der Bemessungssatz im Zeitpunkt der Leistungserbringung. In Pflegefällen können, soweit dies in dieser Verordnung ausdrücklich vorgesehen ist, auch Pauschalen gezahlt werden.

(2) Soweit Absatz 3 nichts Anderes bestimmt, beträgt der Bemessungssatz für

1. beihilfeberechtigte Personen 50 Prozent,
2. Empfängerinnen und Empfänger von Versorgungsbezügen mit Ausnahme der Waisen 70 Prozent,
3. berücksichtigungsfähige Personen nach § 4 Absatz 1 70 Prozent und
4. berücksichtigungsfähige Kinder sowie Waisen 80 Prozent.

(3) Sind zwei oder mehr Kinder berücksichtigungsfähig, beträgt der Bemessungssatz für die beihilfeberechtigte Person 70 Prozent. Dies gilt bei mehreren beihilfeberechtigten Personen nur für diejenigen, die den Familienzuschlag nach den §§ 39 und 40 des Bundesbesoldungsgesetzes oder den Auslandszuschlag nach § 53 Absatz 4 Nummer 2 und 2a des Bundesbesoldungsgesetzes beziehen. § 5 Absatz 6 Satz 2 bis 4 gilt entsprechend. Satz 2 ist nur dann anzuwenden, wenn einer beihilfeberechtigten Person nicht aus anderen Gründen bereits ein Bemessungssatz von 70 Prozent zusteht. Der Bemessungssatz für beihilfeberechtigte Personen, die Elternzeit in Anspruch nehmen, beträgt 70 Prozent. Der Bemessungssatz für entpflichtete Hochschullehrerinnen und Hochschullehrer beträgt 70 Prozent, wenn ihnen sonst auf Grund einer nach § 5 nachrangigen Beihilfeberechtigung ein Bemessungssatz von 70 Prozent zustände.

(4) Für Personen, die nach § 28 Abs. 2 des Elften Buches Sozialgesetzbuch Leistungen der Pflegeversicherung grundsätzlich zur Hälfte erhalten, beträgt der Bemessungssatz bezüglich dieser Aufwendungen 50 Prozent.

§ 47 Abweichender Bemessungssatz

(1) Die oberste Dienstbehörde oder eine von ihr bestimmte Behörde kann im Hinblick auf die Fürsorgepflicht nach § 78 des Bundesbeamtengesetzes den Bemessungssatz für Aufwendungen anlässlich einer Dienstbeschädigung angemessen erhöhen, soweit nicht bereits Ansprüche nach dem Beamtenversorgungsgesetz bestehen.

(2) Den Bemessungssatz für beihilfefähige Aufwendungen nach den Kapiteln 2 und 4 von Versorgungsempfängerinnen, Versorgungsempfängern und deren berücksichtigungsfähigen Personen mit geringen Gesamteinkünften kann die oberste Dienstbehörde für höchstens drei Jahre um höchstens 10 Prozentpunkte erhöhen, wenn der Beitragsaufwand für eine beihilfekonforme private Krankenversicherung 15 Prozent ihrer oder seiner Gesamteinkünfte übersteigt. Zu den maßgebenden Gesamteinkünften zählt das durchschnittliche Monatseinkommen der zurückliegenden zwölf Monate aus Bruttoversorgungsbezügen, Sonderzahlungen, Renten, Kapitalerträgen und aus sonstigen laufenden Einnahmen der beihilfeberechtigten Person und ihrer berücksichtigungsfähigen

Personen nach § 4 Absatz 1; unberücksichtigt bleiben Entschädigungszahlungen an Geschädigte nach dem Vierzehnten Buch Sozialgesetzbuch oder Ausgleiche für gesundheitliche Schädigungsfolgen nach dem Soldatenentschädigungsgesetz, Blindengeld, Wohngeld und Leistungen für Kindererziehung nach § 294 des Sechsten Buches Sozialgesetzbuch. Die geringen Gesamteinkünfte betragen 150 Prozent des Ruhegehalts nach § 14 Abs. 4 Satz 2 und 3 des Beamtenversorgungsgesetzes. Der Betrag erhöht sich um 255,65 Euro, wenn für die berücksichtigungsfähige Person nach § 4 Absatz 1 ebenfalls Beiträge zur privaten Krankenversicherung gezahlt werden. Ein zu zahlender Versorgungsausgleich der Versorgungsempfängerin oder des Versorgungsempfängers mindert die anzurechnenden Gesamteinkünfte nicht. Bei einer erneuten Antragstellung ist von den fiktiven Beiträgen zur Krankenversicherung auszugehen, die sich unter Zugrundelegung eines Bemessungssatzes nach § 46 ergeben würden.

(3) Die oberste Dienstbehörde kann den Bemessungssatz in weiteren Ausnahmefällen im Einvernehmen mit dem Bundesministerium des Innern und für Heimat angemessen erhöhen, wenn dies im Hinblick auf die Fürsorgepflicht nach § 78 des Bundesbeamtengesetzes zwingend geboten ist. Hierbei ist ein sehr strenger Maßstab anzulegen. Bei dauernder Pflegebedürftigkeit ist eine Erhöhung ausgeschlossen.

(4) Für beihilfefähige Aufwendungen, für die trotz ausreichender und rechtzeitiger Versicherung auf Grund eines individuellen Ausschlusses wegen angeborener Leiden oder bestimmter Krankheiten keine Versicherungsleistungen gewährt werden oder für die die Leistungen auf Dauer eingestellt worden sind (Aussteuerung), erhöht sich der Bemessungssatz um 20 Prozentpunkte, jedoch höchstens auf 90 Prozent. Dies gilt nur, wenn das Versicherungsunternehmen die Bedingungen nach § 257 Abs. 2a Satz 1 Nr. 1 bis 4 des Fünften Buches Sozialgesetzbuch erfüllt. Satz 1 ist nicht anzuwenden auf Aufwendungen nach den §§ 37 bis 39b.

(5) Bei beihilfeberechtigten und berücksichtigungsfähigen Personen, die freiwillig in der gesetzlichen Krankenversicherung versichert sind, erhöht sich der Bemessungssatz auf 100 Prozent der beihilfefähigen Aufwendungen, die sich nach Anrechnung der Leistungen und Erstattungen der gesetzlichen Krankenversicherung ergeben. Dies gilt nicht für beihilfefähige Aufwendungen, wenn für diese keine Leistungen oder Erstattungen von der gesetzlichen Krankenversicherung erbracht werden.

(6) Der Bemessungssatz erhöht sich für Personen, die nach § 3 beihilfeberechtigt oder bei einer nach § 3 beihilfeberechtigten Person berücksichtigungsfähig sind, in den Fällen nach § 31 Absatz 6 und § 41 Absatz 6 auf 100 Prozent der beihilfefähigen Aufwendungen, soweit diese Aufwendungen 153 Euro übersteigen und in Fällen nach § 36 Abs. 3, soweit diese Aufwendungen 200 Euro übersteigen.

(7) In Fällen des § 39 Absatz 2 und des § 44 erhöht sich der Bemessungssatz auf 100 Prozent.

(8) Für Personen, die nach § 3 beihilfeberechtigt oder bei einer nach § 3 beihilfeberechtigten Person berücksichtigungsfähig sind, erhöht sich der Bemes-

sungssatz für beihilfefähige Aufwendungen nach den §§ 38 und 39b auf 100 Prozent, wenn ein Pflegegrad vorliegt und während des dienstlichen Auslandsaufenthalts keine Leistungen der privaten oder sozialen Pflegeversicherung gewährt werden.

(9) Das Bundesministerium des Innern und für Heimat kann für Gruppen von beihilfeberechtigten Personen Abweichungen von den §§ 46 und 47 festlegen, wenn ihnen bis zum Entstehen eines Beihilfeanspruchs nach dieser Verordnung ein Anspruch auf Beihilfe nach Landesrecht zustand und die Änderung der Anspruchsgrundlage auf einer bundesgesetzlichen Regelung beruht. Die Abweichungen sollen so festgelegt werden, dass wirtschaftliche Nachteile, die sich aus unterschiedlichen Regelungen über den Bemessungssatz ergeben, ausgeglichen werden. Die Festlegung bedarf des Einvernehmens des Bundesministeriums der Finanzen und des Ressorts, das nach der Geschäftsverteilung der Bundesregierung für die Belange der betroffenen beihilfeberechtigten Personen zuständig ist.

§ 48 Begrenzung der Beihilfe

(1) Die Beihilfe darf zusammen mit den Leistungen, die aus demselben Anlass aus einer Krankenversicherung, aus einer Pflegeversicherung, auf Grund anderer Rechtsvorschriften oder auf Grund arbeitsvertraglicher Vereinbarungen gewährt werden, die dem Grunde nach beihilfefähigen Aufwendungen nicht übersteigen. Leistungen aus Krankentagegeld-, Krankenhaustagegeld-, Pflegetagegeld-, Pflegezusatz-, Pflegerenten- und Pflegerentenzusatzversicherungen bleiben unberücksichtigt, soweit sie nicht der Befreiung von der Versicherungspflicht nach § 22 des Elften Buches Sozialgesetzbuch dienen. Ebenfalls unberücksichtigt bleibt das Sterbegeld nach § 18 Absatz 2 Nummer 2 des Beamtenversorgungsgesetzes. Dem Grunde nach beihilfefähig sind die Aufwendungen, für die im Einzelfall eine Beihilfe zu gewähren ist, in tatsächlicher Höhe. Bei der Abrechnung von Aufwendungen ist die Summe der Aufwendungen, die mit dem Antrag geltend gemacht werden und die dem Grunde nach beihilfefähig sind, der Summe der hierauf entfallenden Leistungen gegenüberzustellen. Abweichend davon sind die jeweiligen dem Grunde nach beihilfefähigen Aufwendungen nach den §§ 26 und 35 bis 39b den jeweils entsprechenden Leistungen gegenüberzustellen.

(2) Die beihilfeberechtigte Person hat nachzuweisen:

1. den Umfang des bestehenden Kranken- und Pflegeversicherungsschutzes und
2. die gewährten Leistungen.

Satz 1 Nummer 2 gilt nicht für Erstattungen aus einer Kranken- oder Pflegeversicherung nach einem Prozentsatz.

§ 49 Eigenbehalte

(1) Die beihilfefähigen Aufwendungen mindern sich um 10 Prozent der Kosten, mindestens um 5 und höchstens um 10 Euro, jedoch jeweils nicht um mehr als die tatsächlichen Kosten bei

1. Arznei- und Verbandmitteln nach § 22 Absatz 1 Nummer 1 und 2, Produkten nach § 22 Absatz 5 Satz 1 sowie bei Medizinprodukten nach § 22 Absatz 1 Nummer 4,
2. Hilfsmitteln, Geräten zur Selbstbehandlung und Selbstkontrolle und Körperersatzstücken nach § 25,
3. Fahrten mit Ausnahme der Fälle nach § 34 Absatz 5 und § 35 Absatz 2 Nummer 1,
4. Familien- und Haushaltshilfe je Kalendertag und
5. Soziotherapie je Kalendertag.

Maßgebend für den Abzugsbetrag nach Satz 1 Nummer 1 ist der Apothekenabgabepreis oder der Festbetrag der jeweiligen Packung des verordneten Arznei- und Verbandmittels. Dies gilt auch bei Mehrfachverordnungen oder bei der Abgabe der verordneten Menge in mehreren Packungen. Bei zum Verbrauch bestimmten Hilfsmitteln, außer bei zum Verbrauch bestimmten Pflegehilfsmitteln, beträgt der Eigenbehalt 10 Prozent der insgesamt beihilfefähigen Aufwendungen, jedoch höchstens 10 Euro für den gesamten Monatsbedarf. Erfolgt in der Apotheke auf Grund einer Nichtverfügbarkeit ein Austausch des verordneten Arzneimittels gegen mehrere Packungen mit geringerer Packungsgröße, mindern sich die beihilfefähigen Aufwendungen nach Satz 1 nur einmalig auf der Grundlage der Packungsgröße, die der verordneten Menge entspricht. Dies gilt entsprechend bei der Abgabe einer Teilmenge aus einer Packung.

(2) Die beihilfefähigen Aufwendungen mindern sich um 10 Euro je Kalendertag bei

1. vollstationären Krankenhausleistungen nach § 26 Absatz 1 Nummer 2, § 26a Absatz 1 Nummer 1, 2 und 4 und § 26b und stationären Behandlungen in Rehabilitationseinrichtungen nach § 34 Absatz 1, 2 und 6, höchstens für insgesamt 28 Tage im Kalenderjahr, und
2. Rehabilitationsmaßnahmen nach § 35 Absatz 1 Satz 1 Nummer 1 und 2.

(3) Die beihilfefähigen Aufwendungen mindern sich bei häuslicher Krankenpflege um 10 Prozent der Kosten für die ersten 28 Tage der Inanspruchnahme im Kalenderjahr und um 10 Euro je Verordnung.

(4) Eigenbehalte sind nicht abzuziehen von Aufwendungen für

1. Personen, die das 18. Lebensjahr noch nicht vollendet haben außer Fahrtkosten,
2. Schwangere im Zusammenhang mit Schwangerschaftsbeschwerden oder der Entbindung,
3. ambulante ärztliche und zahnärztliche Vorsorgeleistungen sowie Leistungen zur Früherkennung von Krankheiten einschließlich der dabei verwandten Arzneimittel,
4. Leistungen im Zusammenhang mit einer künstlichen Befruchtung nach § 43 einschließlich der dabei verwendeten Arzneimittel,
5. Arznei- und Verbandmittel nach § 22 Absatz 1 Nummer 1 und 2,
   a) die für diagnostische Zwecke, Untersuchungen und ambulanten Behandlungen benötigt und

aa) in der Rechnung als Auslagen abgerechnet oder
bb) auf Grund einer ärztlichen Verordnung zuvor von der beihilfeberechtigten oder berücksichtigungsfähigen Person selbst beschafft worden sind oder

b) deren Apothekeneinkaufspreis einschließlich Umsatzsteuer mindestens 20 Prozent niedriger ist als der jeweils gültige Festbetrag, der diesem Preis zugrunde liegt,

6. Heil- und Hilfsmittel, soweit vom Bundesministerium des Innern und für Heimat beihilfefähige Höchstbeträge festgesetzt worden sind,
7. Harn- und Blutteststreifen,
8. Spenderinnen und Spender nach § 45a Absatz 2,
9. Arzneimittel nach § 22, wenn auf Grund eines Arzneimittelrückrufs oder einer von der zuständigen Behörde vorgenommenen Einschränkung der Verwendbarkeit eines Arzneimittels erneut ein Arzneimittel verordnet werden musste.

§ 50 Belastungsgrenzen

(1) Auf Antrag sind nach Überschreiten der Belastungsgrenze nach Satz 5

1. Eigenbehalte nach § 49 von den beihilfefähigen Aufwendungen für ein Kalenderjahr nicht abzuziehen,
2. Aufwendungen für ärztlich oder zahnärztlich verordnete nicht verschreibungspflichtige Arzneimittel nach § 22 Absatz 2 Nummer 3, die nicht den Ausnahmeregelungen unterliegen, in voller Höhe als beihilfefähig anzuerkennen, wenn die Aufwendungen pro verordnetem Arzneimittel über folgenden Beträgen liegen:

a) für beihilfeberechtigte Personen der Besoldungsgruppen A 2 bis A 8 und Anwärterinnen und Anwärter sowie berücksichtigungsfähige Personen	8 Euro,
b) für beihilfeberechtigte Personen der Besoldungsgruppen A 9 bis A 12 sowie berücksichtigungsfähige Personen	12 Euro,
c) für beihilfeberechtigte Personen höherer Besoldungsgruppen sowie berücksichtigungsfähige Personen	16 Euro.

Ein Antrag muss spätestens bis zum Ablauf des Jahres gestellt werden, das auf das Jahr folgt, in dem die Eigenbehalte nach § 49 einbehalten worden sind. Dabei sind sowohl die Beträge nach § 49 Absatz 1 bis 3 als auch die Aufwendungen für Arzneimittel nach Satz 1 Nummer 2 zum entsprechenden Bemessungssatz zu berücksichtigen. Die beihilfeberechtigte Person hat das Einkommen nach § 39 Absatz 3, die anrechenbaren Eigenbehalte und die Aufwendungen für nicht verschreibungspflichtige Arzneimittel nachzuweisen. Die Belastungsgrenze beträgt für beihilfeberechtigte Personen und berücksichtigungsfähige Personen zusammen 2 Prozent der jährlichen Einnahmen nach § 39 Absatz 3 Satz 2 sowie für chronisch Kranke nach der Chroniker-Richtlinie des Gemeinsamen Bundesausschusses in der Fassung vom 22. Januar 2004 (BAnz. S. 1343), die zuletzt durch Beschluss vom 15. Februar 2018 (BAnz. AT

05. 03. 2018 B4) geändert worden ist, 1 Prozent der jährlichen Einnahmen nach § 39 Absatz 3 Satz 2.

(2) Maßgeblich ist das Datum des Entstehens der Aufwendungen. Die Einnahmen der Ehegattin, des Ehegatten, der Lebenspartnerin oder des Lebenspartners werden nicht berücksichtigt, wenn sie oder er Mitglied der gesetzlichen Krankenversicherung oder selbst beihilfeberechtigt ist. Die Einnahmen vermindern sich bei verheirateten oder in einer Lebenspartnerschaft lebenden beihilfeberechtigten Personen um 15 Prozent und für jedes Kind nach § 4 Absatz 2 um den Betrag, der sich aus § 32 Absatz 6 Satz 1 bis 3 des Einkommensteuergesetzes ergibt. Maßgebend für die Feststellung der Belastungsgrenze sind jeweils die jährlichen Einnahmen des vorangegangenen Kalenderjahres.

(3) Werden die Kosten der Unterbringung in einem Heim oder einer ähnlichen Einrichtung von einem Träger der Sozialhilfe oder der Kriegsopferfürsorge getragen, ist für die Berechnung der Belastungsgrenze der nach Maßgabe des Regelbedarfs-Ermittlungsgesetzes zu ermittelnde Regelsatz anzuwenden.

Kapitel 6
Verfahren und Zuständigkeit

§ 51 Bewilligungsverfahren

(1) Über die Notwendigkeit und die wirtschaftliche Angemessenheit von Aufwendungen nach § 6 entscheidet die Festsetzungsstelle. Die beihilfeberechtigte Person ist zur Mitwirkung verpflichtet. § 60 Absatz 1 Satz 1, die §§ 62 und 65 bis 67 des Ersten Buches Sozialgesetzbuch sind entsprechend anzuwenden. Die Festsetzungsstelle kann auf eigene Kosten ein Sachverständigengutachten einholen. Ist für die Erstellung des Gutachtens die Mitwirkung der oder des Betroffenen nicht erforderlich, sind die nötigen Gesundheitsdaten vor der Übermittlung so zu pseudonymisieren, dass die Gutachterin oder der Gutachter einen Personenbezug nicht herstellen kann.

(2) In Pflegefällen hat die Festsetzungsstelle im Regelfall das Gutachten zugrunde zu legen, das für die private oder soziale Pflegeversicherung zum Vorliegen dauernder Pflegebedürftigkeit sowie zu Art und notwendigem Umfang der Pflege erstellt worden ist. Ist die beihilfeberechtigte oder berücksichtigungsfähige Person nicht in der privaten oder sozialen Pflegeversicherung versichert, lässt die Festsetzungsstelle ein entsprechendes Gutachten erstellen. Satz 2 gilt entsprechend bei Personen, die nach § 3 beihilfeberechtigt oder bei einer nach § 3 beihilfeberechtigten Person berücksichtigungsfähig sind, wenn für diese kein Gutachten für die private oder soziale Pflegeversicherung erstellt worden ist. Auf Antrag kann die Festsetzungsstelle Beihilfe für Aufwendungen in Pflegefällen nach den §§ 37 bis 39 und 39b bei gleichbleibender Höhe regelmäßig wiederkehrend leisten, wenn die beihilfeberechtigte Person sich in dem Antrag verpflichtet,

1. der Festsetzungsstelle jede Änderung der Angaben im Beihilfeantrag unaufgefordert und unverzüglich mitzuteilen und
2. den Beihilfeanspruch übersteigende Zahlungen zu erstatten.

Die Festsetzungsstelle hat spätestens zwölf Monate nach der Festsetzung zu überprüfen, ob die Voraussetzungen für die Weitergewährung der Beihilfe weiterhin vorliegen.

(3) Die Beihilfe wird auf schriftlichen oder elektronischen Antrag der beihilfeberechtigten Person bei der Festsetzungsstelle gewährt. Die dem Antrag zugrunde liegenden Belege sind der Festsetzungsstelle als Zweitschrift oder in Kopie mit dem Antrag oder gesondert vorzulegen. Bei Aufwendungen nach § 26 sind zusätzlich die Entlassungsanzeige und auf Verlangen der Festsetzungsstelle die Wahlleistungsvereinbarung vorzulegen, die nach § 16 Satz 2 der Bundespflegesatzverordnung oder nach § 17 des Krankenhausentgeltgesetzes vor Erbringung der Wahlleistungen abgeschlossen worden sind. Bei Aufwendungen nach § 26a gilt Satz 3 entsprechend. Liegen konkrete Anhaltspunkte dafür vor, dass eingereichte Belege gefälscht oder verfälscht sind, kann die Festsetzungsstelle mit Einwilligung der beihilfeberechtigten Person bei dem Urheber des Beleges Auskunft über die Echtheit einholen. Wird die Einwilligung verweigert, ist die Beihilfe zu den betreffenden Aufwendungen abzulehnen. Auf Rezepten muss die Pharmazentralnummer des verordneten Arzneimittels angegeben sein, es sei denn, sie ist wegen des Kaufes im Ausland nicht erforderlich. Sofern die Festsetzungsstelle dies zulässt, können auch die Belege elektronisch übermittelt werden. Die Festsetzungsstelle kann einen unterschriebenen Beihilfeantrag in Papierform verlangen.

(4) Die Belege über Aufwendungen im Ausland müssen grundsätzlich den im Inland geltenden Anforderungen entsprechen. Kann die beihilfeberechtigte Person die für den Kostenvergleich notwendigen Angaben nicht beibringen, hat die Festsetzungsstelle die Angemessenheit der Aufwendungen festzustellen. Auf Anforderung muss mindestens für eine Bescheinigung des Krankheitsbildes und der erbrachten Leistungen eine Übersetzung vorgelegt werden.

(5) Der Bescheid über die Bewilligung oder die Ablehnung der beantragten Beihilfe (Beihilfebescheid) wird von der Festsetzungsstelle schriftlich oder elektronisch erlassen. Soweit Belege zur Prüfung des Anspruchs auf Abschläge für Arzneimittel benötigt werden, können sie einbehalten werden. Soweit die Festsetzungsstelle elektronische Dokumente zur Abbildung von Belegen herstellt, werden diese einbehalten. Spätestens sechs Monate nach Unanfechtbarkeit des Beihilfebescheides oder nach dem Zeitpunkt, zu dem die Belege für Prüfungen einer der Rabattgewährung nach § 3 des Gesetzes über Rabatte für Arzneimittel nicht mehr benötigt werden, sind sie zu vernichten und elektronische Abbildungen spurenlos zu löschen.

(6) Der Beihilfebescheid kann vollständig durch automatisierte Einrichtungen erlassen werden, sofern kein Anlass dazu besteht, den Einzelfall durch einen Amtsträger zu bearbeiten.

(7) Zur Vermeidung unbilliger Härten kann die Festsetzungsstelle nach vorheriger Anhörung der beihilfeberechtigten Person zulassen, dass berücksichtigungsfähige Personen oder deren gesetzliche Vertreterinnen oder Vertreter ohne Zustimmung der oder des Beihilfeberechtigten die Beihilfe selbst beantragen.

(8) Beihilfe wird nur gewährt, wenn die mit dem Antrag geltend gemachten Aufwendungen insgesamt mehr als 200 Euro betragen. Auf die Mindestbetragsregelung nach Satz 1 kann die Festsetzungsstelle im Einvernehmen mit der fachaufsichtsführenden Stelle verzichten.

(9) Die Festsetzungsstelle kann auf Antrag der beihilfeberechtigten Person Abschlagszahlungen leisten.

§ 51a Zahlung an Dritte

(1) Die Festsetzungsstelle kann die Beihilfe auf Antrag der beihilfeberechtigten Person an Dritte auszahlen.

(2) Leistungen nach § 26 Absatz 1 Nummer 1, 2, 4 und 5 können direkt zwischen dem Krankenhaus oder dem vom Krankenhaus beauftragten Rechnungssteller und Festsetzungsstelle abgerechnet werden, wenn

1. der Bund eine entsprechende Rahmenvereinbarung mit der Deutschen Krankenhausgesellschaft e. V. abgeschlossen hat und
2. ein Antrag nach Anlage 16 vorliegt.

Die Festsetzungsstelle hat abrechnungsrelevante Klärungen mit dem Krankenhaus oder dem vom Krankenhaus beauftragten Rechnungssteller durchzuführen. Der Beihilfebescheid ist der beihilfeberechtigten Person bekannt zu geben.

(3) Besteht die Möglichkeit eines elektronischen Datenaustauschs zwischen den Dritten und der Festsetzungsstelle, ist die Beihilfe auf Antrag der beihilfeberechtigten Person direkt an die Leistungserbringer oder von diesen beauftragten Abrechnungsstellen auszuzahlen, wenn die beihilfeberechtigte und die berücksichtigungsfähige Person ihre Einwilligung in die Datenverarbeitung erteilt oder ihre Einwilligung in die Entbindung von der Schweigepflicht der Leistungserbringer erteilt hat. Absatz 2 Satz 2 und 3 gilt entsprechend.

§ 52 Zuordnung von Aufwendungen

Beihilfefähige Aufwendungen werden zugeordnet:

1. für eine Familien- und Haushaltshilfe der außerhäuslich untergebrachten Person,
2. für eine Begleitperson der oder dem Begleiteten,
3. für eine familienorientierte Rehabilitationsmaßnahme dem erkrankten Kind und
4. in Geburtsfällen einschließlich der Aufwendungen des Krankenhauses für das gesunde Neugeborene der Mutter.

§ 53 (weggefallen)

§ 54 Antragsfrist

(1) Beihilfe wird nur gewährt, wenn sie innerhalb von drei Jahren nach Rechnungsdatum beantragt wird. Für den Beginn der Frist ist bei Pflegeleistungen nach § 38a Absatz 3 der letzte Tag des Monats maßgebend, in dem die Pflege erbracht wurde. Hat ein Sozialhilfeträger oder im Bereich der Pflege der Träger der sozialen Entschädigung vorgeleistet, beginnt die Frist mit dem Ersten des

Monats, der auf den Monat folgt, in dem der Sozialhilfeträger oder der Träger der sozialen Entschädigung die Aufwendungen bezahlt hat. Die Frist beginnt in Fällen des § 45a Absatz 2 Satz 2 und 3 mit Ablauf des Jahres, in dem die Transplantation oder gegebenenfalls der Versuch einer Transplantation erfolgte.

(2) Die Frist ist auch gewahrt, wenn der Antrag von beihilfeberechtigten Personen nach § 3 innerhalb der Frist nach Absatz 1 bei der zuständigen Beschäftigungsstelle im Ausland eingereicht wird.

§ 55 Geheimhaltungspflicht

Die bei der Bearbeitung von Beihilfeangelegenheiten bekannt gewordenen personenbezogenen Daten sind geheim zu halten.

§ 56 Festsetzungsstellen

(1) Festsetzungsstellen sind

1. die obersten Dienstbehörden für die Anträge ihrer Bediensteten und der Leiterinnen und Leiter der ihnen unmittelbar nachgeordneten Behörden,
2. die den obersten Dienstbehörden unmittelbar nachgeordneten Behörden für die Anträge der Bediensteten ihres Geschäftsbereichs und
3. die Versorgungsstellen für die Anträge der Versorgungsempfängerinnen und der Versorgungsempfänger.

(2) Die obersten Dienstbehörden können die Zuständigkeit für ihren Geschäftsbereich abweichend regeln. Die Regelung ist im Bundesgesetzblatt zu veröffentlichen.

(3) Die Festsetzungsstellen haben die Abschläge für Arzneimittel nach dem Gesetz über Rabatte für Arzneimittel geltend zu machen.

§ 57 (weggefallen)

Kapitel 7
Übergangs- und Schlussvorschriften

§ 58 Übergangsvorschriften

(1) Die Anpassung des Betrages nach § 6 Absatz 2 Satz 1 auf Grund der Sätze 6 und 7 des § 6 Absatz 2 erfolgt erstmals für die Beantragung der Beihilfe im Jahr 2024.

(2) Die §§ 141, 144 Absatz 1 und 3 und § 145 des Elften Buches Sozialgesetzbuch gelten entsprechend.

(3) § 51a gilt nicht für bis zum 31. Juli 2018 eingeführte Verfahren zur direkten Abrechnung von beihilfefähigen Aufwendungen nach § 26 Absatz 1 Nummer 1, 2, 4 und 5.

(4) § 11 Absatz 1 Satz 1 gilt entsprechend für beihilfeberechtigte und berücksichtigungsfähige Personen, die zum Behandlungsdatum ihren gewöhnlichen Aufenthalt spätestens seit dem 1. Januar 2021 ununterbrochen im Vereinigten Königreich hatten.

(5) Aufwendungen für Vergütungszuschläge für zusätzliches Pflegehilfskraftpersonal entsprechend § 84 Absatz 9 des Elften Buches Sozialgesetzbuch, um die notwendige Versorgung des Pflegebedürftigen zu gewährleisten, sind bis zum 31. Dezember 2025 beihilfefähig.

(6) Für beihilfeberechtigte und berücksichtigungsfähige Personen, deren Ansprüche nach dem Bundesversorgungsgesetz in der bis zum 31. Dezember 2023 geltenden Fassung oder nach einem Gesetz, das das Bundesversorgungsgesetz in der bis zum 31. Dezember 2023 geltenden Fassung ganz oder teilweise für anwendbar erklärt, bestandskräftig festgestellt sind, gelten die Vorschriften des § 8 Absatz 4 Satz 4 Nummer 1, des § 9 Absatz 3 Satz 4 Nummer 1, des § 38a Absatz 5, des § 47 Absatz 2 Satz 2 und des § 54 Absatz 1 Satz 3 in der am 31. Dezember 2023 geltenden Fassung weiter. Satz 1 gilt auch für ab 1. Januar 2024 entstehende Ansprüche nach dem Soldatenversorgungsgesetz in Verbindung mit dem Bundesversorgungsgesetz.

Beachte zur Anwendung des § 58 Abs. 5 BBhV die Vorgriffregelung laut BMI-RdSchr. vom 24.4.2017, Az.: D 6 – 30111/1#8 : „Die Übergangsregelung des § 58 Absatz 5 BBhV wird entfristet und gilt über den 20. September 2017 hinaus.".

§ 59 Inkrafttreten

Diese Verordnung tritt am Tag nach der Verkündung in Kraft.

Anlage 1
(zu § 6 Absatz 4 Satz 2)

Ausgeschlossene und teilweise ausgeschlossene Untersuchungen und Behandlungen

Abschnitt 1
Völliger Ausschluss

1.1 Anwendung tonmodulierter Verfahren, Audio-Psycho-Phonologie-Therapie (zum Beispiel nach Tomatis, Hörtraining nach Volf, audiovokale Integration und Therapie, Psychophonie-Verfahren zur Behandlung einer Migräne)
1.2 Atlastherapie nach Arlen
1.3 autohomologe Immuntherapien
1.4 autologe-Target-Cytokine-Therapie nach Klehr
1.5 ayurvedische Behandlungen, zum Beispiel nach Maharishi
2.1 Behandlung mit nicht beschleunigten Elektronen nach Nuhr
2.2 Biophotonen-Therapie
2.3 Bioresonatorentests
2.4 Blutkristallisationstests zur Erkennung von Krebserkrankungen
2.5 Bogomoletz-Serum
2.6 brechkraftverändernde Operation der Hornhaut des Auges (Keratomileusis) nach Barraquer
2.7 Bruchheilung von Eingeweiden (Hernien) ohne Operation
3.1 Colon-Hydro-Therapie und ihre Modifikationen
3.2 computergestützte mechanische Distraktionsverfahren, zur nichtoperativen segmentalen Distraktion an der Wirbelsäule (zum Beispiel SpineMED-Verfahren, DRX 9000, Accu-SPINA)
3.3 cytotoxologische Lebensmitteltests
4.1 DermoDyne-Therapie (DermoDyne-Lichtimpfung)
5.1 Elektroneuralbehandlungen nach Croon
5.2 Elektronneuraldiagnostik
5.3 epidurale Wirbelsäulenkathetertechnik nach Racz
6.1 Frischzellentherapie
7.1 Ganzheitsbehandlungen auf bioelektrisch-heilmagnetischer Grundlage (zum Beispiel Bioresonanztherapie, Decoderdermographie, Elektroakupunktur nach Voll, elektronische Systemdiagnostik, Medikamententests nach der Bioelektrischen Funktionsdiagnostik, Mora-Therapie)
7.2 gezielte vegetative Umstimmungsbehandlung oder gezielte vegetative Gesamtumschaltung durch negative statische Elektrizität
8.1 Heileurhythmie
8.2 Höhenflüge zur Asthma- oder Keuchhustenbehandlung
8.3 Hornhautimplantation refraktiv zur Korrektur der Presbyopie
9.1 immunoaugmentative Therapie
9.2 Immunseren (Serocytol-Präparate)
9.3 isobare oder hyperbare Inhalationstherapien mit ionisiertem oder nichtionisiertem Sauerstoff oder Ozon einschließlich der oralen, parenteralen

oder perkutanen Aufnahme (zum Beispiel hämatogene Oxidationstherapie, Sauerstoff-Darmsanierung, Sauerstoff-Mehrschritt-Therapie nach von Ardenne)

10.1 (frei)
11.1 kinesiologische Behandlung
11.2 Kirlian-Fotografie
11.3 kombinierte Serumtherapie (zum Beispiel Wiedemann-Kur)
11.4 konduktive Förderung nach Petö
12.1 Laser-Behandlung im Bereich der physikalischen Therapie
13.1 (weggefallen)
14.1 Neurostimulation nach Molsberger
14.2 neurotopische Diagnostik und Therapie
14.3 niedrig dosierter, gepulster Ultraschall
15.1 osmotische Entwässerungstherapie
16.1 Photobiomodulation (PBM) bei trockener altersbedingter Makuladegeneration (AMD)
16.2 photodynamische Therapie in der Parodontologie
16.3 Psycotron-Therapie
16.4 pulsierende Signaltherapie
16.5 Pyramidenenergiebestrahlung
17.1 (frei)
18.1 Regeneresen-Therapie
18.2 Reinigungsprogramm mit Megavitaminen und Ausschwitzen
18.3 Rolfing-Behandlung
19.1 Schwingfeld-Therapie
19.2 SIPARI-Methode
20.1 Thermoregulationsdiagnostik
20.2 Transorbitale Wechselstromstimulation bei Optikusatrophie (zum Beispiel SAVIR-Verfahren)
20.3 Trockenzellentherapie
21.1 (frei)
22.1 Vaduril-Injektionen gegen Parodontose
22.2 Vibrationsmassage des Kreuzbeins
22.3 visuelle Restitutionstherapie
23.1 (frei)
24.1 (frei)
25.1 (frei)
26.1 Zellmilieu-Therapie

Abschnitt 2
Teilweiser Ausschluss

1. Chelattherapie
   Aufwendungen sind nur beihilfefähig bei Behandlung von Schwermetallvergiftung, Morbus Wilson und Siderose. Alternative Schwermetallausleitungen gehören nicht zur Behandlung einer Schwermetallvergiftung.
2. Extracorporale Stoßwellentherapie (ESWT) im orthopädischen und schmerztherapeutischen Bereich

Aufwendungen sind nur beihilfefähig bei Behandlung von Tendinosis calcarea, Pseudarthrose, Fasziitis plantaris, therapierefraktäre Epicondylitis humeri radialis und therapiefraktäre Achillodynie. Auf der Grundlage des Beschlusses der Bundesärztekammer zur Analogbewertung der ESWT sind Gebühren nach Nummer 1800 der Anlage zur Gebührenordnung für Ärzte beihilfefähig. Daneben sind keine Zuschläge beihilfefähig.

3. Hyperbare Sauerstofftherapie (Überdruckbehandlung)
   Aufwendungen sind nur beihilfefähig bei Behandlung von Kohlenmonoxydvergiftung, Gasgangrän, chronischen Knocheninfektionen, Septikämien, schweren Verbrennungen, Gasembolien, peripherer Ischämie, diabetisches Fußsyndrom ab Wagner Stadium II oder von Tinnitusleiden, die mit Perzeptionsstörungen des Innenohres verbunden sind.
4. Hyperthermiebehandlung
   Aufwendungen sind nur beihilfefähig bei Tumorbehandlungen in Kombination mit Chemo- oder Strahlentherapie.
5. Klimakammerbehandlung
   Aufwendungen sind nur beihilfefähig, wenn andere übliche Behandlungsmethoden nicht zum Erfolg geführt haben und die Festsetzungsstelle auf Grund des Gutachtens von einer Ärztin oder einem Arzt, die oder den sie bestimmt, vor Beginn der Behandlung zugestimmt hat.
6. Lanthasol-Aerosol-Inhalationskur
   Aufwendungen sind nur beihilfefähig, wenn die Aerosol-Inhalationskuren mit hochwirksamen Medikamenten, zum Beispiel Aludrin, durchgeführt werden.
7. Magnetfeldtherapie
   Aufwendungen sind nur beihilfefähig bei Behandlung von atrophen Pseudarthrosen, bei Endoprothesenlockerung, idiopathischer Hüftnekrose und verzögerter Knochenbruchheilung, wenn die Magnetfeldtherapie in Verbindung mit einer sachgerechten chirurgischen Therapie durchgeführt wird, sowie bei psychiatrischen Erkrankungen.
8. Modifizierte Eigenblutbehandlung
   a) Zahnheilkunde
      Aufwendungen für eine Behandlung mit autologen Thrombozytenkonzentraten wie plättchenreiches Plasma (PRP) und plättchenreiches Fibrin (PRF) sind nur beihilfefähig nach Extraktion eines Zahnes oder mehrerer Zähne
      aa) zum Volumenerhalt des Knochens beispielsweise Alveolarfortsatzes (postextraktioneller, zum Beispiel präimplantologisch indizierter Kieferkammerhalt; Socket/Ridge Preservation) oder
      bb) zur Verbesserung der Alveolenheilung und Reduktion des Alveolitis-Risikos (PRF als solide PRF-Plug-Matrix) insbesondere im Rahmen einer operativen Weisheitszahnentfernung.
   b) Augenheilkunde
      Aufwendungen für eine Behandlung mit autologen Serumaugentropfen aus Eigenblut als Tränenersatzstoff sind nur beihilfefähig bei einer

trockenen Glandulae tarsales (Meibom-Drüsen-Dysfunktion, Sicca-Syndrom, Keratokonjunktivitis sicca etc.).

9. Ozontherapie
Aufwendungen sind nur beihilfefähig bei Gasinsufflationen, wenn damit arterielle Verschlusserkrankungen behandelt werden. Vor Aufnahme der Behandlung ist die Zustimmung der Festsetzungsstelle einzuholen.
10. Radiale extrakorporale Stoßwellentherapie (r-ESWT)
Aufwendungen sind nur beihilfefähig im orthopädischen und schmerztherapeutischen Bereich bei Behandlung der therapierefraktären Epicondylitis humeri radialis oder einer therapierefraktären Fasciitis plantaris. Auf der Grundlage des Beschlusses der Bundesärztekammer zur Analogbewertung der r-ESWT sind Gebühren nach Nummer 302 der Anlage zur Gebührenordnung für Ärzte beihilfefähig. Zuschläge sind nicht beihilfefähig.
11. Therapeutisches Reiten (Hippotherapie)
Aufwendungen sind nur beihilfefähig bei ausgeprägten cerebralen Bewegungsstörungen (Spastik) oder schwerer geistiger Behinderung, sofern die ärztlich verordnete Behandlung von Angehörigen der Gesundheits- oder Medizinalfachberufe (zum Beispiel Krankengymnastin oder Krankengymnast) mit entsprechender Zusatzausbildung durchgeführt wird. Die Aufwendungen sind nach den Nummern 4 bis 6 der Anlage 9 beihilfefähig.
12. Thymustherapie und Behandlung mit Thymuspräparaten
Aufwendungen sind nur beihilfefähig bei Krebsbehandlungen, wenn andere übliche Behandlungsmethoden nicht zum Erfolg geführt haben.
13. Visusverbessernde Maßnahmen
    a) Austausch natürlicher Linsen
    Bei einer reinen visusverbessernden Operation sind Aufwendungen nur beihilfefähig, wenn der Austausch die einzige Möglichkeit ist, um eine Verbesserung des Visus zu erreichen. Die Aufwendungen für die Linsen sind dabei nur bis zur Höhe der Kosten einer Monofokallinse, höchstens bis zu 270 Euro pro Linse beihilfefähig. Satz 2 gilt auch für Linsen bei einer Kataraktoperation.
    b) Chirurgische Hornhautkorrektur durch Laserbehandlung
    Aufwendungen sind nur beihilfefähig, wenn eine Korrektur durch eine Brille oder Kontaktlinsen nach augenärztlicher Feststellung nicht möglich ist.
    c) Implantation einer additiven Linse, auch einer Add-on-Intraokularlinse
    Aufwendungen sind nur beihilfefähig, wenn die Implantation die einzige Möglichkeit ist, um eine Verbesserung des Visus zu erreichen.
    d) Implantation einer phaken Intraokularlinse
    Aufwendungen sind nur beihilfefähig, wenn die Implantation die einzige Möglichkeit ist, um eine Verbesserung des Visus zu erreichen.

Aufwendungen für visusverbessernde Maßnahmen sind nur dann beihilfefähig, wenn die Festsetzungsstelle den Maßnahmen vor Aufnahme der Behandlung zugestimmt hat.

Anlage 2
(zu § 6 Absatz 5 Satz 4)

Höchstbeträge für die Angemessenheit der Aufwendungen für Heilpraktikerleistungen

Nummer	Leistungsbeschreibung	vereinbarter Höchstbetrag
1–10	**Allgemeine Leistungen**	
1	Für die eingehende, das gewöhnliche Maß übersteigende Untersuchung	12,50 €
2a	Erhebung der homöopathischen Erstanamnese mit einer Mindestdauer von einer Stunde je Behandlungsfall	80,00 €
2b	Durchführung des vollständigen Krankenexamens mit Repertorisation nach den Regeln der klassischen Homöopathie	35,00 €
	Anmerkung: Die Leistung nach Nummer 2b ist in einer Sitzung nur einmal und innerhalb von sechs Monaten höchstens dreimal berechnungsfähig.	
3	Kurze Information, auch mittels Fernsprecher, oder Ausstellung einer Wiederholungsverordnung, als einzige Leistung pro Inanspruchnahme der Heilpraktikerin/des Heilpraktikers	3,00 €
4	Eingehende Beratung, die das gewöhnliche Maß übersteigt, von mindestens 15 Minuten Dauer, gegebenenfalls einschließlich einer Untersuchung	18,50 €
	Anmerkung: Eine Leistung nach Nummer 4 ist nur als alleinige Leistung oder im Zusammenhang mit einer Leistung nach Nummer 1 oder Nummer 17.1 beihilfefähig.	
5	Beratung, auch mittels Fernsprecher, gegebenenfalls, einschließlich einer kurzen Untersuchung	9,00 €
	Anmerkung: Eine Leistung nach Nummer 5 ist nur einmal pro Behandlungsfall neben einer anderen Leistung beihilfefähig.	
6	Für die gleichen Leistungen wie unter Nummer 5, jedoch außerhalb der normalen Sprechstundenzeit	13,00 €
7	Für die gleichen Leistungen wie unter Nummer 5, jedoch bei Nacht, zwischen 20 und 7 Uhr	18,00 €
8	Für die gleichen Leistungen wie unter Nummer 5, jedoch sonn- und feiertags	20,00 €
	Anmerkung: Als allgemeine Sprechstunde gilt die durch Aushang festgesetzte Zeit, selbst wenn sie nach 20 Uhr festgesetzt ist. Eine Berechnung des Honorars nach den Nummern 6 bis 8 kann also nur dann erfolgen, wenn die Beratung außerhalb der festgesetzten Zeiten stattfand und der Patient nicht schon vor Ablauf derselben im Wartezimmer anwesend war. Ebenso können für Sonn- und Feiertage nicht die dafür vorgesehenen erhöhten Honorare zur Berechnung kommen, wenn der Heilpraktiker gewohnheitsmäßig an Sonn- und Feiertagen Sprechstunden hält.	

Nummer	Leistungsbeschreibung	vereinbarter Höchstbetrag
9	**Hausbesuch einschließlich Beratung**	
9.1	bei Tag	24,00 €
9.2	in dringenden Fällen (Eilbesuch, sofort ausgeführt)	26,00 €
9.3	bei Nacht und an Sonn- und Feiertagen	29,00 €
10	**Nebengebühren für Hausbesuche**	
10.1	für jede angefangene Stunde bei Tag bis zu 2 km Entfernung zwischen Praxis- und Besuchsort	4,00 €
10.2	für jede angefangene Stunde bei Nacht bis zu 2 km Entfernung zwischen Praxis- und Besuchsort	8,00 €
10.5	für jeden zurückgelegten km bei Tag von 2 bis 25 km Entfernung zwischen Praxis- und Besuchsort	1,00 €
10.6	für jeden zurückgelegten km bei Nacht von 2 bis 25 km Entfernung zwischen Praxis- und Besuchsort	2,00 €
10.7	Handelt es sich um einen Fernbesuch von über 25 km Entfernung zwischen Praxis- und Besuchsort, so können pro Kilometer an Reisekosten in Anrechnung gebracht werden.	0,20 €
	Anmerkung: Die Wegkilometer werden nach dem jeweils günstigsten benutzbaren Fahrtweg berechnet. Besucht der Heilpraktiker mehrere Patienten bei einer Besuchsfahrt, werden die Fahrtkosten entsprechend aufgeteilt.	
10.8	Handelt es sich bei einem Krankenbesuch um eine Reise, welche länger als 6 Stunden dauert, so kann die Heilpraktikerin/der Heilpraktiker anstelle des Wegegeldes die tatsächlich entstandenen Reisekosten in Abrechnung bringen und außerdem für den Zeitaufwand pro Stunde Reisezeit berechnen. Die Patientin bzw. der Patient ist hiervon vorher in Kenntnis zu setzen.	16,00 €
11	**Schriftliche Auslassungen und Krankheitsbescheinigungen**	
11.1	Kurze Krankheitsbescheinigung oder Brief im Interesse der Patientin/des Patienten	5,00 €
11.2	Ausführlicher Krankheitsbericht oder Gutachten (DIN A4 engzeilig maschinengeschrieben): Ausführlicher schriftlicher Krankheits- und Befundbericht (einschließlich Angaben zur Anamnese, zu den Befunden, zur epikritischen Bewertung und gegebenenfalls zur Therapie)	15,00 €
	Schriftliche gutachtliche Äußerung	16,00 €
11.3	Individuell angefertigter schriftlicher Diätplan bei Ernährungs- und Stoffwechselerkrankungen	8,00 €
12	**Chemisch-physikalische Untersuchungen**	
12.1	Harnuntersuchungen qualitativ mittels Verwendung eines Mehrfachreagenzträgers (Teststreifen) durch visuellen Farbvergleich	3,00 €
	Anmerkung: Die einfache qualitative Untersuchung auf Zucker und Eiweiß sowie die Bestimmung des ph-Wertes und des spezifischen Gewichtes sind nicht berechnungsfähig.	

Nummer	Leistungsbeschreibung	vereinbarter Höchstbetrag
12.2	Harnuntersuchung quantitativ (es ist anzugeben, auf welchen Stoff untersucht wurde, zum Beispiel Zucker usw.)	4,00 €
12.4	Harnuntersuchung, nur Sediment	4,00 €
12.7	Blutstatus (nicht neben den Nummern 12.9, 12.10, 12.11)	10,00 €
12.8	Blutzuckerbestimmung	2,00 €
12.9	Hämoglobinbestimmung	3,00 €
12.10	Differenzierung des gefärbten Blutausstriches	6,00 €
12.11	Zählung der Leuko- und Erythrozyten: Erythrozytenzahl und/oder Hämatokrit und/oder Hämoglobin und/oder mittleres Zellvolumen (MCV) und die errechneten Kenngrößen (zum Beispiel MCH, MCHC) und die Erythrozytenverteilungskurve und/oder Leukozytenzahl und/oder Thrombozytenzahl	3,00 €
	Zählung der Leuko- und Erythrozyten: Differenzierung der Leukozyten, elektronisch-zytometrisch, zytochemisch-zytometrisch oder mittels mechanisierter Mustererkennung (Bildanalyse)	1,00 €
12.12	Blutkörperchen-Senkungsgeschwindigkeit einschl. Blutentnahme	3,00 €
12.13	Einfache mikroskopische und/oder chemische Untersuchungen von Körperflüssigkeiten und Ausscheidungen auch mit einfachen oder schwierigen Färbeverfahren sowie Dunkelfeld, pro Untersuchung	6,00 €
	Anmerkung: Die Art der Untersuchung ist anzugeben.	
12.14	Aufwendige Chemogramme von Körperflüssigkeiten und Ausscheidungen je nach Umfang pro Einzeluntersuchung	7,00 €
	Anmerkung: Die Art der Untersuchung ist anzugeben.	
13	**Sonstige Untersuchungen**	
13.1	Sonstige Untersuchungen unter Zuhilfenahme spezieller Apparaturen oder Färbeverfahren besonders schwieriger Art, zum Beispiel ph-Messungen im strömenden Blut oder Untersuchungen nach v. Bremer, Enderlein usw.	6,00 €
	Anmerkung: Die Art der Untersuchung ist anzugeben.	
14	**Spezielle Untersuchungen**	
14.1	Binokulare mikroskopische Untersuchung des Augenvordergrundes	8,00 €
	Anmerkung: Eine Leistung nach Nummer 14.1 kann nicht neben einer Leistung nach Nummer 1 oder Nummer 4 berechnet werden. Leistungen nach den Nummern 14.1 und 14.2 können nicht nebeneinander berechnet werden.	
14.2	Binokulare Spiegelung des Augenhintergrundes	8,00 €
	Anmerkung: Eine Leistung nach Nummer 14.1 kann nicht neben einer Leistung nach Nummer 1 oder Nummer 4 be-	

Nummer	Leistungsbeschreibung		vereinbarter Höchstbetrag
	rechnet werden. Leistungen nach den Nummern 14.1 und 14.2 können nicht nebeneinander berechnet werden.		
14.3	Grundumsatzbestimmung nach Read		5,00 €
14.4	Grundumsatzbestimmung mit Hilfe der Atemgasuntersuchung		20,00 €
14.5	Prüfung der Lungenkapazität (Spirometrische Untersuchung)		7,00 €
14.6	Elektrokardiogramm mit Phonokardiogramm und Ergometrie, vollständiges Programm		41,00 €
14.7	Elektrokardiogramm mit Standardableitungen, Goldbergerableitungen, Nehbsche Ableitungen, Brustwandableitungen		14,00 €
14.8	Oszillogramm-Methoden		11,00 €
14.9	Spezielle Herz-Kreislauf-Untersuchungen		8,00 €
	Anmerkung: Nicht neben Nummer 1 oder Nummer 4 berechenbar.		
14.10	Ultraschall-Gefäßdoppler-Untersuchung zu peripheren Venendruck-/oder Strömungsmessungen		9,00 €
17	**Neurologische Untersuchungen**		
17.1	Neurologische Untersuchung		21,00 €
18–23	**Spezielle Behandlungen**		
20	**Atemtherapie, Massagen**		
20.1	Atemtherapeutische Behandlungsverfahren		8,00 €
20.2	Nervenpunktmassage nach Cornelius, Aurelius u. a., Spezialnervenmassage		6,00 €
20.3	Bindegewebsmassage		6,00 €
20.4	Teilmassage (Massage einzelner Körperteile)		4,00 €
20.5	Großmassage		6,00 €
20.6	Sondermassagen	Unterwasserdruckstrahlmassage (Wanneninhalt mindestens 400 Liter, Leistung der Apparatur mindestens 4 bar)	8,00 €
20.6	Sondermassagen	Massage im extramuskulären Bereich (zum Beispiel Bindegewebsmassage, Periostmassage, manuelle Lymphdrainage)	6,00 €
		Extensionsbehandlung mit Schrägbett, Extensionstisch, Perlgerät	6,00 €
20.7	Behandlung mit physikalischen oder medicomechanischen Apparaten		6,00 €
20.8	Einreibungen zu therapeutischen Zwecken in die Haut		4,00 €
21	**Akupunktur**		
21.1	Akupunktur einschließlich Pulsdiagnose		23,00 €
21.2	Moxibustionen, Injektionen und Quaddelungen in Akupunkturpunkte		7,00 €

Nummer	Leistungsbeschreibung	vereinbarter Höchstbetrag
22	**Inhalationen**	
22.1	Inhalationen, soweit sie von der Heilpraktikerin/dem Heilpraktiker mit den verschiedenen Apparaten in der Sprechstunde ausgeführt werden	3,00 €
24–30	**Blutentnahmen – Injektionen – Infusionen – Hautableitungsverfahren**	
24	**Eigenblut, Eigenharn**	
24.1	Eigenblutinjektion	11,00 €
25	**Injektionen, Infusionen**	
25.1	Injektion, subkutan	5,00 €
25.2	Injektion, intramuskulär	5,00 €
25.3	Injektion, intravenös, intraarteriell	7,00 €
25.4	Intrakutane Reiztherapie (Quaddelbehandlung), pro Sitzung	7,00 €
25.5	Injektion, intraartikulär	11,50 €
25.6	Neural- oder segmentgezielte Injektionen nach Hunecke	11,50 €
25.7	Infusion	8,00 €
25.8	Dauertropfeninfusion	12,50 €
	Anmerkung: Die Beihilfefähigkeit der mit der Infusion eingebrachten Medikamente richtet sich nach dem Beihilferecht des jeweiligen Beihilfeträgers.	
26	**Blutentnahmen**	
26.1	Blutentnahme	3,00 €
26.2	Aderlass	12,00 €
27	**Hautableitungsverfahren, Hautreizverfahren**	
27.1	Setzen von Blutegeln, ggf. einschl. Verband	5,00 €
27.2	Skarifikation der Haut	4,00 €
27.3	Setzen von Schröpfköpfen, unblutig	5,00 €
27.4	Setzen von Schröpfköpfen, blutig	5,00 €
27.5	Schröpfkopfmassage einschl. Gleitmittel	5,00 €
27.6	Anwendung großer Saugapparate für ganze Extremitäten	5,00 €
27.7	Setzen von Fontanellen	5,00 €
27.8	Setzen von Cantharidenblasen	5,00 €
27.9	Reinjektion des Blaseninhaltes (aus Nummer 27.8)	5,00 €
27.10	Anwendung von Pustulantien	5,00 €
27.12	Biersche Stauung	5,00 €
28	**Infiltrationen**	
28.1	Behandlung mittels paravertebraler Infiltration, einmalig	9,00 €
28.2	Behandlung mittels paravertebraler Infiltration, mehrmalig	15,00 €
29	**Roedersches Verfahren**	
29.1	Roedersches Behandlungs- und Mandelabsaugverfahren	5,00 €

Nummer	Leistungsbeschreibung	vereinbarter Höchstbetrag
30	**Sonstiges**	
30.1	Spülung des Ohres	5,00 €
31	**Wundversorgung, Verbände und Verwandtes**	
31.1	Eröffnung eines oberflächlichen Abszesses	9,00 €
31.2	Entfernung von Aknepusteln pro Sitzung	8,00 €
32	**Versorgung einer frischen Wunde**	
32.1	bei einer kleinen Wunde	8,00 €
32.2	bei einer größeren und verunreinigten Wunde	13,00 €
33	**Verbände (außer zur Wundbehandlung)**	
33.1	Verbände, jedes Mal	5,00 €
33.2	Elastische Stütz- und Pflasterverbände	7,00 €
33.3	Kompressions- oder Zinkleimverband	10,00 €
	Anmerkung: Die Beihilfefähigkeit des für den Verband verbrauchten Materials richtet sich nach dem Beihilferecht des jeweiligen Beihilfeträgers.	
34	**Gelenk- und Wirbelsäulenbehandlung**	
34.1	Chiropraktische Behandlung	4,00 €
34.2	Gezielter chiropraktischer Eingriff an der Wirbelsäule	17,00 €
	Anmerkung: Die Leistung nach Nummer 34.2 ist nur einmal je Sitzung berechnungsfähig.	
35	**Osteopathische Behandlung**	
35.1	des Unterkiefers	11,00 €
35.2	des Schultergelenkes und der Wirbelsäule	21,00 €
35.3	der Handgelenke, des Oberschenkels, des Unterschenkels, des Vorderarmes und der Fußgelenke	21,00 €
35.4	des Schlüsselbeins und der Kniegelenke	12,00 €
35.5	des Daumens	10,00 €
35.6	einzelner Finger und Zehen	10,00 €
36	**Hydro- und Elektrotherapie, Medizinische Bäder und sonstige hydrotherapeutische Anwendungen**	
	Anmerkung: Alle nicht aufgeführten Bäder sind nicht beihilfefähig.	
36.1	Leitung eines ansteigenden Vollbades	7,00 €
36.2	Leitung eines ansteigenden Teilbades	4,00 €
36.3	Spezialdarmbad (subaquales Darmbad)	13,00 €
36.4	Kneippsche Güsse	4,00 €
37	**Elektrische Bäder und Heißluftbäder**	
	Anmerkung: Alle nicht aufgeführten Bäder sind nicht beihilfefähig.	
37.1	Teilheißluftbad, zum Beispiel Kopf oder Arm	3,00 €
37.2	Ganzheißluftbad, zum Beispiel Rumpf oder Beine	5,00 €
37.3	Heißluftbad im geschlossenen Kasten	5,00 €
37.4	Elektrisches Vierzellenbad	4,00 €

Nummer	Leistungsbeschreibung	vereinbarter Höchstbetrag
37.5	Elektrisches Vollbad (Stangerbad)	8,00 €
38	**Spezialpackungen**	
	Anmerkung: Alle nicht aufgeführten Packungen sind nicht beihilfefähig.	
38.1	Fangopackungen	3,00 €
38.2	Paraffinpackungen, örtliche	3,00 €
38.3	Paraffinganzpackungen	3,00 €
38.4	Kneippsche Wickel- und Ganzpackungen, Prießnitz- und Schlenzpackungen	3,00 €
39	**Elektro-physikalische Heilmethoden**	
39.1	Einfache oder örtliche Lichtbestrahlungen	3,00 €
39.2	Ganzbestrahlungen	8,00 €
39.4	Faradisation, Galvanisation und verwandte Verfahren (Schwellstromgeräte)	4,00 €
39.5	Anwendung der Influenzmaschine	4,00 €
39.6	Anwendung von Heizsonnen (Infrarot)	4,00 €
39.7	Verschorfung mit heißer Luft und heißen Dämpfen	8,00 €
39.8	Behandlung mit hochgespannten Strömen, Hochfrequenzströmen in Verbindung mit verschiedenen Apparaten	3,00 €
39.9	Langwellenbehandlung (Diathermie), Kurzwellen- und Mikrowellenbehandlung	3,00 €
39.10	Magnetfeldtherapie mit besonderen Spezialapparaten	4,00 €
39.11	Elektromechanische und elektrothermische Behandlung (je nach Aufwand und Dauer)	4,00 €
39.12	Niederfrequente Reizstromtherapie, zum Beispiel Jono-Modulator	4,00 €
39.13	Ultraschall-Behandlung	4,00 €

Anlage 3
(zu den §§ 18 bis 21)

Ambulant durchgeführte psychotherapeutische Behandlungen und Maßnahmen der psychosomatischen Grundversorgung

Abschnitt 1
Psychotherapeutische Leistungen

1. Nicht beihilfefähig sind Aufwendungen für:
   a) Familientherapie,
   b) Funktionelle Entspannung nach Marianne Fuchs,
   c) Gesprächspsychotherapie (zum Beispiel nach Rogers),
   d) Gestalttherapie,
   e) Körperbezogene Therapie,
   f) Konzentrative Bewegungstherapie,
   g) Logotherapie,
   h) Musiktherapie,
   i) Heileurhythmie,
   j) Psychodrama,
   k) Respiratorisches Biofeedback,
   l) Transaktionsanalyse.
2. Nicht zu den psychotherapeutischen Leistungen im Sinne der §§ 18 bis 21 gehören:
   a) Behandlungen, die zur schulischen, beruflichen oder sozialen Anpassung oder Förderung bestimmt sind,
   b) Maßnahmen der Erziehungs-, Ehe-, Familien-, Lebens-, Paar- oder Sexualberatung,
   c) Heilpädagogische und ähnliche Maßnahmen sowie
   d) Psychologische Maßnahmen, die der Aufarbeitung und Überwindung sozialer Konflikte dienen.

Abschnitt 2
Psychosomatische Grundversorgung

1. Aufwendungen für eine verbale Intervention sind nur beihilfefähig, wenn die Behandlung durchgeführt wird von einer Fachärztin oder einem Facharzt für
   a) Allgemeinmedizin,
   b) Augenheilkunde,
   c) Frauenheilkunde und Geburtshilfe,
   d) Haut- und Geschlechtskrankheiten,

e) Innere Medizin,
f) Kinder- und Jugendlichenmedizin,
g) Kinder- und Jugendpsychiatrie und -psychotherapie,
h) Neurologie,
i) Phoniatrie und Pädaudiologie,
j) Psychiatrie und Psychotherapie,
k) Psychotherapeutische Medizin oder Psychosomatische Medizin und Psychotherapie oder
l) Urologie.

2. Aufwendungen für übende und suggestive Interventionen (autogenes Training, progressive Muskelrelaxation nach Jacobson, Hypnose) sind nur dann beihilfefähig, wenn die Behandlung durchgeführt wird von
   a) einer Ärztin oder einem Arzt,
   b) einer Psychologischen Psychotherapeutin oder einem Psychologischen Psychotherapeuten,
   c) einer Kinder- und Jugendlichenpsychotherapeutin oder einem Kinder- und Jugendlichenpsychotherapeuten.
   d) einer Psychotherapeutin oder einem Psychotherapeuten.

   Die behandelnde Person muss über Kenntnisse und Erfahrungen in der Anwendung der entsprechenden Intervention verfügen.

Abschnitt 3
Tiefenpsychologisch fundierte und analytische Psychotherapie

1. Leistungen der anerkannten Psychotherapieform tiefenpsychologisch fundierte oder analytische Psychotherapie dürfen bei Personen, die das 18. Lebensjahr vollendet haben, nur von folgenden Personen erbracht werden:
   a) Psychotherapeutinnen und Psychotherapeuten mit einer Weiterbildung für die Behandlung von Erwachsenen in diesem Verfahren,
   b) Psychologischen Psychotherapeutinnen und Psychologischen Psychotherapeuten mit einer vertieften Ausbildung in diesem Verfahren.
2. Leistungen der anerkannten Psychotherapieform tiefenpsychologisch fundierte oder analytische Psychotherapie dürfen bei Personen, die das 18. Lebensjahr noch nicht vollendet haben, nur von folgenden Personen erbracht werden:
   a) Psychotherapeutinnen und Psychotherapeuten mit einer Weiterbildung für die Behandlung von Kindern und Jugendlichen in diesem Verfahren,
   b) Psychologischen Psychotherapeutinnen und Psychologischen Psychotherapeuten mit einer vertieften Ausbildung in diesem Verfahren und einer Zusatzqualifikation für die Behandlung von Kindern und Jugendlichen, die die Anforderungen des § 6 Absatz 4 der Psychotherapievereinbarung erfüllt,

c) Kinder- und Jugendlichenpsychotherapeutinnen und Kinder- und Jugendlichenpsychotherapeuten mit einer vertieften Ausbildung in diesem Verfahren.

3. Abweichend von Nummer 1 dürfen Leistungen der anerkannten Psychotherapieform tiefenpsychologisch fundierte oder analytische Psychotherapie bei Personen, die das 18. Lebensjahr, aber noch nicht das 21. Lebensjahr vollendet haben, sowohl von Personen nach Nummer 1 als auch von Personen nach Nummer 2 erbracht werden.

4. Wird die Behandlung von einer ärztlichen Psychotherapeutin oder einem ärztlichen Psychotherapeuten durchgeführt, muss diese Person Fachärztin oder Facharzt für eines der folgenden Fachgebiete sein:
   a) Psychotherapeutische Medizin,
   b) Psychiatrie und Psychotherapie oder Psychosomatische Medizin und Psychotherapie,
   c) Kinder- und Jugendlichenpsychiatrie und -psychotherapie oder
   d) Ärztin oder Arzt mit der Bereichs- oder Zusatzbezeichnung „Psychotherapie" oder „Psychoanalyse".

   Eine Fachärztin oder ein Facharzt für Psychotherapeutische Medizin, Psychiatrie und Psychotherapie oder Kinder- und Jugendlichenpsychiatrie und -psychotherapie sowie eine Ärztin oder ein Arzt mit der Bereichsbezeichnung „Psychotherapie" kann nur tiefenpsychologisch fundierte Psychotherapie (Nummern 860 bis 862 der Anlage zur Gebührenordnung für Ärzte) durchführen. Eine Ärztin oder ein Arzt mit der Bereichs- oder Zusatzbezeichnung „Psychoanalyse" oder mit der vor dem 1. April 1984 verliehenen Bereichsbezeichnung „Psychotherapie" kann auch analytische Psychotherapie (Nummern 863 und 864 der Anlage zur Gebührenordnung für Ärzte) durchführen.

5. Voraussetzung für die Beihilfefähigkeit der Aufwendungen in Ausnahmefällen (§ 19 Absatz 1 Nummer 3 und 4) ist, dass vor Beginn der Behandlung eine erneute eingehende Begründung der Therapeutin oder des Therapeuten vorgelegt wird und die Festsetzungsstelle vor Beginn der Behandlung zugestimmt hat. Zeigt sich bei der Therapie, dass das Behandlungsziel innerhalb der vorgesehenen Anzahl der Sitzungen nicht erreicht wird, kann in Ausnahmefällen eine weitere begrenzte Behandlungsdauer anerkannt werden. Die Anerkennung darf erst im letzten Behandlungsabschnitt erfolgen. Voraussetzung für die Anerkennung ist eine Indikation nach § 18a Absatz 1 und 2, die nach ihrer besonderen Symptomatik und Struktur eine besondere tiefenpsychologisch fundierte oder analytische Bearbeitung erfordert und eine hinreichende Prognose über das Erreichen des Behandlungsziels erlaubt.

Abschnitt 4
Verhaltenstherapie

1. Leistungen der Verhaltenstherapie dürfen bei Personen, die das 18. Lebensjahr vollendet haben, nur von folgenden Personen erbracht werden:
   a) Psychotherapeutinnen und Psychotherapeuten mit einer Weiterbildung für die Behandlung von Erwachsenen in diesem Verfahren,
   b) Psychologischen Psychotherapeutinnen und Psychologischen Psychotherapeuten mit einer vertieften Ausbildung in diesem Verfahren.
2. Leistungen der Verhaltenstherapie dürfen bei Personen, die das 18. Lebensjahr noch nicht vollendet haben, nur von folgenden Personen erbracht werden:
   a) Psychotherapeutinnen und Psychotherapeuten mit einer Weiterbildung für die Behandlung von Kindern und Jugendlichen in diesem Verfahren,
   b) Psychologischen Psychotherapeutinnen und Psychologischen Psychotherapeuten mit einer vertieften Ausbildung in diesem Verfahren und einer Zusatzqualifikation für die Behandlung von Kindern und Jugendlichen, die die Anforderungen des § 6 Absatz 4 der Psychotherapeutenvereinbarung erfüllt,
   c) Kinder- und Jugendlichenpsychotherapeutinnen und Kinder- und Jugendlichenpsychotherapeuten mit einer vertieften Ausbildung in diesem Verfahren.
3. Abweichend von Nummer 1 dürfen Leistungen der Verhaltenstherapie bei Personen, die das 18. Lebensjahr, aber noch nicht das 21. Lebensjahr vollendet haben, sowohl von Personen nach Nummer 1 als auch von Personen nach Nummer 2 erbracht werden.
4. Wird die Behandlung von einer ärztlichen Psychotherapeutin oder einem ärztlichen Psychotherapeuten durchgeführt, muss diese Person Fachärztin oder Facharzt für eines der folgenden Fachgebiete sein:
   a) Psychotherapeutische Medizin oder Psychosomatische Medizin,
   b) Psychiatrie und Psychotherapie,
   c) Kinder- und Jugendlichenpsychiatrie und -psychotherapie oder
   d) Ärztin oder Arzt mit der Bereichs- oder Zusatzbezeichnung „Psychotherapie".

   Ärztliche Psychotherapeutinnen oder ärztliche Psychotherapeuten, die keine Fachärztinnen oder Fachärzte sind, können die Behandlung durchführen, wenn sie den Nachweis erbringen, dass sie während ihrer Weiterbildung schwerpunktmäßig Kenntnisse und Erfahrungen in Verhaltenstherapie erworben haben.

Abschnitt 5
Systemische Therapie

1. Leistungen der Systemischen Therapie dürfen nur von folgenden Personen erbracht werden:
   a) Psychotherapeutinnen und Psychotherapeuten mit einer Weiterbildung in diesem Verfahren,
   b) Psychologischen Psychotherapeutinnen und Psychologischen Psychotherapeuten mit einer vertieften Ausbildung in diesem Verfahren,
   c) Psychologischen Psychotherapeutinnen und Psychologischen Psychotherapeuten mit einer vertieften Ausbildung in einem Verfahren nach Abschnitt 3 oder 4 und einer Zusatzqualifikation für dieses Verfahren, die die Anforderungen des § 6 Absatz 8 der Psychotherapievereinbarung erfüllt.
2. Wird die Behandlung von einer ärztlichen Psychotherapeutin oder einem ärztlichen Psychotherapeuten durchgeführt, muss diese Person Fachärztin oder Facharzt für eines der folgenden Fachgebiete sein:
   a) Psychiatrie und Psychotherapie,
   b) Psychosomatische Medizin und Psychotherapie oder
   c) Ärztin oder Arzt mit der Zusatzbezeichnung „Psychotherapie"

   mit erfolgreicher Weiterbildung auf dem Gebiet der Systemischen Therapie.

Abschnitt 6
Eye-Movement-Desensitization-and-Reprocessing-Behandlung

1. Leistungen der Eye-Movement-Desensitization-and-Reprocessing-Behandlung dürfen nur von folgenden Personen erbracht werden:
   a) Psychotherapeutinnen und Psychotherapeuten mit einer Weiterbildung in einem Verfahren nach Abschnitt 3 oder 4,
   b) Psychologischen Psychotherapeutinnen und Psychologischen Psychotherapeuten mit einer vertieften Ausbildung in einem Verfahren nach Abschnitt 3 oder 4.
2. Wird die Behandlung von einer Psychologischen Psychotherapeutin oder einem Psychologischen Psychotherapeuten, einer Psychotherapeutin oder einem Psychotherapeuten durchgeführt, muss diese Person Kenntnisse und praktische Erfahrungen in der Behandlung der posttraumatischen Belastungsstörung und in der Eye-Movement-Desensitization-and-Reprocessing-Behandlung erworben haben.
3. Wurde die Qualifikation nach Nummer 1 oder Nummer 2 bei Psychologischen Psychotherapeutinnen oder Psychologischen Psychotherapeuten nicht im Rahmen der Ausbildung und bei Psychotherapeutinnen oder Psychotherapeuten nicht im Rahmen der Weiterbildung erworben, muss die behandelnde Person
   a) in mindestens 40 Stunden eingehende Kenntnisse in der Theorie der Traumabehandlung und der Eye-Movement-Desensitization-and-Reprocessing-Behandlung erworben haben und

   b) mindestens 40 Stunden Einzeltherapie mit mindestens fünf abgeschlossenen Eye-Movement-Desensitization-and-Reprocessing-Behandlungsabschnitten unter Supervision von mindestens 10 Stunden mit Eye-Movement- Desensitization-and-Reprocessing-Behandlung durchgeführt haben.

4. Wird die Behandlung von einer ärztlichen Psychotherapeutin oder einem ärztlichen Psychotherapeuten durchgeführt, muss diese Person
   a) die Voraussetzungen nach Abschnitt 3 oder 4 erfüllen und
   b) Kenntnisse und praktische Erfahrungen in der Behandlung der posttraumatischen Belastungsstörung und in der Eye-Movement-Desensitization-and-Reprocessing-Behandlung erworben haben.

Anlage 6

(weggefallen)

Anlage 8
(zu § 22 Absatz 4)

Von der Beihilfefähigkeit ausgeschlossene oder beschränkt beihilfefähige Arzneimittel

Folgende Wirkstoffe oder Wirkstoffgruppen sind nur unter den genannten Voraussetzungen beihilfefähig:

1. Alkoholentwöhnungsmittel sind nur beihilfefähig zur Unterstützung der
   a) Aufrechterhaltung der Abstinenz bei alkoholkranken Patientinnen oder Patienten im Rahmen eines therapeutischen Gesamtkonzepts mit begleitenden psychosozialen und soziotherapeutischen Maßnahmen,
   b) Reduktion des Alkoholkonsums bei alkoholkranken Patientinnen oder Patienten, die zu einer Abstinenztherapie hingeführt werden, für die aber entsprechende Therapiemöglichkeiten nicht zeitnah zur Verfügung stehen, für die Dauer von höchstens drei Monaten, in Ausnahmefällen für die Dauer von weiteren drei Monaten.

   Voraussetzung für die Beihilfefähigkeit ist, dass die Erforderlichkeit der Alkoholentwöhnungsmittel in der ärztlichen Verordnung besonders begründet worden ist.
2. Antidiabetika, orale, sind nur beihilfefähig nach einer Therapie mit nichtmedikamentösen Maßnahmen, die erfolglos war; die Anwendung anderer therapeutischer Maßnahmen ist zu dokumentieren.
3. Antidysmenorrhoika sind nur beihilfefähig als
   a) Prostaglandinsynthetasehemmer bei Regelschmerzen,
   b) systemische hormonelle Behandlung von Regelanomalien.
4. Clopidogrel als Monotherapie zur Prävention atherothrombotischer Ereignisse bei Personen mit Herzinfarkt, mit ischämischem Schlaganfall oder mit nachgewiesener peripherer arterieller Verschlusskrankheit ist nur beihilfefähig für Personen mit
   a) Amputation oder Gefäßintervention, bedingt durch periphere arterielle Verschlusskrankheit (pAVK), oder
   b) diagnostisch eindeutig gesicherter typischer Claudicatio intermittens mit Schmerzrückbildung in weniger als 10 Minuten bei Ruhe oder
   c) Acetylsalicylsäure-Unverträglichkeit, soweit wirtschaftlichere Alternativen nicht eingesetzt werden können.
5. Clopidogrel in Kombination mit Acetylsalicylsäure bei akutem Koronarsyndrom zur Prävention atherothrombotischer Ereignisse ist nur beihilfefähig bei Patienten mit
   a) akutem Koronarsyndrom ohne ST-Strecken-Hebung während eines Behandlungszeitraums von bis zu zwölf Monaten,
   b) Myokardinfarkt mit ST-Strecken-Hebung, für die eine Thrombolyse infrage kommt, während eines Behandlungszeitraums von bis zu 28 Tagen,
   c) akutem Koronarsyndrom mit ST-Strecken-Hebungs-Infarkt, denen bei einer perkutanen Koronarintervention ein Stent implantiert worden ist.

6. Glinide zur Behandlung des Diabetes mellitus Typ 2; hierzu zählen:
   a) Nateglinid
   b) Repaglinid.
   Repaglinid ist nur beihilfefähig bei Behandlung niereninsuffizienter Personen mit einer Kreatinin-Clearance von weniger als 25 ml/min, sofern keine anderen oralen Antidiabetika in Frage kommen und eine Insulintherapie nicht angezeigt ist.
7. Insulinanaloga, schnell wirkend zur Behandlung des Diabetes mellitus Typ 2; hierzu zählen:
   a) Insulin Aspart,
   b) Insulin Glulisin,
   c) Insulin Lispro.

   Diese Wirkstoffe sind nur beihilfefähig, solange sie im Vergleich zu schnell wirkendem Humaninsulin nicht mit Mehrkosten verbunden sind. Dies gilt nicht für Personen,
   a) die gegen den Wirkstoff Humaninsulin allergisch sind,
   b) bei denen trotz Intensivierung der Therapie eine stabile adäquate Stoffwechsellage mit Humaninsulin nicht erreichbar ist, dies aber mit schnell wirkenden Insulinanaloga nachweislich gelingt, oder
   c) bei denen auf Grund unverhältnismäßig hoher Humaninsulindosen eine Therapie mit schnell wirkenden Insulinanaloga im Einzelfall wirtschaftlicher ist.
8. Insulinanaloga, lang wirkend zur Behandlung von Diabetes mellitus Typ 2; hierzu zählen:
   a) Insulin glargin,
   b) Insulin detemir.

   Diese Wirkstoffe sind nur beihilfefähig, solange sie im Vergleich zu intermediär wirkendem Humaninsulin nicht mit Mehrkosten verbunden sind; die notwendige Dosiseinheit zur Erreichung des therapeutischen Ziels ist zu berücksichtigen. Satz 2 gilt nicht für
   a) eine Behandlung mit Insulin glargin für Personen, bei denen im Rahmen einer intensivierten Insulintherapie auch nach individueller Überprüfung des Therapieziels und individueller Anpassung des Ausmaßes der Blutzuckersenkung in Ausnahmefällen ein hohes Risiko für schwere Hypoglykämien bestehen bleibt, oder
   b) Personen, die gegen intermediär wirkende Humaninsuline allergisch sind.
9. Prostatamittel sind nur beihilfefähig
   a) einmalig für eine Dauer von 24 Wochen als Therapieversuch sowie
   b) längerfristig, sofern der Therapieversuch nach Buchstabe a erfolgreich verlaufen ist.
10. Saftzubereitungen sind für Erwachsene nur beihilfefähig in Ausnahmefällen; die Gründe müssen dabei in der Person liegen.

Anlage 9
(zu § 23 Absatz 1)

Höchstbeträge für beihilfefähige Aufwendungen für Heilmittel

Abschnitt 1
Leistungsverzeichnis

Vorbemerkungen: Wenn im Leistungsverzeichnis ein Richtwert angegeben ist, ist die jeweilige Therapiemaßnahme einschließlich ihrer Vor- und Nachbereitung sowie ihrer Dokumentation innerhalb des durch den Richtwert angegebenen Zeitrahmens durchzuführen. Der Richtwert darf nur aus medizinischen Gründen unterschritten werden.

Einige Therapiemaßnahmen sehen nach deren Durchführung eine Nachruhe vor. Der Zeitrahmen für die Nachruhe beträgt 20 bis 25 Minuten.

Nr.	Leistung	beihilfefähiger Höchstbetrag in Euro
	Bereich Inhalation	
1	Inhalationstherapie, auch mittels Ultraschallvernebelung	
	a) als Einzelinhalation	11,60
	b) als Rauminhalation in einer Gruppe, je Teilnehmerin oder Teilnehmer	4,80
	c) als Rauminhalation in einer Gruppe bei Anwendung ortsgebundener natürlicher Heilwässer, je Teilnehmerin oder Teilnehmer	7,50
	Aufwendungen für die für Inhalationen erforderlichen Zusätze sind daneben gesondert beihilfefähig.	
2	Radon-Inhalation	
	a) im Stollen	14,90
	b) mittels Hauben	18,20
	Bereich Krankengymnastik, Bewegungsübungen	
3	Physiotherapeutische Befundung und Berichte	
	a) physiotherapeutische Erstbefundung zur Erstellung eines Behandlungsplans, einmal je Behandlungsfall	16,50
	b) physiotherapeutischer Bericht auf schriftliche Anforderung der verordnenden Person	63,50
4	Krankengymnastik (KG), auch auf neurophysiologischer Grundlage, Atemtherapie, einschließlich der zur Leistungserbringung erforderlichen Massage, als Einzelbehandlung, Richtwert: 15 bis 25 Minuten	27,80
5	Krankengymnastik auf neurophysiologischer Grundlage (KG-ZNS nach Bobath, Vojta, Propriozeptive Neuromuskuläre Fazilitation [PNF]) bei zentralen Bewegungsstörungen nach Vollendung des 18. Lebensjahres, als Einzelbehandlung, Richtwert: 25 bis 35 Minuten	44,20

Nr.	Leistung	beihilfefähiger Höchstbetrag in Euro
6	Krankengymnastik auf neurophysiologischer Grundlage (KG-ZNS-Kinder nach Bobath, Vojta) bei zentralen Bewegungsstörungen bis zur Vollendung des 18. Lebensjahres als Einzelbehandlung, Richtwert: 30 bis 45 Minuten	55,20
7	Krankengymnastik (KG) in einer Gruppe (2 bis 5 Personen), je Teilnehmerin oder Teilnehmer, Richtwert: 20 bis 30 Minuten	12,50
8	Krankengymnastik bei zerebralen Dysfunktionen in einer Gruppe (2 bis 4 Personen), je Teilnehmerin oder Teilnehmer, Richtwert: 20 bis 30 Minuten	15,60
9	Krankengymnastik (Atemtherapie) insbesondere bei Mukoviszidose und schweren Bronchialerkrankungen als Einzelbehandlung, Richtwert: 60 Minuten	83,50
10	Krankengymnastik im Bewegungsbad	
	a) als Einzelbehandlung einschließlich der erforderlichen Nachruhe, Richtwert: 20 bis 30 Minuten	31,80
	b) in einer Gruppe (2 bis 3 Personen), je Teilnehmerin oder Teilnehmer, einschließlich der erforderlichen Nachruhe, Richtwert: 20 bis 30 Minuten	22,70
	c) in einer Gruppe (4 bis 5 Personen), je Teilnehmerin oder Teilnehmer, einschließlich der erforderlichen Nachruhe, Richtwert: 20 bis 30 Minuten	15,60
11	Manuelle Therapie, Richtwert: 15 bis 25 Minuten	33,40
12	Chirogymnastik (funktionelle Wirbelsäulengymnastik), als Einzelbehandlung, Richtwert: 15 bis 20 Minuten	19,20
13	Bewegungsübungen	
	a) als Einzelbehandlung, Richtwert: 10 bis 20 Minuten	12,90
	b) in einer Gruppe (2 bis 5 Personen), Richtwert: 10 bis 20 Minuten	8,00

Nr.	Leistung	beihilfefähiger Höchstbetrag in Euro
14	Bewegungsübungen im Bewegungsbad	
	a) als Einzelbehandlung einschließlich der erforderlichen Nachruhe, Richtwert: 20 bis 30 Minuten	31,20
	b) in einer Gruppe (2 bis 3 Personen), je Teilnehmerin oder Teilnehmer, einschließlich der erforderlichen Nachruhe, Richtwert: 20 bis 30 Minuten	22,60
	c) in einer Gruppe (4 bis 5 Personen), je Teilnehmerin oder Teilnehmer, einschließlich der erforderlichen Nachruhe, Richtwert: 20 bis 30 Minuten	15,60
15	Erweiterte ambulante Physiotherapie (EAP), Richtwert: 120 Minuten je Behandlungstag	108,10
16	Gerätegestützte Krankengymnastik (KG-Gerät) einschließlich Medizinischen Aufbautrainings (MAT) und Medizinischer Trainingstherapie (MTT), je Sitzung für eine parallele Einzelbehandlung (bis zu 3 Personen), Richtwert: 60 Minuten, begrenzt auf maximal 25 Behandlungen je Kalenderhalbjahr	52,40
17	Traktionsbehandlung mit Gerät (zum Beispiel Schrägbrett, Extensionstisch, Perl'sches Gerät, Schlingentisch) als Einzelbehandlung, Richtwert: 10 bis 20 Minuten	8,80
	Bereich Massagen	
18	Massage eines einzelnen Körperteils oder mehrerer Körperteile	
	a) Klassische Massagetherapie (KMT), Segment-, Periost-, Reflexzonen-, Bürsten- und Colonmassage, Richtwert: 15 bis 20 Minuten	20,30
	b) Bindegewebsmassage (BGM), Richtwert: 20 bis 30 Minuten	24,40
19	Manuelle Lymphdrainage (MLD)	
	a) Teilbehandlung, Richtwert: 30 Minuten	33,80
	b) Großbehandlung, Richtwert: 45 Minuten	50,60
	c) Ganzbehandlung, Richtwert: 60 Minuten	67,50
	d) Kompressionsbandagierung einer Extremität; Aufwendungen für das notwendige Polster- und Bindenmaterial (zum Beispiel Mullbinden, Kurzzugbinden, Fließpolsterbinden) sind daneben beihilfefähig	21,50

Nr.	Leistung	beihilfefähiger Höchstbetrag in Euro
20	Unterwasserdruckstrahlmassage einschließlich der erforderlichen Nachruhe, Richtwert: 15 bis 20 Minuten	31,70
	Bereich Palliativversorgung	
21	Physiotherapeutische Komplexbehandlung in der Palliativversorgung, Richtwert: 60 Minuten	66,00
	Bereich Packungen, Hydrotherapie, Bäder	
22	Heiße Rolle einschließlich der erforderlichen Nachruhe, Richtwert: 10 bis 15 Minuten	13,60
23	Warmpackung eines einzelnen Körperteils oder mehrerer Körperteile einschließlich der erforderlichen Nachruhe	
	a) bei Anwendung wiederverwendbarer Packungsmaterialien (zum Beispiel Fango-Paraffin, Moor-Paraffin, Pelose, Turbatherm)	15,60
	b) bei Anwendung einmal verwendbarer natürlicher Peloide (Heilerde, Moor, Naturfango, Pelose, Schlamm, Schlick) ohne Verwendung von Folie oder Vlies zwischen Haut und Peloid, als Teilpackung	36,20
	c) bei Anwendung einmal verwendbarer natürlicher Peloide (Heilerde, Moor, Naturfango, Pelose, Schlamm, Schlick) ohne Verwendung von Folie oder Vlies zwischen Haut und Peloid, als Großpackung	47,80
24	Schwitzpackung (zum Beispiel spanischer Mantel, Salzhemd, Dreiviertel-Packung nach Kneipp) einschließlich der erforderlichen Nachruhe	19,70
25	Kaltpackung (Teilpackung)	
	a) Anwendung von Lehm, Quark oder Ähnlichem	10,20
	b) Anwendung einmal verwendbarer Peloide (Heilerde, Moor, Naturfango, Pelose, Schlamm, Schlick) ohne Verwendung von Folie oder Vlies zwischen Haut und Peloid	20,30
26	Heublumensack, Peloidkompresse	12,10
27	Sonstige Packungen (z. B. Wickel, Auflagen, Kompressen), auch mit Zusatz	6,10
28	Trockenpackung	4,10
29	Guss	
	a) Teilguss, Teilblitzguss, Wechselteilguss	4,10
	b) Vollguss, Vollblitzguss, Wechselvollguss	6,10
	c) Abklatschung, Abreibung, Abwaschung	5,40
30	An- oder absteigendes Bad einschließlich der erforderlichen Nachruhe	
	a) an- oder absteigendes Teilbad (zum Beispiel nach Hauffe)	16,20
	b) an- oder absteigendes Vollbad (Überwärmungsbad)	26,40
31	Wechselbäder einschließlich der erforderlichen Nachruhe	
	a) Teilbad	12,10
	b) Vollbad	17,60

Nr.	Leistung	beihilfefähiger Höchstbetrag in Euro
32	Bürstenmassagebad einschließlich der erforderlichen Nachruhe	25,10
33	Naturmoorbad einschließlich der erforderlichen Nachruhe	
	a) Teilbad	43,30
	b) Vollbad	52,70
34	Sandbad einschließlich der erforderlichen Nachruhe	
	a) Teilbad	37,90
	b) Vollbad	43,30
35	Balneo-Phototherapie (Sole-Photo-Therapie) und Licht-Öl-Bad einschließlich Nachfetten und der erforderlichen Nachruhe	43,30
36	Medizinische Bäder mit Zusatz	
	a) Hand- oder Fußbad	8,80
	b) Teilbad einschließlich der erforderlichen Nachruhe	17,60
	c) Vollbad einschließlich der erforderlichen Nachruhe	24,40
	d) bei mehreren Zusätzen je weiterer Zusatz	4,10
37	Gashaltige Bäder	
	a) gashaltiges Bad (zum Beispiel Kohlensäurebad, Sauerstoffbad) einschließlich der erforderlichen Nachruhe	26,10
	b) gashaltiges Bad mit Zusatz einschließlich der erforderlichen Nachruhe	29,70
	c) Kohlendioxidgasbad (Kohlensäuregasbad) einschließlich der erforderlichen Nachruhe	27,70
	d) Radon-Bad einschließlich der erforderlichen Nachruhe	24,40
	e) Radon-Zusatz, je 500 000 Millistat	4,10
38	Aufwendungen für andere als die in diesem Abschnitt bezeichneten Bäder sind nicht beihilfefähig. Bei Hand- oder Fußbad, Teil- oder Vollbad mit ortsgebundenen natürlichen Heilwässern erhöhen sich die jeweils angegebenen beihilfefähigen Höchstbeträge nach Nummer 36 Buchstabe a bis c und nach Nummer 37 Buchstabe b um 4,10 Euro. Weitere Zusätze hierzu sind nach Maßgabe der Nummer 36 Buchstabe d beihilfefähig.	
	Bereich Kälte- und Wärmebehandlung	
39	Kältetherapie eines einzelnen Körperteils oder mehrerer Körperteile mit lokaler Applikation intensiver Kälte in Form von Eiskompressen, tiefgekühlten Eis- oder Gelbeuteln, direkter Abreibung, Kaltgas oder Kaltluft mit entsprechenden Apparaturen sowie Eisteilbädern in Fuß- oder Armbadewannen, Richtwert: 5 bis 10 Minuten	12,90
40	Wärmetherapie eines einzelnen Körperteils oder mehrerer Körperteile mittels Heißluft Richtwert: 10 bis 20 Minuten	7,50

Nr.	Leistung	beihilfefähiger Höchstbetrag in Euro
41	Ultraschall-Wärmetherapie, Richtwert: 10 bis 20 Minuten	13,80
	Bereich Elektrotherapie	
42	Elektrotherapie eines einzelnen Körperteils oder mehrerer Körperteile mit individuell eingestellten Stromstärken und Frequenzen, Richtwert: 10 bis 20 Minuten	8,20
43	Elektrostimulation bei Lähmungen, Richtwert: je Muskelnerveinheit 5 bis 10 Minuten	17,60
44	Iontophorese	8,20
45	Hydroelektrisches Teilbad (Zwei- oder Vierzellenbad), Richtwert: 10 bis 20 Minuten	14,90
46	Hydroelektrisches Vollbad (zum Beispiel Stangerbad), auch mit Zusatz, einschließlich der erforderlichen Nachruhe, Richtwert: 10 bis 20 Minuten	29,00
	Bereich Stimm-, Sprech-, Sprach- und Schlucktherapie	
47	Stimm-, sprech-, sprach- und schlucktherapeutische Erstdiagnostik zur Erstellung eines Behandlungsplans, einmal je Behandlungsfall; bei Wechsel der Leistungserbringerin oder des Leistungserbringers innerhalb des Behandlungsfalls sind die Aufwendungen für eine erneute Erstdiagnostik beihilfefähig. Je Kalenderjahr sind Aufwendungen für bis zu zwei Einheiten Diagnostik (entweder eine Einheit Erstdiagnostik und eine Einheit Bedarfsdiagnostik oder zwei Einheiten Bedarfsdiagnostik) innerhalb eines Behandlungsfalls beihilfefähig, Richtwert: 60 Minuten	111,20
48	Stimm-, sprech-, sprach- und schlucktherapeutische Bedarfsdiagnostik; je Kalenderjahr sind Aufwendungen für bis zu zwei Einheiten Diagnostik (entweder eine Einheit Erstdiagnostik und eine Einheit Bedarfsdiagnostik oder zwei Einheiten Bedarfsdiagnostik) innerhalb eines Behandlungsfalls beihilfefähig, Richtwert: 30 Minuten	55,60
49	Bericht an die verordnende Person	6,20
50	Bericht auf besondere Anforderung der verordnenden Person	111,20
51	Einzelbehandlung bei Stimm-, Sprech-, Sprach- und Schluckstörungen	
	a) Richtwert: 30 Minuten	49,40
	b) Richtwert: 45 Minuten	68,00
	c) Richtwert: 60 Minuten	86,50

Nr.	Leistung	beihilfefähiger Höchstbetrag in Euro
52	Gruppenbehandlung bei Stimm-, Sprech-, Sprach- und Schluckstörungen, je Teilnehmerin oder Teilnehmer	
	a) Gruppe (2 Personen), Richtwert: 45 Minuten	61,20
	b) Gruppe (3 bis 5 Personen), Richtwert: 45 Minuten	34,60
	c) Gruppe (2 Personen), Richtwert: 90 Minuten	111,20
	d) Gruppe (3 bis 5 Personen), Richtwert: 90 Minuten	56,10
	Bereich Ergotherapie	
53	Funktionsanalyse und Erstgespräch einschließlich Beratung und Behandlungsplanung, einmal je Behandlungsfall	41,80
54	Einzelbehandlung	
	a) bei motorisch-funktionellen Störungen, Richtwert: 45 Minuten	45,20
	b) bei sensomotorischen oder perzeptiven Störungen, Richtwert: 60 Minuten	60,90
	c) bei psychisch-funktionellen Störungen, Richtwert: 75 Minuten	76,20
55	Einzelbehandlung als Beratung zur Integration in das häusliche und soziale Umfeld im Rahmen eines Besuchs im häuslichen oder sozialen Umfeld, einmal je Behandlungsfall	
	a) bei motorisch-funktionellen Störungen, Richtwert: 120 Minuten	135,60
	b) bei sensomotorischen oder perzeptiven Störungen, Richtwert: 120 Minuten	182,60
	c) bei psychisch-funktionellen Störungen, Richtwert: 120 Minuten	152,40

Nr.	Leistung	beihilfefähiger Höchstbetrag in Euro
56	Parallelbehandlung (bei Anwesenheit von zwei zu behandelnden Personen)	
	a) bei motorisch-funktionellen Störungen, je Teilnehmerin oder Teilnehmer, Richtwert: 45 Minuten	35,90
	b) bei sensomotorischen oder perzeptiven Störungen, je Teilnehmerin oder Teilnehmer, Richtwert: 60 Minuten	48,70
	c) bei psychisch-funktionellen Störungen, je Teilnehmerin oder Teilnehmer, Richtwert: 75 Minuten	60,30
57	Gruppenbehandlung (3 bis 6 Personen)	
	a) bei motorisch-funktionellen Störungen, je Teilnehmerin oder Teilnehmer, Richtwert: 45 Minuten	16,50
	b) bei sensomotorischen oder perzeptiven Störungen, je Teilnehmerin oder Teilnehmer, Richtwert: 60 Minuten	21,40
	c) bei psychisch-funktionellen Störungen, je Teilnehmerin oder Teilnehmer, Richtwert: 105 Minuten	39,30
58	Hirnleistungstraining/Neuropsychologisch orientierte Einzelbehandlung, Richtwert: 45 Minuten	50,10
59	Hirnleistungstraining als Einzelbehandlung bei der Beratung zur Integration in das häusliche und soziale Umfeld im Rahmen eines Besuchs im häuslichen oder sozialen Umfeld, einmal je Behandlungsfall, Richtwert: 120 Minuten	152,40
60	Hirnleistungstraining als Parallelbehandlung bei Anwesenheit von zwei zu behandelnden Personen, je Teilnehmerin oder Teilnehmer, Richtwert: 45 Minuten	39,40
61	Hirnleistungstraining als Gruppenbehandlung, je Teilnehmerin oder Teilnehmer, Richtwert: 60 Minuten	21,40
	Bereich Podologie	
62	Podologische Behandlung (klein), Richtwert: 35 Minuten	34,20
63	Podologische Behandlung (groß), Richtwert: 50 Minuten	49,20

Nr.	Leistung	beihilfefähiger Höchstbetrag in Euro
64	Podologische Befundung, je Behandlung	3,40
65	Erst- und Eingangsbefundung	
	a) Erstbefundung (klein), Richtwert: 20 Minuten	27,20
	b) Erstbefundung (groß), einmal je Kalenderjahr, Richtwert: 45 Minuten	54,40
	c) Eingangsbefundung, einmal je Leistungserbringer Richtwert: 20 Minuten	21,90
66	Therapiebericht auf schriftliche Anforderung der verordnenden Person	16,40
67	Anpassung einer einteiligen unilateralen oder bilateralen Nagelkorrekturspange, z. B. nach Ross Fraser	96,40
68	Fertigung einer einteiligen unilateralen oder bilateralen Nagelkorrekturspange, z. B. nach Ross Fraser	52,80
69	Nachregulierung der einteiligen unilateralen oder bilateralen Nagelkorrekturspange, z. B. nach Ross Fraser	48,30
70	Vorbereitung des Nagels, Anpassung und Aufsetzen einer mehrteiligen bilateralen Nagelkorrekturspange	92,00
71	Vorbereitung des Nagels, Anpassung und Aufsetzen einer einteiligen Kunststoff- oder Metall-Nagelkorrekturspange	52,60
72	Indikationsspezifische Kontrolle auf Sitz- und Passgenauigkeit	16,80
73	Behandlungsabschluss, ggf. einschließlich der Entfernung der Nagelkorrekturspange	25,20
	Bereich Ernährungstherapie	
74	Ernährungstherapeutische Anamnese, einmal je Behandlungsfall Richtwert: 30 Minuten	38,70
75	Ernährungstherapeutische Anamnese, einmal je Behandlungsfall Richtwert: 60 Minuten	77,40
76	Berechnung und Auswertung von Ernährungsprotokollen und Entwicklung entsprechender individueller Empfehlungen, Richtwert: 60 Minuten	63,40
77	Notwendige Abstimmung der Therapie mit einer dritten Partei	63,40
78	Ernährungstherapeutische Intervention als Einzelbehandlung, Richtwert: 30 Minuten	38,70
79	Ernährungstherapeutische Intervention als Einzelbehandlung, Richtwert: 60 Minuten	77,40
80	Ernährungstherapeutische Intervention im häuslichen oder sozialen Umfeld als Einzelbehandlung, Richtwert: 60 Minuten	77,40

Nr.	Leistung	beihilfefähiger Höchstbetrag in Euro
81	Ernährungstherapeutische Intervention als Gruppenbehandlung, Richtwert: 30 Minuten	27,10
82	Ernährungstherapeutische Intervention als Gruppenbehandlung, Richtwert: 60 Minuten	54,20
	Bereich Sonstiges	
83	Ärztlich verordneter Hausbesuch einschließlich der Fahrtkosten, pauschal Werden auf demselben Weg mehrere Patientinnen oder Patienten besucht, sind die Aufwendungen nur anteilig je Patientin oder Patient beihilfefähig.	22,40
84	Besuch einer Patientin oder eines Patienten oder mehrerer Patientinnen oder Patienten in einer sozialen Einrichtung oder Gemeinschaft, einschließlich der Fahrtkosten, je Patientin oder Patient pauschal	14,70
85	Hausbesuch bei der Beratung im häuslichen und sozialen Umfeld (Mehraufwand) Der Hausbesuch ist nur beihilfefähig, wenn Leistungen nach Nummer 55 Buchstabe a bis c, Nummer 59 oder Nummer 80 ohne ärztlich verordneten Hausbesuch erbracht wurden. Aufwendungen für Leistungen der Nummern 83 und 84 sind daneben nicht beihilfefähig.	22,40
86	Übermittlungsgebühr für Mitteilung oder Bericht an die verordnende Person	1,40

Richtwert im Sinne des Leistungsverzeichnisses ist die Zeitangabe zur regelmäßigen Dauer der jeweiligen Therapiemaßnahme (Regelbehandlungszeit). Er beinhaltet die Durchführung der Therapiemaßnahme einschließlich der Vor- und Nachbereitung. Die Regelbehandlungszeit darf nur aus medizinischen Gründen unterschritten werden.

Abschnitt 2
Erweiterte ambulante Physiotherapie

1. Aufwendungen für eine EAP nach Abschnitt 1 Nummer 15 sind nur dann beihilfefähig, wenn die Therapie in einer Einrichtung, die durch die gesetzlichen Krankenkassen oder Berufsgenossenschaften zur ambulanten Rehabilitation oder zur EAP zugelassen ist und bei einer der folgenden Indikationen angewendet wird:
   a) Wirbelsäulensyndrome mit erheblicher Symptomatik bei
      aa) nachgewiesenem frischem Bandscheibenvorfall (auch postoperativ),
      bb) Protrusionen mit radikulärer, muskulärer und statischer Symptomatik,
      cc) nachgewiesenen Spondylolysen und Spondylolisthesen mit radikulärer, muskulärer und statischer Symptomatik,

dd) instabilen Wirbelsäulenverletzungen mit muskulärem Defizit und Fehlstatik, wenn die Leistungen im Rahmen einer konservativen oder postoperativen Behandlung erbracht werden,

ee) lockerer korrigierbarer thorakaler Scheuermann-Kyphose von mehr als 50° nach Cobb,

b) Operationen am Skelettsystem bei

aa) posttraumatischen Osteosynthesen,

bb) Osteotomien der großen Röhrenknochen,

c) prothetischer Gelenkersatz bei Bewegungseinschränkungen oder muskulären Defiziten bei

aa) Schulterprothesen,

bb) Knieendoprothesen,

cc) Hüftendoprothesen,

d) operativ oder konservativ behandelte Gelenkerkrankungen, einschließlich Instabilitäten bei

aa) Kniebandrupturen (Ausnahme isoliertes Innenband),

bb) Schultergelenkläsionen, insbesondere nach

aaa) operativ versorgter Bankard-Läsion,

bbb) Rotatorenmanschettenruptur,

ccc) schwere Schultersteife (frozen shoulder),

ddd) Impingement-Syndrom,

eee) Schultergelenkluxation,

fff) tendinosis calcarea,

ggg) periathritis humero-scapularis,

cc) Achillessehnenrupturen und Achillessehnenabriss,

dd) Knorpelschaden am Kniegelenk nach Durchführung einer Knorpelzelltransplantation oder nach Anwendung von Knorpelchips (sogenannte minced cartilage),

e) Amputationen.

Voraussetzung für die Beihilfefähigkeit ist zudem eine Verordnung von

a) einer Krankenhausärztin oder einem Krankenhausarzt,

b) einer Fachärztin oder einem Facharzt für Orthopädie, Neurologie oder Chirurgie,

c) einer Ärztin oder einem Arzt für Physikalische und Rehabilitative Medizin oder

d) einer Allgemeinärztin oder einem Allgemeinarzt mit der Zusatzbezeichnung „Physikalische und Rehabilitative Medizin".

2. Eine Verlängerung der erweiterten ambulanten Physiotherapie erfordert eine erneute ärztliche Verordnung. Eine Bescheinigung der Therapieeinrichtung oder von bei dieser beschäftigten Ärztinnen oder Ärzten reicht nicht aus. Nach Abschluss der erweiterten ambulanten Physiotherapie ist der Festsetzungsstelle die Therapiedokumentation zusammen mit der Rechnung vorzulegen.

3. Die erweiterte ambulante Physiotherapie umfasst je Behandlungstag mindestens folgende Leistungen:
   a) Krankengymnastische Einzeltherapie,
   b) Physikalische Therapie,
   c) MAT.
4. Werden Lymphdrainage, Massage, Bindegewebsmassage, Isokinetik oder Unterwassermassage zusätzlich erbracht, sind diese Leistungen mit dem Höchstbetrag nach Abschnitt 1 Nummer 15 abgegolten.
5. Die Patientin oder der Patient muss die durchgeführten Leistungen auf der Tagesdokumentation unter Angabe des Datums bestätigen.

Abschnitt 3
Medizinisches Aufbautraining, Medizinische Trainingstherapie

1. Aufwendungen für ein ärztlich verordnetes MAT nach Abschnitt 1 Nummer 16 mit Sequenztrainingsgeräten zur Behandlung von Funktions- und Leistungseinschränkungen im Stütz- und Bewegungsapparat sind beihilfefähig, wenn
   a) das Training verordnet wird von
      aa) einer Krankenhausärztin oder einem Krankenhausarzt,
      bb) einer Fachärztin oder einem Facharzt für Orthopädie, Neurologie oder Chirurgie,
      cc) einer Ärztin oder einem Arzt für Physikalische und Rehabilitative Medizin oder
      dd) einer Allgemeinärztin oder einem Allgemeinarzt mit der Zusatzbezeichnung „Physikalische und Rehabilitative Medizin",
   b) Therapieplanung und Ergebniskontrolle von einer Ärztin oder einem Arzt der Therapieeinrichtung vorgenommen werden und
   c) jede therapeutische Sitzung unter ärztlicher Aufsicht durchgeführt wird; die Durchführung therapeutischer und diagnostischer Leistungen kann teilweise an speziell geschultes medizinisches Personal delegiert werden.
2. Die Beihilfefähigkeit ist auf maximal 25 Behandlungen je Kalenderhalbjahr begrenzt.
3. Die Angemessenheit und damit Beihilfefähigkeit der Aufwendungen richtet sich bei Leistungen, die von einer Ärztin oder einem Arzt erbracht werden, nach dem Beschluss der Bundesärztekammer zur Analogbewertung der Medizinischen Trainingstherapie. Danach sind folgende Leistungen bis zum 2,3-fachen der Gebührensätze der Anlage zur Gebührenordnung für Ärzte beihilfefähig:
   a) Eingangsuntersuchung zur Medizinischen Trainingstherapie einschließlich biomechanischer Funktionsanalyse der Wirbelsäule, spezieller Schmerzanamnese und gegebenenfalls anderer funktionsbezogener Messverfahren sowie Dokumentation Nummer 842 der Anlage zur Gebührenordnung für Ärzte analog. Aufwendungen für eine Kontrollun-

tersuchung (Nummer 842 der Anlage zur Gebührenordnung für Ärzte analog) nach Abschluss der Behandlungsserie sind beihilfefähig.

b) Medizinische Trainingstherapie mit Sequenztraining einschließlich progressiv-dynamischen Muskeltrainings mit speziellen Therapiemaschinen (Nummer 846 der Anlage zur Gebührenordnung für Ärzte analog), zuzüglich zusätzlichen Geräte-Sequenztrainings (Nummer 558 der Anlage zur Gebührenordnung für Ärzte analog) und begleitender krankengymnastischer Übungen (Nummer 506 der Anlage zur Gebührenordnung für Ärzte). Aufwendungen für Leistungen nach Nummer 506, Nummer 558 analog sowie Nummer 846 analog der Anlage zur Gebührenordnung für Ärzte sind pro Sitzung jeweils nur einmal beihilfefähig.

4. Werden die Leistungen von zugelassenen Leistungserbringerinnen oder Leistungserbringern für Heilmittel erbracht, richtet sich die Angemessenheit der Aufwendungen nach Abschnitt 1 Nummer 16.

5. Aufwendungen für Fitness- und Kräftigungsmethoden, die nicht den Anforderungen nach Nummer 1 entsprechen, sind nicht beihilfefähig. Dies ist auch dann der Fall, wenn sie an identischen Trainingsgeräten mit gesundheitsfördernder Zielsetzung durchgeführt werden.

Abschnitt 4
Palliativversorgung

1. Aufwendungen für Palliativversorgung nach Abschnitt 1 Nummer 21 sind gesondert beihilfefähig, sofern sie nicht bereits von § 40 Absatz 1 umfasst sind.

2. Aufwendungen für Palliativversorgung werden als beihilfefähig anerkannt bei
   a) passiven Bewegungsstörungen mit Verlust, Einschränkung und Instabilität funktioneller Bewegung im Bereich der Wirbelsäule, der Gelenke, der discoligamentären Strukturen,
   b) aktiven Bewegungsstörungen bei Muskeldysbalancen oder -insuffizienz,
   c) atrophischen und dystrophischen Muskelveränderungen,
   d) spastischen Lähmungen (cerebral oder spinal bedingt),
   e) schlaffen Lähmungen,
   f) abnormen Bewegungen/Koordinationsstörungen bei Erkrankungen des zentralen Nervensystems,
   g) Schmerzen bei strukturellen Veränderungen im Bereich der Bewegungsorgane,
   h) funktionellen Störungen von Organsystemen (zum Beispiel Herz-Kreislauferkrankungen, Lungen-/Bronchialerkrankungen, Erkrankungen eines Schließmuskels oder der Beckenbodenmuskulatur),
   i) unspezifischen schmerzhaften Bewegungsstörungen, Funktionsstörungen, auch bei allgemeiner Dekonditionierung.

3. Aufwendungen für physiotherapeutische Komplexbehandlung in der Palliativversorgung nach Abschnitt 1 Nummer 21 umfassen folgende Leistungen:
   a) Behandlung einzelner oder mehrerer Körperteile entsprechend dem individuell erstellten Behandlungsplan,
   b) Wahrnehmungsschulung,
   c) Behandlung von Organfehlfunktionen (zum Beispiel Atemtherapie),
   d) dosiertes Training (zum Beispiel Bewegungsübungen),
   e) angepasstes, gerätegestütztes Training,
   f) Anwendung entstauender Techniken,
   g) Anwendung von Massagetechniken im Rahmen der lokalen Beeinflussung im Behandlungsgebiet als vorbereitende oder ergänzende Maßnahme der krankengymnastischen Behandlung,
   h) ergänzende Beratung,
   i) Begleitung in der letzten Lebensphase,
   j) Anleitung oder Beratung der Bezugsperson,
   k) Hilfsmittelversorgung,
   l) interdisziplinäre Absprachen.

Anlage 10
(zu § 23 Absatz 1 und § 24 Absatz 1)

Leistungserbringerinnen und Leistungserbringer für Heilmittel

Die Beihilfefähigkeit setzt voraus, dass das Heilmittel in einem der folgenden Bereiche und von einer der folgenden Personen angewandt wird und dass die Anwendung dem Berufsbild der Leistungserbringerin oder des Leistungserbringers entspricht:

1. Bereich Inhalation, Krankengymnastik, Bewegungsübungen, Massagen, Palliativversorgung, Packungen, Hydrotherapie, Bäder, Kälte- und Wärmebehandlung, Elektrotherapie
   a) Physiotherapeutin oder Physiotherapeut,
   b) Masseurin und medizinische Bademeisterin oder Masseur und medizinischer Bademeister,
   c) Krankengymnastin oder Krankengymnast,
2. Bereich Stimm-, Sprech-, Sprach- und Schlucktherapie
   a) Logopädin oder Logopäde,
   b) Sprachtherapeutin oder Sprachtherapeut,
   c) staatlich geprüfte Atem-, Sprech- und Stimmlehrerin der Schule Schlaffhorst-Andersen oder staatlich geprüfter Atem-, Sprech- und Stimmlehrer der Schule Schlaffhorst-Andersen,
   d) Sprachheilpädagogin oder Sprachheilpädagoge,
   e) klinische Linguistin oder klinischer Linguist,
   f) klinische Sprechwissenschaftlerin oder klinischer Sprechwissenschaftler,
   g) bei Kindern für sprachtherapeutische Leistungen bei Sprachentwicklungsstörungen, Stottern oder Poltern auch
      aa) Sprachheilpädagogin oder Sprachheilpädagoge,
      bb) Diplomlehrerin für Sprachgeschädigte oder Sprachgestörte oder Diplomlehrer für Sprachgeschädigte oder Sprachgestörte,
      cc) Diplomvorschulerzieherin für Sprachgeschädigte oder Sprachgestörte oder Diplomvorschulerzieher für Sprachgeschädigte oder Sprachgestörte,
      dd) Diplomerzieherin für Sprachgeschädigte oder Sprachgestörte oder Diplomerzieher für Sprachgeschädigte oder Sprachgestörte,
   h) Diplompatholinguistin oder Diplompatholinguist,
3. Bereich Ergotherapie (Beschäftigungstherapie einschließlich Bereich Kälte- und Wärmebehandlung)
   a) Ergotherapeutin oder Ergotherapeut,
   b) Beschäftigungs- und Arbeitstherapeutin oder Beschäftigungs- und Arbeitstherapeut,

4. Bereich Podologie
   a) Podologin oder Podologe,
   b) medizinische Fußpflegerin oder medizinischer Fußpfleger nach § 1 des Podologengesetzes,
5. Bereich Ernährungstherapie
   a) Diätassistentin oder Diätassistent,
   b) Oecotrophologin oder Oecotrophologe,
   c) Ernährungswissenschaftlerin oder Ernährungswissenschaftler.

Anlage 11
(zu § 25 Absatz 1 und 4)

Beihilfefähige Aufwendungen für Hilfsmittel, Geräte zur Selbstbehandlung und Selbstkontrolle, Körperersatzstücke

Abschnitt 1
Hilfsmittel, Geräte zur Selbstbehandlung und Selbstkontrolle, Körperersatzstücke

Die Aufwendungen für die Anschaffung der nachstehend aufgeführten Hilfsmittel, Geräte und Körperersatzstücke sind – gegebenenfalls im Rahmen der Höchstbeträge – beihilfefähig, wenn sie von einer Ärztin oder einem Arzt verordnet werden:

1.1 Abduktionslagerungskeil
1.2 Absauggerät (zum Beispiel bei Kehlkopferkrankung)
1.3 Adaptionshilfen
1.4 Anpassungen für diverse Gebrauchsgegenstände (zum Beispiel Universalhalter für Schwerstbehinderte zur Erleichterung der Körperpflege und zur Nahrungsaufnahme)
1.5 Alarmgerät für Epileptikerinnen oder Epileptiker
1.6 (weggefallen)
1.7 Anus-praeter-Versorgungsartikel
1.8 Anzieh- oder Ausziehhilfen
1.9 Aquamat
1.10 Armmanschette
1.11 Armtragegurt oder -tuch
1.12 Arthrodesensitzkissen oder -sitzkoffer
1.13 Atemtherapiegeräte
1.14 Atomiseur (zur Medikamenten-Aufsprühung)
1.15 Auffahrrampen für einen Krankenfahrstuhl
1.16 Aufrichteschlaufe
1.17 Aufrichtstuhl (für Aufrichtfunktion sind bis zu 150 Euro beihilfefähig)
1.18 Aufstehgestelle
1.19 Auftriebshilfe (bei Schwerstbehinderung)
1.20 Augenbadewanne, -dusche, -spülglas, -flasche, -pinsel, -pipette oder -stäbchen
1.21 Augenschielklappe, auch als Folie
2.1 Badestrumpf
2.2 Badewannensitz (bei Schwerstbehinderung, Totalendoprothese, Hüftgelenk-Luxations-Gefahr oder Polyarthritis)
2.3 Badewannenverkürzer
2.4 Ballspritze
2.5 Behinderten-Dreirad
2.6 Bestrahlungsmaske für ambulante Strahlentherapie
2.7 Bettnässer-Weckgerät
2.8 Beugebandage

2.9 Billroth-Batist-Lätzchen
2.10 Blasenfistelbandage
2.11 Blindenführhund (einschließlich Geschirr, Leine, Halsband, Maulkorb)
2.12 Blindenleitgerät (Ultraschallbrille, Ultraschallleitgerät)
2.13 Blindenstock, -langstock oder -taststock
2.14 Blutdruckmessgerät
2.15 Blutgerinnungsmessgerät (bei erforderlicher Dauerantikoagulation oder künstlichem Herzklappenersatz)
2.16 Blutlanzette
2.17 Blutzuckermessgerät
2.18 Bracelet
2.19 Bruchband
3.1 Clavicula-Bandage
3.2 Cochlea-Implantate einschließlich Zubehör
3.3 Communicator bei Sprech- oder Sprachstörungen
3.4 Computerspezialausstattung für Behinderte; Spezialhardware und Spezialsoftware bis zu 3500 Euro, gegebenenfalls zuzüglich bis zu 5400 Euro für eine Braillezeile mit 40 Modulen
4.1 Defibrillatorweste
4.2 Dekubitus-Schutzmittel (zum Beispiel Auf- oder Unterlagen für das Bett, Spezialmatratzen, Keile, Kissen, Auf- oder Unterlagen für den Rollstuhl, Schützer für Ellenbogen, Unterschenkel und Füße)
4.3 Delta-Gehrad
4.4 Drehscheibe, Umsetzhilfen
4.5 Duschsitz oder -stuhl
5.1 Einlagen, orthopädische, einschließlich der zur Anpassung notwendigen Ganganalyse
5.2 Einmal-Schutzhose bei Querschnittgelähmten
5.3 Ekzemmanschette
5.4 Elektromobil bis zu 2500 Euro, ausgenommen Zulassung und Versicherung
5.5 Elektrostimulationsgerät
5.6 Epicondylitisbandage oder -spange mit Pelotten
5.7 Epitrainbandage
5.8 Ernährungssonde
6.1 Farberkennungsgerät
6.2 Fepo-Gerät (funktionelle elektronische Peronaeus-Prothese)
6.3 Fersenschutz (Kissen, Polster, Schale, Schoner)
6.4 Fingerling
6.5 Fingerschiene
6.6 Fixationshilfen
6.7 Fußteil-Entlastungsschuh (Einzelschuhversorgung)
7.1 Gehgipsgalosche
7.2 Gehhilfen und -übungsgeräte
7.3 Gehörschutz
7.4 Genutrain-Aktiv-Kniebandage

7.5 Gerät zur Behandlung mit elektromagnetischen Wechselfeldern bei atropher Pseudarthrose, Endoprothesenlockerung, idiopathischer Hüftnekrose oder verzögerter Knochenbruchheilung (in Verbindung mit einer sachgerechten chirurgischen Therapie)
7.6 Gerät zur kontinuierlichen Gewebezuckermessung (Continuous Glucose Monitoring – CGM, Flash Glucose Monitoring – FGM) einschließlich Sensoren bei Personen mit einer behandlungsbedürftigen Stoffwechselerkrankung wie einem behandlungsbedürftigen Diabetes mellitus; daneben sind Aufwendungen für übliche Blutzuckermessgeräte einschließlich der erforderlichen Blutteststreifen beihilfefähig.
7.7 Gesichtsteilersatzstücke (Ektoprothese, Epithese)
7.8 Gilchrist-Bandage
7.9 Gipsbett, Liegeschale
7.10 Glasstäbchen
7.11 Gummihose sowie saugende körpernah getragene Inkontinenzhilfen (insbesondere Fixierhosen für Inkontinenzvorlagen, saugende Inkontinenzhosen und -vorlagen) bei Blasen- oder Darminkontinenz
7.12 Gummistrümpfe
8.1 Halskrawatte, Hals-, Kopf-, Kinnstütze
8.2 Handgelenkriemen
8.3 Hebekissen
8.4 Heimdialysegerät
8.5 Helfende Hand, Scherenzange
8.6 Herz-Atmungs-Überwachungsgerät oder -monitor
8.7 Hochtontherapiegerät
8.8 Hörgeräte (Hinter-dem-Ohr-Geräte [HdO-Geräte] sowie In-dem-Ohr-Geräte [IdO-Geräte] einschließlich Otoplastik, Taschengeräte, Hörbrillen, Schallsignale überleitende Geräte [C.R.O.S.-Geräte, Contralateral Routing of Signals], drahtlose Hörhilfen), alle fünf Jahre einschließlich der Nebenkosten, es sei denn, aus medizinischen oder technischen Gründen ist eine vorzeitige Verordnung zwingend erforderlich; Aufwendungen sind für Personen ab 15 Jahren auf 1500 Euro je Ohr begrenzt, gegebenenfalls zuzüglich der Aufwendungen für eine medizinisch indizierte notwendige Fernbedienung; der Höchstbetrag kann überschritten werden, soweit dies erforderlich ist, um eine ausreichende Versorgung bei beidseitiger an Gehörlosigkeit grenzender Schwerhörigkeit oder bei vergleichbar schwerwiegenden Sachverhalten zu gewährleisten
9.1 Impulsvibrator
9.2 Infusionsbesteck oder -gerät und Zubehör
9.3 Inhalationsgerät, einschließlich Sauerstoff und Zubehör, jedoch keine Luftbefeuchter, -filter, -wäscher
9.4 Innenschuh, orthopädischer
9.5 Insulinapplikationshilfen und Zubehör (Insulindosiergerät, -pumpe, -injektor)
9.6 Irisschale mit geschwärzter Pupille bei entstellenden Veränderungen der Hornhaut eines blinden Auges

10.1 (frei)
11.1 Kanülen und Zubehör
11.2 Katapultsitz
11.3 Katheter, auch Ballonkatheter, und Zubehör
11.4 Kieferspreizgerät
11.5 Klosett-Matratze für den häuslichen Bereich bei dauernder Bettlägerigkeit und bestehender Inkontinenz
11.6 Klumpfußschiene
11.7 Klumphandschiene
11.8 Klyso
11.9 Knetmaterial für Übungszwecke bei cerebral-paretischen Kindern
11.10 Kniekappe/-bandage, Kreuzgelenkbandage
11.11 Kniepolster/-rutscher bei Unterschenkelamputation
11.12 Knöchel- und Gelenkstützen
11.13 Körperersatzstücke einschließlich Zubehör, abzüglich eines Eigenanteils von 15 Euro für Brustprothesenhalter und 40 Euro für Badeanzüge, Bodys oder Korseletts für Brustprothesenträgerinnen
11.14 Kompressionsstrümpfe/-strumpfhose
11.15 Koordinator nach Schielbehandlung
11.16 Kopfring mit Stab, Kopfschreiber
11.17 Kopfschützer
11.18 Korrektursicherungsschuh
11.19 Krabbler für Spastikerinnen und Spastiker
11.20 Krampfaderbinde
11.21 Krankenfahrstuhl (auch elektrisch) und Zubehör
11.22 Krankenpflegebett
11.23 Krankenstock
11.24 Kreuzstützbandage
11.25 Krücke
12.1 Latextrichter bei Querschnittlähmung
12.2 Leibbinde, jedoch keine Nieren-, Flanell- und Wärmeleibbinden
12.3 Lesehilfen (Leseständer, Blattwendestab, Blattwendegerät, Blattlesegerät, Auflagegestell)
12.4 Lichtsignalanlage für Gehörlose und hochgradig Schwerhörige
12.5 Lifter (Krankenlifter, Multilift, Bad-Helfer, Krankenheber oder Badewannenlifter)
12.6 Lispelsonde
12.7 Lumbalbandage
13.1 Malleotrain-Bandage
13.2 Mangoldsche Schnürbandage
13.3 Manutrain-Bandage
13.4 Maßschuhe, orthopädische, die nicht serienmäßig herstellbar sind, abzüglich eines Eigenanteils von 64 Euro:
13.4.1 Straßenschuhe (Erstausstattung zwei Paar, Ersatzbeschaffung regelmäßig frühestens nach zwei Jahren),
13.4.2 Hausschuhe (Erstausstattung zwei Paar, Ersatzbeschaffung regelmäßig frühestens nach zwei Jahren),

13.4.3 Sportschuhe (Erstausstattung ein Paar, Ersatzbeschaffung regelmäßig frühestens nach zwei Jahren),
13.4.4 Badeschuhe (Erstausstattung ein Paar, Ersatzbeschaffung regelmäßig frühestens nach vier Jahren),
13.4.5 Interimsschuhe (wegen vorübergehender Versorgung entfällt der Eigenanteil von 64 Euro)
13.5 Milchpumpe
13.6 Mundsperrer
13.7 Mundstab/-greifstab
14.1 Narbenschützer
14.2 Neurodermitis-Overall für Personen, die das zwölfte Lebensjahr noch nicht vollendet haben (zwei pro Jahr und bis zu 80 Euro je Overall)
15.1 Orthese, Orthoprothese, Korrekturschienen, Korsetts und Ähnliches, auch Haltemanschetten und Ähnliches
15.2 Orthesenschuhe, abzüglich eines Eigenanteils von 64 Euro
15.3 Orthopädische Zurichtungen an Konfektionsschuhen (höchstens sechs Paar Schuhe pro Jahr)
16.1 Pavlik-Bandage
16.2 Peak-Flow-Meter
16.3 Penisklemme
16.4 Peronaeusschiene, Heidelberger Winkel
16.5 Phonator
16.6 Polarimeter
16.7 Psoriasiskamm
17.1 Quengelschiene
18.1 Rauchwarnmelder für Gehörlose und hochgradig Schwerhörige
18.2 Reflektometer
18.3 Rektophor
18.4 Rollator
18.5 Rollbrett
18.6 Rutschbrett
19.1 Schede-Rad
19.2 Schlafpositionsgerät zur Lagetherapie bei positionsabhängiger obstruktiver Schlafapnoe (eine gleichzeitige Versorgung mit einem Atemtherapiegerät ist ausgeschlossen)
19.3 Schrägliegebrett
19.4 Schutzbrille für Blinde
19.5 Schutzhelm für Behinderte
19.6 Schwellstromapparat
19.7 Segofix-Bandagensystem
19.8 Sitzkissen für Oberschenkelamputierte
19.9 Sitzschale, wenn Sitzkorsett nicht ausreicht
19.10 Skolioseumkrümmungsbandage
19.11 Spastikerhilfen (Gymnastik-/Übungsgeräte)
19.12 Spezialschuhe für Diabetiker, abzüglich eines Eigenanteils von 64 Euro
19.13 Sphinkter-Stimulator
19.14 Sprachverstärker nach Kehlkopfresektion

19.15 Spreizfußbandage
19.16 Spreizhose/-schale/-wagenaufsatz
19.17 Spritzen
19.18 Stabilisationsschuhe bei Sprunggelenkschäden, Achillessehnenschäden oder Lähmungszuständen (eine gleichzeitige Versorgung mit Orthesen oder Orthesenschuhen ist ausgeschlossen)
19.19 Stehübungsgerät
19.20 Stomaversorgungsartikel, Sphinkter-Plastik
19.21 Strickleiter zum Aufrichten und Übersetzen Gelähmter
19.22 Stubbies
19.23 Stumpfschutzhülle
19.24 Stumpfstrumpf
19.25 Suspensorium
19.26 Symphysengürtel
20.1 Talocrur (Sprunggelenkmanschette nach Dr. Grisar)
20.2 Therapeutische Bewegungsgeräte (nur mit Spasmenschaltung)
20.3 Therapiestuhl
20.4 Tinnitusgerät
20.5 Toilettenhilfen bei Schwerbehinderten oder Personen mit Hüfttotalendoprothese
20.6 Tracheostomaversorgungsartikel, auch Wasserschutzgerät (Larchel)
20.7 Tragegurtsitz
21.1 Übertragungsanlagen – zur Befriedung von allgemeinen Grundbedürfnissen des täglichen Lebens zusätzlich zu einem Hörgerät oder einem Cochlea-Implantat oder wenn bei peripherer Normalhörigkeit auf Grund einer auditiven Verarbeitungs- und Wahrnehmungsstörung eine pathologische Einschränkung des Sprachverstehens im Störschall besteht
21.2 Übungsschiene
21.3 Urinale
21.4 Urostomiebeutel
22.1 Verbandschuhe (Einzelschuhversorgung)
22.2 Vibrationstrainer bei Gehörlosigkeit
23.1 Wasserfeste Gehhilfe
23.2 Wechseldruckgerät
24.1 (frei)
25.1 (frei)
26.1 Zyklomat-Hormon-Pumpe.

Abschnitt 2
Perücken

Aufwendungen für ärztlich verordnete Voll- oder Teilperücken einschließlich Befestigungselementen wie Klebestreifen und Spangen sowie Materialien zur Befestigung sind bis zu einem Betrag von 512 Euro beihilfefähig, wenn, vorübergehend oder langfristig, großflächiger und massiver Haarverlust wegen einer Krankheit oder im Zusammenhang mit einer Krankheit vorliegt, insbesondere bei:

1. Chemotherapie,
2. Strahlenbehandlung,
3. vorübergehender oder dauerhafter Medikamentengabe,
4. Operationen,
5. Infekten oder entzündlichen Erkrankungen,
6. Stoffwechselerkrankungen,
7. psychischen Erkrankungen mit oder durch Haarverlust,
8. sonstigen Erkrankungen mit Haarverlust,
9. Deformation des Kopfes mit entstellender Wirkung,
10. Unfallfolgen.

Aufwendungen für eine zweite Voll- oder Teilperücke zum Wechseln sind nur beihilfefähig, wenn eine Voll- oder Teilperücke länger als ein Jahr getragen werden muss. Aufwendungen für die erneute Beschaffung einer Voll- oder Teilperücke sind beihilfefähig, wenn

1. seit der vorangegangenen Beschaffung einer Voll- oder Teilperücke aus Kunststoff ein Jahr vergangen ist,
2. seit der vorangegangenen Beschaffung einer Voll- oder Teilperücke aus Echthaar zwei Jahre vergangen sind oder
3. sich bei Kindern vor Ablauf der vorgenannten Zeiträume die Kopfform geändert hat.

Bei der Erstverordnung sind auch die Aufwendungen für einen Perückenkopf beihilfefähig.

Abschnitt 3
Blindenhilfsmittel und Mobilitätstraining

1. Aufwendungen für zwei Langstöcke sowie gegebenenfalls elektronische Blindenleitgeräte nach ärztlicher Verordnung sind beihilfefähig.
2. Aufwendungen für die erforderliche Unterweisung im Gebrauch dieser Hilfsmittel (Mobilitätstraining) sind in folgendem Umfang beihilfefähig:
   a) Aufwendungen für eine Ausbildung im Gebrauch des Langstockes sowie für eine Schulung in Orientierung und Mobilität bis zu folgenden Höchstbeträgen:
      aa) Unterrichtsstunde à 60 Minuten, einschließlich 15 Minuten Vor- und Nachbereitung sowie der Erstellung von Unterrichtsmaterial, bis zu 100 Unterrichtsstunden — 85 Euro,
      bb) Fahrtzeit der Trainerin oder des Trainers je Zeitstunde, wobei jede angefangene Stunde im 5-Minuten-Takt anteilig berechnet wird — 68 Euro,
      cc) Fahrtkosten der Trainerin oder des Trainers je gefahrenen Kilometer 0,30 Euro oder die niedrigsten Kosten eines regelmäßig verkehrenden Beförderungsmittels.

   Das Mobilitätstraining wird grundsätzlich als Einzeltraining ambulant oder stationär in einer Spezialeinrichtung durchgeführt. Werden an einem Tag mehrere Blinde unterrichtet, können die genannten Aufwendungen der Trainerin oder des Trainers nur anteilig berücksichtigt werden,

b) Aufwendungen für ein erforderliches Nachtraining (zum Beispiel bei Wegfall eines noch vorhandenen Sehrestes, Wechsel des Wohnortes) werden entsprechend Buchstabe a anerkannt,

c) Aufwendungen für ein ergänzendes Training an Blindenleitgeräten können in der Regel bis zu 30 Stunden anerkannt werden, gegebenenfalls einschließlich der Kosten für Unterkunft und Verpflegung sowie der Fahrtkosten der Trainerin oder des Trainers in entsprechendem Umfang. Die Anerkennung weiterer Stunden ist möglich, wenn die Trainerin oder der Trainer oder eine Ärztin oder ein Arzt die Notwendigkeit bescheinigt.

3. Die entstandenen Aufwendungen für das Mobilitätstraining sind durch die Rechnung einer Blindenorganisation nachzuweisen. Ersatzweise kann auch eine unmittelbare Abrechnung durch die Mobilitätstrainerin oder den Mobilitätstrainer akzeptiert werden, falls sie oder er zur Rechnungsstellung gegenüber den gesetzlichen Krankenkassen berechtigt ist. Bei Umsatzsteuerpflicht (ein Nachweis des Finanzamtes ist vorzulegen) erhöhen sich die beihilfefähigen Aufwendungen um die jeweils gültige Umsatzsteuer.

4. Aufwendungen für ärztlich verordnete elektronische Systeme zur Informationsverarbeitung und Informationsausgabe für Blinde sind beihilfefähig.

Abschnitt 4
Sehhilfen

Unterabschnitt 1
Allgemeine Bestimmungen der Beihilfefähigkeit von Sehhilfen

1. Voraussetzung für die Beihilfefähigkeit der Aufwendungen für die erstmalige Beschaffung einer Sehhilfe ist, dass diese von einer Augenärztin oder einem Augenarzt verordnet worden ist. Bei der Ersatzbeschaffung genügt die Refraktionsbestimmung von einer Augenoptikerin oder einem Augenoptiker; die Aufwendungen hierfür sind bis zu 13 Euro beihilfefähig.

2. Aufwendungen für erneute Beschaffung einer Sehhilfe sind beihilfefähig, wenn bei gleichbleibendem Visus seit dem Kauf der bisherigen Sehhilfe drei, bei weichen Kontaktlinsen zwei Jahre vergangen sind oder vor Ablauf dieses Zeitraums die erneute Beschaffung der Sehhilfe notwendig ist, weil

   a) sich die Refraktion geändert hat,

   b) die bisherige Sehhilfe verloren gegangen oder unbrauchbar geworden ist,

   c) sich die Kopfform geändert hat.

3. Als Sehhilfen zur Verbesserung des Visus sind beihilfefähig:

   a) Brillengläser,

   b) Kontaktlinsen,

   c) vergrößernde Sehhilfen.

4. Bei Personen, die der Vollzeitschulpflicht unterliegen, sind Aufwendungen für eine Brille beihilfefähig, wenn sie für die Teilnahme am Schulsport erforderlich ist. Die Höhe der beihilfefähigen Aufwendungen richtet sich nach dem Unterabschnitt 2 Nummer 1 und 2; für die Brillenfassung sind Aufwendungen bis zu 52 Euro beihilfefähig.

Unterabschnitt 2
Brillengläser zur Verbesserung des Visus

1. Aufwendungen für Brillengläser sind bis zu folgenden Höchstbeträgen beihilfefähig:
   a) für vergütete Gläser mit Gläserstärken bis +/–6 Dioptrien (dpt):
      aa) Einstärkengläser:
         aaa) für ein sphärisches Glas 31,00 Euro,
         bbb) für ein zylindrisches Glas 41,00 Euro,
      bb) Mehrstärkengläser:
         aaa) für ein sphärisches Glas 72,00 Euro,
         bbb) für ein zylindrisches Glas 92,50 Euro,
   b) für vergütete Gläser mit Gläserstärken über +/–6 dpt zuzüglich je Glas 21,00 Euro,
   c) für Dreistufen- oder Multifokalgläser zuzüglich je Glas 21,00 Euro,
   d) für Gläser mit prismatischer Wirkung zuzüglich je Glas 21,00 Euro.
2. Zusätzlich zu den Aufwendungen nach Nummer 1 sind Mehraufwendungen für Kunststoff-, Leicht- und Lichtschutzgläser bei den jeweils genannten Indikationen bis zu folgenden Höchstbeträgen beihilfefähig:
   a) für Kunststoffgläser und hochbrechende mineralische Gläser (Leichtgläser) zuzüglich je Glas 21,00 Euro,
      aa) bei Gläserstärken ab +6/–8 dpt,
      bb) bei Anisometropien ab 2 dpt,
      cc) unabhängig von der Gläserstärke
         aaa) für Personen, die das 14. Lebensjahr noch nicht vollendet haben,
         bbb) für Personen mit chronischem Druckekzem der Nase, mit Fehlbildungen oder Missbildungen des Gesichts, insbesondere im Nasen- und Ohrenbereich, wenn trotz optimaler Anpassung unter Verwendung von Silikatgläsern ein befriedigender Sitz der Brille nicht gewährleistet ist,
         ccc) für Brillen, die im Rahmen der Vollzeitschulpflicht für die Teilnahme am Schulsport erforderlich sind,
   b) für Lichtschutzgläser oder fototrope Gläser zuzüglich je Glas 11,00 Euro,
      aa) bei umschriebenen Transparenzverlusten (Trübungen) im Bereich der brechenden Medien, die zu Lichtstreuungen führen (zum Beispiel Hornhautnarben, Linsentrübungen, Glaskörpertrübungen),
      bb) bei krankhaften, andauernden Pupillenerweiterungen,

cc) bei Fortfall der Pupillenverengung (zum Beispiel absolute oder reflektorische Pupillenstarre, Adie-Kehrer-Syndrom),
dd) bei chronisch-rezidivierenden Reizzuständen der vorderen und mittleren Augenabschnitte, die medikamentös nicht behebbar sind (zum Beispiel Keratoconjunctivitis, Iritis, Cyclitis),
ee) bei entstellenden Veränderungen im Bereich der Lider und ihrer Umgebung (zum Beispiel Lidkolobom, Lagophthalmus, Narbenzug) und Behinderung des Tränenflusses,
ff) bei Ciliarneuralgie,
gg) bei Blendung auf Grund entzündlicher oder degenerativer Erkrankungen der Netzhaut, der Aderhaut oder der Sehnerven,
hh) bei totaler Farbenblindheit,
ii) bei unerträglichen Blendungserscheinungen bei praktischer Blindheit,
jj) bei intrakraniellen Erkrankungen, bei denen nach ärztlicher Erfahrung eine pathologische Lichtempfindlichkeit besteht (zum Beispiel Hirnverletzungen, Hirntumoren),
kk) bei Gläsern ab +10 dpt wegen Vergrößerung der Eintrittspupille.

3. Nicht beihilfefähig sind Aufwendungen für:
   a) hochbrechende Lentikulargläser,
   b) entspiegelte Gläser,
   c) polarisierende Gläser,
   d) Gläser mit härtender Oberflächenbeschichtung,
   e) Gläser und Zurichtungen an der Brille zur Verhinderung von Unfallschäden am Arbeitsplatz oder für den Freizeitbereich,
   f) Bildschirmbrillen,
   g) Brillenversicherungen,
   h) Gläser für eine sogenannte Zweitbrille, deren Korrektionsstärken bereits den vorhandenen Gläsern entsprechen (Mehrfachverordnung),
   i) Gläser für eine sogenannte Reservebrille, die zum Beispiel aus Gründen der Verkehrssicherheit benötigt werden,
   j) Gläser für Sportbrillen, außer im Fall des Unterabschnitts 1 Nummer 4,
   k) Brillenetuis,
   l) Brillenfassungen, außer im Fall des Unterabschnitts 1 Nummer 4.

Unterabschnitt 3
Kontaktlinsen zur Verbesserung des Visus

1. Aufwendungen für Kontaktlinsen zur Verbesserung des Visus sind beihilfefähig bei:
   a) Myopie ab 8 dpt,

b) Hyperopie ab 8 dpt,

c) irregulärem Astigmatismus, wenn damit um eine mindestens 20 Prozent verbesserte Sehstärke gegenüber Brillengläsern erreicht wird,

d) Astigmatismus rectus und inversus ab 3 dpt,

e) Astigmatismus obliquus (Achslage 45° +/–30° oder 135° +/–30°) ab 2 dpt,

f) Keratokonus,

g) Aphakie,

h) Aniseikonie von mehr als 7 Prozent (die Aniseikoniemessung ist nach einer allgemein anerkannten reproduzierbaren Bestimmungsmethode durchzuführen und zu dokumentieren),

i) Anisometropie ab 2 dpt.

2. Aufwendungen für Kurzzeitlinsen sind je Kalenderjahr nur beihilfefähig

   a) für sphärische Kontaktlinsen bis zu 154 Euro,

   b) für torische Kontaktlinsen bis zu 230 Euro.

3. Beihilfefähig sind

   a) bei Vorliegen einer Indikation nach Nummer 1 zusätzlich Aufwendungen für Brillengläser nach Unterabschnitt 2 ungeachtet von Unterabschnitt 1 Nummer 2,

   b) bei Nichtvorliegen einer Indikation nach Nummer 1 einmalig nur die vergleichbaren Kosten für Brillengläser; im Falle einer Ersatzbeschaffung gelten die Regelungen nach Unterabschnitt 1 Nummer 2 Buchstabe a und b.

4. Nicht beihilfefähig sind:

   a) Kontaktlinsen als postoperative Versorgung (auch als Verbandlinse oder Verbandschale) nach nicht beihilfefähigen Eingriffen,

   b) Kontaktlinsen in farbigen Ausführungen zur Veränderung oder Verstärkung der körpereigenen Farbe der Iris,

   c) One-Day-Linsen,

   d) multifokale Kontaktlinsen oder Mehrstärkenkontaktlinsen,

   e) Kontaktlinsen mit Lichtschutz und sonstigen Kantenfiltern,

   f) orthokeratologische Kontaktlinsen (Nachtlinsen) zur Korrektur von Fehlsichtigkeit im Schlaf,

   g) Reinigungs- und Pflegemittel für Kontaktlinsen für Personen, die das 18. Lebensjahr vollendet haben.

Unterabschnitt 4
Vergrößernde Sehhilfen zur Verbesserung der Sehschärfe

1. Aufwendungen für folgende ärztlich verordnete vergrößernde Sehhilfen sind beihilfefähig:

a) optisch vergrößernde Sehhilfen für die Nähe bei einem mindestens 1,5-fachen Vergrößerungsbedarf vorrangig als Hellfeldlupe, Hand- und Standlupe, gegebenenfalls mit Beleuchtung, oder Brillengläser mit Lupenwirkung (Lupengläser); in Ausnahmefällen als Fernrohrlupenbrillensystem (zum Beispiel nach Galilei, Kepler) einschließlich der Systemträger,

b) elektronisch vergrößernde Sehhilfen für die Nähe als mobile oder nicht mobile Systeme bei einem mindestens 6-fachen Vergrößerungsbedarf,

c) optisch vergrößernde Sehhilfen für die Ferne als fokussierende Handfernrohre oder Monokulare.

Voraussetzung für die Beihilfefähigkeit ist, dass die Sehhilfe von einer Fachärztin oder einem Facharzt für Augenheilkunde verordnet worden ist, die oder der die Notwendigkeit und die Art der benötigten Sehhilfen selbst oder in Zusammenarbeit mit einer entsprechend ausgestatteten Augenoptikerin oder einem entsprechend ausgestatteten Augenoptiker bestimmt hat.

2. Nicht beihilfefähig sind Aufwendungen für:

a) Fernrohrlupenbrillensysteme (zum Beispiel nach Galilei oder Kepler) für die Zwischendistanz (Raumkorrektur) oder die Ferne,

b) separate Lichtquellen (zum Beispiel zur Kontrasterhöhung oder zur Ausleuchtung der Lektüre),

c) Fresnellinsen.

Unterabschnitt 5
Therapeutische Sehhilfen

1. Aufwendungen für folgende therapeutische Sehhilfen zur Behandlung einer Augenverletzung oder Augenerkrankung sind beihilfefähig, wenn die Sehhilfe von einer Fachärztin oder einem Facharzt für Augenheilkunde verordnet worden ist:

a) Glas mit Lichtschutz mit einer Transmission bis 75 Prozent bei
   aa) Substanzverlusten der Iris, die den Blendschutz herabsetzen (zum Beispiel Iriskolobom, Aniridie, traumatische Mydriasis, Iridodialyse),
   bb) Albinismus.

   Ist beim Lichtschutzglas zusätzlich ein Refraktionsausgleich erforderlich, so sind die Aufwendungen für die entsprechenden Gläser nach Unterabschnitt 2 beihilfefähig. Zusätzlich sind die Aufwendungen für einen konfektionierten Seitenschutz beihilfefähig, wenn der Seitenschutz erfolgreich getestet wurde.

b) Glas mit Ultraviolett-(UV-)Kantenfilter (400 Nanometer Wellenlänge) bei
   aa) Aphakie,
   bb) Photochemotherapie zur Absorption des langwelligen UV-Lichts,
   cc) UV-Schutz nach Pseudophakie, wenn keine Intraokularlinse mit UV-Schutz implantiert wurde,
   dd) Iriskolobom,
   ee) Albinismus.

Ist beim Kantenfilterglas zusätzlich ein Refraktionsausgleich und bei Albinismus zudem eine Transmissionsminderung notwendig, so sind die Aufwendungen für die entsprechenden Gläser nach Unterabschnitt 2 beihilfefähig. Zusätzlich sind die Aufwendungen für einen konfektionierten Seitenschutz beihilfefähig, wenn der Seitenschutz erfolgreich getestet wurde.

c) Glas mit Kantenfilter als Bandpassfilter mit einem Transmissionsmaximum bei einer Wellenlänge von 450 Nanometer bei Blauzapfenmonochromasie. Ist beim Kantenfilterglas zusätzlich ein Refraktionsausgleich und gegebenenfalls auch eine Transmissionsminderung notwendig, sind die Aufwendungen für die entsprechenden Gläser nach Unterabschnitt 2 beihilfefähig. Vorbehaltlich einer erfolgreichen Austestung sind zusätzlich die Aufwendungen für einen konfektionierten Seitenschutz beihilfefähig.

d) Glas mit Kantenfilter (Wellenlänge größer als 500 Nanometer) als Langpassfilter zur Vermeidung der Stäbchenbleichung und zur Kontrastanhebung bei
   aa) angeborenem Fehlen von oder angeborenem Mangel an Zapfen in der Netzhaut (Achromatopsie, inkomplette Achromatopsie),
   bb) dystrophischen Netzhauterkrankungen (zum Beispiel Zapfendystrophien, Zapfen-Stäbchen-Dystrophien, Stäbchen-Zapfen-Dystrophien, Retinopathia pigmentosa, Chorioidemie),
   cc) Albinismus.

   Das Ausmaß der Transmissionsminderung und die Lage der Kanten der Filter sind individuell zu erproben, die subjektive Akzeptanz ist zu überprüfen. Ist beim Kantenfilterglas zusätzlich ein Refraktionsausgleich notwendig, so sind die Aufwendungen für die entsprechenden Gläser nach Unterabschnitt 2 beihilfefähig. Zusätzlich sind die Aufwendungen für einen konfektionierten Seitenschutz beihilfefähig, wenn der Seitenschutz erfolgreich getestet wurde.

e) Horizontale Prismen in Gläsern ab 3 Prismendioptrien und Folien mit prismatischer Wirkung ab 3 Prismendioptrien (Gesamtkorrektur auf beiden Augen) sowie vertikale Prismen und Folien ab 1 Prismendioptrie, bei
   aa) krankhaften Störungen in der sensorischen und motorischen Zusammenarbeit der Augen, mit dem Ziel, Binokularsehen zu ermöglichen und die sensorische Zusammenarbeit der Augen zu verbessern,
   bb) Augenmuskelparesen, um Muskelkontrakturen zu beseitigen oder zu verringern.

   Voraussetzung für die Beihilfefähigkeit ist, dass die Verordnung auf Grund einer umfassenden augenärztlichen orthoptisch-pleoptischen Diagnostik ausgestellt ist. Verordnungen, die auf Grund isolierter Ergebnisse einer subjektiven Heterophie-Testmethode ausgestellt sind, werden nicht anerkannt.

   Bei wechselnder Prismenstärke oder temporärem Einsatz, zum Beispiel prä- oder postoperativ, sind nur die Aufwendungen für Prismenfolien

ohne Trägerglas beihilfefähig. Ausgleichsprismen bei übergroßen Brillendurchmessern sowie Höhenausgleichsprismen bei Mehrstärkengläsern sind nicht beihilfefähig.
Ist bei Brillengläsern mit therapeutischen Prismen zusätzlich ein Refraktionsausgleich notwendig, so sind die Aufwendungen der entsprechenden Brillengläser nach Unterabschnitt 2 beihilfefähig.

f) Okklusionsschalen oder -linsen bei dauerhaft therapeutisch nicht anders beeinflussbarer Doppelwahrnehmung;

g) Kunststoff-Bifokalgläser mit besonders großem Nahteil zur Behebung des akkommodativen Schielens bei Personen, die das 18. Lebensjahr noch nicht vollendet haben;

h) Okklusionspflaster und -folien als Amblyopietherapeutika, nachrangig Okklusionskapseln;

i) Uhrglasverbände oder konfektionierter Seitenschutz bei unvollständigem Lidschluss (zum Beispiel infolge einer Gesichtslähmung) oder bei Zustand nach Keratoplastik, um das Austrocknen der Hornhaut zu vermeiden;

j) Irislinsen mit durchsichtigem, optisch wirksamem Zentrum bei Substanzverlusten der Iris, die den Blendschutz herabsetzen (zum Beispiel Iriskolobom, Aniridie, traumatische Mydriasis, Iridodialyse oder Albinismus);

k) Verbandlinsen oder -schalen bei oder nach
   aa) Hornhauterosionen oder -epitheldefekten,
   bb) Abrasio nach Operation,
   cc) Verätzung oder Verbrennung,
   dd) Hornhautverletzungen (perforierend oder lamellierend),
   ee) Keratoplastik,
   ff) Hornhautentzündungen und -ulzerationen (zum Beispiel Keratitis bullosa, Keratitis neuroparalytica, Keratitis e lagophthalmo, Keratitis filiformis);

l) Kontaktlinsen als Medikamententräger zur kontinuierlichen Medikamentenzufuhr;

m) Kontaktlinsen
   aa) bei ausgeprägtem, fortgeschrittenem Keratokonus mit keratokonusbedingten pathologischen Hornhautveränderungen und Hornhautradius unter 7 Millimeter zentral oder im Apex,
   bb) nach Hornhauttransplantation oder Keratoplastik;

n) Kunststoffgläser als Schutzgläser bei
   aa) erheblich sturzgefährdeten Personen, die an Epilepsie oder an Spastiken erkrankt sind,
   bb) funktionell Einäugigen (bestkorrigierter Visus mindestens eines Auges unter 0,2).

   Ist zusätzlich ein Refraktionsausgleich notwendig, sind die Aufwendungen für die entsprechenden Brillengläser nach Unterabschnitt 2 beihilfefähig. Kontaktlinsen sind bei dieser Indikation nicht beihilfefähig.

2. Nicht beihilfefähig sind Aufwendungen für
   a) Kantenfilter bei
      aa) altersbedingter Makuladegeneration,
      bb) diabetischer Retinopathie,
      cc) Opticusatrophie (außer im Zusammenhang mit einer dystrophischen Netzhauterkrankung),
      dd) Fundus myopicus,
   b) Verbandlinsen oder Verbandschalen nach nicht beihilfefähigen Eingriffen,
   c) Okklusionslinsen und -schalen als Amblyopietherapeutikum.

Anlage 12
(zu § 25 Absatz 1, 2 und 4)

Nicht beihilfefähige Hilfsmittel, Geräte zur Selbstbehandlung und Selbstkontrolle

Nicht zu den beihilfefähigen Hilfsmitteln gehören Gegenstände, die weder notwendig noch wirtschaftlich angemessen (§ 6 Absatz 3) sind, die einen geringen oder umstrittenen therapeutischen Nutzen oder einen geringen Abgabepreis haben (§ 25 Absatz 2) oder die zur allgemeinen Lebenshaltung gehören. Nicht beihilfefähig sind insbesondere folgende Gegenstände:

1.1 Adju-Set/-Sano
1.2 Angorawäsche
1.3 antiallergene Matratzen, Matratzenbezüge und Bettbezüge
1.4 Aqua-Therapie-Hose
1.5 Arbeitsplatte zum Krankenfahrstuhl
1.6 Augenheizkissen
1.7 Autofahrerrückenstütze
1.8 Autokindersitz
1.9 Autokofferraumlifter
1.10 Autolifter
2.1 Badewannengleitschutz/-kopfstütze/-matte
2.2 Bandagen (soweit nicht in Anlage 11 aufgeführt)
2.3 Basalthermometer
2.4 Bauchgurt
2.5 Bestrahlungsgeräte/-lampen zur Selbstbehandlung, soweit nicht in Anlage 11 aufgeführt
2.6 Bett (soweit nicht in Anlage 11 aufgeführt)
2.7 Bettbrett/-füllung/-lagerungskissen/-platte/-rost/-stütze
2.8 Bett-Tisch
2.9 Bidet
2.10 Bildschirmbrille
2.11 Bill-Wanne
2.12 Blinden-Uhr
2.13 (weggefallen)
2.14 Brückentisch
3.1 (frei)
4.1 Dusche
5.1 Einkaufsnetz
5.2 Einmal-Handschuhe, es sei denn, sie sind bei regelmäßiger Katheterisierung, zur endotrachialen Absaugung, im Zusammenhang mit sterilem Ansaugkatheter oder bei Querschnittgelähmten zur Darmentleerung erforderlich
5.3 Eisbeutel und -kompressen
5.4 Elektrische Schreibmaschine
5.5 Elektrische Zahnbürste
5.6 Elektrofahrzeuge, soweit nicht in Anlage 11 aufgeführt

5.7 Elektro-Luftfilter
5.8 Elektronic-Muscle-Control (EMC 1000)
5.9 Erektionshilfen
5.10 Ergometer
5.11 (weggefallen)
5.12 Expander
6.1 Fieberthermometer
6.2 Fußgymnastik-Rolle, Fußwippe (zum Beispiel Venentrainer)
7.1 Garage für Krankenfahrzeuge
8.1 Handschuhe, es sei denn, sie sind nach Nummer 11.21 der Anlage 11 erforderlich
8.2 Handtrainer
8.3 Hängeliege
8.4 Hantel (Federhantel)
8.5 Hausnotrufsystem
8.6 Hautschutzmittel
8.7 Heimtrainer
8.8 Heizdecke/-kissen
8.9 Hilfsgeräte für die Hausarbeit
8.10 Höhensonne
8.11 Hörkissen
8.12 Hörkragen Akusta-Coletta
9.1 Intraschallgerät (Schallwellengerät)
9.2 Inuma-Gerät (alpha, beta, gamma)
9.3 Ionisierungsgeräte (zum Beispiel Ionisator, Pollimed 100)
9.4 Ionopront, Permox-Sauerstofferzeuger
10.1 (frei)
11.1 Katzenfell
11.2 Klingelleuchten, die nicht von Nummer 12.4 der Anlage 11 erfasst sind
11.3 Knickfußstrumpf
11.4 Knoche Natur-Bruch-Slip
11.5 Kolorimeter
11.6 Kommunikationssystem
11.7 Kraftfahrzeug einschließlich behindertengerechter Umrüstung
11.8 Krankenunterlagen (saugende Bettschutzeinlagen), es sei denn,
   a) sie sind zur Sicherung der Behandlung einer Krankheit bei Harn- oder Stuhlinkontinenz erforderlich oder
   b) die Teilnahme am gesellschaftlichen Leben wird damit wieder ermöglicht.
11.9 Kreislaufgerät
12.1 Lagerungskissen/-stütze, ausgenommen Nummer 1.1 der Anlage 11
12.2 Language-Master
12.3 Luftreinigungsgeräte
13.1 Magnetfolie
13.2 Monophonator
13.3 Mundddusche

14.1 Nackenheizkissen
15.1 Öldispersionsapparat
16.1 Pulsfrequenzmesser
17.1 (frei)
18.1 Rotlichtlampe
18.2 Rückentrainer
19.1 Salbenpinsel
19.2 Schlaftherapiegerät
19.3 Schuhe, soweit nicht in Anlage 11 aufgeführt
19.4 Spezialsitze
19.5 Spirometer
19.6 Spranzbruchband
19.7 Sprossenwand
19.8 Sterilisator
19.9 Stimmübungssystem für Kehlkopflose
19.10 Stockroller
19.11 Stockständer
19.12 Stufenbett
19.13 SUNTRONIC-System (AS 43)
20.1 Taktellgerät
20.2 Tamponapplikator
20.3 Tandem für Behinderte
20.4 Telefonverstärker
20.5 Telefonhalter
20.6 Therapeutische Wärme-/Kältesegmente
20.7 Treppenlift, Monolift, Plattformlift
21.1 Übungsmatte
21.2 Ultraschalltherapiegeräte
21.3 Urin-Prüfgerät
22.1 Venenkissen
23.1 Waage
23.2 Wandstandgerät
24.1 (frei)
25.1 (frei)
26.1 Zahnpflegemittel
26.2 Zweirad für Behinderte.

Anlage 13
(zu § 41 Absatz 1 Satz 3)

Nach § 41 Absatz 1 Satz 3 beihilfefähige Früherkennungsuntersuchungen, Vorsorgemaßnahmen und Schutzimpfungen

1. Früherkennungsuntersuchungen und Vorsorgemaßnahmen
1.1 Telemedizinische Betreuung (Telemonitoring) bei chronischer Herzinsuffizienz
1.2 Früherkennungsuntersuchungen
1.2.1 U 10 bei Personen, die das siebte, aber noch nicht das neunte Lebensjahr vollendet haben
1.2.2 U 11 bei Personen, die das neunte, aber noch nicht das elfte Lebensjahr vollendet haben
1.2.3 J 2 bei Personen, die das 16., aber noch nicht das 18. Lebensjahr vollendet haben
2. Schutzimpfungen
2.1 Frühsommer-Meningoenzephalitis-(FSME-)Schutzimpfungen ohne Einschränkungen
2.2 Grippeschutzimpfungen ohne Einschränkungen

Anlage 14
(zu § 41 Absatz 3)

Früherkennungsprogramm für erblich belastete Personen mit einem erhöhten familiären Brust- oder Eierstockkrebsrisiko

Abschnitt 1 Universitäre Zenten

Aufwendungen für die Teilnahme am Früherkennungsprogramm für erblich belastete Personen mit einem erhöhten familiären Brust- oder Eierstockkrebsrisiko nach § 41 Absatz 3 sind beihilfefähig, wenn die Maßnahmen in einem der folgenden im Deutschen Konsortium Familiärer Brust- und Eierstockkrebs (FBREK) zusammengeschlossenen universitären Zentren durchgeführt werden:

1. Berlin
   Charité – Universitätszentrum Berlin, Brustzentrum
2. Dresden
   Medizinische Fakultät der Technischen Universität Dresden
   Klinik und Poliklinik für Frauenheilkunde und Geburtshilfe
3. Düsseldorf
   Universitätsklinikum Düsseldorf, Frauenklinik, Brustzentrum
4. Erlangen
   Universitätsklinikum Erlangen
   Familiäres Brust- und Eierstockkrebszentrum
5. Frankfurt
   Universitätsklinikum Frankfurt
   Klinik für Frauenheilkunde und Geburtshilfe
6. Freiburg
   Institut für Humangenetik des Universitätsklinikums Freiburg
7. Göttingen
   Universitäts-Medizin Göttingen, Brustzentrum, Gynäkologisches Krebszentrum
8. Greifswald
   Institut für Humangenetik der Universitätsmedizin Greifswald
9. Halle
   Universitätsklinikum Halle, Klinik und Poliklinik für Gynäkologie
10. Hamburg
    Brustzentrum Klinik und Poliklinik für Gynäkologie
    Universitätsklinikum Hamburg-Eppendorf
11. Hannover
    Institut für Humangenetik, Medizinische Hochschule Hannover
12. Heidelberg
    Institut für Humangenetik der Universität Heidelberg
13. Kiel
    Klinik für Gynäkologie und Geburtshilfe des Universitätsklinikums Schleswig-Holstein
14. Köln
    Zentrum Familiärer Brust- und Eierstockkrebs

15. Leipzig
    Institut für Humangenetik der Universität Leipzig
    Zentrum für familiären Brust- und Eierstockkrebs
16. Lübeck
    Klinik für Frauenheilkunde und Geburtshilfe
    Zentrum für Familiären Brust- und Eierstockkrebs
17. Mainz
    Zentrum für familiären Brust- und Eierstockkrebs der Universitätsmedizin Mainz, Institut für Humangenetik und Klinik für Frauengesundheit
18. München
    Universitätsfrauenklinik der Ludwig-Maximilians-Universität München-Großhadern
    Universitätsfrauenklinik der Technischen Universität München am Klinikum rechts der Isar
19. Münster
    Institut für Humangenetik der Universität Münster
20. Regensburg
    Institut für Humangenetik, Universität Regensburg
21. Tübingen
    Universität Tübingen, Institut für Humangenetik
22. Ulm
    Frauenklinik und Poliklinik der Universität Ulm
23. Würzburg
    Institut für Humangenetik der Universität Würzburg.

Abschnitt 2 Maßnahmen im Rahmen des Früherkennungsprogrammes

Beihilfefähig sind Aufwendungen für die Maßnahmen des Früherkennungsprogrammes in Höhe der nachstehenden Pauschalen:

1. Risikofeststellung, Aufklärung und interdisziplinäre Beratung
   a) 900 Euro pro Familie für eine einmalige Risikofeststellung mit einer Aufklärung sowie einer interdisziplinären Erstberatung, einer Stammbaumerfassung und der Mitteilung des Genbefundes; die Pauschale umfasst auch die Beratung weiterer Familienmitglieder,
   b) bei Aufklärung zur diagnostischen genetischen Untersuchung durch einen Kooperationspartner der in Abschnitt 1 dieser Anlage genannten Zentren
      aa) 400 Euro, sofern keine Anschlussbetreuung im kooperierenden FBREK-Zentrum mehr erfolgt, oder
      bb) 600 Euro, sofern noch eine Anschlussbetreuung im kooperierenden FBREK-Zentrum erfolgt,
   c) 113 Euro einmalig für ein Entscheidungscoaching für BRCA1/2-Mutationträgerinnen durch spezialisiert Pflegende.
2. Genetische Untersuchung
   a) 3500 Euro für eine genetische Untersuchung bei einer an Brust- oder Eierstockkrebs erkrankten Person (Indexfall); die genetische Analyse wird

bei den Indexfällen durchgeführt; dabei handelt es sich in der Regel um einen diagnostischen Gentest, dessen Kosten der erkrankten Person zugerechnet werden,

b) 250 Euro für einen prädiktiven Gentest; ein prädiktiver Gentest liegt vor, wenn sich aus dem Test keine Therapieoptionen für die Indexperson mehr ableiten lassen, die genetische Analyse also keinen diagnostischen Charakter hat; eine solche Situation ist gesondert durch eine schriftliche oder elektronische ärztliche Stellungnahme zu attestieren; die Kosten einer sich als prädiktiver Gentest darstellenden genetischen Analyse der Indexperson werden der gesunden ratsuchenden Person zugerechnet, oder

c) sofern ratsuchende Personen bis zum Jahr 2015 getestet wurden,
   aa) 2600 Euro bei einer erneuten Genpanel-Untersuchung zur Komplettierung der Indextestung oder
   bb) 920 Euro für eine bioinformatorische Auswertung bei Vorliegen von Daten aus einer Komplementärdiagnostik.

Aufwendungen nach Nummer 2 Buchstabe a bis c sind nicht nebeneinander beihilfefähig.

3. Intensivierte Früherkennungs- und Nachsorgemaßnahmen
   a) 672,80 Euro jährlich für intensivierte Früherkennungs- und Nachsorgemaßnahmen oder
   b) einmalig 672,80 Euro, sofern wegen des Wegfalls des erhöhten Risikos bei Nichterkrankten die intensivierte Früherkennung beendet wird und im entsprechenden Kalenderjahr noch keine Pauschale nach Buchstabe a erstattet wurde.

Anlage 15
(zu § 41 Absatz 4)

Früherkennungsprogramm für erblich belastete Personen mit einem erhöhten familiären Darmkrebsrisiko

Abschnitt 1
Universitäre Zentren

Aufwendungen für die Teilnahme am Früherkennungsprogramm für erblich belastete Personen mit einem erhöhten familiären Darmkrebsrisiko nach § 41 Absatz 4 sind beihilfefähig, wenn die Maßnahmen in einem der folgenden im Deutschen Konsortium Familiärer Darmkrebs (Hereditäres Nicht-Polypöses Colorektales Carcinom – HNPCC) zusammengeschlossenen universitären Zentren durchgeführt werden:

1. Berlin
   Gastroenterologie, Rheumatologie und Infektiologie der Charité – Universitätsmedizin Berlin, Campus Benjamin Franklin
   Medizinische Klinik mit Schwerpunkt Hepatologie und Gastroenterologie der Charité – Universitätsmedizin Berlin, Campus Charité Mitte
2. Bochum
   Medizinische Universitätsklinik der Ruhr-Universität Bochum, Knappschaftskrankenhaus
3. Bonn
   Institut für Humangenetik des Universitätsklinikums Bonn, Biomedizinisches Zentrum
4. Dresden
   Institut für Klinische Genetik des Universitätsklinikums Carl Gustav Carus Dresden, Abteilung Chirurgische Forschung
5. Düsseldorf
   Institut für Humangenetik des Universitätsklinikums Düsseldorf
6. Halle (Saale)
   Universitätsklinikum Halle (Saale)
7. Hamburg
   II. Medizinische Klinik und Poliklinik des Universitätsklinikums Hamburg
8. Hannover
   Institut für Humangenetik der Medizinischen Hochschule Hannover
9. Heidelberg
   Pathologisches Institut des Universitätsklinikums Heidelberg, Abteilung für Angewandte Tumorbiologie
10. Leipzig
    Klinik und Poliklinik für Onkologie, Gastroenterologie, Hepatologie, Pneumologie und Infektiologie des Universitätsklinikums Leipzig
11. Lübeck
    Institut für Pathologie des Universitätsklinikums Schleswig-Holstein, Campus Lübeck

12. Magdeburg
    Medizinische Fakultät der Universitätsklinik für Gastroenterologie, Hepatologie und Infektiologie der Otto-von-Guericke–Universität Magdeburg
13. München
    Medizinische Klinik und Poliklinik IV der Ludwig-Maximilians-Universität München, Campus Innenstadt
    Medizinisch-Genetisches Zentrum
14. Münster
    Institut für Humangenetik des Universitätsklinikums Münster
15. Tübingen
    Institut für Medizinische Genetik und angewandte Genomik des Universitätsklinikums Tübingen
16. Ulm
    Klinik für Innere Medizin I des Universitätsklinikums Ulm.

Abschnitt 2
Maßnahmen im Rahmen des Früherkennungsprogrammes

Beihilfefähig sind Aufwendungen für die Maßnahmen des Früherkennungsprogrammes in Höhe der nachstehenden Pauschalen:

1. Risikofeststellung und interdisziplinäre Beratung
   a) einmalig 600 Euro für die erstmalige Risikofeststellung und interdisziplinäre Beratung einschließlich Erhebung des Familienbefundes und Organisation der diagnostischen Abklärung unter der Voraussetzung, dass die revidierten Bethesda-Kriterien in der Familie der ratsuchenden Person erfüllt sind,
   b) 300 Euro für jede weitere Beratung einer Person, in deren Familie bereits das Lynch-Syndrom oder Polyposis-Syndrom bekannt ist.
2. Tumorgewebsdiagnostik
   500 Euro für die immunhistochemische Untersuchung am Tumorgewebe hinsichtlich der Expression der Mismatch-Reparatur-Gene MLH1, MSH2, MSH6 und PMS sowie gegebenenfalls die Mikrosatellitenanalyse und Testung auf somatische Mutationen im Tumorgewebe; ist die Analyse des Tumorgewebes negativ und das Ergebnis eindeutig, sind Aufwendungen für weitere Untersuchungen auf eine Mutation nicht beihilfefähig.
3. Genetische Analyse (Untersuchung auf Keimbahnmutation)
   a) 3500 Euro für eine genetische Analyse zur Mutationssuche auf eine bis dahin in der Familie nicht identifizierte Keimbahnmutation bei einer an Darmkrebs erkrankten Person (Indexfall) oder bei Vorliegen der Voraussetzungen bei einer ratsuchenden Person (Verdachtsfall), wenn die Einschlusskriterien und möglichst eine abgeschlossene Tumorgewebsdiagnostik, die auf das Vorliegen einer MMR-Mutation hinweist, vorliegen,
   b) 350 Euro für die prädiktive oder diagnostische Testung weiterer Personen auf eine in der Familie bekannte Genmutation.

4. Früherkennungsmaßnahmen
   540 Euro für eine jährliche endoskopische Untersuchung des Magendarmtraktes einschließlich Biopsien, Polypektomien und Videoendoskopien unter den Voraussetzungen, dass ein Lynch- oder ein Polyposis-Syndrom vorliegt.

Vorgriffregelung zu einer Anpassung der beihilfefähigen Höchstbeträge für Heilmittel im Bereich Ergotherapie, Aufnahme einer neuen Leistungsposition bei Versorgung im Rahmen einer Blankoverordnung und Erweiterung der Anwendung von Eye-Movement-Desensitization and Reprocessing (EMDR) Behandlungen

– RdSchr. d. BMI v. 17. Juli 2024 – D6.30111/39#1 –

(Vorgriffsregelung)

Im Vorgriff auf eine beabsichtigte Änderung in der Bundesbeihilfeverordnung sind im Einvernehmen mit den in § 80 Absatz 6 Bundesbeamtengesetz genannten Bundesministerien ab dem 1. August 2024 entstandene Aufwendungen für ärztlich verordnete Heilmittel im Bereich der Ergotherapie sowie die neu aufgenommene Leistung unter Nummer 87 „Versorgungsbezogene Pauschale je Blankoverordnung" entsprechend der beigefügten Anlage beihilfefähig. Für Aufwendungen, die aufgrund einer Blankoverordnung geltend gemacht werden, gelten die Höchstbeträge gemäß Anlage 9 zu § 23 Absatz 1 BBhV. Die sich an Richtwerten orientierenden Höchstbeträge können auf ggfs. modifizierte Richtwerte im Falle einer Blankoverordnung umgerechnet werden. Änderungen im anliegenden Verzeichnis sind in Fettdruck kenntlich gemacht.

Zudem sind Aufwendungen für eine Eye-Movement-Desensitization- and-Reprocessing-Behandlung bei Personen, die das 18. Lebensjahr vollendet haben, mit posttraumatischen Belastungsstörungen im Rahmen eines umfassenden Behandlungskonzepts der Systemischen Therapie beihilfefähig.

Anlage

Höchstbeträge für beihilfefähige Aufwendungen für Heilmittel

Abschnitt 1
Leistungsverzeichnis

Nr.	Leistung	beihilfefähiger Höchstbetrag in Euro bis 31. 07. 2024	Beihilfefähiger Höchstbetrag in Euro ab 1. 8. 2024
	Bereich Ergotherapie		
53	Funktionsanalyse und Erstgespräch einschließlich Beratung und Behandlungsplanung, einmal je Behandlungsfall	41,80	**44,20**
54	Einzelbehandlung		
	a) bei motorisch-funktionellen Störungen, Richtwert: 45 Minuten	45,20	**52,80**
	b) bei sensomotorischen oder perzeptiven Störungen, Richtwert: 60 Minuten	60,90	**70,40**
	c) bei psychisch-funktionellen Störungen, Richtwert: 75 Minuten	76,20	**88,00**
55	Einzelbehandlung als Beratung zur Integration in das häusliche und soziale Umfeld im Rahmen eines Besuchs im häuslichen oder sozialen Umfeld, einmal je Behandlungsfall		
	a) bei motorisch-funktionellen Störungen, Richtwert: 120 Minuten	135,60	**140,80**
	b) bei sensomotorischen oder perzeptiven Störungen, Richtwert: 120 Minuten	182,60	182,60
	c) bei psychisch-funktionellen Störungen, Richtwert: 120 Minuten	152,40	152,40
56	Parallelbehandlung (bei Anwesenheit von zwei zu behandelnden Personen)		
	a) bei motorisch-funktionellen Störungen, je Teilnehmerin oder Teilnehmer, Richtwert: 45 Minuten	35,90	**42,30**
	b) bei sensomotorischen oder perzeptiven Störungen, je Teilnehmerin oder Teilnehmer, Richtwert: 60 Minuten	48,70	**56,30**
	c) bei psychisch-funktionellen Störungen, je Teilnehmerin oder Teilnehmer, Richtwert: 75 Minuten	60,30	**70,40**

Nr.	Leistung	beihilfefähiger Höchstbetrag in Euro bis 31. 07. 2024	Beihilfefähiger Höchstbetrag in Euro ab 1. 8. 2024
57	Gruppenbehandlung (3 bis 6 Personen)		
	a) bei motorisch-funktionellen Störungen, je Teilnehmerin oder Teilnehmer, Richtwert: 45 Minuten	16,50	**18,50**
	b) bei sensomotorischen oder perzeptiven Störungen, je Teilnehmerin oder Teilnehmer, Richtwert: 60 Minuten	21,40	**24,70**
	c) bei psychisch-funktionellen Störungen, je Teilnehmerin oder Teilnehmer, Richtwert: 105 Minuten	39,30	**43,10**
58	Hirnleistungstraining/Neuropsychologisch orientierte Einzelbehandlung, Richtwert: 45 Minuten	50,10	**52,80**
59	Hirnleistungstraining als Einzelbehandlung bei der Beratung zur Integration in das häusliche und soziale Umfeld im Rahmen eines Besuchs im häuslichen oder sozialen Umfeld, einmal je Behandlungsfall, Richtwert: 120 Minuten	152,40	**152,40**
60	Hirnleistungstraining als Parallelbehandlung bei Anwesenheit von zwei zu behandelnden Personen, je Teilnehmerin oder Teilnehmer, Richtwert: 45 Minuten	39,40	**42,30**
61	Hirnleistungstraining als Gruppenbehandlung, je Teilnehmerin oder Teilnehmer, Richtwert: 60 Minuten	21,40	**24,70**
	Bereich Sonstiges		
83	Ärztlich verordneter Hausbesuch einschließlich der Fahrtkosten, pauschal Werden auf demselben Weg mehrere Patientinnen oder Patienten besucht, sind die Aufwendungen nur anteilig je Patientin oder Patient beihilfefähig.	22,40	**25,60**
84	Besuch einer Patientin oder eines Patienten oder mehrerer Patientinnen oder Patienten in einer sozialen Einrichtung oder Gemeinschaft, einschließlich der Fahrtkosten, je Patientin oder Patient pauschal	14,70	**16,70**

Nr.	Leistung	beihilfefähiger Höchstbetrag in Euro bis 31. 07. 2024	Beihilfefähiger Höchstbetrag in Euro ab 1. 8. 2024
85	Hausbesuch bei der Beratung im häuslichen und sozialen Umfeld (Mehraufwand) Der Hausbesuch ist nur beihilfefähig, wenn Leistungen nach Nummer 55 Buchstabe a bis c, Nummer 59 oder Nummer 80 ohne ärztlich verordneten Hausbesuch erbracht wurden. Aufwendungen für Leistungen der Nummern 83 und 84 sind daneben nicht beihilfefähig.	22,40	**25,60**
86	Übermittlungsgebühr für Mitteilung oder Bericht an die verordnende Person	1,40	1,40
87	**Versorgungsbezogene Pauschale je Blankoverordnung**	–	**91,38**

Übersicht der anerkannten Heilbäder- und Kurorte (zu § 35 Abs. 1 Satz 2 BBhV)

Vom 1. Juli 2022 (GMBl. S. 722)

Zuletzt geändert durch
Rundschreiben zur Bundesbeihilfeverordnung (BBhV); hier: Heilbäder- und Kurorteverzeichnis
vom 31. Mai 2024 (GMBl. S. 426)

(Übersicht der anerkannten Heilbäder- und Kurorte)

Abschnitt 1
Heilbäder und Kurorte im Inland

Name ohne „Bad“	PLZ	Gemeinde	Anerkennung als Heilbad oder Kurort ist erteilt für: (Ortsteile, sofern nicht B, G, K*)	Artbezeichnung
A				
Aachen	52066	Aachen	Burtscheid	Heilbad
	52062	Aachen	Monheimsallee	Heilbad
Aalen	73433	Aalen	Röthardt	Ort mit Heilstollen Kurbetrieb
Abbach	93077	Bad Abbach	Bad Abbach, Abbach-Schlossberg, Au, Kalkofen, Weichs	Heilbad
Ahlbeck	17419	Ahlbeck	G	Ostseeheilbad
Ahrenshoop	18347	Ostseebad Ahrenshoop	G	Seebad
Aibling	83043	Bad Aibling	Bad Aibling, Harthausen, Thürham, Zell	Heilbad
Alexandersbad	95680	Bad Alexandersbad	G	Heilbad
Altenau	38707	Altenau	G	Heilklimatischer Kurort
Andernach	56626	Andernach	Bad Tönisstein	Heilbad
Arolsen	34454	Bad Arolsen	K	Heilbad
Aue-Schlema	08301	Aue-Bad Schlema	Bad Schlema, Wildbach	Heilbad
Aulendorf	88326	Aulendorf	Aulendorf	Kneippkurort
B				
Baden-Baden	76530	Baden-Baden	Baden-Baden, Balg, Lichtental, Oos	Heilbad
Badenweiler	79410	Badenweiler	Badenweiler	Heilbad
Baiersbronn	72270	Baiersbronn	Obertal,	Heilklimatischer Kurort

Heilbäder- und Kurorte (zu § 35 Abs. 1 Satz 2 BBhV)

Name ohne „Bad"	PLZ	Gemeinde	Anerkennung als Heilbad oder Kurort ist erteilt für: (Ortsteile, sofern nicht B, G, K*)	Artbezeichnung
			Schönmünzach-Schwarzenberg	Kneippkurort
Baltrum	26579	Baltrum	G	Nordseeheilbad
Bansin	17429	Bansin	G	Ostseeheilbad
Bayersoien	82435	Bad Bayers-oien	Bad Bayersoien	Heilbad
Bayreuth	95410	Bayreuth	B – Lohengrin Therme Bayreuth	Heilquellen-kurbetrieb
Bayrischzell	83735	Bayrischzell	G	Heilklimatischer Kurort
Bederkesa	27624	Bad Beder-kesa	G	Ort mit Moor-Kurbetrieb
Bellingen	79415	Bad Bellingen	Bad Bellingen	(Mineral-)-Heilbad
Belzig	14806	Bad Belzig	Bad Belzig	(Thermalsole-)-Heilbad
Bentheim	48455	Bad Bent-heim	Bad Bentheim	(Mineral-)-Heilbad
Berchtesgaden	83471	Berchtes-gaden	G	Heilklimatischer Kurort
Bergzabern	76887	Bad Berg-zabern	Bad Bergzabern	Kneippheilbad u. heilklimatischer Kurort
Berka	99438	Bad Berka	G	Ort mit Heilquellen-kurbetrieb
Berleburg	57319	Bad Berle-burg	Bad Berleburg	Kneippheilbad
Berneck	95460	Bad Berneck	Bad Berneck im Fichtelgebirge Frankenhammer, Kutschenrangen, Rödlasberg, Warmeleithen	Kneippheilbad
Bernkastel-Kues	54470	Bernkastel-Kues	Kueser Plateau	Heilklimatischer Kurort
Bertrich	56864	Bad Bertrich	Bad Bertrich	Heilbad
Beuren	72660	Beuren	G	Ort mit Heilquellen-kurbetrieb
Bevensen	29549	Bad Bevensen	Bad Bevensen	(Jod- u. Sole-)Heilbad
Biberach	88400	Biberach	Jordanbad	Kneippkurort
Binz	18609	Ostseebad Binz auf Rügen	G	Seebad

Name ohne „Bad"	PLZ	Gemeinde	Anerkennung als Heilbad oder Kurort ist erteilt für: (Ortsteile, sofern nicht B, G, K*)	Artbezeichnung
Birnbach	84364	Birnbach	Birnbach, Aunham	Heilquellen-kurbetrieb
Bischofsgrün	95493	Bischofs-grün	G	Heilklimatischer Kurort
Bischofswiesen	83483	Bischofs-wiesen	G	Heilklimatischer Kurort
Blankenburg, Harz	38889	Blanken-burg, Harz	G	Heilbad
Blieskastel	66440	Blieskastel	Mitte (Alschbach, Blieskastel, Lautzkirchen)	Kneippkurort
Bocklet	97708	Bad Bocklet	Bad Bocklet – ohne den Gemeindeteil Nickersfelden	(Mineral- und Moor-)Heilbad
Bodenmais	94249	Bodenmais	G	Heilklimatischer Kurort
Bodenteich	29389	Bodenteich	G	Kneippkurort
Boll	73087	Bad Boll	Bad Boll	Ort mit Heilquellen-kurbetrieb
Boltenhagen	23946	Ostseebad Bolten-hagen	G	Ostseeheilbad
Boppard	56154	Boppard	a) Boppard	Kneippheilbad
			b) Bad Salzig	Heilbad
Borkum	26757	Borkum	G	Nordseeheilbad
Brambach	08648	Bad Bram-bach	Bad Brambach	(Mineral-)-Heilbad
Bramstedt	24576	Bad Bram-stedt	Bad Bramstedt	(Moor-)Heilbad
Breisig	53498	Bad Breisig	Bad Breisig	Heilbad
Brilon	59929	Brilon	Brilon	Kneipp-Heilbad
Brückenau	97769	Bad Brückenau	G – sowie Gemeindeteil Eckarts des Marktes Zeitlofs	(Mineral- und Moor-)Heilbad
Buchau	88422	Bad Buchau	Bad Buchau	(Thermal- und Moor-) Heilbad
Buckow	15377	Buckow	G – ausgenommen der Ortsteil Hasenholz	Kneippkurort
Bünde	32257	Bünde	Randringhausen	Kurmittelgebiet (Heilquelle u. Moor)
Büsum	25761	Büsum	Büsum	Nordseeheilbad
Burg	03096	Burg	Burg	Ort mit Heilquellen-kurbetrieb
Burgbrohl	56659	Burgbrohl	Bad Tönisstein	Heilbad

Heilbäder- und Kurorte (zu § 35 Abs. 1 Satz 2 BBhV)

Name ohne „Bad"	PLZ	Gemeinde	Anerkennung als Heilbad oder Kurort ist erteilt für: (Ortsteile, sofern nicht B, G, K*)	Artbezeichnung
Burg/Fehmarn	23769	Burg/ Fehmarn	Burg	Ostseeheilbad
C				
Camberg	65520	Bad Camberg	K	Kneippheilbad
Colberg-Heldburg	98663	Bad Colberg-Heldburg	Bad Colberg	Ort mit Heilquellen-Kurbetrieb
Cuxhaven	27478	Cuxhaven	G	Nordseeheilbad
D				
Dahme	23747	Dahme	Dahme	Ostseeheilbad
Damp	24351	Damp	Damp 2000	Ostseeheilbad
Daun	54550	Daun	Daun	Kneippkurort u. heilklimatischer Kurort
Detmold	32760	Detmold	Hiddesen	Kneippkurort
Ditzenbach	73342	Bad Ditzenbach	Bad Ditzenbach	Heilbad
Dobel	75335	Dobel	G	Heilklimatischer Kurort
Doberan	18209	Bad Doberan	a) Bad Doberan	(Moor-)Heilbad
			b) Heiligendamm	Seeheilbad
Driburg	33014	Bad Driburg	Bad Driburg, Hermannsborn	Heilbad
Düben	04849	Bad Düben	Bad Düben	(Moor-)Heilbad
Dürkheim	65098	Bad Dürkheim	Bad Dürkheim	Heilbad
Dürrheim	78073	Bad Dürrheim	Bad Dürrheim	(Sole-)Heilbad, Heilklimatischer Kurort u. Kneippkurort
E				
Ehlscheid	56581	Ehlscheid	G	Heilklimatischer Kurort
Eilsen	31707	Bad Eilsen	G	Ort mit Heilquellen-Kurbetrieb
Elster	04645	Bad Elster	Bad Elster, Sohl	(Moor- u. Mineral-)Heilbad
Ems	56130	Bad Ems	Bad Ems	Heilbad
Emstal	34308	Bad Emstal	Sand	Heilbad
Endbach	35080	Bad Endbach	K	Heilbad und Kneippheilbad

Name ohne „Bad"	PLZ	Gemeinde	Anerkennung als Heilbad oder Kurort ist erteilt für: (Ortsteile, sofern nicht B, G, K*)	Artbezeichnung
Endorf	83093	Bad Endorf	Bad Endorf, Eisenbartling, Hofham, Kurf, Rachental, Ströbing	Heilbad
Erwitte	59597	Erwitte	Bad Westernkotten	Heilbad
Esens	26422	Esens	Bensersiel	Nordseeheilbad
Essen	49152	Bad Essen	Bad Essen	Ort mit Sole-Kurbetrieb
Eutin	23701	Eutin	G	Heilklimatischer Kurort
F				
Feilnbach	83075	Bad Feilnbach	G – ausgenommen die Gemeindeteile der ehemaligen Gemeinde Dettendorf	(Moor-)Heilbad
Feldberger Seenlandschaft	17258	Feldberger Seenlandschaft	Feldberg	Kneippkurort
Finsterbergen	99898	Finsterbergen	G	Heilklimatischer Kurort
Fischen	87538	Fischen/Allgäu	G	Heilklimatischer Kurort
Frankenhausen	06567	Bad Frankenhausen	G	(Sole-)Heilbad
Freiburg	79098	Freiburg	Ortsbereich „An den Heilquellen"	Ort mit Heilquellen-Kurbetrieb
Freienwalde	16259	Bad Freienwalde	Bad Freienwalde	(Moor-)Heilbad
Freudenstadt	72250	Freudenstadt	Freudenstadt	Kneippkurort u. heilklimatischer Kurort
Friedrichroda	99894	Friedrichroda	Friedrichroda, Finsterbergen	Heilklimatischer Kurort
Friedrichskoog	25718	Friedrichskoog	Friedrichskoog	Nordseeheilbad
Füssen	87629	Füssen	G	Kneippkurort

Heilbäder- und Kurorte (zu § 35 Abs. 1 Satz 2 BBhV)

Name ohne „Bad"	PLZ	Gemeinde	Anerkennung als Heilbad oder Kurort ist erteilt für: (Ortsteile, sofern nicht B, G, K*)	Artbezeichnung
Füssing	94072	Bad Füssing	Bad Füssing, Aichmühle, Ainsen, Angering, Brandschachen, Dürnöd, Egglfing a. Inn, Eitlöd, Flickenöd, Gögging, Holzhäuser, Holzhaus, Hub, Irching, Mitterreuthen, Oberreuthen, Pichl, Pimsöd, Poinzaun, Riedenburg, Safferstetten, Schieferöd, Schöchlöd, Steinreuth, Thalau, Thalham, Thierham, Unterreuthen, Voglöd, Weidach, Wies, Würding, Zieglöd, Zwicklarn	Heilbad
G				
Gaggenau	76571	Gaggenau	Bad Rotenfels	Ort mit Heilquellen-Kurbetrieb
Gandersheim	37581	Bad Gandersheim	Bad Gandersheim	Soleheilbad
Garmisch-Partenkirchen	82467	Garmisch-Partenkirchen	G – ohne das eingegliederte Gebiet der ehemaligen Gemeinde Wamberg	Heilklimatischer Kurort
Gelting	24395	Gelting	G	Kneippkurort
Gersfeld	36129	Gersfeld (Rhön)	K	Heilklimatischer Kurort
Glücksburg	24960	Glücksburg	Glücksburg	Ostseeheilbad
Göhren	18586	Ostseebad Göhren	G	Kneippkurort
Goslar	38644	Goslar	Hahnenklee-Bockswiese	Heilklimatischer Kurort
Gottleuba-Bergießhübel	01816/ 01819	Bad Gottleuba-Bergießhübel	a) Bad Gottleuba	Moorheilbad
	01819		b) Berggießhübel	Kneippkurort
Graal-Müritz	18181	Graal-Müritz	G	Ostseeheilbad
Grasellenbach	64689	Grasellenbach	K	Kneippheilbad
Griesbach i. Rottal	94086	Bad Griesbach i. Rottal	Bad Griesbach i. Rottal, Weghof	Heilbad
Grömitz	23743	Grömitz	Grömitz	Ostseeheilbad

Name ohne „Bad“	PLZ	Gemeinde	Anerkennung als Heilbad oder Kurort ist erteilt für: (Ortsteile, sofern nicht B, G, K*)	Artbezeichnung
Grönenbach	87728	Bad Grönenbach, Markt	Bad Grönenbach, Au, Brandholz, in der Tarrast, Egg, Gmeinschwenden, Greit, Herbisried, Hueb, Klevers, Kornhofen, Kreuzbühl, Manneberg, Niederholz, Ölmühle, Raupolz, Rechberg, Rothenstein, Schwenden, Seefeld, Waldegg b. Grönenbach, Ziegelberg, Ziegelstadel	Kneippheilbad
			Ehwiesmühle, Falken, Jttelsburg, Schulerloch, Streifen, Thal, Vordergsäng, Hintergsäng, Grönenbach-Weiler	Kneippkurort
Großenbrode	23775	Großenbrode	G	Ostseeheilbad
Grund	37539	Bad Grund	Bad Grund	Kurort mit Heilstollenkurbetrieb
H				
Haffkrug-Scharbeutz	23683	Haffkrug-Scharbeutz	Haffkrug	Ostseeheilbad
Harzburg	38667	Bad Harzburg	K	(Sole-)Heilbad
Heilbrunn	83670	Bad Heilbrunn	Bad Heilbrunn, Achmühl, Baumberg, Bernwies, Graben, Hinterstallau, Hub, Kiensee, Langau, Linden, Mürnsee, Oberbuchen, Oberenzenau, Obermühl, Obersteinbach, Ostfeld, Ramsau, Reindlschmiede, Schönau, Unterbuchen, Unterenzenau, Untersteinbach, Voglherd, Weiherweber, Wiesweber, Wörnern	Heilklimatischer Kurort
Heiligenhafen	23774	Heiligenhafen	Heiligenhafen	Ostseeheilbad
Heiligenstadt	37308	Heilbad Heiligenstadt	G	(Sole-)Heilbad
Helgoland	27498	Helgoland	G	Nordseeheilbad
Herbstein	36358	Herbstein	K	Heilbad

Heilbäder- und Kurorte (zu § 35 Abs. 1 Satz 2 BBhV)

Name ohne „Bad"	PLZ	Gemeinde	Anerkennung als Heilbad oder Kurort ist erteilt für: (Ortsteile, sofern nicht B, G, K*)	Artbezeichnung
Heringsdorf	17424	Heringsdorf	G	Ostseeheilbad u. (Sole-)Heilbad
Herrenalb	76332	Bad Herrenalb	Bad Herrenalb	Heilbad u. heilklimatischer Kurort
Hersfeld	36251	Bad Hersfeld	K	(Mineral-)-Heilbad
Hille	32479	Hille	Rothenuffeln	Kurmittelgebiet (Heilquelle u. Moor)
Hindelang	87541	Bad Hindelang	G	Kneippheilbad u. heilklimatischer Kurort
Hinterzarten	79856	Hinterzarten	G	Heilklimatischer Kurort
Hitzacker (Elbe)	29456	Hitzacker (Elbe)	Hitzacker (Elbe)	Kneippkurort
Höchenschwand	79862	Höchenschwand	Höchenschwand	Heilklimatischer Kurort
Honnef	53604	Bad Honnef, Stadt		Erholungsort mit Kurmittelgebiet
Hönningen	53557	Bad Hönningen	Bad Hönningen	Heilbad
Hohwacht	24321	Hohwacht	G	Ostseeheilbad
Homburg	61348	Bad Homburg v. d. Höhe	K	Heilbad
Horn	32805	Horn-Bad Meinberg	Bad Meinberg	Heilbad
I				
Iburg	49186	Bad Iburg	Bad Iburg	Kneippkurort
Isny	88316	Isny	Isny, Neutrauchburg	Heilklimatischer Kurort
J				
Jonsdorf	02796	Jonsdorf	G	Kneippkurort
Juist	26571	Juist	G	Nordseeheilbad
K				
Karlshafen	34385	Bad Karlshafen	K	Heilbad
Kassel	34117	Kassel	Wilhelmshöhe	Kneippheilbad u. (Thermal-Sole-)Heilbad
Kellenhusen	23746	Kellenhusen	Kellenhusen	Ostseeheilbad

Name ohne „Bad"	PLZ	Gemeinde	Anerkennung als Heilbad oder Kurort ist erteilt für: (Ortsteile, sofern nicht B, G, K*)	Artbezeichnung
Kissingen	97688	Bad Kissingen	G – ohne die Gemeindeteile Albertshausen und Poppenroth	Mineral- und Moorbad
Klosterlausnitz	07639	Bad Klosterlausnitz	G	Heilbad
König	64732	Bad König	K	Heilbad
Königsfeld	78126	Königsfeld	Königsfeld, Bregnitz, Grenier	Kneippkurort u. heilklimatischer Kurort
Königshofen	97631	Bad Königshofen i. Grabfeld	G – ohne die eingegliederten Gebiete der ehemaligen Gemeinden Aub und Merkershausen	Heilbad
Königstein	61462	Königstein im Taunus	a) K	Heilklimatischer Kurort
			b) Falkenstein	
Kösen	06628	Bad Kösen	G	Heilbad
Kötzting	93444	Bad Kötzting	G	Kneippheilbad und Kneippkurort
Kohlgrub	82433	Bad Kohlgrub	G	(Moor-)Heilbad
Kreuth	83708	Kreuth	G	Heilklimatischer Kurort
Kreuznach	55543	Bad Kreuznach	Bad Kreuznach	Heilbad
Krozingen	79189	Bad Krozingen	Bad Krozingen	Heilbad
Krumbach	86381	Krumbach (Schwaben)	B – Sanatorium Krumbad	Peloidkurbetrieb
Kühlungsborn	18225	Ostseebad Kühlungsborn	G	Seebad
L				
Laasphe	57334	Bad Laasphe	Bad Laasphe	Kneippheilbad
Laer	49196	Bad Laer	G	(Sole-)Heilbad
Langensalza	99947	Bad Langensalza	K	(Schwefel-Sole-)Heilbad
Langeoog	26465	Langeoog	G	Nordseeheilbad
Lausick	04651	Bad Lausick	G	Heilbad
Lauterberg	37431	Bad Lauterberg	Bad Lauterberg	Kneippheilbad
Lennestadt	57368	Lennestadt	Saalhausen	Kneipp-Kurort
Lenzkirch	79853	Lenzkirch	Lenzkirch, Saig	Heilklimatischer Kurort

Heilbäder- und Kurorte (zu § 35 Abs. 1 Satz 2 BBhV)

Name ohne „Bad"	PLZ	Gemeinde	Anerkennung als Heilbad oder Kurort ist erteilt für: (Ortsteile, sofern nicht B, G, K*)	Artbezeichnung
Liebenstein	36448	Bad Liebenstein	G	Heilbad
Liebenwerda	04924	Bad Liebenwerda	Dobra, Kosilenzien, Maasdorf, Zeischa	Ort mit Peloidkurbetrieb
Liebenzell	75378	Bad Liebenzell	Bad Liebenzell	Heilbad
Lindenfels	64678	Lindenfels	K	Heilklimatischer Kurort
Lippspringe	33175	Bad Lippspringe	Bad Lippspringe	Heilbad u. heilklimatischer Kurort
Lippstadt	59556	Lippstadt	Bad Waldliesborn	Heilbad
Lobenstein	07356	Lobenstein	G	(Moor-)Heilbad
Ludwigsburg	71638	Ludwigsburg	Hoheneck	Ort mit Heilquellenkurbetrieb
M				
Malente	23714	Malente	Malente-Gremsmühlen, Krummsee, Timmdorf	Heilklimatischer Kurort
Manderscheid	54531	Manderscheid	Manderscheid	Heilklimatischer Kurort u. Kneippkurort
Marienberg	56470	Bad Marienberg	Bad Marienberg (nur Stadtteile Bad Marienberg, Zinnheim und der Gebietsteil der Gemarkung Langenbach, begrenzt durch die Gemarkungsgrenze Hardt, Zinnheim, Marienberg sowie die Bahntrasse Erbach-Bad Marienberg)	Kneippheilbad
Marktschellenberg	83487	Marktschellenberg	G	Heilklimatischer Kurort
Masserberg	98666	Masserberg	Masserberg	Heilklimatischer Kurort
Mergentheim	97980	Bad Mergentheim	Bad Mergentheim	Heilbad
Mettlach	06864	Mettlach	Gemeindebezirk Orscholz	Heilklimatischer Kurort
Mölln	23879	Mölln	Mölln	Kneippkurort
Mössingen	72116	Mössingen	Bad Sebastiansweiler	Ort mit Heilquellen-Kurbetrieb
Münder	31848	Bad Münder	Bad Münder	Ort mit Heilquellen-Kurbetrieb

Name ohne „Bad"	PLZ	Gemeinde	Anerkennung als Heilbad oder Kurort ist erteilt für: (Ortsteile, sofern nicht B, G, K*)	Artbezeichnung
Münster/Stein	55583	Bad Münster am Stein-Ebernburg	Bad Münster am Stein	(Mineral-)-Heilbad und heilklimatischer Kurort
Münstereifel	53902	Bad Münstereifel	Bad Münstereifel	Kneippheilbad
Münstertal/ Schwarzwald	79244	Münstertal	G	Ort mit Heilstollen-Kurbetrieb
Muskau	02953	Bad Muskau	G	Ort mit Moorkurbetrieb
N				
Nauheim	61231	Bad Nauheim	K	Heilbad und Kneippkurort
Naumburg	34311	Naumburg	K	Kneippheilbad
Nenndorf	31542	Bad Nenndorf	Bad Nenndorf	(Moor- u. Mineral-)Heilbad und Thermalheilbad
Neualbenreuth	95698	Bad Neualbenreuth	G – Kurmittelhaus Sibyllenbad und Badehaus Maiersreuth	Heilbad, Ort mit Heilquellen-Kurbetrieb
Neubulach	75387	Neubulach	Neubulach	Heilklimatischer Kurort und Ort mit Heilstollenkurbetrieb
Neuenahr	53474	Bad Neuenahr-Ahrweiler	Bad Neuenahr	Heilbad
Neuharlingersiel	26427	Neuharlingersiel	Neuharlingersiel	Nordseeheilbad
Neukirchen	34626	Neukirchen	K	Kneippkurort
Neustadt/D	93333	Neustadt a. d. Donau	Bad Gögging	Heilbad
Neustadt/Harz	99762	Neustadt/ Harz	G	Heilklimatischer Kurort
Neustadt/S	97616	Bad Neustadt a. d. Saale	Bad Neustadt a. d. Saale	Heilbad
Nidda	63667	Nidda	Bad Salzhausen	Heilbad
Nieheim	33039	Nieheim, Stadt		Heilklimatischer Kurort
Nonnweiler	66620	Nonnweiler	Nonnweiler	Heilklimatischer Kurort
Norddorf	25946	Norddorf/ Amrum	Norddorf	Nordseeheilbad

Heilbäder- und Kurorte (zu § 35 Abs. 1 Satz 2 BBhV)

Name ohne „Bad“	PLZ	Gemeinde	Anerkennung als Heilbad oder Kurort ist erteilt für: (Ortsteile, sofern nicht B, G, K*)	Artbezeichnung
Norden	26506	Norddeich/ Wester-marsch II	Norden	Nordseeheilbad
Norderney	26548	Norderney	G	Nordseeheilbad
Nordstrand	25845	Nordstrand	G	Nordseeheilbad
Nümbrecht	51588	Nümbrecht	G	Heilklimatischer Kurort
O				
Oberstaufen	87534	Ober-staufen	G – ausgenommen die Gemeindeteile Aach i. Allgäu, Hänse, Hagspiel, Hütten, Krebs, Nägeleshalde	(Schroth-)-Heilbad u. heilklimatischer Kurort
Oberstdorf	87561	Oberstdorf	Oberstdorf, Anatswald, Birgsau, Dietersberg, Ebene, Einödsbach, Faistennoy, Gerstruben, Gottenried, Gruben, Gundsbach, Jauchen, Kornau, Reute, Ringang, Schwand, Spielmannsau	Kneippkurort u. heilklimatischer Kurort
Oeynhausen	32545	Bad Oeyn-hausen	Bad Oeynhausen	Heilbad
Olsberg	59939	Olsberg	Olsberg	Kneipp-Heilbad
Orb	63619	Bad Orb	G	Heilbad
Ottobeuren	87724	Ottobeu-ren, Markt	Ottobeuren, Eldern	Kneippkurort
Oy-Mittelberg	87466	Oy-Mittel-berg	Oy	Kneippkurort
P				
Pellworm	25847	Pellworm	Pellworm	Nordseeheilbad
Petershagen	32469	Peters-hagen	Hopfenberg	Kurmittelgebiet
Peterstal-Gries-bach	77740	Bad Peters-tal-Gries-bach	G	(Mineral- und Moor-)Heilbad, Kneippkurort
Prerow	18375	Ostseebad Prerow	G	Seebad
Preußisch Oldendorf	32361	Preußisch Oldendorf	Bad Holzhausen	Heilbad
Prien	83209	Prien a. Chiemsee	G ohne die eingegliederten Gebiete der ehemaligen Gemeinde Wildenwart und den Gemeindeteil Vachendorf	Kneippkurort
Pyrmont	31812	Bad Pyr-mont	K	(Moor- u. Mineral-)Heilbad

Name ohne „Bad"	PLZ	Gemeinde	Anerkennung als Heilbad oder Kurort ist erteilt für: (Ortsteile, sofern nicht B, G, K*)	Artbezeichnung
R				
Radolfzell	78315	Radolfzell	Mettnau	Kneippkurort
Ramsau	83486	Ramsau b. Berchtesgaden	G	Heilklimatischer Kurort
Rappenau	74906	Bad Rappenau	Bad Rappenau	(Sole-)Heilbad
Reichenhall	83435	Bad Reichenhall	Bad Reichenhall, Bayerisch Gmain und Gemeindeteil Kibling der Gemeinde Schneizlreuth	Mineral- und Moorbad
Reichshof	51580	Reichshof	Eckenhagen	Heilklimatischer Kurort
Rippoldsau-Schapbach	77776	Bad Rippoldsau-Schapbach	Bad Rippoldsau	(Moor- u. Mineral-)Heilbad
Rodach	96476	Bad Rodach b. Coburg	Bad Rodach b. Coburg	Heilbad
Rothenfelde	49214	Bad Rothenfelde	G	(Sole-)Heilbad
Rottach-Egern	83700	Rottach-Egern	G	Heilklimatischer Kurort
S				
Saalfeld/Saale	07318	Saalfeld/Saale	G ausgenommen Ortsteil Arnsgereuth	Ort mit Heilstollenkurbetrieb
Saarow	15526	Bad Saarow	Bad Saarow	(Thermalsole- u. Moor-)Heilbad
Sachsa	37441	Bad Sachsa	Bad Sachsa	Heilklimatischer Kurort
Säckingen	79713	Bad Säckingen	Bad Säckingen	Heilbad
Salzdetfurth	31162	Bad Salzdetfurth	Bad Salzdetfurth, Detfurth	(Moor- u. Sole-)Heilbad
Salzgitter	38259	Salzgitter	Salzgitter-Bad	Ort mit Sole-Kurbetrieb
Salzschlirf	36364	Bad Salzschlirf	G	(Mineral- u. Sole-)Heilbad
Salzuflen	32105	Bad Salzuflen, Stadt	Bad Salzuflen	Heilbad u. Kneippkurort
Salzungen	36433	Bad Salzungen	K	(Sole-)Heilbad
Sasbachwalden	77887	Sasbachwalden	G	Heilklimatischer Kurort u. Kneippkurort

Heilbäder- und Kurorte (zu § 35 Abs. 1 Satz 2 BBhV)

Name ohne „Bad"	PLZ	Gemeinde	Anerkennung als Heilbad oder Kurort ist erteilt für: (Ortsteile, sofern nicht B, G, K*)	Artbezeichnung
Sassendorf	59505	Bad Sassendorf	Bad Sassendorf	(Sole-)Heilbad
Saulgau	88348	Bad Saulgau	Bad Saulgau	Heilbad
Schandau	01814	Bad Schandau	Bad Schandau, Krippen, Ostrau, Schmilka	Kneippheilbad
Scharbeutz	23683	Scharbeutz	Scharbeutz	Ostseeheilbad
Scheidegg	88175	Scheidegg, Markt	G	Kneippkurort u. heilklimatischer Kurort
Schlangenbad	65388	Schlangenbad	K	Heilbad
Schleiden	53937	Schleiden	Gemünd	Kneippkurort
Schluchsee	79859	Schluchsee	Schluchsee, Faulenfürst, Fischbach	Heilklimatischer Kurort
Schmallenberg	57392	Schmallenberg	a) Bad Fredeburg	Kneipp-Heilbad und Ort mit Heilstollen-Kurbetrieb
			b) Grafschaft	Heilklimatischer Kurort
			c) Nordenau	Ort mit Heilstollen-Kurbetrieb
Schmiedeberg	06905	Bad Schmiedeberg	G	Heilbad
Schömberg	75328	Schömberg	Schömberg	Heilklimatischer Kurort u. Kneippkurort
Schönau	83471	Schönau a. Königsee	G	Heilklimatischer Kurort
Schönberg	24217	Schönberg	Holm	Heilbad
Schönborn	76669	Bad Schönborn	a) Bad Mingolsheim	Heilbad
			b) Langenbrücken	Ort mit Heilquellenkurbetrieb
Schönebeck-Salzelmen	39624	Schönebeck-Salzelmen	G	(Sole-)Heilbad
Schönwald	78141	Schönwald	G	Heilklimatischer Kurort
Schwalbach	65307	Bad Schwalbach	K	Heilbad und Kneippkurort

Name ohne „Bad"	PLZ	Gemeinde	Anerkennung als Heilbad oder Kurort ist erteilt für: (Ortsteile, sofern nicht B, G, K*)	Artbezeichnung
Schwangau	87645	Schwangau	G	Heilklimatischer Kurort
Schwartau	23611	Bad Schwartau	Bad Schwartau	(Jodsole- u. Moor-)Heilbad
Segeberg	23795	Bad Segeberg	G	Heilbad
Sellin	18586	Ostseebad Sellin	G	Seebad
Siegsdorf	83313	Siegsdorf	B – Adelholzener Primusquelle Bad Adelholzen	Heilquellen-Kurbetrieb
Sobernheim	55566	Bad Sobernheim	Bad Sobernheim	Heilbad
Soden am Taunus	65812	Bad Soden am Taunus	K	Ort mit Heilquellenkurbetrieb
Soden-Salmünster	63628	Bad Soden-Salmünster	Bad Soden	(Mineral-)-Heilbad
Soltau	29614	Soltau	Soltau	Ort mit Sole-Kurbetrieb
Sooden-Allendorf	37242	Bad Sooden-Allendorf	K	Heilbad
Spiekeroog	26474	Spiekeroog	G	Nordseeheilbad
St. Blasien	79837	St. Blasien	St. Blasien	Kneippkurort u. heilklimatischer Kurort
St. Peter-Ording	25826	St. Peter-Ording	St. Peter-Ording	Nordseeheilbad u. Schwefelbad
Staffelstein	96226	Bad Staffelstein	G Thermalsolbad Bad Staffelstein – Obermain Therme –	Heilbad, Ort mit Heilquellenkurbetrieb
Steben	95138	Bad Steben	a) Bad Steben b) Obersteben	Mineral- und Moorbad
Stützerbach	98714	Stützerbach	Stützerbach	Heilkurort
Stuttgart	70173	Stuttgart	Berg, Bad Cannstatt	Mineralbad Ort mit Heilquellenkurbetrieb
Suderode	06507	Bad Suderode	G	(Calciumsole-)-Heilbad
Sülze	18334	Bad Sülze	G	Peloidkurbetrieb
Sulza	99518	Bad Sulza	G	(Sole-)Heilbad
T				
Tabarz	99891	Tabarz	G	Kneippheilbad

Heilbäder- und Kurorte (zu § 35 Abs. 1 Satz 2 BBhV)

Name ohne „Bad"	PLZ	Gemeinde	Anerkennung als Heilbad oder Kurort ist erteilt für: (Ortsteile, sofern nicht B, G, K*)	Artbezeichnung
Tecklenburg	49545	Tecklenburg	Tecklenburg	Kneippkurort
Tegernsee	83684	Tegernsee	G	Heilklimatischer Kurort
Teinach-Zavelstein	75385	Bad Teinach-Zavelstein	Bad Teinach	Heilbad
Templin	17268	Templin	Templin	(Thermalsole-)-Heilbad
Tennstedt	99955	Bad Tennstedt	G	Ort mit Heilquellenkurbetrieb
Thiessow	18586	Ostseebad Thiessow	G	Seebad
Thyrnau	94136	Thyrnau	B – Sanatorium Kellberg	Mineralquellenkurbetrieb
Timmendorfer Strand	23669	Timmendorfer Strand	Timmendorfer Strand, Niendorf	Ostseeheilbad
Titisee-Neustadt	79822	Titisee-Neustadt	Titisee	Heilklimatischer Kurort
Todtmoos	79682	Todtmoos	G	Heilklimatischer Kurort
Tölz	83646	Bad Tölz	a) Gebiet der ehem. Stadt Bad Tölz	(Moor-)Heilbad u. heilklimatischer Kurort
			b) Gebiet der ehem. Gemeinde Oberfischbach	Heilklimatischer Kurort
Traben-Trarbach	56841	Traben-Trarbach	Bad Wildstein	Heilbad
Travemünde	23570	Travemünde	Travemünde	Ostseeheilbad
Treuchtlingen	91757	Treuchtlingen	B – Altmühltherme/ Lambertusbad	Ort mit Heilquellenkurbetrieb
Triberg	78098	Triberg	Triberg	Heilklimatischer Kurort
U				
Überkingen	73337	Bad Überkingen	Bad Überkingen	Heilbad
Überlingen	88662	Überlingen	Überlingen	Kneippheilbad
Urach	72574	Bad Urach	Bad Urach	Heilbad
V				
Vallendar	56179	Vallendar	Vallendar	Kneippkurort
Vilbel	61118	Bad Vilbel	K	Ort mit Heilquellenkurbetrieb

Name ohne „Bad"	PLZ	Gemeinde	Anerkennung als Heilbad oder Kurort ist erteilt für: (Ortsteile, sofern nicht B, G, K*)	Artbezeichnung
Villingen-Schwenningen	78050	Villingen-Schwenningen	Villingen	Kneippkurort
Vlotho	32602	Vlotho	Seebruch, Senkelteich, Valdorf-West	Kurmittelgebiet (Heilquelle u. Moor)
W				
Waldbronn	76337	Waldbronn	Gemeindeteile Busenbach, Reichenbach	Ort mit Heilquellen-kurbetrieb
Waldsee	88399	Bad Waldsee	Bad Waldsee	(Moor-)Heilbad u. Kneippkurort
Wangerland	26434	Wangerland	Horumersiel, Schillig	Nordseeheilbad
Wangerooge	26486	Wangerooge	G	Nordseeheilbad
Warburg	34414	Warburg	Germete	Kurmittelbetrieb (Heilquelle)
Waren	17192	Waren/Müritz	Waren/Müritz	(Sole-)Heilbad
Wolkenstein	09429	Wolkenstein	Warmbad	Ort mit Heilbad
Warnemünde	18119	Hansestadt Rostock	G	Seebad
Weiskirchen	66709	Weiskirchen	Weiskirchen	Heilklimatischer Kurort Kneippkurort
Weißenstadt	95163	Weißenstadt am See	Kurzentrum Weißenstadt am See	Ort mit Heilquellen-kurbetrieb
Wenningstedt	25996	Wenningstedt/Sylt	Wenningstedt	Nordseeheilbad
Westerland	25980	Westerland	Westerland	Nordseeheilbad
Wiesbaden	65189	Wiesbaden	K	Heilbad
Wiesenbad	09488	Thermalbad Wiesenbad	Thermalbad Wiesenbad	Ort mit Heilquellen-kurbetrieb
Wiessee	83707	Bad Wiessee	G	Heilbad
Wildbad	75323	Bad Wildbad	Bad Wildbad	Heilbad
Wildungen	34537	Bad Wildungen	K, Reinhardshausen	Heilbad
Willingen	34508	Willingen (Upland)	a) K	Kneippheilbad und Heilklimatischer Kurort

Heilbäder- und Kurorte (zu § 35 Abs. 1 Satz 2 BBhV)

Name ohne „Bad"	PLZ	Gemeinde	Anerkennung als Heilbad oder Kurort ist erteilt für: (Ortsteile, sofern nicht B, G, K*)	Artbezeichnung
			b) Usseln	Heilklimatischer Kurort
Wilsnack	19336	Bad Wilsnack	K	(Thermalsole- u. Moor-)Heilbad
Wimpfen	74206	Bad Wimpfen	Bad Wimpfen, Erbach, Fleckinger Mühle, Höhenhöfe	(Sole-)Heilbad
Windsheim	91438	Bad Windsheim	Bad Windsheim, Kleinwindsheimer Mühle, Walkmühle	Heilbad
Winterberg	59955	Winterberg	Winterberg, Altastenberg, Elkeringhausen	Heilklimatischer Kurort
Wittdün/ Amrum	25946	Wittdün/ Amrum	Wittdün	Nordseeheilbad
Wittmund	26409	Wittmund	Carolinensiel-Harlesiel	Nordseeheilbad
Wörishofen	86825	Bad Wörishofen	Bad Wörishofen, Hartenthal, Oberes Hart, Obergammenried, Schöneschach, Untergammenried, Unteres Hart	Kneippheilbad
Wolfegg	88364	Wolfegg	G	Heilklimatischer Kurort
Wünnenberg	33181	Wünnenberg	Wünnenberg	Kneippheilbad
Wurzach	88410	Bad Wurzach	Bad Wurzach	(Moor-)Heilbad
Wustrow	18347	Ostseebad Wustrow	G	Seebad
Wyk a. F.	25938	Wyk a. F.	Wyk	Nordseeheilbad
Z				
Zingst	18374	Ostseebad Zingst	G	Ostseeheilbad
Zwesten	34596	Bad Zwesten	K	Ort mit Heilquellenkurbetrieb
Zwischenahn	26160	Bad Zwischenahn	Bad Zwischenahn	(Moor-)Heilbad und Kneippkurort

* B = Einzelkurbetrieb
G = Gesamtes Gemeindegebiet
K = nur Kerngemeinde, Kernstadt

Abschnitt 2
Heilbäder und Kurorte im Inland, die Ortsteile einer Gemeinde sind

Heilbad oder Kurort ohne Zusatz „Bad"	aufgeführt bei
A	
Abbach-Schloßberg	Abbach
Achmühl	Heilbrunn
Adelholzener Primusquelle	Siegsdorf
Aichmühle	Füssing
Ainsen	Füssing
Alschbach	Blieskastel
Altastenberg	Winterberg
Anatswald	Oberstdorf
An den Heilquellen	Freiburg
Angering	Füssing
Au	Abbach
Au	Grönenbach
Aunham	Birnbach
B	
Balg	Baden-Baden
Baumberg	Heilbrunn
Bayerisch Gmain	Reichenhall
Bensersiel	Esens
Bernwies	Heilbrunn
Berg	Stuttgart
Berggießhübel	Gottleuba-Berggießhübel
Birgsau	Oberstdorf
Bockswiese	Goslar
Brandholz	Grönenbach
Brandschachen	Füssing
Bregnitz	Königsfeld
Bruchhausen	Höxter
Burtscheid	Aachen
Busenbach	Waldbronn
C	
Cannstatt	Stuttgart
Carolinensiel-Harlesiel	Wittmund
D	
Detfurth	Salzdetfurth
Dietersberg	Oberstdorf
Dobra	Liebenwerda
Dürnöd	Füssing
E	
Ebene	Oberstdorf
Eckarts	Brückenau
Eckenhagen	Reichshof
Egg	Grönenbach

Heilbäder- und Kurorte (zu § 35 Abs. 1 Satz 2 BBhV)

Heilbad oder Kurort ohne Zusatz „Bad"	aufgeführt bei
Egglfing a. Inn	Füssing
Einödsbach	Oberstdorf
Eisenbartling	Endorf
Eitlöd	Füssing
Eldern	Ottobeuren
Elkeringhausen	Winterberg
Erbach	Wimpfen
F	
Faistenoy	Oberstdorf
Faulenfürst	Schluchsee
Feldberg	Feldberger Seenlandschaft
Fischbach	Schluchsee
Fleckinger Mühle	Wimpfen
Flickenöd	Füssing
Frankenhammer	Berneck
Fredeburg	Schmallenberg
G	
Gemünd	Schleiden
Germete	Warburg
Gerstruben	Oberstdorf
Glashütte	Schieder
Gmeinschwenden	Grönenbach
Gögging	Füssing
Gögging	Neustadt a. d. Donau
Gottenried	Oberstdorf
Gottleuba	Gottleuba-Berggrießhübel
Graben	Heilbrunn
Grafschaft	Schmallenberg
Greit	Grönenbach
Gremsmühlen	Malente
Grenier	Königsfeld
Griesbach	Peterstal-Griesbach
Gruben	Oberstdorf
Gundsbach	Oberstdorf
H	
Hahnenklee	Goslar
Hartenthal	Wörishofen
Harthausen	Aibling
Heiligendamm	Doberan
Herbisried	Grönenbach
Hermannsborn	Driburg
Hiddesen	Detmold
Hinterstallau	Heilbrunn
Höhenhöfe	Wimpfen
Hofham	Endorf

Heilbad oder Kurort ohne Zusatz „Bad“	aufgeführt bei
Hoheneck	Ludwigsburg
Holm	Schönberg
Holzhäuser	Füssing
Holzhaus	Füssing
Holzhausen	Preußisch Oldendorf
Hopfen am Berg	Petershagen
Horumersiel	Wangerland
Hub	Füssing
Hub	Heilbrunn
Hueb	Grönenberg
I	
In der Tarrast	Grönenbach
Irching	Füssing
J	
Jauchen	Oberstdorf
Jordanbad	Biberach
K	
Kalkofen	Abbach
Kellberg	Thyrnau
Kibling der Gemeinde Schneizlreuth	Reichenhall
Kiensee	Heilbrunn
Kleinwindsheimer Mühle	Windsheim
Klevers	Grönenbach
Kornhofen	Grönenbach
Kornau	Oberstdorf
Kosilenzien	Liebenwerda
Kreuzbühl	Grönenbach
Krippen	Schandau
Krummsee	Malente
Kurf	Endorf
Kutschenrangen	Berneck
L	
Langau	Heilbrunn
Langenbach	Marienberg
Langenbrücken	Schönborn
Lautzkirchen	Blieskastel
Lichtental	Baden-Baden
Linden	Heilbrunn
M	
Maasdorf	Liebenwerda
Manneberg	Grönenberg
Meinberg	Horn
Mettnau	Radolfzell
Mingolsheim	Schönberg
Mitterreuthen	Füssing

Heilbad oder Kurort ohne Zusatz „Bad"	aufgeführt bei
Monheimsallee	Aachen
Mürnsee	Heilbrunn
N	
Neutrauchburg	Isny
Niederholz	Grönenbach
Niendorf	Timmendorfer Strand
Nordenau	Schmallenberg
O	
Oberbuchen	Heilbrunn
Oberenzenau	Heilbrunn
Oberes Hart	Wörishofen
Oberfischbach	Tölz
Obergammenried	Wörishofen
Obermühl	Heilbrunn
Oberreuthen	Füssing
Obersteben	Steben
Obersteinbach	Heilbrunn
Obertal	Baiersbronn
Ölmühle	Grönenbach
Oos	Baden-Baden
Orscholz	Mettlach
Ostfeld	Heilbrunn
Ostrau	Schandau
P	
Pichl	Füssing
Pimsöd	Füssing
Poinzaun	Füssing
R	
Rachental	Endorf
Ramsau	Heilbrunn
Randringhausen	Bünde
Raupolz	Grönenbach
Rechberg	Grönenbach
Reichenbach	Waldbronn
Reindlschmiede	Heilbrunn
Reute	Oberstdorf
Riedenburg	Füssing
Ringang	Oberstdorf
Rödlasberg	Berneck
Röthardt	Aalen
Rotenfels	Gaggenau
Rothenstein	Grönenbach
Rothenuffeln	Hille
S	
Saalhausen	Lennestadt

Heilbad oder Kurort ohne Zusatz „Bad"	aufgeführt bei
Safferstetten	Füssing
Saig	Lenzkirch
Salzhausen	Nidda
Salzig	Boppard
Sand	Emstal
Schieferöd	Füssing
Schillig	Wangerland
Schmilka	Schandau
Schöchlöd	Füssing
Schönau	Heilbrunn
Schöneschach	Wörishofen
Schwand	Oberstdorf
Schwarzenberg-Schönmünzach	Baiersbronn
Schwenden	Grönenbach
Sebastiansweiler	Mössingen
Seebruch	Vlotho
Seefeld	Grönenbach
Senkelteich	Vlotho
Sohl	Elster
Spielmannsau	Oberstdorf
Steinreuth	Füssing
Ströbing	Endorf
T	
Thalau	Füssing
Thalham	Füssing
Thierham	Füssing
Thürham	Aibling
Timmdorf	Malente
Tönisstein	Andernach
Tönisstein	Burgbrohl
U	
Unterbuchen	Heilbrunn
Unterenzenau	Heilbrunn
Unteres Hart	Wörishofen
Untergammenried	Wörishofen
Untersteinbach	Heilbrunn
Unterreuthen	Füssing
Usseln	Willingen
V	
Valdorf-West	Vlotho
Voglherd	Heilbrunn
Voglöd	Füssing
W	
Waldegg b. Grönenbach	Grönenbach
Waldliesborn	Lippstadt

Heilbäder- und Kurorte (zu § 35 Abs. 1 Satz 2 BBhV)

Heilbad oder Kurort ohne Zusatz „Bad"	aufgeführt bei
Walkmühle	Windsheim
Waren/Müritz	Waren
Warmbad	Wolkenstein
Warmeleithen	Berneck
Weghof	Griesbach
Weichs	Abbach
Weidach	Füssing
Weiherweber	Heilbrunn
Westernkotten	Erwitte
Wies	Füssing
Wiesweber	Heilbrunn
Wildbach	Aue-Schlema
Wildstein	Traben-Trarbach
Wilhelmshöhe	Kassel
Wörnern	Heilbrunn
Würding	Füssing
Z	
Zeitlofs	Brückenau
Zeischa	Liebenwerda
Zell	Aibling
Ziegelberg	Grönenbach
Ziegelstadel	Grönenbach
Zieglöd	Füssing
Zinnheim	Marienberg
Zwicklarn	Füssing

Abschnitt 3
Heilbäder und Kurorte im EU-Ausland

a) Frankreich
  aa) Aix-les-Bains
  bb) Amélie-les-Bains-Palada
  cc) Cambo-les-Bains
  dd) La Roche-Posay
b) Italien
  aa) Abano Therme
  bb) Galzignano
  cc) Ischia
  dd) Meran
  ee) Montegrotto
  ff) Montepulciano
c) Kroatien
  Cres
d) Österreich
  aa) Bad Gastein
  bb) Bad Hall in Tirol
  cc) Bad Hofgastein
  dd) Bad Schönau
  ee) Bad Traunstein
  ff) Oberlaa
e) Polen
  aa) Bad Flinsberg/Swieradow Zdroy
  bb) Kolberg/Kolobrzeg
  cc) Swinemünde/Šwinoujście
  dd) Ustroń
f) Rumänien
  Bad Felix/Băile Felix
g) Slowakei
  aa) Dudince
  bb) Piešťany
  cc) Turčianske Teplice
h) Tschechien
  aa) Bad Bělohrad/Lázně Bělohrad
  bb) Bad Joachimsthal/Jáchymov
  cc) Bad Luhatschowitz/Luhačovice

dd) Bad Teplitz/Lázně Teplice v Čechách
ee) Franzenbad/Františkovy Lázně
ff) Freiwaldau/Lázně Jeseník
gg) Johannisbad/Janské Lázně
hh) Karlsbad/Karlovy Vary
ii) Konstantinsbad/Konstantinovy Lázně
jj) Marienbad/Mariánské Lázně

i) Ungarn
aa) Bad Hévíz
bb) Bad Zalakaros
cc) Bük
dd) Hajdúszoboszló
ee) Harkány
ff) Komárom
gg) Sárvár

Abschnitt 4
Heilbäder und Kurorte im Nicht-EU-Ausland

a) Ein Boqeq
b) Sweimeh

Allgemeine Verwaltungsvorschrift zur Bundesbeihilfeverordnung (BBhVVwV)

Vom 26. Juni 2017 (GMBl. S. 530)

Zuletzt geändert durch
Zweite allgemeine Verwaltungsvorschrift zur Änderung der Allgemeinen Verwaltungsvorschrift zur Bundesbeihilfeverordnung
vom 28. Februar 2022 (GMBl. S. 286)

Inhaltsübersicht

Nach § 145 Absatz 2 des Bundesbeamtengesetzes erlässt das Bundesministerium des Innern folgende allgemeine Verwaltungsvorschrift:

Kapitel 1 Allgemeine Vorschriften

1 Zu § 1 – Regelungsgegenstand

1Die Beihilfe ist eine eigenständige ergänzende beamtenrechtliche Krankenfürsorge. 2Durch die Beihilfe erfüllt der Dienstherr die den Beamtinnen und Beamten und ihren Familien gegenüber bestehende beamtenrechtliche Fürsorgepflicht (§ 78 des Bundesbeamtengesetzes [BBG]), sich an den Krankheitskosten mit dem Anteil zu beteiligen, der durch eine zumutbare Eigenvorsorge nicht abgedeckt wird. 3Die Fürsorgepflicht verlangt jedoch keine lückenlose anteilige Erstattung jeglicher Aufwendungen. 4Neben Beamtinnen und Beamten können weitere Personengruppen auf Grund spezialgesetzlicher Verweisungen einen Beihilfeanspruch haben (vgl. z. B. § 27 Absatz 1 des Abgeordnetengesetzes [AbgG], § 46 des Deutschen Richtergesetzes [DRiG] und § 31 des Soldatengesetzes [SG]).

2 Zu § 2 – Beihilfeberechtigte Personen

2.1 Zu Absatz 1

Witwen oder Witwer und Waisen beihilfeberechtigter Personen, die Ansprüche nach Absatz 2 haben und damit zu den Personen nach Nummer 2 gehören, sind bereits von dem Tag an selbst beihilfeberechtigt, an dem die beihilfeberechtigte Person stirbt.

2.2 Zu Absatz 2

2.2.1 1Nach § 80 Absatz 1 Satz 1 Nummer 1 in Verbindung mit § 92 Absatz 5 Satz 1 BBG besteht ein Anspruch auf Beihilfe auch während einer Beurlaubung ohne Besoldung nach § 92 Absatz 1 Satz 1 BBG. 2Dies gilt nicht, wenn die Beamtin oder der Beamte bei einer beihilfeberechtigten Person berücksichtigungsfähig wird oder in der gesetzlichen Krankenversicherung nach § 10 Absatz 1 des Fünften Buches Sozialgesetzbuch (SGB V) versichert ist (§ 92 Absatz 5 Satz 2 BBG). 3Ist die Ehegattin, der Ehegatte, die Lebenspartnerin oder der Lebenspartner einer Beamtin oder eines Beamten, die oder der aus familiären Gründen nach § 92 Absatz 1 BBG beurlaubt ist, gesetzlich krankenversichert, ist davon auszugehen, dass ein Zugang der Beamtin oder des Beamten zur Familienversicherung besteht. 4Die beurlaubte Beamtin oder der beurlaubte Beamte hat den nicht bestehenden Anspruch auf Familienversicherung ggf. nachzuweisen.

2.2.2 1Während der Elternzeit besteht der Beihilfeanspruch fort. 2Er verdrängt daher eine eventuelle Berücksichtigungsfähigkeit nach § 4 (§ 5 Absatz 1 Nummer 2).

2.3 Zu Absatz 3

2.3.1 1Nach § 27 Absatz 1 AbgG erhalten Mitglieder des Deutschen Bundestages und Versorgungsempfängerinnen und Versorgungsempfänger nach dem AbgG einen Zuschuss zu den notwendigen Kosten in Krankheits-, Pflege- und Geburtsfällen in sinngemäßer Anwendung der Bundesbeihilfeverordnung (BBhV). 2Unter den in § 27 Absatz 2 AbgG genannten Voraussetzungen wird stattdessen ein Zuschuss zu den Krankenversicherungsbeiträgen gewährt.

2.3.2 Soweit Mitglieder des Deutschen Bundestages, die zugleich Mitglieder der Bundesregierung oder Parlamentarische Staatssekretärinnen oder Parlamentarische Staatssekretäre sind, sich für den Zuschuss nach § 27 Absatz 1 AbgG entscheiden, wird dieser von dem jeweils zuständigen Bundesministerium für den Deutschen Bundestag festgesetzt und gezahlt.

2.4 Zu Absatz 4

(unbesetzt)

2.5 Zu Absatz 5

(unbesetzt)

3 Zu § 3 – Beamtinnen und Beamte im Ausland

(unbesetzt)

4 Zu § 4 – Berücksichtigungsfähige Personen

4.1 Zu Absatz 1

(unbesetzt)

4.2 Zu Absatz 2

4.2.1 1Die Vorschrift erfasst sowohl die im Familienzuschlag berücksichtigten Kinder als auch die berücksichtigungsfähigen Kinder. 2Damit wird sichergestellt, dass Beihilfen auch für Kinder gewährt werden können, für die der beihilfeberechtigten Person kein Familienzuschlag zusteht (Kinder von Beamtinnen und Beamten auf Widerruf im Vorbereitungsdienst, Kinder beihilfeberechtigter Personen, die sich in Elternzeit befinden) oder die im Familienzuschlag erfasst würden, wenn sie nicht bereits bei einer anderen Person im Familienzuschlag berücksichtigt würden.

4.2.2 1Ein Anspruch auf Beihilfe für Kinder als berücksichtigungsfähige Personen besteht grundsätzlich so lange, wie der auf die Kinder entfallende Teil des Familienzuschlags nach dem Bundesbesoldungsgesetz (BBesG) oder dem Beamtenversorgungsgesetz (BeamtVG) gezahlt wird. 2Dies gilt unabhängig davon, ob nachträglich festgestellt wird, dass ein entsprechender Anspruch nicht bestanden hat, und der auf die Kinder entfallende Teil des Familienzuschlags zurückgefordert wird.

4.2.3 $_{1}$Neben die Berücksichtigungsfähigkeit nach den Sätzen 1 und 2 tritt diejenige nach den Sätzen 3 und 4. $_{2}$Für die Dauer eines in Satz 3 genannten abgeleisteten Dienstes ist ein Kind weiter berücksichtigungsfähig, auch wenn kein Familienzuschlag mehr gezahlt wird. $_{3}$Zu der Frage eines erhöhten Bemessungssatzes nach § 46 Absatz 3 siehe Nummer 46.3.1.

4.3 Zu Absatz 3

(unbesetzt)

5 Zu § 5 – Konkurrenzen

5.1 Zu Absatz 1

Beihilfen nach beamtenrechtlichen Vorschriften sind unbeschadet der Ausgestaltung im Einzelnen dem Grunde nach gleichwertig.

5.2 Zu Absatz 2

5.2.1 Die Feststellung der Zuständigkeit soll unverzüglich zwischen den beteiligten Festsetzungsstellen erfolgen.

5.2.2 Nach Satz 2 schließt ein Beihilfeanspruch auf Grund eines Versorgungsanspruchs aus einem eigenen Dienstverhältnis einen abgeleiteten Beihilfeanspruch als Witwe oder Witwer aus.

5.3 Zu Absatz 3

$_{1}$Eine eigene Beihilfeberechtigung schließt Ansprüche als berücksichtigungsfähige Person nach § 4 Absatz 1 grundsätzlich aus. $_{2}$Bei einer Mitausreise von Ehegattinnen, Ehegatten, Lebenspartnerinnen oder Lebenspartnern ist deren eigener Beihilfeanspruch auf § 11 Absatz 1 und 2 begrenzt. $_{3}$Durch Absatz 3 wird berücksichtigungsfähigen Personen nach § 4 Absatz 1, deren Aufwendungen auch nach § 6 Absatz 2 beihilfefähig sind und die die beihilfeberechtigte Person an den Auslanddienstort begleiten, ermöglicht, auf ihren eigenen Beihilfeanspruch zu verzichten und ihre Aufwendungen über die beihilfeberechtigte Person zu beantragen. $_{4}$Bei Nachweis des Verzichtes und Vorliegen der anderen Voraussetzungen erhalten sie Beihilfen nach den besonderen Vorschriften für den Personenkreis des § 3.

5.4 Zu Absatz 4

5.4.1 $_{1}$Die Beihilfeberechtigung nach beamtenrechtlichen Vorschriften aus einem Rechtsverhältnis als Versorgungsempfänger oder als berücksichtigungsfähige Person wird durch eine Beihilfeberechtigung nach anderen als beamtenrechtlichen Vorschriften nicht ausgeschlossen, sondern „geht vor". $_{2}$Sie bleibt bestehen, wenn aus der Beihilfeberechtigung nach anderen als beamtenrechtlichen Vorschriften im konkreten Fall dem Grunde nach keine Beihilfe zusteht. $_{3}$Dies betrifft insbesondere Fälle, in denen Tarifbeschäftigten ein einzelvertraglicher oder tarifvertraglicher Beihilfeanspruch zusteht. $_{4}$Die Einkommensgrenze für berücksichtigungsfähige Personen nach § 6 Absatz 2 Satz 1 ist zu beachten.

5.4.2 $_{1}$Die Aufstockung einer nach anderen als beamtenrechtlichen Vorschriften gewährten Beihilfe durch eine Beihilfe aus dem Rechtsverhältnis als Versorgungsempfängerin oder Versorgungsempfänger oder als berücksichtigungsfähige Person ist ausgeschlossen. $_{2}$Steht Beihilfe aus einer vorgehenden Beihilfeberechtigung zu, ist diese in Anspruch zu nehmen.

5.4.3 $_{1}$Wird ein tarifvertraglicher Anspruch auf Beihilfe in Krankheits- und Geburtsfällen, der einer nach § 6 Absatz 2 berücksichtigungsfähigen Person, die teilzeitbeschäftigt ist, entsprechend dem Umfang der Arbeitszeit gekürzt, so besteht daneben ein ergänzender Anspruch nach § 6 Absatz 2. $_{2}$Die sonstigen beihilferechtlichen Voraussetzungen müssen erfüllt sein (vgl. § 6 Absatz 2). $_{3}$Von den beihilfefähigen Aufwendungen ist die auf Grund Tarifvertrags zustehende Beihilfe abzuziehen (§ 9 Absatz 1). $_{4}$Eine Beihilfegewährung zu Pflegeleistungen erfolgt bei Vorliegen der Voraussetzung des Kapitels 3 ausschließlich aus dem Beihilfeanspruch der beamteten beihilfeberechtigten Person.

5.5 Zu Absatz 5

(unbesetzt)

5.6 Zu Absatz 6

Bei mehreren beihilfeberechtigten Personen mit unterschiedlichen Dienstherren (z. B. Bund – Land; Bund – Kommune) ist der Festsetzungsstelle des Landes oder der Kommune die Mitteilung auf dem Formblatt nach Anhang 1 zu übersenden.

6 Zu § 6 – Beihilfefähigkeit von Aufwendungen

6.1 Zu Absatz 1

(unbesetzt)

6.2 Zu Absatz 2

6.2.1 $_{1}$Bei der Prüfung des Einkommens berücksichtigungsfähiger Personen nach § 4 Absatz 1 (Ehegattin, Ehegatte, Lebenspartnerin, Lebenspartner) wird grundsätzlich auf den Zeitpunkt des Antragseingangs bei der Festsetzungsstelle abgestellt, unabhängig davon, zu welchem Zeitpunkt die Aufwendungen entstanden sind. $_{2}$Durch das grundsätzliche Abstellen auf den Zeitpunkt der Antragstellung ist eine Verschiebung der Aufwendungen in das Folgejahr möglich. $_{3}$§ 54 Absatz 1 ist zu beachten.

6.2.2 $_{1}$Die für die beihilferechtliche Prüfung nicht benötigten Angaben auf dem Steuerbescheid können unkenntlich gemacht werden. $_{2}$Die Festsetzungsstelle kann an Stelle des Steuerbescheides andere Einkommensnachweise fordern oder zulassen, wenn die beihilfeberechtigte Person keinen Steuerbescheid vorlegen kann (z. B. bei Nichtveranlagung) oder der Steuerbescheid nicht alle von § 2 Absatz 3 und 5a des Einkommensteuergesetzes (EStG) erfassten Einkünfte abbildet (z. B. Pauschalsteuer auf Zinseinkünfte).

6.2.3 Die Nichtberücksichtigung bei der Einkommensgrenze gilt dabei nur für den Teil des Einkommens, der durch die berufliche Tätigkeit am ausländischen Dienstort erzielt wird.

6.3 Zu Absatz 3

6.3.1 $_{1}$Nach der Rechtsprechung des Bundesverwaltungsgerichts (vgl. Beschluss vom 30. September 2011 – 2 B 66.11 –) sind krankheitsbedingte Aufwendungen notwendig, wenn die Leistung medizinisch notwendig ist. $_{2}$Insoweit gilt § 27 Absatz 1 Satz 1 SGB V (Notwendigkeit einer Krankenbehandlung) entsprechend. $_{3}$Folglich sind Leistungen lediglich auf Verlangen, wie z. B. medizinisch-ästhetische Leistungen (so genannte Schönheitsoperationen) nicht notwendig, weil kein therapiebedürftiger krankheitswerter Zustand vorliegt. $_{4}$So ist z. B. die Beihilfefähigkeit von Aufwendungen für eine Brustneorekonstruktion bei angeborener Brustanomalie (OVG Koblenz, Beschluss vom 26. Mai 2015 – 2 A 10335/15.OVG –), eine Beinverlängerung bei Kleinwuchs (OVG Münster, Urteil vom 24. Januar 2011 – 1 A 527/08 –) oder einen chirurgischen Eingriff bei Ohrfehlstellungen (OVG Hamburg, Beschluss vom 18. Februar 2009 – 1 Bf 108/08.Z –) regelmäßig zu verneinen. $_{5}$Unerheblich ist, ob das subjektive Empfinden des Betroffenen, sein körperlicher Zustand sei unzulänglich, psychische Störungen hervorruft. $_{6}$Bei psychischen Störungen beschränkt sich die notwendige Krankenbehandlung auf eine psychotherapeutische Behandlung (§§ 18 bis 21). $_{7}$Ein operativer Eingriff in den gesunden Körper, durch den einer psychischen Erkrankung entgegengewirkt werden soll, ist auch dann nicht beihilfefähig, wenn keine andere Möglichkeit der ärztlichen Hilfe besteht, weil eine psychotherapeutische Behandlung abgelehnt wird und damit keinen Erfolg verspricht (BVerwG, Beschluss vom 30. September 2011 – 2 B 66/11 – unter Hinweis darauf, dass generell zweifelhaft sei, ob körperliche Eingriffe zur Überwindung einer psychischen Krankheit geeignet seien; hinzu komme, dass nach einem solchen Eingriff eine Symptomverschiebung zu besorgen sei und bei Anerkennung der Beihilfefähigkeit letztlich Schönheitsoperationen auf Kosten der Allgemeinheit durchgeführt würden).

6.3.2 Aufwendungen nach Satz 2 umfassen neben Aufwendungen für Leistungen nach § 13 auch solche, bei denen die Leistung nicht von einer Ärztin oder einem Arzt erbracht worden ist, weil das medizinische Fachpersonal nicht in der Lage ist, die Leistung selbst zu erbringen, diese aber dringend medizinisch geboten ist (z. B. Spezialuntersuchungen in wissenschaftlichen Instituten).

6.4 Zu Absatz 4

$_{1}$Im Regelfall sind von der GKV anerkannte neue Behandlungsmethoden beihilfefähig. $_{2}$Bestehen Zweifel, ob eine neue Behandlungsmethode wissenschaftlich allgemein anerkannt ist und werden diese durch ein ärztliches Gutachten bestätigt, ist vor einer beihilferechtlichen Anerkennung der die Fachaufsicht führenden Stelle zu berichten.

6.5 Zu Absatz 5

6.5.1 $_1$Die Gebührenordnungen für Ärzte (GOÄ) und Zahnärzte (GOZ) stecken den für die Bemessung der Vergütung maßgebenden Rahmen ab und zählen die Kriterien auf, die bei der Festsetzung im Einzelnen zu Grunde zu legen sind. $_2$Die Spannenregelungen dienen nicht dazu, die Einfachsätze an die wirtschaftliche Entwicklung anzupassen. $_3$Der in der GOÄ und der GOZ vorgegebene Bemessungsrahmen enthält im Zusammenwirken mit den Gebührenverzeichnissen eine Variationsbreite für die Gebührenbemessung, die, bezogen auf die einzelne Leistung, grundsätzlich ausreicht, um auch schwierige Leistungen angemessen zu entgelten. $_4$Liquidationen, die neben der Abrechnung erbrachter ärztlicher Leistungen nach der GOÄ in Übereinstimmung mit der aktuellen Rechtslage auch die entsprechende Umsatzsteuer ausweisen, sind in vollem Umfang, das heißt einschließlich der Umsatzsteuer, beihilfefähig, z. B. bei der Abrechnung von Leistungen selbständig tätiger Beleg- oder Laborärztinnen und -ärzte.

6.5.2 $_1$Maßstab für die Angemessenheit von Aufwendungen sind die Gebühren nach dem Gebührenrahmen der GOÄ oder GOZ auch dann, wenn die Leistung von einer Ärztin, einem Arzt, einer Zahnärztin, einem Zahnarzt oder in deren oder dessen Verantwortung erbracht, jedoch von anderer Seite (z. B. einer Klinik) in Rechnung gestellt wird; dies gilt nicht, soweit die Anwendung einer anderen öffentlichen Gebührenordnung vorgeschrieben ist. $_2$Als andere öffentliche Gebührenordnungen gelten z. B. die landesrechtlichen Gesetze über den Rettungsdienst. $_3$Darin ist geregelt, dass für Leistungen des Rettungsdienstes (Notfallrettung oder Krankentransport) Benutzungsentgelte zwischen den Leistungsträgern und bestimmten Kostenträgern zu vereinbaren sind, die auch für die Benutzer verbindlich sind. $_4$Pauschal berechnete Benutzungsentgelte für Leistungen des Rettungsdienstes sind beihilfefähig, wenn sie auf Grundlage dieser Gesetze vereinbart wurden und einheitlich berechnet werden. $_5$Abrechnungen nach dem „Deutsche Krankenhausgesellschaft Normaltarif" sind ebenso anzuerkennen. $_6$Aufwendungen für telemedizinische Leistungen sind beihilfefähig, sofern die Leistungen durch entsprechende Gebührenpositionen in die GOÄ aufgenommen sind und die entstandenen Aufwendungen danach oder bis zu einer Änderung der GOÄ entsprechend § 6 Absatz 2 GOÄ abgerechnet werden; die Abrechnungsempfehlungen der Bundesärztekammer sowie der Bundespsychotherapeutenkammer zu telemedizinischen Leistungen sind zu berücksichtigen (*https://www.bundesaerztekammer.de/fileadmin/user_upload/downloads/pdf-2020-06-26_DAEBl_Abrechnungsempfehlung_ telemedizinische_Leistungen.pdf* sowie Rundschreiben des BMI vom 5. Januar 2022 – D6-30111/15#5 – [GMBl S. 50]).

6.5.3 $_1$Die Angemessenheit der Aufwendungen für Leistungen von Psychotherapeutinnen, Psychotherapeuten, Psychologischer Psychotherapeutinnen, Psychologischer Psychotherapeuten sowie von Kinder- und Jugendlichenpsychotherapeutinnen und Kinder- und Jugendlichenpsychotherapeuten bei Privatbehandlung richtet sich nach dem Gebührenrahmen der GOÄ mit der Maßgabe, dass Vergütungen nur für Leistungen berechnungsfähig sind, die in den

Abschnitten B und G der Anlage zur GOÄ aufgeführt sind (§ 1 Absatz 2 der Gebührenordnung für Psychologische Psychotherapeuten und Kinder- und Jugendlichenpsychotherapeuten). $_{2}$Dabei handelt es sich um die Leistungen nach folgenden Nummern der Anlage zur GOÄ:

- 1, 3, 4, 34, 60, 70 (ausgenommen Dienst- oder Arbeitsunfähigkeitsbescheinigungen), 75, 80, 85, 95 (Abschnitt B);
- 808, 835, 845, 846, 847, 849, 855, 856, 857, 860, 861, 862, 863, 864, 865, 870, 871 (Abschnitt G).

$_{3}$Gebühren für Leistungen nach Abschnitt B sowie Gebühren für Leistungen nach den Nummern 808, 835, 845, 846, 847, 855, 856, 857 und 860 (Abschnitt G) der Anlage zur GOÄ unterliegen nicht dem Voranerkennungsverfahren. $_{4}$Gebühren für diese Leistungen sind unabhängig von der Beihilfefähigkeit der übrigen Gebühren nach Abschnitt G der Anlage zur GOÄ beihilfefähig.

6.5.4 $_{1}$Überschreitet eine Gebühr für ärztliche, zahnärztliche oder psychotherapeutische Leistungen den in § 5 Absatz 2 Satz 4, Absatz 3 Satz 2 GOÄ, § 5 Absatz 2 Satz 4 GOZ vorgesehenen Schwellenwert, kann sie nach Absatz 3 nur dann als angemessen angesehen werden, wenn in der schriftlichen Begründung der Rechnung (§ 12 Absatz 3 Satz 1 und 2 GOÄ, § 10 Absatz 3 Satz 1 und 2 GOZ) dargelegt ist, dass erheblich über das gewöhnliche Maß hinausgehende Umstände dies rechtfertigen. $_{2}$Derartige Umstände können in der Regel nur gegeben sein, wenn die einzelne Leistung aus bestimmten Gründen

- besonders schwierig war,
- einen außergewöhnlichen Zeitaufwand beanspruchte oder
- wegen anderer besonderer Umstände bei der Ausführung erheblich über das gewöhnliche Maß hinausging

und diese Umstände nicht bereits in der Leistungsbeschreibung des Gebührenverzeichnisses berücksichtigt sind (§ 5 Absatz 2 Satz 3 GOÄ/GOZ; vgl. z. B. Nummer 2382 der Anlage zur GOÄ und Nummer 6050 der Anlage 1 zur GOZ).

$_{3}$Nach dem Urteil des Bundesverwaltungsgerichts vom 30. Mai 1996 – 2 C 10.95 – ist ein Überschreiten dann gerechtfertigt, wenn Besonderheiten dies rechtfertigen. $_{4}$Die Besonderheiten müssen „gerade bei der Behandlung des betreffenden Patienten, abweichend von der Mehrzahl der Behandlungsfälle" auftreten. $_{5}$Die Besonderheiten eines angewendeten Verfahrens können mithin alleine nicht eine Überschreitung des Schwellenwertes rechtfertigen (siehe auch OVG Lüneburg, Urteil vom 13. November 2012 – 5 LC 222/11 –).

6.5.5 $_{1}$Nach § 12 Absatz 3 Satz 2 GOÄ, § 10 Absatz 3 Satz 2 GOZ ist die Begründung auf Verlangen näher zu erläutern. $_{2}$Bestehen bei der Festsetzungsstelle Zweifel darüber, ob die in der Begründung dargelegten Umstände den Umfang der Überschreitung des Schwellenwertes rechtfertigen, soll sie die Antragstellerin oder den Antragsteller bitten, die Begründung durch die Ärztin, den Arzt, die Zahnärztin oder den Zahnarzt erläutern zu lassen, soweit dies nicht bereits von der Krankenversicherung der beihilfeberechtigten Person veranlasst worden ist. $_{3}$Werden die Zweifel nicht ausgeräumt, ist mit Einverständniserklärung der beihilfeberechtigten Person eine Stellungnahme der zuständigen Ärztekammer oder Zahnärztekammer oder einer medizinischen oder zahnmedizinischen Gutachterin oder eines medizinischen oder zahnmedizinischen Gutachters einzuholen. $_4$Die beihilfeberechtigte Person ist nach § 51 Absatz 1 Satz 2 zur Mitwirkung verpflichtet. $_5$Wird das Einverständnis nicht erteilt, ist Nummer 51.1.7 zu beachten.

6.5.6 $_1$Nach § 2 Absatz 1 GOÄ/GOZ kann durch Vereinbarung nur noch eine von § 3 GOÄ/GOZ abweichende Höhe der Vergütung festgelegt werden (Abdingung). $_2$Eine Abdingung der GOÄ/GOZ insgesamt und die Anwendung anderer Gebührenordnungen ist nicht zulässig. $_3$Gebühren, die auf einer Abdingung nach § 2 Absatz 1 GOÄ/GOZ beruhen, können grundsätzlich nur bis zum Schwellenwert als angemessen im Sinne der Beihilfevorschriften angesehen werden, es sei denn, eine Überschreitung des Schwellenwertes bis zum höchsten Gebührensatz (§ 5 Absatz 1 und 3 GOÄ, § 5 Absatz 1 GOZ) ist nach der Begründung entsprechend den Nummern 6.3.4 und 6.3.5 gerechtfertigt. $_4$Ausnahmen können in außergewöhnlichen, medizinisch besonders gelagerten Einzelfällen von der die Fachaufsicht führenden Stelle im Einvernehmen mit dem Bundesministerium des Innern und für Heimat (BMI) zugelassen werden.

6.5.7 Ist die beihilfeberechtigte Person zivilgerichtlich rechtskräftig zur Begleichung der Honorarforderung einer Ärztin oder eines Arztes verurteilt, ist die Vergütung regelmäßig als angemessen im Sinne des Beihilferechts anzuerkennen (vgl. BVerwG, Urteil vom 25. November 2004 – 2 C 30.03 –).

6.5.8 $_1$Rechnungen, die auf Grund von Vereinbarungen, Verträgen zwischen Leistungserbringerinnen und Leistungserbringern und Krankenkassen nach dem SGB V, Unternehmen der privaten Krankenversicherungen oder Beihilfeträgern erstellt worden sind, bedürfen keiner weiteren Prüfung durch die Festsetzungsstelle. $_2$Die Pauschalbeträge können als beihilfefähig anerkannt werden. $_3$Dabei ist ausreichend, wenn in der Rechnung auf die Vereinbarung oder den Vertrag verwiesen wird. $_4$Sofern die Unternehmen der privaten Krankenversicherung unterschiedliche Tarifvereinbarungen mit den Leistungserbringern abgeschlossen haben, gilt dies nur für den Bereich des Grundtarifs, der im Regelfall bereits die Unterbringung im Zweibettzimmer umfasst. $_5$Ausgewiesene Komforttarife, die ein besonderes Wahlleistungsangebot umfassen, beinhalten insoweit Leistungen, die nicht notwendig und wirtschaftlich angemessen sind. $_6$Sie sind nur bis zur Höhe der Grundtarife beihilfefähig.

6.6 Zu Absatz 6

(unbesetzt)

6.7 Zu Absatz 7

(unbesetzt)

6.8 Zu Absatz 8

1Die Fürsorgepflicht des Dienstherrn gebietet es, auch dann eine angemessene Beihilfe zu gewähren, wenn

1. im konkreten Einzelfall Aufwendungen entstanden sind, für die nach den Regelungen der BBhV eine Beihilfe nicht oder nicht im vollen Umfang gewährt werden kann,
2. die Aufwendungen der Zweckbestimmung der Beihilfe unterfallen und
3. die Versagung der Beihilfe eine besondere Härte bedeuten würde.

2Eine besondere Härte liegt insbesondere dann vor, wenn

1. eine angemessene Selbstvorsorge nicht gewährleistet werden konnte,
2. eine unverschuldete Notlage vorliegt, in der die Belastung mit Krankheits- oder Pflegekosten den amtsangemessenen Unterhalt der beihilfeberechtigten Person und ihrer Familie gefährdet oder
3. durch die Anwendung der BBhV die betroffene Person in ihrer spezifischen Situation besonders hart getroffen ist.

3Ein besonderer Härtefall wird nicht bereits dann anzunehmen sein, wenn keine der besonderen Härtefallregelungen (z. B. § 39 Absatz 2, § 47 oder § 50 BBhV) einschlägig ist. 4In Pflegefällen ist das Urteil des Bundesverwaltungsgerichtes vom 26. April 2018 – 5 C 4.17 – zu berücksichtigen. 5Hiernach kann eine Beamtin oder ein Beamter keine über die Beihilfevorschriften hinausgehende Beihilfe zu pflegebedingten Aufwendungen unmittelbar aus dem Fürsorgegrundsatz beanspruchen, wenn sie oder er oder eine berücksichtigungsfähige Person es unterlassen haben, zumutbare Eigenvorsorge durch Abschluss einer Pflegezusatzversicherung zu betreiben. 6Der Fürsorgegrundsatz verlangt nicht, die beihilfeberechtigten oder berücksichtigungsfähigen Personen vor der Inanspruchnahme von Leistungen nach dem Zwölften Buch Sozialgesetzbuch zu bewahren. 7Es gibt keinen Grundsatz „Fürsorge vor Sozialhilfe". 8In Pflegefällen muss also jeweils geprüft werden, ob sich das manifestierte Risiko der pflegebedingten Kosten durch zumutbaren Abschluss einer Pflegezusatzversicherung hätte vermeiden lassen können. 9Bei dieser Prüfung kommt es darauf an, ob im Einzelfall

1. eine Pflegezusatzversicherung das manifestierte Risiko abgebildet und abgesichert hätte und
2. der Abschluss der Versicherung zumutbar war.

10Maßgeblicher Zeitpunkt für die Feststellung der Zumutbarkeit bei Pflegezusatzversicherungen ist nach den Ausführungen des Bundesverwaltungsgerichtes der 1. Juli 1996 (Inkrafttreten der zweiten Stufe des Pflege- und Versicherungsgesetzes). 11Ab diesem Zeitpunkt konnten alle Personen, die das 60. Lebensjahr noch nicht vollendet hatten, im Regelfall zumutbar eine Pflegezusatzversicherung abschließen. 12Gründe, die ausnahmsweise eine Unzumutbarkeit nahelegen würden, sind von der beihilfeberechtigten Person darzulegen.

7 Zu § 7 – Verweisungen auf das Sozialgesetzbuch

(unbesetzt)

8 Zu § 8 – Ausschluss der Beihilfefähigkeit

8.1 Zu Absatz 1

(unbesetzt)

8.2 Zu Absatz 2

$_{1}$Nach § 76 BBG gehen gesetzliche Schadensersatzansprüche infolge Körperverletzung oder Tötung insoweit auf den Dienstherrn über, als er dienstrechtlich zu Leistungen verpflichtet ist, also auch bis zur Höhe des Beihilfeanspruchs zu beihilfefähigen Aufwendungen infolge der Schädigung. $_{2}$Der Anspruchsübergang unterbleibt bei Schadensersatzansprüchen, die sich gegen einen mit der oder dem Verletzten in häuslicher Gemeinschaft lebenden Familienangehörigen richten. $_{3}$Da es sich um einen gesetzlichen Forderungsübergang handelt, bedarf es für seine Wirksamkeit keiner Abtretung oder anderen Rechtshandlung. $_{4}$Der Übergang erfolgt kraft Gesetzes und grundsätzlich im Zeitpunkt des Schadensereignisses. $_{5}$Soweit der Anspruch auf den Dienstherrn übergegangen ist, kann der Verletzte nicht mehr, z. B. durch Vergleich, darüber verfügen. $_{6}$Bei vertraglichen Schadensersatzansprüchen, insbesondere aus einem Behandlungsvertrag mit der Ärztin oder dem Arzt, ergibt sich der gesetzliche Forderungsübergang aus den parallel bestehenden gesetzlichen Schadensersatzansprüchen. $_{7}$Soweit Schadensersatzansprüche ausnahmsweise nicht nach § 76 BBG erfasst werden und nicht auf den Dienstherrn übergehen, sind Aufwendungen in dem Umfang nicht beihilfefähig, wie der beihilfeberechtigten Person ein Ersatzanspruch gegen Dritte zusteht. $_{8}$Ein Anspruch auf Krankenhilfe gegenüber dem Jugendamt nach § 40 des Achten Buches Sozialgesetzbuch (SGB VIII) ist gegenüber der Beihilfe nachrangig (§ 10 Absatz 1 SGB VIII; VG Berlin, Urteil vom 21. August 2008 – 36 A 185.06 –) und deshalb nicht als Ersatzanspruch nach § 8 Absatz 2 von den Aufwendungen abzuziehen.

8.3 Zu Absatz 3

8.3.1 $_{1}$Gesetzlich vorgesehene Zuzahlungen oder Kostenanteile sind auch dann nicht beihilfefähig, wenn von der GKV keine Sachleistung, sondern eine Geldleistung gewährt wird. $_{2}$Dies gilt auch für Aufwendungen für die nach § 34 SGB V ausgeschlossenen Arznei-, Heil- und Hilfsmittel. $_{3}$Von der gesetzlichen Krankenversicherung auf Grund von § 130 Absatz 1 SGB V (Arzneimittelrabatt) nicht erstattete Aufwendungen sind als Kostenanteil nicht beihilfefähig. $_{4}$Bei den nicht durch Zuschüsse der Krankenversicherung gedeckten Anteilen bei der Versorgung mit Zahnersatz handelt es sich um keine Zuzahlungen oder Kostenanteile.

8.3.2 $_{1}$Nach § 53 Absatz 1 SGB V (Wahltarife) können die Krankenkassen bei Kostenerstattung nach § 13 SGB V vorsehen, dass die Versicherten jeweils für ein Kalenderjahr einen Teil der von der Krankenkasse zu tragenden Kosten übernehmen können (Selbstbehalt). $_{2}$Soweit Selbstbehalte von der Krankenkasse angerechnet werden, sind sie nicht beihilfefähig.

8.3.3 $_{1}$Bei der Inanspruchnahme von Leistungen ausländischer Krankenversicherungssysteme gilt die Regelung entsprechend, allerdings ist dabei Voraussetzung, dass die jeweiligen Versicherungssysteme kongruent sind. $_{2}$Ein ausländisches Krankenversicherungssystem kann nur dann zur Anwendung der Ausschlussregelung führen, wenn dieses Krankenversorgungssystem im Wesentlichen denselben Grundsätzen wie die deutsche Krankenversicherung folgt. $_{3}$Es muss also grundsätzlich eine umfassende Krankenversorgung bereitstehen. $_{4}$Leitgedanke bei den beihilferechtlichen Konkurrenz-, Ausschluss- und Anrechnungstatbeständen ist, dass eine Besser-, aber auch eine Schlechterstellung gegenüber anderen Systemen, auch Auslandssystemen, ausgeschlossen werden soll.

8.4 Zu Absatz 4

8.4.1 $_{1}$Die nicht beihilfefähigen Leistungen nach Satz 1 beziehen sich ausschließlich auf die Bücher des Sozialgesetzbuches und damit auf Regelungen innerhalb des deutschen Sozialversicherungssystems. $_{2}$Ausländische Sozialversicherungssysteme sind von dieser Regelung ausgeschlossen.

$_{3}$Erfasst werden insbesondere Leistungen nach folgenden Vorschriften:

SGB V:	§§ 20i bis 43b; §§ 50 bis 60
SGB VI:	§§ 15 bis 17; §§ 28, 31
SGB VII:	§§ 27 bis 33; §§ 42 bis 45
SGB IX:	§§ 42 bis 47; §§ 73, 74.

8.4.2 $_{1}$Die Vorschrift erfasst Leistungen (z. B. ärztliche und zahnärztliche Versorgung, Krankenhausleistungen, Heilmittel, die nach Vorlage der Krankenversicherungskarte bei der Leistungserbringerin oder dem Leistungserbringer verabreicht werden, sowie kieferorthopädische Behandlung) einer Krankenkasse, der gesetzlichen Unfallversicherung, der Rentenversicherung sowie sonstiger Leistungsträger, z. B. der Versorgungsverwaltung nach dem Bundesversorgungsgesetz (BVG). $_{2}$Bei Ansprüchen nach dem BVG sind nur die nach § 10 Absatz 1 BVG zustehenden Leistungen von der Beihilfefähigkeit ausgeschlossen. $_{3}$Eine anstelle einer Sachleistung gewährte Geldleistung wird als zustehende Leistung nach Maßgabe des § 9 Absatz 1 Satz 1 angerechnet.

8.4.3 Zum Personenkreis nach Satz 3 gehören auch Versicherungspflichtige, deren Beiträge zur Krankenversicherung zur Hälfte vom Träger der Rentenversicherung getragen werden (§ 249a SGB V).

8.4.4 $_{1}$Satz 3 Nummer 2 erfasst die Fälle, in denen sich die oder der gesetzlich Pflichtversicherte nicht im Rahmen der kassenärztlichen Versorgung behandeln lässt (z. B. privatärztliche Behandlung durch eine Kassenärztin oder einen Kassenarzt). $_{2}$Wäre im Falle der Vorlage der Krankenversicherungskarte oder eines Überweisungsscheines eine Sachleistung verabreicht worden, ist eine Beihilfe ausgeschlossen. $_{3}$Gehört die behandelnde Person, die verordnende Ärztin oder der verordnende Arzt nicht zu dem von der Krankenkasse zugelassenen Personenkreis, ist § 9 Absatz 3 anzuwenden.

8.5 Zu Absatz 5

(unbesetzt)

9 Zu § 9 – Anrechnung von Leistungen

9.1 Zu Absatz 1

9.1.1 1Zu den zustehenden Leistungen nach Satz 1 gehören z. B. auch Ansprüche gegen zwischen- oder überstaatliche Organisationen sowie Ansprüche nach dem Gesetz über die Krankenversicherung der Landwirte. 2Zu den zustehenden Leistungen gehören ferner Ansprüche nach dem BVG, und zwar auf Leistungen der Kriegsopferfürsorge auch dann, wenn sie nach sozialhilferechtlichen Grundsätzen gewährt werden, es sei denn, dass sie vom Einkommen oder Vermögen der oder des Leistungsberechtigten oder ihrer oder seiner unterhaltsverpflichteten Angehörigen wieder eingezogen werden.

9.1.2 Satz 1 gilt nicht für solche Leistungen, die von den Krankenversicherungssystemen zwischen- und überstaatlicher Einrichtungen auf Grund einer freiwilligen Vereinbarung, z. B. an ehemalige NATO-Bedienstete als Versorgungsempfängerinnen oder Versorgungsempfänger gewährt werden.

9.1.3 1Ansprüche des nichtehelichen Kindes gegen seine Mutter oder seinen Vater auf Ersatz von Aufwendungen bei Krankheit sind im Rahmen der Unterhaltspflicht zu erfüllen (vgl. § 1615a in Verbindung mit § 1610 Absatz 2 BGB). 2Der Unterhaltsanspruch des nichtehelichen Kindes gegen seine Mutter oder seinen Vater fällt jedoch nicht unter die Ansprüche auf Kostenerstattung nach § 9 Absatz 1 Satz 1; dies gilt ohne Rücksicht darauf, wem dieser Anspruch zusteht. 3Daher kann z. B. die Mutter nicht auf etwaige Ansprüche gegen den Vater des Kindes verwiesen werden, wenn sie für Aufwendungen dieser Art Beihilfen beansprucht.

9.2 Zu Absatz 2

1Die GKV zahlt bei einer medizinisch notwendigen Versorgung mit Zahnersatz einschließlich Zahnkronen und Suprakonstruktionen (zahnärztliche und zahntechnische Leistungen) einen befundbezogenen Festzuschuss in Höhe von 50 Prozent der jeweiligen Regelversorgung (§ 55 Absatz 1 Satz 1 und 2 SGB V). 2Unter den Voraussetzungen des § 55 Absatz 1 Satz 3 und 4 SGB V erhöht sich der Festzuschuss um 20 und ggf. darüber hinaus um weitere 10 Prozent. 3Dieser maximal zu erreichende Festzuschuss (entspricht 65 Prozent der jeweiligen Regelversorgung) wird immer, sowohl bei freiwillig Versicherten als auch bei Pflichtversicherten in der GKV, angerechnet, unabhängig davon, ob die GKV diesen auch gezahlt hat.

9.3 Zu Absatz 3

9.3.1 Satz 1 ist auch bei ärztlicher Behandlung von in der GKV pflichtversicherten Personen durch einen Privatarzt anzuwenden.

9.3.2 Zu den Leistungen der GKV aus einem freiwilligen Versicherungsverhältnis nach Satz 4 Nummer 3 gehören nicht Leistungen der GKV, die von ihr auf Grund des BVG gewährt werden.

9.3.3 $_{1}$Besteht für eine beihilfeberechtigte oder berücksichtigungsfähige Person in einem ausländischen Sozialversicherungssystem nach dem ausländischen Recht kein Versicherungsschutz, erfolgt keine fiktive Leistungskürzung. $_{2}$Der Nachweis ist durch die beihilfeberechtigte Person zu erbringen.

9.3.4 $_{1}$Mit dieser Ausnahmeregelung wird den besonderen Verhältnissen der Beamtinnen und Beamten im Ausland zur Vermeidung auslandsspezifischer Nachteile Rechnung getragen.

$_{2}$In vielen ausländischen Staaten entsprechen Pflichtversicherungen nicht dem Standard in Deutschland. $_{3}$In solchen Fällen würde § 9 Absatz 3 Satz 3 dazu führen, dass Beihilfeleistungen nicht möglich wären. $_{4}$§ 9 Absatz 3 Satz 4 Nummer 4 verhindert, dass Ehegattinnen, Ehegatten, Lebenspartnerinnen oder Lebenspartner, die im Ausland berufstätig sind, beihilferechtlich benachteiligt werden.

9.4 Zu Absatz 4

(unbesetzt)

10 Zu § 10 – Beihilfeanspruch

10.1 Zu Absatz 1

10.1.1 Der Beihilfeanspruch steht – auch für Aufwendungen seiner berücksichtigungsfähigen Personen – nur den selbst beihilfeberechtigten Personen und nicht den berücksichtigungsfähigen Personen zu.

10.1.2 Forderungsgläubiger (z. B. Ärzte) können die ihnen aus ihren Forderungen zustehenden Beträge pfänden, solange der konkrete Beihilfeanspruch durch Auszahlung der Beihilfe noch nicht erloschen ist (BGH, Beschluss vom 5. November 2004 – IXa ZB 17/04 –; LG Münster, Beschluss vom 21. Februar 1994 – 5 T 930/93 –).

10.1.3 $_{1}$Wegen der Unübertragbarkeit des Beihilfeanspruchs ist eine Aufrechnung gegen Beihilfeansprüche nicht zulässig (BVerwG, Urteil vom 10. April 1997 – 2 C 7/96 –; BGH, Beschluss vom 5. November 2004 – IXa ZB 17/04 –). $_{2}$Die Vererblichkeit des Beihilfeanspruchs ist nicht ausgeschlossen (BVerwG, Urteil vom 29. April 2010 – 2 C 77/08 –).

10.2 Zu Absatz 2

10.2.1 $_{1}$An die Antragsbefugnis bei Tod der beihilfeberechtigten Person stellt die BBhV keine formalen Anforderungen. $_{2}$Im Regelfall ist von der Berechtigung der antragstellenden Person auszugehen. $_{3}$Eine Nachprüfung der Berechtigung zur Antragstellung kann grundsätzlich unterbleiben.

10.2.2 Eine andere öffentliche Urkunde im Sinne der Nummer 3 ist z. B. ein öffentliches Testament (§ 2232 BGB) oder ein notariell beurkundeter Erbvertrag nebst Eröffnungsprotokoll.

10.2.3 $_{1}$Hat das Nachlassgericht eine Nachlasspflegschaft (§ 1960 BGB) angeordnet, kann die Beihilfe auch auf das Konto der nachlasspflegenden Person gezahlt werden. $_{2}$Zu dessen Rechten gehört sowohl das Stellen von Beihilfeanträgen als auch das Entgegennehmen von Beihilfezahlungen.

11 Zu § 11 – Aufwendungen im Ausland

11.1 Zu Absatz 1

11.1.1 $_{1}$Bei in einem Mitgliedstaat der Europäischen Union entstandenen Aufwendungen einschließlich stationärer Leistungen in öffentlichen Krankenhäusern wird kein Kostenvergleich durchgeführt. $_{2}$Beihilfefähige Höchstbeträge, Ausschlüsse und Eigenbeteiligungen sind zu beachten. $_{3}$Bei privaten Krankenhäusern ist entsprechend § 26a zu verfahren, es sei denn, es handelt sich um eine Notfallversorgung.

11.1.2 $_{1}$Rechnungsbeträge in ausländischer Währung sind am Tag der Festsetzung der Beihilfe umzurechnen. $_{2}$Dabei ist der EZB-Referenzkurs *(www.bankenverband.de/service/waehrungsrechner/)* zu Grunde zu legen, es sei denn, dass der bei der Begleichung der Rechnung angewandte Umrechnungskurs nachgewiesen wird.

11.1.3 $_{1}$Den Belegen über Aufwendungen von mehr als 1 000 Euro ist eine Übersetzung beizufügen. $_{2}$Bis 1 000 Euro sind kurze Angaben der Antragstellerin oder des Antragstellers zu Art und Umfang der Behandlung ausreichend.

11.1.4 Befindet sich ein Heimdialysepatient aus privaten Gründen vorübergehend außerhalb der Europäischen Union, sind die Aufwendungen beihilfefähig, die im gleichen Zeitraum bei Durchführung einer ambulanten Dialyse in der der Wohnung am nächsten gelegenen inländischen Dialyseeinrichtung entstanden wären.

11.1.5 $_{1}$Aufwendungen für Behandlungen in der Hochgebirgsklinik Davos (Schweiz) gelten als in der Bundesrepublik Deutschland entstanden, wenn nach Bescheinigung einer Fachärztin oder eines Facharztes eine Behandlung unter Einfluss von Hochgebirgsklima medizinisch indiziert ist. $_{2}$Der Umfang der Beihilfefähigkeit richtet sich nach § 35 Absatz 1 Nummer 1, sofern nicht im Einzelfall eine Krankenhausbehandlung medizinisch indiziert ist. $_{3}$Ist eine Krankenhausbehandlung in Davos notwendig, sind die Aufwendungen ohne Begrenzung des § 26a Absatz 1 beihilfefähig. $_{4}$Ausgeschlossene Aufwendungen und Eigenbeteiligungen sind zu beachten.

11.1.6 $_{1}$Aufwendungen für eine Behandlung wegen Neurodermitis oder Psoriasis in einem Heilbad oder Kurort am Toten Meer, das oder der in dem vom BMI durch Rundschreiben bekanntgegebenen Übersicht der anerkannten Heilbäder und Kurorte nach § 35 Absatz 1 Satz 2 BBhV aufgeführt ist, sind im gleichen Umfang wie Aufwendungen nach § 35 Absatz 1 Satz 1 Nummer 4 beihilfefähig. $_{2}$Voraussetzung ist, dass die inländischen Behandlungsmöglichkeiten ohne hinreichenden Heilerfolg ausgeschöpft sind und durch eine ärztliche Bescheinigung nachgewiesen wird, dass die Behandlung wegen der wesentlich größeren Erfolgsaussicht notwendig ist und die Festsetzungsstelle die Beihilfefähigkeit vorher anerkannt hat.

11.1.7 $_{1}$Ist für eine Vergleichsberechnung zu einer im Ausland erbrachten Leistung in Deutschland keine bundeseinheitliche Gebührenordnung oder kein bundesweit geltender Vergütungsrahmen vorhanden, sind die Vergleichskosten der am inländischen Wohnort der beihilfeberechtigten oder berücksichtigungsfähigen Person geltenden landes- oder kommunalrechtlichen Gebührenordnungen, ortsüblichen oder tariflichen Pflegeentgelte bzw. Entgelte der dort befindlichen Pflegeeinrichtungen oder Hospize maßgebend.

$_{2}$Bei beihilfeberechtigten oder berücksichtigungsfähigen Personen mit ausschließlichem Wohnort im Ausland ist der letzte bekannte existierende inländische Wohnort der Vergleichsberechnung zugrunde zu legen.

11.2 Zu Absatz 2

$_{1}$In den in Satz 1 enumerativ aufgezählten Fällen ist keine Vergleichsberechnung durchzuführen. $_{2}$Auch eine Begrenzung auf den beihilfefähigen Höchstbetrag nach § 26a Absatz 1 Satz 1 Nummer 1 und 2 erfolgt nicht, wenn es sich um eine Notfallversorgung handelt, die Kosten vor Antritt der Reise als beihilfefähig anerkannt worden sind oder in der Nähe der deutschen Grenze wohnende beihilfeberechtigte oder berücksichtigungsfähige Personen in akuten Fällen ein Krankenhaus aufsuchen mussten. $_{3}$Unter Notfallversorgung wird die Erkennung drohender oder eingetretener Notfallsituationen und die Behandlung von Notfällen einschließlich Wiederherstellung und Aufrechterhaltung akut bedrohter Vitalfunktionen verstanden. $_{4}$Eine eventuelle Weiterbehandlung außerhalb der Notfallbehandlung ist mithin nicht beihilfefähig. $_{5}$So wären beispielsweise bei einem Skiunfall mit einfachem Knochenbruch in der Schweiz die Rettungsdienste, die Fixierung des Beines usw. beihilfefähig. $_{6}$Aufwendungen nach Wiederherstellung der Reisefähigkeit sind dagegen nicht mehr beihilfefähig, da ab diesem Zeitpunkt von der Zumutbarkeit einer eventuell erforderlichen Weiterbehandlung im Inland ausgegangen werden kann. $_{7}$In Zweifelsfällen hat die beihilfeberechtigte oder berücksichtigungsfähige Person die Nichttransportfähigkeit durch ärztliche Bescheinigung nachzuweisen (vgl. § 51 Absatz 1 Satz 2 und 3).

11.3 Zu Absatz 3

(unbesetzt)

Kapitel 2
Aufwendungen in Krankheitsfällen

Abschnitt 1
Ambulante Leistungen

12 Zu § 12 – Ärztliche Leistungen

$_{1}$Für die Prüfung, ob die Aufwendungen aus Anlass einer Krankheit entstanden sind und notwendig waren, ist die Kenntnis der Diagnose erforderlich. $_{2}$Ohne Angabe der Diagnose in der Rechnung können die Aufwendungen nicht geprüft werden. $_{3}$Der Antragstellerin oder dem Antragsteller ist Gelegenheit zu geben, die fehlenden Angaben beizubringen.

13 Zu § 13 – Leistungen von Heilpraktikerinnen und Heilpraktikern

13.1 Dienstunfähigkeitsbescheinigungen von Heilpraktikerinnen und Heilpraktikern sind nicht beihilfefähig (Umkehrschluss aus § 12 Satz 3 BBhV).

13.2 Nummer 12 gilt entsprechend.

14 Zu § 14 – Zahnärztliche Leistungen

(unbesetzt)

15 Zu § 15 – Implantologische Leistungen

15.1 Zu Absatz 1

15.1.1 Für die Beihilfefähigkeit von Aufwendungen für den Austausch von Sekundärteilen gilt Absatz 1 entsprechend.

15.1.2 $_{1}$Aufwendungen für temporäre Implantate sind beihilfefähig, wenn diese medizinisch notwendig sind und die endgültige Versorgung als beihilfefähig anerkannt wird. $_{2}$Ist die endgültige Versorgung mit Implantaten nicht beihilfefähig, so sind auch die Aufwendungen für temporäre Implantate nicht beihilfefähig.

15.1.3 Es ist davon auszugehen, dass zu bereits vorhandenen Implantaten Beihilfen oder vergleichbare Leistungen aus öffentlichen Kassen gewährt wurden, sofern die beihilfeberechtigte Person nicht in geeigneter Weise, z. B. durch Beihilfebescheide und Rechnungen, eine Finanzierung ohne Leistungen eines Dienstherrn oder öffentlichen Arbeitgebers glaubhaft machen kann (BVerwG, Urteil vom 28. Mai 2008 – 2 C 12.07 –).

15.1.4 Auf Grund der regelmäßig längeren Zeitspanne zwischen dem Einbringen der Implantate und dem Zustand eines zahnlosen Kiefers sollte die Gewährung der Beihilfe bis zum Nachweis des zahnlosen Ober- oder Unterkiefers unter Vorbehalt gestellt werden.

15.2 Zu Absatz 2

(unbesetzt)

15.3 Zu Absatz 3

(unbesetzt)

15a Zu § 15a – Kieferorthopädische Leistungen

15a.1 Zu Absatz 1

15a.1.1 Nach den Abrechnungsbestimmungen des Gebührenverzeichnisses der GOZ umfassen die Maßnahmen im Sinne der Nummern 6030 bis 6080 alle Leistungen zur Kieferumformung und Einstellung des Unterkiefers in den Regelbiss innerhalb eines Zeitraumes von bis zu vier Jahren, unabhängig von den angewandten Methoden oder den verwendeten Therapiegeräten (vgl. BVerwG, Urteil vom 5. März 2021 – 5 C 8.19 –).

15a.1.2 $_1$Aufwendungen für Leistungen nach den Nummern 6200 und 6240 der Anlage zur GOZ setzen nicht unmittelbar eine kieferorthopädische Behandlung im Sinne dieser Verordnung voraus. $_2$Für diese Leistungen ist kein Heil- und Kostenplan notwendig.

15a.1.3 Eine vor Vollendung des 18. Lebensjahres begonnene Behandlung bleibt einschließlich einer ggf. erforderlichen Verlängerung auch nach Vollendung des 18. Lebensjahres weiterhin beihilfefähig.

15a.1.4 Erfolgten die aktiven Behandlungsmaßnahmen innerhalb der Regelbehandlungszeit von bis zu vier Jahren und sind anschließend ausschließlich Retentionsmaßnahmen nach Nummer 6210 oder Begleitleistungen nach den Nummern 6180 bis 6230 der Anlage zur GOZ medizinisch notwendig, ist kein neuer Heil- und Kostenplan erforderlich.

15a.2 Zu Absatz 2

Enthält das Gutachten keine eindeutige Aussage zu den Voraussetzungen des Ausnahmetatbestandes, sind die Voraussetzungen des Absatzes 2 nicht erfüllt und die Beihilfe ist zu versagen.

15a.3 Zu Absatz 3

Ein Wechsel der Kieferorthopädin oder des Kieferorthopäden auf Grund eines berufsbedingten Umzugs oder einer medizinischen Notwendigkeit liegt nicht in der Verantwortung der beihilfeberechtigten oder berücksichtigungsfähigen Person.

15a.4 Zu Absatz 4

(unbesetzt)

15a.5 Zu Absatz 5

(unbesetzt)

15a.6 Zu Absatz 6

(unbesetzt)

15b Zu § 15b – Funktionsanalytische und funktionstherapeutische Leistungen

(unbesetzt)

16 Zu § 16 – Auslagen, Material- und Laborkosten

(unbesetzt)

17 Zu § 17 – Zahnärztliche Leistungen für Beamtinnen und Beamten auf Widerruf

(unbesetzt)

18 Zu § 18 – Psychotherapie, psychosomatische Grundversorgung, psychotherapeutische Akutbehandlung

18.1 Zu Absatz 1

$_{1}$Im Bereich der GKV ist vor Beginn einer psychotherapeutischen Behandlung eine sogenannte psychotherapeutische Sprechstunde in Anspruch zu nehmen. $_{2}$Für die Aufwendungen für eine solche Sprechstunde enthält die BBhV keine gesonderte Erstattungsnorm. $_{3}$Im Falle der Abrechnung einer psychotherapeutischen Sprechstunde ist es für die Festsetzungsstellen nicht nachvollziehbar, ob es sich um eine psychotherapeutische Sprechstunde oder um eine probatorische Sitzung handelt. $_{4}$Die Abrechnung erfolgt daher als probatorische Sitzung. $_{5}$Im Übrigen kann die im Rahmen der psychotherapeutischen Sprechstunde durchzuführende diagnostische Abklärung auch innerhalb der probatorischen Sitzung erfolgen.

18.2 Zu Absatz 2

$_{1}$Die Akutbehandlung ist mit ambulanten psychotherapeutischen Mitteln auf eine kurzfristige Verbesserung von akuten und schweren psychischen Symptomen der Patientin oder des Patienten ausgerichtet. $_{2}$Nicht notwendigerweise schließt sich an eine Akutbehandlung eine Psychotherapie nach den §§ 19, 20 oder § 20a an. $_{3}$Die Akutbehandlung kann ausreichend sein, um die Probleme der beihilfeberechtigten oder berücksichtigungsfähigen Person soweit zu behandeln, dass keine weiteren psychotherapeutischen Maßnahmen erforderlich sind. $_{4}$Die Akutbehandlung ist grundsätzlich nicht als Überbrückung zur ambulanten Psychotherapie nach §§ 19, 20 oder § 20a gedacht, wobei aber die Möglichkeit besteht, einen Wechsel von der Akutbehandlung zur ambulanten Psychotherapie nach den §§ 19, 20 oder § 20a vorzunehmen. $_{5}$Auch in diesem Fall ist die Zahl der durchgeführten Akutbehandlungen auf das Kontingent der Behandlungen nach den §§ 19 bis 20a anzurechnen.

18.3 Zu Absatz 3

Psychotherapeutinnen und Psychotherapeuten, Psychologische Psychotherapeutinnen und Psychologische Psychotherapeuten sowie Kinder- und Jugendlichenpsychotherapeutinnen und Kinder- und Jugendlichenpsychotherapeuten müssen zusätzlich zu dem Bericht an die Gutachterin oder den Gutachter mit dem Formblatt 5 nach Anhang 2 den erforderlichen Konsiliarbericht einer

Ärztin oder eines Arztes zur Abklärung einer somatischen (organischen) Krankheit (vgl. § 1 Absatz 3 Satz 2 des Psychotherapeutengesetzes) einholen.

18.4 Zu Absatz 4

(unbesetzt)

18a Zu § 18a – Gemeinsame Vorschriften für psychoanalytisch begründete Verfahren, Verhaltenstherapie und Systemische Therapie

18a.1 Zu Absatz 1

(unbesetzt)

18a.2 Zu Absatz 2

(unbesetzt)

18a.3 Zu Absatz 3

18a.3.1 $_1$Die Durchführung eines beihilferechtlichen Voranerkennungsverfahrens ist nicht erforderlich, wenn die gesetzliche oder private Krankenversicherung der beihilfeberechtigten oder berücksichtigungsfähigen Person bereits eine Leistungszusage auf Grund eines durchgeführten Gutachterverfahrens erteilt hat, aus der sich Art und Umfang der Behandlung und die Qualifikation der Therapeutin oder des Therapeuten ergeben. $_2$Entspricht die Leistungszusage nicht dem beihilferechtlich möglichen Umfang oder ist sie ganz versagt worden, kann das beihilferechtliche Voranerkennungsverfahren durchgeführt werden. $_3$Ein Voranerkennungsverfahren ist neben dem in Satz 1 genannten Fall nicht erforderlich, sofern die Behandlung wegen Art, Schwere oder Komplexität der Erkrankung ambulant an einer Hochschulambulanz durchgeführt wird. $_4$Hierfür ist es ausreichend, dass die Hochschulambulanz das Vorliegen einer in der Vereinbarung nach § 117 Absatz 1 SGB V über die Patientengruppen in den Hochschulambulanzen geregelten Zugangsvoraussetzung bei Rechnungsstellung bestätigt. $_5$Leistungen der Psychotherapie, die wegen Art, Schwere oder Komplexität der Erkrankung auf Grund fachärztlicher Verordnung bzw. Überweisung in einem Krankenhaus oder einer Hochschulambulanz ambulant durchgeführt werden, sind mit einer ambulanten Krankenhausbehandlung vergleichbar. $_6$Unabhängig von der Behandlungs- und Anwendungsform ist in diesen Fällen bis zur Höchstzahl des behandlungsformspezifischen Regel-Sitzungskontingents kein Voranerkennungsverfahren erforderlich. $_7$Dies gilt nicht für sonstige Ambulanzen (z. B. von Ausbildungsstätten).

18a.3.2 $_1$Aufwendungen für Leistungen der Psychotherapie bedürfen bei einer Kurzzeittherapie im Gegensatz zur Langzeittherapie keines vor Beginn der Behandlung vorliegenden Gutachtens zur Feststellung der Notwendigkeit sowie zu Art und Umfang der Behandlung, um als beihilfefähig anerkannt werden zu können. $_2$Die behandlungsformspezifischen probatorischen Sitzungen sind auch vor einer Kurzzeittherapie durchzuführen. $_3$Beim Wechsel der Kurzzeittherapie in eine genehmigungspflichtige Langzeittherapie sind erneute probatorische Sitzungen nicht beihilfefähig.

18a.4 Zu Absatz 4

18a.4.1 Die Liste der Gutachterinnen und Gutachter ist vertraulich und daher in dem passwortgeschützten Bereich auf der Website des Bundesverwaltungsamts *(http://www.bva.bund.de)* unter der Rubrik „Services > Bundesbedienstete > Gesundheit und Vorsorge > Beihilfe > Gutachterliste" hinterlegt.

18a.4.2 $_1$Gutachterinnen oder Gutachter erstellen im Auftrag der Festsetzungsstelle ein Gutachten zur Notwendigkeit und zu Art und Umfang der Behandlung und bewerten die Angaben der Ärztin, des Arztes, der Psychotherapeutin, des Psychotherapeuten, der Psychologischen Psychotherapeutin, des Psychologischen Psychotherapeuten, der Kinder- und Jugendlichenpsychotherapeutin oder des Kinder- und Jugendlichenpsychotherapeuten (nachstehend Therapeutin oder Therapeut genannt); dabei sind die Formblätter 3 und 4 nach Anhang 2 zu verwenden. $_2$Die Einreichung der Unterlagen an die Gutachterin oder den Gutachter hat in pseudonymisierter Form zu erfolgen. $_3$Die Festsetzungsstelle vergibt an die beihilfeberechtigte Person einen von ihr festgelegten Pseudonymisierungscode. $_4$Bei Erst- und Folgegutachten ist derselbe Pseudonymisierungscode zu verwenden bzw. auf den Pseudonymisierungscode des Erstverfahrens Bezug zu nehmen. $_5$Dies gilt nicht für Zweitgutachten.

18a.4.3 $_1$Die beihilfeberechtigte Person hat der Festsetzungsstelle die Formblätter 1, 2 und 3 nach Anhang 2 ausgefüllt vorzulegen. $_2$Außerdem hat die beihilfeberechtigte Person oder die Patientin oder der Patient die behandelnde Therapeutin oder den behandelnden Therapeuten zu ersuchen, auf dem Formblatt 4 nach Anhang 2 einen Bericht für die Gutachterin oder den Gutachter zu erstellen.

18a.4.4 Die Therapeutin oder der Therapeut soll das ausgefüllte Formblatt 4 nach Anhang 2 und ggf. das Formblatt 5 nach Anhang 2 in einem verschlossenen, als vertrauliche Arztsache gekennzeichneten Umschlag der Festsetzungsstelle zur Weiterleitung an den Gutachter übermitteln unter gleichzeitigem Verweis auf den Auftrag, das Ersuchen der beihilfeberechtigten Person, der Patientin oder des Patienten.

18a.4.5 Nach Erhalt der Unterlagen holt die Festsetzungsstelle mit dem Formblatt 6 nach Anhang 2 ein Gutachten nach den Formblättern 7.1, 7.2 und 7.3 nach Anhang 2 unter Beifügung der folgenden Unterlagen ein:

- den verschlossenen, als vertrauliche Arztsache gekennzeichneten Umschlag mit dem Bericht der Therapeutin oder des Therapeuten,
- das ausgefüllte Formblatt 3 nach Anhang 2 (als Kopie),
- die Formblätter 7.1, 7.2 und 7.3 nach Anhang 2,
- einen an die Festsetzungsstelle adressierten Freiumschlag und
- einen an die Therapeutin oder den Therapeuten adressierten Freiumschlag.

18a.4.6 $_1$Die Gutachterin oder der Gutachter übermittelt das Gutachten auf dem Formblatt 7.1 nach Anhang 2 in dem einen Freiumschlag der Festsetzungsstelle und auf dem Formblatt 7.2 nach Anhang 2 in dem anderen Freiumschlag direkt der Therapeutin oder dem Therapeuten. $_{2}$Auf Grundlage dieser Stellungnahme erteilt die Festsetzungsstelle der beihilfeberechtigten Person einen rechtsmittelfähigen Bescheid über die Anerkennung der Beihilfefähigkeit der Aufwendungen für Psychotherapie nach dem Formblatt 8 nach Anhang 2 oder deren Ablehnung.

18a.4.7 $_{1}$Legt die beihilfeberechtigte Person gegen den Bescheid der Festsetzungsstelle Widerspruch ein, kann die Festsetzungsstelle im Rahmen des Widerspruchsverfahrens ein Zweitgutachten einholen. $_{2}$Zu diesem Zweck hat die beihilfeberechtigte Person oder die Patientin oder der Patient die behandelnde Therapeutin oder den behandelnden Therapeuten zu ersuchen, den „Erstbericht" an die Gutachterin oder den Gutachter auf dem Formblatt 4 nach Anhang 2 zu ergänzen, wobei insbesondere die Notwendigkeit der Behandlung erneut begründet und auf die Ablehnungsgründe der Festsetzungsstelle, der Gutachterin oder des Gutachters eingegangen werden sollte. $_{3}$Die Therapeutin oder der Therapeut soll den ergänzenden Bericht sowie alle bisherigen Unterlagen zum vorherigen Gutachten in einem im verschlossenen, als vertrauliche Arztsache gekennzeichneten Umschlag der Festsetzungsstelle zur Weiterleitung an die oder den nach § 12 Absatz 16 der Psychotherapie-Vereinbarung für die Erstellung von Zweitgutachten bestellte Gutachterin oder bestellten Gutachter übermitteln unter gleichzeitigem Verweis auf den Auftrag, das Ersuchen der beihilfeberechtigten Person, der Patientin oder des Patienten. $_{4}$Ein Zweitgutachten ist nicht einzuholen, wenn die psychotherapeutische Behandlung auf Grund einer Stellungnahme der Gutachterin oder des Gutachters abgelehnt wurde, weil die Therapeutin oder der Therapeut die in Anlage 3 zur BBhV aufgeführten Voraussetzungen nicht erfüllt.

18a.4.8 $_{1}$Nach Erhalt der Unterlagen beauftragt die Festsetzungsstelle eine oder einen nach § 12 Absatz 16 der Psychotherapie-Vereinbarung für die Erstellung von Zweitgutachten bestellte Gutachterin oder bestellten Gutachter. $_{2}$Die Festsetzungsstelle leitet ihr oder ihm zugleich folgende Unterlagen zu:

- den verschlossenen, als vertrauliche Arztsache gekennzeichneten Umschlag der Therapeutin oder des Therapeuten,
- Kopie des Psychotherapiegutachtens,
- einen an die Festsetzungsstelle adressierten Freiumschlag und
- einen an die Therapeutin oder den Therapeuten adressierten Freiumschlag.

$_{3}$Ist die oder der die psychotherapeutische Behandlung ablehnende Gutachterin oder Gutachter gleichzeitig nach § 12 Absatz 16 der Psychotherapie-Vereinbarung für die Erstellung von Zweitgutachten bestellte Gutachterin oder bestellter Gutachter, ist eine andere oder ein anderer nach § 12 Absatz 16 der Psychotherapie-Vereinbarung für die Erstellung von Zweitgutachten bestellte Gutachterin oder bestellter Gutachter einzuschalten.

18a.4.9 Die oder der nach § 12 Absatz 16 der Psychotherapie-Vereinbarung für die Erstellung von Zweitgutachten bestellte Gutachterin oder bestellte Gutachter übermittelt ihre oder seine Stellungnahme nach Formblatt 7.1 bzw. 7.2 in dem einen Freiumschlag der Festsetzungsstelle und in dem zweiten Freiumschlag direkt der Therapeutin oder dem Therapeuten. Auf Grundlage dieser Stellungnahme hilft die Festsetzungsstelle dem Widerspruch ab (§ 72 Verwaltungsgerichtsordnung [VwGO]) oder der beihilfeberechtigten Person wird ein Widerspruchsbescheid erteilt (§ 73 Absatz 1 VwGO).

18a.4.10 1Bei einer Verlängerung der Behandlung oder Folgebehandlung leitet die Festsetzungsstelle den von der Therapeutin oder dem Therapeuten begründeten Verlängerungsbericht auf dem Formblatt 4 nach Anhang 2 mit zwei Freiumschlägen der Gutachterin oder dem Gutachter zu, welche oder welcher das Erstgutachten erstellt hat. 2Dabei ist das Formblatt 6 nach Anhang 2 um die zusätzlichen Angaben bei Folgebegutachtung zu ergänzen. 3Im Übrigen gelten die Nummern 18a.4.5 bis 18a.4.8 entsprechend.

18a.4.11 Um eine Konzentration auf einzelne Gutachterinnen und Gutachter zu vermeiden, sind die Anträge zur Stellungnahme von der Festsetzungsstelle den Gutachterinnen, Gutachtern oder den nach § 12 Absatz 16 der Psychotherapie-Vereinbarung bestellten Gutachterinnen oder bestellten Gutachtern im Rotationsverfahren zuzuleiten.

18a.4.12 1Die Festsetzungsstelle trägt die Kosten des Gutachtens bis zur in der Gutachterhonorar-Vereinbarung der Kassenärztlichen Bundesvereinigung mit dem GKV-Spitzenverband vereinbarten Höhe zuzüglich der Umsatzsteuer, soweit diese in Rechnung gestellt wird, sowie die Aufwendungen für die Abrechnung der Nummer 808 der Anlage zur GOÄ für die Einleitung des Gutachterverfahrens. 2Die Vereinbarung vom 16. Mai 2019 sieht derzeit eine Vergütung von Gutachteraufträgen für Gutachten in Höhe von 50 Euro und für Zweitgutachten in Höhe von 85 Euro vor.

18a.5 Zu Absatz 5

(unbesetzt)

18a.6 Zu Absatz 6

Soweit im Rahmen der Kurzzeittherapie Bezugspersonen einzubeziehen sind, ist § 19 Absatz 4, gegebenenfalls i. V. m. § 20 Absatz 2, mit der Maßgabe anzuwenden, dass über die medizinische Notwendigkeit die Therapeutin oder der Therapeut eigenverantwortlich entscheidet.

18a.7 Zu Absatz 7

(unbesetzt)

19 Zu § 19 Psychoanalytisch begründete Verfahren

19.1 Zu Absatz 1

1Ein „Krankheitsfall" umfasst die auf einer verbindenden Diagnose beruhende und im Wesentlichen einer einheitlichen Zielsetzung dienende Psychotherapie in einer akuten Krankheitsperiode. 2Der Begriff des Krankheitsfalls ist daher enger als der des Behandlungsfalls im Sinne des SGB V.

19.2 Zu Absatz 2

(unbesetzt)

19.3 Zu Absatz 3

(unbesetzt)

19.4 Zu Absatz 4

$_{1}$Mehrkosten für die Einbeziehung einer Bezugsperson sind nur beihilfefähig, wenn im Gutachten angegeben ist, dass und in welchem Umfang eine Einbeziehung von Bezugspersonen notwendig ist. $_{2}$Ist im Fall von § 19 Absatz 4 Satz 1 für die Einbeziehung von Bezugspersonen eine höhere Anzahl als ein Viertel der vorgesehenen Sitzungen für eine Einzelbehandlung oder die Hälfte der vorgesehenen Sitzungen für eine Gruppenbehandlung erforderlich, so werden die über § 19 Absatz 4 Satz 1 hinausgehenden Sitzungen auf die Sitzungen für Einzel- oder Gruppenbehandlung nach § 19 Absatz 1 Satz 1 angerechnet.

19.5 Zu Absatz 5

(unbesetzt)

19.6 Zu Absatz 6

(unbesetzt)

20 Zu § 20 – Verhaltenstherapie

20.1 Zu Absatz 1

Der Begriff des „Krankheitsfalls" ist derselbe wie in § 19 Absatz 1 Satz 1 (Nummer 19.1).

20.2 Zu Absatz 2

Nummer 19.4 gilt entsprechend.

20.3 Zu Absatz 3

(unbesetzt)

20a Zu § 20a – Systemische Therapie

20.a1 Zu Absatz 1

$_{1}$Die Systemische Therapie ist ein psychotherapeutisches Verfahren, dessen Schwerpunkt auf dem sozialen Kontext psychischer Störungen liegt, insbesondere auf Interaktionen zwischen Familienmitgliedern und deren sozialem Umfeld. $_{2}$Die Systemische Therapie wird bisher nur bei Erwachsenen angewendet. $_{3}$In Ausnahmefällen kann die normierte Höchstzahl von Sitzungen überschritten werden. $_{4}$Mangels einer bislang noch nicht geeinten und anerkannten analogen Abrechnung einer passenden Gebührennummer der GOÄ, gilt § 6 Absatz 3. $_{5}$Es bestehen keine Bedenken, Aufwendungen für eine Systemische Therapie analog Nummer 870 der Anlage zur GOÄ anzuerkennen.

$_{6}$Aufwendungen für ein Mehrpersonensetting können durch einen erhöhten Steigerungssatz bis zu einem Schwellenwert von 3,5 berücksichtigt werden.

20.a2 Zu Absatz 2

(unbesetzt)

21 Zu § 21 – Psychosomatische Grundversorgung

21.1 Zu Absatz 1

(unbesetzt)

21.2 Zu Absatz 2

Der Begriff des „Krankheitsfalls" ist derselbe wie in § 19 Absatz 1 Satz 1 (Nummer 19.1).

21.3 Zu Absatz 3

$_{1}$Die ambulante psychosomatische Nachsorge ist keine ambulante psychotherapeutische Behandlung im Sinne der §§ 19 bis 21 und bedarf daher keines Gutachterverfahrens. $_{2}$Die Aufwendungen sind angemessen bis zur Höhe der Vergütung, die von den Krankenkassen oder den Rentenversicherungsträgern zu tragen sind.

Abschnitt 2
Sonstige Aufwendungen

22 Zu § 22 – Arznei- und Verbandmittel, Medizinprodukte

22.1 Zu Absatz 1

22.1.1 $_{1}$Die Verordnung nach Absatz 1 muss grundsätzlich vor dem Kauf des Arznei- oder Verbandmittels sowie des Medizinproduktes erfolgen. $_{2}$Eine Ausnahme ist nur zulässig, wenn auf Grund der Art der Erkrankung ein sofortiger Kauf medizinisch notwendig war. $_{3}$Gewährte zuordnungsfähige Rabatte sind zu berücksichtigen.

22.1.2 $_{1}$Aufwendungen für Arznei- und Verbandmittel sowie Medizinprodukte, die ohne ausdrücklichen Wiederholungsvermerk der Ärztin, des Arztes, der Zahnärztin oder des Zahnarztes erneut beschafft worden sind, sind nicht beihilfefähig. $_{2}$Ist die Zahl der Wiederholungen nicht angegeben, sind nur die Aufwendungen für eine Wiederholung beihilfefähig.

22.1.3 $_{1}$Packungsgröße und Anzahl der Packungen der Arznei- und Verbandmittel ergeben sich aus der ärztlichen oder zahnärztlichen Verordnung. $_{2}$Auch bei einer Abgabe zu unterschiedlichen Zeitpunkten bleiben die Aufwendungen beihilfefähig, solange die insgesamt verordnete Menge nicht überschritten wird.

22.2 Zu Absatz 2

Die Beihilfefähigkeit von Aufwendungen für nicht verschreibungspflichtige Präparate für Notfallkontrazeptiva ist bei entsprechender ärztlicher Verordnung von Absatz 2 Nummer 6 umfasst.

22.3 Zu Absatz 3

22.3.1 $_{1}$Festbeträge werden nur für therapeutisch vergleichbare Arzneimittel gebildet. $_{2}$Insofern stehen den beihilfeberechtigten und berücksichtigungsfähigen Personen genügend andere Arzneimittel mit therapeutisch vergleichbaren und gleichwertigen Wirkstoffen zur Verfügung.

22.3.2 $_{1}$Grundlage für die Ermittlung des beihilfefähigen Festbetrags bildet die von den Spitzenverbänden der Krankenkassen nach § 35 Absatz 8 SGB V aus den Arzneimittelgruppen zu erstellende und bekannt zu gebende Übersicht über sämtliche Festbeträge und die betroffenen Arzneimittel, die auf der Website des Bundesinstituts für Arzneimittel und Medizinprodukte (*www.bfarm.de*) veröffentlicht wird.

22.3.3 $_{1}$Die Einschränkung der Erstattungsfähigkeit von Aufwendungen über § 22 Absatz 3 BBhV ist eine reine Wirtschaftlichkeitsregelung. $_{2}$Im Regelfall ist davon auszugehen, dass bei Verabreichung eines Wirkstoffs, der einer Festbetragsgruppe angehört, ein angemessenes und wirtschaftliches Portfolio an Arzneimitteln zur Verfügung steht. $_{3}$Wenn aber aus medizinischen Gründen in seltenen Ausnahmefällen nur ein Arzneimittel außerhalb der Festbetragsgruppe mit einem erhöhten Apothekenabgabepreis in Frage kommt, ist Absatz 3 nicht anwendbar. $_{4}$Dies kann in Fällen zutreffen, in denen die aus der Festbetragsgruppe zur Verfügung stehenden Medikamente unverträglich sind. $_{5}$Das ist insbesondere dann der Fall,

- wenn zum Festbetrag erhältliche Arzneimittel unerwünschte Nebenwirkungen verursachen, die über bloße Unannehmlichkeiten oder Befindlichkeitsstörungen hinausgehen und damit die Qualität einer behandlungsbedürftigen Krankheit erreichen oder
- es im konkreten Einzelfall nicht zumutbar ist, weitere langwierige Therapieversuche mit allen anderen in Betracht kommenden Festbetragsmedikamenten zu absolvieren, nachdem mit einem nicht zur Festbetragsgruppe gehörenden Arzneimittel ein lebenswichtiger Therapieerfolg erzielt werden konnte.

$_{6}$Der Ausnahmefall ist durch eine ärztlich fundierte Stellungnahme der behandelnden Ärztin oder des behandelnden Arztes zu belegen. $_{7}$Die übrigen Voraussetzungen zur Anerkennung der Beihilfefähigkeit von Arzneimitteln bleiben unberührt. $_{8}$Steht ein Arzneimittel, das einer Festbetragsgruppe angehört, aufgrund von nachgewiesenen (z. B. durch Bescheinigung der Apotheke) Lieferengpässen nicht zur Verfügung oder ist nicht mit angemessenem Aufwand erhältlich und kommt nur ein Arzneimittel außerhalb der Festbetragsgruppe mit einem höheren Apothekenabgabepreis in Betracht, kann von der Regelung nach Absatz 3 bis zur Beseitigung der Lieferengpässe abgewichen werden.

22.4 Zu Absatz 4

(unbesetzt)

22.5 Zu Absatz 5

Ausnahmefälle für die Beihilfefähigkeit der Aufwendungen zur enteralen Ernährung (Aminosäuremischungen, Eiweißhydrolysate, Elementardiäten und Sondennahrung) liegen insbesondere vor bei:

- Ahornsirupkrankheit,
- Colitis ulcerosa,
- Kurzdarmsyndrom,
- Morbus Crohn,
- Mukoviszidose,
- Phenylketonurie,
- erheblichen Störungen der Nahrungsaufnahme bei neurologischen Schluckbeschwerden oder Tumoren der oberen Schluckstraße (z. B. Mundboden- und Zungenkarzinom),
- Tumortherapien (auch nach der Behandlung),
- postoperativer Nachsorge,
- angeborene Defekte im Kohlenhydrat- und Fettstoffwechsel,
- angeborene Enzymdefekte, die mit speziellen Aminosäuremischungen behandelt werden,
- AIDS-assoziierten Diarrhöen,
- Epilepsien, wenn trotz optimierter antikonvulsiver Therapie eine ausreichende Anfallskontrolle nicht gelingt,
- Niereninsuffizienz,
- multipler Nahrungsmittelallergie.

22.6 Zu Absatz 6

(unbesetzt)

23 Zu § 23 – Heilmittel

23.1 Zu Absatz 1

23.1.1 $_1$Beihilfefähig sind nur Aufwendungen für Leistungen, die die in Anlage 10 aufgeführten Leistungserbringerinnen und Leistungserbringer in ihrem Beruf erbringen. $_2$Zu den staatlich anerkannten Sprachtherapeutinnen oder staatlich anerkannten Sprachtherapeuten gehören auch Sprachtherapeutinnen oder Sprachtherapeuten mit Bachelor- oder Masterabschluss. $_3$Unter die medizinischen Sprachheilpädagoginnen und Sprachheilpädagogen fallen auch die Sprachheilpädagoginnen und Sprachheilpädagogen nach Anlage 10 Nummer 2 Buchstabe g Doppelbuchstabe aa.

23.1.2 Behandlungen, die der traditionellen chinesischen Medizin zuzuordnen sind, wie Tui Na, Qi Gong, Shiatsu, Akupressur und Ähnliches, gehören nicht zu den Heilmitteln der Anlage 9.

23.1.3 Bei den in Anlage 9 aufgeführten Beträgen handelt es sich um beihilfefähige Höchstbeträge, die unter Umständen im Einzelfall nicht vollständig kostendeckend sind.

23.1.4 Im Rahmen einer stationären Krankenhausbehandlung oder stationären Rehabilitationsmaßnahme sind Aufwendungen für gesondert in Rechnung gestellte Heilmittel nach Maßgaben der Anlagen 9 und 10 beihilfefähig.

23.1.5 $_1$Im Rahmen einer stationären oder teilstationären Behandlung in Einrichtungen, die der Betreuung und der Behandlung von Kranken oder Behinderten dienen (z. B. Frühfördereinrichtungen, Ganztagsschulen, Behindertenwerkstätten und Einrichtungen nach Nummer 32.2.2), sind Aufwendungen für Heilmittel nur beihilfefähig, soweit sie durch eine in Anlage 10 genannte Person verabreicht werden und die in Anlage 9 genannten Höchstbeträge nicht überschritten sind. $_2$Art und Umfang der verabreichten Heilmittel sind nachzuweisen. $_3$Ein darüber hinaus in Rechnung gestellter Pflegesatz für Heilmittel oder sonstige Betreuung ist nicht beihilfefähig. $_4$Wird an Stelle der Einzelleistung ein einheitlicher Kostensatz für Heilmittel, Verpflegung und sonstige Betreuung berechnet, sind für Heilmittel je Tag der Anwesenheit in der Einrichtung pauschal 14 Euro beihilfefähig.

24 Zu § 24 – Komplextherapie, integrierte Versorgung und Leistungen psychiatrischer und psychosomatischer Institutsambulanzen

24.1 Zu Absatz 1

24.1.1 $_1$Komplextherapien sind fachgebietsübergreifende Behandlungen eines einheitlichen Krankheitsbildes, die gemeinsam durch ärztliches und ggf. nichtärztliches Personal durchgeführt werden. $_2$Die Beteiligung einer Ärztin oder eines Arztes muss dabei sichergestellt werden. $_3$Bei einer berufsgruppenübergreifenden, koordinierten und strukturierten Versorgung, insbesondere für schwer psychisch Kranke mit einem komplexen psychiatrischen oder psychotherapeutischen Behandlungsbedarf handelt es sich um eine Komplextherapie nach § 24 Absatz 1 Satz 2. $_4$Zu den Komplextherapien gehören unter anderem Asthmaschulungen, COPD-Schulungen, ambulante Entwöhnungstherapien, ambulante Tinnitustherapien (Pauschalabrechnung), ambulante kardiologische Therapien, Diabetikerschulungen, Adipositasschulungen, Neurodermitisschulungen, sozialmedizinische Nachsorgeleistungen sowie medizinische Leistungen zur Früherkennung und Frühförderung behinderter und von Behinderung bedrohter Kinder durch interdisziplinäre Frühförderstellen nach § 46 des Neunten Buches Sozialgesetzbuch (SGB IX). $_5$Keine Komplextherapien sind psychiatrische Krankenpflege und Soziotherapien. $_6$Deren Beihilfefähigkeit richtet sich nach den §§ 27 und 30a.

24.1.2 Die angemessene Höhe entspricht der Höhe der Vergütung, die von den Krankenkassen oder Rentenversicherungsträgern auf Grund entsprechender Vereinbarungen zu tragen sind.

24.1.3 Sofern Komplextherapien im Rahmen von Rehabilitationsmaßnahmen (z. B. Anschlussheilbehandlungen, Entwöhnungstherapien) erbracht werden, richtet sich die Beihilfefähigkeit nach den §§ 34 bis 36.

24.2 Zu Absatz 2

$_{1}$Psychiatrische und psychosomatische Institutsambulanzen erbringen ambulante spezialisierte und berufsgruppenübergreifende Leistungen, insbesondere auch in Form von Komplextherapien. $_{2}$Ziel ist die Vermeidung oder Verkürzung stationärer Behandlung. $_{3}$Ambulanzen von psychiatrischen Krankenhäusern (§ 118 Absatz 1 SGB V) erbringen darüber hinaus auch psychiatrische und psychotherapeutische Behandlungsleistungen für Patientinnen und Patienten, die wegen zu großer Entfernung zu geeigneten Ärzten auf die Behandlung im Krankenhaus angewiesen sind. $_{4}$Entsprechende Aufwendungen sind nur bis zur Höhe der Vergütungen in den Vergütungsvereinbarungen beihilfefähig.

24.3 Zu Absatz 3

Aufwendungen für Medizinische Zentren für Erwachsene mit Behinderung (MZEB) nach § 43b in Verbindung mit § 119c SGB V sind bis zu der Höhe der Vergütung, die die Einrichtung mit einer in Satz 1 genannten Einrichtungen getroffen hat, entsprechend beihilfefähig.

24.4 Zu Absatz 4

24.4.1 $_{1}$Die integrierte Versorgung ermöglicht eine verschiedene Leistungssektoren übergreifende oder eine interdisziplinär fachübergreifende Versorgung (Krankenhäuser, ambulante ärztliche Versorgung, Heilmittelerbringer usw.). $_{2}$Zur integrierten Versorgung gehören unter anderem auch Leistungen, die das „Netzwerk psychische Gesundheit" erbringt.

24.4.2 Maßgebend für die Anerkennung der Pauschalbeträge ist die auf der Rechnung vermerkte Vertragsgrundlage der Abrechnung für die durchgeführte Behandlung.

24.5 Zu Absatz 5

(unbesetzt)

25 Zu § 25 – Hilfsmittel, Geräte zur Selbstbehandlung und Selbstkontrolle, Körperersatzstücke

25.1 Zu Absatz 1

25.1.1 $_{1}$Die Anlagen 11 und 12 enthalten Oberbegriffe, die mehrere Ausführungen erfassen können. $_{2}$Angesichts der Vielzahl und der schnellen Entwicklung neuer Produkte ist ein vollständiges Verzeichnis aller Hilfsmittel, Geräte zur Selbstbehandlung und Selbstkontrolle und Körperersatzstücke oder sogar aller Modelle und Modellvarianten weder möglich noch zweckmäßig. $_{3}$Es muss daher in jedem Einzelfall geprüft und entschieden werden, ob ein Gegenstand unter einen der Oberbegriffe der Anlagen 11 oder 12 fällt.

25.1.2 $_{1}$Das vom Finanzministerium Rheinland-Pfalz als Online-Datenbank geführte „Hilfsmittelverzeichnis" *(https://fm.rlp.de/de/themen/verwaltung/finanzielles-dienstrecht/beihilfe/hilfsmittelverzeichnis/)* kann mit seinen Erläuterungen für die Praxis nützliche Erläuterungen zur Funktionsweise und einen Anhaltspunkt für die Subsumierung unter die Oberbegriffe der Anlagen 11 und 12 geben. $_{2}$Die Festsetzungsstellen sind an Eintragungen im Hilfsmittelverzeichnis jedoch rechtlich nicht gebunden. $_{3}$Maßgebliche Rechtsgrundlage für die Beihilfefestsetzung ist die BBhV.

25.1.3 $_{1}$Im Regelfall ergibt sich die Erforderlichkeit aus der ärztlichen Verordnung und bedarf daher keiner näheren Prüfung durch die Festsetzungsstelle. $_{2}$Hat die Festsetzungsstelle jedoch Zweifel, ist sie nicht gehindert, zusätzliche Ermittlungen anzustellen, z. B. Anforderung einer näheren Begründung bei der behandelnden Ärztin, dem behandelnden Arzt oder Einholung eines fachärztlichen Gutachtens. $_{3}$Das gilt insbesondere dann, wenn sie Anhaltspunkte dafür hat, dass ein gleichwertiger Erfolg auch mit einem preisgünstigeren Hilfsmittel erreicht werden kann. $_{4}$Bestätigt sich das, sind die Mehrkosten für das aufwendigere Hilfsmittel nicht „erforderlich" im Sinne von Absatz 1 Satz 1.

25.1.4 $_{1}$Betrieb und Unterhaltung der Hilfsmittel, Geräte zur Selbstbehandlung und Selbstkontrolle und Körperersatzstücke schließen die technischen Kontrollen und die Wartung dieser Gegenstände ein. $_{2}$Aufwendungen für Reparaturen der Hilfsmittel, Geräte zur Selbstbehandlung und Selbstkontrolle sowie der Körperersatzstücke sind ohne Vorlage einer ärztlichen Verordnung beihilfefähig.

25.2 Zu Absatz 2

(unbesetzt)

25.3 Zu Absatz 3

$_{1}$Der Vergleich von Miete und Anschaffung sollte auf Grundlage des ärztlich verordneten zeitlichen Rahmens der Behandlung erfolgen. $_{2}$Versorgungspauschalen für gemietete Hilfsmittel sind grundsätzlich als Teil der Miete anzusehen. $_{3}$Soweit einzelne Positionen als nicht beihilfefähig erkennbar sind, sind diese in Abzug zu bringen.

25.4 Zu Absatz 4

(unbesetzt)

25.5 Zu Absatz 5

(unbesetzt)

25.6 Zu Absatz 6

(unbesetzt)

26 Zu § 26 – Behandlung in zugelassenen Krankenhäusern

26.1 Zu Absatz 1

26.1.1 Neben den Entgelten für allgemeine Krankenhausleistungen sind auch die berechenbaren Zuschläge und Zusatzentgelte entsprechend dem Krankenhausfinanzierungsgesetz (KHG), dem Krankenhausentgeltgesetz (KHEntgG) oder der Bundespflegesatzverordnung (BPflV) beihilfefähig (z. B. DRG-Systemzuschlag).

26.1.2 Die Unterbringung einer Begleitperson außerhalb des Krankenhauses kann bis zur Höhe von 13 Euro täglich als beihilfefähig anerkannt werden, wenn nach ärztlicher Notwendigkeitsbescheinigung die Unterbringung der Begleitperson wegen des Alters des Kindes erforderlich ist.

26.1.3 $_{1}$Als Kosten eines Zweibettzimmers werden die Kosten des Zweibettzimmers der jeweiligen Fachabteilung als beihilfefähig anerkannt. $_{2}$Gesondert berechenbare Komfortleistungen sind nicht beihilfefähig.

26.1.4 Wird als Wahlleistung die Unterbringung in einem Einbettzimmer in Anspruch genommen, so sind die Mehraufwendungen gegenüber dem günstigsten Zweibettzimmer nicht beihilfefähig.

26.1.5 Wahlleistungen nach Nummer 5 sind gemäß § 17 Absatz 2 Satz 1 des Krankenhausentgeltgesetzes vor ihrer Erbringung schriftlich zu vereinbaren.

26.1.6 Umfassen die allgemeinen Krankenhausleistungen nur Zimmer mit drei und mehr Betten und werden als gesonderte Unterkunft nur Einbettzimmer angeboten, sind 50 Prozent dieser Wahlleistung als Zweibettzimmerzuschlag der jeweiligen Fachabteilung abzüglich 14,50 Euro täglich beihilfefähig.

26.2 Zu Absatz 2

(unbesetzt)

26.3 Zu Absatz 3

26.3.1 Eine stationsäquivalente psychiatrische Behandlung nach § 115d SGB V wird durch ein leistungserbringendes Krankenhaus sowie alle an der ambulanten psychiatrischen Versorgung teilnehmenden Leistungserbringer erbracht.

26.3.2 $_{1}$Stationsäquivalente psychiatrische Behandlung umfasst eine komplexe, aufsuchende, zeitlich begrenzte Behandlung durch ein multiprofessionelles Team im Lebensumfeld der Patientin oder des Patienten, wobei auch Teilleistungen genutzt werden können, die in der Klinik erbracht werden. $_{2}$Ziele sind neben der Symptomreduktion eine Steigerung der Lebensqualität und die Ermöglichung eines so weit wie möglich selbstbestimmten Lebens der Betroffenen mit größtmöglicher Teilhabe am gesellschaftlichen Leben, unter anderem durch die Verbesserung psychosozialer Funktionen, Förderung der Fähigkeit zur selbstbestimmten und eigenverantwortlichen Lebensführung, Stärkung im Umgang mit Symptomen, Reduktion von Beeinträchtigungen und die Förderung sozialer Integration, Förderung des Wissens über die Erkrankung, Aufbau von Selbstmanagementstrategien sowie umfassende Gesundheitsförderung einschließlich der Stärkung von Gesundheitsverhalten. 3Weitere Ziele sind die Reduzierung von Behandlungsmaßnahmen gegen den Willen der Patientin oder des Patienten, insbesondere Zwangsmaßnahmen, sowie von Aggression und Gewalt.

26.3.3 1Voraussetzung für die Durchführung stationsäquivalenter Behandlung ist eine bestehende Indikation für eine stationäre Behandlung. 2Diese Indikation kann sich aus der Erkrankung ergeben, im Speziellen aus der besonderen Lebenssituation der Patientin oder des Patienten und ihren oder seinen Präferenzen.

26.3.4 Das multiprofessionelle Team umfasst psychiatrisch-psychotherapeutisch ausgebildete Mitarbeiterinnen und Mitarbeiter aus der Gruppe der Ärztinnen und Ärzte (mit Sicherstellung des Facharztstandards für Psychiatrie und Psychotherapie bzw. Nervenheilkunde) und der Gesundheits- und Krankenhauspflege sowie aus zumindest einer der folgenden Berufe: Sozialarbeiterinnen oder Sozialarbeiter, Psychologinnen oder Psychologen, Ergotherapeutinnen oder Ergotherapeuten, Bewegungstherapeutinnen oder Bewegungstherapeuten oder anderen Spezialtherapeutinnen oder Spezialtherapeuten.

26a Zu § 26a – Behandlung in nichtzugelassenen Krankenhäusern

26a.1 Zu Absatz 1

1Bei der Errechnung des beihilfefähigen Höchstbetrags ist jeweils auf den Behandlungsfall abzustellen. 2Bei der Berechnung ist immer die Fallpauschale der Hauptabteilung zugrunde zu legen, unabhängig davon, ob es sich um eine belegärztliche Behandlung handelt. 3Die von den Kliniken in Rechnung gestellte Umsatzsteuer ist grundsätzlich beihilfefähig und kann bis zum errechneten beihilfefähigen Höchstbetrag berücksichtigt werden.

26a.1.1 Zu Absatz 1 Nummer 1

26a.1.1.1 1Zur Ermittlung des beihilfefähigen Betrags wird der Basisfall mit der Bewertungsrelation der jeweiligen Fallpauschale (aus dem Fallpauschalenkatalog) multipliziert. 2Liegt die tatsächliche Verweildauer unter der unteren Grenzverweildauer nach dem Fallpauschalenkatalog, erfolgt ein entsprechender Abschlag. 3Liegt die tatsächliche Verweildauer über der oberen Grenzverweildauer nach dem Fallpauschalenkatalog, erfolgt ein entsprechender Zuschlag (zusätzliches tagesbezogenes Entgelt).

26a.1.1.2 1Zur Ermittlung des beihilfefähigen Betrags für die Pflegepersonalkosten wird der krankenhausindividuelle Pflegeentgeltwert nach § 6a Absatz 4 Satz 1 Krankenhausentgeltgesetz oder, sofern dieser noch nicht berechnet werden kann, der vorläufige Pflegeentgeltwert nach § 15 Absatz 2a Satz 1 Krankenhausentgeltgesetz mit der entsprechenden Bewertungsrelation aus dem Pflegeerlöskatalog nach § 17b Absatz 4 Satz 4 Krankenhausfinanzierungsgesetz und mit der Zahl der Belegungstage multipliziert. 2Gesondert ausgewiesene Aufwendungen für Zusatzentgelte sind entsprechend dem DRG-Entgeltkatalog beihilfefähig.

26a.1.2 Zu Absatz 1 Nummer 2

1Grundlage für die Ermittlung des Höchstbetrags ist der PEPP-Entgeltkatalog und damit das errechnete Entgelt aus Anlage 1a (bei vollstationärem Aufenthalt) oder Anlage 2a (bei teilstationärem Aufenthalt) des PEPP-Kataloges bei Anwendung des pauschalen Basisentgeltwerts in Höhe von 300 Euro einschließlich der Zusatzentgelte und ergänzenden Tagesentgelte. 2Bei längerer Verweildauer als der höchsten Zahl der Berechnungstage wird die Bewertungsrelation der höchsten Zahl der Bewertungstage angesetzt. 3Für die Zuordnung des Behandlungsfalls nach Nummer 2 ist das Alter am Tag der Aufnahme in das Krankenhaus maßgeblich.

26a.2 Zu Absatz 2

(unbesetzt)

26a.3 Zu Absatz 3

(unbesetzt)

26a.4 Zu Absatz 4

(unbesetzt)

26a.5 Zu Absatz 5

(unbesetzt)

26a.6 Zu Absatz 6

(unbesetzt)

27 Zu § 27 – Häusliche Krankenpflege, Kurzzeitpflege bei fehlender Pflegebedürftigkeit

27.1 Zu Absatz 1

27.1.1 Die ärztliche Verordnung muss Angaben über Art, Dauer und die tägliche Stundenzahl der Leistungen enthalten.

27.1.2 Bei Prüfung des tariflichen oder ortsüblichen Entgelts ist es ausreichend, wenn die Pflegedienstleister bestätigen, dass die abgerechneten Sätze ortsüblich sind und in dieser Höhe auch gegenüber der GKV abgerechnet werden.

27.1.3 1Andere geeignete Orte für eine häusliche Krankenpflege sind Orte, an denen sich die oder der zu Pflegende regelmäßig wiederkehrend aufhält und die verordnete Maßnahme aus medizinisch-pflegerischen Gründen während des Aufenthaltes an diesem Ort notwendig ist. 2Solche Orte können insbesondere Schulen, Kindergärten, betreute Wohnformen oder Arbeitsstätten sein.

27.2 Zu Absatz 2

27.2.1 1Als Behandlungspflege gelten Maßnahmen der ärztlichen Behandlung, die dazu dienen, Krankheiten zu heilen, ihre Verschlimmerung zu verhüten oder Krankheitsbeschwerden zu lindern und die üblicherweise an Pflegefachkräfte oder Pflegekräfte delegiert werden können. 2Behandlungspflege umfasst insbesondere Verbandwechsel, Injektionen, Katheterisierung, Einreibungen, Beatmungspflege, Blasenspülung, Blutdruckmessung, Blutzuckermessung, Dekubitusbehandlung.

27.2.2 1Aufwendungen für Behandlungspflege sind auch für beihilfeberechtigte und berücksichtigungsfähige Personen in stationären Pflegeeinrichtungen beihilfefähig, wenn ein besonders hoher Bedarf an medizinischer Behandlungspflege besteht. 2Dies ist der Fall, wenn die ständige Anwesenheit einer geeigneten Pflegefachkraft zur individuellen Kontrolle und Einsatzbereitschaft erforderlich ist, z. B. bei erforderlicher Bedienung und Überwachung eines Beatmungsgerätes am Tag und in der Nacht.

27.2.3 1Grundpflege umfasst die Grundverrichtungen des täglichen Lebens. 2Dazu zählen die Bereiche Mobilität und Motorik (z. B. Betten, Lagern, Hilfe beim An- und Auskleiden), Hygiene (z. B. Körperpflege, Benutzung der Toilette) und Nahrungsaufnahme.

27.2.4 1Als hauswirtschaftliche Versorgung gelten Maßnahmen, die zur Aufrechterhaltung der grundlegenden Anforderungen einer eigenständigen Haushaltsführung allgemein notwendig sind. 2Die hauswirtschaftliche Versorgung umfasst insbesondere Einkaufen, Besorgung von Arzneimitteln, Kochen, Reinigen der Wohnung, Spülen, Müllentsorgung, Wechseln und Waschen der Wäsche und Kleidung und das Beheizen.

27.2.5 Verrichtungsbezogene krankheitsspezifische Pflegemaßnahmen sind insbesondere:

- Einreiben mit Dermatika oder oro-tracheale Sekretabsaugung beim Waschen, Duschen oder Baden,
- Verabreichung eines Klistiers, eines Einlaufs oder Einmalkatheterisierung bei der Darm- oder Blasenentleerung,
- Oro-tracheale Sekretabsaugung oder Wechseln einer Sprechkanüle gegen eine Dauerkanüle bei Tracheostoma bei der Aufnahme der Nahrung,
- Maßnahmen zur Sekretelimination bei Mukoviszidose oder Erkrankungen mit vergleichbarem Hilfebedarf beim Aufstehen oder Zubettgehen,
- An- und Ausziehen von Kompressionsstrümpfen ab Kompressionsklasse 2 bei der Verrichtung des An- und Auskleidens,
- Anlegen oder Abnehmen eines Kompressionsverbandes (z. B. nach Pütter, Fischer-Tübinger).

27.2.6 Maßnahmen der ambulanten psychiatrischen Krankenpflege sind:

- Erarbeiten der Pflegeakzeptanz (Beziehungsaufbau),
- Durchführen von Maßnahmen zur Bewältigung von Krisensituationen,
- Entwickeln kompensatorischer Hilfen bei krankheitsbedingten Fähigkeitsstörungen.

27.2.7 Für denselben Zeitraum ist die Beihilfefähigkeit der Aufwendungen von Maßnahmen der psychiatrischen Krankenpflege neben Aufwendungen inhaltlich gleicher Leistungen der Soziotherapie ausgeschlossen, es sei denn, die Maßnahmen ergänzen ihre jeweils spezifische Zielsetzung.

27.2.8 $_{1}$Ambulante Palliativversorgung beinhaltet, dass beihilfeberechtigte oder berücksichtigungsfähige Personen in ihrer gewohnten häuslichen Umgebung sowohl medizinisch als auch pflegerisch betreut werden. $_{2}$Insbesondere erfolgt eine Symptomkontrolle in enger Abstimmung mit der verordnenden Ärztin oder dem verordnenden Arzt (Wundkontrolle und -behandlung bei exazerbierenden Wunden; Krisenintervention z. B. bei Krampfanfällen, Blutungen, akuten Angstzuständen bei Schmerzsymptomatik, Übelkeit, Erbrechen, pulmonalen oder kardialen Symptomen, Obstipation). $_{3}$Aufwendungen der ambulanten Palliativversorgung sind nicht neben Aufwendungen der spezialisierten ambulanten Palliativversorgung (SAPV) beihilfefähig.

27.3 Zu Absatz 3

(unbesetzt)

27.4 Zu Absatz 4

(unbesetzt)

27.5 Zu Absatz 5

Bezüglich des beihilfefähigen Betrages für eine Kurzzeitpflege wird auf Nummer 38e.2 verwiesen.

27.6 Zu Absatz 6

(unbesetzt)

28 Zu § 28 – Familien- und Haushaltshilfe

28.1 Zu Absatz 1

28.1.1 Die Voraussetzung nach Satz 1 Nummer 1 der außerhäuslichen Unterbringung ist auch dann als gegeben anzusehen, wenn nach ärztlicher Bescheinigung ein an sich erforderlicher stationärer Krankenhausaufenthalt durch eine Familien- und Haushaltshilfe vermieden wird.

28.1.2 $_{1}$Als Inanspruchnahme einer nach dieser Verordnung beihilfefähigen Leistung zählt auch eine ärztlich bescheinigte, notwendige Begleitung eines Beihilfeberechtigten oder einer berücksichtigungsfähigen Person zu einer beihilfefähigen stationären Maßnahme. $_{2}$Demnach sind Aufwendungen für eine Familien- und Haushaltshilfe insbesondere dann als beihilfefähig anzuerkennen, wenn die den Haushalt führende Person als Begleitperson eines stationär aufgenommenen Kindes im Krankenhaus aufgenommen wird und dies nach Feststellung der Amtsärztin, des Amtsarztes oder der von der Festsetzungsstelle beauftragten Ärztin oder des beauftragten Arztes wegen des Alters des Kindes und seiner eine stationäre Langzeittherapie erfordernden schweren Erkrankung aus medizinischen Gründen notwendig ist.

28.1.3 1Die Voraussetzungen des Satzes 1 Nummer 3 sind auch dann nicht erfüllt, wenn eine Person, die unter Satz 1 Nummer 2 fällt, den Haushalt weiterführen kann. 2Führt beispielsweise eine in Pflegegrad 2 eingestufte beihilfeberechtigte Person nach einer Heimunterbringung der haushaltführenden Person den Haushalt selbst über Jahre hinweg fort, handelt es sich nicht um einen Fall des Satzes 1 Nummer 3 und ein Anspruch scheidet aus.

28.2 Zu Absatz 2

(unbesetzt)

28.3 Zu Absatz 3

(unbesetzt)

28.4 Zu Absatz 4

(unbesetzt)

28.5 Zu Absatz 5

(unbesetzt)

29 Zu § 29 – Familien- und Haushaltshilfe im Ausland

29.1 Zu Absatz 1

Für beihilfeberechtigte Personen nach § 3 bemisst sich die Angemessenheit der Aufwendungen für eine Familien- und Haushaltshilfe im Gastland unter Berücksichtigung der besonderen Verhältnisse im Ausland nach den ortsüblichen Entgeltsätzen.

29.2 Zu Absatz 2

(unbesetzt)

29.3 Zu Absatz 3

(unbesetzt)

30 Zu § 30 – Soziotherapie

1Inhalt und Ausgestaltung der Soziotherapie richten sich nach § 37a SGB V in Verbindung mit der Soziotherapie-Richtlinie. 2Die Höhe der Vergütung richtet sich nach den geschlossenen Verträgen des § 132b SGB V i. V. m. § 6 Absatz 5.

30a Zu § 30a – Neuropsychologische Therapie

30a.1 Zu Absatz 1

Die ambulante neuropsychologische Therapie umfasst Diagnostik und Therapie geistiger (kognitiver) und seelischer (emotional-affektiver) Störungen, Schädigungen und Behinderungen nach erworbener Hirnschädigung oder Hirnerkrankung unter Berücksichtigung der individuellen physischen und psychischen Ressourcen, der biographischen Bezüge, der interpersonalen Beziehungen, der sozialen und beruflichen Anforderungen sowie der inneren Kontextfaktoren (z. B. Antrieb, Motivation, Anpassungsfähigkeit des oder der Hirngeschädigten oder Hirnerkrankten).

30a.2 Zu Absatz 2

(unbesetzt)

30a.3 Zu Absatz 3

$_1$Eine Nummer für die Abrechnung der ambulanten neuropsychologischen Therapie ist im Gebührenverzeichnis der GOÄ nicht enthalten. $_2$Die Therapie kann daher nur in analoger Anwendung abgerechnet werden. $_3$Hierfür kommen insbesondere die Nummern 849, 860, 870, 871 der Anlage zur GOÄ in Betracht. $_4$Aufwendungen für eine Behandlungseinheit als Einzelbehandlung sind beihilfefähig bis zur Höhe des Betrages entsprechend der Nummer 870 der Anlage zur GOÄ.

31 Zu § 31 – Fahrtkosten

31.1 Zu Absatz 1

$_1$Die Notwendigkeit der Beförderung bestätigt die behandelnde Ärztin oder der behandelnde Arzt, in den Fällen des Satzes 2 die dort genannte Leistungserbringerin oder der Leistungserbringer, mit der Verordnung der Beförderung. $_2$Aufwendungen für die Hin- und Rückfahrt sind gesondert zu prüfen. $_3$Neben den in Absatz 2 Satz 1 Nummer 3 genannten Ausnahmefällen können auch bei einer nur vorübergehenden Beeinträchtigung der Mobilität, sofern die Art der vorübergehenden Einschränkungen mit den Kriterien vergleichbar ist, Fahrtkosten erstattet werden.

31.2 Zu Absatz 2

Ein gesonderter Nachweis kann zum Beispiel durch Vorlage der ärztlichen Rechnung, aus der der Tag der notwendigen Behandlung hervorgeht, erfolgen.

31.3 Zu Absatz 3

$_1$Fahrtkosten zur ambulanten oder stationären Krankenbehandlung können grundsätzlich nur zwischen dem Aufenthaltsort der beihilfeberechtigten oder berücksichtigungsfähigen Person und der nächst erreichbaren geeigneten Behandlungsmöglichkeit als beihilfefähig anerkannt werden. $_2$Nächste erreichbare geeignete Behandlungsmöglichkeit muss nicht zwangsläufig das nächstgelegene Krankenhaus sein.

31.4 Zu Absatz 4

$_1$Aufwendungen für ein Taxi sind nur dann als beihilfefähig zu berücksichtigen, wenn öffentliche Verkehrsmittel nicht benutzt werden können. $_2$Dies ist zum Beispiel dann der Fall, wenn nach ärztlicher Bescheinigung medizinische Gründe für eine Taxinutzung vorliegen.

$_3$Taxi-Wartekosten sind grundsätzlich nicht beihilfefähig, es sei denn, dass das Warten insgesamt zu einer Einsparung gegenüber den Aufwendungen für Einzelfahrten führt.

31.5 Zu Absatz 5

1Die Ausnahmeregelung in Satz 2 soll in den Fällen, in denen eine Behandlung innerhalb der Europäischen Union nicht erfolgen kann, die Möglichkeit eröffnen, Fahrtkosten zu erstatten. 2Bei der Entscheidung ist ein strenger Maßstab anzulegen.

31.6 Zu Absatz 6

(unbesetzt)

32 Zu § 32 – Unterkunftskosten

32.1 Zu Absatz 1

Eine auswärtige Behandlung ist nur dann notwendig, wenn die Behandlung nicht oder nicht mit gleicher Erfolgsaussicht am Wohnort erfolgen kann.

32.2 Zu Absatz 2

32.2.1 Absatz 2 setzt ein Übernachten außerhalb der Familienwohnung voraus.

32.2.2 1Einrichtungen, die der Betreuung und der Behandlung von Kranken und Behinderten dienen, können insbesondere Heimsonderschulen, Behindertenwohnheime, therapeutische Wohngemeinschaften, therapeutische Bauernhöfe und Übergangsheime für Suchtkranke sein. 2Voraussetzung ist, dass die Unterbringung anlässlich der Anwendung von Heilmitteln nach § 23 erforderlich ist.

32.2.3 1Betten- und Platzfreihaltegebühren, die für die Unterbrechungen durch Krankheit der oder des Behandelten erhoben werden, sind bis zu insgesamt 5,50 Euro täglich beihilfefähig. 2Dies gilt auch für eine Abwesenheit aus einem sonstigen, in der Person der behandelten Person liegenden Grund bis zur Dauer von 20 Kalendertagen je Abwesenheit.

32.3 Zu Absatz 3

(unbesetzt)

33 Zu § 33 – Lebensbedrohliche oder regelmäßig tödlich verlaufende Krankheiten

1Die Fürsorgepflicht des Dienstherrn kann es in Ausnahmefällen erfordern, eine Beihilfe zu den Kosten einer wissenschaftlich nicht allgemein anerkannten Behandlungsmethode nach den jeweiligen Bemessungssätzen zu erstatten (BVerfG, Urteil vom 6. Dezember 2005 – 1 BvR 347/98 –). 2Diese Verpflichtung besteht konkret dann, wenn

- sich eine wissenschaftlich allgemein anerkannte Methode für die Behandlung einer bestimmten Krankheit noch nicht herausgebildet hat,
- ein allgemein anerkanntes Heilverfahren (z. B. wegen einer Kontraindikation) nicht angewendet werden darf oder
- ein solches bereits ohne Erfolg eingesetzt worden ist.

$_{3}$Es ist somit nicht erforderlich, dass eine hohe Wahrscheinlichkeit der Heilung, der Verlängerung der Lebensdauer oder der Verbesserung der Lebensqualität besteht. $_{4}$Eine reale Chance reicht aus. $_{5}$Die Festsetzungsstelle kann dazu auf ihre Kosten eine ärztliche Stellungnahme einholen.

Abschnitt 3
Rehabilitation

34 Zu § 34 – Anschlussheil- und Suchtbehandlungen

34.1 Zu Absatz 1

34.1.1 $_{1}$Aufwendungen für Anschlussheilbehandlungen im Ausland beurteilen sich nach § 34 in Verbindung mit § 11. $_{2}$Vergleichbare Einschränkungen im Inland gelten sinngemäß. $_{3}$Demnach sind beispielsweise Maßnahmen in Einrichtungen mit Hotelcharakter nicht beihilfefähig.

34.1.2 $_{1}$Der Begriff der Anschlussheilbehandlung ist identisch mit dem der Anschlussrehabilitation. $_{2}$Eine Anschlussheilbehandlung hat das Ziel, verloren gegangene Funktionen oder Fähigkeiten nach einer schweren Operation oder Erkrankung wieder zu erlangen oder auszugleichen. $_{3}$Daher bedingt die Anschlussheilbehandlung den Zusammenhang mit einer Krankenhausbehandlung und ist mit dieser als vergleichbar zu betrachten.

34.1.3 $_{1}$Eine Anschlussheilbehandlung schließt sich unmittelbar an eine Krankenhausbehandlung, eine ambulante Operation, Strahlen- oder Chemotherapie an. $_{2}$Als unmittelbar gilt der Anschluss auch, wenn die Maßnahme innerhalb von 14 Tagen beginnt, es sei denn, die Einhaltung dieser Frist ist aus zwingenden tatsächlichen oder medizinischen Gründen nicht möglich.

34.2 Zu Absatz 2

34.2.1 Die Vorschrift sieht die Beihilfefähigkeit der Aufwendungen sowohl für stationäre als auch für ambulante Maßnahmen vor.

34.2.2 Aufwendungen für die ambulante Nachsorge sind grundsätzlich angemessen, wenn sie nach einer Bestätigung der Einrichtung in gleicher Höhe auch von der GKV getragen werden.

34.2.3 Behandlungen der Nikotinsucht sind keine Suchtbehandlungen nach § 34 Absatz 2 BBhV.

34.3 Zu Absatz 3

34.3.1 Die Notwendigkeit einer Verlängerung der Maßnahme ist von der durchführenden Einrichtung festzustellen.

34.3.2 $_{1}$Die vorherige Zustimmung der Festsetzungsstelle bei Suchtbehandlungen dient dem Schutz der beihilfeberechtigten und berücksichtigungsfähigen Personen und der Rechtssicherheit, indem sie der Festsetzungsstelle ermöglicht, vor Entstehung der regelmäßig hohen Aufwendungen auf etwaige Bedenken gegen deren Notwendigkeit und Angemessenheit hinzuweisen. $_{2}$Sofern in begründeten Ausnahmefällen, z. B. wegen Eilbedürftigkeit einer Maßnahme, eine vorherige Zustimmung der Festsetzungsstelle nicht eingeholt werden kann, kann die Zustimmung nachträglich erfolgen.

34.4 Zu Absatz 4

(unbesetzt)

34.5 Zu Absatz 5

34.5.1 Als An- und Abreise gelten bei ambulanten Maßnahmen auch die täglichen Hin- und Rückfahrten zur Einrichtung.

34.5.2 $_{1}$Private Kraftfahrzeuge in diesem Sinne sind neben privaten und unentgeltlich bereitgestellten Kraftfahrzeugen des persönlichen Umfelds der behandlungsbedürftigen Person auch entgeltlich angemietete Fahrzeuge zur Selbstnutzung (beispielsweise Mietwagen oder Carsharing). $_{2}$Die Fahrt kann durch eine sonstige Person als Fahrer durchgeführt werden, sofern diese nicht gewerblicher Dienstleister bzw. Unternehmer im Sinne des Personenbeförderungsgesetzes (PBefG) ist.

34.5.3 $_{1}$Sofern die Einrichtung keinen kostenfreien Transport für beihilfeberechtigte und berücksichtigungsfähige Personen anbietet, sind Aufwendungen für die durch die Einrichtung selbst erbrachten, nicht nach dem PBefG genehmigungsbedürftigen Fahrdienstleistungen nach Maßgabe der Nummer 3 bis zu 200 Euro beihilfefähig. $_{2}$Wird die Fahrdienstleistung kostenpflichtig durch die Einrichtung selbst oder einen Dritten nach dem PBefG erbracht, gilt § 34 Absatz 5 Nummer 4 BBhV.

34.6 Zu Absatz 6

(unbesetzt)

35 Zu § 35 – Rehabilitationsmaßnahmen

35.1 Zu Absatz 1

35.1.1 Zu Absatz 1 Nummer 1

$_{1}$Aufwendungen für Vorsorge- und Rehabilitationsmaßnahmen im Ausland beurteilen sich nach § 35 in Verbindung mit § 11. $_{2}$Vergleichbare Einschränkungen wie im Inland gelten sinngemäß. $_{3}$Demnach sind beispielsweise Maßnahmen in Einrichtungen mit Hotelcharakter nicht beihilfefähig.

35.1.2 Zu Absatz 1 Nummer 2

35.1.2.1 Voraussetzungen für die Anerkennung der Beihilfefähigkeit einer Mutter-Kind- oder Vater-Kind-Rehabilitationsmaßnahme ist, dass Mutter oder Vater erkrankt ist.

35.1.2.2 ₁Für Kinder, die bei Mutter-Kind- oder Vater-Kind-Rehabilitationsmaßnahmen in die Einrichtung mit aufgenommen werden, obwohl sie selbst nicht behandlungsbedürftig sind, sind deren Aufwendungen in voller Höhe der Mutter oder dem Vater zuzurechnen. ₂Aufwendungen der Kinder werden diesen nur zugerechnet, wenn sie neben Mutter oder Vater selbst auch behandlungsbedürftig sind. ₃Sofern allein das Kind behandlungsbedürftig ist, handelt es sich nicht um eine Mutter-Kind- oder Vater-Kind-Rehabilitationsmaßnahme, sondern um eine stationäre Rehabilitation des Kindes.

35.1.2.3 ₁Eine gesetzliche Regelung bezüglich der Altersgrenze für Kinder gibt es nicht. ₂Es ist immer eine Prüfung im Einzelfall angezeigt. ₃Nach der Begutachtungsrichtlinie Vorsorge und Rehabilitation des GKV-Spitzenverbandes besteht in der Regel die Möglichkeit zur Mitaufnahme für Kinder bis zwölf Jahre, in besonderen Fällen bis 14 Jahre. ₄Für behinderte Kinder gelten keine Altersgrenzen.

35.1.3 Zu Absatz 1 Nummer 3

₁Ziel der familienorientierten Rehabilitation nach Nummer 3 ist die gemeinsame Rehabilitation aller Familienmitglieder unabhängig davon, ob jedes einzelne Familienmitglied die Voraussetzungen für eine Rehabilitationsmaßnahme erfüllt. ₂Bei ärztlich verordneter familienorientierter Rehabilitation nach Nummer 3 ist kein gutachterliches Voranerkennungsverfahren erforderlich. ₃In Ausnahmefällen sind auch Aufwendungen für eine familienorientierte Rehabilitationsmaßnahme bei verwaisten Familien (Versterben eines Kindes) in dafür spezialisierten Einrichtungen beihilfefähig. ₄Zwar ist Trauer als solche keine Krankheit, jedoch sind Situationen vorstellbar, in denen Trauer Krankheitswert erreichen kann. ₅Voraussetzung ist dann neben der ärztlichen Verordnung eine medizinische Stellungnahme. ₆Das Gebot der Wirtschaftlichkeit ist auch hier zu beachten.

35.1.4 Zu Absatz 1 Nummer 4

35.1.4.1 Ambulante Rehabilitationsmaßnahmen im Sinne der Nummer 4 sind nur bei aktiven Beamtinnen und Beamten beihilfefähig.

35.1.4.2 ₁Soweit beihilfeberechtigte Personen die Durchführung einer ambulanten Rehabilitationsmaßnahme in einem Heilbad oder Kurort im EU-Ausland beantragen, der nicht in der vom BMI durch Rundschreiben bekanntgegebenen Übersicht der anerkannten Heilbäder und Kurorte nach § 35 Absatz 1 Satz 2 BBhV enthalten ist, trifft die oberste Dienstbehörde die Entscheidung über die Anerkennung des Ortes als Heilbad oder Kurort. ₂Die beihilfeberechtigte Person hat Unterlagen, die zur Entscheidung beitragen, vorzulegen. ₃Die Anerkennung des Ortes als Heilbad oder Kurort ist dem BMI über die oberste Dienstbehörde mitzuteilen.

35.1.5 Zu Absatz 1 Nummer 5

35.1.5.1 Gesondert in Rechnung gestellte Verpflegungskosten sind nicht beihilfefähig.

35.1.5.2 Ambulante Rehabilitationsmaßnahmen sind auch beihilfefähig, wenn sie von Einrichtungen durchgeführt werden, die der stationären Rehabilitation dienen.

35.1.5.3 1Die ärztlich verordnete ambulante Rehabilitationsmaßnahme umfasst auch die mobile Rehabilitation. 2Die mobile Rehabilitation ist eine Sonderform der ambulanten Rehabilitation. 3Bei der mobilen Rehabilitation werden die beihilfeberechtigten oder berücksichtigungsfähigen Personen zu Hause behandelt. 4Anfallende Fahrtkosten der mobilen Rehabilitation sind in Höhe der Nummer 70 der Anlage 9 zur BBhV beihilfefähig.

35.1.6 Zu Absatz 1 Nummer 6

35.1.6.1 1Beihilfefähig im Sinne dieser Vorschrift ist ärztlich verordneter Rehabilitationssport und Funktionstraining der Bundesarbeitsgemeinschaft für Rehabilitation entsprechend der Rahmenvereinbarung über den Rehabilitationssport und das Funktionstraining vom 1. Januar 2011 *(www.kbv.de/media/sp/Rahmenvereinbarung_Rehasport.pdf)*. 2Folgeverordnungen sind nach ärztlicher Bescheinigung anzuerkennen.

35.1.6.2 Zu den beihilfefähigen Aufwendungen gehören nicht die Aufwendungen für den Besuch eines Fitnessstudios oder allgemeine Fitnessübungen.

35.2 Zu Absatz 2

35.2.1 1Aus den Vorschriften über die Beihilfefähigkeit von Fahrtkosten ergibt sich, dass es den beihilfeberechtigten oder ihren berücksichtigungsfähigen Personen überlassen bleibt, welche Beförderungsmittel sie nutzen. 2Der Höchstbetrag von 200 Euro gilt für die Fahrtkosten der Gesamtmaßnahme (An- und Abreise einschließlich Fahrtkosten einer notwendigen Begleitperson) und unabhängig vom benutzten Verkehrsmittel. 3Mit der Bezugnahme auf das BRKG bei Benutzung eines Kraftfahrzeugs wird lediglich die Höhe des beihilfefähigen Betrages je gefahrenen Kilometer entsprechend § 5 Absatz 1 BRKG (zzt. 20 Cent je km) geregelt. 4Die darüber hinaus in § 5 Absatz 1 BRKG genannten Höchstbeträge von 130 Euro oder 150 Euro finden hier keine Anwendung. 5Die Erläuterungen zu privaten Kraftfahrzeugen in Nummer 34.5.2 gelten entsprechend. 6Satz 3 gilt auch für die Fahrtkosten anlässlich einer ambulanten Rehabilitationsmaßnahme entsprechend § 35 Absatz 1 Satz 1 Nummer 5 in Verbindung mit Absatz 2 Satz 4.

35.2.2 1Grundsätzlich sind Aufwendungen für eine stationäre Rehabilitationsmaßnahme bis zu 21 Tagen beihilfefähig. 2Ergibt sich im Verlauf der stationären Rehabilitation, dass über den von der Festsetzungsstelle als beihilfefähig anerkannten Zeitraum hinaus eine Verlängerung aus gesundheitlichen Gründen dringend erforderlich ist, so kann die Anerkennung der Beihilfefähigkeit der weiteren Aufwendungen der stationären Rehabilitation durch die Festsetzungsstelle auch auf Grund eines fachärztlichen Gutachtens der in der Einrichtung behandelnden Ärztin oder des in der Einrichtung behandelnden Arztes erfolgen. 3Satz 1 gilt nicht für die stationäre Rehabilitation bei Kindern.

35.2.3 Führen beihilfeberechtigte und berücksichtigungsfähige Personen zur selben Zeit und in derselben Einrichtung eine stationäre Rehabilitation durch, zählt dies bei Benutzung privater Personenkraftwagen als eine Fahrt.

35.2.4 Bei der Mutter-Kind- oder Vater-Kind-Rehabilitationsmaßnahme handelt es sich um „eine" Maßnahme mit der Folge, dass auch nur einmal die Fahrtkosten (für die Hauptperson – Mutter oder Vater) als beihilfefähig anerkannt werden können; dies gilt nicht bei Benutzung öffentlicher Verkehrsmittel, wenn für das Kind gesonderte Fahrtkosten entstehen.

35.2.5 $_1$Satz 2 Nummer 5 Buchstabe a dient der Klarstellung, dass lediglich die für die Behandlung erforderliche Unterbringung und Verpflegung beihilfefähig sind. $_2$Beinhaltet der Tagessatz darüber hinaus Mehrkosten, die auf Wunsch der behandelten Person erbracht werden, sind diese nicht beihilfefähig.

35.2.6 Die Begrenzung der Fahrtkosten bei ambulanten Rehabilitationsmaßnahmen auf maximal 10 Euro pro Behandlungstag für eine Hin- und Rückfahrt gilt unabhängig davon, wie viele Behandlungen pro Tag vorgesehen sind und wie viele Fahrten durchgeführt werden.

35.3 Zu Absatz 3

(unbesetzt)

36 Zu § 36 – Voraussetzungen für Rehabilitationsmaßnahmen

36.1 Zu Absatz 1

36.1.1 Die Aufwendungen des für das Anerkennungsverfahren einzuholenden Gutachtens trägt die Festsetzungsstelle.

36.1.2 Ist die Beihilfefähigkeit der Kosten einer Rehabilitationsmaßnahme nach § 35 Absatz 1 Nummer 1, 2 und 4 nicht anerkannt worden, sind nur Aufwendungen nach den §§ 12, 13, 18, 22 bis 25 und 26 Absatz 1 Nummer 5 unter den dort genannten Voraussetzungen beihilfefähig.

36.1.3 $_1$Für eine Begleitperson ist keine gesonderte ärztliche Bescheinigung notwendig. $_2$Die Notwendigkeit muss sich aus dem Gutachten ergeben.

36.2 Zu Absatz 2

(unbesetzt)

36.3 Zu Absatz 3

(unbesetzt)

Kapitel 3
Aufwendungen in Pflegefällen

37 Zu § 37 – Pflegeberatung, Anspruch auf Beihilfe für Pflegeleistungen

37.1 Zu Absatz 1

1Die Pflegeberatung nach § 7a SGB XI ist für die pflegebedürftige Person kostenfrei. 2Aufwendungen für eine Pflegeberatung werden der Festsetzungsstelle vom Träger der Pflegeberatung in Rechnung gestellt und sind direkt an diesen zu zahlen, wenn die Pflegeberatung für eine beihilfeberechtigte oder berücksichtigungsfähige Person erfolgte und die Voraussetzungen nach den Nummern 1 und 2 erfüllt sind. 3Der Bund hat mit der compass Private Pflegeberatung GmbH am 28. Juni 2013 einen Vertrag nach Satz 1 Nummer 2 geschlossen, wonach pro Beratungsgespräch eine Pauschale anfällt. 4In Ausnahmefällen kann für eine beratungsbedürftige beihilfeberechtigte oder berücksichtigungsfähige Person die Pauschale mehrfach berechnet werden. 5In Zweifelsfällen ist eine unmittelbare Abklärung durch die Festsetzungsstelle mit der compass GmbH möglich. 6Die Pauschale kann auch dann an die compass Private Pflegeberatung GmbH geleistet werden, wenn die Pflegeberatung vor Ort in unmittelbarem zeitlichen Zusammenhang zu einem formlosen Antrag auf Leistungen aus der Pflegeversicherung steht, auch wenn das entsprechende Formular nicht im Anschluss an die private Pflegeversicherung zurückgesandt wird. 7Sobald der oder dem Beihilfeberechtigten eine abschlägige Mitteilung seiner privaten Pflegeversicherung vorliegt, ist eine Abrechnung der Beratung vor Ort nicht mehr erstattungsfähig. 8Dies gilt nicht, wenn die beihilfeberechtigte Person Einspruch bei dem Versicherungsunternehmen erhebt, das die private Pflege-Pflichtversicherung durchführt, und hierüber noch nicht abschließend, etwa auf Grundlage eines Zweitgutachtens, entschieden worden ist. 9Pflegeberatungen, die während der Zeit bis zum Abschluss dieses Widerspruchverfahrens durchgeführt werden, sind durch die compass Private Pflegeberatung GmbH abrechenbar.

37.2 Zu Absatz 2

37.2.1 1Dem Antrag auf Beihilfe ist der Nachweis über die Zuordnung zu einem Pflegegrad nach § 15 Absatz 1 Satz 1 und Absatz 3 Satz 3 SGB XI beizufügen. 2Für Versicherte der privaten oder sozialen Pflegeversicherung stellt die Versicherung die Pflegebedürftigkeit, den Pflegegrad sowie den Leistungsbeginn fest (gesetzliche Verpflichtung). 3Diese Feststellungen sind auch für die Festsetzungsstelle maßgebend und dieser von der Antragstellerin oder dem Antragsteller zugänglich zu machen (z. B. Abschrift des Gutachtens, ggf. schriftliche Leistungszusage der Versicherung). 4Ohne einen derartigen Nachweis ist eine Bearbeitung des Antrages nicht möglich (vgl. § 22 Verwaltungsverfahrensgesetz [VwVfG]).

37.2.2 1Besteht keine Pflegeversicherung, hat die Festsetzungsstelle ein Gutachten einzuholen, aus dem die Pflegebedürftigkeit und die Zuordnung zu einem Pflegegrad nach § 15 Absatz 1 Satz 1 und Absatz 3 Satz 4 SGB XI hervorgehen. 2Die Beihilfe zu den pflegebedingten Aufwendungen wird, soweit in der BBhV nicht anders festgelegt, entsprechend dem Bemessungssatz für die pflegebedürftige Person nach § 46 gewährt. 3§ 33 Absatz 1 SGB XI gilt hier für den Beginn des Beihilfeanspruchs entsprechend.

37.2.3 Erhebt die beihilfeberechtigte Person gegen einen Beihilfebescheid Widerspruch mit der Begründung, der von der Pflegeversicherung anerkannte Pflegegrad sei zu niedrig, ist der Widerspruch zwar zulässig, jedoch ist die Entscheidung bis zum Eintritt der Unanfechtbarkeit der Feststellung der Pflegeversicherung auszusetzen; sodann ist unter Berücksichtigung der Feststellung der Pflegeversicherung über den Widerspruch zu entscheiden.

37.2.4 1Aufwendungen im Zusammenhang mit der Beschäftigung und Betreuung in Einrichtungen der Behindertenhilfe sind nur im Rahmen von § 39a beihilfefähig. 2Nicht beihilfefähig sind die Aufwendungen, die durch einen zur Erfüllung der Schulpflicht vorgeschriebenen Förderschulunterricht entstehen (z. B. Fahrtkosten).

38 Zu § 38 – Anspruchsberechtigte bei Pflegeleistungen

Bei Prüfung der Ansprüche der §§ 38a bis 39b kann hilfsweise auf die Ausführungen des Gemeinsamen Rundschreibens des GKV-Spitzenverbandes zu den leistungsrechtlichen Vorschriften des SGB XI auf der Internetseite des GKV-Spitzenverbandes zurückgegriffen werden *(www.gkv-spitzenverband.de/pflegeversicherung/richtlinien_vereinbarungen_formulare/richtlinien_vereinbarungen_formulare.jsp).*

38a Zu § 38a – Häusliche Pflege

38a.1 Zu Absatz 1

38a.1.1 Die Aufwendungen für die häusliche Pflege durch eine Berufspflegekraft sind in Höhe des Anspruchs auf häusliche Pflegebeihilfe nach § 36 Absatz 3 SGB XI beihilfefähig:

Pflegegrad	Beihilfefähige Aufwendungen	
	bis zum 31.12.2021	ab dem 1.1.2022
2	689 €/Monat	724 €/Monat
3	1298 €/Monat	1363 €/Monat
4	1612 €/Monat	1693 €/Monat
5	1995 €/Monat	2095 €/Monat

38a.1.2 1Aufwendungen für häusliche Pflege sind auch beihilfefähig, wenn pflegebedürftige Personen nicht in ihrem eigenen Haushalt gepflegt werden. 2Die außerhäusliche Pflege darf in diesen Fällen jedoch nicht in einer vollstationären Einrichtung (§ 39 BBhV) oder in einer Einrichtung im Sinne des § 71 Absatz 4 SGB XI erfolgen.

38a.1.3 1Aufwendungen für die häusliche Krankenpflege nach § 27 sind gesondert beihilfefähig. 2Zur Abgrenzung zwischen häuslicher Pflege und häuslicher Krankenpflege kann der Maßstab der privaten oder sozialen Pflegeversicherung herangezogen werden.

38a.2 Zu Absatz 2

38a.2.1 Angebote zur Unterstützung im Alltag sollen pflegende Angehörige und vergleichbar nahestehende Pflegepersonen (z. B. Nachbarn, gute Freunde, gute Bekannte) entlasten. Die Angebote sind unterteilt in:

- Betreuungsangebote (z. B. Tagesbetreuung, Einzelbetreuung)
- Angebote zur Entlastung von Pflegenden (z. B. durch Pflegebegleiter)
- Angebote zur Entlastung im Alltag (z. B. in Form praktischer Hilfen).

38a.2.2 $_{1}$Pflegebedürftige Personen der Pflegegrade 2 bis 5 können bis zu 40 Prozent ihrer Ansprüche für Aufwendungen für häusliche Pflege in Aufwendungen zur Unterstützung im Alltag umwandeln. $_{2}$Die Inanspruchnahme des Umwandlungsanspruchs und die Inanspruchnahme des Entlastungsbetrages nach § 45b SGB XI erfolgen unabhängig voneinander. $_{3}$Ein Vorrang-Nachrang-Verhältnis zwischen der Anwendung der 40-Prozent-Regelung und der Inanspruchnahme des Entlastungsbetrages gibt es nicht. $_{4}$Die pflegebedürftige Person entscheidet somit selbst, wie sie die Aufwendungen zur Unterstützung im Alltag finanziert.

38a.3 Zu Absatz 3

38a.3.1 $_{1}$Der Anspruch auf Pauschalbeihilfe setzt voraus, dass die pflegebedürftige Person mit der Pauschalbeihilfe die erforderlichen körperbezogenen Pflegemaßnahmen, pflegerischen Betreuungsmaßnahmen und Hilfen bei der Haushaltsführung selbst sicherstellt. $_{2}$Die Pauschalbeihilfe stellt kein Entgelt für erbrachte Pflegeleistungen dar, sondern ist eine Art Anerkennung für die von Angehörigen, Freunden oder anderen Menschen erbrachten Unterstützungs- und Hilfeleistungen.

38a.3.2 Pauschalbeihilfe wird in folgender Höhe zum jeweiligen Bemessungssatz geleistet:

Pflegegrad	Pauschalbeihilfe
2	316 Euro/Monat
3	545 Euro/Monat
4	728 Euro/Monat
5	901 Euro/Monat

38a.3.3 $_{1}$Zeiten, für die Aufwendungen einer vollstationären Krankenhausbehandlung nach den §§ 26 und 26a, der stationären Rehabilitation nach den §§ 34 und 35 oder der stationären Pflege nach § 39 für pflegebedürftige Personen geltend gemacht werden, unterbrechen die häusliche Dauerpflege. $_{2}$Für diese Zeiten wird die Pauschalbeihilfe anteilig nicht gewährt. $_{3}$Dies gilt nicht in den ersten vier Wochen

- einer vollstationären Krankenhausbehandlung (§§ 26 und 26a),
- einer häuslichen Krankenpflege mit Anspruch auf Grundpflege und hauswirtschaftliche Versorgung (§ 27) oder
- einer stationären Rehabilitation (§§ 34 und 35).

$_4$Bei einem Krankenhausaufenthalt oder einer stationären Rehabilitation beginnt die Vier-Wochen-Frist mit dem Aufnahmetag. $_5$Bei einer Kürzung setzt die Leistung mit dem Entlassungstag wieder ein. $_6$Bei beihilfeberechtigten oder berücksichtigungsfähigen Personen, die ihre Pflege durch von ihnen beschäftigte besondere Pflegekräfte sicherstellen und bei denen § 63b Absatz 6 Satz 1 SGB XII Anwendung findet, wird die Pauschalbeihilfe oder anteilige Pauschalbeihilfe auch über die ersten vier Wochen hinaus weiter gewährt.

38a.4 Zu Absatz 4

(unbesetzt)

38a.5 Zu Absatz 5

(unbesetzt)

38a.6 Zu Absatz 6

38a.6.1 $_1$Bei pflegebedürftigen Personen der Pflegegrade 2 bis 5, die Pauschalbeihilfe beziehen, sind regelmäßig Beratungsbesuche nach § 37 Absatz 3 SGB XI durchzuführen:

- Pflegegrad 2 oder 3: halbjährlich,
- Pflegegrad 4 oder 5: vierteljährlich.

$_2$Pflegebedürftige Personen mit Pflegegrad 1, die zu Hause versorgt werden, und pflegebedürftige Personen der Pflegegrade 2 bis 5, die häusliche Pflegehilfe oder Kombinationsleistung aus häuslicher Pflegehilfe und Pauschalbeihilfe in Anspruch nehmen, können den Beratungsbesuch nach § 37 Absatz 3 Satz 1 und 2 SGB XI einmal pro Halbjahr freiwillig in Anspruch nehmen.

38a.6.2 Seit 1. Januar 2019 werden die Vergütungen für den Beratungsbesuch zwischen dem Träger des zugelassenen Pflegedienstes und den Pflegekassen oder deren Arbeitsgemeinschaften vereinbart, so dass es keine einheitlichen Pauschalen für den Beratungsbesuch nach § 37 Absatz 3 SGB XI mehr gibt.

38b Zu § 38b – Kombinationsleistungen

38b.1 Zu Absatz 1

Bei einer Kombination der Leistungen nach § 38a Absatz 1 und 3 bestimmt sich die Höhe der anteiligen Pauschalbeihilfe nach der dem Verhältnis der tatsächlichen zur höchstmöglichen Inanspruchnahme der Pflegesachleistung.

Beispiele:

1. $_1$Der in der privaten Pflegeversicherung versicherte Versorgungsempfänger nimmt als pflegebedürftige Person des Pflegegrades 3 zu jeweils

50 Prozent die Pflege durch Berufspflegekräfte (649 Euro von 1 298 Euro) und das Pflegegeld (272,50 Euro von 545 Euro) in Anspruch. 2Die hälftige Höchstgrenze wird nicht überschritten.

a) Leistungen der privaten Pflegeversicherung

– zu den Aufwendungen für die Berufspflegekräfte: 30 % von 649 Euro	= 194,70 Euro
– zum Pflegegeld: 30 % von 272,50 Euro	= 81,75 Euro
gesamt	= 276,45 Euro

b) Leistungen der Beihilfe

– zu den Aufwendungen für die Berufspflegekräfte: 70 % von 649 Euro	= 454,30 Euro
– Pauschalbeihilfe zum Pflegegeld: 272,50 Euro abzüglich Anteil der privaten Pflegeversicherung	= 190,75 Euro
gesamt	= 645,05 Euro

2. 1Der in der sozialen Pflegeversicherung versicherte Versorgungsempfänger nimmt als pflegebedürftige Person des Pflegegrades 3 zu jeweils 50 Prozent die Pflege durch Berufspflegekräfte (649 Euro von 1 298 Euro) und das Pflegegeld (272,50 Euro von 545 Euro) in Anspruch. 2Die hälftige Höchstgrenze für Pflegekräfte wird nicht überschritten. 3Als Person nach § 28 Absatz 2 SGB XI erhält der Versorgungsempfänger von der sozialen Pflegeversicherung die jeweils zustehenden Leistungen zur Hälfte; dies gilt auch für den Wert von Sachleistungen.

a) Leistungen der sozialen Pflegeversicherung

– zu den Aufwendungen für die Berufspflegekräfte: 50 % von 649 Euro	= 324,50 Euro
– zum Pflegegeld: 50 % von 272,50 Euro	= 136,25 Euro
gesamt	= 460,75 Euro

b) Leistungen der Beihilfe

– zu den Aufwendungen für die Berufspflegekräfte: in gleicher Höhe wie die Leistung der sozialen Pflegeversicherung (vgl. § 46 Absatz 4)	= 324,50 Euro
– Pauschalbeihilfe zum Pflegegeld: 50 % von 440 Euro = 220 Euro abzüglich des anteiligen Pflegegeldes der sozialen Pflegeversicherung von 110 Euro	= 136,25 Euro
gesamt	= 460,75 Euro

38b.2 Zu Absatz 2

(unbesetzt)

38b.3 Zu Absatz 3

1Pflegebedürftige Personen, die sich während der Woche und an Wochenenden oder in den Ferienzeiten im häuslichen Bereich befinden, erhalten neben den Leistungen nach § 39a anteilige Pauschalbeihilfe, wenn eine häusliche Pflege möglich ist. 2Ist im häuslichen Bereich die Pflege (z. B. an den Wochenenden oder in Ferienzeiten) nicht sichergestellt, kann Beihilfe nach Maßgabe des § 38c oder des § 38e gewährt werden. 3Eine Anrechnung auf die Beihilfe nach § 39a ist nicht vorzunehmen. 4Sofern für die pflegebedürftige Person in dieser Zeit, in der keine Pflege im häuslichen Bereich durchgeführt werden kann, die Unterbringung in derselben vollstationären Einrichtung der Hilfe für behinderte Menschen sichergestellt wird, kann eine Beihilfegewährung nach § 38c oder § 38e nicht erfolgen. 5Die dadurch entstehenden Aufwendungen sind mit der Beihilfe zu den Aufwendungen nach § 39a abgegolten.

38c Zu § 38c – Häusliche Pflege bei Verhinderung der Pflegeperson

38c.1 Aufwendungen für Verhinderungspflege sind nur für pflegebedürftige Personen der Pflegegrade 2 bis 5 beihilfefähig.

38c.2 1Der beihilfefähige Betrag der Verhinderungspflege beträgt 1 612 Euro für längstens sechs Wochen je Kalenderjahr. 2Die Hälfte des beihilfefähigen Betrages für Kurzzeitpflege kann auch für Aufwendungen für Verhinderungspflege genutzt werden.

38c.3 1Während einer Verhinderungspflege wird die Pauschalbeihilfe bis zu sechs Wochen im Kalenderjahr zur Hälfte weitergezahlt, wenn vor der Verhinderungspflege ein Anspruch auf Pauschalbeihilfe bestand. 2Bei Verhinderungspflege erfolgt keine Kürzung der Pauschalbeihilfe für den ersten und letzten Tag der Inanspruchnahme der Leistungen der Verhinderungspflege. 3Für die Höhe der Pauschalbeihilfe ist die geleistete Höhe der Pauschalbeihilfe vor Beginn der Verhinderungspflege maßgebend.

38d Zu § 38d – Teilstationäre Pflege

38d.1 Zu Absatz 1

38d.1.1 Die Aufwendungen für teilstationäre Pflege sind entsprechend § 41 SGB XI bis zu folgender Höhe beihilfefähig:

Pflegegrad	beihilfefähige Aufwendungen
2	689 Euro/Monat
3	1 298 Euro/Monat
4	1 612 Euro/Monat
5	1 995 Euro/Monat

38d1.2 Die Aufwendungen für teilstationäre Pflege umfassen:

- die pflegebedingten Aufwendungen,
- die Aufwendungen für Betreuung und

– die Aufwendungen für die in der Einrichtung notwendigen Leistungen der medizinischen Behandlungspflege.

38d.1.3 $_{1}$Bei vorübergehender Abwesenheit der pflegebedürftigen Person von der Pflegeeinrichtung sind die Aufwendungen (Betten- und Platzfreihaltegebühren) für teilstationäre Pflege beihilfefähig, solange die Voraussetzungen des § 87a Absatz 1 Satz 5 und 6 SGB XI vorliegen. $_{2}$Das heißt, dass im Fall vorübergehender Abwesenheit von der teilstationären Pflegeeinrichtung die Freihaltegebühren für einen Abwesenheitszeitraum von bis zu 42 Tagen im Kalenderjahr beihilfefähig sind. $_{3}$Bei Krankenhausaufenthalten und bei Aufenthalten in Rehabilitationseinrichtungen sind die Freihaltegebühren für die gesamte Dauer dieser Aufenthalte beihilfefähig. $_{4}$In den zu schließenden Rahmenverträgen nach § 75 SGB XI sind für die vorgenannten Abwesenheitszeiten, soweit drei Kalendertage überschritten werden, Abschläge von mindestens 25 Prozent der Pflegevergütung, der Entgelte für Unterkunft und Verpflegung und der Zuschläge nach § 92b SGB XI vorzusehen.

38d.1.4 Aufwendungen der teilstationären Pflege sind zusätzlich zu Aufwendungen nach § 38a Absatz 1, 3 oder § 38b beihilfefähig, ohne dass eine Anrechnung auf diese Aufwendungen erfolgt.

38d.2 Zu Absatz 2

$_{1}$Fahrtkosten sind Bestandteil der mit der Pflegeeinrichtung geschlossenen Pflegesatzvereinbarung und werden im Rahmen des maßgeblichen Höchstbetrags nach § 41 Absatz 2 Satz 2 SGB XI erstattet. $_{2}$Sofern Fahrtkosten nicht in der Rechnung der Einrichtung enthalten sind und gesondert geltend gemacht werden, sind diese nach den Vorgaben des § 31 Absatz 4 bei Fahrten von Angehörigen zu ermitteln bzw. die tatsächlichen Fahrtkosten bei Beförderung mit öffentlichen Verkehrsmitteln zu berücksichtigen und im Rahmen der Leistungsbeträge nach § 38d BBhV i. V. m. § 41 SGB XI mit zu erstatten.

38d.3 Zu Absatz 3

(unbesetzt)

38e Zu § 38e – Kurzzeitpflege

38e.1 Aufwendungen für Kurzzeitpflege sind nur für pflegebedürftige Personen der Pflegegrade 2 bis 5 beihilfefähig.

38e.2 $_{1}$Der beihilfefähige Betrag für eine Kurzzeitpflege beträgt bis zum 31.12.2021 1612 Euro und ab dem 1.1.2022 1774 Euro für längstens acht Wochen je Kalenderjahr. $_{2}$Der beihilfefähige Betrag für Verhinderungspflege kann auch für Aufwendungen der Kurzzeitpflege genutzt werden.

38e.3 $_{1}$Während einer Kurzzeitpflege wird die Pauschalbeihilfe bis zu acht Wochen im Kalenderjahr zur Hälfte weitergezahlt, wenn vor der Kurzzeitpflege ein Anspruch auf Pauschalbeihilfe bestand. $_{2}$Bei Kurzzeitpflege erfolgt keine Kürzung des Pflegegeldes für den ersten und den letzten Tag der Inanspruchnahme der Leistungen der Kurzzeitpflege. $_{3}$Für die Höhe der Pauschalbeihilfe ist die geleistete Höhe der Pauschalbeihilfe vor Beginn der Kurzzeitpflege maßgebend.

38f Zu § 38f – Ambulant betreute Wohngruppen

38f.1 $_1$Der beihilfefähige Leistungsbetrag des Wohngruppenzuschlages beträgt 214 Euro pro Monat. $_2$Von maximal zwölf Personen, die in einer ambulant betreuten Wohngruppe wohnen dürfen, müssen mindestens drei pflegebedürftig sein.

38f.2 $_1$Im Einzelfall prüft der Medizinische Dienst der Krankenversicherung oder die Medicproof GmbH für die Versicherten der privaten Pflege-Pflichtversicherung bei Vorliegen der Kombination von teilstationärer Pflege und dem Wohnen in einer ambulant betreuten Wohngemeinschaft unter Inanspruchnahme des Wohngruppenzuschlages nach § 38a SGB XI, ob die Pflege in der ambulant betreuten Wohngruppe ohne teilstationäre Pflege nicht in ausreichendem Umfang sichergestellt ist. $_2$In diesen Fällen ist bei der Gewährung von Beihilfe für teilstationäre Pflege neben dem pauschalen Zuschlag für Wohngruppen auf die Entscheidung der Pflegeversicherung abzustellen.

38f.3 Aufwendungen der Anschubfinanzierung zur Gründung ambulant betreuter Wohngruppen werden dann beihilfefähig anerkannt, wenn entsprechende Zuschüsse seitens der privaten oder sozialen Pflegeversicherung gezahlt werden.

38g Zu § 38g – Pflegehilfsmittel und Maßnahmen zur Verbesserung des Wohnumfeldes

38g.1 $_1$Zur Verwaltungsvereinfachung und Entlastung der pflegebedürftigen Personen ist – auch zur Feststellung der Beihilfefähigkeit von Aufwendungen – keine ärztliche Verordnung zum Nachweis der Notwendigkeit von Pflegehilfsmitteln erforderlich, wenn im Gutachten zur Feststellung der Pflegebedürftigkeit konkrete Empfehlungen zu Hilfsmitteln und Pflegehilfsmitteln, die den Zielen des § 40 SGB XI dienen, getroffen werden. $_2$Diese Vereinfachung umfasst auch Hilfsmittel, die dem SGB V unterfallen.

38g.2 Werden Aufwendungen für Pflegehilfsmittel von der privaten oder sozialen Pflegeversicherung als solche nicht bezuschusst oder anerkannt, sind die Aufwendungen nach § 25 BBhV auf Beihilfefähigkeit zu prüfen.

38g.3 Hat die Pflegeversicherung den monatlichen Bedarf für zum Verbrauch bestimmte Pflegehilfsmittel pauschal ohne Vorlage von Rechnungen anerkannt, kann die Festsetzungsstelle entsprechend Beihilfe ohne Kostennachweis gewähren.

38h Zu § 38h – Leistungen zur sozialen Sicherung der Pflegeperson

38h.1 Zu Absatz 1

$_1$Die Zuschüsse zur Kranken- und Pflegeversicherung werden der Person, die Pflegezeit in Anspruch nimmt, auf Antrag gewährt. $_2$Für den Antrag ist das

Formblatt nach Anhang 3 zu verwenden. ₃Änderungen der Verhältnisse, die sich auf die Zuschussgewährung auswirken können, sind der für die pflegebedürftige Person zuständigen Festsetzungsstelle unverzüglich mitzuteilen.

38h.2 Zu Absatz 2

38h.2.1 Dem Grundsatz des § 173 SGB VI und § 349 Absatz 4a SGB III entsprechend, hat die Festsetzungsstelle anteilig den von der Beihilfe zu tragenden Anteil an den zuständigen Träger der Rentenversicherung und die Bundesagentur für Arbeit zu zahlen.

38h.2.2 Die Zahlung der Beiträge zur Arbeitslosenversicherung für die im Beitragsjahr (Kalenderjahr) versicherungspflichtigen Pflegepersonen erfolgt in Form eines Gesamtbeitrags der Festsetzungsstelle für das Kalenderjahr, in dem die Pflege geleistet wurde (§ 349 Absatz 5 Satz 2 SGB III), wohingegen die Rentenversicherungsbeiträge monatlich zu zahlen sind.

38h.2.3 ₁Die Rentenversicherungsbeiträge sind nach dem einheitlichen Verteilungsschlüssel, der jährlich von der Deutschen Rentenversicherung festgelegt wird, an die Deutsche Rentenversicherung Bund und an den zuständige Regionalträger, in dessen Bereich die Festsetzungsstelle ihren Sitz hat, zu zahlen. ₂Das BMI wird jährlich durch Rundschreiben die prozentuale Verteilung der Beiträge bekanntgeben. ₃Die Beiträge sind unter Angabe der von der Bundesagentur für Arbeit vergebenen Betriebsnummer von der zuständigen Festsetzungsstelle zu überweisen. ₄Soweit die Festsetzungsstelle keine Betriebsnummer besitzt, ist eine solche beim Betriebsnummernservice der Bundesagentur für Arbeit zu beantragen.

38h.2.4 Der Beleg zur Überweisung der Rentenversicherungsbeiträge muss im Feld „Verwendungszweck" folgende Angaben enthalten:

1. Zeile:

- Betriebsnummer der zahlenden Stelle (achtstellig)
- Monat (zweistellig) und Jahr (zweistellig), für den die Beiträge gezahlt werden
- Kennzeichen „West" oder „Ost"

2. Zeile:

- „RV-BEITRAG-PFLEGE".

38h.2.5 Einzelheiten der Zahlungsabwicklung einschließlich Zahlungsfristen ergeben sich aus dem gemeinsamen Rundschreiben GKV-Spitzenverband, Deutsche Rentenversicherung Bund, Bundesagentur für Arbeit, Verband der privaten Krankenversicherung e. V. zur Renten- und Arbeitslosenversicherung der nicht erwerbsmäßig tätigen Pflegepersonen vom 13. Dezember 2016, das auf der Website der Deutschen Rentenversicherung *(www.deutsche-renten versicherung.de)* veröffentlicht ist.

38h.3 Zu Absatz 3

(unbesetzt)

39 Zu § 39 – Vollstationäre Pflege

39.1 Zu Absatz 1

39.1.1 Die Aufwendungen für vollstationäre Pflege sind in Höhe des Anspruchs nach § 43 Absatz 2 SGB XI beihilfefähig:

Pflegegrad	Beihilfefähige Aufwendungen
2	770 Euro/Monat
3	1 262 Euro/Monat
4	1 775 Euro/Monat
5	2 005 Euro/Monat

39.1.2 $_{1}$Werden zu den Kosten einer stationären Pflege Leistungen der privaten oder sozialen Pflegeversicherung erbracht, ist davon auszugehen, dass die Pflegeeinrichtung eine nach § 72 Absatz 1 Satz 1 SGB XI zugelassene Einrichtung ist. $_{2}$Bei den Pflegesätzen dieser Einrichtungen ist eine Differenzierung nach Kostenträgern nicht zulässig (§ 84 Absatz 3 SGB XI).

39.1.3 Werden die Kosten für Unterkunft und Verpflegung von der Pflegeeinrichtung bei der Berechnung des Pflegesatzes nicht besonders nachgewiesen, ist grundsätzlich die von der privaten oder sozialen Pflegeversicherung vorgenommene Aufteilung der Kosten maßgeblich.

39.1.4 $_{1}$Bei vorübergehender Abwesenheit pflegebedürftiger Personen von der Pflegeeinrichtung sind die Aufwendungen (Betten- und Platzfreihaltegebühren) für vollstationäre Pflege beihilfefähig, solange die Voraussetzungen des § 87a Absatz 1 Satz 5 und 6 SGB XI vorliegen. $_{2}$Das heißt, dass der Pflegeplatz im Fall vorübergehender Abwesenheit von der vollstationären Pflegeeinrichtung für einen Abwesenheitszeitraum von bis zu 42 Tagen im Kalenderjahr für die pflegebedürftige Person freizuhalten ist. $_{3}$Bei Krankenhausaufenthalten und bei Aufenthalten in Rehabilitationseinrichtungen sind die Freihaltegebühren für die gesamte Dauer dieser Aufenthalte beihilfefähig. $_{4}$In den zu schließenden Rahmenverträgen nach § 75 SGB XI sind für die vorgenannten Abwesenheitszeiten, soweit drei Kalendertage überschritten werden, Abschläge von mindestens 25 Prozent der Pflegevergütung, der Entgelte für Unterkunft und Verpflegung und der Zuschläge nach § 92b SGB XI vorzusehen.

39.1.5 Der Anspruch auf Beihilfe für Aufwendungen der stationären Pflege beginnt mit dem Tag des Einzugs in die Pflegeeinrichtung und endet mit dem Tag des Auszugs oder des Todes.

39.2 Zu Absatz 2

39.2.1 $_{1}$Aufwendungen für die Pflegeleistungen, die über die nach Absatz 1 hinausgehen, wie Unterkunft, Verpflegung sowie Investitionskosten sind grundsätzlich nicht beihilfefähig. $_{2}$Vorrangig sind zur Deckung der vorgenannten, verbleibenden Kosten immer Eigenmittel einzusetzen. $_{3}$Aus Fürsorgegründen kann aber zu diesen Aufwendungen Beihilfe gewährt werden, wenn den beihilfeberechtigten und berücksichtigungsfähigen Personen von ihren Einkünften nicht ein rechnerischer Mindestbetrag verbleibt. 4Für die Berechnung des zu belassenden Mindestbetrages wird immer die aktuelle Besoldungstabelle des jeweiligen Pflegemonats zugrunde gelegt. 5Bei rückwirkender Besoldungserhöhung erfolgt keine Neuberechnung. 6Auf Grundlage der Vorgriffregelung vom 3. Dezember 2021 (GMBl S. 1441) wird der Leistungszuschlag nach § 43c SGB XI in den folgenden Beispielen berücksichtigt.

Beispiel 1 (Besoldungstabelle Stand 1. April 2022)

Ehepaar
Beihilfeberechtigter (Versorgungsempfänger, letzte Besoldungsgruppe A 9 mD, Stufe 8) seit über 14 Monaten in vollstationärer Pflegeeinrichtung mit Pflegegrad 3, Ehefrau nicht pflegebedürftig, keine weiteren berücksichtigungsfähigen Personen

Pos.		
1.	Rechnungsbetrag:	3750,50 €
2.	Abzug nicht beihilfefähiger Kosten (z. B. Telefon):	24,50 €
3.	Abzug Pauschalbetrag nach § 39 Absatz 1 und der Pflegeversicherung:	1262,00 €
4.	Abzug Leistungszuschlag nach § 39 Absatz 1 und der Pflegeversicherung:	216,00 €
5.	nicht gedeckte Aufwendungen:	2248,00 €
6.	Einnahmen nach § 39 Absatz 3:	2812,35 €
7.	von den Einnahmen sollen rechnerisch verbleiben:	2359,69 €

Berechnung zu Pos. 7

§ 39 Absatz 2 Satz 1 BBhV	Beihilfeberechtigter	Ehefrau	gesamt
Nr. 1	472,35 €		
Nr. 2		1 771,31 €	
Nr. 3			
Nr. 4	116,03 €		
Summe	**588,38 €**	**1771,31 €**	**2 359,69 €**

8.	selbst zu tragender Anteil (Pos. 6 minus Pos. 7):	452,66 €
9.	zusätzlich zu gewährende Beihilfe (Pos. 5 minus Pos. 8):	1795,34 €

Beispiel 2 (Besoldungstabelle Stand 1. April 2022)

Alleinstehender Beihilfeberechtigter (Versorgungsempfänger, letzte Besoldungsgruppe A 9 mD, Stufe 8) seit über 14 Monaten in vollstationärer Pflegeeinrichtung mit Pflegegrad 3

Pos.
1. Rechnungsbetrag: 3750,50 €
2. Abzug nicht beihilfefähiger Kosten (z. B. Telefon): 24,50 €
3. Abzug Pauschalbetrag nach § 39 Absatz 1 und der Pflegeversicherung: 1262,00 €
4. Abzug Leistungszuschlag nach § 39 Absatz 1 und der Pflegeversicherung: 216,00 €
5. nicht gedeckte Aufwendungen: 2248,00 €
6. Einnahmen nach § 39 Absatz 3: 2812,35 €
7. von den Einnahmen sollen rechnerisch verbleiben: 588,38 €

Berechnung zu Pos. 7

§ 39 Absatz 2 Satz 1 BBhV	Beihilfeberechtigter	gesamt
Nr. 1	472,35 €	
Nr. 2		
Nr. 3		
Nr. 4	116,03 €	
Summe	**588,38 €**	**588,38 €**

8. selbst zu tragender Anteil (Pos. 6 minus Pos. 7.): 2223,97 €
9. zusätzlich zu gewährende Beihilfe (Pos. 5 minus Pos. 8): 24,03 €

Beispiel 3 (Besoldungstabelle Stand 1. April 2022)

Ehepaar mit einem berücksichtigungsfähigen Kind (Beihilfeberechtigter, Besoldungsgruppe A 13, Stufe 8), Ehefrau seit über 26 Monaten in vollstationärer Pflegeeinrichtung mit Pflegegrad 5

Pos.
1. Rechnungsbetrag: 4674,50 €
2. Abzug nicht beihilfefähiger Kosten (z. B. Telefon): 64,50 €
3. Abzug Pauschalbetrag nach § 39 Absatz 1 und der Pflegeversicherung: 2005,00 €
4. Abzug Leistungszuschlag nach § 39 Absatz 1 und der Pflegeversicherung: 542,25 €
5. nicht gedeckte Aufwendungen: 2062,75 €
6. Einnahmen nach § 39 Absatz 3: 5220,25 €
7. von den Einnahmen sollen rechnerisch verbleiben: 2597,92 €

Berechnung zu Pos. 7

§ 39 Absatz 2 Satz 1 BBhV	Beihilfeberechtigter	Ehefrau	Kind	gesamt
Nr. 1		472,35 €		
Nr. 2	1771,31 €			
Nr. 3			177,13 €	
Nr. 4	177,13 €			
Summe	**1948,44 €**	**472,35 €**	**177,13 €**	**2597,92 €**

8. selbst zu tragender Anteil (Pos. 6 minus Pos. 7): 2622,33 €
9. die nicht gedeckten Aufwendungen liegen unter dem selbst zu tragenden Anteil (Pos. 5 minus Pos. 8), daher ist keine zusätzliche Beihilfe zu gewähren.

39.2.2 Das Grundgehalt im Sinne der Verordnung ist der ausgewiesene Betrag der Tabelle der Bundesbesoldungsordnung ohne die Amtszulage nach § 42 BBesG.

39.2.3 Bei beihilfeberechtigten verwitweten Versorgungsempfängern, die nicht selbst in einem aktiven Dienstverhältnis gestanden haben, ist das Grundgehalt der letzten Besoldungsgruppe der verstorbenen beihilfeberechtigten Person zugrunde zu legen.

39.2.4 1Sofern nach Nummer 39.1.5 die Pauschale für stationäre Pflege nur anteilig als beihilfefähig anerkannt werden kann, sind auch

- die Kosten für die Pflegeleistungen, die über die nach § 39 Absatz 1 beihilfefähigen Aufwendungen hinausgehen,
- die Kosten für Unterkunft und Verpflegung sowie
- die Investitionskosten

nur anteilig zu berücksichtigen. 2Satz 1 gilt entsprechend für den Mindestbetrag.

39.3 Zu Absatz 3

39.3.1 Bei den Einnahmen bleiben unberücksichtigt:

- Einnahmen von Kindern,
- Einnahmen aus geringfügigen Tätigkeiten (§ 8 des Vierten Buches Sozialgesetzbuch [SGB IV]) und
- Leistungsprämien nach § 42a BBesG.

39.3.2 Auf Grund des eindeutigen Bezugs auf § 1 Absatz 2 Nummer 1 und 3 und Absatz 3 BBesG finden Zulagen nach § 1 Absatz 2 Nummer 4 und § 42 BBesG keine Berücksichtigung.

39.3.3 1Eine Rente ist immer mit dem Zahlbetrag nach Satz 1 Nummer 3 zu berücksichtigen. 2Sofern die Ehegattin oder der Ehegatte, die Lebenspartnerin oder der Lebenspartner neben einer Rente weitere Einnahmen nach § 2 Absatz 3 EStG hat, sind diese ohne den Rentenanteil zu berücksichtigen.

39.3.4 Nummer 39.2.4 gilt entsprechend bei der Berechnung der Einnahmen.

39.4 Zu Absatz 4

1§ 43b SGB XI zielt darauf ab, zusätzliches Personal für die zusätzliche Betreuung und Aktivierung, die über die nach Art und Schwere der Pflegebedürftigkeit notwendige Versorgung hinausgeht, in den Einrichtungen bereit zu stellen. 2Die Aufwendungen für diesen Vergütungszuschlag sind in allen stationären Einrichtungen einschließlich teilstationärer Einrichtungen und Einrichtungen der Kurzzeitpflege in voller Höhe beihilfefähig.

39.5 Zu Absatz 5

$_1$Pflegeeinrichtungen, deren aktivierende und rehabilitative Maßnahmen zu einem niedrigeren Pflegegrad oder dessen Wegfall führen, erhalten einen zusätzlichen Betrag seit 1. Januar 2017 in Höhe von 2 952 Euro zum Bemessungssatz. $_2$Der Betrag unterliegt alle drei Jahre einer Dynamisierungsprüfung.

39.6 Zu Absatz 6

(unbesetzt)

39a Zu § 39a – Einrichtungen der Behindertenhilfe

39a.1 $_1$Beihilfefähig sind 10 Prozent des nach § 75 Absatz 3 des Zwölften Buches Sozialgesetzbuch (SGB XII) vereinbarten Heimentgelts, höchstens jedoch 266 Euro monatlich. $_2$Wird für die Tage, an denen die pflegebedürftigen behinderten Menschen zu Hause gepflegt und betreut werden, anteilige Pauschalbeihilfe gewährt, gelten die Tage der An- und Abreise als volle Tage der häuslichen Pflege. $_3$Inhalt der Vereinbarung nach § 75 Absatz 3 SGB XII ist gemäß § 76 Absatz 2 SGB XII die Vergütung für die Leistungen bestehend aus den Pauschalen für Unterkunft und Verpflegung (Grundpauschale) und für die Maßnahmen (Maßnahmepauschale), so dass auch die Kosten der teilstationären Unterbringung (z. B. für die Betreuung in einer Werkstatt für behinderte Menschen) in die Berechnung der 10-Prozent-Regelung einzubeziehen sind.

39a.2 Bei zu Hause gepflegten pflegebedürftigen Personen, die ausnahmsweise eine Kurzzeitpflege in geeigneten Einrichtungen der Hilfe für behinderte Menschen und anderen geeigneten Einrichtungen erhalten, bestimmt sich die Beihilfefähigkeit der Aufwendungen ausschließlich nach § 38e.

39b Zu § 39b – Aufwendungen bei Pflegegrad 1

$_1$Für pflegebedürftige Personen mit Pflegegrad 1 sind nur die enumerativ aufgeführten Aufwendungen für Leistungen beihilfefähig. $_2$Diese entsprechen weitestgehend den Leistungen nach § 28a SGB XI.

40 Zu § 40 – Palliativversorgung

40.1 Zu Absatz 1

40.1.1 Die spezialisierte ambulante Palliativversorgung (SAPV) umfasst ärztliche und pflegerische Leistungen einschließlich ihrer Koordination insbesondere zur Schmerztherapie und Symptomkontrolle und zielt darauf ab, die Betreuung in der vertrauten häuslichen Umgebung zu ermöglichen.

40.1.2 Erhöhte Aufwendungen, die auf Grund der besonderen Belange der zu betreuenden Kinder anfallen, sind beihilfefähig.

40.1.3 $_1$Die Aufwendungen für eine solche Versorgung sind bis zur Höhe der nach § 132d Absatz 1 Satz 1 SGB V vereinbarten Vergütung beihilfefähig. $_2$Für beihilfeberechtigte Personen nach § 3 und ihre berücksichtigungsfähigen Personen bemisst sich die Angemessenheit der Aufwendungen für eine spezialisierte ambulante Palliativversorgung im Gastland unter Berücksichtigung der besonderen Verhältnisse im Ausland nach den ortsüblichen Gebühren.

40.1.4 Auf beihilfeberechtigte und berücksichtigungsfähige Personen in voll- und teilstationären Pflegeeinrichtungen sind die Nummern 40.1.1 und 40.1.2 entsprechend anzuwenden.

40.1.5 Durch den Verweis in Satz 2 auf § 37b Absatz 3 SGB V bestimmt sich die Beihilfefähigkeit von Aufwendungen für SAPV im Übrigen hinsichtlich der Voraussetzungen, Art und Umfang nach der Richtlinie des Gemeinsamen Bundesausschusses zur Verordnung von spezialisierter ambulanter Palliativversorgung.

40.2 Zu Absatz 2

40.2.1 $_{1}$Hospize sind Einrichtungen, in denen unheilbar Kranke in ihrer letzten Lebensphase palliativ-medizinisch, das heißt leidensmindernd, pflegerisch und seelisch betreut werden. $_{2}$Aufwendungen für die Behandlung in einem Hospiz sind nur dann beihilfefähig, wenn das Hospiz einen Versorgungsvertrag mit mindestens einer Krankenkasse abgeschlossen hat.

40.2.2 $_{1}$Mit Inkrafttreten des Gesetzes zur Verbesserung der Hospiz- und Palliativversorgung in Deutschland am 8. Dezember 2015 trägt die Krankenkasse die zuschussfähigen Kosten unter Anrechnung der Leistungen nach SGB XI (Kurzzeitpflege und vollstationäre Pflege) zu 95 Prozent. $_{2}$Der Zuschuss darf dabei kalendertäglich 9 Prozent der monatlichen Bezugsgröße nach § 18 Absatz 1 SGB IV nicht unterschreiten. $_{3}$Beihilfefähig sind deshalb 95 Prozent der tatsächlichen Aufwendungen (einschließlich Unterkunft und Verpflegung), mindestens jedoch kalendertäglich 9 Prozent der monatlichen Bezugsgröße nach § 18 Absatz 1 SGB IV. $_{4}$Soweit andere Sozialleistungsträger Zuschüsse gewähren, sind diese im Rahmen des § 9 Absatz 1 anzurechnen. $_{5}$Bei Vorliegen der Voraussetzungen kommt daneben auch eine Beihilfegewährung nach § 38e (Kurzzeitpflege) und § 39 (vollstationäre Pflege) in Betracht.

40.2.3 $_{1}$In Ausnahmefällen können die Kosten bis zur Höhe der Kosten einer Hospizbehandlung auch in anderen Häusern, die palliativ-medizinische Versorgung erbringen, übernommen werden, wenn auf Grund der Besonderheit der Erkrankung oder eines Mangels an Hospizplätzen eine Unterbringung in einem wohnortnahen Hospiz nicht möglich ist. $_{2}$In diesem Fall orientiert sich die beihilfefähige „angemessene Vergütung" an dem Betrag, den die GKV ihrem Zuschuss zugrunde gelegt hat. $_{3}$Zur Ermittlung dieses Betrages reicht die Bestätigung der Einrichtung über die Höhe der der gesetzlichen Krankenversicherung in Rechnung gestellten Vergütung.

40.3 Zu Absatz 3

(unbesetzt)

40a Zu § 40a – Gesundheitliche Versorgungsplanung für die letzte Lebensphase

40a.1 Zu Absatz 1

Zugelassene Pflegeeinrichtungen und Einrichtungen der Eingliederungshilfe für behinderte Menschen können in den Einrichtungen eine Beratung über medizinische und pflegerische Versorgung und Betreuung in der letzten Lebensphase sowie das Aufzeigen von Hilfe und Angebote der Sterbebegleitung anbieten.

40a.2 Zu Absatz 2

$_{1}$Die Leistung kann nur in Pflegeeinrichtungen erbracht werden, dennoch handelt es sich nicht um eine pflegebedingte Aufwendung, sondern gehört zu den Krankheitskosten. $_{2}$Es gilt daher nicht der Halbteilungsgrundsatz des § 46 Absatz 4 für Pflegeleistungen. $_{3}$Die Erstattung erfolgt zum Regelbemessungssatz. $_{4}$Bei pflichtversicherten Personen gilt die Anrechnung nach § 9 Absatz 1.

Kapitel 4
Aufwendungen in anderen Fällen

41 Zu § 41 – Früherkennungsuntersuchungen und Vorsorgemaßnahmen

41.1 Zu Absatz 1

41.1.1 $_{1}$Inhalt, Zielgruppe, Altersgrenzen, Häufigkeit, Art und Umfang der Maßnahmen nach Satz 1 richten sich nach den Richtlinien des Gemeinsamen Bundesausschusses

1. über die Früherkennung von Krankheiten bei Kindern bis zur Vollendung des 18. Lebensjahres („Kinder-Richtlinien"),
2. zur Jugendgesundheitsuntersuchung bei Jugendlichen zwischen dem vollendeten 13. und vollendetem 14. Lebensjahr („Jugendgesundheitsuntersuchungs-Richtlinie"),
3. über die Früherkennung von Krebserkrankungen („Krebsfrüherkennungs-Richtlinie") und „Richtlinie für organisierte Krebsfrüherkennungsprogramme",
4. über die Gesundheitsuntersuchungen zur Früherkennung von Krankheiten ab dem vollendeten 18. Lebensjahr („Gesundheitsuntersuchungs-Richtlinie"),
5. über Schutzimpfungen nach § 20i Absatz 1 SGB V („Schutzimpfung-Richtlinie").

$_{2}$Die vorstehend genannten Richtlinien sind auf der Website des Gemeinsamen Bundesausschusses *(www.g-ba.de)* veröffentlicht.

41.1.2 $_{1}$Aufwendungen für Leistungen, die im Rahmen von Maßnahmen zur Früherkennung von Krankheiten und von Vorsorgeuntersuchungen durchgeführt werden und über den Leistungsumfang nach den Richtlinien des Gemeinsamen Bundesausschusses hinausgehen oder nicht in Anlage 13 zur BBhV aufgeführt sind, können nicht als beihilfefähige Aufwendungen der Früherkennungs- und Vorsorgemaßnahmen anerkannt werden. 2Es bleibt zu prüfen, ob es sich in diesen Fällen um eine medizinisch notwendige Behandlung handelt, die auf Grund einer Diagnosestellung erfolgte.

41.2 Zu Absatz 2

(unbesetzt)

41.3 Zu Absatz 3

1Bei den Maßnahmen nach Anlage 14 handelt es sich ausschließlich um ein Früherkennungsprogramm (Präventionsprogramm) für erblich belastete Personen mit einem erhöhten familiären Brust- oder Eierstockkrebsrisiko. 2Aufwendungen für genetische Analysen im Rahmen einer bereits laufenden Behandlung, also einer kurativen Maßnahme, sind von den Voraussetzungen nach Anlage 14 nicht betroffen, auch sind sie nicht auf spezialisierte Zentren beschränkt.

41.4 Zu Absatz 4

Nummer 41.3 gilt entsprechend.

41.5 Zu Absatz 5

Aufwendungen beihilfeberechtigter und berücksichtigungsfähiger Personen mit substantiellem HIV-Infektionsrisiko sind beihilfefähig

- für ärztliche Beratungen, erforderliche Untersuchungen nach § 41 Absatz 5 und
- für verschreibungspflichtige Arzneimittel zur Präexpositionsprophylaxe nach § 22 Absatz 1 Nummer 1.

41.6 Zu Absatz 6

(unbesetzt)

41.7 Zu Absatz 7

(unbesetzt)

42 Zu § 42 – Schwangerschaft und Geburt

42.0 § 42 ist auch anzuwenden auf die Aufwendungen im Zusammenhang mit der Schwangerschaft und Niederkunft einer berücksichtigungsfähigen Tochter der beihilfeberechtigten Person.

42.1 Zu Absatz 1

42.1.1 Zu Absatz 1 Nummer 1

42.1.1.1 Für Aufwendungen der Schwangerschaftsüberwachung können die jeweils gültigen Richtlinien des Bundesausschusses der Ärzte und Krankenkassen über die ärztliche Betreuung während der Schwangerschaft und nach der Entbindung („Mutterschafts-Richtlinien"), derzeit in der Fassung vom 10. Dezember 1985 (BAnz. Nr. 60a vom 27. März 1986), zuletzt geändert am 16. September 2021 (BAnz. AT 26. November 2021 B4), in Kraft getreten am 1. Januar 2022, zugrunde gelegt werden.

42.1.1.2 $_{1}$Durch die ärztliche Betreuung während der Schwangerschaft und nach der Entbindung sollen mögliche Gefahren für Leben und Gesundheit von Mutter oder Kind abgewendet sowie Gesundheitsstörungen rechtzeitig erkannt und behandelt werden. $_{2}$Vorrangiges Ziel der ärztlichen Schwangerenvorsorge ist die frühzeitige Erkennung von Risikoschwangerschaften und Risikogeburten. $_{3}$In diesem Zusammenhang sind bei Schwangeren auch die Aufwendungen für einen HIV-Test beihilfefähig.

42.1.2 Zu Absatz 1 Nummer 2

Leistungen einer Hebamme oder eines Entbindungspflegers (z. B. Geburtsvorbereitung einschließlich Schwangerschaftsgymnastik) bedürfen keiner gesonderten ärztlichen Verordnung.

42.1.3 Zu Absatz 1 Nummer 3

(unbesetzt)

42.1.4 Zu Absatz 1 Nummer 4

Wird die Haus- und Wochenpflege durch den Ehegatten, die Lebenspartnerin, die Eltern oder die Kinder der Wöchnerin durchgeführt, sind nur beihilfefähig die Fahrtkosten und das nachgewiesene ausgefallene Arbeitseinkommen der die Haus- und Wochenpflege durchführenden Person.

42.2 Zu Absatz 2

(unbesetzt)

43 Zu § 43 – Künstliche Befruchtung

43.1 Zu Absatz 1

43.1.1 $_{1}$Die Beihilfefähigkeit der Aufwendungen für künstliche Befruchtung orientiert sich an den nach § 27a SGB V durch den Gemeinsamen Bundesausschuss nach § 92 SGB V erlassenen Richtlinien über ärztliche Maßnahmen zur künstlichen Befruchtung (Richtlinien über künstliche Befruchtung). $_{2}$Die Richtlinien sind auf der Website des Gemeinsamen Bundesausschusses *(www.g-ba.de)* veröffentlicht.

43.1.2 Die maßgeblichen Altersgrenzen für beide Ehegatten müssen in jedem Behandlungszyklus (Zyklusfall) zum Zeitpunkt des ersten Zyklustages im Spontanzyklus, des ersten Stimulationstages im stimulierten Zyklus oder des ersten Tages der Down-Regulation erfüllt sein.

43.2 Zu Absatz 2

$_{1}$Die Zuordnung der Kosten zu den Ehegatten erfolgt in enger Anlehnung an Nummer 3 der Richtlinien über künstliche Befruchtung. $_{2}$Das bedeutet, dass die Aufwendungen der Person zuzurechnen sind, bei der die Leistung durchgeführt wird.

43.3 Zu Absatz 3

Nummer 43.2 gilt entsprechend.

43.4 Zu Absatz 4

43.4.1 $_{1}$Im Fall eines totalen Fertilisationsversagens nach dem ersten Versuch einer IVF kann in maximal zwei darauffolgenden Zyklen die ICSI zur Anwendung kommen, auch wenn die Voraussetzungen der ICSI nicht vorliegen. $_{2}$Ein Methodenwechsel innerhalb eines IVF-Zyklus (sog. Rescue-ICSI) ist ausgeschlossen.

43.4.2 $_{1}$Die IVF gilt als vollständig durchgeführt, wenn die Eizellkultur angesetzt worden ist. $_{2}$Die ICSI gilt als vollständig durchgeführt, wenn die Spermieninjektion in die Eizelle(n) erfolgt ist.

43.5 Zu Absatz 5

43.5.1 $_{1}$Aufwendungen für Maßnahmen zur künstlichen Befruchtung einschließlich der in diesem Zusammenhang erforderlichen Arzneimittel sind zu 50 Prozent der berücksichtigungsfähigen Aufwendungen beihilfefähig, wenn sie im homologen System (das heißt bei Ehegatten) durchgeführt werden und eine hinreichende Aussicht besteht, dass durch die gewählte Behandlungsmethode eine Schwangerschaft herbeigeführt wird. $_{2}$Vorausgehende Untersuchungen zur Diagnosefindung und Abklärung, ob und gegebenenfalls welche Methode der künstlichen Befruchtung zum Einsatz kommt, fallen nicht unter die hälftige Kostenerstattung.

43.5.2 $_{1}$Nach Geburt eines Kindes sind Aufwendungen für die Herbeiführung einer erneuten Schwangerschaft durch künstliche Befruchtung nach Nummer 43.5.1 beihilfefähig. $_{2}$Dies gilt auch, wenn eine sogenannte klinische Schwangerschaft (z. B. Nachweis durch Ultraschall, Eileiterschwangerschaft) vorlag, die zu einer Fehlgeburt führte.

43.6 Zu Absatz 6

(unbesetzt)

43.7 Zu Absatz 7

(unbesetzt)

43a Zu § 43a – Sterilisation, Empfängnisregelung und Schwangerschaftsabbruch

43a.1 Zu Absatz 1

(unbesetzt)

43a.2 Zu Absatz 2

(unbesetzt)

43a.3 Zu Absatz 3

Liegt eine ärztliche Bescheinigung über das Vorliegen der Voraussetzungen des § 218a Absatz 2 oder Absatz 3 StGB vor, bedarf es grundsätzlich keiner weitergehenden Prüfung der Rechtmäßigkeit durch die Festsetzungsstelle.

44 Zu § 44 – Überführungskosten

44.1 Zu Absatz 1

44.1.1 1Neben den geregelten Fällen sind Aufwendungen anlässlich des Todes nicht beihilfefähig. 2Die BBhV regelt nur die Beihilfefähigkeit von Aufwendungen in Krankheits-, Pflege- und Geburtsfällen.

44.1.2 Nicht beihilfefähig sind die Aufwendungen aus Anlass der Todesfeststellung nach den Nummern 100 bis 107 der Anlage zur GOÄ einschließlich des in diesem Zusammenhang berechneten Wegegeldes nach § 8 GOÄ.

44.2 Zu Absatz 2

(unbesetzt)

45 Zu § 45 – Erste Hilfe, Entseuchung, Kommunikationshilfe und Organspende

45.1 Zu Absatz 1

45.1.1 Die beihilfefähigen Aufwendungen für Erste Hilfe umfassen den Einsatz von Rettungskräften, Sanitäterinnen, Sanitätern und anderen Personen und die von ihnen verbrauchten Stoffe (z. B. Medikamente, Heil- und Verbandmittel).

45.1.2 Eine behördlich angeordnete Entseuchung kommt insbesondere im Zusammenhang mit Maßnahmen nach dem Infektionsschutzgesetz in Betracht.

45.2 Zu Absatz 2

1Für die Beihilfefähigkeit von Aufwendungen für die Hinzuziehung einer Gebärdensprachdolmetscherin oder eines Gebärdensprachdolmetschers oder einer anderen Kommunikationshilfe gelten die gleichen Voraussetzungen wie für den Anspruch auf eine Kommunikationshilfe im Verwaltungsverfahren. 2Als Kommunikationshilfen kommen Gebärdensprachdolmetscherinnen, Gebärdensprachdolmetscher, Schriftdolmetscherinnen, Schriftdolmetscher oder andere nach der Kommunikationshilfeverordnung zugelassene Hilfen in Betracht. $_{3}$Als beihilfefähig anzuerkennen sind die nachgewiesenen Aufwendungen der beihilfeberechtigten Person bis zur Höhe der im Justizvergütungs- und -entschädigungsgesetz (JVEG) vorgesehenen Sätze (derzeit 85 Euro pro Stunde für Dolmetscherinnen und Dolmetscher [§ 45 Absatz 2 Nummer 1 BBhV in Verbindung mit § 9 Absatz 2 des Behindertengleichstellungsgesetzes, § 5 Absatz 1 Satz 1 der Kommunikationshilfeverordnung und § 9 Absatz 5 JVEG]); entschädigt werden die Einsatzzeit zuzüglich erforderlicher Reisezeiten (§ 8 Absatz 2 JVEG) und erforderliche Fahrtkosten (§ 8 Absatz 1 Nummer 2 in Verbindung mit § 5 JVEG) der Kommunikationshilfe. $_{4}$Die Beihilfefähigkeit beschränkt sich auch dann auf den individuellen Bemessungssatz, wenn die Krankenversicherung Leistungen für Kommunikationshilfen nicht gewährt. $_{5}$Anders als im Verwaltungsverfahren ist die Hinzuziehung einer Kommunikationshilfe z. B. beim Besuch einer Ärztin oder eines Arztes immer eine Sache der beihilfeberechtigten oder berücksichtigungsfähigen Person.

45a Zu § 45a – Organspende und andere Spenden

45a.1 Zu Absatz 1

(unbesetzt)

45a.2 Zu Absatz 2

45a.2.1 Zu den Auswirkungen des Bezugs von Leistungen zum Ausgleich des Verdienstausfalls von Organ- oder Gewebespendern nach den §§ 8 und 8a des Transplantationsgesetzes wird auf das Schreiben der Deutschen Rentenversicherung Bund verwiesen, das mit Rundschreiben des BMI vom 10. Januar 2013 – D 6 – 213 106-11/0#0 – bekanntgegeben wurde.

45a.2.2 $_{1}$Für Spenderinnen und Spender von Organen, Geweben, Blutstammzellen oder anderen Blutbestandteilen sind die Kosten einer notwendigen Unterbringung außerhalb des Krankenhauses (beispielsweise in einem Hotel) als beihilfefähig anzuerkennen. $_{2}$Dies gilt insbesondere, wenn es sich um die jährlichen ambulanten Nachsorgeuntersuchungen der Spender handelt, die nicht am Wohnort des Spenders durchgeführt werden, sondern in dem Krankenhaus, in dem die Spende erfolgte.

45a.3 Zu Absatz 3

Neben den Aufwendungen der Registrierung sind auch die Aufwendungen für die Suche nach einem geeigneten Spender im Zentralen Knochenmarkspender-Register beihilfefähig.

45b Zu § 45b – Klinisches Krebsregister

45b.1 Zu Absatz 1

45b.1.1 $_{1}$Der Bund hat zum 1. Oktober 2016 mit dem Klinischen Krebsregister Berlin Brandenburg eine Vereinbarung zur Kostenbeteiligung der Beihilfe des

Bundes geschlossen. ₂Der Vertrag ist offen für den Beitritt anderer Krebsregister. ₃Das BMI wird über weitere Beitritte durch Rundschreiben informieren.

45b1.2 Aufwendungen für eine klinische Krebsregistrierung werden der Festsetzungsstelle von den klinischen Krebsregistern in Rechnung gestellt und sind direkt an diesen entsprechend dem Bemessungssatz zu zahlen, wenn die Registrierung für eine beihilfeberechtigte oder berücksichtigungsfähige Person erfolgte.

45b.2 Zu Absatz 2

(unbesetzt)

Kapitel 5
Umfang der Beihilfe

46 Zu § 46 – Bemessung der Beihilfe

46.1 Zu Absatz 1

(unbesetzt)

46.2 Zu Absatz 2

Zu den Waisen im Sinne der Nummer 4 gehören auch Halbwaisen, soweit sie Halbwaisengeld beziehen.

46.3 Zu Absatz 3

46.3.1 Für den erhöhten Bemessungssatz nach Satz 1 ist es unerheblich, welcher Tatbestand der Berücksichtigungsfähigkeit nach § 4 Absatz 2 vorliegt.

46.3.2 ₁Den erhöhten Bemessungssatz erhält die beihilfeberechtigte Person, die die familienbezogenen Besoldungsbestandteile für mindestens zwei Kinder bezieht. ₂Eine gesonderte Erklärung der beihilfeberechtigten Personen ist nicht erforderlich.

46.3.3 Bei Personen, die heilfürsorgeberechtigt sind oder Anspruch auf unentgeltliche truppenärztliche Versorgung haben, besteht keine Konkurrenz zu einer anderen beihilfeberechtigten Person, weil die Aufwendungen für diesen Personenkreis nach § 8 Absatz 1 Nummer 1 von der Beihilfefähigkeit ausgeschlossen sind.

46.3.4 Bei mehreren beihilfeberechtigten Personen mit unterschiedlichen Dienstherren (z. B. Bund – Land; Bund – Kommune) ist der Festsetzungsstelle des Landes oder der Kommune die Mitteilung nach dem Formblatt im Anhang 1 zu übersenden.

46.4 Zu Absatz 4

(unbesetzt)

47 Zu § 47 – Abweichender Bemessungssatz

47.1 Zu Absatz 1

(unbesetzt)

47.2 Zu Absatz 2

47.2.1 Eine Krankenversicherung ist dann als beihilfekonform anzusehen, wenn sie zusammen mit den jeweiligen Beihilfeleistungen in der Regel eine Erstattung von 100 Prozent der Aufwendungen ermöglicht.

47.2.2 $_{1}$In den Vergleich sind auch die Kosten einer Krankenhaustagegeldversicherung bis zu 14,50 Euro täglich einzubeziehen. $_{2}$Ein von dritter Seite gezahlter Zuschuss zum Krankenversicherungsbeitrag ist bei der Gegenüberstellung von dem zu zahlenden Beitragsaufwand abzuziehen.

47.2.3 $_{1}$Der Krankenversicherungsbeitrag und die Gesamteinkünfte sind zu belegen. $_{2}$Die Erhöhung gilt für künftige Aufwendungen, im Hinblick auf § 47 Absatz 2 jedoch frühestens im Zeitpunkt des Wirksamwerdens der Anpassung des Versicherungsschutzes. $_{3}$Der Zeitpunkt der Anpassung des Versicherungsschutzes ist der Festsetzungsstelle nachzuweisen. $_{4}$Nach spätestens drei Jahren sind die Voraussetzungen auf die Erhöhung des Beihilfebemessungssatzes auf Grund eines erneuten Antrags neu zu prüfen.

47.2.4 Pflegeversicherungsbeiträge bleiben unberücksichtigt.

47.3 Zu Absatz 3

(unbesetzt)

47.4 Zu Absatz 4

47.4.1 $_{1}$Eine ausreichende Versicherung im Sinne dieser Vorschrift liegt vor, wenn sich aus den Versicherungsbedingungen ergibt, dass die Versicherung in den üblichen Fällen ambulanter Behandlung und stationärer Krankenhausbehandlung wesentlich zur Entlastung der oder des Versicherten beiträgt, das heißt zusammen mit der Beihilfe das Kostenrisiko in Krankheitsfällen deckt. $_{2}$Dabei ist es unerheblich, wenn für einzelne Aufwendungen die Versicherungsleistung verhältnismäßig gering ist. $_{3}$Das Erfordernis der rechtzeitigen Versicherung soll sicherstellen, dass das Risiko eines verspäteten Versicherungsabschlusses nicht zu einer erhöhten Belastung des Dienstherrn führt. $_{4}$Eine rechtzeitige Versicherung liegt vor, wenn sie in engem zeitlichem Zusammenhang mit dem Eintritt in das Beamtenverhältnis abgeschlossen wird.

47.4.2 $_{1}$Der Leistungsausschluss muss im Versicherungsschein als persönliche Sonderbedingung ausgewiesen sein; ein Leistungsausschluss ist nur dann zu berücksichtigen, wenn dieser nachweislich nicht durch Zahlung eines Risikozuschlages hätte abgewendet werden können. $_{2}$Ein Leistungsausschluss liegt unter anderem dann nicht vor, wenn Krankenversicherungen in ihren Tarifen für einzelne Behandlungen generell keine oder nur reduzierte Leistungen vorsehen oder in ihren Versicherungsbedingungen einzelne Tatbestände (z. B.

Suchtkrankheiten, Pflegefälle, Krankheiten, für die anderweitige Ansprüche bestehen) vom Versicherungsschutz ausnehmen oder der Leistungsausschluss nur für Leistungen aus einer Höher- oder Zusatzversicherung gilt. $_3$Das Gleiche gilt für Aufwendungen, die während einer in den Versicherungsbedingungen vorgesehenen Wartezeit anfallen.

47.4.3 $_1$Eine Einstellung von Versicherungsleistungen liegt nur vor, wenn nach einer bestimmten Dauer einer Krankheit die Leistungen für diese Krankheit nach den Versicherungsbedingungen ganz eingestellt werden, im Ergebnis also ein nachträglicher Versicherungsausschluss vorliegt. $_2$Diese Voraussetzung ist nicht gegeben, wenn Versicherungsleistungen nur zeitweilig entfallen, weil z. B. ein tariflich festgelegter Jahreshöchstbetrag oder eine gewisse Zahl von Behandlungen in einem kalendermäßig begrenzten Zeitraum überschritten ist.

47.5 Zu Absatz 5

47.5.1 $_1$Bei beihilfeberechtigten Personen, die freiwillig in der gesetzlichen Krankenversicherung versichert sind und bei deren berücksichtigungsfähigen Personen, die der Familienversicherung nach § 10 SGB V unterliegen, erhöht sich der Bemessungssatz auf 100 Prozent der beihilfefähigen Aufwendungen unter Anrechnung der Leistungen und Erstattungen der Krankenkasse. $_2$Die Erhöhung der Erstattungsleistungen für beihilfefähige Aufwendungen umfasst auch solche Fälle, in denen die medizinische Maßnahme als einheitliche Leistung angesehen werden kann wie bei einem stationären Krankenhausaufenthalt mit gesondert berechenbarer Unterkunft. $_3$Unbeschadet hiervon sind etwaige Eigenbehalte, sonstige Minderungs- oder Höchstbeträge.

47.5.2 $_1$Eine Aufstockung wird nicht gewährt, wenn – wie z. B. bei sogenannten IGEL-Leistungen – keine Leistungen der gesetzlichen Krankenkassen erfolgen. $_2$Hier gilt der Bemessungssatz nach § 46.

47.6 Zu Absatz 6

(unbesetzt)

47.7 Zu Absatz 7

(unbesetzt)

47.8 Zu Absatz 8

(unbesetzt)

47.9 Zu Absatz 9

47.9.1 $_1$Die Regelung beinhaltet die Möglichkeit eines Nachteilsausgleichs für Personen, die in Folge einer Gesetzesänderung beihilfeberechtigte Personen des Bundes werden und zuvor Beihilfe nach Landesrecht bezogen haben. $_2$Ausgeglichen werden können aber nur Nachteile, die sich aus unterschiedlichen Regelungen zum Bemessungssatz ergeben. $_3$Nicht erfasst werden eventuelle anderweitige Benachteiligungen wie z. B. bei der Beihilfefähigkeit einzelner Aufwendungen.

47.9.2 $_{1}$Zur Herbeiführung der Festlegung ist ein formloses Ersuchen des Bundesministeriums, das nach der Geschäftsverteilung der Bundesregierung für die Belange der beihilfeberechtigten Personen zuständig ist, erforderlich (Satz 2). $_{2}$Das Ersuchen soll folgende Angaben enthalten:

- betroffene Personengruppe (genau zu spezifizieren),
- gesetzliche Grundlage für das Entstehen eines Beihilfeanspruchs nach der BBhV,
- Sachverhalte, für die nach Landesrecht ein vom Bundesrecht abweichender, günstigerer Bemessungssatz gegolten hat,
- Bemessungssatz nach Landesrecht,
- Vorschlag für eine Abweichung vom Bemessungssatz nach der BBhV.

48 Zu § 48 – Begrenzung der Beihilfe

48.1 Zu Absatz 1

48.1.1 $_{1}$Um den nach Satz 1 zulässigen Höchstbetrag der Beihilfe berechnen zu können, sind die in einem Beihilfeantrag zusammengefassten, dem Grunde nach beihilfefähigen Aufwendungen den dazu gewährten Leistungen aus einer Kranken- und Pflegeversicherung gegenüberzustellen. $_{2}$Dem Grunde nach beihilfefähig sind auch Aufwendungen, die über etwaige Höchstbeträge, sonstige Begrenzungen oder Einschränkungen hinausgehen (z. B. Kosten eines Einbettzimmers bei Krankenhausbehandlungen, Arzthonorare, die den Höchstsatz der Gebührenordnungen übersteigen), nicht jedoch Aufwendungen, deren Beihilfefähigkeit ausgeschlossen ist. $_{3}$Sind z. B. für eine berücksichtigungsfähige Person die Aufwendungen für eine Sehhilfe nach Anlage 11 Abschnitt 4 Unterabschnitt 1 BBhV beihilfefähig, dann zählen die Aufwendungen für eine Sehhilfe nur für diese Person zu den dem Grunde nach beihilfefähigen Aufwendungen, nicht jedoch die Aufwendungen für Sehhilfen beihilfeberechtigter oder weiterer berücksichtigungsfähiger Personen. $_{4}$Die Aufwendungen für Lifestyle-Arzneimittel gehören grundsätzlich nicht zu den dem Grunde nach beihilfefähigen Aufwendungen (§ 22 Absatz 2 Nummer 1). $_{5}$Die Aufwendungen für nicht verschreibungspflichtige Arzneimittel sind nur dann dem Grunde nach beihilfefähig, wenn die BBhV dies ausnahmsweise ausdrücklich bestimmt (§ 22 Absatz 2 Nummer 2 und 3 sowie § 50 Absatz 1 Nummer 2).

48.1.2 Beitragserstattungen sind keine Leistungen aus Anlass einer Krankheit.

48.2 Zu Absatz 2

$_{1}$Der Nachweis darüber, dass Versicherungsleistungen auf Grund des Versicherungsvertrages nach einem Prozentsatz bemessen sind, soll beim ersten Antrag durch Vorlage des Versicherungsscheines oder einer Bescheinigung der Krankenversicherung erbracht werden. $_{2}$Änderungen der Versicherungsverhältnisse sind bei der nächsten Antragstellung nachzuweisen. $_{3}$Abweichende geringere Erstattungen können im Einzelfall nachgewiesen werden.

49 Zu § 49 – Eigenbehalte

49.1 Zu Absatz 1

49.1.1 Die Abzugsbetragsregelung gilt unabhängig vom Bezugsweg, auch für Arznei- und Verbandmittel aus Versandapotheken. $_{2}$Von Apotheken gewährte Rabatte sind zu berücksichtigen.

49.1.2 $_{1}$Ist auf Grund der Verordnung kein Packungsgrößenkennzeichen oder keine Bezugseinheit bestimmbar (z. B. bei Sondennahrung), bestimmt die Verordnungszeile die Höhe der Eigenbehalte. $_{2}$Das kann dazu führen, dass bei Dauerverordnung (z. B. für enterale Ernährung) ein Eigenbehalt nur einmal erhoben wird.

49.1.3 $_{1}$Bei Aufwendungen für Betrieb, Unterhaltung und Reparatur von Hilfsmitteln sind keine Eigenbehalte abzusetzen. $_{2}$Der Eigenbehalt gilt nur bei Anschaffung und Ersatzbeschaffung von Hilfsmitteln. $_{3}$Bei Miete eines Hilfsmittels ist nur einmalig für die erste Miete ein Eigenbehalt abzusetzen.

49.1.4 $_{1}$Sofern aus der ärztlichen Verordnung nichts anderes hervorgeht, ist die in der Verordnung angegebene Stückzahl als „Monatsbedarf" im Sinne von Satz 2 anzusehen. $_{2}$Der Monatsbedarf ist auf den Kalendermonat zu beziehen. $_{3}$Der Mindestabzugsbetrag in Höhe von 5 Euro ist hier nicht anzuwenden.

49.1.5 $_{1}$Die beihilfefähigen Aufwendungen für Fahrtkosten unterliegen grundsätzlich dem Abzug von Eigenbehalten, außer den Fahrtkosten nach § 35 Absatz 2.

49.1.6 $_{1}$Für die bei einer kombinierten vor-, voll- und nachstationären Krankenhausbehandlung im Sinne der §§ 26 und 26a entstehenden Beförderungskosten ist der Abzugsbetrag nach Satz 1 Nummer 3 nur für die erste und letzte Fahrt zugrunde zu legen. $_{2}$Dies gilt entsprechend bei ambulant durchgeführten Operationen bezüglich der Einbeziehung der Vor- und Nachbehandlungen im jeweiligen Behandlungsfall, bei teilstationärer Behandlung (Tagesklinik) sowie bei einer ambulanten Chemo-/Strahlentherapieserie und einer ambulanten Anschlussheil- oder Suchtbehandlung.

49.2 Zu Absatz 2

49.2.1 $_{1}$Der Abzugsbetrag ist sowohl für den Aufnahme- als auch für den Entlassungstag zu berücksichtigen. $_{2}$Die Abzugsbeträge sind für jedes Kalenderjahr gesondert zu beachten, dies gilt auch bei durchgehendem stationärem Krankenhausaufenthalt über den Jahreswechsel.

49.2.2 Nachstehende Krankenhausbehandlungen unterliegen keinem Abzugsbetrag:

- Entbindungen,
- teilstationäre Behandlungen,
- vor- und nachstationäre Behandlungen,
- ambulante Operationen im Krankenhaus,
- Inanspruchnahme wahlärztlicher Leistungen im Krankenhaus.

49.3 Zu Absatz 3

$_{1}$Der Abzugsbetrag in Höhe von zehn Prozent der Aufwendungen für eine vorübergehende häusliche Krankenpflege (§ 27) ist begrenzt auf 28 Tage je Kalenderjahr. $_{2}$Bei einem erneuten Krankheitsfall im selben Kalenderjahr werden deshalb keine Abzugsbeträge mehr in Ansatz gebracht, soweit die Krankenpflege insgesamt mehr als 28 Tage in Anspruch genommen worden ist. $_{3}$Neben dem Abzugsbetrag für die häusliche Krankenpflege wird für jede ärztliche Verordnung ein Betrag von 10 Euro von den beihilfefähigen Aufwendungen abgezogen.

49.4 Zu Absatz 4

Zur Unterstützung für die Ermittlung der beihilfefähigen Arzneimittel, für die kein Eigenbehalt nach Nummer 5 Buchstabe b zu berücksichtigen ist, können die von den Spitzenorganisationen der Krankenkassen festzulegenden zuzahlungsbefreiten Arzneimittel nach § 31 Absatz 3 Satz 4 SGB V genutzt werden.

50 Zu § 50 – Belastungsgrenzen

50.1 Zu Absatz 1

50.1.1 $_{1}$Eine Befreiung von Eigenbehalten wegen Überschreitung der Belastungsgrenze ist jährlich neu zu beantragen. $_{2}$Die Befreiung gilt ab dem Zeitpunkt des Überschreitens der Belastungsgrenze bis zum Ende des Kalenderjahres, in dem die Aufwendungen entstanden sind. $_{3}$Die Befreiung von Eigenbehalten umfasst sowohl die Eigenbehalte der beihilfeberechtigten als auch der berücksichtigungsfähigen Personen.

50.1.2 $_{1}$Der Begriff der chronischen Erkrankung bestimmt sich nach der Richtlinie des Gemeinsamen Bundesausschusses zur Umsetzung der Regelungen in § 62 für schwerwiegend chronisch Erkrankte (Chroniker-Richtlinie); die Richtlinie ist auf der Website des Gemeinsamen Bundesausschuss *(www.g-ba.de)* veröffentlicht. $_{2}$Wer künftig chronisch an einer Krebsart erkrankt (dies gilt für nach dem 1. April 1987 geborene weibliche und nach dem 1. April 1962 geborene männliche beihilfeberechtigte und berücksichtigungsfähige Personen) muss außerdem durch geeignete Unterlagen (z. B. Rechnungskopien oder ärztliche Bescheinigungen) nachweisen, dass sie oder er sich vor der Erkrankung über die relevanten Vorsorgeuntersuchungen hat beraten lassen, die zunächst auf die Vorsorgeuntersuchungen zur Früherkennung von Brustkrebs, Darmkrebs und Gebärmutterhalskrebs beschränkt sind. $_{3}$Der erforderliche Nachweis bezieht sich nur auf die Durchführung der Beratung. $_{4}$Vorsorgeuntersuchungen selbst müssen daraufhin nicht in Anspruch genommen worden sein. $_{5}$Sind diese Voraussetzungen nicht erfüllt, liegt keine nach den Beihilfevorschriften berücksichtigungsfähige „chronische Krankheit" vor. $_{6}$Die Feststellung erfolgt durch die Festsetzungsstelle. $_{7}$Ausgenommen von der Pflicht zur Beratung sind beihilfeberechtigte und berücksichtigungsfähige Personen mit schweren psychischen Erkrankungen oder schweren geistigen Behinderungen, denen die Teilnahme an den Vorsorgeuntersuchungen nicht zugemutet werden kann sowie beihilfeberechtigte und berücksichtigungsfähige Personen, die bereits an der zu untersuchenden Erkrankung leiden. $_{8}$Die beihilfeberechtigte Person muss nachweisen (z. B. durch Vorlage ärztlicher Bescheinigung, mehrerer Liquidationen mit entsprechenden Diagnosen, mehrerer Verordnungen), dass eine Dauerbehandlung vorliegt. $_{9}$Auf die alljährliche Einreichung eines Nachweises über das Fortbestehen der chronischen Krankheit kann verzichtet werden, wenn es keine Anzeichen für einen Wegfall der chronischen Erkrankung gibt.

50.1.3 $_{1}$Die Eigenbehalte nach § 49 Absatz 1 bis 3 sind nur entsprechend der Höhe des Beihilfebemessungssatzes nach § 46 zu berücksichtigen, da die beihilfeberechtigte Person auch nur mit diesem Betrag belastet ist. $_{2}$Beispiel: Ein Arzneimittel kostet 50 Euro – 5 Euro Eigenbehalt = 45 Euro beihilfefähiger Betrag. $_{3}$Bei einem Bemessungssatz von 50 Prozent werden 22,50 Euro Beihilfe ausgezahlt. $_{4}$Ohne Eigenbehalt erhielte die beihilfeberechtigte Person eine Beihilfe von 25 Euro. $_{5}$Die Differenz von 2,50 Euro entspricht der effektiven Belastung der beihilfeberechtigten Person durch den Eigenbehalt.

50.1.4 $_{1}$Bis zur Erreichung der Belastungsgrenze werden alle verordneten nicht verschreibungspflichtigen Arzneimittel ohne Eigenbehalt entsprechend dem Bemessungssatz bei der Berechnung, ob die Belastungsgrenze erreicht wird, berücksichtigt. $_{2}$Nach Erreichen der Belastungsgrenze werden ab diesem Zeitpunkt entstehende Aufwendungen für die nicht verschreibungspflichtigen Arzneimittel als beihilfefähig anerkannt, wenn diese den festgelegten Betrag der entsprechenden Besoldungsgruppen übersteigen. $_{3}$Für Versorgungsempfängerinnen und Versorgungsempfänger wird die vor Eintritt in den Ruhestand bezogene Besoldungsgruppe zugrunde gelegt. $_{4}$Für Beamtinnen und Beamte im Vorbereitungsdienst gilt § 50 Absatz 1 Nummer 2.

Beispiele:

Berücksichtigung Belastungsgrenze

Besoldungsgruppe	**Abgabepreis des Arzneimittels**	**Beihilfefähiger Betrag (fiktiv)**	**Bemessungssatz**	**Beihilfe (fiktiv ohne Eigenbehalt)**	**Anrechnung für Belastungsgrenze**
A 8	6,00 €	6,00 €	50 %	3,00 €	3,00 €
A 8	8,00 €	8,00 €	50 %	4,00 €	4,00 €
A 8	8,10 €	8,10 €	50 %	4,05 €	4,05 €
A 8	16,00 €	16,00 €	50 %	8,00 €	8,00 €
A 12	6,00 €	6,00 €	50 %	3,00 €	3,00 €
A 12	12,00 €	12,00 €	50 %	6,00 €	6,00 €
A 12	12,10 €	12,10 €	50 %	6,05 €	6,05 €
A 12	16,00 €	16,00 €	50 %	8,00 €	8,00 €
A 15	6,00 €	6,00 €	50 %	3,00 €	3,00 €
A 15	12,10 €	12,10 €	50 %	6,05 €	6,05 €
A 15	16,00 €	16,00 €	50 %	8,00 €	8,00 €
A 15	16,10 €	16,10 €	50 %	8,05 €	8,05 €

Beispiele:

Nach Erreichung der Belastungsgrenze

Besoldungsgruppe	**Abgabepreis des Arzneimittels**	**Beihilfefähiger Betrag**	**Bemessungssatz**	**Beihilfe**
A 8	6,00 €	0,00 €	50 %	0,00 €
A 8	8,00 €	0,00 €	50 %	0,00 €
A 8	8,10 €	8,10 €	50 %	4,05 €
A 8	16,00 €	16,00 €	50 %	8,00 €
A 12	6,00 €	0,00 €	50 %	0,00 €
A 12	12,00 €	0,00 €	50 %	0,00 €
A 12	12,10 €	12,10 €	50 %	6,05 €
A 12	16,00 €	16,00 €	50 %	8,00 €
A 15	6,00 €	0,00 €	50 %	0,00 €
A 15	12,10 €	0,00 €	50 %	0,00 €
A 15	16,00 €	0,00 €	50 %	0,00 €
A 15	16,10 €	16,10 €	50 %	8,05 €

50.1.5 $_1$Auch bei einem nicht verschreibungspflichtigen Festbetragsarzneimittel wird der volle Apothekenabgabepreis zum Bemessungssatz auf die Belastungsgrenze angerechnet. $_2$Nach Überschreiten der Belastungsgrenze wird bei der Frage, ob die jeweilige Grenze nach der entsprechenden Besoldungsgruppe überschritten wird, auf den vollen Apothekenabgabepreis des Arzneimittels abgestellt. ₃Erst bei der Berechnung der Beihilfe wird als beihilfefähiger Betrag der Festbetrag anerkannt, sofern er unter dem Apothekenabgabepreis liegt.

Beispiel:

nicht verschreibungspflichtiges Arzneimittel:

Apothekenverkaufspreis:	12,76 Euro
Festbetrag:	7,59 Euro
beihilfefähiger Betrag:	7,59 Euro.

₄Bei der Berechnung der Belastungsgrenze werden 12,76 Euro berücksichtigt. ₅Nach Überschreiten der Belastungsgrenze können 7,59 Euro als beihilfefähig anerkannt werden, wenn nach Prüfung bei Zugrundelegung des Apothekenabgabepreises von 12,76 Euro die Voraussetzung nach Absatz 1 Satz 1 Nummer 2 vorliegt.

50.1.6 Die Berechnung der Belastungsgrenze erfolgt allein nach den Regelungen der BBhV, unabhängig davon, ob und in welcher Höhe bei Versicherungsleistungen Eigenbehalte abgezogen werden.

50.1.7 Bei fristgerechter Antragstellung und Überschreiten der Belastungsgrenze erfolgt die Erstattung der die Belastungsgrenze übersteigenden, einbehaltenen Eigenbehalte sowie der nicht verschreibungspflichtigen Arzneimittel nach § 22 Absatz 2 Nummer 3, die nicht den Ausnahmeregelungen unterliegen, auf Grundlage des Apothekenverkaufspreises; höchstens jedoch zum Festbetrag.

50.2 Zu Absatz 2

50.2.1 Einnahmen einer Ehegattin, eines Ehegatten, einer Lebenspartnerin, eines Lebenspartners, die oder der privat krankenversichert ist, sind in die Berechnung der Belastungsgrenze einzubeziehen.

50.2.2 ₁Bei verheirateten beihilfeberechtigten Personen, die beide beihilfeberechtigt sind, erfolgt die Minderung der Einnahmen um 15 Prozent jeweils für jede beihilfeberechtigte Person gesondert. ₂Die Minderung für jedes Kind um den sich aus § 32 Absatz 6 Satz 1 und 2 EStG ergebenden Betrag erfolgt mit Ausnahme der Personen, die heilfürsorgeberechtigt sind oder Anspruch auf unentgeltliche truppenärztliche Versorgung haben, bei der beihilfeberechtigten Person, die den Familienzuschlag bezieht.

50.2.3 Liegen die Voraussetzungen für einen Freibetrag nach § 32 Absatz 6 Satz 1 und 2 EStG nicht für jeden Kalendermonat vor, ermäßigen sich die dort genannten Beträge um ein Zwölftel.

50.3 Zu Absatz 3

₁Bei beihilfeberechtigten oder berücksichtigungsfähigen Personen, deren Kosten der Unterbringung in einem Heim oder einer ähnlichen Einrichtung durch einen Träger der Sozialhilfe oder der Kriegsopferfürsorge getragen werden, ist bei der Berechnung der Belastungsgrenze nur der Regelsatz des Haushaltsvorstandes nach der Regelsatzverordnung maßgebend. 2Dies gilt gleichermaßen auch für Sozialhilfeempfänger außerhalb dieser Einrichtungen.

Kapitel 6
Verfahren und Zuständigkeit

51 Zu § 51 – Bewilligungsverfahren

51.1 Zu Absatz 1

51.1.1 1Die Festsetzungsstelle ist bei ihren Einzelfallentscheidungen an § 80 BBG, an die BBhV, an diese Verwaltungsvorschrift sowie an ergänzende Erlasse der obersten Dienstbehörde gebunden. 2Soweit Festsetzungsstellen die Beihilfebearbeitung übertragen worden ist, bleibt oberste Dienstbehörde die Dienstbehörde des übertragenden Ressorts (vgl. auch § 3 Absatz 1 BBG).

51.1.2 1Die Aufwendungen für Heil- und Kostenpläne nach § 14 Satz 2 und § 15a Absatz 1 Satz 2 gehören nicht zu den Gutachten im Sinne des Absatzes 1, deren Kosten von der Festsetzungsstelle zu tragen sind. 2Die Aufwendungen für diese Heil- und Kostenpläne sind nach § 14 Satz 3 und § 15a Absatz 1 Satz 3 beihilfefähig.

51.1.3 Die Verpflichtung zur Pseudonymisierung personenbezogener Daten nach Satz 4 konkretisiert die Geheimhaltungspflicht nach § 55.

51.1.4 Nach Satz 2 hat die beihilfeberechtigte Person

- alle Tatsachen anzugeben, die für die Leistung erheblich sind, und auf Verlangen des zuständigen Leistungsträgers der Erteilung der erforderlichen Auskünfte durch Dritte zuzustimmen,
- Änderungen in den Verhältnissen, die für die Leistung erheblich sind oder über die im Zusammenhang mit der Leistung Erklärungen abgegeben worden sind, unverzüglich mitzuteilen,
- Beweismittel zu bezeichnen und auf Verlangen des zuständigen Leistungsträgers Beweisurkunden vorzulegen oder ihrer Vorlage zuzustimmen und
- sich auf Verlangen der Festsetzungsstelle ärztlichen und psychologischen Untersuchungsmaßnahmen zu unterziehen, soweit diese für die Entscheidung erforderlich sind.

51.1.5 Die Mitwirkungspflicht der beihilfeberechtigten Person besteht nicht, soweit

- ihre Erfüllung nicht in einem angemessenen Verhältnis zur beantragten Leistung steht,
- ihre Erfüllung unzumutbar ist,
- die Festsetzungsstelle sich die erforderlichen Kenntnisse mit geringerem Aufwand beschaffen kann als die beihilfeberechtigte Person,
- bei Behandlungen und Untersuchungen im Einzelfall

- ein Schaden für Leben oder Gesundheit nicht mit hoher Wahrscheinlichkeit ausgeschlossen werden kann,
- die Maßnahme mit erheblichen Schmerzen verbunden ist oder einen erheblichen Eingriff in die körperliche Unversehrtheit bedeutet.

51.1.6 $_1$In Härtefällen kann die beihilfeberechtigte Person, auch für berücksichtigungsfähige Personen, auf Antrag Ersatz des notwendigen Aufwandes einschließlich des Verdienstausfalls in angemessenem Umfang erhalten. $_2$Notwendig ist der geltend gemachte Aufwand nur dann, wenn die beihilfeberechtigte oder berücksichtigungsfähige Person alle Möglichkeiten zur Minimierung des Aufwandes genutzt hat. $_3$Dazu gehört im Falle des Verdienstausfalls auch eine Verlegung der Arbeitszeit oder des Termins einer Untersuchung oder Begutachtung. $_4$Ein Härtefall in diesem Sinn liegt nur dann vor, wenn der Verzicht auf die Erstattung des notwendigen Aufwandes in angemessener Höhe der beihilfeberechtigten Person aus Fürsorgegründen nicht zugemutet werden kann.

51.1.7 $_1$Kommt die beihilfeberechtigte Person, auch für berücksichtigungsfähige Personen, ihren Mitwirkungspflichten nicht nach und wird hierdurch die Aufklärung des Sachverhalts erheblich erschwert, kann die Festsetzungsstelle ohne weitere Ermittlungen die Beihilfen versagen oder entziehen. $_2$Dies gilt entsprechend, wenn die Aufklärung des Sachverhalts absichtlich erheblich erschwert wird.

51.1.8 $_1$Beihilfeberechtigte Personen sind auf die möglichen Folgen mangelnder Mitwirkung vor dem Entzug der Leistungen schriftlich hinzuweisen. $_2$Ihnen kann für die Erfüllung der Mitwirkungspflicht eine angemessene Frist gesetzt werden.

51.1.9 Wird die Mitwirkung nachgeholt, ist die beantragte Beihilfe in Höhe des durch die Mitwirkung nachgewiesenen Anspruchs zu gewähren, soweit die Voraussetzungen für die Gewährung trotz verspäteter Erfüllung der Mitwirkungspflichten weiterhin vorliegen.

51.2 Zu Absatz 2

51.2.1 Zur Verfahrensweise wird auf Nummer 37.2 verwiesen.

51.2.2 $_1$Die Beihilfe, die für zwölf Monate regelmäßig wiederkehrend in gleichbleibender Höhe zu den Aufwendungen in Pflegefällen gezahlt werden kann und entsprechend festgesetzt worden ist, braucht nur überprüft und korrigiert werden, wenn die beihilfeberechtigte Person innerhalb dieses Zeitraums Änderungen mitteilt. $_2$Nach den zwölf Monaten ist die Zahlung einzustellen, es sei denn, es wurde ein neuer Antrag gestellt. $_3$Die beihilfeberechtigte Person sollte rechtzeitig auf das Erfordernis einer neuen Antragstellung hingewiesen werden.

51.3 Zu Absatz 3

51.3.1 $_1$Die BBhV verzichtet weitgehend auf bindende Formvorschriften für das Antragsverfahren. $_2$Damit wird den Festsetzungsstellen die Möglichkeit gegeben, ein auf ihre individuellen Bedürfnisse abgestimmtes Verfahren zu gestalten. 3Auch die zu verwendenden Antragsformulare können nach den jeweiligen Anforderungen gestaltet werden. 4Unverzichtbar für die Beihilfebearbeitung sind persönliche Angaben zur Identifizierung der beihilfeberechtigten Person, Angaben zum Anspruch auf Bezüge und ggf. familienbezogene Zulagen (für die Prüfung des Beihilfeanspruchs und der Berücksichtigungsfähigkeit) und zu sonstigen Ansprüchen (z. B. aus Krankenversicherungen oder Schadensersatzansprüchen bei Unfällen mit Ersatzpflicht Dritter).

51.3.2 1Die Wahlleistungsvereinbarung muss zusammen mit den ersten Rechnungen über die Wahlleistungen dem Beihilfeantrag beigefügt werden. 2Im Falle der Abrechnung von Wahlleistungen bei Rehabilitationseinrichtungen brauchen keine Wahlleistungsvereinbarungen vorgelegt werden. 3Rehabilitationsmaßnahmen unterliegen nicht dem KHEntgG, also auch nicht § 17 KHEntgG. 4Entsprechend berechnete Leistungen sind nach § 26 Absatz 1 Nummer 5 zu prüfen.

51.3.3 1Die Vorschrift ermöglicht die elektronische Beihilfebearbeitung einschließlich der elektronischen Belegübermittlung und Bescheidversendung. 2Aus der Vorschrift ergibt sich kein Anspruch der beihilfeberechtigten Person auf eine bestimmte Verfahrensgestaltung.

51.3.4 In einem verschlossenen Umschlag bei der Beschäftigungsdienststelle eingereichte und als solche kenntlich gemachte Beihilfeanträge sind ungeöffnet an die Festsetzungsstelle weiterzuleiten.

51.3.5 1Aufwendungen für Halbwaisen können mit Zustimmung der Festsetzungsstelle zusammen mit den Aufwendungen des Elternteils in einem Antrag geltend gemacht werden. 2Der eigenständige Beihilfeanspruch der Halbwaisen bleibt auch bei gemeinsamer Antragstellung unverändert bestehen. 3Eine Berücksichtigungsfähigkeit nach § 4 wird durch die gemeinsame Antragstellung nicht begründet.

51.3.6 1Beihilfen werden nur zu Aufwendungen gewährt, die während des Bestehens einer Beihilfeberechtigung oder Berücksichtigungsfähigkeit entstanden sind. 2Besteht im Zeitpunkt der Antragstellung keine Beihilfeberechtigung oder keine Berücksichtigungsfähigkeit mehr, sind Beihilfen zu den Aufwendungen zu gewähren, für die die Voraussetzungen nach Satz 1 erfüllt waren.

51.4 Zu Absatz 4

1Die Vorschrift dient der Verfahrensvereinfachung bei Aufwendungen, die im Ausland entstanden sind. 2Grundsätzlich obliegt es der beihilfeberechtigten Person, prüfbare Belege für Leistungen im In- und Ausland vorzulegen. 3Soweit der Festsetzungsstelle die Prüfung der Belege ohne weitere Mitwirkung der beihilfeberechtigten Person möglich ist, bedarf es keiner weiteren Unterlagen. 4Eine Übersetzung im Sinne von Satz 3 unterliegt keinen besonderen Formvorschriften; sie muss nicht amtlich beglaubigt sein. 5Die Kosten einer erforderlichen Übersetzung sind nicht beihilfefähig. 6Bei Rechnungsbeträgen in ausländischer Währung ist Nummer 11.1.2 zu beachten.

51.5 Zu Absatz 5

51.5.1 1Grundsätzlich sind die eingereichten Belege zu vernichten. 2Die Vernichtung der Belege umfasst nicht nur die der Festsetzungsstelle in Papierform vorliegenden Belege, sondern auch die Löschung der ggf. elektronisch übersandten Belegdateien.

51.5.2 Die Vernichtung der Belege hat so zu erfolgen, dass eine Rekonstruktion der Inhalte nicht möglich ist.

51.6 Zu Absatz 6

(unbesetzt)

51.7 Zu Absatz 7

1Die Regelung schafft keinen Beihilfeanspruch; der Beihilfeanspruch steht materiell unverändert der beihilfeberechtigten Person zu. 2Eine unbillige Härte kann unter anderem dann gegeben sein, wenn wegen des Getrenntlebens von beihilfeberechtigten und berücksichtigungsfähigen Personen den berücksichtigungsfähigen Personen die Beihilfestellung durch die beihilfeberechtigte Person nicht zuzumuten ist. 3Das kann z. B. der Fall sein, wenn befürchtet werden muss, dass die beihilfeberechtigte Person die Aufwendungen für seine berücksichtigungsfähigen Personen nicht oder nicht rechtzeitig beantragt oder die für Aufwendungen der berücksichtigungsfähigen Personen gewährten Beihilfen nicht zweckentsprechend einsetzt.

51.8 Zu Absatz 8

51.8.1 Die Antragsgrenze von 200 Euro gilt nicht, wenn die beihilfeberechtigte Person aus dem beihilfeberechtigten Personenkreis ausgeschieden ist oder den Dienstherrn gewechselt hat.

51.8.2 1Zu Vermeidung von Härten kann die Festsetzungsstelle Ausnahmen von der Antragsgrenze zulassen. 2Mit dieser Regelung werden die Festsetzungsstellen in die Lage versetzt, im Rahmen einer Einzelfallprüfung oder für bestimmte Personengruppen festzulegen, ob insbesondere unter Berücksichtigung der Fürsorgepflicht ein Abweichen von der Antragsgrenze angezeigt ist.

51.9 Zu Absatz 9

1Beihilfeberechtigten Personen können insbesondere zum Schutz vor außergewöhnlichen finanziellen Belastungen auf Antrag Abschlagszahlungen gewährt werden. 2Dabei ist es ausreichend, wenn durch Unterlagen, z. B. Kostenvoranschläge der Leistungserbringerin oder des Leistungserbringers dokumentiert wird, dass eine hohe Belastung vor der Beihilfebeantragung entsteht (z. B. Kauf eines Hilfsmittels mit einer sofort zu begleichenden Rechnung). 3Einzahlungsbelege als Grundlage für eine Abschlagszahlung sind nicht erforderlich.

51a Zu § 51a – Zahlung an Dritte

51a.1 Zu Absatz 1

(unbesetzt)

51a.2 Zu Absatz 2

51a.2.1 [1]Die jeweiligen Rechtsbeziehungen zwischen der beihilfeberechtigten Person und dem Beihilfeträger und die der beihilfeberechtigten oder berücksichtigungsfähigen Person zum Krankenhaus bleiben unberührt. [2]Die Direktabrechnung bedeutet daher weder einen Schuldbeitritt noch eine Schuldübernahme.

51a.2.2 [1]§ 51a Absatz 2 BBhV verpflichtet die Festsetzungsstellen, bei der Festsetzung abrechnungsrelevante Klärungen mit dem Krankenhaus durchzuführen. [2]So sollen Unstimmigkeiten oder Fehler in der Rechnung – wie etwa eine fehlende Wahlleistungsvereinbarung oder eine falsche DRG-Abrechnung usw. – im Vorfeld der Beihilfefestsetzung zwischen Krankenhaus und Festsetzungsstelle abgeklärt werden. [3]Gelingt dies nicht, sind eventuelle Rechtsstreitigkeiten nach der Beihilfefestsetzung zwischen der behandelten Person und dem Krankenhaus zu klären.

51a.2.3 [1]Erfasst werden nur Krankenhäuser, die auch für die Behandlung von Mitgliedern der gesetzlichen Krankenversicherung nach § 108 SGB V zugelassen sind. [2]Privatkliniken oder Kliniken im Ausland werden nicht erfasst. [3]Hier bleibt es bei dem bewährten Erstattungsverfahren. [4]Nach § 108 SGB V zugelassene Krankenhäuser nehmen nur dann am Direktabrechnungsverfahren teil, wenn sie der Rahmenvereinbarung zwischen der DKG und dem BMI beitreten. [5]Dies kann sowohl generell durch ausdrücklichen Beitritt als auch im jeweiligen einzelnen Behandlungsfall durch bloße Übersendung des Beihilfeantrags an die Festsetzungsstelle zur Direktabrechnung erfolgen. [6]Das BVA veröffentlicht eine Liste der bisher generell beigetretenen Krankenhäuser unter https://www.bva.bund.de/SharedDocs/Kurzmeldungen/DE/Bundesbedienstete/Gesundheit-Vorsorge/Beihilfe/2018/krankenhausdirektabrechnung.html. [7]Es wird dennoch den beihilfeberechtigten und berücksichtigungsfähigen Personen empfohlen, wenn möglich, im Vorfeld des Krankenhausaufenthaltes die Teilnahme am Direktabrechnungsverfahren bei den Krankenhäusern zu erfragen, sofern sie dieses Verfahren in Anspruch nehmen wollen.

51a.2.4 [1]Umfasst von der Krankenhausdirektabrechnung werden die beihilfefähigen Aufwendungen für allgemeine Krankenhausleistungen und ggf. Wahlleistungen für gesonderte Unterkunft. [2]Werden ausnahmsweise wahlärztliche Leistungen in der Krankenhausrechnung mit liquidiert, finden die Regelungen zur Direktabrechnung auch Anwendung. [3]Nicht beihilfefähige Leistungen, Abzugsbeträge für eine gesondert berechenbare Unterkunft nach § 26 Absatz 1 Nummer 5 Buchstabe b oder Eigenbehalte nach § 49 sind nicht erfasst und müssen weiterhin von der beihilfeberechtigten oder berücksichtigungsfähigen Person unmittelbar dem Krankenhaus erstattet werden.

51a.2.5 Das Abrechnungsverfahren gliedert sich in die drei Teilschritte:
1. Aufnahmeverfahren im Krankenhaus,
2. Übermittlung der Rechnung und anderer Unterlagen durch das Krankenhaus an die Festsetzungsstelle und
3. Beihilfezahlung unmittelbar an das Krankenhaus.

51a.2.6 1Das Direktabrechnungsverfahren beginnt mit der Stellung eines Antrags nach Anlage 16. 2Nach der Behandlung sendet das Krankenhaus den Antrag zusammen mit der Rechnung an die Festsetzungsstelle. 3Nach Prüfung der Rechnung wird der Rechnungsbetrag in Höhe der Beihilfe durch die Festsetzungsstelle an das Krankenhaus überwiesen. 4Die beihilfeberechtigte Person erhält einen abschließenden Bescheid.

51a.2.7 Die Festsetzungsstelle soll prüfen, ob Ausschlussgründe, die einer Direktabrechnung entgegenstehen, ohne großen Aufwand behoben werden können.

51a.2.8 1Kommt eine Direktabrechnung nicht in Betracht, erhält die beihilfeberechtigte Person einen entsprechenden Ablehnungsbescheid, dessen Inhalt dem Krankenhaus mitgeteilt wird. 2In diesem Fall ist dann das übliche Beihilfeverfahren zu beschreiten.

51a.3 Zu Absatz 3

(unbesetzt)

52 Zu § 52 – Zuordnung der Aufwendungen

52.1 Die Zuordnung der Aufwendungen bestimmt den für die Aufwendungen anzusetzenden Beihilfebemessungssatz.

52.2 1Nach Nummer 4 sind nur die Aufwendungen für das gesunde Neugeborene der Mutter zugeordnet. 2Darüber hinausgehende Aufwendungen, die durch eine Erkrankung des Kindes entstehen, sind davon nicht erfasst; diese Aufwendungen sind dem Kind zuzuordnen.

53 Zu § 53 – (weggefallen)

54 Zu § 54 – Antragsfrist

54.1 Zu Absatz 1

54.1.1 1Bei Versäumnis der Antragsfrist ist auf Antrag eine Wiedereinsetzung in den vorigen Stand zu gewähren, sofern die Voraussetzungen nach § 32 VwVfG vorliegen. 2Das gilt auch in den Fällen des § 51 Absatz 6 BBhV.

54.1.1.1 Wiedereinsetzung in den vorigen Stand ist danach zu gewähren, wenn die Antragsfrist durch Umstände versäumt worden ist, die die beihilfeberechtigte Person nicht zu verantworten hat.

54.1.1.2 Innerhalb von zwei Wochen nach dem Wegfall des Hindernisses ist sowohl der Beihilfeantrag nachzuholen als auch glaubhaft zu machen, dass weder die beihilfeberechtigte Person noch ihr Vertreter das Fristversäumnis zu vertreten hat.

54.1.1.3 $_{1}$Ein Jahr nach Beendigung der versäumten Frist kann die Wiedereinsetzung nur dann beantragt werden, wenn dies vor Ablauf dieser Frist auf Grund höherer Gewalt unmöglich war. $_{2}$Höhere Gewalt liegt nur dann vor, wenn das Fristversäumnis auf ungewöhnlichen und unvorhersehbaren Umständen beruht und deren Folgen trotz aller Sorgfalt nicht hätten vermieden werden können.

54.1.2 $_{1}$Hat ein Träger der Sozialhilfe oder Kriegsopferfürsorge vorgeleistet, kann er auf Grund einer schriftlichen Überleitungsanzeige nach § 95 SGB VIII, § 93 SGB XII oder § 27g BVG einen Beihilfeanspruch geltend machen. $_{2}$Der Beihilfeanspruch geht damit in der Höhe und in dem Umfang, wie er der beihilfeberechtigten Person zusteht, auf den Träger der Sozialhilfe oder Kriegsopferfürsorge über. $_{3}$Eine Überleitung nach § 95 SGB VIII, § 93 SGB XII oder § 27g BVG ist nur zulässig, wenn Aufwendungen für die beihilfeberechtigte Person selbst oder bei Hilfe in besonderen Lebenslagen für ihre nicht getrennt lebenden Ehegattin, ihren nicht getrennt lebenden Ehegatten, ihrer nicht getrennt lebenden Lebenspartnerin oder ihren nicht getrennt lebenden Lebenspartner oder für die berücksichtigungsfähigen Kinder (nicht Pflegekinder und Stiefkinder) der beihilfeberechtigten Person entstanden sind. $_{4}$In allen übrigen Fällen ist eine Überleitung nicht zulässig; gegen eine derartige Überleitungsanzeige ist durch die Festsetzungsstelle Widerspruch einzulegen und ggf. Anfechtungsklage zu erheben.

54.1.3 $_{1}$Leitet der Träger der Sozialhilfe oder Kriegsopferfürsorge nicht über, sondern nimmt die beihilfeberechtigte Person nach § 19 Absatz 5 SGB XII oder § 81b BVG im Wege des Aufwendungsersatzes in Anspruch, kann nur die beihilfeberechtigte Person den Beihilfeanspruch geltend machen; die Zahlung an den Träger der Sozialhilfe oder Kriegsopferfürsorge ist zulässig. $_{2}$Die Abtretung des Beihilfeanspruchs an den Träger der Sozialhilfe oder Kriegsopferfürsorge ist ausgeschlossen (zur Abtretung siehe hierzu Nummer 10.1.3).

54.1.4 $_{1}$Hat ein Träger der Sozialhilfe oder Kriegsopferfürsorge Aufwendungen vorgeleistet, liegt ein Beleg im Sinne von § 51 Absatz 3 Satz 2 vor, wenn die Rechnung

- den Erbringer der Leistungen (z. B. Heim, Anstalt),
- die Leistungsempfängerin oder den Leistungsempfänger (untergebrachte oder behandelte Person),
- die Art (z. B. Pflege, Heilmittel) und den Zeitraum der erbrachten Leistungen und
- die Kosten der Leistung

enthält. $_{2}$Die Rechnung muss vom Erbringer der Leistung erstellt werden. $_{3}$Ausnahmsweise kann auch ein Beleg des Trägers der Sozialhilfe oder Kriegsopferfürsorge anerkannt werden, der die entsprechenden Angaben enthält. $_{4}$In diesem Fall ist zusätzlich die Angabe des Datums der Vorleistung (vgl. Satz 3) und ggf. der schriftlichen Überleitungsanzeige erforderlich.

54.1.5 Eine innerhalb der Frist des § 54 Absatz 1 erfolgte Dienstunfallanzeige kann in einen Beihilfeantrag nach § 51 Absatz 1 umgedeutet werden, wenn kein Dienstunfall festgestellt wurde und ein nunmehr eingereichter Beihilfeantrag verfristet wäre.

54.2 Zu Absatz 2

Die Vorschrift soll beihilfeberechtigten Personen mit ausländischem Dienstort von Erschwernissen entlasten, die auf den Besonderheiten des dienstlichen Einsatzes beruhen (z. B. längere Postlaufzeiten).

55 Zu § 55 – Geheimhaltungspflicht

$_1$Abweichend von der Pflicht zur Geheimhaltung personenbezogener Daten, die bei der Bearbeitung des Beihilfeantrags bekannt werden, ist die Weitergabe dieser Daten gemäß § 108 Absatz 2 BBG erlaubt, wenn sie erforderlich sind für die Einleitung oder Durchführung eines im Zusammenhang mit einem Beihilfeantrag stehenden behördlichen oder gerichtlichen Verfahrens, zur Abwehr erheblicher Nachteile für das Gemeinwohl, einer sonst unmittelbar drohenden Gefahr für die öffentliche Sicherheit oder einer schwerwiegenden Beeinträchtigung der Rechte einer anderen Person oder wenn die betroffene Person im Einzelfall eingewilligt hat. $_2$Zudem gestattet § 108 Absatz 4 BBG, bestimmte anspruchsbegründende und anspruchshemmende in der Person des Beamten oder seiner Familienangehörigen liegende Daten, die für die Festsetzung und Rechnung der Besoldungs- und Versorgungsbezüge und zur Prüfung der Kindergeldberechtigung erforderlich sind, zu nutzen bzw. an die zuständige Behörde zu übermitteln.

56 Zu § 56 – Festsetzungsstellen

56.0 Allgemein

56.0.1 Werden beihilfeberechtigte Personen innerhalb des Bundesdienstes abgeordnet, verbleibt es bei der Zuständigkeit der bisherigen Festsetzungsstelle.

56.0.2 Werden beihilfeberechtigte Personen zu einer Dienststelle außerhalb der Bundesverwaltung abgeordnet, bleibt die bisherige Festsetzungsstelle weiterhin zuständig.

56.0.3 Werden Beamtinnen und Beamte eines anderen Dienstherrn in den Bundesdienst abgeordnet, bleibt der bisherige Dienstherr für die Beihilfegewährung weiterhin zuständig.

56.0.4 Die abgebenden und die aufnehmenden Dienstherren können von den Nummern 56.0.1 bis 56.0.3 abweichende Regelungen treffen.

56.0.5 Mit der Wirksamkeit der Versetzungsverfügung ist die aufnehmende Behörde für die Beihilfegewährung zuständig.

56.0.6 Verlegt eine beihilfeberechtigte Person ihren Wohnsitz aus privaten Gründen ins Ausland, bleibt die für sie zuständige Festsetzungsstelle ggf. bis zu einer anderen Entscheidung der obersten Dienstbehörde weiterhin zuständig.

56.0.7 1Soweit nicht bundesunmittelbare Körperschaften, Anstalten und Stiftungen des öffentlichen Rechts ausnahmsweise eigene Dienstherreneigenschaft besitzen, ist Dienstherr der Bund (§ 2 BBG). 2Insoweit kann die Beihilfebearbeitung auch Festsetzungsstellen des Bundes außerhalb des eigenen Ressorts übertragen werden.

56.1 Zu Absatz 1

(unbesetzt)

56.2 Zu Absatz 2

(unbesetzt)

56.3 Zu Absatz 3

(unbesetzt)

57 Zu § 57 – (weggefallen)

Kapitel 7
Übergangs- und Schlussvorschriften

58 Zu § 58 – Übergangsvorschriften

58.1 Zu Absatz 1

(unbesetzt)

58.2 Zu Absatz 2

(unbesetzt)

58.3 Zu Absatz 3

(unbesetzt)

58.4 Zu Absatz 4

(unbesetzt)

59 Zu § 59 – Inkrafttreten

(unbesetzt)

60 Inkrafttreten, Außerkrafttreten

Diese allgemeine Verwaltungsvorschrift tritt am 1. Juli 2017 in Kraft. Gleichzeitig tritt die Allgemeine Verwaltungsvorschrift zur Bundesbeihilfeverordnung vom 13. Juni 2013 (GMBl S. 721) außer Kraft.

Anhang 1
(zu den Nummern 5.6 und 46.3.4)

Absender Festsetzungsstelle

____

Festsetzungsstelle der Ehegattin / des Ehegatten /
der Lebenspartnerin / des Lebenspartners

Mitteilung zum Bezug von Beihilfen für berücksichtigungsfähige Kinder und des erhöhten Bemessungssatzes (§§ 4, 5 und 46 BBhV)

1. Beihilfeberechtigte Person

____

Familienname, Vorname, Geburtsdatum

____

Beschäftigungsbehörde/Dienststelle

____

2. Ehegattin/Ehegatte/Lebenspartnerin/Lebenspartner

____

Familienname, Vorname, Geburtsdatum

____

Beschäftigungsbehörde/Dienststelle

Die unter 1. genannte beihilfeberechtigte Person erhält für folgende berücksichtigungsfähige Kinder Beihilfen und – bei zwei und mehr Kindern – den erhöhten Bemessungssatz (§ 5 Absatz 5 und § 46 Absatz 3 BBhV):

Familienname	**Vorname**	**Geburtsdatum**

________________________ ________________________

Datum Unterschrift

Anhang 2
(zu den Nummern 18.3, 18a.4.2 bis 18a.4.7 und 18a.4.9 bis 18a.4.10)

Formblätter zum Verfahren bei ambulanter Psychotherapie

Formblatt 1

Empfänger (Festsetzungsstelle)

Vertrauliche Beihilfeangelegenheit!

Antrag auf Anerkennung der Beihilfefähigkeit von Psychotherapie

Angaben zur beihilfeberechtigten Person:	
Beihilfe-Identifikationsnummer	
Familienname, Vorname	
Geburtsdatum	. .
Anschrift	
Pseudonymisierungscode (wird von der Festsetzungsstelle vergeben)	

Ich bitte um Anerkennung der Beihilfefähigkeit der Aufwendungen

für	als
☐ Analytische Psychotherapie	☐ Einzeltherapie
☐ Systemische Therapie	☐ Gruppentherapie
☐ Tiefenpsychologisch fundierte Psychotherapie	☐ Kombinationsbehandlung aus Einzel- und Gruppenbehandlung
☐ Verhaltenstherapie	

für folgende Person:

☐ beihilfeberechtigte Person

☐ berücksichtigungsfähige Person

Familienname	Vorname	Geburtsdatum

Datum und Unterschrift der beihilfeberechtigten Person

Pseudonymisierungscode:

Formblatt 2

Schweigepflichtentbindung (verbleibt bei der Festsetzungsstelle)

Ich ermächtige Frau/Herrn

,

der oder dem von der Festsetzungsstelle beauftragten Gutachterin oder beauftragten Gutachter Auskunft zu geben und entbinde sie oder ihn von der Schweigepflicht der Ärztin oder des Arztes oder der Psychotherapeutin oder des Psychotherapeuten (im Folgenden Therapeutinnen oder Therapeuten genannt). Ich bin damit einverstanden, dass die Gutachterin oder der Gutachter der Festsetzungsstelle mitteilt, ob und in welchem Umfang die Behandlung medizinisch notwendig ist.

Diese Erklärung gilt nur für den konkreten Antrag auf Anerkennung der Beihilfefähigkeit einer Psychotherapie. Mir ist bekannt, dass ich die Einwilligung jederzeit widerrufen kann.

Datum	Unterschrift der zu behandelnden Person oder der gesetzlichen Vertreterin oder des gesetzlichen Vertreters

Pseudonymisierungscode:

Formblatt 3

Angaben der Therapeutin oder des Therapeuten

1. Welche Krankheit wird durch die Psychotherapie behandelt?

Diagnose:

2. Welcher Art ist die Psychotherapie?

□ für Erwachsene □ für Kinder und Jugendliche

□ Analytische Psychotherapie (AP)
□ Systemische Therapie (ST)
□ Tiefenpsychologisch fundierte Psychotherapie (TP)
□ Verhaltenstherapie (VT)

□ Langzeittherapie als
- □ Erstantrag
- □ Umwandlung
- □ Fortführung

3. Welche Anwendungsform ist geplant und mit wie vielen Sitzungen ist zu rechnen?

Anwendungsform	Zahl der Sitzungen
□ ausschließlich Einzelbehandlung	
□ ausschließlich Gruppenbehandlung	
□ Kombinationsbehandlung mit	
□ überwiegend Einzelbehandlung	
□ überwiegend Gruppenbehandlung	
□ Kombinationsbehandlung durch zwei Therapeutinnen oder Therapeuten (In diesen Fällen müssen beide Therapeuten das Formblatt 3 ausfüllen)	

4. Werden Bezugspersonen in die Behandlung einbezogen?

□ Nein	
□ Ja	Zahl der Sitzungen

5. Gebührennummern und Gebührenhöhe

Gebührennummer		Gebührenhöhe je Sitzung	

6. Wurde bereits früher eine psychotherapeutische Behandlung durchgeführt?

□ Nein		
□ Ja	von bis	Zahl der Sitzungen

7. Fachkundenachweis für die beantragte Psychotherapie

1. Ärztinnen und Ärzte

□ Fachärztin oder Facharzt für Psychotherapeutische Medizin

□ Fachärztin oder Facharzt für Psychiatrie und Psychotherapie

oder Psychosomatische Medizin und Psychotherapie

□ Fachärztin oder Facharzt für Kinder- und

Jugendlichenpsychiatrie und -psychotherapie

□ Ärztin oder Arzt mit der Bereichs- oder Zusatzbezeichnung „Psychotherapie“ oder „Psychoanalyse“

verliehen: □ vor dem 1. April 1984

Nachweis: □ Schwerpunkt Verhaltenstherapie

□ Weiterbildung Systemische Therapie

2. Psychotherapeutinnen und Psychotherapeuten

□ **Behandlung von Erwachsenen**

mit Weiterbildung für Behandlung von Erwachsenen

□ tiefenpsychologisch fundierte Psychotherapie

□ analytische Psychotherapie

□ Verhaltenstherapie

□ **Behandlung von Kindern und Jugendlichen**

mit Weiterbildung für Behandlung von Kindern und Jugendlichen

□ tiefenpsychologisch fundierte Psychotherapie

□ analytische Psychotherapie

□ Verhaltenstherapie

3. Psychologische Psychotherapeutinnen und Psychologische Psychotherapeuten

□ **Behandlung von Erwachsenen**

mit vertiefter Ausbildung

□ tiefenpsychologisch fundierte Psychotherapie

□ analytische Psychotherapie

□ Verhaltenstherapie

□ Systemische Therapie

□ **Behandlung von Kindern und Jugendlichen**

mit vertiefter Ausbildung und Zusatzqualifikation entsprechend den Anforderungen nach § 6 Absatz 4 Psychotherapievereinbarung

□ tiefenpsychologisch fundierte Psychotherapie

□ analytische Psychotherapie

□ Verhaltenstherapie

4. Kinder- und Jugendlichenpsychotherapeutinnen und Kinder- und Jugendlichenpsychotherapeuten

mit vertiefter Ausbildung

□ tiefenpsychologisch fundierte Psychotherapie

□ analytische Psychotherapie

□ Verhaltenstherapie

Datum, Unterschrift und Stempel der Therapeutin oder des Therapeuten

Pseudonymisierungscode:

Formblatt 4

Der Bericht ist in einem verschlossenen, deutlich als VERTRAULICHE ARZTSACHE gekennzeichneten Umschlag der Festsetzungsstelle zur Weiterleitung an die Gutachterin/den Gutachter zu übersenden.
Absender Name und Anschrift der Therapeutin oder des Therapeuten

Bericht an die Gutachterin oder den Gutachter zum Antrag auf Anerkennung der Beihilfefähigkeit für Psychotherapie

I. Angaben über die zu behandelnde Person

Pseudonymisierungscode (wird von der Festsetzungsstelle vergeben)			Familienstand
Geburtsdatum	Geschlecht (m/w/d)	Beruf	

II. Angaben über die Behandlung

Art der vorgesehenen Therapie
Datum des Therapiebeginns
Angaben zur Behandlung (Einzel- oder Gruppentherapie oder Kombinationsbehandlung), der Sitzungszahl und Behandlungsfrequenz seit Therapiebeginn
Angaben zur voraussichtlich noch erforderlichen Behandlung (Einzel- oder Gruppentherapie oder Kombinationsbehandlung), der Sitzungszahl und Behandlungsfrequenz

Pseudonymisierungscode:

Ergänzende Hinweise zum Erstellen des Berichts an die Gutachterin oder den Gutachter[1]:

Die Therapeutin oder der Therapeut erstellt den Bericht an die Gutachterin oder den Gutachter persönlich und in freier Form nach der in diesem Formblatt vorgegebenen Gliederung und versieht ihn mit Datum und Unterschrift. Der Bericht soll auf die für das Verständnis der psychischen Störung und deren Ursachen sowie auf die für die Behandlung relevanten Informationen begrenzt sein.

Die jeweiligen Unterpunkte der Gliederungspunkte des Informationsblattes sind als Hilfestellung zur Abfassung des Berichts gedacht und müssen nur bei Relevanz abgehandelt werden. Gliederungspunkte mit dem Zusatz „AP", „ST", „TP" oder „VT" sind nur bei einem Bericht für das entsprechende Psychotherapieverfahren zu berücksichtigen. Die Angaben können stichwortartig erfolgen.

Im Rahmen einer Psychotherapie können relevante Bezugspersonen zur Erreichung eines Behandlungserfolges einbezogen werden. Angaben zur Einbeziehung von Eltern und Bezugspersonen sind insbesondere bei Kindern und Jugendlichen, bei Menschen mit geistiger Behinderung oder in der Systemischen Therapie relevant. Relevante biografische Faktoren sollen im Rahmen der Verhaltensanalyse (VT), der Psychodynamik (TP, AP) bzw. der System- und Ressourcenanalyse (ST) dargestellt werden.

1. Relevante soziodemographische Daten

- Bei Erwachsenen: aktuell ausgeübter Beruf, Familienstand, Zahl der Kinder
- Bei Kindern und Jugendlichen: Angaben zur Lebenssituation, zu Kindergarten oder zu Schulart, ggf. Schulabschluss und Arbeitsstelle, Geschwisterzahl und -position, zum Alter und Beruf der Eltern und ggf. der primären Betreuungspersonen

2. Symptomatik und psychischer Befund

- Von der zu behandelnden Person geschilderte Symptomatik mit Angaben zu Schwere und Verlauf; ggf. diesbezüglich Angaben von Eltern und Bezugspersonen, bei Kindern und Jugendlichen Informationen aus der Schule
- Auffälligkeiten bei der Kontaktaufnahme, der Interaktion und bezüglich des Erscheinungsbildes
- Psychischer Befund
- Krankheitsverständnis der zu behandelnden Person; ggf. der relevanten Bezugspersonen
- Ergebnisse psychodiagnostischer Testverfahren

3. Somatischer Befund/Konsiliarbericht

- Somatische Befunde (ggf. einschließlich Suchtmittelkonsum)
- ggf. aktuelle psychopharmakologische Medikation
- Psychotherapeutische, psychosomatische sowie kinder- und jugendpsychiatrische bzw. psychiatrische Vorbehandlungen (falls vorhanden Berichte beifügen)

4. Behandlungsrelevante Angaben zur Lebensgeschichte (ggf. auch zur Lebensgeschichte der Bezugspersonen), zur Krankheitsanamnese, zur Verhaltensanalyse (VT) bzw. zur Psychodynamik (TP, AP) bzw. zum Systemischen Erklärungsmodell (ST)

- Psychodynamik (TP, AP): auslösende Situation, intrapsychische Konfliktebene und aktualisierte intrapsychische Konflikte, Abwehrmechanismen, strukturelle Ebene, dysfunktionale Beziehungsmuster
- Systemisches Erklärungsmodell (ST): Systemanalyse (störungsrelevante interpersonelle und intrapsychische Interaktions- und Kommunikationsmuster, Beziehungsstrukturen, Bedeutungsgebungen), belastende Faktoren, problemfördernde Muster und Lösungsversuche, Ressourcenanalyse, gemeinsam entwickelte Problemdefinition und Anliegen.

5. Diagnose zum Zeitpunkt der Antragsstellung

- ICD-10-Diagnose/n mit Angabe der Diagnosesicherheit
- Psychodynamische bzw. neurosenpsychologische Diagnose (TP, AP)
- Differenzialdiagnostische Angaben falls erforderlich

6. Behandlungsplan und Prognose

- Beschreibung der konkreten, mit der zu behandelnden Person reflektierten Therapieziele; ggf. auch Beschreibung der Ziele, die mit den Bezugspersonen vereinbart wurden
- Individueller krankheitsbezogener Behandlungsplan, auch unter Berücksichtigung evtl. vorausgegangener ambulanter und stationärer Behandlungen sowie Angaben zu den im individuellen Fall geplanten Behandlungstechniken und -methoden; ggf. Angaben zur geplanten Einbeziehung der Bezugspersonen
- Begründung des Settings (Einzel- oder Gruppentherapie oder Kombinationsbehandlung), auch des Mehrpersonensettings (ST), der Sitzungszahl sowie der Behandlungsfrequenz und ggf. auch kurze Darstellung des Gruppenkonzepts; bei Kombinationsbehandlung zusätzlich kurze Angaben zum abgestimmten Gesamtbehandlungsplan
- Kooperation mit anderen Berufsgruppen
- Prognose unter Berücksichtigung von Motivation, Umstellungsfähigkeit, inneren und äußeren Veränderungshindernissen; ggf. auch bezüglich der Bezugspersonen

7. Zusätzlich erforderliche Angaben bei einem Umwandlungsantrag

- Bisheriger Behandlungsverlauf, Veränderung der Symptomatik und Ergebnis in Bezug auf die Erreichung bzw. Nichterreichung der Therapieziele; ggf. auch bezüglich der begleitenden Arbeit mit den Bezugspersonen

1 Die Hinweise entsprechen denjenigen aus der gesetzlichen Krankenversicherung.

- Begründung der Notwendigkeit der Umwandlung der Kurzzeittherapie in eine Langzeittherapie
- Weitere Ergebnisse psychodiagnostischer Testverfahren

Hinweise zum Erstellen des Berichts an die Gutachterin oder den Gutachter zum Fortführungsantrag

(bei mehreren Berichten zu Fortführungsanträgen sind die Berichte entsprechend fortlaufend zu nummerieren)

1. Darstellung des bisherigen Behandlungsverlaufs seit dem letzten Bericht, Veränderung der Symptomatik und Behandlungsergebnis in Bezug auf die Erreichung bzw. Nichterreichung der Therapieziele; ggf. auch bezüglich der Einbeziehung von Bezugspersonen
2. Aktuelle Diagnose/n gemäß ICD-10 und aktueller psychischer Befund, weitere Ergebnisse psychodiagnostischer Testverfahren
3. Begründung der Notwendigkeit der Fortführung der Behandlung, weitere Therapieplanung, geänderte/erweiterte Behandlungsziele, geänderte Behandlungsmethoden und -techniken, Prognose, Planung des Therapieabschlusses, ggf. weiterführende Maßnahmen nach Ende der Therapie

Hinweise zum Ergänzungsbericht (nur bei Zweitgutachten)

Wurde ein Antrag auf Langzeittherapie nach Einholen einer gutachterlichen Stellungnahme von der Festsetzungsstelle abgelehnt und legt die beihilfeberechtigte Person Widerspruch gegen diese Entscheidung ein, kann die Festsetzungsstelle ein Zweitgutachten einholen. Nach Aufforderung durch die Festsetzungsstelle erstellt die Therapeutin oder der Therapeut der Festsetzungsstelle einen in freier Form erstellten Ergänzungsbericht. Für den Ergänzungsbericht gibt es keine vorgesehene Gliederung. Die Rückmeldung der Gutachterin oder des Gutachters und relevante Unterpunkte oder Gliederungspunkte dieses Informationsblattes können als Orientierung für die Erstellung des Ergänzungsberichts verwendet werden.

Datum
Unterschrift und Stempel der Therapeutin oder des Therapeuten

Pseudonymisierungscode:

Formblatt 5

Konsiliarbericht vor Aufnahme einer Psychotherapie
(Den Bericht bitte in einen verschlossenen als vertrauliche Arztsache gekennzeichneten Umschlag übersenden.)

auf Veranlassung von (Name der Therapeutin oder des Therapeuten)

Person (Pseudonymisierungscode - wird von der Festsetzungsstelle vergeben)

- □ Aufgrund ärztlicher Befunde bestehen derzeit Kontraindikationen für eine psychotherapeutische Behandlung.
- □ Ärztliche Mitbehandlung ist erforderlich.

Art der Maßnahme:
Aktuelle Beschwerden, psychischer und somatischer Befund (bei Kindern und Jugendlichen insbesondere unter Berücksichtigung des Entwicklungsstandes):
Stichwortartige Zusammenfassung der im Zusammenhang mit den aktuellen Beschwerden relevanten anamnesischen Daten:
Medizinische Diagnose(n), Differential-, Verdachtsdiagnose(n):
Relevante Vor- und Parallelbehandlungen stationär/ambulant (z. B. laufende Medikation):
Befunde, die eine ärztliche/ärztlich-veranlasste Begleitbehandlung erforderlich machen liegen vor:
Befunde, die eine psychiatrische bzw. kinder- und jugendpsychiatrische Behandlung erforderlich machen, liegen vor:

□ Psychiatrische bzw. kinder- und jugendpsychiatrische Abklärung ist
□ erfolgt. □ veranlasst.

Folgende ärztliche/ärztlich-veranlasste Maßnahmen bzw. Untersuchungen sind notwendig:
Folgende ärztliche Maßnahmen bzw. Untersuchungen sind veranlasst:

Datum, Stempel und Unterschrift der Ärztin/des Arztes

Pseudonymisierungscode:

Formblatt 6

Anschrift der Festsetzungsstelle

(Name und Anschrift der Gutachterin/des Gutachters)

Bundesbeihilfeverordnung

hier: Psychotherapie-Gutachten (Pseudonymisierungscode ________________)

Sehr geehrte Dame, sehr geehrter Herr,

ich bitte Sie um gutachterliche Stellungnahme zu einem Antrag auf Psychotherapie auf der beigefügten Formularvorlage Psychotherapie-Gutachten in Form eines

- ☐ Gutachtens
- ☐ Zweitgutachtens.

Neben den Angaben der Therapeutin oder des Therapeuten ist deren oder dessen Bericht und ggf. ein Konsiliarbericht der Ärztin oder des Arztes im verschlossenen Briefumschlag beigefügt.

Eine Schweigepflichtentbindung der zu behandelnden Person liegt der Festsetzungsstelle vor. Mit dieser wird die Ärztin oder der Arzt oder die Therapeutin oder der Therapeut von der Schweigepflicht entbunden und ermächtigt, der oder dem von der Festsetzungsstelle beauftragten Gutachterin oder Gutachter Auskunft zu geben. Ferner erklärt sich die zu behandelnde Person damit einverstanden, dass die Gutachterin oder der Gutachter der Festsetzungsstelle mitteilt, ob und in welchem Umfang die Behandlung medizinisch notwendig ist.

Nur bei Folge- oder Verlängerungsgutachten:

Es wurde bereits eine psychotherapeutische Behandlung durchgeführt

Gutachten vom: ______________________

Zahl der Sitzungen: ______________________

Name der Gutachterin oder des Gutachters ______________________

Eine Ausfertigung Ihres Psychotherapie-Gutachten für die Therapeutin oder den Therapeuten senden Sie bitte direkt an die Therapeutin oder den Therapeuten im dafür vorgesehenen Freiumschlag. Die andere Ausfertigung für die Festsetzungsstelle einschließlich Ihrer Rechnung in Anlehnung an die Gutachterhonorar-Vereinbarung der Kassenärztlichen Bundesvereinigung mit dem GKV-Spitzenverband senden Sie bitte unter Verwendung des zweiten Freiumschlags an mich zurück.

Mit freundlichen Grüßen

Anlagen: Unterlagen der Therapeutin oder des Therapeuten
3 Formulare zur Erstellung Psychotherapie-Gutachten
2 Freiumschläge

Pseudonymisierungscode:

Formblatt 7.1

Name und Anschrift der Gutachterin oder des Gutachters	Datum

Anschrift Festsetzungsstelle

Ausfertigung für die Festsetzungsstelle

Psychotherapie-Gutachten

Pseudonymisierungscode	
Auftragsschreiben vom	

Die Voraussetzungen für die Anerkennung der Beihilfefähigkeit der Aufwendungen für Psychotherapie sind für die Behandlungsform

□ Analytische Psychotherapie (AP)	□ Systemische Therapie (ST)
□ Tiefenpsychologisch fundierte Psychotherapie (TP)	□ Verhaltenstherapie (VT)

als

□ erfüllt anzusehen	□ nicht erfüllt anzusehen

	Zahl der Sitzungen für die zu behandelnde Person	Zahl der Sitzungen für den Einbezug von Bezugspersonen
□ ausschließlich Einzelbehandlung		
□ ausschließlich Gruppenbehandlung		
□ Kombinationsbehandlung mit		

□ überwiegend Einzelbehandlung		
□ überwiegend Gruppenbehandlung		
□ Kombinationsbehandlung durch zwei Therapeutinnen oder Therapeuten		

Pseudonymisierungscode:

Begründung der Gutachterin oder des Gutachters nur für die Therapeutin oder den Therapeuten:

[redacted]

Kurzbegründung der Gutachterin oder des Gutachters bei Fehlen der medizinischen Notwendigkeit der vorgesehenen Psychotherapie und/oder fehlender Qualifikation der Therapeutin oder des Therapeuten:

□ Es werden Störungen beschrieben, die nicht den in § 18a Bundesbeihilfeverordnung (BBhV) genannten Indikationen zuzuordnen sind.

□ Das Störungsmodell, das systemische Erklärungsmodell bzw. die aktuell wirksame Psychodynamik der psychischen Erkrankung gemäß eines der in §§ 19 bis 20a BBhV genannten Psychotherapieverfahren ist nicht hinreichend erkennbar.

□ Das vorgesehene Psychotherapieverfahren bzw. der methodische Ansatz lässt einen Behandlungserfolg nicht oder nicht in ausreichendem Maß erwarten oder gehört zu den Verfahren, deren Aufwendungen nach Abschnitt 1 der Anlage 3 zu den §§ 18 bis 21 BBhV nicht beihilfefähig sind.

□ Die Voraussetzungen bei der zu behandelnden Person oder deren Lebensumstände lassen für das beantragte Psychotherapieverfahren einen Behandlungserfolg nicht oder nicht ausreichend erwarten.

□ Die in den Abschnitten 3 bis 5 der Anlage 3 zu den §§ 18 bis 21 BBhV genannten Anforderungen für die Durchführung der jeweiligen Behandlung werden von der Therapeutin oder dem Therapeuten nicht erfüllt.

ggf. Erläuterung:

____

____

____

Datum, Stempel und Unterschrift der Gutachterin/des Gutachters

Formblatt 7.2

Name und Anschrift der Gutachterin oder des Gutachters	Datum

Anschrift Therapeut oder Therapeutin

Ausfertigung für die Therapeutin oder den Therapeuten

Diese Ausfertigung ist im beigefügten Umschlag direkt an die Therapeutin oder den Therapeuten zu übersenden.

Psychotherapie-Gutachten

Pseudonymisierungscode	
Auftragsschreiben vom	

Die Voraussetzungen für die Anerkennung der Beihilfefähigkeit der Aufwendungen für Psychotherapie sind für die Behandlungsform

□ Analytische Psychotherapie (AP)	□ Systemische Therapie (ST)
□ Tiefenpsychologisch fundierte Psychotherapie (TP)	□ Verhaltenstherapie (VT)

als

□ erfüllt anzusehen	□ nicht erfüllt anzusehen

	Zahl der Sitzungen für die zu behandelnde Person	Zahl der Sitzungen für den Einbezug von Bezugspersonen
□ ausschließlich Einzelbehandlung		
□ ausschließlich Gruppenbehandlung		
□ Kombinationsbehandlung mit		
□ überwiegend Einzelbehandlung		
□ überwiegend Gruppenbehandlung		
□ Kombinationsbehandlung durch zwei Therapeutinnen oder Therapeuten		

Begründung der Gutachterin oder des Gutachters nur für die Therapeutin oder den Therapeuten:

Kurzbegründung der Gutachterin oder des Gutachters bei Fehlen der medizinischen Notwendigkeit der vorgesehenen Psychotherapie und/oder fehlender Qualifikation der Therapeutin oder des Therapeuten:

- ☐ Es werden Störungen beschrieben, die nicht den in § 18a Bundesbeihilfeverordnung (BBhV) genannten Indikationen zuzuordnen sind.
- ☐ Das Störungsmodell, das systemische Erklärungsmodell bzw. die aktuell wirksame Psychodynamik der psychischen Erkrankung gemäß eines der in §§ 19 bis 20a BBhV genannten Psychotherapieverfahren ist nicht hinreichend erkennbar.
- ☐ Das vorgesehene Psychotherapieverfahren bzw. der methodische Ansatz lässt einen Behandlungserfolg nicht oder nicht in ausreichendem Maß erwarten oder gehört zu den Verfahren, deren Aufwendungen nach Abschnitt 1 der Anlage 3 zu den §§ 18 bis 21 BBhV nicht beihilfefähig sind.
- ☐ Die Voraussetzungen bei der zu behandelnden Person oder deren Lebensumstände lassen für das beantragte Psychotherapieverfahren einen Behandlungserfolg nicht oder nicht ausreichend erwarten.
- ☐ Die in den Abschnitten 3 bis 5 der Anlage 3 zu den §§ 18 bis 21 BBhV genannten Anforderungen für die Durchführung der jeweiligen Behandlung werden von der Therapeutin oder dem Therapeuten nicht erfüllt.

ggf. Erläuterung:

Datum, Stempel und Unterschrift der Gutachterin/des Gutachters

Formblatt 7.3

Name und Anschrift der Gutachterin oder des Gutachters	**Datum**

Anschrift Festsetzungsstelle

Ausfertigung für die Gutachterin oder den Gutachter

Psychotherapie-Gutachten

Pseudonymisierungscode	
Auftragsschreiben vom	

Die Voraussetzungen für die Anerkennung der Beihilfefähigkeit der Aufwendungen für Psychotherapie sind für die Behandlungsform

☐ Analytische Psychotherapie (AP)	☐ Systemische Therapie (ST)
☐ Tiefenpsychologisch fundierte Psychotherapie (TP)	☐ Verhaltenstherapie (VT)

als

☐ erfüllt anzusehen	☐ nicht erfüllt anzusehen

	Zahl der Sitzungen für die zu behandelnde Person	Zahl der Sitzung für den Einbezug von Bezugspersonen
☐ ausschließlich Einzelbehandlung		
☐ ausschließlich Gruppenbehandlung		
☐ Kombinationsbehandlung mit		
☐ überwiegend Einzelbehandlung		
☐ überwiegend Gruppenbehandlung		
☐ Kombinationsbehandlung durch zwei Therapeutinnen oder Therapeuten		

Begründung der Gutachterin oder des Gutachters nur für die Therapeutin oder den Therapeuten:

Kurzbegründung der Gutachterin oder des Gutachters bei Fehlen der medizinischen Notwendigkeit der vorgesehenen Psychotherapie und/oder fehlender Qualifikation der Therapeutin oder des Therapeuten:

- ☐ Es werden Störungen beschrieben, die nicht den in § 18a Bundesbeihilfeverordnung (BBhV) genannten Indikationen zuzuordnen sind.
- ☐ Das Störungsmodell, das systemische Erklärungsmodell bzw. die aktuell wirksame Psychodynamik der psychischen Erkrankung gemäß eines der in §§ 19 bis 20a BBhV genannten Psychotherapieverfahren ist nicht hinreichend erkennbar.
- ☐ Das vorgesehene Psychotherapieverfahren bzw. der methodische Ansatz lässt einen Behandlungserfolg nicht oder nicht in ausreichendem Maß erwarten oder gehört zu den Verfahren, deren Aufwendungen nach Abschnitt 1 der Anlage 3 zu den §§ 18 bis 21 BBhV nicht beihilfefähig sind.
- ☐ Die Voraussetzungen bei der zu behandelnden Person oder deren Lebensumstände lassen für das beantragte Psychotherapieverfahren einen Behandlungserfolg nicht oder nicht ausreichend erwarten.
- ☐ Die in den Abschnitten 3 bis 5 der Anlage 3 zu den §§ 18 bis 21 BBhV genannten Anforderungen für die Durchführung der jeweiligen Behandlung werden von der Therapeutin oder dem Therapeuten nicht erfüllt.

ggf. Erläuterung:

Datum, Stempel und Unterschrift der Gutachterin/des Gutachters

Formblatt 8

Anschrift der Festsetzungsstelle

(Anschrift der beihilfeberechtigten oder bevollmächtigten Person)

Datum

Bundesbeihilfeverordnung

hier: Anerkennung der Beihilfefähigkeit der Aufwendungen für Psychotherapie
Ihr Antrag vom ...

Sehr geehrte(r) Frau/Herr ...

auf Ihren Antrag vom ______________ ergeht folgender

Bescheid

Aufgrund des Psychotherapie-Gutachtens vom ______________ werden die Aufwendungen einer

- ☐ tiefenpsychologisch fundierten Psychotherapie
- ☐ analytischen Psychotherapie
- ☐ Verhaltenstherapie
- ☐ Systemischen Therapie

für ________________________ durch ________________________

(Name der zu behandelnden Person) (Name der Therapeutin oder des Therapeuten) für eine

□ ausschließliche Einzelbehandlung mit bis zu – weiteren – _______ Sitzungen

□ ausschließliche Gruppenbehandlung mit bis zu – weiteren – _______ Sitzungen

□ Kombinationsbehandlung mit bis zu – weiteren – _______ Sitzungen mit

  □ überwiegend Einzelbehandlung

  □ überwiegend Gruppenbehandlung

□ begleitende Behandlung der Bezugsperson mit bis zu – weiteren – _______ Sitzungen

nach Maßgabe der Bundesbeihilfevorordnung als beihilfefähig anerkannt.

Rechtsbehelfsbelehrung

Gegen diesen Bescheid kann innerhalb eines Monats nach Bekanntgabe Widerspruch bei der *(genaue Anschrift der Festsetzungsstelle)* erhoben werden.

Mit freundlichen Grüßen

Anhang 3
(zu Nummer 38h.1)

Antrag auf Zahlung eines Zuschusses zu den Beiträgen zur Kranken- und Pflegeversicherung während der Pflegezeit

An ______________________ Zutreffendes bitte ankreuzen □ oder ausfüllen

1. Person in Pflegezeit

Familienname	Vorname	Geburtsdatum
Anschrift (Straße, Hausnummer, PLZ, Wohnort)		Rufnummer
Dauer der Pflegezeit	vom	bis

2. Beihilfeberechtigte Person

Familienname	Vorname	Geburtsdatum
Anschrift (Straße, Hausnummer, PLZ, Wohnort)		Rufnummer

3. Pflegebedürftige Person

□ Beihilfeberechtigte Person	□ Ehegattin/Lebenspartnerin Ehegatte/Lebenspartner	□ Kind Vorname:

4. Beitrag während der Pflegezeit

Name der Krankenkasse oder des Versicherungsunternehmens

Monatsbeitrag Krankenversicherung in €	Monatsbeitrag Pflegeversicherung in €	Familienversicherung möglich
		□ ja □ nein

Bestätigung der Krankenversicherung bzw. der Krankenkasse

5. Bankverbindung

Kreditinstitut:	IBAN	BIC

6. Erklärung

Mir ist bekannt, dass ich Änderungen unverzüglich anzuzeigen habe und dass die Zuschüsse ganz oder anteilig zurückzuzahlen sind, falls sie die Höhe der gezahlten Beiträge übersteigen.

______________________ ______________________

Ort, Datum Unterschrift Antragstellerin/Antragsteller

Notizen

Notizen

Notizen

Notizen

Notizen